Aral Auto-Reisebuch

Für Reise, Urlaub, Freizeit, Wochenende

Kartographischer Verlag Busche

Inhaltsverzeichnis

Aral Auto-Reisebuch Italien

Übersichtskarte Italien
Innenseite des
vorderen Buchdeckels

Vorwort und Hinweise zur Benutzung	**5**
Allgemeine Reiseinformationen	**6**

Touristikkartenteil

Erläuterungen zum Touristikkartenteil	**9**
31 doppelseitige Touristikkarten von Italien im Maßstab 1:500 000	**10**
Übersichtskarte der Provinzen und Regionen	**72**

Touristiktextteil **73**

Italien einschließlich Sardinien und Sizilien von A-Z mit Beschreibungen der Orte, Städte und Sehenswürdigkeiten in alphabetischer Reihenfolge. Mit farbigen Abbildungen sowie Sonderkarten und Stadtplänen.

Reisen und Verkehr

Geschichtlicher Überblick mit Hinweisen auf Kunst, Literatur und Musik	**329**
Allgemeine Informationen über Land und Leute	**337**
Kunst und Kultur, Essen und Trinken in Italiens Regionen	**339**
Touristisches Mini-Lexikon	**344**

Ortsverzeichnis **345**

Verzeichnis aller Nebenorte und Sehenswürdigkeiten mit Hinweisen auf die touristischen Beschreibungen von A-Z, unter denen sie beschrieben sind.

Generalverzeichnis der Städte- und Ortsnamen, landschaftlichen und touristischen Sehenswürdigkeiten im Touristikkartenteil

Entfernungstabelle
Innenseite des
hinteren Buchdeckels

Französische Originalausgabe „Guide des voyages Bordas ITALIE"
von Bernard Hennequin
Farbfotos: Kontinental – Italien / Sizilien: Françoise Bouillot – Marco Polo / Sardinien: Bernard Belly – DIAF
© Bordas, Paris 1987.
Übertragung und Überarbeitung für die deutsche Ausgabe
© Kartographischer Verlag Busche GmbH, Dortmund

Alle Angaben sind sorgfältig überprüft worden, sie erscheinen jedoch ohne Gewähr.

Für Hinweise auf Veränderungen und Ergänzungen ist die Redaktion dankbar.

1. Auflage 1987
© Verleger: Kartographischer Verlag Busche GmbH,
Kaiserstraße 129, 4600 Dortmund,
für die deutschsprachigen Länder.
Gesamtherstellung: Fritz Busche Druckereiges. mbH., Dortmund
ISBN 3–88584–131–2

Vorwort

Das Aral Auto-Reisebuch Italien will Wegweiser durch ein Land sein, dessen einzigartige steinerne Zeugen einer mehr als 2000 Jahre alten Vergangenheit, dessen grandioser Kunstbesitz, der entscheidend das Entstehen und die Entwicklung der europäischen Kultur mitbestimmte, und dessen vielfarbige Schönheiten seiner Landschaften mit den Alpen, Vulkanen, endlosen Sandstränden, Meeren und Inseln, seit Jahrhunderten Besucher aus der ganzen Welt faszinieren.

Die „Reise nach Italien" ist ein klassisches Thema der europäischen Kultur. Dichter und Romanautoren von Goethe bis Thomas Mann, sowie zahllose bildende Künstler und Gelehrte verdanken Italien viele Anregungen und Erkenntnisse für ihr kreatives Schaffen.

Etrusker, Griechen, die römische Antike, das christliche Mittelalter und die Renaissance haben Italien mit einem einzigartigen Erbe bedacht. Dunkle Etruskerstädte in der Toskana, helle Griechentempel auf Sizilien, das antike und christliche Rom, Normannenburgen und Kastelle staufischer Kaiser tief im Süden sowie Schlösser stolzer Renaissancefürsten, Zitadellen und Paläste gewaltiger Stadtrepubliken wie Venedig, Mailand und Florenz zeugen von der Vielfalt der Kulturen.

Das Aral Auto-Reisebuch Italien vermittelt aber nicht nur einen Zugang zu den Stätten der Archäologie, der Architektur, der Malerei und Bildhauerei, sondern es ermöglicht auch das Erleben einzigartiger Städte, informiert über die Einzelheiten geschichtlicher Ereignisse, über Eigenarten von Land und Leuten, Kunst und kulturelles Brauchtum — sowie über die Gastronomie. Neben den detaillierten Beschreibungen von Städten, Orten, Bauwerken und Naturdenkmalen findet der Leser noch Hinweise auf weitere wenig bekannte, künstlerisch wertvolle oder kuriose Sehenswürdigkeiten, die abseits der großen Straßen liegen.

Außerdem enthält das Aral Auto-Reisebuch Italien Empfehlungen für Ausflüge, Rundfahrten von den Ausgangspunkten der beschriebenen Städte. Im Touristiktextteil, den rund 300 Farbfotos illustrieren, sind über 10.000 Einzelhinweise auf bemerkenswerte Reiseziele in den Städten, Dörfern und Landschaften enthalten.

Hinweise zur Benutzung

Einer schnellen Übersicht zur Reiseroutenplanung dient die Übersichtskarte auf der Innenseite des vorderen Buchdeckels. Eine Detailplanung ermöglichen die Teilkarten 1-31 (Seiten 9-72) innerhalb des Touristikkartenteils im Maßstab 1:500.000. Die Planquadrate mit Numerierung ermöglichen ein rasches Auffinden der jeweiligen Teilkarten. Die numerierten Pfeile an den Rändern der Teilkarten verweisen auf die Anschlußkarten. Sämtliche gelbunterlegten Zielpunkte (Orte, Städte, Landschaften und einzelne Sehenswürdigkeiten) sind im Touristiktextteil „Italien von A-Z" (Seiten 73-328) ortsalphabetisch aufgeführt und beschrieben.

Die im Touristiktextteil alphabetisch aufgeführten Zielpunkte wiederum sind mit Teilkarten-Nummern einschließlich Planquadratangaben versehen und somit auch im Touristikkartenteil (Teilkarten Nr. 1-31, Seiten 9-72) sofort auffindbar.

Alle Angaben wurden vor Drucklegung nochmals weitgehend überprüft. Trotzdem ist nicht auszuschließen, daß sich in der Zwischenzeit Änderungen ergeben haben. Für entsprechende Hinweise sind Verlag und Redaktion dankbar.

Allgemeine Reiseinformationen

Reisezeit: Die schönste und klimatisch angenehmste Zeit für eine Reise nach Italien ist im Frühling, Frühsommer und Herbst, von Ende März bis Mitte Juni und von Mitte September bis Anfang November. Natürlich ist auch der Hochsommer zu empfehlen, besonders für einen Badeurlaub, nur sollte man damit rechnen, daß die Temperaturen auch deutlich über 30 Grad betragen können, besonders gilt dies auch für den Süden Italiens. Im Sommer werden naturgemäß in erster Linie Seebäder und Orte im Hochgebirge angesteuert. Es sollte berücksichtigt werden, daß der August auch die Hauptreisezeit der Italiener ist, die touristischen Zentren somit sehr stark besucht sind. Während des Ferragosto (15. August) und in den Tagen danach sind in ganz Italien viele Museen, Restaurants und Geschäfte in Großstädten geschlossen. Gegen Ende September muß, besonders in Küstengebieten und im Süden mit dem Scirocco, einem feuchtwarmen starken Wind gerechnet werden. Für einen Winterurlaub bieten sich besonders die Skigebiete und vielen Ortschaften im italienischen Alpenraum an, die sich auch unter italienischen Skibegeisterten großer Beliebtheit erfreuen.

Klima: Das Klima ist von einer Region zur anderen außerordentlich unterschiedlich, dazu außerdem abhängig von der Höhe. Der Winter kann in Kalabrien und in den Höhenlagen Kampaniens, genauso wie in den Abruzzen und in den gebirgigen Gegenden der Toskana, sehr hart sein und lang andauern. In Piemont und in der Lombardei beginnt der Frühling später als im Süden Italiens. In Venetien, das durch seine hartnäckigen Nebel bekannt ist, ist der Sommer oft drückend schwül, in Apulien und Sizilien dagegen „afrikanisch" heiß und trocken. Die besten Jahreszeiten für einen Besuch Italiens sind Frühlingsende und Sommeranfang sowie der Herbstbeginn. Man wird einen in der Gegend der lombardischen Seen verbrachten Mai ebensowenig bereuen wie einen November in der Bucht von Neapel oder in Kalabrien.

Einreise: Für einen Aufenthalt bis zu drei Monaten genügt für Bürger der Bundesrepublik Deutschland, Österreichs und der Schweiz ein gültiger Personalausweis. Kinder unter 16 Jahren müssen in den Paß der Eltern eingetragen sein.

Feiertage: Neben einer Vielzahl von örtlichen, religiösen und traditionellen Feiertagen sind die folgenden Festtage für ganz Italien gültig:
1. Januar Neujahr, 6. Januar Erscheinungsfest/Hl. Drei Könige („Befana"), 25. April Tag der Befreiung (vom Faschismus, 1945), Ostersonntag und Ostermontag, 1. Mai Tag der Arbeit, 2. Juni Proklamation der Republik, 15. August Ferragosto (traditioneller, altrömischer Feiertag zugleich Maria Himmelfahrt und Höhepunkt der inneritalienischen Ferienreisen), 1. November Allerheiligen, 8. Dezember Maria Empfängnis, 25. und 26. Dezember Weihnachten.

Mitnahme von Hunden und Katzen: Hierbei wird ein amtstierärztliches Gesundheitszeugnis mit genauen Angaben über Tier und Besitzer benötigt; der Gesundheitszustand des Tieres muß attestiert sein. Ferner ist ein Impfzeugnis gegen Tollwut erforderlich, das nicht älter als 11 Monate sein darf. Für Hunde besteht Maulkorb- und Leinenzwang.

Hotels und Pensionen: Die italienischen Hotels sind in fünf Kategorien eingeteilt: von der Luxuskategorie bis zur 4. Kategorie. Die Häuser der 3. Kategorie entsprechen den deutschen 1-Sterne-Hotels. Die Hotels der gehobenen Kategorien besitzen in den großen Städten und Urlaubsorten den üblichen internationalen Komfort. In abgelegeneren Gebieten kann man u. U. auch nur einfachere Unterkünfte finden. Der italienische Automobilclub ACI und die AGIP haben zahlreiche Motels errichtet. In größeren Städten, besonders aber auch in Urlaubszentren und Kurorten sind viele kleinere Pensionen vorhanden; Pensionen der 2. Kategorie entsprechen deutschen 1-Sterne-Hotels. Auskünfte über Feriendörfer, Appartements und Bungalows sowie Ferien auf dem Bauernhof sind jederzeit vom italienischen Fremdenverkehrsamt ENIT (Ente Nazionale per il Turismo) zu erhalten.

Jugendherbergen: Italien verfügt über 52 Jugendherbergen (Ostelli per la gioventu). Diese bieten preisgünstige Übernachtungsmöglichkeiten für Personen unter 30 Jahren. Der Aufenthalt in derselben Jugendherberge ist für Einzelpersonen auf drei Übernachtungen beschränkt, sofern das Haus voll belegt ist. Zur Hauptreisezeit ist für Gruppen über fünf Personen grundsätzlich Voranmeldung erforderlich. Eigene Schlafsäcke dürfen nicht benutzt werden; die Gebühr für einen Leihschlafsack ist im Übernachtungspreis bereits enthalten. Voraussetzung für den Besuch von Jugendherbergen ist ein im jeweiligen Heimatland ausgestellter Jugendherbergsausweis. Auskunft erteilt hier die Associazione italiana Alberghi per la Gioventu 00144 Roma, EUR-Palazzo Civiltà del Lavoro, Quadrato della Concordia. Viele christliche Einrichtungen, besonders in den geistlichen und Pilgerzentren nehmen Reisende für wenige Tage auf (in der Regel nicht länger als eine Woche). Übersichts- und Anschriftslisten dieser Einrichtungen werden von den jeweiligen Bistümern verteilt und dies in nahezu allen größeren italienischen Städten. Italien hat ca. 500 Bistümer.

Camping und Caravaning: Italien besitzt rund 1.700 in der Regel gut ausgestattete Campingplätze. Die meisten davon befinden sich in Südtirol, im Aosta-Tal, an den oberitalienischen Seen und an den Küsten von ligurischem, adriatischem und tyrrhenischem Meer. Verzeichnisse über Campingplatzanlagen, die jeweils auf aktuellem Stand sind, werden von ENIT und der Federazione italiana del Campeggio herausgegeben.

Restaurants: Die italienische Küche wird neben der französischen Gastronomie zu den führenden in Europa gezählt. Dies ist sicherlich keine Übertreibung, denn die Vielfalt der Gerichte, ihre außerordentlich phantasievolle Zubereitung haben der italienischen Küche Weltruf eingetragen. Dabei kann heute kaum noch streng nach regionalen Gesichtspunkten unterschieden werden, denn die Mehrzahl aller italienischen Gerichte, die vormals nur in einer bestimmten Gegend Italiens zubereitet wurden, sind heute in ganz Italien vertreten. Und dabei handelt es sich nicht nur um Pizza und Spaghetti, die gleichsam auch zum ausländischen Markenzeichen geworden sind, sondern um Hunderte von Fleisch-, Fisch- und Wildgerichten, Nudeln und andere Teigwaren in außerordentlich vielgestaltiger Form, Farbe und Geschmacksgebung, Vorspeisen und Desserts und, um nicht zu vergessen, das berühmte italienische Eis. In manchen Punkten unterscheiden sich die italienischen Eßwohnheiten von denen der Nordeuropäer stark.

Die meisten Italienier frühstücken kaum. In den Hotels wird aber, entsprechend der europäischen Tradition, ein Frühstück („continental breakfast") gereicht, das je nach Belieben erweitert werden kann. Das Mittagessen, das in den Restaurants in der Regel ab 12 Uhr sowie das Abendessen, das ab 20 Uhr serviert wird, umfassen mehrere Gänge: Nach den Vorspeisen (antipasti) wird der erste Gang (primo) gereicht, meist Nudel- oder Reisgerichte, oft auch eine Suppe. Anschließend folgt der secondo (zweite Gang), Fleisch, Fisch oder Wild; dazu bestellt man in der Regel contorni (Beilagen), d. h. Salat, Gemüse, Pommes frites. Danach ißt man oft noch etwas Käse, Obst oder Kuchen. Ein Espresso rundet das Mittagessen ab. Restaurants (ristorante und trattoria) gibt es in Italien buchstäblich an jeder Wegesecke. Die einschlägigen

Restaurantführer können eine gute Hilfe sein, die bekannten und auch weniger bekannten Feinschmeckeradressen aufzufinden. Trinkgeld läßt man in Italien meistens beim Aufstehen auf dem Tisch liegen; der Ober sorgt schon dafür, daß es in die richtigen Hände kommt.

Italienischer Wein: Es gibt in Italien praktisch keine Region, in der nicht mehr oder weniger umfangreich Weinbau betrieben wird. Zahllos sind die regionalen und lokalen Weinsorten, jedes Dorf zählt oft mehrere Sorten sein eigen. Diese Weine werden meist in der engsten Umgebung getrunken und sind naturbelassen. Neben diesen Konsumweinen, die oft als Tafelweine und offene Weine gereicht werden, gibt es auch qualitativ wertvolle und ausbaufähige Weine. Entsprechend dem italienischen Weingesetz von 1963 müssen die Weine für verschiedene Qualitätsstufen eine Reihe genau festgelegter Merkmale erfüllen:
„Denominazione semplice": Diese unterste Stufe entspricht etwa dem deutschen Tafelwein; eine bestimmte Qualität ist nicht vorgeschrieben.
„Denominazione di origine controllata" ist das nächsthöhere Prädikat. Es bedeutet die Herkunft aus einem amtlich anerkannten Weinbaugebiet und die Einhaltung bestimmter Qualitätsnormen. Diese Weine müssen mit einem DOC-Etikett versehen sein.
„Denominazione controllata e garantita" stellt das höchste Prädikat dar. Es wird nur besonders ausgesuchten Weinen weniger Erzeuger zuerkannt. Die verantwortlichen Abfüller garantieren die Einhaltung der Qualitätsvorschrift durch ein staatliches Verschlußsiegel.
Aus den in Italien üblichen Bezeichnungen läßt sich nur begrenzt auf die Art des jeweiligen Weines schließen. Die Namen können Orte oder Rebsorten bezeichnen, manchmal handelt es sich auch um Markennamen. Oftmals werden auch unter demselben Namen sowohl eine Rot- als auch Weißweinvariante angeboten, die die unterschiedlichsten Eigenschaften aufweisen.

Währung: Die Währungseinheit, auch im Vatikanstaat und in San Marino, ist die italienische Lira (Lit). Im Umlauf sind Banknoten zu 1000, 2000, 5000, 10000, 50000 und 100000 Lit. sowie Münzen zu 5, 10, 20 (recht selten), 50, 100, 200 und 500 Lit.

Devisen: Die Einfuhr ausländischer Zahlungsmittel/Valuta nach Italien ist nicht beschränkt. Italienisches Geld (Lit) darf dagegen pro Person nur bis zu einer Höhe von 200 000 Lit. eingeführt werden. Eingeführte Devisen einschl. Lire (Lit) in bar sowie Travellerchecks dürfen bis zu einem Gegenwert von 2 000 000 Lit. frei ausgeführt werden. Die Ausfuhr höherer Beträge ist nur dann erlaubt, wenn diese Beträge bei der Einreise zollamtlich vermerkt wurden (Vordruck V2). Für den Reisenden empfehlenswert ist die Mitnahme von Eurocheques und Kreditkarten, die keiner Beschränkung unterliegen.

Zoll: Bei der Einreise nach Italien können die für den persönlichen Gebrauch bestimmten Kleidungsstücke, Schmuck und Artikel des täglichen Bedarfs zollfrei eingeführt werden. Hierzu gehören auch bis zu zwei Fotoapparate, eine Schmalfilmkamera, ausreichendes Filmmaterial, ein Fernglas, ein Radio, Schallplatten, Camping- und Sportausrüstungen etc. Auch Reiseproviant ist in angemessenen Mengen erlaubt. Deutsche Reisende (über 15 Jahren) dürfen bis zu 300 Zigaretten oder 75 Zigarren oder 400 g Tabak mitnehmen. Für Gegenstände von künstlerischem Wert und Antiquitäten ist eine Ausfuhrerlaubnis der italienischen Kunstkammer notwendig. Einfuhr in die Bundesrepublik Deutschland bis zu 300 Zigaretten (bzw. 75 Zigarren oder 400 g Tabak), 1 1/2 l Spirituosen oder 5 l Wein (gilt nur für Waren aus EG Ländern). Nach Österreich und in die Schweiz um 1/3 reduzierte Einfuhr.

Krankenversicherung: Für einen Krankenhausaufenthalt in Italien benötigen Sie einen Internationalen Krankenschein, den Ihnen ihre Krankenversicherung sicherheitshalber vor Reiseantritt gern zustellt. Arztbesuche müssen in der Regel zunächst privat bezahlt werden; diese Kosten erstattet Ihnen danach Ihre Krankenkasse. Über Möglichkeiten zusätzlicher kurzfristiger Krankenzusatzversicherung informiert Sie eingehend Ihre Krankenkasse.

Erste Hilfe und Pannenhilfe: Bei einem Unfall, auch mit dem Auto, rufen Sie die Telefonnummer 113 (in ganz Italien) an, bei einer Autopanne die Nummer 116 (kostenloser Autohilfsdienst für Ausländer). Unter der Nummer 116 erhalten sie ebenfalls Auskunft bei besonderen Schwierigkeiten (Dolmetscher).

Geschäftszeiten: In Italien sind keine großen Kaufhausketten vorherrschend, obwohl es in den größeren Städten etwas vergleichbares gibt (z. B. Standa, Rinascente). Die Kaufhäuser haben durchgehend von 9-20 Uhr geöffnet; die Mehrzahl der Geschäfte sind allerdings kleine Boutiquen, die meist gegen 9 Uhr morgens öffnen und gegen 13 Uhr für eine längere Mittagspause schließen. Am Nachmittag wird dann wieder von 15.30 bis 20 Uhr geöffnet. Manche Geschäfte, besonders in ausgesprochenen touristischen Zentren haben auch noch länger geöffnet. Die Mehrzahl der Banken ist in Italien am Nachmittag geschlossen, Wechselstuben sind dagegen auch dann geöffnet. Die meisten öffentlichen Dienstleistungseinrichtungen weisen ihre Öffnungszeiten auch auf Tafeln aus.

Einkäufe — Souvenirs: Noch heute kann man in Italien qualitativ hochstehende Erzeugnisse eines traditionsreichen Kunsthandwerks finden. So sind auch viele Konsumgüter, die Italien in alle Länder der Welt exportiert, für den Reisenden von Interesse: hochwertige Lederschuhe und Lederwaren, Textilien, Kleidung, Wollwaren, Silber- und Goldschmuck. In Südtirol ist besonders auf die Grödner Holzschnitzereien hinzuweisen, Piemont ist für seine außergewöhnlichen Keramik-Arbeiten bekannt (siehe auch zu den einzelnen Regionen Italiens). Besonders zu empfehlen sind auch Süß- und Backwaren, wie zu Ostern die Colomba, zu Weihnachten der Panettone, kandierte Früchte u. ä. Als Reisemitbringsel beliebt sind auch italienische Spirituosen und Weine. Abzuraten ist von Einkäufen bei „fliegenden" Straßenhändlern, auch wenn es sich scheinbar um ein verlockendes Angebot handelt. Die meisten Waren sind minderwertig und entsprechen nicht dem Preis, den man für sie bezahlt hat.

Sportschiffahrt: Boote mit und ohne Motor können auf dem Land- und Seeweg ohne Grenzdokumente nach Italien mitgenommen werden, sofern der Aufenthalt sechs Monate nicht überschreitet. Voraussetzung für die Benutzung von Booten mit Motoren über 3-Steuer-PS (entsprechend etwa einem Hubraum von über 98 ccm bei Zweitaktmotoren) ist das Bestehen einer gültigen Haftpflichtversicherung. Bei Nichtbeachtung dieser Vorschrift drohen hohe Strafen. Für die in Italien geltende Zulassungs- und Kennzeichnungspflicht ist das übliche Internationale Verbandszertifikat ausreichend. Ausländische Bootsführerscheine werden für entsprechende italienische Gewässer anerkannt.

Hinweise für Autofahrer: Das italienische Straßennetz ist dicht und gut ausgebaut. Unterschieden werden Autobahnen (autostrada), Staatsstraßen (strada statale, SS), Provinzialstraßen und Nebenstraßen. In Nord- und Mittelitalien sind alle größeren Städte entweder durch Autobahnen oder durch oft zweispurig ausgebaute Staatsstraßen miteinander verbunden. Autobahnen sind in Nord- und Mittelitalien (bis Salerno) gebührenpflichtig. Die Maut ist beim Verlassen der Autobahn entsprechend der zurückgelegten Wegstrecke zu entrichten. Für den Tourismus besonders wichtig sind die großen Nord-Süd-Verbindungen, von Como über Varese nach Mailand, von Genua und Pisa nach Livorno und Florenz, von Mailand über Parma, Bologna und Florenz nach Rom und weiter nach Neapel und nach Süditalien. Von besonderer Bedeutung ist auch die an der östlichen Seite Italiens gelegene Autobahn Rimini, Pescara, Bari, Tarent, bzw. nach Brindisi, wo ein großer Teil des Schiffstransfers nach Griechenland abgefertigt wird. Die Strecke vom Brenner (Bozen, Brixen) mündet bei Modena-Nord in die Autobahn Mailand-Bologna. Die Staatsstraßen sind manchmal ähnlich gut ausgebaut wie die Autobahnen und tragen oft noch ihre alten römischen Namen (Via Aurelia, Via Cassia); sie sind im Gegensatz zu den Provinzialstraßen durchgehend numeriert.

Die Kraftstoffpreise sind höher als in der Bundesrepublik Deutschland, Österreich und der Schweiz. Durch die Staatliche Preisbindung gibt es zwischen den einzelnen Marken keine Preisunterschiede. Autofahrer können vor Fahrtantritt einmal im Jahr Benzingutscheine erwerben, bzw. diese mit der carta carburante direkt bei den Grenzbüros des ACI kaufen. Für Dieselkraftstoff werden keine Gutscheine ausgegeben.

Informationen über den Straßenzustand können Sie beim italienischen Automobilclub ACI erfragen (Tel. 06 42 12)

Parkplätze sind in italienischen Großstädten und Städten mit historischen Stadtkernen erfahrungsgemäß rar; es ist daher ratsam, den PKW auf bewachten Parkplätzen abzustellen und sich im Stadtzentrum selbst mit öffentlichen Verkehrsmitteln zu bewegen, die sehr preiswert sind. Auch die Fahrt im Taxi ist preiswerter als in Deutschland. Nachts sollte der PKW in abschließbaren Garagen untergebracht werden.

Verkehrsvorschriften: In Italien herrscht wie im übrigen kontinentalen Europa Rechtsverkehr. Es besteht eine Gurtanlegepflicht auf den Vordersitzen. Motorradanhänger sind in Italien unzulässig. Die Straßenbeschilderung hat sich in den letzten Jahren sehr verbessert und ist heute ausreichend bis gut. Die Verkehrsbeschilderung entspricht den international üblichen Verkehrszeichen. Vorfahrt hat der auf den Hauptverkehrsstraßen fließende Verkehr, wenn diese durch ein auf die Spitze gestelltes weißes oder gelbes Quadrat mit roter, bzw. schwarz-weißer Umrandung gekennzeichnet sind. Ansonsten gilt grundsätzlich die Regelung „rechts vor links", auch im Kreisverkehr. Auf Bergstraßen hat das bergauf fahrende Fahrzeug Vorfahrt; Schienenfahrzeuge haben stets Vorfahrt. Fahrbahn- und Fahrtrichtungswechsel sind durch den Fahrtrichtungsanzeiger anzukündigen, ebenso das Anhalten am Straßenrand. In größeren Ortschaften besteht Hupverbot (zona di silenzio). Bei guter Beleuchtung darf nur mit Standlicht, in Tunnels (galleria) jedoch mit Abblendlicht gefahren werden. Vorsicht ist besonders im Dunkeln wegen unbeleuchteter Fahrräder geboten, auch Fußgänger haben auf Zebrastreifen absolutes Vorrecht. Bei Übertretungen der italienischen Straßenverkehrsordnung sind die Bußgelder (multa) oft empfindlich hoch; Fahren unter Alkoholeinfluß ist verboten. In einem Schadensfall sind die Folgen für den Betroffenen oft nicht abzusehen. Ratsam ist es daher, bei einem Unfall alle Beweismittel zu sichern. Bei Personenschäden sollte in jedem Falle die Straßenpolizei (polizia stradale) hinzugezogen werden. Außerdem sollte der Autofahrer seine eigene oder die auf der „Grünen Versicherungskarte" genannte Kontaktversicherung benachrichtigen (Hilfe und Beratung bei Rechts- und Strafsachen, Übersetzungen). Bei Totalschaden muß der italienische Zoll informiert werden, da ansonsten Einfuhrzoll zu entrichten ist.

Die Höchstgeschwindigkeit für Kraftfahrzeuge in Italien beträgt innerhalb von geschlossenen Ortschaften 50 km/h. Außerhalb von geschlossenen Ortschaften ist die Höchstgeschwindigkeit für PKW je nach Hubraum des Fahrzeugs gestaffelt:

Hubraum	Landstraßen	Autobahnen
bis 600 ccm	80 km/h	90 km/h
bis 900 ccm	90 km/h	110 km/h
bis 1300 ccm	100 km/h	130 km/h

Diese Geschwindigkeiten gelten auch für PKW mit Anhänger. Motorräder mit weniger als 150 ccm Hubraum dürfen Autobahnen nicht benutzen.

Kraftfahrzeugpapiere: Der deutsche Führerschein und Kraftfahrzeugschein werden anerkannt und müssen mitgeführt werden. Kraftfahrzeuge müssen das ovale Nationalitätskennzeichen tragen. In Italien herrscht wie auch in der Bundesrepublik Deutschland Haftpflichtversicherungszwang. Die Mitnahme der Internationalen Versicherungskarte für Kraftverkehr („Grüne Versicherungskarte") ist empfehlenswert. Erfahrungsgemäß erledigen italienische Versicherungsgesellschaften Schadensfälle eher schleppend, so daß zum Abschluß einer kurzfristigen Vollkaskoversicherung, bzw. auch Rechtsschutzversicherung geraten wird. Angesichts der hohen Zahl von Eigentumsdelikten ist auch eine Reisegepäckversicherung sinnvoll.

Diplomatische Vertretungen in Italien	Auskünfte und wichtige Anschriften
Bundesrepublik Deutschland	**ENIT, Italienisches Fremdenverkehrsamt**
	Ente Nazionale per il Turismo
BOTSCHAFT:	I-00185 Roma, Via Marghera 2, Tel.: (06) 4 95 27 51
I-00198 Roma, Via Po 25 c, Tel.: (06) 86 03 41	
Rechts- und Konsularreferat:	Zweigstellen in der Bundesrepublik Deutschland:
Via Paisiello 24, Tel.: (06) 85 68 06	D-4000 Düsseldorf, Berliner Allee 26, Tel.: (02 11) 37 70 35
	D-6000 Frankfurt/M., Kaiserstr. 65, Tel.: (06 11) 23 12 13 und 23 26 48
GENERALKONSULATE:	D-8000 München, Goethestr. 20, Tel.: (0 89) 53 03 69
I-16121 Genova, Via San Vincenzo 4/28, Tel.: (0 10) 59 08 41	
I-20121 Milano, Via Solferino 40, Tel.: (02) 66 44 34	**In Österreich:**
I-80121 Napoli, Via Crispi 69, Tel.: (0 81) 68 33 93/66 46 37	A-1010 Wien, Kärntner Ring 4, Tel.: (02 22) 65 43 74
KONSULAT:	**In der Schweiz:**
I-90139 Palermo, Via Emerico Amari 124, Tel.: (0 91) 58 33 77/59 12 45	CH-8001 Zürich, Uraniastr. 32, Tel.: (01) 2 11 36 33
	CH-1204 Geneve, Rue du Marche, Tel.: (0 22) 28 29 22
Republik Österreich:	**Touring Club Italiano (TCI)**
BOTSCHAFT:	I-20121 Milano, Corso d'Italia 10, Tel.: (02) 80 87 51
I-00198 Roma, Via Pergolesi 3, Tel.: (06) 86 82 41-44	**Automobile Club d'Italia (ACI)**
	I-00185 Roma, Via Marsala 8, Tel.: (06) 49 98
GENERALKONSULATE:	Filialen in allen Provinzzentren und touristisch wichtigen Orten
I-34143 Trieste, Via Fabiofilzi, Tel.: (0 40) 6 16 88/6 17 97	**Club Alpino Italiano (Italienischer Alpenverein)**
I-20121 Milano, Via Tranquillo cremona 27, Tel.: (02) 40 20 66/48 29 37	I-20121 Milano, Via Ugo Foscolo 3, Tel.: (02) 80 25 54
Schweizerische Eidgenossenschaft:	**Alpenverein Südtirol**
BOTSCHAFT:	I-39100 Bozen, Sernisi Platz 34, Tel.: (04 71) 2 11 41
I-00197 Roma, Via Barnaba Oriani 61, Tel.: (06) 80 36 41	**Federazione Italiana Motonautica (Italienischer Motorboot-Verband)**
GENERALKONSULATE:	I-20123 Milano, Via Cappuzio 19, Tel.: (02) 87 44 10 und 86 14 92
I-16122 Genova, Piazza Brignole 3, Tel.: (0 10) 56 56 20	**Federazione Italiana Vela (Italienischer Segel-Verband)**
I-20121 Milano, Via Palestro 2, Tel.: (02) 79 55 15	I-16126 Genova, Porticciolo Duca degli Abruzzi, Tel.: (0 10) 29 83 18

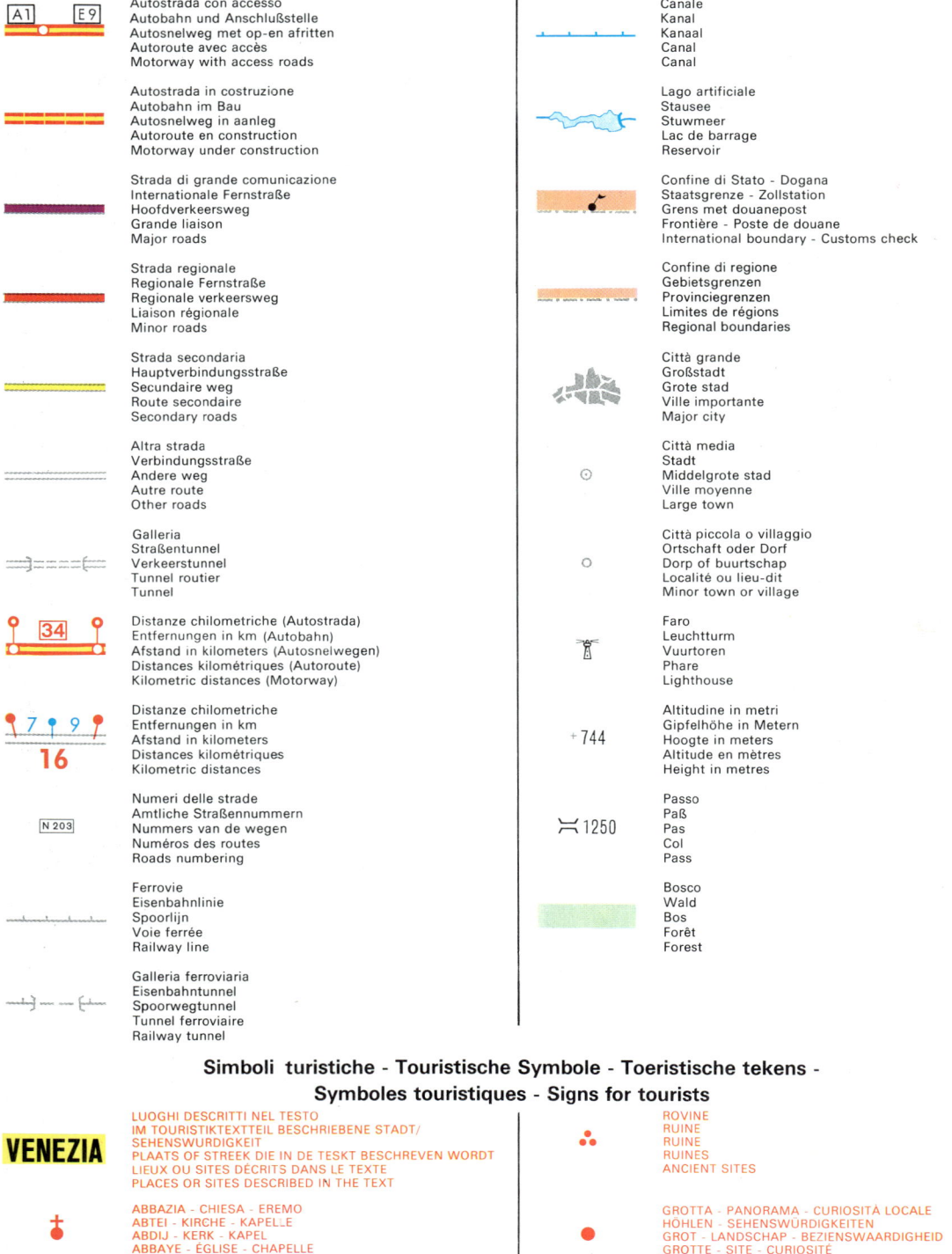

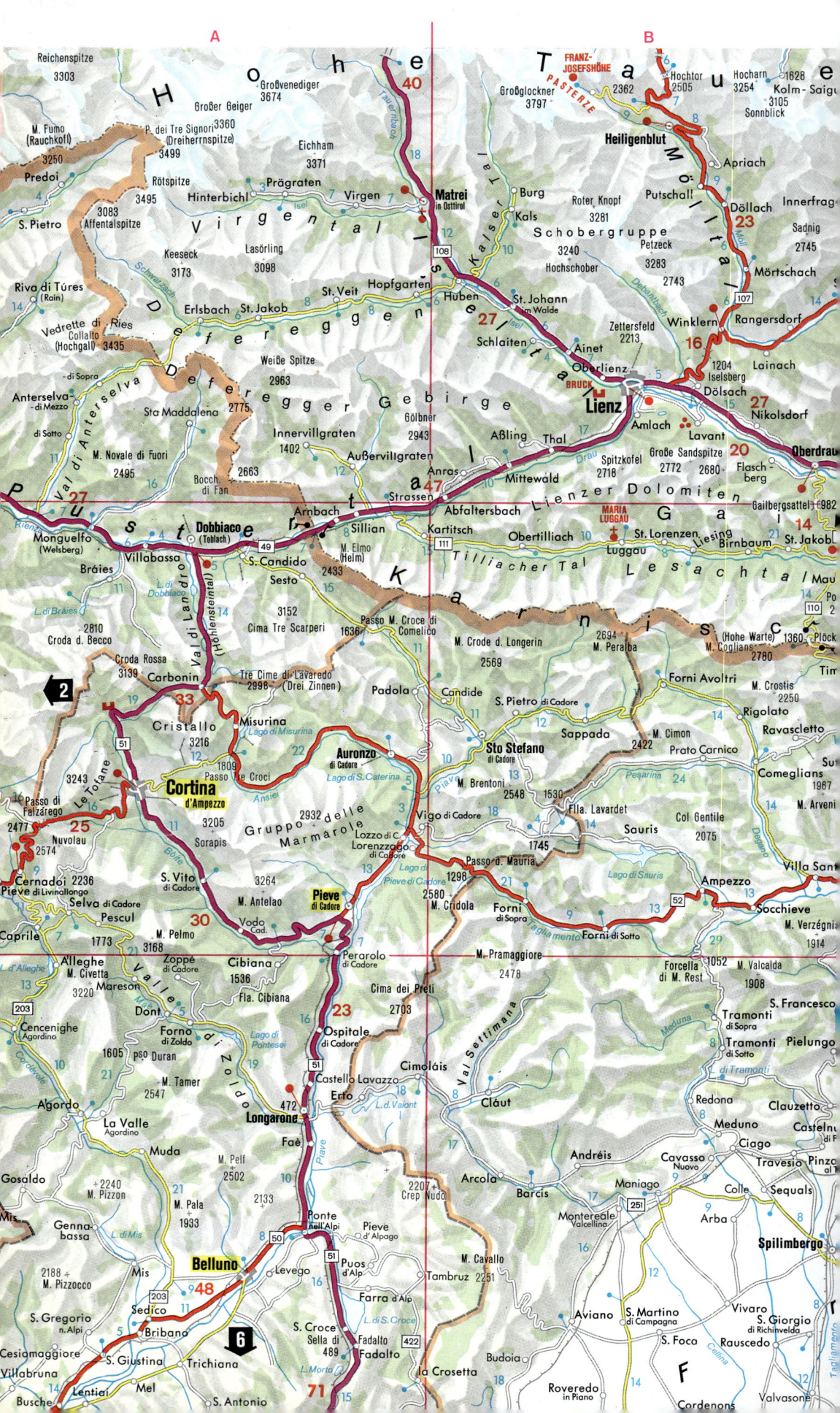

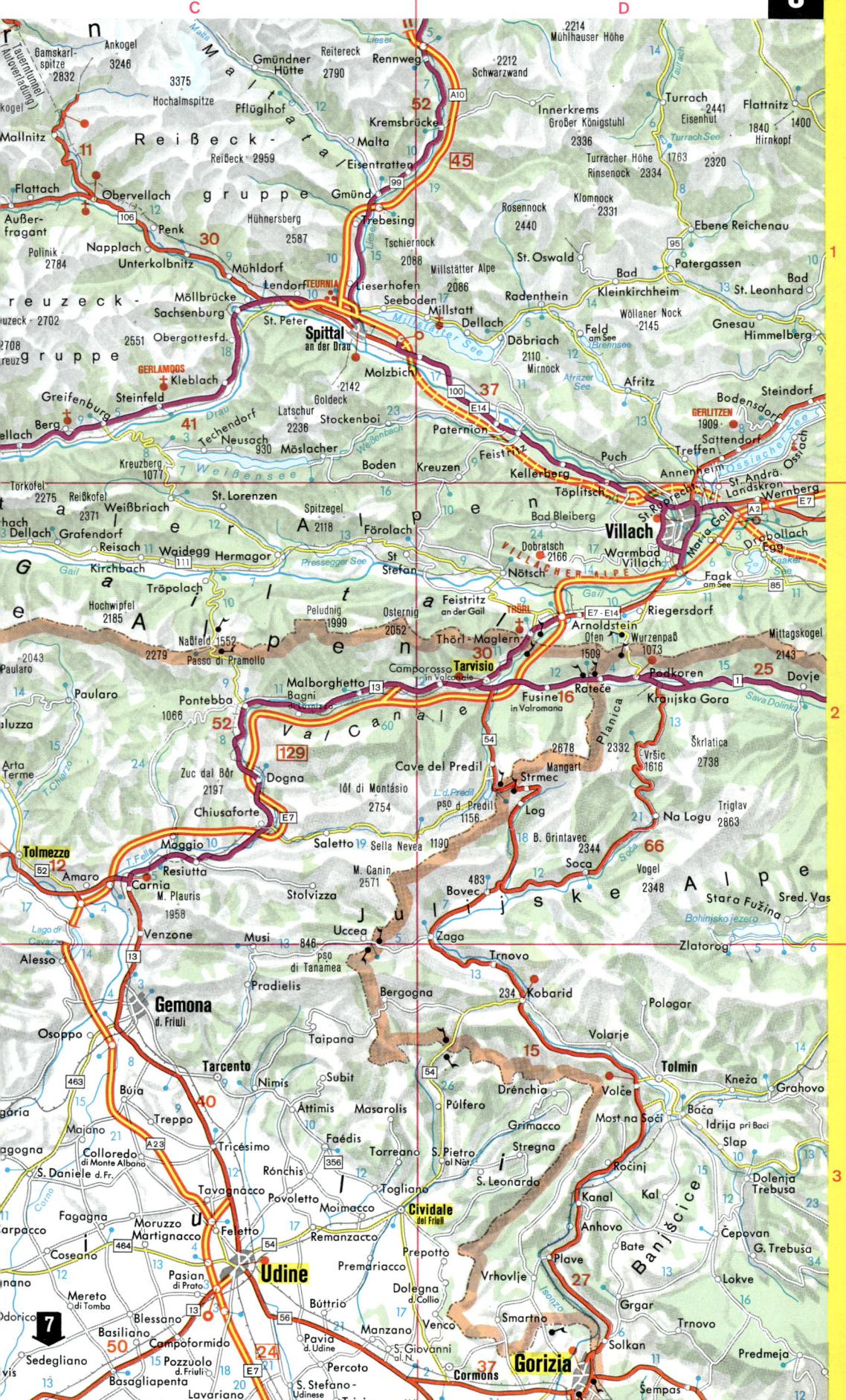

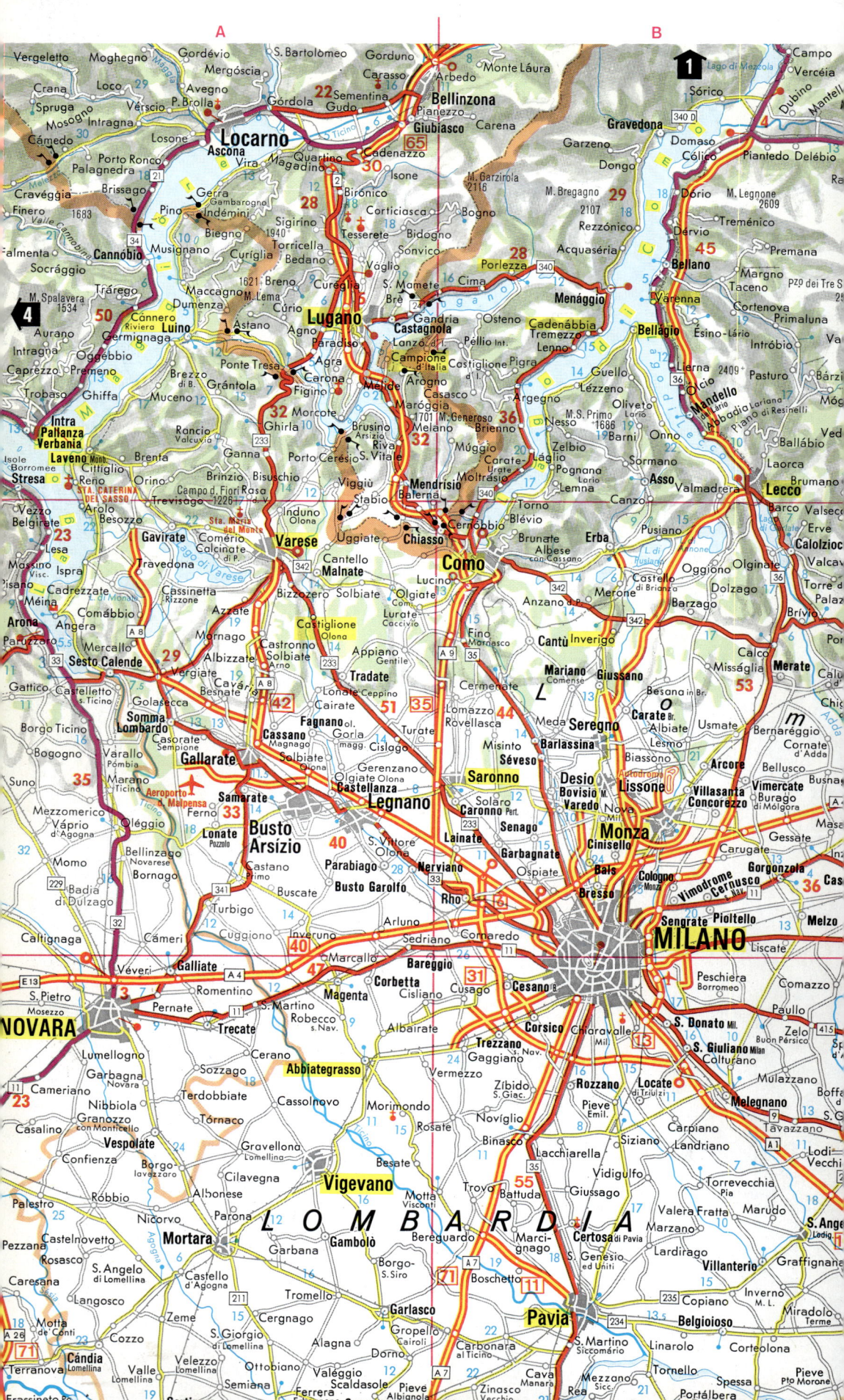

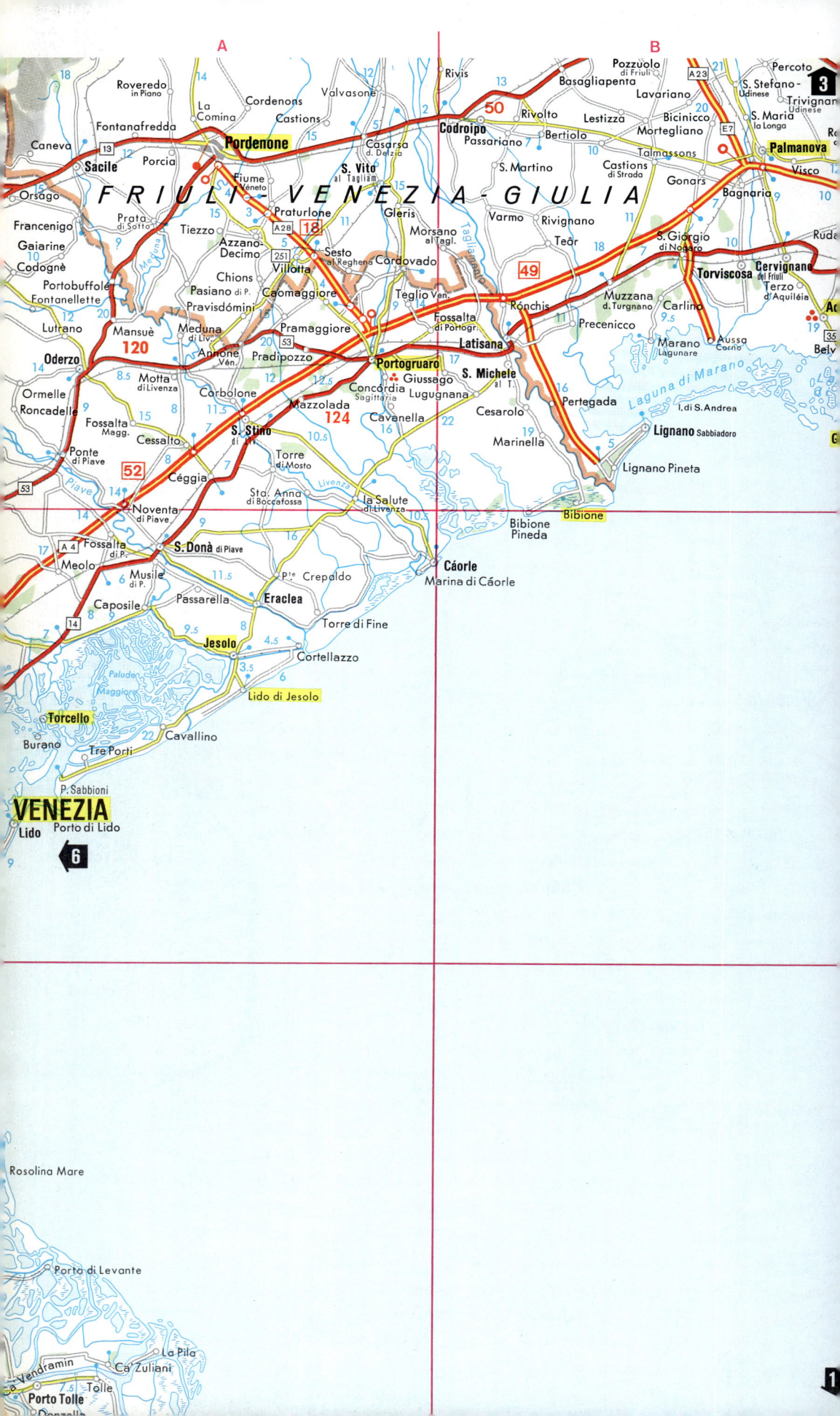

C　　　　　　　　　　D

Ližnjan
Medulin
Premantura
Rt. Kamenjak

R　　E

Á　　T　　I　　C　　O

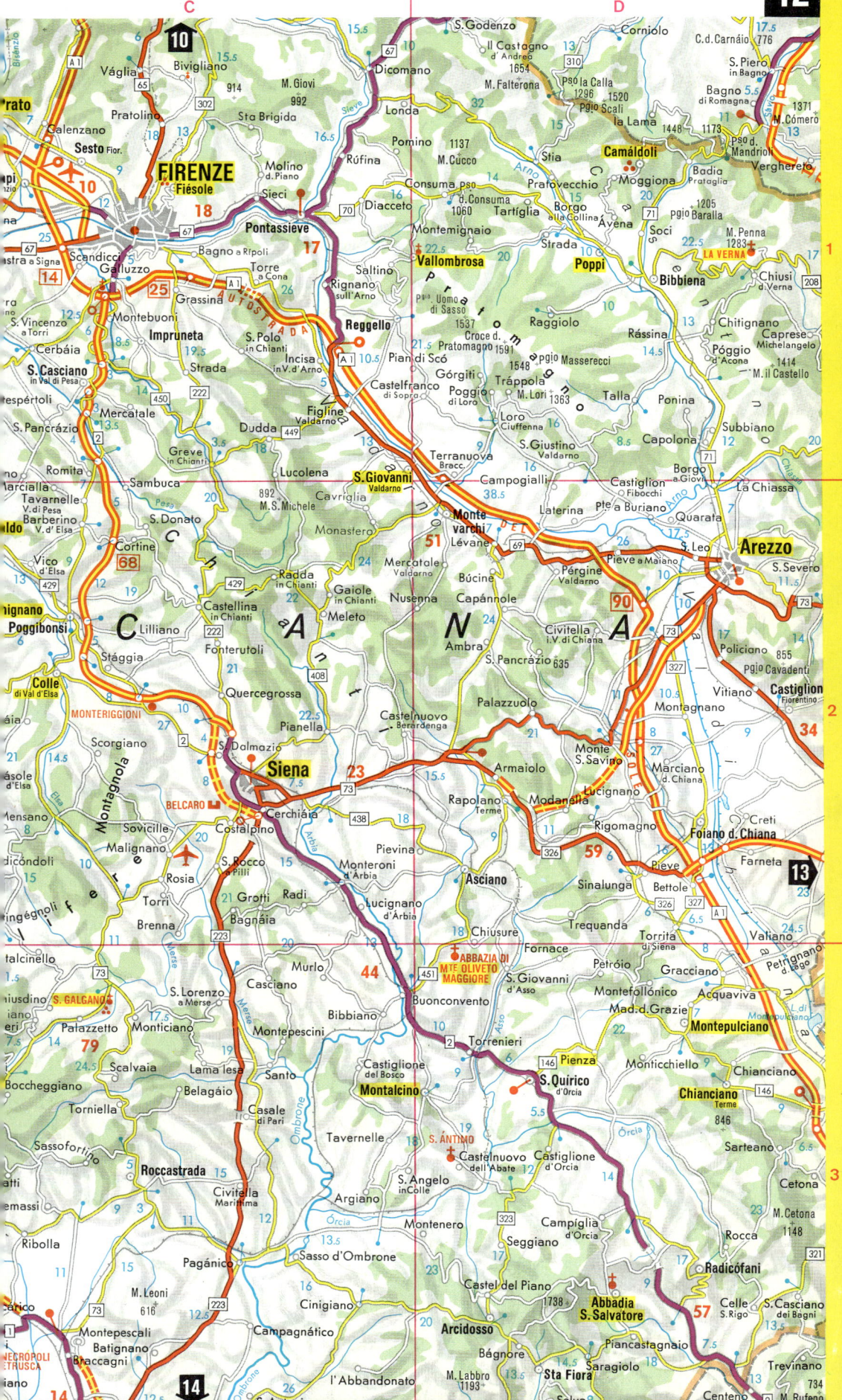

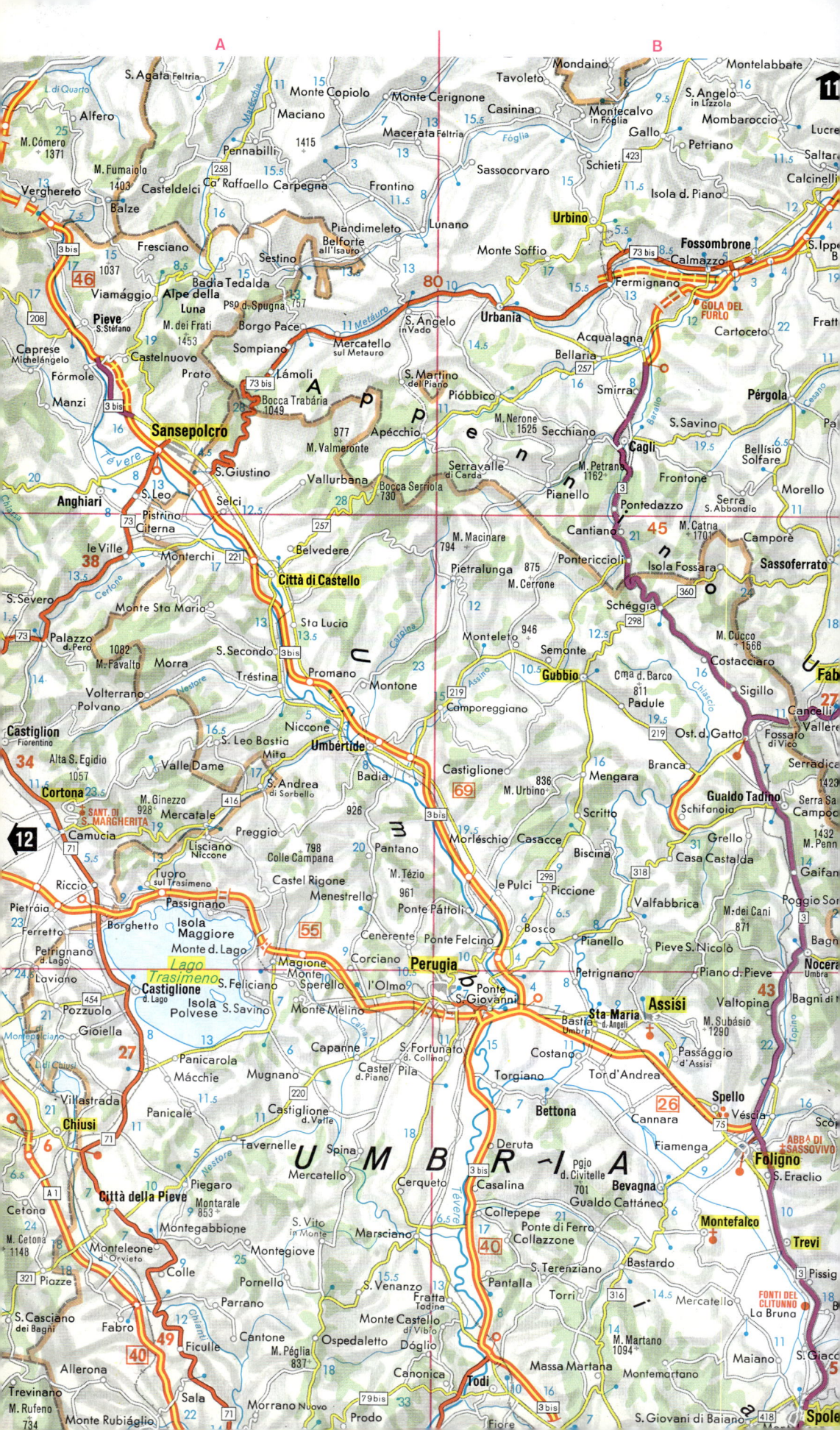

17

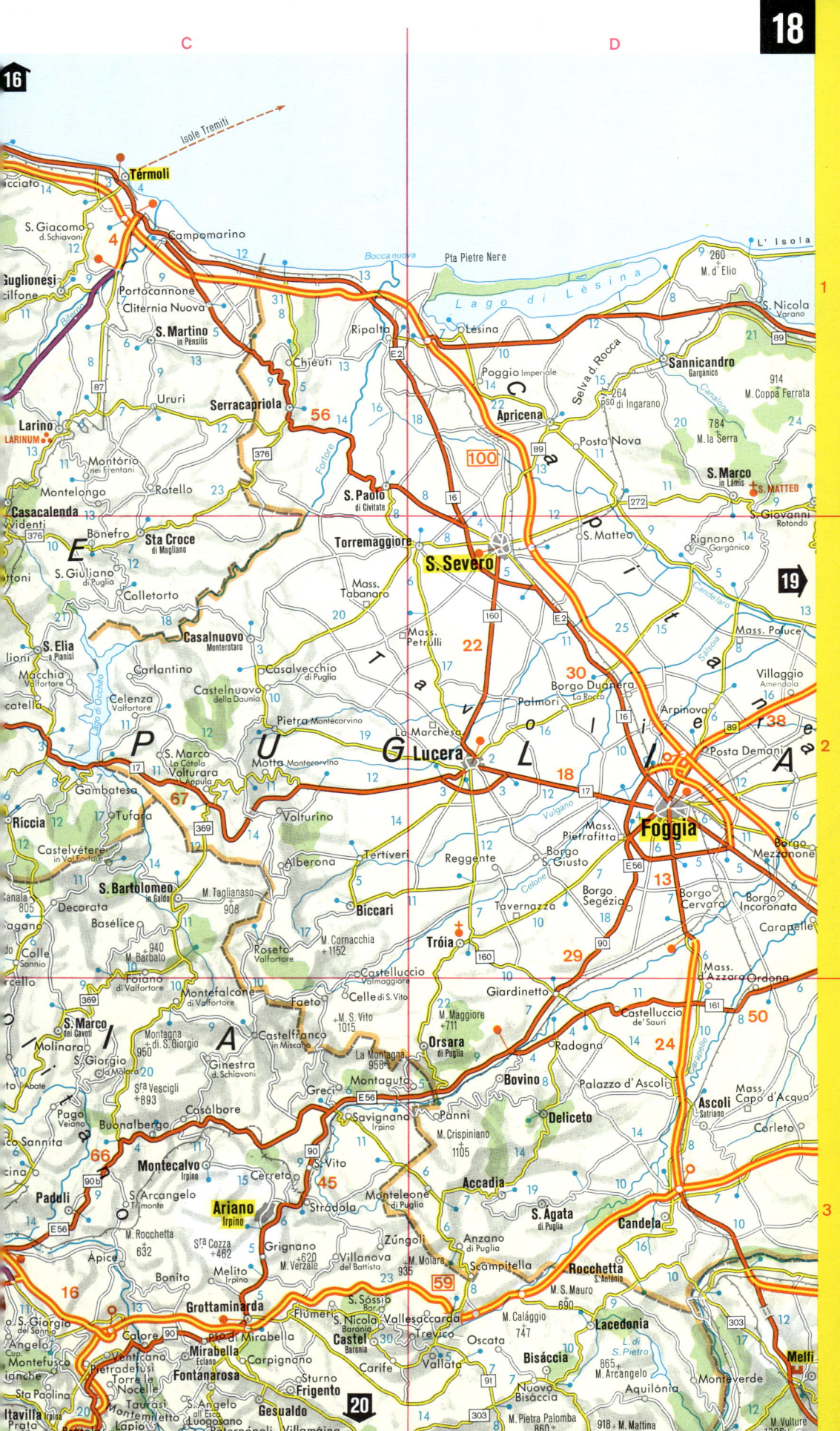

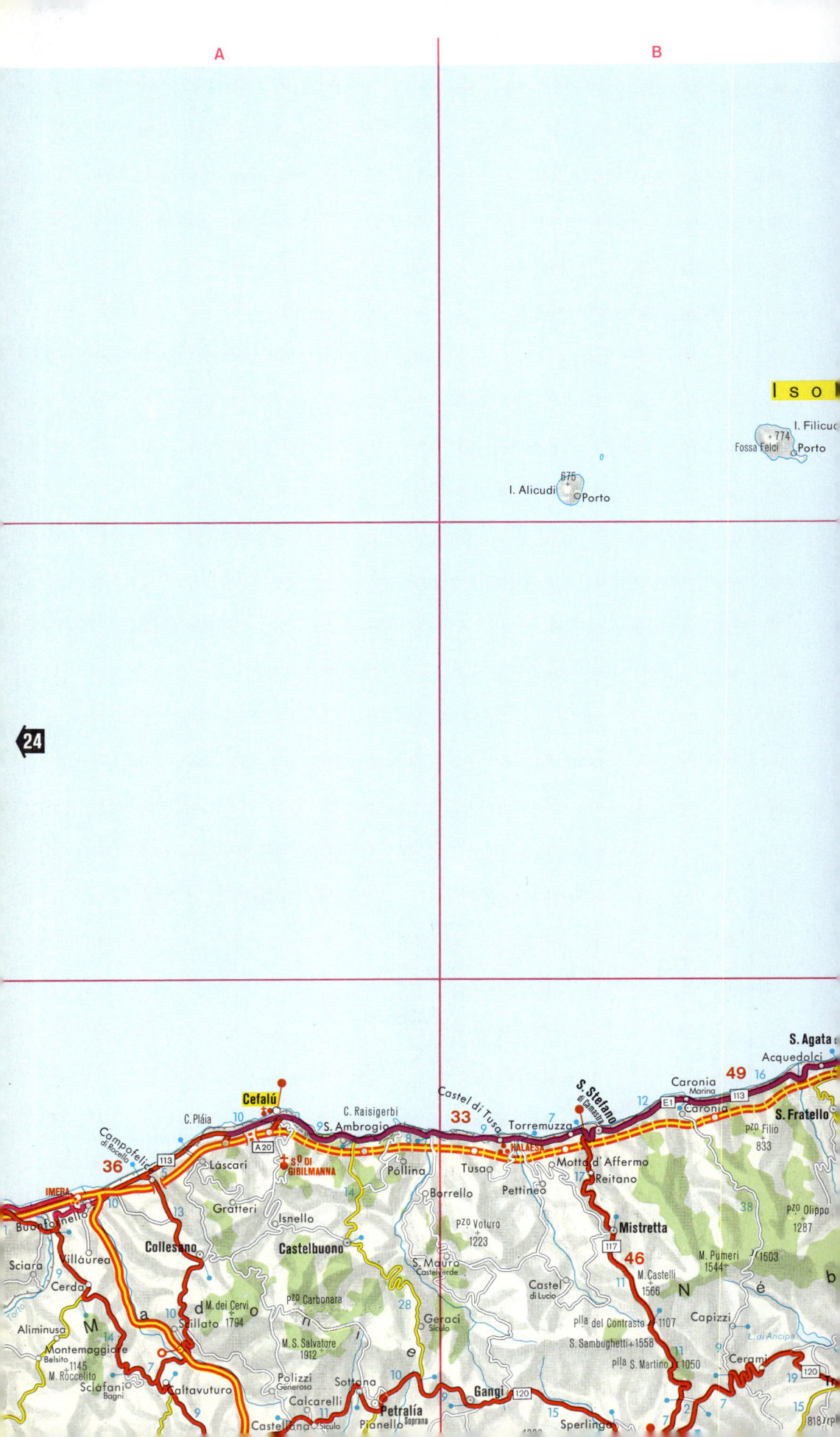

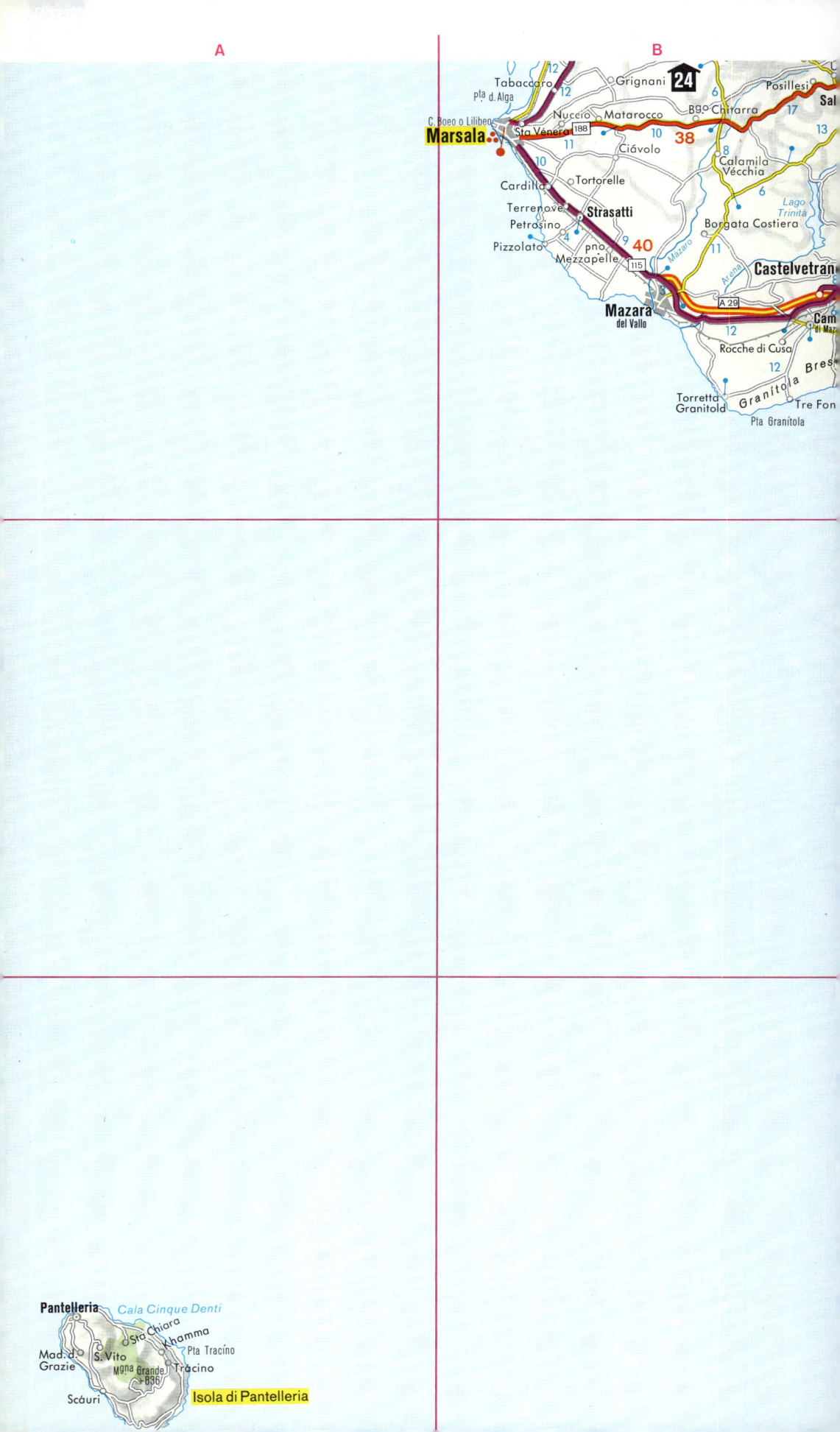

Divisione administrative - Die Verwaltungs-Bezirke - De administratieve eenheden - Les divisions administratives - Administrative Boundaries

Touristiktextteil Italien · dictionary of sites · dictionnaire des sites

Italien von A-Z mit Beschreibungen der Orte, Städte und Sehenswürdigkeiten in alphabetischer Reihenfolge sowie Hinweise auf die Lage im Touristikkartenteil.
Beispiel: **Amalfi** 20/B 2
Campania (Salerno)
Zuerst wird der Zielpunkt genannt, darunter folgt die Angabe der Region. In der Klammer steht dann der Name der Provinz. Sie finden Amalfi im Touristikkartenteil auf der Karte 20 im Planquadrat B 2.
Hinweise: Eine halbfette Auszeichnung mit Sternchenmarkierung im Text verweist auf eine separate Beschreibung im Touristikteil.
Padova*
* Beachtenswerte Sehenswürdigkeit
** Hervorragende Sehenswürdigkeit
*** Einzigartige Sehenswürdigkeit
☐ Mo = montags geöffnet
☒ Die = dienstags geschlossen
→ Pisa = siehe ausführlicher unter Pisa

Italy from A to Z with descriptions of places, towns, and sights in alphabetical order as well as references to the location on the tourist maps.
Example: **Amalfi** 20/B 2
Campania (Salerno)
First the place (Amalfi) is mentioned, followed by the name of the region, respectively, then in brackets the name of the province. In the tourist maps you will find Amalfi on map 20 in square B 2.
Note: Place names in bold print with asterisk in the text indicates a detailed separate description in the tourist part.
Padova*
* Interesting sight
** Outstanding sight
*** Unique sight
☐ Mo = Open Mondays
☒ Die = Closed Tuesdays
→ Pisa = For more details see Pisa

L'Italie de A à Z, avec descriptions des lieux, villes et curiosités par ordre alphabétique, ainsi qu'indications sur la situation dans la partie des cartes touristiques.
Exemple: **Amalfi** 20/B 2
Campania (Salerno)
La ville est citée en premier, en dessous suit le nom de la région. Entre parenthèses se trouve le nom de la province. Vous trouverez Amalfi dans la partie des cartes sur la carte page 20 dans le carré B 2.
Indication: Les noms en caractères demi-gras avec astérisque font l'objet d'une entrée particulière dans le dictionnaire des sites.
Padova*
* Les monuments ou les sites particulièrement remarquables sont suivis
** d'une, deux ou trois étoiles selon
*** l'intérêt qu'ils présentent.
☐ Mo = ouvert le lundi
☒ Die = fermé le mardi
→ Pisa = voir Pisa

Abano Terme 6/C 2
Veneto (Padova)
Abano, eines der Thermalbäder der Euganeischen Hügel (**Colli Euganei***), wird jährlich von April bis Okt. von 200.000 Kurgästen aufgesucht; es verfügt über beträchtliche Einrichtungen (alle größeren Hotels haben ein Thermalbad). Seit der Antike verdankt es seinen Ruhm der Effizienz der angewandten Schlammbadtherapie (Fangotherapie). Das Wasser, das aus vulkanischem Boden mit Temperaturen von 80°C hervorquillt, hat die landschaftliche Gestaltung des Kurortes begünstigt. Im Umkreis befinden sich weitere Thermalbäder wie Montegrotto Terme (3 km südl.), wo man die Überreste eines römischen Theaters und Thermen aus dem 1. Jh. findet; weiter südl. liegen die von Battaglia und von Galzignano.
Veranstaltungen: Sportwettkämpfe, Folklore, Konzerte.
Spezialitäten: → Padova*.
Colli Euganei* (westl. und südwestl.): 70 km lange Rundfahrt von Abano aus.
Frassenelle (12 km westl.): Villen aus dem 18. Jh.
Luvigliano (8 km westl.): Palast der Bischöfe von Padua (16. Jh.).
Monteortone (3 km westl.): Sanktuarium, 15. Jh. (mit Fresken verzierter Pfarrhaus).
Convento di Praglia (6 km westl.): Die große Klosteranlage wurde im 11. Jh. gegründet. Renaissancekirche, Mehrzahl der Gebäude aus dem 17. und 18. Jh.; die Benediktiner befassen sich mit der Restaurierung alter Bücher (morgens, Mo. und an religiösen Feiertagen ☒).
Torreglia (6 km südwestl.): In einem Park liegt die im 16. Jh. restaurierte "Villa Tolomei"; 4 km südl., Panorama* vom "Eremo di Monte Rua" (416 m) aus.

Abbadia San Salvatore
Toscana (Siena) 14/D 1
Inmitten von Kastanienwäldern, am Fuße des Osthanges der "Monte Amiata" liegt die Wintersportstation Zentralitaliens, die für ihre Quecksilbervorkommen und die zur Stromerzeugung benutzten Schwefeldämpfe (Larderello) berühmt ist. Das mittelalterliche Dorf mit gotischen Bauwerken bewahrte den Namen der ehemaligen Abtei, von der aus man die Kirche (11. Jh., restauriert) und die Krypta (8. Jh.) mit skulptierten Kapitellen besichtigen.
Arcidosso (25 km westl.): Reste einer Festung (Rocca) aus dem 14. Jh. und romanische Kirche von Lamulas.
Monte Amiata* (8 km westl., der Gipfel der Toscana in 1738 m Höhe, ein erloschener Vulkan, liegt 14 km entfernt): Vom Wintersportzentrum aus, das von einem monumentalen Eisenkreuz (22 m), dessen Fuß an den des Eiffelturms erinnert, gekrönt wird, erfaßt man ein weites Panorama.
Piancastagnaio (5 km südl.): Sommerfrische im Wald; Festung der Aldobrandeschi mit einem kleinen Museum.
Santa Fiora (16 km südwestl.): Frühere romanische Kirche.
Seggiano (30 km nordwestl.): Die Kirche beherbergt ein Polyptichon (Altarwerk) der Schule von Siena aus dem "quattrocento".
Bagni di San Filippo (10 km nördl.): Thermalbad.

Abbiategrasso 5/A 3
Lombardia (Milano)
Im 14. und 15. Jh. residierten die Visconti, später die Sforza (Milano) in dieser Stadt, die heutzutage zu einem bedeutendem Landmarkt geworden ist.
Castello der Herzöge: Zum Teil als archeologisches Museum eingerichtet (Eröffnung 1986).
Santa Maria Nuova: Das elegante Portal der Kirche (Ende 14., Anf. 18. Jh.), im alten Renaissanceviertel, das das letzte Werk von Bramante in der Lombardia sein soll, weist auf die Galerien eines Innengartens. Unter dem Vordach des Bogens befinden sich Malereien aus dem 16. Jh. Im Inneren gibt es eine im 15. Jh. verzierte Kapelle.
Magenta (8 km nördl.): 1859 fand hier die entscheidende Schlacht statt, die zur Folge hatte, daß Österreich die Lombardei abtreten mußte.
Abbazia di Morimondo (6 km westl.): Die Abtei wurde im 12. Jh. von Zisterziensern der französischen Abtei Morimond gegründet. Die streng gegliederte Anlage weist eine Kirche (restauriert, Chor und Gestühl aus dem 16. Jh.) und einen Kreuzgang auf.

Abetone 10/A 3
Toscana (Pistoia)
Im Herzen eines 3700 ha großen, schönen Tannenwaldes*, am Fuße des Monte Cimone (2165 m), liegt das sehr schöne Dorf Abetone, ein bekanntes Ziel für Wanderungen, Wintersport (1400/1940 m) und Sommerfrische. Es verfügt über erstklassige Hotels und zahlreiche Seilbahnen und Skilifte.
Veranstaltungen: Im Feb.-März, internationale Skiwettkämpfe.
Cutigliano (15 km südöstl.): Sommerferienort, Palast der Capitani della Montagna (15. Jh.), nördl. erreicht man mit der Seilbahn von

73

Abruzzo (Parco Nazionale d') 16/A-B 3
(400 km²; Höhe 2247 m am Monte Petroso)
Provinz L' Aquila

Pescasseroli (1170 m), das Hauptzentrum des Abruzzen Nationalparks, wo sich die Parkverwaltung, ein Freigehege, ein botanischer Garten und ein Naturkundemuseum befinden, ist ein altes Dorf mit engen Gassen und einer mittelalterlichen Kirche. Es ist der Heimatort des Philosophen Benedetto Croce (1866-1955). In Civitella: Museo del Lupo (Wolfsmuseum).
In den Buchenwäldern mit rauschenden Wasserfällen leben Braunbären, Wölfe, Gemsen, Hirsche, Marder, Wildkatzen und Füchse. Zu den zahlreichen Vogelarten gehören Falken und Steinadler. Das 1923 gegründete Naturreservat ist eines der ältesten Europas, es erstreckt sich im Süden bis nach Latium.

Doganeccia den Paß „Passo della Croce Arcana".
San Marcello Pistoiese (20 km südl.): Ferienort in 650 m Höhe.
Sestola (30 km nördl., auf dem Nordhang des Cimone, Provinz Modena, 1020 m). Der große Sommer- und Winterferienort des Apennin liegt in schöner Panoramalage. In Fanano (7 km südöstl.) befinden sich Gebäude aus dem 16. und 17. Jh. und eine Kirche romanischen Ursprungs.

Acqui Terme 8/D 2
Piemonte (Alessandria)
Wie Abano verdankt das Thermalbad seinen internationalen Ruf der Wirksamkeit der Schlammbäder. Eine der heißen Quellen versorgt den berühmten dampfenden Brunnen „Bocca della Bollente", aus dem das Wasser mit 75°C und 500 l/Min. hervorquillt. Das Thermalbad mit einem Kurpark* wird seit der römischen Zeit besucht.
Antiche Terme: Die Thermalbäder am rechten Ufer des Bormida wurden im 18. Jh. restauriert.
Acquedotto romano: Flußaufwärts, nach der Brücke, sieht man über dem Flußbett die Überreste eines römischen Aquädukts.
Duomo: Der Dom stammt zum Teil aus dem 11. Jahrhundert.
San Pietro: Frühere Kathedrale.
Castello dei Paleologhi: Teile des Schlosses stammen aus dem 11. Jahrhundert.
Museo Civico: Der Archäologie gewidmet (morgens ⊠).
Canelli (29 km östl.): Zentrum der berühmten Weine aus **Asti***.
Cassine (13 km nordöstl.): Ort im o.g. Weinbaugebiet, gotische Kirche San Francesco.
Nizza-Monferrato (19 km nordwestl.): Kleines Weinmuseum (an Feiertagen morgens ⊠), alte Wohnsitze, Palazzo del Comune.
Roccaverano (28 km südwestl.): Panoramalage in 760 m Höhe, Ruinen eines mittelalterlichen Schlosses, Renaissancekirche.
Sezzadio (18 km nordöstl.): An der Stelle, die den Namen Abbadia trägt, steht eine frühere lombardische Kirche: im Inneren mit Fresken verziert.

Agnone 18/B 1
Molise (Isernia)
Das Ferienzentrum für Sommerurlauber liegt auf einem Hügel zwischen Wäldern in einer an vorrömischen archäologischen Überresten reichen Gegend. Zwei romanische Kirchen sind erhalten: Sant' Emidio (Portal und Fensterrose) und San Francesco.
Veranstaltungen: Messen im Aug., Schinkenfest im September.
Handwerk: Glockengießerei, Kesselschmiede, Goldschmiedekunst.
Bagnoli del Trigno (27 km südöstl.): Malerisches Dorf.
Capracotta (20 km nordwestl.): Höchstgelegenes Dorf des Apennin (1420 m); Wintersportstation; Tage der Freundschaft im September.
Pescolanciano (28 km südl.): Auf einem Felsen oberhalb der Ortschaft beherbergte das Castello im 17. Jh. eine Keramikfabrik; vorrömische Umwallung.
Pietrabbondante (18 km südl.): Die Area Sacra stimmt mit den Überresten einer früheren samnitischen Stadt überein, hier stehen noch guterhaltene Tempel und Theater. Im Teatro Italico, (2. Jh. v. Chr.), veranstaltet das Verkehrsbüro von **Isernia*** im Sommer Vorstellungen.
Schiavi d' Abruzzo (23 km östl.): Reste eines Tempels aus dem 3. Jh. v. Chr. in der Umgebung.

Alba 8/C 2
Piemonte (Cueno)
Die Hauptstadt des Tanaro-Tales erstreckt sich zwischen mit Schlössern gekrönten Hügelgraten (langhe, sing. langa) in einer rebenreichen Landschaft. Das Zentrum der graphischen Industrie ist auch eine der großen Metropolen des italienischen Weinhandels. Das Bild der mittelalterlichen Stadt wird von ihren Türmen geprägt.
Duomo: Die Türme stammen aus dem 16. Jh., Chorgestühl aus der Renaissance.
Museo Archeologico: Das archäologische Museum erinnert an die römische Vergangenheit der Stadt (Alba Pompeia) und an die regionale Frühgeschichte; im Rahmen des Museo Civico Eusebio sind einige Vitrinen der Ornithologie gewidmet.
Palazzo Comunale: Schöne Gemälde in der Sala Consiliare.
Veranstaltungen: Großer Markt am Sa.; im Okt., Trüffelmarkt.
Feste: „Palio", am 10. Aug. (mit 500 kostümierten Darstellern). Historisches Fest bezogen auf das Ereignisse am 10. Aug. 1275, die die Bewohner Albas gegen die Stadt Asti führten.

Spezialitäten: Weine (Moscato d'Asti, Barolo, Barbaresco, Nebbiolo und Dolcetti ...). Weiße Trüffel (il tartufo) und Pilze, die die Küche des Piemont so schmackhaft machen.
Bra (15 km westl.): Palazzo Traversa (15. Jh.); Barockkirche Sant Andrea, Museo Civico (Archäologie der nahen römischen Stätten).
Cherasco (20 km südwestl.): Stadttore aus dem Barock, mittelalterliche Türme. Fassade von San Pietro, Schloß der Visconti (14. Jh.), „Madonna del Popolo".
Dogliani (25 km südl.): Mittelalterliche Ortschaft.
Santa Vittoria d'Alba (9 km westl.): 2 km südwestl. liegt Pollenzo, das frühere römische Pollentia; Castello Reale (14. Jh.).
Schlösser in der Umgebung von Alba:
Südlich der Stadt, im Langhe-Weinberg: Roddi (im Ort, „Schule" für Hunde, die zur Trüffelsuche abgerichtet werden); La Mora (ein hochgelegenes Dorf); Barolo; Montforte; Castiglione Falleto; Serralunga (hohes mittelalterl. Bauwerk aus Backstein, 12. Jh.); Grinzane Cavour* (13. Jh.), eines der berühmtesten Schlösser des Piemont, das sich bis heute im Besitz der Familie Cavour befindet, krönt einen mit Reben bewachsenen Hügel: Önothek im Schloß.
Am linken Tanara-Ufer: Roero (Schloß von Monticello aus rosa Backstein, Gotik und Renaissance); Guarene (8 km nördl. von Alba); mächtiges Viereck aus der Klassik; befestigter Ort Mogliano Alfieri; Govone, mit einem schönen Hof aus der Klassik.

Albenga 9/B 3
Liguria (Savona)
Der Badeort an der Riviera dei Fiori (der Blumen) besitzt in der Umgebung der Kathedrale ein großes altertümliches Viertel**. Die Via Aurelia (heutige Nationalstraße) führt zu den Überresten des Hafens Albingaunum, der während der römischen Antike sehr belebt war; paläochristliche Basiliken; Baptisterium (zum Teil aus dem 5. Jh., Mosaiken).
Palazzo Vecchio del Comune: Panorama vom 60 m hohen Turm.
Duomo: Kathedrale (13. Jh.) mit barockem Portal und gotischem Campanile.
Weitere Sehenswürdigkeiten: Der Pilone genannte, alte Turm, die Ponte lungo, eine Brücke aus romanischer Zeit. Die Überreste aus römischer Zeit liegen im Flußbett der Centa.
Museen: Römisches Schiffsmuseum und Museo Civico: Frühgeschichte und römischen Archäologie (Ingauno; in den Mauern des Palazzo del Comune).
Alassio (10 km südl.): Einer der großen Badeorte der Riviera mit wunderschönem Strand und Yachthafen. Im Verlauf der Via Aurelia liegt die Kirche Santa Croce (13. Jh.). Im August Festival des Muretto und im September Jazzfestival.
Andora (marina di, 18 km südl.): Segelzentrum im Schutz des Capo Mele; vom Ufer zurückgesetzt liegt das mittelalterliche Dorf mit einer romano-gotischen Kirche.
Castelvecchio di Rocca Barbena (18 km nördl.): Mittelalterliche Ortschaft in 400 m Höhe.
Gallinara (Isola): Zentrum der Unterwasserjagd, 15 Min. mit dem Schiff.
Loano (9 km nördl.): Residenz der Bischöfe, Doriapalast. Palast del Commandante: Loggia (16. Jh.) und Renaissancekirche Sant' Agostino.
Toirano (9 km nördl. über Borghetto): Mittelalterliches Viertel, Museum der Frühgeschichte; Höhlen, die zu paläolitischer Zeit bewohnt waren.
Villanova d'Albenga (6 km westl.): Mittelalterliche, befestigte Ortschaft (Türme, 13. Jh.); bekannter Blumenmarkt.
Zuccarello (13 km nordwestl.): Altes Dorf, Ruinen der Burg und der mittelalterliche Verteidigungsanlagen. Eine romanische Brücke in Eselsrückenform führt über die Neva.

Alberobello 21/D 1
Puglia (Bari)
Alberobello, die Stadt der Trulli, verdankt ihren Namen den weiß getünchten Rundhäusern mit einem Kegeldach. Mit grauen Steinplatten gedeckte „Kegelhäuser" liegen an malerischen, sich kreuzenden Gäßchen. Manchmal bilden die originellen Häusergruppen (einige stammen aus dem 11. Jh.) einen Kreis um einen kleinen Platz, den Mittelpunkt des Gemeinschaftslebens. Einige der Trulli sind zu besichtigen.

Alberobello: Mehr als eintausend in Gruppen zusammenstehende Trullis sind mit Steinplatten bedeckt, die magische Ornamente tragen.

Die Trulli-Rundhäuser

Das hügelige, karstige Hochland der Murge mit zahlreichen Höhlen, erscheint dem Besucher als eine Art Königreich der Trulli.
Die steinernen Rundhäuser mit einem Kegeldach sind vielleicht die Nachfahren afrikanischer Rundhütten oder vorgeschichtlicher Bauformen. Die einräumigen Häuser, auch Casella genannt, sind weiß gestrichen und mit Steinplatten (Chiancarelle) gedeckt.
Die Kegelhäuser geben der Landschaft um Martina Franca und Alberobello* ein charakteristisches Aussehen. Das Grün der Gärten und Weinberge scheint mit schneeweißen Trulli gesprenkelt zu sein.
In den Ortschaften drängen sich die originellen Bauten wie „Weintrauben" zusammen und bilden Gruppen, manchmal sogar ganze Stadtteile: in Alberobello gibt es in den Vierteln Monti und Aia Piccolo nicht weniger als 1070 Trulli. Einige von ihnen weisen eine Etage auf, andere sind als Kirchen eingerichtet. Über den Eingängen hängen Kreuze oder andere magische Symbole, manchmal sind diese auch auf den Kegelspitzen des Daches befestigt.

Sant'Antonio: Die Kirche auf dem Hügel wurde in der Form eines Trulli errichtet (Anf. 20. Jh.).
Folklore: Tänze in hübschen Bauerntrachten.
Spezialitäten: Hochprozentige Weine, Speisen mit Olivenöl.
Handwerk: Schmiedeeisen und Stickerei.
Castellana Grotte (19 km nordwestl.): → **Monopoli*;** schöne Tropfsteine.
Gioia del Colle: 28 km westl., → **Bari*.**
Valle d'Istria (südöstl.): Zahlreiche weiß getünchte Trulli inmitten von Orangenhainen.
Locorotondo (9 km östl.): Kleine Stadt mit kreisförmigem Grundriß, die der Gegend von Alberobello den Namen gegeben hat. Interessante Kirchen, darunter die Madonna della Greca mit Werken aus der Renaissance.
Martina Franca (15 km südöstl.): Monumente aus klassischer Zeit.
Putignano (13 km nordwestl.): Schönes Dorf mit weißen Häusern, berühmter Karneval im Februar.
Selva di Fasano (8 km nordöstl.): Umfangreiche Trulligruppe*
Monte Sannace (27 km westl.): Villa Apulo, → **Bari*.**
Monopoli*: 25 km nördlich.
Ostuni*: 34 km östlich.

Alessandria 9/A 1
Piemonte (Provinzhauptstadt)
Das heutige Textilzentrum entstand aus einer Zitadelle zur Zeit der lombardischen Könige. Es bietet nur geringe touristische Sehenswürdigkeiten. Allein das Museo Civico und die Pinacothek im Kathedralenviertel (20. Jh.) verdie-

nen einige Aufmerksamkeit. Die Stadt ist die Heimat der berühmten Borsalinohüte.
Castellazzo Bormida (10 km südl.): Treffen der Motorradfahrer an der Madonna delle Grazie (Die Schutzpatronin der Zentauren) im Juli.
Marengo (5 km südöstl.): Bonaparte besiegte hier in einer berühmten Schlacht (1800) die Österreicher. In den Räumen der Villa Marengo erinnert das Museo della Battaglia an die Geschehnisse dieser Schlacht (Mo. ⊠).
Novi Ligure (23 km südöstl.): → Umgebung von **Tortona*.**
Oviglio (10 km südwestl.): Westlich davon Castello di Redabue.
Valenza (14 km nördl.): Ehemalige Festung, Zentrum renommierter Goldschmiedearbeiten.
Tortona*: 19 km östlich.
Asti*: 27 km westlich.

Alfedena 18/A 2
Abruzzo (L'Aquila)
Das alte Dorf wurde während der Kämpfe 1943/44 zum Teil zerstört; die Erdbeben von 1980 und 1984 beschädigten es erneut. Es schmiegt sich eng an die Ruinen des Castello. Kirche mit romanischem Portal.
Palazzo del Comune: Vorrömische archäologische Sammlungen im Museo Civico.
Ausgrabungen: (2 km nördl.): Ausgrabungsstätte von Aufidena, Stadt der Samniten, zyklopische Mauern um eine „Akropolis".
Abruzzo*: Informationszentrum des Nationalparks in Pescasseroli (32 km nordwestl.).
Castel di Sangro (9 km nördl.): Die Ortschaft wird von der Gestalt ihrer schönen Stiftskirche beherrscht; Überreste eines Castello, kleines archäologisches Museum.
Pescocostanzo (24 km nördl.): Renaissancedorf, das 1984 durch Erdbeben beschädigt wurde; Stiftskirche (14. Jh.). Hochburg handgemachter Klöppel- und Rahmenspitzen. Darstellung der Passion während der Osterwoche.
Rivisondoli (nördl.): Große malerische Ortschaft des Altipiano der Cinquemiglia, „lebende Krippe" am 5. Januar.
Roccaraso (18 km nordöstl.): Weiteres Zentrum des Altipiano (nach dem Kriege wiederaufgebaut); bedeutende Wintersportstation, Seilbahn zum Altopiano dell'Aremogna: Sanktuarium des Monte Zurrone.
San Vicenzo al Volturno (Abbazia di, 22 km südl.): In der Nähe dieser Abtei-Gründung aus dem 8. Jh. liegt die Krypta von San Lorenzo, die vollständig mit Fresken aus dem 11. Jh. verziert ist.
Villetta Barrea (17 km nordwestl.): Den Ort erreicht man über die Panoramastraße „del passo delle Croce" (1170 m Höhe).

Die alte Ortschaft Barrea, einige Kilometer von Alfedena entfernt, liegt hoch über einem künstlichen See an den Toren des Abruzzen-Nationalparks.

Altamura
Puglia (Bari) 21/C 1

Die an frühchristlichen Überresten reiche Stadt mit megalithischen Mauern, denen sie ihren Namen verdankt, liegt auf einer Anhöhe der Region Murge.
Kathedrale: Der romano-gotische Bau (Fensterrose) wurde auf Anordnung Friedrich II. zu Anfang des 13. Jh. erbaut und erst im Barock mit der Krönung der Fassadentürme vollendet.
Museo Civico: Museum mit archäologischen Sammlungen seit der Bronzezeit.
Umgebung: 4 km nördlich liegt Pulo, das zu neolithischer Zeit bewohnt war (75 m tiefe karstische Doline). 9 km weiter liegen Höhlen, die während der byzantinischen Herrschaft in den Tuff gegraben wurden.

Amalfi gab der Costiera den Namen. Die im Mittelalter mächtige Seerepublik gilt im Sommer als beliebter Anlegeplatz der Strecke Salerno-Capri.

Amalfi
Campania (Salerno) 20/B 2

Der schönste Ort am Golf von Salerno trägt einen der großen Namen Süditaliens. Die Lage** des alten Hafens, der heutige Badeort, ist besonders malerisch. Die kleine Hauptstadt der Costiera Amalfitana kann von **Salerno*** oder von Sorrente über **Positano*** aus auf einer kurvenreiche Panoramastraße** an der Küste entlang erreicht werden. Die schwalbennestartig am Hang angelegte Ortschaft scheint sich am Felsen festzuklammern. Sie besticht inmitten von Feigenkakteen und dem Duft von Rosmarinsträuchern durch das strahlende Weiß der Kirchen, die mit Fayencekacheln gedeckt sind. Die frühere Handels- und Seerepublik, von der man zu Recht annimmt, sie sei die Heimat des Erfinders des Schiffskompasses, Flavio Gioia (11. Jh.), bewahrte einige interessante Monumente ihrer Geschichte.
Duomo S. Andrea: Über eine monumentale Freitreppe erreicht man den Dom mit einer Spitzbogenvorhalle im lombardischen Stil und einer Mosaikfassade (romano-byzantinisch): Bronzetür, Krypta, an der Stelle einer Basilika (im 11. Jh. errichtet), gotischer Kreuzgang Chiostro del Paradiso (13. Jh.). Besonders bewundernswert sind die spitzbogigen, sich überschneidenden Arkaden im Kreuzgang und an der Fassade des Doms.
Museo Civico: Das Museum bewahrt das „Tavole Amalfitane" auf; das erste geschriebene Seerecht galt bis zum 17. Jh. Enge Gassen führen zum Tal der Mühlen „Valle dei Mulini". Hier wurde jüngst ein Museum des Papiers (della Carta) eröffnet (Di., Do. und Sa. morgen □). Im Sommer Schiffsverbindungen zur Insel **Capri*** und nach **Salerno***.
Veranstaltungen: Regatta der „Alten Republiken" Anfang Juni mit Folklore und Kulturveranstaltungen, zahlreiche Konzerte im Juli/August.
Spezialitäten: Krebstiere, Gebäck (dolci), Karamellen und kandierte Früchte aus dem Valle dei Mulini und Weine aus Ravello.
Handwerk: Handgeschöpftes Papier (Carta a mano), dessen Tradition auf das 13. Jh. zurückweist.
Umgebung: Ausflüge in das bergige Hinterland** (i Tramonti).
Atrani (1 km Richtung Salerno): Schöner kleiner Badeort und Fischereihafen: Keramikhandwerk.
Conca dei Marini (5 km Richtung Positano): Bis zum 16. Jh. Handelshafen, heute ein Fischerhafen am Fuße einer Felswand, beherrscht von einem sarazenischen Turm: berühmt sind die kegelförmigen Reusen der Fischer. In der Nähe liegen die ebenfalls berühmten Smaragdhöhlen* (di Smeraldo; Tropfsteine*), bei schlechtem Wetter ⊠
Maiori (5 km nach Salerno): Schöne Lage*; Höhlen, die sich zum Meer hin öffnen. Der Nachbarort Minori ist für die traditionelle Herstellung der „Pasta a mano" (Sfogliatelle) berühmt, die in der Sonne getrocknet werden. Bedeutende Überreste einer römischen Villa (1. Jh.). In Maiori und Minori findet im Feb. der berühmte „Carnevale della Costiera" statt.
Ravello* (6 km in den Bergen): Von Castiglione aus über eine enge und kurvenreiche Strecke zu erreichen. Schönes Panorama über die Bucht von Salerno. Die Gärten der Villa Rufolo*, die terrassenförmig über dem Meer angelegt wurden, bieten Skulpturen und einen maurischen Kreuzgang. Richard Wagner hat sich hier aufgehalten, jährlich findet ein Festival symphonischer Musik statt. Von Oktober bis Mai bleibt der Besitz an den Nachmittagen geschlossen. Sehenswert sind auch die mittelalterlichen Kirchen, der Duomo (Dom), das Museum der Kathedrale und die Villa Cimbrone. Weinlesefest im September.
Scala: Schöne Lage; Heimat von Geraldo Sasso, dem Gründer des Malteserordens.
Positano*: 18 km westlich.
Furore und Praiano: → Umgebung von **Positano***.
Salerno*: 25 km östlich, 1 Std. Fahrtzeit.

Ravello, ein großes Dorf mit zahlreichen Baudenkmälern: Elemente antiker Architektur schmücken den Hof der Villa Cimbrone.

Amatrice
15/D 2
Lazio (Rieti)

Das alte Dorf liegt auf einer Anhöhe etwas abseits der Via Salaria (7 km), die Rom mit dem Hafen von Ascoli verband. Der Ort am Fuße der Berge von La Laga (Monte Gorzano, 2460 m) bewahrte eine interessante romano-gotische Kirche, deren Inneres mit Fresken verziert ist. 5 km westl. liegt ein schöner künstlicher See am Scandarello.

Antrodoco (41 km südl.): Am Ende der Velino-Schluchten, romanische Kirche Santa Maria extra Moenia mit Elementen aus dem 5. Jh. und Fresken aus der Renaissance. Gegenüber liegt ein Baptisterium (9. Jh.). Am Ortsende in Richtung l'Aquila liegen die Schluchten von Antrodoco*.
Cittareale (21 km südwestl.): Mittelalterlicher Ort, Castello aus der Renaissance; Wintersportzentrum von Selva Rotonda nach 7 km.
L'Aquila*: 52 km südöstlich.
Camposto (Lago di und gleichn. Dorf, 22 km südöstl.): → **Campo Imperatore***.

Anagni
17/C 2
Lazio (Frosinone)

Von der ehemaligen päpstlichen Residenz (11. Jh.), hoch auf einem Vorgebirge, einige km nördl. der Via Casilina, sind ein Teil der römischen Mauern, der polygonale Festungswall und der mittelalterliche Charakter* erhalten.
S. Maria: Die von einem wunderschönen Campanile flankierte romanische Kathedrale* (Ende 11. Jh.) besticht durch ihren Bo-

Anagni: In der Mitte der alten Ortschaft öffnet sich die Terrasse der Piazza Cavour in Richtung der fernen Hügel der römischen Landschaft.

Das Lazzaretto von Ancona hat seine Verteidigungsfunktion verloren. Es wird heute von Seglern als Anlegeplatz benutzt.

denbelag (13. Jh.) und ihre mit Fresken versehene Krypta. Hier wurde Friedrich Barbarossa exkommuniziert (1160). Dem Dom angegliedert ist ein Museum für religiöse Goldschmiedekunst.
Palazzo Bonifaz VIII.: Palast des aus Anagni stammenden Papstes.
Palazzo Comunale: Romanisches Gebäude.
Sant'Andrea: Kirche (14. Jh.).
Haus Barnekow: Ausstellungszentrum in einem Haus aus dem 14. Jahrhundert.
Segni* (12 km südwestl.): Die sehr alte Stadt wird von Mauern aus dem 6. Jh. v. Chr. eingefaßt. Auf der „Akropolis" liegen eine romanische Kirche und eine Zisterne (3. Jh. v. Chr.). Die romanische Kathedrale in der Altstadt wurde im 17. Jh. reich verziert.
Villa Magna (12 km südl.): Gemeinde Sgurgola.
Hochebene von Arcinazza (8 km nordwestl. von Fiuggi, 850 m Höhe): Zahlreiche Formationen karstischen Ursprungs.
Fiuggi (10 km nördl.): Großes Thermalbad (Fiuggi Fonte beherrscht vom alten mittelalterlichen Zentrum der Citta*).
Guarcino (14 km östl. von Fiuggi): Mittelalterliches Viertel.

Ancona
13/D 1
Marche (Regionalhauptstadt und Provinzhauptstadt)

Der bedeutende Hafen des Badeortes ist Ausgangspunkt für Fährschiffe nach Zadar, Split, Dubrovnik, **Bari***, **Brindisi*** und Korfu. Vom Deck eines Schiffes aus kann die Lage der Stadt auf einem Vorgebirge besonders gut überschaut werden. Hier liegt das historische Viertel, das den Hafen überragt. Die zur Zeit des Römischen Imperiums sehr aktive Stadt wurde im Mittelalter Rivalin Venedigs. Dem Papstum, das sie in seinen Besitz integrierte, verdankte sie im 16. Jh. die Verstärkung ihrer Verteidigungsanlagen: Bau der Zitadelle auf dem Hügel, der heute die zwei Teile der modernen Stadt trennt und des Lazaretto, das früher auf einer künstlichen Insel lag. Das Erdbeben von 1972 hat in der Altstadt bis heute sichtbare Narben hinterlassen.
Loggia dei Mercanti: Die ehemalige Handelsbörse (15. Jh.) nahe dem Seebahnhof, wo sich die Händler der Stadt trafen, besticht durch eine schöne „venezianische" Fassade von Orsini. In der Via della Loggia steht auch der zeitgenössische Palazzo Beninncasa.
Piazza del Plebiscito: Der Platz wird von der Barockkirche San Domenico (Kreuzigung Tizians) beherrscht. Hier lag vermutlich zur Römerzeit das Forum. Eine Seite des Platzes wird vom Regierungspalast eingenommen (Palazzo del Governo, 14./15. Jh., spitzbogige Säulenhalle, schöner Hof). Durch einen gewölbten Durchgang erreicht man die einsame Kirche Santa Maria della Piazza im Matrosenviertel.
Santa Maria della Piazza*: Der äußerst eindrucksvolle romanische Bau (10. Jh.) mit einer originalen, mit Bogenreihen verzierten Fassade steht an der Stelle einer Basilika (4./5. Jh.), von der die Mosaikfußböden erhalten sind.
Palazzo Bosdari: Pinacoteca Civica (drei Werke von Tizian, Werke von Lotto, Maratti, Guerchin...) und Galleria d'Arte Moderna (Mo. und an manchen Feiertagen ⊠).

San Francesco delle Scale: Kirche mit einem sehr schönen Portal im venezianischen Stil von Giorgio Orsini (15. Jh.).
Palazzo Ferretti: Der Palast an der Piazza del Senato besitzt eine berühmte Terrasse, die sich zum Meer hin öffnet. Im Inneren befindet sich das Museo Nazionale delle Marche: archäologische Sammlungen aus den benachbarten Nekropolen (Numana) und Gegenstände aus der römischen Epoche.
San Pellegrino: Kirche mit Kruzifix im byzantinischen Stil.
Palazzo Comunale: Hinter dem Palast befinden sich geringe Überreste des römischen Amphitheaters, das 1500 Zuschauer aufnehmen konnte.
Duomo*: Die Kathedrale auf dem Monte Guasco ist Cyriakus, im 6. Jh. Bischof von Ancona, gewidmet. Sie wurde an der Stelle eines kaiserlichen Tempels, der der Venus Euplea, Göttin der Seefahrer gewidmet war, errichtet (Ausgrabungen). Das sehr elegante romanische Bauwerk wurde erst im 17. Jh. vollendet. Bewundernswert sind die Vorhalle der Fassade und die Löwen, auf der ihre Säulen ruhen, sowie die Verschmelzung verschiedener Baustile; lombardische Architektur harmonisiert mit Elementen byzantinischer Prägung (zwölfeckige Kuppel). Links befindet sich das Diözesanmuseum. Vom Vorplatz aus hat man einen schönen Blick über den Hafen.
Arco di Traiano: Trajansbogen (Anfang 2. Jh.) am Hafen.
Veranstaltungen: Lyrische Saison im Jan.; internationale Fischerei- und Wassersportmesse im Mai; Regatten über den Sommer verteilt.
Spezialitäten: „Crocette" (Meeresfrüchte) mit Gewürzen und „Brodetto" (Fischsuppe) und „Conero" (roter Landwein).
Handwerk: Musikinstrumente, berühmte Geigenbauer.
Camerano: (12 km südl.): Stadt der Ziehharmonikawerkstätten. Museo della Fisarmonica (der Ziehharmonika). Kirche San Francesco mit gotischem Portal und barockem Inneren. In der Pfarrkirche, Jungfrau mit dem Kind von Maratti (1625-1713, im Dorf geboren). 3 km weiter, Thermalbad Aspio Terme.
Chiaravalle (19 km südwestl.): An der Straße nach Jesi in Castagnola liegt die Zisterzienserabtei Santa Maria in Castagnola (12. Jh.).
Falconara Marittima (10 km nordwestl.): Badeort und Industriezentrum. 2 km weiter liegt das alte Dorf Falconara Alta: schöne Panoramalage, gotische Kirche Santa Maria delle Grazie.

Ancona: Das romanische Portal des Doms im lombardischen Stil mit charakteristischen Löwen ziert das Kompositbauwerk.

Jesi*: 27 km südwestlich.
Monte Conero (Badia di San Pietro) und **Numana** (21 km → **Portonovo***).
Osimo*: 18 km südlich.
Portonovo*: 13 km südöstlich mit der „Riviera del Conero".
Senigallia*: 29 km nordwestlich.

Anzio 17/B 2
Lazio (Roma)
Hafen und Bucht der Stadt waren 1944 Schauplatz der Landung der Amerikaner. Das Antium der Römer war schon zur Kaiserzeit eine Sommerfrische. In der Villa des hier geborenen Nero wurde der berühmte Apollo del Belvedere, heute im Vatikanischen Museum, gefunden.
Grotte di Nerone: Die Höhlen waren in der Antike Lagerräume.
Villa Borghese*: Der schöne Park der Villa befindet sich an der Straße nach Nettuno, gegenüber liegt die Villa Colonna.
Veranstaltungen: Fest des S. Antonius im Juni, Fest des Meeres im August, Fest des blauen Fisches im September.
Ardea (22 km nordwestl.): Kleine Stadt mit reichem monumentalen Erbe: Nekropole, Venustempel, romanische Kirche, Palast (16. Jh., 1944 beschädigt); in einer Galerie stehen Werke des Bildhauers Manzu (Mo. u. nachmittags ☒).
Lavinio-Lido di Enea (5 km nördl.): Hier soll Äneas gelandet sein. Im Museum Capitolin: Sehenswert die Minerva Tritonia, die während der Ausgrabungen im antiken Lavinium entdeckt wurde.
Nettuno (2 km Richtung Latina): Malerische mittelalterliche Ortschaft, Überreste des Castello del Sangallo, auch Forte Borgiano genannt, das unter dem Pontifikat Alexander VI. gebaut wurde.
Torre Astura (15 km südwestl.): Malerisches Castello (12. Jh.), einsam im Meer gelegen, Brückenverbindung zum Festland.
Castel Gandolfo* und Albano Lazio: 34 km nördlich.
Ponza* (Isola di): Überfahrt in ca. 3 Std. per Fähre, von Aliscafo aus in ca. 1 Std. (April-Sept.).

Aosta/Aoste 4/B 2
Valle d'Aosta
(Hauptstadt der Autonomen Region)
Eine freundliche Stadt, umschlossen von einer grünen Gipfellandschaft, südlich des Monte Emilius (3559 m). Ihr Namensgeber Augustus gründete sie offiziell an der Stelle der früheren Hauptstadt der Salasser (von der 23 v. Chr. nichts mehr bestand), um dreitausend Prätorianer anzusiedeln. Im Mittelalter ermöglichten die bischöflichen Grafen (der Heilige Anselm war einer der berühmtesten Söhne) dem Tal die Autonomie (vom 11. bis 18. Jh.), obwohl es ab dem 13. Jh. unter die Herrschaft des Hauses Savoyen fiel, das am Ort durch die Herren von Challant repräsentiert wurde. Diese machten aus dem Tal ein heute noch aktives Industriezentrum, das durch die Eisenerzbergwerke von **Cogne*** versorgt wurde.
Die römischen Monumente**: Der 25. v. Chr. errichtete Ehrenbogen des Augustus (am Eingang der Altstadt, deren schachbrettartiger Grundriß aus der Kaiserzeit erhalten ist) erinnert an den Sieg der Römer über die Salasser; von der Brücke über die Doire aus gesehen hat der Bogen den Mont Blanc im Hintergrund. Die Brücke aus dem 1. Jh. am linken Ufer des Flusses wird noch benutzt. Die Via San Anselmo (in der Achse des Ehrenbogens) führt zur Porta Praetoria (Prätorianertor), einem Doppeltor: zwischen den zwei getrennten Arkadenreihen, die das Tor bilden, befand sich ein Exerzierhof, der mit gewaltigen Steinblöcken gepflastert ist. Im Norden gelangt man zum Theater, von dem nur die 22 m hohe Bühnenwand und einige Ränge bestehen, dann zum Amphitheater, von dem an der nordwestl. Stadtmauer einige Fragmente überdauerten. Dagegen blieb der Kryptoportikus des Forums (hinter der Kathedrale) erhalten. Die Stadtmauer, im Mittelalter stark verändert, stammt aus der Gründungszeit von Augusta Praetoria: sie bildet ein Rechteck von 754 geschlossen 572 m.

Aosta (Valle D') Aostatal
Autonome Region (Verfassung von 1948)

4/B-C 2

Das piemontesische Becken der Dora Baltea wird von über 4000 m hohen Gipfeln gekrönt. Es ist traditionelle Verkehrsader zwischen Savoyen und der Lombardei, blieb jedoch bis zur Öffnung des Montblanc-Tunnels (1965, → **Courmayeur***) sehr abgeschieden. Die Region stand lange unter der Verwaltung französischer Prinzen, die franco-provenzalische Mundart gilt neben dem Italienischen als offizielle Landessprache: zahlreiche alte Bräuche sind erhalten. Das Tal ist Ausgangspunkt für Bergbesteigungen, Wanderungen und eine ideale Gegend für Ski- und Luftsportfreunde. Außerdem gibt es ansehnliche kulturhistorische Dokumente: neolithische Nekropolen, gallische Befestigungen, römische Monumente (→ **Aosta***, das Rom der Alpen), etwa 30 guterhaltene mittelalterliche Schlösser, eine Vielzahl romanischer Kirchen und Gemälde aus Gotik und Renaissance, die meisten aus der Zeit des Mäzenatentums Georges de Challant.

Straße der Täler: Von Entrèves (1300 m) nach Pont-Saint-Martin (345 m). Unter der hohen Gestalt des Montblanc, steiles Gefälle nach Pré Saint-Didier (300 m Höhenunterschied auf 8 km), vorbei an zahlreichen Bergdörfern mit Wintersporteinrichtungen (Morgex, → **Courmayeur***).

Avise: Befestigter Ort (zwei Schlösser), der Turm der romanischen Kirche ist mit Kriechblumen (Krabben) verziert.

Arvier: Schloß La Mothe und romanischer Glockenturm. Man erreicht eine Region mit romanischen Kirchen und mächtigen viereckigen Burgen mit gewaltigen Türmen: Alpenflora, Weinbau. Nach rechts führen drei schmale Straßen in parallel verlaufenden Tälern zum **Gran-Paradiso***-Nationalpark.

Saint-Pierre: Zwei Burgen; in der von Sarriod-de-la-Tour (14./15. Jh.): Kunstausstellung von Mai bis Okt. Neben der romanischen Kirche die Burg von Saint-Pierre (Teile aus dem 14.Jh.): Sie beherbergt ein regionales Naturkundemuseum (Mai bis September, Di. ⊠). 1 km weiter liegt die Burg von Aymaville mit vier runden Türmen.

Sarre: Königliches Schloß (□ im Sommer): Nach Norden Bergstraße zu den Hotels (weiter Blick über das Tal und Aosta*, 38 km). Etwas oberhalb liegt die Auffahrt der Autobahn nach Turin; es wird jedoch empfohlen, die Nationalstraße zu wählen, diese führt an der Burg von Quart vorbei.

Nus: Schloß der Barone.

Châtillon: Wunderschöne Landschaft und Burg am Ausgang des Valtournenche (→ **Breuil***); südl., Turm von Ussel, charakteristisches Beispiel der „Würfelschlösser" des Tales (schöne Zwillingsfenster). Nach **Saint-Vincent***, am Ausgang des Val d'Ayas (→ **Champoluc***), erreicht man die Schluchten unterhalb der Burg von Montjovet.

Verres: Zwischen Spalierweinbergen erstreckt sich die malerische Ortschaft unterhalb des von einer Festung gekrönten Felsens, ein gewaltiger Würfel von 30 m Seitenlänge (13./14. Jh., Mi. ⊠): berühmter Karneval.

Issogne (3 km, am rechten Camera-Ufer): Das Herrenhaus (Mo. ⊠) schmücken Fresken* aus dem 15. Jh. Die Dora-Straße führt am Fort Bard, dem mächtigsten Militärbauwerk des Aostatales, vorbei. Die jetzigen Gebäude stammen aus dem 19. Jh. (die gotische Burg wurde 1800 von Napoleon Bonaparte niedergerissen). Über eine steile Brücke erreicht man das rechte Ufer im Dorf Hone und anschließend die Sommerfrische und Wintersportstation Champorcher (1430 m, 15 km). Pont-Saint-Martin verdankt seinen Namen einer wohlerhaltenen römischen Brücke, von hier aus führt die Straße nach **Gressoney***.

Kathedrale: Sie wurde zu Ende des 10. Jh. vergrößert und weist eine moderne Fassade aus dem 19. Jh. auf: unter den Arkaden befinden sich die von Bramante inspirierten Renaissancefresken. Der Mosaikboden des Chors (12. Jh.) blieb erhalten, gotisches Gestühl und bemalte Glasfenster aus der Renaissance verschönern den Raum. Der Kreuzgang wurde im 15. Jh. erneuert: reicher Kirchenschatz, Grabmale aus dem 13. u. 15. Jahrhundert.
Piazza Chanoux: Die Decke des Saales des Stadthauses an diesem zental gelegen Platz wurde im 19. Jh. mit Fresken versehen.
Collegiata dei Santi Pietro ed Orso: Die ehemalige paläochristliche Basilika, die Stiftskirche, ist wahrscheinlich eine Gründung des Bischofs Anselm (1033-1109): er wurde in der nahen Via Sant Anselmo geboren. Der spätere Erzbischof von Canterbury gilt als Vater der Scholastik. In der Krypta (11. Jh.) wurden Säulen römischer Bauten verwendet: gotisches Chorgestühl, die Spitzbogengewölbe (15. Jh.) sind mit Freskenportraits (zum Teil aus dem 11. Jh.) verziert. Die Sakristei beherbergt einen reichen Kirchenschatz (Besichtigung mit Führung). Der getrennt stehende Glockenturm (46 m Höhe) auf dem Vorplatz wurde ab dem 12. Jh. aus Steinen römischer Monumente errichtet. Auf einem kleinen Platz vor dem Kirchenvorplatz steht eine 400 Jahre alte Linde. Dem Turm gegenüber liegt die Priorei aus der Renaissance. Das Museum dahinter ist der Archäologie des Aostatales gewidmet. Der gegenüberliegende Kreuzgang (Mo. ⊠) wurde 1133 (Inschrift) vollendet: die romanischen Figurenkapitelle* sind aus Marmor gearbeitet.
Türme: Sie befinden sich auf dem Gelände der römischen Stadtmauer und stammen zum Teil aus dem Mittelalter. Besonders beachtenswert sind die Torri dei Balvi (an der nordöstl. antiken Stadtmauer), Bramafam (Anf. 13. Jh.), di Casei (des Käses, neben dem antiken Theater), del Pailleron (neben dem Bahnhof) und del Lebbroso (des Leprakranken), in dem im 18./19. Jh. eine leprakranke Familie lebte: Thema eines Romans von Xavier de Maistre.
Veranstaltungen: „Messe S. Orso", Ende Jan. und in der 1. Aug.-Hälfte (del legno „des Holzes" genannt), begleitet von Folkloreveranstaltungen mit religiöser Prägung. Trachten- und Tanzveranstaltungen und Handwerksausstellungen im alten Viertel S. Orso.
Spezialitäten: Polenta, Käse (Fontina), Wild, Fisch, Carbonada (mit Rotwein) und gepökeltes Rindfleisch. Regionale Weine und der berühmte Genepi (hochprozentiger Gebirgskräuterlikör).
Handwerk: Spitzen, Schmiedeeisen, Möbel und Steinskulpturen.
Fenis (14 km östl.): Schloß* (14. Jh., Di. ⊠) mit doppelter pentagonaler Umwallung und zinnenbewehrten Türmen. Die Kapelle ist mit berühmten Fresken verziert.
Colle del Gran San Bernardo (33 km nördl.): Staatsgrenze zur Schweiz in 2473 m Höhe (Okt. bis Mai ⊠), Tunnel in 1875 m Höhe (Gebühr). Am Hospiz halfen die Mönche, unterstützt durch die berühmten Hunde, den Pilgern nach Italien zu gelangen (Museum); Trachtenfest von La Comba Freida.
Pila (12 km südl.): In 1790/1810 m Höhe, am Fuß des Monte Emilius, mit der Seilbahn oder über die Straße (17 km) zu erreichen: weite Sicht über Aosta, den Cervino, Mont Blanc und den Monte Rosa.

Appiano/Eppan 2/C 3
Trentino-Alto Adige (Bolzano)
Der Luftkurort an der Weinstraße Südtirols, zu dem achtzehn Weiler gehören, gruppiert sich um das Zentrum von San Michele.
San Michele: Schöne Hauptstraße mit bemalten Fassaden (15.-16. Jh.) und blumengeschmücktem Brunnen. Die Kapelle Chiesetta del Clivio erhebt sich auf einem Hügel (Colle Calvario).
Castello di Appiano (Hocheppan) (4 km): Romanische Kapelle: Fresken, Wandmalereien.
San Paolo: Sehenswerte alte Kirche im Ortsteil St. Paul. In den Wäldern der Umgebung befinden sich Kirchen mit Zwiebeltürmen, Ruinen von Festungen und prähistorische Reste.
Feste: Trachtenumzüge mit Blaskapellen im Sommer.
Caldaro/Kaltern (5 km südl.): In den Bauwerken aus Mittelalter und Renaissance verbinden sich italienische und deutsche Stilelemente. Seilbahn zum Passo della Mendola (3 km weiter); Weinmuseum im Schloß von Montetondo; 150 ha großer See (4 km weiter, Angel- u. Bademöglichkeit).
P. della Mendola (14 km südl.): Ferienort (1363 m Höhe), Panorama*.
Terlano/Terlan (10 km nördl.): Sommerfrische inmitten von Weinbergen, gotische Kirche.
Merano*: 32 km nördlich.

Aquila (L') 15/D 2
Hauptstadt der Abruzzen
Provinzhauptstadt
Die Stadt, stufenförmig am Südhang eines Hügels angelegt, mit dem Gran Sasso (3000 m; → Campo Imperatore* und Teramo*) im Hintergrund, soll ihren Namen dem kaiserlichen Adler der Festung verdanken, die Friedrich II von Hohenstaufen Anfang des 13. Jh. gründete. Wie auch andere Festungen Zentralitaliens wurde diese ebenfalls zu Ende des Mittelalters dem französischen Haus Anjou übergeben. Karl der I ließ sie mit Mauern umfassen, die erhalten sind. Die belebte, sympatische Stadt L' Aquila verfügt über ein reiches monumentales Erbe, das leider hin und wieder durch Erdstöße beschädigt wird.
Hinweis: Parkplätze befinden sich unterhalb der Altstadt im Bereich der Villa Comunale; Fremdenverkehrsbüro in der Via XX. Settembre. (5 Min.).
Santa Maria di Collemaggio*: Die romanische Basilika (Ende 13. Jh.) südl. der Stadt gilt als eindrucksvollstes Monument des Ortes. Die rechteckige Fassade* (14. Jh.) mit geometrischen Mustern aus Kalk- und Backstein, von einem Wehrturm flankiert, zeichnet sich am Ende einer breiten Esplanade in der Perspektive einer eleganten Allee ab. Von dieser „Viale" aus hat man einen interessanten Ausblick über die historische Stadt. Durch das skulptierte Hauptportal unter der großen Fensterrose* betritt man das Schiff im zisterziensischen Stil. Die mit Fresken und Malerei bedeckten Längswände liegen im Halbdunkel. Der mittelalterliche Kreuzgang mit einem Brunnen befindet sich direkt neben der Kirche.

Aosta: Einige Reste des römischen Theaters. In der Ferne, der Glockenturm von Santi Pietro ed Orso.

Corso Federico II.: Die Geschäftsstraße führt zum Stadtzentrum in der Nähe der Piazza del Duomo.

Piazza del Duomo: Seit dem 14. Jh. findet hier der Markt zwischen zur Barockzeit wiederaufgebauten Brunnen statt. Am Ende des Platzes steht der Duomo, der ursprünglich gotisch war. Seine heutige Gestalt entspricht der Restaurierung (19. Jh.) nach einem Erdbeben im 18. Jh.: Kunstwerke aus der Renaissance.

San Bernardino: Am Ende einer monumentalen Wallfahrtstreppe erreicht man die rechteckige Renaissancefassade der zweiten Basilika der Stadt. Das barocke Innere, das nach den Erdbeben von 1461 und 1703 neu aufgebaut wurde, zeigt eine reiche Ornamentik aus geschnitztem und vergoldetem Holz an der Decke des Hauptschiffes. Das Bauwerk bewahrt das Mausoleum des hl. Bernhardin aus Siena (1440 gestorben) von Silvestro dell'Aquila einem Schüler Donatellos, ein Retabel von Andrea della Robbia und das Grabmal der Maria Pereira, ein weiteres Werk von S. dell' Aquila.

Castello*: Die Festung (16. Jh.), zum Teil von einem Park umgeben, wird Castello Spagnolo genannt, wie sie nach dem Aufstand der Stadt gegen die Spanier errichtet wurde. Das gewaltige Viereck wird an den Ecken durch mächtige doppelte Bastionen* verstärkt. Eine Brücke verbindet mit dem Hof. In den Sälen sind mehrere Verwaltungsdienste untergebracht, darunter das Seismikobservatorium des italienischen Instituts für Geophysik und das Nationalmuseum der **Abruzzen***, untergebracht (nachm., Mo. und an manchen Feiert. ⊠). In zwei der Bastionen sind je ein Auditorium und ein Kongreßsaal untergebracht. In einem dritten wird das Knochengerüst des „Elephas meridionalis**" ausgestellt, das 1954 in der Umgebung der Stadt entdeckt wurde; es könnte 1 Million Jahre alt sein.

Museo Nazionale Abruzzese: Archäologie, Paläontologie, sakrale Kunst (mittelalterl. Holzstatuen); Fresken, Gemälde, Polyptichen aus der Renaissance, regionale Keramiken und Spitzen.

Altstadt: Über die Via Garibaldi gelangt man über die Piazza Santa Maria Paganaca zum Tourismusbüro. Von dort entlang der Via Accursio geht man zu dem Platz hinunter, an dem das mittelalterl. Tor „Torre Civica" steht. Der Corso Umberto, verlängert durch die Via Roma, führt zur Kirche San Domenico.

San Domenico: Kirche (14. Jh.) in einem guterhaltenen mittelalterlichen Bezirk.

Fontana delle 99 (noventanove) Canelle** (mit 99 Röhren): Den Brunnen (13. Jh.) erreicht man über eine steile, kurvenreiche Straße. Trapezförmige Wände nehmen jeweils 33 wasserspeiende Masken auf. Der Brunnen erinnert symbolisch an die 99 Pfarreien der mittelalterlichen Stadt. Bewundernswert ist die sehr schöne Mosaikkomposition der Wände, die an die der Fassade des Collemaggio erinnert.

Das mittelalterliche Viertel (Scoricio): Treppenstraße mit überdeckten Durchgängen, die zwischen der Piazza del Duomo, San Bernardino und der östl. Stadtmauer ansteigt. Die Via Santa Giusta durchquert das Viertel von Süden nach Norden, vorbei an der Kirche gleichen Namens (13. Jh.): gegenüber liegen die Paläste Centi (18. Jh.) und Dragonetti (15. Jh.). Die Via Fortebraccio am Fuße der Stufen von San Bernardino führt zur Porta Bazzano.

Kirchen: San Silvestro (14. Jh.), nordwestl. der Stadt (über die Via Garibaldi): die Apsis schmücken Fresken aus dem 15. Jh., links vom Hochaltar, die „Visitation" von Rafael. San Giuseppe: gotische Kirche im Zentrum unterhalb der Piazza del Duomo, sie beherbergt das berühmte Monument Camponeschi (1. Hälfte 15. Jh.).

Veranstaltungen: Karfreitagprozessionen; Perdonanza Celestiniana in der letzten Augustwoche (historische Vorstellung).

Spezialitäten: Maccheroni alla chitarra, Scamorze (Milchprodukte), Ravioli mit Quark und Spinat, Torroni teneri (weicher türkischer Honig), Schokolade mit Honig. Weine: Montepulciato, Trebbiano, Cerasuolo.

Handwerk: Kupfer- und Eisenschmiede, Keramik, bunte Wollgewebe, Trommel- und Klöppelspitzen, Sattlerei.

Shopping: Goldschmiedeläden im Viertel an der Piazza del Duomo.

Bazzano (8 km östl.): Romanische Kirche Santa Maria Giusta*.

Bominaco (33 km südöstl.): Kirche Santa Maria Assunta (11. Jh.) mit einer sehr schönen Apsis; Kirche San Pellegrino, von Karl dem Großen gegründet: Fresken (13. Jh.).

Campofelice (Piano di; Ausflug- und Wintersportzentrum, südl.): Rocca di Cambio (1430 m) und Rocca di Mezzo (1280 m), 24 km bzw. 28 km südl.; Ende Mai, Narzissenfest. Zugang zum Naturpark von Sirente (2349 m), Wildgehege/Hirsche. Schloß Piccolomini (14. Jh.) in Gagliano Aterno.

Fossa (12 km südöstl.): Zisterzienserkirche Santa Maria delle Grotte (13. Jh.), deren Fresken Dante inspiriert haben sollen.

Prata d'Ansidonia (23 km südöstl.): Ruinen des alten Peltuinum.

Roio (Pineta di, 10 km westl.): In 1000 m Höhe, am Hang des Monte Luco (lucus = heiliger Wald), Aussicht über die Stadt.

San Vittorino (10 km nordwestl.): Romanische Kirche San Michele; am Fuße des Dorfes liegen die Ruinen des antiken Amiternum*. Die sabinische Stadt war im 4. Jh. v. Chr. von Rom besetzt; Vergil rief sie in der Äneis in Erinnerung: römisches Theater (Vorstellungen im Sommer) und Ruinen des Amphitheaters, von dem behauptet wird, es sei Modell für das Kolosseum in Rom gewesen.

Assergi: 16 km nordöstl. über die Autobahn, → **Campo Imperatore***.

Campotosto (47 km nördl.: künstlicher See.

Der Brunnen der 99 Röhren in L' Aquila: 33 wasserspeiende Masken heben sich von der Mosaikkomposition der trapezförmigen Brunnenwände ab.

Aquileia 7/B 1
Friuli-Venezia Giulia (Udine)

Das heutige Aquileia wird vom Glockenturm des Domes (11. Jh., 70 m hoch, Aussicht) angekündigt. Es gibt zwei unterschiedliche Sehenswürdigkeiten: das Sanktuarium mit Mosaiken und Fresken verziert und die verstreuten aber sehr bedeutenden Überreste der römischen Stadt.

Der Dom: Das Gotteshaus wurde 1031 vom Patriarchen Poppone über einer älteren Anlage errichtet. Obwohl seit dieser Zeit durch zahlreiche Erdbeben beschädigt, besitzt die Kirche eines der schönsten präromanischen Schiffe Italiens. Ihr vollständiger Mosaikboden**, der zum Teil aus dem 3. u. 4. Jh. stammt, ist von außerordentlichem künstlerischem Wert. Die Qualität der Zeichnung (Darstellung menschlicher Portraits, Vögel, Haustiere, Fischereiszenen, biblische Szenen, sowie die Legende des Jonas mit dem Meeresungeheuer*) und die leuchtenden Farben sind einmalig. Die Erhaltung der Farbtöne ist dem Schutz einer Erdschicht zuzuschreiben. Erst im Jahre 1909 wurde diese Schicht entfernt und das Mosaik wiederentdeckt. Die Apsis und die Krypta unter dem Chor sind mit Fresken ornamentiert: die ältesten stammen aus der Zeit des Patriarchats Poppones (11. Jh.). Seitlich am Chor liegt der Zugang zur Cripta degli Scavi mit wertvollen Fresken. Vom linken Seitenschiff aus gelangt man zu den Ausgrabungen einer altchristlichen Kultanlage. Einmalige, auf drei Ebenen verteilte Mosaiken, die vorwiegend Tierdarstellungen zum Inhalt haben (1.- 4. Jh., Montags und Winternachmittags ⊠).

Die römische Stadt: Die 181 v. Chr. gegründete Stadt war im Altertum ein wichtiger Handelshafen am Golf von Triest. Ausgrabungen: ein Rundgang führt von der Basilika südlich zum römischen Marktplatz und zu den Überresten der Stadtmauer. Hinter der Kirche erreicht man die Via Sacra, die an einer Gruppe von Häusern und zwei Oratorien (links) vorbei zum ehemaligen Hafen, der heute zum Teil von einer Zypressenallee bedeckt ist, führt. Jenseits der Straße nach Triest, im Viertel von Monastero, überspannt eine römische Brücke die kanalisierte Natissa (die die Stadt im Osten und Süden umfließt): paläochristliches Museum. Im Westen der heutigen Stadt, an der Kreuzung der Via Giulia Augusta (Nationalstraße nach Grado), stehen die Kolonaden des Forums. Auf der anderen Straßenseite gibt es Reste einer römischen Straßenkreuzung, es folgt die Ruine des Zirkus. In Richtung Grado, etwas abseits der Straße, liegt das Mausoleum; die Ruinen des Amphitheaters werden durch das ehem. Plebejerviertel abgegrenzt (Mosaiken): Thermen (3. Jh.) und Sepolcreto (Totenstadt).

Archäologisches Museum*: Sammlungen von Büsten, Mosaiken und Edelsteinen (nachmittags und montags ⊠).

Gorizia*: 32 km nördlich.

Aquileia: Die Mosaiken der Villen der römischen Stadt wurden in der Basilika, deren Glockenturm im Hintergrund erscheint, nachempfunden.

Grado*: 11 km südlich.
Monfalcone*: 18 km östlich.
Udine*: 37 km nördlich.
Latisana: 132 km → Umgebung von **Bibione***.

Arezzo 12/D 2
Toscana (Provinzhauptstadt)

Die befestigte Stadt wird seit mehr als 3000 Jahren wegen ihrer militärischen Lage und ihres Klimas geschätzt. Sie war ehemals Metropole des etruskischen Staatenbundes (Lucumonis) und später röm. Civitas (Geburtsort von Maecenas, 69-8 v. Chr.).

Mecenate: Die über 1000 Jahre freie Gemeinde wurde 1384 von Florenz unterworfen. Hier wurden große Söhne Italiens geboren: Petrarca (1304-1374), Spinello di Luca, genannt Aretino (d'Arezzo, 1333- 1374). Sie war später Heimat von Michelangelo Buonarroti, der in Caprese geboren wurde (1475-1564), von Piero Aretino (gen. Aretin von Arezzo, 1. Hälfte 16. Jh.), von Vasari (1512-1574), einer Symbolfigur der italienischen Renaissance von hohem Talent, von P. Berretini, einem Barockkünstler (gen. Cortone) und des Malers Gino Severini u.s.w. Hier arbeitete einer der begabtesten Freskenmaler der Geschichte, Piero della Francesca (gegen 1410/20-1492), sowie ein Glasermeister aus der französischen Provinz Berry, Guillaume de Marcillat (1467- 1529), der von Julius II nach St.Peter gerufen wurde.

Besichtigung der Stadt: Parkmöglichkeiten gibt es an der Viale Michelangelo, parallel zur Eisenbahnlinie, angrenzend an die teilweise gut erhaltene Stadtmauer

Legende und Geschichte

Die Legende besagt, daß die antike Stadt Aquilea ihren Namen dem Adler (Aquila) verdankt, der während des Baus der Stadt über den Straßen schwebte. In Wirklichkeit wurde sie an der Mündung des Flusses Aquilis errichtet, dessen Ufer seit ca. 2000 Jahren besiedelt waren. Für andere ist der kaiserliche Adler, der sich über dem Eingang des 181 v. Chr. gegründeten Militärstützpunktes befindet, der Namensgeber. Die Stadt stand bis zum Mittelalter in hoher Blüte, zahlreiche Pilger verweilten hier auf dem Weg nach Palästina. Die Stadt überstand zahlreiche Verwüstungen und Erdbeben (Invasion der Barbaren im Jahre 452 und der Ungarn im 9.Jh., Erdbeben im Jahre 1348). Die österreichische Besatzung im Jahre 1509 leitete den endgültigen Niedergang ein.

Arezzo

Traditionsgemäß findet die monatliche Antiquitätenmesse von Arezzo auf der Piazza Grande statt, sie kann jedoch an eine andere Stelle des Zentrums verlegt werden. Am Ende der Straße steht der Bürgerturm des Palazzo del Comune.

aus der Zeit der florentinischen Herrschaft.

Museo Mecenate: Das archäologische Museum in der Via Margaritone ist in einem ehemaligen Kloster (15. Jh., gut restauriert) untergebracht. Die Eingangsgalerie zur Kolonnade öffnet sich zu den Ruinen des römischen Amphitheaters (150 v. Chr.) im Stadtpark. Wegen der zahlreichen etruskischen Ausstellungsstücke ist die Sammlung besonders interessant. Kleine Statuen und Bronzefiguren stammen aus dem 4. u. 5. Jh. v. Chr., sie wurden in den Tempeln der Stadt gefunden: griechische Vase (5. Jh. v. Chr.) und römische Terra sigillante (Vasen aus Korallenkalk) mit roter Glasur (Aretina Vasa) (Mai bis Oktober ☐).

Corso Italia: Verlängert durch die Via dei Pileati, die Hauptstraße der Stadt, die zur Citta vecchia (Altstadt) hinaufführt. Hier gibt es Antiquitäten- und Handwerkerläden.

San Francesco: Die Franziskanerkirche erreicht man über die Via Cavour. Das Portal der Fassade mit Figuren von Marcillat (1524) öffnet sich zu einem kleinen Platz. Das sehr breite Schiff (Fensterrose) bietet mit seinen Fresken** (werden restauriert), die zum größten Teil von Piero della Francesca geschaffen wurden, ein einmaliges Meisterwerk (2. Hälfte 15. Jh.): im Chor wird die Kreuzlegende dargestellt. Das interessanteste Werk der Kirche ist jedoch ein großes bemaltes Kreuz (Mitte 13. Jh.), das dem Maestro di San Francesco aus **Assisi*** zugeschrieben wird.

Sottochiesa: Unterirdische Kirche, Eingang Via Madonna del Prato, Ausstellung zu den von den Etruskern praktizierten Kulten.

Kreuzgang, San Pier Piccolo (über die Via Cesalpino): Liceo musicale stadale: schöner Renaissancehof, Freskenmalerei unter der Galerie der Etage.

Via dei Pileati: Sie führt zwischen den Fassaden von Santa Maria della Pieve und mehrerer Paläste mit Türmen (Palast Pretorio, 14. Jh.; Casa del Petrarca, wahrscheinlich das Geburtshaus des Dichters) hinauf zum Duomo.

Santa Maria della Pieve*: Eines der größten romanischen Monumente Italiens (12. Jh.). Die Fassade mit dreistöckigen Bogengängen erinnert an pisanische Vorbilder. Sehenswert ist das Polyptichon P. Lorenzettis von 1320 am Hochaltar. Der Kampanile bestimmt mit seinen 40 romanischen Biforien die Silhouette der Stadt.

Piazza Grande*: Der von edlen Bauwerken gesäumte Platz war bis zum 18. Jh. das Zentrum der Stadt: Apsis von Santa Maria, Justizpalast (18. Jh.), Palazzo della Fraternita dei Laici (14.-16. Jh.). Die Nordseite wird von Vasari gebauten Renaissancegalerien (Logge) eingenommen. Gegenüber steht eine Reihe mit Türmen gekrönter gotischer Häuser. Entlang der östl. Häuserzeile gelangt man über eine Gasse zur Zitadelle.

Passeggio del Prato: Von diesem Park aus blickt man tief hinunter auf die historische Stadt und in entgegengesetzter Richtung über die Obstplantagen der Toscana; im östl. Winkel befindet sich die florentinische Zitadelle Medici (Fortezza Medicea), die in die Grünanlage einbezogen wurde: schöne Aussicht von den Bastionen; gegenüber ragt der Passeggio über der Apsis der Kathedrale empor.

Duomo: Der Dom stammt aus dem 14. Jh. (moderne Fassade, Südportal aus der Renaissance). Im Inneren: Fresken von Piero della Francesca (La Maddalena), Glasmalerei* von G. de Marcillat, gotisches Grab (Arca di San Donato) am Hochaltar.

San Domenico: Gotische Kirche, berühmter Kruzifix* von Cimabue (13. Jh.), Fresken, u.a. von Spinello Aretino.

Casa-museo del Vasari: (Haus von Giorgio Vasari): 1540 von dem Schriftsteller und Künstler, der hier wohnte, mit Fresken geschmückt (So.-nachmittag und Mo. ☒).

Museum für mittelalterliche Kunst und Pinakothek: Ecke Vie Garibaldi und San Lorentino in einem Palast aus dem 15. Jh. untergebracht. (Mo., So.-nachmittag und an manchen Feiertagen ☒): Gemälde (Vasari, Spinello, Signorelli...), Skulpturen aus dem Mittelalter, Keramiksammlung* aus der Renaissance.

Santa Maria in Gradi: Kirche (16. Jh.), Pfingstdarstellung von Andrea della Robbia.
Kirche di Badia: Im 16. Jh. von Vasari wiederaufgebaut (Kuppel).
Santa Maria delle Grazie (1 km südl.): Sehr elegante Säulenhalle* aus dem 15. Jh., eine der ersten der italienischen Renaissance (1470). In einer Kapelle erscheint die von Spinello Aretino bemalte Maria delle Grazie in einem Retabel von Andrea della Robbia, das einzige bekannte Werk des Künstlers aus Marmor.
Veranstaltungen: Antiquitätenmarkt an jedem ersten So. im Monat auf der Piazza Grande; Konzerte in der letzten Augustwoche; am 1. So. im Sept., Giostra del Saracino* (Sarazenerturnier) in mittelalterlichen Trachten auf der Piazza Grande.
Handwerk: Möbel, Schmiedeeisen, Weberei, Goldschmiedekunst.
Landwirtschaftsprodukte: Obst, Wein (Chianti der Colli Aretini); bianco vergine de la Valdichiana.
Bibbiena (33 km nördl.): → Umgebung von **Poppi***.
Castaglion Fiorentino (17 km südl.): → **Cortona***.
Civitella in Val di Chiana (17 km westl.): Mittelalterliches Dorf, das während der Kämpfe des 2. Weltkrieges teilweise zerstört wurde.
Monterchi (25 km östl.): → **Sansepolcro***.
Monte San Savino (20 km südwestl.): Heimat von Sansovino (1460-1529); der große Bildhauer der Renaissance hat wahrscheinlich die Loggia dei Mercanti* geschaffen. Zu weiteren Bauwerken aus Mittelalter und Renaissance zählt Sant' Agostino (14. Jh.) mit Werken von Vasari.
Gargonza (3 km westl.): Im Castello des hochgelegenen Ortes, heute Kulturzentrum, trafen sich 1304 die Ghibellinen(→ **Firenze***): darunter Dante Alighieri, der Arezzo in seinem Werk erwähnt hat.
San Giovanni Valdarno*: 35 km westlich.

Ariano Irpino 18/C 3
Campania (Avellino)
Im Herzen der Region Irpinia (→ **Campobasso***) liegt die Stadt wie auf einem Aussichtspunkt. Sie wurde 1980 schwer von einem Erdbeben getroffen. Interessante Aussicht von den Überresten des mittelalterlichen Castello dei Normanni aus. Aus dem Gipfelpunkt des Stadt befindet sich die schöne Villa Comunale. Die Kathedrale stammt zum Teil aus dem 16. Jh.
Veranstaltungen: Karneval im Monat Februar.
Spezialitäten: Pilze und Trüffel.

Handwerk: Spitzen, Schmiedeeisen, Kupferschmiede.
Aeclanum (14 km südl.): Römische Ruinen in der Gemeinde Mirabella Eclano; im Sept., Fest des „Strohobelisken".
Sant Angelo dei Lombardi (47 km südöstl.): Mittelalterliche Abtei von Goleto; einige Kilometer weiter nordwestl.: Rocca San Felice mit der Bocca dell'Inferno (Höllenschlucht), die in der Äneis von Vergil erwähnt wird.

Arona 4/D 2
Piemonte (Novara)
Der Luftkurort liegt am westlichen Ufer des **Lago Maggiore***. Die Altstadt zu Füßen des Vergante-Hügels (Aussicht über den See, besonders über die Rocca d'Angera auf dem gegenüberliegenden Ufer) gruppiert sich um mehrere mit Malereien geschmückte Renaissancekirchen: einige mittelalterliche Häuser.
Santa Maria: In der Stiftskirche ein sehenswertes Lapidarium.
Festung Borromeo: Überreste der von Bonaparte geschliffenen Festung, wo Karl Borromäus, der spätere Kardinal-Erzbischof von Mailand (er war erst 22 Jahre alt) geboren wurde (Vertreter der Gegenreformation). Am Ende der Stadt umgibt ein kleiner Naturpark einen See.
San Carlone* (2 km nördl.): Das Innere der größten Bronzestatue der Welt (17. Jh.) kann über eine Treppe von Innen besichtigt werden (35 m Höhe, Di.-nachm. und Mi., von Oktober bis Ostern ⊠). Schiffsverbindungen mit allen Orten am See bis Locarno in der Schweiz (Hin- und Rückfahrt, 6 Std. Fahrzeit, bei einem Zwischenstop in Locarno wird die Rückfahrt per Luftkissenboot garantiert).
Veranstaltungen: Frühlingskarneval, Maifest von Arona und danach Messe des Lago Maggiore, Abendfest am 15. Aug. und folkloristisches Weihnachtsfest.
Angera (am linken Seeufer, regelmäßige Fähr- und Schiffsverbindungen, 15 Min.): Romantische Sommerfrische- und Wassersportzentrum mit einer Rocca (13.-15. Jh.), der ehemaligen Residenz der Visconti und der Borromäer, deren Wände mit Fresken bemalt sind; Aussicht über den See.
Belgirate (10 km nördl.): → Luftkurort.
Paruzzaro (5 km westl.): Historische Bauwerke, darunter eine romanische Kirche mit Fresken aus dem 15. Jh. verziert.

Arqua Petrarca 6/C 3
Veneto (Padova)
Der malerische mittelalterliche Ort am Fuß der Euganeischen Hügel **(Colli Euganei*)** wird besonders wegen der Erinnerung an den letzten Aufenthalt Petrarcas aufgesucht: der Dichter zog sich mit 65 Jahren an diesen Ort zurück und verstarb vier Jahre später. Das Marmorgrabmal steht auf dem Platz vor der Kirche (zum Teil romanisch). Auf der Anhöhe befindet sich das Haus (14. Jh.), das er bewohnte. Es wurde im 17. Jh. erweitert und ist heute als Casamuseo zu besichtigen (Mo. und an Feiertagen ⊠).
Abano Terme*: 20 km nördlich.

Petrarca starb 1374 in Arqua. Zu besichtigen sind sein Haus und sein Grabmal, ein prächtiges gotisches Monument aus Marmor.

Die Piazza del Popolo in Ascoli Piceno. Das belebte Zentrum der geschichtsträchtigen Stadt ist ein schönes Beispiel der Baukunst des Mittelalters und der Renaissance.

Battaglia Terme (7 km nordwestl.): In dem mittelalterlichen Ort ragt die mächtige, strenge Festung Cataio (oder Catajo, Ende 16. Jh.) empor: die Kapelle und mit Fresken dekorierte Säle können besichtigt werden. An der Santa Elena bezeichneten Stelle befindet sich die Villa Emo im Stile Palladios (17. Jh.).
Galzignano 7 km nördl.): Mittelalterlicher Ort und Thermalbad.
Valsanzibio (4 km nördl.): Weitläufige Gärten* umgeben die Villa Barbarigo (venezianisches Bauwerk, 17. Jh.), die Terrassen sind mit Wasserbecken, Wasserspielen, Pavillons und Vogelhäusern versehen und durch mit Barockstatuen geschmückte Treppen verbunden.

Ascoli Piceno   15/D 1
Marken (Provinzhauptstadt)
Die schöne Stadt erstreckt sich auf einer Hochebene an der Mündung des Castellano in den Tronto. Die Flüsse „umgürteln" die Stadt und haben tiefe Schluchten eingeschnitten (im Nordosten: Aussicht von den fünf Hauptbrücken). Die Ortschaft, eine picentinische Gründung (Asculum Picenum) im 9. Jh. v. Chr., wurde im 3. Jh. v. Chr. von Rom erobert. Die bedeutende Etappe auf der Via Salaria (Rom-Porto d'Ascoli) hat im Wesentlichen den Grundriß der Civitas erhalten. Typisch sind die engen, gradlinigen Straßen, die von kleinen Läden und Budiken gesäumt werden.
Besichtigung der Stadt: Eine eingehende Besichtigung der Stadt dauert zu Fuß drei Stunden. Parkplätze befinden sich im Zentrum vor dem Justizpalast, auf der Piazza Arringo oder im Osten, Viale De Gasperi.
Piazza Arringo: Das ehemalige römische Forum bildet den ältesten Platz der Stadt: hier fanden im Mittelalter die Volksversammlungen (Arringhi) statt. Er wird vom Dom und dem Palazzo Comunale umrahmt.
Palazzo Comunale: In dem Bauwerk aus dem 17. Jh. ist die Pinakothek untergebracht (Besichtigung auf Anfrage): Gemälde von Carlo Crivelli und seinen Schülern (quattrocento), San Francesco, von Tizian und Werke von Tintoretto, Guerchin, Guardi, Tiepolo und Turner.
Bischofspalast: Diözesanmuseum mit vielen Gemälden.
Palazzo Panichi: Archäologisches Museum.
Duomo Sant' Emidio: Auf den Fundamenten eines frühchristlichen Baus (5. Jh.) im 12. Jh. errichtet. Bis zum 16. Jh. wurde ständig erweitert und verändert. Cola dell' Amatrice lieferte den Entwurf einer Fassade mit Kolossalordnung. In der Sakramentskapelle befindet sich ein Polyptychon von Carlo Crivelli: in der Mitte die bewundernswerte Madonna, darüber die Pieta, seitlich Heilige, in der unteren Zone die Apostel. Neben der Kirche steht das Baptisterium (12. Jh.), das aus einem heidnischen Tempel (5. Jh.) entstand.
Via Bonaparte: Die Straße führt in das alte Viertel und am gleichnamigen Palast (16. Jh.) vorbei.
Corso Mazzini: Hauptstraße der mittelalterlichen Stadt in Ost-West-Richtung. In der Nähe liegt das Tourismusbüro, 100 m weiter nach links: Palast Malaspina (16. Jh.) mit einer schönen Loggia; er beherbergt eine Galerie für moderne Kunst.
Piazza del Popolo**: Der gepflasterte Platz wird beinahe vollständig von Arkaden umgeben. Er bildet das belebte Zentrum der Stadt, wo die meisten Folkloreveranstaltungen stattfinden.
San Francesco: Kirche (13.-16. Jh.) mit zwei Kreuzgängen aus Gotik (minore) und Renaissance (maggiore).
Loggia dei Mercanti: Die Galerie der Händler (16. Jh.) lehnt sich an der Westseite der Piazza del Popolo an die Kirche an.
Palazzo dei Capitani del Popolo: Mit einem mittelalterlichen Burgfried und einem Renaissancehof.
Sant' Agostino: Kirche mit einem Fresco von Cola dell' Amatrice.
Via delle Tori: An dieser Straße befinden sich viele sehenswerte Türme und sie führt zu zwei interessanten Kirchen.
San Pietro Martire: Kirche (16. Jh.) mit einem Portal von Cola dell' Amatrice.
Kirche des hl. Vicenzo und Anastasio: Vom 11.-16. Jh. über einer Krypta des 6. Jh. errichtet.
Ponte di Solesta: Die auch Ponte Augusteo genannte Brücke römischen Ursprungs führt mit nur einem Bogen in 20 m Höhe über einen Bach. Vom linken Ufer des Tronto aus hat man eine schöne Aussicht auf das Stadttor, die Stadtmauer, die über der Schlucht**

emporragt, den Torre Ercolani, den höchsten der Stadt (40 m) und das Palazetto Longobardo (12. Jh.), Sitz der Jugendherberge. Am linken Ufer befindet sich der kleine Rundtempel Sant' Emidio Rosso (17. Jahrhundert).
Weitere Sehenswürdigkeiten: Die Stadtmauern mit Türmen, Glockentürmen und monumentalen Toren. Entlang des rechten Ufers des Tronto erreicht man flußabwärts eine der ältesten Kirchen von Ascoli, Santa Maria inter Vineas (12./13. Jh.) und das im 16. Jh. rekonstruierte Tor Tufilla.
Röm. Theater: Am Hang des Hügels der Annunziata (1 Jh. v. Chr.).
Porta Gemina: Römischer Doppelbogen am Anfang der Straße nach Rom.
Fortezza Pia: Renaissancekastell. Hinter dem Justizpalast gibt es Überreste der Stadtmauer aus dem 4. Jh. v. Chr.,: Panorama** vom Hügel der Annunziata aus.
Veranstaltungen: Meist auf der Piazza del Popolo. Karneval im Feb.; am 1. Aug.-Sonntag Sant' Emidio, Turnier der Quintana*, mit 700 Reitern in Kostümen des 15. Jahrhunderts.
Spezialitäten: Olive all' ascolana (Krapfen mit Oliven, auch Olive ripiene genannt); Weine: Rosso Piceno und Bianco Falerio.
Handwerk: Vorrangig Keramik.
Acquasanta Terme (21 km südwestl.): Thermalbad in malerischer Lage an den Monti Sibillini; römische Brücke; Castello (13. Jh.).
Arquata del' Tronto* (34 km südwestl.): Das Dorf unterhalb eines Castellos schmiegt sich eng an den Hügelhang.

Civitella del Tronto*: → **Teramo*.**
Colle San Marco (12 km südl.): Am Paß in 750 m Höhe gibt es Freizeiteinrichtungen und Wohnmöglichkeiten: Panoramastraße*.
Falerone: Römisches Theater.
Force (24 km nördl.): Kupferschmiedehandwerk (Ramaio).
Offida* (24 km nordöstl.): Galerie und Kolonnade des Palazzo del Comune; Festung, Pinakothek, archäologisches Museum, mittelalterliche Kirchen.
Ripatronsone (13 km von Grottamare): Befestigungsanlage und Palazzo del Podesta aus dem Mittelalter; Renaissancekirche (Gemälde on Guerchin), Museum.
San Giacomo (17 km südl.): Wintersportstation, über eine Kabinenseilbahn mit dem Monte dei Fiori (1680 m) verbunden.
Sibillini (Monti-im Westen): Monte Vettore (2476 m), Wintersport.

Aspromonte (1956 m am Montaldo)
Calabria (Reggio)
Die dichte Bewaldung (Buchen, Kastanien, Nadelhölzer) des süditalienischen Berglandes führte zur Schaffung dieses Naturschutzgebietes: der Nationalpark mit 3200 ha Fläche wird z.Z. eingerichtet. Eine Nord-Süd-Tangente, eine Panoramastraße, führt zum Hauptort Gambarie (1310 m hoch, 36 km von Reggio* und 18 km von Montaldo, auch Monte Cocuzza genannt, entfernt). Der Blick richtet sich von diesem Ferienort (Wintersport) auf die alten Wege der Transhumanz (Wanderschäferei): die ärmlichen Lebensbedingungen der kalabrischen Hirten haben sich allerdings seit den Erzählungen Corrado Alvaros stark gewandelt. 8 km nördlich steht das Mausoleum (Cippo) von Garibaldi. Es wurde an der Stelle errichtet, an der der Nationalheld am 29. August 1862 während eines Angriffs verletzt wurde.
Umgebung: → **Lorci*, Palmi*, Reggio di Calabria*, Scilla*.**

Asiago 6/C 1
Veneto (Vicenza)
Der Hauptferienort des Altopiano unterhalb 2300 m hoher Gipfel (Skizentrum) in der Nähe des Brentatales (→ **Bassano***), wird im Sommer hauptsächlich von Golfspielern, Luftsportlern, Speläologen und Archäologen (prähistorische Stätten) aufgesucht. Anfang November findet eine große Wallfahrt (Grande Rogazione) statt. Ein grandioses Denkmal erinnert an die Toten des 1. Weltkrieges (Altopiano wurde 1915 bis 1918 Schauplatz heftiger Kämpfe: 33000 Italiener, 18000 Österreicher und Ungarn sind hier begraben).
Astrophysikalisches Observatorium der Universität Padova (1,5 km südöstl.): Gruppenbesichtigung, Auskunft an der Azienda di soggiorno.
Canove (5 km östl.): Kriegsmuseum (1. Weltkrieg, Juni-Sept. ⊠).
Lavarone (35 km westl.): → Landschaftliche Umgebung von **Trento*.**
Marostica (39 km südöstl.): → Landschaftliche Umgebung von **Bassano*.**
Bassano del Grappa*: 36 km östl.

Asolo 6/C 1
Veneto (Treviso)
Die prachtvoll gelegene Stadt war bereits zur Jungsteinzeit besiedelt, wurde römisches Municipium (von Plinius erwähnt) und schloß sich im 14. Jh. der Republik Venedig an. Bis zur Moderne war sie Aufenthaltsort zahlreicher Künstler und Schriftsteller (Palladio, Carducci, Canova, Browning, Stravinski). Die legendäre Schauspielerin Eleonora Duse (La Duse), Interpretin der Werke D'Annunzios, wurde hier begraben (Friedhof Santa Anna, auf dem Hügel). In den von Bogengängen gesäumten und mit Brunnen verzierten Straßen stehen einige bemer-

Die venezianische Renaissancefassade der Villa Barbaro in Maser, in der Umgebung von Asolo. Ein geniales Werk Palladios.

kenswerte Bauwerke aus dem 15. und 16. Jahrhundert.
Loggia del Capitano: Museo Civico, mit Fresken verziert (montags ❌).
Duomo: Der Dom wurde im 17. Jh. über römischen Thermen errichtet: alte Gemälde (Lotto, 1506).
Palazzo Caterina Vornaro: Der Palast beherbert das Theater E. Duse (Ende 15. Jh.).
Kirchen: San Gottardo (13. Jh.) und Santa Caterina mit Fresken des Quattrocento verziert.
Handwerk: Stickerei, Museum alter Handwerke.
Maser (10 km östl.): Villa Barbaro* von Palladio, im Inneren mit Fresken von Veronese. Nebenan Museo delle Carrozze (Wagenmuseum, Di., Sa. und So.-nachm. ☐).
Montebelluna (12 km östl.): Museo Civico (Villa Biagi) und Museo dello Scarpone (des Escarpin; leichte Schnallenschuhe im 18. Jahrhundert)
Possagno (5 km nördl.): Heimat des Bildhauers Canova (1757-1822), sein Haus mit einem neoklassizistischen Portikus beherbergt ein Museum.
Castelfranco Veneto*: 18 km südl.
Monte Grappa: → **Bassano***.
Treviso*: 35 km südöstlich.

Assisi 13/B 3
Umbria (Perugia)

Die umbrische Stadt liegt auf dem Hang des Berges Subasio. Die Basilika auf dem Gipfel bietet von der Straße von Perugia aus einen prächtigen Anblick. Unterhalb des Subasio, auf dem in 1300 m Höhe ein schroffer Felsen emporragt, erstrecken sich die parallel verlaufenden Straßen der von 5 km langen Mauern umgebenen Stadt (mit acht Toren). Diese werden durch Treppengäßchen miteinander verbunden. Die hübschen Plätze mit Portiken werden seit der Zeit des hl. Franz von Assisi und der hl. Klara (13. Jh.) andächtig gepflegt. Über den Ursprung der Stadt, die wahrscheinlich ein Ort etruskischer Kultur war, ist wenig bekannt. Das röm. Asisium war Heimat des Dichters Propertius (Autor der Elegien, 1. Jh. n. Chr.), zur Franziskanerzeit wurde es Zentrum der Kunst, besonders Dank Giotto, der die Legende des Ordens in der Basilika (Ende 13. Jh.) illustrierte, bevor es das vielbesuchte Wallfahrtszentrum der „Ascesi" (mittelalterlicher Begriff für Asket) wurde.

San Francesco*: Die Mitte des 13. Jh. geweihte romano-gotische Klosteranlage mit Blendarkaden beherrscht das Tal des Tescio. Die Fassade an der Wallfahrtsesplanade öffnet sich zur aufgehenden Sonne in Richtung Jerusalem. Zwei Basiliken und eine Krypta liegen übereinander. Das gotische Schiff der Oberkirche wird durch Glasfenster mit Glasmalereien (franz. Glasermeister: Berry und Champagne) beleuchtet. Die Fresken stammen von Cimabue (Kreuzigung**) und von Giotto, dessen dreißig Szenen** (von links nach rechts zu betrachten) das Leben des hl. Franz darstellen. Eindrucksvoll ist auch das geschnitzte Chorgestühl (15. Jh.). Die untere Basilika mit niedrigen Gewölben, kurz vor der oberen gebaut, weist beeindruckende Fresken** auf, die sowohl alle Gewölbe, als auch die Wände der Seitenkapellen bedecken: Zugang durch das südl. Seitenportal an der Piazza delle Logge (Arkaden). Vom Narthex aus gelangt man zuerst zur Kapelle der hl. Katharina, in der die von Andrea da Bologna (15. Jh.) gemalten Fresken das Leben der Heiligen darstellt. Der „Kreuzgang der Toten" war der Friedhof der Franziskaner (15. Jh.). Das Kirchenschiff, mit Fresken aus dem 13. Jh. verziert, verbindet mit mehreren Kapellen, u.a. mit der des hl. Martin (Freskos** von Simone Martini). Die im 19. Jh. geöffnete Krypta, die sehr an das heilige Grab erinnert, umgibt das Grabmal San Francescos. Querschiff und Chor sind mit Fresken von Cimabue (der berühmte hl. Franz*, neben einer Madonna mit dem Kind) und Lorenzetti (Passion) ausgestattet. Der Renaissancekreuzgang (15. Jh.) öffnet sich zur Apsis der oberen Kirche hin: Kirchenschatz, Buchmalereien und Reliquienschreine (Ostern bis Okt.: Mo.❌).

Via San Francesco und Via Fontebella: Die parallelverlaufenden Straßen werden von Handwerkerläden und gotischen Häusern gesäumt, sie führen in das Herz der historischen Stadt. In sie münden mehrere Treppengassen, die zu schattigen Plätzen mit kleinen Brunnen führen. An der Via San Francesco liegen die gotische

Franz von Assisi

Der heilige Franz (San Francesco, 1182-1226) hieß eigentlich Giovanni. Da seine Mutter Französin war, trug er den Beinamen „Il Francesco", der sein Andenken unsterblich machte. Im Alter von 20 Jahren mußte er auf eine militärische Laufbahn verzichten, darauf zog er sich zurück und erkannte, daß er der „Erleuchtete" war. Er wurde Zeuge mehrerer Erscheinungen, darunter der am Berg **La Verna*** (1214). Es wird über den „Sonnengesang" oder den „Gesang der Geschöpfe" berichtet. Im Jahre 1210 gründete der Eremit und große Dichter den Orden der Bettelmönche, die sich damals „mindere Brüder" nannten und erst später den Namen Franziskaner annahmen. Er bewog Chiara (die hl. Klara, 1194-1253), eine seiner Anhängerinnen, zur Gründung des Klarissenordens.

Der „Poverissimo" erfuhr die Offenbarung seines Glaubens in einer bukolischen Stätte wie dieser. Auf dem Hügel wurde nach seinem Tode die gigantische Basilika errichtet.

Assisi

Abendliches Spiel aus Licht und Schatten: Assisi erstreckt sich entlang eines Hügelkamms, auf dem ein dem hl. Franz geweihtes Kloster steht.

Fassade des Hauses der Comacini und Fassaden mehrerer Renaissancepaläste mit gepflasterten Höfen und Innengärten. Neben der Stadtbibliothek beherbergt das Oratarium der Pilger (dei Pellegrini, 15. Jh.) Werke des Meisters Matteo da Gualdo.

Piazza del Comune*: Mitten in der Stadt befindet sich der Platz an der Stelle des früheren röm. Forums. Das archäologische Museum beherbergt etruskische Stücke und Funde aus Grabungen. Am Platz liegen der Minervatempel mit korinthischen Säulen, Paläste aus dem 13. und 14. Jh., darunter der Palazzo dei Capitano del Popolo und der Palazzo dei Priori (Stadtverwaltung), der das Tourismusbüro und das mit Fresken geschmückte Museo Civico aufnimmt.

Rocca Maggiore*: Festung aus dem 14. Jh.; herrliche Aussicht vom Burgfried.

Chiesa Nuova: Barockkirche (17. Jh.), daneben das Oratorium des San Francesco Piccolino, an der Stelle, an der der hl. Franz von Assisi geboren wurde.

Duomo (Chiesa di San Rufino): Kathedrale, in der der hl. Franz und die hl. Klara getauft wurden. Der Bau wurde größtenteil im 12. Jh. errichtet, die romanischen Fassaden zählen zu den schönsten Umbriens (skulptiertes Portal). Das Innere wurde während der Renaissance erneuert. In der Nachbarschaft befindet sich das Diözesanmuseum (Archiv der Kathedrale): Fresken von Giotto und Buchmalereien. Der ehemalige Kreuzgang ist mit romanischen Kapitellen ornamentiert. Unter dem Glockenturm befindet sich eine römische Zisterne.

Anfiteatro romano: Oberhalb des Domes, Richtung Stadtmauer, über die Piazza Matteotti hinweg.

Rocca Minore: Vom „unteren Schloß" aus hat man eine schöne Aussicht über die Stadt und die Rocca Maggiore.

Santa Chiara*: (hl. Klara) Die Kirche wurde in weniger als 10 Jahren im italienisch-gotischen Stil erbaut (Mitte 13. Jh.). Fensterrose*, Portal* und das strenge Schiff sind nach den Ordensregeln der Franziskaner gestaltet. Im Chor, hinter dem Hochaltar, befindet sich ein bemalter Kruzifix aus dem 14. Jh.; die vier Fresken an der Vierung, die zum Teil Cimabue zugeschrieben werden, stellen vier Frauen dar: die hl. Klara, ihre Schwester Agnes, Katharina und Lucia. Die Apsis und das Querschiff sind ebenfalls mit Fresken versehen, die den Tod der Santa Klara darstellen. An das Schiff angrenzend befindet sich die kleine Kirche Sankt Georg, wo das Kruzifix von San Damiano mit dem hl. Franz gesprochen haben soll. In der Krypta ruhen die sterblichen Überreste der hl. Klara. Von der Terrasse vor der Kirche aus genießt man eine schöne Aussicht auf Assisi.

Santa Maria Maggiore: Die Kirche war bis zum 11. Jh. die Kathedrale der Stadt: gotische Fresken, romanische Krypta und Teile eines Bauwerks, das das Geburtshaus des röm. Dichters Properz sein könnte.

San Pietro*: Romanische Abteikirche mit einer schönen Fassade; das Bauwerk wurde während der Gotik ausgeschmückt und während der Renaissance innen umgebaut.

Armenzano: Mittelalterliches Dorf vor den Toren der Stadt.

Monte Subasio (10 km östl.): Straßenverbindung (1290 m Höhe); Panoramablick*.

Eremo delle Carceri (4,5 km östl.): Panoramablick*; Höhle und monolithische Kirche, der hl. Franz zog sich hier zu Exerzitien zurück. Die Ordensbrüder begleiten die Besucher.

Rivotorto (6 km südl.): Sanktuarium, in dem die Regeln der Franziskaner verkündet wurden.

San Damiano (25 km südl.): Hier wurde der hl. Franz von dem Gekreuzigten angesprochen und erkannte seine Berufung. Der Garten des Klarissenklosters soll der Ort gewesen sein, an dem Franz den „Sonnengesang" diktiert haben soll. Die hl. Klara lebte und starb (1523) hier; barocker Holzchristus, Fresken aus dem 14. Jh.

Santa Maria degli Angeli (Basilica. 5 km südwestl.): Der Renaissancebau (Ende 16. Jh.) steht an der Stelle des ersten Franziskanerklosters, das von Franz von Assisi errichtet wurde. Es diente zur Aufnahme der Pilger, die sich hier Versöhnung und Absolution erhofften. Unter der großen Kuppel befindet sich die winzige, rustikale Kapelle Porziuncola, die vom Geistlichen besucht wurde, und die er der hl. Klara weihte. Er starb am 3. Okt. 1226 im kleinen Hospital, die heutige Kapelle Transito, die mit einer kleinen Statue von Andrea della Robbia geschmückt ist. Im Museum: bemaltes Kreuz von Giunta Pisano.

Sant' Angelo (11 km): Ehemaliges Kloster mit Fresken aus der Schule Giottos (14./15. Jh.).

Veranstaltungen: Mitte Juni: Fest des Gelübdes, Juni bis Aug.: Vorstellungen und Konzerte auf den Plätzen und in den Kirchen der

Zu den edlen Bauwerken an der Piazza del Comune in Assisi gehört auch die beinahe vollständig erhaltene Fassade des Minervatempels.

Die Einsiedelei „Le Carceri" vor den Toren Assisis war Ort der Exerzitien des hl. Franz. Die Stätte gehört heute zu den Gebäuden des Klosters.

Stadt; Juli/August: Musikfestival. Anf. Aug.: Prozessionen und am folgenden So. Fest des Hl. Rufin, Schutzheiliger von Assisi (1. Bischof im 3. Jh.). Sept./Okt.: Folkloreveranstaltungen in Santa Maria degli Angeli; Anf. Okt.: Fest des hl. Franz. Der Calendinaggio, das größte Folklorefest, findet mit Umzügen in mittelalterlichen Trachten Anfang Mai statt.
Handwerk: Keramik, Kupfertöpfe, Kunstschmiede, Stickerei (Assisimuster), Glasmalerei.
Bastia Umbra (9 km westl.): Insula Romanorum im Mittelalter; seit Mitte des 16. Jh. Messezentrum; gotische Kirche Santa Croce; romanische Kirche San Paolo, an der Stelle erbaut, an der Santa Klara einst Zuflucht suchte, um dem Zorn der Familie zu entgehen. Im Juli/Aug.: Sommertheater.
Bettona* (27 km südwestl.): Vettonia der Antike, etruskischen Ursprungs (Stadtmauer, unterirdische Grabkammer). Der Palazzo del Podesta (15. Jh.) beherbergt eine Pinakothek (Werke von Perugino, Andrea della Robbia, etruskische und römische Archäologie). Zahlreiche Kirchen, darunter die ehem. gotische Kathedrale Santa Maria (Gemälde, ein Werk von Perugino) und Sankt Andrea (Kassettendecke). Im August: Vorstellungen, Konzerte, Volksfeste.
Cannara* (17 km südl.): Aktives Handwerkszentrum; das antike Urbinum Hortense (Überreste im Stadthaus) nahe einer etruskischen Fundstätte (in der benachbarten Ortschaft Collemancio). San Biagio mit Portal aus dem 13. Jh.; in der Kirche Buona Morte fand die „Predigt an die Vögel" statt, die von Giotto verewigt wurde.
Foligno*: 18 km südlich.
Gualdo Tadino* (32 km nordöstl.): Das frühere Tadinum an der Via Flaminia, beherrscht von einer Festung („Rocca"), die um 1230 von Friedrich II. besetzt wurde. Kirche San Francesco, teilweise von der städtischen Pinakothek belegt und mit Fresken von Matteo da Gualdo (15. Jh.) verziert. Töpferhandwerk: Messe im Juli.
Nocera Umbra (20 km östl.): Ehemalige Franziskanerkirche, heute Pinakothek und Lapidarium (religiöse Malerei des Mittelalters); romanisches Portal des „Duomo".

Asti 8/D 1
Piemonte (Provinzhauptstadt)
Die ehemalige freie Republik (11. bis 14. Jh.) und bedeutende Stadt des Piemont bewahrte im Stadtbild enge Straßen, die von alten Häusern mit mittelalterlichen Türmen gesäumt werden: der Troyana ist der höchste Turm der Provinz. Asti ist die Geburtsstadt des berühmten Bühnenautors Vittorio Alfieri (1749-1803), dessen Geburtshaus an dem nach ihm benannten Corso zum Teil als Museum eingerichtet ist (Besichtigung).
Duomo: Sehr schönes gotisches Bauwerk (romanischer Kampanile, Schiff mit Malereien verziert).
San Giovanni: Frühromanische Krypta und Kreuzgang.
San Secondo: Schöne Fassade und paläochristliche Krypta: Ausstellungen im Baptisterium (12. Jahrhundert).
San Pietro: Gotische Kirche (Museum im Kreuzgang).
Palazzo di Bellino (Corso Alferi): Museum des Risorgimento und Pinakothek (Mo. ⊠).
Veranstaltungen: Mitte September, großes Kostümfest mit Kavalkade des Polio und Weinmesse (Moscati, Asti spumante).
Handwerk: Weberei, Schmiedeeisen, Tischlerei, Keramik, Juweliere.
Cortazzone (18 km nordöstl.): Romanische Kapelle San Secondo (12. Jh.).
Madonna di Viatoso (4 km nordwestl.): Romano-gotische Kirche, Aussicht über Asti.
Moncalvo (22 km nördl.): In den Hügeln des Monferrato (Casale*): romano-gotische Kirche San Francesco; oberhalb: Sanktuarium von Crea (→ **Casale***).
Alessandria*: 37 km östlich.
Casale Monferrato*: 42 km nordöstlich.

Atri 16/A 2
Abruzzo (Teramo)
Die antike Stadt liegt auf einem Gebirgsvorsprung über dem Adriatischen Meer (6 km Luftlinie). Atri bietet mehrere Kirchen aus dem 14./15. Jh. Vor den Toren der Stadt befinden sich durch Erosion entstandene Höhlen (Calanchi).
Cattedrale dell'Assunta*: Die Kathedrale (Ende 13. Jh.) steht über der Krypta, in der sich zur Römerzeit die Zisterne der Thermen befand: einmalige Fresken von Delitio (15. Jh.), die den Chor völlig bedecken. Das Fresko „Begegnung der Lebenden mit den Toten" stammt aus der Zeit Friedrich II. (Anf. 13. Jh.).
Museum der Kathedrale: Religiöse Goldschmiedekunst, Majoliken.
Palazzo Ducale der Acquaviva: Rathaus (16. Jh.).
Veranstaltungen: Folklore mit Wagenzug am 15. Aug., Musikveranstaltungen im Theater.
Spezialitäten: „Pane Ducale" (Brot) und „Pecorino" (Milchspeise).
Handwerk: Künstlerisch gearbeitete Glaswaren.
Cerrano: Stark restauriertes Schloß, antiker Hafen Atris.
Pineto (10 km nordöstl.): Die Badeorte der Adriatischen Küste liegen inmitten von Pinienhainen; Roseto (nördl.), Silvi Marina (südl.); → **Giulianova*** und **Pescara***.
San Clemente al Vomano (15 km nordl.): Große romanische Kirche.
Teramo* (43 km nordwestl.): An der Strecke befinden sich schroffe Schluchten* (Scrimoni), die durch Erosion entstanden sind: künstliche Höhlen.

Avellino 20/C 1
Campania (Provinzhauptstadt)
Die Stadt, vom Erdbeben am 23. Nov. 1980 sehr getroffen (das historische Viertel wurde zerstört), ist Hauptstadt der Irpinia genannten Region (→ **Ariano Irpino***). Sie ging aus dem früheren samnitischen Abellinum hervor, dessen Überreste, wie einer von Sulla gegründeten röm. Ansiedlung, südl. neben dem heutigen Atripal-

da, sichtbar sind. Die Ruinen des lombardischen Schlosses, die Kathedrale und ihre romanische Krypta (12. Jh.), sowie das angrenzende Museum, das einen Teil der Werke der 1980 zerstörten Kirchen aufbewahrt, sind sehenswert.
Museo Irpino*: Das irpinische Museum zeigt prähistorische Archäologie (Festtage u. manche Nachmittage ⊠).
Museo del Risorgimento: Pinakothek, Krippe aus dem 18. Jh.
Palazzo della Dogana: In dem im 17. Jh. wiederaufgebauten Palast befindet sich heute das Theater.
Spezialität: Haselnüsse; von Benediktinern in Montevergine hergestellte Liköre.
Avella (15 km westl.): Archäologische Zeugnisse im antiken Abella; Park des Colonnapalastes.
Lauro (25 km südwestl.): Castello Lancellotti (Theater- und Musikveranstaltungen).
Mercogliano (6 km westl.): Luftkurort in 550/660 m Höhe; Abteipalast von Loreto (18. Jh., Barockfassade). Eine Seilbahn führt zum Sanktuarium von Montevergine*.
Sanktuarium von Montevergine (20 km, Straßenverbindung): An der Stelle eines Kybele geweihten Tempels, der von Vergil erwähnt wird, auf dem Gipfel des Monte Partenio (Panorama*), steht das Kloster: Frauen ist der Zugang verboten. Es umfaßt ein meteorologisches Observatorium, eine internationale Krippenausstellung und ein archäologisches Abteimuseum, sowie eine Pinakothek.
Nola (32 km westl.): Sehenswert die Kirche der Misericordia (14. Jh.), Duomo, Palazzo Orsini (15. Jh.). 2 km nördl. liegt die bedeutende paläochristliche Stätte von Cimitile* (4. Jh.).

Avezzano 17/C 1
Abruzzo (L' Aquila)
Kleine Industrie- und Handelsstadt römischen Ursprungs (Marsica) am Rande eines ehemaligen Sumpfgebietes.
Schloß der Orsini: Teilweise verfallenes Bauwerk (15. Jh.). Im Museum für ländliche und pastorale Zivilisation im Rathaus sind regionale archäologische Sammlungen zu sehen.
Albe (10 km nördl.): Ruinen des röm. Alba Fucens*: Amphitheater, Theater, Thermen, polygonale Befestigungsanlage. Romanische Kirche San Pietro*, errichtet auf den Ruinen eines heidnischen Tempels (3. Jh. v. Chr., Mosaiken, 13. Jh.).
Celano (13 km nordöstl.): Ortschaft unterhalb des mittelalterlichen Schlosses Piccolomini (restauriert) mit Renaissancehof. 2 km weiter erstrecken sich über 5 km die Schluchten* von Celano.
Magliano (9 km nordwestl.): Kirche (13. Jh.) mit schöner Kanzel. 6 km nördl., Santa Maria im Valle Porcianeta (→ Rosciolo).
Ovindoli (23 km nordöstl.): Ausflugs- und Wintersportzentrum (1400/2000 m Höhe).
Pescasseroli (66 km südöstl.): Parco nazionale d' Abruzzo.
Pescina (23 km östl.): Überreste des Geburtsschlosses des Kardinals Mazarin, das 1915 vom Erdbeben zerstört wurde.
Piana del Fucino (18 km südöstl.): Zentrum für Weltraumfernmeldetechnik.
Rosciolo (13 km nordwestl.): In 1020 m Höhe steht die einsame Kirche Santa Maria am Fuße des Velino (Valle Porclaneta, 11. Jh.): Skulpturen und Kanzel, die im 12. Jh. von Künstlern der Abruzzen geschaffen wurden.
Tagliacozzo (18 km westl.): Die im 5. Jh. gegründete Stadt klammert sich an die Hänge des Boveberges: mehrere Herrenhäuser und zwei romanische Kirchen (bewundernswerte Fensterrose von San Francesco).
Trasacco (16 km südöstl.): Teilweise romanische Kirche.

Avigliana 8/B 1
Piemonte (Torino)
Der Ort war lange Residenz der Prinzen von Savoyen: Ruinen eines Ende des 17. Jh. niedergerissenen Schlosses; Piazza Conte Rosso mit Arkaden; Kirche San Giovanni (13.- 15.Jh.), Malereien (Schule von Piemont, Ferrari), romanische Kirche San Pietro (10. Jh.), im 15. Jh. umgebaut und mit Fresken versehen. Im Wald, am Ende der Stadt, liegen zwei ehemalige Gletscherseen: Wassersport.
Veranstaltungen: Motorradrennen.
Giaveno (9 km südwestl.): Sommerfrische, archäologische Reste.
Lis (Paß, 18 km nördl.): Panoramastraße, botanischer Garten.
Sant' Antonio (Abbazia di, 4 km östl., über Buttigliera): Die Abtei wurde im 12. Jh. gegründet (von den Hospitalitern aus Saint-Antoineen-Viennois, Isre/Frankreich). Erhalten sind der Kampanile und ein kleiner romanischer Kreuzgang. Die gotische Kirche* (14. Jh.) wurde in französischer Architekturtradition errichtet; bemerkenswert sind die drei hohen Ziergiebel der Fassade, die Fresken des Chors (15. Jh.) und die Geburt Christi am Hochaltar von Ferrari.
Sagra di San Michele*: Abbazia, 13 km westlich.

Baia 20/A 1
Campania (Napoli)
Die kleine Stadt am Anfang der südl. Halbinsel der phlegräischen Felder (Campi Flegrei → **Pozzuoli***) gelegen, verdankt ihren Namen Baios, einem Gefährten Odysseus. Zahlreiche vulkanische Einbrüche und Hebungen haben eine Anzahl antiker Monumente zerstört. Zur Zeit Ciceros war der Ort eines der beliebtesten Thermalbäder der italienischen Halbinsel.
Parco archeologico*: In der Anlage des archäologischen Parks, auf dem Hügel über dem Meer, erkennt man drei Hauptbaueinheiten, die sich um Thermen gruppieren: Thermen der Venus (früher Frauenbäder, Mo. und an gewissen Feiertagen ⊠).
Südl. der Stadt, auf einem Kap hoch über dem Meer, befindet sich das mächtige Schloß (Renaissance) des Königs von Neapel Don Pedro de Toledo; ein Museum wird eingerichtet.
See von Fusaro (1 km westl.): Auf der kleinen Insel steht ein Jagdpavillon (18.Jh.), Casino Reale oder Casina Vanvitellina (nach dem Namen des Architekten Vanvitelli) genannt.
Lucrin See (2km nördl.): Der See war während der Antike von Luxusvillen gesäumt: in einer dieser

Zur Zeit der römischen Republik war Baia ein sehr beliebtes Thermalzentrum. Die Ruinen der imposanten Badeanlagen stufen sich zum Meer hin ab.

Villen soll Agrippina von Nero ermordet worden sein. Zahlreiche Erdbeben haben die Kunstschätze versinken lassen. Ausgrabungen unterhalb des Meeresspiegels (bis zu 8 m Tiefe) finden seit langem statt.

Aveno (Lago): → **Cuma**★.

Bacoli (2km südl.): Drei für die Archäologie interessante Stätten. In der Nähe des Golfes, an der Stelle des antiken Hafens Miseno, befindet sich ein riesiges Wasserreservoir, Piscina Mirabilis genannt, das 12000 m^3 Trinkwasser fassen konnte. Es war zur Versorgung der römischen Flotte bestimmt. Auf dem Hügel, das Meer beherrschend, steht eine weitere Zisterne (Privatbesitz), die Cento Camerelle★ genannt wird. In Strandnähe liegt das Sepolcro di Agrippina, in Wahrheit ein kleines Odeum einer Patrizierresidenz. Agrippina soll aber tatsächlich nicht weit entfernt begraben worden sein: wahrscheinlich an der Stelle des Castello de Baia.

Miseno (5km südl.): In der Antike sahen die Altväter in dieser Stätte das elysäische Gefilde. Im Geschichtsbewußtsein ist Miseno vor allem das Kap, von dem aus Plinius den Ausbruch des Vesuvs, der Pompei verschüttete, entsetzt miterlebte. Das Ereignis kann durch seinen Brief an Tacitus nachvollzogen werden. Zwei ehemalige Krater bilden den Hafen von Miseno und einen See, sie sind durch einen zur Kaiserzeit gegrabenen Kanal verbunden. Der kleine Badeort war schon bis zum 3. Jh. eine Sommerfrische: Überreste eines römischen Tempels am Berghang.

Monte di Procida (8 km südwestl.): Kleine Stadt, durch eine kurvenreiche Panoramastraße mit Miseno verbunden. Aussicht über die Procida Inseln und Ischia.

Der Misenosee, ein ehemaliger Krater, war römischer Kriegshafen. Heute bietet er einer friedlichen kleinen Flotte sicheren Schutz.

Bardolino 6/A 2
Veneto (Verona)

Der Luftkurort, ein Ausflugs- und Ferienzentrum (Strände) am östl. Ufer des Gardasees (→ **Garda**★, Lago di), entwickelte sich an einem Platz, der bereits seit der Jungsteinzeit besiedelt war. Der Name soll von Bardali, der Tochter des Argonautenkönigs Autelo, abgeleitet sein. Ansehnliche Überreste der Umwallung aus Mittelalter und Renaissance, romanische Kirche Sansevero (lombardische Krypta aus dem 8. Jh., Fresken aus dem 12. Jh., karolingische Kirche San Zeno (9. Jh.).

Spezialitäten: Berühmte Rotweine und Oliven.

Bussolengo (14 km südöstl.: Parco Zoo Autosafari del Garda (24 km) in La Figara (Richtung Peschiera).

Caneva (8 km südl. nach Lazise): Freizeitpark für Wassersport, eine Art „Aqualand" (Mai bis September).

Garda (3 km nördl.): Am Fuße des Monte Baldo („Panoramabalkone" zwischen 300 und 400 m); wahrscheinlich die am frühesten besiedelte Stelle am Seeufer. Sehenswertes altes Dorf mit einigen gotischen Palästen, wo der Überlieferung nach der Ursprung der Legende von Romeo und Julia (→ **Verona**★) liegt: Anlegestelle für Linienschiffe.

Lazise (6 km südl.): Interessante Stadt am See: Monumente.

Madonna della Corona (23 km nördl.): Panorama über den Adige.

Peschiera (15 km südl.): Die Stadt bewahrte beträchtliche Reste der Befestigungsanlage aus dem 18.Jh. und der österreichischen Zitadelle; künstliche Wasserflächen am Mincio (Ableitung des Sees).

San Vigilio (Punta): Reizende Landschaft★ zwischen Zypressen und Olivenbäumen; die Zugänge zu den schönsten Aussichtspunkten befinden sich in Privatbesitz.

Torri del Benaco (11 km nördl.): Fähren nach Maderno auf dem gegenüberliegenden Ufer (→ **Gardone Riviera**★). Die ehemalige Regionalhauptstadt besitzt einen Hafen, eine gotische Festung und einige Herrensitze.

Bardonecchia 8/A 1
Piemonte (Torino)

Das gutausgerüstete Sommer- und Winterurlaubsquartier (Sommerski auf den Gletschern des Sommelier) liegt am Endpunkt von fünf Alpentälern an den transalpinen Strecken des Tunnels von Frejus (nach Modane in Frankreich) und des Col de L' Échelle (nach Névache). Das Museo Civico ist den Volkskünsten gewidmet. Sehenswert ist auch das ethnographische Kunstmuseum der Pfarrei Melezet.

Veranstaltungen: Musiksaison im Sommer und Winter.

Handwerk: Gedrechselte und geschnitzte Holzarbeiten.

Oulx (14 km östl.): 5 km oberhalb, Sommerfrische- und Wintersportzentrum von **Sauze - d' Oulx**★.

Bari 19/C 3
Hauptstadt Apuliens (Puglia)
Hauptstadt der Provinz Bari

Der moderne Charakter der zweitgrößten süditalienischen Hafenstadt erstaunt den Besucher. Bari verdankt seine Erfolge in Industrie und Handel der Aktivität des Hafens, der seit der Zeit der Kreuzzüge in enger Verbindung mit dem östl. Mittelmeerraum steht. Der Ort besticht durch zwei grundverschiedene Stadtbilder, deren Besichtigung jeweils einen halben Tag in Anspruch nimmt. Die Altstadt drängt sich auf einer Landzunge zwischen dem alten und dem neuen Hafen, wo einst die Gouverneure aus Byzanz und später die normannischen Herrscher residierten. Die moderne Stadt, schachbrettartig nach den Plänen von Joachim Morat im 19. Jh. (die Stadt zählte nur 20000 Einwohner) angelegt, umschließt die Altstadt.

Besichtigung: Parkplätze befinden sich entlang der Bucht des Gran Porto (moderner Hafen), am

Rande des heutigen Stadtzentrums.
Nördl. der Citta Vecchia gelangt man zur Panoramaterrasse (Belvedere), südl., entlang des Lungomari (Seeboulevard) zum alten Hafen (Porto Vecchio: Aussicht*).
Citta Vecchia*: Die malerische Altstadt mit engen Gassen und kleinen Plätzen, kann zu Fuß besichtigt werden.
Castello: Das Bauwerk stammt aus der Zeit der Regentschaft Friedrich II. von Hohenstaufen. Eine Ausnahme bilden die Bollwerke, die wie der Innenhof während der Renaissance errichtet wurden. Das Monument überdeckt eine normannische Festung (11. Jh.) und beherbergt heute eine Ausstellung über altertümliche Architektur.
Cattedrale*: Das Bauwerk (11.-13. Jh.) steht über einer frühchristlichen Kirche (Reste eines Mosaikfußbodens): sehenswerter Fries und schöne Fensterrose an der Fassade, sowie ein herrliches romanisches Fenster* in der Apsis. Nebenan befindet sich ein kleines Diözesanmuseum.
San Nicola*: Sie ist der Ursprung aller romanischen Kirchen Apuliens (11. Jh.), über einer Krypta errichtet, die die Gebeine des hl. Nikolaus enthält, die die Bareser Seeleute 1087 aus Kleinasien zurückbrachten. Die normannische Basilika befand sich an der Stelle des Palastes der Gouverneure von Byzanz. Sie wird als ein Prototyp der romanischen Architektur Apuliens betrachtet: sehr elegantes Mittelportal, im Inneren befinden sich außer Gemälden ein Baldachin (12. Jh.) über dem Hochaltar, ein Bischofsthron* aus der gleichen Epoche, ein Gemäldemuseum und der Kirchenschatz (an Feiertagen ⊠).
San Gregorio: Kleine Kirche (11. - 13. Jh.) neben San Nicola.
Historisches Museum: In der Altstadt neben San Nicola: Erinnerung an den Krieg der Jahre 1915 - 1918 (Fr. ⊠).
Pinacoteca Provinciale: Im Palazzo della Provincia am Lungomare untergebracht (Freitag und Feiertag-nachmittag ⊠): Gemälde und Skulpturen vom 11. bis zum 18. Jahrhundert, Werke apulischer und süditalienischer Künstler.
Regionales Archäologiemuseum: (in der modernen Stadt, im ersten Stockwerk des Palastes der Universität an der Piazza Umberto I.; nachm., Mo. und an manchen Feiert. ⊠): Sammlungen aus der Region Apuliens, insbesondere ornamentierte Keramiken, antike Vasen und Krater*, hauptsächlich Funde aus Canusium (3.Jh. v. Chr.: → Canosa bei **Cerignola***).
Aquarium: An der Hauptmole des Gran Porto: Meeresfauna der Adria.
Fiera di Levante (westl. des Gran Porto): Gelände der Septembermesse: es werden Ausstellungen zur Entwicklung des Mezzogiorno organisiert.
Seeverbindungen: Mit Ancona*, Jugoslawien (Dubrovnik) und mit Griechenland (Korfu, Patras).
Veranstaltungen: Anfang Mai Fest des Sankt Nikolaus: Historischer Zug mit einer Meeressegnung am folgenden Tag. Fiera del Levante (Messe) im September, die größte kommerzielle Veranstaltung Süditaliens.
Shopping: Via Sparano, Verbindungsstraße und Fußgängerzone zwischen Bahnhof und der Altstadt Citta Vecchia.
Acquaviva degli Fonti (29 km südl.): Kathedrale (Romanik/Renaissance), Palazzo del Principe (Barock).
Bitetto (17 km südwestl.): Mittelalterliche Altstadt.
Bitonto** (17 km westl.): Altstadt, von Mauern umgeben, die an Bari erinnern. Von Orientalismen geprägte romanische Kathedrale* (Ende 12. Jh.): prächtige Fensterrose über dem Mittelportal, im Inneren eine Kanzel aus dem 13. Jahrhundert: Diözesanmuseum und Museo Civico.
Conversano (30 km südöstl., Panoramalage): Duomo (14. Jh.), Kirche (11. Jh.), S. Kosmas und Damianus mit barockem Inneren.
Gioia del Colle (38 km südl.): Archäologisches Museum mit Fun-

Bari: Die Kirche San Nicola mit elegantem Portal ist der Inbegriff der romanischen Kirchen Apuliens.

den der Ausgrabungen von Monte Sannace (5 km entf.) im Castello.
Mola di Bari (21 km östl.): Fischerihafen; romano-gotische Kathedrale in der Altstadt*.
Ognissanti (8 km südl.): Die einsam in der Landschaft auftauchende Kirche (11. Jh.) ist ein Überbleibsel einer Benediktinerabtei aus der Zeit der Normannenherrschaft.
Rutigliano (20 km südöstl.): Polyptichon des Quattrocento in der mittelalterlichen Kirche Santa Maria della Colonna.
Sammichele di Bari (35 km südl.): Museum für Traditionen und Künste Apuliens (nachm. ⊠).
Egnazia: 40 km östl.: → Landschaftliche Umgebung von **Monopoli***.
Giovinazzo: 20 km westlich, → **Molfetta***.

Barletta
Puglia (Bari)
Aus dem Exporthafen für das Salz und den Wein Apuliens wurde heute ein Badeort. Das alte Zentrum wird wegen des Colosso*, einer 5,10 m hohen Bronzestatue, die 1204 am Strand gefunden wurde, besucht (sie könnte aus dem 4. Jh. stammen).
Castello: Von Gräben umgeben beherrscht es den Hafen, den Stadtgarten und das alte Viertel (zum Meer hin von einer Umwallung geschützt). Es wurde zur Zeit Friedrich II. (→ **Bari***) errichtet und zur Renaissance mit Bollwerken verstärkt.
Duomo (am Eingang der Altstadt): Die romano-gotische Kathedrale wird von einem Kampanile (13.Jh.) überragt; Renaissanceportal.
Sant' Andrea: Romanisches Portal mit einer Madonna im Inneren (Quattrocento).
Museo Civico und Pinacoteca: Archäologie, Werke von apulischen Künstlern (nachmittags, Mo. und an Feiertagen ⊠).
Santo Sepolcro: Kirche (12.-14. Jh.); links steht der berühmte Colosso; es könnte ein byzantinischer Kaiser sein.
Palazzo della Marra (nördl., neben der Mura del Carmine): Bauwerk mit einem schönen Hof.
Veranstaltungen: Am letzten So. im Juli: Darstellung der Herausforderung (Desfida de Barletta) unter der Schlichtung des Franzosen Bayard (1503), die mit der Abtretung Süditaliens der Franzosen an die Spanier endete.
Andria (10 km südl.): Die Stadt war Residenz Friedrich II. Mittelalterliche Kathedrale. Diözesanmuseum (im Bischofssitz), Herzogspalast aus dem 18. Jh.
Bisceglie (20 km südöstl.): Drei

romanische Kirchen; 5 km weiter der riesige Dolmen Chianca.
Canne della Battaglia (16 km südl.): Archäologische Stätte von großem Interesse: im Jahre 216 v. Chr. wurden hier die Römer von der Armee Hannibals geschlagen. Die Ausgrabungsstätte des antiken Cannae und das Museum Sepolcreto liegen im Bereich des Friedhofs der mittelalterlichen Stadt, die 1083 von den Normannen zerstört wurde.
Margherita di Savoia (14 km westl.): Badeort in der Nähe der größten Salinen Italiens (mehr als 4000 ha); südwestlich die Ruinen von Salapia.
Trani* (13 km östl.): Exporthafen für Weine. Altes Viertel am Hafen, wo sich auch das Schloß Friedrich II. (Castello Svevo) befindet. Interessante Kathedrale* (13. Jh.; skulptierte Fassade und Bronzetür: 12. Jh.). Nebenan liegt das Diözesanmuseum. Vom Park der Villa Comunale aus hat man eine schöne Aussicht über die Altstadt und über das Meer; kleines Aquarium. An einem Platz am Ende des Hafens befindet sich ein Museum für alte Fahrzeuge.
Canosa di Puglia: 23 km südwestl.: → Cerignola*.

Bassano del Grappa
Veneto (Vicenza) 6/C 1
An der Grenzlinie zwischen den dolomitischen Voralpen und der venezianischen Ebene liegt die alte Stadt zu beiden Ufern der Brenta. Sie war Hauptstadt eines der Territorien der Kimbern. Der Fluß wird von der modernen Ponte della Vittoria und der historischen Ponte Coperto* (mit offenem Dachstuhl gedeckte Brücke, nach dem 2. Weltkrieg wiederaufgebaut) überquert. Nebenan liegt das kleine Museum degli Alpini.
Viale dei Martiri: Von der Straße nördl. der Stadt hat man eine schöne Aussicht über die Hochebene von Asiago* und auf den Monte Grappa.
Stadtzentrum: Neben der Kirche San Francesco stellt das Museo Civico (Mo. und So.- nachmittags ⊠) Keramiken und Gemälde von Jacopo da Ponte (genannt Bassano), einem berühmten Künstler des Quattrochento aus. Daneben werden einige venezianische Meister, darunter ein berühmter Magnasco (Mönche bei der Beerdigung eines Bruders) sowie Werke des Bildhauers Canova (→ Asolo*) gezeigt. Die engen, von Arkaden gesäumten Straßen mit im Tiroler Stil bemalten Häusern sind ein einmaliges Erlebnis.
Veranstaltungen: Karneval; ferner Sport- und Kulturveranstaltungen während der Wintersaison.
Spezialitäten: Grappa, Käse, Pilze und Trüffel.
Handwerk: Keramik und Möbel.
Citadella (13 km südl.): Elliptische Stadtmauer aus dem 13./14. Jh.
Marostica (7 km westl.): Das Dorf ist berühmt wegen seiner Schachspiele mit Schauspielern als Figuren in Kostümen des 15. Jh. (alle zwei Jahre im Sept.). Die Rocca, das untere Schloß (da Basso) stammt aus dem 14. Jh.; auf dem Gipfel des Monte Pausolino steht das Castello Superiore.
Monte Grappa: (32 km nordöstl.): Panorama* vom monumentalen Ossario (Beinhaus) in 1775 m Höhe aus, das an die 25000 Toten (von 60000 verschiedenen Männern) der Kämpfe von 1917/18 erinnern soll; bei klarem Wetter erscheint Venedig in der Ferne: Wintersport.
Nove (7 km südwestl.): In der Villa Machiavello ein Keramikmuseum (nachmittags ⊠). In der Gegend von Bassano können zahlreiche Villen (Ville) besichtigt werden: Bianchi Michiel, Mussolente, Cornaro, Rezzonico, Cartigliano, Rosa, Rossano, Veneto.

Bedonia
Emiglia-Romagna (Parma) 9/C 2
Bedeutendes Sommerfrische- und Ausflugszentrum im Apennin.
Bardi (32 km nördl.): Gewaltige Festung (11. Jh.) mit Renaissancegemälden verziert.
Borgo Val di Taro (15 km östl.): Im September berühmte gastronomische Messen.
Compiano (5 km östl.): Viereckiges Schloß vorromanischen Ursprungs, vom vier runden Türmen flankiert.
Cento Croci (Passo di, Paß der hundert Kurven): 20 km südlich.
Tarsogno (6km südl.): Sommerfrische.

Bellagio
Lombardia (Como) 5/B 1
An der Spitze des zentralen Vorgebirges des Lario (Lago di Como*) drängt sich der Ferien- und Luftkurort um den sehr alten Hafen. Auf dem Hügel über dem Wasser findet man noch Spuren der gallischen Besetzung. Das malerische alte Dorf mit engen Gassen und Treppenpfaden wurde von Manzoni, Stendhal, Liszt (seine Tochter Cosima wurde hier geboren) und Mark Twain besucht.
San Giacomo: Die romanische Basilika mit lombardischen Architekturelementen (Ende 11. Jh.) enthält zahlreiche Kunstwerke: Gemälde von Perugino.
Gärten: Einer der größten Reize der Stadt liegt in der Schönheit der Gärten, die die Patriziervillen umgeben. Besonders bekannt sind die der Villa Melzi* im Loppia-Viertel (Straße nach Como): Azaleen- und Rhododendronbüsche; schöne Aussicht auf das gegenüberliegende Seeufer. In der Orangerie und in den Räumen des Pavillons (Anf. 19. Jh.) befinden sich Sammlungen von Antiquitäten, Skulpturen und Gemälden (Rubens und van Dyck).
Etwas weiter erreicht man den kleinen Hafen von San Giovanni. In entgegengesetzter Richtung, über die Straße nach Lecco, befin-

Bassano del Grappa: Die überdachte mittelalterliche Holzbrücke ist eine Kopie. Nach ihrer Zerstörung im Jahre 1944 wurde sie vollständig neuerrichtet.

Bellagio mit der Hauptanlegestelle der Schiffe auf dem Comer See. Die kleine Stadt mit vielen Villen und Parkanlagen befindet sich an der Spitze einer Landzunge.

den sich die Gärten* (19. Jh.) der Villa Serbelloni (Ende 16. Jh.): Führungen im Park um 10 und 16 Uhr (Ostern bis Mitte Okt., Mo ⌧). Sie sind im italienischen Stil in Terrassen angelegt und bieten eine üppige Flora. Das Schloß wurde von Stanga, Minister unter Ludovico il Moro gebaut; Leonardo da Vinci hielt sich hier auf. Es befindet sich heute im Besitz der Rockefellerstiftung und wurde ein Zentrum der kulturellen Begegnung.
Anlegeplatz: Regelmäßige Schiffsverbindung nach **Como*** und **Lecco***; Schnellboot- und Fährverbindung mit **Cadenabbia***, Menaggio und **Varenna***. Bergwanderungen (Panoramastraße und Pfade auf annähernd 2000 m Höhe).
Spezialität: Süßwasserfische.
Lezzeno (10 km südwestl.): Schöne Wegstrecke, Wassersport, Besichtigung der Grünen Grotte mit Booten.
Umgebung: **Como***, 31 km südl. **Lecco***, 22 km südöstlich.
Madonna del Ghisallo (südl.): Panoramastraße von etwa 40 km Länge mit Aussichten auf den See von Lecco.

Belluno 3/A 3
Veneto (Hauptstadt der Provinz)
Die ehemals freie Stadt an der Südgrenze der Dolomiten liegt auf einem seit mehr als 3000 Jahren besiedelten Vorgebirge am Zusammenfluß von Ardo und Piave. Seit 1404 zu Venedig gehörend bietet sie eine beträchtliche Anzahl von Palästen und Herrenhäusern (seit der Renaissance).
Piazza dei Martiri: Das belebte Zentrum der Stadt wird im Norden von einer langen Arkadenreihe gesäumt, die monumentalen Sehenwürdigkeiten befinden sich in der Nähe der Piazza del Castello.
Piazza del Duomo*: Im Mittelpunkt der Stadt; Residenz der Grafen-Bischöfe und Stadthalter: links der Palazzo dei Rettori (der Stadthalter), mit einer prächtigen venezianischen Fassade* (Ende 15. Jh.), daneben der Turm dell' Orologio und ein Baptisterium.
Basilica-Cattedrale: Der Duomo (16. Jh.) wird von einem schönen Barock-Kampanile flankiert. Moderne Bronzetüren (von Angelo Caneveri 1982 geschaffen) öffnen sich zu einem mit Gemälden der venezianischen Schule reich verzierten Kirchenschiff.
Palazzo degli Giurati: Das Museum befindet sich im Schöffenpalast (17.Jh.): Pinakothek*, Archäologie, Risorgimento (April-Okt., Mo. u. Feiert.-nachmittags ⌧).
Piazza delle Erbe: Den Platz schmückt ein gotischer Brunnen, Renaissancehäuser mit Portiken umrahmen ihn (Wappen).
Via Mezzaterra: Zum Teil von gotischen Häusern gesäumt führt sie zur Spitze des Vorgebirges.
Via Rialto: Sie führt hinauf zur Piazza dei Martiri.
Santo Stefano: Vor der gotischen Kirche steht ein römischer Sarkophag mit griechischen Inschriften aus dem 1. Jh.
Veranstaltungen: Im Sommer Turnier der Bogenschützen; Festival Settembre Bellunese.
Handwerk: Rustikale Möbel und gewebte Umschlagtücher.
Umgebung: Vor den Toren der Stadt wurden 1797 die Österreicher von Massena geschlagen.
Agordo (29 km nordwestl.): Ausflugszentrum in den **Dolomiten***.
Faverghera (Monte): Mit einem Sessellift von Nevegal (12 km südl.) aus zu erreichen; botanischer Park.
Longarone (18 km nördl.): Im Westen: Straße zum Forno di Zoldo.
Mel (18 km südöstl.): Piazza Luciani, von Bauwerken aus der Renaissance umrahmt.
Feltre*: 31 km südwestlich.
Monte nelle Alpi (8 km nordöstl.): Kunstschmiedehandwerk.

Benevento/ Benevent 18/B 3
Campania (Hauptstadt der Provinz)
Die frühere Samniterhauptstadt liegt auf einem Hügel am Zusammenfluß von Sabato und Calore. An der Via Appia gelegen, hatte die Stadt schon zur Zeit der Römer erhebliche Bedeutung. Vom 6. bis 11.Jh. wurde sie Hauptstadt der langobardischen Herzöge. Benevent wurde im Mittelalter eine päpstliche Enklave im Königreich Neapel und blieb dies bis zur Einigung Italiens 1870. Die Stadt der Kunst wurde 1943 von Bombenangriffen getroffen, Erdstöße im Jahre 1980 und 1984 folgten.

Bergamo

Die römischen Monumente:
Der Via del Pomerio in Richtung des Calore und zu den Überresten der Thermen (1. Jh.) folgen.
Arco di Traiano**: Der einbogige Trajansbogen wurde im Jahre 114 zu Ehren des Kaisers errichtet. Der hervorragend erhaltene Triumphbogen markiert den Anfang der Via Traiano nach Brindisi (sie verkürzte die Strecke der Via Appia). Die Reliefs* verherrlichen die großen Ereignisse aus dem Leben Trajans und der Regierungszeit Hadrians.
Arco del Sacramento: Der Bogen hinter dem Duomo ist ein Überrest eines Weges aus der Kaiserzeit.
Teatro*: Das Theater wurde zu Ende des 2.Jh. unter der Herrschaft Commodus erbaut. Mit 20000 Plätzen ist es eines der größten erhaltenen aus der Kaiserzeit.
Porta Arsa: Durch die Porta Arsa, ein weiteres, zu langobardischer Zeit verändertes, römisches Bauwerk an der westlichen Stadtmauer, erreicht man die Ponte Leproso (extra-muros).
Ponte Leproso: Über diese Brücke, deren vier Bögen den Sabato überspannen, erreicht die Via Appia Benevent. Etwas nördl., am Anfang der Via San Lorenzo, steht die Statue des Ochsen Apis, die aus dem Isis-Tempel stammt (→ Museum). Etwas weiter, unterhalb der Madonna delle Grazie, befinden sich die bedeutenden Überreste eines Kryptoportikus.
Die Mittelalterliche Stadt:
Sie wird zum Teil von der ältesten langobardischen Stadtmauer Europas umgeben.
Rocca dei Rettori: Die Festung, östl. der Stadt, steht gegenüber dem Park der Villa Comunale. Das Schloß aus dem 14. Jh., an der Stelle eines römischen Monuments errichtet, beherbergt das historische Museum: Risorgimento, Kunst und Volkstraditionen.
Am Palazzo del Governo vorbei gelangt man zur Piazza Mateotti.
Santa Sofia: Die kleine, kreisförmige Basilika (8. Jh.) mit einem eleganten Portal bewahrt im Inneren zum Teil ursprüngliche Fresken. Dahinter, im ehemaligen Kloster mit einem sehr schönen Kreuzgang* (12. Jh) befindet sich das Museo del Sianno* (nachm., Mo. und im Aug. ⊠): steinerne Überreste aus samnitischer Zeit, ägyptische Antiquitäten aus dem Isis-Tempel, griechisch-italienische Keramiken, antike und mittelalterl. Münzen und Gemälde der neapolitanischen Schule.
Richtung Stadtzentrum dem Corso Garibaldi folgen, prunkvolle Paläste erinnern an das Leben zur Zeit der Päpste.

Die prächtige Fassade aus mehrfarbigen Einlegearbeiten der Cappella Colleoni im Herzen von Bergamo, ein Werk des Architekten der Kartause von Pavia.

San Francesco: Gotische Kirche mit zwei schönen Kreuzgängen.
Duomo: Die Kirche (7. u. 11. Jh.), über einer Krypta (6. Jh.) errichtet, zu romanischer Zeit verändert, mußte nach dem Bombenangriff des 2. Weltkrieges, völlig neu aufgebaut werden.
Madonna delle Grazie: (außerhalb der Stadtmauern, über Corso Dante und die Verlängerung der Viale San Lorenzo): neoklassizistisch, Holzstatue der Madonna.
Santa Ilaria: Langobardische Kirche (7. Jh.) nahe des Trajanbogens.
Veranstaltungen: September, „Revues" (Rassegna) Citta-Spettacolo.
Spezialitäten: Torrone (Nougat) und Stregalikör.
Montesarchino (18 km südwestl.): Totenstadt von Caudium. Das Castello (15. Jh) auf der Höhe genießt einen traurigen Ruf: das Gefängnis war im 19. Jh. Ort des Martyrums zahlreicher Patrioten.
Pietrelcina (10 km nordöstl.): Wallfahrtsort.
Taburno (Monte): Südwestl., über eine Panoramastraße und Pfade.
Telese (27 km nordwestl.): Berühmter Kurort, wegen seiner Thermalbäder geschätzt. 2 km westl. befinden sich die Ruinen von Telesia, erst samnitische, später römische Stadt: Thermen, Theater, 2 km lange Umwallung.
Bocca della Selva (45 km nordwestl.): Wintersportzentrum.
Cerreto Sannita (10 km nördl. von Telese): Handwerkszentrum, sehr schöne Barockkirche.

Bergamo 5/C 2
Lombardia (Provinzhauptstadt)
Sowohl durch die Qualität der Lage, als auch durch den Reichtum an monumentalem Erbe der Citta Alta die interessanteste Stadt der Lombardei. Die hochgelegene Stadt etruskischen Ursprungs (9. Jh. v. Chr.), seit 1428 von Venedig beherrscht, das sie mit einem mächtigen Befestigungsgürtel und Bollwerken (16. Jh.) umfassen ließ, soll Ursprungsort der Commedia dell' Arte gewesen sein: unter venezianischer Inspiration, belebt durch authentische Figuren aus Bergamo (Harlekin, 16. Jh.), den Goldoni verewigen wird. Bergamo ist Heimat zahlreicher Musiker: Donizetti (1797-1848). Moderne Stadt und Oberstadt sind durch die Via Pignolo und eine Seilbahn verbunden.
Citta bassa: Von den rechtwinklig verlaufenden Straßen und dem Largo Porta Nuova im Herzen der modernen Stadt aus bieten sich schöne Perspektiven auf den Hügel. An der kurvenreichen Via Pignolo im Nordosten stehen noch einige mittelalterliche Kirchen und mehrere Herrenhäuser des Quattrocento (15. Jh.). Sie führt zu der abseits gelegenen **Accademia Carrara*** am Ende der Steigung: reichhaltige Pinakothek mit 1400 Werken von Meistern der venezianischen Schule (Lotto: die mystische Vermählung der Santa Katharina; Tizian, Carpaccio, Bellini, Madones*, Mantegna, Tintoretto, Guardi, Tiepolo, Pisanello: Portrait von Lionello d' Este), der toskanischen Schule (Boticelli), der römischen Schule (Raphael), ausländische Meister (Dürer, Clouet, Brueghel d. Ä.; Holbein, Van Goyen, Velazquez) und der Schule von Bergamo (16.-18.Jh.), darunter Fra Galgario.
Bergamo Alta**: Der obere Bahnhof der Seilbahn gewährt den Zugang zur Piazza Mercato delle Scarpe.

Santa Maria Maggiore: Die Kirche und ihr Glockenturm (lombardische Apsis) stammen zum größten Teil aus dem 12. Jh. (Nord- und Südportal, 14. Jh.). Von der Piazza Rosate aus hat man einen schönen Blick auf das Südportal, dessen Säulen auf zwei Löwen ruhen. Das Innere der Basilika, im 17. Jh. (Barock) wiederaufgebaut, beherbergt sehr schöne Sammlungen von flämischen und venezianischen Wandteppichen (Leben der Madonna*), gotische Fresken und Renaissancetafeln. In Verlängerung der Achse der westl. Fassade seht auf einem kleinen Platz die Vierpaßkapelle Santa Croce (teilweise aus dem 11. Jh.).

Museo Donizetti: Museum in der Via Arena (Samstags, sonntags und an Feiertagen ⊠). Durch den Saal der Kurie, mit Fresken (13.-15. Jahrhundert) verziert, gelangt man hinunter zur Piazza del Duomo.

Piazza del Duomo*: An der Westseite, oktogonales Baptisterium mit Statuen aus rotem Marmor (14.Jahrhundert).

Capella Colleoni: Die Kapelle wurde in der zweiten Hälfte des 15.Jh. von Amadeo, dem Architekten der Kartause von **Pavia***, errichtet. Die Fassade in polychromer Intarsienarbeit erinnert an die Kostüme der „Bergamasken". Das prunkvolle Innere bildet das Mausoleum des Condottiere Colleoni und seiner Familie (bemerkenswerte Fresken von Tiepolo in der Kuppel).

Duomo: Das Bauwerk (15.-19. Jh.) beherbergt eine Gemäldesammlung: Tiepolo (→ **Venezia***).

Palazzo della Ragione: Der mächtige Bau beherrscht die südl. Seite der Piazza del Duomo. Durch die Säulenhalle erreicht man die Piazza Vecchia.

Piazza Vecchia: Der Platz wird von Palästen umrahmt, darunter der Palazzo della Ragione mit der „Tribüne der Proklamation" in der ersten Etage, das älteste Rathaus Italiens (12. Jh.). Es wurde im 16. Jh. unter der Herrschaft Venedigs wiederaufgebaut: schöne gotische Treppe und Uhrenturm (12. Jh.), Torre Civica oder Campanone) mit einem Uhrwerk aus dem 15. Jahrhundert.
Rechts von der Bibliothek verbindet die Via Gombito kleine mit Brunnen verzierte Plätze und führt zuletzt zur hochgelegenen Rocca.

Zitadelle: Auf der entgegengesetzten Seite der Piazza Vecchia führt die Via Colleoni vorbei an der Fassade der Bibliothek links zur „Zitadelle", in der das Museum für Naturwissenschaften und Archäologie untergebracht ist.

Orto Botanico: Oberhalb der Porta Sant' Alessandro liegt der botanische Garten (April-Juni, variable Öffnungszeiten).

La Rocca: Vom Schloß (14. Jh.) bieten sich schöne Aussichten über die Altstadt; Museo del Risorgimento, in dem der berühmte Poncho Garibaldi ausgestellt wird: Besuch Garibaldis am 8. Juni 1849.

Sant Agostino: Mit Fresken ornamentierte Kirche (1. Hälfte 14. Jh.).

Veranstaltungen: Mai - Juni, internationales Klavierfestival (→ **Brescia***) ; Aug.-Sept., Donizetti-Festspiele; Fest der Trauben im Sept., Okt., „El invito a tavola", die „Einladung zu Tisch".

Folklore: Tänze mit sog. „Bergamasken", Orchester von Querpfeifenspielern (Pifferi, aus Schilfrohr).

Spezialitäten: Polenta mit Käse oder Pilzen, Taleggio (Käse) und Valcalepio (Rot- oder Weißwein).

Handwerk: Geschnitzte Holzgegenstände, Schmiedeeisen.

Umgebung: Malerische Region der „Colli di Bergamo".

Almenno San Salvatore (12 km nordwestl.): Teilt sich mit Almenno San Bartolomeo mehrere interessante Kirchen (12.-15. Jh.).

Capriate San Gervasio (16 km): Der Minitalia genannte Park (180 ha) präsentiert alle Hauptmonumente Italiens in Miniaturen.

Cavernago (12 km südöstlich): Schloß (Ende 16. Jh.), 2 km weiter in Malpaga Schloß aus dem 12. Jh.

Pontida (15 km nordwestl.): Ehemalige Abtei von Fontanella (11. Jh.).

Selvino (22 km nördl.): Sommerfrische und Wintersportstation in 960 m Höhe.

Valbrembo (7 km): Parco Faunistico le Cornelle Dez.-Feb., Mo. ⊠).

Zogno (18 km nordwestl.): Museo della Valle (Mo. u. an manchen Feiertagen ⊠) und Grotta delle Meraviglie (Dez.-Jan. ⊠).

Val Brembana: → **San Pellegrino***.

Bibione
7/B 1
Veneto (Venezia)

Der Badeort am rechten Ufer des Tagliamentadeltas, inmitten einer grünen Landschaft, mit einem Yachthafen, erstreckt sich entlang eines 8 km langen Strandes. Die zurückgesetzte Lagune ist Zuflucht der Vogelwelt und wegen der Schönheit der Sonnenuntergänge berühmt.

Caorle (20 km westl. Luftlinie, 52 km Straßenverbindung): Badeort und Fischereihafen gruppieren sich um ein altes Dorf; romanische Kathedrale (11. Jh.) mit einem zylindrischen Kampanile*, mehrere Kunstwerke im Inneren.

Latisana (19 km nördl.): Die Kirche enthält ein Werk von Veronese.

Lignano Pineta, Lignano Riviera, Lignano Sabbiadoro: Zwischen Mündung des Tagliamento und der Lagune von Marano erstrecken sich drei Badeorte über 10 km: eines der größten Ferienzentren der Adria.

Biella
4/C 2
Piemonte (Vercelli)

An der Grenze zwischen den Voralpen und der Mailänder Bucht liegt die moderne Stadt, ein bedeutendes Textilzentrum. Die nördl. gelegene Citta Vecchia (Altstadt) gliedert sich in zwei Viertel sie wird von einer Stadtmauer und einer Promenade umfaßt.

Piazza Vecchia in Bergamo: Der Löwenbrunnen (Renaissance) vor der berühmten gotischen Außentreppe des Justizpalastes.

Das Sanktuarium von Oropa liegt in mehr als 1000 m Höhe in den Bergen bei Biella. Hier wird eine schwarze Madonna verehrt, die im 4. Jh. aus Palästina in das heutige Wallfahrtszentrum gebracht wurde.

Biella Piano: Im Bereich des Duomo (15.-17. Jh.). Der Duomo wird von einem vorromanischen Kampanile flankiert, das Baptisterium stammt zum Teil aus dem 9. Jh.: Renaissancekirche mit Fresken verziert.
Museo Civico (morgens und Mi. ⊠): Es werden vorwiegend italienische Gemälde seit der Romanik gezeigt.
Biella Piazzo: Westl., auf dem Hügel (Seilbahn oder Straße) mit zahlreichen Renaissancehäusern.
Villa Stella (500 m nördl.): Renaissancekreuzgang, Park vom Colle di San Gerolamo; sehenswertes Chorgestühl in der Kirche (16. Jahrhundert).
Candelo (5 km südl.): Schöner Ricetto, ein Festungsrefugium aus dem 14. Jahrhundert.
Gaglianico (3 km südl.): Castello (14.-16. Jh.) und schöner Park.
Oropa (Santuario di) 13 km nordwestl.): Wallfahrtszentrum der Schwarzen Madonna, die im 4. Jh. aus Palästina mitgebracht wurde. Von hier aus ist ein Aufstieg zum Mucrone See (1900 m, Wintersport) möglich.
Parco Piacenza (oder della Burcina): Gemeinde Pollone, 6 km nordwestl.; Blütezeit der Rhododendren und Azaleen im Mai/Juni.
Sordovello (11 km nordwestl.): Zu Ostern, Darstellung der Passion durch die Dorfbewohner (alle fünf Jahre, nächster Termin 1990).
Ivrea*: 30 km südwestlich.

Bobbio 9/B 1
Emilia-Romagna (Piacenza)
Die Stadt, Thermalbad und Sommerfrische, erstreckt sich am Rande des Apennin mit einer alten Brücke über die Trebbia.
Abbazia di San Colombano: Die im 7. Jh. gegründete Abtei war im Mittelalter eine bedeutende Kulturstätte. Die zur Renaissance wiederaufgebaute Kirche hat ihren romanischen Kampanile erhalten. Das angrenzende Museum für Archäologie beherbergt auch den Kirchenschatz (So. ☐).
Duomo: Die Fassade weist auf einen von mittelalterlichen Häusern umrahmten Platz.
Veranstaltungen: Internationale Kanuwettkämpfe; im Herbst: Verkaufsmesse für Pilze und Trüffel.
Fontanigorda (Liguria; 43 km südl.): Sommerfrische (800 m).
Penice (Monte): 1460 m Höhe, Panorama; Passo del Penice, 13 km westl., in 1150 m Höhe.
Piacenza*: 46 km nördlich.
Varzi*: 28 km westlich.

Bologna 10/B-C 2
Emilia-Romagna
(Provinzhauptstadt)
Bologna, ein bedeutender Handelsplatz und eines der ersten Industriezentren des Landes, wußte sich seit dem Mittelalter an der Spitze des wissenschaftlichen Fortschritts zu halten. Die Universität, die älteste der alten Europas (11. Jh.), hat Meister empfangen und Wissenschaftler von Weltruhm hervorgebracht.
Die Gegend am Fuße des Apennin war schon zur Eisenzeit (10. Jh. v. Chr.) besiedelt: die Etrusker nannten den Ort Felsina, die Römer später Bononia. Während des Hochmittelalters erlebte die Stadt den byzantinischen Einfluß von Ravenna. Zur Zeit des Quattrocento führten die Bentivoglio die toskanische Renaissance ein. Im 16. Jh. wurde die Stadt päpstliches Gebiet und belegte bis 1859 neben Rom den zweiten Rang der Städte des Papsttums.
Städtebesichtigung:
Piazza Maggiore* (1): Belebtes Zentrum sowohl der historischen, als auch das Herz der modernen Stadt.
San Petronio (2): Die gotische Basilika (Ende des 14. Jh. begonnen, unvollendet) war 1530 Krönungsort Karl V durch Klemenz VII. Das schöne Mittelportal der Fassade (deren oberer Teil nie vollendet wurde) ist ein Werk von Jacopo della Quercia (1. Hälfte 15. Jh.). Das immense Kirchenschiff (132 m lang, 58 m breit, 44 m hoch) erstreckt sich vor einem barocken Chor, in dem der illuminierte Christus unter dem Baldachin des Hochaltars erscheint. Die linksliegenden Kapellen beherbergen mehrere Kunstwerke (Gemälde und Skulpturen). Zwischen aszendenten und deszendenten Tierkreiszeichen befindet sich auf dem Boden der linken Kirchenseite ein **Meridian*** (17. Jh.); das Sonnenlicht, das sich entlang der Achse bewegt, gibt die lokale Zeit an.
Museo Civico (3): Das Museum (an der Straße des Archiginnasio, die links der Basilika verläuft) widmet sich hauptsächlich der Archäologie (Altägypten, Etrurien, römische Zivilisation), eine Abteilung befaßt sich mit dem Risorgimento (nachmittags, Mo. und an Feiertagen ⊠).
Archiginnasio: Palast (16. Jh.) mit einem berühmten Portikus von Pa-

vaglione. Er war bis zur napoleonischen Zeit Sitz der Universität: schöner Hof, Bibliothek mit 10000 Manuskripten, Anatomiesaal mit historischen „Muskelmännern" aus Lindenholz.

Fontana del Nettuno* (4): Der Neptunsbrunnen (auch „del Gigante" genannt) aus Bronze ist ein Werk Giambolognas (16. Jh.).

Palazzo Comunale (oder d' Accursio): Kompositbauwerk aus mehreren Epochen (13.-16. Jh.). An der Fassade zur Piazza Maggiore befindet sich ein Sitzbild Papst Gregors XIII. (in Bologna geb.), der 1582 den gregorianischen Kalender einführte. Auf dem Hof gibt es unter einer Galerie noch eine schwach geneigte Treppe, die dazu bestimmt war, Reitern den Aufstieg in die 1. Etage zu ermöglichen. Über den Farnese-Saal gelangt man zu den Salons (17. Jh.), die die städtische Kunstsammlung beherbergen (Dienstagnachmittag und an Feiertagen ⊠).

Palazzo del Podesta: Renaissancefassade an der Piazza Maggiore.

Palazzo di Re Enzo: An der Piazza del Nettuno. Hier wurde von 1249 bis zu seinem Tode 1272 König Enzo von Sardinien, ein Sohn Friedrichs II., von den Bolognesern gefangen gehalten. Innenhof und schöne Treppe: von der oberen Galerie aus (Ausstellungssaal) blickt man in einen kleinen Hof mit dem Arrengo-Turm (13. Jh.).

Metropolitana (5) oder Cattedrale di San Pietro: Die Kirche wird durch unterirdische Gänge erreicht, in denen die Überreste einer Straße der ehem. römischen Stadt sichtbar sind. Die Renaissance-Kathedrale, deren gigantische Fassade im Jesuitenstil sich an der Via dell' Indipendenza emporrichtet, besitzt noch den schönen Kampanile der früheren romanischen Kirche.

Torri Pendenti* („geneigte" Türme) **(6):** Bauwerke, die im Auftrag zweier rivalisierender adliger Familien

Bologna: Von der Spitze des Torre degli Asinelli (ca. 100 m) überschaut man den Kern der historischen Stadt im Bereich der Piazza Maggiore hinter der Kuppel von Santa Maria della Vita.

im 12. Jh. errichtet wurden. Die beiden Türme an der Piazza di Porta Ravegnana zeigen eine ausgeprägte Neigung, die der List der beauftragten Architekten zugerechnet wird. Der ziemlich gerade erscheinende Asinelli-Turm (97,60 m) neigt sich um 1,23 m, 498 Stufen führen an seine Spitze. Der Garisenda-Turm (48 m, 1351 verstümmelt) zeigt eine deutlicher ausgeprägte Neigung (3,22 m).

Palazzo della Mercanzia: Das gotische Gebäude mit einem „Verkündigungsbalkon" an der Fassade diente als Loge der Händler (auch Carobbio genannt).

San Giacomo Maggiore (7): Der Kirche (13.-15. Jh.) vorgelagert steht ein Renaissance-Portikus (Quattrocento); die Grabeskapelle der Bentivoglio ist mit Fresken ornamentiert und besitzt ein Retabel am Hochaltar (Ende 15. Jh.). Das Grabmal Antoniov Bentivoglios (ehem. Lehrer der Universität) von Iacopo della Quercia (Anf. 15. Jh.) liegt im Chorumgang; das Oratorium von Santa Cecilia ist mit schönen Fresken des frühen 16. Jh. geschmückt.

Pinacoteca Nazionale (8): Sie umfaßt eine besonders umfangreiche Sammlung von Gemälden der Schule von Bologna, vom Trecento bis zum Barock: Vitale da Bologna (14. Jh., der hl. Georg mit dem Drachen auf Holz), Carraci (17. Jh.) und seine Schüler. Die Schule hatte großen Einfluß auf die „Akademiker" in Frankreich (18. Jh.). Besonders sehenswert sind die „Verkündigung der hl. Cäcilie" von Raphael und die der Schule von Ferrara gewidmeten Säle.

Strada Maggiore (9): Sie wird von Palästen aus Renaissance und Klassizismus und mittelalterlichen Häusern gesäumt: Nr. 19, Casa Isolani (13. Jh., mit einem hölzernen Portikus); Nr. 44, Palast (17. Jh.), der die Galerie Bargellini beherbergt.

Santa Maria dei Servi (10): Die Kirche mit vierfachem Portikus stammt aus dem späten 14.Jh. Im Inneren: eine auf Holz gemalte Madonna von Cimabue und Reste von Fresken von Vitale da Bologna.

Die Bronzestatue des Neptunbrunnens (auch „del Gigante" genannt) im Zentrum Bolognas ist ein Meisterwerk Giambolognas.

Santo Stefano* (11): Es handelt sich um eine Gruppe von sieben Kirchen. Die drei bedeutendsten (11.-13. Jh.) stehen auf einem kleinen, mit Renaissancehäusern umrahmten Platz. Die ältesten Teile der Kirche Ss. Vitale e Agricola stammen aus dem 8. Jh. (gotische Holzstatuen im Inneren). Die auf kreisförmigem Grundriß errichtete Chiesa del Sepolcro verbindet mit dem „Pilatushof" (Cortile), dessen Marmorvase in der Mitte aus dem 8.Jh. stammt. Der Legende nach soll sich Pilatus hier „die Hände im Blut des Gerechten gewaschen" haben. Über den Hof erreicht man einen Kreuzgang (11. Jahrhundert), dessen skulptierte Ornamente Dante zu manchen Beschreibungen inspiriert haben sollen.

San Domenico (12): Während des Barock teilweise wiederaufgebaute romanische Kirche. Das Grabmal des hl. Domenikus* (13. Jh.) wurde zur Renaissance mit einem schönen Flamboyantbogen (15. Jh.) gekrönt, an dem der junge Michelangelo mitgearbeitet hat. Das Chorgestühl stammt aus dem 16. Jh. Auf dem Platz stehen zwei gotische Mausoleen.

Palazzo Bevilacqua (13): Das Konzil von Triest soll 1547 in diesem schönen Renaissance-Palast (Ende 15. Jh.) getagt haben.

San Francesco (14): Die teilweise aus dem 13. Jh. stammende Kirche wurde im Stil der französischen Gotik errichtet. Der Marmorretabel im Flamboyantstil (Ende 14. Jh.), der das Leben des hl. Franz von Assisi darstellt, wurde von venezianischen Künstlern geschaffen. Hinter der Apsis befinden sich die Grabmale der drei Glossatoren der Universität.

Via Galliera und Via Manzoni (15): In der ersten Straße stehen der Palast Calzoni (16. Jh.) sowie die Paläste Montanari (18. Jh., schöne Barockfassade) und Aria (15.Jh.); in der Via Marsala steht die Casa Grassi, ein charakteristisches Bologneser Haus mit einem Holzportikus (13. Jh.).
Palazzina della Viola (16): Elegantes Bauwerk (Ende 15. Jh.).
Palazzo Pepoli (17): Gotisches Bauwerk (13./14. Jh.).
San Giovanni in Monte (18): Kirche (Mitte 15. Jh.); Gemälde von Costa und Guercino.
San Martino (19): Gotische Kirche, Gemälde mehrerer Meister der Schule von Bologna.
Santa Maria della Vita (20): Kirche (17. Jahrhundert), bedeutende Terrakotta-Pieta von Nicolo dell' Arca (Mitte 15. Jh.).
Universita (21): Befindet sich im Palazzo Poggi (16. Jh.); historisches Museum der Universität: Schiffsmuseum im 1. Stock.
Messeviertel: Pavillon des „Neuen Geistes" von Le Corbusier. Am Südende der Stadt bilden die Giardini Publicci Regina Margherita (21) einen sehr schönen Park: Etruskisches Grabmal.
Museen und Galerien: In Bologna gibt es etwa 40 Museen. Zu den schon genannten sind noch folgende zu erwähnen: La Galleria Comunale d' Arte Moderna (23): Gemälde und Skulpturen seit dem Ende des 19. Jh. (Di ⊠); Museo d' Arte Industriale und die Galleria Davia Bargellini (24): Gemälde (sehr schöne Madonna, 14. Jh.), Keramiken, Marionetten, Uhren (nachmittags, Mo. und an Feiertagen ⊠); Museo Nazionale Storico didattico della Tappezzeria (Wandteppichmuseum) (25): im Palazzo von Salina (Aug. ⊠).
Certosa (Kartause, 3 km westl.): Bauwerk des 14. Jahrhundert.
Madonna di Santa Luca (10 km westl.): Durch einen Portikus von 3,8 km Länge mit der Stadt verbunden: Aussicht. Die Kirche aus dem 18. Jh. beherbergt ein Gemälde auf Holz (Madonna di Santa Luca, 12. Jh.) in byzantinischer Tradition.
Monte Donato (6 km südl.): Panoramablick*.
San Michele in Bosco (südl. Ausfahrt): Renaissancefassade, achseitiger Kreuzgang mit Fresken von Carracci (Anf. 17. Jh.).
Veranstaltungen: März, Bekleidungs- und Schuhmesse; Ende Mai - Anfang Juni, internationale Handelsmesse. Sehr zahlreiche künstlerische und kulturelle Veranstaltungen verteilen sich über das gesamte Jahr.
Handwerk: Schmiedeeisen, Gold- und Kupferschmiedearbeiten.
Bazzano (24 km südwestl.): Historisches Zentrum.
Budrio (19 km nordöstl.): Pinacoteca Civica (Gemälde der Schule von Bologna, 15.-18. Jh.).
Marzabotto (23 km südl.): Vorchristliche Nekropole in grüner Landschaft; Villa Griffoni und Mausoleum von Marconi.
Misa (23,5 km südlich): Ehemalige etruskische Stadt Misa (6. - 4. v. Chr.) im Park der Villa Aria (Mo. ⊠), die das archäologische Museum beherbergt.
San Marino di Bentivoglio (16 km nordöstl.): Museo della Civilta Contadina (Mi. ⊠).
Cento (35 km nördl.): → **Ferrara***.
Raticosa (Passo della, 39 km südl., Höhe 970 m): Reizvolle Panoramaausblicke.

Bolsena 15/A 2
Lazio (Viterbo)

Die Altstadt (Citta Vecchia) auf der Anhöhe hat den Namen der ehemaligen etruskischen Stadt Volsina behalten, unterhalb liegt der moderne Badeort mit Segelzentrum am Seeufer.
Santa Cristina: Die Kirche (11. Jh.) befindet sich an der Stelle eines römischen Bauwerks, von dem einige Elemente Verwendung fanden. Der Hauptbaukörper stammt aus dem 15./16. Jh. In der Kapelle „Capella del Miracolo" (17. Jh., romanisches Portal) soll 1263 eine Hostie während des Gottesdienstes geblutet haben: der Altar blieb befleckt.
Castello: Mittelalterliches Kastell auf dem Hügel mit einem kleinen archäologischem Museum, das die Funde aus Volsinii (1 km, Straße nach Orvieto) aufnimmt: die monumentalen Überreste können hier besichtigt werden.
Der See: Der größte See vulkanischen Ursprungs Italiens (114 km²): Wassersport, Angeln, Bootsfahrten zu den Inseln. Der kreisförmige See in 305 m Höhe ist bis zu 150 m tief (16 km breit); die Uferstraßen (60 km) führen durch wunderbare Landschaften.
Veranstaltungen: Mysterium von Santa Cristina zu Fronleichnam.
Spezialitäten: Aalragout (Seeaal); Weine aus Montefiascone.
Acquapendente (19 km nordwestl.): Romanische Kathedrale.
Capodimonte (27 km südl.): Mittelalterliches Dorf mit dem Castello Farnese.
Civita di Bagnoregio** (14 km östl.): Eigenartige, isoliert liegende Ortschaft auf einem vulkanischen Tuffhügel, deren Häuser die helle Ockerfarbe angenommen haben (heute durch eine Talbrücke verbunden). In Bagnoregio (1 km entfernt), gotische Kirche mit Aussicht auf Civita.
Gradoli (13 km westl.): Mittelalterliches Dorf mit Palazzo Farnese, von Sangallo dem Jungen (16. Jh.) gebaut. Im Februar Fest der Incappusciati.
Ischia di Castro (31 km südwestl.): Herzogspalast, archäologisches Museum im Rathaus.
Mezzano (westl.): See vulkanischen Ursprungs.
Montefiscone* (15 km südl., 590 m Höhe): Eine große Ortschaft an der Via Cassia auf dem Grat eines Vulkans in 200 m Höhe oberhalb des Sees: Aussicht* von der

Der vulkanische See von Bolsena reizt mit seinen von Röhricht gesäumten Ufern die Freunde einer ursprünglich erhaltenen Natur.

Die schöne Bedachung des gotischen Doms von Bolzano wurde wie das gesamte Bauwerk ausgezeichnet restauriert.

Festung hoch über der Stadt. Sehenswerter Dom, dessen gewaltige Kuppel von Sanmicheli (Anfang 16. Jh.) in der Sonne glänzt. Die zweistöckige romanische Kirche San Flaviano, deren unterer Teil (11. Jh.) den Grabstein eines deutschen kirchlichen Würdenträgers aufnimmt; ein gewisser Herr Fugger, der hier seiner Neigung für den Wein aus Montefiascone erlegen sein soll. Ende Juli: Weinmesse.
Ferento (Ruinen von): → **Viterbo***.
Orvieto*: 25 km nordwestlich.

Bolzano/Bozen 2/C 2
Trentino-Alto Adige (Provinzhauptstadt)
Das große Industriezentrum, Umschlagplatz Südtirols, blieb bis heute von deutschen Einflüssen geprägt: es gehörte bis 1918 zu Österreich. Zahlreiche Sportstätten und eine Bergsteigerschule belegen die Nähe zu den **Dolomiten***, die über Skilifte erreicht werden können: schöne Aussichten.
Via dei Portici: An der von Arkaden und mittelalterlichen Häusern gesäumten Straße befindet sich das Museo Civico (Feiertag ⊠), das der Archäologie und der Ethnographie gewidmet ist; es besitzt eine reichhaltige Pinakothek.
Duomo: Dom mit einem durchbrochenen Glockenturm aus der Renaissance; skulptierte Kanzel im österreichischen Barockstil im Inneren.
Dominikanerkloster: Mit gotischen Fresken ornamentiert.
Pfarrkirche von Gries: Sehenswerter Altaraufsatz (15. Jh.).
Schloß von Roncolo: (2 km nördl.): Mit Fresken ornamentiert.
Veranstaltungen: Zahlreiche Feste vom Frühling zum Herbst: Folklorefestival in volkstümlichen Trachten mit Blaskapellen. Regelmäßiger Obstmarkt auf der Piazza delle Erbe.
Handwerk: Holz, Lederwarenindustrie, Goldschmiedearbeiten.
Spezialität: Wurstwaren und ein besonderer Räucherspeck.
Nova Levante (20 km östl.): Sommer- und Winterferienort. In Richtung Dolomiten; östl., Paß von Costalunga in 1753 m Höhe.
Soprabolzano (18 km, Seilbahn): Aussicht über die Dolomiten.
Appiano*: 10 km südwestlich.
Dolomiten*: Östlich, über Nova Levante.
Merano*: 28 km nordwestlich.

Bordighera 9/A 3
Liguria (Imperia)
Die Palmenalleen am Fuße von Kalkhügeln zeugen von der üppigen Vegetation der Stadt der Blumenzucht an der Via Imperia. Zwischen Eisenbahnlinie und dem Meer erstreckt sich eine sehr schöne Strandpromenade (Fußgängerzone). Etwas zurückversetzt, an der Via Romania*, die mit Hotels und Gärten verbindet, stellt das Museo Bicknell Sammlungen frühgeschichtlicher Höhlenmalerei aus, die aus der Fundstätte am Mont Bego in Frankreich stammen. Die Via dei Colli bietet herrliche Aussichtspunkte.
Veranstaltungen: Internationale Humorismusmesse.
Ospedaletti (5 km östl.): Luftkur- und Badeort; Corso Regina Margherita*: Rennstrecke für Motorradrennen. Pinakothek in Coldiroli (6 km).
Ventimiglia*: Grenze zu Frankreich, 20 km westl., die gleichnamige Stadt ist 10 km entfernt.

Borgo San Lorenzo 10/C 3
Toscana (Firenze)
Innerhalb der florentinischen Einfriedung (14. Jh.) entdeckt man den Palast von Podesta, die romanische Kirche San Lorenzo (12. Jh.) mit einem hexagonalen Kampanile, die Kirche San Francesco mit gotischem Kreuzgang und das Denkmal des Hundes Fido auf der Piazza Dante. In Grezano gibt es ein Museum für Kunst und Volkstraditionen (della Civilta Contadina; Feiert.-nachmittag ⊠).
Dicomano (16 km östl.): Kirche Santa Maria (12. Jh., Gemälde von Vasari, → **Arezzo***); Ausstellung über die etruskische Zivilisation im Palazzo Comunale.
Londa (4 km südl. von Dicomano): Etruskische Ruinen; Folkloreveranstaltungen im August.
Marradi (30 km nordöstl.): Über den Paß von Casaglia in 915 m Höhe: 2 km weiter befindet sich die romanische Abtei Santa Reparata.
Mugello (6 km nördl.): Internationale Rennstrecke (5,4 km Länge), in der Nähe der kleinen Stadt Scarperia, ein Zentrum der italienischen Schneidwarenindustrie: der Pretorialpalast* gilt als schönes Beispiel der toskanischen Architektur des Trecento.
San Giovanni Maggiore (3 km nördl.): Romanische Kirche.
San Godenzo (23 km nördl.): Sehr schöne Benediktinerabtei (11. Jh.).
San Piero a Sieve (6 km westl.): Von der Festung der Medici überragt (del Trebbio): Renaissancekirche; in Mozzette monumentales etruskisches Grab.
Vaglia (8 km südwestl.): Park der Villa Demidoff in Pratolino, ehemaliger Besitz der Medici (15. April - 15. September, Sa. und So. ☐).
Vicchio (6 km östl.): Geburtsort von drei großen Meistern der italienischen Kunst: Giotto (1267-1337), dessen als Museum eingerichtetes Haus besichtigt werden kann (Mo., Mi. und Fr. ⊠). Fra Angelico (1387-1455), dem ein Museum im Pretorialpalast gewidmet ist (Besichtigung auf Anfrage); Benvenuto Cellini (1500-1571).
Firenzuola: 20 km nördlich, → **Raticosa***.
Raticosa*, **Passo della:** 33 km nördlich.

Bormio 2/A 3
Lombardia (Sondrio)
Im Hohen-Veltin, unterhalb 4000 m hoher Gipfel, liegt der Luftkur- und Wintersportort, dem ein Thermalbad angeschlossen ist (Bagni di Bormio). Das alte Viertel besitzt einige mit Renaissancemalereien geschmückte Häuser, eine romanische Kirche, eine während des Ba-

rock wiederaufgebaute Stiftskirche und ein Schloß, in dem ein Museum untergebracht wurde (Mo. ⊠): Aussicht über das Becken von Bormio.
Veranstaltungen: Juli-Sept., Zyklus des Sommertheaters (Choreographische und dramatische Saison); Festival der Gastronomie des Veltins am 15. September.
Handwerk: Handgewebte rustikale Teppiche (Pezzotti).
Cepina (3 km südwestl., 1140 m Höhe): Thermalbrunnen: Werke rustikaler Kunst (Renaissance) in der Pfarrkirche und in San Guiseppe.
Gavia (Passo di, 26 km südöstl., 2620 m Höhe, → **Ponte di Legno***): In Richtung Valfurva über die reizende alte Ortschaft Santa Caterina (1780 m Höhe, Wintersport).
San Giacomo: Zwei Stauseen an der Adda in 1900 m Höhe; sehr eindrucksvolle Serpentinenstraße.
Livigno*: 38 km nordwestlich.
Stelvio* (Passo und Parco Nazionale dello): Nördlich.
Tirano*: 39 km südlich.

Borromee (Isole):
→ Isola Bella.

Bracciano 15/A 3
Lazio (Roma)
Der Ferienort in mehr als 100 m Höhe über dem Westufer des Sees, dem die kleine Stadt ihren Namen gab, wird von der mächtigen Festung der Orsini (15. Jh.), deren Befestigungen durch zylindrische Türme verstärkt werden, beherrscht. Die Festung wird auch nach dem Namen der heutigen Besitzer Schloß der Odescalchi genannt. Die reichhaltig dekorierten, zur Renaissance möblierten Gemächer waren im Jahre 1494 Aufenthaltsort Karl VIII.: schöne Aussicht vom Wehrgang aus (Führungen, Mo. ⊠).
See (57 km², in 160 m Höhe, 165 m max. Tiefe): Der beinahe runde See vulkanischen Ursprungs ähnelt dem von **Bolensa***. Seine Ableitung in die Vatikanstadt geschieht über einen 43 km langen Aquädukt römischen Ursprungs, der im 17. Jh. von den Päpsten wieder aufgebaut wurde.
Veranstaltungen: Messen im Mai und Dez., Veranstaltungen im Aug. (Agosto Braccianese); Fest des Sankt Sebastian Mitte Jan.
Anguillara Sabazia (11 km östl., Südufer): Altes Dorf mit einer Befestigungsanlage und einem Castello (15. Jh.); Kirche San Francesco (10. Jh.); Collegiata dell' Assunta (18. Jh.).
Bagni di Stigliano (16 km westl.): Thermalbad.
Manziana: Ferienort am Westufer;

schöne Gärten; Aussicht vom Monte Calvario.
Oriolo Romano (11 km nordwestl.): Palazzo Altieri aus der Klassik (Mo. ⊠), Galerie mit ca. 300 Portraits von Päpsten.
Trevignano Romano (12 km): Antiquarium im Rathaus; Festung und mittelalterliche Kirchen: großes Seefest am 15. August.
Veio (25 km südwestl.): Ruinen einer etruskischen Stadt (Mo. ⊠) in der Nähe des Dorfes Isola Farnese (Kirche, 5. Jahrhundert).
Vicarello (am Seeufer): Kleines, schon zur Römerzeit besuchtes Thermalbad.
Vigna di Valle (6 km östl.): Museum der Militärluftfahrt (nachmittags ⊠).
Castel Sant' Elia: 29 km nördl., → **Civita Castellana***, 38 km.
Cerveteri*: 18 km südwestlich.
Roma*: 37 km südöstl., über die Citta del Vaticano* (35 km) zu erreichen.
Vico (Lago di): 35 km nördl., → **Caprarola***.

Breno 5/D 1
Lombardia (Brescia)
Die kleine Industriestadt, Zentrum des Val Camonica, von den Ruinen eines Schlosses (12. Jh.) beherrscht, bietet neben malerischen Landschaften die Möglichkeiten, Felsgravuren zu entdecken, die innerhalb eines Nationalparks zu finden sind. Sehenswerte Kirchen San Salvadore und Sant' Antonio (14./15. Jh.) und ein Museum im Rathaus.
Annunziata (Kloster der, 10 km südwestl.): Kloster aus dem 15. Jh. Figürliche Fresken und Kapitele in beiden Kreuzgängen.
Boario Terme (13 km südl.): Bedeutender Kurort und Ausflugszentrum; Herbstsaison (Konzerte und Theater); in der Nähe finden sich Felsgravuren aus der Jungsteinzeit.
Capo di Ponte (10 km nördl.): Romanische Kapelle San Siro (Portal); oberhalb des Ortes liegt nördl.

Brenta (Gruppo di) 2/B 3
Das große Kalkmassiv (Dolomit) liegt am rechten Ufer des Adige, im Westen von **Trento***. Es gipfelt in 3150 m Höhe am Cima Brenta. Von Tannenwäldern bedeckte, tief eingeschnittene Täler nehmen zahlreiche Seen** entlang steiler Hänge auf. Die Kirchen zahlreicher Dörfer der Gegend sind außen mit Fresken bemalt: stolze Türme, viele Schlösser.
Ab Trento ermöglicht eine 235 km lange Strecke (1 Tag mit dem Wagen) folgendes zu entdecken: den **Toblino See*** und das nahegelegene alte Schloß der Bischöfe von Trento; das Thermalbad **Comano**; das Tal **Valle Rendena***; beiderseits von **Pelugo** (gotische Kirchen: Fresken); den **Monte Spinale***, den man per Seilbahn ab **Madonna di Campiglio*** (Wintersport, Bergsteigen) erreichen kann; über Pinzolo das **Val di Genova**** (großer Wasserfall von Nardis, 6 km von der Hauptstraße entfernt); die Gegend des Passes von **Campo**, Carlo Magno (1683 m); die Station **Cles***; den **Tovel-See*** innerhalb des Naturparks von Adamelo-Brenta; über Andelo, die Panoramalage des **Monte Paganella*** (Blick über den Gardasee); den **Molveno* See**. Rückfahrt nach Trento entlang des Toblino-Sees.

Brescia

die Kapelle San Salvatore (Apsis, 11. Jahrhundert).

Cividate Camuno (4 km südwestl.): Frühere Regionalhauptstadt der Römer, Archäologiemuseum des Val Camonica.

Dezzo (Schluchten des; über Bario Terme): Eindrucksvolle Strecke entlang der Via della Val di Scalve (10 km).

Lovere (26 km südl.): Luftkurort und Industriezentrum am Rande des **Iseo***-Sees; Kirche Santa Maria (15. Jh.) und „Galerie" der Accademia Tadini (Mai-Sept.) mit Gemälden: venezianische Schule.

Parspado (10 km nördl.): Am Ende der Straße zum **Parco Nazionale delle Incisioni Rupestri***: 40000 Inschriften des Camus-Volkes, das hier 10000 Jahre vor der römischen Eroberung lebte. Im Dorf Naquane (900 Inschriften, La Roccia), kleines Antiquarium (Mo. ⊠).

Pisogne (26 km südlich): Auf dem Iseo*-See.

Brescia 5/D 2
Lombardia (Provinzhauptstadt)

Brescia ist wahrscheinlich ligurischen Ursprungs und war seit dem 3. Jh. Hauptort der gallischen Cenomanen. Die Colonia civica Augusta Brixia war zur Zeit Augustus ein wichtiger Handelsplatz an der Alpenstraße. Heute bildet die Stadt der schönen Brunnen neben Mailand eines der Hauptindustriezentren der Lombardei. Nach der Plünderung im Jahre 1512 durch Gaston de Foix, der glaubte, Bayard sei vor den Mauern gefallen, verblieb die Stadt bis 1797 unter der Herrschaft Venedigs. Der siegreiche Widerstand des 22jährigen Tito Speri gegen die Österreicher, die „zehn Tage von Brescia",

verhalf der Stadt zu dem Beinamen Leonessa (die Löwin).

Piazza della Vittoria (1): Im Zentrum der ehemaligen römischen Stadt liegt der Platz an einer Nord-Süd-Achse, die von Städtebauern zu faschistischer Zeit angelegt wurde. Durch eine gewölbte Passage hinter dem Postamt gelangt man zur Piazza della Loggia, von der aus ein Rundgang durch das historische Viertel beginnen kann.

La Loggia (2): Die Händlerbörse, in der heute das Rathaus untergebracht ist (Palazzo del Comune), wurde im 15. Jh. begonnen (Erdgeschoß von Bramante) und von Sansovino und Palladio unter Zusammenarbeit mit Tizian vollendet (Obergeschoß).

Gegenüber steht der Palast der Turmuhr, vom Torre dell' Orologio gekrönt (stündliche Schläge „mori"). An der Südseite bilden der Monte di Pieta Vecchio (ehemaliges Leihhaus, venezianische Renaissance) und der Monte Nuovo (15. Jh.) die Grenze zum Altstadtviertel. Von hier aus führt die Via dei Musei, die ehemalige Hauptstraße der römischen Stadt, nach Osten. An der rechts liegenden Piazza del Duomo, mit einem schönen Brunnen in der Mitte, befinden sich zwei Kathedralen und der frühere Palazzo Comunale.

Duomo Nuovo: Den Bau aus dem 17. Jh. krönt die drittgrößte Kuppel Italiens (19. Jh., Gagnola).

Duomo Vecchio: Der gotische Chor des romanischen Rundbaus, in dem Gemälde der Schule von Brescia (Moretta, Romanino) hängen, ruht auf einer Krypta (11. Jh., Marmorsarkophage).

Broletto: Das mittelalterliche Rathaus an der Nordseite des Duomo Nuovo, mit der Loggia delle Gride,

ziert der älteste Turm der Stadt (Torre del Popolo, 11. Jh.).

Hinter der Kathedrale beherbergt die 1650 gegründete Bibliothek Queriniana 300000 Bände und Inkunabel.

Museen*: Mo. und Feiertag ⊠).

Römisches Museum (3): Im Bereich des Forums (Piazza del Foro), innerhalb der Ruinen des Kapitoltempels (Vespasian, Mitte 1. Jh.): Statue der geflügelten Vittoria, Bronzebüsten und griechische Keramiken; rechts, die Ruinen des römischen Theaters. Auf dem Forum stehen Reste eines Portikus.

Stadtmuseum: Die monumentale Anlage einer romanischen Kirche (drei Kreuzgänge) wird einmal das Stadtmuseum aufnehmen.

Museo Civico dell' Eta Cristiana: Das Museum für christliche Kunst befindet sich im ehemaligen Kloster Santa Giulia (4): frühchristliche und vorromanische Kunst (Kreuz von Desiderio*, 8. Jh.), Medaillen und ein Mausoleum aus der Renaissance.

Santa Maria in Solario (5): Oratorium (12. Jh., in der Via Musei) mit achteckigem Grundriß.

Im Norden, vorbei an S. Pietro in Oliveto (12. Jh., zwei Renaissancekreuzgänge) und durch einen Park, erreicht man die von einem Boulevard umgebene Zitadelle (Castello, 11.-16. Jh.; wunderschöner Blick über die Stadt). Innerhalb der Mauern eingefaßten Anlage befinden sich ein Tierpark, ein Museum des Risorgimento und ein Waffenmuseum.

Pinacoteca** **(6):** Über den Corso Magenta erreicht man die Pinakothek in einem Renaissancepalast im südöstl. Viertel der Altstadt (Mo. ⊠). Zweiundzwanzig Säle widmen sich vor allen Dingen den Themen der religiösen Inspiration und den Portraitmalern der Schule von Brescia: Moretto (Anfang 16. Jh.), Moroni, Romanino, Latto, ein Portrait von Heinrich III. von Clouet; ein Christus von Raffael, Werke von Michelangelo, Tintoretto und Brueghel.

Die Via Moretto führt zurück zum Stadtzentrum: Kirche Sant' Alessandro (7) (Verkündigung von Bellini) und einige Renaissancepaläste. Die westl. Viertel bieten eine Anzahl von Kirchen, die viele Kunstwerke enthalten: Schule von Brescia. Von Süden nach Norden:

Ss. Nazaro e Celso (8): „Krönung Mariä*", Moretto zugeschrieben und ein Polyptichon von Tizian.

San Francesco: 13. Jh., mit einer romano-lombardischen Fassade (innen, Prozessionkreuz aus Silber) und gotischem Kreuzgang.

San Giovanni Evangelista: 15.-17. Jh., schöner Kreuzgang.

Santa Maria del Carmine: Lom-

Die Uhr des Turmes an der Piazza della Loggia in Brescia läutet heute noch die Stunden der „venezianischen Renaissance".

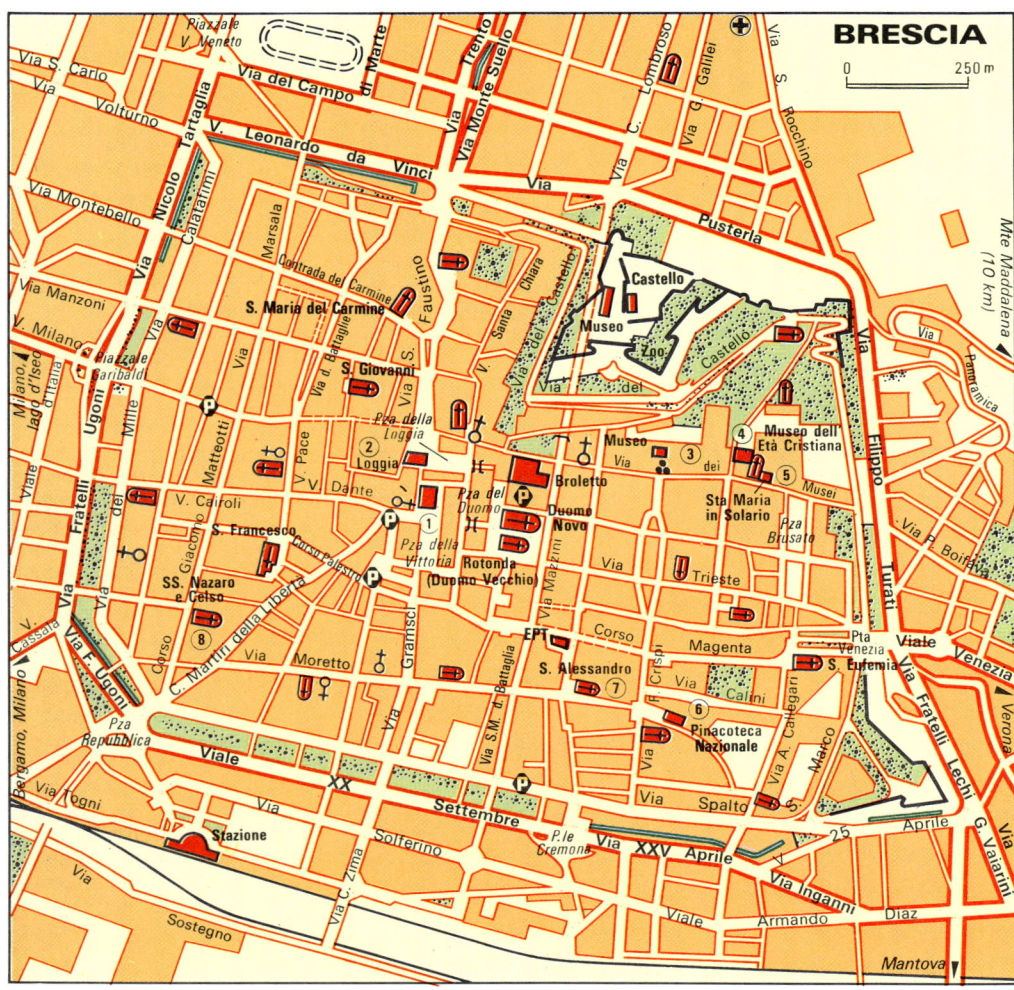

bardische Gotik (15. Jh.), Fresken von Foppa und eine Kreuzabnahme von Mazzoni.
Veranstaltungen: Klavierfestival im Mai-Juni (→ Bergamo); im Sept., Barockmusikwoche (zweijährig).
Spezialitäten: Casonsei (große gefüllte Ravioli), Wurstwaren, Fische aus dem **Iseo***-See, Weine: Lugana, Tocai di San Martino (weiß), Valcalepio (weiß und rot), Riviera del Garda (rot und rosé).
Folzano (5 km, nach Cremona): Gemälde von Tiepolo.
Franciacorta: Berühmter Weinberg.
Idro (See, 50 km nördl.): Einer der kleinsten und höchstgelegenen (365 m) lombardischen Seen.
Monte Maddalena (10 km östl.): Über eine Panoramastraße: Ausblick auf die Voralpen und den **Lago di Garda***.
Rodengo (Abtei, 12 km über die Straße von Iseo): Romanische Fresken.

Bressanone/Brixen

Trentino-Alto Adige (Bolzano) 2/D 2
Der Luftkurort dient als Sommerfrische und Wintersportstation (Plose-Plancios, 950/2 500 m), er bewahrte sehr schöne alte Bauwerke vom Mittelalter bis zum Barock. Vom gotischen Duomo, an den sich ein mit Fresken ornamentierter Kreuzgang lehnt, gelangt man zur Kirche San Giovanni Battista (11.-14. Jh.) und zum Diözesanmuseum (Feiertag ⊠): Bischofspalast aus der Renaissance (dei Vescovi). Die Straße der Portici Maggiori wird von Häusern des 16./17. Jahrhundert gesäumt.
Kloster von Novacella (3 km nördl., Feiertag ⊠): Große bauliche Einheit (11.-17. Jh.): Barockkirche, gotischer Kreuzgang mit Fresken geschmückt, romanische Kapelle (Rundbau).
Mit der Seilbahn erreicht man den Aussichtspunkt von Plose.
Handwerk: Schnitzereien, Wollweberei.
Castel Rodengo (14 km nördl.): Romanische Fresken.
Chiusa/Klausen (12 km südwestl.): Mittelalterl. Stadt, Kunstwerke in der Kapelle von Loreto.
Val Gardena*: 18 km südl., über Ortisei.
Brenner: Brennero, 43 km nördl.

Breuil-Cervina 4/C 1

Valle d'Aosta
Große Wintersportstation (Sommerski) und Zentrum für Bergtouren, 27 km von Châtillon entfernt (→ **Val d'Aosta***), im Valtournanchetal, beherrscht vom beeindruckenden Massiv des Monte Cervino (4478 m, Matterhorn) und der „Zwillinge", wo der „Kilometer mit fliegendem Start" für den Geschwindigkeitsweltrekord auf Skiern entstand. In dieser Umgebung mit Weiden, Wäldern und Seen entstand die Legende des Giganten, der, als er den Berg besteigen wollte, diesen unter sich zusammenbrechen sah: zurück blieb nur die Felspyramide des Monte Cervino (Matterhorn). Von der Bergführervereinigung des Monte Cervino werden von Jan. bis April fünfzehn Wandermöglichkeiten angeboten.
Ausflüge per Schwebebahn: Zum Plan Rosa (3480 m, Sommerski), zum Furggengrat (3490 m), zum Lac Bleu (2 km südl.), in dem sich die Umrisse des „Giganten" wiederspiegeln.
Valtournenche (9 km südl.): Berg-

Die weiße Pyramide des Matterhorns spiegelt sich in einem der Seen, die man von Breuil aus über zahlreiche Wanderwege erreicht.

führerstation; über einen Fußweg erreicht man den Felsschlund Gouffre de Busserailles (1740 m). Von Antey-Saint-André führt eine Schwebebahn nach Chamois, der ehemals höchstgelegenen Gemeinde Italiens (1815 m, mit Gebirgslandeplatz).

Brindisi 22/B 1
Puglia (Provinzhauptstadt)

Im Inneren einer tiefen Bucht, die durch den Kanal Pigonate mit der Adria verbunden ist, markiert die Hafenstadt auf einer Anhöhe das Ende der Via Appia (die heute von der Schnellstraße nach Tarent überdeckt wird). Als wichtiger Stützpunkt im Seeverkehr mit dem östl. Mittelmeer erlebte Brindisi (wie auch Bari*) eine großartige Entwicklung zur Zeit der Kreuzzüge; es blieb bis heute ein erster Handelsplatz und ein Militärhafen. In der Nähe des Hauptbahnhofs, am Ende einer monumentalen Treppe, Scalinata Virgiliana genannt (Vergil starb in Brindisi), stehen die Reste zweier römischer Säulen, die das Ende der kaiserlichen Straße angaben. Die eine, beinahe 20 m hoch, mit einem ornamentierten Kapitel gekrönt, trotzt weiter den Zeiten. Der Via Tarantini folgend erreicht man nach 200 m links den Duomo (12. Jh., im 18. Jh. wiederaufgebaut) und rechts das Museo Archeologico Provinciale (nachmittags und an Feiertagen ⊠): steinerne Zeugen des antiken Apuliens.
Castello Svevo: Das von Friedrich II. angelegte Kastell erhebt sich über dem westl. Hafenarm (Motorschiff zum Nordufer); von der Spitze des Seemannsdenkmals (Marinaio) genießt man ein schönes Panorama (53 m hoch).
Der Corso Garibaldi, gesäumt von kleinen Läden und Geldwechslerständen, verbindet den Seebahnhof mit der Innenstadt. Sehenswert sind die romanischen Kirchen der Altstadt (meistens aus dem 11. Jh.): San Giovanni al Sepolcro, San Benedetto, Santa Lucia del Cristo usw.
Hafenbesichtigung und Hafenrundfahrt am Sonntagmorgen möglich. Fährverbindungen mit Korfu und Griechenland, Ancona und Venedig.
Veranstaltungen: Prozessionen zur Karwoche und zu Fronleichnam; Bacchuswoche im Frühling; Festival State Brindisina im Sommer. Fest der Schutzheiligen im September.
Mesagne (14 km südwestl.): Mehrere Kirchen, mittelalterliche Burg und ein archäologisches Museum im Rathaus (nachmittags ⊠).
San Biago (Grotta di, 14 km westl.): Mit mittelalterlichen Fresken ornamentiert.
Santa Maria del Casale* (2 km nördl.): Mit Fresken verzierte romano-gotische Kirche.
Valesio (Ruinen, 15 km südöstl.): Über die Autobahn nach Lecce.
Lecce*: 43 km südwestlich.
Manduria*: 43 km südwestlich.
Ostuni*: 35 km nordwestlich.

Brunico/Bruneck
Trentino-Alto Adige (Bolzano) 2/D 1

Sommerfrische und Wintersportstation (am Plan de Corones; mit der Seilbahn zu erreichen, 1800/2280 m, Panorama*), Hauptort des Val Pusteria, unterhalb eines Schlosses.
Braies* (Lago di; Pragser See; 27 km südöstl., 1210 m): Im Naturpark von Sennes-Fanes-Braies: großes Zentrum für Sommer- wie Winteraufenthalte und Ausgangspunkt für Wanderungen am Anfang eines sehr schönen Tales, wegen des grünen Wassers seines Sees, am Fuße von Gipfeln, die über 2500 m hoch sind. Ski am Prato Piazza (2000 m).
Campo Tures (15 km nördl., 860/1600 m): Ferienort, von dem aus man in das Valle Aurina, bis Predoi (39 km nördl.), gelangt.
Dobbiaco/Toblach (28 km östl., 1240 m): Sommer- und Winterferienort.
San Candido/Innichen (5 km oberhalb von Dobbiaco, 1175 m): Das Littanum der Römer, mit einer interessanten romanischen Stiftskirche: Wintersport und Ausgangspunkt für Ausflüge in den Wald.
San Vigilio di Manebbe (18 km südl.): Große Sporteinrichtungen.

Cadenabbia 5/B 1
Lombardia (Como)

Der Luftkurort liegt am Westufer des **Lago di Como*;** Riviera delle Tremezzine (Azaleen).
Villa Carlotta*: Die Gärten der Villa (an der Straße nach Tremezzo) bilden eine der großen Attraktionen am Ufer des Lago di Como. Der Besitz (18. Jh.) wurde im letzten Jahrhundert Eigentum der Charlotte von Nassau. Sie ließ den Park im englischen Stil anlegen. Nach dem 2. Weltkrieg wurde die Villa als Museum eingerichtet (März-Nov., Blütezeit von April - Juni). Von den mit Azaleen, Kamelien, Baumfarnen und üppiger tropischer Vegetation bepflanzten Terrassen aus streift der Blick nach Osten die Spitze von **Bellagio*** und den Legnone (2600 m) im Norden. Aus der Mitte dieses Garten Eden, von einer Terrasse auf halber Hanghöhe ausgehend, führen Treppen hinauf zur Villa. Sie ist mit Skulpturen von Canova und Thorwaldsen, mit bemalten Decken, mit Gobelins und Gemälden (darunter „Der Kuß von Romeo und Julia" von Hayes) ausgestattet. Im Sommer gibt es eine Bootsverbindung mit Como.
Griante (3 km nördl.): In der kleinen Ortschaft neben Cadenabbia befindet sich die 300 m über dem See liegende Kapelle San Martino Griante. Sie kam durch Bundeskanzler Adenauer in Mode, der

Am Ufer des Comer Sees: Die Treppenanlagen der Villa Carlotta bestimmen die Perspektive des kleinen Binnenmeeres.

sich zur Erholung in die Villa La Collina zurückzog. Verdi hat hier einen großen Teil von La Traviata geschrieben.
Argegno (10 km südl.): Von hier aus führt die Straße durch das Intelvital zum Luganer See (→ **Lugano***): Belvedere von Pigra (Seilbahn, 880 m) und von Lanzo (900 m).
Bolvedro (über Tremezzo): Italienische Gärten an der Villa Sola, La Quiete genannt.
Campo (Südende von Lenno): Romanische Kirche (Anfang 11. Jh.) mit einem schönen Glockenturm.
Comacina (Isola), über Osuccio (6 km südl.): Die einzige Insel des Comer See, ehemaliger Zufluchtsort, früher befestigt (11./12. Jh.). Seit dem Paläolithikum besiedelt, heute im Besitz der Akademie der schönen Künste in Mailand (5 km vom Ufer entfernt). In der Renaissancekirche gibt es ein kleines Museum. Johannesfeuer und Fest am letzten Junisonntag.
Dongo (14 km nördl.): Sehr altes Zentrum der Eisen- und Stahlindustrie; nördlich, Sagra delli Crotti (volkskundliche Veranstaltungen).
Gravedona (18 km nördl.): Schönes Dorf, geschmückt mit der romanischen Kirche Santa Maria del Tiglio und einem Palast, den der „Kardinal von Como", Abbé Gallio, im 16. Jh. erbauen ließ.
Lenno (6 km südl.): Hier soll Plinius des Jungen Villa Comoedia gestanden haben. Romanische Kirche und Baptistorium; Handwerkermesse und -ausstellung im August. Auf der Halbinsel mit einem schönen kleinen Hafen liegt die Villa del Balbianello (16.-18. Jh., Besichtigung des Parks auch in Abwesenheit der Besitzer).
Menaggio (5 km nördl.): Luftkurort und Wassersportzentrum zwischen Weinbergen und Kamelien.
Ospedaletto (an der Südausfahrt von Lenno): Museo „La Raccolta della Barca Lariana" (Ostern-November, Sa-nachmittag u. So. □).
Rezzonico (12 km nördl.): Gotisches Schloß.
Sala Comacina (7 km südl.): Villa Beccaria, die von Manzoni besucht wurde (→ **Lecco***).
Tremezzo (2 km südl.): Luftkurort in angenehmer Lage; schöne moderne Kirche am Yachthafen.

Camaldoli 12/D 1
Toscana (Arezzo)

Das inmitten eines Tannenwaldes in einer Talmulde des Apennin liegene religiöse Zentrum umfaßt zwei unterschiedliche Anlagen: das vom hl. Romuald gegründete Kloster (Anfang 11. Jh.), heute ein Ort kultureller Begegnung (die zur

Das von Blumengärten gesäumte Ufer des Luganer Sees in Campione d'Italia, eine lombardische Enklave in der Schweiz.

Renaissance wiederaufgebaute Kirche besitzt Werke von Vasari; → **Arezzo***) und auf 1098 m Höhe die Einsiedelei, die das erste Refugium des Heiligen war (3 km entfernt): im 17. Jh. wiederaufgebaute Kirche, deren Inneres zum Barock geschmückt wurde.
Panorama: Oberhalb, am Prato del Soglio, am Kammgipfel.
Spezialität: Liköre aus Heilkräutern.
Umgebung: Panoramastraße nach Bibbiena und **Poppi*** (19 km südlich).
Bagno di Romagna (33 km nordöstlich): Thermalbad (März-Nov.); gotische Basilika Santa Maria Assunta an einer seit 3000 Jahren besiedelten Stätte.

Camerino 13/C 2
Marche (Macerata)

Der zwischen zwei Tälern aufstrebende Berg war bereits zur Jungsteinzeit besiedelt. Das alte Dorf, ein früheres Studienzentrum, war zur Renaissance eine fruchtbare Kunststätte.
Piazza Cavour: Den Platz säumen der Duomo (19. Jh.) mit zahlreichen Kunstwerken, die Universität mit einem Renaissancehof und Säulengängen (Zugang von hinten, im botanischen Garten), das Rathaus und das erzbischöfliche Palais mit dem Diözesammuseum (Di. u. Sa.-morgen □); Skulpturen und Gemälden (Tiepolo). Südwestl. vom Rathaus stehen die Kirche San Francesco (Teile aus dem 8. Jh.) und das Museo Civico-Pinacoteca (Archäologie, Gemälde der Schule von Camerino). Die Kirche San Venanzio (19. Jh.) mit einem gotischen Portal steht in entgegengesetzter Richtung hoch über dem Tal.
Veranstaltungen: Freilichtveranstaltungen im August, internationale Motorradrennen.
Matelica (18 km nördl.): Renaissancekirche San Francesco, mehrere Paläste (13.-15. Jh.), in einem befindet sich das Museum Piersanti (Besichtigung auf Anfrage): mittelalterliche Kunstwerke.
San Maroto (12 km südöstl.): Romanische Kirche mit kreisförmigem Grundriß.
Visso (31 km südl.): Gotische Stiftskirche Santa Maria; Museum-Pinacothek; 10 km nördl. liegt das Sanktuarium von Macereto aus dem 16. Jahrhundert.
Cappuccini (Kloster der, 3 km östl.): Ethnographisches Museum.
Abruzzo* (Parco nazionale d'): 40 km südlich.

Campione d'Italia 5/A 1
Lombardia (Como)

Die lombardische Enklave auf schweizer Boden am Ufer des Luganer Sees (→ **Porlezza***), erreicht man entweder über eine Panoramastraße oder über die Autobahn aus dem Gebiet von **Como***; Seilbahn vom Dorf Sighignola (1300 m). Der wegen seines Spielcasinos bekannte Ort fügt sich in Stufen, amphitheaterförmig angelegt, an den Hang 800 m hoher Berge. Hier entdeckt man drei reich verzierte Kirchen (14. Jh.) der nach ihrer Herkunft benannten „Meistermaurer" und Steinmetze Maestri Campionesi: San Zenone, die Kapelle San Pietro und am Ende einer monumentalen Treppe Santa Maria dei Ghirli (mit einer Barockfassade).

Campobasso

Campobasso 18/B 2
Provinzhauptstadt
Hauptstadt der Region Molise

Die moderne Stadt erstreckt sich unterhalb eines Hügels, an dessen Spitze das Castello Monforte steht. Die Altstadt mit engen Treppengassen drängt sich zu Füßen des Kastells, in dessen Nähe es auf dem Campus Vassorum drei mittelalterliche Kirchen gibt.
Veranstaltungen: Karwoche, Prozessionen; Fronleichnam, Prozession der Sagra dei Misteri; Freilichtkonzerte im Sommer.
Spezialitäten: Sellerie (Sedano); Flußkrebspastete; Picellati (eine Art süße Ravioli).
Handwerk: Ziselierte und perforierte Stahlklingen. Produkte der Region Molise: Spitzen, Töpferwaren, fein gearbeitete Metalle, Kesselschmiede und Glockengießerei (in Celestino).
Baranello (13 km südwestl.): Museo Civico im Rathaus.
Boiano (24 km südwestl.): Römisches Bovianum (Überreste).
Ferrazzano (4 km südöstl.): Altes Dorf unterhalb eines Castello (15. Jh.): romanische Kirche. Karfreitag: Prozession des „Toten Christus".
Miletto (Monte, 1050 m, 41 km südwestl.): Wanderwege und Skipisten im Wald.
Occhito (Lago di, ca. 30 km östl.): Schöner Stausee an der apulischen Grenze (10 km Länge).
Saepinum Romana (24 km südl.): Die größte archäologische Stätte der Region Molise befindet sich einige km von Seoino entfernt, das den Bereich der ehemaligen samnitischen Stadt einnimmt: hier fanden im 4. Jh. die Bewohner von Saepinum Zuflucht.
Santa Maria della Strada (13 km nordöstl.): Romanische Kirche aus dem 12. Jahrhundert.

Campo Imperatore
Abruzzo (L' Aquila) 16/A 3
Am Fuße des Monte Prena (2560 m), der zum Gebirge des Gran Sasso d'Italia gehört, erstreckt sich das weite Hochtal (27x7 km), das früher von einem See bedeckt war. Über ein Straßennetz von ca. 50 km ab Assergi, Fonte Cerreto (westl.) und ab Castel del Monte (südöstl.) sind die Zentren und Refugien für Wanderungen, Bergtouren und Wintersport verbunden. Eine Schwebebahn führt von Fonte Cerreto (1100 m) zum Gipfelpunkt des Hochtales (1000 m Höhenunterschied). In einer „Hotel-Hütte" wurde 1943 Mussolini gefangengehalten, er floh später unter Mithilfe eines deutschen Fliegers. In

In landschaftlich schöner Lage der Dolomiten liegt Canazei, ein bei Bergsteigern und Wanderern beliebtes Ziel.

der Nähe liegen die Kapelle Madonna della Neve, ein astronomisches Observatorium und ein alpiner Garten (als höhenbotanischer Garten bezeichnet). Die beiden Hauptstationen des Hochtals sind Campo Imperatore (2126 m) und Monte Cristo (1450 m).
Gran Sasso** (2912 m am Corno Grande, 2655 m am Corno Piccolo): Das Gebirge erstreckt sich über 35 km in Nordwest-Südost-Richtung. Das größte Massiv der Apenninkette besteht aus Kalkstein und erinnert an die Alpen (→ **Teramo***).
L'Aquila*: 17 km, Autobahn.
Assergi (Gemeinde L'Aquila): Romanische Kirche Santa Maria Assunta (Elemente aus der Renaissance, monolithische Krypta). 4 km weiter liegt Fonte Cerrato: Schwebebahnstation nach Campo Imperatore. Zwischen den beiden Ortschaften liegt die Einfahrt des größten Straßentunnels Italiens (Traforo del Gran Sasso, 10 km., 1985 eröffnet).
Campotosto (Lago di, 1313 m, 13 km nordwestl. von Assergi): Über den Passo di Capanelle (1300 m): größter künstlicher See der Abruzzen. Das gleichnamige Dorf nördl. des Sees (1420 m) ist ein Luftkurort.
Castel del Monte (südl. des Hochtales): Malerisches Dorf, dessen alte Häuser sich um den Kampanile der Kirche drängen.

Canazei 2/D 2
Trentino-Alto Adige (Trento)
Die Sommerfrische, Berg- und Wintersportstation (1465/2800 m) befindet sich in einer malerischen Lage** unterhalb des Sellamassivs (3152 m) in der Tiefe des Fassa-Tales am Avisio. Schwebebahn zum Belvedere I (2391 m).
Campitello (2 km südl.): Kabinenseilbahn zum Rondella-Paß (2485 m). Das Tal wird von den Zwiebeltürmen der Kirchen geprägt, Trachtenzüge und Blaskapellen belegen die Folkloretradition Tirols.
Handwerk: Geschnitzte Möbel, deren Tradition sich auf das Kunstinstitut von San Giovanni di Fassa bezieht.
Pordoi-Paß (12 km nordöstlich, 2239 m): Über die Straße nach **Cortina***; die höchste Dolomitenstraße: Panorama**.
Paß von Sella (12 km nördl., 2217 m): Panorama**.
Bolzano*: 51 km westlich.
Carezza (Lago di, Karer See, 28 km südwestl.): Richtung Nova Levante: schöne Lage*.
Cortina d'Ampezzo*: 58 km nordöstlich.
Massiv von La Marmolada (südl., 3342 m): Panorama**; Sommerski auf dem Gletscher „Königin der Dolomiten".
Predazzo*: 24 km südlich.
Val Gardena*: 20 km nördlich.

Cannero Riviera 5/A 1
Piemonte (Novara)
Am Westufer des **Lago Maggiore***, am Fuße des Monte Carza (1116 m), dessen Hänge mit Weinbergen und Wäldern bedeckt sind, liegt der Luftkurort, ein hervorragender Ausgangspunkt für Wanderungen: Schiffsverbindungen von Luino am gegenüberliegenden Ufer aus (→ **Laveno***).

Vom Ort aus führt eine Panoramastraße nach Viggiona (660 m) und Trarego (770 m).
Castelli Diroccati*: Die beiden Burgruinen auf zwei kleinen Felseninseln waren früher Räuberschlupfwinkel der „Mezzarditi" (5 Minuten per Boot), bevor sie im 16. Jh. von den Borromäern erworben wurden, die ihren Besitz dann Vitaliana benannten.
Veranstaltungen: Lichtspiele auf dem See im Juli.
Cannobio (7 km nördl.): Die Seepromenade wird von zahlreichen Bauwerken aus Mittelalter und Renaissance gesäumt, besonders erwähnenswert sind der Palazzo della Ragione (Rathaus, 13. Jh.), der Belfried Torre del Comune, die Kirche Santa Marta (15./16. Jh.), die Ursulinenkirche (Sakristei mit Fresken verziert) und das Santuario della Pieta mit einer achteckigen Kuppel, berühmt wegen der „Kreuztragung*", mit der Ferrari den Hauptaltar geschmückt hat. Über das Cannobia-Tal gelangt man zu den Schluchten von Santa Anna.
Carmine Superiore (3 km nördl.): Altes Dorf in schöner Panoramalage (300 m).
Ghiffa (8 km südl.): Villen und Gärten auf einem Vorgebirge; Barockkirche La Trinita in Ronco.
Oggiogno (auf dem Hügel über Cannero, 515 m): Folkloremuseum.
Piaggio (12 km nördl.): Grenze zur Schweiz.

Canossa 10/A 2
Emilia Romagna (Reggio)
Von der ehemaligen Festung (13. Jh.) sind mächtige, romantische Ruinen erhalten. Sie ist eine der zahlreichen Burgen, die der toskanischen Markgräfin Mathilde gehörten, auf deren Betreiben Papst Gregor VII. im Jahre 1077 den Exkommuniktionsbann über Kaiser Heinrich IV. aufhob (Gang nach Canossa).
Das kleine Museum Matildico beherbergt Funde lokaler Ausgrabungen: Panorama* von der Schildmauer aus.
Schloß von Rossena (4 km): Im Mittelalter stark verändert.
Castelnovo ne' Monti (20 km südl.): Bedeutendes Ausflugszentrum an der Straße zum Cerreto Paß.
Marola (12 km südl.): Sommerfrischezentrum im Apennin; romanische Kirche.
Parma*: 34 km nördl.
Reggio nell' Emilia*: 32 km nordöstlich.

Capraia (Isola di) 12/A 3
(Livorno)
Die Insel des toskanischen Archipels, weit vor der italienischen Küste, nordwestl. der Insel **Elba***, erhebt sich 447 m aus dem Meer. Der hübsche kleine Fischereihafen, von einer genuesischen Festung geschützt, wird von Sportseglern angelaufen. Er verfügt nur über sehr geringe Unterkunftsmöglichkeiten. Ein ringförmiger Weg ermöglicht die Entdeckung der schroffen Küste und des hügeligen Inselinneren. Im Zentrum befindet sich der Stagnone oder Laghetto (kleiner See) im ehemaligen Krater eines erloschenen Vulkans, in einer von seismischen und eruptiven Aktivitäten geprägten Landschaft. Schiffsverbindungen mit **Livorno*** (65 km), via Gorgona, nur mit Erlaubnis zu besichtigen (Strafkolonie) und mit **Pimbino*** (55 km), **via Elba***.

Caprarola 15/A 3
Lazio (Viterbo)
Sommerfrische unterhalb der vulkanischen Cimini-Berge (1053 m), die alte Ortschaft mit fahlroten Häusern wird von einer engen, gradlinigen Straße, in der Achse des berühmten fünfeckigen Palazzo Farnese, durchquert.
Palazzo Farnese**: Er beherrscht die gesamte Landschaft. Die Treppenanlage auf einer Terrasse am Ende eines Parks errichteten Palasts erinnert an die des Schlosses von Fontainebleau. Der Palazzo wurde im 16. Jh. für den Kardinal Alessandro Farnese von Vignola gebaut. Die prächtige Wendeltreppe Scala Regina* im Inneren, deren Wände und Gewölbe, wie die Gemächer mit Fresken von Zuccari verziert sind, bildet neben der Loggia im Hof die Hauptsehenswürdigkeit. Hinter dem fünfgeschossigen Bauwerk liegt der in Terrassen angelegte, mit Brunnen und eleganten „Palazzina" geschmückte Park.
Spezialität: Haselnüsse.
Ronciglione (6 km südl.): Dorf mit zwei alten Vierteln, das eine mittelalterlich, das andere klassizistisch, beide mit interessanten Kirchen: romano-gotische Kirche (mit Fresken verziert, 15. Jh.) im ersten Viertel; barocker Duomo und Santa Maria della Pace (Re-

Die „Castelli Diroccati", ein früherer Räuberschlupfwinkel vor Cannero Riviera im Lago Maggiore, wurden von den Borromeo niedergerissen.

naissance) im zweiten. Karneval im Februar.
Sutri (12 km südl.): Römisches Amphitheater (1. Jh. v. Chr.) in den vulkanischen Tuff gegraben; ehemaliges christianisiertes etruskisches Hypogäum; teilweise romanischer Duomo; Überreste der mittelalterl. Befestigungsmauern.
Vico* (Lago di, 7 km westl.): Der romantische Kratersee, im Norden vom Monte Venere (834 m) beherrscht, ist ein Vogelparadies: Strand, Wassersport, Reitwanderungen usw. (→ **Bolensa***).
Bracciano* (Lago di); **Castel Sant' Elia**: 22 km südl., → **Civita* Castellana***, 21 km östl. **Orte***: 37 km nordöstl., **Soriano nel Cimino**: 20 km nördl., → **Viterbo***: 19 km nordwestl.

Capri (Isola di) 20/A-B 2
Campania (Napoli)

Anacapri: Der barocke Mosaikfußboden der Kirche San Michele stellt Szenen aus dem Paradies dar.

Die winzige Insel Capri (ca. 6 km lang und 3 km breit) besteht aus einem großen Kalkfelsen. Sie liegt 5 km von der Halbinsel von Sorrente entfernt und wird durch den Bocca Piccola (Meeresarm) vom Festland abgetrennt. Die hohen, von Höhlen durchbohrten Felswände, die über dem strahlend blauen Meer emporragen, lassen bei Annäherung an die Insel im Osten das Massiv des Monte Tiberio (330 m), im Westen den Monte Solaro oberhalb des Hochtals von Anacapri, zwischen denen in einer Senke der kleine Ort Capri liegt, erkennen.

Kleine weiße Häuser schmiegen sich zwischen einer exotischen Vegetation, Weinbergen und Blumen (850 Pflanzenarten) an den Hügelhang. Vom Belvedere kann man die Aussicht über märchenhafte Küstenstriche genießen. Archäologische Überreste wecken die Neugier des interessierten Besuchers. Die Insel, bereits zum Paläolithikum besiedelt, wurde von den Herren des antiken Rom besucht, die prächtige Villen errichten ließen. In einer verbrachte Kaiser Tiberius die letzten zehn Jahre seines Lebens (er starb durch Zufall im Jahre 37 in Miseno).

Besichtigung der Insel: Auf der Insel kann ein Auto hinderlich sein. Die Überfahrt von PKW wird zwischen Mai und Okt. nicht gestattet. Die Insel Capri sollte man zu Fuß entdecken. Es können dabei öffentliche Verkehrsmittel benutzt werden: Seilbahn und Autobus von Marina Grande (Hafen) nach Capri, Busverbindung von Capri nach Anacapri, Sessellift von Anacapri zum Monte Solaro; Schiffsverbindungen ab Marina Grande. Für einen Kurzbesuch auf der Insel erscheint ein Tag ausreichend. Den Vormittag könnte ein Spaziergang über die Insel ausfüllen (Hin- und Rückweg zur Villa Jovis incl. Besichtigung). In den Mittagsstunden empfiehlt sich eine Bootsfahrt um die Insel (etwa 2 Std. Dauer, bzw. 3 Std., wenn die Grotta Azzurra besichtigt wird). Den Tag könnte ein Besuch in Anacapri mit anschließender Besteigung des Monte Solaro anschließen. Ein ausgiebiger Aufenthalt sollte drei Tage dauern: die Unterbringung in Anacapri wird empfohlen.

Anacapri: (2 km von Capri entfernt, Autobus): Der Ort wird über die Strada Panoramica**, einer Küstenstraße entlang des Meeres, er-

Die „Casa Rossa" mit orientalisch geprägten Fensteröffnungen, charakteristisch für die Häuser der Altstadt Capris.

reicht. Die Kirche San Michele ist wegen ihres Majolikafußbodens berühmt, der das „Paradiso terreste" (18. Jh) darstellt. Ebenfalls sehenswert ist die Villa San Michele; Sessellift zum Monte Solaro und Straße zur „Grotta Azzurra".

Capri: Der Hauptort öffnet sich wie ein Amphitheater zu den Buchten im Norden und Süden. Alle Straßen, Gassen und sogar die Standseilbahn treffen sich an der Piazzetta Umberto I, die von öffentlichen Gebäuden und der barocken Kirche San Stefano, in der noch ein Fragment eines römischen Fußbodens zu sehen ist, umrahmt wird. Hinter der Kirche führen enge Straßen und Passagen unter Gewölben durch das alte Viertel. Südlich der Souvenierläden führt die halbkreisförmige Prachtstraße, auf die winzige, oft durch Treppen unterbrochene Gassen enden, zur Kartause oder zum Belvedere.

Marina Grande: Hafen und Hauptbadeort der Insel. Standseilbahn nach Capri.

Marina Piccola (entgegengesetzt): Verstreut liegende Häuser, winzige Strände, ein Dutzend Barken unterhalb der Steilküste, die vom Monte Solaro überragt wird.

Arco naturale (an der Ostküste, südl. zu Füßen des Monte Tiberio): Das Felsentor ragt schroff aus dem Meer empor.

Belvedere Cannone* (Capri, Südküste): 1/4 Stunde vom Zentrum entfernt, über die Via Castello, die aus dem alten Viertel kommend zwischen Gärten endet. Etwas oberhalb des Parco Augusto genießt man einen sehr schönen Ausblick auf den Südosten der Insel.

Weitere Belvedere: Santa Maria a Cetrella (auf dem Grat der östl. Steilküste Anacapris); della Migliara (südl. von Anacapri); Villa Jovis und di Tragara (Südostspitze des Faraglioniarchipels).
I Faraglioni*: Gruppe von drei riesenhaften Felsen (80, 104 und 110 m), die vom kleinen Hafen Tragara aus mit dem Boot besichtigt werden können.
Grotta Azzurra** (Blaue Grotte, Nordküste): Die berühmteste der zahlreichen Höhlen der Insel ist mehr als 50 m lang und 30 m hoch; mit Barken zu besichtigen (Einschiffung von Marina Grande aus: Motorboot). Sie verdankt ihren Namen der Färbung des 22 m tiefen Wassers. Das „Nymphäum" der Antike bewahrte bis zum 17. Jh. Skulpturen von Seegöttlichkeiten.
Weitere Grotten: (Sie waren ebenfalls Nympheen): Grotta di Bove Marino (an der Nordküste); Matromania (nahe beim Arco naturale, viele Seehöhlen); Verde (zu Füßen des Monte Solaro, Südküste): Besuch mit Barken von Marina Piccola aus; Dell' Arsenale (unterhalb von Capri, Südküste).
Monte Solaro: Gipfelpunkt der Insel; Sessellift von Anacapri aus. Der Niveauunterschied beträgt ca. 300 m. Panorama** über die Buchten von Neapel und Salerno.
Parco Augusto (Capri, Südhang): Der Park wurde über der Grotta dell' Arsenale in Terrassen angelegt: Aussicht über den Südostteil der Insel.
Scala Fenicia*: Sehr alter, in den Felsen gehauener Treppenweg, der Anacapri mit Marina Grande verbindet.
Scoglio delle Sirene: Klippe in der Mitte der Bucht von Marina Piccola.
Via Krupp* (südl. von Capri): Führt vom Parco Augusto nach Marina Piccola hinunter. Der ursprüngliche Eselspfad mit Haarnadelkurven wirkt vom Gipfel aus betrachtet sehr eindrucksvoll.
Bagno di Tiberio (Thermen des Tiberius, am Westende von Marina Grande): Die Ruinen stammen aus römischer Zeit.
Certosa di San Giacomo (unterhalb Capris; Südküste): Das interessanteste Bauwerk der Insel aus Mittelalter und Renaissance: Kreuzgänge, Panorama (Mo. ⊠).
Palazzo a Mare (Richtung Bagni di Tiberio): Überreste der Villa Augustus.
San Costanzo (Ortsende Marina Grande Richtung Capri): Kirche (Teile aus dem 10. Jh.), die zur Gotik wiederaufgebaut wurde.
Villa und Torre Damecuta (zwischen Anacapri und der römischen Villa Tiberius): Normannischer Verteidigungsturm (12.Jh.).
Villa Jovis* (oder Iovis, Nordspitze der Insel; 3/4 Std. vom Zentrum Capris; Mo., an manchen Feiertagen im Winter ab 15 Uhr ⊠): Innerhalb der Ausgrabungsstätte erheben sich die Ruinen des mächtigen, von Tiberius errichteten Palastes, der hier seine letzten Jahre verbrachte. Von der Loggia an der Spitze des Monte Tiberio aus: Aussicht* über die gesamte Insel. Man behauptet, der diabolische Kaiser habe Personen, die er zu beseitigen gedachte, von der benachbarten Steilküste (Salto di Tiberio) stoßen lassen.
Villa San Michele* (in Anacapri): Vom schwedischen Autor Axel Munthe errichtete Residenz, Autor des Buches „San Michele". Schönes Panorama* vom Garten aus. Unterhalb der Villa endet die Scala Fenicia.
Schiffsverbindungen: Ganzjährige Fährverbindung mit Neapel (kein Pkw-Transport von Ostern-Sept.) 1 1/4 Std. mit Motorboote und Hydroplan (bis zu zehn Überfahrten pro Tag). Außerdem Verbindungen mit **Sorrento*, Amalfi*, Salerno*, Ischia*** (Juni-Sept.).
Veranstaltungen: Neujahrsfest und Karneval im Februar. Im Sommer: „Maremoda", Konzerte und Ballett in der Kartause.
Spezialität: Weißweine.

Carpi 10/B 1
Emilia Romagna (Modena)
Die „europäische Hauptstadt der Bekleidungsindustrie" (200 Fabriken) ist auch eine kleine Stadt der Kunst.
Castello del Pio: Der von monumentalen Türmen (14.-16. Jh.) flankierte Bau beherbergt eine Museo-Biblioteca und ein Museum der Deportierten* (Zeichnungen aus der Nazizeit).
Piazza dei Martiri: Kathedrale aus dem 18. Jahrhundert.
Veranstaltungen: Handwerkliche Ausstellungen.
Spezialitäten: Parmesankäse (Grana) und Salamino (Wein).
Handwerk: Stickwarenindustrie.
Correggio (8 km westl.): Heimat des Renaissancemalers dieses Namens (1489-1534, → **Parma***). Der Palazzo der Principi Correggeschi (16. Jh.), mit einer schönen Fassade und Portiken im Hof, nimmt heute ein Kulturinstitut auf und beherbergt das Museo Civico (Christuskopf von Mantegna). Zwei Kirchen stammen aus der Renaissance. 5 km südl. liegt die Burg Rocca di San Martino in Rio (15.-17. Jahrhundert).
Fossoli (10 km nördlich): Reste eines Nazi-Konzentrationslagers (außergewöhnlich in Italien).

Carrara 9/D 3
Toscana (Massa-Carrara)
Das am Rande der Apuanischen Alpen gelegene Zentrum wurde wegen der gewaltigen Marmorblöcke bekannt, die in der Nähe abgebaut werden. Sie erlaubten es Michelangelo, riesige Statuen zu schaffen, und bestimmten vielleicht sein Talent. Die nahegelegenen Marmorbrüche* (Cave) werden seit mindestens 3000 Jahren im Tagebau betrieben. Drei Täler sind durch enge, kurvenreiche Wege verbunden und bilden eine außergewöhnliche Landschaft (organisierte Besichtigungen).

Die drei riesigen Faraglioni-Felsen ragen an der Südostspitze Capris bis zu 100 m aus dem Meer.

Die romano-gotische Kathedrale der Stadt weist eine mit Marmorskulpturen (Mittelalter und Renaissance) ornamentierte pisanische Fassade auf. Im Schloß-Palast der Malaspina (16. Jh.) befindet sich die Akademie der schönen Künste (Accademia di Belle Arti).
Marina di Carrara (7 km, an der Küste): Hafen und Yachthafen (Marmorexport). Auf dem Weg liegt ein Ausstellungsraum, in dem die Techniken des Marmorabbaus erklärt werden.
Veranstaltungen: Gemäldeausstellung zu Themen des Meeres im August.
Umgebung: Aussichtspunkte in den Bergen (der Gipfel der Apuanischen Alpen liegt am Monte Pisanino, 1945 m). Besichtigung der Marmorbrüche (Cave) von Frantiscritti (450 m Höhe) und von Colonnata (530 m Höhe).
Campocecina (20 km nördlich): Oberhalb der Marmorbrüche im Wald gelegen.
Fosdinovo (14 km nordwestl.): Schloß (13.-14. Jh.) der Malaspina in Panoramalage.
Luni (9 km südl.): Archäologische Stätte an der Via Imperia (Littoral); im Hinterland liegt Lunigiana, wo Dante sein Exil antrat; in Casale Lunigiana: Museum frühgeschichtlicher Archäologie.
Lerici* (27 km südwestl.); **Marina di Massa*** (14 km südöstl.) und **Massa*** (7 km südl.).

Casale Monferrato
Piemonte (Alessandria) 8/D 1
Die heutige Industriestadt am rechten Poufer, die ehemalige Fe-

Casale Monferrato: Der hl. Dominikus an der Renaissancefassade der gleichnamigen Kirche.

ste der Gonzagas, war vom 15. bis Anfang des 18. Jh. Hauptstadt des Herzogtums Montferrat.
Duomo/Basilica di S. Evasio: Der romanische Baukörper aus dem 12. Jh. wurde stark restauriert.
S. Domenico: Gotische Kirche mit einem Renaissanceportal.
Torre Civica: Auf dem Weg zum Kastell (16. Jahrhundert).
Palazzo Gozzani di Treville: Palast (18. Jh.)
Synagoge: Der Synagoge (16. Jh.) ist ein kleines israelisches Museum angegliedert.
Umgebung: In der südl. des Po gelegenen Region des Kalksteinreliefs des Montferrat, zwischen Casale und **Torino***, entdeckt man inmitten von Weinbergen (Asti-Weine) zahlreiche Herrensitze und Schlösser sowie die Sanktuarien von Crea und **Superga***.
Crea (12 km westl.): Sanktuarium aus dem 17.-18. Jh., Panorama, kleines Museum.
Fons Salera (17 km südwestl.): Kurbad.
Montiglio (25 km westl.): Dorf unterhalb eines Castello (15. Jh.), Kapelle Sant' Andrea, mit Fresken verziert (14. Jh.).
Vignale (12 km südl.): Im Palazzo ist eine Sammlung choreographischer Kunst zu besichtigen.
Alessandria*: 31 km südl.; **Moncalvo:** 20 km südwestl., → **Asti***.

Caserta
18/B 3
Campania (Provinzhauptstadt)
Das „neapolitanische Versailles", einige km nördl. von Neapel, Mittelpunkt der landwirtschaftlichen Region Terra di Lavoro, verdankt diese Benennung einem der größten, majestätischsten Monumente Italiens, der Reggia***, zugleich Palast und Park.
Palazzo Reale (nachmittags, Mo. und an manchen Feiertagen ⊠): Der Palast, dessen Zufahrtsstraßen (wie in Versailles) in der ursprünglichen Pflasterung erhalten sind, bildet ein Bauwerk von beträchtlicher Größe (250 x 190m). Er wurde von Vanvitelli für König Karl III. von Neapel und Sizilien erbaut. Er besteht aus vier Quadraten, die vier symetrische Höfe umgeben, die sich um eine Rotunde gruppieren, von der aus man sehr schöne Perspektiven genießen kann. Durch 1970 Fenster gelangt das Licht in 1200 Räume und auf 34 Treppen. Vom unteren Vestibül aus führt die Staatstreppe* zum großen Vestibül und zu den im Empirestil möblierten und luxuriös dekorierten Gemächern. Besonders sehenswert ist die Krippe mit 1200 Figuren aus dem 18. Jh. in den Räumen Ferdinand IV.

Perspektive eines Gartens im italienischen Stil, der Park der „Reggia" in Caserta.

Park: (im Winter um 14 Uhr ⊠): Der 100 ha große Park wird durch Wasserflächen (Becken der Peschiera Grande, mit einem kleinen Tempel in der Mitte), monumentalen Brunnen und Baumgruppen gegliedert. Am Ende der 3 km langen Anlage stürzt der Wasserfall der Diana, über einen Aquädukt versorgt, 78 m in die Tiefe: Stufen zum Gipfelpunkt, Panorama*. Im Osten, den Wasserfall und die Allee säumend, erstreckt sich der 25 ha große englische Garten (Ende 18. Jh.).
Veranstaltungen: Reitturniere im Mai, Vorstellungen und Konzerte im Rahmen der „Reggia" im Sommer.
Aversa (17 km südl.): Zu den sehenswerten Monumenten zählen der mittelalterliche (11. Jh.), im 18. Jh. wiederaufgebaute Duomo, die Kirche der Annunziata und die Porta Napoli, beide aus der Renaissance. Das Franziskanermuseum umfaßt Skulpturen und Gemälde seit dem Mittelalter.
Spezialitäten: Mozzarella, Weine.
Capua* (16 km nordwestl.): Die in einer Flußschleife des Volturno gelegene, heutige Stadt befindet sich nicht an der Stelle der gleichnamigen antiken Siedlung (→ Santa Maria Capua Vetere), sondern auf dem Gebiet des antiken Casilinum, ihres damaligen Hafens. Ein Teil der Stadtmauern (16. Jh.) und ein während der Renaissance verstärktes Castello (11. Jh.) sind erhalten. Das Museo Campano (nachmittags und Mo. ⊠), in einem Palast des Quattrocento untergebracht, bietet antike und mittelalterliche Archäologie. Sehenswert sind auch der Dom langobardischen Ursprungs (9. Jh.) und die Renaissancekirche Sant' Annunziata.

Caserta Vecchia* (10 km nordöstl.): Die Stadt mit schönen goldfarbenen Bauwerken hat ihren mittelalterlichen Charakter erhalten. Romanische Kathedrale mit einer Laterne* (10./11. Jh.), die an die der Kirchen Armeniens der gleichen Epoche erinnert, und einer romanischen, im 17. Jh. wiederaufgebauten Kanzel im Inneren. Kirche der Annunziata (13. Jh.) und Ruinen des Castello (9. Jh.).
Veranstaltungen: Settembre al Borgo (Konzerte und Theater).
Castel Volturno (34 km westl.): Große Ferieneinrichtung im Pinienhain an der Küste.
Ponti della Valle (17 km östl.): Zur Versorgung des Aquädukts, des Wasserfalls der Diana in Caserta, im 18. Jh. erbaute Brücken.
San Leucio (3 km nordwestl.): Kleine, im 18. Jh. um eine von Ferdinand IV. gegründete Seidenmanufaktur entstandene Stadt.
San Prisco (4 km westl.): Prächtige Mosaiken (6. Jh.) verzieren die Kapelle der Matrona.
Sant' Agata de' Goti (24 km östl.): Kathedrale, romano-gotische Kirche und archäologische Überreste aus römischer Zeit.
Santa Maria Capua Vetere* (8 km westl.): Das antike Capua, dessen Name mit einem 216 v. Chr. vereitelten Traum Hannibals verbunden bleibt, lag wie Casilum (→ Capua) an der Via Appia. Die Reste des Amphitheaters* sind nach denen des Kolosseums in Rom die größten dieser Art (170 m lang) in Italien (Mo., an Feiertagen u. im Winter ab 14 Uhr ⊠). Es wurde während des Hochmittelalters geplündert, seine Steine dienten zur Errichtung des Castello von Capua. Das benachbarte Antiquarium könnte sich an der Stelle der Kasernen befinden, wo Spartakus die Sklavenrevolte organisierte (73 v. Chr.). An der Straße nach Caserta befinden sich zwei römische Grabmale; an der Via Appia (Corso Aldo Moro) steht der Triumphbogen des Kaisers Hadrian.
Sant' Angelo in Formis (11 km nordwestl.): Auf dem Gebiet eines römischen Tempels steht eine mit Fresken der Epoche verzierte Basilika* (11. Jahrhundert).

Castel del Monte 19/B 3
Puglia (Bari, Gemeinde Andria)
Das einsam gelegene Schloß in Apulien bildet ein gewaltiges Achteck* um einen ebenfalls achteckigen Innenhof. Es wird an jeder Ecke von einem Turm gleicher Struktur verstärkt. Es wurde unter dem „Zeichen der Acht" konzipiert, denn beide Etagen weisen ebenfalls acht Räume auf, die nach einem trapezförmigen Plan angeordnet sind. Das Bauwerk erinnert in seiner Konzeption an die Bauten der Templer entlang der Kreuzfahrerwege. Es handelt sich um die interessanteste Hinterlassenschaft der Herrschaft Friedrich II. von Hohenstaufen (Anfang 13. Jh.). Das stark restaurierte und besonders zur Renaissance umgebaute Schloß kannte vielfältige Verwendungszwecke. Durch das prächtige Portal erreicht man einen Hof und anschließend die mit Marmor und Skulpturen geschmückten Säle (18. Jh.). Von der Spitze eines der Türme genießt man ein imposantes Panorama.
Corato (19 km nordöstl.): Romanische und gotische Kirchen.
Andria: 17 km nördl.; → **Barletta***.
Gravina: 48 km südöstlich; → **Altamura***.
Ruvo di Puglia: 18 km östl.; → **Molfetta***.

Castelfranco Emilia
Emilia-Romagna (Modena) 10/B 2
Der bedeutende Landmarkt beherbergt in der Kirche der Assunta wertvolle Gemälde von Renaissancemeistern.
Spezialität: Torta Barozzi, ein Gebäck, das seinen Namen dem gleichnamigen Architekten der Renaissance verdankt. Er arbeitete unter dem Pseudonym Vignola, dem Namen seines Geburtsdorfes.
Gaggio (6 km nordwestl.): Museum der Geschichte der ländlichen Zivilisation in der Villa Sorra (18. Jh., in einem Park).
San Cesario (14 km südl.): Romanische Kirche Sankt Cäsarius (11./12. Jh.) mit Kapitellen aus Romanik und Renaissance sowie Grabmälern.
Spilamberto (8 km südl.): Rocca (Festung) aus dem Mittelalter.
Vignola (15 km südl.): Zwischen Kirschgärten liegt eine mächtige Festung (15. Jh., Mo. ⊠).
Monteveglio: 17 km südl.; → **Bologna***.
Nonantola: 10 km nördl.; → **Modena***.

Castelfranco Veneto
Veneto (Treviso) 6/C 2
Heimat des venezianischen Renaissancemalers Giorgione (1478-1510), der später Lehrmeister Tizians wurde. Die Befestigungsanlagen (12. Jh.) der mittelalterlichen Stadt blieben erhalten. Der Dom in der Mitte des von Gräben umgebenen Castello bietet ein Meisterwerk: Retabel der Madonna in Trono*. In der Sakristei gibt es Freskenteile von Veronese und Gemälde. Neben dem als Museum eingerichteten Casa Pellizzari (Mo. ⊠) wurde Giorgione geboren; die mit Fresken verzierte Fassade wurde restauriert.
Umgebung: Mehrere bemerkenswerte Villen: „Emo", in Fanzolo (6 km nordöstl.), ein Werk Palladios (Besichtigung auf Anfrage); in Sant' Andrea (4 km südwestl., Besichtigung auf Anfrage); nebenan, Museo dell' Arte Conciaria und Museo Agricolo (Juni-Sept., nachmittags ▢); Reverdin (15.-18. Jh.), in Borgo Treviso, ganz in der Nähe, in einem schönen Park (Besichtigung möglich).
Citadella* (12 km westl.): Von einer hohen Backsteinbefestigung umgeben (La cerchia di mura, 13. Jh.). Die elliptische Anlage ist auf ca. 1 km Länge mit Türmen und Toren versehen; neoklassizistische Kirche und gotischer Palast des Podestats im Stadtzentrum.
Bassano del Grappa*: 21 km nordwestlich.

Die Festung von Castel del Monte, ein mächtiges, von Friedrich II. errichtetes Oktogon, überragt einen Teil der apulischen Landschaft.

Castel Gandolfo 17/B 2
Lazio (Roma)

Eine der ältesten Stätten Italiens (12. Jh. v. Chr.) liegt vermutlich im Bereich des antiken Alba Longo, der Heimat der drei Curatier der Geschichte (die Curatier wurden der Sage nach in einem Entscheidungskampf von den Horatiern besiegt). Eine römische Aristokratenfamilie, die den Unruhen der päpstlichen Stadt entfliehen wollte, ließ im Mittelalter ein Kastell errichten, das sich an der Stelle der ehemaligen Villa Dominitians (1. Jh.) befindet. Im 17. Jh. erwarb es das Oberhaupt der Kirche und ließ den Sommerpalast, die Residenz der Päpste einrichten (keine Besichtigung). Das umliegende Dorf ist Zielpunkt für Wanderungen durch die Castelli Romani genannte Gegend, eine hügelige Landschaft mit Kraterseen (959 m am Monte Cavo).

Spezialität: Wildpfeffer, Castelli romani (Weißwein).

Albano (Lago di, 2 km): Kratersee.
Albano Laziale (4 km südl.): Der Park der Villa Albana von Dominitian erstreckte sich bis hierher, ihr Nymphäum wird heute von einer Kirche überdeckt (die meisten Kirchen Albanos befinden sich an Stellen antiker Monumente): Grabmal der „Horatier und der Curatier", Porta Pretoria (Anfang 3. Jh.); weitere antike Überreste im Park der Villa Comunale.
Ariccia (6 km südl.): Die Stadt stammt teilweise aus dem 17. Jh., Kirche dell' Assuntione mit rundem Grundriß von Bernini.
Genzano di Roma (10 km südl.): Die Straßen werden zu Fronleichnam mit einem Teppich aus Blumen geschmückt (Infiorata).
Nemi* (14 km südöstl.): Über die malerische Via dei Laghi* (Straße der Seen) durch den Wald, oberhalb eines Kratersees. Im Museo Nemorense (Besichtigung mit Genehmigung des Direktors für Antiquitäten in Rom) befinden sich Reste zweier römischer Schiffe aus der Zeit Caligulas, die 1944 von den Deutschen zerstört wurden. Durch das Dorf Rocca di Papa erreicht man den Gipfel des Monte Cavo, auf dem sich ein Jupitertempel befindet: Aussicht über einen Teil der römischen Landschaft.
Velletri (18 km südöstl.): Der Turm des Trivio (14. Jh.) erinnert, wie die Porta Napoletana, an die ehemalige Wachfunktion an der Straße von Neapel nach Rom. Seit dem Mittelalter wurde die Stadt von zahlreichen Konflikten getroffen: Kapitularmuseum; hier befinden sich die Reichtümer der Kirchenoberen (Montag-nachmittag und an Feiertagen ⊠).
Anzio*: 32 km südlich.

Am Ende der Bucht von Neapel liegt das moderne Seebad Castellamare mit dem von Wolken umgebenen Vesuv im Hintergrund.

Castellammare di Stabia 20/B 1
Campania (Napoli)

Das Thermalbad (Terme Stabiane, 28 Hydromineralquellen, Luftkur- und Badeort) in der Mitte der Bucht von Neapel ist ebenfalls ein Industriestandort; auf Initiative der Bourbonen wurden im 18. Jh. die Werften gegründet, die heute noch existieren. Castellammare, das seinen Namen dem mittelalterlichen Schloß verdankt (8.-13. Jh), liegt auf dem Gebiet des antiken Stabiae, das im 2. Jh. v. Chr. von Sulla zerstört wurde. Es wurde wie **Pompei*** und Herculaneum (→ **Ercolano***) im Jahre 79 durch den Vesuvausbruch verschüttet und erst im 17. Jh. wiederentdeckt.

Antiquarium Stabiano (in der Nähe der Straße nach Scanzano; nachmittags und Mo. ⊠): Grabungsfunde des antiken Stabiae (lapidare Reste und Fresken).
Scavi di Stabia: Ausgrabungen im gleichen Hügel, 2 km nordöstl., gleiche Öffnungszeiten. Es wurden zwei große Villen ausgegraben, sie befanden sich in wunderschöner Lage oberhalb der Bucht. Die Villa Ariana ist mit Fresken ornamentiert. Das Erdbeben von 1980 hat die Villa San Marco stark beschädigt.
Aussichten: Von der Strada panoramica* aus, die oberhalb der Stadt am felsigen Steilhang entlangführt und mit dem Castello verbindet, und von der Passegiata der Villa Comunale an der Küste.
Agerola (17 km südl.): Blick über die amalfische Küste und den Golf von Salerno.
Monte Faito* (1130 m, 16 km südl.): Er beherrscht und trennt die Buchten von Neapel und Salerno. Eine Panoramastraße führt durch einen sehr alten Buchenwald zum Belvedere des Capi (1053 m), zu dem zwischen April und Oktober auch eine Seilbahn verkehrt.
Pompei*: 8 km nördl.; **Positano*:** 18 km westl. von Amalfi.
Vico Equense (7 km südwestl.): Luftkurort, hoch über dem Meer gelegen.

Castell' Arquato 9/C 1
Emilia Romagna (Piacenza)

Das mittelalterliche Dorf liegt auf einer Anhöhe oberhalb des Ardatales. Im oberen Teil, um die Piazza Matteotti, befinden sich bedeutende Baudenkmale.

Collegiata dell' Assunta: Kirche (12. Jh.) mit sehr schöner mehrgliedriger Apsis; das Innere bietet sehenswerte Kapitele und ein Taufbecken (8. Jh.). Vom Renaissancekreuzgang gelangt man zum Museum (Goldschmiedearbeiten aus der Renaissance; Pallio aus dem 11. Jh.; Archäologie).
Rocca: Schloß (14. Jh.), im 15. Jh. durch die Visconti befestigt.
Palazzo Pretorio: Gotisches Bauwerk mit fünfseitigem Turm, Loggia und Außentreppe. Unterhalb liegt das Museum für Geologie und Frühgeschichte.
Bacedasco (Terme di, 10 km nordöstl.): Schöner Kurpark.
Chiaravalle della Colomba (12 km nördl.): Ehemalige Zisterzienserabtei (12. Jh.) mit einem sehr schönen gotischen Kreuzgang.
Fiorenzuola d' Arda (10 km nördlich): Romano-gotische Stiftskirche mit Fresken des Quattrocento dekoriert.
Velleia (20 km südwestl.): Ruinen des ehemaligen römischen Municipio (1. Jh.); Provinzpark Piacentino mit alten Waldbeständen (Anhöhe, 1000 m).
Vigolo (7 km nordwestl.): Kirche und Baptisterium (11. Jh.).

Castelnuovo di Garfagnana 10/A 3
Toscana (Lucca)
Die Rocca Ariostesca (Festung, 12. Jh.), in bevorzugter Lage des grünen Serchiotales, war die Residenz der Dichter Ariost (1522-1525) und Testi (1630-1642), die hier als Gouverneure tätig waren. Der zur Renaissance wiederaufgebaute Duomo beherbergt ein Kruzifix (15. Jh.), ein Retabel des hl. Joseph und eine Ghirlandaio zugeschriebene Madonna (Anfang 16. Jh.).
Veranstaltungen: Donnerstag, großer Markt; Prozessionen zu Fronleichnam; Messen im Sept.; Maggi (gesungene Volksdarbietungen).
Spezialität: Schafskäse.
Handwerk: Figuren aus Terracotta oder Gips aus Barga und Coreglia.
Bagni di Lucca (24 km südöstl.): Romanischer Dom (9.-14. Jh.) in der Altstadt und Palazzo Pretorio, in dem eine Dauerausstellung der regionalen Frühgeschichte untergebracht ist.
Castelvecchio Pascoli (12 km südöstl.): Haus-Museum des Dichters Giovanni Pascoli, wo er von 1895 bis zu seinem Tode 1912 residierte.
Castiglione di Garfagnana (7 km nördl.): Mittelalterliches Dorf am Fuße einer Burg (Rocca); romanische Kirche San Pietro; Renaissancekirche San Michele mit sehenswerten Kunstwerken.
Coreglia (15 km südöstl.): Ferienort (schöne Aussichten); Museo Civico der Gipsfiguren (di Gesso) und des „Territorio"; mittelalterliche Kirchen.
Maddalena (Ponte della, 7 km südwestl.): Brücke (14. Jh.).

Castiglione Olona: Die Fassade des Hauses des berühmten Kardinals Branda Castiglioni wurde nach seinem Tode (1443) mit „Terracotte" geschmückt.

San Pellegrino in Alpe (16 km nordöstl.): Aussicht über die Apuanischen Alpen vom Sanktuarium aus; ethnographisches Museum.
Forte dei Marmi (46 km südwestl.): Badeort an der ligurischen Riviera, → **Marina di Massa***.
Ovecchiella: Parco Naturale dell', 23 km nordwestlich.

Castiglione Olona 5/A 2
Lombardia (Varese)
Die mittelalterliche Ortschaft ist eine an Monumenten toskanischer Tradition reiche Kunststadt, die ihr der berühmte Kardinal und Namensgeber hinterließ (Quattrocento).
Casa dei Castiglioni: In diesem Haus an der heutigen Piazza Garibaldi wohnte der Kardinal; im Inneren mit Fresken und Kunstwerken ausgestattet (Sa. und Feiertag □). Ein gleichnamiges Haus mit einem Portal (15. Jh.) steht in einer Nachbarstraße.
Chiesa di Villa: Die Kirche (15. Jh.) mit viereckigem Grundriß wird von einer sechseckigen Kuppel gekrönt. Die Fassade zieren riesige Statuen.
Collegiata: Masolino da Panicale hat die Apsis der gotischen Stiftskirche sowie das benachbarte Baptisterium mit Fresken (Anfang 15. Jh.) verziert.
Veranstaltungen: Antiquitätenmarkt an jedem ersten Sonntag des Monats.
Castelseprio (16 km südl.): In der Nähe von Überresten einer lombardischen Festung (5.-10. Jh.); frühromanische Fresken (ca. 7. Jh.) orientalischer Inspiration in der Kirche Santa Maria Foris Portas.
Varese*: 7 km nördlich.

Castrovillari 23/B 1
Calabria (Cosenza)
Ausflugszentrum im Pollinomassiv (2271 m). Die kleine Stadt, eine normannische Gründung, liegt im Hochtal von Sibari. Besonders sehenswert sind in der Citta Vecchia das Castello Aragonese (Ende 15. Jh.), das Museo Civico (Archäologie) im Palazzo Gallo und die Renaissancekirche San Giuliano.
Folklore: Weibliche Trachten in leuchtenden Farben, in einer Region, in der sich seit dem 15. Jh. albanische Gemeinschaften ansiedelten, die heute noch ihre Traditionen und Bräuche pflegen; internationales Festival zu Karneval.
Spezialitäten: Tomaten, Auberginen und Weine.
Altomonte (34 km südl.): In der oberen Stadt mit Herrenhäuser aus dem 18. Jh. steht die interessante Kirche (Gotik/Renaissance) Santa Maria della Consolazione.

Cassano allo Ionio (15 km östl.): Thermalbad sehr alten Ursprungs; Kathedrale mit vielen Kunstwerken.
Lungro (30 km südwestl.): Italoalbanisches Zentrum; Kathedrale mit orthodoxen Kulthandlungen.
Monte Pollino* (20 km nördlich, über die Autobahn): Nationalpark (im Aufbau) mit weiten Aussichten über Kalabrien und die Basilikata.
Morano Calabro (7 km nordwestl.): Dorf auf dem Hügel mit drei interessanten Kirchen und Ruinen eines Castello.
Sibari (36 km östl.): → **Trebisacce***.
Spezzano Albanese (24 km südöstl.): Thermalbad im Bereich einer früheren albanischen Siedlung.

Catanzaro 23/C 3
Hauptstadt Kalabriens und Provinzhauptstadt
Die Stadt erstreckt sich auf der Höhe eines Bergvorsprungs oberhalb der zwei parallelverlaufenden Täler des Musofalo und des Fiumarella. Ürsprünglich war sie eine byzantinische Gründung (9. Jh.), dann ein mächtiges Zentrum der Seidenmanufaktur und im 19. Jh. Aktionsort der Carbonari des Königreiches Neapel. Der Charakter der mittelalterlichen befestigten Ortschaft blieb teilweise erhalten.
Corso Mazzini: Geschäftsstraße und Mittelpunkt der historischen Stadt in Nord-Süd-Richtung. Das Verkehrsamt befindet sich in der Galleria Mancuso. An der Piazza Grimaldi vorbei gelangt man zur Piazza Cavour.
San Domenico: Auch Chiesa del Rosario genannte Kirche im alten Viertel. Unter den Kunstwerken befinden sich sehenswerte Madonnen*, darunter die sehr schöne Madonna del Rosario von einem unbekannten Meister.
Duomo: Der Duomo wurde nach den Bombenangriffen 1944 völlig neu aufgebaut.
Park der Villa Trieste* (hinter dem Rathaus): Verziert mit Statuen berühmter Kalabresen.
Museo Provinciale: Frühgeschichtliche und antike Archäologie, orientalische Münzen, Maler des Quattrocento und moderne kalabresische Künstler (Mo. ⊠).
Via Bellavista (am Ende des Corso Mazzini): Sie bildet oberhalb der Fiumarellaschlucht einen Balkon*; Blick bis zum Ionischen Meer und über die Berge.
Chiesa dell' Osservanza (im Norden des historischen Viertels, oberhalb des Justizpalastes): Kirche (15. Jh.), im 18. Jh. teilweise wiederaufgebaut; marmorne Renaissancemadonna im Inneren.
Spezialitäten: Auberginenpastete, Ragout aus Paprikaschoten, Ca-

mariculi: fritierte, in Honig gewälzte Nudeln.
Lokalerzeugnisse: Seide und Velourstoffe.
Copanello (17 km südl.): Kleiner Badeort.
Nicastro (38 km westl.): Malerisches Viertel, beherrscht von den Ruinen eines normannischen Schlosses; Textilhandwerk. Zu Feierlichkeiten werden noch die Velourtrachten in schillernden Farben getragen.
Roccelletta (südl. des Ortes Catanzaro Marina, 11 km): Die Ruinen der Kirche Santa Maria della Roccella tragen diesen Namen (11. Jh., von orientalischen Architekten erbaut). Nicht weit entfernt liegt die Stadt Squillace auf dem Gebiet der ehemaligen römischen Stadt Scolacium (Ausgrabungen).
Soverato (28 km südl.): Badeort, interessante Kirche in Soverato Superiore (2 km).
Taverna (26 km nördl.): Die Kirche San Domenico (17. Jh.) beherbergt mehrere Werke von Mattia Preti, der hier geboren wurde (1613-1699).
Tiriolo (18 km nordwestl.): Blick über die „zwei Meere"; traditionelles Handwerk der Velourweberei* (prächtige Damenkostüme).

Cecina 12/A 2
Toscana (Livorno)
Das große Landwirtschafts- und Industriezentrum der Maremma an der antiken Via Aurelia, dessen Ackerboden am Rande eines großen Küstenwaldes erst im 19. Jh. entwässert und verbessert wurde, ist reich an archäologischen Überresten aus der etruskischen Epoche.
Die Riviera, schon seit 1000 Jahren v. Chr. durch ein Volk von hoher Zivilisation besiedelt, wird „Küste der Etrusker" genannt. Das Civico Antiquarium stellt regionale Ausgrabungsfunde aus.
Marina di Cecina (3 km): Der Badeort in einem Pinienwald, auch Cecina Mare genannt, besitzt einen Yachthafen.
Bibbona (Forte di, 10 km südl.): Von den Medici errichtete Festung am Meeresufer; das Dorf auf einem zurückgesetzten Hügel bewahrte das Schloß der Gherardesca und das Haus des Dichters Carducci (1835-1907), in dem er seine Kindheit verbrachte.
Castiglioncello (16 km nördl.): Badeort, kleines etruskisches Museum von Rosignano Marittimo, 6 km im Hinterland.
Colline Metallifere (ca. 30 km östlich): → **Larderello***.
Livorno*: 34 km nördlich.
Marina di Castagneto-Donoratico (15 km südl.): Badeort.

San Guido (10 km südl.): Kapelle am Anfang einer Zypressenallee, die in Richtung Bolgheri führt.
San Vincenzo (28 km südl.): Strand von mehr als 3 km Länge, Yachthafen; Karneval im Februar.

Cerignola 19/A 3
Puglia (Foggia)
Hauptortschaft der landwirtschaftlichen Region Capitanata. In der modernen Kathedrale gibt es eine schöne Ikone aus dem 13. Jh. Die Niederlage der Armee Ludwig XII. vor den Toren der Stadt (1503) zwang die Franzosen, jede Hoffnung auf das Königreich Neapel aufzugeben: Neapel wurde für zwei Jh. spanische Provinz.
Canosa di Puglia* (15 km östl.): Vor der Stadt liegt der Arco Romano (2. Jh.). In der Stadt: Kathedrale (11. Jh.) mit byzantinisch inspirierter Kuppel und Grabmal des Boemund „Tomba di Boemondo"; Museo Civico (Frühgeschichte und regionale Kunst des 5. Jh. v. Chr.). Am Südende der Stadt liegt die Basilika (6. Jh.). Einige km nördl.: Ruinen von Canne (→ **Barletta***).
Ordona (26 km südl.): Überreste der römischen Stadt Herdoniae.
Foggia*: 37 km nordwestlich.

Certaldo 12/C 2
Toscana (Firenze)
Die Stadt, in der Boccaccio 1375 entschlief, gliedert sich in zwei Ortsteile: eine untere Stadt, das Industriezentrum und die obere Stadt mit einer Befestigungsmauer aus Backstein (Il Castello) und einer Terracotta gepflasterten Straße.
Casa-museo del Boccaccio: Das nach den Bombenangriffen des zweiten Weltkrieges wiederaufgebaute Haus beherbergt das Cento Nazionale di Studi sul Boccaccio (Mo. ⊠). Der Dichter verbrachte hier seine letzten Jahre.
Ss. Michele e Jacopo: Die Kirche (13. Jh.) beherbergt die Grabstätte des Dichters und das zu seinem Gedenken errichtete Zenotaph (Renaissance) mit seinem Portrait: Kreuzgang (14. Jh.).
Palazzo Pretorio: Der Palast (13.-15. Jh.), mit einer wappengeschmückten Fassade, nimmt diverse etruskische Gegenstände aus lokalen Ausgrabungen auf (Mo. ⊠): Innenhof mit Portiken, Fresken (15. Jh.). Von der Spitze des Turmes: Ausblick über die Stadt und das Tal.
Veranstaltungen: Settembre Certaldese: Musikveranstaltungen und Theaterdarbietungen.
Castelfiorentino (10 km nordwestl.): Kirche Santa Verdiana, heute Pinakothek (Schulen von Firenze und Siena, 14. Jh.); Besichtigung nach Vereinbarung). Kapelle der Heimsuchung (14. Jh.), mit Fresken verziert; Villa Pucci Guicciardini (15. Jh.) in der einst Lorenzo I il Magnifico gelebt hat.
Montaione (12 km westl.): Palazzo Pretorio (15. Jh.), Reste einer römischen Zisterne; Naturpark (Schutz der regionalen Fauna).
Montespertoli (15 km nördlich): Schloß und Kirche (10. Jh.).

Cerveteri 17/A 1
Lazio (Roma)
Die mittelalterliche Stadt liegt auf einer Anhöhe unterhalb der Ceriti-Berge (Rocca). Sie ist Nachfolgerin der etruskischen Stadt Caere (Kyrsi), einer Hochburg der Zivilisation des antiken Italiens. Eine der Nekropolen befindet sich 2 km nördl., außerhalb der Stadt. In Pyrgi (heute Santa Severa), Hafen von Caere, liefen die Flotten zur Eroberung des westl. Mittelmeeres aus. Dionysos

Cerveteri: Die Ruinen der etruskischen Nekropole von Banditaccia vermitteln den Eindruck einer wirklichen kleinen Stadt.

von Syrakus steckte ihn 384 v. Chr. in Brand (→ **Siracusa***, Sizilien). Die Gegend des früheren Caere wurde erst im Mittelalter endgültig verlassen. Die Funde der im 19. Jh. unternommenen Ausgrabungen haben sicherlich die großen Museen Europas (Louvre, British Museum) bereichert, aber auch die in Rom (Villa Giulia) und des Vatikan.
Museo Nazionale Cerite: Das im Castello (12. Jh.) eingerichtete Museum (nachm. i.d. Woche ⊠) beherbergt interessante Sammlungen: Vasen, Terrakotta, Gemälde usw. In der Kirche Santa Maria wurde ein Antiquarium eingerichtet.
Nekropole der Banditaccia**: Die einzige der Nekropolen, die z. Z. zur Besichtigung geöffnet ist (Mo., an manchen Feiertagen und im Winter nachmittags ⊠): das umfangreiche Gräberfeld befindet sich in einer schönen hügeligen Landschaft zwischen Pinien und Zypressen und sieht aus wie eine richtige Stadt. Straßen führen zwischen zahlreichen Bauwerken hindurch (9.-1. Jh. v. Chr.). Die Grabmale sind wie Wohnhäuser mit Themen, die an das soziale und alltägliche Leben der Männer und Frauen einer entfernten Zeit erinnern, verziert und gestaltet. Zu den schönsten Bauwerken zählt das Grab „Tomba dei Rilievi" mit polychromen Stuckarbeiten (4. Jh. v. Chr.). Die weiteren Gräber tragen Namen der dominierenden Ornamentikmotive: Grab der bemalten Tiere, der Schilder, des Sarkophags, der Kapitelle, der griechischen Vasen usw. Selten sind die Gräber runden Typs, die wirklichen Tumuli sind viel älter: eines der interessantesten ist das Grab Tomba G. Moretti.
Veranstaltungen: Prozessionen in der Karwoche, des San Michele (Anfang Mai) und an Fronleichnam; Handelsmesse im Juli; Theatervorstellungen, Konzerte, Weinfest im August.
Ladispoli (6 km südl.): Badeort nahe dem etruskischen Alsium (heute Palo): Zentrum zum Schutze von Fauna und Flora. Unter einer klassizistischen Villa befinden sich ansehnliche Reste einer röm. Villa mit schönen Mosaiken (3. Jh. v. Chr.).

Cesena 11/A 3
Emilia Romagna (Forlì)
Die Altstadt des bedeutenden Zentrums der Nahrungsmittelindustrie, unterhalb der Rocca Malatestiana, Schloß der Malatesta (14. Jh.), bewahrte eine starke Prägung des 15. Jahrhunderts.
La Malatestiana*: In einem Renaissancepalast unterhalb der Rocca (So., Mo. und an manchen Feiertagen ⊠) werden mehr als 300 Inkunabeln (frühe Drucke, vor dem 15. Jh.) und ein Missorium (Silberschale aus dem römischen Kaiserreich) gezeigt. Im Parterre gibt es ein Museum für Antike und Frühgeschichte.
Museo della Civiltà Contadina: Museum der ländlichen Zivilisation im Schloßhof (Mo. ⊠).
Veranstaltungen: Handwerks- und Landwirtschaftsmesse, nächtliche Pferderennen während der Saison.
Bertinoro (11 km westl.): Aussicht von der Terrasse innerhalb eines berühmten Weinberges aus. In der Nähe steht die Säule dell' Ospitalità (oder degli Anelli) mit Ringen zum Festbinden der Pferde. An der benachbarten Piazza della Liberta: Renaissancekathedrale, Palazzo Comunale (Gotik) und Haus des Weines (Cà de Bè).
Fratta Terme (6 km westl. von Bertinoro): Kleines Thermalbad.
Madonna del Monte (2 km südöstl.): Ehemalige gotische Benediktinerabtei (Gemälde und Votivbilder).
Polenta (6 km südl.): Frühromanische Kirche (9. Jh., Krypta), Schloß von Bertinoro (11. Jh.), mit Erinnerungen an einen Aufenthalt Dantes.
Cesenatico*: 15 km nordöstlich.
Forlì*: 19 km westlich.

Cesenatico
Emilia Romagna (Forlì)
Der bedeutende Fischereihafen und Badeort an der Riviera Romagnola verdankt seine Existenz dem Porto canale, der seit dem 14. Jh. den Absatzmarkt im Hinterland sicherte. Der Umschlagplatz wird von der Handelsstraße von **Bologna*** und **Ravenna*** nach **Ancona*** durchquert. Erlebenswert ist das aktive Viertel der Fischer. Neben dem Hafen befindet sich das als Aquarium benannte Delphinarium. Der Badeort wird im Norden durch Zadina Pineta und Valverde, im Süden durch Villamarina verlängert.
Veranstaltungen: Im Sommer Regatten; Garibaldi-Fest im August.
Bellaria (8 km südl.): Badeort und Fischereihafen, durch einen Kanalhafen von Igea-Marina getrennt. Zahlreiche Veranstaltungen im Sommer: Fest des Meeres und des „blauen Fisches" im August.
Cervia (6 km nördl.): Badestrand und Thermalbad (große Salinen) im Südwesten; im Norden durch den Kanalhafen Milano Marittima getrennt.
Fest: So. nach Himmelfahrt, Segnung des Meeres (seit dem 13. Jh.).
Madonna del Pino (9 km nördl.): Kirche aus dem 15. Jh. mit lombardischem Portal.
Milano Marittima (8 km nördl.): Einer der größten Badeorte der adriatischen Küste, der auf Initiative des Mailänder Bürgertums entstand. Stattliche Villen im Pinienhain.
Pisiniano (14 km nördl.): Präromanische Kirche San Stefano, mit Fresken dekoriert (im 16. Jh. wiederaufgebaut).
Cesena*: 15 km südwestlich.
Ravenna*: 31 km nördlich.
Rimini*: 22 km südlich.

Champoluc 4/C 2
(Valle d' Aosta)
Zentrum für Sommerfrische, Bergwanderungen und Wintersport (Abfahrten bis 2720 m, von Weihnachten bis Ostern). Der Hauptort des Val d' Ayas (Hochtal des Evancon, Wildbach des Verra Gletschers) ist wegen der Qualität seiner Baumschulen bekannt.
Spezialitäten: La fontina (Käse).
Handwerk: Geschnitzte Holzgegenstände (Zoccoli).
Antagnod (3 km südl.): Alte Häuser; Innendekoration (18. Jh.) der Pfarrkirche; Ausblick auf den Monte Rosa vom nahen Sanktuarium des Barmase.
Breithorn (Massiv, 4165 m und Rosa-Plateau): Besteigung über den Weiler Saint-Jacques (4 km nördl.).
Brusson (11 km südl.): Teilweise romanische Pfarrkirche; Zugang zum Schloß von Graines (romanische Kirche).

Chianciano: Eines der angenehmsten Thermalbäder Italiens, hier eine Ansicht des Parks „Acqua Santa".

Chianciano Terme 12/D 3
Toscana (Siena)
Das seit der etruskischen Epoche besuchte Thermalbad von großem Ruf mit Parkanlagen* entwickelte sich südl. eines alten, von einer mit

Chiavenna

telalterlichen Einfriedung umgebenen Dorfes: Palazzo del Podesta (12.-15. Jh.) und Museum für sakrale Kunst im Palazzo dell' Arcipretura.
Veranstaltungen: Musikalische Saison, Mai bis Oktober; internationales Folklorefest im Juli.
Cetona (16 km südl.): In schöner Lage etruskischen Ursprungs, am Fuße des gleichnamigen Berges (1150 m). Kirche (13. Jh.) und in der Nähe Wohnhöhlen aus der Bronzezeit nahe des Klosters von Belvedere, eine ehemalige Franziskaner-Einsiedelei mit Fresken (14./15. Jh.).
Sarteano (10 km südl.): Thermalbad an den Hängen des Monte Cetona; sehr schöne Festung (14. Jh.) und Antiquarium (prähistorische und etruskische Epoche).
Sant' Albino (35 km nördl.): Thermalbad.

Chiavenna 1/C 3
Lombardia (Sondrio)
Das frühere Clavenna der Römer bildet am Ende dreier Täler den „Schlüsselpunkt" (Chiave-Schlüssel) unweit des **Lago di Como***.
San Lorenzo: Stiftskirche (Teile aus dem 12. Jh.) mit Taufbecken und Evangeliar im Kirchenschatz. Ruinen des Schlosses der Visconti auf dem Felsen des Paradisio, umgeben von einem botanischen Garten mit archäologischen Ausstellungsstücken (Do. u. an manchen Feiertagen ⊠). Unterhalb befinden sich der Palast Balbiani (15. Jh.), einige alte Häuser und in der Nähe des Dorfes Höhlen (Crotti): Schauplatz von „Libationen" (Trankspende der Römer an die Götter).
Veranstaltungen: Gastronomische Messe im September, Sagra dei crotti genannt.
Spezialitäten: „Geigen" genannte, gesalzene Gemsenkeulen und Weine.
Gallivaggio (Sanktuarium, 7 km über Valle di San Giacomo): Gemälde und Fresken (17./18. Jh.). Panoramen vom Campodolcino (13 km nördl.) und Madesimo (18 km nördl.) aus.
Spluga* (Passo della, Splügenpaß, 30 km nördl., an der Grenze zur Schweiz, 2115 m): Sehr eindrucksvolle Strecke oberhalb von Pianazzo (1400 m) und sehr schöner, 250 m hoher Wasserfall.

Chieti 16/B 3
Abruzzo (Provinzhauptstadt)
Die Stadt in einer die Adria beherrschenden Lage ist Ausgangspunkt zu schönen Berglandschaften. Der moderne Industriestandort war bereits vor der römischen Epoche Hauptstadt der Marrucini; er liegt auf dem Gebiet des alten Teate. Im Mittelalter erlebte der Ort einen großen Aufschwung, davon zeugen noch die malerischen engen Gassen, die oft als Treppen ausgebildet den Hang hinanführen. Die bedeutenden Bauwerke des Mittelalters liegen im Nordviertel: Duomo (zum Teil aus dem 11. Jh.) und die Kirche San Francesco, die bis zum Barock stark verändert wurde.
Weitere Sehenswürdigkeiten liegen weiter südl., dem Corso Marrucino folgen.
Pinakothek (nach 50 m, links in die Via De Lollis): Gemälde und Skulpturen der Region ab dem 14. Jh. (nachmittags u. an Feiertagen ⊠).
San Domenico (am Corso): Der Eingang zum Diözesanmuseum befindet sich in der Barockkirche.
Römische Tempel* (der Straße gegenüber San Domenico folgen): Drei schöne kleine Tempel (1. Jh.).
Römisches Theater (am Ende des Corso, die Via Zecca nach rechts gehen): Vom Theater (2. Jh.) aus hat man eine schöne Aussicht auf das Massiv des Gran Sasso (→ **Campo Imperatore*** und **Teramo***).
Thermen (unterhalb des Osthanges): Interessante Anlage, sehenswerte Wasserleitungen (2. Jh.).
Museo Nazionale di Antichita*: Auch Museo Nazionale Archeologico dell' Abruzzo genannt. Es befindet sich in den Gärten der Villa Comunale (Besichtigung auf Anfrage). Unter den bemerkenswerten Stücken befinden sich ein Bronzebett* (1. Jh.) aus Amiternum (→ **L' Aquila***), der sogenannte „Krieger von Capestrano*" (6. Jh. v. Chr.), kleine Bronzestatuen des Herkules und ein großer Herkules aus Marmor aus Alba Fucens (→ **Avezzano***). Die benachbarte Palazzina beherbergt eine Abteilung zur Vorgeschichte.
Veranstaltungen: Prozessionen zu Karfreitag, Theater- und Musikveranstaltungen (November-April).
Spezialitäten: Eine Art türkischer Honig mit Trockenfeigen.
Santa Maria Arabona (16 km südwestl.): Gemeinde Manopello, 6 km weiter: zisterziensische Abteikirche (Anfang 13. Jh.) mit skulptierten Kapitellen.
Maiella (Massiv der, südl.): Interessante Naturhöhlen (il Cavallone).

Chioggia 6/D 3
Veneto (Venezia)
Die Stadt, die als „klein Venedig" bezeichnet werden kann, liegt auf einer Laguneninselgruppe, auf der die Küstenbevölkerung zur Zeit der Barbarenübergriffe Zuflucht fand. Der Fischereihafen ist einer der größten Italiens. Der Badeort und der Handelshafen weisen als Hauptverkehrsadern drei parallelverlaufende Kanäle auf.
Canale della Vena*: Der Kanal im Zentrum wird von Brückenbogen in

Der überaus malerische Lagunenhafen von Chioggia erinnert an Venedig. Die Stadt kann auch als „Klein Venedig" bezeichnet werden.

Treppenform überspannt. Sie sind Verbindungswege zu den Kais.
Canale San Domenico: Entlang des Kanals an der adriatischen Seite ankern große Schiffe.
San Domenico: Die Kirche auf der gleichnamigen kleinen Insel (am Ende des Canale della Vena, über die Calle Santa Croce) wurde im 18. Jh. wiederaufgebaut. Sie beherbergt das letzte bekannte Werk Carpaccios (Sankt Paul, 1520), ein Tintoretto zugeschriebenes Gemälde und ein Kruzifix (15. Jh.).
Corso del Popolo: Die Hauptstraße Chioggias wird von mehreren venezianischen Häuser aus der Renaissance und von mehreren Kirchen (manche romanischen Ursprungs) gesäumt. Die meisten sind mit Kunstwerken venezianischer Meister ausgestattet: Paolo Veneziano, Sansovino und Tiepolo. Dies gilt besonders für San Martino am Anfang des Corso und für den Dom an der Piazza Vescovile.
Piazza Vescovile: Der Platz, belebtes Zentrum am Anfang der Lagunenstadt, ist wegen der Statuen der Marmorbrüstung berühmt (18. Jh.). Der große Reiz der Stadt liegt jedoch in der Lebhaftigkeit der Viertel entlang der Kanäle.
Eine lange Brücke verbindet die Altstadt mit dem Lido von Sottomarina (4 km östl.) auf der Isola dell'Unione und südl. von ihr mit dem neuen Seebad von Isola Verde.
Spezialitäten: In Öl gebratene Fische der Lagune; Krabben und Miesmuscheln.
Pellestrina (am Lido der Lagune, 11 km nördl., Straßenverbindung, per Schiff Richtung **Venezia***): Stadt der Spitzen, Befestigungsmauern, Kirche Santa Maria di San Vito, Renaissancebau mit Einflüssen Palladios.
Rosolina Mare* (18 km südl., Straßenverbindung): Großes, modernes Seebad. Auf der Insel Arabella befinden sich touristische Luxuseinrichtungen (6 km südl.).
Venezia* (46 km nördl., Straßenverbindung): Empfohlener Schiffsausflug (2 Std.), schöner Blick auf Choggia, Aufenthalt in Pellestrina.
Brenta: Riviera di, nördl., → **Mira***.

Chiusi 13/A 3
Toscana (Siena)
Die alte Etruskerstadt Chamars, die später den lateinischen Namen Clusium annahm, bietet zahlreiche archäologische Funde: Panorama.
Museo Nazionale Etrusco*: Das Museum stellt Funde (Urnen, Schmuck, Sarkophage) der in der Region durchgeführten Ausgrabungen aus (Mai-Oktober, Mo., nachmittags und an manchen Feiertagen ⊠).

Duomo: Der romanische Bau (12. Jh.) mit einem einsamen Kampanile, der ein großes Wasserreservoir (1. Jh.) verbirgt, steht an einem kleinen Platz in der Nähe des mittelalterlichen Tores Lavigna.
Etruskische Gräber: Sie befinden sich nördl. der Stadt. Die etwa zehn erforschten Gräber sind alle mit Wandmalereien geschmückt: Tomba della Scimmia (5. Jh. v. Chr.), Tomba del Colle, Tomba del Granduca, Tomba Della Pellegrina und Tomba della Bonci Casuccini.
Citta della Pieve (10 km südl.): In luftiger Höhe über dem Chianti-Tal, Heimat Peruginos (1445-1523); Reste mittelalterlicher Stadtmauern und eines Schlosses (14. Jh.). Der Duomo (12. Jh.) und die Kirchen Santa Maria und San Pietro beherbergen Werke von Perugino.
Lago di Chiusi (6 km): Angel- und Rudersportzentrum.
Cetona (Monte): Prähistorische Höhlen (→ **Chianciano***).
Trasimeno* (Lago): 25 km nördl.
Orvieto*: 45 km südlich.

Cingoli 13/C 2
Marche (Macerata)
Von dem früheren römischen Cingulum aus genießt man ein weites Panorama* bis zur Adria. Die Stadt besitzt drei bemerkenswerte Kirchen.
Sant' Esuperanzio: Romanogotische Kirche aus dem 13. Jh. mit Fresken und Kunstwerken (15./16.Jh.) verziert.
San Nicolo: Madonna von Lotto (16. Jahrhundert).
San Francesco: Romanisches Portal; „Balkon der Marken" hinter der Apsis.
Palazzo Municipale: Museo Civico; römische und mittelalterliche Archäologie, Vorgeschichte.
Cupramontana (20 km nordwestl.): Sehr alte Stadt in einer Panoramalage oberhalb von Staffolo im Verdicchio-Weinberg. 4 km nördl. liegt Maiolati, die Heimat des Musikers Spontini (Museum); 8 km südl. befindet sich das Dorf Staffolo (Kirche, 13. Jahrhundert).
Villa Potenza: 47 km westlich. → **Macerata***.

Citta di Castello 13/A 2
Umbria (Perugia)
Das frühere römische Tifernum bewahrte einen Teil der mittelalterlichen Stadtmauern.
Palazzo Comunale: Er stammt wie der Palast del Podesta an der Piazza Matteotti aus dem 14. Jh.: eleganter gotischer Bau mit einem imposanten gewölbten Saal.
Duomo: Der aus Renaissance und Barock stammende Bau besitzt einen Kampanile, der von einer älteren Kirche stammt. Das Museum für sakrale Kunst befindet sich in der Sakristei.
Palazzo Vitelli alla Cannoniera: In diesem Renaissancepalast befindet sich eine Pinakothek (außerhalb der Saison, So.-nachmittag ⊠), die der Malerei seit dem 13. Jh. gewidmet ist. Ein Saal zeigt Werke von Luca Signorelli (→ **Cortona***); Werke von Raffael, Ghirlandaio, Vasari, della Robbia... Den Höhepunkt stellt die Madonna e Angeli* dar, die vom Meister der Citta di Castello geschaffen wurde.
Palazzo Vitelli a Porta S. Egidio: Palast mit schönem Innenhof (16. Jahrhundert).
Veranstaltungen: Settembre Tifernate (Musikfestival und Möbelmesse); nationale Pferdemesse, Mitte November, Kanu- und Kajakrennen auf dem Tiber.
Gavarelli (2 km südl., an der alten Straße nach Perugia): Museum für Volkskunde und Traditionen (Civilta e Arti Contadine).
Montone (17 km südl.): Malerisches Dorf.
Umbertide (21 km südl.): Kirche Santa Croce (Kreuzabnahme von Signorelli); Festung (14. Jh.). 4 km weiter nördl. liegt das Renaissanceschloß von Civitella Ranieri.
Arezzo* (42 km westl.): Bocca Trabario; Paß und Schlucht, 1050 m, 27 km nördl., nach Urbino.
Fontecchio (4 km östl.). Kleines Thermalbad.
Monterchi: 15 km westlich, → **Sansepolcro***, 17 km nördlich.

Cividale del Friuli 3/C 3
Friuli-Venezia Giulia (Udine)
Die römische Gründung Forum Julii (deren zusammengesetzter Name Friuli: Friaul ergab) an der antiken Straße zur Donau, wurde im 6. Jh. Hauptstadt eines langobardischen Herzogtums; vom 8. bis 13. Jh. war es Sommerresidenz der Patriarchen von **Aquileia***, bevor es im 15. Jh. unter venezianische Besatzung geriet. Die wegen ihrer Bauwerke sehenswerte Stadt wurde leider alluzoft von Erdbeben heimgesucht (1976/77). Durch enge Straßen, die unter monumentalen Toren hindurchführen, erreicht man das Zentrum der Stadt.
Piazza del Duomo*: Das ehemalige Forum wird von den bedeutenden Bauwerken der Stadt umrahmt.
Duomo: Kirche (15./16. Jh.) mit einem schönen Zentralportal. Das Innere stammt aus der Renaissance: Gemälde, skulptierter lombardischer Altar (des Herzogs Ratchis).
Museo Cristiano: Das vom Dom aus zugängliche Museum enthält

Cividale del Friuli: Die antike venezianische Etappe nach Zentraleuropa bewahrte das mittelalterliche Viertel.

Überreste karolingischer Archäologie und ein während der Renaissance wiederaufgebautes Baptisterium.
Palazzo del Comune: Vor der Fassade des Gebäudes (14./15. Jh.) steht die Statue von Julius Cäsar.
Museo Archeologico Nazionale: Das Museum zeigt Bodenmosaiken und Funde vorrömischer und langobardischer Archäologie (mit Edelsteinen verzierte Kreuzsammlung; Mo. ⊠).
Palazzo del Provveditore: Im 16. Jh. nach Plänen von Palladio errichtet.
Tempietto*: Langobardisches Oratorium Santa Maria in Valle (8. Jh.), an einer malerischen Stelle am Natisone-Ufer. Die Innendekoration stammt aus der Zeit der Patriarchen.
San Francesco: Im Inneren mit Fresken verzierte Kirche (14. Jh.).
San Bagio: Kirche mit bemalter Fassade.
Umgebung: Jugoslawische Grenze bei Robic (20 km nördlich).
Gorizia*: 31 km südöstlich.
Udine*: 17 km westlich.

Civita Castellana 15/B 3
Lazio (Viterbo)
Das ehemalige Bollwerk des päpstlichen Staates an der Via Flaminia (45 km nördl. von Rom) befindet sich an der Stelle des antiken Falerii Vetere, dessen Existenz im 9. Jh. v. Chr. bekundet ist; es wurde im 3. Jh. v. Chr. von Rom zerstört.
Rocca: Die fünfseitige Festung wurde am Ende des 15. Jh. von Sangallo d. Ä. im Auftrag Alexander VI Borgia erbaut (die Stadt verdankt dem spanischen Papst ihren jetzigen Namen). Sie stammt sehr genau aus der Zeit, zu der Karl VIII in Italien ankam (1494). Unter Julius II vollendet, war sie Aufenthaltsort von Cäsar Borgia. Vor ihren Mauern besiegten die kaiserlichen Armeen zu napoleonischer Zeit die päpstlichen Truppen, die „Tore Roms" öffneten sich (1809). Während der Aufstände des Risorgimento wurde das Kastell ein politisches Gefängnis. Es beherbergt heute das Museo dell' Agro Falisco (nachm. u. Mo. ⊠): etruskische und römische Archäologie.
Duomo: Durch einen Portikus (Anf. 13. Jh.) erreicht man das Innere der Kirche (11.-18.Jh.): Kanzeln (13. Jh.) und mittelalterl. Fußboden.
Handwerk: Künstlerische Keramik.
Castel Sant' Elia (7 km nordwestl.). Nahe der Via Cassia (südl.): romanische Basilika* (8./9. Jh.): Fresken, Kanzel. Etruskisches Hypogäum in der Umgebung.
Falerii (Ruinen, 6 km westl.): In Wirklichkeit handelt es sich um Falerii Novi, nach der Zerstörung Falerii Veteres durch die Römer errichtet und im 8. Jh. erneut verlassen: die Umfassungsmauer hat eine Länge von 2 km (neun Tore): nahe der Porta Giove (Jupiters, im Westen) befinden sich Überreste der romanischen Kirche Santa Maria di Falleri.
Nepi (9 km südwestl.): Ruinen der Rocca (15. Jh.), des Domes (Teile aus dem 12. Jh.): Triptychon von Giulio Romano.
Bracciano*: Lago di, 29 km südwestlich.

Civitanova Marche 13/D 2
Marche (Macerata)
Seebad an der adriatischen Küste. Das Polarmuseum befaßt sich mit den Expeditionen Silvio Zavattis in die Arktis (Sa.-nachmittag und an Feiertagen ⊠). Die Kirche San Marone bewahrte Reste eines Bauwerks aus dem 9. Jh.
Veranstaltungen: Internationale Schuhmesse im Mai.
Civitanova Alta (4 km): Alte Ortschaft mit Stadtmauern aus dem 15. Jh.; Galerie für moderne Kunst im ehemaligen Palazzo Comunale.
San Elpidio a Mare (10 km südwestl.): Mittelalterliche Stadtmauern und Kirche (Stiftskirche, Sarkophag aus dem 3. Jh.); historische Darbietungen mit Kostümen im August.
Santa Maria a Pie di Chienti (8 km westl.): Kirche (9. Jh.).
Macerata*: 27 km westlich.
Porto Recanati: 16 km nördl., → **Loreto*.**
Porto San Giorgio: 15 km südl., → **Fermo*.**

Civitavecchia 14/D 3
Lazio (Roma)
Der 2000 Jahre alte Seehafen an der Via Aurelia (70 km nördl. von Rom) ist das Tor Italiens zu den Inseln des westl. Mittelmeeres. Das große Industriezentrum wurde 1944 stark beschädigt. Henri Beyle (Stendhal) würde heute Mühe haben, das Zentrum der modernen Stadt wiederzuerkennen. Als er hier Konsul Frankreichs war „langweilte" er sich und redigierte, „um sich die Zeit zu vertreiben", einen großen Teil der „Kartause von Parma" (→ **Parma*).**
Fort Michelangelo: Das Hafenviertel liegt unterhalb der Festung (16. Jh.). Sie wurde von Bramante begonnen, von Sangallo d. J. und wahrscheinlich von Bernini fortgeführt und von Michelangelo vollendet.
Archäologisches Nationalmuseum: Sammlungen seit der etruskischen Zeit (nachm. u. Mo. ⊠).
Veranstaltungen: Prozession am Karfreitag, Folklore im Sommer am Fort Michelangelo; im August, Palio auf dem Meer; 23. Dez., Pastorella di Natale.
Allumiere (16 km nördl.): Im Palazzo Camerale (Renaissance) sind das Museo Civico und ein Antiquarium untergebracht: Archäologie, geologische, botanische und zoologische Kuriositäten der Tolfaberge (Montag ⊠); → **Tolfa.**
Santa Marinella (10 km südl.): Reste eines der Häfen des antiken Caere (→ **Cerveteri***), Nachbarort des etruskischen Pyrgi (heute Santa Severa).
Santa Severa (19 km südl.): Castello Odescalchi (Romanik/Renaissance). In der Nähe der Ausgrabungen von Pyrgi befinden sich ein Antiquarium und die Reste eines Tempels (7. Jh. v. Chr.).
Terme Taurine (4 km nördl.): „Trajansthermen" genannt; in Wirklichkeit handelt es sich um die Überreste von Bädern großer Villen aus der kaiserlichen Epoche.
Tolfa (22 km nordöstl.): Altes Dorf am Fuße eines Vulkankegels; archäologisches Museum.
Tarquinia*: 29 km nördlich.

Cles 2/C 3
Trentino-Alto Adige (Trento)
Der Ort liegt malerisch inmitten von Weiden und Tannenwäldern im Val di Non (oder Anaunia), am Rande des künstlichen Sees Santa Giustina*: Sommerfrische, Wintersport. Das Dorf sehr alten Ursprungs, wie archäologische Entdeckungen bezeugen, bietet ein interessantes monumentales Erbe: Palazzo Assessoriale (15./16. Jh.), Kirche mit schönem Kirchturm (16. Jh.), romanische Kirche von

Pez, mit gotischen Fresken verziert und 2 km nordöstl., Castel Cles (12.-16. Jh.), einsam am Rand eines Waldes gelegen.
See: Mit dem größten Fassungsvermögen des Trentino: Angelmöglichkeit (Forellen).
Umgebung: Zahlreiche Schlösser (in Richtung Südosten) können besichtigt werden: Bragher, Valer, Nanno, Thun usw.
Caraveno (15 km nördl.): Wintersportzentrum, auf einer Anhöhe (8 km) befindet sich das Sanktuarium von San Remedio (11./17. Jh.).
Male (15 km westl.): Sommerfrische und Wintersport; romanogotische Kirche; Museum für Volkskunde und Volksbräuche.
Brenta*: Massiv, südlich.
Madonna di Campiglio*: 15 km südlich.
Mendola: Passo della, 23 km nordwestlich.
Tovel*: Lago, 15 km südlich.

Cogne 4/B 2
(Valle d' Aosta)

Der schöne Ferienort (Wintersport 1530/2250 m) unterhalb der Gipfel des Grivola Massivs am Fuße des Gran Paradiso und der Gletscher della Tribolazione, bietet mit seinen schiefergedeckten Häusern einen besonderen Reiz. Die Kirche besitzt holzgeschnitzte Altäre. In dem tiefeingeschnittenen Tal werden Eisenvorkommen abgebaut (→ **Aosta***). Viele alte Kunstfertigkeiten und Bräuche sind noch erhalten (Spitzenklöppelei).
Umgebung: Wasserfälle (südl.); Gran-Paradiso-National-Park* (Zugang über markierte Wege).
Pondel (abseits des Tales): Reste eines römischen Aquäduktes über eine Schlucht.
Le Valnontey (2,5 km, 1700 m): „Paradisia", alpiner Garten.

Colle di Val d'Elsa 12/C 2
Toscana (Siena)

Die mit Backsteinmauern befestigte Stadt erstreckt sich im bewaldeten Val d'Elsa. Die engen Straßen haben ihren mittelalterlichen Charakter bewahrt.
Via del Castello: Von Türmen flankiert und mit gotischen Häusern gesäumt; archäologisches Museum.
Duomo: Das Bauwerk aus Gotik, Renaissance und Barock umfaßt viele Kunstwerke.
Palazzo Vescovile: Der Palast der Bischöfe ist innen mit Fresken verziert und beherbergt ein kleines Museum für sakrale Kunst.
Palazzo dei Priori: Das Museo Civico wurde teilweise in diesem Palast untergebracht.

Sant' Agostino: Romanische Kirche in der Colle Bassa (unteren Stadt) mit einem Gemälde von Ghirlandaio.
Veranstaltungen: Handwerksausstellung im September.
Barberino di Val d'Elsa (16 km nördlich): Etruskisches Museum (Funde der örtlichen Ausgrabungen; samstags und sonntags □) im Palazzo Comunale.
Casole d'Elsa (15 km nördl.): Altes mittelalterliches Dorf; Rocca (Burg) und romano-gotische Stiftskirche (Gemälde und Skulpturen der Schule von Siena; Quattrocento).
Poggibonsi (7 km nördl.): Weinhandelszentrum; Basilika San Lucchese (13. Jh.) auf dem Hügel von Camaldo (1,5 km südlich).
Tavarnelle (18 km nördl.): Gotische Kirche Santa Lucia (Gemälde, 14.-15. Jahrhundert).
Certaldo*: 12 km nordwestl.
Monteriggione: 14 km südöstl., → **Siena*.**
San Gimignano*: 12 km nordwestlich.
Siena*: 28 km südöstl., über die Autobahn.
Volterra*: 27 km westl.

Comacchio 10/D 1
Emilia-Romagna (Ferrara)

Auf einer Inselgruppe eines früheren Podeltas (dreizehn Inseln). Die Stadt auf der Lagune (Valli) wird von der Adria durch Lidi (Sandbänke, die den italienischen Stränden den Namen gaben) getrennt. Die große Ortschaft gehörte zu einer sehr früh besiedelten Region (→ Spina). Die von Brücken überquerten Kanäle, die Barken und die Häuser am Wasser erinnern an **Chioggia*.**
Trepponti: An der Kreuzung zweier Kanäle errichtete dreifache Brücke.
Museo Mariano di Arte Sacra: In der Nähe der Kirche Santa Maria gelegenes Museum für zeitgenössische Kunst.
Umgebung: Sieben Badeorte entlang der Lidi (Porto Garibaldi), zum Teil zwischen Pinienwäldern: Polder, durch Entwässerung entstanden; Fischereizone in den Valli (Aal): geschützte Vogelwelt.
Spina* (5 km westl.): Archäologische Lage einer früheren griechisch-etruskischen Stadt (4.-3. Jh. v. Chr.), deren Nekropolen die im Museum von **Ferrara*** ausgestellten Funde geliefert haben.

Colli Euganei/Euganeische Berge 6/C 3
(Südwestl. von **Padova***)

Das Kalkrelief wurde stark vom Vulkanismus geprägt, wie die Form der Hügel und die heißen Quellen bezeugen (→ **Abano***). Das Bergland (300-600 m, Monte Venda) zieht seit der Vorgeschichte wegen der zahlreichen Kurmöglichkeiten die Menschen an (heute Fangotherapie). Während der Renaissance entdeckten die Aristokraten aus Venedig und Padua die Abgeschiedenheit und Frische der Landschaft und ließen hier ihre Villen errichten. Die Gegend bietet gute Weine: Bezeichnung, D.O.C. Colli Euganei.
Umgebung: → **Abano Terme*, Arqua Petrarca*, Este*, Monselice*.** Eine Rundfahrt (ca. 100 km) beansprucht einen Tag.
Hinweis: markierte Stradi Vini D.O.C. (Weinstraße).

Como (Lago di) 5/B 1-2
(Lombardia)

Der Comer See, auch Lario genannt (lateinischer Name: Larius), ist die drittgrößte Flächensee der Voralpen (46 km von Gravedona nach Como, 146 km²). Der tiefste europäische Binnensee (410 m) liegt 198 m über dem Meeresspiegel. Von Norden nach Süden von der Adda durchflossen, verdankt der See seine charakteristische Form eines auf den Kopf gestellten „Y" der Aktivität vorzeitlicher Gletscher, die das Tal formten. Der See teilt sich in drei etwa gleichgroße Becken. Zwischen den zwei südlichen Becken erhebt sich das hohe Relief des Monte San Primo (1882 m), im Norden umgeben den See 2500 m hohe Gipfel. Es gibt eine einzige kleine Insel: Comacina (südlich von Cadenabbia gelegen).

Das fischreiche Gewässer bietet gute Angelmöglichkeiten, die Ufer sind Treffpunkt zahlreicher Wassersportler. Es gibt Schiffsverbindungen zu allen am See liegenden Orten: Tragflächenboote und Fähren. In einer Vielzahl von Landschaftsparks wird die üppige regionale Vegetation gepflegt (Besichtigung von April bis Juni). Olivenhaine und Weinberge reichen bis ans Seeufer. Malerische Luftkurorte begeisterten seit der Romantik zahlreiche große Schriftsteller. Alte Ortschaften mit gepflasterten Gassen, neoklassizistischen Villen (Museen) und entdeckenswerten Baudenkmälern ziehen heute noch die Besucher an.

Umgebung (neben **Como***): **Bellagio***, **Cadenabbia***, **Lecco*** und **Varenna***.

Como 5/B 2
Lombardia (Provinzhauptstadt)

Das berühmte Zentrum der Seidenindustrie liegt am Südende des Comer Sees, umgeben von teilweise bewaldeten Felsenhöhen. Die kleine Kunststadt war Heimat des Entdeckers der Thermosäule (Volta, 1745-1827). Während der Renaissance verdankt sie ihrer Lage an der Pilgerstraße nach Rom einen gewissen Aufschwung.

Mittelpunkt des städtischen Lebens ist die Piazza Cavour am Seeufer. Von hier aus führen breite Straßen zu den Landungsstegen (in der Nähe, Park am Tempio Voltiano, Anfang 20. Jh., Mo. ⊠), zwei parallelverlaufende Straßen weisen den Weg in Richtung Altstadt. Die Citta besitzt im wesentlichen noch den Grundriß der 89 v. Chr. gegründeten römischen Stadt. Sie wird von einer rechteckigen Umwallung eingefaßt, die Mitte des 12. Jh. von Barbarossa erneuert wurde. Besonders sehenswert ist die Porta Vittoria, ein 40 m hoher „Stadttor-Turm".

Duomo* oder **Cattedrale:** Die ältesten Teile des grandiosen Marmorbauwerks stammen von den berühmten Maestri Comacini (13./14. Jh.). Die Kunst der Renaissance herrscht vor. Die feingliedrig ornamentierte Fassade mit Statuen der Brüder Rodari stellt die in Como geborenen Schriftsteller und Staatsmänner Plinius d. Ä. und Plinius d. J. dar. Das Innere der Kirche ist reich verziert. Mit Motiven bemalte Gewölbe, Gemälde der lombardischen Schule, darunter ein Ferrari, Taufbecken und elegantes Tempietto. Der Bau wurde im 18. Jh. beendet, als man ihm eine 75 m hohe Kuppel hinzufügte. Besonders bemerkenswert sind die barocken Orgelemporen am Anfang der Vierung. Im südlichen Seitenschiff befindet sich das gotische Marmorgrabmal (14. Jh.) des Bischofs Gallio. Die Portale der Nord- und Südseite sind reich verziert: das Nordportal nennt man wegen eines skulptierten Frosches auf einer der Säulen „della Rana".

Broletto: Der ehemalige Palazzo Comunale ruht auf einem offenen Portikus, der das Erdgeschoß bildet. Das Obergeschoß nimmt in der auf den Platz zeigenden Fassade einen Balkon auf, von dem aus Bekanntmachungen verlesen werden. Der Belfried wurde im 19. Jh. restauriert.

Altes Viertel: Mehrere interessante Kirchen, darunter San Fedele, ein romanischer Bau (9. - 14. Jh.), die frühere Kathedrale, mit Fresken von Ferrari verziert, und die ebenfalls romanische Kirche San Abbondio (11. Jh.). Die zwei Museen sind Montag geschlossen: das archäologische im Palazzo Giovio und das Museo Civico del Risorgimento (mit einer ethnographischen Abteilung).

Schiffsverbindungen: Rundfahrten oder regelmäßig verkehrende Linienschiffe. Sie verbinden mit den Hauptsehenswürdigkeiten am See; auch per Hydroplane.

Plinius d. Ä., ein Sohn der Stadt, ziert die Renaissancefassade des Doms von Como (links).

Veranstaltungen: Sehr bekannter Samstagsmarkt; „musikalischer Herbst", September-Oktober.
Spezialitäten: Seefische (Alsen); Ziegenkäse und „Robiola", regionale Weine.
Handwerk: Seidenstoffe.
Baradello (Castello): Mittelalterliche Ruinen (1971 restauriert), die den gesamten Süden beherrschen (Besichtigung Mo., Do. und an Feiertagen).
Brunate (6 km nordöstl., 5 Min. mit der Seilbahn): Aussicht über Como und den ewigen Schnee der lombardischen Alpen. 2 km weiter: Panoramalage von San Maurizio.
Cernobbio* (6 km nordwestl.): Sehr großer Ferienort, stufenweise am Hügelhang angelegt: Ausgangspunkt für Bergwanderungen. Die Villa Este am Seeufer (im 16. Jh. für den reichen Kardinal Gallio errichtet) wurde vor mehr als 100 Jahren in ein Hotel umgewandelt; allein die Gäste des Hotels haben Zugang zu den italienischen Gärten.
Nesso (17 km nördl.): Wegen seines Wasserfalles* (Il Orrido di Nesso) berühmtes Dorf.
Olmo* (Villa dell', 3 km nordwestl., über die Straße nach Cernobbio): In dem großen Pavillon hielt sich einst Metternich auf; in den Salons finden heute Konzerte statt. Der Besitz, der der Stadt Como gehört, ist heute ein Kulturzentrum. Vom Garten am Seeufer aus hat man eine schöne Aussicht.
Torno (10 km nordöstl.): Das Dorf am Berghang bestimmt die engste Stelle des Sees (650 m); Kirche Santa Tecla mit einem lombardischen Portal. 2 km weiter, in Richtung **Bellagio***, befindet sich die Villa Pliniana (Anfang 16. Jh.) an der vermuteten Stelle eines Besitzes von Plinius. Die zeitweise versiegende Quelle erweckte schon die Neugier von Plinius d. J. Joseph II., Napoleon, Byron, Stendhal und Liszt waren Gäste des Hauses, in dem Rossini die Oper Tancredi komponiert haben soll.

Conegliano 6/D 1
Veneto (Treviso)

Die kleine Stadt liegt inmitten der Weinberge und Obstgärten von **Treviso***. Die Straßen sind mit Arkaden und bemalten Häusern gesäumt. Das Castello (Aussicht) nimmt zwei Museen auf: das Museum für Malerei und Skulpturen (Mo. ⊠) und das Museo l' Uva nell' Arte (die Traube in der Kunst).
Via XX Settembre: Gebäude aus der venezianischen Renaissance.
Duomo: Mit einer bemalten Fassade unter dem gotischen Portalvorbau. Innen: thronende „Maria von Cima da Conegliano".

Cortina d' Ampezzo: Die „Zinnen" des Tofane sind ein geschätztes Ziel der Bergsteiger und zählen zu den spektakulärsten der Dolomiten.

Sala dei Battuti: Das gotische Haus der Zünfte ist mit Fresken des 15. Jh. verziert.
Casa di Cima da Conegliano: Mit einem kleinen, dem Werk des Künstlers (1460-1518) gewidmeten Museum.
Sehenswerter Kreuzgang von San Francesco.
Veranstaltungen: Grappa-Messe, Ende September.
Umgebung: Zwei Weinstraßen (markierte Strecken): del Vino Rosso nach Oderzo und del Vino Prosecco (bianco) nach Valdobbiadene.
Oderzo (19 km südöstl.): Das ehemalige Opitergium, von Pompejus zerstört und von Cäsar wiederaufgebaut (Mosaiken im Museum, Mo. ⊠); Innengestaltung des Duomo (13.-16.Jh.); Pinacoteca Alberto Martini.
Valdobbiadene (20 km westl.): In Crevada, Museo della Vita Agricola.

Cori 17/B 2
Lazio (Latina)

Cori Alto (Cora) führt seinen Ursprung auf den Trojaner Dardanos zurück, es besitzt noch Reste der aus mächtigen Polygonalquadern gefügten antiken Stadtmauer. Das Städtchen liegt auf einem Vorhügel der Monti Lepini, 180 m tiefer entwickelte sich seit dem Mittelalter Cori Valle. Man sollte hier der Via del Porticato folgen, die bis zur Stiftskirche (12. Jh.) fast gänzlich unter Laubengängen verläuft. In der oberen Stadt befinden sich außer den römischen Bauwerken aus dem 1. Jh. v. Chr. (Herkulestempel und Tempel der Zwillingsbrüder Castor und Pollux) zwei Kirchen aus Mittelalter und Renaissance: Santa Oliva, mit zweistöckigem Kreuzgang und Deckenfresken, weiter oberhalb San Pietro.

Corinaldo 13/C 1
Marche (Ancona)

Die kleine Stadt liegt etwa 20 km von der Adria entfernt auf einem Vorgebirge. Der gotische Befestigungsgürtel von ca. 1 km Länge blieb erhalten. Der Palazzo Comunale stammt aus dem 18. Jh.
Arcevia (40 km südl.): Die mittelalterliche Prägung der hochgelegenen Ortschaft wurde bewahrt (Sommerfrische). Die Stiftskirche San Medardo (17. Jh.) beherbergt mehrere Kunstwerke der Renaissance; die Kirche San Francesco schmückt sich mit einem romanischen Portal und einem gotischen Kreuzgang.
Ostra (17 km südöstl.): Höhenlage; Stadtmauer (14./15.Jh.), teilweise romanische Kirche San Francesco (Gemälde und Fresken werden im Pfarrhaus aufbewahrt); Renaissanceturm auf dem Platz.
Pergola (22 km südwestl.): In der Ortschaft mit mittelalterlichem Charakter gibt es drei bemerkenswerte Kirchen: im Duomo werden Kunstwerke ausgestellt, die gotische Kirche San Francesco und die teilweise romanische Kirche San Giacomo (barockes Inneres).
Fano*: 35 km nördlich.
Senigallia*: 22 km südöstlich.

Cortina d' Ampezzo
Veneto (Belluno) 3/A 2

Das berühmte Zentrum für Ausflüge, Bergtouren und Wintersport liegt am Ostende der großen Dolomitenstraße* unterhalb des Tofane** (3240 m): Sport- und Hoteleinrichtungen von hoher Qualität. Am Corso Italia, einer mondänen Fußgängerzone im Herzen der Stadt, befinden sich die Stiftskirche (17. Jh., Aussicht* vom 80 m hohen Turm) und ein Museum für Geologie und Mineralogie (Außerhalb der Saison So. ⊠).

Veranstaltungen: Sportliche und künstlerische Veranstaltungen sind über das Jahr verteilt; Festspiele des sportlichen Films im März; Goldpokal der Oldtimer (Auto d' Epoca) im September.
Handwerk: Schmiedeeisen, Kunsttischlerei.
Umgebung: Die Region wurde 1985 von einem Staudammbruch schwer getroffen.
Cristallo (1.990m): Panorama*, Straße bis zum Refugio Rio Gere (1.680 m Höhe, 16 km östl.): Seilbahnstation.
Falzarego (Passo di, 2.105/2.235m; 25 km westl.): Seilbahn zum Lagazuoi Piccolo (2.750 m): Panorama*.
Misurina* (Lago di; Wintersportstation, 13 km nordöstl; 1.750 m): Über den Passo Tre Croci, 1.814 m: Aufstieg zu zahlreichen Aussichtspunkten.
Pocol* (5 km westl.): Panorama und Gebeinhaus (10.000 Tote des 1. Weltkrieges).
Tofana di Mezzo (3.240 m): Mit der Seilbahn zu erreichen: Panorama**.
Tondi di Faloria (2340 m): Seilbahn: Panorama**.
Canazei*: 48 km westlich.
Pieve di Cadore*: 29 km südöstlich.

Cortona: Die fesselnde Stadt der Kunst liegt reizvoll an einem Steilhang und beherrscht das Valdichiana in der Toskana.

Cortona 13/A 2
Toscana (Arezzo)

Die kleine befestigte Stadt liegt reizvoll auf einem steilen Hügel, einem Ausläufer des Monte Sant Edigio, über dem Val di Chiana unweit des Trasimenischen Sees. Hier verläuft die historische Grenze zwischen der Toskana, Umbrien und Latium. Die umbrische Gründung ist eine der ältesten Städte Italiens. Nach der Eroberung durch die Etrusker gehörte sie zu den 12 Bundesstädten Etruriens und wurde später römische Kolonie (erwähnt von Livius und Vergil). Nach mancherlei Kämpfen zwischen Florenz, Siena, Perugia und den Päpsten kam sie 1411 unter die Herrschaft von Florenz. Die Umwallung, die 1.000 Jahre vor dem Kaiserreich den Charakter eines kolossalen Zyklopenbollwerks hatte, ist beinahe vollständig erhalten. Die Rocca (Forzezza Medicea, 15. Jh.) wurde zur Zeit der florentinischen Herrschaft 150 m über der Stadt auf den Trümmern etruskischer Mauern errichtet. Cortona war während der Renaissance Anziehungspunkt für viele Künstler, es war Vaterstadt des Malers Luca Signorelli (1445 / 1450? - 1523), eines Schülers Piero della Farncescas (→ **Arezzo***), sowie des Architekten Pietro Berrettini, genannt Pietro da Cortona (1596 - 1669), der vorwiegend in Florenz (Palazzo Pitti) arbeitete und der als Maler einer der großen Künstler des Barock war. Die Werke des zeitgenössischen Malers Gino Severini (1883 - 1966) sind im Museum der etruskischen Akademie ausgestellt.

Besichtigung der Stadt: Cortona ist wegen der vielen verwinkelten Gäßchen, die unter Bogen hindurch und über Treppengänge mit kleinen Plätzen verbinden, nicht leicht zu entdecken. Da sich die Stadt am Hang entlang erstreckt, sollte man den Wagen möglichst an einem hohen Punkt außerhalb der Mauer parken. Parkplätze befinden sich am Sanktuarium von Santa Margherita und in der Nähe der Porta Colonia (letztes Tor an der Straße nach Citta di Castello). Vom Parkplatz aus: schöne Aussicht über das Tal und die Renaissancekapelle Santa Maria Nuova. Vom Tor aus erreicht man über kleine Gassen die Kirche San Francesco.

Santa Margherita: Mehr als 100 m über der Altstadt (Aussicht* vom Vorplatz) befindet sich die moderne Kirche (19. Jh.) an der Stelle einer durch Franz von Assisi im 13. Jh. gegründeten Einsiedelei. Sie beherbergt das Grabmal der hl. Margherita und das Kruzifix, das mit ihr gesprochen haben soll.

San Nicolo: Kirche (15. Jahrhundert), Fresco* von Signorelli.

San Francesco: Die romanogotische Kirche befindet sich auf einer Anhöhe in der Mitte der Altstadt. Am Ende einer steilen Treppe öffnet sich das Portal (13. Jh.) auf ein mit Malereien geschmücktes Schiff: Verkündigung von Pietro da Cortona. Sehenswertes Grab Elias, erster Jünger des hl. Franz, Heiliges Kreuz (10. Jh., byzantinisch) im Marmortabernakel des Hauptaltars.

Piazza della Repubblica: Das belebte Zentrum der historischen Stadt wird vom Palazzo del Capitano del Popolo (16. Jh.) und vom Palazzo Comunale beherrscht, leicht erkennbar durch seine gerade große Außentreppe unter dem Uhrenturm.

Piazza Signorelli (Straße rechts, an der Rathaustreppe): Theater und Palazzo Casali (oder Pretorio) liegen gegenüber; über den Hof gelangt man zum Etruskischen Museum* (Mo. ⊠): kleine Statuen, bronzene Urnen und Lampen (7. Jh. - 2. Jh. v. Chr.), Münzen, mittelalterliche Miniaturen und Mosaiken, Gemälde (Ghirlandaio und Signorelli) und ägyptische Antiquitäten.

Piazza del Duomo: Der Platz lehnt sich an die Stadtmauer, deren Basis aus etruskischer Zeit stammt: Panorama*. Zwei Bauwerke aus der Renaissance sind bestimmend: der Duomo an der Nordseite und gegenüber die ehemalige Chiesa Del Gesu, in der heute das Museo Diocesano** (Mo. ⊠) untergebracht ist: berühmte Werke von Beato Angelico (Verkündigung, Kreuzabnahme, Leben des hl. Domenico), Lorenzetti (Kruzifix), Maler der Schule von Siena (14. Jh.), Luca Signorelli (Kreuzabnahme, Abendmahl der Apostel*, Geißelung*, Geburt Christi), Boninsegna (Maria mit dem Kind). Religiöse Goldschmiedearbeiten, römischer Sarkophag (2. Jh.).

Der Rückweg zur Piazza della Repubblica führt von der Rückseite des Museums über die mittelalterl. Via del Gesu* und die Via Roma. Vom Platz aus erreicht man über die Via Guelfa die Chiesa Sant' Agostino (Ende 13. Jh.). Gegenüber, der Via Nazionale folgen: rechts, Fremdenverkehrsbüro.

Piazza Garibaldi: Trotz der Vegetation, die die Sicht versperrt, erkennt man bei gutem Wetter den Trasimenischen See, Siena, Castiglion und Arezzo.

San Domenico: Außerhalb der Stadt, unterhalb der Stadtmauer. Einfache Fassade (Anf. 15.Jh.). Innen: Madonna mit dem Kind, Engel und Heilige von Signorelli und ein Fresco von Fra Angelico.

Santa Maria delle Grazie al Calcinaio* (3 km südöstl.): Die Kirche am Fuße der Stadtmauer, von weitem an der großen Kuppel zu erkennen, wurde von dem Renaissancemeister der Schule von Siena Giorgio Martini (1485 - 1513) errichtet: schönes Inneres, Glasmalereien von Marcillat (→ Arezzo*) an den Rundfenstern der Fassade. Einige Minuten entfernt (westl.) liegt das Tanella Grab, das zu unrecht „Grab des Pythagoras" genannt wird. Es handelt sich um ein etruskisches Hypogäum.

Veranstaltungen: Festival der toskanischen Gastronomie und „historische Vorstellung" der Offerta im August; Messe antiker Möbel (Mitte September).

Cappuccini (Kloster, 3 km nordöstl.): Gründung durch Franz von Assisi, Kirche (16. Jahrhundert).

Castiglion Fiorentino (14 km nördl.): Mittelalterliche Stadtmauer, Cassero-Festung; mehrere romano-gotische Kirchen, Museum und Pinakothek im Rathaus, aus dem 16. Jahrhundert.

Farneta (12 km südwestl.): Abtei (9. Jh.) mit einer Krypta; kleines archäologisches und paläontologisches Museum in der Sakristei.

Foiano (14 km westl.): Stadt römischen Ursprungs: Monumente aus der Renaissance; Gemälde von Signorelli in der Stiftskirche (13. Jh.).

Lucignano (18 km westl.): Mittelalterliche Stadt innerhalb eines Befestigungsgürtels eines runden Castello; Kunstmuseum im Rathaus.

Arezzo*: 33 km nördlich.

Trasimeno* (Lago): In der Nähe von Passignano, 20 km südöstl.

Cosenza 23/B 2
Calabria (Provinzhauptstadt)

Die prähistorische, römische und westgotische Stätte, die seit dem Mittelalter ein bedeutendes Zentrum intellektueller Austrahlung war, ist heute Sitz der Universität von Kalabrien. Die Stadt, Ausgangspunkt für Wanderungen in das **Sila***-Massiv, hat sich beiderseits des Zusammenflusses zweier Wildbäche angesiedelt: am linken Ufer, die moderne, schachbrettartig angelegte Stadt, am rechten Ufer, stufenförmig an den Berghängen gelegen, der historische Teil. Das Südviertel wird vom Corso Telesio durchquert. Die Anhöhe des Colle Pancrazio wird von einem Castello gekrönt.

Corso Telesio: Der Name steht für den in Cosenza geborenen Philosophen Bernardino Telesio (1508 - 1588), einem Wegbereiter Descartes. Der enge, kurvenreiche Corso durchquert das Herz des malerischen mittelalterlichen Viertels.

Duomo: Die Portale und die Fensterrose der Fassade stammen von einem romanischen Bauwerk (12. Jh.). Die Inneneinrichtung stammt aus dem 18. Jh.: Grab der Isabella von Aragon (14. Jh.), die 1271 auf dem Rückweg des vom hl. Ludwig geführten Kreuzzuges in Cosenza starb und die „Unbefleckte Empfängnis" von Luca Giordano.

Erzbischöflicher Palast: In dem Palast hinter der Kathedrale befindet sich das Museo Interdiocesano: Domschatz, frühe Drucke, Gemälde (ab dem 15. Jh.) und religiöse Goldschmiedekunst (Feiert. ⊠).

Piazza XV Marzo: Den Platz umgeben von links nach rechts die Prefettura, die Villa Comunale (gegenüber), die Accademia Cosentina und das Teatro.

Museo Civico: Prähistorische Bronzen und Funde der Ausgrabungen von Bruzii (Kalabrien, 9.-5. Jh. v. Chr., nachmittags und an Feiertagen ⊠).

Giardini Pubblici: Der Park der Villa Comunale befindet sich am höchsten Punkt der Altstadt: Aussicht über die Berge.

Weitere Sehenswürdigkeiten:

Castello Normanno: Das normannische Kastell (9. Jh.) wird auch „Svevo" (das Schwäbische) genannt, da der heutige Bau zum Teil Friedrich II. (Anf. 13. Jh.) zu verdanken ist. Es fiel später an das Haus Anjous (Ludwig III. heiratete 1431 Marguerite von Savoyen); nach zahlreichen Erdbeben mußte es stark restauriert werden: Panorama*.

San Francesco d' Assisi: Auf halber Höhe am Hang gelegen: Kirche (13. Jh.) mit schönem Kreuzgang.

San Domenico (linkes Ufer des Busento): Die Fassade mit Fenster-

rose und das Baptisterium im Inneren der Kirche (18. Jh.) stammen aus der Gotik.

San Francesco di Paola (rechtes Ufer des Crati): Geschnitztes Chorgestühl: Barock.

Ponte Alarico: Die Brücke erinnert an den Tod des Westgotenkönigs Alarich (410): er soll im Flußbett des Busento bestattet worden sein.

Veranstaltungen: Literatur- und Musikpreisverleihung im April/Mai; Fest der kalabrischen Trachten (alle 2 Jahre) im Frühling; lyrische und dramatische Saison im Teatro Rendano (Dezember-Februar).

Spezialitäten: Zitrusfrüchte; Feigen, Weine, Olivenöl, Bergamotte (→ **Catanzaro***) und Mustacciolo (Honigkuchen).

Handwerk: Keramik, Gobelins.

Courmayeur 4/A 2
Valle d'Aosta

Das schöne Dorf in wunderschöner Süd-West-Lage unterhalb des Mont Blanc Massivs ist zugleich eine Sommerfrische, ein Zentrum für Bergwanderungen und Bergsteiger und eine Wintersportstation (1230/2755 m): Sommerski am Col du Géant, (3370/3460 m); gute Unterkünfte. Die Gegend wird seit der frühen Antike aufgesucht; der Name wird vom lateinischen Curia Major (Hohes Gericht) abgeleitet. Der älteste alpine Ferienort Italiens wurde wegen der Heilkraft der Mineralquellen im 18. Jh. von den Prinzen von Savoyen in Mode gebracht. Der romanische Glockenturm ragt über dem Dorf empor. Das Alpenmuseum befindet sich in den Räumen der Bergführergesellschaft.

Im Becken von Courmayeur stehen die schönsten romanischen Glockentürme des Piemont.

Feste: → **Valle d'Aosta*** und **Aosta***.
Spezialität: Weißwein aus Morgex.
Arp (Testa oder Cresta d'): 45 Min. mit der Schwebebahn. Belveder in 2.763 m: Aussicht bis zum Monte Rosa und GranParadiso.
Entrèves (3 km nördl.): Befestigtes mittelalterliches Haus.
Lavachey (10 km nördl.): Hauptort des Ferret-Tales; Langlaufzentrum.
Monte Bianco (der italienische Hang des Montblanc ist steiler als der savoyische): Die Gipfel des Massivs erreicht man mit der Schwebebahn von La Palud aus (4 km über Entrèves), sie endet an der Helbronner Spitze, hier beginnt die Kabinenseilbahn zum Aiguille du Midi (3.842 m, Frankreich). Der 1965 eröffnete Montblanc-Tunnel blieb einer der längsten der Welt (11,6 km): er beginnt 4 km von Entrèves entfernt (1380m).
Morgex (9 km südöstl.): Mittelalterlicher Turm (Tour de l'Archet), Kirche mit romanischen Fresken: Glockenturm.
Kleiner Sankt Bernhard (Paß, 28 km südlich, 2.188 m): „Cromlech", megalitische Umfassung aus der Eiszeit, Reste römischer Bauten, botanischer Garten.
Pré-Saint-Didier (5 km südl.): Seit der Antike genutzte heiße Quelle; romanischer Glockenturm (11. Jh.); Dora-Schluchten von Verney (Wasserfall).
La Thuile (15 km südlich, 1.440 m): Über eine sehr beeindruckende Strecke unterhalb des vergletscherten Rutor (3.486 m): ehemalige Anthrazitbergwerke.
Aosta*: 37 km östlich.

Crema   5/C 3
Lombardia (Cremona)
Die Stadt am linken Ufer des Serio, einem Nebenfluß der Adda, ist heute ein wichtiger Industriestandort. Die ehemalige Festung bestimmt neben der venezianischen Umwallung den Grundriß der Ortschaft: Paläste (16.-18. Jh.).
Duomo: Der Dom, im Herzen der Stadt, auf der Piazza del Municipio, gegenüber dem Palazzo del Comune (Renaissance), wurde im lombardo-gotischen Stil (13. - 14. Jh.) errichtet: wunderschöne Fassade und zurückgesetzter Kampanile.
Museo Civico: Das Museum in der Via Dante, ist im ehemaligen Augustinerkonvent, mit einem mit Fresken ornamentierten Refektorium untergebracht. Es gibt drei Hauptabteilungen: Archäologie (Funde aus der römischen „Zone" des Palazzo Pignano), Musik und Malerei. Etwas südlich des Duomo führt die Straße Via XX Settembre zur Chiesa Santa Trinita.

Santa Maria della Croce (1 km außerhalb der Stadt): Schöne rotundenförmige Kirche mit dreietagigen Loggien aus rotem Backstein.
Castelleone (11 km südöstl.): Renaissancekirche; gotischer Turm von Isso, 2 km nördl., Santa Maria di Bressanoro (15. Jh.), mit gotischen Fresken verziert.
Pandino (14 km westl.): Schloß der Visconti* (14. Jh.); gastronomisches Fest, Mitte März.
Soncino (17 km nordöstl.). Wunderschöne Rocca Sforzesca* (Schloß der Sforza, Ende 15. Jh.); mittelalterliche Stadtmauer, Straßen von Arkaden gesäumt, deren Säulen mit Kapitellen verziert sind, mittelalterliche Türme und Häuser. In Richtung Cremona: einsam stehende Kirche Santa Maria delle Grazie* (Renaissance), innen mit Fresken bemalt.
Soresina (20 km südöstl.): Zahlreiche Kirchen aus Klassik und Barock, mit Gemälden und Skulpturen geschmückt. Fest des Fisches in der ersten Juni-Hälfte.
Codogno: 24 km südlich, → **Piacenza***.
Cremona*: 38 km südl.
Lodi*: 16 km südwestl.

Cremona   5/D 3
Lombardia (Provinzhauptstadt)
Die Stadt am linken Poufer, wegen ihrer Rindermärkte berühmt, entwickelte sich auf einem schon seit der Frühgeschichte besiedelten Gebiet. Die Civitas wurde 218 v. Chr. von Rom gegründet und von Vergil aufgesucht. Um 1441 beginnt mit der Übernahme durch die Viscont-Sforza ihre Blütezeit. Im 16. Jh. wurden hier Andrea Amati, „Erfinder" der Geige (gegen 1530) und Monteverdi (1567 - 1643), „Erfinder" der Oper, geboren. Cremona erlangte im 18. Jh. durch den genialen Geigenbauer A. Stradivari (1644 - 1734) Weltruhm. Heute gibt es hier eine internationale Schule für den Bau von Saiteninstrumenten und die Assoziation der Instrumentebauer (Via Beltrami).
Besichtigung der Stadt:
Unweit der Piazza Roma, dem zentralen öffentlichen Park, zwischen modernem Viertel und Altstadt, liegt die Piazza Cavour, das Tor zum mittelalterlichen Zentrum.
Piazza del Comune***: Der Platz ist eine der größten städtebaulichen Kompositionen des italienischen Mittelalters. Von Süden kommend liegen der Palazzo del Comune (13. Jh.) links und die Loggia dei Militi rechts. Im Erdgeschoß des ersten Gebäudes befindet sich das regionale Verkehrsamt (unter den Arkaden): über den Hof erreicht man den Eingang. Hinter dem Saal der Giunta folgt der Saal der Geigen, in dem „Il Cremonese" von Stradivari (1715) zu sehen ist. Die Loggia dei Militi (der Soldaten) wurde zu Ende des 12. Jh. errichtet.
Duomo**: Die Kathedrale ist wahrscheinlich die schönste romanische Kirche lombardischen Stils (12. Jh.). Wie die Kompositordnung der Fassade beweist, erfuhr der Bau im 13. / 14. Jh. einige Veränderungen: Säulen der gotischen Vorhalle, die auf Löwen ruhen, Statuen der Propheten schmücken das Zentralportal, die obere Loggia und die Fensterrose (13. Jh.). Im Inneren gibt es Brüsseler Wandteppiche, ein Renaissance-Chorgestühl und besondere Freskenverzierungen im Hauptschiff und der Hauptapsis, die von lombardo-venezianischen Meistern Anfang des 16. Jh. geschaffen wurden: Pordenone (Kreuzigung, an der Rückseite der Fassade), Romanino (Geißelung), Boccaccino (Leben Mariä), Campi. Die Krypta beherbergt das Grab-

Cremona: Piazza del Comune, ein Meisterwerk des romano-gotischen Städtebaus. Links, lombardisches Portal des Baptisteriums. Oberhalb, Galerien der Militi.

mal der Heiligen Marcellinus und Petrus. Der Portico della Bertazzola verbindet die Fassade mit dem Kampanile (Torrazzo, dem höchsten Italiens, 111 m), der Mitte des 13. Jh. gebaut wurde. Die Turmuhr stammt aus der Renaissance: Aussicht vom Turm (498 Stufen).
Battisterio*: Das oktogonale Bauwerk (Mitte 12. Jh.) das rechts der Kathedrale steht, wurde im Quattrocento verändert; sehr schöne Außenkolonnade unter der Kuppel.
Museo Civico Ala Ponzone (Nördl. der Piazza Cavour, über den Corso Campi, dann in die Via Palestro): Das Museum in einem Palast aus dem 16. Jh. bietet Liebhabern der Archäologie besonders interessante Sammlungen. Weiterhin Mosaiken (2. Jh.), Skulpturen aus Romanik und Renaissance, Malerei (1. Etage, Schule von Cremona und ausländische Meister, Brueghel) und lombardische Meister des 18./19. Jh. Eine geschichtliche Abteilung widmet sich dem Risorgimento, in einem Flügel befindet sich das Museo Stradivariano, es wird demnächst in den Palazzo Raimondi übersiedeln. Hier wird an die Tradition des Geigenbaus in Cremona erinnert, an das Werk Monteverdis und an den Opernautor Ponchielli (19. Jh.), der aus Cremona stammte.
Corso Garibaldi: Der Raimondi-Palast (15. Jh.) beherbergt die Geigenbauschule: Fassade mit Pilastern und einem mit Fresken bemalten Kreuzgesims. Den Platz umgeben weiterhin der Palazzo Cittanova (oder del Popolo), der Palazzo Trecchi und die Kirche Sant Agata (19. Jh.), über einem Bauwerk des 11. Jh. errichtet.
Sant'Agostino (Via Plasio): Die Kirche (14. - 16. Jh.) ist mit Fresken, einer Madonna von Perugino und am Gewölbe mit einem Portrait von Francesco Sforza (B. Bembo) verziert.
Palazzo Fodri (nördl. der Piazza Roma, über den Corso Mazzini, dann nach links über den Corso Matteotti): Das Bauwerk mit einer schön ornamentalen Fassade stammt aus der französischen Besatzungszeit. Der Hof mit Galerien und Loggien ist bemerkenswert.
Museo della Civiltà Contadina (Nordausfahrt der Stadt; über die Via Castelleone): In einem Bauernhof des 17. Jh. gibt es Sammlungen der bäuerlichen Künste und Traditionen (Samstag u. Sonntag ⊠).
Weitere Sehenswürdigkeiten: Palazzo dell'Arte (Museum für Naturgeschichte); Paläste Stanga (Via Palestro, nahe beim Museum: Verzierung des Hofes) und Vidondri (16. Jh.); Theater Ponchielli (Corso Vittorio Emmanuele: Innenverzierung des Theatersaals); Straßen der mittelalterlichen Stadtteile.

Ein leerer Strand der ersten künstlerischen Zentren Groß-Griechenlands. Ursprünglich entfaltete sich Crotone in der Stille des Meeres.

Kirchen: San Michele Vecchio (12. Jh.), San Pietro al Po (16. Jh.) und San Lorenzo (Ende 10. Jh.).
Veranstaltungen: Internationale Messe im September; Recitarcantando (musikalische Darbietung) in der gesamten Provinz. Kreuzfahrten auf dem Po (nach Mantua und Venedig) mit dem Passagierschiff Stradivarius.
Spezialitäten: Wurstwaren, gefüllte Ravioli (Marubini), Mostarda (Senf), Nougat.
Handwerk: Keramik, Schmiedeeisen, Geigen und Mandolinen.
Codogno (26 km westlich) Renaissance-Kirche mit Malereien der lombardischen Schule verziert.
Pizzighettone (20 km nordwestl.): Von einer Umwallung umgebene alte Stadt (im Torrione wurde der 1525 in Pavia besiegte François I. gefangengehalten). Kirche San Bassano (12. Jh.): Kreuzigung von Campi; Straßen mit Arkaden; Palazzo Comunale aus der Renaissance.
San Sigismondo (21 km östl., über die Straße nach Casalmaggiore): Die Kirche wurde Mitte des 15. Jh. von Francisco Sforza wiederaufgebaut, das Interieur zeigt hübsche Fresken und Gemälde aus der Renaissance.

Crotone 23/D 3
Calabria (Catanzaro)
Crotone entstand an der Stelle der großgriechischen Stadt Kroton, die 710 v. Chr. von den Achäern gegründet wurde. Zwei Jahrhunderte später war die Stadt das künstlerische und kulturelle Zentrum Großgriechenlands; der Athlet Milon wurde hier geboren: die Legende berichtet, daß er von den Wölfen verschlungen wurde und starb, als er einen Baumstamm mit den Händen spalten wollte...

Castello: Der Renaissancebau an der Stelle der antiken Akropolis ragt über den zwei Hafenbecken empor. Das archäologische Museum widmet sich hauptsächlich der griechischen Periode (6. - 3. v. Chr.) und der Prähistorie der Küstenregion (Sonntagnachmittag, Montag, im Winter in der Woche ⊠).
Duomo: Sehenswerter Renaissancebau.
Veranstaltungen: Festival Großgriechenlands im Juli/Aug. und der kalabrischen Küche im Aug./Sept.
Spezialitäten: Quadaru (stark gewürzte Fischsuppe), Weine, → **Catanzaro*.**
Handwerk: Goldschmiedearbeiten.
Capo Colonna (11 km südöstl.): Archäologisches Gelände mit der berühmten, einzigen noch stehenden Säule des Tempels der Hera Lacinia (6. Jh. v. Chr.). Prozession der Madonna am 3. Sonntag im Mai.
Cir o Marina (35 km nördl.): Großer Badeort und berühmter Weinbauort; 3 km nördl., Ruinen des Tempels Apollo Aleo auf der Punta Alice.
La Castella (25 km südwestl., Gemeinde Isola di Capo Rizzuto, Badeort): Mächtige Ruinen einer Festung der Könige von Neapel, manchmal Schloß Hannibals genannt, einsam im Meer gegenüber dem Kap Rizzuto.
Santa Severina (35 km nordwestl.): Byzantinische Gründung (Kathedrale und Baptisterium; Kirche Santa Filomena), das Castello scheint ein normannischer Bau zu sein.
Strongoli (30 km nördl.): Ruinen der griechischen Stadt Petelia.

Cuma / Cumae 20/A 1
Campania (Napoli; Gemeinden Bacoli und Pozzuoli)
Die mächtige griechische Ansiedlung wurde im 8. Jh. v. Chr. gegrün-

Cuma, ehemaliger Vorposten der Griechen auf etruskischem Boden, wurde 334 v. Chr. von Rom erobert. Hier die Ruinen eines Apollotempels.

det. Die Griechen unterwarfen im 5. Jh. die Etrusker, bevor sie selbst 334 v. Chr. von Rom besiegt wurden. Infolge der ständigen Plünderungen an den italienischen Küsten während des Hochmittelalters ging der Ort unter. Die Ausgrabungsstätte wurde 1852 geöffnet. Man erkennt heute eine große Unterstadt mit dem ehemaligen Seehafen (Averno-See) und die Akropolis mit den Tempeln auf einem vulkanischen Hügel.

Arco Felice: Aus Pozzuoli kommend fährt man unter diesem im 1. Jh. errichteten Torbogen hindurch. Die Via Dominitiana von Neapel nach Rom unterquerte ihn früher.

Trivio di Cuma: Kreuzung in der ehemaligen unteren Stadt, links liegen die Überreste des Amphitheaters, nach rechts, an der nächsten Kreuzung befindet sich das Grab (Sepolcro) der Sibylle. Geradeaus führt die Straße zu den Nekropolen von Cuma. Links liegt das ehemalige römische Forum, an dessen Rand (rechts) die Ruinen des Tempels der kapitolinischen Triade stehen.

Akropolis: Die unterirdische Galerie (rechts, Cripta Romana genannt), muß mit dem Tunnel-Kanal von Averno in Verbindung gestanden haben (→ Averno) (Montag und an manchen Feiertagen, im Winter um 14 Uhr ⊠).

Höhle der Sibylle* (Antro della Sibilla Cumana): Die Galerie wurde ca. im 5. Jh. v. Chr. von Griechen gegraben, sie führt zu den drei kleinen Kammern, in denen die von Vergil besungene Sibylle die Orakel Apollos deutete; der Kult wurde im 1. Jh. aufgegeben. Vom Ausgang führt eine Treppe auf die Via Sacra.

Unterer Belvedere: Aussicht über die Halbinsel von Miseno und andere Inseln. Weiter rechts: Ruinen des Apollotempels.

Jupitertempel: Er befindet sich auf der oberen Esplanade der Akropolis: Panorama* über die Küste: bei klarem Wetter erscheint in der Ferne Gaeta (70 km Luftlinie). Zur Kaiserzeit und vor allem während der frühen christlichen Jahrhunderte wurde der Tempel verändert, er wurde in der Form einer fünfschiffigen christlichen Basilika neu errichtet; diese Ruinen sind heute zu besichtigen.

Averno (Lago di; 2 km südl., 6 km Straßenverbindung über Pozzuoli): Der Kratersee befindet sich in einer sehr schönen, bewaldeten Landschaft. Zur Kaiserzeit war er durch einen 1 km langen unterirdischen Kanal (Grotta di Cocceio) mit Cuma und durch weitere Kanäle mit dem Golf von Pozzuoli verbunden: damit war der römische Seestützpunkt praktisch unbezwingbar.

Liternum (11 km nördl.): Ruinen einer römischen Stadt aus dem 1. Jahrhundert. In der Nähe: Badeort Marina di Lago Patria.

Cuneo 8/B 3
Piemonte (Provinzhauptstadt)

Die Stadt liegt am Zusammenfluß des Gesso und der Stura auf einem Hochplateau unterhalb der Seealpen (Argentera, 3.297 m). Von hier aus führen 14 Täler fächerförmig in alle Richtungen. Im Verlauf der früheren Wälle (17. Jh.) wurden Ringstraßen errichtet. Etwas zurückgesetzt entdeckt man stromaufwärts eine Stadt im Grünen mit schachbrettartigem Grundriß.

Oberhalb der großen Plätze, entlang der von Arkaden gesäumten Via Roma, die in Richtung Altstadt führt, erreicht man das Museo Civico.

Museo Civico: Es befindet sich in einem Palast des 18. Jh., in dem 1859 Garibaldi wohnte: Volkskunst und Tradition, Folklore, regionale Archäologie.

San Francesco: Kirche mit schönem Portal (Teile, 15. Jh.).

Limone Piemonte (27 km südl.): Sommerfrische und große Wintersportstation an der Straße zum Col di Tenda; Kirche San Pietro (14 .Jh.) mit romanischem Kampanile.

Lurisia (22 km östl.): Kartause von Pesio, → **Mondovì*** (27 km östl.):

Tenda (Col di, Anfang des Tunnels zur französischen Grenze, 28 km südlich).

Valdieri (18 km südwestl.): Thermalbad und Wintersportzentrum.

Vinadio* (37 km westl.): An der Straße zum Col de Larche und Argentera-Nationalpark.

Domodossola 4/D 1
Piemonte (Novara)

Das Zentrum im Val d'Ossola ist seit der Antike ein bedeutender Umschlagplatz, unterhalb des Simplon (Sempione, → Iselle). Im Ort gibt es mehrere romanische Kirchen.

Marktplatz*: Hübscher Platz aus dem 15. Jh., umgeben von Häusern aus dem Mittelalter und der Renaissance.

Palazzo Silva: Der Renaissancebau beherbergt das Museum für römische und etruskische Archäologie (feiertags u. montags ⊠).

Palazzo San Francesco: Sitz der Gründung Galetti, ein Saal ist dem Simplontunnel gewidmet.

Baceno (19 km nördl.): Romanogotische Kirche (Fresken, Glasmalerei, Kunstwerke des 16. Jh.).

Bognanco Fonti (8 km westl.): Thermalbad, Ferienzentrum und Ausgangspunkt für ausgedehnte Bergwanderungen.

Craveggia (16 km östl.): Interessante Beispiele ländlicher Architektur (Schornsteine).

Crevoladossola (5 km nördl.): Renaissancekirche (Fresken) mit romanischem Kampanile.

Crodo (13 km nördl.): Thermalbad in einer Waldlandschaft.

Iselle (18 km nordwestl.): Grenzdorf in den Schluchten des Val Dividro.

Santa Maria Maggiore (12 km östl.): Ferienort und Wintersportstation; romanische Kirche. Panorama in Piana di Vigezzo (1720 m), 3 km nördlich.

Trasquera (17 km nordöstl.): Station des Siplonbahntunnels (Transport der Wagen mit der Eisenbahn).

Varzo (13 km nördl.): Mit Fresken (16. Jh.) verzierte Kirche. San Domenico (1410 m), 13 km nördl.; über eine Piste erreicht man den Alpe Veglia Naturpark (Alpenflora).

Villadossola (6 km südl.): Kirche (12. Jh.) mit einem schönen Glockenturm.

Vogogna (13 km südl.): Palazzo Pretorio (14. Jh.).

Elba (Isola d') 14/A 1
Toscana (Livorno)

Die größte Insel des toskanischen Archipels, nahe am Festland gelegen (10 km von **Piombino*** entfernt), ist die drittgrößte Italiens (27x18 km). An den tiefeingeschnittenen Küstenstreifen der sehr ber-

Dolomiti/Dolomiten

Die Dolomiten sind nach dem französischen Geologen Deodat Dolomieu benannt, der sie in der zweiten Hälfte des 18. Jh. erforschte. Die gewaltigen Steinmassen des dolomitischen Reliefs wurden durch die Regenerosion zu gewaltigen Steinpfeilern ausgezackt. Die für Bergsteiger besonders gut geeigneten Gipfel erreichen regelmäßig über 3 000 m Höhe (Marmolada, 3 342 m). In der naturbelassenen Landschaft leben noch Adler und Auerhähne. Alpenglöckchen, Steinbrech und Edelweiß bedecken die Almen.

Die italienischen Dolomiten bilden zwischen der **Brentagruppe*** westl. von Trient und den Cadoretälern (→ **Belluno***) die südl. Ausläufer der Österreichischen Alpen. Sie bedecken eine Fläche von 30 000 km². Die Berge bilden nur scheinbar eine Barriere, sie sind durch ein weit in die Gebirgstäler vordringendes Straßennetz erschlossen. Diese „Offenheit" begünstigte zu allen Zeiten den Handelsaustausch zwischen der germanischen und venezianischen Welt. Abgelegene Regionen galten früher als Zufluchtsorte für Verfolgte, alte Legenden und Traditionen stammen oft aus grauer Vorzeit, man spricht noch heute eine eigene Mundart (Ladino). Der Landesteil Südtirol (die italienische Region, die unter dem Namen Alto Adige autonom wurde) bewahrte seine ethnographische Originalität, die ihr ihre mehrfache Abhängigkeit von Österreich eingebracht hat.

Neben dem gut ausgebauten Straßennetz existieren markierte Wanderwege (zahlreiche Berghütten), Seilbahnen und Lifte aller Art und eine Vielzahl meist künstlich angelegter Seen. In den Tälern liegen exzellente touristische Einrichtungen wie Hotels, Sportanlagen und Berggasthäuser für Sommer- und Winterurlauber. Die empfehlenswerteste Strecke, „die große Dolomitenstraße" (Grande Strada delle Dolomiti), führt von **Cortina d' Ampezzo*** nach **Bolzano*** (110 km).

Nähere Beschreibungen bei **Appiano***, **Asiago***, **Asolo***, **Bassano del Grappa***, **Belluno***, **Bolzano***, **Brenta***, **Bressanone***, **Brunico***, **Canazei***, **Cles***, **Cortina d' Ampezzo***, **Feltre***, **Madonna di Campiglio***, **Molveno***, **Pieve di Cadore***, **Predazzo***, **Riva del Garda***, **San Martino di Castrozza***, **Tovel***, **Trentino***, **Trento***, **Val Gardena***, **Vittorio Veneto***.

gigen Insel gibt es zahlreiche schöne Höhlen und von Stränden gesäumte Buchten. Taucher lieben die klaren Gewässer mit Seepferdchenkolonien. Der dichte Vegetationsteppich aus Kiefern und Johannisbrotbäumen scheint vor Olivenhainen und Weinbergen zurückzuweichen. Zahlreiche Reste aus der Steinzeit zeugen von einer frühen Besiedlung. Die Etrusker begannen im 6. Jh. v. Chr. die Erzvorkommen abzubauen. Die Römer gründeten hier Kolonien und bauten prächtige Villen. Die Ruinen der Villa delle Grotte und der Villa de Cavo (1. Jh. v. Chr.) können besichtigt werden. Die Insel wurde ab Mai 1814 für 10 Monate napoleonisches Fürstentum. Mit 2000 Getreuen bemühte sich der Exkaiser der Franzosen um die wirtschaftliche Entwicklung seines Besitzes, um ihn am 18. Feb. 1815 an Bord der Brigg „l'Inconstand" zu verlassen.

Besichtigung: Die Insel wird hauptsächlich wegen der Qualität der Seebäder und ihres Thermalbades (Schlammbad Peloidi in San Giovanni) aufgesucht. Wegen der wenigen touristischen Sehenswürdigkeiten kann die Insel an einem Tag entdeckt werden. Für die Besichtigung benötigt man jedoch einen Wagen (Autovermietung am Hafen in Portoferraio). Für kürzere Aufenthalte empfehlen sich die öffentlichen Verkehrsmittel.

Portoferraio: Die kleine Inselhauptstadt (11.000 Einw.) mit rosa Häusern auf einer Landzunge gelegen, verfügt über einen Fischerei-, Yacht- und Passagierhafen. Das Seebad erstreckt sich entlang einer wunderschönen Bucht unterhalb einer Feste, die Cosima Medici im 16. Jh. erbauen ließ (→ **Firenze***).

Fortezza della Linguella: Archäologisches Museum (Mai-Okt.), zeigt etruskischen Bergbau.

Palazzina dei Mulini (der Mühlen): Im oberen Teil der Ortschaft; sie war die Residenz Napoleons. Inzwischen wurde sie als Casa Museo eingerichtet (nachmittags, Montag und an manchen Feiertagen ⊠).

Procchio (12 km westl.): Kleiner Hafen und Badeort, über eine Panoramastraße* zu erreichen.

San Giovanni (Terme di): 2 km südwestlich.

San Martino (6 km südwestl.): Villa Napoleonica (Öffnungszeiten: → Villa dei Mulini): Das ziegelgedeckte rosa Häuschen in den Weinbergen blieb seit Napoleons Aufenthalt quasi unverändert: Aussicht über den Golf von Portoferraio. Das Innere wurde in den ursprünglichen Zustand versetzt. Unterhalb stellt die Pinakothek Foresiana, einem vom Prinzen Demidoff gebauten Palast, Werke toskanischer Künstler seit der Renaissance aus.

Villa Romana (5 km südöstl.): Ruinen einer Anlage aus der römischen Kaiserzeit.

Marciana Marina (18 km westl.): Der wegen seines Weinberges berühmte Badeort ist ein malerisches Dorf am Fuße der Berge. Ein Erlebnis sind die blumengeschmückten Lungomare (Strandboulevards). Museum für Unterwasserarchäologie (Mittwoch ⊠).

Marciana (8 km ins Inselinnere): Überreste der römischen Ansiedlung aus dem 1. Jh. und Renaissance-Haus der Appiani, die hier Münzen prägten; Schwebebahn zum Gipfel des Monte Capanne: Panorama** bis nach Korsika.

Marina di Campo (19 km südwestl.): Fischereihafen an einem schönen Golf gelegen: Strand.

Porto Azzurro (15 km südöstl.): Das malerische Dorf, inmitten einer üppigen Vegetation, wird von einer spanischen Festung aus dem 17. Jahrhundert beherrscht, in der heute eine Haftanstalt untergebracht ist.
Capoliveri* (5 km südl.): Panorama, in der Ferne zeichnet sich die Insel von **Montecristo*** ab. Oberhalb des Strandes von Morcone befinden sich die seit etruskischer Zeit im Tagebau betriebene Erzbergwerke (Besichtigung im Sommer, Samstag-morgen).
Rio Marina (19 km östl.): Strand an der Nordküste und kleiner Hafen, in dem die Erze aufbereitet und nach **Piombino*** verschifft werden. Bergbaumuseum im Rathaus. 6 km westl. an der Panoramastraße nach Portoferraio, Aussicht auf die Ruinen der Rocca von Volterraio (400 m Höhe).
Schiffsverbindungen: Linienverkehr von Portoferraio nach Livorno (3 Std.), nach **Capraia***, im Sommer nach Bastia (Korsika), nach **Piombino*** (1 Std.). Von Rio Marina und Porto Azzurro, Tragflächenboote nach **Piombino*** (1 Std.). Von Porto Azzurro, Tragflächenboote nach **Pianosa*** (30 Min.).
Flugverbindungen (mit dem Festland): Inselflughafen (Lufttaxi) in Marina di Campo.
Veranstaltungen: Internationale Autoralley im Frühling; Konzerte und Vorstellungen; Sportveranstaltungen im Sommer.
Folklore: Palio Remiero, Wettkämpfe im Flugangeln und in der Unterwasserjagd.
Spezialitäten: Fischsuppe (Cacciuco), schwarzer Reis (Col totano), gegrillte Tintenfische und Langusten, Spaghetti mit Fischsoße. Weine: Elba rossa und Elba bianco, Aleatico (rot) und Moscato (weiß) werden wegen ihres hohen Zuckergehaltes als Dessertweine gereicht.
Handwerk: Künstlerische Terracotta und Halbedelsteine.

Empoli 12/B 1
Toscana (Firenze)
Empoli, ein Messezentrum und Industriestandort, wurde nach den Bombenangriffen des 2. Weltkrieges modern aufgebaut.
Collegiata: Die florentinisch-romanische Kirche (11. Jh.) wurde im 18. Jh. restauriert.
Museo della Collegiata (nachmittags und Mo. ⊠): Es werden Werke toskanischer Künstler des Mittelalters ausgestellt.
Sehenswert sind ebenfalls die Pinakothek von Sant' Andrea (Mo. ⊠) und die Kirche San Stefano (14. Jh.) mit einer „Madonna mit dem Kinde" (15. Jahrhundert).

Veranstaltungen: Tage der „Busoniane di piano forte" im Herbst; Trüffelmärkte.
Artimino (nördl.): Villa Medicea (Medici, Sonntag und Festtagen ⊠).
Comeana (1 km östl. von Artimino): Etruskische Gräber aus dem 7. Jh. v. Chr.
Castelfiorentino: 17 km südlich, → **Certaldo***.
Certaldo*: 27 km südlich.
San Miniato*: 10 km westlich.
Vinci*: (11 km nördl.): Heimat Leonardo da Vincis (1452).

Ercolano/Herculaneum 20/B 1
Campania (Napoli)
Die italische Stadt wurde durch den Vesuvausbruch im Jahre 79 n. Chr. zusammen mit **Pompeji*** und Stabiae von Lavaschlamm verschüttet und zerstört. Das Stadtzentrum selbst liegt unter der modernen Stadt Resina (s. u.). Im Gegensatz zu Pompeji blieben in Herculaneum zahlreiche mehrgeschossige Häuserzeilen erhalten. Das heutige Herculaneum erinnert nicht mehr an den kleinen Ort Herakleia, der der Legende nach von Herkules gegründet worden sein soll. In Wirklichkeit war der Ort eine Gründung griechischer Händler, die im 5. Jh. v. Chr. am Rande der neapolitanischen Bucht einen Stützpunkt aufbauten. Zu römischer Zeit zählte der Fischereihafen Herculaneum 5.000 Seelen und war als Sommerfrische beliebt. Nachdem die Stadt unter bis zu 25 m dickem Schlamm begraben wurde, verschoben ständig fließende Geröllströme des Vulkans die Küstenlinie um mehr als 100 m ins Meer hinaus. 1.700 Jahre lang blieb Herculaneum von der Weltkarte gestrichen und geriet in Vergessenheit. Im Jahre 1709 wurde die Stadt durch Zufall wiederentdeckt. Ein Landbesitzer stieß bei Schachtbeiten auf ein griechisches Theater. Systematische Freilegungsarbeiten erfolgen erst im 20. Jahrhundert. Unter dem tonnenschweren Lavaschlamm, der zu einer steinharten Masse abkühlte, blieben zahlreiche Kunstschätze besonders gut erhalten. Bei Grabungsarbeiten fand man besonders schöne Mosaiken, Skulpturen und Wandverzierungen. Anders als in Pompeji sind hier auch mehrgeschossige Bauwerke erhalten. In kunsthistorischer Hinsicht dokumentiert Herculaneum damit ein besonderes Beispiel antiker Zivilisation. Stadtplan, Einrichtung und Ornamentik im Inneren der Häuser und die Zuordnung öffentlicher Gebäude (z.B. der Schule) lassen auf ein gut organisiertes Sozialleben schließen. Patrizier, Händler und Personen des einfachen Standes lebten in einer engen Gemeinschaft zusammen. In den Häusern mit verkohlten Möbeln fand man wenige Opfer. Die Bewohner konnten, erschrocken durch den Ascheregen, die Flucht ergreifen. Die wertvollsten Ausgrabungsfunde sind im Archäologischen Museum von Neapel zu besichtigen.

Besichtigung:
Die Zypressenallee hinter dem Eingangsportikus verläuft noch auf dem Höhenniveau des im Jahre 79 aufgeschütteten Lavaschlamms. Bei einem Rundblick über die Ruinen der alten Stadt entdeckt man zerstörte moderne Gebäude, die Reste des Erdbebens von 1980. Diese Zone des früheren Herculaneum kann nicht besichtigt werden. Die beste Aussicht* über die Stätte hat man von der Westallee aus. Die Besichtigung der eigentlichen „Ruinen" erfolgt in Begleitung eines Führers. Die Aufseher verwahren die Schlüssel zu den inter-

Eine Straße Herkulaneums: Die Ruinen der antiken Stadt bieten ein exzellentes Beispiel des römischen Städtebaus vor 2000 Jahren.

essantesten Bauwerken. (Montag, an manchen Festtagen und im Winter um 14.00 Uhr ⊠).

Bis heute konnte nur ein Drittel der verschütteten Stadt freigelegt werden. Die Häuserzeile, die man von der Westallee aus betrachtet, lag früher an der Strandpromenade. Von den neun parallel und rechtwinklig verlaufenden Straßen entlang des ehemaligen Küstenstreifens können nur drei besichtigt werden (Cardini III, IV und V). Sie führen zum Decumanus Maximus, der zum zentralen Forum führte. Hier besteht heute noch eine über 20 m hohe verfestigte Schlammschicht, unter der sich etwa die Hälfte der antiken Stadt befindet. Auf der Oberseite hat man bereits zu paläochristlicher Zeit eine „neue Stadt" errichtet.

Am Cardo III befindet sich links die Casa d'Argo. Bevor man den gepflasterten Crado IV erreicht, passiert man die Albergo, die zur Zeit der Katastrophe eine Art „Sozialwohnung" war. Die Kanalisation unter dem Cardo IV blieb erhalten.

Casa dell'Atrio a mosaico* (1. Haus rechts im Cardo IV): Die Wellen im Mosaikboden des Atriums stammen von dem Erdbeben 1980. Nach rechts, Terrasse (Solarium) am Meer; nach links, Schlafkammer mit Betten und Wandbildern; gegenüber liegt das Triclinium (Speisesaal) mit Galerie.

Casa a Graticcio* (etwas weiter links): Im Erdgeschoß befand sich früher der Laden eines Tuchhändlers. Vom Balkon an der Fassadenseite aus hat man eine schöne Aussicht über Herculaneum.

Casa del Tramezzo di Legno (Haus der hölzernen Scheidewand; links, beinahe an der Ecke des Decumanus Inferior): Das Patrizierhaus verdankt seinen Namen der teilweise erhaltenen hölzernen Scheidewand, die das Vestibül vom Tablinum trennt, in dem verkohlte Reste einer nicht vollendeten Mahlzeit gezeigt werden.

Thermen* (nach der Kreuzung, links): Durch den ersten Eingang am Cardo III erblickt man die Palästra der Männerabteilung, die Frauenabteilung erreicht man durch den Eingang am Cardo IV. Bemerkenswert sind die Zuleitungssysteme für kaltes und warmes Wasser. Am Cardo IV befinden sich vier weitere interessante Häuser. Die Bauwerke links oberhalb der Thermen sind nach dem Erdbeben 1980 geschlossen worden.

Casa Sannitica (Samnitisches Haus): Eines der ältesten vornehmen Wohnhäuser der Stadt, mit einem schönen, von einem Säulenportikus umgebenen Atrium. Schöne Stuck- und Freskenverkleidung.

Das berühmte Mosaik von Neptun und Amphitrite wurde beinahe unbeschädigt in einem bürgerlichen Haus entdeckt.

Haus der verkohlten Möbel: Mit schönen bemalten Verzierungen.

Casa di Nettuno e Anfitrite: Neben dem Haus des Neptun und der Amphitrite befindet sich ein Laden, in dessen Ladentheke Krüge und Amphoren eingelassen sind, die zur Aufbewahrung von Öl, Mehl und Gewürzen dienten. Das Haus verdankt seinen Namen den berühmten Wandmosaiken*, die das Nymphäum schmücken.

Casa del Bel Cortile (Haus des schönen Hofes): Der „kleine Palast" hat eine beeindruckende Ähnlichkeit mit toskanischen oder umbrischen Patrizierhäusern der Renaissance.

Casa del Bicentenario*: (dem Decumanus Maximus folgen, rechts): Das Haus wurde erst 200 Jahre nach Beginn der Ausgrabungen entdeckt. Im Atrium befindet sich eine hölzerne Klapptür, die Wände bedecken Malereien und Medaillons (unter Glas geschützt). In der ersten Etage wird das älteste bekannte christliche Kreuz gezeigt.

Pistrinum (Bäckerei): Nach rechts in den Cardo V abbiegen, nach 50 m links. Gegenüber dem Haus des Holztempels (del Sacello di legno).

Nach links in den Decumanus Inferior abbiegen. Nach Durchqueren des Vestibüls erreicht man die Palästra (Gymnasium). In Richtung Crado V zurückkehren; links liegt die Casa dei Cervi.

Casa dei Cervi** (Haus der Hirsche, am Ende der Straße rechts): Dreiteiliger Grundriß mit Wirtschaftsräumen, Garten und Terrasse. Vom überdachten Atrium aus hat man Zugang zum Speisesaal (Triclinium), der mit Wandmalereien geschmückt ist. Die Villa ist nach den hier ausgestellten Marmorhirschen benannt. Das Solarium und ein Portikus liegen an der Küstenseite.

Casa del Rilievo di Telefo (am Cardo V): Ein schöner Peristylgarten mit einem Wasserbecken in der Mitte wurde als „Hängender Garten" über darunterliegenden Gewölben angelegt. Rekonstruktion des Atriums.

Terme Suburbane* (links, oberhalb des „Meerestores"): Die Thermen der Vorstadt sind das besterhaltene römische Bauwerk der Welt.

Theater (am Corso Ercolano, oberhalb der antiken Stadt): Nach der Planung sollte es mehr als 2000 Personen aufnehmen. Obwohl es als erstes Bauwerk Herculaneums entdeckt wurde, wurde es noch nicht ganz freigelegt. Eine Besichtigung ist nicht möglich, da es teilweise von verfestigtem Schlamm bedeckt ist.

Villa La Favorita (am Corso Resina): Schönes Haus aus dem 18. Jh.

Portici (3 km nordwestl.): Im königlichen Palast (Palazzo Reale, 1738-52 erbaut) bewahrte man ehemals die Antikensammlung mit den Objekten aus Herculaneum auf (vergleiche Goethe, „Italienische Reise"), bevor sie nach Neapel überführt wurde.

Sehenswert sind auch die Barockvillen am Corso Garibaldi, darunter die Villa Muma, die Villa Buono und die Villa Lauro-Lancelloni.

Torre del Greco (3 km südl.): Das heutige Seebad wurde oft von den Ausbrüchen des Vesuv getroffen. Seit der Antike werden hier Korallen bearbeitet (Museum). In der Villa delle Ginestre hielt sich Leopardi auf (1837 in Neapel gestorben).

Resina: Das antike Herculaneum liegt auf dem Gebiet der heutigen Stadt Resina. Sehenswert sind zwei schöne, spätbarocke Villenanlagen. Die Villa Campolito wurde zwischen 1760-70 von L. Vanvietelli erbaut, die Villa Favorita stammt aus dem Jahre 1768.

Este 6/C 3
Veneto (Padova)

Der frühere befestigte Platz der alten Veneter war die Heimatstadt der Familie Este (i Estensi, → **Ferrara***). Este hieß früher Ateste.
Castello dei Carraresi: Innerhalb der Einfriedungsmauern der Burg (14.-16. Jh.) befindet sich heute ein Freizeitgelände. Vom Burgfried Mastio aus hat man ein schönes Panorama. Der an die innere Burgmauer angelehnte Palast (16. Jh.) beherbergt das Museo Atestino* (Montag, Sonntag und Feiertagnachmittag ⊠).
Museo Atestino*: Die elf Säle präsentieren hauptsächlich vor- und frühgeschichtliche Stücke, darunter eine bemerkenswerte Sammlung kleiner Statuen und etruskischer Bronzevasen*, römische Glaswaren, eine Abteilung mit Keramiken (ab dem 10. Jarhundert) und eine Pinakothek.
Duomo: In der Apsis des barocken Bauwerkes hängt ein Bild der hl. Thekla von Tiepolo; sie soll die Stadt im Jahre 1630 von der Pest befreit haben.
Veranstaltungen: Fest der Hügel mit regionalen Folkloreveranstaltungen im September.
Handwerk: Keramik.
Umgebung: Schlösser der Prinzen von Este und Villen, in denen sich während der Romantik zahlreiche Künstler und Schriftsteller aufhielten.
Arqua Petrarca*: 8 km nördlich.
Colli Euganei*: nördlich.
Monselice*: 10 km östlich.
Montagnana*: 16 km westlich.
Padova*: 31 km nordöstlich.
Rovigo*: 22 km südöstlich.

Este: Wie der innere Park belegt, wurde die ehemalige Festung während der Renaissance in eine Residenz umgewandelt.

Fabriano 13/B 2
Marche (Ancona)

Die Stadt an der historischen Straße von Rom nach Ancona verdankt den umliegenden Wäldern ihre Bedeutung als Zentrum der italienischen Papierindustrie (seit dem 12. Jahrhundert).
Piazza del Duomo: Der sehr kleine Platz wird von eleganten Monumenten aus der Renaissance gesäumt. Der Dom stammt aus Gotik und Barock. Die Kapelle San Lorenzo und das Ospedale (Hospital) sind mit bedeutenden Fresken verziert. Den Kreuzgang schmückt eine Fassade aus dem 15. Jh. Der Platz wird durch eine Treppe mit der Piazza del Comune verbunden.
Piazza del Comune: Der Platz mit einem monumentalen gotischen Brunnen bildet das Zentrum der mittelalterlichen Stadt. Er wird vom Palazzo del Podesta (13. Jh.) und dem Palazzo Vescovile (der Bischöfe, 16. Jh.) gesäumt. Die bis heute im Palazzo Vescovile untergebrachte Pinakothek soll in Zukunft im Convento S. Domenico südlich der historischen Stadt untergebracht werden.
Piazza Manin: Hier erhebt sich die Fassade der Kirche Ss. Biagio e Romualdo (sehenswerte Innendekoration, 15. Jahrhundert).
Am Nord- und Südende der Stadt stehen zwei interessante Kirchen: Sant'Agostino und San Domenico.
Poggio San Romualdo (20 km nordöstl.): 2 km weiter, im Val di Castro liegt eine teilweise romanische Abteikirche.
Sassoferrato* (18 km nördl.): Mit einem von einem Schloß gekrönten mittelalterlichen Viertel. Gotische Kirche San Francesco, zwei Museen (Museo Civico, mit einer archäologischen Sammlung und Museum für Kunst und Volkstradition) und eine Galerie für moderne Kunst. Die Kirche Santa Croce (12. Jh.) befindet sich 2 km östlich.
Rossa (Gola della, 12 km nordöstl.): Zwei Kilometer langer Engpaß.
San Vittore delle Chiuse (16 km nördlich): Romanische Kirche* (11. Jahrhundert).
Frasassi (Grotte di, 12 km nordöstlich): Charakteristische Karstlandschaft.

Faenza 10/D 2
Emilia Romagna (Ravenna)

Die etruskische Stadt, das ehemalige Faventia der Römer an der Via

Imposante Arkadenreihen und Galerien schmücken die schöne Piazza del Popolo in Faenza.

Emilia liegt hinter einer Umwallung aus dem 15. Jh. Seit dem Mittelalter verdankt sie ihren Ruhm den mit leuchtenden Farben glasierten Fayencen, Keramiken die auch Faenzamajolika genannt werden.
Kathedrale: Vor der Kirche steht ein Brunnen aus dem 17. Jh. Der gotische Bau wird von zahlreichen Skulpturen verziert.
Museo delle' Ceramiche:** Wahrscheinlich das umfassendste Keramikmuseum der Welt (Montag, Sonntag- und Feiertag-nachmittag ⊠). In 37 Sälen wird eine beträchtliche Sammlung präsentiert. Das Erdgeschoß beherbergt zeitgenössische Keramik* aus Italien und der Provence von Meistern der Schule von Paris (Matisse, Picasso...), die erste Etage zeigt eine Retrospektive der Fayencekunst der Welt, von der Vorgeschichte bis zur gegenwärtigen italienischen Volkskunst, darunter eine Serie aus dem präkolumbianischen Amerika.
Palazzo Mazzolani: Museum des Risorgimento und für Archäologie.
Palazzo Milzetti: Mit Fresken dekorierte Säle.
Santa Maria Vecchia: Mit einem achteckigen Kampanile aus dem 8. Jahrhundert.
Pinacoteca: Es werden hauptsächlich Statuen und Gemälde der Romagna vom Mittelalter (byzantinischer Einfluß) bis zum 19. Jh. ausgestellt.
Piazza del Popolo: Sie wird von Arkaden und Galerien (in der 1. Etage) umgeben. Wichtigste Bauwerke sind der Palazzo del Municipio (gotisch) und der Palazzo del Podesta (13. Jahrhundert).
Museum für moderne Kunst: Es widmet sich hauptsächlich Werken von Malern des ausgehenden 19. Jh. (Montag ⊠).
Veranstaltungen: Palio del Niballo (mit Trachten) am letzten Junisonntag; internationaler Wettbewerb der

zeitgenössischen Keramikkunst (August/September).
Brisighella (13 km südl.): Unterhalb einer felsigen Hügellandschaft erstreckt sich die von der kuriosen Via degli Asini durchquerte Altstadt des Thermalbades. Die hochgelegene Rocca (Burg) aus dem 13. Jh. wird von einem venezianischen Burgfried beherrscht. Weitere Sehenswürdigkeiten sind die Renaissancekirche Santa Maria degli Angeli und das Museo del Lavoro Contadino.
Lugo (17 km nördl.): Rocca (Burg, 13.-16. Jh.); Festplatz (Piazza Fiera), umrahmt vom vierseitigen Portikus des Pavigiione (18. Jh.); Kirche San Francesco (13.-18. Jh.). 3 km nördlich befindet sich die im Inneren mit Fresken gestaltete Renaissancekirche Ascensione.
Riolo Terme (17 km östl.): Thermalbad, von einer Mauer (14. Jh.) eingefaßtes altes Dorf.

Fano 11/B 3
Marche (Pesaro e Urbino)
Vom alten Fanum Fortunae der Lateiner zeugen noch der Grundriß der Stadt und der Arco di Augusto* (2. Jh.), der das Ende der Via Flamina* markierte. Das Seebad Fano am Adriatischen Meer hat einen bedeutenden Fischerei- und Yachthafen.
Der Grundriß der historischen Stadt stammt aus römischer Zeit. An dem berühmten, mit der Fontana della Fortuna geschmückten Platz (Piazza XX Settembre), stehen der Palazzo della Ragione (13. Jh.) und der Palazzo Malatesta.
Palazzo Malatesta: Der Palast mit einer Renaissanceloggia von Sansovino beherbergt das Museo Civico und die Pinacoteca Civica (Feiertags nachmittags , Führungen): Archäologie, Münzen, Malerei (Renaissancemeister, Guercino, Reni u.a.; Polyptichon von Giambono aus dem Jahre 1420).
Santa Maria Nuova: Die Kirche (16.-18. Jh.) wurde von Perugino mit Gemälden* verziert (Madonna mit dem Kind, Ende 15. Jahrhundert; Verkündigung).
Chiesa di San Michele: An der gotischen Fassade erkennt man die ursprüngliche Form des benachbarten Ehrenbogens des Augustus.
Via Arco d'Augusto: Die Hauptstraße führt vom Meer aus an der Kathedrale mit romanischer Fassade (12. Jh.) und an San Domenico (Fresken des 15. Jh.), die das Diözesanmuseum aufnimmt, vorbei.
Veranstaltungen: Theater- und Musikveranstaltungen im Juli und Aug.; Carneval d'Estate und Sagra delle Sagre Mitte August.

Fano: Aus der sehr alten Stadt an der Adria wurde ein Seebad mit einem Fischerei- und Seglerhafen.

Carignano Terme (10 km im Inland): Thermalbad.

Fara in Sabina 15/B 3
Lazio (Rieti)
Das einsam gelegene alte Dorf am Fuße der Sabiner Berge verdankt seinen Ruf der 680 an der Stelle eines paläochristlichen Bauwerks (5. Jh.) gegründeten Abtei von Farfa*, deren Ausstrahlung zu karolingischer Zeit beträchtlich war.
Santa Maria: Die Kirche (Ende 15. Jh.) öffnet sich auf einen Innenhof. Die bemalte Holzdecke, die Renaissancefresken und das Mosaikpflaster sind bewundernswert. Der romanische Glockenturm wurde bereits im 11. Jahrhundert mit Fresken verziert. Angegliedert sind ein kleiner lombardischer Kreuzgang und ein klassizistischer Kreuzgang, durch den man zur Krypta (9. Jh.) gelangt. Diese beherbergt ein römisches Grabmal aus dem 3. Jahrhundert.
Lucus Feroniae* (22 km südwestl., in Höhe der Zahlstelle der Autobahn A1): Ansehnliche Ruinen einer von Livius gepriesenen römischen Ansiedlung an der antiken Via Tiberia.
Monteleone Sabino (20 km nordöstl.): Die Basilika Santa Vittoria (12. Jh.) steht an der Stelle eines paläochristlichen Sanktuariums.

Feltre 6/C 1
Veneto (Belluno)
Der schon während der Vorgeschichte bewohnte Ort war einmal die Hauptstadt eines durch die lombardischen Könige (7. Jh.) gegründeten Herzogtums. Sie liegt auf einer Anhöhe zu Füßen des Vette Feltrine (2.334 m) und bewahrte den Charakter eines befestigten Platzes. Wie Belluno* erlebte auch Feltre während der Renaissance seine Blütezeit. Viele Bauwerke im venezianischen Stil legen auch heute noch davon Zeugnis ab. Sehenswert sind auch die Stadtmauer und zwei Stadttore (13. - 16. Jahrhundert).
Piazza Maggiore*: Der Platz ist ein Musterbeispiel der sehr eigenwilligen Komposition der Stadtplanung (charakteristisch für die italienischen Städte) und der Architekturgeschichte. Der zentrale Brunnen mit Statuen gilt als bestes Beispiel. Es folgen das vorromanische Castello, die Fassade von San Rocco (17. Jh.), der Palazzo del Comune mit einer Fassade im Stile Palladios und der Palazzo dei Retori. Dieser beherbergt ein kleines Theater, in dem Goldoni seine ersten Komödien aufführen ließ (ab 1740).
Via Mezzaterra und **Via Luzzo:** Diese Straßen werden von verzierten Häusern mit Kranzgesimsen (16. Jh.) gesäumt. Am Ende der Via Luzzo nahe der Porta Oria (Renaissance) befindet sich das Museo Civico* (Mo. und an den Wochentagen, nachmittags), das eine Pinakothek und zwei Abteilungen für lokale Archäologie und Geschichte aufnimmt.
Kathedrale: Aus Gotik und Renaissance; Krypta aus dem 9. Jahrhundert und ein byzantinisches Kreuz aus dem 6. Jahrhundert.
Galerie der modernen Kunst: Gemälde und Skulpturen seit dem 19. Jh. und Schmiedeeisen* aus Rizzarda.
Chiesa di Ognissanti: Fresken von Luzzo, Retabel von Tintoretto.
Croce d' Aune (11 km nordwestl.): Malerischer Engpaß in einem Tannenwald.

Auf einer Hügelkuppe in der Nähe des Adriatischen Meeres liegt Fermo, eine fesselnde Kunststadt. Im Vordergrund, Frontgiebel und Kampanile von San Francesco, eine zum Teil gotische Kirche.

Mel (14 km östl.): Die Piazza Umberto I wird von Bauwerken aus Renaissance und des Klassizismus umrahmt.
Pedavena (3 km nordwestl.): Zoologischer Park, Gärten der Villa Pasole (17. Jahrhundert).
Valdobbiadene (24 km südl.): Die Weinstadt **Conegliano*** erreicht man über die Strada del Vino Bianco; Barockkirche, 12 km nordöstl.; Zisterzienserabtei in Follina.
Vittore e Corona (Chiesa dei Ss., 4 km südöstl.): Romanisches Bauwerk (11. Jh.), im Inneren mit Fresken und Grabmälern verziert. Zweigeschossige Galerien am klassizistischen Kreuzgang.

Fermo 13/D 2
Marche (Ascoli Piceno)
In einer schönen Hügellandschaft hoch über dem Adriatischen Meer (10 km entfernt) zwischen zwei Tälern gelegen, bewahrte der befestigte Ort die typische Mauerumfassung der alten Hauptstädte der Provinz Marken.
Piazza del Duomo (oder del Girifalco): Der Platz liegt an der höchsten Stelle der Stadt. Vom ehemaligen Castello aus hat man einen schönen Blick über die Berge. In der Ferne zeichnet sich die Silhouette des Gran Sasso ab. Unterhalb befinden sich das Meer und ein Park mit der Villa Vinci.
Duomo: Die weiße Fassade des Bauwerks (13. Jh.), mit einer gotischen Fensterrose und einem mit Ornamenten geschmückten Portal, wurde zur Barockzeit neu errichtet. Das paläochristliche Mosaikpflaster blieb erhalten. Die Krypta beherbergt einen christlichen Sarkophag aus dem 4. Jh., in der Sakristei wird das Meßgewand (Kasel) des hl. Thomas Becket aufbewahrt, eine arabische Arbeit des 12. Jahrhunderts.
Piazza del Popolo: An dem von Arkaden gesäumten Platz unterhalb der Piazza del Duomo (oder del Girifalco) stehen die Fassaden von San Rocco (Renaissance) und des Palazzo del Comune (15. Jh.). Der Palazzo mit einer schönen Loggia beherbergt eine Pinakothek (Geburt Christi von Rubens). Er ist durch einen Renaissancebogen mit dem Palazzo degli Studi, der Universität, verbunden.
Corso Cefalonia: Die Hauptstraße der Altstadt wird durch Paläste und Türme markiert. Am Anfang des von romano-gotischen Kirchen gesäumten Corso Cavour ragt der Torre Matteuci an einem kleinen Platz empor. Auf der gegenüberliegenden Seite liegt das Antiquarium, das vorgeschichtliche und römische Funde aufnimmt. Weiter unterhalb in Höhe der Kirche San Domenico erreicht man das römische Bad mit unterirdischen Arkaden aus dem 1. Jahrhundert.
Amandola (48 km südl.): Sommerfrische am Fuße der Monti Sibillini; Kirche des 15. Jh. Pinakothek in Montefortino (6 km südl.). Montemonaco (15 km südl.) bewahrte seine Stadtmauer und einige Renaissancekirchen. Ausflüge in die malerischen Monti Sibillini.
Montefiore dell'Aso (34 km südl.): Ein Teil der alten Umwallung des Dorfes ist erhalten. Die Kirche Santa Lucia nimmt ein Polyptichon* (15. Jh.) des Venezianers Carlo Crivelli auf. San Francesco (14. Jh.) beherbergt Fresken und Grabmäler.
Monterubbiano (14 km südl.): Mittelalterliche Kirchen, archäologisches Museum im Palazzo Comunale.
Moresco (17 km südl.): Schönes befestigtes Dorf.
Porto San Giorgio (10 km östl.): Hübscher Badeort und Fischereihafen an der Adria, Festung (Rocca) des 13. Jh.
Monti Sibillini: Bergwanderungen bis auf 2.000 m Höhe.
Torre di Palme (12 km südl.): Altes Dorf oberhalb des Meeres, mehrere romano-gotische Kirchen.
Lidi di Fermo (12 km östlich): Seebad.

Ferrara 10/C 1
Emilia Romagna (Provinzhauptstadt)
Die alte Provinzhauptstadt der Herzöge von Este (Signoria degli Estensi, 1294-1598) liegt am linken Poufer im Zentrum einer fruchtbaren Region. Sie war Heimat des Dominikanerpaters Savonarole (1452-1498, → **Firenze***). Als freie Kommune war Ferrara im 12. Jh. Mitglied des Lombardenbundes. Die Universität wurde 1391 gegründet. Der ursprünglich kriegerische Staat begegnete den Anhängern der Reformation mit Aufgeschlossenheit. Marot und Calvin wurden wohlwollend aufgenommen. Die Prinzen der Stadt und ihre Gemahlinnen bemühten sich als Mäzene zahlreiche Künstler und Schriftsteller in die Stadt zu holen. Sie förderten das Talent Ariost (Ludovico Ariost, 1474-1533), der 1516 sein „Orlando Furioso" in Ferrara erscheinen lassen konnte. Etwas später veröffentlichte Torquado Tasso (1544-1595) sein Werk „Jerusaleme Liberta".
In Ferrara gab es immer eine traditionsbewußte jüdische Gemeinde. Am Hofe von Ferrara residierten zahlreiche Maler: Pisanello, Cosme Tura, Cossa, die Dossi, Garofalo (der Rafael von Ferrara), Guerni-

co, sowie „die Fremden" Piero della Francesca, Van der Weyden, Mantegna, Rosselino, die Filippi, die Brüder Lippi usw. Ab 1598 fällt Ferrara an die Kirche und verliert an Bedeutung.

Besichtigung der Stadt: Sie erfordert einen guten halben Tag. Das Verkehrsamt befindet sich vor dem Schloß.

Castello Estense*: Im Zentrum der Stadt der Renaissance bewahrte das kolossale Backsteinbauwerk den Charakter einer Festung des 14. Jh., es wurde zur Zeit der Herrschaft Ercolo I. verschönert. Über Zugbrücken gelangt man in den Innenhof des von Wassergräben umgeben Castello, der im 16. Jh. eine kleine Stadt aufnahm. Die Fresken in den Gemächern (Spielsalon, Saal der Morgenröte) widmen sich mythologischen Themen*. Eine Galerie verbindet das Schloß mit dem Palazzo Comunale (13. Jh.), dessen herzöglicher Hof mit einer schönen Treppe des 15. Jh. geschmückt ist.

Duomo-Cattedrale: Ein schönes Beispiel der romano-lombardischen Architektur (12.-14. Jh.). Die dreigliedrige skulptierte Marmorfassade* wurde während der Gotik vollendet, der Kampanile stammt aus der Renaissance. Das weitläufige Innere wurde im neoklassizistischen Stil erneuert, es beherbergt eine Madonna e Santi von Garofalo. In der Etage über dem Haupteingang präsentiert das Kathedralmuseum* (So. und Festtage ⊠) ein Lapidarium, Wandteppiche der Renaissance, Gemälde von Cosme Tura und Skulpturen, darunter die Madonna del Melograno* von Jacopo della Quercia (Anfang 15. Jh.).

Kathedrale von Ferrara: Eine gotische Loggia befindet sich in der Mitte der Marmorfassade.

Mittelalterliche Stadt: Zwischen dem Duomo und der gut erhaltenen südlichen Stadtmauer. Die schmalen Gäßchen und langen, engen Straßen sind von großem Reiz. Besonders malerisch ist die zur Befestigung parallel verlaufende Viale delle Volte*, die aus einer Folge bedeckter Passagen besteht. Über die Via Scienze erreicht man den Palazzo Paradiso, in dem sich das Grabmal von Ariost befindet (So. und Festtage ⊠).

Via Savonarola: Die Kirche San Francesco (15. Jh.) beherbergt Kunstwerke der Renaissance. Etwas weiter rechts liegt die Casa Romei*, ein Herrenhaus des 15. Jh. (Mo. ⊠), das Lukrezia Borgia häufig besuchte. Sehenswert sind zwei Höfe mit Loggien und mehrere bemalte Säle. Gegenüber befindet sich die alte Universität im Palazzo Pareschi (15. Jh.). Nach der Via Madama, in der Montaigne gewohnt hat (Gedenktafel), nach links in die Via Scandiana einbiegen.

Palazzo di Schifanoia: Das „Sanssouci" der Prinzen (Ende 14. Jh.) war die Residenz Ercole I., es beherbergt heute das Museo Civico (an manchen Feiertagen ⊠). Es zeigt eine reichhaltige Sammlung an Kunstgewerbe aus der Renaissance, Gemälde und allegorische Fresken des Quattrocento im Saal dei Mesi, von Cossa und Roberti geschaffen.

Santa Maria in Vado: Die Kirche vorromanischen Ursprungs wurde am Ostertag 1171 Schauplatz eines Wunders. Der Überlieferung nach soll aus einer Hostie Blut geflossen sein.

Chiesa del Corpus Domini: Die Kirche (15. Jh.) beherbergt die Grabmäler von Lukrezia Borgia und mehreren Angehörigen des Hauses Este.

Palazzo di Ludovico il Moro: Zu Ende des 15. Jh. als Grabmal für den Gemahl Isabellas von Este errichtet, blieb er unvollendet. Nur zwei der vier Portiken des Hofes wurden errichtet, da Ludovico 1500 von den Franzosen gefangengenommen wurde. Sehenswerte, von Garofalo gemalte Decke. Interessante Sammlungen im Muso Archeologico Nazionale*, in dem die in den Sümpfen des Deltas (→ **Comacchio***) ausgegrabenen Funde der griechisch-etruskischen Stadt Spina, sowie zwei römische Pirogen*, aufbewahrt werden.

Palazzina di Marfisa d' Este*: Der aus der Mitte des 16. Jh. stammende Bau am Corso della Giovecca ist wegen seines Mobiliars aus der Renaissance, der Gärten und wegen des kleinen Musiktheaters berühmt (So.-nachm. und Feiert. ⊠).

Nordviertel (Addizione Erculea; 15. Jh.): Das nördlich des Schlosses der Prinzen gelegene Stadtgebiet wirkt mit den großen, gradlinigen, von Palästen gesäumten Straßen, die zu Parkanlagen führen, zugleich nüchtern und pompös. Der Stadtteil ist charakteristisch für den italienischen Städtebau der Renaissance.

Palazzo dei Diamanti: Die beiden Fassaden des Bauwerks bestehen aus facettierten Marmorblöcken (15. / 16. Jh.). Die Facetten in Form von „Diamantenspitzen" haben dieser Architekturform ihren Namen gegeben. Der Palast beherbergt mehrere Museen. Die Pinacoteca Nazionale (Mo. und an manchen Feiertagen ⊠) bietet zahlreiche Werke der Schule von Ferrara aus der Renaissance und gotische Fresken im Eingangsalon. Die Galerie für moderne Kunst liegt im Erdgeschoß, das Museum des Risorgimento und des Widerstandes im Nebengebäude (So.-nachmittag und an Feiertagen ⊠). Im Bereich des Palazzo dei Diamanti stehen noch zahlreiche Paläste, darunter der Palazzo Sacrati-Prosperi (gegenüber).

Parco Massari (nördl. des Palazzo dei Diamanti): Der schöne Park bietet mehrere interessante Sehenswürdigkeiten. Den gleichnamigen Palast, in dem das Dokumentarmuseum für Metaphysik und Sammlungen der jüdischen Gemeinde untergebracht sind, das Museum Giovanni Boldini (ferrareser Maler, 1842-1931) und das Museo dell' 800 Ferrarese. Daneben besteht ein botanischer Garten der Universität (nachmittags, Samstag und Sonntag ⊠).

Casa-museo di L. Ariosto: In diesem Haus entschlief der Dichter 1533 (Sa., So. und Feiertag ⊠). Die von ihm ehemals bewohnten Räume sind mit Renaissance-Möbeln eingerichtet. Sehenswerter Garten; leider existiert der Gemüsegarten des Dichters nicht mehr.

Palazzo Roverella: Der Palast liegt am Corso della Giovecca gegenüber dem Castello Estense.

Spezialitäten: Ferrara wird als die „europäische Hauptstadt des Obstes" bezeichnet.

Handwerk. Stilmöbel, Schmiedeeisen.

Argenta (34 km südöstl.): Kirche San Domenico (15. Jahrhundert), mit Renaissance-Fresken dekoriert.

Cento (40 km südwestl.): Heimat des Malers Guercino (1591-1666). Seine Werke können in der Chiesa del Rosario und in der Pinacoteca Civica besichtigt werden. Festung aus dem 14. Jh. und schöne Porta Pieve: Karnevalsfestlichkeiten.

Fidenza

9/D 1

Emilia Romagna (Parma)

Das von den Römern an der Via Emilia gegründete Fidentia Julia hat sich heute zu einer modernen Stadt entwickelt. Überreste einer antiken Brücke sind erhalten.

Duomo San Donnino: Besonders bedeutend sind die Figuren und Reliefs des auf zwei Löwen ruhenden Hauptportals des Doms (12. Jh.). In der Apsis befindet sich ein Freskenzyklus aus dem 13. Jahrhundert.

Piazza Garibaldi: Der durch die Via Cavour in zwei Teile getrennte Platz wird auf der einen Seite vom Palazzo Comunale (13. Jh.), auf der anderen vom Museo di Risorgimento begrenzt (Di. und Do.-nachm. ⊠).

Busseto (20 km nördl.): Der Ort gilt als Heimat Giuseppe Verdis (1813-1901). In Wirklichkeit wurde er in Roncole (4 km entfernt) geboren, wo man sein Haus besichtigen kann. In der Rocca (13.-16. Jh.) im Stadtzentrum wurde ein kleines Verdi-Theater eröffnet (zahlreiche Opern- und Gesangfestspiele). Abseits der Stadt befindet sich die Renaissance-Villa Pallavicino, in der das Museo Civico untergebracht ist. Zahlreiche Säle sind dem Werk Verdis gewidmet. 4 km weiter, in Sant'Agata befindet sich die Villa, die er 1850 errichten ließ (Mai-Oktober ☐).

Castelguelfo (15 km östl.) Mächtige Rocca (⊠).

Castione Marchesi (6 km nordwestlich): Romanische Kirche.

Fontanellato (11 km nordöstlich): Wunderschöne Rocca (15.-17. Jh., Mo. ⊠) mit Freskengewölben von Parmigianino (16. Jahrhundert).

San Secondo (17 km nordöstl.): Schloß der Rosso (16. Jahrhundert).

Soragna (10 km nördl.): Mächtige mittelalterliche Rocca, zur Renaissance und im 18. Jh. umgebaut; Säle und Galerien sind mit Fresken und Wandteppichen verziert (entweder Dienstag oder Mittwoch ⊠).

Tabiano Bagni: 8 km südlich, → **Salsomaggiore***.

Fiesole

12/C 1

Toscana (Firenze)

Der Ort wurde im 7. Jh. v. Chr. von den Etruskern gegründet und 80 v. Chr. römische Kolonie. 225 v. Chr. überrannten die Kelten den befestigten Platz, die etruskische Zivilisation fand damit ein Ende. Hier findet man das besondere Licht der Toscana, Farben und Geräusche verschwimmen zu einem besonderen Reiz. Fiesole wurde von zahlreichen Dichtern und Schriftstellern besucht und beschrieben. Boccaccios Helden des Decameron fanden hier Zuflucht. Pic de la Mirandole und Marsile Ficin waren ständige Besucher am Hof der Medici. Zu den weiteren Berühmtheiten zählen Lamartine, Shelley und Albert Camus.

Fiesole: Der reizende kleine Kreuzgang von San Francesco aus einer Mönchszelle gesehen.

Eine Serpentinenstraße führt zwischen Olivenbäumen und Weinbergen hinauf zu den Villen, zu denen Zypressenalleen abzweigen. Von Florenz kommend erreicht man zuerst die Ortschaft San Domenico (5 km entfernt). In der Renaissancekirche befinden sich mehrere Werke von Beato Guidolino di Pietro, der hier 1406 unter dem Namen Fra Angelico Mönch wurde (Madonna e Santi*, Kruzifix*). Ein kleiner Weg führt von hier nach links zur ehemaligen romanischen Kathedrale Badia Fiesolana, die im 15. Jahrhundert errichtet wurde.

Auf dem Gipfel mündet die Straße auf die Piazza Mino da Fiesole. Das ehemalige Forum trägt den Namen des in **Poppi*** geborenen Bildhauers, dessen Werke die Kathedrale schmücken. Gegenüber steht der Dom, dahinter, etwas auf der Anhöhe befinden sich Museen und das römische Theater. Zu seiner Linken steht der Bischofspalast (11.-17. Jh.). Im Hintergrund liegen der Stadtgarten und die Kirche San Francesco: Aussicht über Florenz. Das Ende des Platzes markieren der Palazzo Pretorio (14. Jh., Rathaus) und die zur gleichen Zeit errichtete Kirche Santa Maria Primerana, über einem etruskischen Tempel (mit Fresken und Terracotte geschmückt).

Museo Bandini: Das Museum stellt Gemälde und Skulpturen der toskanischen Schule (14.-16. Jh.) aus (Feiertag ⊠).

San Francesco*: Am Ende der Steigung (an der Ecke des Seminars) entdeckt man rechts in Treppenhöhe die ehemalige lombardische Kirche Sant' Alessandro (6. Jh.), die an der Stelle eines römischen Tempels errichtet wurde. Links befindet sich die Panoramaterrasse mit Ausblick** über Florenz. Die Kirche San Francesco selbst wurde im 14. Jh. auf dem Gebiet einer etruskischen Akropolis errichtet: Gemälde der toskanischen Schule. Zwei Kreuzgänge (14. und 18. Jh.) verbinden mit den Zellen des Klosters; Museum der Franziskanermission.

Römisches Theater: Unterhalb des Kampanile der Kathedrale befinden sich die monumentalen Sitzreihen des Theaters aus dem 1. Jh. v. Chr. Die Anlage auf dem Gelände einer archäologischen Zone* bietet 3.000 Zuschauern Platz, die der Stadt den Rücken zuwenden. Während der Sommersaison wird das Theater für Veranstaltungen und Konzerte benutzt. In näherer Umgebung stehen die Reste der Thermen und eines Tempels, etwas tiefer befinden sich die Überreste der etruskischen Mauer, die die archäologische Stätte begrenzen.

Über die Straße nach Settignano erreicht man ein etruskisches Grabmal. Auf dem Rückweg vom Theater zur Stadt liegt das Archäologische Museum (etruskische Funde).

Bivigliano (18 km nördl.): Oberhalb von Vetta delle Tre Croci; Panoramalage, Sommerfrische und Ausflugszentrum (Konvent von Monte Senario).

Sesto Fiorentino (12 km westl., 9 km von Florenz): Bedeutendes Zentrum der Porzellanherstellung (Majolika): Porzellanmuseum (Mo. und Feiertag ⊠). Im Nachbarort befindet sich das etruskische Grabmal von La Montagnola*.

Finale Ligure

8/D 3

Liguria (Savona)

Das Seebad an der Riviera di Ponente besteht aus mehreren Orten, die durch eine Küstenstraße* verbunden sind. In Finale Marina liegt die sehenswerte Cappuccini Basilika, die an der Stelle eines paläochristlichen Tempels erbaut wurde: Abteikirche (13.-17. Jh.) in Finale Pia und malerisches Fischerdorf Varigotti.

Finale Borgo* (oder Finalborgo): 2 km im Landesinneren hat die ehemalige Hauptstadt der Grafschaft Carretto ihre Ummauerung, die gotische Stiftskirche, die Festung Castel Gavone und den Kreuzgang von Santa Caterina, in dem heute das Museo Civico (Montag ⊠) untergebracht ist, erhalten.

Umgebung: Römische Brücken im Val de Ponci.

Noli (10 km nördl., durch den Engpaß von Malpasso*): Alte Häuser, gotische Herrentürme, romanische Kirche (Anfang 9. Jh.).

Perti (2 km von Finalborgo): Überreste aus römischer Zeit, Renaissance-Kirche.

Pietra Ligure (4 km südl.): Badeort, Schloß und Paläste aus dem Mittelalter. 2 km entfernt, Grotte di Borgio.

Spotorno (12 km nördl.): Badeort, beherrscht vom Castello Vescovile (Schloß der Bischöfe).

Verezzi (6 km nördl.): Altes Dorf.

Firenze / Florenz 12/C 1
Hauptstadt der Toskana, Provinzhauptstadt

Die Stadt der italienischen Kultur verdankt einen erheblichen Teil ihres Reizes der landschaftlichen Idylle der Valdarno-Hügel. Klöster und Villen bieten bei bernsteinfarbenem Licht zwischen Parkanlagen und Gärten, in denen sich Olivenbäume, Pinien und Zypressen von rostrotem Boden abheben, berauschende Impressionen. Die in der Ebene am rechten Arno-Ufer gelegene Stadt sieht sich oft den Launen des Flusses ausgesetzt. Die Römer gründeten sie in einer sehr schlecht ausgesuchten Lage. Beweis dafür sind die großen Verwüstungen, die z. B. 1966 durch die Überschwemmung des Arno verursacht wurden. An manchen Tagen stieg das Wasser auf den Straßen bis zu 5 Meter an. Es war nötig, die Kunstschätze und Sammlungen, die der Stolz der Florentiner sind, in höheren Galerien und Etagen in Sicherheit zu bringen.

Die toskanische Hauptstadt ist seit karolingischer Zeit Sitz einer Universität. Unzählige Akademien, Institute für Geisteswissenschaften und Kunst werden großzügig unterstützt. Daneben existieren das Observatorium für Astrophysik von Arcetri, ein Forschungsinstitut für elektromagnetische Wellen und ein Zentrum für Nuklearmedizin.

Seit dem Mittelalter entwickelten sich in Florenz zahlreiche Handwerkszünfte. Einige ehemalige Handwerke werden heute industriell betrieben. Zu den traditionellen Aktivitäten zählen die Wollweberei, die Färberei und die Glas- und Silberverarbeitung. Besonders in den nordwestlichen Vororten werden Elektrogeräte, Chemieprodukte, Textilien und Autos hergestellt. Die moderne Industrie konnte alteingesessene Handwerke nicht verdrängen. Stickereien, Leder verarbeitende Handwerker, Goldschmiede und Porzellanhersteller behaupten sich und beweisen ihre Fertigkeiten auf zahlreichen Messen und Ausstellungen (Mode, Antiquitäten, Schmuck, Lederwaren, etc.).

Geschichtlicher Überblick:

Schon zur Eisenzeit entwickelte sich am rechten Arno-Ufer ein kleines Handwerkszentrum. Die Römer entschlossen sich, im 2. Jh. v. Chr. ein Municipium zu gründen. Die Via Flaminia, die in Höhe der heutigen Ponte Vecchio über den Fluß führte, durchquerte die antike Ansiedlung. Die Via Roma verläuft heute auf der Trasse der antiken Via Flaminia. Die Stadt wurde seit dem Jahre 539 von Byzanz und ab 580 von den Langobarden beherrscht. Florenz rückt erst im Jahre 1115 mit dem Tod der Gräfin Mathilda als freie Stadt in das Licht der Geschichte. Zu Beginn des 13. Jh. ist Florenz eine der führenden Städte Mittelitaliens. Es folgen unaufhörliche Machtkämpfe zwischen den kaisertreuen Ghibellinen (Anhänger Friedrich Barbarossas) und den Guelfen (Partei der Papsttreuen). Vier Konsuln garantieren für 10 Jahre die Herrschaft des Volkes, bis Manfred von Sizilien 1260 den Ghibellinen endgültig zur Vorherrschaft verhilft. Die Ghibellinen werden mit Hilfe der starken Zünfte gestürzt, 1284 wird die Signoria, der den republikanischen Volksregierung vorstehende Exekutivrat, eingesetzt. Die Zünfte fördern das Münzwesen, es entsteht die berühmte Währungseinheit des „Fiorentino" (Florin). 1262 wird der Wechsel erfunden, es bestehen erste Finanzbeziehungen mit Banken in London, Antwerpen, Lyon, Genua, Venedig etc. 1293 wird den Adligen und den Bürgern per Verordnung die Realmacht entzogen. Die Macht fällt immer mehr den Zünften zu. Die wirklichen Herren werden die Vertreter der Berufsgruppen, besondere Macht erlangen die Händler und die Tuchmacherzünfte. Nachdem sich die Guelfen um 1300 in die „Schwarzen" und die „Weißen" aufsplittern, verschieben sich die Machtverhält-

Stadtlandschaft ohne wirklichen Reiz: Florenz am rechten Arnoufer besitzt dennoch ein monumentales Erbe, das dieses Bild kaum erahnen läßt, es sei denn auf Grund der vorhandenen Türme.

Firenze/Florenz

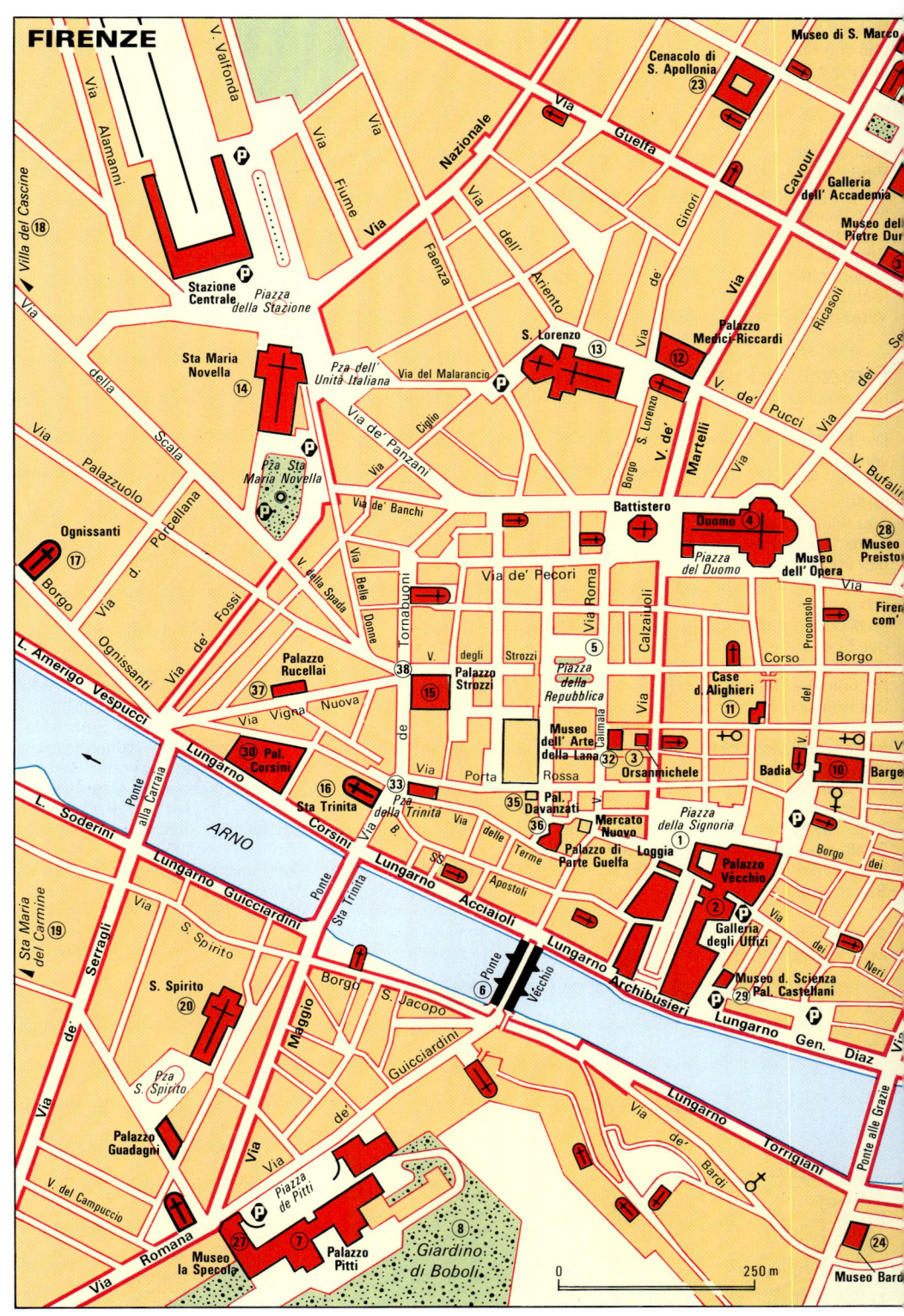

nisse erneut. Trotz aller Wirren eroberт Florenz Pistoia, Cortona und Arezzo. Nach der Pest 1348, die mehr als die Hälfte der Bevölkerung dahinraffte, ziehen 1382 erneut die Bürger die Macht an sich. Florenz erobert 1406 Pisa und kauft 1421 Livorno, es bahnt sich eine Zeit des großen kulturellen und wissenschaftlichen Aufschwungs an. Die Medici (→ eingerahmtes Feld) werden dem Machtkampf zwischen den großen Familien ein Ende setzen. Ihre Herrschaft erhält von 1434 bis 1737 die Republik, während Florenz den Charakter einer freien Stadt verliert. Als Mäzene und Bankiers prägen die Medici das florentinische Quattrocento, das von den Historikern als Jahrhundert der Medici bezeichnet wird. Es wird 1492 mit dem Tode Lorenzo „Il Magnifico" ein Ende finden. Zu Ende des 16. Jh. verbindet sich die Geschichte der Stadt mit der der Toskana, die Medici werden

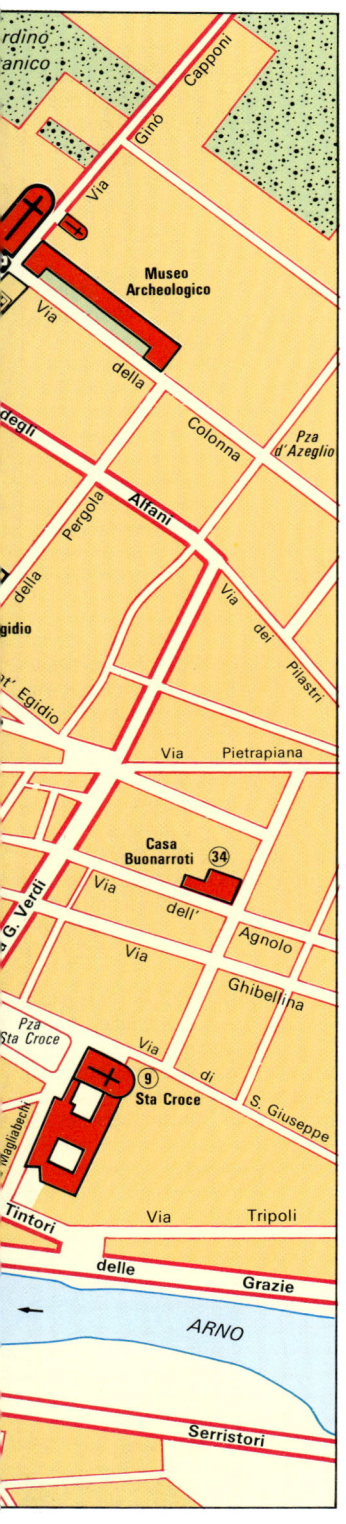

Großherzöge der Region. Nachdem die Medici aussterben, fällt das Herzogtum für mehr als ein Jahrhundert an das Haus Lothringen. Nach der italienischen Einigungsbewegung wird Florenz von 1865 bis 1871 Hauptstadt des Königreichs Italien.
Piazza della Signoria ** (1): Belebtes Zentrum der Stadt der Renaissance und touristischer Mittelpunkt. Der Platz ist wegen seiner Statuen* berühmt. Ein kolossaler Neptun (Il Biancone) krönt einen Brunnen aus dem 16. Jh. Weitere Statuen: David (eine Kopie) von Michelangelo, eine Bronzegruppe von Donatello auf den Palaststufen, etwas abseits steht ein Reiterstandbild von Cosimo dem Alten.
Palazzo Vecchio* (14. Jh.): Der 94 m hohe Turm des Palazzo überragt die Piazza della Signoria. Sehenswerter, teilweise erneuerter, sehr schöner Hof mit Brunnen und Wandverzierungen, Säle mit Gemälden und Skulpturen (Michelangelo, Vasari), das „Studiolo", der Arbeitsraum von Franz v. Medici und die Gemächer von Leo X. In der zweiten Etage liegen der Saal degli Gigli (Kassettendecke*) und die Kanzlei, in der die Dienststellen Machiavellis untergebracht waren.
Loggia della Signoria (auch dei Lanzi oder dell' Orcagna genannt): Im Inneren der ehemaligen offenen Versammlungshalle sind mehrere Statuen ausgestellt, darunter der Raub der Sabinerinnen von Giambologna (1583) und der sehr berühmte Perseus, der 1554 von Benvenuto Cellini gegossen wurde.
In der Mitte des Platzes zeigt eine Gedenktafel die Stelle des Scheiterhaufens von Savonarola an.
Uffizi* (2) (Galerie der Uffizien): Die zwei gegenüberliegenden Gebäude an einem länglichen Platz, die in der zweiten Hälfte des 16. Jh. von Vasari errichtet wurden, beherbergten die Verwaltung (Uffizi) der Regierung der Medici. Auf zwei Etagen befindet sich die bedeutendste Pinakothek Italiens, sie ist gleichzeitig eines der beachtlichsten Museen für Malerei und Skulpturen der Welt. Die monumentale Treppe schmücken Statuen. Die 1. Etage nimmt ein Kupferstichkabinett* auf, in der 2. Etage gelangt man durch Gänge, die mit flämischen und florentinischen Wandteppichen* aus der Renaissance behängt sind, zu den Gemäldesälen.
Ostgalerie: (Räume 1 bis 24): Raum 2 und 3: Toskanische Maler des 13. und 14. Jh. (Cimabue, Giotto, Duccio di Buoninsegna, Simone Martini, → Assisi*). Raum 7: Fra Angelico, Piero della Francesca (Portrait des Guido da Montefeltro*), Ucello. Raum 8: Filippo Lippi (Madonna mit dem Kind, Madonna degli Otto*, Anbetung der Könige). Raum 9: Pollaiolo (Galeazzo Maria Sforza, Retrato Muliebre). Raum 10 bis 14: Botticelli (Der Frühling***, Geburt der Venus**, Madonna del Magnificat**), Ghirlandaio (Madonna in Trono), Van der Weyden (Kreuzabnahme), Lorenzo di Credi (Venere, Anbetung der Hirten), usw. Raum 15: Pieta von Perugino und zwei berühmte Leonardo da Vinci** (Anbetung der Könige, Verkündigung). Raum 18: La Tribuna (achteckig), mit einem sechseckigen Tisch* in der Mitte. Portraits von Ghirlandaio und ein Raffael (Johannes in der Wüste), links liegt der Saal der Hermaphroditen (kein Zutritt). Raum 19 bis 24: Italienische Künstler, Signorelli, Perugino, G. Bellini... und ausländische Maler, Dürer (Adam und Eva), Holbein und El Greco.
Auf dem Weg zur Westgalerie, Ausblick über die Ponte Vecchio. Auf Anfrage, Zugang zum Corridoio, der zur Brücke und dann zum Palazzo Pitti (Galerie der Selbstbildnisse**) führt.
Westgalerie: (Räume 25 bis 44) Raum 25: Michelangelo (hl. Familie**). Raum 26: Andrea del Sarto und Raffael (Madonna del Cardellino*, Portrait Leo X.). Raum 28: Tizian (La Flora). Raum 34: Tintoretto. Die folgenden Räume sind italienischen und ausländischen Malern des 17./18. Jh. gewidmet: Rubens, Van Dyck, Chardin. Claude Lorrain, Ruysdael, Rembrandt ...). Raum 42: Ansichten aus Venedig von Guardi, Canaleto und Tiepolo.
Orsan Michele (3): Die ehemalige Verkaufshalle (16. Jh.) liegt an der Via de Calzaiuoli (Fußgängerzone), sie diente früher als Versammlungsort der Zünfte. Das skulptierte Äußere bildet ein wahres Freilichtmuseum der florentinischen Renaissance-Skulptur. Es sind Werke von Ghiberti, Verrochio, Giambologna und Donatello vertreten.
Duomo (4): Man besichtigt hintereinander drei Bauabschnitte, die Kathedrale, den Kampanile und das Baptisterium.

Florenz: An der Ecke des Palazzo Vecchio krönt ein Koloß den Neptunbrunnen „Il Biancone".

Firenze/Florenz

Die Medici

Gründer der Dynastie der Bankier-Mäzene war Giovanni di Bicci (1360-1429). Cosimo d. Ä. (Cosimo de Medici, 1389-1464), dessen Reiterstandbild auf der Piazza della Signoria steht, beherrschte und prägte als „Heimatvater" die gesamte Politik seiner Zeit. Er besiegte Mailand und Venedig, war großer Händler, Mäzen und Beschützer Brunelleschis, Donatellos, der Brüder Lippi und Fra Angelicos. Er gründete die Platonische Akademie, die von Marsile Ficin geführt wurde. Lorenzo il Magnifico (Lorenzo, sein Enkel, 1449-1492) war wegen seiner Freigiebigkeit berühmt. Als Beschützer von Verrocchio und Botticelli gründete er die Lorentinische Akademie (Laurenziana) und war Ausrichter der großen florentinischen Feste. Der Dichter und Autor des „Canzionere" ließ dennoch Savonarola, der ihn haßte, ermorden. Sein Sohn Giovanni de Medici wurde später der großartige Renaissancepapst Leo X. Piero II. (1472-1503) unterstützte die Feldzüge des französischen Königs Karl VIII. Giulio (Papst Klemens VII., 1478-1534) war Verbündeter Francois I. (1526) und damit verantwortlich für die anglikanische Kirchenspaltung. Lorenzo II. (1492-1526), Vater der Catharina de Medici, regierte während des Papsttums Leo X. (Giovanni de Medici). Giovanni delle Bande Nere (1498-1526) verstarb im Heerlager gegen die Kaisertreuen. Der Diktator Alessandro (1510-1537), Sohn Klemens VII. (oder Lorenzo II.), fiel bei Karl V. in Ungnade und wurde umgebracht. Lorenziono (Lorenzaccio, 1513-1548) wurde ebenfalls ermordet.
Cosimo I. (1519-1574), Sohn Giovannis delle Bande Nere, gründete die Akademie und annektierte Siena. Francesco (1541-1578), Diktator und Befürworter der Habsburger, war Vater der Maria de Medici. Ferdinando I. (1549-1609) beschützte als letzter großer Medici Galilei und verheiratete seine Nichte mit dem König von Frankreich (Heinrich IV.). Ferdinando II. (1610-1670) schloß die Bank und gründete die Akademie der Naturwissenschaften (del Cimeno). Gian Gastone (1671-1737) war der letzte männliche Nachkomme der Medici. Sein Erbe ging an den Herzog von Lothringen, Franz II., den Gemahl Maria Theresias von Österreich.

Kathedrale Santa Maria del Fiore: Das gigantische Bauwerk aus dem 13.-15. Jh. ist mit Inkrustationen aus polychromem Marmor verkleidet. Die Hauptfassade stammt aus dem 19. Jh. An der Südseite befindet sich die Tür der Kanoniker (14. Jh.), deren Flügel mit hebräischen Schriftzeichen verziert sind. An der großen Apsis entdeckt man die Porta della Mandorla mit dem Mosaik der Verkündigung von Ghirlandaio. Die gewaltige Kuppel**, 1434 von Brunelleschi vollendet (47 m Durchmesser, 107 m Gesamthöhe), ist im Inneren mit einem von Vasari geschaffenen Fresco bedeckt. Von der Galerie an der Spitze der Kuppel hat man einen beeindruckenden Blick** über das Kirchenschiff und über die Stadt Florenz. Im Chor fand 1478 der Mordversuch an Lorenzo di Medici statt. In der Krypta sind die Überreste der paläochristlichen und später romanischen Basilika aufbewahrt (So.-nachmittag und an manchen Feiertagen ⊠).
Museo dell' Opera di Santa Maria: Das Museum hinter der Apsis stellt Statuen von Donatello, eine Pieta* von Michelangelo, die Flachreliefs* des Kampanile von Giotto und die früheren Sängerporen (Cantorie*) aus (So. und Feiertag ⊠).
Kampanile*: Der von Giotto begonnene gotische Turm wurde ebenfalls mit Marmorinkrustationen verkleidet. 414 Stufen führen zu seiner Spitze: wunderbares Panorama (84 m hoch, Ostern und Weihnachten ⊠).
Loggia del Bigallo: In dem gotischen Bauwerk an der Ecke der Piazza San Giovanni wurden früher ausgesetzte Kinder aufgenommen. Es beherbergt heute ein Museum für mittelalterliche Kunst.
Baptisterium:** Der oktogonale romanische Bau, wie die Kathedrale mit grünem und weißem Marmor verkleidet, besitzt drei gotische Türen, deren Flügel mit Bronzereliefs** von Pisano und Ghiberti dekoriert sind. Die Mosaiken*** (13. Jh.), die Kuppel (26 m Durchmesser), die zum Teil von Cimabue stammt (Das Jüngste Gericht, Christus als Majestät) und die von Donatello (15. Jh.) und Michelozzo geschaffenen Grabmäler liegen im Inneren des Bauwerks.
Via Roma (5): Die große Geschäftsstraße des florentinischen Handwerks wird durch die Via Calimala verlängert. Sie führt zur „Füllsäule" auf der neoklassizistischen Piazza della Repubblica und zur Markthalle in den Gebäuden der Loggia di Mercato Nuovo (Renaissance): Märkte für Antiquitäten und Handwerksprodukte.
Ponte Vecchio* (6): Das aus dem Jahre 1345 stammende Bauwerk ist seit dem Mittelalter mit Läden ausgestattet. Die heute sichtbaren stammen aus der Renaissance. Die im 16. Jh. von Vasari errichtete obere Galerie verbindet direkt die zu beiden Ufern des Arno liegenden Gebäude Galeria degli Uffizi und Palazzo Pitti.
Palazzo Pitti (7):** Die in Rustikaquaderung aufgerichtete, 205 m lange Fassade gliedert sich in drei Etagen. Das Bauwerk aus dem 15. Jh. wurde von Maria v. Medici bewohnt, im 18. Jh. konnten die vorspringenden Anbauten verwirklicht werden. Der Palast war im 18. Jh. Residenz der Lothringer

Die meisten Bauwerke der Ponte Vecchio stammen aus der Renaissance. Seit dem 16. Jh. existieren hier Goldschmiedelädchen.

und des Königs von Italien (1865-1871). Die Gemächer und Säle wurden im 17. Jh. von Pietro da Cortona mit Fresken ausgestaltet. Der Palast beherbergt mehrere Museen. Das Museo degli Argenti (königliche Silberkammer) zeigt Halbedelsteine, Elfenbein- und Goldschmiedearbeiten aus der prächtigen Sammlung* der Medici. Dazu kommt Porzellan aus dem fernen Osten. In der Galleria Palatina** (auch Galleria Pitti) sind Werke von Tizian und Raffael ausgestellt (beide Künstler haben ein Portrait von Julius II. geschaffen); von Tizian bewundert man die Bella*, von Raffael mehrere Madonnen sowie jene Maddalena Doni, die auf dem Bild die Pose der Joconda einnimmt.

Weitere Werke stammen von Rubens, Van Dyck, Perugino, Lippi ... Besonders beeindruckend sind die reich dekorierten Gemächer des Königs. Die Galleria d'Arte moderna befindet sich in der 2. Etage, es werden hauptsächlich Werke und Skulpturen toskanischer Künstler des 19. Jh. gezeigt, darunter Canova und Signorini (weitere Ausstellungen, → Museen).

Boboligarten (8): Sie wurden Ende des 16. Jh. angelegt. Die Alleen zwischen Pinien, Zypressen und Orangenbäumen führen zu hochgelegenen Terrassen mit Wasserfällen, zur Zitadelle del Belvedere (schönes Panorama) und zum Garten des Kavaliers. In einem kleinen Pavillon ist das internationale Porzellanmuseum untergebracht. Neben dem Eingang des 450 ha großen Parks gibt es künstliche Höhlen (an manchen Feiertagen ⊠).

Santa Croce (9): Über die Arnobrücke Ponte alle Grazie. Dieser Gebäudekomplex wurde 1966 besonders schwer durch die Überschwemmungen beschädigt (im Kreuzgang stand das Wasser 5 m hoch). Die Anlage wurde von Franziskanern errichtet. Die Fassade der Kirche überragt einen weiten Platz. Die Kreuzgänge sind an den Nachmittagen der So.- und Feiertage ⊠. Im Refektorium des 1. Kreuzganges wurde das Museo dell' Opera untergebracht (Kruzifix von Cimabue, hl. Ludovico von Donatello). Es bildet die Verbindung zum großen Kreuzgang und mit der Kapelle der Pazzi*, beide von Brunelleschi Mitte des 15. Jh. geschaffen.

Die gotische Kirche (14. Jh.) imponiert durch ihre Massigkeit (140 m lang): der Boden des 115 m langen Schiffes ist mit beinahe 300 Grabplatten bedeckt. Für ausreichende Beleuchtung sorgen die Glasfen-

Die Meisterwerke von Andrea Pisano befinden sich im Baptisterium von Florenz: Skulpturen der Bronzetüren.

ster* im Chor (15. Jh.). Die Kirche beherbergt besonders schöne skulptierte Kunstwerke; darunter das Grabmal Michelangelos von Vasari und die Monumente und Zenotaphe, die zum Ruhme toskanischer Künstler errichtet wurden (Dante, Leonardo Bruni, Machiavelli, Rossini, Ghiberti, Galilei... Von Donatello bewundert man eine Verkündigung* in Form eines Flachreliefs und ein Kruzifix*. Wie die Sakristei ist der Chor mit Fresken des 14. Jh. verziert: Giotto schuf die Fresken, die das Leben des hl. Francesco darstellen.

Bargello (10): Der Palast aus dem 13./14. Jh. war früher der Sitz der Podesta, er verdankt seinen Namen dem Chef der Polizei der Medici „Bargello". Durch einen sehr schönen Hof gelangt man zum Nationalmuseum für Skulpturen. Es bewahrt besonders Werke Michelangelos (ein ganzer Saal ist ihm gewidmet: der trunkene Baccus, David, Büste von Brutus) und Donatellos** (David aus Bronze, Sankt Georg etc.) und von Sansovino, Cellini, Giambologna, Ghiberti, Pollaiollio usw. Im 1. Stock werden Goldschmiedearbeiten und Elfenbeinschnitzereien, in der oberen Etage Terracotta der della Robbia, Werke von Verrocchio, Bronzen und Waffen gezeigt (Mo., an manchen Feiertagen und nachmittags ⊠).

Badia: Benediktinerkirche, deren Inneres im Barock umgestaltet wurde. Sie beherbergt Werke aus der Renaissance von Lippi und Mino da Fiesole*. Der Kreuzgang der Orangen (degli Aranci) stammt aus der 1. Hälfte des 15. Jh.

Casa degli Alighieri (11): Dante soll in der Via Santa Margherita geboren worden sein (Mi., So.-nachmittag und Festtag ⊠).

Palazzo Medici-Riccardi (12): Das Gebäude aus dem 15. Jh. stammt von Michelozzo, ein schönes Beispiel der florentinischen Renaissance. Der Palast war bis 1540 Residenz der Medici und ist heute Sitz der Präfektur. Der Hof wird von Laubengängen umrahmt. Die Kapelle wurde im 15. Jh. von Gozzoli mit Fresken* verziert. Zum Thema der Heiligen Drei Könige erscheinen mehrere bedeutende Persönlichkeiten der Epoche, darunter Lorenzo il Magnifico. Der aus dem 17. Jh. stammende Saal wurde unter Anweisung der Riccardi von Luca Giordano mit barocken Fresken bemalt (So.-nachmittag und Feiertag ⊠).

San Lorenzo (13): Die Renaissancekirche und die frühere Sakristei sind Werke von Brunelleschi, die Dekoration wurde von Donatello geschaffen. Eine Ausnahme bilden die Gedenkmonumente der Medici, die von Verrocchio verwirklicht wurden. Die Kapellen der Medici* umfassen eine barocke Grabkammer und eine Sakristei, die Michelangelo schuf. Die Grabmale von Giuliano und Lorenzo II. stammen ebenfalls von Michelangelo (Mo., nachmittags und an manchen Festtagen ⊠).

Die Biblioteca Laurenziana wurde ebenfalls zum größten Teil von Michelangelo fertiggestellt; besonders berühmt ist die Kassettendecke* (So., Feiertag und die ersten 15 Tage im September ⊠).

Santa Maria Novella (14): Die Kirche gehört zu einem Dominikanerkloster des 13. Jh. Die Renaissancefassade** wurde mit verschiedenfarbigen Marmorinkrustationen gestaltet. Im Kirchenschiff befinden sich Werke der Bildhauer Pisano und Ghiberti. Die linke Wandfläche bedeckt ein Fresko von Masaccio, das Querschiff verzierte Orcagna mit einem weiteren Fresco. Die Fresken in der Kapelle stammen von Lippi, das Kruzifix in der Sakristei von Giotto. Links des Hauptaltars befindet sich ein weiteres Kruzifix von Brunelleschi. Besonders interessant ist der Freskenzyklus des Lebens der Madonna** von Ghirandaio im Chor, eine glanzvolle Darstellung florentinischer Lebensweise zur Renaissance. Die Fresken (14. Jh.) in den Kreuzgängen haben die ruhmreiche Arbeit der Dominikaner zum Thema.

Palazzo Strozzi (15): Der zu Ende des 15. Jh. von Bankiers dieses Namens errichtete Palast wird z. Z. restauriert. Die Bossenwerkfassade ist wahrscheinlich die berühmteste der florentinischen Renaissance. Im Hof liegen Arkaden und ein Museum.

Santa Trinita (16): Die Kirche (11.-17. Jh.) beherbergt zwei Werke von Ghirlandaio, das Leben des hl. Franz (Fresko) und die Anbetung

Firenze/Florenz

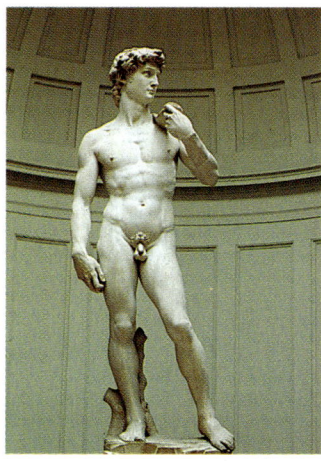
Galerie der Akademie: Von den Skulpturen Michelangelos ist der „David" vermutlich die berühmteste.

der Hirten. Das Grabmal der Frederighi stammt von Luca Della Robbia (Mitte 15. Jh.).
Ognissanti ((17), Allerheiligenkirche): Sie wurde vom 13. bis 18. Jh. erbaut; Kloster, ein Ghirlandaio (Cenacolo*) und ein Botticelli (Sankt Augustin).
In der nahen Via Faenza beherbergt der Cenacolo di Foligno ein Fresco* von Perugino (Ende 15. Jh.). Kurz nach dem Teatro überquert man den Corso in Höhe der Ponte della Vittoria.
Cascine-Park* (18): Er wurde im 18. Jh. abseits des historischen Stadt abgelegt. Innerhalb der Anlage befinden sich die zwei Rennbahnen der Stadt.
Carmine (Chiesa Santa Maria del, (19)): Die gotische Kirche wurde während des Barock neuaufgebaut,. In der Brancacci-Kapelle befindet sich ein sehr schöner Freskenzyklus von Masaccio, weitere Fresken verdankt man F. Lippi (15. Jh.).
Santo Spirito (20): Die von Brunelleschi errichtete Renaissance-Kirche bewahrte mehrere Kunstwerke, darunter eine Madonna * von F. Lippi.
Piazza della Ss. Annunziata* (21):
Der gänzlich von Arkaden umgebene Platz, mit barockem Brunnen und einem Reiterstandbild geschmückt, ist einer der schönsten der Stadt. Edle Bauwerke umgeben ihn. Die Vorhalle der romanischen Kirche der Annunziata (im 15. Jh. neuerrichtet) schmücken Fresken, die teilweise von Andrea del Sarto geschaffen wurden. Das Spedale degli Innocenti hinter einer Kolonnade von Brunelleschi, wurde von Andrea Della Robbia mit Medaillons verziert (Di. ⊠). Es nimmt eine berühmte Kunstgalerie auf: Ghirlandaio (Anbetung der Könige*, Ende 15. Jh.), Krönung der Jungfrau von Neri di Bicci und Werke von F. Lippi, Cosimo... und aktuelle Ausstellungen. Im Museum für Archäologie befinden sich fesselnde Sammlungen zur etruskischen Zivilisation (Mo.nachm. und an manchen Feiert. ⊠). Das angeschlossene Antiquarium bewahrt hervorragende ägyptische und greco-römische Antiquitäten.
Richtung Via Battista weitergehen, links, am Anfang der Piazza San Marco befindet sich die Akademie der schönen Künste.
San Marco* (Museo di, (22)): Das ehemalige Dominikanerkloster (15. Jh.) wird auch Museo della Angelico genannt. Kirche und Kreuzgang nehmen das Museum auf. Hier sind alle Hauptwerke von Fra Angelico*** ausgestellt. Besonders eindrucksvoll sind das „Jüngste Gericht" im Refektorium, die Zyklen zum Leben der Jungfrau und über das Leben Christi, die Engel, die Madonna dei Linaioli umgeben (Kapitelsaal) und das Fresko der Kreuzigung. Das kleine Refektorium schmückt eine „Cena*" von Ghirlandaio. Die Mönchszellen auf den Etagen wurden von Fra Angelico und seinen Schülern u.a. mit mehreren Szenen der Verkündigung ausgemalt. Am Ende der Galerien liegen die Zellen, in denen Savonarola lebte: kleines Museum.
Accademia (Galleria dell'): Hier finden sich Werke des „Bildhauers" Michelangelo **, darunter der berühmte David. Die Pinakothek zeigt Werke toskanischer Künstler (13.-15. Jh.), darunter Botticellis „Madonna des Meeres".
Sant' Apollonia (23) (Cenaclo di, Abendmahlsaal): Zu den herausragenden Fresken gehört das Abendmahl, die „Cena*" von Andrea del Castagno (Anf. 15. Jh.). Der Scalzo-Kreuzgang in der benachbarten Via Cavour wurde von Andrea del Sarto mit Fresken ausgemalt (Anfang 15. Jh.):
Galerien und Museen: Bardini, Piazza de Mozzi (24). Werke von Bildhauern der florentinischen Renaissance und die sogenannte „Arti minori" in der oberen Etage. Die Galleria Corsi zeigt Malereien (seit dem 12. Jh.).
Corsini (30): Im Palast sind florentinische Malereien vom 13. bis 18. Jahrhundert zu sehen. Ausstellung „Firenze com' era" (Florenz von einst), Via dell' Oriuolo (25). Palazzo Horne (15. Jh.), (26): Antiquitäten und Werke von Lippi und Giotto. Palazzo Pitti (7): Kutschenmuseum im rechten Flügel. In der Palazzina della Meridiana wurden ein Kostümmuseum und die Sammlung Contini-Bonacossi untergebracht: Kunstgegenstände und Malerei, darunter mehrere Buoninsenga, Veronese, Bellini, Goya...
Wissenschaftliche Museen: La Specola (Zoologie), Via Romana (27). Für Vorgeschichte, Via Sant' Egidio (28). Anthropologie und Ethnologie im Palazzo Nonfinito, Via del Proconsolo. Geschichte der Wissenschaft (seit der Renaissance) im Palazzo Castellano, Piazza dei Giudici (29). Botanik, Geologie und Mineralien, nahe San Marco, mit botanischem Garten (22). Atelier delle Pietre Dure, Via degli Alfani, in der Nähe der Accademia (31).
Kirchen: Santa Maria Maddalena de' Pazzi (oberhalb von Santa Croce): Hof, Fresko von Perugino. Synagoge, Via Farini.
Monumente: Drei mittelalterliche Stadttore. Im Bereich des Tores an der Piazza della Liberta steht ein Triumphbogen zu Ehren der Lothringer (18. Jahrhundert).
Paläste: Palazzo dell' Antella, Piazza Santa Croce (9), mit der vorspringenden Etagen. Palazzo dell' Arte della Lana, Via Calimala (32). Bartolini Salimbeni (Anf. 16. Jh.) an der Piazza della Trinita (33). Fortezza da Basso (00), ein großer fünfeckiger Backsteinbau (Anfang 16. Jh.). Casa Buonarotti, Via Ghibellina (nördl. von Santa Croce 34): Jugendwerke Michelangelos* und umfangreiche Sammlung seiner Zeichnungen (Di. und nachm. ⊠). Castellani (am rechten Arno-Ufer 29). Davanzati, Via Porta Rossa (35): Renaissanceloggia, Sammlung zum Thema „frühe florentinische Wohnsitze". Pandolfini (hinter dem Kreuzgang San Marco (9). Palazzo di Guelfa (beim Mercato Nuovo (36): sehenswerte Innendekoration aus der Renaissance. Rucellai, Via della Vigna Nuova (37). Loggia di San Paolo, Piazza Santa Maria Novella (14): Ende 15. Jh., hier arbeiteten die Della Robbia. Serristori, Piazza Santa Croce (9). In der Nähe der Via Tornabuoni (38): viele guterhaltene Bauwerke aus dem 13./14. Jh. Torrigiani, Piazza dei Mozzi (linkes Ufer (24).
Vor den Toren der Stadt:
Im Norden und Westen führen kleine Straßen durch eine hügelige Landschaft mit Gruppen von Olivenbäumen und Zypressen.
Museo Stibbert (nördl. Vorort): Kostüm-, Möbel- und Porzellansammlungen in sechzig Sälen.
Fiesole*: 8 km nördlich.
Cenacolo di San Salvi (östl. Vorort, 4 km vom Zentrum): Im Refektorium der Abtei, „Cena*" (Abendmahl) von Andrea del Sarto (Anf. 16. Jh.).
Piazzale Michelangelo: Man wählt die Viale Michelangelo am Südende der Ponte San Niccolo in

Das ehemalige Dominikanerkloster, in dem Fra Angelico lebte, nimmt das Museo San Marco auf. Es bietet die Hauptwerke des Künstlers.

Richtung der bewaldeten Hügel. Nach ca. 2 km, 100 m oberhalb der Stadt, Panorama** über das historische Florenz. Weiter oberhalb befindet sich San Miniato al Monte in exponierter Lage* (11.-13. Jh.). Die romanische Fassade ist für die florentinische Romanik beispielhaft. Im Inneren befinden sich sehenswerte Chorschranken* und Mosaiken (13. Jh.) in der Apsis. Sakristei mit Fresken* (14. Jh.) von Spinello Aretino, Kruzifixkapelle von Michelozzo (Mitte 15. Jh.).
Galluzzo (Certosa del, 6 km südl.): Die Kartause aus dem 14. Jh. wurde während der Renaissance verändert. Führungen durch die gotische Kirche (Chorgestühl aus der Renaissance) und den großen Kreuzgang, vor dem der Palazzo degli Studi steht, Fresken von Pontormo (16. Jahrhundert).
Villen (nordwestl., über die Straße von Calenzano): Die Villen und Residenzen der Medici (Ville Medicee) liegen etwa 4-6 km vom Stadtzentrum entfernt.
Careggi: Villa von Michelozzo (Mitte 15. Jh., Besichtigung mit Genehmigung des Erstpriesters von Santa Maria Nuova). Villa Petra (nachm. und Mo. ⊠): Ehemalige Residenz des Kardinals Ferdinand v. Medici.
Castello (etwas weiter): Im 18. Jh. restauriert, war sie Residenz von Lorenzo di Medici, der sich hier mit einem Hof von Gelehrten und Wissenschaftlern umgab (Besichtigung des Parks).
Poggio a Caiano: → Umgebung.
Veranstaltungen-Antiquitäten: Biennale der Antiquitätenhändler im September/Oktober (ungerade Jahreszahlen).
Handwerk: Internationale Ausstellung im April/Mai.
Filmfestspiel: Internationales Festspiel des Dokumentarfilms im Dez.

Folklore und Tradition: „Scoppio del Carro", am Ostersonntag auf der Piazza del Duomo oder della Signoria. Himmelfest, Festa del Grillo (Fest der Grille, es werden singende Grillen verkauft). Fest der Blumen im Mai. Gioco del Calcio (Fußball in Kostümen des 16. Jh.) im Mai/Juni. Feuerwerk zum Johannestag (24. Juni) im Boboli-Park und auf der Piazzale Michelangelo. Fest der Papierlaternen (Rificolone) Anfang September.
Musik: Florenz bezeichnet sich als Heimat des modernen Melodramas: Musikalischer Mai (Konzerte, Ballett, Opern); Lyrische Saison im Teatro Civico.
Sport: Fußball, Radsport und Reitwettkämpfe.
Spezialitäten: Fleisch und Geflügel alla griglia, von toskanischen Weinen begleitet (Chianti, Vino Santo...).
Handwerk: Strohverarbeitendes Handwerk (Möbel, Bekleidung, Kopfbedeckungen); Leder- und Wildleder; Keramik, Gläser, Alabaster, Mosaiken und Intarsienarbeiten aus Halbedelsteinen. Goldschmiedearbeiten, Kunsttischlerei, Schmiedeeisen, Stickerei, Damenwäsche, Konfektion (Boutiken liegen in der Via Calimala, Roma und Calzaiuoli).
Shopping: Außer den Läden im Gebiet der Ponte Vecchio Via Calimala, Flohmarkt in der Via Pietrapiana, Buchhandlungen in der Via Cavour.
Badia a Settimo (nördlich): Abtei (17. Jahrhundert).
Bivigliano: → **Fiesole***. **Borgo San Lorenzo***. **Castelfiorentino:** →**Certaldo*** und **Colle die Val d' Elsa***. **Empoli***. **Greve:** → **San Giovanni***.
Impruneta (14 km südl.): Im 15. Jh. wiederaufgebaute Kirche Santa Maria; Kampanile aus dem 13. Jh., Innengestaltung von L. Della Robbia (Renaissance).
Poggio a Caiano (Villa di, 17 km westl., Mo. ⊠): In einem Park gelegenes, sehr schönes Bauwerk (15. Jh.) für Lorenzo il Magnifico. Die Della Robbia waren am Bau beteiligt, die Fresken stammen von Andrea del Sarto und Pontormo. 3 km südl. befinden sich die etruskischen Gräber von Montefortini.

Foggia 18/D 2
Puglia (Provinzhauptstadt)
Die Stadt Foggia, bis 1861 Hauptstadt der ehemaligen Provinz Capitanata und Lieblingssitz Friedrich II., ist sowohl landwirtschaftlicher als auch wirtschaftlicher Mittelpunkt der Apulischen Ebene.
Kathedrale: Das Bauwerk aus dem 12. Jh. wurde im 18. Jh. erneuert, es beherbergt eine byzantinische Ikone (Icona Vetere) und skulptierte romanische Kapitele.
Museo Comunale (auch Musei Civici, Mo. ⊠): Mit einer archäologischen Sektion (von der Vorgeschichte bis zur paläochristlichen Epoche), volkskundlichen Sammlungen der Capitanata und einer Pinakothek (apulische Maler seit dem 19. Jh.).
Sehenswert sind auch das barocke Emsemble (Ende 17. Jh.) des Monte Calvario (nordwestl. Ausfahrt) und die schöne Promenade der Villa Comunale (östl. Viertel).
Veranstaltungen: Sehr umfangreiche internationale Landwirtschaftsmesse, Ende April/Anfang Mai.
Handwerk: Schmiedeeisen.
Bovino (38 km südwestl.): Sommerfrischezentrum im Apennin und sehr altes Dorf. Dom zum Teil aus dem 11. Jh., zwei romanische Kirchen, Castello.
Lucera** (18 km nordwestl.): Das frühere römische Luceria wird von den majestätischen Kurtinen* (Schildmauern) der Fortezza Angioina (des Hauses Anjou) beherrscht (13. Jh., 1 km Länge). Den schönsten Blick auf die Schildmauer hat man vom Giardino Pubblico (nordwestl. Ausfahrt) aus. Die Kathedrale (13. Jh.) wurde im Stil von Anjou durch Karl II. am Sarazenerplatz errichtet (Lucera war von Friedrich II. an die Sarazener abgetreten worden). Das nahegelegene Museo Civico Fiorelli widmet sich der römischen Archäologie, mittelalterlichen Keramiken und der Malerei (Mo., Samstagnachmittag und Feiertag ⊠). An der nördl. Ausfahrt befindet sich des römischen Amphitheater* (1. Jh.); gotische Kirche San Francesco.
San Severo*: 30 km nördl.
Troia* (22 km südwestl.): Prächtige

romanische* Kathedrale (Ende 11. Jh.) mit Bronzetüren im byzantinischen Stil. Die Fassade krönt eine große Fensterrose; Diözesanmuseum im Kloster. In der Nähe, frühromanische Kirche San Basile (11. Jh.), Museo Civico im Rathaus, schöne Fassade des Renaissance-Palastes Tricarico.

Foligno 13/B 3
Umbria (Perugia)

Der wirtschaftliche Mittelpunkt Umbriens bewahrte, bedingt durch die elliptische Stadtmauer, den früheren Grundriß der Altstadt. Hier wurde 1472 das erste gedruckte Buch in italienischer Sprache verlegt: La Commedia, → **Firenze***.

Piazza della Repubblica: Der Platz im Stadtzentrum wird vom Palazzo Comune (13./18. Jh.), mit einem angrenzenden gotischen Turm und vom Palazzo Trinci (14./19. Jh.) gesäumt. Über die gotische Treppe des P. Trinci erreicht man die mit Fresken dekorierte Räume, in denen die Pinakothek untergebracht ist (Sa., So.- nachmittag und Feiertag ⊠). Im Museum für römische Archäologie befindet sich auch eine Abteilung für Volkskunde. Der Palast wird durch eine Arkadenanlage über die Via XX. Settembre mit dem Dom verbunden.

Duomo: (12., 16. und 18. Jh.): Die Fassade des linken Querschiffes nimmt ein schön ornamentiertes, hölzernes Flügelportal auf (17. Jh.). Das während des Barock stark restaurierte Innere überdeckt eine romanische Krypta. Die Hauptfassade weist auf die benachbarte Piazza del Duomo, über die man die Nunziatella, ein Oratorium (15. Jh.) mit Fresken von Perugino, erreicht.

Santa Maria Infraportas: Die Kirche mit einem Portikus aus dem 11. Jh. ist im Inneren mit Fresken geschmückt (südlich der Stadt, über die Via Mazzini).

Veranstaltungen: Giostra della Quintana, 800 Mitwirkende in Renaissance-Kostümen, Mitte September. Angeschlossen ist ein gastronomisches Fest, historische Spezialitäten aus dem 17. Jahrhundert.

Handwerk: Es werden Gobelins und Keramiken gefertigt.

Bevagna* (9 km westl.): Bauliche Einheit an der Piazza della Libertà*, mit einem zentralen Brunnen und den Platz umgebenden mittelalterlichen Bauwerken, Palazzo dei Consoli, Kirchen San Michele und San Silvestro (12. Jh.). Palazzo Comunale am Corso Matteotti (Pinakothek); Reste mehrerer Monumente und der Stadtmauer aus römischer Zeit.

Sassovivo (Abbadia di, 6 km östl.):

Foligno: Eines der skulptierten Barockportale an der linken Transeptfassade des Doms.

Die Abtei aus dem 11. Jahrhundert bewahrte einen romanischen Kreuzgang mit Doppelsäulen.

Spello* (6 km nördl.): Die Stadt römischen Ursprungs scheint sich an einem Felsvorsprung des Monte Subasio (→ **Assisi***) festzuklammern. Erhalten sind die Tore*, die Stadtmauern und ein Amphitheater. Über die zentrale Allee erreicht man die Kirche Santa Maria Maggiore (12. Jh., Erneuerung des Inneren im 17. Jh.). Die Kapelle Baglioni ziert das Fresco „Hochzeit der hl. Jungfrau", von Pinturicchio (Anf. 16. Jh.). In der Kapelle Santo Sepolcro gibt es ein kleines Museum. Am höchsten Punkt der Stadt befindet sich ein Belvedere im Bereich der antiken Akropolis (römische Bogen).

Veranstaltungen: Fest der Oliven im Februar; Corpus Domini zu Fronleichnam, blumenbedeckte Straßen für die Infiatora.

Montefalco*: 12 km südlich.

Forli 10/D 2
Emilia-Romagna (Provinzhauptstadt)

Das frühere Forum Livii an der Via Emilia erlangte zur Renaissance einen gewissen Ruf, bevor es die benachbarten Städte (→ z.B. Ferrara*) an die Kirche fiel und an Bedeutung verlor.

Rocca di Ravaldino: Die Zitadelle (14. Jh.) im Süden der Stadt ist Schauplatz der Belagerung des Herzogs Valentino gegen die mutige Katharina Sforza (1499).

Piazza Saffi: Die Hauptbauwerke der Stadt umgeben diesen Platz.

San Mercuriale: Kirche mit einem 75 m hohen romanischen Kampanile (12. Jh.) und einer skulptierten Fassade (Anbetung der Könige*). Im Inneren, Renaissance-Grabmal von Barbara Manfredi; Kreuzgang (15. Jh.) der ehemaligen Abtei. Südlich des Platzes stehen der Palazzo del Podesta und die Palazzina Albertini aus der Renaissance.

Pinacoteca Comunale (Corso della Repubblica, Samstag und So.-nachm. ⊠): Interessante Sammlung der Romagna (14.-16. Jh.), ein Fra Angelico und ein Guercino, sowie die Hauptsektion eines ethnographischen Museums (Rekonstruktion eines Interieurs).

Corso Garibaldi: Museo del Risorgimento, del Teatro und Etnografico in einem Palast des 18. Jahrhundert.

Kathedrale: Mit Gemälden und Fresken verzierter Bau aus dem 19. Jahrhundert.

Veranstaltungen: Handelsmesse im September (Fiera de Forli).

Castrocaro Terme (8 km südl.): Thermalbad.

Forlimpopoli (8 km südöstl.): Archäologisches Museum in der Rocca (18. Jh.); gotische Kirche San Ruffilo mit Elementen einer paläochristlichen Basilika.

Santa Maria di Forno (8 km östl.): Renaissancekirche mit einem runden Grundriß.

Formazza 1/A 3
Piemonte (Novara)

Der Erholungs- und Wintersportort (1.280/1.810 m) am Fuße des Sankt-Gotthard-Massivs besteht aus einer Gruppe von Weilern. Als Besonderheit gelten die Holzhäuser von Ponte und Chiesa (Holzhäuser aus dem 17. Jh.). In Ponte gibt es ein befestigtes Haus aus dem Mittelalter. Der Toce-Wasserfall befindet sich im Weiler La Frua (nördl., 1.675 m, Zugang im Sommer).

Umgebung: Zahlreiche Seen.

Alpe Devero (30 km südl.): Cascata dell' Inferno.

Fossanova (Abbazia di) 17/C 2
Lazio (Latina, Gemeinde Priverno)

Die Klosteranlage, im 9. Jh. von den Benediktinern gegründet und in der ersten Hälfte des 12. Jh. von den Zisterziensern erworben, liegt sehr einsam und wurde im Geist der Ordensregeln von Citeaux gebaut. Die Kirche des Klosters diente ab 1812 als Stallgebäude. 1826 wird es den Mönchen von Trisulti und schließlich dem Franziskanerorden übertragen. Thomas von Aquin verstarb 1274 in der Abtei. Führungen durch Kirche und Abtei.

Abteikirche: Der romano-gotische Bau wird von einer Laterne gekrönt, an die Kirche von Cluny erinnernd. Wenn auch die burgundische Kunst dominiert, so prägen den Bau dennoch sehr nüchterne Linien, lombardische und orientalische Einflüsse sind erkennbar.

Romanischer Kreuzgang*: Er ver-

bindet den gotischen Kapitelsaal, das Refektorium mit den Räumen für die Laienbrüder.
Priverno (6 km nördl.): Die Ruinen des antiken Privernum befinden sich nördl. der Ortschaft. Sehenswert: gotischer Palazzo Comunale und Dom (zisterziensisch, 13. Jh.), frühromanische Kirche San Benedetto (9. Jh.) im alten Viertel, die Innenräume sind mit Fresken dekoriert, wie auch die Kirche San Giovanni Evangelista (13. Jahrhundert).
Sabaudia* und **Nationalpark von Circeo:** 22 km südwestlich.

Frascati 17/B 1-2
Lazio (Roma)
Das alte Dorf ist heute Sitz mehrerer wissenschaftlicher Institute. Es war im Mittelalter Refugium der römischen Aristokratie, die hier ihre Castelli bauen ließ, die später in Patriziervillen umgebaut wurden. Beeindruckend ist die weitreichende Aussicht* von der Piazza Marconi, z. B. nach Rom.
Villa Aldobrandini*: Der Park mit Terrassen und Brunnen kann an den Vormittagen besichtigt werden (Samstag und Sonntag ⊠).
Parco Comunale: Stadtpark mit reizendem Wassertheater (ehem. Villa Torliona).
San Francesco: Kapuzinerkloster (16. Jh.), mit Gemälden verzierte Kirche und äthiopisches Museum.
Kathedrale: Aus dem 16./17. Jh.
Veranstaltungen: Messen Ende April und Mitte August, Folklorefest der Trauben in Marino.
Spezialitäten: Für diese Region typischen Weißweine Castelli romani.
Grottaferrata* (3 km südl.): Die griechisch-orthodoxe Abtei wurde im Jahre 1000 von kalabrischen Mönchen gegründet und im 15. Jh. befestigt (Befestigungskrone). Barockkirche mit romanischem Kampanile*, eine Kapelle beherbergt ein Lapidarium (Mo. ⊠), eine weitere wurde über einem Saal einer römischen Villa errichtet. 3 km weiter befinden sich antike Katakomben.
Marino (7 km südl.): Weinbauzentrum am Ostufer des Albano-Sees, Renaissancepalast und Barockkirche San Barnaba.
Monte Porzio Catone (5 km östl.): Kirche des 17. Jahrhunderts.
Rocca Priora (12 km nordöstlich): Ehemaliges Castello romano (Palazzo Baronale), Panorama.
Tusculum* (5 km östl.): Ruinen der lateinischen Stadt, in der Cicero seine Tusculanes ausstellte. Im 12. Jh. zerstört. Panorama* von der Zitadelle, Ruinen des Theaters, eines Amphitheaters und von Patrizierhäusern der römischen Kaiserzeit.
Albano* (Lago di): 6 km südlich, → Castel Gandolfo* (11 km).

Fossanova: Drei der vier Galerien des Kreuzganges, den Thomas von Aquin besuchte. Der zisterziensische Einfluß ist in Zentralitalien selten.

Frosinone 17/C 2
Lazio (Provinzhauptstadt)
Die kleine Hauptstadt der Ciociaria ist stufenweise am Fuße des antiken Frusinum der Volker angelegt. Sie wurde im 4. Jh. von Rom erobert und 1350 von einem Erdbeben zerstört. Im Tal entdeckt man einige Ruinen eines römischen Amphitheaters. Die Piazzale Vittorio Veneto bietet ein weites Panorama.
Veranstaltungen: Folklorefestival und Filmfestspiele in Alatri.
Spezialität: Likör der Mönche von Casamari.
Alatri* (12 km nördl.): Die Zyklopenmauer der Umwallung stammt noch aus der Zeit der röm. Eroberung. Die Treppengassen der hochgelegenen Ortschaft sind mit gotischen Häusern gesäumt. Von der Akropolis, deren Ruinen aus dem 4. Jh. v. Chr. stammen, weite Aussicht über das Tal. In einer Kapelle von Santa Maria Maggiore befindet sich die Madonna von Konstantinopel; das Museum im Palazzo Gottifredi (13. Jahrhundert).
Casamari* (Abbazia di, 16 km nordöstl:): Die Zisterzienserabtei bildet ein sehr schönes Beispiel der burgundisch-gotischen Kunst (13. Jh.). Die Kirche öffnet sich zu einem sehr nüchternen und strengen Innenhof, im Geiste der Ordensregeln gestaltet wurde. In den Klostergebäuden und im Kreuzgang sind ein Museum und eine Pinakothek untergebracht (Führungen).
Collepardo (20 km nördl.): In einer Karstlandschaft von rauher Schönheit (Schluchten und Dolinen).
Ferentino (12 km nordwestl.): Die ehemalige päpstliche Residenzstadt bewahrte ihren mittelalterlichen Charakter. Von der ehemaligen Akropolis* aus, auf der sich der romanische Dom erhebt, hat man eine gute Aussicht. Gotische Kirche Santa Maria Maggiore im Zisterzienserstil (13. Jh.) und romano-gotische Kirche San Francesco. Überreste aus der römischen Epoche: Markt am Fuße der Akropolis und unterer Teil der Ummauerung und in der Nähe, die Terme Pompeo.
Pastena (28 km südöstl.): Höhle und kleiner See.
Trisulti (Certosa di, 26 km nördl.): Im 13. Jh. gegründete und zur Barockzeit wiederaufgebaute Kartause.
Veroli (14 km nordöstl.): Sehr alte Stadt, Renaissance-Häuser, romanische, zur Barockzeit neueingerichtete Kirchen. Die Kathedrale beherbergt ein an orientalischen Kunstwerken des Mittelalters reiches Museum.
Anagni*: 13 km nordwestlich, → Ferentino.
Priverno: 27 km südlich, → **Fossanova***.
Sora*: 16 km nordöstlich von Casamari.

G

Gaeta   17/D 3
Lazio (Latina)

Gaeta, die frühere Militärbasis, wurde ein Seebad und ein Fischerei- und Ölhafen.

Die Lage war prädestiniert für militärische Zwecke und die Anlage des mächtigen Lombardenschlosses (8. Jh.), das später von den Hohenstaufen, den Anjou und zuletzt von den Aragoniern umgestaltet wurde. Die Stadt hat einen Teil ihrer früheren Befestigungsanlagen und ihr mittelalterliches Aussehen bewahrt. Das heutige Seebad (Strand von Serapo) verfügt über einen Fischerei- und über einen Ölhafen. Um die Citta Vecchia zu erreichen, muß man den Monte Orlando umgehen.

Castello: Das ehemalige lombardische Schloß besteht aus zwei mächtigen Blöcken, dem oberen Castello Aragonese und dem unteren Castello Angioino. Die historische Anlage befindet sich im Besitz des Militärs ⊠.

Duomo: Der Bau aus dem 11. Jh. wurde zur Barockzeit neu errichtet. Die Kachelapplikationen des sarazenischen Kampanile erinnern an die Kuppeln der Kirchen des Küstenstreifens bei Amalfi*. Im Inneren befindet sich ein fein gearbeiteter Leuchter vom Ende des 13. Jh.

Diözesanmuseum: Meisterhafte Gemälde, Pieta von Quentin Metsys.

Mittelalterliches Viertel: Es erstreckt sich zwischen Duomo und Castello und beherrscht den Porto Santa Maria.

Torre d'Orlando: Auf dem Gipfel des Berges befindet sich das Grabmal (Tomba oder Mausoleo) von Lucius Munatius Plancus, Leutnant Cäsars und römischer Konsul,

Gaeta: An der Spitze des Kaps beherrscht die alte Stadt den historischen Hafen.

dem Gründer der Siedlung Lugdunum (Lyon, 43 v. Chr.). Der riesige Zylinder wird Torre d'Orlando genannt.

Formia (7 km nördl.): Das Seebad mit Fischereihafen war schon in römischer Zeit ein Luftkurort. Unter den Überresten der Antike befindet sich die Villa Ciceros, der 43 v. Chr. in Formis verstarb. Das Antiquarium ist Mo. und nachmittags ⊠. Schiffsverbindungen zu den Inseln Ponza* und Ventotene.

Itri (11 km nördl.): Beeindruckender Ort, der eine enge Passage der Via Appia zwischen den Bergen bewachte. Hier wurde 1771 Michele Pezza, der berühmte Bandit Fra Diavolo, geboren, der letztendlich von den Männern Napoleons festgenommen und in Neapel hingerichtet wurde (1806).

Minturno (23 km nördlich): Altes Dorf, Kathedrale San Pietro (11.-14. Jh.). Im Juli, Sagra della Regne (Fest der Fürstentümer). 4 km südl. liegen die Ruinen der römischen Stadt Minturnae an der Via Appia, nahe Garigliano, das die Grenze zwischen Latium und Kampanien markiert: Aquädukt, Theater, Forum und Antiquarium.

Sperlonga (15 km nordwestl.): Die Grotte des Tiberius liegt außerhalb der Ortschaft (Mo., nachm. und an manchen Feiertagen ⊠). Die Villa Tiberius befindet sich oberhalb. Er soll hier beinahe von einem Felsen erdrückt worden sein. Das Archäologische Museum beherbergt hunderte römischer Statuen aus der Gegend (gleiche Öffnungszeiten). 5 km nördl. liegt das nach Cicero benannte Grab.

Fondi: 25 km nordwestlich, → Terracina.

Gallarate   5/A 2
Lombardia (Varese)

Die Industriestadt in der Mailänder Ebene bewahrte einige alte Bauwerke und besitzt drei Museen. Die kleine romanische Kirche San Pietro steht im Stadtzentrum, die Barockkirche Santa Maria Assunta mit einem Glockenturm aus dem 15. Jahrhundert am Hauptplatz.

Museo Civico (Sa.- nachm. und an den Feiert. vormittags ▢): Das Museum widmet sich der Archäologie, der römischen Epoche und dem Risorgimento (Funde aus den benachbarten Ausgrabungen).

Palazzo della Pretura (im Südosten, Via Milano): Er beherbergt eine Galerie für moderne Kunst (Feiert. und nachm. ⊠). 7 km oberhalb des Flughafens von Malpensa befindet sich ein Luftfahrtmuseum (Flugzeuge seit den Anfängen der Luftfahrt, Ostern bis Oktober und an Feiertagen ▢).

Busto Arsizio (6 km südöstl.): Renaissancekirche Santa Maria di Piazza* mit quadratischem Grundriß und oktogonaler Kuppel; einige Gemälde von Ferrari im Inneren (16. Jahrhundert).

Sesto Calende (17 km nordwestl.): Der Ort liegt mitten im Ticino-Naturpark, der sich zu beiden Seiten des Ticino, einem Nebenfluß des Po, erstreckt (ca. 100 km vom Lago Maggiore entfernt); Botanischer Garten, Tierreservat und Freizeitpark.

Castiglione Olona*: 11 km nördl.

Gallipoli   22/B 3
Puglia (Lecce)

Die griechische Gründung entstand zum Teil auf einer Insel, die durch eine Brücke mit einer Landzunge verbunden ist. Südlich der Brücke liegt der Fischereihafen, nördlich der Handelshafen. Die Strände des Seebades befinden sich beiderseits der modernen Stadt. Kurz vor der Brücke sieht man den Brunnen, die Fontana Ellenistica, der Ende des 16. Jh. im Barockstil wiederaufgebaut wurde. Das Castell auf der Insel beherrscht den Fischereihafen. In der Kathedrale, im Zentrum der Altstadt, schönes

Garda (Lago di) Gardasee
Lombardia, Veneto und Trentino-Alto Adige 6/A 1-2

Der auch „Benaco" genannte See, der Benacus der Altväter, besungen von Katull und Vergil, liegt nur 65 m über dem Meeresspiegel. Mit 370 km² ist er der größte und majestätischste italienische See. Im Durchschnitt ist er 7 km breit und 51 km lang (Nord-Süd-Ausdehnung), erreicht jedoch bei **Bardolino*** 17 km Breite und erinnert hier an ein Meer, während er im Norden durch Berge eingeengt einem Fjord ähnelt. Der sehr tiefe See (→ Comer See*) wird von einer 148 km langen Uferstraße umgeben (158 km Ufer). Das Wasser fließt bei Peschiera über den Mincio, einem Nebenfluß des Po, ab und bildet flußabwärts die berühmten Seen bei **Mantova***. Auf den steilabfallenden Hügelhängen, die den See umgeben, gedeihen Olivenbäume, Zitronen- und Orangenhaine und Weinreben (vollmundige Rotweine und Roséweine). Von Zypressen, Oleander und Mimosen gesäumte Straßen führen zu idyllischen Gärten, die von Goethe, D'Annunzio, Barres und Gide besungen wurden. Die großen Wasserflächen blieben ein Refugium für Enten und Kormorane. Sie sind ebenfalls ein idealer Platz für Wassersportler und Segler. Die Ferienorte unterhalten kleine Hafenanlagen und bieten Campern ausgesuchte Plätze. Ab Peschiera, Desenzano und besonders Riva verkehren Schiffe auf der Nord-Süd-Strecke (4 Std., 2 Std. mit dem Schnellboot, im Sommer auch ab Aliscafi). Ganztägig verkehrt eine Fähre von Maderno nach Torri del Benaco. Die Uferstraße bleibt besonders empfehlenswert. Die schönsten Strecken liegen zwischen **Gardone Riviera*** (westl. Ufer) und **Malcesine*** (östl. Ufer). Die „Gardesana" führt von Maderno nach Riva durch 70 Tunnel und überwindet 56 Brücken.
→ **Bardolino*, Gardone Riviera*, Malcesine* Riva*, Sirmione*, Tignale*.**

Chorgestühl von Antonietta da Pace und Gemälde aus der Klassik.
Museo Comunale (Feiertags und nachm. ⊠): Archäologie, Ethnographie und graphische Sammlung.
San Francesco: Die Kirche an der Westspitze der Insel bewahrt einen hl. Franz von Pordenone.
Veranstaltungen: Karneval im Februar, nächtliche Prozession am Karfreitag.
Casarano (17 km östlich): Kirche Santa Maria delle Croce (oder Casaranelle), gotische Fresken und paläochristliche Mosaiken.
Marina San Giovanni (23 km südöstlich): In der Nähe der Ruinen von Ausentum.
Nardo (17 km nördlich): Der Ort stammt aus der Zeit der griechischen Besatzung; romano-gotische Kathedrale und zahlreiche barocke Bauwerke, darunter das Oktogon der Ossana*.
Galatina: 22 km nordöstlich, → Lecce*.

Gardone Riviera 6/A 2
Lombardia (Brescia)

Der elegante Luftkurort am westl. Ufer des Garda*-Sees liegt in Stufen angelegt oberhalb des kleinen Hafens in einer Gartenlandschaft mit Villen und Hotels. Besonders sehenswert sind der Botanische Garten Hrusca, (2000 Pflanzenarten), 500 m vom Zentrum entfernt, an der Seeuferstraße Gardesana und der öffentliche Park der Villa Alba (43 ha).
Vittoriale*: Den Komplex von mehreren Gebäuden auf einem Hügel in Gardone di Sopra ließ der Dichter, Schriftsteller und Kriegsheld Gabriele d'Annunzio (1863-1938) errichten. Zwischen den Zypressen am Hügelhang entdeckt man hintereinander die Villa Cargnacco, in der er lebte und starb, das Auditorium, das Museum, einen dalmatinischen Platz und das Mausoleum mit seinem Grab. In den verschiedenen Gebäuden sind zahlreiche Utensilien aus dem Leben des G. d'Annunzio ausgestellt: das Flugzeug „Sva", mit dem er 1919 Wien überflog, das Schiff Puglia, das Auto, das er 1919 beim Einmarsch in **Triest*** fuhr etc. In der Freilichtbühne werden im Sommer Veranstaltungen angeboten. Die Kirche San Nicola steht auf der anderen Seite des Eingangsvorplatzes (barockes Interieur). Am Vittoriale vorbei führt eine Straße zum Aussichtspunkt San Michele (400m Höhe, Aussicht über den See). Anlegeplatz für Linienschiffe, Verbindungen Desenzano-Riva und Gardone-Garda.
Salo (3 km südwestl.): Großer Luftkurort mit bekanntem Samstagsmarkt. Die Stadt blühte während der venezianischen Herrschaft auf. Der Dom ist mit Werken der Meister der Schule von **Brescia*** ausgestattet. In Barbarano, außerhalb von Gardone, befinden sich der Park und der Palast Martinengo (15. Jh.). Die Isolo di Garda liegt 5 km vom Kap Portese entfernt im See. Ein schönes Anwesen mit einer venezianischen Villa.
San Felice del Benaco (7 km südöstl.): Fresken (15./16. Jahrhundert) im Karmelitersanktuarium.
Toscolano-Maderno (2 km nördl., Fährverbindungen von Maderno nach Torri del Benaco): Die Gegend war schon im 9. Jh. v. Chr. von den Etruskern besiedelt. Die Basilika Sant' Andrea (12. Jh., skulptiertes Portal) und die Parrkirche mit einem Gemälde von Veronese befinden sich in Maderno. In Toscolano, dem antiken Benacum, findet man Mosaiken einer römischen Villa.
Gargnano: 12 km nördlich, → **Tignale*.**

Garessio 8/C 3
Piemonte (Cuneo)

Der wegen seiner Mineralquellen (Acqua San Bernardo) berühmte Luftkurort liegt in einer schönen Berglandschaft am Ufer des Tanaro. Das Kurbad (Juni-Sept.) wird auch von Wintersportlern geschätzt. Das Skizentrum von Castori (1200/1700 m) ist nur 12 km entfernt. Das alte Dorf besitzt eine Kirche aus dem 17. Jahrhundert.
Albenga*: 38 km südöstl., über

den Colle San Bernardo (7 km, 950 m Höhe).
Nova (Colle di, 22 km südwestl., 930 m): Sommerfrische.
Ormea (12 km südwestl.): Altes Dorf, Sommerfrische (730 m).

Genova / Genua 9/B 2
Hauptstadt Liguriens und Provinzhauptstadt

Der erste Handelshafen Italiens sollte vom Mittelmeer aus entdeckt werden. In unvergleichlicher Lage steigt die Stadt der Marmorpaläste und Terrassengärten in einem weiten Halbkreis am Hang des Ligurischen Apennin empor. Die Silhouette des Hafens bestimmt ein Wald von Kränen vor dem Hintergrund von Werften und Industrieanlagen. Von den auf den nahegelegenen Gipfeln und Hängen verlaufenden Autobahnen und Straßen hat man bei klarem Wetter eine schöne Aussicht auf die Stadt mit dem Beinamen „La Superba". „Groß-Genua" erstreckt sich in einem weiten Bogen von Westen nach Osten auf dem 30 km langen Küstenstreifen zwischen Pegli und Nervi. Vom Flugzeug aus gesehen soll die Stadt nach den Worten Eugenio Montale wie eine „Schlange, die ein Kaninchen verschluckt hat, ohne dabei zu verdauen", aussehen. Als Autofahrer kann man diesen Eindruck von der „Strada sopraelevata" (Hochstraße) aus nachvollziehen. Die von Westen kommende Schnellstraße beginnt in Höhe der „Laterna", einem Leuchtturm aus dem 16. Jahrhundert, der den Westen des Hafens überragt (76 m hoch, 117 m über dem Meeresspiegel, Aussicht*).

Der Hafen: Der erste Seehandelsplatz Italiens (50 Mio. Bruttoregistertonnen) und neben Marseilles wahrscheinlich der bedeutendste Verkehrshafen des Mittelmeeres (1,5 Mio. Passagiere). Fünf Hauptbecken umfassen eine Wasserfläche von 950 ha. Entlang der 25 km langen Kaimauer stehen Lagergebäude von insgesamt 45 km Länge. Die Besichtigungstouren werden traditionell von der Kooperative der Schiffer organisiert (Abfahrt an der La calata Zingari in der Nähe des Hafenbahnhofs, 1 Std. Dauer).

Der Hafen existierte schon zu vorrömischer Zeit, man weiß, daß er von den Karthagern in Brand gesteckt wurde. Wirkliche Berühmtheit erlangte er jedoch erst im 11. Jh., als die Werften ausschließlich Galeeren bauten. Darunter waren jene, die im Auftrag ausländischer Prinzen unter der weißen, rotgekreuzten Fahne der Kreuzritter des Sankt Georg Ordens nach Palästina fuhren. Erst zur Zeit der Renaissance rüstet Genua Galionen und Karavellen aus. Als Seerepublik rivalisiert Genua mit Venedig und Pisa. Die Flotte nimmt an allen Konflikten des Mittelmeerwelt teil. Kühne Admiräle (Andrea Doria) eilen durch die Barbaren bedrängten Küstenbevölkerung zur Hilfe. Die Stadt wird sich nie von dem schweren Artilleriebeschuß zur Zeit Ludwig XIV. erholen; Korsika fällt 1768 an Frankreich.

Berühmte Söhne: Cristoforo Colombo (Christoph Kolumbus) soll ganz in der Nähe geboren worden sein (1451-1506). Andrea Doria (1466-1560), der Kondottiere unterstützte erst die Feldzüge Francois I., bevor er für Karl V. Partei ergriff. Der Musiker Paganini lebte hier von 1780-1840. Mazzini (1805-1872), der Begründer der Bewegung der „Jungen Republik Italien" (1825).

Besichtigung der Stadt:
Eine Besichtigung sollte zu Fuß und mit öffentlichen Verkehrsmitteln unternommen werden, sie dauert mindestens einen Tag (Parken ist nur nachts möglich).

Aussichtspunkte: Vom Castelleto und von der Villetta Di Negro auf dem Monte Righi aus; mit der Seilbahn zu erreichen (300 m über dem Hafen, Abfahrt an der Münze, am Largo Zecca). Oberhalb des Garibaldi-Tunnels, Aufzug zum Castello*, mit der Funicolare Santa Anna zu erreichen, Abfahrt an der Piazza del Portello*. Mit dem Wagen kann man die Circonvallazione a monte benutzen, ein Abschnitt heißt Corso Firenze, die sich am Hang entlangschlängelt. Sie führt zu der Panoramaterrasse in Höhe der Albergo dei Poveri (1). Seilbahnen, Schwebebahnen und Panoramastraßen verbinden mit den Festungen des 18. Jh. auf den umliegenden Berggraten (Besichtigung möglich): weitreichende Aussichten** bei klarem Wetter.

Die Stadt des 16. und 17. Jahrhunderts:
Piazza Acquaverde (2): Auf dem Platz befinden sich der Hauptbahnhof (Fremdenverkehrsamt) und der Omnibusbahnhof. In der Mitte des von neoklassizistischen Gebäuden gesäumten Platzes steht das Kolumbusdenkmal.
Palazzo Doria Pamphili (Piazza Principe): Die elegante Fassade des mit reichverzierten Salons ausgestatten Palastes weist zum Garten hin, in dem ein Neptunbrunnen sprudelt (17. Jh.).
Via Balbi: Auf der linken Seite befindet sich der Palazzo dell' Università, gegenüber steht der Palazzo Reale (3) (17. Jh., Besichtigung möglich), schönes Mobiliar und eine Kunstgalerie*, etwas weiter links, Palazzo Durazzo Pallavicini (17. Jh.). Man erreicht die Piazza der Santissima Annunziata, die von der neoklassizistischen Fassade der gleichnamigen Kirche (13. Jh.) beherrscht wird.
Via Garibaldi*: (die Via Cairoli endet gegenüber (4)): Die Fußgängerzone wird hauptsächlich von Palästen* gesäumt, links und rechts enden steile, enge Gassen (Carrugi).
Palazzo Bianco: Die Säle des Palastes sind mit dem berühmten genuesischen Bodenbelag aus Schiefer und Marmor belegt. Sie beherbergen eine Pinakothek* (Mo. ⊠), in der neobyzantinische Werke, Gemälde von Bernardo Strozzi, Magnasco und Werke ausländischer Künstler, darunter Zurbaran, Rubens und Van Dyck, ausgestellt werden.
Palazzo Tursi: In dem Palast (16. Jh.) ist das Rathaus untergebracht; prächtiger erhöhter Hof (Sa.- nachm., So. und Feiertag ⊠).
Palazzo Rosso*: Die Fassade des Palastes ist karminrot verputzt. Die reichverzierten Säle und mit Fresken bemalten Gewölbe beherbergen eine Kunstgalerie*, die zugleich Ausstellungszentrum für Wanderausstellungen ist (Mo. ⊠); Gemälde von Gregorio De Ferrari, Dürer, Van Dyck, Strozzi, Guercino, Caravaggio und vielen venezianischen Künstlern (Veronese, Tintoretto, Tizian).
Palazzo Cataldi-Carrega: Der Palast (Mitte 16. Jh.) befindet sich am Ende der Strada Nuova, deren Renaissancepflaster erhalten ist. Er ist mit Gemälden von Ferrari und Strozzi geschmückt (Sa. und So. nachm. und an Feiertagen ⊠).
Man gelangt anschließend auf die von Palästen umgebene Piazza Fontane Marose und im Norden auf die Piazza del Portello (Seilbahn) und von hier aus zur Rotonda Corvetto (5), auf der das Reiterstandbild Viktor Emanuel II. steht.
Museo E. Chiossone (6): Das größte italienische Museum mit Kunstschätzen aus dem Fernen Osten (So., Mo. und an Feiertagen ⊠). Von den Barockgärten der Viletta di Negro hinter dem Museum gute Aussicht über die Stadt.
San Matteo (7): Das Kircheninnere stammt aus der Renaissance, Grabmal von Andrea Doria. Die Case dei Doria auf der gleichnamigen Piazza* bilden eine bauliche Einheit (Renaissance).
Piazza De Ferrari (8): Ein monumentaler Brunnen bildet das Zentrum des von neoklassizistischen Bauwerken umgebenen Platzes. Der Palast der Accademia Ligustica di Belle Arti am Anfang der Via XX Settembre beherbergt eine Gemäldegalerie. Der Palazzo Ducale

Genova/Genua

Genua wirkt vom Meer aus beeindruckend. Die Stadt wird wegen ihrer Schönheit, ihres Reichtums und der bevorzugten Lage „Die Prächtige" genannt.

(18. Jh.) an der Südseite des Platzes war die Residenz der Dogen. Seine Hauptfassade weist zur Piazza Matteotti, an der die Gesu-Kirche zahlreiche Kunstwerke beherbergt, darunter zwei Rubens.

Via Dante (9): Sie führt zur Casa di Cristoforo Colombo (im 18. Jh. neuerrichtet). Die Porta Soprana* (oder Sant' Andrea, 12. Jh.) bildet eines der Altstadttore. Nebenan ist der romanische Kreuzgang von Sant' Andrea ohne Überdachung.

Santa Maria Assunta di Carignano (10): Die Kirche (16. Jh) ist ein Werk Alessis, hinter der Barockfassade steht die berühmte Skulptur des Sankt Sebastian von Puget.

Die mittelalterliche Stadt (von der Piazza Sarzano (11) bis San Giovanni di Pre).

Santa Maria di Castello (12): Die Kirche (7.-14. Jh.) steht im Bereich der mittelalterl. Festung. In einem der beiden Kreuzgänge, Gewölbe und Wände sind mit Fresken bemalt, hängen Gemälde von Magnasco, Brea usw.

San Donato (13): Anbetung der Könige* (16. Jh.) im Inneren des Bauwerks (12./13. Jh.).

Cattedrale San Lorenzo* (14): Der Dom, Hauptmonument der mittelalterlichen Stadt, besitzt zwei in der Höhe ungleiche Türme (13.-15. Jh.), die die gotische Fassade krönen. Das reich skulptierte Hauptportal (12. Jh.) stammt wie die Türen der Seitenfassaden aus der Romanik. Die Verzierungen des gotischen Schiffes sind zur Renaissance entstanden: Kapelle San Giovanni Battista* (15. Jh.), Kuppel von Alessi (16. Jh.). Die Schatzkammer behütet den berühmten Sacro Catino*, den Salomon von der Königin von Saba bekommen haben soll (So., Mo. und an Feiertagen ⊠). Künstler, die den Auftrag hatten, das Abendmahl zu malen, stellten Christus oft mit diesem Gefäß in den Händen dar. In Wirklichkeit handelt es sich um ein hebräisches Gefäß, das die Römer im 1. Jh. aus Cäsarea in Palästina mitbrachten.

Die Via San Lorenzo führt hinunter zum Hafen.

Palazzo di San Giorgio: Das Bauwerk aus dem 13. Jh. wurde zur Renaissance erweitert. Seinen Namen verdankt es der berühmten Banca di San Giorgio, die 1408 gegründet wurde.

Auf der Rückseite befindet sich die Loggia dei Mercanti (16. Jh.) an der Piazza Banchi.

Palazzo Spinola (16): Auch unter dem Namen Palazzo dei Marmori bekannt, berühmt wegen der Dekoration seiner Salons (16.-18. Jh.) und seines Spiegelsaales von De Ferrari, in dem die nationale Gemäldegalerie untergebracht ist (So. und an Feiertagen ⊠).

Weitere Sehenswürdigkeiten:
Museo Americanistico im Kongreßpalast (17). Ethnologisches und Archäologisches Museum (Amerika und präkolumbianische Zivilisation) im Albertis Schloß (18). Risorgimento Museum in der Casa Mazzini (19). Das Naturkundemuseum Giacomo Doria, nahe der Piazza della Vittoria (20). Villa Luxoro → **Nervi***. Villa il Paradiso.

Sehenswerte Kirchen:
Sant' Agostino ((21), 13. Jh.): Der Kreuzgang der Kirche beherbergt ein Archäologisches Museum und ein Skulpturenmuseum (Werke von Pisano, 14. Jh.).

Santi Cosma e Damiano (22): Madonna mit Kind* von einem unbekannten Maler des 14. Jahrhunderts.

San Filippo: Unbefleckte Empfängnis von Puget.

San Giovanni di Pre (23): In der Nähe der Piazza Acquaverde. Mit romanischem Glockenturm*; nebenan eine mittelalterliche Commenda Galerie.

San Stefano (Via XX Settembre (24): Romano-gotische Kirche.

In den Randvierteln:
Albaro (im Osten): Zwei romanische Kirchen; Villa Saluzzo Bombrini mit Loggien (16. Jh.) und Villa Cambiaso*, eines der Meisterwerke von Alessi.

Boccadasse* (weiter östl., über den Corso Italia* am Meeresufer): Malerisches, altes Fischerviertel.

Cimitero di Staglieno* (Friedhof, 2 km nördl., über das Bisagnotal): Viele Monumente aus Marmor und barocke Mausoleen berühmter Genuesen. Fiera Internazionale (oberhalb von Boccadasse), internationales Messegelände.

La Madonnetta (Kapelle; über die Station San Nicola der Seilbahn nach Righi): Sehenswert ist die berühmte Krippe*.

Veranstaltungen: Erste Wassersportausstellung Europas (alle vier Jahre) im Messepalast und Euroflora. Die Sant' Agata-Messe geht auf das Mittelalter zurück. Palio (Kämp-

fe) der alten Seerepubliken in den Hafenbecken. Musiksaison, Geigenkonzerte von Paganini.
Spezialitäten: Farinata (aus Mehl, Kichererbsen und Olivenöl), sie müssen sehr heiß probiert werden, Polpettone (Kroketten), mit Gemüse gefüllte Osterpastete, Trenette und Trofie (Teigwaren) mit Pesto abgeschmeckt. Pansolti (Ravioli mit Kräutern, Cima (Kalb, mit Eiern und Gemüse gefüllt), Cappon magro (Zubereitung auf Fischbasis), Focaccia (flacher, gebackener Kuchen), Pandolce (Biscuit).
Shopping: Antiquitäten im Fontana Marose Viertel. Zecca; Flohmarkt auf der Piazza Lavagna.
Arenzano (22 km westl.): Großes Seebad.*
Cogoleto (24 km westl.): Angebliches Geburtsdorf Chr. Kolumbus, gotische Türme und Oratorium.
Cornigliano (10 km): Fresken der Assunta-Kirche (18. Jh.)
Madonna della Guardia (9 km nordwestl.): Oratorium des 16. Jh., Panorama (Höhe 800 m).
Nervi* (11 km östl.): Seeuferpromenade, Gärten und Parks; Villa Serra, Galerie für moderne Kunst; Ilario Passo Park, Museum Luxuro; Park der Villa Gropallo; Kirche, im Inneren mit Fresken (18. Jh.) bemalt. Im Sommer internationales Ballettfestival*.
Pegli (9 km westl.): Die Villa Durazzo Pallavicini*, deren Garten mit einem kleinen Dianatempel geschmückt ist, beherbergt ein Museum für ligurische Archäologie. Villa Doria (16. Jh.), Schiffsmuseum mit einem Gemälde von Chr. Kolumbus.
Quatro dei Mille (6 km östl.): Garibaldi schiffte sich hier 1860 nach Sizilien ein: Monument und Ausblick* über Genua.
San Siro di Struppa (12 km nordöstl.): Frühromanische Kirche.
Torriglia (33 km nordöstl.): Sommerfrische im Apennin (790 m Höhe), Schloßruinen.
Voltri (18 km westl.): Villa der Herzogin di Galliera.

Giglio (Isola del)   14/B 2
Toscana (Grosseto)
Die zweitgrößte Insel des toskanischen Archipels liegt 14 km vor der Küste der Halbinsel **Orbetello***. Die mit Weinbergen bedeckte Insel wird hauptsächlich wegen ihrer Strände und wegen der Unterwasserjagd besucht. Zwischen den Hügeln gibt es nur drei Ortschaften mit zwei Häfen, die durch eine Straße verbunden sind. Diese führt auf 400 m Höhe durch Giglio Castello. Die Kirche (14. Jh.) des mittelalterlichen Dorfes beherbergt ein Kruzifix von Giambologna.
Schiffsverbindungen: Mit Porto Santo Stefano (→ **Orbetello***), ca. 1 Stunde Fahrzeit.
Auf der kleinen Insel Giannutri im Südosten befinden sich römische Ruinen einer Villa (1. Jh.) und eines Hafens.

Giulianova   16/A 2
Abruzzo (Teramo)
Das ehemalige Castrum Novum liegt ca. 2 km vom Badeort am Lido entfernt. An diesem adriatischen Küstenstreifen befand sich der vorrömische Hafen Pretusium, heute ein Fischerei- und Yachthafen. Sehenswert sind der Dom aus der Renaissance mit sechsseitigem Grundriß und die Pinakothek (Sa.nachm. und So. ⊠): Werke von Malern seit Anfang des 19. Jh.
Santa Maria a Mare oder Annunziata (2 km): Kirche (14. Jh.) mit einem romanischen Portal.
Veranstaltungen: Hafenfest Anfang Aug. (Prozession der Fischer); gastronomische Messe und Salon der Weine in Roseto (nördlich, im August).
Handwerk: Keramik.
Umgebung: Der Küstenstreifen besteht aus einer Kette von langen Stränden.
San Clemente al Vomano (22 km südwestl.): Kirche mit romanischem Portal (Anfang 12. Jh.).
Santa Maria di Propezzano (20 km südwestl.): Gotische Kirche, mit Fresken verziert.

Gorizia / Görz   3/D 3
Friuli-Venezia Giulia (Provinzhauptstadt)
Die häufig von Erdbeben heimgesuchte Stadt, früher ein Brennpunkt zwischen germanischer und lateinischer Welt, wurde nach den beiden Weltkriegen an der Mündung des Isonzo-Tales in der Ebene von Friaul, an der jugoslawischen Grenze wiederaufgebaut.
Sant' Ignazio: Die Kirche bewahrte die Strukturen des österreichischen Barock.
Provinzialmuseum: In einem Palast (18. Jh.) untergebracht (Mo. ⊠). Archäologische Sektion, Pinakothek und Säle, die dem 1. Weltkrieg gewidmet sind.
Kastell: Die mittelalterliche Anlage, zu Anfang des 16. Jh. von Venedig errichtet, bewahrte ihre Umwallung und mehrere Paläste aus Gotik und Barock (Mo. ⊠). Von den Schildmauern hat man ein weites Panorama. In der kleinen Kirche des „Heiligen Geistes" befindet sich ein Geschichts- und Kunstmuseum.
Veranstaltungen: Landwirtschaftsmesse im Mai/Juni.
Gradisca d' Isonzo (12 km südwestl.): Während der Renaissance von Venedig errichtet und befestigt: mittelalterliches Castello, Paläste und Häuser des 17./18. Jh.; barocker Dom, Loggia dei Mercanti, in der sich ein Lapidarium befindet und eine Önothek (Weine des Friaul) in der Casa dei Provveditori (16. Jh.).
Monte San Michele (16 km südwestl.): Panorama*.
Oslavia (4 km nördl.): Mititärsanktuarium und Beinhaus.
Cormons (14 km westl.): Markt für Bäume (Baumschulen).

Gradara   11/B 3
Marche (Pesaro e Urbano)
Innerhalb einer mächtigen Stadtmauer liegt die von einer Rocca* gekrönte Ortschaft auf einem Hügel. Die Festung (13./14. Jh.) diente früher den Malatesta als Schlupfwinkel, bevor sie in den Besitz der Sforza (→ **Milano***) wechselte (Mo., an gewissen Festt. und außerhalb der Saison nachmittags ⊠). Hier spielt Dantes Tragödie von Francesca da Rimini. Die Innenräume sind mit Renaissancemöbeln und Fresken bestückt. Zu besichtigen sind die Folterkammern der Malatesta und der Altar von Andrea Della Robbia in der Kapelle. Schönes Panorama vom Burgfried*.

Grado   7/B 1
Friuli-Venezia Giulia (Gorizia)
Fischereihafen und Seebad am Küstenstreifen des Golfs von Triest. Am Ende einer häufig von Nebelschwaden verhangenen Lagune ragt die alte Ortschaft schemenhaft empor. In den Außenbezirken entlang des Deiches befinden sich gigantische Ferienanlagen; eine 5 km lange Deichstraße verbindet mit dem Festland. Ursprünglich war Grado ein Zufluchtsort, dann

Das reizende Dorf Grado bewahrte mehrere Bauwerke aus dem 5. und 6. Jh., darunter das byzantinische Baptisterium.

Gran Paradiso (Parco Nazionale)
Gran-Paradiso-Nationalpark
(Valle d'Aosta und Piemonte) 4/B 2

Der Park wird von einem der größten Alpengipfel beherrscht, dessen Namen er trägt. Das ehemalige königliche Jagdrevier wurde 1919 Viktor Emanuel III. vom italienischen Staat geschenkt. Das im Durchschnitt 1500 m hoch gelegene Refugium gehört zu den ältesten Nationalparks Europas (1922). Auf französischem Staatsgebiet wird er vom Parc national de la Vanoise verlängert. Die nördlich und südlich gelegenen Hänge bieten klimabedingt beeindruckende Kontraste. In geschützter Lage bewahrte der von vier großen Tälern durchdrungene valdonische Hang seine Gletscher. Der regenreiche piemontesische Hang, den man über die Straße zum Locana durch die Canavais-Täler erreicht, besitzt sehr schöne, hochgelegene Seen (Ceresole-See, 1600 m). Über den Nivolet Paß (2612 m, Berghütte) gelangt man von einem Hang zum anderen. Die nördliche Hangstraße ist schwer befahrbar und im Winter geschlossen. Die piemontesische Straße (Südhang) ist gut ausgebaut und kann beinahe das ganze Jahr über bis zum Paß befahren werden. Die Flora paßt sich den jeweiligen klimatischen Bedingungen an. Besonders empfehlenswert ist der alpine Garten „Paradisa" im **Cogne***-Tal. Hauptattraktion des „Gartens" sind allerdings die Tiere. Der Park wurde zum Schutz der Steinböcke (heute ca. 3500) gegründet. Neben ca. 6000 Gemsen leben hier auch Murmeltiere, zahlreiche kleine Nagetiere, Raubvögel und Kolonien von Sperlingen.

Die Besichtigung des Parks wird durch 470 km lange Wanderwege und Pisten, an denen außer dem festen Biwak ein halbes Dutzend Hütten des italienischen Alpenclubs stehen, erleichtert. Da die Wege entlang der Hänge verlaufen, sollte man die Gegend nicht allein erkunden. Nach Absprache mit der „Azienda di Soggiorno" in **Cogne*** kann man an zwei- bis dreitägigen Touren teilnehmen (Bergführer).

Zitadelle, im 7. Jh. wurde es Bistum, die Erweiterung von Aquilea.
Altes Viertel: Es drängt sich am Ende des Lido am Meeresufer um den Dom, ein byzantinisches Bauwerk der ersten christlichen Jahrhunderte. Er ist wie der von Aquilea mit Mosaiken gepflastert. Die bildhauerische Qualität der Predigerkanzel „Ambone" (11. Jh.) überrascht ebenso, wie die maurische Kuppel und der silberne Altaraufsatz (14. Jh.). Der achtseitige Kampanile stammt aus dem 15. Jh. Das mit Mosaiken verzierte Baptisterium ist ebenfalls byzantinischen Ursprungs (5./6. Jh.).
Santa Maria delle Grazie: Basilika des 4. Jahrhunderts.
Reizvolle kleine Gassen verbinden das alte Zentrum mit dem Kanalhafen, der an **Venedig*** erinnert.

Gressoney 4/C 2
(Valle d'Aosta)
Die Orte Gressoney-Saint-Jean und Gressoney-la-Trinite sind Wintersportstationen und Sommerfrischen (1380/2860 m) am Fuße des Monte Rosa (→ **Macugnaga***).
Das östlich des Aostatals gelegene Gressoneytal erstreckt sich über 33 km. Es wird vom Lys durchflossen, einem Nebenfluß der Dora. Etwa auf halber Strecke bietet sich ein Zwischenaufenthalt in Issime an. Die ehemalige romanische Kirche San Giaccomo, im 17. Jh. neuerrichtet, weist eine bemalte Fassade auf. Im Inneren liegt ein barocker Hauptaltar. In diesem Teil des Tales werden die Traditionen der deutschstämmigen Bewohner (deutscher Dialekt) gepflegt. Besonderen Ausdruck finden diese in den Trachtenfesten.
Ausflüge: Von Gressoney-la-Trinite zum Olen Paß (2881 m) und zur Punta Jolanda (2247 m): herrliche Aussicht* auf den Monte Rosa und die Gletscher.

Grosseto 14/C 1
Toscana (Provinzhauptstadt)
12 km vom Meer entfernt umschließen die modernen Stadtteile den Mittelpunkt der Maremma, einer vom Fluß Ombrone bewässerten fruchtbaren Ebene. In der von doppelten Umwallungen umgebenen Altstadt stehen die Bastionen aus der Renaissance, der Dom und eine Festung der Medici.
Duomo: Das romanische Bauwerk (Ende 12. Jh.) mit einem Kampanile (Anf. 12. Jh.) erhebt sich in der Mitte der Altstadt.
Museo di Archeologia e d'Arte (Piazza della Independenza): Sammlungen zur Vorgeschichte, gezeigt werden Funde aus Roselle, Vetulonia und Sovana, sowie Sammlungen sakraler Kunst (Mi. und Festtagnachmittag ⊠).
San Francesco: Die Kirche aus dem 13. Jh. besitzt ein Kruzifix von Buoninsegna; in der Mitte des Kreuzganges befindet sich der Renaissancebrunnen „des Buffels".
Castiglione della Pescaia (22 km westl.): Badeort, entstanden aus einer mittelalterlichen Ortschaft, deren Verteidigungsanlagen erhalten sind (14. Jh.).
Magliano in Toscana (28 km südöstl.): Stadt etruskischen Ursprungs mit einer Umwallung aus dem 15. Jh. Priorpalast aus der Renaissance und zwei romanische Kirchen.
Marina di Grosseto (11 km südwestl.): Seebad mit Yachthafen.
Roselle* (10 km nordöstl.): Ruinen einer etruskischen Stadt unbekannten Namens und einer römischen Ansiedlung, die bis zum Mittelalter bestand. Erhalten sind die

Zyklopenmauer und das Straßennetz (6.-1. Jh. v. Chr.).
Uccellina (Parco naturale dell', oder della Maremma, 15/30 km südl., Zugang in Alberese): Park mit vielfältiger Vegetation. Die Buchenwälder und die mit Pinien „gesprenkelte" Savanne erinnern an die Hochebenen Ostafrikas; Vögel, Damhirsche, Wildschweine (Führungen: von Juni bis Sept. an Samstagen und Festtagen).
Vetulonia* (22 km nordwestl.): Mittelalterliches Dorf. Nordöstl. befinden sich einige etruskische Nekropolen (Tumuli, 7./6. Jh. v. Chr.).

Gubbio 13/B 2
Umbria (Perugia)

Vom Tal aus gesehen bietet das alte Dorf den Eindruck einer Raumbühne. Unterhalb des Monte Ingino, auf den sich die „Stadt der Stille" stützt, ragen die Türme zahlreicher gotischer Bauten über den Ziegeldächern der Häuser empor. Die einst florierende, freie und kriegerische Stadt geriet in den Besitz der Kirche, damit wurde ihr Untergang eingeleitet. Hier entstand die Legende des von Franz von Assisi gezähmten Wolfes (Anf. 13. Jh.). Gubbio ist ohne Zweifel die Stadt Umbriens, deren mittelalterlicher Charakter am besten erhalten ist. Hohe Stadtmauern umfassen karg wirkende ockerfarbene Bauten. Als Sitz „der Nationalen Assoziation des historisch-künstlerischen Zentrums" und als „Universitätszentrum für umbrische Studien" übernimmt Gubbio eine bedeutende kulturelle Funktion.

Eine der Straßen des alten Gubbio mit robusten Häusern. Der deutliche mittelalterliche Charakter der Via Gabrielli blieb erhalten.

Citta Vecchia
Die Altstadt bietet unzählige altertümliche Bauwerke. Parallel verlaufende Straßen teilen die mittelalterliche Stadt in Abschnitte. Auf verschiedenem Höhenniveau zeugen gewagte Gebäude von der ehemaligen Lehensherrschft italienischer Städte.
Piazza della Signoria*: Die Esplanade oberhalb der Via Baldassini, auf halber Höhe am Hang gelegen, beherrscht die weite Landschaft. Zwei Bauwerke schmücken den Platz; im Palazzo Pretorio (oder del Comune, 13./14. Jh.), ist heute das Rathaus untergebracht, dagegen nimmt das prächtige befestigte Bauwerk des Palazzo dei Consoli* (an Winternachmittagen ✕) das Museo Civico und die Pinakothek auf. Ausgestellt sind Münzen, Keramiken und die weltbekannten „Eugubinischen Tafeln" aus Bronze, auf denen ein Text in umbrischer Ursprache eingraviert ist (3./2. Jh. v. Chr.). Aussicht* von der Loggia des Palastes und von der Terrasse des Platzes aus.
Von der von Budiken gesäumten Via dei Consoli aus führen einige Passagen auf die enge, plattierte Via dei Galeotti. Am Ende der Steigung befinden sich der Eingang der sehenswerten Kathedrale und des Palastes.
Duomo: Hinter der schlichten Fassade öffnet sich ein breites Langhaus zisterziensischer Architektur (13. Jh.). Den gotischen Chor schmücken Fresken, die prunkvoll ornamentierte Sakramentskapelle befindet sich auf der linken Seite. Von der linken Seite der Kirche

Gubbio: Der sehr elegante gotische Brunnen auf dem kleinen Platz des Bargello.

führt ein abfallender Weg nach Sant'Ubaldo.
Palazzo Ducale*: Der von Giorgio Martini (Ende 15. Jh.) gebaute Herzogspalast hat viel Ähnlichkeiten mit dem Palast von **Urbino*** (nachmittags, Mo. und an manchen Feiertagen ✕): schöner Arkadenhof*, mit Fresken dekorierte Säle und Salone (wie im Palazzo dei Consoli), kleines Kapitularmuseum. Unterhalb des Palastes führt eine gewölbte Galerie zu den Giardini Pensili.
Via dei Consoli (an der Piazza della Signoria): Alte Häuser und Handwerkerateliers machen die Straße der Konsule zu einer der interessantesten der mittelalterlichen Stadt. Sie verbindet mit dem Palazzo del Bargello.
Palazzo del Bargello: Gut erhaltener Palast des 15. Jahrhunderts, dessen Fassade sich auf einen kleinen, mit Brunnen geschmückten Platz öffnet.
Oberhalb des Baches befinden sich die Kirche San Domenico und die angrenzende Via Gabrielli mit mittelalterlichen Häusern. Weiter oben steht der Palazzo del Capitano del Popolo (13. Jahrhundert) neben der Porta Metauro. Der Palazzo Beni (15. Jh.) liegt in entgegengesetzter Richtung.
Via Baldassini: Gesäumt von Häusern aus dem 13./14. Jh. Weiter unterhalb führt sie zum Palazzo dei Consoli, gegenüber der Mauer steht das romanische Haus „Sant' Ubaldo". Der Verlängerung der Via Savelli folgend. Am Ende, nahe der Stadtmauer, beherbergt Santa Maria Nuova (14. Jh.) die Madonna del Belvedere*, ein Fresko von Nelli.
Die Untere Stadt
Hinter der spitzbogigen Porta Romana liegt links die Station der Ca-

Ein prächtiges Zeugnis der Blütezeit Gubbios, der befestigte Palast (15. Jh.) der Konsule mit einer hochgestellten Loggia.

I J

Imola
10/C 2
Emilia Romagna (Bologna)
Die ehemalige römische Gründung hat sich zu einem großen Industriezentrum und zum Mittelpunkt der landwirtschaftlich geprägten Region entwickelt. In den alten Vierteln sind zahlreiche Bauten aus der Renaissance und dem Klassizismus erhalten. Von Bologna auf der Via Emilia kommend, erkennt man sofort rechts die Rocca.
Rocca Sforzesca: Eine Festung (13.-15. Jh.), in der antike Waffen und mittelalterliche Keramiken ausgestellt sind.
Via Emilia: Palazzo dei Musei (Wissenschaft, Risorgimento und Pinakothek, Sa. ⊠) und Palazzo Della Volpe (15. Jahrhundert).
Piazza Matteotti: Palazzo Comunale (18. Jh.), gegenüber Palazzo Sersanti (15. Jahrhundert).
Via Garibaldi: Duomo und Museo Diocesano (von So. bis Di. und nachmittags ⊠) sowie Palazzo Tozzoni (18. Jahrhundert, sehr schöne Inneneinrichtung).
Chiesa dell' Osservanza: Kirche des 15. Jh. mit einer sehr schönen Madonna e Angeli* von einem unbekannten Meister.
Veranstaltungen: Im Sommer Vorstellungen auf dem Hof der Festung (Rocca); Markt des Santerno Anfang Sept.; Auto- und Motorradrennen auf dem Motodrom.
Spezialität: Berühmte Weine (→ **Bologna***).
Handwerk: Keramik (→ Faenza*).
Castel San Pietro Terme (11 km westl.): Barockes Sanktuarium, romano-gotische Kirche Santa Maria Maggiore.
Dozza (8 km westl.): Alter befestigter Platz. Die Rocca aus der Renaissance (Wandmalereien) beherbergt ein Museum der Civilta Contadina (ländl. Zivilisation) und eine Önothek (Mo. ⊠). Fest der Albana im Juni.
Madonna del Piratello (4 km westlich, 15. Jh.): Kunstwerke der Renaissance.
Santerno-Tal (südlich): Sehr malerische Landschaft.

binovia (oder Funivia) nach Sant'Ubaldo.
Sant' Agostino: Die Kirche Sant' Agostino ist ebenfalls mit Fresken von Nelli verziert.
San Pietro: Die älteste Kirche der Stadt stammt aus dem 9. Jh. und gehörte zu einem Kloster, dessen zwei Kreuzgänge sich an die Stadtmauer anlehnen.
Kirche der Vittorina: Die Kirche auf der anderen Seite des Außenrings bewahrt die Erinnerung an San Francesco.
San Francesco: Die gotische Kirche (13./15. Jh.) ist das bedeutendste Bauwerk der unteren Stadt. Die Innenmauern des Sanktuariums wurden im 15. Jh. mit Fresken bemalt (Leben der Jungfrau Maria* von Nelli). An der Nordseite des Platzes fällt die Logge dei Tiratori auf, hier versammelten sich die Wolle verarbeitenden Handwerker.
Teatro Romano: Das sehr gut erhaltene Theater aus dem 1. Jh. befindet sich außerhalb der Stadtmauern in der Ebene. Von den Ruinen hat man einen schönen Blick* auf die Stadt. Im Sommer wird das Theater für Veranstaltungen genutzt. 300 m weiter liegt ein römisches Grab.
San Secondo (an der Kreuzung nach Umbertide): Die im 8. Jahrhundert gegründete Kirche besitzt eine sehr schöne gotische Apsis (restauriert).
Veranstaltungen: Prozession des „toten Christus" am Karfreitag. Am 15. Mai wird ein großes Kostümfest mit einem sogenannten „dei Ceri" Wettbewerb abgeschlossen. Riesige, doppelte Prismenlaternen aus Holz werden während der Prozession im Laufschritt bis zur Basilika Sant'Ubaldo getragen. Palio della Balestra (Wettbewerb der Armbrustschützen) und Fest der Standarte am letzten Maisonntag auf der Piazza della Signoria. Vorstellungen im römischen Theater im Juli/August. Antiquitätenmarkt an jedem zweiten Sonntag des Monats.
Handwerk: Traditionelle Keramiken (Biennale im Aug./Sept.) und Kunstschmiedeerzeugnisse. In der Stadt gibt es ca. 30 Handwerker-Ateliers, darunter Kunsttischler, Vergolder, Geigenbauer, Wollweber und Steinmetze.
Sant' Ubaldo*: Kapelle des 15. Jh., 5 km nördlich und 300 m oberhalb von Gubbio: Panorama*.
Fabriano*: 37 km östlich.
Gualdo Tadino*: 24 km südöstl., → **Assisi***.
Perugia*: 41 km südlich.
Umbertide: 29 km westlich, → Citta di Castello*.

Imperia
9/B 3
Liguria (Provinzhauptstadt)
Das antike Julia Augusta war einst ein Rastplatz an der Via Aurelia. Zwei Stadtteile werden heute durch die 3 km lange Küstenstraße „Lungomare Americo Vespucci" verbunden. Im Osten liegt Porto Mauri-

zio mit malerischen Bauwerken im Altstadtviertel, zwei Kirchen des 18. Jh., einer Stiftskirche und San Pietro (Ausblick von der Terrasse). Westl. befindet sich zu beiden Seiten der Impero-Mündung der Ortsteil Oneglia, erbaut im 19. Jh.
Veranstaltungen: Musikfest im Okt.
Spezialitäten: Schnecken, Krebstiere, Fischsuppe, von einem „Vermentino" aus Diano begleitet.
Cervo (12 km nordöstl.): Malerische Lage*, Schloß aus dem 13. Jh., genuesische Befestigungsmauer, mittelalterl. Palast, Kirche (14. Jh.) und Barockkirche Corallini.
Diano Marina (6 km nordöstl. von Oneglia): Römische Gründung, heute Badeort. Im Rathaus Museo-Biblioteca. Umwallung und romanische Kirche in Diano Castello (3 km).
Moltedo (15 km nördl.): Die Kirche beherbergt einen Van Dyck.
Monesi (15 km nördl.): Wintersportstation in den ligurischen Alpen.
Montegrazie (9 km nordwestl.): Renaissancekirchen.
Taggia*: 18 km südwestl.

Inverigo 5/B 2
Lombardia (Como)

Die Sommerfrische, mitten in der anmutigen Landschaft Brianza, von der aus sehr schöne Aussichten auf die Voralpen genossen werden können, wird von der Gestalt der Rotonda (19. Jh.) beherrscht, die in einem Park zwischen Zypressen emporragt. Sehenswerte Scala del Gigante gegenüber der Villa Crivelli, zu der eine schöne Zypressenallee führt.
Veranstaltungen: Gastronomische Messe im Juli.
Spezialitäten: Ziegenkäsesorten.
Handwerk: Möbelherstellung.
Cantù (10 km westl.): Stadt der Seidenweber und Kunsttischler, berühmt wegen der Karnevalsfeste. Im Nordosten der Stadt gehört die Kirche von Galliano zu einer großen romanischen Baueinheit (10./11. Jh): Fresken in der Apsis, Baptisterium.
Carate Brianza (6 km südl.): Romanische Basilika und Baptisterium von Agliate (9.-11. Jh.).
Erba (8 km nördl.): Hauptortschaft der Brianza zwischen Weinbergen und Obstplantagen (Seenplatte von **Lecco***) mit einem Archäologischen Museum (Mo. ⊠). 3 km weiter befindet sich die Höhle „Bucco del Piombo" (April-September, an Feiertagen ☐).
Como*: 16 km nordwestl.

Ischia (Isola d') 20/A 1
Campania (Napoli)

Die „Grüne Insel" Ischia ist vulkanischen Ursprungs, bergig und mit schroff abfallenden Steilküsten. Die vulkanischen Aktivitäten sind vergleichbar mit denen der nahegelegenen Phlegräischen Felder (→ **Pozzuoli***). Den Gipfel der Insel bildet ein seit 1302 ruhender Vulkan. Die weißen Dörfer der mit einem dichten Vegetationsteppich, Olivenbäumen und Orangenhainen bedeckten Insel erinnern an Nordafrika. Es gibt zahlreiche radioaktive Heilquellen (Thermalbäder in Ischia, Casamicciola, Lacco, Ameno, Forio, Citara, Lido dei Maronti). Entlang der Küstenlinie bewachen Verteidigungstürme die alten Ortschaften, die zugleich Fischereihäfen, Seebäder und Kurorte sind.
Ischia: Der Ort besteht aus zwei voneinander getrennten Teilen. Ischia Porto liegt an einem ehemaligen Kratersee, der im 19. Jh. durch einen Kanal mit dem offenen Meer verbunden wurde. Die mittelalterliche Ortschaft Ischia Ponte drängt sich dicht unter dem hohen Inselfelsen, der vom Castello Aragonese gekrönt ist (16. Jh., im Winter ⊠. Aussicht von der Terrasse vor der Festung). Die gotische Kathedrale steht im Stadtkern, der während der napoleonischen Kriege (1809) teilweise zerstört wurde. Panorama* vom Belvedere von Cartaromana in der nahen Umgebung.
Inselrundfahrt** (30 km über die Straße, ca. 4 Std. Fahrzeit): Bei einer Inselrundfahrt erlebt der Besucher im Süden zwischen Punta del Soccorso (westl.) und Barano (hoch über dem Lido dei Maronti) herrliche Aussichten. Eine Rundfahrt mit dem Schiff dauert 3 Std.
Barano d'Ischia (5 km südl. von Ischia Ponte): Eines der seltenen Dörfer im Inselinneren. 1 km westl., Belvedere zur Südküste weisend. Eine Straße führt hinunter zum Lido dei Maronti (→ Sant'Angelo).
Casamicciola Terme (Nordküste, 3 km von Ischia Porto): Der Fungo-Felsen ragt vor dem Badeort einsam aus dem Meer. Verwinkelte Altstadt, Panorama vom Monte Rotaro (260 m) aus.
Lacco Ameno (2 km westl. von Casamicciola Terme): Wahrscheinlich die älteste besiedelte Ortschaft der Insel. Die Villa Arbusto beherbergt ein Archäologisches Museum mit Funden vom 10. Jh. v. Chr. bis zum Ende des Römischen Imperiums.
Forio (Westen): Malerisches Dorf auf einer Halbinsel mit einem runden Wachturm (15. Jh.) und der Kapelle der Punta del Soccorso.
Monte Epomeo (790 m): Belvedere auf dem erloschenen Vulkan, von Fontana aus über die Straße zu erreichen.
Sant'Angelo (Süden): Einfaches Fischerdorf mit bunten Häusern (Zufahrt verboten). Östl. erstreckt sich der schöne Strand „Lido dei Maronti", der wegen seiner Fumarolen (vulkanische Gasaushauchungen) berühmt ist.

Iseo 5/D 2
Lombardia (Brescia)

Der angenehme Luftkurort am Südufer des Iseo-Sees bewahrte eine romanische Kirche (Sant'Andrea) mit einem Kampanile aus dem 13. Jh, in der sich ein Gemälde des hl. Michael von Hayes befindet. Im Schloß Oldofredi wurde ein Kulturzentrum eingerichtet. Vom Ort Aussichten auf die Voralpen.
Lago d'Iseo: Der im Altertum Sebinus genannte See erstreckt sich von Norden nach Süden über eine Länge von 25 km. Der See bedeckt

Ischia Ponte: Eine Ortschaft zu Füßen des felsigen Hügels, der vom Schloß der früheren Herren Aragoniens gekrönt ist.

Isola Bella: Der riesige Garten des Palazzo Borromeo, dessen zehn abgestufte Terrassen durch monumentale Treppen verbunden sind, beherrscht einen großen Teil des Lago Maggiore gegenüber der Riviera von Stresa.

das Oglio-Flußbett in einer Breite von 3 km, die tiefste Stelle mißt 251 m. Zwischen Sarnico und Lovere besteht eine Schiffsverbindung, Anschluß in Iseo. Eine am Hügelhang entlanggeführte Panoramastraße von 70 km Länge führt durch zahlreiche Tunnel.
Spezialität: Iseoweine und Weine aus Franciacorta und Valcalepio; im Ofen gebackene Lachsforellen und Schleie.
Monte Isola* (oder Montisola, 5 km nordöstl., 10 Min. per Schiff ab Sulzano oder ab Sale Marasino): Die bewaldete „Berginsel" wird hauptsächlich von Fischern bewohnt, deren Dörfer bei einer Rundfahrt entlang der Straße (9 km) besichtigt werden können. Vom Gipfelpunkt (400 m) der Insel, auf dem sich die Kapelle der Madonna della Seriola (oder Ceriola) befindet, hat man eine schöne Aussicht*.
Pisogne (22 km nördl.): Santa Maria della Neve (15. Jh.), im 16. Jh. von Romanino (→ **Brescia***) mit Fresken dekoriert. Die Renaissancekirche im oberen Teil des Dorfes ist ebenfalls mit Fresken verziert. Fest der Kastanien und der Pilze im Herbst.
Rodengo (10 km südl.): Bedeutende Abtei, sie wurde im 15. Jahrhundert vom Clunyorden wieder neu aufgebaut.
Sale Marasino (10 km nördl.): Barocke Kathedrale, Park der Villa Martinengo.
Sarnico (10 km westl.): Angenehmer Spaziergang entlang des Sees.
Brescia*: 24 km südöstlich.
Camonica (Val) und **Lovere** (30 km nördlich.): → **Brene***.

Isernia 18/A 2
Molise (Provinzhauptstadt)
Die von Erdbeben im Mai 1984 und im Herbst 1985 stark betroffene Stadt errang 1979 Weltruhm, als man eine paläolitische Stätte entdeckte, die möglicherweise 1 Million Jahre alt ist. Die Altstadt erstreckt sich heute auf dem Gebiet des früheren römischen Cardus. Von den Überresten des antiken Aesernia, das seinen Namen dem italischen Gott Aiser verdankte, sind das Podium des Jupitertempels, der Aquädukt und der zu gotischer Zeit wieder aufgebaute Brunnen der Brüderlichkeit von besonderer Bedeutung.
Kathedrale: Das Bauwerk bewahrte Stilelemente aus den ersten Jahrhunderten der christlichen Zeitrechnung.
Museo Civico (am Südende): Lokale Archäologie (Mo. und Feiertag-nachmittags ⊠).
Veranstaltungen: Zwiebelmarkt im Juni, Settembre a Isernia (Konzerte und Vorstellungen).
Handwerk: Regionale Ausstellung Ende Juni (Fayence, Spitzen, bunte Webkunst, deren Tradition vermutlich auf das 3. Jahrhundert zurückgeht).
Miletto (Monte, 2050 m): Ausflugszentrum und Wintersportstation über Campitello Matese (36 km südöstl.) zu erreichen.

Isola Bella 4/D 1-5/A 1
Piemonte (Novara, Gemeinde Stresa)
Die berühmteste der Borromeischen Inseln (Isole Borromee) bietet dem Besucher ein touristisches Dorf, ein Schloß und prächtige Gärten. Regelmäßiger Schiffsverkehr verbindet die Insel mit **Stresa*** (5 Minuten benötigt man für die Überfahrt), Baveno, **Pallanza*** und **Laveno***. Karl III. Borromeo ließ 1630 den Isabella-Palast bauen, der der Insel vermutlich den Namen gab.
Palazzo Borromeo: In diesem Palast hielten sich 1797 Christina von Schweden und Bonaparte auf. 1935 wurde im Musiksalon von Mussolini, Pierre Laval und Mac Donald das Abkommen von Stresa unterzeichnet. Besondere Bewunderung finden die Verzierungen des Thronsaals und des Musiksalons, das Mobiliar, die flämischen Wandteppiche und die Pinakothek mit Werken der lombardischen Schule (Bacchus, der Rubens zugeschrieben wird). Die Kapelle mit feinen Renaissanceverzierungen enthält einen Van Dyck zugeschrie-

Das als „Theater" bezeichnete Barockbauwerk in den Gärten, ganz oben das Einhorn, das Emblem der Borromeo.

benen „gekreuzigten Christus". In den „unterirdischen" Grotten werden prähistorische Stücke und Marionetten des 18. Jh. gezeigt.
Barockgärten**: Der Zugang zu den italienischen Gärten ist nur von der großen Palastgalerie aus möglich. Zehn mit Treppen verbundene Terrassen sind bis auf eine Höhe von 35 m oberhalb des Sees angelegt. Weiße Pfauen spazieren zwischen den Beeten der unteren Terrassen. Mehr als die Vielfalt der Blumenarten faszinieren die Düfte und die Harmonie der gartenbaulichen Kompositionen, die einzigartige Architektur und die Aussichten von der oberen Terrasse auf die Küste von **Stresa***.
Isola Superiore (oder dei Pescatori): Das touristische Dorf hat den Ortscharakter aus dem 18. Jh. bewußt erhalten. Mit dem Boot können Tagestouren zur Besichtigung der Inselgruppe unternommen werden.
Isola Madre: Die mit 70 ha größte Insel des Archipels liegt am weitesten vom Festland entfernt. Der die Insel vollständig bedeckende Park mit üppiger Vegetation begeisterte schon Flaubert, Stendhal und Boylesve. Die den Palast (18. Jh., Ostern bis Okt. ☐) umgebenden Gärten auf fünf Terrassen wurden während der Renaissance angelegt. Hier können Pflanzen entdeckt werden, die nicht nur durch ihr Alter und ihre Größe, sondern wegen ihrer Seltenheit außergewöhnlich sind. Darunter befinden sich mehr als einhundertjährige Glyzinien, Lotus, Pfeffersträucher und Zypressen aus Kaschmir. Von April bis Juni verbreiten die Azalleen- und Rhododendronbüsche des Blumengartens ihren Duft. Das ganze wird von einer schemenhaften Wasserlandschaft umgeben, die, zeitweise in Dunst getaucht, bei Sonnenlicht in leuchtenden Farben erstrahlt. Der Herbst ist gewiß die beste Jahreszeit, um die tiefe Schönheit des sich unaufhörlich wiegenden Schilfes zu genießen.

Ivrea 4/C 3
Piemonte (Torino)

Die sehr alte Stadt mit Überresten eines römischen Amphitheaters liegt unterhalb der größten Moränenkette Europas an der Stelle, an der die Dora Baltea (→ **Valle d'Aosta***) in die Mailänder Täler mündet. Der dynamische Industriestandort bietet entlang der Alleen (Corso Umberto I.) und am Flußufer besondere Eindrücke.
Kastell: Das Schloß auf dem Gipfelpunkt der Citta Vecchia wurde im 14. Jahrhundert von Amadeus VI. von Savoyen errichtet.
Duomo: Der Dom bewahrte einige Elemente des ursprünglich romanischen Bauwerks (Krypta, 10. Jh.); die Sakristei schmücken zwei Gemälde von Ferrari (16. Jh.).
Museo Civico: Das Museum in der „unteren Stadt" befaßt sich mit Archäologie und Volkskünsten (Di. und Freitag ☐).
Torre di San Stefano: Das mächtige Backsteintor (11. Jh.) am Anfang des Corso Umberto I. gehörte zu den mittelalterlichen Befestigungsanlagen.
San Bernardino: Die Kirche auf dem Gelände der Olivettiwerke ist mit Fresken aus der Renaissance verziert.
Feste: Historischer Karneval mit der berühmten „Schlacht der Orangen".
Umgebung: Panoramastraße entlang der Seen im Norden (4 km).
Aglie (18 km südwestlich): Sehenswerter Schloßpark.
Castellamonte (18 km südwestl.): Hauptortschaft der Canavese, berühmte Keramiken (Ausstellungen).
Montaldo Dora (6 km nördl.): Gotisches Schloß.
Viverone (17 km südöstl.): In der Nähe des Sees wurden die Reste einer etruskischen Stadt freigelegt.
Biella*: 30 km nordöstlich.

Jesi/Jesi 13/C 1
Marche (Ancona)

Der weniger als 20 km vom Meer entfernt gelegene Geburtsort Friedrich II. von Hohenstaufen (1194) wird noch heute von der Mauer aus dem 14. Jh. umgeben. Unterhalb des Duomo und des Palazzo della Signoria zeugen die engen Straßen und Stufengassen von vergangener mittelalterlicher Pracht. An der zentralen Piazza, dem ehemaligen Forum, stehen der Dom (18. Jh.) und edle Bauwerke.
Palazzo della Signoria: Die ehemalige Residenz (15. Jh.) der Malatesta und der Sforza mit einem von Loggien umgebenen Hof, wahrscheinlich eine Schöpfung Sansovinos (Anf. 16. Jh.), beherbergt das Museo Civico. Es werden römische Funde, Statuen aus der Renaissance und Fayenzen des 18. Jh. ausgestellt (Sa, und So.- nachm. ⊠). An der Piazza della Repubblica erinnert das Teatro Pergolesi (18. Jh.) an die Geburt des gleichnamigen Musikers (1710).
Pinacoteca Civica: Die Pinakothek im Palazzo Pianetti-Tesei (18. Jh.), Via XX Settembre, stellt hauptsächlich Werke des venezianischen Portraitmalers L. Lotto (Anf. 16. Jh.) aus, darunter die Santa Lucia* (Mo., Sa. und So.- nachm. ⊠).
San Marco: Die Kirche (12. Jh.) befindet sich außerhalb der Altstadt, oberhalb des Viale della Vittoria, ihr Inneres bedeckt ein Fresko aus dem 14. Jh.
Spezialität: Vino Verdicchio.
Belvedere Ostrense (30 km nordöstl.): Eine alte von Mauern umgebene Ortschaft.
Cupramontana (17 km südwestl.): Dorf in luftiger Höhe (500 m), Barocke Stiftskirche.
Maiolati Spontini (20 km südl.): Grab des Musiker, Museum.
Moie (10 km westl.): Schöne romanische Kirche.
Moro d'Alba* (12 km nördl.): Von einem Wall (15. Jh.) umgebene, alte Ortschaft.
Staffolo (25 km südl.): Von einer Mauer umgebene, kleine Stadt.

Jesi: Der Palazzo della Signoria (Renaissance), die frühere Residenz der Malatesta und Sforza, enthält ein sehenswertes Skulpturenmuseum.

Lanciano 16/B 3
Abruzzo (Chieti)

Das alte Messezentrum wurde einige Kilometer von der adriatischen Küste entfernt auf drei Hügeln erbaut. Die Stadtmauer aus dem 11. Jh. (Torri Montanare) blieb teilweise erhalten.
Kathedrale: Das romanische Bauwerk in der Stadtmitte wurde Ende des 18. Jh. erweitert.
Grecchio — Palast: Museum für Archäologie und Pinakothek.
Santa Maria Maggiore: Die zisterziensische Kirche (13./14. Jh.) befindet sich im mittelalterlichen Ostviertel mit parallelverlaufenden Treppengassen.
Veranstaltungen: Landwirtschaftliche Messe Anfang April; Karfreitagsprozession; internationale Musikkurse im Juli-August (tägliche Konzerte). Feste mit historischem und religiösem Charakter. Anfang September und zu Weihnachten (La Squilla).
Spezialität: Vinos Cerasuolo (Roséweine).
Handwerk: Goldschmiedekunst und Schmiedeeisen in Guardiagrele (Ausstellung Ende Juli). Kupferarbeiten in Lanciano.
Guardiagrele (23 km südwestl.): Angenehme Sommerfrische auf einem Bergvorsprung und Handwerkszentrum. Zwei romanische Kirchen und Museo Civico.
San Giovanni in Venere (13 km nordöstl.): Bedeutende Kirche des 8. Jh., zu romanischer Zeit neuerrichtet. Fein ornamentiertes Portal aus dem 13. Jahrhundert.

Larderello 12/B 2
Toscana (Pisa)

Der Industriestandort verdankt seinen Namen dem Franzosen Larderel (1789-1858). Dieser hatte Anfang des 19. Jh. als erster die Idee, die Borsäure zu industriellen Zwecken zu benutzen. Die rauchenden und qualmenden Fumerolen vermitteln den Eindruck, im „Island" der Toskana zu sein. Der Schwefelgeruch breitet sich auf Kilometer aus. Rohrleitungsanlagen und Kühltürme bedecken das „Tal des Teufels". Im Hügelland der Colline Mettalifere (die Etrusker bauten hier schon Eisenerz ab) schießen Lagoni oder Soffioni genannte, borsäurehaltige Dampfstrahlen aus dem Boden. Sie werden über Rohrleitungen zu einem Kraftwerk geführt, das Elektrizität liefert. Am Hauptsitz der ENEL (Ente Nazionale per l'Energia Elletrica) erinnert ein Museum an das alte Etrurien. Es wird eine Kopie der berühmten „Peutingerschen Tafel", eine antike Straßenkarte des römischen Reiches und eine fesselnde Sammlung alter Apothekergefäße gezeigt. In La Perla gibt es schwefelhaltige Thermalbäder.
Pomarance (12 km nördl.): Kirche mit roman. Fassade innerhalb der Ummauerung eines Castello.
Massa Marittima* : 33 km südlich.

Latina 17/B 2
Lazio (Provinzhauptstadt)

Die landwirtschaftliche Ansiedlung mit einem 1932 neugegründeten Landmarkt wurde im Schachbrettmuster angelegt, das von einem Netz romantischer Kanäle durchzogen wird.
Lido di Latina (7 km südl.): Badeort im Pinienhain.
Sermoneta* (20 km nördl.): Die Stadt mit einer Stiftskirche im zisterziensischen Stil (13. Jh.) wird von einer Befestigungsmauer und einem gotischen Castello beherrscht. 3 km oberhalb befindet sich die Abtei von Valvisciolo in den Bergen von Lepini. Die im 8. Jh. gegründete Abtei hat einen schönen romanischen Kreuzgang. An der Straße nach Norma (16 km nördl.) liegen die Ruinen der mittelalterlichen Stadt Ninfa (April-Okt., Sa. und So. □) innerhalb des Geländes eines Naturschutzgebietes. Die Ruinen der ehemaligen Norba, einer Volkersiedlung, befinden sich in der Nähe (4. Jh. v. Chr.).
Sezze (21 km nordöstl.): Die Umwallung aus dem 4. Jh. v. Chr. bezeugt das Alter der Stätte. Die Gegend war bereits zu vorchristlicher Zeit besiedelt. Im Antiquarium sind mehrere Gegenstände von großem Interesse ausgestellt. Der Dom stammt aus Gotik und Renaissance.
Torre Astura (9 km westl. von Lido): Mittelalterliches Schloß auf einer Halbinsel hoch über dem Meer.

Laveno Mombello 5/A 1
Lombardia (Varese)

Der angenehme Luftkurort liegt an einer Bucht am östlichen Ufer des **Lago Maggiore***. Im 4. Jh. v. Chr. soll hier die entscheidende Schlacht zwischen Kimbern und Römern stattgefunden haben. Garibaldi machte das Städtchen im Mai 1859 zum Schauplatz der ersten militärischen Operationen gegen die Österreicher. Der Ort wird vom Sasso del Ferro (1.062 m, 15 Min. mit der Seilbahn) beherrscht. Vom Gipfel genießt man eine imponierende Aussicht, besonders auf den Monte Rosa (→ **Macugnaga***). Die Linienschiffe des Lago Maggiore legen hier an; Ausgangspunkt für Kreuzfahrten zur Villa Taranto (**Pallanza***), zu den Borromeischen Inseln (**Isola Bella***), Baveno, **Stresa*** und zurück.
Veranstaltungen: Sehr originelles Schauspiel zur Weihnachtszeit, eine beleuchtete Krippe wird im See versenkt.
Handwerk: Keramikarbeiten.
Angera: 22 km südl. → **Arona***.
Arcumeggia (10 km östlich): Von renommierten zeitgenössischen Künstlern bemalte Häuser.
Cerro (2,5 km südl.): Museo della Terraglia (Keramik).
Leggugio (6 km südl.): Romanisches Oratorium.
Luino (16 km nördl.): Schöne kleine Stadt mit Wochenmarkt am Mittwoch; Weinfest im September.
Pizzoni di Laveno: Panoramastraße ab Cittiglio (5 km östl., zwischen 700 und 1.000 m).
Poggio Sant'Elsa: Panorama (15 Min. mit der Seilbahn).
Reno (4 km südl.): Romanisches Sanktuarium von Santa Catarina del Sasso*, Ausblick zum Westufer.
Zenna (31 km nördlich): Grenzort zur Schweiz.

Lecce 22/B 2
Puglia (Provinzhauptstadt)

Das antike Lupiae, Hauptort der Region Salento am *Stiefelabsatz* Italiens, erlebte während der Renaissance eine beträchtliche Blüte. Die besonders schönen Bauwerke aus goldfarbenem Kalkstein charakterisieren Lecce als die „Barock-Hauptstadt" des Mezzogiorno. Zahlreiche vorgeschichtliche und antike Überreste und Monumente aus der byzantinischen, normanni-

Lecce, eine der Provinzhauptstädte des italienischen Barock mit zahlreichen ornamentierten Kirchen und Palästen.

schen, kaiserlichen (Friedrich II. und zwei Jh. später Karl V.) und spanischen Epoche machen die Stadt interessant. Der fünfeckige Grundriß und ein guter Teil der Befestigungsanlagen aus der Renaissance sind erhalten.

Santa Croce* (Basilika des Heiligen Kreuzes): Das Bauwerk wurde Mitte des 16. Jh. begonnen und erst 100 Jahre später vollendet. Es ist damit ein prachtvolles Beispiel des Übergangs der Baukunst der Renaissance zum Barock. Die reichhaltig ornamentierte Fassade erinnert an die der spanischen Kirchen der gleichen Epoche. Das patereske triumphiert, besonders an der Fensterrose*, die die Komposition überragt. Dagegen ist das große Langschiff nach den Regeln der Kunst Brunelleschis geordnet.

Nebenan erstreckt sich die lange Barockfassade (17. Jh.) des ehemaligen Regierungspalastes (heute Prefettura); sehenswerter Innenhof.

Castello: Mächtiges militärisches Bauwerk der Renaissance (16. Jh.).

Anfiteatro romano: Erhalten blieb nur ein Teil des westl. Halbrunds des Bauwerkes, das ursprünglich 102 m lang war. An der Nordseite steht die Sant'Oronzo genannte Säule, die neben einer zweiten Säule in **Brindisi*** das Ende der Via Appia markierte. Etwas oberhalb befindet sich das Verkehrsamt. Am Ende der Via Rubichi bietet die Kirche des Jesu eine bemerkenswerte barocke Innendekoration. Hinter dem Amphitheater befindet sich links die barocke Kirche Santa Chiara. Etwas weiter entdeckt man einen Teil des römischen Theaters aus dem 2. Jh., das 5000 Personen Platz bot.

Duomo: Am Rande der Piazza* erheben sich prächtige Bauwerke in barocker Architekturkomposition. Von links nach rechts wird sie vom Kampanile der Kathedrale (70 m hoch), vom Duomo, der im 17. Jh. erneuert wurde, vom Palazzo Vescovile (Bischofspalast) mit einer schönen, im Winkel angelegten Etagengalerie (Loggiato) und vom Seminario, dessen Hofbrunnen sehenswert ist, beherrscht.

Museo Provinciale* (am Südende der Stadt; Sa. und Festtag-nachmittag ⊠): Das Antiquarium zeigt schöne antike Stücke aus der Gegend des Salento, darunter attische Vasen. Die Pinakothek bietet Werke des 17. und 18. Jh.

Arco di Trionfo (auch Porta Napoli genannt, in der Mitte der Westmauer): Das Renaissancebauwerk wurde zu Ehren Karl V. errichtet.

Rosario (Chiesa del, im Südwesten, hinter der Mauer an der barocken Porta Rudiae): Üppig ornamentierte Fassade aus dem 17. Jh.

Lerici: Ein befestigter Ort, ein Hafen und ein Seebad am Ende der Riviera di Levante, in dem einstmals Andrea Doria lebte.

Kirche der Ss. Nicolo e Cataldo (im Norden, über die Straße nach Brindisi): Die von Tankred Ende des 12. Jh. gegründete romanische Anlage scheint stark vom Orientalischen beeinflußt zu sein (skulptiertes Portal, Laterne). Der Kreuzgang stammt aus der Renaissance.

Veranstaltungen: Hauptsächlich im Juli — August (Konzerte und Musikfestival, Freilichtaufführungen im römischen Amphitheater). Fest von Sant'Oronzo Ende August.

Handwerk: Schmiedeeisen und Statuetten aus Cartapesta (Pappmach), Dauerausstellung in der Via Rubichi.

Cavallino (5 km südöstl.): Ausgrabungsfunde von Centro Apulo (Hochantike) im Museo Provinciale.

Copertino (15 km südwestl.): Renaissanceschloß, dessen Kapellen mit Fresken verziert sind.

Galatina (20 km südl.): Kirche Santa Catarina* (14. Jh.), innen mit Fresken verziert und ein den Künstlern von Galatina gewidmetes Museum (nachmittags, Sa. und an Festtagen ⊠). Fest der Tarantare Ende Juni.

Melendugno (18 km südöstl.): An der Straße nach Calimera (6 km südwestl.): Dolmen Placa.

Rudiae (3 km südwestl.): Ehemalige griechische, dann römische Stadt, im 12. Jh. zerstört.

San Cataldo (12 km nordöstl.): Badeort, Reste eines römischen Hafens aus dem 2. Jahrhundert.

San Cesario (6 km südl.): Der Herzogspalast (17. Jh.) beherbergt eine Pinakothek.

Santa Maria di Cerrate* (15 km nordwestl.): Sehr schöne Abteianlage mit normannischer Zeit mit romanischen Stilelementen (12. Jh.). Das Gebäude nimmt das Kunstmuseum und das Museum für Volksbräuche des Salento auf (Mo. ⊠).

Soleto (19 km südöstl.): Schöner gotischer Kampanile.

Lecco
5/B 1
Lombardia (Como)

Das von Wanderern und Bergsteigern geschätzte Industriezentrum befindet sich an der Südspitze des orientalischen Armes des Comer Sees, dem Lago di Lecco.

Der Lago di Lecco wird von Manzoni in seinem Werk „Die Verlobten" (Promessi Sposi, 1827) gerühmt. Regelmäßige Schiffsverbindungen (Führungen zu den manzonischen Stätten) bestehen nach **Bellagio***, Tremezzo, **Varenna*** und **Como***.

Die Stadt bietet drei sehenswerte Museen (Mo. ⊠): die Villa Manzoni (April-Sept. ⊡), das Museo del Risorgimento und das Museo Civico (auch Naturkundemuseum) im Palazzo Belgioioso (17. Jh.).

Veranstaltungen: Jazzfestival.

Annone (Lago di, 5 km westl.): Der größte See der Seenkette von Erba oder Brianza.

Barzio (14 km nordöstl.): Zentrum für Bergwanderungen.

Garlate (6 km südl.): Ökomuseum der Seide (So. und auf Anfrage ⊡).

San Pietro al Monte (8 km westl.): Romanische Kapelle (11. Jh.).

Varenna: 21 km nördl., über eine beeindruckende Straße am Fuße der Berge.

Lerici
9/D 3
Liguria (La Spezia)

Die malerische Stadt entwickelte sich auf dem Kap am Golf von La Spezia. Unterhalb einer Rocca erlangte sie als Luftkurort, Seebad und Fischereihafen Bedeutung.

Lido di Jesolo: Ein modernes Seebad an der venezianischen Riviera.

Rocca: Das Kastell wurde ursprünglich im 13. Jh. von den Pisanern errichtet. Während der Renaissance wurde es von den Genuesen niedergerissen und neu aufgebaut, wobei der mächtige Flügelturm hinzugefügt wurde. Die Wache und die romanische Kapelle S. Anastasia sind zu besichtigen; weites Panorama*. In der Stadt ist das Haus von Andrea Doria zu besichtigen (→ **Genova***).
Montemarcello und Bocca di Magra (10 km südöstl.): Über eine Panoramastraße und die malerische Ortschaft Tellaro zu erreichen. Das alte Dorf Montemarcello* befindet sich auf dem Kap. Rückfahrt entlang der Panoramastraße* von Ameglia.
San Terenzo (2 km): Der Ort wurde von dem englischen Romantiker Shelly besucht, der hier 1822 im Meer umkam.

Levanto 9/C 3
Liguria (La Spezia)
Der Badeort und Fischereihafen lag weit abseits der Via Aurelia (heute der Autobahn). Seit der frühesten Antike wurde Litus Italicum besucht. Aus der Vergangenheit blieben Reste der mittelalterlichen Stadtmauer erhalten, romanische Häuser und Loggien, eine gotische Kirche (Sant'Andrea, mit einer pisanischen Fassade aus dem 13. Jh.), eine barocke Franziskanerkirche mit Gemälden verziert und das von den Genuesern wiederaufgebaute Schloß (11. Jh.), das die Bucht beherrscht.
Veranstaltungen: Das Meeresfest.
Spezialität: Sciacchetra (Weißwein).
Bonassola (6 km nordwestl.): Kleiner Ort, beherrscht von den Ruinen eines Schlosses (14. Jh.).
Cinque Terre* (südöstlich, → **Vernazza*** und **Portovenere***): Besichtigung der kleinen Buchten per Boot ab Levanto.
Monterosso (5 km südöstlich): Hauptfischereihafen der Cinque Terre im Schutz der Punta del Mesco. Kirche des 14. Jh., mittelalterliche Häuser und mehrere Konvente (teilweise Ruinen).

Lido di Jesolo 7/A 2
Veneto (Venezia)
Das Seebad verfügt über einen der größten Strände der Adria (15 km lang), es bietet mehrere Kurhäuser und ein heliotherapeutisches Thermalzentrum.
Caorle: 33 km östlich, über die Straße, 7 km über das Meer (→ **Bibione***).
Cavallino (10 km westl.): Badeort.
Eraclea Mare (20 km östl.): Badeort und Wassersportzentrum.
Punta Sabbioni (22 km westl.): Venedig und Torcello sind von hier aus mit dem Schiff zu erreichen.
Santa Dona di Piave (19 km nördl.): Romanische Monumente.

Livigno 2/A 2
Lombardia (Sondrio)
Das Bergdorf, geographisch in der Schweiz gelegen, befindet sich in einem schönen Tal*, das vom Spöl, einem Zufluß des Inn, gebildet wird. Die Enklave befindet sich in der Mitte einer Freihandelszone; Wintersport (Ski bis 2.800 m). Im Sommer kann auf dem Diavolessagletscher Ski gelaufen werden.
Handwerk: Kunsttischlerei und Holzschnitzerei.
Gallo (Paß und Tunnel, Galleria della Drossa, 4 km lang, nachts ⊠; 12 km nördl.): Der Tunnel führt ins Engadin-Tal.
Tirano* (49 km südl.): Über den Forcola di Livigno (2.315 m) und über die Schweiz.
Bormio*: 39 km östl., über den Forcagno Paß (15 km östl.) in 2.297 m Höhe, Grenzstation).

Livorno 12/A 2
Toscana (Provinzhauptstadt)
Die Stadt der florentinischen Renaissance, ein Handels-, Fischerei- und Passagierhafen und die Heimat Modiglianis bietet ein elegantes Stadtbild. Während der Kämpfe des 2. Weltkrieges wurde die Stadt schwer getroffen. Wichtigstes Exportgut ist der toskanische Marmor (13 Millionen Tonnen pro Jahr).
Die Mole und die Kanäle erinnern an Venedig. Sie wurden im 16.Jh. von den Medici angelegt, nachdem man die Stadt von Pisa gekauft hatte (→ **Firenze***). Die Befestigungsanlagen stammen zum größten Teil aus dem 17. Jh., die Festungen (darunter die Fortezza Vecchia, im Sommer □) wurden, wie die Kanäle (besonders sehenswert ist der Fosso Reale) während der Renaissance errichtet. Sie umgeben die Altstadt.
Piazza Grande: Auf dem Platz im Zentrum der Altstadt erhebt sich die Kathedrale. Die Kirche und die umliegenden Viertel wurden nach 1945 wieder aufgebaut.
Monumento dei Quattro Mori: Das berühmteste Denkmal Livornos, eine Bronzegruppe aus dem 16. Jh., steht an der Ecke der Darsena Vecchia.
Südl. der historischen Stadt führt die Viale Italia am Meer entlang (Aussichten*) zum Antiquarium.
Hinter der Domapsis verbindet die Verlängerung der gradlinige Via Cairoli mit den Museen.

Museo Civico: Das Museum zeigt eine Botticelli zugeschriebene Madonna und Werke von toskanischen Malern, darunter Signorini und Modigliani.
Museum für zeitgenössische Kunst: In der Villa Marina (Mo ⊠).
Veranstaltungen: Palio Marinaro, im Juli am Hafen.
Spezialitäten: Triglio (Seebarbe), Cacciuco (stark gewürzte Fischsuppe) und alle „blauen Fische".
Handwerk: Kreidestatuen, Schmiedeeisenarbeiten.
Antignano (hinter Ardenza, Südviertel der Stadt, wo sich die Strände befinden): Schloß der Medici aus dem 16. Jh.
Castiglioncello (22 km südl.): Seebad inmitten von Pinien.
Gorgona und **Capraia*** (Inseln): Regelmäßige Schiffsverbindungen.
Montenero (9 km südl.): Ausblick über die Küste. Famedio besteht aus einer Gruppe von Kapellen beiderseits von Santa Maria delle Grazie (18. Jh.); Grabstätten berühmter Livornesen.
Quercianella Sonnino (12 km südl.): Villen in einer kleinen Bucht.

Locri 26/B 2
Calabria (Reggio)

Der Badeort befindet sich auf dem Gebiet der im 7.Jh. v. Chr. von Griechen gegründeten Stadt Lokroi Epizephyrii (oder Epizefiri). Später hieß die Stadt Persefona, sie wurde während der Raubzüge der Karolinger zerstört. Die Ruinen liegen außerhalb. Unterhalb der Ausgrabungsstätte erkennt man den Persephone-Heiligtum und die Reste von Tempeln und eines griechischen Theaters. An der Marasa genannten Stelle stehen die Ruinen eines ionischen Tempels aus dem 5. Jh. v. Chr. und ein archäologisches Museum, das dem antiken Groß-Griechenland gewidmet ist (Mo., Festtagsnachmittag und außerhalb der Saison ⊠).
Handwerk: Keramik und Weberei.
Gerace* (10 km nordwestl.): Hier suchte die Bevölkerung von Locri im 8. Jh. Zuflucht. Die heutigen Bewohner pflegen die alten Bräuche und die Handwerkskünste der Weberei und Stickerei, die von der orientalischen Kunst inspiriert sind. Die Kathedrale (11./14. Jh.) ist das größte sakrale Bauwerk Kalabriens. Kirche San Francesco aus dem 12. Jh.; Aussicht von Castello.
Marina di Gioiosa Ionica (9 km nördl.): Badeort, röm. Theater.
Siderno (5 km nördl.): Badeort.

Lodi 5/C 3
Lombardia (Milano)

Die heutige Stadt wurde Mitte des 12. Jh. von Friedrich Barbarossa gegründet. Das alte Lodi (Lodi Vecchio, 8 km westl.) wurde während des Krieges gegen Mailand völlig zerstört. An der berühmten Addabrücke schlug Napoleon Bonaparte 1796 die Österreicher und bemächtigte sich der Lombardei.
Piazza della Vittoria: An dem von Arkaden umgebenen Platz in der Stadtmitte steht die Fassade des Duomo (12. Jh., im 15. Jh. vollendet).
Wallfahrtskirche der „Incoronata": Das Oktogon wird als eines der Juwele der lombardischen Renaissance (Ende 15. Jh.) angesehen: Gemälde von Bergognone, barockes Chorgestühl.
Weitere Sehenswürdigkeiten: Gotische Kirche San Francesco. Die Innenhöfe des Ospedale Maggiore (Hospital) mit einigen Brunnen und des Broletto (ehem. Palazzo Comunale). Lokale Keramiksammlungen des Museo Civico (Mo. ⊠) und die gotische Fassade von San Bassiano in Lodi Vecchio.
Cerreto (Abbadia di, 10 km östl.): Romano-gotische Kirche San Pietro.
Melegnano (15 km nordwestl.): Schauplatz der Siege von Francois I. über Maximilian Sforza (1515) und Napoleon III. über die Österreicher (1859).
Sant' Angelo Lodigiano (13 km südwestl.): Das Schloß der Visconti (14. Jh.) beherbergt das Museo Bolognini (Feiertagsnachmittag, Aug. und von Dez.-Feb. ⊠).
Crema*: 16 km nordöstl.

Loreto 13/D 1
Marche (Ancona)

Der vielbesuchte Wallfahrtsort liegt 7km vom Meer entfernt. Ein Teil der Ummauerung aus dem 16. Jh. blieb erhalten. Auf dem höchsten Punkt des Hügels erhebt sich das immense Sanktuarium an der Piazza della Madonna.
Santuario della S. Casa* di Nazaret: Das heilige Haus der Jungfrau von Nazaret, die Schutzpatronin der Flieger wurde, soll am 10. Dez. 1294 von Engelshand von Palästina in einen Lorbeerwald getragen worden sein. Später nahm der Ort des Wunders den Namen Lauretum an. Das zur Gotik gegründete Sanktuarium öffnet sich auf eine weite Esplanade, die von den Renaissance-Portiken des Apostolischen Palastes eingerahmt wird. An dem Palast arbeiteten Bramante und Sansovino. Die Kirche (15. Jh.) ist ein Kompositbauwerk mit einer wunderschönen befestigten Apsis*, einer Kuppel (Anfang 16. Jh.), einer Fassade aus der Spätrenaissance (Bronzetüren*) und einem Kampanile (75 m, 18. Jh.). Besonders sehenswert

Die Bronzetüren der „Santa Casa" in Loreto sind mit sehr schönen Renaissanceskulpturen geschmückt.

Loreto: Der Barockbrunnen auf der Piazza della Madonna steht vor der Kirche und der Fassade des Palazzo Apostolico.

sind die verzierten Sakristeien (Fresken von Signorelli*) und die Santa Casa unter der Kuppel im Inneren der Kirche. Die Santa Casa ist mit Marmor und mit einer skulptierten Verkleidung verziert.
Museums-Pinakothek: Im Apostolischen Palast stellt die Museums-Pinakothek Werke von Lotto (1556 in Loreto gestorben) und flämische Wandteppiche aus, die nach Zeichnungen Raffaels verwirklicht wurden.
Veranstaltungen: Konzerte sakraler Musik in der Woche nach Ostern. Große Wallfahrten am 15. Aug., 8. Sept. und 10. Dez.
Castelfidardo (7 km nördl.): Monument zum Gedenken an die Schlacht im Jahre 1860. Museum der Fisarmonica (Ziehharmonika) im Rathaus.
Porto Recanati (4 km östl.): Badeort und Fischereihafen; Stadtmauern mit Türmen aus dem 15. Jh.; Schloß mit kleiner Pinakothek (15. Jh.), einige Werke stammen aus dem 11. Jh. (Juli / Aug ⊠).
Recanati* (7 km südwestl.): Der Ort ist die Heiomat des Dichters Leopardi (1798-1837). Der Palast, sein Geburtshaus, wurde als Museum eingerichtet. Die Pinakothek zeigt Werke von Lotto, dem Künstler, von dem man in der Kirche San Domenico ein Fresco bewundern kann (Mo. und Festtagsnachmittag ⊠). Das Diözesanmuseum im früheren Bischofspalast widmet sich der Archäologie und den Malern der Renaissance.

Lucca   12/A 1
Toscana (Provinzhauptstadt)
Ein großartiges Beispiel der italienischen Architektur bietet die mit einer vollständigen Umwallung aus rosafarbenem Backstein umfaßte mittelalterliche bauliche Einheit**, die auf einer Länge von 7 km im 17. Jh. befestigt wurde. Die ehemalige römische Kolonie wurde im 11. Jh. freie Stadt und als Wallfahrtsort berühmt (→ Duomo). Zur Mitte des 15. Jh. konnte sich Lucca freikaufen und wurde als Republik dank der Herstellung und des Verkaufs der Seide ein bedeutender Handelsplatz. Unter napoleonischer Herrschaft geriet die Stadt als Apanage an die Schwester Elisa des Kaisers. Lucca ist Heimatort mehrerer Komponisten, darunter Puccini (1858-1924).
Rundgang auf den Wällen der Stadt (Cerchia bastionata): Eine schattige, 4 km lange, sehr angenehme Promenade folgt dem Verlauf des Walles und bietet herrliche Aussichten auf die tiefergelegene Stadt.
Duomo: Den besten Gesamteindruck des Doms bekommt man von der Stadtmauerpromenade aus. Die im 6. Jh. gegründete Kathedrale San Martino hat eine Fassade im pisanisch-romanischem Stil. Die dreistöckigen Galerien ragen über die sieben bemalten Öffnungen des reichhaltig skulptierten Portalvorbaus hinaus. Die Anlage wird von einem eleganten Kampanile (13. Jh.) flankiert. Im gotischen Langhaus entdeckt man den Volto Santo, das Objekt der großen mittelalterlichen Wallfahrten. Es handelt sich um einen Kruzifix, der von Kreuzrittern aus Palästina mitgebracht wurde. Das Profil des Kopfes Christi soll vom hl. Nikodemus skizziert worden sein. Sehenswert sind auch das Grab von Ilaria del Carretto*, mit einer wunderschönen, von Jacopo della Quercia (Anf. 15. Jh.) skulptierten liegenden Figur, eine Madonna von Fra Bartolomeo (Anf. 16. Jh.), Werke von Tintoretto, Ghirlandaio, Civitali usw.
San Giovanni (gegenüber der Kathedrale): Die Apsis dieser teilweise romanischen Kirche (12.-17. Jh.) lehnt sich an den Palast Micheletti an; in Terrassen angelegter Garten. In unmittelbarer Nähe erhebt sich an einem kleinen Platz die Fassade von San Giusto (12. Jahrhundert).
Piazza Napoleone: Der Platz erinnert an Elisa, die „Semiramis von Lucca" (1805-1817), die den Platz in seiner heutigen Form anlegen ließ. Auf der Westseite wird er vom Provinzialpalast (16. Jh.) gesäumt. Links befindet sich das Tourismusamt.
San Michele in Foro*: Schönes Bauwerk pisanischer Architektur (12. Jh.). Die aus vier Arkadengalerien bestehende Fassade wurde leider während einer Erneuerung im 19. Jh. entstellt. Im Inneren der Kirche befinden sich Werke von Lippi (Christus auf Holz gemalt, 12. Jh.) und von Andrea Della Robbia (Madonna mit dem Kind). Auf dem rechts von der Kirche gelegenen Platz finden Märkte statt.
Palazzo Pretorio (Via Vittorio Veneto): Die Uhr an der Fassade des Renaissancegebäudes stammt aus dem 17. Jh.
Via di Poggio: Hier befindet sich das Geburtshaus Puccinis (Museum; So., Festtags u. im August ⊠).
Nordviertel: Ein Spaziergang durch die engen Gassen wird empfohlen. Sie sind von kleinen Läden und Handwerkerateliers hinter mittelalterlichen Fassaden gesäumt. Durch die Portale der Paläste, die manchmal zu Füßen eines Turmes liegen, können die Innengärten eingesehen werden.
Via Santa Croce (östl. von San Michele über die Via Roma): An dem Platz, den sie überquert, befindet sich der Bernardinipalast.
Case dei Guinigi (Via Guinigi): In der Mitte der gotischen Baueinheit wird die Spitze des Hauptturmes von einem kleinen, mit Bäumen bepflanzten Garten geziert.
San Pietro Somaldi: Schöne Fassade aus dem 12./13. Jh.

Eine prächtige pisanische Fassade aus vier Etagen reichlich skulptierter Galerien bildet die Vorhalle der Kathedrale von Lucca. Die Anlage wird von einem eleganten Kampanile aus dem 13. Jahrhundert flankiert.

Von der Spitze des Turmes der Casa dei Guinigi sieht man einen Teil des Nordviertels von Lucca mit dem Kampanile von San Francesco.

Macerata   13/D 2
Marche (Provinzhauptstadt)

Wie die meisten Städte der Marche hat die historische Stadt auf einem Hügel ihre Ummauerung erhalten.
Piazza delle Liberta: In der Umgebung des Platzes in der Stadtmitte befinden sich die bedeutendsten Monumente, darunter die barocke Kirche San Paolo (zurückgesetzt, Universität des 13. Jh.), das Teatro Rossi und der Uhrenturm (17. Jh.), der Palazzo del Comune und die Loggia dei Mercanti (17. Jh.) und die Prefettura, Sitz des Fremdenverkehrsamtes.
Palazzo Mozzi: Auf dem Corso Matteotti. Mauerwerk aus „Diamantspitzen", Renaissance.
Über die Via Don Minzoni erreicht man die Basilica della Misericordia, später den Dom (18. Jh.).
Sferisterio: Zentrum für kulturelle Veranstaltungen (19. Jh.).
Museumspalast (östl.): Die Pinakothek bietet Gemälde seit der Renaissance, eine archäologische Sektion, ein Wagenmuseum und eine Bibliothek (antike Werke).
Chiesa della Vergini (2 km südl.): In der Kirche hängt ein Tintoretto.
Veranstaltungen: Lyrische Saison im Sferisterio im Juli.
Umgebung: Die Strände der Adria liegen 27 km entfernt.
Chiaravalle (20 km südl.): Im 12. Jh. gegründete Abtei.
Corridonia (10 km südöstl.): Mittelalterliche, polychrome Kruzifixe in der Kirche, Renaissancegemälde in der Pinakothek.
Helvia Ricina (6 km nordwestl.): Ruinen einer römischen Stadt.
Montecassiano (15 km nordwestl.): Mittelalterliche Stadt mit Treppenstraßen, einem Palazzo Municipale und einer Kirche des 15. Jahrhunderts.
San Claudio al Chienti* (10 km östl.): Romanische Kirche.
San Ginesio (28 km südl.): Romano-gotische Stiftskirche, Hospital der Pilger, Museums-Pinakothek.
Santa Maria a Pie di Chienti (12 km östl.): Kirche aus dem 9. Jh., während der Gotik mit Freskenmalereien verziert.
Sarnano (38 km südl.): Thermalbad, Wintersportstation und Sommerfrische, mittelalterliches Dorf* auf einem Hügel. Kirche (13. Jh.), Pinakothek im Rathaus.
Treia (16 km westl.): Mittelalterliche, von Mauern umfaßte Stadt.
Urbisaglia (23 km südl.): Festung

Ostviertel: Neben San Francesco (13.-17. Jh.) beherbergt die Villa Guinigi (15. Jh.) das Museo Nazionale (nachmittags, Mo. und an Feiertagen ⊠). Gezeigt werden eine Verkündigung von Civitali, Skulpturen der pisanischen Schule, ein Triptychon von Puccinelli (14. Jh.) und Werke von Fra Bartolomeo*.
Zur Altstadt zurückkehren.
Piazza del Mercato* (oder del Anfiteatro Romano): Der Platz wird von Gebäuden umgeben, die auf den Stufen des ehemaligen elliptischen Amphitheaters (2. Jh.) errichtet wurden. Zwei der ehemals vier Tore sind erhalten; sie gewähren den einzigen Zugang zu diesem Platz. Auf den Platz führt der Fillungo, die Hauptstraße der Stadt.
San Frediano*: Wie der Dom wurde die Kirche im 6. Jh. gegründet, der heutige Bau stammt aus der Romanik (13. Jh.). Den oberen Teil der Fassade schmücken Mosaiken. Den Kampanile gliedern Bogenwerke. Das dreischiffige romanische Innere enthält einen Taufbrunnen aus dem 11. Jh., eine Verkündigung (Retabel) von Andrea Della Robbia und eine Skulpturengruppe* von Jacopo della Quercia.
Via Cesare Battisti: Die kurvenreiche Straße führt zum Palast Pfanner (17. Jh.); schöne Außentreppe und barocker Garten.
Palazzo Mansi: Der Palast (Via Galli Tassi) mit schönen Gemächern aus dem 18.Jh. (Camera degli Sposi*) beherbergt die Pinacoteca Nazionale (Mo. und an So. und Feiertag-nachmittag ⊠): Pantormo (Portrait Alexanders von Medici), Tintoretto und Meister der venezianischen (Veronese) und florentinischen Schule.
Veranstaltungen: Sagra Musicale Lucchese im Frühling; musikalischer Sommer, Konzerte auf der Stadtmauer. Internationales Festival im Aug. in der Villa Marlia. Messe des Volto Santo im Sept., nächtliche Prozession der Luminara di Santa Croce am 13. Sept., Buchmesse, Messen des Sankt Michael und Sankt Matheus. Symphonische Saison im Teatro del Giglio von Nov. bis Jan. Mittwoch und Samstag Markt auf der Piazza San Michele.
Compignano* (Villa, 12 km nordöstl.): Ehemalige Residenz Nicola Santinis, Botschafter Ludwig XIV, der die Gärten* von Le Notre anlegen ließ. Das Haus erlebte die Verbannung von Pauline Bonaparte und später den Aufenthalt der Malibran. Die schöne Rokokovilla bietet freskenbemalte Säle und mit Gemälden geschmückte Galerien.
Mansi (Villa Reale di, 8 km): Während des Augustfestivals finden hier Kulturveranstaltungen statt.
San Giuliano Terme (10 km südl.): Von hier stammt das berühmte „Luccawasser".
Santa Maria del Giudice (7 km südwestlich): Zwei romanische Kirchen.
Torrigiani (10 km nordöstl.): Villa (17./18. Jh.) in einem Park.
Bagni di Lucca: 23 km nördl., → **Garfagnana*** (Castelnuovo di).
Montecatini Terme*: 27 km östl.
Pescia*: 19 km östlich.
Pontedera: 28 km südl., → **San Miniato***.

Lugano (Lago di)   5/A 1
(Lombardia)

Der See gehört zu Italien und der Schweiz. Er erstreckt sich über 35 km von Norden nach Süden, Gipfel von über 1.800 m Höhe bilden ein beeindruckendes Panorama. Italien besitzt nur die Südwestufer (Provinz Varese, Grenzdörfer Ponte Tresa und Porto Ceresio), die Enklave **Campione d'Italia*** am Ostufer und den nördlichen Golf um **Porlezza***. Die meisten Schiffsverbindungen bietet Lugano (Schweiz), sie verbinden die Stationen der beiden Länder.

(14. Jh.). Ruinen und Amphitheater der römischen Stadt Urbs Salvia in der Nähe.
Cingoli*: 31 km nordwestlich.
Civitanova Marche*: 27 km östl.
Fermo*: 39 km südöstl.

Macugnaga 4/C 1
Piemonte (Novara)

Der Ort liegt im Anzasca-Hochtal in wunderschöner Lage* unterhalb der Ostwand des Monte Rosa*. Er bietet Urlaubern, Alpinisten und Wintersportlern hervorragende Einrichtungen. Hier starteten 1951 die Alpinisten Herzog und Lachenal zur Eroberung des Monte Rosa. Die Skilifte enden an der Moräne des Belvedere* (1.932 m), am Passa Monte Moro* (2.868 m, Sommerski) und am Pendriola (2.065 m). Der Lift zum Pendriola führt am Belvedere der Chiesa Vecchia (13. Jh.) vorbei.
Pecetto (Weiler, 1 km): Holzhäuser aus dem 15.-18. Jahrhundert.
Bannio Anzino (16 km östl.): Wintersport.

Madonna di Campiglio
Trentino-Alto Adige (Trento) 2/B 3

Die im 19. Jh. inmitten von Tannenwäldern am Fuße der Dolomiten der Region Brenta* entstandene Bergstation bildet heute das Zentrum des Naturparks von Adamelo. Den Besuchern stehen hervorragende sportliche Einrichtungen und Skilifte zur Verfügung. Die Kirche (19. Jh.) beherbergt ein Werk der Gotik. 3 km weiter befinden sich die Aussichtspunkte* von Campo Carlo Magno (Paß in 1680 m) und am Monte Spinale (2105 m), per Seilbahn zu erreichen.
Veranstaltungen: Skirennen.
Sport: Eislanglauf auf der Olympischen Bahn.
Folgarida (13 km nördl.): Bergstation, Panorama* aus der Seilbahn.
Pinzolo (13 km südl.): In einem wilden Tal; Renaissancekirche mit romanischen Elementen, geschmückt mit einem Totentanz*. Ausgangspunkt zum Val Genova und zum Wasserfall von Nardis*.
Male: 15 km nördl., → Cles*.

Malcesine 6/A 2
Veneto (Verona)

Der Luftkurort liegt auf einem Vorsprung zu Füßen des Monte Baldo

Maggiore (Lago) 5/A 1-2
Piemont und Lombardia

Der nach dem Gardasee (→ **Garda***) zweitgrößte See Italiens wird auch Verbano genannt. Er ist 2 bis 3,5 km breit und erstreckt sich in Nord-Südrichtung über 66 km. Der nördliche Teil des 170 km langen Ufers gehört zur Schweiz (30 km, Locarno). Am Westufer gehört zum Piemont, das Ostufer zur Lombardei.
Der See liegt im Verlauf des Tessin (Ticino), der ihn in Sesto Calende (→ **Gallarate***) verläßt. Er vereinigt sich hier mit dem aus Richtung Ortasee kommenden Toce, der in den Borromeo Golf mündet.
Hauptanziehungspunkte sind die Borromeischen Inseln (→ **Isolea Bella***), die Gärten der Villa Taranto (→ **Pallanza***), die Rocca in Angera (→ **Arona***) und die vielfältigen Panoramen, die man von den See umgebenden Gipfeln genießen kann.
Die seit der Bronzezeit besiedeltren Ufer (archäologische Stätte von Golasecca) erlebten zwei bedeutende „Neuentdeckungen". Im 17. Jh., als sich die Adelsresidenzen ständig multiplizierten und im 19. Jh. Dank der Vorliebe der Briten, die später den Bau der Bahnstrecke nach Mailand (über den Simplon und Stresa*) unterstützten.
Zu den berühmten Besuchern zählen Stendhal, Flaubert, Byron, Goethe, Thomas Mann, Boylesve, Königin Viktoria und Winston Churchill.
Zwischen beiden Ufern bestehen zahlreiche Schiffsverbindungen (Autofähre zwischen **Laveno*** und **Stresa***). Von **Arona*** nach Locarno fährt man ca. 4 Std., 2 Std. mit dem Gleitboot. Die Insel erreicht man am besten ab Stresa, hier werden im Sommer Nachtfahrten organisiert (auch ab **Arona***). In allen Ferienorten gibt es Wander-, Reit- und Wassersportmöglichkeiten.
Spezialitäten: In der Pfanne gebratene Felchenfilets, gefüllte Frösche, Schnecken, Steinpilze, Ente mit Risotto, Gänsewurst und regionale Weine.

am östlichen Ufer des Gardasees. Goethe wurde hier im Jahre 1786 in der Nähe des Schlosses der Scaglieri (12.-14. Jh.) festgenommen. Von diesem Schloß, das ein kleines archäologisches Museum beherbergt, kann man eine schöne Aussicht über den See genießen (auch della Scala genannt). In der mit Kunstwerken reich ausgestatteten Kirche (16. Jh.) befindet sich der Hauptaltar der Madonna del Rosario (17. Jh.).

Schiffsverbindungen mit **Riva***, **Gardone Riviera***, San Vigilio und Garda (**Bardolino***).

Brenzone (11 km südl.): Reste aus römischer Zeit, romanische Kirche San Zeno, Aussicht über den See.

Monte Baldo: (Tratto Spino, 15 Min. mit der Seilbahn, 1765 m Höhe): Aussicht* über den See und über das Adige Tal.

Malles Venosta / Mals

Trentino-Alto Adige (Bolzano) 2/B 2

Der Ort römischen Ursprungs im Val Venosta (Adige Hochtal), unterhalb der Gletscher der Palla Bianca (3.730 m), gilt als beliebtes Ziel für Sommerfrischler und Skisportler. Bedeutend sind die mittelalterlichen Türme und der romanische Kampanile, die gotische Kirche, die Renaissancekirche San Michele (Fresken) und San Benedetto im Norden der Stadt (karolingische Malerei, 9. Jh.). Diese Baudenkmale bezeugen die alte Rolle der Stadt als Wachposten an einem der ältesten Wege der österreichischen Alpen.

Burgensio (5 km nördl.): Die Region bietet zahlreiche romanische Monumente, besonders Burgen.

Sluderno/Schluderns: Castelbello, (13./15. Jahrhundert, 5 km südlich, Mo ⊠).

Glorenza (8 km südl., über Sluderno): Ländliches Städtchen mit arkadengesäumten Straßen und mit einem Mauergürtel aus dem 16. Jh. Renaissancekirche mit einem Fresko („Das jüngste Gericht").

Monte Maria/Kloster Marienberg (5 km nordwestl.): Abtei (12. Jh.) in 1.330 m Höhe, Krypta*.

Resia (17 km nördl.): In der Mitte des Sees erhebt sich der Glockenturm einer versunkenen Kirche.

Silandro (25 km östl.): Der Ort inmitten von Obstgärten wird als Hauptstadt des Val Venosta betrachtet.

Tubre/Taufers (8 km südwestl.): Mit gotischen Fresken versehene Kirche.

Manduria

Puglia (Taranto) 22/A 2

Die 11 km vom Meer entfernte Stadt, eine Agrarmetropole, wurde im 9. Jh. v. Chr. von Griechen gegründet. Die Überreste von Mura Messapiche* liegen außerhalb der Stadt (nördl.). Erhalten sind die dreifache Ummauerung aus dem 5. Jh. v. Chr. und die Nekropole. In der Stadt sind der Duomo (Renaissance), der barocke Kaiserpalast und das mittelalterliche jüdische Ghetto perfekt erhalten. Im Rathaus befindet sich das Archäologische Museum. Sehenswerter Plinius-Brunnen, erwähnt von Plinius dem Älteren unter der Bezeichnung Lacus Manduriae.

Francavilla Fontana (14 km nordwestl.): Kaiserpalast aus dem 15. Jh., mehrere barocke Bauwerke. Jahresmesse zu Himmelfahrt.

Latiano (17 km nordöstl.): Museum für Volkskunde und Kunst (Besichtigung auf Anfrage).

Oria (10 km nördl.): Castello* Friedrich II. (Anf. 13. Jh.). Vorrömische Keramiksammlung im Archäologischen Museum (Besuch auf Anfrage). Trachtenzüge mit Kostümen aus dem 15. Jh. im Juli / Aug. 5 km südöstl., kleiner Tierpark.

Manfredonia

Puglia (Foggia) 19/A 2

Die Hafenstadt wurde im 13. Jh. von König Manfred für die Kreuzritter auf dem Weg nach Palästina als Ersatz für die zerstörte Stadt Sipontum gegründet. Der Ort hat heute Bedeutung als Badeort und Industriehafen.

Schiffsverbindungen mit **Vieste*** und den Tremiti-Inseln.

Castello Svevo-Angioino: Das schwäbisch-angiovinische Kastell aus dem 13./14. Jh. beherbergt das Gargano-Nationalmuseum (Mo. ⊠): Vorgeschichte und Funde aus den Nekropolen der Umgebung.

Kathedrale: In dem während des Barock neuerrichteten Bauwerk wird eine bemalte Madonna mit Kind (13. Jh.) aus Holz gezeigt, die aus der Kathedrale von Siponto stammt.

San Domenico: Die Kirche schmückt ein romanisches Portal mit Fresken.

Monte Gargano* (nördl.): Gewaltiges Kalkpromontorium, dessen Gipfel am Monte Calvo (1065 m) liegt; wunderschöne Küstenstraße* (→ **Vieste***).

Grava di Campolato (17 km nördl.): Interessante Höhlen.

Lido di Siponto (3 km südl.): Die lombardo-normannische Kathedrale Santa Maria (11.-14. Jh.) liegt leicht abseits des Badeortes. Sie weist zugleich orientalische und pisanische Einflüsse auf; die Kuppel stammt aus dem 14. Jh. Nebenan befinden sich Katakomben und eine paläochristliche Basilika mit Bodenmosaiken. Ethnographisches Museum am Platz.

Mattinata (15 km nordöstl.): Ort an einer kleinen seichten Bucht in schöner Lage über dem Meer.

Monte Sant'Angelo* (15 km nördl.): Die auf einem Felsen gelegene Ortschaft beherrscht zugleich das Meer und die Wälder des Gargano. Die Prozession am 29. Sept. findet vor dem romanogotischen Sanktuarium (moderne Fassade) statt. Hier wird ein Fragment des Mantels des Erzengels Michael aufbewahrt. Die Reliquie wurde von den Kreuzrittern verehrt, bevor sie sich in Manfredonia einschifften. Die Statue des Heiligen und dessen Schwert, das zur Prozession benutzt wird, stammen aus dem 16. Jh.

San Giovanni Rotondo (23 km westl.): Wallfahrtsort; die romanische Kirche Santa Maria delle Grazie beherbergt das Grab des Padre Pio. Die Kirche San Matteo befindet sich 6 km weiter (→ **San Severo***).

San Leonardo di Siponto (10 km südl.): Romanisches Portal.

Mantova/Mantua

Lombardia (Provinzhauptstadt) 6/A 3

Die etruskische Gründung wurde im 3. Jh. v. Chr. römische Kolonie. Die Stadt liegt zwischen Gardasee und Po am Unterlauf des romantischen Mincio, der sich hier in ein sumpfiges Seebecken erweitert. Der See wird seit dem Mittelalter von Dämmen in drei Teile zerschnitten. Im nahen Andes (heute Pietole) wurde der König der Dichter der Antike, Vergil geboren. Er besang den Mincio in seiner „Bucolica". Von 1327 bis 1707 wird Mantua von den Gonzagen beherrscht und er-

Mantua: Die Renaissancekuppel von Sant' Andrea, eines der Meisterwerke Albertis, von der Galerie des Palazzo della Ragione aus gesehen.

lebt eine Blütezeit. Die Prinzen der „Gloriosa" erwiesen sich als gebildete Mäzene, ihnen verdankt man die Hauptbaudenkmale, darunter den Palazzo Ducale, das Schloß San Giorgio, die Kirche Sant'Andrea und den Palazzo del Te. Sie riefen zahlreiche Künstler wie den Freskenmaler Pisanello und die Maler Mantegna und Giulio Romano an den Hof. Die berühmtesten Gonzagen waren Gianfrancesco (1407-1444), ein Wegbereiter der Humanisten der Renaissance, Ludovico (1448-1478), der Mantegna und den florentinischen Architekten Alberti an den Hof holte, Francesco II. (1464-1579), der Isabella von Este (die Gebildete) heiratete. Ferner Frederico II. (1525-1535), der den Palazzo del Te von Giulio Romano errichten und gestalten ließ. Zwischen Lago Inferiore und Lago di Mezzo hat man von der langen Brücke San Giorio einen schönen Gesamteindruck der Stadt der Türme und Glockentürme, vom gotischen Castello und dem Herzogspalast im Vordergrund.

Nordviertel:
Über die Via Accademia erreichbar.
Teatro Scientifico: Der elegante Theatersaal* wurde von Bibbiena (18. Jh.) entworfen.
Piazza delle Erbe*: Das Fremdenverkehrsamt liegt an der Ecke der Kirche Sant'Andrea am Marktplatz.
Broletto (oder Palazzo del Podesta, 13. Jh.): In einer Nische an der Piazza del Broletto befindet sich eine Statue des sitzenden Vergil.
Palazzo della Ragione: Der Justizpalast (13. Jh.) beherrscht die Piazza delle Erbe. Die Fassade mit Spitzbogenportikus weist zum Platz, die Südseite wird vom Uhrenturm aus der Renaissance flankiert.

An der Piazza del Broletto erhebt sich die Fassade des während der Renaissance neuerbauten Palazzo del Podesta.

Giulio Romano dekorierte zu Anfang des 14. Jh. den Palazzo del Te für Frederico II. Gonzaga mit prächtigen Fresken.

San Lorenzo (Piazza delle Erbe): Die auch Rotonda genannte Kirche wurde vom 16. Jh. bis 1926 (Datum der Restaurierung) für den Gottesdienst geschlossen. Die heute von Dominikanern verwaltete Anlage ist eines der ältesten Bauwerke Mantuas (9.-12. Jh.). Von der Etagengalerie kann man das Innere der runden Kirche gut bewundern; Malereien byzantinischen und lombardischen Einflusses.
Sant'Andrea: Die großartige Renaissancekirche wird als eines der Meisterwerke Albertis betrachtet. Die Vorhallengewölbe tragen die gleichen Kassetten*, wie der tonnengewölbte Hauptraum. An der Vierung und unter der Kuppel entdeckt man außergewöhnlich schöne, bemalte Verzierungen aus der Renaissance. Beachtung finden die Gemälde aus den Schulen Mantegnas und Giulio Romanos und die „Blutreliquien" Christi in der Krypta. In der ersten Kapelle links befindet sich das Grab Andrea Mantegnas.
Piazza d'Arco* (über die Via Verdi): Kirche San Francesco (Anf. 14. Jh.) und Palast der Grafen von Arco (18. Jh.), mit einem von Falconetto geschmückten Saal und schönen Kunstwerken (Mo. und an den Nachmittagen der Arbeitstage ⊠, außerhalb der Saison am Sa. und So. □).
Piazza Sordello*: Der weiträumige Platz wird links und rechts vom Palazzo Bonacolsi gesäumt (13. Jh.), auf dessen Fassade sich beachtenswerte Atlanten befinden. Der Dom stammt von Giulio Romano. Der Palazzo Ducale befindet sich hinter dem Palazzo dei Capitani del Popolo.
Palazzo Ducale:** Die Auffahrt zu den Palasthöfen wird durch den Stadtgarten an der Piazza Lega Lombarda erreicht. Der Haupteingang des immensen Palastes (340 ha, 500 Säle und Galerien, 15 Gärten und Höfe) befindet sich an der Piazza Sordello. Besonders sehenswert sind die „hängenden" Gärten (Kreuzgang, 16. Jh.), die Spiegelgalerie*, der Saal der Flüsse (18. Jh.) mit schönen Decken und das Appartamento del Paradiso mit Seeblick. Alle diese Räume sind mit Fresken und Gemälden von Pisanello, Mantegna und Giulio Romano ausgestattet. Gemäldegalerie (Rubens, Tintoretto usw.), Sammlung von Wandteppichen nach Zeichnungen von Rubens und archäologische Funde seit der hellenistischen Zeit.
Castello San Giorgio: Die Camera degli Sposi* in dem von Wassergräben umgebenen Kastell (14. Jh.) wurde von Mantegna völlig mit Fresken ausgemalt. Dieser Raum wird als eines der Meisterwerke der italienischen Malerei des 15. Jh. angesehen. Im Palast ein Museum des Risorgimento (Eingang an der Piazza Sordello).

Südviertel:
Den venezianisch anmutenden Fluß überqueren und den breiten Straßen in Richtung Autobahn folgen.
Santa Maria del Gradaro: In der Kirche (13. Jh.) sind Reste romanischer Malereien erhalten.
Palazzo del Te: Der Palast wurde Anfang des 16. Jh. von Giulio Romano für Frederico II. Gonzaga errichtet. Der Gigantensaal und der Saal der Psyche* wurden ebenfalls von Romano mit Fresken ornamentiert. In einem Palastflügel sind ein Museum für moderne Kunst und das Museum für ägyptische Kunst untergebracht (Sonntagnachmittag und Mo. ⊠).
Via G. Acerbi: Sie verbindet nacheinander mit der Kirche San Sebastiano (15. Jh.), mit dem Haus Mantegnas (Renaissance) und mit der Via Roma. Links befindet sich der

Justizpalast, in dem die Gonzagen von Vescovato lebten. Er wurde von Giulio Romano errichtet, dessen eigenes, ebenfalls von ihm errichtetes Haus (16. Jh.), etwas weiter entfernt steht.
Veranstaltungen: Konzerte und Theaterveranstaltungen sind über das ganze Jahr verteilt (darunter die Konzerte am Donnerstag und die Revue Mantua Jazz). Wettbewerb der Madonnari am 15. Aug. auf dem Vorplatz von Santa Maria delle Grazie (Kreidezeichnungen der Madonna). Fest der Traube in Curtatone im Sept (5 km westl.). Angeln und Wassersport auf den Seen (Porto Catena, Lago Inferiore). Kreuzfahrten auf dem Mincio (April-Oktober). Schiffsverbindung nach Venedig und Cremona.
Spezialitäten: Kürbisravioli, Agnolini (in einer Brühe mit Rotwein), Knoblauchmettwurst, Grana (Käse), Sbrisolana (Mandelkuchen). Weine: Colli morenici mantovani (rot, weiß, rosé). Zahlreiche gastronomische Feste in den kleinen Städten der Provinz.
Handwerk: Zinn (Handwerker in Goito), Mantua ist die Stadt der Mundharmonikaherstellung.
Asola (39 km westl.): Kirche Sant'Andrea (16. Jh.) mit Kunstwerken, besonders von Romanino. Archäologisches Museum (So. und Festtage ☐).
Goito (20 km nördl.): Dorf der Zinnhandwerker.
Gonzaga (36 km südl.): Kleine Stadt, deren Namen die Gonzagen übernahmen, mit mittelalterlichem Zentrum um den Hauptplatz. Messe Anfang September.
Marmirolo (10 km nördl.): Jagdhaus der Gonzagen (16. Jh.).
Pegognana (30 km südl.): Vorromanische Kirche San Lorenzo.
San Benedetto Po (22 km südöstl.): Kirche (10. Jh.) zur Renaissance neuerrichtet. Der Kreuzgang beherbergt das Grab der Gräfin Mathilde. In der Etage befindet sich ein Museum der ländlichen Ethnographie (Museo Civico Polironiano, Mo ⊠, im Winter auf Anfrage).
Suzzara (21 km südl.): Stadt, beherrscht von einem befestigten Turm des 13. Jh. Galleria Civica: Gemälde (morgens außer So. ⊠).

Maratea 21/A 3
Basilicata (Potenza)
Unterhalb des alten Dorfes entwickelte sich der Hafen an einem Einschnitt des Golfs von Policastro. Der Badeort gilt als Zentrum der Costiera der Basilicata (Wassersport, Unterwasserjagd). Die engen Passagen und Treppengäßchen des ehemaligen mittelalterlichen Borgo* sind noch erhalten. Unweit der von Griechen gegründeten historischen Stätte Maratea Superiore befindet sich das Sanktuarium San Biagio mit einer gigantischen Christusstatue (21 m).
Veranstaltungen: Folkloredarbietungen, Konzerte, Ausstellungen handwerklicher Produkte und Weinmarkt im Sommer.
Acquafredda (10 km nördl.): An der Straße nach **Sapri***, Meereshöhle delle Colonne.
Fiumicello (Nordausfahrt von Marina): Meereshöhlen.
Praia a Mare (Calabria, 15 km südöstl.): Größter Badeort einer Gruppe, zu der auch Scalea (südl.) und Lido di Tortona zählen. Schiffsverbindung zu den Dino-Inseln (2 km).

Massa/Marina di Massa
Toscana 9/D 3
(Provinzhauptstadt von Massa-Carrara)
Die Metropole in der Küstenregion Versilia liegt im Norden der Toscana an den Ausläufern der Apuanischen Alpen unterhalb eines mittelalterlichen Ortes und einer Rocca (in 150 m Höhe), zu der ein alterPalast gehört. Schöner Ausblick über das Meer von der Befestigungsmauer.
Piazza Aranci: Am Platz im Herzen der Renaissancestadt steht die Fassade (18. Jh.) des Palazzo Cybo Malaspina (16. Jh.) mit schönem Hof und Portiken*.
Duomo: Der Dom (14.-18. Jh.) mit einer modernen Fassade hat eine barocke Innenausstattung. Interessante Fresken von Pinturicchio und hölzerner Christus aus dem 13. Jh. Das Museum Storico d'Arte Sacra befindet sich nebenan.
Marina di Massa: 5 km entferntes Seebad, dessen 10 km langer Strand entlang eines schönen Pinienhaines verläuft.
Veranstaltungen: Fest des Candi-Weines im August.
Umgebung: Marmorbrüche von Forno, Renara und Valsona.
Cinquale (5 km südl. vom Marina): Seebad, Segelhafen, Flughafen.
Forte dei Marmi (11 km südl.): Der große Badeort verdankt seinen Namen der Festung aus dem 18. Jh., die man im Zentrum der Stadt entdeckt. Sie schützte früher den Exporthafen für Marmor. Zeitlich begrenzte Ausstellungen in der Galerie für moderne Kunst.
Pian della Fioba (20 km nordöstl.): Botanischer Garten, weiter Blick über die Berge und das Meer.
San Carlo Terme (5 km nordöstl.): Kurzentrum, Panoramalage an der Straße nach **Castelnuovo di Garfagnana***.
Seravezza (10 km südöstlich, an der Straße nach Castelnuovo): Zentrum der Marmorindustrie. Duomo und Palazzo Mediceo aus der Renaissance. Die Stadt bewahrte die Erinnerung an den Aufenthalt Michelangelos (1517), der einen Steinbruch öffnen ließ, um den Bau des Grabmals von Julius II. zu ermöglichen.
Pietrasanta: 11 km südöstl., → **Viareggio***.

Massa Marittima 12/B 3
Toscana (Grosseto)
Im Herzen des Bergbaugebietes der Colline Mettalifere (→ **Larderello***), wo seit der Hochantike die Vorkommen der Tolfa-Berge ausgebeutet wurden, entwickelte sich Massa bis zum Golf von Follonica (→ **Piombino***). Im Zentrum der Citta Vecchia ist die Piazza

Der Kampanile von Massa Marittima, ein Meisterwerk der sienischen romanischen Kunst, erhebt sich in einer beeindruckenden Landschaft.

Massa Marittima: Die von Zwillingsfenstern durchbrochene Fassade des Palazzo Pretorio an der von romanischen Fassaden gesäumten Piazza Garibaldi.

Garibaldi* mit romanischen Monumenten gesäumt.
Duomo*: Der Dom im pisanischen Stil wird von einem wunderschönen Kampanile mit fünf ansteigenden Arkadenreihen und vom ebenfalls durchbrochenen Vierungsturm beherrscht. Die sechs Öffnungen der Fassade, die das skulptierte Hauptportal umrahmen, sind einzigartig. Das Innere beherbergt herrliche Flachreliefs, von denen einige aus karolingischer Zeit stammen.
Gegenüber lehnt sich der befestigte Palazzo del Comune an das Haus der Grafen von Biserno an.
Palazzo Pretorio (oder del Podesta): Die Fassade des Museums für etruskische Archäologie wird durch Zwillingsfenster gegliedert (außerhalb der Saison Mo. ⊠).
Citta Nuova: Die Via Moncini führt hinauf in die Oberstadt (14. Jh.). Über Treppen und durch die Senesi-Festung endet sie an der Piazza Matteotti. Hier ragt der Torre del Candeliere (13. Jh.) empor, der durch einen Bogen mit den Ruinen der gotischen Festung verbunden ist. Über den Corso Diaz erreicht man die gotische Kirche Sant'Agostino.
Veranstaltungen: Wettbewerb der Armbrustschützen in mittelalterlichen Kostümen Ende Mai und am 2. Augustsonntag (Balestro del Girifalco).
Handwerk: Kunstkeramik.

Matera 21/C 1
Basilicata (Provinzhauptstadt)
Matera liegt in außergewöhnlich malerischer Lage auf Kalkfelsen über einer tiefen Schlucht in einer landwirtschaftlichen Region, die zahlreiche Felsenkirchen aufweist. Den besten Eindruck bekommt man von der südl. gelegenen Straße. Das beeindruckende Stadtbild bietet sich jedoch in entgegengesetzter Richtung. Die Häuser der Felsenstadt drängen sich übereinandergestuft oberhalb der Schlucht. Große Teile der Häuser sind in den Tuffstein gehauen, das Mauerwerk verschmilzt farblich mit dem felsigen Untergrund. Die Stadt wurde vermutlich 15000 Jahre v. Chr. besiedelt.
Besichtigung: Der Wagen kann im Südviertel geparkt werden. Eine Besichtigung dauert zu Fuß etwa 2 Stunden.
Carmelo-Belveder: Aussicht über beinahe den gesamten Sasso Caveoso (Felsenhöhlen), der vom Kampanile des Doms gekrönt wird. Der entgegengesetzte Felshang der Schlucht wird von Höhlen durchbrochen, die manchmal Kirchen aufnehmen.
Errico-Palast: Er lehnt sich an die Barockkirche Carmelo an; Pinakothek (Künstler des 17./18. Jh.).
Um den Sasso zu erreichen bieten sich zwei Möglichkeiten an. Entweder über die kurvenreiche Via Bruno Buozzi* (Zugang über eine Treppe hinter dem Palast), oder man geht in Richtung Stadtzentrum (links), um den Dom zu erreichen. Auf dem Weg befinden sich das Museo Ridola und San Francesco. Vom Weg zweigen mehrere enge Passagen (Treppen) in das Labyrinth der Altstadt ab. Es ist praktisch unmöglich, sich nicht zu verlaufen.
Piazza San Pietro Caveoso (am Ende der Straße, die von der Barockkirche dieses Namens beherrscht wird): Vom Balkon bietet sich ein einmaliger Blick* über die tiefe Schlucht. Von der Terrasse hinter der Kirche kann das Südviertel überschaut werden. Ein Weg führt nach rechts zum Fuße des Monte Errone.
Santa Maria de Idris: Die Kirche wurde zum Teil in den Felsen gehauen. Von hier gelangt man zu der Felsenkirche Santa Barbara, die im 11. Jh. mit byzantinischen Fresken geschmückt wurde. Dahinter befindet sich das Ausstellungszentrum für bäuerliche Ethnographie.
Zur Piazza San Pedro zurückkehren und in die Straße am Steilhang einbiegen.
Strada panoramica dei Sassi*: Dem Hang folgend umgeht die Straße den Felsen, der vom Glockenturm des Duomo gekrönt wird. Um diesen drängen sich zahlreiche Bauwerke und Höhlenwohnungen (viele sind heute verlassen). Die Straße verbindet den Sasso Caveoso und den Sasso Barisano; Aussichten**.
Sant'Agostino: Kirche mit barocker

Matera: Der heute unbewohnte, aus Höhlenwohnungen bestehende Stadtteil Sasso Caveoso unterhalb vom Kampanile des Domes.

Fassade. Vom Platz aus, Blick über die Schlucht und das alte Viertel. Die Treppengassen in Richtung Stadtzentrum führen bergauf an San Giovanni Battista (romanisches Seitenportal) und an San Domenico (zum Teil aus dem 13. Jh.) vorbei.

Piazza Vittorio Veneto: Die Piazza bildet die Grenze zwischen historischer und moderner Stadt. Südl. des Plazes befindet sich das Fremdenverkehrsbüro; der kurvenreichen Via delle Beccherie folgen.

Duomo: Dom (13. Jh.) mit einem wunderschönen Kampanile und einer Fensterrose in der Fassade. Innen, Madonna della Bruna, byzantinisches Fresco und sehenswerte Renaissance-Kapelle der Annunziata. Vom Platz aus, Aussicht über den Sasso Barisano.

Das Südviertel wird durch die obere Stadt erreicht.

San Francesco: Edle Fassade im jesuitischen Stil. Innen, Madonna e Santi*, Renaissance-Polyptychon mit acht Tafeln.

Museo Nazionale Ridola (an der Via Ridola im ehemaligen Kloster Santa Chiara, Mo. und nachm. ⊠): Vorgeschichte (Paläolithikum bis zur Eisenzeit) und regionale antike Geschichte (8. bis 3. Jh. v. Chr.).

Castello Tramontano (in entgegengesetzter Richtung der Via Lucana, Hauptstraße der modernen Stadt): Das Kastell (15.Jh.) in einem Park beherrscht den Westteil der Stadt.

Veranstaltungen: Nach dem Fest der Santa Bruna (2. Juli), „Juli Materanese": Konzerte, Ballett. Lebende Krippe zu Weihnachten.

Grassano (50 km südwestl.): Der eindrucksvolle, auf einem Felsen gelegene Ort kann von der Schnellstraße im Umkreis von 20 km gesehen werden. Grassano wurde von Carlo Levi in seinem Roman „Christus kam nur bis Eboli" (1945) erwähnt.

Irsina (48 km westl.): Zwei romanische Kirchen, zu denen die Kathedrale zählt, Museum zur Vorgeschichte und für Trachten.

Miglionico (23 km südwestl.): Der Ort an der Via Appia beherrscht den künstlichen See von San Giuliano. Castello (15. Jh.) und Kirche San Francesco.

Montescaglioso (19 km südl.): Abtei (12. Jh.) mit zwei schönen Kreuzgängen. Die zur Stadt führende Straße verbindet mit einigen Felsenkirchen.

Murgia Timone (Belvedere, 4 km südl.): Aussicht über Matera. Über die Panoramastraße erreicht man Taranto.

Tricarico* (74 km westl., über die Via Appia): Die Civita (Altstadt) in malerischer Lage wird von einem gotischen Burgfried überragt. Mehrere Kirchen und eine während des Barock umgebaute Kathedrale.

Melfi 19/A 3
Basilicata (Potenza)

Am Fuße des Monte Vulture (ehem. Vulkan, 1.326 m), einer regelmäßig von Erdbeben heimgesuchten Gegend, war Melfi schon zur Zeit der Vorgeschichte besiedelt. Während der Normannenherrschaft (Mitte 11. Jh.) wurde das Castello errichtet. Es wurde von Friedrich II. (Anf. 13. Jh.) und später vom Hause Anjou (Renaissance) neu aufgebaut.

Castello: Archäologisches Museum (Museo Nazionale del Melfese, Mo., außerhalb der Saison nachmittags ⊠). Frühgeschichtliche Sammlungen und Ausstellungsstücke, die von den Kreuzrittern aus dem Orient mitgebracht wurden.

Duomo: Romanisches Bauwerk (Kampanile), mit byzantinischen Fresken verziert, wie sie auch in mehreren nahegelegenen Felsenkirchen vorkommen.

Porta Venosina: Mittelalterliches Tor.

Veranstaltungen: Frühlingsfest im Mai, Trachtenprozessionen zu Pfingsten.

Handwerk: Faßbinderei, Kupferschmiede, Handweberei.

Barile (12 km südöstl.): Altes Dorf über drei in Ebenen abgestuften Kellern in dem italo-albanische Traditionen gepflegt werden; Zingara am Karfreitag.

Castel Lagopesole (30 km südl.): Bauwerk aus der Zeit der Regentschaft Friedrich II. (Anf. 13. Jh.).

Monticchio* (Kraterseen, 31 km südl.): Seen von tiefblauer Farbe, zu erreichen über den wegen seiner Weinberge berühmten Ort Rionero in Vulture.

Rapolla (5 km südöstl.): Thermalbad. Mehrere romanische Kirchen, darunter die Kathedrale und San Biagio (Felsenkirche).

Venosa (25 km östl.): Lapidarium im Castello und Kathedrale aus der Renaissance. Im Norden, Ruinen von Venosa Maschito (römisches Amphitheater und Thermen); Überreste der Abtei der Trinita (11. Jh.) in der Nähe.

Merano/Meran 2/C 2
Trentino — Alto Adige (Bolzano)

Inmitten eines Obstbaugebietes liegt das Thermalbad am Passirio, einem Nebenfluß des Adige, unterhalb der Tiroler Pässe an der Grenze zwischen Val Venosta und dem Becken von Bolzano*.

Das Stadtzentrum befindet sich im Bereich des Corso della Liberta (Fremdenverkehrsbüro im Kursaal) und an der Via dei Portici (Laubengasse), deren Läden unter Arkaden mit skulptierten Fassaden liegen. Sie mündet im Osten auf einen Platz, an dem die Fassade und der Glockenturm des gotischen Doms stehen, der im 14. Jh. von außen mit Fresken verziert wurde. Nebenan befindet sich ein kleines Kunstmuseum (Sa.-nachmittag und an Festtagen ⊠). Von der Ecke des Palazzo del Municipio führt die Via Galilei zum Castello Principesco (15. Jh., an Festtagen ⊠), zur Schwebebahnstation und zum Museo Civico.

Promenaden*: Zwei schöne Promenaden folgen den Passirio-Ufern, der Kurpark säumt teilweise das linke Ufer. Eine dritte Promenade (Passeggiata Tappeiner*) führt vom Dom aus bergan zum Monte Benedetto (200 m über der Stadt, Panorama*).

Avelengo/Hafling (6 km, mit der Schwebebahn, 1290 m Höhe): Panoramische Lage am Fuße der Skistation Meran 2000.

Corteraso/Kurzras (18 km westl.): Unterhalb der Gletscher der Croda Grigia (3200 m, Sommerski).

Lana (8 km südl.): In den Obstgärten unterhalb des Monte San Vigilio (1550 m). Assunta Kirche mit Renaissance-Altar.

Naturno/Naturns (14 km westl.): Kirche aus dem 8.-13. Jh., mit Renaissance-Fresken geschmückt.

Rombo (Passo del, Timmelsjoch, 60 km nördl.): An der österreichischen Grenze (gebührenpflichtige Straße), über die Panoramastraße des Val Passiria*.

Scena (5 km nordöstl.): Sommerfrische, Castel Scena (14.-17. Jh.).

Serrale (17 km westl.): Kartause (14. Jahrhundert).

Tirolo/Tirol (4 km nördl.): Beherrscht von der mächtigen, gleichnamigen Burg* (12. Jh.; Mo., an manchen Festtagen, Sonn- und Feiertags-nachmittag ⊠).

Appiano*: 30 km südl.
Bolzano*: 28 km südöstl.
Malles Venosta*: 58 km westl.
Palade (Passo del): 20 km südl.

Die Via dei Portici in Merano, der schmucken Stadt Südtirols.

Metaponto
21/C 2
Basilicata (Matera)

Der Badeort befindet sich auf dem Gelände einer archäologischen Fundstätte der Basilicata. Metaponto Maritim wurde im 7.Jh. v. Chr. von Griechen gegründet. Bei Ausgrabungen legte man einen Tempel, ein Theater, sowie das Castrum (Metapuntum) der röm. Kolonie frei. Die Grabungsfunde werden im Antiquarium ausgestellt (Mo. ⊠).

Tavole Palatine*: 5km weiter nördl. sind die schönen Kolonnaden eines dorischen Tempels aus dem 6.Jh. v. Chr zu bewundern. Der Tempel überdeckt das ehemalige Haus des Pythagoras, einen späteren Heratempel. Auf dem Gelände befinden sich hellenistische Nekropolen (4. Jh. v. Chr.).

Bernalda (9km westl.): Castello (15.Jh.) oberhalb des Viertels aus dem 17.Jahrhundert.

Eraclea / Heraclea (20km südl.): Im 5.Jh. v. Chr. gegründete Stadt. In der Nähe befinden sich die Ruinen von Siris. Archäologisches Museum in Policoro (Museo della Siritide).

Pisticci* (30km westl.): Sehr altes Dorf mit weißen, maghrebinisch anmutenden Häuser, über dem Barento-Tal. Romanische Kirche mit Elementen aus der Renaissance. Überreste eines Castello (15. Jh.). Ehemalige normannische Abtei Santa Maria del Casale* (11. Jh.).

Santa Maria d'Anglona (13km westl. von Policoro): Auf einer Anhöhe gelegene Kirche (11. Jh.).

Milano/Mailand
5/B 2-3
Hauptstadt der Lombardei und Provinzhauptstadt

„Milano non si ferma". Die Lebensweisheit hat immer noch Gültigkeit. „Mailand hält nicht an", die Stadt verändert sich ständig. Sie liegt genau auf halbem Weg zwischen München und Rom (580 km) und Lyon und Florenz (300 km). Die „Lokomotive Italiens trägt das Land weiter auf ihren Schultern" (Robert Sole).

Der bedeutendste Industriestandort der Halbinsel (Montedison, Alfa Romeo ...) ist zugleich erster Finanz- und Handelsplatz, aber dennoch eine „trockene" Stadt. Weder ein Fluß noch eine Meeresküste säumen sie. Die aus der Renaissance stammenden Kanäle, ein Werk Leonardo da Vincis, verbinden mit dem Ticino, einem zeitweise versiegenden Nebenfluß des Po. Breite, unendlich erscheinende Straßen durchschneiden die Stadt aus Stahl und Beton. Der Stadtplan Mailands gleicht dem Schnitt eines Baumes, der immer dicker wird.

Die Stadt wuchs in der Vergangenheit nur durch konzentrische Kreise. Die Ausmaße der „Vororte" verwirren den Reisenden auf dem Weg in das Stadtzentrum. Groß-Mailand, das von ca. 100 Grenzgemeinden umgeben ist, erreicht heute eine Einwohnerzahl von 3,5 Millionen.

Mailand verdankt seinen Namen dem keltischen Mediolanum, „Land der Mitte". Ab dem 3. Jh. v. Chr. wurde es „römisiert", ab 89 v. Chr. erhielt Mediolanum römische Bürgerrechte. Eine Glanzzeit Mailands brach an, als Diokletian Maximian Mediolanum zur Residenz des italienisch-afrikanischen Teilreiches erhob. Das Toleranzedikt kam 313 zwischen Konstantin und Licinius zustande, es sicherte den Christen die Glaubensfreiheit zu. Mit der Berufung des kaiserlichen Beamten Ambrosius zum Bischof (370) von Mailand, wurde es zu einer kirchlichen Metropole. Nach der Besatzung durch Pippin den Kleinen (756), wurde Mailand vom 10. bis 12. Jh. eine mächtige selbstständige Stadt. Die ersten Industrien der Wollweberei und Waffenherstellung entstanden, bevor die Visconti und ihre Bankiere 1277 die Herrschaft übernahmen. Der berühmteste unter ihnen, Gian Galeazzo (1347-1407), Erbauer des Doms und der Kartause von Parma, war einer der Vorfahren Ludwig des XII. Dieser Umstand war Ende des 15. Jh. der Anlaß der französischen Intervention in der Lombardei. Nach Ende der Herrschaft Francesco Sforzas holte Ludovico il Moro, der Schwiegersohn der letzten Visconti, der während der Gefangenschaft in Loches (Frankreich) starb, Leonardo da Vinci nach Mailand. Zu jener Zeit wurde Mailand zum Spielball zwischen Frankreich und dem Kaiserreich, es verlor 1535 seine Unabhängigkeit und fiel an die Ostro-Spanier. Die Unabhängigkeit konnte erst zu napoleonischer Zeit zurückgewonnen werden. Während der österreichischen Herrschaft beginnt eine Periode der ökonomischen und intellektuellen Entfaltung. Die Scala wird unter der Regentschaft Maria Theresias gegründet. Im 19. Jh. wurde der gesamte mittelalterliche Stadtkern abgerissen. Man schaffte Platz für die Via Dante zwischen Dom und Castello; Errichtung der Galeria usw.

Duomo** (1): Das architektonische Kunstwerk im Flamboyantstil ist das größte gotische Bauwerk Italiens. Zu napoleonischer Zeit wurde es erweitert und restauriert. Besonders kostbar sind die Ziselierungen der Laterne**, die Krönung bildet der Tiburio, der mit seiner Turmspitze mehr als 100 m über dem Bauwerk emporragt und von der vergoldeten Statue der Maddolina gekrönt ist. Unzählige Fialen und Türmchen (135 Spitzen) über den Dächern und der helle Marmor betonen den märchenhaften Charakter des Bauwerks, wie auch die Giebelfassade charakteristisch für die lombardische Kunst des 17. Jh. ist. Die Baumaßnahmen wurden von den Visconti unter Beteiligung deutscher Architekten Ende des 14. Jh. begonnen und im 16. Jh. von Tibaldi fortgeführt. Der Dom wurde erst Anfang des 19. Jh. fertiggestellt und Ende des 1. Weltkrieges erneut restauriert.

Im Inneren sind die Apsis und der Chorumgang zu bewundern, die fünf nüchternen Schiffe (148 m lang), die Glasfenster*, die haupt-

Die gegliederte Fassade des Mailänder Doms mit Fialen und Türmchen öffnet sich zur Esplanade eines weiten Forums.

sächlich aus der Renaissance stammen, das rechte Querschiff mit dem Mausoleum Leonis, der von Tibaldi geschaffene Chor (Ende 16.Jh., Krypta mit den Überresten von San Carlo Borromeo, → **Arona*)** und der Domschatz* mit Goldschmiedearbeiten.

Zu den Terrassen gelangt man über die Treppen oder mit dem Fahrstuhl. Bei klarem Wetter kann man die Alpen erkennen. Auf dem Platz vor dem Dom befindet sich das achteckige Baptisterium (Ende 4. Jh.), in dem Sankt Augustin (387) getauft wurde.

Galleria* (2): Die Galleria Vittorio Emanuele II., 1877 beendet, das Hauptwerk des Architekten Giuseppe Mengoni, war lange das Zentrum des politischen und literarischen Lebens der Stadt. Die überdachte Ladenstraße mit einer beeindruckenden Dachkonstruktion aus Eisen und Glas und mit Terrassencafes gilt in Mailand als Treffpunkt.

Teatro alla Scala* (3): Das Theater, mit einem der berühmtesten Opernsäle der Welt, wurde nach den Bombenangriffen des Jahres 1943 teilweise wiederhergestellt. Im 18.Jh. an der Stelle einer Kirche errichtet, übernahm es deren Namen (Santa Maria della Scala). Den Theatersaal mit 2.000 Plätzen erreicht man über die Etagen und eine Loge. Toscanini dirigierte hier ab 1947 Werke der berühmten Komponisten wie Verdi, Puccini, Donizetti usw. Ein kleines Museum erinnert an das Genie Rossinis und Bellinis und an die „Divas" Maria Callas, die Tebaldi, die Malibran, Graziella Sciutti usw. (von Okt. bis April an So. und Feiertagen ⊠).

Auf den Platz um den gegenüberliegenden Palazzo Marino (Renaissance) gehen, um die schöne Fassade an der Piazza San Fedele zu bewundern. Nördlich führt die Via Manzini zum Museo Poldi Pezzoli. An der Ecke der Scala bilden die Via Verdi und deren Verlängerung, die Via Brera, eine der seltenen Baueinheiten der Stadt des 18. Jh.

Palazzo di Brera (4): Das Bauwerk aus dem 17. Jh. umschließt einen majestätischen Hof und nimmt eine von Napoleon gegründete Pinakothek** auf. Sie zählt neben der von Florenz zu den bedeutendsten Italiens (So.- nachmittag, Mo. und Feiertage ⊠). Hier bewundert man Kunstwerke von Weltruhm: die „Madonna" von Künstlern der lombardischen Schule (Luini, die Brüder Bellini, Crivelli), mehrere Piero della Francesca, „Beweinung Christi*" von Mantegna, Werke venezianischer Meister (Carpaccio, Tintoretto, Veronese, Tiepolo, Guardi, Canaletto), Bramante und Raffael ... und die großartigen ausländischen Künstler wie El Greco, Rembrandt, Van Dyck usw.

Castello Sforzesco (5)** (Schloß der Sforza): Das gewaltige Bauwerk wird von der massigen Gestalt des aus dunklem Backstein errichteten Burgfriedes beherrscht, der in der Achse der Via Dante emporragt. Um das städtebauliche Konzept (15. Jh.) der Sforza zu erkennen, sollte die Anlage erst vom Kreisboulevard aus, den die Piazza Castello bildet, angesehen werden. Das immense Viereck umfaßt einen Haupthof von der dreifachen Größe der Piazza del Duomo und mehrere zurückgesetzte Nebenhöfe. Die Zitadelle wurde erst nach dem Untergang der Sforza zu einer Festung (1525). Die Säle des ehem. Palastes beherbergen die städtische Kunstsammlung, die auf mehrere Museen verteilt ist (Mo. und Feiertage ⊠). Das Kunstmuseum präsentiert Werke von der byzantinischen Epoche (6. Jh.) bis zur Schaffensperiode Michelangelos und Gemälde aller großen Meister der lombardischen und venezianischen Schule bis zum 18. Jh. Die weiteren Museen widmen sich der Vorgeschichte, der ägyptischen Kunst, den Musikinstrumenten und den Kostümen.

Parco Sempione (6): In der Perspektive der Arco della Pace (Friedensbogen) erstreckt sich der Park über 50 ha hinter dem Castello. Der Bogen ähnelt dem Arc du Carrousel in Paris.

Santa Maria delle Grazie (7): Die prächtige Renaissancekirche wurde nach dem Bombenangriff 1943 völlig neu errichtet. Die polygonale Kuppel* über der Apsis war von Bramante geschaffen worden, der ebenfalls Baumeister des angrenzenden Chiostrino (kleiner Kreuzgang) war. Dem Inneren der Kirche, das mit Fresken (Ferrari) dekoriert ist, wurden während des Barock zahlreiche Dinge hinzugefügt. Daneben befindet sich das „Cenacolo Vinciano" (Mo ⊠) im Refektorium. Die beiden kleinen gegenüberliegenden Wände sind mit Fresken bemalt, die eine von Donato Montorfano (Kreuzigung), die andere von Leonardo da Vinci. Das weltberühmte Abendmahl** (Cena) wurde im Auftrag von Ludovico il Moro geschaffen. Häufige Restaurierungsarbeiten erlauben es leider nicht, die Komposition in ihrer Gesamtheit zu bewundern.

Sant'Ambrogio (8): Der Baukörper steht über einer Kirche (4. Jh.). Die Gründung des hl. Ambrosius wird wegen ihres Narthex als einer der Prototypen der romanischen Kirchen lombardischen Stils angesehen (Kapitelle). Aus karolingischer Zeit stammen die rechte

Der Arco della Pace am Nordwesteingang der Stadt symbolisiert die gleichzeitige Ankunft des Königs von Sardinien und von Napoleon im Jahre 1859.

Kampanile und die Bronzeflügel des Portals (9. Jh.), sowie die Verkleidung des Hochaltars aus Marmor und das Mosaik der Apsis (10. Jh.). Karl der Große hatte sich hier mit der Bronzehaube der lombardischen Könige krönen lassen.

San Maurizio (9): Die von Luini mit Fresken geschmückte Kirche steht am Corso Magenta. Die Gebäude des dazugehörigen Klosters beherbergen ein Museum für antike Archäologie (Di. ⊠).

Piazza dei Mercanti (10): Der Platz ist eines der seltenen Zeugnisse der mittelalterlichen Stadt. In der Mitte befindet sich ein Renaissancebrunnen unter Portiken, an der Südseite liegt die schöne Fassade mit Loggia der Casa degli Osii mit einem Verkündigungsbalkon. Nebenan befindet sich ein Barockpalast der Scuole Palatine (palatinische Schule). Der Palazzo della Raggione oder Palazzo Nuovo (Mittelalter, 13.Jh.) steht gegenüber.

Museen und Galerien:
Die meisten sind am Montag und an Feiertagen ⊠.

Museum der Kathedrale (11): Auf dem kleinen Platz südl. des Doms in den Salons des früheren Königspalastes (Palazzo Reale).

Museo Poldi Pezzoli* (12): (Mo., an Feiertagen und von Ostern bis Sept. am So.-nachmittag ☐). Im Erdgeschoß werden Mailänder Waffen vom 16. bis 18. Jh. gezeigt. Die Salons der Etage sind mit persischen Teppichen aus dem 16. Jh. geschmückt. Zu den Hauptwerken zählen ein Frauenprofil* von Pollaiolo, eine „Beweinung Christi*" von Bellini, eine Madonna von Mantegna, eine Madonna mit Kind von Botticelli und Gemälde von Piero della Francesca. Die anderen Räume sind den lombardischen und venezianischen Schulen gewidmet.

Milano/Mailand

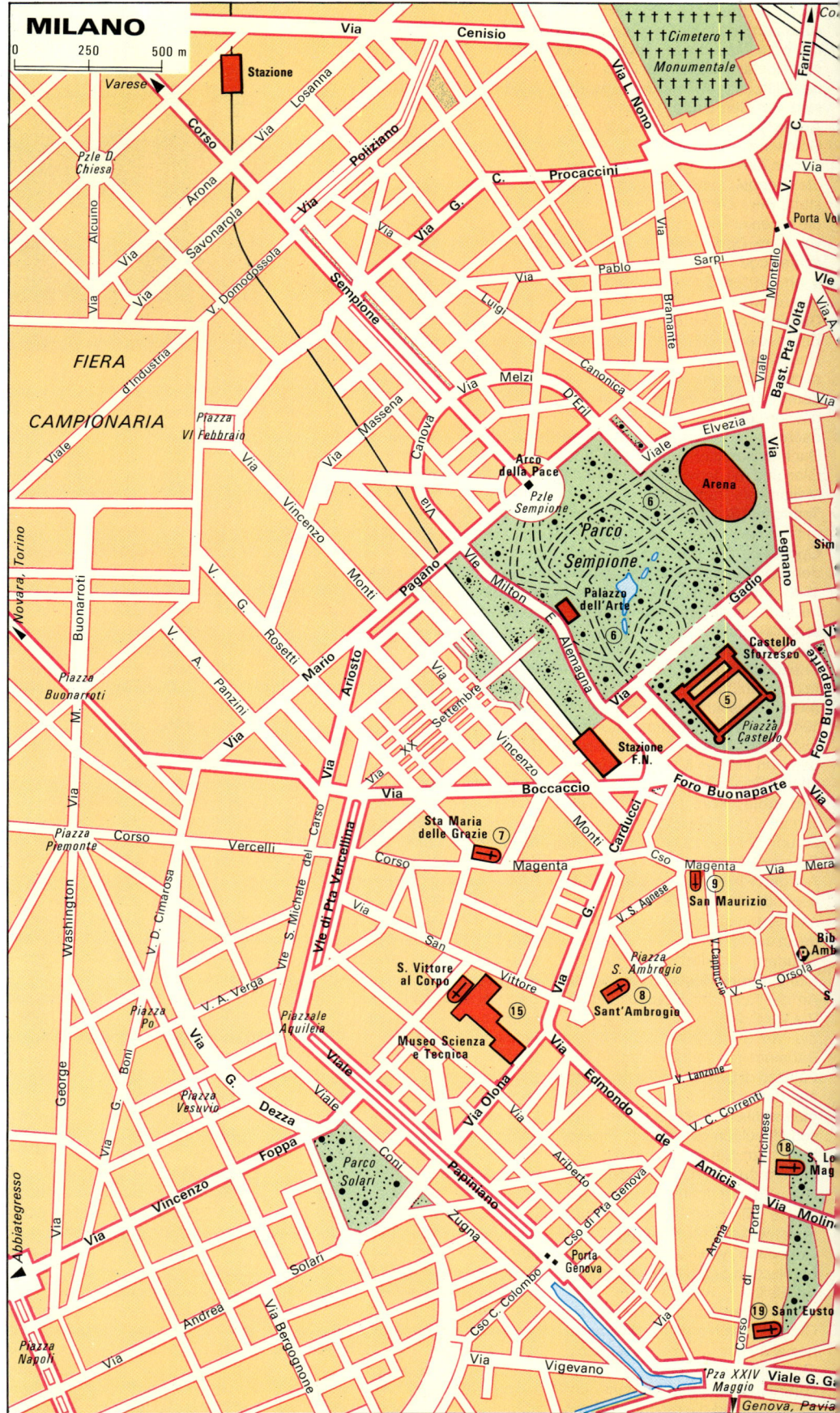

Milano/Mailand

Galleria d'Arte Moderna (13): Via Palestro, in den Giardini Publici (Di. und an manchen Feiertagen ⊠), in einer Villa, in der Napoleon und Eugene von Beauharnais wohnten.

Biblioteca Ambrosiana (14): In einem Palast (17. Jh.), auf dem Gebiet des ehemaligen römischen Forums errichtet. Das Obergeschoß nimmt die Pinakothek** auf. Hier hängen zwei Portraits von Leonardo da Vinci. Ein Portrait zeigt einen Musiker, das andere könnte Beatrice von Este, die Gemahlin Ludovico il Moros darstellen. Weitere Werke sind ein Karton* von Raffael, die Zeichnung des Freskos „Schule von Athen", das sich im Vatikan befindet, eine Krippe von Barocci, Werke von Caravaggio, vom Samt-Breughel („Die Maus mit der Rose") und Reproduktionen nach Zeichnungen von Leonardo da Vinci und sein Codex Urbinas.

Museum Leonardo da Vinci der Wissenschaft und Technik (15); (Mo. und an manchen Feiertagen ⊠): Obwohl eine Galerie den Zeichnungen und den von Leonardo da Vinci erfundenen Maschinen gewidmet ist, werden hauptsächlich Ergebnisse der modernen Wissenschaft gezeigt. Ein Gebäude ist der Eisenbahn gewidmet, ein anderes der Luft- und Schiffahrt.

Museo del Risorgimento: Via Borgonuovo (Mo. ⊠). Hist. Museum.

Museo del Cinema: 2, Via Manin (An Feiertagen ⊠). Filmmuseum.

Museo de Cera: Wachsfigurenmuseum am Hauptbahnhof.

San Satiro (16): Südl. der Piazza del Duomo, über die Via Mazzini. Mit Ausnahme des Kampanile (9. Jh.) und der Fassade (19. Jh.) stammt das Bauwerk von Bramante (Ende 15. Jh.), der hier seine genialen Konzepte des Perspektivenspiels in die Tat umsetzte.

Ospedale Maggiore (17) (Hauptkrankenhaus): Via Francesco Sforza. Mitte des 15. Jh. gründete Franz Sforza die Ca' Grande, mit den Bauarbeiten beauftragte er Filarete. Der Bau wurde im 17. Jh. erweitert (Hofgalerien), er nimmt heute die Staatsuniversität auf.

Chiesa San Lorenzo Maggiore (18): Über den Corso Porta Ticinese. Die ursprünglich paläochristliche Kirche (4. Jh.) wurde im 12.Jh. erweitert und zur Renaissance zum Teil neuerrichtet. In einer Kapelle sind Mosaikverzierungen der frühen Kirche erhalten. Der schöne Portikus* vor der Fassade stammt aus römischer Zeit (2./3. Jh.).

Chiesa di Sant' Eustorgio (19): Südwestl. der Stadt, neben der Porta Ticinese (Rest der Befestigungsanlagen des 14. Jh.). Der präromanische Baukörper wurde in den siebziger Jahren restauriert. Die Kapelle Portinari* hinter dem Chor ist mit toskanischen Renaissance-Fresken von Foppa geschmückt.

San Simpliciano (20): Piazza della Crociate. Die frühere Basilika (4. Jh.) wurde von Bergognone mit Fresken verziert (Anf. 16. Jh.).

Pirelli Tower (21): Neben dem Hauptbahnhof, 1959 beendet, 127 m hoch. Sitz des Regionalrats der Lombardei.

Rotonda della Via Bessana (22): Originellstes Mailänder Bauwerk aus dem 18. Jh.; eine polygonale Einfriedung in Rotondenform umfaßt die Kirche. Es dient heute als Gebäude für Veranstaltungen zeitgenössischer Kunst.

Parks und Freizeitanlagen: Die meisten befinden sich an der Peripherie der Stadt, in Gegenden, die immer mehr von der Städteplanung beansprucht werden.

Parco Sempione: Aquarium, Zirkus, Theater und kleiner See.

Giardini Pubblici (23): Nordöstl. der Stadt des 19. Jh., über den Corso Venezia. Die 17ha große Parkanlage im englischen Stil ist von größtem botanischen Interesse. Umfassungsmauer (16. Jh.) und Tor von Venedig. Außer der Galerie für moderne Kunst gibt es einen Zoo, ein Naturkundemuseum und eine Miniatureisenbahn.

Parco Forlanini (7 km östl., nach Idroscalo): 235 ha große Anlage.

Luna Park: Porta Nuova, über die Viale Liberazione.

Vorstellungen: Eine Vorstellung in der Scala oder im Picolo Teatro sollte nicht versäumt werden.

Veranstaltungen: Internationale Messe in der 2. Aprilhälfte. Festival Milano d'Estate im Juli: Konzerte. Theater, Folklore unter freiem Himmel, häufig auf den Höfen des Castello Sforzesco. Antike Musik- und Dichtkunst im Herbst/Winter in der Kirche San Maurizio.

Spezialitäten: Minestrone mit Speck (Bohnen und Kaldaunen), Risotto mit Safran und Wurst, Osso buco, Panettone (Weihnachtskuchen), Gorgonzola, Rotweine aus Pavia (Oltrepo).

Shopping: Via Montenapoleone und Via Manzoni.

Nachtleben: Um die Piazza Santa Babila (nördl. des Doms), an der sich die beiden vorher erwähnten Straßen kreuzen.

Abb. di, Chiaravalle (7 km südöstl.): Zisterziensische Gründung (1135), Kirche (Anf. 13. Jh.) im gotischen Stil mit einem hohen polygonalen Glockenturm. Barockverzierungen (17. Jh.) im Chor, Madonna mit Kind von Luini.

Certosa di, Garegnano (4 km nordwestl.): Gründung im 14. Jh., Kirche im 16. Jh. wiederaufgebaut und mit Fresken dekoriert.

Abb. di, Mirasole (11 km südöstl.): Bauwerk (13./14. Jh.) mit einem romanischen Kampanile.

San Giuliano Milanese (11 km südöstl.): Abtei von Viboldone.

Mirandola 10/B 1
Emilia Romagna (Modena)

Mirandola war vom 14. bis zum Anfang des 18. Jh. Hauptstadt des kleinen Herzogtums Picos. In der Stadt stand die Wiege Giovanni II., genannt Pico della Mirandola, einem Humanisten der Renaissance (1463-1494). Er wurde „Prinz der Gelehrten" genannt und wegen seiner Analyse der Bibel durch die Kurie zum Ketzer erklärt. Nachdem er nach Frankreich geflüchtet war, kehrte er nach Florenz zurück, wo Lorenzo il Magnifico ihn unter seinen Schutz nahm. Hier schloß er Freundschaft mit Savonarola.

Piazza Grande: Auf dem Platz erheben sich der Palazzo del Comune und die Reste des Schlosses der Pico. Die Grabmale der Prinzen befinden sich in San Francesco (15. Jh.). Museo Civico.

Quarantoli (6 km nordöstl.): Kirche (9.-12. Jahrhundert).

San Felice sul Panaro (12 km südöstl.): Schloß der Este (Castello degli Estensi, 14. Jh.).

Modena 10/B 2
Emilia Romagna (Provinzhauptstadt)

Die Stadt an einem der großen Scheidewege der antiken Via Emilia entstanden, beherbergt ein reiches monumentales und künstlerisches Erbe. Die meisten Kunstwerke stammen dennoch aus der Zeit der Errichtung des Hofes der Herzöge von Este. Modena wurde von ihnen zur Hauptstadt des Herzogtums erhoben, nachdem sie 1598

Der Uhrenturm, Belfried des Rathauses an der Piazza Grande in Modena.

Der leicht geneigte „Ghirlandaia" ragt über den Dächern des Doms von Modena empor. Die drei Vorhallen des lombardischen Bauwerks ruhen auf Marmorlöwen.

von den Päpsten gebeten wurden, **Ferrara*** zu verlassen. Sie herrschten bis 1859. Die Stadt ist die Heimat des Malers und Bildhauers Guido Mazzoni (1450?-1518), genannt „Il Modanino".
Modena wurde zu einer modernen Handels- und Industriemetropole, es hat sich einen Namen im Automobilbau erworben. Die Stadt wird als „Hauptstadt der Geschwindigkeit" bezeichnet. Hier wurden die Formel 1 Rennwagen von Ferrari und Maserati entwickelt.
Der im 16. Jh. von Ercolo II. errichtete pentagonale Mauerring wurde im 19. Jh. abgerissen, um für die wunderschönen Boulevards, die heute die gesamte historische Stadt umgeben, Platz zu schaffen.
Palazzo dei Musei (Mo., nachmittags und an den Hauptfeiertagen ⊠): Das Bauwerk (18. Jh.) beherbergt praktisch alle Sammlungen der Stadt. Darunter die bekannte Galleria Estense** (im letzten Stockwerk): „primitive" Kunst, Gemälde der Schulen von Venedig und der Emilia Romagna aus dem Quattrocento, darunter ein berühmter Sankt Antonius* von Cosme Tura (→ **Ferrara***), Venezianer (Tintoretto, Veronese), Romagner (Ferrari), Genueser (Strozzi) und Ausländer (El Greco) des 16. Jh. Aus der Klassik: Carracci (→ **Bologna***), Guercino und venezianische Landschaftsmaler (Guardi) und Spanier (Portrait von Francesco I. von Este von Velazquez).
Das **Museo Estense** widmet sich den Münzen und Medaillons (Pisanello) und Statuen (Sansovino, Mazzoni, Gianbologna; Büste von Francesco I. von Este von Bernino).
Im **Museo Civico** werden archäologische Funde der Vorgeschichte und ethnographische Sammlungen aus Übersee gezeigt (Sa.-nachmittag und Mo. ⊠).

Die **Bibliotheca Estense*** besitzt 600000 gedruckte Bände und 15000 Handschriften, darunter eine kolorierte Bibel** des Borso d'Este (15. Jh.), an der der berühmte Künstler Crivelli mitwirkte.
Der **Palast** ist Sitz des Museo del Risorgimento und des Museo Lapidario (im Erdgeschoß).
Via Emilia: Sie verläuft auf der Trasse der früheren römischen Hauptstraße und wird teilweise von Arkaden gesäumt. Sie verbindet mit kleinen Plätzen und malerischen Gassen (oft Fußgängerzonen), von Arkaden gesäumt.
San Giovanni Battista (erste Kirche links an der Piazza Matteotti): Das Gebäude aus dem 18. Jh. bewahrte eines der Meisterwerke Guido Mazzonis (15. Jh.), eine Kreuzabnahme mit acht Figuren aus Terracotta.
Piazza Grande*: Der Platz wird von der Kathedrale und ihrem Turm, vom Palazzo del Comune (18. Jh.) und seinem Uhrenturm beherrscht. Über den mittelalterlichen Hof mit Loggia gehen, eine Außentreppe führt zum Salone mit Fresken (16. Jh.).
Duomo*: Die Marmorlöwen, die die Säulen der drei Portale stützen, unterstreichen beispielhaft die romanische padano-lombardische Architektur (12. Jh.). Die interessantesten Werke verdankt man dem Bildhauer Wiligelmo und seiner Schule. Die Anlage wird von dem leicht geneigten romanischen Kampanile überragt, der im 12./13. Jh. aus Marmor errichtet wurde (88 m Höhe). Die Ghirlandina* verdankt ihren Namen der Girlande, einer Windfahne am Turm. Die nächtliche Beleuchtung verleiht dem Turm ein märchenhaftes Aussehen. Im Inneren der Kirche bewundert man das Kruzifix (14. Jh.) über dem Chor und die auf Löwen ruhende Lettrenempore*.

Daneben befindet sich die mit Flachreliefs ornamentierte Kanzel. In der Krypta werden Holzstatuen von Mazzoni gezeigt.
Museo della Cattedrale (an der Via Emilia): Acht romanische Metopenfelder* aus dem Dom.
Piazza Roma (zu erreichen über die Via Farini): Der Palazzo Ducale, ein riesiges Bauwerk (17. Jh.), in dem die Militärakademie untergebracht ist, kann nicht besichtigt werden. Der abseits gelegene herzögliche Park wird als botanischer Garten genutzt.
San Vicenzo: Die Kirche am Corso Canal Grande ist das Pantheon der Familie Este (17. Jh.). Das Innere ist mit Stuck, Fresken und mit einer Madonna von Guercino reich dekoriert. Am Ende des Corso Canal Grande befindet sich das Fremdenverkehrsamt der Provinz. Weiter stadtauswärts erreicht man San Pietro (Renaissance) mit Gemälden von Romanino und Ferrari. Die Viale delle Rimembranze führt in westlicher Richtung zum Dom zurück.
Veranstaltungen: Konzerte und Bel Canto in den Kirchen, Veranstaltungen auf den Plätzen der Stadt. Vorstellungen im Teatro Comunale und im Storchi-Theater. Antiquitätenmesse an jedem 4. Wochenende des Monats auf der Piazza Grande.
Spezialitäten: Zamporie (gefüllte Schweinefüße), Salami, Essig mit Balsam, Parmigiano (grana), Kirschen aus Vignola, Lambrusco (Wein) und Nocino (Nußlikör).
Handwerk: Keramiken aus Sassuolo, Geigenbau, Buchbinderei.
Bastiglia (12 km nördl.): Museum der ländlichen Zivilisation.
Montefiorino (53 km südl.): Rocca (13. Jh.), Museum der Partisanenrepublik (1944). Romanische Kirche von Rubbiano (2 km).

Nonantola (10 km nordöstl.): Von der im 8. Jh. gegründeten Benediktinerabtei besteht noch die romanische Kirche* San Silvestro im lombardischen Stil (12. Jh.): skulptiertes Portal, Polyptychon am Hauptaltar (15. Jh.). Die Krypta* beherbergt einen Schatz mit Stücken von hohem historischem Wert.
Sassuolo (17 km südwestl.): Palast der Este (17. Jh.), Dauerausstellung von Keramiken (an Festtagen ⊠). Thermen von Salvarola (2 km südlich).

Molfetta 19/C 3
Puglia (Bari)

Die moderne Stadt hat sich um einen sehr großen Fischereihafen entwickelt. Die Bucht wird vom Dom auf dem Kamm der mittelalterlichen Stadt beherrscht.
Duomo Vecchio: Ehemalige Kathedrale (12./13. Jh.), deren Architektur von orientalischen Einflüssen geprägt ist.
Südlich des Viertels liegt die Kathedrale aus dem 17. Jh.
Museum: Der Bischofspalast beherbergt ein kleines archäologisches Museum.
Veranstaltungen: Prozession an Karfreitag, Handwerksausstellung an Karfreitag, Fest des Meeres Anfang September.
Bisceglie (9 km westl.): Badeort, 5 km südl., Dolmen Chianca.
Corato (13 km südwestl.): Drei romanische Kirchen.
Giovinazzo (6 km östl.): Mittelalterliche Ortschaft mit Hafen. Romanische Kathedrale, zur Klassik neuerrichtet, mit schönem Seitenportal und einer Krypta.
Pulo di Molfetta (2 km südwestl.): Fassade der Kathedrale (12. Jh), Höhlen (im Karstfelsen), die zur Jungsteinzeit bewohnt waren.
Ruvo di Puglia (12 km südl.): Museo Jatta (nachmittags und an Festtagen ⊠), antike Archäologie.

Molveno 2/B 3
Trentino-Alto Adige
(Autonome Provinz Trento)

Der Gebirgsort liegt in schöner Lage an der Nordspitze des Molvenosees* unterhalb des Brenta*-Massivs. Der See ist ein beliebter Platz für Angler und Wassersportler (60 ha, 123 m tief), er versorgt ein unterirdisches Wasserkraftwerk.
Umgebung: Die Wanderwege durch die Tannenwälder des Brenta-Massivs sind markiert. Die Bergstationen Andalo (1040 m) und Fai (950 m) liegen im Norden.
Paganella (Monte, 2125 m): Seilschwebebahn ab Andalo.
Riva del Garda*: 45 km durch das Tal der Seen*, viele Schlösser.
San Lorenzo in Banale (11 km südl.): Neu entstandene Bergstation (760 m Höhe).
Cles*: 45 km nördlich.

Die Schönheit des Sees von Molveno läßt nicht erkennen, daß er ein unterirdisches Kraftwerk versorgt. Der See ist ein beliebter Platz für Angler und Wassersportler.

Mondovi 8/C 3
Piemonte (Cuneo)

An den Ufern des Ellero bieten zwei der fünf verstreut liegenden Stadtviertel interessante Monumente. In der unteren Stadt, dem Breo-Viertel, gibt es zwei Barockkirchen. Die Kathedrale (18. Jh.) steht 170 m höher an der Piazza im oberen Viertel. Schönes Panorama* über die Alpen vom Garten des Belvedere aus. Etwas unterhalb befinden sich das gotische Haus der Bressanti und die Gesu-Kirche (Barock, teilweise mit Fresken bemalt) an der Piazza Maggiore.
Bossea* (Grotta di, 23 km südl.): Konkretionen (März-Nov. □).
Frabosa Soprana (16 km südl., 900 m): Hauptzentrum einer Gruppe von Bergstationen.
Pesio (17 km südwestl.): Ehemalige Kartause, im 19. Jh. restauriert, gotischer Kreuzgang.
Vicoforte (Santuario di, 7 km südöstl.): Bauwerk (16. Jh.) mit einer riesigen elliptischen Laterne*, die mit Fresken verziert ist. Schöner Barock-Baldachin. Kreuzgang und Refektorium aus der Renaissance.
Cuneo*: 27 km westl.
Dogliani: 26 km nordöstl., → **Alba***.

Monfalcone 7/C 1
Friuli-Venezia Giulia (Gorizia)

Die Stadt besitzt einen Handelshafen mit Werften und einen Yachthafen. Die prähistorische Stätte wurde später von Rom besiedelt (→ **Aquileia***). Eine gewaltige Rocca (13. Jh.) bewacht die Stadt und die drei großen Strände an der Bucht.
San Giovanni (6 km südöstl.): Gleichnamige Kirche mit spitzbogigem Tragwerk. In der Nähe tritt der unterirdisch fließende Fluß Timavo zu Tage.
Aquileia*: 19 km westlich.
Gorizia*: 21 km nördlich.
Palmanova*: 23 km nordwestl., über die Autobahn.
Sistiana: 10 km östl., → **Trieste***, 27 km südöstlich.

Monopoli 19/D 3
Puglia (Bari)

Der Ort wurde von Griechen gegründet. Der heutige Fischereihafen wird von einem Castello, das unter der Herrschaft Friedrich II. (Anfang 13. Jh.) errichtet wurde, beherrscht. Im Altstadtviertel steht die romanische Kirche Santa Maria Amalfitana. Die zur Renaissance neuerrichtete Kathedrale beherbergt eine byzantinische Madonna (13. Jh.). Felsenkirche Madonna del Soccorso (11. Jh.).
Handwerk: Schmiedeeisen, Holzschnitzerei und Weberei.

Egnazia* (10 km südöstl.): Zu griechischer Zeit hieß der Ort Gnathia, die Kunst der bemalten Keramik machte ihn berühmt. Ruinen aus dem 4. Jh. v. Chr. und Reste einer paläochristlichen Basilika. Bedeutendes Museum innerhalb der Anlage der Nekropole.
Castellana Grotte (14 km südl.): Höhle (2 km südwestl.) mit wunderschönen Kalkkonkretionen*.
Conversano (15 km westl.): Normannisches Kastell, gotische Kathedrale, romanischer Kreuzgang von San Benedetto, Barockkirche des hl. Cosmas und Damianus.
Meo-Evoli (8 km westl.): Kunstmuseum in einer Villa (18. Jh.).
Polignano (7 km westl.): Das alte Viertel befindet sich hoch über dem Meer auf dem Kap, das von Höhlen durchbohrt ist (Besichtigung mit Barken).

Monselice 6/C 3
Veneto (Padova)

Die Stadt liegt auf dem östlichen Bergrelief der **Colli Euganei***, das zu römischer Zeit Mons Silicis hieß. Die früher zu Venedig gehörende Stadt hat einen Teil der alten Befestigungsanlagen bewahrt.
Piazza Mazzini: Wichtige Baudenkmale am Platz in der Unterstadt sind die Torre Civica (12.-16. Jh.) und die Loggia (Renaissance) des Leihhauses.
Castello der Ezzelini: Das Kastell (13.-15. Jh.) wird über die ansteigende Via al Santuario erreicht. Die Kunstsammlung ist von April bis Nov. ☐. Die Villa Nani aus dem 17. Jh. befindet sich dahinter. Im Park und auf der Mauer stehen die Statuen grotesker Zwerge.
Duomo-Vecchio: Ein romano-gotisches Bauwerk.
Hinter dem Dom führt eine Straße an sieben Kapellen (17. Jh.) vorbei zur Terrasse der Kirche Sankt Georg.
Villa Duodo (heute Balbi): Die benachbarte Villa stammt wie diese aus dem 16. Jahrhundert.
Auf dem Gipfel des Vulkankegels ruhen in 150 m Höhe über der Stadt die Überreste der Rocca Friedrich II. (14. Jahrhundert).
Handwerk: Spielzeug (Puppen).

Montagnana 6/C 3
Veneto (Padova)

Montagnana hat die schönste Stadtbefestigung der Gegend um Padua. Ein Rechteck aus zinnenbewehrten Backsteinmauern von 2 km Länge mit 24 polygonalen Türmen ist durch vier Tore (12.-14. Jh.) geöffnet.
Duomo: Hinter den Mauern der von Portiken umgebenen Piazza Vittorio Emanuele II. hat der Renaissance-Dom (gotische Elemente) ein Sansovino zugeschriebenes Portal. Das Innere wurde mit Renaissance-Fresken dekoriert. Der Retabel stammt von Veronese.
San Francesco: Kirche mit schönem gotischen Kampanile (14. Jh.) an der Stadtmauer.
Rocca degli Alberti: Porta Legnago genannt, am Westausgang der Stadt gelegen.
Villa Pisani: Durch die Porta Padova und den hohen Turm von Ezzelino erreicht man die Villa außerhalb der Stadtmauer, die im 16. Jh. nach Plänen von Palladio errichtet wurde.
Veranstaltungen: Palio delle Contrade Anfang August.
Spezialitäten: Gebr. Geflügel.
Handwerk: Möbel.

Legnago (16 km westl.): Brückenstadt am Adige, prähistorische Stätte, Überreste einer venezianischen Rocca, die die Österreicher besetzten. Das Museum im Palazzo Fioroni beherbergt bedeutende Sammlungen seit dem Mittelalter.
Colli Euganei* (Euganeische Berge): Im Nordosten.

Montalcino 12/D 3
Toscana (Siena)

Die alte Stadt scheint sich an einem Felsen* festzuklammern. Zwischen Weinbergen und Olivenhainen gelegen, gehörte sie früher zu Siena. Die Burg und Teile der elliptischen Einfriedung sind erhalten.
Piazza del Popolo: Auf dem Platz erhebt sich der von einer Renaissance-Loggia flankierte Palazzo del Comune (13. Jh.).
Museo Civico e Diocesano: Neben der romano-gotischen Chiesa Sant' Agostino beherbergt das Museum Gemälde der mittelalterlichen Schule von Siena, polychrome Holzstatuen* von sienischen Meistern (14./15. Jh.) und Keramiken aus der Renaissance.
Das Archäologische Museum befaßt sich mit der Vorgeschichte und den Etruskern. Die Kathedrale befindet sich an der Stelle einer Kirche aus dem 11. Jh.
Burg: In der Burg am anderen Ende der Stadt existiert eine Önothek (nachmittags ☒).
Veranstaltungen: Konzerte im Schloß und in der Abtei Sant' Antimo im Sommer.

Sant' Antimo* (9 km südöstl.): Von der einsam auf dem Land gelegenen, im 9. Jh. gegründeten Abtei bestehen noch die zisterziensische Kirche (12. Jh.) mit einem schönen Portal, ein Apsiskranz und der Kampanile im lombardischen Stil. Schöner Chorumgang und Krypta (11. Jh.) im Inneren der Basilika.

Montecassino (Abbadida di) 17/D 2
Lazio (Frosinone)

Die im 6. Jh. gegründete Benediktinerabtei hatte während der Romanik eine bedeutende kulturelle Ausstrahlung. Sie liegt von weither sichtbar etwa 500 m über dem Tal und war in ihrer Geschichte ein häufiges Konfliktobjekt. Während der Kämpfe von 1943/44 wurde sie stark beschädigt. Das heute zu besichtigende Bauwerk wurde total neu aufgebaut. Das gleiche Schicksal ereilte die kleine Stadt Cassino. Die amerikanischen Bombenangriffe im Mai 1944 setzten der Garigliano-Schlacht ein Ende. Schöne Aussichten* von einem der Kreuzgänge. Auf dem Hügel finden sich Überreste einer Mauer aus dem 6. Jh. v. Chr. und der Rocca Janula (10. Jh.). In der Nähe von Cassino fand man in einer „Archäologischen Zone" Reste der römischen Stadt Casinum (1. Jh.), eine

Die Arkaden an der Piazza Mazzini in Monselice erinnern sehr an die Straßen der Nachbarstadt Padova.

Das kolossale Monasterium von Montecassino wurde nach der Zerstörung durch die Kämpfe im Winter 1943-44 neuaufgebaut.

frühere Etappe an der Via Casilina (Theater, Amphitheater und Grabkammer, in der sich das Museum befindet).
Aquino (12 km westl.): Heimat des Dichters Juvenal (1. Jh.) und Vaterstadt der Familie des hl. Thomas (1226-1274). Sehenswertes Portal der romanischen Kirche.
Atina (18 km nördl.): Ruinen einer ehemaligen Stadt der Volsker. Archäologisches Museum in einem gotischen Palast (Rathaus).

Montecatini Terme 12/B 1
Toscana (Pistoia)
Der seit dem Mittelalter besuchte Kurort verdankte seinen Aufschwung im 18. Jh. dem Großherzog Leopold der Toskana, der die älteste der heutigen acht Badeeinrichtungen (Terme Leopoldine, 1780) und die Palazzina Regia bauen ließ. Alle Thermen sind ganzjährig geöffnet, sie befinden sich im schönen Parco delle Terme* (Verdauungsapparat, Atemwege, Stoffwechselkrankheiten usw.).
Gegenüber der Terme Regina, an der Viale Diaz, befindet sich in der Accademia* ein kleines Museum für moderne Kunst.
Val di Nievole (oder Montecatini Alto, 300 m Höhe): Eine Seilbahn führt zu dem alten Dorf mit den Ruinen der Einfriedung. Mittelalterliche Bauwerke und kleines Museum für religiöse Kunst der Renaissance. Entlang der 5 km langen Straßenverbindung erreicht man die Grotte Maona (April-Nov. ☐).
Veranstaltungen: Konzerte und Veranstaltungen auf das ganze Jahr verteilt.
Buggiano (5 km westl.): Castello (Burgfried), Palazzo Pretorio (12. Jh.), romanische Kirche (11. Jh.) und Baptisterium mit einem Renaissancegemälde.

Monsummano Terme (5 km östl., jenseits der Autobahn): Kirche (17. Jh.) mit einer mit Fresken geschmückten Galerie. Etwa 6 km weiter drängen sich die Häuser des alten Dorfes* in 340 m Höhe um das Schloß und die romanische Kirche (Panorama).
Serra Pistoiese (18 km, 810 m): Panoramalage, Stadtmauern aus dem 15. Jh., romanische Kirche und Museum für sakrale Kunst.

Montecristo (Isola)
Toscana (Livorno) 14/A 3
40 km südl. von Elba liegt die südlichste Insel der toskanischen Inselgruppen. Es handelt sich um eine bergige (645 m) und bewaldete, unbewohnte Idylle. Der Zugang zum Naturschutzgebiet ist verboten. Es gibt keine Schiffsverbindung. A. Dumas, der die heute verlassene Villa Reggia (19. Jh.) bewohnte, hat den Hafen in seinem Roman „Der Graf von Monte Cristo" (1844) gerühmt. Einige Autoren wollen hier das antike Artemisia, andere das römische Oglasium erkennen.
Inseln auf hoher See: Pianosa* (ca. 30 km nordwestl.), **Giglio*** (40 km östl.), Korsika (50 km westl.).

Montefalco 15/B 1
Umbria (Perugia)
Der „Balkon Umbriens", die von einer Mauer (14. Jh.) umgebene kleine Stadt, liegt auf einer Hügelkuppe. Sie war schon von Alters her ein befestigter Platz an der historischen Strecke von Rom nach Perugia, die durch das Clitunno Tal führte. Der Ort wurde im Verlauf der Geschichte häufig angegriffen und zerstört, die Belagerung durch Friedrich II. erlangte Berühmtheit.

Der Aufenthalt der päpstlichen Rektoren im Mittelalter führte zur Gründung einer Malerschule (Gozzoli, Perugino und Melanzio, 1487-1524). Von den Stadtmauern genießt man eine schöne Aussicht, besonders in Höhe des Nordtores. Die Stadt wird über die Via Ringhiera Umbra betreten.
San Francesco: Die Kirche (14. Jh.) beherbergt eine Pinakothek* (nachmittags, So. und Festtage ⊠): Fresken umbrischer Künstler („Das Leben des hl. Francesco*" von Gozzoli; Nelli, Perugino usw.).
Piazza del Comune: Von der Spitze des Turmes dieses Palastes aus dem 13. Jh. genießt man ein schönes Panorama. Einige Teile (Portikus) wurden im 15. Jh. erneuert. Über die Treppenstraße gelangt man zu San Bartolomeo in der südlichen Altstadt (romanische Apsis), durch das Tor Frederico II. (13. Jh.) wird die Stadt verlassen.
Kirchen:
Santa Illuminata (außerhalb der Mauer): Das Innere der Renaissance-Kirche wurde mit Fresken bemalt, hauptsächlich von Melanzio.
Santa Chiara (die hl. Santa Clara von Montefalco sollte nicht mit der von Assisi* verwechselt werden): Die Kappelle Santa Croce ist ganz mit Fresken (14. Jh.) verkleidet. Zur Stadt über die Rampe und die Westpoterne zurückkehren.
Sant' Agostino: 13. Jh., gotisches Portal, innen mit Fresken bemalt.
Spezialität: Sagrantino (Rotwein).
San Fortunato (2 km südöstl.): An der Stelle einer paläochristlichen Basilika steht die mit Fresken dekorierte Renaissance-Kirche (Gozzoli*).
Assisi*: 32 km nördlich.

Montefalco: Eine Lebensweisheit nennt Umbrien „Das grüne Herz Italiens", dem die „Seele der lateinischen Ziegen" hinzugefügt werden sollte.

Ein Freskenzyklus aus dem Quattrocento verläuft entlang des großen Kreuzganges von Monte Oliveto Maggiore.

Monte Oliveto Maggiore (Abbazia di) 12/D 3
Toscana (Siena)

Die einsam gelegene Abtei im Ombrone Tal am Fuße eines Zypressenwaldes ist eine ausgedehnte Anlage von Bauwerken aus dem 14. bis 18. Jahrhundert.
Großer Kreuzgang: Die Wände sind vollständig mit einem Freskenzyklus** bedeckt, der das Leben des hl. Benedikt (San Benedetto) darstellt. Er wurde hauptsächlich von Luca Signorelli (→ **Cortona***) und von Sodoma (Ende 15. Jh.) geschaffen. Die Fresken werden als Höhepunkt der italienischen Renaissancemalerei betrachtet.
In der Abteikirche befinden sich ein sehenswertes Chorgestühl* und ein Holzchristus (11. Jh.) aus der Renaissance; Refektorium (15. Jh.), Bibliothek (16. Jh.) und Apotheke. Kleines Museum. Die Mönche stellen Likör her und verkaufen ihn.

Asciano (13 km nördl.): Von einer mittelalterlichen Umwallung eingefaßt. Stiftskirche und Museum für sakrale Kunst. Etruskisches Museum (Nekropole von Poggio Pinci, 5 km).
Buonconvento (9 km südl., an der Via Cassia): Ehemalige befestigte Stadt; Kirche (14.-18. Jh.) mit reichen Kunstwerken und Museum für sakrale Kunst (Maler der Schule von Siena, 14.-17. Jahrhundert).
San Giovanni d'Asso (8 km südöstl.): Das Dorf drängt sich um den mächtigen Palazzo Pannilini; Kirchen aus Romanik und Renaissance. Montisi (3 km) bewahrte seinen mittelalterlichen Charakter. Hier wird der „Giostra del Saracino" vorgeführt, ein ritterlicher Zweikampf.

Monte Oliveto: „Leben und Tod des heiligen Benediktus". 1505 beendete Sodoma den von Luca Signorelli begonnenen Freskenzyklus.

Montepulciano 12/D 3
Toscana (Siena)

Die Häuser der kleinen Stadt auf einer Bergkuppe wurden auf Terrassen erbaut. Sie bieten ein bemerkenswertes toskanisches Stadtbild. Die Hauptdenkmäler, von denen die Hälfte Sangallo d. Ä. zugeschrieben werden, erinnern an die florentinische Renaissance des 15./16. Jh. In einem dieser Paläste wurde der Renaissancedichter Poliziano, eigentlich Angelo Ambrogini (1454-1494), geboren. Er war ein Freund Botticellis, der wie er in der Umgebung des Gönners Lorenzo di Medici lebte.

Man betritt die Stadt durch das Nordtor (Al Prato genannt) an den Gärten der Medici, um anschließend der von Palästen gesäumten Via di Gracciano zu folgen. Die Paläste Avignonesi und Cocconi stammen aus dem 16. Jh. Dieser Straße folgt man bis zum anderen Ende der Stadt, rechts steht Sant' Agostino*, deren Renaissancefassade von Michelozzo (→ **Firenze***) geschaffen wurde. Vor und nach

Die eindrucksvollen Fassaden an der Piazza Grande der Kleinstadt Montepulciano sind einer Hauptstadt würdig.

der Poterne liegen der Palast Venturi und die Marktgalerien, weiter links der Palazzo Cervini (florentinische Renaissance). Am Ende der Via Garibaldi liegt das Geburtshaus von Poliziano (Via Poliziano).
Piazza Grande*: Am höchsten Punkt von Montepulciano. Hier befindet sich die Wiege der historischen Stadt mit vielen Baudenkmälern. Die Altstadt überrascht und bezaubert zugleich durch die Unregelmäßigkeit ihres Grundrisses und durch den reißvollen Löwenbrunnen, dessen Krone Löwen schmücken.
Duomo: Das Portal in der unvollendeten Fassade des Bauwerks (16./17. Jh.) deutet nicht auf das im

Monza

Inneren verborgene Kunstwerk hin, ein Triptychon von Taddeo di Bartolo (Siena) hinter dem Hauptaltar.
Palazzo del Comune: Der gotische Bau (15. Jh.) erinnert an den Palazzo Vecchio in Florenz. Er stammt von Michelozzo. Von der Spitze** des viereckigen Turmes erblickt man Siena, Cortona und den Trasimenischen See.
Der Palazzo Contucci (16.-18. Jh.), der Palazzo Tarugi* (Renaissance, mit Portiken) und der Palazzo del Capitano del Popolo (gotisch) schließen die beiden anderen Seiten des Platzes.
Museo Civico*: Es befindet sich im gotischen Palazzo Neri-Orselli und ist wegen seiner Gemälde bekannt: Krönung Mariä*, Angelo Puccinelli zugeschrieben, Madonna e Angeli* von Duccio di Buoninsegna.
San Biagio* (1 km südwestl.): Die einsam in einer Zypressenlandschaft gelegene Kirche mit einer prächtigen Kuppel und majestätischem Inneren wird als das Meisterwerk Sangallo d. Ä. betrachtet. Das Haus der Kanoniker (Canonica) mit Portikus und Loggia befindet sich nebenan.
Santa Maria delle Grazie (1 km nördl.): Kirche aus dem 17. Jh.
Veranstaltungen: Ausstellung und Messe des Handwerks im Juli/Aug. (Keramik, Kunsttischlerei, Schmiedeeisen). Volksbühne des Bruscello Mitte Aug. auf der Piazza Grande. Bravio delle Botti, ein Faßrennen durch die Straßen der Stadt (Kostüme des 14. Jh.) am letzten Augustsonntag.
Spezialitäten: Vino Nobile, Pecorino (Käse).
Monticchiello (5 km südwestl.): Mittelalterliches Dorf, mit Fresken verzierte Kirche (13. Jh.).
Sinalunga (22 km nördl.): Zwei gotische Kirchen beherbergen Kunstwerke der Renaissance; Palazzo Pretorio.
Sant'Albino (4 km östl.): Im Dorf befinden sich die Thermen von Montepulciano.
Chianciano Terme*: 9 km südöstl.
Pienza*: 13 km westlich.

Monza 5/B 2
Lombardia (Milano)

Die Stadt, heute ein Zentrum der Textilindustrie, umfaßt das ehemalige königliche Territorium, das aus zwei Einheiten besteht: Im Norden liegt ein Besitz von 800 ha; im Süden, am Nordende der historischen Stadt, befindet sich die sehr schöne Parkanlage der Villa Reale im englischen Stil. Diese wurde von Eugene de Beauharnais angelegt, als er Vizekönig von Italien war (1805). Alleen schlängeln sich zwischen Wasserflächen inmitten ei-

Der romantische Park von Monza wurde zu napoleonischer Zeit von den Franzosen im englischen Stil angelegt.

ner bezaubernden Vegetation aus Magnolien und Zedern. Die für Ferdinand von Österreich errichtete Villa beherbergt heute eine Kunstgalerie (April-Oktober □, Mo. und morgens ⊠).
Duomo: Die gotische Fassade trägt eine farbige Marmorkomposition, ein sehr schönes Beispiel lombardischer Kunst (14. Jh.). Das Innere wurde im 17. Jh. neu gestaltet. Die Kapelle der Theodolinde (Grab), Ende des 6. Jh. Königin der Langobarden, ist mit Fresken aus dem 15. Jh. ornamentiert, die Stationen ihres Lebens darstellen.
Museo Serpero: Domschatz (Mo. ⊠). Die eiserne Krone* der langobardischen Könige, eine besonders schöne Goldschmiedearbeit, wird in einem separaten Raum aufbewahrt. Karl der Große und Napoleon setzten sie auf ihr Haupt.
Arengario: Palazzo Comunale aus dem 13. Jahrhundert.
Autorennstrecke (5 km nördl.): Sie befindet sich teilweise auf dem ehemaligen königlichen Besitz. Die Anlage wird als Freizeitpark genutzt (Pferderennbahn, Golfplatz usw.). Zur Rennstrecke gehören ein Hochgeschwindigkeitskurs (4 km) und eine Piste von 5,8 km Länge. Im September findet hier der „Große Preis von Italien" statt (Formel 1). Zwischen März und Juni werden internationale Wettkämpfe ausgetragen. Es ist möglich, die Rennstrecke außerhalb der Rennsaison zu befahren (30 Minuten gegen Gebühr).
Merate (18 km nordöstl.): Villen (17./18. Jh.), 2 km weiter liegt eine Sternwarte.
Inverigo*: 20 km nördlich.
Milano*: 20 km südlich.

Napoli/Neapel 20/A-B 1
Hauptstadt der Campania und Provinzhauptstadt

Im Volksmund „Neapel die Schöne" genannt, wirkt die Stadt auf den ersten Blick enttäuschend. Sie gibt sich chaotisch, laut und ist durch den Straßenverkehr und Stauungen bis an die Grenze des Erstickens verschmutzt. Ihr Reiz liegt andererseits in dem bunten Treiben auf den von Menschen wimmelnden Straßen. Neapel ist die dichtbesiedelste Stadt Italiens (2000 Einwohner/km² im Durchschnitt, 100000 Einwohner/km² im Zentrum), sie lebt von Gegensätzen. Zehnstöckige Elendsquartiere und ansehnliche Bürgerhäuser verflechten sich zu einem auffallenden Durcheinander, das man für male-

Napoli/Neapel

risch halten möchte. Das Zusammenleben gelingt hier nicht ohne Reibereien und Gewalt. Die erste Stadt des Mezzogiorno hält zwei Rekorde auf der italienischen Halbinsel. Die Geburtenrate und die Kindersterblichkeit sind hoch, die Arbeitslosigkeit betraf 1986 ca. 28 % der Bevölkerung. Unter diesen Umständen sollten die Touristen nicht überrascht sein, wenn zu allen Tricks gegriffen wird, ohne daß dagegen etwas unternommen werden könnte. Neapel besitzt dagegen seine Belvedere (der Nebel kann die Aussicht verderben), die einmaligsten Museen Italiens und 250 sichere Sonnentage im Jahr. Die niedergehenden Regengüsse sind jedoch nicht zu unterschätzen (im Durchschnitt 960 mm).

Der Hafen erstreckt sich an einem wunderschönen, 20 km langen Küstenstreifen entlang der Bucht. Als Handelshafen kann er nicht mit anderen italienischen Häfen konkurrieren, seine Bedeutung liegt im Passagierverkehr. Von Neapel aus erreicht man nicht nur die Inseln Des Golfs, sondern auch Sardinien, Sizilien, Genua, Korsika und die Adria. Hier beginnen viele Kreuzfahrten ins östliche und westliche Mittelmeer und in den Atlantik. Der Fremde wundert sich über die wenigen Unfälle auf den 25 Becken der Reede, auf der sich täglich hunderte von Schiffen tummeln. Die neapolitanischen Lotsen stehen in ihrer Geschicklichkeit in keiner Weise hinter den Autofahrern der Stadt zurück. Sportsegler sollten sich lieber einen Platz außerhalb der zentralen Zone suchen.

Geschichtlicher Überblick:

In Anlehnung an die legendäre Sirene Parthenope, die gegen das 4. Jh. v. Chr. die Gründerin der Stadt gewesen sein soll, wird Neapel 1798 umständehalber für ein Jahr Hauptstadt der Parthenopeischen Republik. Die Gründung wird allerdings schon im 10. Jh. v. Chr. dokumentiert. Im 6. Jh. v. Chr. bilden die in Cumae angesiedelten Griechen vor den Toren einer Paleopolis (Altstadt) eine Neapolis (Neustadt). Um 350 v. Chr. wird das Kontor von Rom kolonisiert. Neapel entwickelt sich jedoch erst zur Kaiserzeit, während der hier Augustus, Claudius, Tiberius, Nero ... und Plinius d. Ä. residieren. Im Mittelalter kämpfen die Großmächte um die Hauptstadt des „Königreichs des Südens".

Nach der Normannenherrschaft fällt die Stadt nacheinander an die Staufer (Friedrich II., 13. Jh., Gründer der Universität), an das Haus Anjou (14. Jh.), die sie zur Hauptstadt ihres Königreiches erheben, im 15. Jh. an die Aragonier und später an Karl V. (16. Jh.), um dann an die spanischen Bourbonen zu fallen. 1816 übergeben die napoleonischen Vizekönige der ersten Republik die Stadt an die „neuen" Bourbonen, die sich den ersten Anfeindungen des Risorgimento, der Revolte von 1848 und zuletzt Garibaldi (1860), der den „Zug der Tausend" führte, ausgesetzt sahen.

Neapel, vom reizenden kleinen Hafen Sannazaro in Mergellina aus gesehen. Man erkennt die Kartause San Martino und das Kastell Sant' Elmo auf dem Vomerohügel.

Besichtigung der Stadt:
Ein „ständiges italienisches Schauspiel" bietet Neapel zuerst auf der Straße. Obwohl das Überqueren der Straße wegen der Wagenflut eine Kunst ist, sollte man lieber als Fußgänger, denn als Autofahrer unterwegs sein. Verkehrsstaus und das damit verbundene Palaver würden sehr viel Zeit rauben. Eine Besichtigung sollte zu Fuß, per Bus, U-Bahn, Seilbahn etc. unternommen werden.
Organisierte Rundfahrten: Reisebusse der C.I.T., Tourcars und Cimatours. Das Fremdenverkehrsamt bietet am Sonntagmorgen Visitabusse an; im Sommer organisiert es während der Woche Rundfahrten auf der Bucht. Sollen mehrere Museen besichtigt werden, was geboten erscheint, so muß ein Aufenthalt mehrere Tage dauern, da die Museen, Galerien und Paläste praktisch alle am Nachmittag und am Montag geschlossen sind. Unerwartete Schließungen sind nicht selten, da zahreiche Gebäude als Folge von Naturschäden (Erdbeben usw.) restauriert werden.
Stadtrundgang:
Wegen möglicher Parkschwierigkeiten im Zentrum sollte der Besucher versuchen, in Mergellina (1) oder auf dem bewachten, gebührenpflichtigen Parkplatz der Villa Comunale (2) zu parken.
Villa Comunale: Von Vanvitelli im 18. Jh. entworfene und angelegte Gärten entlang des Meeres. Das Aquarium* befindet sich beinahe in der Mitte (Mo. ⊠). Zu sehen sind Meerestiere aus dem Golf.
Via Partenope (3): Sie führt entlang des Meeres. Das Fremdenverkehrsamt liegt an der linken Bürgersteigseite in der Nr. 10 A, oberhalb befinden sich die großen Hotels. Vom Meeresufer aus genießt man den gesamten westlichen Teil des Golfs von Neapel.
Santa Lucia* (4): Eines der ältesten Viertel Neapels liegt auf einer Anhöhe, das bis zu einem kleinen Fischerei- und Seglerhafen hinabreicht, der in einem Volkslied verewigt wurde. Der Hafen, an dem sich die berühmtesten Touristenrestaurants befinden, wird von einer mit einem Castello gekrönten Felseninsel geschützt. Auf dem Weg hinauf zum Palazzo Reale befindet sich rechts eine Panoramaterrasse mit Blick über den Hafen, mit dem Vesuv im Hintergrund.
Piazza del Plebiscito (5): Das belebte Zentrum der unteren Stadt wurde zu napoleonischer Zeit angelegt und bildet gegenüber dem Palazzo Reale einen Halbkreis. In der Mitte der Kolonnade, an den Petersplatz in Rom erinnernd, steht die neogotische Kirche San Francesco. In der Mitte des leider durch einen Parkplatz entstellten Platzes (Busbahnhof) stehen die Reiterstandbilder zweier Bourbonenkönige von Canova (18. Jh.)
Palazzo Reale (6): Die acht riesigen Statuen der neapolitanischen Herrscher an der Fassade des Königspalastes (17. Jh.) sind Werke aus dem 19. Jh. Vom Innenhof führt eine schöne Freitreppe zu den Gemächern, die ab dem 18. Jh. von den Bourbonen bewohnt waren, die den Palast als Residenz wählten. Zu Anfang des 19. Jh. residierte hier Mural. Im Inneren befinden sich die Galerien di Capodimonte. Um den Palast nach Norden gehen.

> **Einige große Namen**
>
> Neapels Könige: Karl I. von Anjou (1265-1285), dessen strenges Regiment den Aufstand der Vesper (1282) auf Sizilien hervorrief. Robert von Anjou (1309-1343), genannt der Weise, der Neapel zu einer bedeutenden Geschäftsstadt machte. „Königin Johanna" (Giovanna I. d' Anjou) trat seine Nachfolge an, nachdem sie ihren Gatten (Andreas von Ungarn, 1343-1382) hatte erwürgen lassen. Alfons V. von Aragonien (1442-1458) vereinigte Neapel und Sizilien. Ferdinand I. (1458-1494) mußte die französische Intervention Karls VIII. überwinden. Karl VII. von Bourbon (1734-1759) und Ferdinand IV. (1759-1825) waren spanische Prinzen und Vertreter des aufgeklärten Absolutismus. Joachim Murat (1808-1815) galt als wohltätiger Prinz.
> Gebürtige Neapolitaner: Bernini (1598-1680, → **Roma***). Hier lebten: Vergil (1. Jh. v. Chr.), er verfaßte sein Lehrgedicht „Georgica"; Giotto (Anf. 13. Jh.), Thomas von Aquin (Mitte 13. Jh.), Simone Martini (Anf. 14. Jh.), Boccaccio und Petrarca (Mitte 14. Jh.), der spanische Maler Ribera, genannt Lo Spagnoletto (1591-1652), verbrachte 40 Jahre seines Lebens am Hofe des Vizekönigs, Caravaggio (17. Jh.), Stendhal (19. Jh.) und der Philosoph Benedetto Croce (1. Hälfte 20. Jh.).

Teatro*: Das zu Anfang des 18. Jh. gebaute Theater zählt zu den renommiertesten Italiens und zu den größten der Welt. Der Portikus an der Fassade stammt aus der Zeit der Murat-Herrschaft (1812). Gegenüber liegt die Galleria Umberto I* (19. Jh.), deren zwei Gänge sich unter einer Kuppel kreuzen. Beinahe gegenüber, am Ausgang an der Via Toledo (rechts), einer Geschäftsstraße, befindet sich der Bahnhof der Funicolare Centrale nach Vomero (→ Viertel der Peripherie). Auf diese Straße münden die engen Gassen des alten Neapel.

Castel Nuovo* (7): Auch Maschio Angioino genannt, da es zu Ende des 13. Jh. unter Karl I. von Anjou erbaut wurde. Es handelt sich um ein Bauwerk von dunkler Gestalt, das von gewaltigen Türmen aus schwarzer Lava flankiert wird. Den Zugang zum Hof markiert ein sehr schöner Triumphbogen* aus dem 15. Jh., der zu Ehren der aragonischen Herrscher errichtet wurde. Vom Hof aus gelangt man in die Cappella Palatina (14. Jh.); links führt eine Treppe zur Sala dei Baroni (Baronensaal).

Piazza Municipio (8): Der untere Teil des Platzes bietet dem Besucher eine schöne Perspektive* der Kartause San Martino auf einer Terrasse des vom Castel Sant'Elmo gekrönten Vomero-Hügels. Oben nach rechts in die Via Medina (9) einbiegen. Die Verlängerung bildet die Via Monteoliveto, welche ihren Namen dem mächtigen Kreuzgang aus der Renaissance verdankt.

Palazzo Gravina (10): Renaissancefassade mit Bossenwerk.

Santa Chiara (11): → Kirchen.

Spaccanapoli** (12): Das packendste Viertel Alt-Neapels, sowohl

Via Giovanni Bausan in Alt-Neapel. Das dichte Netz enger Straßen bleibt im Prinzip für Fußgänger reserviert.

Die neapolitanischen Künste

Die Maler der Schule von Neapel, die sich auf das Erbe Riberas beriefen, zeichneten sich durch makabre Darstellungen, Hell-Dunkel-Kontraste, Stilleben und Schlachtendarstellungen aus. Zu den Künstlern des dramatischen Realismus zählen Battistello Caracciola (1570-1637) und Mattia Preti (1616-1652). Luca Giordano (1634-1705) zeichnet sich durch die Beherrschung der Barockkunst aus, Salvator Rosa (1615-1673) durch seine realistischen Schlachtenszenen. Ruoppolo (1620-1683) und sein Zeitgenosse Recco schufen bedeutende Stilleben.

Im Bereich der Musik rühmt sich Neapel des Erfolges Monteverdis (Mitte 17. Jh.). Über die Erscheinung des Bel Canto und die Opera buffa hinaus wurde er außerhalb der Grenzen der „Hauptstadt der Mandoline" bekannt. Seit Mitte des 20. Jh. gehören „O Sole Mio" und „Santa Lucia" zum neapolitanischen Repertoire. Bekannte neapolitanische Romane sind: „Speranzella", „Vesuvio e pane" und „Vedi Napoli e poi muori" von Bernani (1949); „Kaputt" und „Die Haut" von Malaparte; „Das Gold von Neapel" von Marotta, 1954 von De Sica verfilmt. Die Filme „Ermächtigung der Stadt" von Rosi (1963) und „Filumena Marturano" sind sehenswert. Besondere Beachtung findet das Biscuitporzellan aus Capodimonte, das seit dem 17. Jh. hergestellt wird.

wegen seines pulsierenden Lebens und seines malerischen Charakters, als auch wegen seiner interessanten Kirchen. Das Viertel verdankt seinen Namen der Achse zwischen Via Toledo und dem Bahnhof, die von der Vie B. Croce und der Via San Biagio gebildet wird. Die Via San Biagio liegt im Bereich der ehemaligen Decumanus Inferiore der römischen Stadt, heute wird sie von zahlreichen Boutiken und kleinen Läden gesäumt. Vorsicht, Taschendiebe warten hier nur auf eine Gelegenheit. Nächtliche Spaziergänge und jede Provokation, auch bezüglich der Bekleidung, unterlassen.

Piazza Dante (13): Die halbrunde Seite des im 18. Jh. von Vanvitelli erbauten Platzes bildet den Hauptzugang in das Scappanapoliviertel. Die Via Enrico Pessina, eine Verlängerung der Via Toledo, führt bergan. Die etwas höher rechts gelegene Gallerie sollte man zu Stunden geringen Andrangs meiden.

Museo Nazionale (14): Einst war die Universität in dem Renaissance-Palast untergebracht. Seit dem 18. Jh. werden hier die Ausgrabungsfunde aus Pompeji und Herkulaneum aufbewahrt (→ Galerien, Museen).

Piazza Cavour (15): Angenehmer Stadtgarten.

Porta Capuana (16): Das Tor wurde zur Renaissance von Giuliano da Maiano zwischen zwei mächtigen Türmen der mittelalterlichen Einfriedung errichtet und ornamentiert. Von hieraus kann die U-Bahn vom Hauptbahnhof (17) nach Mergellina (4. Station, → Viertel der Peripherie) benutzt werden.

Galerien, Museen und Paläste:

Museo Archeologico Nazionale** (14): In einem der bedeutend-

Eines der größten archäologischen Museen der Welt nimmt die in den Häusern Pompejis entdeckten Reichtümer auf.

sten archäologischen Museen der Welt werden Funde von unschätzbarem Wert, die größtenteils aus **Pompeji*** und Herkulaneum (**Ercolano***) stammen, ausgestellt. Die Skulpturen im Erdgeschoß sind meistens römische Kopien griechischer Plastiken. Zu den bemerkenswertesten zählen Eurydike und Hermes*, der „Doryphoros*", ein Torso der Aphrodite (vermutlich von Praxiteles), ein farnesischer Stier aus den Caracallathermen in Rom, eine Gruppe der Tyranniciden, die Venus Callipyge, Artemis von Ephesus usw. Die Mosaiken im Zwischengeschoß stammen hauptsächlich aus Pompeji. Darunter sind Musiker, Frauenportraits (Sapho?), die drei Grazien, eine Zauberin mit ihren Kundinnen, die Alexanderschlacht (Battaglia di Isso) aus dem Haus des Faun in Pompeji und ein tanzender Faun aus Bronze. In der ersten Etage befinden

Mailand hatte seine „Galleria"; Neapel konnte nicht widerstehen, seine eigene zu haben. Die große, kreuzförmige Passage „Umberto I." wurde um 1890 mit einer Eisen- und Glaskuppel des Franzosen Boubé gedeckt.

sich Kunstgewerbe, Bronzen, Wandmalereien und ein berühmter Atlas Farnese (Atlante Farnese). Weiterhin die Säle der Villa Papiri** aus Herculaneum, in der man berühmte Bronzen fand: Ringer, trunkener Silen, schlafender Satyr und Wasserträgerinnen, die „Tänzerinnen" genannt werden. In der 2. Etage findet man vorrömische Vasen aus ganz Mittelitalien (nachmittags, Mo. und an Festtagen ⊠).

Gallerie d' Arte Moderna (18), Accademia di Belle Arti: Maler des Mezzogiorno (19. Jh.) und einige französische Meister (Corot).

Gallerie di Capodimonte (19):** Die Sammlungen befinden sich in einem im 18. Jh. erbauten Königspalast (Palazzo Reale di Capodimonte). 1. Etage: Porzellanmuseum* (dreitausend Exponate aus ganz Europa, Waffensammlung, De Ciccio Sammlung mit mehr als 1000 Kunstwerken, Galerie neapolitanischer Maler des 19. Jh. In der 2. Etage ist die Pinakothek** (45 Säle) untergebracht: primitive Maler, bemerkenswerter Simone Martini und zwei Botticelli (Kreuzigung, Madonna e Angeli), Kreuzigung von Masaccio, Skizzen von Michelangelo und Raffael. Unter den Manieristen befindet sich eine Heilige Familie von Giulio Romano. Die lombardischen Künstler sind besonders durch Luini (16. Jh.) vertreten, die der Emilia Romagna durch Correggio (Hochzeit der hl. Katharina*), Zingarella und Parmigiano (Antea), die Venezianer durch Lotto, Mantegna, G. Bellini. Tizian (Portrait des Papstes Alexander Farnese*) und die Bolognerser durch Carracci. Weiterhin sind neapolitanische Künstler des 17. Jh. vorhanden: Caravaggio (Geißelung, Leidensweg), Caracciolo, Petri (Massaker von Chio*) und von Caravaggio beeinflußte Künstler. Dazu kommen flämische Künstler, darunter Breughel d. Ä. (Der Blindensturz) und Van der Weyden (Öffnungszeiten wie das Archäologische Museum).

Certosa di San Martino (20), Museo Nazionale di San Martino:** Das Museum umfaßt mehrere Abteilungen: Geschichte des Königreiches Neapel seit dem 18. Jh. Es werden Erinnerungsstücke an die von der französischen Intervention ausgelösten Aufstände zu napoleonischer Zeit aufbewahrt. Weitere Stücke erinnern an das Werk Murats (Büste*), an die Revolution 1848 und an die Kampagne Garibaldis. Vom Belvedere* aus genießt man eine schöne Aussicht** über die Bucht von Neapel (Öffnungszeiten wie im Archäologischen Museum).

Volksbrauch und Kunst: Hervorragende Krippensammlung* (Presepi) aus dem 18. Jh., darunter eine Krippe von Cuciniello. In Richtung des großen Kreuzganges befindet sich die Gemälde- und Skulpturenabteilung seit dem Quattrocento (toskanische und neapolitanische Künstler). Kleinkunst und Erinnerungen an die Kartause. Neben dem Eingang liegt das Marinemuseum).

La Floridiana* (21), Museo Nazionale della Ceramica*: Am Rand des gleichnamigen Parks (Blick auf die Bucht von Neapel) beherbergt die elegante Villa eine bedeutende Porzellansammlung von Capodimonte, Keramiksammlungen aus Italien und dem Fernen Osten (gleiche Öffnungszeiten).

Monte della Misericordia (22): Die Pinakothek.

Palazzo Cuomo (23): Renaissancepalast mit einer Bossenwerkfassade. Er dient als Museo Civico Filangieri: mittelalterliche Rüstungen, Gemälde (Ribera, Preti).

Palazzo Reale (6) (Gemächer des Königspalastes, nachmittags, Mo. und an manchen Festtagen ⊠): Ab dem 18. Jh. Residenz der Bourbonen, dann von Murat bewohnt. Die Räume sind mit Wandteppichen aus Neapel, sowie mit Möbeln im Stil Ludwig XV. eingerichtet. Neben den historischen Räumen befindet sich das Hoftheater (um 1770).

Katakomben von San Gennaro (19): Sie stammen aus den ersten christlichen Jahrhunderten. Interessante Gemälde, Fresken und Mosaiken, die neuesten stammen aus der karolingischen Epoche (Führungen an Sa., So. und an Festtagen).

Teatro di San Carlo (24): Das Innere des im 19. Jh. errichteten Theaters wurde wegen der Akustik mit einer Holzverkleidung versehen. Die Königsloge befindet sich in der Mitte der sechs Logenreihen.

Villa Pignatelli (25): Im Museo Principe Diego Aragona werden Kunstgegenstände und Porzellansammlungen (18. Jh.) gezeigt; Wagenmuseum im Garten.

Kirchen:

Certosa di San Martino* (20): Die Kartause liegt in wunderschöner Lage über der Bucht unterhalb des Castello Sant'Elmo. Sie wurde im 17. Jh. von den spanischen Bourbonen stark verändert. Ihnen verdankt sie mehrere Barockbauwerke, zu denen der große Kreuzgang, eine Kirche (Pinakothek, Ribera, Caracciola, Judiths Triumph* von Luca Giordano) und der Chor der Mönche* zählen. Die Gebäude beherbergen mehrere Museen.

Duomo* (26): Im Inneren der gotischen Kathedrale San Gennaro befinden sich die Barockkapelle San Gennaro (17. Jh.) und Kapellen mit Fresken aus Gotik und Renaissance (13.-16. Jh.). Die Reste der paläochristlichen Basilika, die vor dem mittelalterlichen Bauwerk existierte, das Baptisterium (5. Jh.) und die Mosaiken finden Interesse.

Gesu Nuovo (27): Kirche im jesuitischen Stil mit einer Renaissancefassade aus „Diamantenspitzen".
Incoronata (28): Die Kirche stammt aus der Herrschaftszeit der „Königin Johanna" (14. Jh.); Freskenschmuck im Inneren.
San Domenico Maggiore (29): Kompositbauwerk aus Gotik (14. Jh., Karyatiden von Camaino), Renaissance und Barock (Geißelung Christi von Caravaggio).
San Francesco di Paola (30): Die neogotische Kirche erinnert an das Pantheon in Rom.
San Giovanni a Carbonara (31): Gotisch (14. Jh., im 17. Jh. neuerrichtet). Innen: Mosaikfußboden und Fresken (15. Jh., Skulpturen und „Miroballo-Monument" (Anf. 15. Jahrhundert).
San Lorenzo Maggiore* (32): Die romano-gotische Kirche bleibt mit der Erinnerung an Petrarca verbunden. Das romanische Portal wurde in die Barockfassade integriert. Das Innere orientiert sich an der provenzalischen Gotik (Schiff, Apsis* und Vierungen), Gemälde von Mattia Preti.
Capella die Sansevero (33): Renaissance, Skulpturen (18. Jh.).
Santa Chiara* (11): Hauptkirche des Spaccanapolis-Viertel. Sie wurde (14. Jh.) im gotischen Ajou-Stil errichtet, der Kampanile stammt aus der Renaissance. Im Inneren befindet sich das Grab Robert I. dem Weisen, ein Werk florentinischer Künstler. Der elegante Kreuzgang der Klarissen im benachbarten Minimenkloster wurde im 18. Jh. in einen Giardino umgewandelt (Verkleidung aus sanftgetönten Majoliken, Weinlauben).
Santa Maria Donnaregina (35): In Wirklichkeit handelt es sich um zwei Kirchen. Die eine stammt aus dem Barock, die andere aus dem 14. Jh.: Grabmal Camainos, Chor der Mönche mit Fresken (14. Jh.) verziert (nachm., So. und Festt. ⊠).
Santa Maria la Nova (36): Skulpturen und Gemälde des 17. Jh., zwei Renaissancekreuzgänge.
Sant'Anna dei Lombardi* (37): Die Kirche (15. Jh.) beherbergt Renaissanceskulpturen von Rossellino (Schöpfer einer Krippe), eine Pieta von Mazzoni (15. Jh.) und zwei Verkündigungen von Maiano und einem Schüler Piero della Francescas.
Sant' Angelo a Nilo (38): Sie verdankt ihren Namen den vom Nil stammenden Plastiken, die den Vorplatz schmücken. Portal (15. Jh.), Flachrelief (Himmelfahrt*) von Donatello.
Castel Capuano (39): Mittelalterlicher Justizpalast, von den Spaniern zur Renaissance verändert (hinter der Porta Capuana).
Castel dell'Ovo (40): Die Festung (11. Jh., im 17. Jh. aufgebaut) beherrscht den Hafen von Santa Lucia.
Sant'Elmo (20): Die Festung auf dem Vomero-Hügel diente als politisches Gefängnis.
Annunziata (41): Im 17. Jh. von Vanvitelli neuerrichtet.
Girolamini: Fassade (18. Jh., Barockdecke und Fresko von Luca Giordano (17. Jh.) im Inneren.
San Giorgio Maggiore (42): Paläochristliche Apsis (4. Jh.).
San Paolo Maggiore (43): Prachtvolle Innengestaltung (16. Jh.).
San Pietro a Maiella (44): Gotisches Bauwerk (14. Jh.) mit Gemälden von Mattia Preti im Inneren. Konservatorium mit kleinem Museum im Nachbargebäude.
Santa Maria del Carmine (45): Eine der berühmtesten Kirchen Neapels (12./13. Jh.); sie beherbergt einen gotischen Kruzifix.
Schiffsverbindungen: Nach **Capri*, Ischia*, Procida*, Sorrento*** (Saison), Sardinien, Sizilien und zu den Äolischen Inseln.
Veranstaltungen: S. Gennaro-Fest am 1. Maisonntag in der Kathedrale. Estate a Napoli (kulturelle und künstlerische Veranstaltungen) von Juli bis Sept: Fest von Santa Maria del Carmine am 16. Juli, Fest der Madonna di Piedigrotta am 8. Sept. mit anschließendem Festival des neapolitanischen Liedes. Opernsaison im Teatro San Carlo von Oktober bis April. Krippenausstellungen in den Kirchen zu Weihnachten.
Handwerk: Schmuck, Korallengegenstände (aus Torre del Greco), Biscuit (Porzellan) aus Capodimonte (Krippenfiguren). Die zwei Hauptgeschäftsstraßen sind die Via Toledo und die Via Chiaia.
Agnano Terme (10 km westl.): 3 km von der Küste entferntes Thermalbad nahe dem Industriehafen Bagnoli am Meer.
Camaldoli (4km nordwestl. des Vomero-Hügels): Kloster (16. Jh.).
Capodimonte (nördl.): Ehemaliger königlicher Besitz (18. Jh.) mit einem Palast in einem Park*, der dem von Versailles ähnelt (Casino della Regina); Überreste einer berühmten Porzellanfabrik.
Fuorigrotta (westl. von Mergellina): In einem Park in der Nähe von Agnano liegt das Ausstellungszentrum Mostra d'Oltremare; zoologischer Garten in der Umgebung.
Marechiaro (10km südwestl., über (1)): Kleiner Fischereihafen abseits des Residenzviertels Posillipo.
Mergellina (südwestl., Ausfahrt): Am Fuße des Pausilippe (Seilbahn) gelegen. Das Viertel umgibt den freundlichen Hafen Sannazzaro (Segel- und Fischereihafen, Schiffsverbindungen zu den Inseln der Bucht).

Eines der drei Portale der Kathedrale San Gennaro. An der im 19. Jh. neuerrichteten Fassade blieben durch Zufall schöne gotische Giebelfelder erhalten.

Vesuvio/Vesuv (1.277 m)
Campania (Napoli)

20/B 1

Der doppelte Buckel des berühmtesten noch tätigen Vulkans Europas beherrscht die Landschaft der Bucht von Neapel. Der Gipfel des Monte Vesuvio (1.277 m) überragt den ursprünglichen Vulkan Monte Somma (1.132 m), von dem nur noch eine 200 m hohe Steilwand besteht. Zwischen den beiden Vulkankuppen erstreckt sich das sichelförmige Tal des Giganten. Die heutige Gestalt des Berges wurde während zahlreicher Ausbrüche zwischen 10000 v. Chr. und dem Jahre 1953 geprägt. Drei Ausbrüche erhöhten den Monte Somma während des Altertums (um 1200 v. Chr.) auf ca. 2.000 m. Darauf trat eine lange Ruhepause ein, so daß die Altväter glaubten, der Vulkan sei erloschen. Das Erdbeben des Jahres 63 und der völlig unerwartete Ausbruch von 79, der vermutlich mehr als 20.000 Opfer forderte (→ **Ercolano*** und **Pompeji***), beendeten die „ruhige Phase". Während des Ausbruchs im 3. Jh. erhob sich der heute bestehende Kegel des Monte Vesuvio über den ehemaligen Gipfel des Monte Somma. Seit der Katastrophe von 79 veränderten mehr als 30 Ausbrüche die Gestalt des Berges. Bei einem Ausbruch im Jahre 1631 waren ca. 4.000 Tote zu beklagen, bei einem weiteren wurde 1794 ein Teil der Stadt Torre del Greco verschüttet. Im April 1906 stürzte nach einem Monat der Verwüstungen der Gipfel ein und sank um mehrere hundert Meter ab, der Krater erweiterte sich auf 800 m Durchmesser. Der Ausbruch vom Juni 1929 zerstörte mehrere Dörfer. Der Ausbruch im März 1944 dauerte ca. einen Monat, Lavaströme ergossen sich in drei Richtungen. Die gewaltigen Aschewolken wurden noch in Albanien registriert, es kam zu „Niederschlägen". Nach erneuter Beruhigung hatte der Krater $2/3$ seines Durchmessers eingebüßt. Das verheerende Erdbeben des Jahres 1980 war vielleicht nur ein Vorbote eines künftigen Vulkanausbruchs, der Berg wird bald von sich hören lassen. Der Gipfel des Vesuv liegt nur 13 km (Straßenverbindung) vom Stadtzentrum Neapels entfernt. Die Begleitung durch einen Führer ist obligatorisch. Bergschuhe sind zu empfehlen. Die einfachste Zufahrt erfolgt zuerst über die Autobahn bis **Ercolano***. Die Straße steigt zwischen Obstplantagen und Weinbergen steil bis zum Observatorium der Vulkanologen an (8 km, das älteste der Welt, Mitte 19. Jh.) und führt dann durch eine wüstenartige Zone. An der folgenden Kreuzung bieten sich zwei Möglichkeiten an. Einmal fährt man geradeaus weiter (1 km), erreicht den Parkplatz und setzt den Aufstieg auf einem steilen Fußweg (Asche) fort. Der zweite Weg endet an der unteren Station des Sessellifts (750 m), der zur während des Ausbruch des Jahres 1944 umgestalteten Südkante des Kraters (1.160 m) führt. Der Krater** vermittelt den Eindruck einer „infernalen Öffnung", obwohl diese (seit 1952) nur noch 200 m tief ist. Vom Kraterrand aus bieten sich ergreifende Aussichten** auf die Bucht von Neapel. Eine weitere Zufahrt existiert im Süden über die Ausfahrt „Torre Annunziata" (bei schlechtem Wetter wird von der Benutzung abgeraten).

Der berühmteste der noch tätigen Vulkane in Europa liegt nur 13 km vom Stadtzentrum entfernt!

Nisida* (Isola di, 13 km südwestl.): Ehemaliger Vulkan, mit dem Festland durch einen Straßendamm verbunden.

Portici (südöstl. Einzugsgebiet): → **Ercolano***.

Posillipo* (Halbinsel, südwestl., Ausfahrt über Mergellina): Zwischen den Buchten Neapels und **Pozzuolis***. Parkanlagen und Gärten mit Aussichten auf die Halbinsel und den Vesuv. Eine häßliche Küstenstraße verbindet mit dem Residenzviertel. Vom Parco Virgilio (auch della Rimembranza genannt), in dem sich die Gräber Vergils und Leopardis befinden, hat man eine schöne Aussicht über die Bucht von Pozzuoli.

Narni
Umbria (Terni)

15/B 2

Auf einem Bergvorsprung über einer Schleife des 150 m tiefer gelegenen Nera-Tals und von der 100 m höher befindlichen Rocca des 14. Jh. überragt, drängt sich die alte Ortschaft um einen romanischen Dom mit Renaissance-Portikus.

Palazzo del Podesta: Der Renaissancepalast (ornamentierte Flachreliefs) an der Via Garibaldi beherbergt die Pinacoteca Comunale, in der mehrere Werke Ghirlandaios* und eine Verkündigung von B. Gozzoli aufbewahrt werden.

San Domenico: Die romanische Kirche beherbergt heute ein Museum.

Ponte di Augusto: Unterhalb der Stadt (nördl.), Überreste einer Brücke (1. Jh.), die auf einem Gemälde von J. B. Corot verewigt wurde.

Veranstaltungen: Corsa dell'Anello (Rennen der Ringe) im April. Tjost und Karrenrennen der Narni-Terni im September.

Amelia* (12 km nordwestl.): Stadt auf hoher Warte mit einer megalithischen polygonalen Einfriedung (6. Jh.). Park der Cavallerizza am Westausgang. Sagra Pastaiola Anfang Sept., lebende Krippe zu Weihnachten in Giove.

Lugnano (22 km nordwestl.): Romanische Kirche der Assunta* mit einer schönen Renaissanceloggia.

Otricoli (16 km südl.): Ruinen von Otriculum.
Sacro Speco (13 km südöstl.): Von Franz von Assisi (Anfang 13. Jh.) gegründetes Kloster mit Fresken aus dem 14. Jh.

Nocera
20/B 1
Campania (Salerno)
Das bedeutende landwirtschaftliche Zentrum ist vermutlich etruskischen Ursprungs. Am Fuße des Vesuv erinnert das Museo dell'Agro Nocerino an das antike Nuceria (vom 6. Jh. v. Chr. bis zur Zeit des Römischen Imperiums).
Nola (26 km nördl.): Sehr alte Stadt, in der Augustus im Jahre 14 entschlief. Fest der Lilien im Juli. 2 km weiter, paläochristliche Stätte von Cimitile* (4.-8. Jh.); Ausgrabungsfunde im Antiquarium.
Santa Maria Maggiore (über Nocera Superiore, 6 km östl.): Paläochristliches Baptisterium.
Sarno (9 km nördl.): Archäologisches Museum della Valle und Überreste eines Theaters und eines Tempels (2. Jh.) in der Nähe.
Cava de Tirreni: 11 km südl., → **Salerno***.
Pompeji*: 12 km westlich.

Novara
5/A 3
Piemonte (Provinzhauptstadt)
Schauplatz der von Frankreich zur Zeit der Renaissance geführten Italienfeldzüge (1500 wurde Ludovico il Moro von Ludwig XII. gefangen genommen, → **Milano***, Geschichte). Zur napoleonischen Zeit und unter dem 2. Kaiserreich (1859) schlugen die Österreicher die Sarden, deren König abdankte.
Duomo: Das Bauwerk (19. Jh.) ruht auf romanischen Resten. In einer Kapelle sind Fresken aus dem 12. Jh. erhalten. Durch den Portikus gelangt man in das Baptisterium (6. Jh., im 13. Jh. erweitert); Kreuzgang der Canonica (15. Jh.).
San Gaudenzio: Die nördl. des historischen Viertels gelegene klassische Kirche ist mit ihrer hohen Kuppel (121 m) die eindrucksvollste der Stadt; Polyptychon von Ferrari im Inneren.
Broletto: Der ehemalige Palazzo Comunale (15. Jh.) steht an einem viereckigen Platz. In einem Nachbargebäude sind das Museo Civico und die Galleria d'Arte Moderna untergebracht (Montag und Feiertags- nachmittag ⊠).
Galliate (7 km nordöstl.): Sanktuarium des Varallino (Fresken und Terrakotta aus dem 17. Jh.).
Oleggio (18 km nördl.): Romanische Abtei San Michele (Fresken des 11./12. Jh.). Naturpark des Tessin, 8 km östl., → **Gallarate***.

Orbetello
14/C 2
Toscana (Grosseto)
Der Monte Argentario (635 m) ragt auf einer ehemaligen Insel empor, die heute durch sandige Landzungen mit dem Festland verbunden ist. Auf einer dieser Landzungen liegt hinter einem Damm in der Lagune die kleine Stadt Orbetello. Die sehr alte Stadt (Reste aus römischer Zeit) wurde im 16. Jh. Stützpunkt und Verbannungsort an der toskanischen Küste. Das Festungswerk aus jener Zeit ist zum Festland hin gerichtet. Dem gotischen Dom gegenüber befindet sich das Antiquarium, in dem die Fassade eines etruskischen Tempels aufgerichtet wurde. Von Mai bis Okt. gibt es in der Via Mura di Levante eine Ausstellung über die „Römisierung" Etruriens auf dem Territorium der ehemaligen Vulci (→ **Tarquinia***). Südl. der Stadt befindet sich ein 800 ha großes Naturschutzgebiet, das unter der Regie des WWF (World Wildlife Found) steht.
Spezialität: Aal aus der Lagune.
Ansedonia (10 km südöstl.): Der von den Ruinen der ehem. römischen Siedlung Cosa (im 4. Jh. zerstört, Akropolis und Kapitol) beherrschte Ort liegt 100 m über dem Meer. Die Ausgrabungsfunde sind im Antiquarium zu sehen. Östl., nahe bei Spacco della Regina, befindet sich ein röm. Hydraulikwerk mit dem Namen Tagliata Etrusca.
Argentario-Massiv: Wie die Landzungen zu Fuß zu besichtigen. Die Ringstraße (26 km) wird demnächst fertiggestellt. Eine Panoramastraße führt zum Monte Telegrafo (18 km, 635 m); Aussicht.
Capalbio (25 km östl.): Ortschaft mit mittelalterlicher Mauer.
Magliano in Toscana (21 km nordöstl.): Frühere etruskische Stadtmauer (15. Jh.) und mehrere romanische und gotische Bauwerke.
Port'Ercole (4 km südl.): Malerisches Dorf im Süden des Argentario; Forte Filippo (17. Jh.). Park mit tropischen Pflanzen.
Porto Santo Stefano (11 km westl.): Hauptort des Argentarios, in dem man sich zu den **Giglio*-Inseln** einschiffen kann.
Talamone (25 km nordwestl.): Das Tlanum der etruskischen Antike an der Südspitze des Uccellina-Massivs (→ **Grosseto***); kleines Museum.

Orta San Giulio
4/D 2
Piemonte (Novara)
Der Ferienort auf einer Halbinsel des Ostufers des kleinen Orta-Sees (auch Cusio genannt, 18 km²) bietet einige guterhaltene Bauwerke. Das hübsche Dorf mit gotischen Häusern und Herrensitzen aus dem 17./18. Jh. drängt sich um einen zum See hin geöffneten Platz mit dem Palazzo Comunale aus der Renaissance.
See: Der reizvolle Alpensee erstreckt sich von Norden nach Süden über eine Entfernung vom 10 km, im Nordosten wird er vom Mottarone überragt (1490 m, → **Stresa***). Der See liegt 100 m über dem Niveau des nahen **Lago Maggiore*** (10 km), dem er über die Strona Wasser zuführt. Panoramastrecken zwischen Gozzano und Omegna.
San Giulio Insel: Die 30 ha große Insel kann in 10 Min. mit dem Boot erreicht werden. Die Basilika inmitten kleiner Gärten soll im 4. Jh. von San Giulio gegründet worden sein. Die Kirche, im Mittelalter mehrmals

Auf der kleinen Insel San Giulio im Orta-See drängen sich die Gärten um die Basilika; darüber erhebt sich der Bischofspalast.

Eine der zwanzig Barockkapellen des Sacro Monte in Orta, die wie eine Theaterdekoration auf dem Gipfel eines „Traumhügels" aussehend.

neuerrichtet, ist im Inneren mit Fresken (13. Jh.) ausgestattet. Der benachbarte Palast der Bischöfe von Novara stammt aus dem 17./18. Jahrhundert.
Sacro Monte (400 m Höhe, 20 Min. zu Fuß): In einem Park auf dem Gipfel der Orta-Halbinsel stehen zwanzig Kapellen, die zwischen dem 16. und 18. Jh. errichtet wurden. Sehr schöne Aussicht auf den See.
Schiffsausflug: 39 km, „Fahrt um den See."
Pettenasco (3 km): Nach Orta größte Sommerfrische am See (Wassersport usw.).
Omegna (15 km): Industriezentrum, Stadtmauern und Bauwerke aus dem Mittelalter (Kirche 13. Jh.).
Alzo (28 km): Sanktuarium der Madonna del Sasso (18. Jh.) 5 km entfernt auf dem Berg; Aussicht* über den See. Die kleine Station Pella liegt am Ufer gegenüber.
Armeno (5 km nordöstl.): Romanische Kirche.
Miasino (4 km östl.): Häuser des 17./18. Jh., Barockkirche.

Orte 15/B 2
Lazio (Viterbo)
Wie viele alte Ortschaften der Toskana und Umbriens war Orte eine früher von Etruskern besiedelte Stätte. Oberhalb einer Tiberschleife klammert sich der Ort rund um einen vulkanischen Kegel am Hang fest. Schöne Aussicht über das Dorf von der Straße nach Amelia (nördl.) aus. Eine frühere romanische Kirche birgt das Diözesanmuseum für sakrale Kunst.
Veranstaltungen: Mittelalterlicher Zug (Ottava) und Glockenmarkt Anfang September.

Bomarzo (14 km nordwestl.): Überragt vom Palast der Orsini (Renaissance). 3 km weiter, Monsterpark* mit riesigen in der Landschaft verteilten Tierplastiken (16. Jh.).
Vasanello (8 km südwestl.): Bekanntes Keramikzentrum, beherrscht von einem Castello (12. Jh.), zwei mit Fresken geschmückte romanische Kirchen.
Amelia: 15 km nördl., → **Narni***.
15 km nordöstl.
Soriano nel Cimino: 17 km westl., → **Viterbo***.

Ortona 16/B 3
Abruzzo (Chieti)
Der alte Fischereihafen entwickelte sich zu einem Badeort mit Segelhafen. Während der Renaissance nach dem Prinzip eines Schachbrettmusters angelegt, beherrscht der Ort eine Landzunge an der Adriaküste.
Castello: Das Kastell (15. Jh.) trägt die Spuren der Bombenangriffe von 1944, die die Stadt stark beschädigten.
S. Caterina: Zur Barockzeit neuerrichtete romanische Kirche.
Palazzo Farnese: Museum mit Gemäldesammlung.
Pinakothek: Im Seitenflügel der gewaltigen Kathedrale.
Veranstaltungen: Volksliederwettbewerb der Abruzzen (Maggiolata) und Zug der „Silberschüssel" Anfang Mai. Nautisches Fest, Handwerksmesse und Weinfest im Sommer.
Francavilla al Mare: 13 km nordwestl., → **Pescara***.
San Giovanni in Venere: 20 km südöstl., → **Lanciano***.

Orvieto 15/A 2
Umbria (Terni)
Die alte Stadt auf einem vulkanischen* Tuffsteinsockel wird als eine der charakteristischsten Zentralitaliens angesehen. Die Einfriedung, die Bauwerke des Mittelalters und die Häuser des 19. Jh. sind ausschließlich aus dunkelgrauen oder fahlroten Bruchsteinen (Tuff, Basalt oder Granit) gebaut. Der üppige Blumenschmuck trägt dazu bei, den Charakter der sehr eintönigen Färbung zu betonen. Vom Paglia-Tal aus, durch das die traditionelle Route Florenz-Rom verläuft, wie auch von der Straße nach Viterbo, phantastische Ausblicke auf die Stadt Orrieto. Ursprünglich etruskischen Ursprungs (Nekropole am Fuße des Nordwalles), wurde Orvieto bereits im 6. Jh. Bistum. Im Mittelalter residierte hier Papst Martin IV., ehemaliger Bischof von Tours, der Karl I. von Anjou zum König von Sizilien krönte. Ab dem 15. Jh. der Kirche unterstellt, wurde die Stadt von den Prälaten befestigt. Sie wurde damit zum Vorposten ihrer Domänen gegenüber Florenz. Der Zufall wollte es, daß der Papst der Medici, Clemenz VII., die Verteidigungsanlagen konsequent ausbauen ließ.
Besichtigung der Stadt:
Sie kann in etwa 3 Std. erfolgen. Die Benutzung des Wagens innerhalb der Stadtmauern sollte vermieden werden. Selbst als Fußgänger verirrt man sich leicht im Straßengewirr. Das Parken innerhalb der Mauern (intra muros) bringt Schwierigkeiten mit sich. Parkplätze befinden sich am Südeingang

Die Fassadenpfeiler des Doms zu Orvieto sind mit bemerkenswerten gotischen Flachreliefs geschmückt, die Episoden der Bibel verdeutlichen.

der Stadt. Orvieto wird dann durch das Römische Tor betreten, man folge dem markierten Weg in Richtung Quartiere Vecchio. Die Kathedrale liegt 10 Min. entfernt. Von der Via Maitani aus bietet sich ein interessanter Blick auf die Fassade.

Duomo**: Das mächtige gotische Bauwerk mit in der Farbe wechselnden Steinlagen wurde Ende des 13. Jh. von dem Architekten Lorenzo Maitani aus Siena begonnen und von Pisano, Sangallo d. J. und Orcagna (Schöpfer der Fensterrose) vollendet. Die originelle, mit leuchtenden Farben kolorierte Fassade mit Mosaiken (im 19. Jh. restauriert) wirkt wie ein Triptychon, das auf mit Basreliefs* ornamentierten Wandstrebepfeilern ruht. Das romanische Kirchenschiff wurde ebenfalls in wechselnden Steinlagen aus Basalt und Kalkstein aufgerichtet. Im Gewölbe des rechten Flügels des Querschiffes befindet sich der von Fra Angelico begonnene und von Luca Signorelli fortgeführte Freskenzyklus** (Apokalypse, um 1500), der von Kritikern einstimmig als Meisterwerk betrachtet wird. Der linke Querschiffarm verbindet mit der Cappella del Corporale (→ **Bolsena***), wo in einem kostbaren Reliquiar das blutbefleckte heilige Tuch von Bolsena aufbewahrt wird. Der Reliquienschrein wurde von Ugolino di Vieri (1338) geschaffen. Die seitlichen Glasfenster und die Fenster des Chores aus Alabaster stammen aus dem 14. Jh.

Museo Civico (gegenüber dem linken Portal der Domfassade, Mo. ⌧): Archäologische Sammlungen (etrurischer Kriegerkopf, geschmückte attische Amphoren).

Palazzo dei Papi (am Platz südl. des Doms): Palazzo dei Papi (13. Jh.) und Palazzo Soliano beherbergen das Museo dell'Opera. Unter den Gemälden befinden sich zwei bemerkenswerte Madonnen von Simone Martini (→ **Assisi***) und ein Luca Signorelli. Zu den Skulpturen zählen mehrere Pisano und die berühmte Annunziata von Francesco Mochi (Anf. 17. Jh.).

Stadtzentrum: Die Via C. Nebbia und die Via del Duomo münden auf den Corso Cavour. Sie bilden eine Achse, deren Verlauf dem ehemaligen römischen Cardo Maximus entspricht. Der mittelalterliche Turm del Moro (42 m) befindet sich auf der rechten Seite.

Piazza della Repubblica: Die Kirche Sant Andrea, von einem zwölfseitigen, zinnengekrönten romanischen Turm flankiert, ruht auf einer Basilika des 6. Jh. An der Südseite, Palazzo del Comune (13. Jh.), zur Renaissance neu errichtet.

Palazzo del Popolo* (nördl. des

Dom zu Orvieto: Die Fensterrose der mit leuchtenden Mosaiken geschmückten Fassade stammt teilweise von Andrea Pisano (Mitte 14. Jh.)

Corso Cavour): Romano-gotisches Bauwerk mit Außentreppe und einem zum mittelalterlichen Platz del Popolo weisenden Balkon.

Pozzo di San Patrizio (am Ostende des Stadtplateaus): Der 60 m tiefe Brunnen wurde zu Anfang des 16. Jh. von den Päpsten geöffnet. Die Doppelspirale der Treppe, die eine um hinauf, die andere um hinunterzugehen, erinnert an die des Vatikan-Museums. Nebenan liegt der mit der oberen Station der Seilbahn verbundene Giardino Comunale innerhalb der Mauern der Fortezza (14. Jh.); Panorama*.

Weitere Sehenswürdigkeiten:
Palazzo Crispo-Marsciano (an der Piazza Marconi, hinter dem Palazzo dei Papi): Renaissancebauwerk, errichtet nach Plänen von Sangallo d. J.
Kirchen: San Bernardino (neben dem Palazzo Crispo): Reizvolle Barockkirche mit ovalem Innenraum. San Domenico (zwischen Palazzo del Popolo und Nordmauer): Grabmal (13. Jh.) von Guillaume de Braye, Prälat aus Anjou. San Francesco (altes Viertel, westl. der Kathedrale): Fassade (13. Jh.). San Lorenzo (etwas weiter): Die Kirche (13. Jh.) wird auch „Arari" genannt, da der Hauptaltar zum Teil auf einem etruskischen Altar (ara) ruht. San Giovenale (Ostende der Altstadt): Freskenschmuck (Gotik und Renaissance) in der Apsis.
Tempio Etrusco (Piazza Cahen, gegenüber des Eingangs der Forzezza): Aus dem 5. Jh. v. Chr.
Etruskische Nekropole* (unterhalb des Nordmauer): Die Gräber aus vulkanischem Tuffgestein tragen an den Stürzen Inschriften. Sie stammen aus dem 6. Jh. v. Chr. und bilden mit ihrem Wegenetz eine kleine Stadt für sich.

1 km südl. der ehemaligen Abtei Ss. Severo e Martirio steht eine romanische Kirche (12. Jh.) mit polygonalem Glockenturm.

Veranstaltungen: Symphonisches Konzert im Dom am Karsamstag. Fest der Palombella am Pfingstmorgen auf dem Vorplatz der Kathedrale. Prozessionen und historischer Zug an Fronleichnam. Orgelkonzert und Festival sakraler Musik im Aug./Sept. Antiquitätenmesse im September.

Spezialität: Weißwein.
Handwerk: Keramik, feinbearbeitete Metalle, Spitzen.

Osimo 13/D 1
Marche (Ancona)

Die frühere römische Siedlung Auximum liegt auf einem Hügel, an dessen höchstem Punkt einige Bauwerke aus Renaissance und Barock zu finden sind. Im Mauerwerk der Einfriedung, von der aus der Blick bis zur Adria und über den Apennin reicht, sind Reste aus vorchristlicher Zeit zu erkennen.

Kathedrale: In der Krypta der romano-gotischen Kirche ruht ein Sarkophag aus dem 4. Jahrhundert.

Palazzo del Comune: In dem Palast (13. Jh.) mit einem romanischen Turm können Skulpturen und Statuen bewundert werden. Die Kirchen und das Baptisterium bewahren mehrere Kunstwerke (in San Marco wird ein Guercino ausgestellt).

Monte Gallo: Villa, 6 km nördl.

Ostia 17/A 2
Lazio (Gemeinde Rom)

Ostia besteht aus zwei 24 und 28 km südöstl. der Hauptstadt liegenden Ortsteilen. Lido di Ostia oder Lido di Roma heißt der Badestrand der Römer. Ostia Antica oder Ostia Scavi wird seit dem 19. Jh. freigelegt (4 km weiter landeinwärts). Die letzten Bewohner der antiken Stadt siedelten hier im 6./7. Jahrhundert.

Kastell Julius II: Das Kastell gilt als gutes Beispiel der Militärarchitektur des Quattrocento. Aus der ehemaligen päpstlichen Residenz wurde heute das Museum des mittelalterlichen Ostia (Mo. ⌧).

Ostia Scavi***: Ruinen von Ostia.
Geschichte:
Das am linken Ufer der Tibermündung (Ostium) gelegene Ostia diente bis zum Anfang des 2. Jh. als Hafen Roms. Es wurde vermutlich zu Anfang des 7. Jh. v. Chr. (nach Livius) gegründet, mit einem Arsenal versehen und hatte damit

Ostia Antica: Die „Raumbühne" des Theaters lenkt den Blick des Betrachters vom Platz der Korporationen ab, an dem man rechts die Treppe des Cerestempels erkennt. Die Theaterstufen wurden restauriert.

zuerst eine militärische Funktion. Zur Kaiserzeit entwickelte sich ein Handelshafen mit großen Lagern (horrea), die Einwohnerzahl der Stadt Ostia stieg auf mehr als 100.000 Menschen. Sulla veranlaßte im 1. Jh. v. Chr. den Bau der Einfriedung. Durch die Ablagerungen des Flusses versandete langsam die Küste. Dieser Umstand veranlaßte Kaiser Claudius, nördlich einen neuen Hafen zu planen der heute vom internationalen Flughafen Fiumicino besetzt wird, der später von Trajan vervollständigt wurde. Er ließ den unter Claudius entstandenen Hafen durch ein achteckiges Becken mit dem kleinen Tiberarm verbinden. Die Verschlammung schritt weiter fort, die Malaria dezimierte die Bevölkerung. Ostia war praktisch schon verlassen, als im 4. Jh. die Mutter Sankt Augustins, die hl. Monika, starb. Im 18. Jh. wurde der Ort neuentdeckt und im 19. Jh. begannen die Grabungen, die Freilegung begann im Jahre 1930.

Besichtigung

Zwei dem Schloß gegenüberliegende Wege (nicht markiert) führen zum archäologischen Park (Mo. und an manchen Festtagen, im Winter um 15 Uhr, im Frühling und Herbst um 16 Uhr und im Sommer um 18 Uhr ⊠). Das breite, gerade, gepflasterte Straßenstück vor dem Eingang gehörte früher zum Decumanus Maximus, an dem die Via Ostiense aus Rom endete. Sie existiert heute unter dem Namen Via del Mare. Links unterhalb, an der Via delle Tombe, lag der Friedhof außerhalb der Mauer, die man an der Porta Romana (Überreste) passiert.

Terme di Nettuno (500 m vom Eingang, rechts): Die weitläufige Anlage (2.Jh.) verdankt ihren Namen einem Mosaik von Neptun und Amphitrite. Dahinter befinden sich in der nördl. Ecke die Mosaiken der „Provinzen", später folgt die Fortunato-Herberge (in Wirklichkeit eine Schenke). Die Kaserne der Feuerwehr (Caserma dei Vigili) liegt auf der anderen Straßenseite; Tempel mit Mosaikfußboden aus dem 2. Jh. Auf der linken Seite des Decumanus kann eine große Horrea (1. Jh.) besichtigt werden.

Theater*: Die großen, halbrunden Mauern mit Galerien sind von weither sichtbar. Vermutlich unter Agrippa erbaut, wurde es von Septimus Severus erweitert. Bemerkenswert sind die grimassenschneidenden Masken zu beiden Seiten der Bühne. Von der höchsten Sitzstufe aus genießt man einen schönen Blick auf die Piazzale delle Corporazioni* (Freilichtbühne im Sommer). Der Platz bildet eine Art schattigen Garten um das Podium, auf dem der Tempel des Ceres stand. Ringsum gab es etwa 60 Kontore der Vertreter von Handelsgesellschaften.

Via dei Molini: Sie kreuzt den Decumanus 200 m oberhalb des Theaters. Links führt sie zur Porta Laurentina und zu einigen Patrizierhäusern (darunter das Haus der Fortuna Annonaria, 3. Jh.) mit Thermen und zu den Ruinen des Kybele-Tempels. Rechts befindet sich eine weitere Horrea.

Haus der Diana* (gegenüber der Horrea, Eingang an der Via di Diana): Der große Komplex ähnelt einem Labyrinth, er diente vermutlich als Insula (Miethaus mit ca.

In der Nähe des Theaters säumen diese Häuser die Straße, die zu den Neptunsthermen und zur Polizeikaserne führte.

10 Wohnungen). Ein dunkler Raum im hinteren Teil diente als Tempel, das Bildnis der Gottheit blieb erhalten.
Thermopolium (in der gleichen Straße, links): Schenke mit guterhaltener, ursprünglicher Einrichtung.
Museum* (rechts, am Ende der Via Diana, dem ehemaligen Cardo Maximus folgen; Eingang vom Park am Tiberufer, Mo. und nachmittags ⊠): Antiquarium mit elf lehrhaften Sälen; beachtliche Portraitsammlung des 2. Jahrhunderts.
Kapitol* und **Forum*** (verbunden durch den Decumanus): Von dem imposanten Heiligtum (2. Jh.) blieben eine monumentale Treppe und ein großer Teil des Mauerwerks erhalten. Der Haupttempel der Stadt war Jupiter, Juno und Minerva geweiht. An der Südseite des Platzes, zu beiden Seiten des Decumanus, befinden sich die Curia (rechts) und die Basilika (links). Gegenüber dem Kapitol stehen die Reste des Augustus-Tempels (1. Jh.) mit einigen Statuen.
Tempio Rotondo (dem Decumanus weiter folgen, links): Bauwerk, vermutlich aus dem 3. Jh.; gegenüber das Lararium, eine Art Geschäftszentrum, das seinen Namen den Laren (Bildnisse) verdankt.
Südviertel: Mit der Kaiserzeit entstand hier ein vornehmes Wohnquartier. Am „Bivio del Castrum" (Kreuzung) wechselt der Decumanus die Richtung und verläuft nach links zur Porta Marina. Im hinteren Winkel links, hinter zwei Fischläden, liegt der Markt (Macellum). Dem Decumanus folgen.
Basilica Cristiana (100 m, rechts): Der Grundriß der frühchristlichen Kirche (4. Jh.) blieb erhalten.
Schola di Traianum (etwas weiter, links): Auf italienisch würde man das Gebäude Loggia dei Mercanti (Händlerbörse) nennen. Sie stammt aus dem 2. Jh., ihren Namen verdankt sie einer an der Stelle gefundenen Trajansstatue.
Porta Marina: Sie weist zum Uferviertel, dem vermutlichen Fischerquartier mit einem Forum in der Nähe der Stadtmauer und Thermen am Meeresufer.
Außerhalb der Mauern (in einer Schleife der Panoramastraße) befinden sich die einsam gelegenen Ruinen der ältesten bekannten Synagoge des Abendlandes.
Von der Porta Marina aus gelangt man nach links hinter das Nymphäum, um sofort rechts vor den Gartenhäusern abzubiegen.
Casa delle Muse: Das Haus der Musen (2. Straße links) ist das interessanteste des Viertels (2.-3. Jh.), dessen Häuser mit Mosaiken und Gemälden geschmückt sind. Links in die Via degli Aurighi einbiegen,

nach rechts erreicht man die Miethäuser (Insulae). Man durchquert diesen Gebäudekomplex (→ Haus der Diana) aus dem 2.-3. Jh., der die Thermen der sieben Waisen umgibt (zentraler Rundsaal mit Portiken und Mosaikfußboden). Am Ausgang der Insula del Serapide (2.Jh.) nach rechts in die Via delle Foce abbiegen. Die erste Straße links führt zu den Thermen von Mithra.
Domus di Amore e Psiche* (2. Straße rechts, Bauwerk links): Auf mehreren Stufen angelegte bürgerliche Hausanlage, heute unter freiem Himmel (4. Jh.).
Horrea Epagathiana (am Ende der Straße): Ein prächtiges Giebeldreieck krönt das Eingangsportal dieses Lagerhauses.
Zum Bivio zurückkehren, über den Decumanus zum Ausgang gehen.
Nekropole* der **Isola Sacra** (4 km über die Straße nach Fiumicino): Jenseits des rechten Tiberufers einen sehr schlechten Weg nach rechts einschlagen. Die sehr romantische Stätte unter Zypressen und Pinien zählt an die 100 monumentale Gräber, die den edlen Friedhof des trajanischen Hafens bildeten. Er wurde, wie der von Ostia, ab dem 4. Jh. zweckentfremdet (außerhalb der Saison nachmittags ⊠, beim Pförtner klingeln).
Veranstaltungen: Vorstellungen im römischen Theater und in Lido di Ostia im Sommer, touristische, kulturelle und sportliche Darbietungen des Estate Romano (→ **Roma***).
Castelfusano (4 km südl.): Verlängerung des Lidos von Ostia. Zurückgesetzt liegt der sehr schöne, mit Strandkiefern bepflanzte Park von Castel Fusano, in dem man Abschnitte römischer Straßen findet.
Castel Porziano (10 km nordöstl.): 4 km weiter (nordöstl.), Nekropole zu beiden Seiten der Straße nach **Latina*** und Castello di Decima.

Der „Decumanus" kreuzt das Forum, rechts, Überreste der Fassade des Augustustempels.

Fiumicino (8 km nördl.): Der Ort verdankt seinen Namen einem kleinen südlich gelegenen Flußarm. Der internationale Flughafen „Leonardo da Vinci" befindet sich an der Stelle des antiken Hafens des Kaisers Claudius. Die während des Baus gefundenen römischen Schiffe sind im Schiffsmuseum neben dem Flughafen ausgestellt (Mo. ⊠). Etwas weiter südlich kann der ehemalige Hafen Trajans, ein Safaripark (freilaufende, wilde Tiere, Besichtigung mit dem Wagen) und der Fischerei- und Seglerhafen an der Küste besichtigt werden.
Fregene (35 km nördl.): Badeort am Rand eines schönen, 4 km langen Pinienhains.
Tor Vaianica (19 km südöstl., an der Küste): Badeort, Handwerksausstellung im Mai. An der Strecke jenseits des Lidos von Castel Fusano befinden sich zahlreiche Ruinen aus römischer Zeit: Villa des Plinius, Anlagen von Laurentium und Lavinium (5 km nördl. des Tores).

Ostiglia 6/B 3
Lombardia (Mantova)
Das Zentrum der Nahrungsmittelindustrie am linken Poufer besitzt eine schöne Kirche mit mehreren Kunstwerken der Renaissance. Der Palast der Gonzagas (16. Jh.) in Revere am rechten Poufer dient teilweise als Museum des Po (Mo. ⊠). Archäologie, Gemälde und historische Sammlungen beziehen sich auf die Poregion.
Legnano: 37 km nordöstlich, → **Montagnana***.
San Benedetto Po: 21 km südwestlich, → **Mantova***.

Ostuni 22/A 1
Puglia (Brindisi)
Hochgelegene, kleine Stadt, einige km von der Adria entfernt, mit einem mittelalterlichen Viertel mit weißen Häusern, das einer afrikanischen Medina ähnelt, wenn es nicht von den hohen braunen Mauern mittelalterlichen Kirchen gekrönt wäre.
Veranstaltungen: Fest der Taube im Frühling. Kavalkade von Sant' Oronzo (Kapelle, 3 km westl.) im August.
Carovigno (8 km südöstl.): Stätte der vorrömischen Carbina mit einem Castello (15. Jh.).
Ceglie Messapico (11 km südl.): An der Stelle des messapischen Coelium; Renaissanceschloß.
Marina di Ostuni (6 km nördl.): Großer Badeort um den kleinen Hafen Villanova.
Francavilla Fontana: 25 km südl., Manduria.
Locorotondo: 25 km westl., → **Alberobello***.

Otranto
Puglia (Lecce) 22/C 2

Das frühere römische Hydruntum, der östlichste Hafen Italiens, entwickelte sich zu einem Badeort. Ab dem 7. Jh. bildete der Ort einen Brückenkopf der byzantinischen Besatzung auf der Halbinsel. Im Jahre 1480 verwüsteten die Türken ihn völlig.

Kathedrale S. Annunziata: Das Bauwerk (vorromanische Krypta, Mosaikfußboden*, 12. Jh.), in der Mitte der von Mauern umgebenen Altstadt, wurde zur Renaissance neuerrichtet (Portal 16. Jh. unter einer schönen Fensterrose).

San Pietro: Die kleine Kirche im byzantinischen Stil (10./11. Jh.) besitzt eine mit Fresken verzierte Krypta.

Castello: Im Kastell (15. Jh.) befindet sich ein Museum für regionale Archäologie, in dem Malereien aus neolithischer Zeit gezeigt werden. Schiffsverbindungen mit **Brindisi***, **Taranto*** (Saison) und mit Korfu (tägliche Fähre).

Veranstaltungen: Handwerksausstellungen und Konzerte im Aug. Meeresfeuerwerk im September.

Handwerk: Webereien.

Carpignano Salentino (15 km südwestl.): Kapellen mit Fresken (teilweise aus dem 10. Jh.).

Castro (24 km südl.): Altes Dorf mit einer über einer romano-byzantinischen Kirche errichteten Kathedrale und einem Castello aus der Renaissance. Reizender Hafen Castro Marina an der Küste.

Giurdignano (7 km südwestl.): Megalithische Funde, darunter die Dolmen von Scusi in der Nähe von Uggiano, 8 km südwestlich von Otranto.

Maglie (17 km südwestl.): Handwerkszentrum für Schmiedeeisen und Flechtarbeiten. Bauwerke aus dem 18. Jh. und Museum für Paläontologie (nachmittags und Mo. ⊠).

Patu (44 km südl.): Centopietre, megalithisches Monument, vermutlich aus dem 9. Jh. v. Chr.

Porto Badisco (10 km südl.): Mit beispiellosen Zeichnungen geschmückte „Hirsch-Höhle" (ca. 10000 Jahre v. Chr.).

San Cataldo (37 km nordwestl.): → **Lecce***.

Santa Cesarea (17 km südl.): Seebad und Kurbad in einer Region mit vielen Naturhöhlen*, von denen manche während der Vorgeschichte bewohnt waren (jungsteinzeitliche Malereien, Besichtigung auf Anfrage).

Santa Maria di Leuca (51 km südl., schöne Strecke am Meer): An der Salento Südspitze, Seebad und Zentrum für Unterwasserjagd; zahlreiche Meereshöhlen. Sanktuarium (18. Jh.) an der Stelle eines früheren Minerva-Tempels.

Padova / Padua
Veneto (Provinzhauptstadt) 6/C 2

Der in Padua verehrte hl. Antonius stammte aus Lissabon. Er lebte und predigte in der Stadt, sowie in dem nahegelegenen Brentadelta, bevor er dort 1231 entschlief. Gerade der Geist dieses Franziskaners förderte später das universelle Talent Giotto.

Padua war Heimat des römischen Geschichtsschreibers Livius (59. v.-17. n. Chr.), berühmt ist die 1222 gegründete Universität. Dante und Petrarca studierten hier, bevor Galilei zu Anfang des 17. Jh. seine Lehrtätigkeit aufnahm. Die Befestigungsmauer wurden im 16. Jh. mit Bollwerken* verstärkt. Dank des hl. Antonius entwickelte sich die Stadt ab dem Mittelalter zum Wallfahrtszentrum. Die malerischen Viertel mit arkadengesäumten Straßen litten stark unter den Bomben des 2. Weltkrieges. Während der venezianischen Herrschaft nahm Padua Künstler von Rang auf und wurde zu einem Zentrum der Kunst. Der hier studierende Pico della Mirandola festigte diesen Ruf. Im 15. Jh. folgten Künstler wie Giotto und Pisano. Donatello, die Bellinis und ein Sohn der Stadt, Mantegna (1431-1506) machten Padua während der Renaissance zu einer der reichsten Städte an Skulpturen und Fresken. Zur Zeit der Romantik stand hier eine der Wiegen des Risorgimento. Goethe, Stendhal und Musset residierten im ehemaligen römischen Patavium.

Das monumentale Zentrum

Cappella degli Scrovegni (1): Auf dem Boden des antiken Amphitheaters (1. Jh.), in der Einsamkeit des Arena-Gartens, steht die Kapelle, die ursprünglich zu dem im 19. Jh. zerstörten Scrovegni-Palast gehörte (an religiösen Feiertagen, So.- und Festtagsnachmittagen ⊠). Das Innere wurde in den ersten Jahren des 14. Jh. von Giotto mit einem weltberühmten Freskenzyklus verziert, dessen 38 Fresken** die Geschichte Mariens und das Leben Jesu

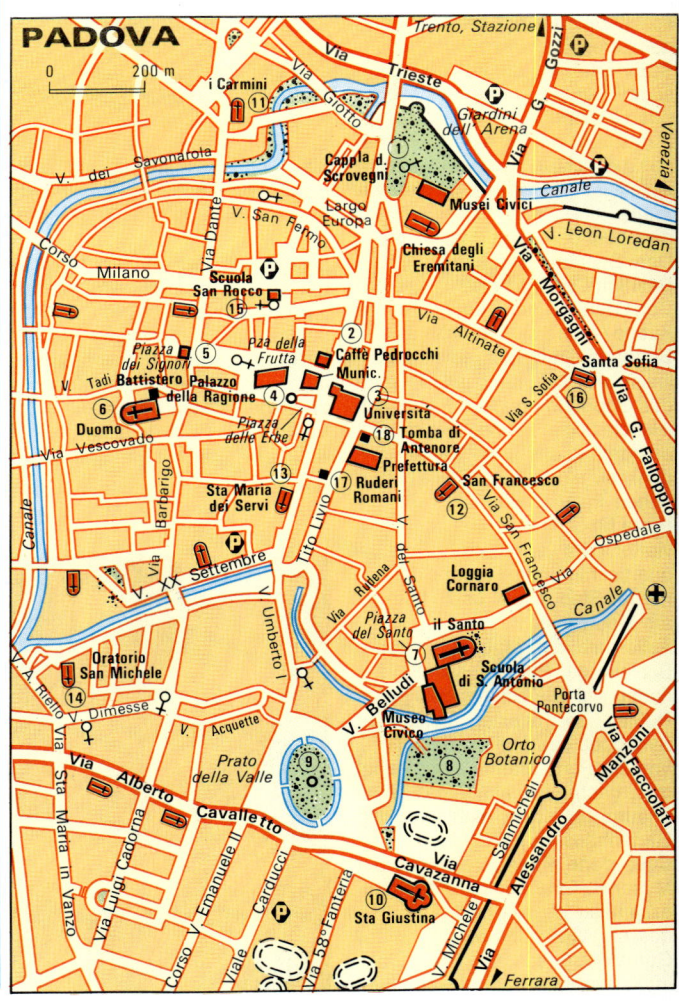

Die große Galerie der Etagenloggia des Palazzo della Raggione in Padova wurde nach einem Brand, der das gotische Bauwerk verwüstete, zur Renaissance neuaufgebaut. Davor die Piazza delle Erbe (Marktplatz).

(Judaskuß) darstellen. Die Pracht der Komposition, die Einmaligkeit der Farbgebung und die Poesie der Ausstrahlung machen den Freskenzyklus zum wichtigsten erhaltenen Werk des Künstlers.

Chiesa degli Eremitani (Kirche der Eremiten, nebenan): Das romanische Bauwerk (Portalskulpturen) wurde während der Bombenangriffe des 2. Weltkrieges stark beschädigt. Auch die von Mantegna Mitte des 15. Jh. geschaffenen Fresken in der Ovetari-Kapelle wurden in Mitleidenschaft gezogen, lediglich Fragmente sind erhalten.

Museo Civico: Im ehemaligen Augustinerkloster, zu dem auch eine Kirche gehörte, sind mehrere Museen zusammengefaßt (nachmittags, Mo. und an religiösen Festtagen ⊠). Besondere Bedeutung hat die Pinakothek* mit Werken von Giotto (Kruzifix*), Tintoretto (Kruzifix*), den Brüdern Bellini, Giorgione, Veronese und paduanischen Künstlern, darunter Guariento (Madonna e Angeli*).

Vie Cavour und VIII Febbraio (2) (Fußgängerzone): Hier befindet sich unter anderem das Caffé Pedrocchi*, das von den Romantikern Musset und Stendhal und von den Männern des Risorgimento (1830-40) besucht wurde. Das Fremdenverkehrsamt liegt nur wenige Schritte entfernt. Die im Palazzo del Bo (des Ochsen) untergebrachte Universität (3) kann besichtigt werden (Führungen, Sa. nachmittag und So. ⊠). Besonders empfehlenswert sind der Renaissance-Hof, das „Anatomische Theater" (Ende 16. Jh.) und der Lehrstuhl Galileis. Das gegenüberliegende Rathaus (Municipio, 18. Jh.), das sich an einen Palast aus dem 14. Jh. lehnt, erinnert an das von **Bologna***. Unter Arkaden gelangt man zu der von der Galerie des Justizpalastes beherrschten Piazza delle Erbe.

Palazzo della Ragione* (zw. Piazza delle Erbe und Piazza della

Piazza dei Signori in Padova: Venezianischer Uhrenturm in der Mitte des Palazzo del Capitanio.

Frutta): Das Gebäude stammt aus dem 13./14. Jh., die große Loggia und das kielförmige Dach stammen aus der Renaissance. Im Salone (80 m lang) im Obergeschoß werden zeitlich begrenzte Ausstellungen gezeigt. Die im 15.Jh. erneuerten Wandmalereien ersetzten die bei einem Brand zerstörten Fresken Giottos. Zu bewundern sind der „Schandstein" und das großartige Holzpferd (Mitte 15. Jh.).

Piazza dei Signori (5): Im Hintergrund, links, Palast der Gran Guardia (Renaissance) mit einer Loggia, die die gesamte Westseite des Platzes einnimmt. In der Mitte des Palazzo del Capitano erhebt sich ein Uhrenturm (Anf. 16.Jh.), ein Durchgang unter dem Turm führt zu einem kleinen Platz. In der oberen Etage des „Liviano" (Philosophische Fakultät, modernes Gebäude) wurde ein Museum für Archäologie und Kunst untergebracht.

Das Baptisterium (12./13. Jh.) neben dem Duomo (6) beherbergt einen seltenen Freskenzyklus von Menabuoi (14.Jh.).

Südviertel

Piazza del Santo (7): Der Platz wird von der Fassade der Pfeilerbasilika beherrscht. Die Hauptattraktion bildet das berühmte Gattamelata-Reiterstandbild (Beiname des Condottiere Erasmo da Narni), das Mitte des 15. Jh. von Donatello geschaffen wurde.

Il Santo (Basilica di Sant' Antonio): Die romano-gotische Pfeilerbasi-

Padova

Gotische Basilika del Santo in Padova: Die vielbesuchte Kirche nimmt die Reliquien des hl. Antonius auf.

lika (13. Jh.) wirkt wegen ihrer 8-Kuppelanlage byzantinisch. Im 115 m langen Inneren können die Pilger das Grab des Heiligen (16. Jh.) verehren, dessen Reliquien in der Cappella del Tesoro (hinter dem Chor) aufbewahrt werden. Unter den zahlreichen Kunstwerken, die in den Kapellen aufbewahrt werden, befinden sich die Fresken der Meister Altichiero und

Piazza del Santo: Das Reiterstandbild des Gattamelata, Condottiere der Republik Venedig (15. Jh.), ist ein Meisterwerk Donatellos.

Avanzo aus Verona in der Cappella di S. Felice. Die Flachreliefs* aus Bronze und Marmor von Donatello können am Hauptaltar bewundert werden.
Die beiden Kreuzgänge verbinden mit der Scuola (Kloster). Von den Galerien (16.Jh.) aus kann die Kuppelanlage der Kirche betrachtet werden. Die Wände der Säle der Scuola sind mit sehr schönen Renaissance-Fresken bemalt (April ⊠).
Oratorio di S. Giorgio (14. Jh., links der Scuola, am Zugang des Platzes): Schöne Freskenserie von Altichiero Altichieri (1378-84). Das benachbarte Museum bewahrt einige Kunstwerke, die Pinakothek wurde in die Säle des Eremitenklosters ausgelagert.
Botanischer Garten* (8): 1545 gegründet, er gehört zu den ältesten Europas (nachmittags und an manchen Festtagen ⊠). Die Anlage umfaßt einen einfachen Garten, einen exotischen Garten und ein Arboretum mit zahlreichen seltenen Exemplaren, darunter die Fragmente einer antiken Buche, die in den nahe der Stadt gelegenen Sümpfen gefunden wurde.
Prato della Valle** (9): Der elliptische Garten (18. Jh.) ist mit mehr als hundertjährigen Bäumen bepflanzt. Er wird von einem stehenden Gewässer umgeben. Diesen Kanal überqueren vier romantische Barockbrücken. An seinen Ufern stehen 80 Statuen berühmter Männer der Stadt.
Santa Giustina (10): Die große Renaissancekirche wird wie Il Santo von acht Kuppeln bedeckt. Der Retablo von Veronese hinter dem Hochaltar stellt das Martyrium der hl. Justina dar. Die Cappella della Madonna (5./6. Jh.) entspricht in ihrer Einfachheit der Kirche.
Weitere Sehenswürdigkeiten:
Arcella (Santuario dell', nördl. des Bahnhofs): Moderne Kirche an der Stelle eines ehemaligen Klosters, in dem der hl. Antonius entschlief.
Carmine (11): Kirche und Scuola (14.-16. Jh.). Die Scuola wurde im 16. Jh. von venezianischen Künstlern mit Fresken ausgemalt.
San Francesco (12): 15. Jh., Kunstwerke aus der Renaissance. In der gleichnamigen, von Arkaden gesäumten Straße stehen mehrere Bauwerke aus dieser Epoche.
Santa Maria dei Servi (13): Romano-gotisch, Kirche mit Renaissance-Fresken geschmückt.
San Michele (14): Reste einer Kirche (10. Jahrhundert).
San Rocco (15): Ein Juwel der paduanischen Malerei des 16. Jh.
Santa Sofia* (16): Die älteste erhaltene Kirche der Stadt (11. Jh.).
Riviera Tito Livio (17): Römische Ruinen.
Antenor-Grabmal (18): Das Bauwerk (13. Jh.) überdeckt angeblich die sterblichen Reste des mythischen Gründers der Stadt (Antenor, trojanischer Prinz).
Loggia Cornaro* (neben dem Santo): Ein Werk Falconettos (Anf. 16. Jh.), der auch Schöpfer eines Teiles der Stadtmauer war.
Pinakothek der Kirche Sankt-Thomas-Becket: An Feiertagen morgens ⊠.
Kreuzfahrten: Nach Venedig über Stra* und die „Brenta-Riviera" an Bord der Burchiello (April-Oktober).
Veranstaltungen: Möbelmesse im März, Kammermusikfestival im Mai-Juni, internationale Messe (Campionaria) im Juni.
Spezialitäten: Huhn „á la Padua" (mit geschlagenem Eiweiß). Polenta auf venezianische Art und alle Spezialitäten aus **Venedig***. Käse (Grana padana), Pazientina (Süßspeise) und Weine der Colli **Euganei***.
Handwerk: Gobelins, Goldschmiedekunst und Metallschmuck, Stilmöbel, Geigenbau.
Piazzola sul Brenta (18 km nördl.): Villa Simes — Contarini (16. Jh.) und ihr Musiksalon.
Piove di Sacco (18 km südöstl.): Von Arkaden gesäumten Straßen, Kirche mit Gemälden venezianischer Maler, darunter Tiepolo. 1 km

weiter, romanisches Sanktuarium der Madonna delle Grazie.
Abano Terme* 10 km südl., Abtei von Praglia.
Cittadella: 29 km nordöstl., → **Castelfranco***; eine der Citta murate der Gegend von Padua.
Colli Euganei*: Euganeische Berge, 10-20 km südwestlich.
Mira: 23 km östlich, → **Stra***.
Monselice*: 20 km südlich.
Noventa Padovana (nordöstl. Ausgang): Drei Villen aus dem 18. Jh.
Stra*: 12 km östlich.
Venezia*: Es besteht eine Schiffsverbindung 3mal in der Woche.

Paestum 20/C 2
Campania (Salerno)

43 km südlich von **Salerno***, unweit des Meeresufers, unterhalb des Monte Soprano (1082 m), erscheint die Ruinenstadt hinter einer Zyklopenmauer. Die moderne Stadt liegt 2 km südlich, Sommerfrische.

Die legendere Stadt Poesidonia wird im Umkreis von 5 km von einer pentagonalen Mauer eingefaßt. In Wirklichkeit wurde sie zu Ende des 7. Jh. v. Chr. von den Griechen gegründet. Diese bewohnten sie ca. 200 Jahre, bevor die Stadt im Jahre 273 v. Chr römisch wurde und den Namen Paestum annahm. Da sie in einer sehr ungesunden und sumpfigen Gegend lag und überdies Opfer zahlreicher Sarazenenüberfälle war, wurde sie während des Hochmittelalters verlassen, bevor sie Anfang des 18. Jh. erneut „entdeckt" wurde.

Die zu beiden Seiten der ehemaligen Agora liegenden Tempel (Hera-Tempel südlich, Athene-Tempel nördlich) erscheinen heute in einem sehr reizvollen Rahmen. Neben blumenbepflanzten Rasenflächen wachsen Rosenlorbeerbüsche und Olivenbäume im Schattenspiel der Pinien und Eiben.

Besichtigung
Es existieren drei Eingänge. Der Haupteingang an der Provinzialstraße öffnet sich gegenüber dem Neptun-Tempel (im Winter um 14 Uhr, im Frühjahr um 16 Uhr, im Sommer um 18 Uhr ⊠). Die drei Haupttempel sind wie alle griechischen Tempel nach Osten gerichtet, die Hauptfassade weist zu einem Weg, der später zum römischen Cardo Maximus wurde (Verlauf der heutigen Provinzialstraße). Die Via Sacra verbindet die Hintereingänge.

Sog. Neptun-Tempel oder **Poseidon-Tempel (Poseidonion):** Der berühmteste, der mächtigste und der besterhaltenste Tempel befindet sich in der Achse des Eingangs. Vierzig Säulen und die Giebelfelder sind beinahe perfekt erhalten. Der Tempel war ursprünglich der Hera geweiht. Das Monument aus dem 5. Jh. v. Chr. ist das größte der Anlage, die Säulen erheben sich auf einem mächtigen Stylobat. Durch die Vorhalle (Pronaos) oder durch das Peristyl gelangt man zum eigentlichen Heiligtum, der Cella. Von der Nordfassade aus genießt man eine schöne Aussicht über die antike Stätte; im Hintergrund heben sich die Umrisse des Athene-Tempels ab.

Basilika (nach links): Der erste in Poseidonia im 6. Jh. v. Chr. gebaute Tempel war ebenfalls Hera (römisch, Juno) geweiht. Auf dem großen Rechteck von 24 x 54 m sind 24 der 50 wunderschönen dorischen Säulen aus weißem Kalkstein und ein Opferaltar erhalten. Der Via Sacra hinter dem Tempel folgen. Auf der linken Seite liegt eine Gruppe von teilweise freigelegten Gebäuden. Nach der Kreuzung des Decumanus Maximus, der nach links zur Porta Marina (zum Strand) und nach rechts über das Forum zum Tor der Sirenen führte, erreicht man einen kleinen unterirdischen Tempel aus dem 6. Jh. v. Chr.

Ceres-Tempel* (oder Athene-Tempel): Er ist deutlich kleiner als der Hera-Tempel (34 x 13 m, 38 Säulen), die zwei schönen Giebelfelder und ein Opferaltar sind gut erhalten (Ende 6. Jh. v. Chr.). Im Hochmittelalter beherbergte er eine Kirche.
Über den östlichen Weg zum Haupteingang zurückkehren.

Amphitheater: Es handelte sich eigentlich um zwei Theater, die sich zu beiden Seiten des Cardo Maximus gegenüberstanden (kleine Abmessungen).

Forum: Das Forum belegte zu römischer Zeit den Platz der Agora der Griechen. Drei Seiten sind von Resten einer Kolonnade umgeben. An der Nordseite steht das Kapitol, Templum Italicum genannt.

Museum* (östl. der Stadt, nachmittags, Mo. und an manchen Festt. ⊠): Besonders bewundernswert sind die 38 Metopen*, die einen dorischen Tempel nördlich der heutigen Stadt zieren. Ferner bemalte Vasen, Wandmalereien aus den Gräbern der Nekropole, darunter die berühmte Nekropole des Tauchers (il Tuffatore).

In der restaurierten Kirche der An-

Paestum: Die Via Sacra verbindet mehrere Tempel miteinander, darunter das „Poseidonium", von den Latinern mit dem Beinamen „des Neptun" versehen. Im Hintergrund des griechischen Tempels stehen die Kolonnaden der Basilika.

nunziata nebenan wird der Plan der früheren vorromanischen Basilika aufbewahrt.
Stadtmauer: Entlang der gesamten Strecke der sehr gut erhaltenen Zyklopenmauer verlaufen Straßen. Besonders interessant ist der südwestliche Abschnitt, der mit Türmen flankiert war (Meeresseite).
Am Nordende der Ortschaft Paestum befindet sich die Nekropole der Lukaner, die die Stadt nach dem Fortgehen der Griechen vor der römischen Kolonisation übernahmen.
Veranstaltungen: Vorstellungen und Konzerte auf dem Gelände der archäologischen Anlage im Juli und August.
Spezialitäten: Mozzarella (Käse), Battipaglia aus Büffelkuhmilch.
Agropoli (10 km südl.): Fischereihafen und Badeort unterhalb des Monte Tresino (335 m). „Fest des blauen Fisches" Ende August.
Eboli (23 km nördl.): Auf der Hügelspitze, im mittelalterlichen Viertel steht die Basilika San Pietro alli Marmi (11. Jh.). Palast des 18. Jh. in der Oberstadt; römische Ruinen in Ortsnähe.
Hera Argiva (oder Hera sul Sele, 13 km nordwestl.): Über die Küstenstraße erreicht man die Ruinen eines Sanktuariums, das vermutlich von den Trojanern (um 2000 v. Chr.) gegründet wurde.
Santa Maria di Castellabate (24 km südwestl.): Fischereihafen und Badeort. Maritimes Naturschutzgebiet (auch unter Wasser) vor dem alten Dorf.
Battipaglia: 23 km nördl.
Castelcivita (Höhlen): 43 km östl., sehr schöne Konkretionen.

Palestrina 17/B 1
Lazio (Roma)
Auf den Stufen unterhalb der Monti Prenestini (1.218 m) angelegt, schmiegt sich die Stadt mit malerischen Treppengassen an den Hügelhang.
Palazzo Barberini*: Das Halbrund des Palastes (Museum) überragt die archäologische Stätte und den Fortuna-Tempel* (Tempio della Fortuna Primigenia; römische Gottheit, die Orakel verkündete). Das Heiligtum wurde im 1. Jh. v. Chr. von Sulla zerstört und anschließend von ihm in neuer Pracht wiederaufgebaut.
Archäologisches Museum (nachmittags und Mo. ⊠): Es befindet sich im oberen „kleinen Tempel", der im 17. Jh. durch einen Palast ersetzt wurde; Panorama*.
Die weiter unten gelegenen christlichen Heiligtümer (Duomo) bewahrten Reste der römischen Antike.
Der Komponist religiöser Musik Giovanni Pierluigi (1525-1594) übernahm den Namen seiner Geburtsstadt „Palestrina".
Veranstaltungen: Feste nach den Prozessionen von Mitte Juni bis Mitte August.
Handwerk: Stickerei (Ricamo).
Capranica Prenestina (12 km nördl.): Sommerfrische; gotische Laterne der Kirche.
Castel San Pietro (4 km nördl.): Ruinen einer Rocca und Panorama* über eine sehr alte Akropolis.
Guadagnolo (20 km nordöstl.): Ausflugszentrum in Panoramalage.
Zagarolo (8 km westl.): Sehr malerischer, hochgelegener Ort mit mittelalterlichem Kern.
Frascati* 15 km südwestlich.

Palinuro 20/D 3
Campania (Salerno)
Größtes Seebad der Cilento-Region. Der Hafen in einer Felsenbucht verdankt seinen Namen dem trojanischen Ahnherren der Julier Äneas, der der Legende nach vor der Küste im Meer bestattet wurde.
Antiquarium: Es beherbergt die Ausgrabungsfunde der Nekropole (4. Jh. v. Chr.). Der südlich gelegene Vorsprung ist von Felsenhöhlen durchbohrt, darunter die schöne Grotta Azzura (Besichtigung per Boot). An der Landspitze (2 km), Panorama vom Leuchtturm.
Marina de Camerota (6 km südöstl.): Fischereihafen und Badeort unterhalb eines Vorsprungs mit zahlreichen Meereshöhlen (Zugang vom Meer aus).
Vallo della Lucania (42 km nördl.): Diözesanmuseum, mittelalterliche Abtei Santa Maria; jeden Sonntag großer Landmarkt. Panorama von der Madonna di Novi Velia (1700 m) aus, Wallfahrtsort, 10 km östl.
Velia* (27 km nordwestl.): Die Phokäer, die die Stadt im 6. Jh. v. Chr. gründeten, nannten sie Elea und man weiß, daß sie eine der Hochburgen griechischer Denkweise war. Xenophanes gründete hier eine Schule der griechischen Philosophie, an der zwei Söhne der Stadt (Eleaten), Parmedines und Zeno, lehrten. Erhalten sind Reste der Stadtmauer (Porta Rosa*), Gebäude, die Agora, die Termen und besonders eine Akropolis* mit einer Umwallung. Dazu gehören auch ein Tempel, Portiken und eine Nekropole. Den Gipfel krönt ein Schloß (13. Jh., Panorama). 3 km südl., Seebad Marina di Ascea.

Pallanza-Verbania 5/A 1
Piemonte (Novara)
Der schöne Luftkurort am Westufer des Lago Maggiore* wird wegen seiner Blumengärten, Parks und Villen besucht. Von der Uferstraße (Lungolago) und von der Landspitze Camagnola aus bieten sich dem Besucher Aussichten über die Inseln, den Mottarone und **Stresa***.
Villa Taranto*: Die Villa wird von wunderschönen botanischen Gärten (20.000 Arten) mit einer Vielzahl seltener Pflanzen umgeben (20 ha), die oft in Gewächshäusern gezüchtet werden.
S. Remigio: Die kleine romanische Kirche (Fresken, 15. Jh.) bestimmt das Stadtbild.
Palazzo Dugnani: 18. Jh., beherbergt das Verbano-Regionalmuseum (Mo. und November bis März während der Woche ⊠).
Madonna di Campagna: Kleine Renaissancekirche mit romanischem Glockenturm.

„Christus kam bis Eboli": An der Hauptstrecke der Basilicata ist Eboli die letzte bedeutende Stadt vor Potenza (100 km entfernt).

Die Villa Taranto in Pallanza: Einer der größten italienischen Gärten in der Region der lombardischen Seen.

San Giovanni: Insel gegenüber der Landzunge.
Schiffsausflüge zu den Borromeischen Inseln (→ Umgebung) und Seerundfahrt (**Stresa***).
Veranstaltungen: Zahlreiche Folklorefeste im Sommer.
Baveno: 11 km südl., → **Stresa***.
Isole Borromee (Borromeische Inseln): → **Isola Bella***.
Intra: 4 km nördl., Autofähre nach **Laveno***, am anderen Seeufer.
Mergozzo (Lago, 7 km nördl.): Auf der kleinen Insel Montorfano, romanische Kirche (12. Jh.).
Orta*: Lago d', 18 km nach Omegna; **Orta San Giulio***, 30 km südwestlich.
Premeno (15 km nördl.): Schöne Lage über dem Lago Maggiore.

Palmanova 7/B 1
Friuli-Venezia Giulia (Udine)
Die venezianische Zitadelle, zu Ende des 16. Jh. an der damaligen österreichischen Grenze vom Architekten Vincenzo Scamozzi erbaut, hat den militärischen Charakter aus der Gründungszeit erhalten. Die Anlage umfaßt Gräben und Befestigungsmauern mit neun mächtigen Toren (die Tore nach Aquileia und Udine haben heute noch ein stattliches Aussehen) und einen zentralen sechsseitigen Platz, von dem aus die Straßen sternförmig abzweigen. Der Dom stammt aus dem 17. Jh., Museo Civico (geschichtlich) in Borgo Udine.
Aquileia*: 13 km südlich.

Palmi 26/A 2
Calabria (Reggio)
Die kleine Stadt wurde nach den Erdbeben des 20. Jh. nach antiseismischen Bauprinzipien neuerrichtet. Von einer natürlichen Terrasse aus beherrscht sie die Costa Viola, an der sich Palmi Marina entwickelte.
Museo Civico: Das Museum (So. und Festtage ⊠) in den Gebäuden des Kulturhauses widmet sich dem Volkstum Kalabriens, der lokalen Skulptur und der Musik. Palmi ist die Heimat des Komponisten F. Cilea (1866-1950).
Antiquarium: Funde aus der Grabungsstätte von Taurianum, heute Taurianova, 17 km östl. (vom 7. Jh. v. Chr. bis zum 9. Jh. n. Chr.).
Panorama* bis zu den Äolischen Inseln vom Monte Sant'Elia aus (7 km südl., 580 m Höhe).
Veranstaltungen: San Rocco Fest am 16. August (folkloristisch und religiös). Prozession zur Madonna della Lettera am letzten Augustsonntag.
Bagnara Calabra (16 km südl.): Den Ort überspannt eine der größten stählernen Autobahnbrücken Europas (245 m Höhe). Gastronomisches Fest des Schwertfisches im Juli (Spezialität der Stadt, mit Olivenöl zubereitet).
Gioia Tauro (8 km nördl.): Ein Exporthafen des kalabresischen Olivenöls.
Seminara (8 km südwestl.): Die kleine Stadt entstand aus einem byzantinischen Kloster.
Handwerk: Künstlerische Krüge (Cuccuma).

Paola 23/B 2
Calabria (Cosenza)
Die kleine Stadt war Geburtsort des heiligen Franziskus von Paola (1416-1507), der den Bettelorden der Minimen gründete. Sein Geburtshaus wurde zu einer Kirche umgebaut.
Marina di Paola: Seebad.
Santuario di S. Francesco: Die weitläufige Klosteranlage (17. Jh.) liegt in einer waldreichen Landschaft. Der gotische Kreuzgang blieb erhalten.
Amantea (25 km südl.): Badeort und alte Stadt mit einer Kirche aus dem 15. Jh. Zu den Ruinen eines Castello führen Schildmauern hinauf.
Cetraro Marina (21 km nördl.): Handels-, Fischerei- und Seglerhafen.
Guardia Piemontese (Marina, 14 km nördl.): Altes Dorf mit waldensischer Tradition und Sprache (22 km entfernt).
Hinter Cetraro (nördl.) folgen eine Reihe von Badeorten, die größten sind Diamante (49 km) mit der Insel Cirella. 4 km nördl., Ruinen von Cirella Vecchia, eine Stadt die von Hannibal verwüstet wurde; Scalea (64 km) und Praia a Mare (78 km, → **Maratea***).

Parma 9/D 1
Emilia Romagna (Provinzhauptstadt)
Stadt und Fluß tragen den gleichen Namen. In der Vorgeschichte existierte ein Pfahldorf, bevor der Ort an der Via Emilia 183 v. Chr. römische Kolonie wurde. Im Mittelalter erlangte Parma durch den Wollhandel und seine Universität Bedeutung, 1513 geriet es in den Besitz der Päpste. Die Farnese herrschten bis 1727, bis 1801 folgten mit wenigen Unterbrechungen die Bourbonen. Nach dem Sturz Napoleons ging das Herzogtum an die Kaiserin Marie-Luise (1816-1847). Die Kunst der Renaissance wurde von den Persönlichkeiten Correggio (Antonio Allegri, 1489-1534) und Parmigiano (Francesco Mazzola, 1503-1540) bestimmt. Im 18. Jh. nahm der Hof zahlreiche französische Literaten und Künstler (Bouchard, Pecheux) auf. Sie arbeiteten hier und gründeten die Akademie der schönen Künste.
Parma ist die Stadt der Musik, auf dem Friedhof der Villetta ruht Paganini, der 1840 in Nizza starb. Hier stand die Wiege von Pizzeti und Toscanini, der seine Laufbahn im Teatro Regio begann. Stendhal, der Konsul in Triest war (1830-1836), besuchte die Stadt, in der die Handlung der Kartause von Parma spielt (→ **Certosa***).
Besichtigung der Stadt
Der Wagen kann am Park des Palazzo della Pilotta oder am linken Ufer des Parma in der Umgebung des Parco Ducale abgestellt werden.
Parco Ducale: Der eindrucksvolle Park wurde im 16. Jh. angelegt, im 18. Jh. von Petitot im französischen Stil umgestaltet und von Boudard mit Statuen geschmückt. Der Palast del Giardino stammt von Boscoli (Mitte 16. Jh.).

Toscanini-Haus (Via Rodolfo Tanzi, südlich des Parco Ducale): Museum (Mo. und an manchen Feiertagen ⊠).

Über die Ponte Verdi wird das rechte Parma-Ufer erreicht.

Palazzo della Pilotta*: „Stadt in der Stadt", das mächtige Bauwerk (Anf. 17. Jh.) wurde nie vollendet. Es wurde im 2. Weltkrieg durch Bomben beschädigt. In seinen Mauern sind mehrere Museen untergebracht (Mo. und nachmittags ⊠). Das Museum für Archäologie (Festtage ⊠) zeigt frühgeschichtliche und lokale griechisch-etruskische Sammlungen, sowie die Ausgrabungsfunde der römischen Stadt Velleia (→ **Castell' Arquato***). In der Biblioteca Palatina (2. Obergeschoß) gibt es eine Musikabteilung. Das Museo Bodoniano, dem berühmten Drucker G. B. Bodoni (1740-1813) gewidmet, ist das umfassendste Italiens im Bereich des Druckwesens. Das Teatro Farnese (17. Jh., nach 1944 restauriert) ist ein Ebenbild des Theaters von **Vicenza***, das Palladio baute. Die Galleria Nazionale* umfaßt drei Sektionen. Die erste befaßt sich mit Malern Norditaliens (14.-16. Jh.), darunter Fra Angelico, Dosso Dossi, Il Bassano, ein Greco (aus der vorspanischen Phase) und mehrere Werke von Parmigianino, unter anderem das Meisterwerk „Schiava turca*" (Die türkische Sklavin). Die zweite Abteilung zeigt eine wunderschöne Madonna* von Correggio und ein Mädchenportrait von Leonardo. Die dritte befaßt sich mit der Schule von Parma und den flämischen und französischen Schulen (16.-18. Jh., Pécheux, Nattier, Largillère, Hubert Robert u. a.).

Duomo*: Die Kirche beherrscht eine gepflasterte, von Palästen umrahmte Piazza (für Autos gesperrt). Die Säulen der Vorhalle* des romano-lombardischen Bauwerks ruhen auf Löwen, der Kam-

Die gegliederte Fassade des Doms veranschaulicht die prächtige Komposition der romanischen Kunst der Lombardei.

panile stammt aus der Gotik (13. Jh.). Das von vielen ausländischen Einflüssen geprägte Heiligtum der Wallfahrer lag an der Straße von Rom nach Palästina (über Venedig oder Ancona). Eindrucksvoll sind die Loggien und die feinen, hohen Säulenreihen der Laterne, der Querschiffe und der Chorkapellen, deren Ordnungsprinzip an der Fassade wiederzufinden ist. Im Inneren verzieren berühmte Fresken von Correggio die Kuppel (Himmelfahrt Mariä, Anf. 16. Jh.). Die Kreuzabnahme von Antelami (Flachrelief, 12. Jh.) befindet sich im rechten Querschiff.

Baptisterium**: Neben dem von **Cremone*** gehört es zu den perfektesten der Halbinsel. Der romano-gotische Bau auf achteckigem Grundriß wurde ganz aus Marmor errichtet. Zwei Seiten sind über vier Etagen durch Loggien gegliedert, das zum Platz hingewendete Portal erinnert an burgundische Kirchen. Sechzehn Nieschen nehmen Skulpturen von Antelami auf, dem vermutlichen Schöpfer der Gesamtanlage.

Gegenüber befindet sich das Fremdenverkehrsbüro.

S. Giovanni Evangelista (hinter dem Dom): Renaissancebauwerk mit barocker Fassade. Sehenswerte Fresken von Correggio in der Kuppel*. Im Norden der Kirche umgeben die Klostergebäude mehrere Kreuzgänge. In einem befindet sich die berühmte, mittelalterliche Apotheke (Storica Farmacia di S. Giovanni Evangelista, Anf. 13. Jh., Mo. und nachmittags ⊠).

Ab Ponte di Mezzo der Achse der Via Mazzini, der früheren Via Emilia, folgen.

Pinacoteca Stuard (Via Cavestro, Sa. und So. ⊠): Etwa 300 Werke von Meistern der Emilia (Guercino, aus Venedig und aus der Toskana. Zur Kreuzung zurückkehren und die Via Garibaldi einschlagen.

Madonna della Steccata: Renaissance (16. Jh.), das Innere der Kirche wurde von Parmigianino mit Fresken geschmückt. Gräber der Farnese und der Herrscher von Bourbon-Parma in der Krypta.

Teatro Regio: Hier wirkte Toscanini als junger Dirigent. Die Opernsaison behielt in Italien großes Ansehen.

Museo Civico Glauco Lombardi*: Es widmet sich dem Herzogtum Parma von der Herrschaft der Bourbonen bis zur Kaiserin Marie-Louise. Gemälde französischer Maler des 18./19. Jh.

Camera di San Paolo* (→ Öffnungszeiten des Palazzo della Pilotta): Von Correggio dekorierte Gewölbe (Anfang 16. Jahrhundert).

Piazza Garibaldi: Zwischen dem Domviertel und Palazzo della Pilotta, an der Stelle des früheren römischen Forums. An dem mittelalterlichen Marktplatz wurde der Palazzo del Comune errichtet, der im 18. Jh. von Petitot umgestaltet wurde.

Im Südviertel befinden sich die Kirche San Sepolcro, der botanische Garten, die zu Ende des 16. Jh. nach dem Vorbild einer Anlage in Antwerpen errichtete Zitadelle (Farnese) und das Museo d' Arte Cinese (chinesische Kunst und Ethnographie; morgens, Mo. und Di. ⊠).

Veranstaltungen: Antiquitätenmesse im Juni. Internationale Messe im September. Opernsaison im Teatro Regio im Herbst.

Spezialitäten: Parmaschinken, Trüffel, Parmegiano (Parmesankäse).

Handwerk: Lederwaren, Parfümerie, geflochtene Binsen- und Weidengegenstände.

Certosa (4 km nordöstl.): Kirche im klassischen Stil über einer Grün-

Parma: Sechzehn Fresken im byzantinischen Stil befinden sich in den Gewölben des Baptisteriums. Sie stammen von Antelami, dem vermutlichen Schöpfer der Gesamtanlage.

dung des 13. Jh. Fresken von Galeotti und Bibbiena im Inneren. Der Kreuzgang und einige Gebäude der Kartause können besichtigt werden.

Colorno (11 km nördl.): Der Herzogpalast (17. Jh.) war das „kleine Versailles" der Bourbonen.

Corniglio (50 km südl.): Am Ende des Parma-Tales, Ausgangspunkt für Ausflüge in den Apennin; mittelalterliche Kirche. Höhenlagen und Skipisten in der Umgebung: Lagdei (17 km, 1.200 m Höhe), Lago Santo (1.500 m) und Prato Spilla (30 km, 1.340 m Höhe).

Felino (10 km südl.): Mächtiges Schloß (12. Jh.).

Fontanellato (17 km nordwestl.): Schloß (13. Jh., → **Fidenza***).

Montechiarugolo (12 km südöstl.): Schönes Schloß (15./16. Jh., im Privatbesitz).

Torrechiara* (17 km südl.): Mächtige Schloßanlage aus dem 15. Jh. Über der Haupteinfriedung ragen fünf majestätische Türme und zwei Eckpavillons mit Loggien empor. Hof und Säle sind teilweise mit Fresken geschmückt.

Cannossa*: 34 km südöstlich.

Fidenza*: 24 km nordwestl.

Monticelli Terme: 15 km südöstl.

Pavia 5/B 3
Lombardia (Provinzhauptstadt)

Das frühere römische Ticinum, das im 6. Jh. Hauptstadt der Langobarden wurde (→ **Milano***), lag am linken Ticino-Ufer. 1359 wurde die Stadt von den Visconti erobert und geriet damit unter die Herrschaft der Familie, die das Schloß und 10 km weiter die Kartause* errichten ließ. Unweit dieser Kartause mußte Franz I. von Frankreich 1525 sein Schwert den Germano-Spaniern übergeben. Er wurde einige Zeit in der Kartause gefangengehalten, bevor er nach Madrid gebracht wurde. Pavia war bereits im Mittelalter Sitz einer berühmten Universität (um das 11. Jh. gegründet), die Petrarca besuchte. Ihre Blütezeit erlebte sie während der napoleonischen Epoche, als Volta (→ **Como***) einen Lehrstuhl belegte.

Stadtbesichtigung

Das Stadtzentrum ist für Fußgänger reserviert. Wagen können entweder im nördlichen Schloßviertel oder südl. am Lungoticino (Straße am linken Flußufer) geparkt werden. Das Flußufer erreicht man über die Strada Nuova, in dem man der Achse der überdachten Brücke folgt. Das Fremdenverkehrsamt befindet sich am Anfang des Corso Garibaldi. Etwas weiter passiert man die Universität und etwas später das Fraschini-Theater (18. Jh.).

Castello Visconti: Das Kastell der Visconti, ein weitläufiges Quadrat (Ende 14. Jh.), wurde nach den Zerstörungen des Krieges der Liga von Cambrai (1527) teilweise neuerrichtet. Die Backsteinfassade wird durch die Anordnung wechselnder Zwillingsfenster gegliedert, zum Innenhof weisen doppelte Zwillingsfenster. Die Säle beherbergen mehrere Museen (Musei Civici, Mo. und an den Festtagen ⊠): Archäologie, langobardische Epoche, Bildhauerei (Renaissance, mit Werken von Amadeo, einem der Architekten des Doms und der Kartause), Risorgimento u. a. Die Pinacoteca Malaspina in der 1. Etage zeigt Werke großer Meister, darunter G. Bellini, Montagna, Tiepolo, Foppa, Bergognone und Correggio.

San Pietro in Ciel d' Oro* (westl., am Bahnhof vorbei): Romanolombardische Kirche (12. Jh.) mit eleganter Fassade*. Sie nimmt das Marmorgrabmal des S. Augustin auf (14. Jh.).

Chiesa del Carmine (Via Roma): Gotische Kirche (Ende 14. Jh.).

Bottigella-Palast (Corso Cavour 30): Renaissance (15. Jh.).

Piazza della Vittoria: Von Arkaden und mittelalterlichen Häusern gesäumt. Im Hintergrund liegt der Broletto (12.-16. Jh.) mit einem zur Domapsis gerichteten Hof.

Duomo: Das Bild des Domes wird von einer sehr häßlichen, großen Kuppel bestimmt (der drittgrößten Italiens, nach St. Peter, → **Vaticano*** und **Novara***). Der Renaissancebau wurde erst zur Romantik mit der Fassade fertiggestellt. Neben der Fassade steht der „Kommunalturm" (11. Jahrhundert). Die Strada Nuova überqueren und dem Corso Garibaldi folgen.

San Michele*: die berühmteste Kirche Pavias besticht durch ihre in

Die marmorverzierte Fassade der Kartause von Pavia belegt die monumentale Ausdruckskraft der Mailänder Renaissance. Das Meisterwerk stammt von Giovanni Amadeo (Ende 15. Jahrhundert).

drei Abschnitte gegliederte, prächtige Giebelfassade* mit einem feinskulptierten Portal und einer Giebelgalerie. Das romanische Bauwerk (12. Jh.) erhebt sich an der Stelle einer langobardische Basilika, in der sich Karl der Große und Friedrich Barbarossa selbst die langobardische Krone aufgesetzt haben sollen (→ **Monza***). Im Inneren, sehenswerte gotische Skulpturen, Mosaikfußboden im Chor und Kruzifix von Teodote (12. Jahrhundert).
Collegio Borromeo: Barock, mit einem schönen Renaissance-Hof.
San Teodoro: Die Kirche des 12. Jahrhunderts im mittelalterlichen Viertel* beherbergt zwei Fresken von Lanzani, die die Stadt im Mittelalter darstellen.
Ponte Coperto: Ein leider wenig gelungener Nachbau der während der Renaissance überdachten Brücke aus dem 14. Jahrhundert, die 1944 zerstört wurde.
Santa Maria in Betlemme (am rechten Ufer, Borgo Ticino): Romanische Kirche mit schönem Portal.
Die Kartause**
Sie liegt 10 km nördl., in Richtung Mailand (Mo. außer Festtagen ⊠). Die Certosa delle Grazie (Gratiarum Cartusia) wurde im 14. Jh. von den Visconti gegründet (Pantheon der Familie). Sie zählt zu den Hauptmonumenten der Renaissance in der Nähe von Mailand und war zum größten Teil das Werk von Amadeo. Erst in der zweiten Hälfte des 16. Jh. wurde sie von Lombardo beendet. Von der Vorhalle mit freskenverziertem Gewölbe entdeckt man die majestätische Fassade** mit einer Fülle von Marmorverzierungen. Sie weist zum Garten hin und wird zu beiden Seiten vom ehemaligen Palast der Herzöge gesäumt. Ihm gegenüber befinden sich die Ateliers, Apotheken und Herbergen, wo die Kartäuser den selbst hergestellten Likör verkauften. Das Innere der Kirche wird von einer Vielzahl dekorativer Elemente der Renaissance bestimmt. Dazu gehören schöne Gitter, ein geschnitztes Chorgestühl mit Einlegearbeiten und ein Chorabschluß aus Marmor. Ein Lavabo öffnet sich zu einem kleinen Kreuzgang hin. Weitere Eindrücke bieten Gemälde von Perugino, Portraitsammlungen von Amadeo, Grabfiguren von Ludovico il Moro und von Beatrice de Este und das Mausoleum (16. Jh.) des Gründers Gian Galeazzo. Vom kleinen Kreuzgang* aus genießt man einen schönen Blick auf die Kirche, im großen Kreuzgang öffnen sich 24 Mönchszellen.
Veranstaltungen: Vorstellungen im Fraschini-Theater. Gastronomisches Fest und Saison „Si va per cominciare" (Musik, Ballett, Kino) im September.
Spezialitäten: Pilze und Weine aus Oltrepo, Risotto mit Fröschen, „fritierte" Frösche, Fische des Ticino, Gänsewurst, Brühe mit Ei und Käse (Zuppa pavesa), Kuchen (Torta paradiso).
Belgioioso (14 km östl.): Schloß der Visconti (14. Jh.) und Gewächshäuser im modernistischen Stil.
San Lanfranco (2 km westl.): Die Kirche mit einer eleganten Backsteinfassade (Ende 15. Jh.) beherbergt das Grab Lanfrancos, eines 1198 verstorbenen pavianer Bischofs.
Stradella (20 km südöstlich): Berühmt wegen seiner Akkordeonfabriken.

Die Arkaden der zwei gotischen Kreuzgänge der Kartause von Pavia sind mit berühmten Trerrakottaverzierungen ausgestattet.

Penne 16/A 3
Abruzzo (Pescara)
Die kleine, malerische Stadt mit mittelalterlichem Charakter* liegt in Sichtweite des Gran Sasso auf zwei Hügeln des Apennin-Vorgebirges an der Adria.
San Domenico: Die Kirche im Stadtzentrum beherbergt eine thronende Madonna (Maesta) des Quattrocento.
Sant' Agostino: Die Kirche wurde während des Barock restauriert.
S. Maria degli Angeli und S. Massimo Martire: Die nach den Zerstörungen von 1944 neu erbaute Kirche bewahrte Reste eines paläochristlichen Vorgängerbaus. Sie besitzt eine sehr schöne Krypta (10. Jh.) und einen Glockenturm (14. Jh.). Nebenan befindet sich das Museum für sakrale Kunst.
S. Giovanni Evangelista: Sehenswerter Kampanile und Apsis (14. Jahrhundert).
Santa Maria in Colleromano: Gotische Kirche (ca. 2 km entfernt).
Loreto Aprutino* (7 km südöstl.): Kirche mit romanischer Loggia, mit einem Freskenzyklus geschmückt. Galerie mit Keramiken aus den Abruzzen seit der Renaissance. Folkloreprozession des San Zopito am Pfingstsonntag.
Moscufo (19 km östl.): Romanische Kirche Santa Maria del Lago (Kanzel und Fresken, 12. Jh.).
Pianella (19 km südöstl.): Nahegelegene Kirche Santa Maria Maggiore (Kanzel*, 12. Jh.).
Campo Imperatore*: Zugang in ca. 30 km Entfernung.

Perugia 13/B 3
Hauptstadt Umbriens (Umbria) und Provinzhauptstadt
Perugias Panoramalage wurde schon von Goethe gelobt. 300 m über dem Tibertal und der hügeligen Ebene Umbriens mit Weinbergen und Olivenbäumen genießt man die Ruhe der Region. Der Ort bewahrte ein beachtliches Erbe aus der etruskischen Epoche (ab 4. Jh. v. Chr.), als er unter dem Namen Aperusia Bundesstadt wurde. Im Jahr 310 und 295 v. Chr. kämpft Perugia neben anderen italienischen Städten gegen Rom. Die Feindseligkeiten werden erst nach dem Sieg Hannibals über die Römer im Jahre 217 v. Chr. beigelegt. Perugia wird römisches Municipium, 40 v. Chr. plündert Octavianus den Ort. Der Kaiser versöhnt sich mit der Stadt, die dann den Namen „Augusta Perusia" erhält. Das Mittelalter bringt eine Zeit der Unabhängigkeit, die Eroberung durch die Langobarden währt nur kurz. Wechselnde Machtkämpfe um die Freiheit der Stadt werden durch den Sieg Papst Paul II. im Jahre 1540 jäh beendet.
In Perugia steht eine der Wiegen der umbrischen Malerei des Quattrocento. Boccati (15. Jh.), Pietro Vannucci und II Perugino (in Wirklichkeit in Citta della Pieve geb., → **Chiusi***, 1455-1523) sind „Söhne" der Stadt. Perugino ist Lehrmeister Raffaels und Schöpfer berühmter Madonnen. Der Maler und Erzähler Pinturicchio (1454-1513) und der Architekt Alessi (1512-1572, → **Genova***) waren hier beheimatet. Die Stadt empfing zahlreiche „fremde" Bildhauer, darunter Pisano (Vater und Sohn, → **Pisa***) und Agostino di Duccio (1418-1481, → **Firenze***). Die bemerkenswerte Kunststadt war ebenfalls eine Hochburg des Denkens. Sie wurde von Franz von Assisi besucht. Heute existieren zwei Universitäten, von denen die eine für ausländische Studenten reserviert ist.

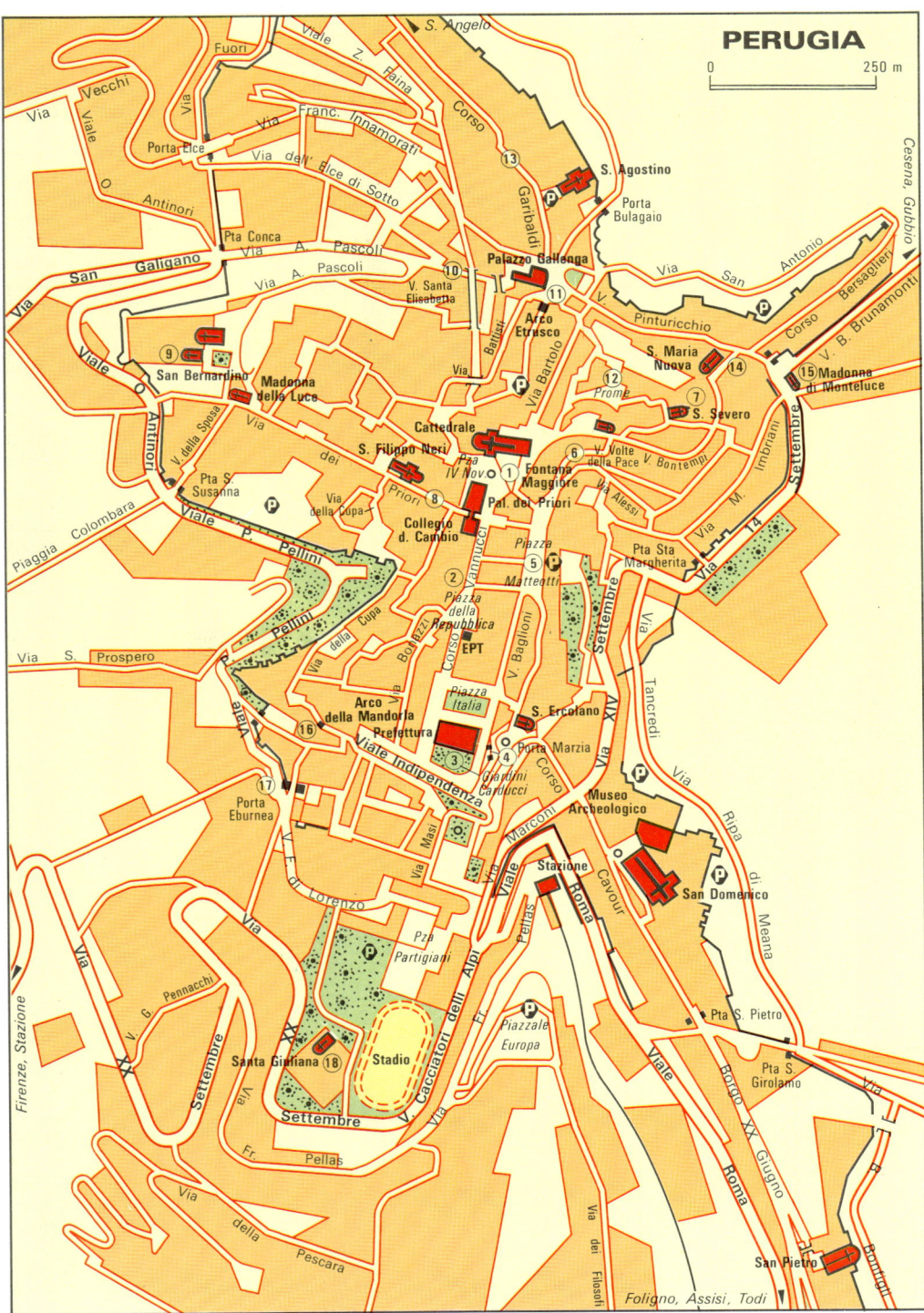

Besichtigung der Stadt

Der Wagen kann ganz oben in der oberen Stadt geparkt werden. Die Besichtigung erfordert mindestens einen Tag.

Fontana Maggiore* (1): Der Pisano zugeschriebene Brunnen (Ende 13. Jh.) in der Mitte der Piazza IV Novembre besteht aus zwei übereinander angeordneten Marmorbecken, die mit Basreliefs* geschmückt sind.

Duomo (Piazza IV Novembre): Die unvollendete gotische Hallenkirche besitzt ein Portal aus dem 18. Jh. Leider kann man den berühmten Perugino nicht mehr betrachten. Er wurde Napoleon geschenkt und befindet sich heute im Museum von Caen in Frankreich. In der Kirche wird der Hochzeitsring Mariä gezeigt, ein Objekt eines Weihefestes. Im Museo dell' Opera del Duomo hängen ein Signorelli* (Thronende Madonna, Ende 15. Jahrhundert), ein Capolari und ein Meo di Siena.

Via delle Volte*: Charakteristische Passage der mittelalterlichen Stadt, die durch die Via Cesare Battisti verlängert wird (→ Nordviertel).

Palazzo dei Priori (Piazza IV Novembre, auch Palazzo Comunale genannt): Vom Platz aus führt eine monumentale Treppe zur „Terrasse der Ansprachen". Unter dem Sym-

Perugia

Ein charakteristischer, kleiner Platz des mittelalterlichen Perugias. Romanische Kapelle und in die Häuser integriertes etruskisches Tor.

bol der Stadt, dem Greif der Guelfen, sprachen hier Abgesandte aus Rom und die „Priori", an das Volk. Die gotische Fassade erstreckt sich beiderseits des mit Statuen geschmückten Portals* (14. Jh.) entlang des Corso Vannucci. Die prunkvoll dekorierten Räume sind manchmal mit Fresken geschmückt, so auch der Saal am Eingang der Galleria Nazionale. Der große Saal des Collegio della Mercanzia (Händlerrat) befindet sich im Erdgeschoß. In der Galleria Nazionale dell' Umbria* entdeckt man hintereinander die Säle der Primitiven (Madonna* von Duccio di Buoninsegna), der toskanischen Schule (Fra Angelico*, Piero della Francesca*) und Umbriens (Perugino*, Pinturicchio), sowie Skulpturen von Agostino und Maler des 18. Jh. (nachm., Mo. und an den Hauptfesttagen ⊠).
Collegio del Cambio (Wechselbörse, 15. Jh., Verlängerung des Palazzo Comunale): Der berühmte Audienzsaal* wurde von Perugino und Raffael (seinem Schüler) mit schönen Fresken (Portrait Peruginos) dekoriert. 100 m weiter, über die Via dei Priori, Barockkirche San Filippo Neri und Häuser (14. Jh.).
Corso Vannucci (2) (Fußgängerzone): Elegante Prachtstraße der oberen Stadt. Gegenüber dem Palazzo dei Priori steht der Palast der Notare (14. Jh.). Das Fremdenverkehrsamt befindet sich kurz vor der Piazza Italia.
Carducci-Gärten (3) (hinter dem Palast der Provinzialregierung): Die Terrassengärten bestimmen das gesamte südwestl. Viertel. Panorama von einer tiefergelegenen Terrasse mit Orientierungstisch. Von der Viale Indipendenza aus erkennt man in der Ferne **Assisi***.
Porta Marzia (4): Tor aus dem 2. Jh. v. Chr. Der angeblich etruskische Baukörper bildet unter der alten Festung einen Durchgang. Die hinter dem Tor gelegene Via Bagliona* wird von mittelalterlichen Häusern gesäumt (unterirdisch verlaufende Straße, nachmittag und Mo. ⊠).
Sant' Ercolano (Nähe Porta Marzia): Sechsseitige gotische Kirche mit einem paläochristlichen Sarkophag (6. Jahrhundert).
Piazza Matteotti (5): Der Platz wird vom Palazzo del Capitano del Popolo (Renaissance) gesäumt.
Via Volte della Pace (6): Beiderseits der Straße stehen mittelalterliche Häuser (13./14. Jh.). Entlang der etruskischen Stadtmauer bildet sie einen langen, engen Durchgang mit zahlreichen gewölbten Durchgängen.

Eine schattige Straße zwischen hohen Fassaden der Oberstadt von Alt-Perugia, die Atmosphäre des Mittelalters.

San Severo (7): Kirche, Fresken von Raffael.
Die Nordviertel: Parkplatz unterhalb der Stadtmauer, in der Nähe der von einem etruskischen Bogen beherrschten Piazza Fortebraccio.
Via dei Priori (8): Porta Trasimena und kleine Kirche der Madonna della Luce am Ende der Straße.
San Bernardino* (9) (Oratorio di): Renaissancekirche mit einer Marmorfassade. Die Skulpturen von Agostino di Duccio stellen das Leben des hl. Bernardino dar. Neben der Kirche steht die Chiesa San Francesco al Prato (Anf. 13. Jh.).
Via Santa Elisabetta (10): Römisches Mosaik, das einen großen Tierkämpfer darstellt. Am gegenüber gelegenen Platz befinden sich der Gallenga Stuart (18. Jh.), der Sitz der Universität für ausländische Studenten (Sommerkurse) und der Arco d' Augusto (11), ein etruskisches Stadttor in der vorrömischen Stadtmauer (3./2. Jahrhundert v. Chr.).
Via Cesare Battisti: Sie verläuft entlang eines Fragments der etruskischen Stadtmauer.
Prome (12): Der Platz befindet sich am höchsten Punkt der Stadt, an dem die etruskische Akropolis stand. Die Kirche Sant' Angelo stammt von dem Architekten Alessi.
Corso Garibaldi (13): Die Kirche Sant' Agostino liegt rechts (Chorgestühl aus der Renaissance). Unweit der Porta Sant' Angelo steht die gleichnamige Kirche paläochristlichen Ursprungs (6. Jh.), sie birgt lapidare Reste der Antike. Zur Stadtmauer zurückkehren und links der Via Pinturicchio folgen.
Santa Maria Nuova (14): Gotisches Portal, Chorgestühl aus der Renaissance.
Madonna di Monteluce (15): Doppelportal (13. Jahrhundert).
Südviertel (über den Corso Cavour zu erreichen).
San Domenico: Die gotische, im 17. Jh. veränderte Kirche, ist die größte Perugias. Sie wird durch Glasfenster aus der Renaissance erhellt. Der Altarschmuck der rechten Kapelle stammt von Agostino di Duccio (Mitte 15. Jh.). Schöner Kreuzgang mit Loggienetage.
Museo Archeologico Nazionale dell' Umbria:** Das Museum befindet sich in einem Flügel des Klosters San Domenico. Gezeigt werden ein etruskischer Sarkophag* aus Terrakotta, vorgeschichtlichen Sammlungen, die „Tabulae Perusiane", eines der längsten, bekannten etruskischen Schriftdokumente und eine Sektion mit antiken Keramiken und Münzen.
Porta San Pietro*: Doppeltor, ein Tor (15. Jh.) stammt von Agostino di Duccio.
San Pietro dei Cassinensi (Bene-

Ein Juwel der dekorativen Kunst der Renaissance, die polychrome Fassade von San Bernardino in Perugia. Statuen und Flachreliefs stellen das Leben des Heiligen dar.

diktiner aus **Montecassino***): Die Kirche (10. Jh.) wurde während der Renaissance neu errichtet. Das Schiff wurde im 16. Jh. vom griechischen Maler Aliense mit Gemälden geschmückt. In der Sakristei hängen Gemälde von Perugino und Caravaggio; schöner Kreuzgangsbrunnen. Von einer Außenloggia, Blick* auf das Tibertal.
Südwestviertel (Zugang an den Carducci-Gärten).
Porta (oder Arco) della Mandorla (16): Wie die Porta Eburnea (17) etruskischen Ursprungs.
Santa Giuliana (18): Gotische Kirche mit einer Marmorfassade. Das Innere schmücken Fresken des 13. Jh.; schöner Kreuzgang.
Veranstaltungen: Lyrische Saison im Kommunaltheater. Fest des heiligen Ringes (Kathedrale) in der Karwoche, Fest der Desolata am Karfreitag. Theatervorstellungen und Jazzfestival im Juli/Aug. auf den Plätzen der Stadt. Sagra Musicale Umbra und Nahrungsmittelmesse im Sept. Internationale Ausstellung im Dezember.
Spezialitäten: Gebratenes Zicklein, Lamm und Geflügel; schwarze Trüffel. Osterkuchen mit Käse, Sacrantino- und Visanto-Weine.
Citta della Domenica Spagnola (6 km): Freizeitpark und Minizoo, Blick über Perugia.

Deruta (20 km südl.): Handwerkszentrum der Kunstkeramik (seit dem 16. Jh.), der ein Museum gewidmet ist. Pinakothek im Palazzo Comunale, gotische Kirche San Francesco.
Magione (20 km westl.): Schloß-Kloster der Malteser (15. Jahrhundert); Rennstrecke.
Torgiano (11 km südl.): Der Ort beherrscht das Tibertal. Im Graziani-Baglioni Palast (17. Jh.) befindet sich ein Weinmuseum*. Es beherbergt außerdem etruskische und römische Sammlungen, einen großen Kelter (17. Jh.) und Keramiken*, die zum Teil aus **Gubbio*** stammen.
Volumni* (Ipogeo dei, 5 km südl., unterhalb des Hügels): Vorchristliches Heiligtum mit zwölf etruskischen Grabkammern.
Assisi*: 24 km östlich.

Pesaro 11/B 3
Marche (Provinzhauptstadt)
Der Badeort am Adriatischen Meer entstand aus einem Hafen, dessen Ursprung vor der etruskischen Epoche liegt. Die fesselnde Kunststadt war die Heimat Gioacchino Rossinis (1792-1886).
Piazza del Popolo: Im Zentrum der Stadt, an der Stelle des Forums der römischen Siedlung Pisaurum. Der mit einem Brunnen (17. Jh.) geschmückte Platz wird von dem gewaltigen Palazzo Ducale (15. Jh.) beherrscht. Die klassische Palastfassade wird von ornamentierten Fenstern gegliedert. Über den Hof (Portal und Loggien aus der Renaissance) gelangt man zu dem im 16. Jahrhundert geschmückten Salone (nachmittags ⊠).
Museen (Musei Civici): Sie befinden sich im Palazzo Toschi-Mosca (Mo., an manchen Festtagen, von Oktober bis März und ganzjährig an Sonntagen und Festtagen ⊠).
Pinakothek: Maler des Quattrocento, darunter mehrere Werke von G. Bellini und der Pala di Pesaro genannte Altaraufsatz, mit der prächtigen Darstellung der Marienkrönung auf dem Mittelflügel.
Keramikmuseum: Umbrische Werke von Meistern der Renaissance. Sie stammen aus den Ateliers der Stadt, aus **Gubbio*** oder **Urbino*** (schöne Stücke mit metallischer Glasur*).
Casa Museo Rossini (nachm. und an Festt. ⊠: Es befindet sich im Geburtshaus des Komponisten.
Kathedrale: 19. Jahrhundert, romano-gotisches Portal.
Rocca Costanza (oder Sforzesca): Die von Gräben umgebene Anlage bildet ein schönes Beispiel der Militärarchitektur des 15. Jh.
Madonna delle Grazie (Via San Francesco): Gotische Kirche (Portalskulpturen), im Inneren sehenswerte Fresken.
Archäologisches Museum Oliveriano: Es befindet sich in einem Palast (17. Jh.) neben dem Konservatorium Rossini. Grabungsfunde der vorgeschichtlichen Gräber der Region und greco-etruskische Stücke.
Weitere Sehenswürdigkeiten: Chiesa Sant' Agostino (gotisches Portal, Chorgestühl aus der Renaissance). Chiesetta del Nome di Dio (bemerkenswerte barocke Innendekoration). San Giovanni (Renaissance). Rossini Theater. Viale Trieste, Meeresboulevard entlang eines 3 km langen Strandes. An der Piazzale della Liberta steht die Villetta Ruggeri, charakteristisch für den Liberty-Stil. Der Fischerei-Kanalhafen wurde im 17. Jahrhundert gebaut.
Veranstaltungen: Vorstellungen und Konzerte im Rossini Theater. Festival des jungen Films im Juni. Festival dramatischer Kunst im Oktober.
Handwerk: Kunstkeramik, Sitz des Instituts der Kunstkeramik.
Caprile Mosca (2 km): Villa (18. Jh.) mit Loggia, umgeben von Gärten.
Fiorenzuola di Focara (10 km nordwestl.): Das von einer Mauer eingefaßte mittelalterliche Dorf erreicht man über eine Küstenstraße entlang eines Steilhanges.

Ruggeri: Eines der interessantesten Beispiele des Liberty-Stils.

L' Imperiale (6 km): Die Kastell-Villa von Alexander Sforza (15. Jh.) in einem großen Park wurde im 16. Jahrhundert von den Della Rovere erweitert. Die Säle wurden von zahlreichen Künstlern geschmückt, Fresken von Dosso Dossi.

Pescara 16/B 3
Abruzzo (Provinzhauptstadt)

Das bedeutende Industrie- und Handelszentrum der Abruzzen entwickelte sich um einen Fischerei-, Handels- und Passagierhafen (malerischer Kanalhafen an der Pescara-Mündung). Der große Badeort bietet sonst keine großen touristischen Sehenswürdigkeiten. Am rechten Flußufer, nahe der Mündung, steht das Geburtshaus Gabriele D' Annunzios (12. März 1863, Mo. und nachm. ⊠). Es werden Erinnerungen an den Dichter gezeigt; Museum für Volkstum der Abruzzen, Archäologiesammlung.

Tempio della Conciliazione: Kirche mit dem Grab der Mutter D' Annunzios und Retabel von Gercino.
Museo Civico Cascella: Am rechten Ufer (nachmittags, Sonntag und an Feiertagen ⊠).
Museo Ittico: Am linken Ufer, über den Hafen zu erreichen.
Palazzo del Governo: Ein Gemälde von Micchetti (Die Tochter Jorios). Der Maler wurde durch das bekannte Werk mit dem gleichen Titel von D' Annunzio inspiriert. Es besteht eine Schiffsverbindung mit Jugoslawien (Split).
Veranstaltungen: Literatur-, Film- und Theaterpreis und internationales Jazzfestival im Juli. Vorstellungen im Teatro D' Annunzio und Sportveranstaltungen (z. B. Pferdesport, Flugsport) im Sommer. Konzert- und Theatersaison von November bis Mai.
Folklore: Fest der S. Andrea mit einer Meeresprozession am letzten Junisonntag.
Spezialität: (Fischsuppe).
Citta Sant' Angelo (19 km nordwestl.): Eine sehr interessante gotische Stiftskirche.
Badeorte: Francavilla al Mare (8 km südöstlich), **Giulianova*** (37 km nordwestl.), Montesilvano Marina (8 km nordwestl., Naturschutzgebiet von Santa Filomena), **Ortona*** (21 km südöstl.). **Penne*** (31 km westlich) und in der Umgebung Pinella (20 km) und Santa Maria del Lago (16 km).
Spoltore (8 km westl.): Speltra der Altväter; alte Ortschaft in dessen Castello eine Sammlung aus römischer Zeit gezeigt wird.

Pescia 12/B 1
Toscana (Pistoia)

Die kleine Stadt des Valdinievole, Zentrum der Baum- und Blumenzucht (der Blumenmarkt bedeckt 40 ha) entstand aus einem sehr alten Industriezentrum. Diese Tradition geht bis in die graue Vorzeit des antiken Etruriens zurück. Ein Museum widmet sich der Mineralogie und der Paläontologie (nachm. ⊠). Auch wenn die Altstadt ihren mittelalterlichen Charakter bewahrte, sind doch die meisten Monumente von der Kunst der florentinischen Renaissance (Schule von Brunelleschi, → **Firenze***) beinflußt.
Palazzo Comunale: Er befindet sich im ehemaligen Vikarspalast (13. Jahrhundert).
Museo Civico: Es beherbergt toskanische Maler vom Mittelalter bis zur Renaissance.
Duomo: Bemerkenswerter Bau (17. Jahrhundert) mit einem romanischen Kampanile, der an die Bibliothek und an das Diözesanmuseum angrenzt.
Madonna di Pie di Piazza: 15. Jh.
San Francesco: Gotische Kirche mit einem Altartisch des 13. Jh.
Sant' Antonio: Mit Fresken (15. Jahrhundert) und einer Kreuzabnahme auf Holz (13. Jahrhundert) geschmückte Kirche (14. Jahrhundert).
Veranstaltungen: Biennale der Blumen (in Gewächshäusern).
Castelvecchio (12 km nördl.): Romanische Kirche mit Krypta und skulptierten Kapitellen.
Collodi* (6 km westl.): Villa Garzoni (17. Jh., Möbelierung) in einem schönen italienischen Garten; Pinocchio-Park (außerhalb der Saison nachm. ⊠). In einem Pavillon werden die Erinnerungen an Carlo Lorenzini, Il Collodi genannt, wachgehalten. Die Figur des Pinocchio ziert als Bronzestatue den Park.
Uzzano (3 km östl.): Kleines Dorf in Panoramalage. Um den Palazzo del Capitano del Popolo gruppiert sich eine originelle mittelalterliche Baueinheit.

Piacenza 9/C 1
Emilia Romagna (Provinzhauptstadt)

Die Provinzhauptstadt am rechten Ufer des Po, ein Zentrum der Landwirtschaft und der Industrie, liegt unweit der Erdöl- und Methanvorkommen von Cortemaggiore und wurde von den Römern an der Via Emilia gegründet. Die Brückenstadt war zur Kaiserzeit ein Flußhafen. Piacenza war die Heimat des Visconti-Papstes Gregor X. (1210-1276). Im 16. Jh. geriet die Stadt in den Besitz der Farnese (→ **Parma***, dessen Schicksal Piacenza teilte). Als sich 1848 die Gründung der italienischen Einigungsbewegung ankündigte, schloß sie sich als erste „lombardische" Gemeinde Piemont an.
Il Gotico*: Beiname des Palazzo Comunale (Rathaus) im gotisch-lombardischen Stil (13. Jh.). Die imposante Fassade mit spitzbogigen Arkaden und Rundbogenfenstern öffnet sich zur Piazza dei Cavalli,

Piacenza: Eines der zwei Reiterstandbilder der Farnese auf der Piazza del Comune, hier Alexander, Herzog von Parma.

auf der Reiterstandbilder zweier Farneser-Prinzen stehen (17. Jh.). Das Fremdenverkehrsamt befindet sich im linken Flügel. In der östl. Vertiefung des Platzes steht die gotische Kirche San Francesco mit einem interessanten skulptierten Renaissance-Portal.

Duomo (über die Fußgängerzone der Via Campo della Fiera, heute XX Settembre): Wie an der Rocca di **Mantova*** ist hier ein Eisenkäfig (Gabbia, 15. Jahrhundert) am Kampanile befestigt. Das Innere wurde von der französischen Gotik beeinflußt. In der Kuppel befinden sich Fresken von Guercino (17. Jahrhundert). Hinter dem Hochaltar hängt eine große Ikone aus dem 15. Jahrhundert Die fünfschiffige Krypta ist sehr weitläufig. Vom benachbarten Hof des Bischofspalastes sieht man die Apsis und den achtseitigen Laternenturm der Kathedrale.

San Antonino*: Die Kirche war bis zum 8. Jahrhundert Kathedrale der Stadt. Der zur Romanik neuerrichtete Laternenturm soll einer der ältesten Italiens sein (11. Jahrhundert). An der linken Flanke erhebt sich eine besonders schöne gotische Vorhalle, Il Paradiso genannt.

Galleria Ricci-Oddi (Mo. ⊠): Sie beherbergt mehr als 700 Gemälde und Skulpturen seit Anfang des 19. Jh.

San Savino (Nordviertel): Kirche (frühes 12. Jh.) mit einer Barockfassade; romanischer Mosaikboden im Chor und in der Krypta.

Palazzo Farnese (Nähe Corso Cavour): Das mächtige, unvollendete Bauwerk (16. Jh.) beherbergt das Museo Civico. Die archäologische Sammlung umfaßt berühmte etruskische Bronzen, deren Inschriften auf Gottheiten hinweisen. Die drei Abteilungen widmen sich alten Wagen, dem Risorgimento und dem Volkstum. Die Abteilung für Malerei zeigt einen Botticelli und Werke des 18. Jahrhunderts.

Santo Sisto: Renaissancekirche mit dem Grabmal der Margarethe von Parma, eine uneheliche Tochter Karls V. (1586 gestorben).

San Sepolcro: Hübsche Renaissancekirche.

Madonna di Campagna* (Westausgang der Stadt): Kirche des 16. Jahrhunderts mit einem bedeutenden Freskenzyklus von Pordenone (Renaissance) und einigen Gemälden von Guercino.

Veranstaltungen: Ausstellungen von Feb. bis Okt. Ferien- und Freizeitmarkt im April. Messeausstellung der Zootechnik im September.

Spezialitäten: → **Parma***.

Handwerk: Dekorationen, Gravuren auf Holz und Kunsttischlerei, schmiedeeiserne Arbeiten in Grazzano-Visconti.

Alberoni* (Galleria, 2 km südöstl.): Wandteppiche aus Renaissance und Klassik, Gemälde (ein Raffael, ein Tizian, ein Luca Signorelli und Werke von Rubens, Corregio, Ribera, Veronese, Giambologna und Berino). Das bemerkenswerteste Stück ist ein Ecce Homo (auch Christus mit der Taube genannt) von Antonello da Messina (15. Jh.).

Bettola (30 km südl.): Vermuteter Geburtsort von C. Kolumbus.

Borgonovo Val Tidone (24 km südwestl.): Rocca (14. Jh.) und Stiftskirche im lombardo-gotischen Stil.

Castel San Giovanni (20 km westl.): Stiftskirche (14. Jh.).

Cortemaggiore (21 km östl.): Bedeutendes Zentrum der Erdölindustrie. Franziskanerkirche aus der Renaissance (Fresken von Pordenone, Schöpfer der Kreuzabnahme im großen Kreuzgang) und gotische Kirche Santa Maria delle Grazie.

Grazzano Visconti (14 km südl.): Rekonstruiertes mittelalterliches Dorf (Handwerkszentrum).

Pianello Val Tidone (35 km südwestlich): In den Gutturnio-Weinbergen.

Pianosa (Isola) 14/A 2
Toscana (Livorno)

Die 10 qm große Insel, 14 km von Elba* entfernt, war seit jeher ein Verbannungsort und nimmt auch heute eine große Strafanstalt auf (Schiffsverbindungen bestehen über **Piombino***, mit Zwischenaufenthalt in Porto Azzuro auf Elba). Die paläontologische Fundstätte war zu neolithischer Zeit bewohnt, man fand u. a. Fossilien von großen Tieren. Die für Ornithologen interessante Insel bietet dem Kunstreisenden eine zinnengekrönte Festung (La Scola, Renaissance) hoch über dem kleinen Hafen und die Ruinen einer kaiserlichrömischen Villa an der Ostküste.

Pienza 12/D 3
Toscana (Siena)

Die „ideale Stadt" der Renaissance auf einer Anhöhe wird auch Citta d' autore (Autorenstadt) genannt. Sie hieß früher Corsignano und wurde im Auftrag Piccolominis (Papst Pius II., 1405-1464) von dessen Landsmann, dem florentinischen Architekten und Stadtplaner Rossellino entworfen.

Piazza Pio II*: Um den Platz mit einem schönen Brunnen stehen die bedeutenden Bauwerke Rossellinos. Der Palazzo Piccolomini erinnert an den Rucellai-Palast in Florenz, er wird als Meisterwerk des Künstlers betrachtet. Er umfaßt einen eleganten Hof mit einer dreistöckigen, zum Hängegarten (Pen- sile) hingewendeten Loggia (von Dez.-Jan., Mo., von Okt.-März, morgens ⊠). Hinter dem Palast befindet sich die gotische Kirche San Francesco. Der Bischofspalast steht auf der anderen Seite des Platzes.

Museum der Kathedrale: Im Haus der Kanoniker untergebracht. Unter anderem Gemälde der Schule von Siena des Quattrocento. Flämische Wandteppiche (Renaissance), Meßgewand* Pius II. und etruskische Antiquitäten.

Kathedrale: Sie stammt aus dem 15. Jh. und ist mit Gemälden der Schule von Siena (Himmelfahrt von Vecchieta) dekoriert. Erwähnenswert sind das gotische Chorgestühl und ein elegantes Taufbecken*. Der Palazzo Comunale steht gegenüber. Hinter der Kathedrale, schöner Blick* über das Tal.

Veranstaltungen: Aug.-Sept., „Begegnung" mit einem Meister der graphischen Kunst im Palazzo Comunale. Käsemesse Anfang Sept.

Corsignano (Pieve di, 1 km westl.): Romanische Kirche (11. Jh.) mit zylindrischen Kampanile.

Montichiello (6 km östl.): Befestigtes Dorf (13. Jh.); Gemälde der Siena-Schule (14. -15. Jh.). Im Juli, Vorstellungen im Volkstheater.

Santa Anna in Camprena (7 km nordwestl.): Fresken von Sodoma (Anfang 16. Jahrhundert).

San Quirico d' Orcia (16 km östl.): Sehr alte Stiftskirche* mit skulptiertem Portal (Ende 11. Jahrhundert).

Massaini (Palazzo): 4 km nördl.

Pieve di Cadore 3/A 2
Veneto (Belluno)

Das Piave-Hochtal wird auch Cadore genannt (→ **Belluno***, 42 km südl.). Unweit des alten Zentrums entstand ein Luftkurort in Höhe des 9 km langen Staudammes, dessen Bruch die Katastrophe vom Juli

Pienza: Von Portiken umgebener Innenhof des Palazzo Piccolomini, ein Meisterwerk Rossellinos (15. Jh.).

1985 verursachte. Am Nordende, schöner Blick über den See. Pieve war die Heimat des Malers Tiziano Vecellio, Tizian (1487-1576). Seine Fähigkeiten als Landschaftsmaler wurden oft verkannt. Im Hintergrund des Bildes „Mariä im Tempel" sind die Dolomiten dargestellt.
Palazzo della Magnifica Comunita Cadorina: Das Archäologiemuseum in einem Palast des 16. Jh. nimmt auch eine Abteilung für Optik (Brillen) auf (montags ⊠).
Geburtshaus Tizians: Mit einer überdachten Galerie dient es heute als Museum (Juni-Sept., außerhalb der Saison auf Anfrage ☐).
Kirche: Auf dem Bild „Madonna e Santi" hat sich dessen Schöpfer selbst dargestellt. Mitten im Wald, ganz in Dorfnähe, befindet sich das Haus des Weihnachtsmannes (Babbo Natale), der alle von Kindern geschickten Briefe beantwortet.
Handwerk: Brillenherstellung.
Auronzo di Cadore (20 km nördl.): Wintersportzentrum.
Mauria (Passo della, 1.298 m, 24 km nordöstl.): Über das Skizentrum Lorenzago zu erreichen.
San Vito di Cadore: 19 km westl., **Cortina***

Pinerolo 8/B 1
Piemonte (Torino)
Der historische Kern drängt sich um den gotischen Dom. In der unteren Stadt befinden sich an der Viale Giolitti zwei Museen. Das Museo dell' Arma di Cavalleria (der Kavallerie) bleibt So.-nachmittag und Mo. ⊠; das vorgeschichtliche Museum ist Sa.-nachmittag ⊠. In der oberen Stadt sind Häuser aus Gotik und Renaissance und die Kirche San Maurizio (Ende 15. Jh.) erhalten.
Torre Pellice (15 km südwestl.): Das „italienische Genf", ein Bergdorf, bewahrte in einem kleinen Museum (Storico Valdese) das Andenken an die Waldenser, die hier während der Verfolgung Zuflucht fanden.
Villar Perosa (10 km nordwestl.): Dorf des Honigs, der Konfitüren und des Käses.
Staffarda: 25 km südlich liegt → **Savigliano***

Piombino 14/A 1
Toscana (Livorno)
Am Ende eines Kaps ragen die Anlagen des Industriehafens über dem kleinen Fischereihafen empor, dessen gotische Kirche und Uhrenturm zu bewundern sind. Schöner Ausblick über die Insel Elba, die mit dem Schiff in einer Stunde zu erreichen ist.
Campiglia Marittima (19 km nordöstl.): Palazzo Pretorio (Renais-

Pisa: Die reizvolle Stadt der Kunst erstreckt sich beiderseits des Arno in der Mitte eines weiten Tales.

sance) und romanische Kirche San Giovanni (12. Jahrhundert).
Elba*: Portoferraio und Porto Azzurro sind 1 Std. per Schiff entfernt.
Follonica (29 km östlich): Badeort zwischen Pinien.
Populonia* (14 km nördl.): Altes Dorf auf einem Kap, das den Golf von Baratti schließt (Nekropole), mit einer Rocca und einem etruskischen Museum. Es werden Münzsammlungen und Bronzen ausgestellt, die schönsten Stücke befinden sich im Archäologiemuseum in Florenz. Besonders sehenswert ist die etruskische Nekropole* (7.-2. Jh. v. Chr.) einer Bergbaustadt, in der das Eisen von der Insel Elba verarbeitet wurde. Man fand Reste der von Schlacke freigelegten Schmelzöfen.
Punta Ala (20 km südl. von Follonica): Kleiner Luftkurort und Seebad mit einem Seglerhafen auf einer bewaldeten Halbinsel.
Suvereto (23 km nordöstlich): Beachtliche Bauwerke des Mittelalters*, sehenswerte Stadtmauer, Palazzo Comunale mit Loggia, romanische Kirche San Giusto.

Pisa 12/A 1
Toscana (Provinzhauptstadt)
Die ehemals sehr mächtige Seerepublik an der Arnomündung bewahrte über lange Zeit ihre Verbindungsfunktion zwischen Genua, Florenz und Rom. Die großartige Kunststadt verdankt einen Teil ihres gegenwärtigen Aufschwungs der intensiven kulturellen Aktivität und ihrer Rolle als avantgardistisches Zentrum. In vielen Bereichen der Wissenschaftsforschung ist sie führend und verdankt nicht zuletzt dem internationalen Flughafen ihre Bedeutung. Die Stadt soll angeblich von griechi-

Der mächtige Marmorrundbau des Baptisteriums in Pisa.

Pisa, eine symbolhafte Stadtlandschaft: Der Campo dei Miracoli mit der gegliederten Komposition des Doms und dem 55 m hohen „Schiefen Turm" (oder Campanile) im Hintergrund.

schen Seeleuten gegründet worden sein, war aber wohl ligurischen Ursprungs. Das römische Julia Obsequens aus der Kaiserzeit war zu jener Zeit schon eine bedeutende Flottenbasis. Ab dem 11. Jh. festigt sich die Machtposition, Pisa engagiert sich mit seiner Flotte während der Kreuzzüge. Nachdem Pisa Sardinien, Korsika und die Balearen, wo es die Barbaren herausfordert, besetzt hat, okkupiert es Palermo (1604) und gründet Handelsniederlassungen an der spanischen Küste. Es folgen Kontore in Nordafrika, Kleinasien, Ägypten und sogar in Äthiopien sind die Pisaner zu treffen. Trotz der Konflikte mit Venedig und Genua beginnt die weltoffene Stadt bereits im 11. Jh. mit den Bauarbeiten der Kathedrale und gründet die Universität. Erst das Seedesaster von Meloria (1284) zwingt Pisa, sich Genua zu unterwerfen. Die künstlerischen Aktivitäten werden, besonders unter Mitwirkung der Familie Pisano (bis Mitte 14. Jh.), intensiv weiter betrieben. 1509 wird Pisa von Florenz erobert. Im 16. Jh. erlebt der Handel einen erneuten Aufschwung, der sich vor allem im Städtebau durch die auf Straßen und Plätzen aufgestellten Statuen bemerkbar macht. Parallel entwickeln sich die Wissenschaften. Galilei (1564-1642), der in einem kleinen Haus am rechten Arnoufer geboren wurde, studiert hier die Pendelgesetze, nachdem er in der Kathedrale die Schwingungen der Leuchter beobachtet hatte.

Piazza del Duomo* (auch Campo dei Miracoli genannt): Die immense Esplanade, deren Perspektive man am besten von der Porta Nuova aus überschaut, besticht durch die Färbung der Rasenflächen, durch die Nuancierung des Marmors und durch die Linienführung der Architekturformen. Trotz der Stände der Händler, die Souvenirs und Handwerksprodukte verkaufen, die die gesamte Südseite des Platzes belegen und damit den Eingang des Museums der Skizzen (Museo delle Sinopie) verdecken, bezaubert die Geschlossenheit der baulichen Einheit.

Baptisterium: Der Rundbau (Ende 12. Jh.) von beachtlichen Ausmaßen wurde aus Marmor errichtet (107 m Kreisumfang, 54 m Höhe unter der Kuppel). Bewundernswert sind die Außengalerie an der Etage, das Portal (13. Jh.) gegenüber dem Dom und im Inneren (hervorragende Akustik) die Pergamo-Kanzel* von Nicolo Pisano (Mitte 13. Jh.).

Camposanto: Der Friedhof (Ende 13. Jh.) war in Wirklichkeit ein rechteckiger Kreuzgang. Die von Rasen bedeckte Erde in der Mitte stammt aus Golgatha, sie wurde während des Mittelalters aus Jerusalem mitgebracht. Hier findet man ca. 600 Grabsteine und zahlreiche Freskenfragmente, darunter den berühmten Zyklus „Triumph des Todes" (Mitte 14. Jh.). Die bedeutendsten Skizzen (Sinope), die 1945 restauriert wurden, befinden sich im Museo delle Sinopie.

Duomo: Der Grundriß des Bauwerks entspricht einem lateinischen Kreuz, das sich leicht nach Nordosten neigt. Im 11. Jh. begonnen, lassen sich orientalische Einflüsse nicht leugnen, die die dekorative Gestaltung begleiten und durch das Farbspiel des Marmors unterstrichen werden. Die elegante Giebelfassade schmücken im oberen Bereich übereinanderliegende Säulengalerien, deren einzigartiger Stil der Ursprung des Ausdrucks „pisanischer Architektur" war. Die Porta di San Ranieri weist Bronzetüren auf, die Ende des 12. Jh. von Bonanno Pisano geschaffen wurden. Im Inneren des Doms befinden sich eine Kanzel von Giovanni Pisano (Anf. 14. Jh.), ein Kruzifix am Hochaltar von Giambologna, das Grabmal des Kaisers Heinrich VII. (Anfang 17. Jh.), eine Kreuzabnahme von Sodoma (16. Jh.) und die von Galilei genannte Bronzelaterne (Anfang 17. Jh.).

Schiefer Turm (oder Campanile): Der Kampanile oder Belfried ist 55 m hoch. Seine Errichtung, besser seine Vollendung, forderte auf Grund seiner bereits in der ersten Bauphase eingetretenen Neigung mehr als 200 Jahre. Über 294 Stufen erreicht man die Terrase, von der aus man einen eindrucksvollen Blick* über die Stadt genießt. Galilei unternahm hier seine Versuche über den „freien Fall". Trotz der Sicherungsarbeiten, die die fortschreitende Neigung (18 mm in den letzten 100 Jahren) verhindern sollen, ist es keinesfalls sicher, daß der der Turm in den kommenden 150 Jahren nicht zusammenstürzt. Pisa besitzt drei weitere geneigte Glockentürme. An der nahegelegenen Straße „Piazza Arcivescovado"

Die schöne Skulpturenkomposition am Portal des Baptisteriums von Pisa stammt von Giovanni Pisano (Kopie).

befindet sich das regionale Fremdenverkehrsamt.
Museo delle Sinopie (der Skizzen): An der Südseite der Piazza del Duomo, im ehemaligen gotischen Krankenhaus von Santa Chiara untergebracht. Die Sammlung umfaßt mit roter Sienakreide gezeichnete Skizzen, die als Vorlagen der mittelalterlichen Fresken angefertigt wurden. Dazu gehören die nach dem Krieg auf dem Camposanto geretteten. Nach dem Fremdenverkehrsamt am Palazzo Arcivescovile (Erzbischöfliches Palais), florentinische Architektur (15. Jh.), vorbeigehen, nach den römischen Thermen (2. Jh.) wendet man sich in Richtung Fluß ganz nach Süden.
Piazza dei Cavalieri* (der Ritter des hl. Stephan): Der zentrale Platz der historischen Stadt gehört zu den schönsten Italiens. Er erinnert an die Mission der pisanischen Seeherrschaft als Beschützer während der florentinischen Epoche (16. Jh.). Die Malteserkreuze an den Giebelfassaden der Häuser erinnern daran. Die bedeutenden Bauwerke wurden nach Plänen Vasaris (→ **Arezzo*** und **Firenze***) im 16./17. Jh. errichtet. Dazu gehören der Palazzo della Carovana mit einer eleganten, gebogenen und bemalten Fassade*. Daneben steht die Kirche San Stefano mit bemerkenswerter Fassade, durch deren Portale ein breites Barockschiff betreten wird. Von den Türken eroberte Standarten schmücken die Kirche. Gegenüber befindet sich der legendenumwobene Palazzo del Buonomo, dessen Turm ein unheimlicher Ruf anhing. Dante beschrieb die „Einmauerung des Tyrannen Ugolino" (1288). Dieser wurde von den Pisanern zum Hungertod verurteilt und soll, um zu überleben, einen seiner Söhne verzehrt haben.
Santa Caterina (etwas weiter): Gotische Fassade im pisanischen Stil (14. Jh.). Im Inneren befinden sich Statuen* von Nino Pisano.
San Francesco: Taddeo Gaddi (14. Jh.) bemalte die Gewölbe mit Fresken, der Marmorretabel stammt von Tommasso Pisano.
Museo Nazionale di San Matteo* (Lungarno Mediceo, nachm. und Mo. ⊠): Das in einem ehemaligen Kloster untergebrachte Museum umfaßt wertvolle Skulpturensammlungen (Giovanni Pisano, Bronzebüste von San Lussorio von Donatello), Gemälde der Schulen von Pisa, Lucca, Siena und florentinischen Künstlern der Renaissance, großartige Polyptychen (San Domenico von Francesco Trani, 14. Jahrhundert; San Paolo von Masaccio, 15. Jahrhundert und ein bemerkenswerter von Simone Martini, → **Assisi***) und eine vom Meister von San Martino geschaffene „Maesta".
Der Lungarno (Uferstraße am Arno): „Die Ufer des Arno bieten einen so grandiosen, so fröhlichen und anmutigen Anblick, daß man sich in sie verlieben muß. Hier scheint eine herrliche Sonne, die sich in den Scheiben der Paläste und der Häusern von prächtiger Architektur bricht ..." (Leopardi). Byron verweilte in der Nr. 17 des Lungarno Mediceo, der flußabwärts zu der kleinen Kirche San Michele in Borgo (11.-14. Jh.) führt. Die älteste Brücke der Stadt, die Ponte di Mezzo, führt zum linken Ufer.
Piazza XX Settembre: Der Platz wird von den Fassaden des Palazzo Gambacorti und von der Logge dei Banchi (Galerien der Banken, Anfang 17. Jh.) beherrscht. Etwas weiter flußabwärts steht die einfache Kirche San Sepolcro mit einem sechsseitigen Grundriß.
Santa Maria della Spina (des Dornes, Lungarno Gambacorti): Das kleine romanische Oratorium wurde zur Gotik mit weißen Marmorwimpergen (Ziergiebeln) versehen, 1870 wurde es neu errichtet. Im Inneren befindet sich eine „Madonna mit Rose" von Nino Pisano.
San Paolo a Ripa d' Arno: Romano-gotische Fassade im pisanischen Stil. Über die Solferino-Brücke zurückkehren.
Via Santa Maria: Die Kirche San Nicola (13. Jh.) mit einem geneigten, teilweise eingemauerten Kampanile liegt auf der rechten Seite. Das elegante Haus „Domus Galileana" wurde als Studienzentrum eingerichtet. In der Nachbarschaft dieses Renaissancehauses wurde Galilei in der Casa di Antonio Pacinotti geboren, er verstarb hier 1642. Gegenüber liegen das Naturkundemuseum und etwas zurückgesetzt der Botanische Garten* (Sa. und So. ⊠), der im 16. Jh. von Cosimo I di Medici angelegt wurde (→ **Firenze***).
Kirchen: San Martino (Fresken und pisanische Gemälde des 14. Jh.) und San Zeno (romanische asymmetrische Fassade mit einer eleganten Zwillingsfensterkomposition).
Domus Mazziniana: Theatermuseum.
Scotto-Gärten: Innerhalb der ehem. Festung von Sangallo (Citta della Nuova, florentinisch, 16. Jh.), Freizeitpark und Freilichtbühne.
Aquädukt von Asciano: Von Cosimo I. di Medici gebaut.
Veranstaltungen: Gioco (oder Giostra) del Ponte am 1. Junisonntag, ein historisches Schauspiel zu beiden Seiten der Ponte di Mezzo. Mitte Juni, abendliche Regatten der Seerepubliken in Kostümen des 16. Jh. Konzerte auf der Piazza del Duomo im Sommer.
Spezialitäten: „Cee" mit Knoblauch und Olivenöl (junger Aal), Chianti der pisanischen Hügel.
Handwerk: Gegenstände aus Alabaster.
Industrie: Glas (Saint-Gobin seit Ende des 19. Jahrhundert).
Cascina (13 km östl.): Handwerkszentrum für künstlerische Möbel; romanische Kirche.
Certosa (Kartause von Pisa, Gemeinde Calci, 12 km nordöstlich, Mo. ⊠): Großartige barocke Klosteranlage (17. Jh.) mit Kreuzgängen aus Gotik und Renaissance. Sehenswert ist auch die frühere Kirche „Pieve" in Calci.
Marina di Pisa (11 km westl.): Strand und Fischereihafen (Aal) an der Arnomündung. Der Pinienhain erstreckt sich bis Tirrenia.
San Giuliano Terme (7 km nördl.): Zentrum einer Gruppe von Kurorten.
San Piero a Grado (6 km westl.): Ehemaliger pisanischer Hafen, in dem der hl. Petrus gelandet sein soll. Die alleinstehende romanische Basilika wurde während des

2. Weltkrieges schwer getroffen. Sie wurde restauriert und birgt eine wunderschöne Apsis; ihr Schiff wurde im 14. Jahrhundert mit Fresken dekoriert.
San Rossore (Park am rechten Ufer der Arnomündung): Dichte Vegetation von Buchen und Pinien; Rennbahn.
Tirrenia (18 km südwestl.): Berühmtester Strand des toskanischen Küstenstreifens.

Pistoia 12/B 1
Toscana (Provinzhauptstadt)

Pistoia liegt in einer Region der Gartenbaubetriebe und Baumschulen (Zierpflanzen). Die Stadt römischen Ursprungs, in der 62 v. Chr. Catilina starb, bewahrte ihren mittelalterlichen Kern und das weite Viereck der florentinischen Einfriedung, die im 16. Jh. mit Bollwerken versehen wurde.
Piazza del Duomo: Auf der weitläufigen rechteckigen Esplanade im Herzen der Stadt finden das ganze Jahr über große Märkte und andere Veranstaltungen statt. Der Platz wird von edlen mittelalterlichen Bauwerken umgeben. An der Südseite stehen die Kathedrale, der Kampanile, der Bischofspalast und das Baptisterium. An der Westseite der Palazzo del Podesta und ihm gegenüber im Hintergrund des Platzes (Ostseite) der Palazzo del Comune, in dem das Museo Civico untergebracht ist.
Duomo (Cattedrale San Zeno): Bemalte Kassettengewölbe überspannen das romanische Kirchenschiff. Innen befinden sich ein barocker Chor (Orgel), ein Silberaltar* des hl. Jakob (Dossale di San Jacopo, 13. Jh.), die Krypta und in der unterirdischen Kirche ein Lapidarium. Der elegante, getrennt stehende Kampanile im lombardischen Stil diente auch als Belfried. Seine Mauern wurden durch ein Wechselspiel schwarzer und weißer Steinlagen gestaltet; Aussicht von der Spitze (66 m).
Baptisterium: Das auf einem achtseitigen Grundriß mit weißer und grüner Marmorverkleidung erbaute Baptisterium stammt von Andrea Pisano (14. Jahrhundert).
Episcopio Antico: Der Bischofspalast ist ein Kompositbauwerk, dessen älteste Teile aus dem 11. Jahrhundert stammen.
Museo del Capitolo (oder Diözesanmuseum): Das Museum im Bischofspalast birgt den früheren Domschatz (Goldschmiedekunst) und gewährt einen fesselnden archäologischen Überblick* von der etruskischen Zeit bis zur Renaissance. Am Fuße des Gebäudes, an der Ecke der Via Roma, befindet sich das Fremdenverkehrsbüro.
Palazzo del Podesta (oder Pretorio): Im 14. Jahrhundert errichtet, im 19. Jahrhundert aufgestockt. Sehenswerter Hof mit einem Richtertisch und steinerner Bank.
Palazzo del Comune (nach seinem Gründer auch Palazzo di Giano genannt, Ende 13. Jh.): Vor der eleganten Fassade mit gotischem Arkadengang steht der „del Leoncino" genannte alte Brunnen. Das auf drei Etagen untergebrachte Museo Civico zeigt im 1. Stock (Saal der Donzelli) primitive Maler und Gemälde auf Holz (13.-16. Jh.), darunter eine Madonna* von Lorenzo di Credi. Im 2. Stock hängen Gemälde des 17./18. Jh., darunter die Hochzeit zu Kanaan von G. Pagani. Im 3. Stock befindet sich die Gemälde- und Skulpturensammlung „Puccini" mit einem Flachrelief der Madonna* aus Marmor von Famberti. Zwei Dokumentationszentren runden das Angebot des Museums ab. Das eine befaßt sich mit dem in Pistoia geborenen zeitgenössischen Maler und Bildhauer Mario Marini (1980 gestorben). Der Weg in die Altstadt führt am Turm von Catilina vorbei.
Ospedale del Ceppo (Hospital des Baumstumpfes, in dem die Almosen gesammelt werden): Im nordöstlichen Teil des historischen Stadtkerns gelegen, außerhalb der Stadtmauern. Die Fassade des Bauwerks ziert ein mehrfarbiger Zierstreifen* aus glasierter Terrakotta, der größtenteils von Giovanni Della Robbia (16. Jh.) stammt. Auf sieben Flächen werden die Werke der „Barmherzigkeit" dargestellt, die Medaillons haben das Leben Mariä zum Inhalt.
Sant Andrea (Pieve di): Die ehemalige Kirche „Extra muros" im Nordviertel stammt aus dem 12. Jahrhundert.

Pistoia: Schöner Renaissancebrunnen des jungen Löwen an der Ecke des gotischen Palazzo del Comune.

Im Inneren gibt es zwei Werke von Giovanni Pisano (Anfang 14. Jh.), ein hölzernes Kruzifix und eine skulptierte Kanzel**.
San Giovanni Fuorcivitas* (Via Cavour, südl. der Piazza del Duomo): Ursprünglich aus dem 7. Jh., im 12. Jh. neuerrichtet. Die einen Platz säumende Seitenfassade wurde aus wechselnden Bogenwerken aus grünem und weißem Marmor aufgerichtet. Das Innere bietet eine sehenswerte Kanzel von Fra Guglielmo (13. Jh.), eine „Heimsuchung" der Brüder Della Robbia, ein Weihwasserbecken von Giovanni Pisano und eine Madonna von Taddeo Gaddi.
Palazzo del Bali*: Palast (14.-16. Jh.) mit schönem Hof mit rechtwinkligen Galerien.
Ostviertel: Die romanische Kirche San Bartolomeo in Pantamo gehört zu einer im 8. Jh. gegründeten Abtei. In der interessanten Kirche steht ein Ambo, ein erhöhtes Pult aus dem 13. Jh.; San Paolo (gotische Fassade); San Pier Maggiore (im pisanischen Stil).
Südviertel: Piazza Garibaldi mit der Kirche San Domenico (13. Jh.) und gegenüber, die Kirche des Tau, deren kürzlich restauriertes Inneres einen Zyklus gotischer Fresken* zeigt. Eine Malerschule existierte in Pistoia bereits im 12. Jh.
Westviertel: San Francesco (nahe Sant' Andrea). Das Innere der gotischen Kirche ist mit Gemälden und Fresken geschmückt. Madonna dell' Umilta (Via della Madonna); der Renaissancebau trägt eine Kuppel von Vasari (Anf. 16. Jh.).
Veranstaltungen: Giostra del Orso, Kampf des Bären auf der Piazza del Duomo.
Handwerk: Stickerei (Ricamo).
San Baronto (12 km südl.) Angenehme Sommerfrische in der Nähe des Monte Albano-Kammes. Romanische Krypta.
Verginia (4 km südlich): Zoologischer und Freizeitpark, Citta di Pistoia genannt.

Pitigliano 14/D 2
Toscana (Grosseto)

Das Dorf befindet sich inmitten einer Weinbauregion auf einer vulkanischen Anhöhe, deren Basis von Höhlungen durchbohrt ist, in denen sich etruskische Gräber befanden. Im mittelalterlichen Viertel stehen der barocke Dom, der Orsini-Palast und die Renaissancekirche Santa Maria, Aquädukt des 16. Jh.
Manciano (19 km südwestlich): Mittelalterliche Ortschaft mit einem großen Schloß (16. Jahrhundert).
Poggio Buco (8 km westl.): Nekropole der antiken Stadt Statonia.

Saturnia (32 km nördl.): Das Thermalbad wird von einer gotischen Einfriedung umgeben; 2 km nördl., etruskische Nekropole.
Sorano (9 km nordöstl.): Mittelalterliches Dorf mit gemauerter Einfriedung und Rocca.
Sovana* (8 km nordwestl.): Die mittelalterliche Stadt etruskischen Ursprungs bewahrte die Ruinen einer Rocca. An der Piazza del Pretorio stehen die Fassaden der romanischen Kirche Santa Maria und mehrerer Paläste, darunter der Palazzo Pretorio (13. Jh.) und der der Bourbonen (16. Jh.). Der romanogotische Dom steht am Stadtrand. 1 km westl. befindet sich eine etruskische Felsennekropole* mit mehreren in Tempelform gebauten Gräbern (4. Jh. v. Chr.).

Pompei/Pompeji 20/B 1
Campania (Napoli)

Die moderne Stadt Pompeji entwickelte sich um das wunderschöne Wallfahrtssanktuarium der Madonna del Rosario (19. Jh.), in dessen Nähe sich das historische und geomorphologische Vesuvmuseum befindet (nachmittags ⊠). Im Südosten liegt das abgeschlossene Gelände der archäologischen Stätte der antiken Stadt, als Pompei Scavi (Ausgrabungen von Pompeji) bezeichnet.

Ruinen von Pompeji
Der verfilmte Roman von Lytton Bulwer, „Die letzten Tage von Pompeji" (1834), bemüht sich, die Atmosphäre dieser aristokratischen Stadt (die zu Unrecht die Stadt des Vergnügens genannt wird) von 25.000 Einwohnern in den Stunden einer der größten Naturkatastrophen der Geschichte zu rekonstruieren. Im August des Jahres 79 n. Chr., kurz nach dem von Erdstößen und Asche- und Steinregen angekündigten Ausbruch des Vesuv, begruben Lava- und Schlammströme allmählich das gesamte Küstengebiet auf einer Strecke von 50 km Länge (vom heutigen Stadtrand Neapels bis zum Vorsprung von Stabia). In Pompeji erreichte die Ascheschicht innerhalb von 48 Stunden eine Dicke von 6 m. In Herculaneum war die Schlammschicht nach 3 Tagen 20 m dick.
Die Gründung der Stadt um das 8. Jh. v. Chr. wird den Oskern zugeschrieben. Das Hirtenvolk wurde zu jener Zeit seßhaft und später von den Griechen aus **Cuma*** und von den Samniten unterworfen. Rom wurde erst ca. 150 Jahre vor dem Ausbruch des Vesuv Herrin der Stadt. Unter römischem Einfluß entwickelte sich aus dem Hafen an der Sarnomündung ein florierendes Handelszentrum an der Bucht von Neapel. Systematische Ausgrabungen wurden erst unter den spanischen Bourbonen, Vertretern des aufgeklärten Absolutismus, im 18. Jh. durchgeführt. Die interessantesten Objekte wurden damals in Museen deponiert, hauptsächlich in **Neapel***. Das Archäologische Museum der Stadt gehört zu den berühmtesten der Welt. Im 19. Jh. war bereits ein Drittel des antiken Pompeji freigelegt worden. Inzwischen sind drei Fünftel der Stadt, die von einer ovalen Stadtmauer umgeben war, erforscht worden. Da weiter ausgegraben wird, werden jedes Jahr wunderbare Entdeckungen gemacht.

Besichtigung
Es gibt zwei Eingänge, den einen neben dem Amphitheater im Osten (Porta di Sarno) und den anderen, der empfohlen wird, in Höhe der Porta Marina im Westen. Der „Archäologische Park" bleibt Mo. an manchen Feiertagen, im Winter um 14 Uhr, im Sommer um 18 Uhr ⊠. Die Anlage muß eine Stunde nach der Schließung verlassen werden. Die Besichtigung kann in 2 Std. abgeschlossen sein, die doppelte Zeit wäre jedoch anzuraten. Die interessantesten Häuser sind verschlossen, die Führer öffnen diese auf Verlangen.
Die schachbrettartig angelegte Stadt gruppiert sich um drei Hauptachsen, die zu den Toren führen. Die Via Stabiana (oder Stabia Nord-Süd-Richtung) entspricht dem Cardo Maximus, die West-Ost-Achse entspricht dem früher Decumanus Inferior (verbindet mit dem Forum und wird von der heutigen Via dell' Abbondanza verlängert). Etwas höher kreuzt die Via della Fortuna (Decumanus Superior), die Hauptstraße des Residenz- und Patrizierviertels, verlängert durch die Via di Nola, die Via Stabiana. Die Entdeckung Pompejis führte zu wertvollen Erkenntnissen über das städtische Leben in Zentralitalien vor 2.000 Jahren. Man erhielt Aufschluß über das städtebauliche Konzept der Römer, über die Architektur, über Einrichtung und Dekoration im Wohnbereich und über die Kunst der Hausmalerei, die sich hier innerhalb von drei Jahrhunderten unter lateinischem Einfluß entwickelte.

Von der Porta Marina (1) führt die Via Marina zum Forum. Rechts liegen nacheinander das Antiquarium* mit eindrucksvollen Gipsabgüssen ausgegrabener Menschenkörper, der Venustempel und zuletzt die Basilika* (2), die eines der großen Bauwerke der Stadt war (Ausmaße der Basilika von **Paestrum***). Sie diente zugleich als Handelsgericht und als Händlerbörse. Der gegenüberliegende Apollotempel* (3) war ursprünglich ein griechischer Tempel, in dessen heiligem Bereich (Cella) ein Opferaltar erhalten blieb.

Forum (4):** Der weite Platz war Zentrum des öffentlichen Lebens für Veranstaltungen, Zeremonien und Ansprachen. Trotz schwerer Schäden wurde der edle Charakter bewahrt. Hinter Portiken auf drei Seiten des Platzes standen die

Pompeji: Die Etagenkolonnade des großen Forums vor dem Hintergrund des Vesuv. Dieser Teil der antiken Stadt wurde als erster von der Asche befreit.

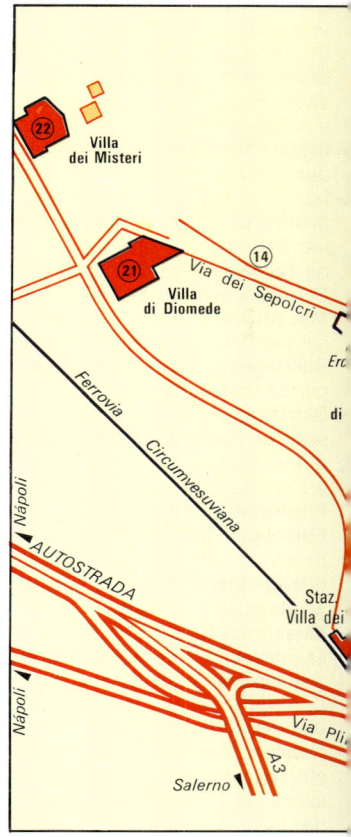

wichtigsten Bauwerke Pompejis. Links der Apollotempel, dann ein Horreum (Geschäft oder Lagerhaus), das heute als Lapidarium benutzt wird. Der im Hintergrund liegende Jupitertempel (5) diente dem Kult der kapitolinischen Trias (Jupiter, Juno und Minerva). Rechts des Tempels beginnt am Triumphbogen ein Weg, der zum Patrizierviertel hinaufführt. An der Ostseite erkennt man das Macellum, einen großen, überdachten Markt (das Gebäude rechts von ihm beherbergte den weitläufigen Vespasiantempel). Weiter rechts folgt der für die Priesterin Eumachia gebaute Sitz der Vereinigung der „Tuchwalker", eine große Verkaufshalle, Wäscherei und Färberei. An der Südseite verläuft die Via dell' Abbondanza.

Monumente, Bauwerke und Läden: Amphietheater* (6): Das sehr weitläufige Theater (12.000 Zuschauer) ist das älteste dieser Art, das von den Römern gebaut wurde (80 v. Chr.).

Fullonica Stephani (7): In Wäscherei und Färberei reinigten die Wäscher die Stoffe, indem sie diese in großen Bottichen walkten.

Caserna dei Gladiatori (Gladiatorenkaserne): Zwischen großem Theater und Stadtmauer. Die unter Nero errichteten Gebäude umrahmen eine weite Esplanade.

Forum Triangulare* (8): Im Herzen des Plebejerviertels, vermutlich die Wiege der Stadt (6. Jh. v. Chr.).

Lupanare (9): Das Freudenhaus am Vicolo del Lupanare 18 ist wegen der gewagten Verzierungen (Malereien) und der obszönen Kritzeleien bekannt.

Nekropole (10): Wie alle Friedhöfe außerhalb der Mauer gelegen (an der Porta Nocera). Mehrere Grabmäler tragen Inschriften.

Palästra (11): Der große Sportplatz wurde von den Athleten des benachbarten Amphietheaters besucht. Er war vor allem Stadion für die Jugend der Stadt.

Pistrinum (12): Die Bäckerei in der Mühle befindet sich im Plebejerviertel am Vicolo Storto. Die Mühlsteine und ein alter Ofen sind noch heute erhalten.

Porta Ercolano* (13): Das Tor von Herculaneum mit Seitenpassagen für die Fußgänger bildete den nördlichen Ausgang der Stadt.

Via dei Sepolcri* (14): Zwischen Zypressen und der Straße nach Herculaneum säumen Gräber den Weg hinunter zu den „Villen der Kapitelle" (mit Gesichter, rechts). Am Ende stehen die Villa di Cicerone, die Villa di Diomede und die Villa dei Misteri*.

Entlang der Peripherie der Stadtmauer findet man nacheinander von Westen ausgehend die Porta Marina (Eingang), die Porta di Stabia, die Porta di Nuceria (Nekropole), die Porta di Nola und die Porta Vesuvio.

Stadtmauer: Sie wurde beinahe vollständig freigelegt. Der interessanteste Teil zwischen Porta Vesuvio und Porta di Ercolano wird von viereckigen Türmen flankiert. Von der Terrasse des Merkurturms genießt man einen wunderbaren Blick* über einen großen Teil von Pompei Scavi.

Schola Armaturarum (Via dell' Abbondanza, gegenüber des Hauses des Loreius Tiburtinus): Büros eines Militärverbandes.

Tempio della Fortuna Augusta (Ecke Vie del Foro und della Fortuna Augusta): Er war dem kaiserlichen Kult geweiht.

Tempio di Ercole: Dorischer Herkulestempel. Von diesem Tempel am Forum Triangulare blieb so wenig erhalten, daß es unmöglich ist, zu erkennen, ob es sich um einen griechischen Isis - Tempel handelt oder nicht. Die Römer beteten die ägyptische Göttin Isis an (di Iside, hinter dem Teatro Grande).

Teatro Grande* (15): Das griechische Theater (5. Jh. v. Chr. wurde mehrmals von den Römern erweitert. Die 5.000 Plätze wurden meist mit einem Velum (Sonnensegel) überspannt. Das Odeum (16) nebenan konnte nur 800 Zuschauer

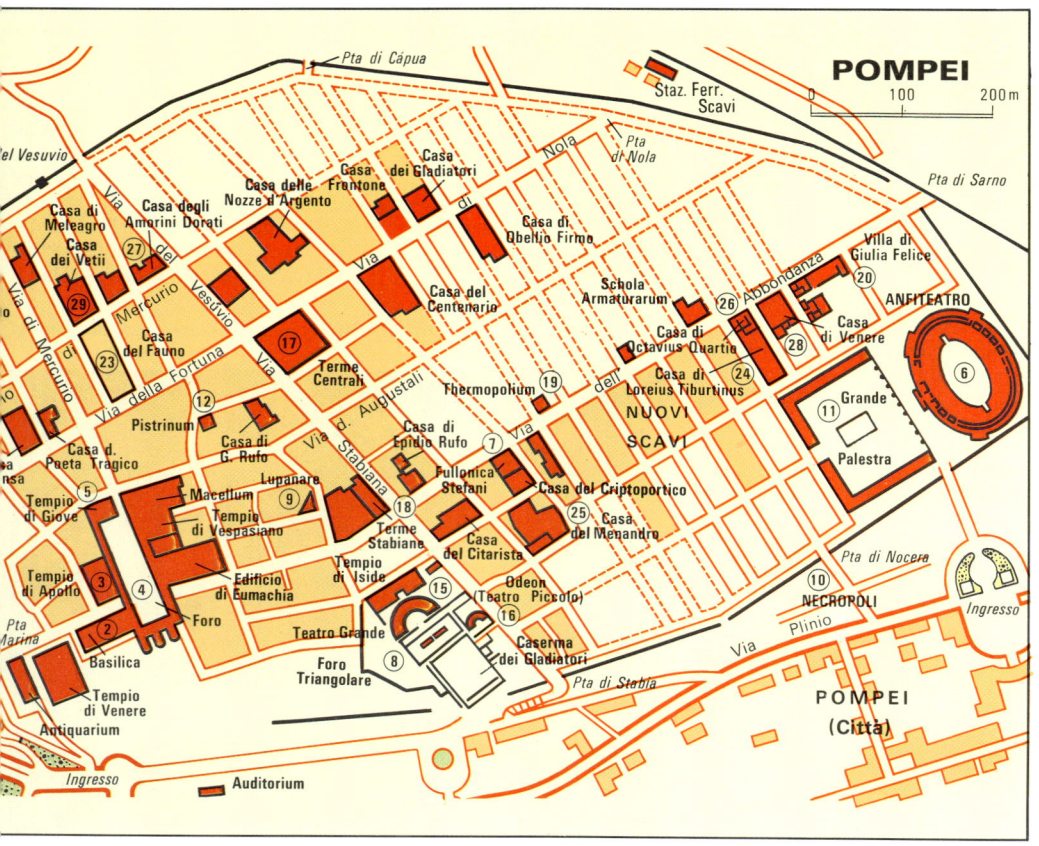

Eine charakteristische Straße des antiken Pompeji mit „Zebrastreifen" (Via Stabiana). Zwischen den Steinen des Fußgängerüberweges sind die Spuren von Fahrzeugen zu erkennen.

fassen. Es wurde im 2. Jh. v. Chr. gebaut und überdacht und war für Musikveranstaltungen bestimmt. Die Inneneinrichtung war aus akustischen Gründen aus Holz.
Terme Centrali (17): Zum Zeitpunkt der Katastrophe im Bau.
Terme del Foro*: Via delle Terme.
Terme Stabiane** (18): Der Eingang der größten Therme der Stadt befindet sich an der Via dell' Abbondanza (Führung). Rechts liegt das Männerbad, an das sich das getrennte Frauenbad anschließt. Zur Anlage gehört eine Palästra und ein Schwimmbad.
Thermopolium (19): Den Namen könnten wir mit „Snack-bar" übersetzen. Eine Verkaufstheke mit eingelassenen Amphoren stand direkt am Bürgersteig.
Häuser, Residenzen und Villen: Die bedeutenden Villen stehen an der Peripherie der Stadt.
Villa der Julia Felix* (20): Am Ende der Via dell' Abbondanza. Sie umgab einen großen Garten und bestand aus einer Herberge und Läden, aus öffentlichen Bädern und dem Haus des Besitzers.
Villa di Diomede* (21): Durch die Porta Ercolano zu erreichen, am anderen Ende der Stadt. Interessantes Haus mit einem von einem Portikus umgebenen Garten.
Villa dei Misteri** (22): Eine der schönsten und größten Wohnanlagen der Stadt (2. Jh. v. Chr.). Die prächtige Fassade wendet sich zum Meer. Sie verdankt ihren Namen einer mystischen Szenenmalerei* auf rotem Hintergrund, die die „Einweihung von Frauen in den Dionysoskult" darstellt. Innerhalb der Stadtmauer sind ca. 300 Häuser dem Publikum zugänglich. Gewöhnlich können aus Zeitgründen (Öffnungszeit) nur die sieben bedeutendsten besichtigt werden.
Casa del Fauno* (23): Zu der großen Villenanlage an der Via della Fortuna gehören zwei prächtige Patrizierhäuser (eines der zwei Peristyle weist 28 Säulen auf). Der Bronzefaun, sowie die bedeutenden Reichtümer, die hier seit dem 18. Jh. ausgegraben wurden, befinden sich im Museum von Neapel. Die Dekorationen aus der samnitischen Epoche (2. Jh. v. Chr.) sind noch erhalten.
Casa di Loreius Tiburtinus* (24): Die vornehme Wohnung hinter der Palästra besitzt ein bemerkenswertes Portal mit Bronzeschmuck. Im Garten verläuft ein kleiner Wasserkanal.
Casa del Menandro* (25): Zum Haus des Meanders zählten mehrere Wohnungen. Interessant sind das Atrium und das Peristyl und die guterhaltenen Fresken- und Mosaikverzierungen.
Casa di Octavius Quartio* (26): Schöne Dekoration mit Fresken und Malereien. Großer Garten und prächtiger Portikus.
Casa degli Amorini dorati (27): Der erhöhte Teil des sehr schönen Peristyls diente vielleicht als Theaterbühne; Maskensammlung.
Casa di Venere** (28): Unter dem Peristyl befinden sich die Wandgemälde der „schwimmenden Venus von Amoretten begleitet" und des „Vogelbrunnens".
Casa dei Vettii** (29): Eine beinahe vollkommene Rekonstruktion der Residenz eines reichen Händ-

Die Dekoration der Casa dei Vettii verdeutlicht die Art der Einrichtung des Hauses eines reichen Händlers vor 2000 Jahren.

lers mit wunderschöner Freskenverzierung. Die Malereien im Triclinium und in den Salons gehören zu den interessantesten der Antike.
Veranstaltungen: Religiöses Fest der Madonna del Rosario am 8. Mai und 1. Okt. Vorstellungen des klassischen Theaters im Teatro Grande von Pompei Scavi im Juli-August.
Handwerk: Gegenstände aus Lavagestein (Vesuv).
Torre Annunziata (6 km westl.): Die Stadt befindet sich vermutlich an der Stelle des antiken Oplontis, eine Residenzstadt, die im August 79 n. Chr. völlig verschwand. Eine der schönsten Villen am Meer konnte dennoch freigelegt werden (Öffnungszeiten wie in Pompei Scavi). In der Umgebung finden Ausgrabungen statt, kein Zutritt.
Vesuvio* (nordwestl.): Zufahrtstraße zum Gipfel über Torre del Greco*, 14 km westl., → **Ercolano***.

Pomposa (Abbadia di)
Emilia Romagna (Ferrara) 10/D 1
Die Benediktinerabtei (7. Jh.) südl. der Po-Mündung lag in einer derart unwirtlichen Gegend, daß sie im 17. Jh. verlassen werden mußte. Im 10. und 11. Jh. hatte sie eine besondere Ausstrahlung. Einer ihrer Äbte, Guido d' Arezzo (→ **Arezzo***), legte erstmals die Tonabstände der Notenschrift fest. Die vorromanische Basilika* (im Winter manchmal ⊠) erinnert an die Kirchen von Ravenna. Die Anlage umfaßt einen prächtigen, neunetagigen Kampanile* (11. Jh., 48 m hoch) im lombardischen Stil (Aussicht), eine im byzantinischen Stil verzierte Vorhalle und ein teilweise mit Mosaiken des 11. Jh. bedecktes Schiff, dessen Wände mit Fresken bemalt sind. Kapitelsaal und Refektorium (11. Jh.) sind ebenfalls mit Fresken ausgestattet. Der gegenüberliegende Palazzo della Ragione (Justizpalast, 11. Jh.) war Sitz des Gerichts der unbarmherzigen Äbte.
Veranstaltungen: Symphonische Konzerte im Juli-August.
Lido di Volano (10 km östl.): Durch die Lagune erreicht man den kleinen Badeort, der zu den Lidi di **Comacchio*** gehört.
Mesola (Boscone della, 7 km nördl.): Naturreservat von 1.000 ha Größe, mit dem Wagen zugänglich. Etwas weiter im Dorf Mesola, Schloß der Este.
Porto Tolle (21 km nordöstl.): Das landwirtschaftliche Zentrum im Podelta* verteilt sich auf mehrere Inseln. Bootsfahrten durch die reizvolle Naturlandschaft voller Vögel und Amphibien. Zwei Küstenstraßen verbinden (15 km südlich und 15 km südöstlich) mit den kleinen Ferienzentren Scardovari und Gnocchetta.

Pomposa: Die Fassade des Justizpalastes gegenüber der Abteikirche ist ein seltenes Beispiel der bürgerlichen romanischen Architektur Norditaliens.

Ponte di Legno 2/B 3
Lombardia (Brescia)
Die kleine Stadt entstand an einer über eine „Holzbrücke" führenden Passage der großen historischen Straße von Österreich über das Val Camonica nach Mailand. Das Bergzentrum wird hauptsächlich wegen seiner Ausflugsmöglichkeiten besucht.
Edolo (19 km südwestl.): Wichtige Wegekreuzung, einerseits Richtung Val Camonica (→ **Breno***), andererseits nach Aprica und zum Adda-Tal (→ **Sondrino***).
Tonale (Passo del, 10 km östlich, 1.883 m): Wintersportort Vermiglio (1.880/3.000 m) und Sommerski auf dem Presena-Gletscher (südlich, 3.068 m).

Pontremoli 9/C 2
Toscana (Massa e Carrara)
Die Ortschaft im Apennin liegt an einer der großen Strecken zwischen Emilia und Riviera. Die berühmte Stadt des Buchhandels verleiht jedes Jahr literarische Preise. Wie die einmaligen Menhir-Statuen* im Archäologischen Museum des Piagnaro-Schlosses bezeugen, war die Gegend schon zur Zeit der Vorgeschichte besiedelt. Sehenswert sind auch die romanische Kirche San Francesco, der Duomo (18. Jh.) und die 1 km südl. gelegene Kirche der Annunziata mit einer reichhaltigen Innenverzierung Sansovino zugeschriebene Verkündigung.
Berceto (26 km nördl.): Sommerfrische, romanische Kirche (Kirchenschatz).
Cisa (Passo della, 18 km nördl.): Schönes Panorama*.

Poppi 12/D 1
Toscana (Arezzo)
Die kleine historische Hauptstadt des Casentino auf einem Hügel im Arno-Hochtal hat ihre mittelalterliche Stadtmauer, ihre romanische Kirche (12. Jh., Renaissancegemälde) und ihr gräfliches Schloß erhalten.
Palazzo dei Conti Guidi (auch Pretorio genannt): Es stammt zum Teil aus dem 13. Jh. Über die Außentreppe im Hof gelangt man zum mit Gemälden geschmückten Salone des Quattrocento. Die Bibliothek beherbergt eine interessante Inku-

---

Ponza (Isola) 17/A 3
Lazio (Latina)

Die beiden vulkanischen Inselgruppen (Isole Ponziane oder Pontine) liegen ca. 40 km südl. des Kap Circeo (→ **Sabaudia***). Es gibt häufige Schiffsverbindungen (ca. 3 Std. Überfahrt) ab **Terracina*** und Formia (→ **Gaeta***). Im Sommer bestehen Verbindungen ab **Anzio*** und **Ischia***. Ponza, die Hauptinsel, war schon zur Jungsteinzeit besiedelt. Im Bereich des kleinen Hafens (Unterwasserjagd) gibt es Reste aus römischer Zeit und die Grotte des Pilato. Auf hoher See, auf halbem Weg zwischen Ponza und Ischia, liegen die malerischen Ventotene-Inseln (südöstl.).

Pordenone

Poppi: Das grandiose Schloß der Grafen Guidi aus dem 14. Jh. Als Poppi Hauptstadt des Casentino war, residierte hier der Prätor.

nabelsammlung; Ausblick vom Burgfried (nachmittags, sonntags und an Festtagen ⊠).
In der Nähe eines Ortes mit dem Flurnamen Ponte a Poppi nahm Dante an einer Schlacht teil, die 1289 zur Niederlage der Ghibellinen führte. 1 km entfernt befindet sich der Zoologische Park von Arezzo.
Badia Prataglia (16 km nordöstl.): Sommerfrische mit einer vorromanischen Kirche.
Bibbiena* (4 km südöstl.): Abseits des neuen Zentrums stehen in der Altstadt die Kirche San Lorenzo 15. Jh.), der Palazzo Dovizi (Renaissance) und die Kirche Sant' Angelo mit einer bemerkenswerten „Madonna e Angeli".
Stia (10 km nordwestl.): Romanische Kirche mit mehreren Kunstwerken. Einige Kilometer entfernt stehen die Überreste des Schlosses von Romena und etwas weiter die interessante gleichnamige Kirche aus dem 12. Jahrhundert.

Pordenone 7/A 1
Friuli-Venezia Giulia (Provinzhauptstadt)
Die moderne Industriestadt umgibt den alten Stadtkern, eine vorrömische Gründung. Dieser gehörte 400 Jahre zu Venedig (bis 1797). Hier wurde der berühmte Maler Giovanni Sacchis, besser bekannt unter dem Namen Pordenone, geboren (1483-1539).
Piazza San Marco (Südeingang der Altstadt): Von hier aus durchquert der Corso Vittorio Emanuele die historische Altstadt (Duomo und Palazzo Comunale).
Duomo: Das Bauwerk mit einem Renaissance-Portal wurde im 13. Jh. begonnen. Seitlich steht der Backsteinkampanile mit einer feingearbeiteten Spitze. Der Dom beherbergt eine Madonna von Pordenone und einen Tintoretto.
Palazzo Comunale: Ende des 13. Jh. erbaut, Turm mit Loggia aus der Renaissance (Turmuhr).
Palazzo Ricchieri: (Corso Vittorio Emanuele II.): Der Palast (14.-17. Jh.) beherbergt das Museo Civico (Mo. ⊠); Maler des Friaul, darunter Pordenone und Skulpturen aus Holz. Der Corso wird anschließend von Arkaden und Palästen aus Gotik und Renaissance gesäumt. Am Süd-Ost-Ende der Stadt (Richtung Udine) befindet sich das Naturkundemuseum (sonntags, montags, an Festtagen und nachmittags ⊠).
Veranstaltungen: Friaulmesse im September (campionaria/ländlich).

Aviano (13 km nordwestl.): Reste eines Schlosses (10. Jh.) und Kirche Santa Giuliana mit gotischem Freskenschmuck.
Motta di Livenza (32 km südlich, Veneto): Duomo und Santuario dei Miracoli mit Gemälden der venezianischen Schule aus dem 15. und 16. Jahrhundert.
Oderzo (26 km südwestl.): Gründung der Paläoveneter; Duomo (14./15. Jh.) mit gotischen Fresken und Gemälden aus der Renaissance dekoriert. Im Museo Civico sind Reste römischer Archäologie ausgestellt.
Sacile (12 km westl.): Gotischer Dom mit Gemäldeschmuck, darunter ein Bassano. Palazzo Comunale (gotisch) mit einem Renaissance-Portikus.
San Vito al Tagliamento (21 km südwestl.): Ein Teil der gemauerten Einfriedung blieb erhalten; Volkskundemuseum des Westfriaul*.
Spilimbergo (29 km südöstl.): Durch das Erdbeben von 1976 stark beschädigte Stadt. Freskenverzierter romano-gotischer Dom; Teile des Castello stammen aus dem 8. Jh. Nebenan steht der Palazzo Dipinto mit einer bemalten Fassade (15. Jh.).

Porlezza 5/B 1
Lombardia (Como)
Der am Nordende des **Luganer Sees*** gelegene Luftkurort besitzt einen Strand und einen Seglerhafen und bildet ein Ausflugszentrum am Fuße der Alpen. 2 km südlich befindet sich die „archäologische Zone" von San Maurizio.
Es bestehen Schiffsverbindungen nach Lugano (Schweiz) und nach **Campione d' Italia***.
Cavargna (15 km nördl.): Talmuseum (Sonntag-nachmittag □).
Menaggio (13 km östl.): Panoramastraße, → **Cadenabbia***.
Oria (16 km westl.): Malerisches Dorf in der Nähe der Schweizer Grenze.
Recia (Grotten von, 6 km südl.): Am östlichen Seeufer.
Santa Margherita (südl. Seeufer, per Boot): Seilbahn zum Belvedere von Lanzo d' Intelvi (900 m), Panorama*. Im gleichnamigen Dorf, Talmuseum (Juli-September □), → **Campione d' Italia***.

Porretta Terme 10/B 3
Emilia Romagna (Bologna)
Das Thermalbad (Mai-Okt.) im Reno-Hochtal ist auch im Sommerfrische und Ausgangspunkt für Ausflüge in den Apennin. Die sehr alte Ortschaft, vermutlich voretruskischen Ursprungs, war eine wichtige Etappe auf der Handelsstraße zwischen Bologna, Florenz und Pisa (Hotels und Thermen im modernen Stil).

Veranstaltungen: Musikalisches Sommer- und Freilichttheater im Juli-August; Filmfestival im September.
Lizzano in Belvedere (16 km westl.): Sommerfrische, „Musikalischer Herbst" im September.
Riola di Vergato (12 km nördl.): Die moderne Kirche* wurde 1978 von dem berühmten finnischen Architekten Alvar Alto errichtet.
Pistoia*: 35 km südl., über den Passo della Porretta (oder della Collina, 930 m).
Sestola: 42 km westl., → **Abetone***.

Portofino 9/B 3
Liguria (Genova)

Der Hafen** mit rosafarbenen Häusern liegt im Schutz des gleichnamigen Vorgebirges an kleinen Buchten, die wegen ihres klaren Wassers berühmt sind. Das frühere römische Portus Delphini wird heute vom Glockenturm der Kirche beherrscht. Die renommierte Landschaft der Riviera di Levante bildet zweifelsohne einen malerischen Rahmen. Einige Minuten vom Hafen entfernt erreicht man die Kirche und das Schloß (Renaissance) San Giorgio: Blick* über die Bucht (70 m Höhe). Oberhalb befindet sich die von einem Leuchtturm beherrschte Punta del Capo* (2 km Fußweg, Panorama*). Oberhalb des Dorfes liegen der Nationalpark des Monte di Portofino (610 m) und Portofino Vetto (8 km über einen Pfad, 450 m Höhe).
Veranstaltungen: Aufführungen und Konzerte im Freien.
Handwerk: Spitzen und Schmiedeeisen.
Camogli* (16 km nordwestlich): Herrlicher Blick* von der Panoramastraße nach Genua (hinter dem Paß von Ruta). Camogli, unterhalb steiler Hänge, war im 18./19. Jahrhundert ein wichtiger Stützpunkt der italienischen Segelflotte. Im alten Teil des Dorfes existieren noch heute die engen Passagen (Treppengassen). Dort steht eine sehenswerte Kirche im provenzalischen Stil und das Aquarium (Acquario Tirreno, Sa. und feiertags ☐). Fischfest am 2. Maisonntag; Folklorefest der Stella Maris am 1. Augustsonntag.
San Fruttuoso (20 Min. per Schiff oder 7 km über den markierten Fußweg): Das Fischerdorf an der Südküste der Halbinsel wird von Unterwasserjägern aufgesucht. Seit dem 8. Jh. bestand hier eine Benediktinerabtei (Capodimonte genannt), im 13. Jh. wurde der Palast gebaut. Der Kreuzgang der Abtei stammt aus der Romanik, Teile der Kirche aus dem 10. Jh., sie beherbergt die Gräber der Doria (13. Jh.). In der Bucht steht in 18 m Wassertiefe die moderne Statue „Christus der Tiefen", die bei ruhiger See gut gesehen werden kann.
San Lorenzo della Costa (2 km nördl. von Santa Margherita): Triptychon (Ende 15. Jh.).
Santa Margherita Ligure (5 km, am Golf von **Rapallo***): Den Ort erreicht man über eine kurvenreiche Küstenstraße, die mit den Villen und der ehemaligen Abtei der Cervara (15. Jh.) verbindet. Der Luftkurort (Seebad) mit einem Seglerhafen entstand aus einem historischen Dorf, das von einer Meerespromenade umgeben ist; Aussichtsturm (Renaissance). Der Stadtpark mit exotischen Pflanzen umgibt die Villa Durazzo (oder Centurione). Im Sommer finden Konzerte und Ausstellungen statt.

Portogruaro 7/A 1
Veneto (Venezia)

Das antike Gruarum, ab dem 6. Jh. das römische Concordia, bietet dem Besucher heute eine Anzahl von mit Arkaden und Monumenten aus der venezianischen Renaissance gesäumter Straßen. Neben dem Dom (19. Jh., zwei Retabel, 16. Jh.) steht ein geneigter romanischer Kampanile.
Museo Nazionale Concordiese (nachmittags und Mo. ⊠): Es wurde in einem Renaissancepalast untergebracht. Ausgestellt sind die Funde der in Concordia Sagittaria (Julia Concordia) durchgeführten Ausgrabungen.
Spezialität: Tocai-Wein.
Concordia Sagittaria (2 km südl.): Militärische Anlage der früheren römischen Kolonie (1. Jh. v. Chr.), römische Brücke aus dem 2. Jh., paläochristliche Bauwerke, Kathedrale (15. Jh.) und nebenan, Baptisterium mit Freskenschmuck (11. Jahrhundert).
Summaga (3 km westl.): Mit Fresken (Romanik u. Renaissance) verzierte romanische Kirche.
Caorle: 26 km südl., → **Bibione***.
Latisana: 14 km östl., → **Bibione***.
Oderzo: 28 km östlich, → **Pordenone***.
Sesto al Reghena: 10 km nördlich, → **Porderone***.

Portonovo 13/D 1
Marche (Ancona)

Der kleine, in einer Bucht gelegene Badeort, etwas abseits der Straße von Ancona nach Porto Recanati, befindet sich in einer der schönsten Lagen der felsigen Steilküste des Conero (572 m Höhe). D' Annunzio besuchte diese Riviera. Die kleine romanische Kirche (Anf. 11. Jh.) läßt lombardo-byzantinische Einflüsse erkennen.
Numana (14 km südl.): Großer Badeort und Seglerhafen. Das Santuario di San Giovanni (del Crocifisso) beherbergt einen gotischen Kruzifix. Das Antiquarium zeigt die Funde der örtlichen Ausgrabungen (vom 6. Jh. v. Chr. bis zur römischen Zeit, außerhalb der Saison Mo. und nachmittags ⊠).
San Pietro (ehemalige Abtei, 10 km südl.): Das der Kirche (Anfang 11. Jh.) benachbarte Kloster wurde als Hotel eingerichtet.
Sirolo (12 km südl.): Die am Fuße der weißen Steilküste* gelegene Grotte Urbani ist vom Strand aus, den man durch einen Steineichenwald erreicht, zugänglich. Auf dem Gipfel des Monte Conero wurde ein vermutlich 100.000 Jahre alter Faustkeil entdeckt.
Porto Recanati: 29 km südlich, → **Loreto***.

Das harmonische Rund bunter Häusern in Portofino, eines der freundlichsten Dörfer der genuesischen Riviera.

Portovenere 9/C 3
Liguria (La Spezia)

An der Spitze des Kaps, das den Eingang des Golfs von La Spezia markiert, befindet sich das Seebad. Es entstand aus einem malerischen Dorf paläochristlichen Ursprungs (Portus Veneris). Die hohen, bunten Fassaden des mittelalterlichen Ortes, zwischen denen enge Treppenpassagen verlaufen, bestimmen das Bild des kleinen Hafens an der Calata Doria*.

San Lorenzo: Hochgelegene romanische Kirche (12. Jh.) mit einem barocken Glockenturm, Kunstwerken der toskanischen Schule (Renaissance) und einer Sammlung byzantinischer Elfenbeinarbeiten.

Castello: Genuesische Zitadelle (12.-16. Jh.), von deren Umwallung ein bemerkenswerter Ausblick* zu genießen ist. Die in einer kleinen Bucht gelegene Grotta dell' Arpaia wurde von Byron besucht.

San Pietro: Die Kirche am äußersten Rand der Landspitze erhebt sich an der Stelle einer Basilika der ersten christlichen Jahrhunderte. Im 13. Jh. wurde sie im gotischen Stil neuerrichtet. Schöner Blick vom benachbarten kleinen Platz.

Isola Palmaria: Die gegenüberliegende Insel ist die größte einer Inselgruppe, auf der schwarzer Marmor gebrochen wird.

Umgebung: Die Hauptsehenswürdigkeiten erreicht man über hochgelegene, kurvenreiche Küstenstraßen* oder per Schiff, so auch Cinque Terre (→ **Vernazza***, 5-25 km westlich).

Lerici*: 20 km über die Straße, über La Spezia* oder 20 Min. per Schiff.

Riomaggiore: 14 km nordwestlich, → **Vernazza***.

Positano 20/B 2
Campania (Salerno)

Das Dorf, eines der malerischsten der amalfischen Küste (→ **Amalfi***), wurde von John Steinbeck in einem Essay bemerkenswert beschrieben. Vom Belverere** an der Straße, die nach Sorrento hinaufführt, bewundert man die Aussicht hinunter auf die am Hang stehenden bunten Häuser, die die kleine Bucht am Fuße 400 m hoher Gipfel umschließen.

S. Maria Assunta: Die Kirche (13. Jh.) hoch über dem Strand ist mit einer von Keramikfliesen bedeckten Laterne geschmückt, wie die meisten religiösen Bauwerke der Küstenregion.

Veranstaltungen: Gemäldeausstellung im Sommer, Kammermusik- und Ballettsaison (Sept.).

Handwerk: Korallengegenstände.

Praiano (6 km nach Salerno): Kleiner Fischereihafen und Seebad an der Spitze des Kap Sottile. 1 km oberhalb durchquert die Straße den Vallone di Furore* (→ **Amalfi***).

Potenza 21/A 1
Hauptstadt der Basilicata und Provinzhauptstadt

Nach kilometerlanger Strecke durch anscheinend menschenleere Landschaften und Berge erscheint unvermittelt die moderne Stadt. Die antike Etappe an der Via Appia war seit dem Mittelalter Handelsknotenpunkt, sie beherrscht in hoher Lage die umliegenden Täler. Potenzas Polle als befestigter Platz tritt heute in den Hintergrund, es entwickelten sich eine rege Industrie und ein Agrarzentrum. Die „Modernität" des Stadtbildes wurde durch die häufigen Erdbeben erzwungen. Noch 1980 hatte man 2.000 Tote zu beklagen, nach dem bereits nach den Bombenangriffen des 2. Weltkrieges zwei Drittel der Stadt neuerrichtet wurden.

Via Pretoria: Die Fußgängerzone im Zentrum der Altstadt folgt dem Verlauf des Decumanus Maximus des römischen Potentia. Auf der Südseite der Zone enden zahlreiche Treppengassen (schöne Aussicht von der Terrasse). Die historischen Monumente liegen gegenüber.

Duomo: Der Dom im „neuen" Viertel wurde im 18. Jh. errichtet.

San Francesco (Piazza M. Pagano): Teilweise romanische Kirche mit einem schönen Renaissance-Portal. Nebenan befindet sich das regionale Fremdenverkehrsamt.

San Michele: Romanische Kirche (11. Jh.) im mittelalterl. Westviertel, in dem sich das Castello befand.

Santa Maria del Sepolcro (Viale Ciccotti): Teilweise aus dem 12. Jh.

Museo Archeologico Provinziale (Viale Lazio, Mo. ⊠): Vor- und Frühgeschichte der Basilicata, griechische Antike (→ **Metaponto***) und römische Antike und ethnographische Abteilung.

Veranstaltungen: Karfreitagsprozession*, historischer Zug (sfilata dei Turchi) im Gedenken an San Gerardo (Ende Mai), Verleihung von Literaturpreisen im September, November und Dezember.

Spezialitäten: Wurstwaren, Ziegenkäse, Weine.

Acerenza (40 km nordöstl.): Die Kathedrale (11. / 12. Jh.) mit drei prächtigen Chorapsiden gehört zu den schönsten Bauwerken der Basilicata.

Avigliano (20 km nordwestl.): Renommiertes Handwerkerzentrum (Schnitzereien, Schneidwerkzeuge und Frauentrachten).

Castel Lagopesole (30 km nördl.): In einer wegen ihrer wildwüchsigen Fauna bekannten Region. Von Friedrich II. erbaute, jedoch unvollendete Festung (1. Hälfte 13. Jh.).

Filiano (28 km nördl.): Fest des Pecorino-Käses (August-September).

Ruoti (5 km östl., über die Via Appia): Kleines ländliches Museum von Montocchio (Bes. auf Anfrage).

Sellata (20 / 25 km südl.): Panoramalage, Sommerfrische und Wintersportort.

Vaglio Basilicata (14 km östl.): Aus der Spätrenaissance stammendes, großes Kloster. Überreste frühgeschichtlicher Santuarien in Madonna di Rossano und in Serra di Vaglio (Höhe 1.100 m).

Volturino (Monte, 1.836 m): Zufahrt zum Vulkan über die Straße von Marsico Vetere, ca. 50 km südl. Auf

Portovenere: Unterhalb der ehemaligen Zitadelle der Republik Genua bewacht der Ort den Zugang des Golfs von La Spezia.

Pozzuoli: Der Serapistempel in Meeresnähe bietet ein seltenes Phänomen. Da sich der Erdboden hebt und senkt wird der Tempel häufig überflutet.

dem Osthang befindet sich das Wallfahrtsanktuarium der Madonna di Viggiano (1.720 m Höhe).

Pozzuoli 20/A 1
Campania (Napoli)

Pozzuoli gab der Puzzolanerde, einem zur Herstellung von Mörtel benutzten vulkanischen Sand, ihren Namen. Der Hafen befindet sich unterhalb der Zone der Phlegräischen Felder (Campi Flegrei, vom griechischen „Phlegraios", brennend heiß). In Wirklichkeit handelt es sich um einen Bereich, in dem die Erdkruste sehr unbeständig ist. Innerhalb weniger Tage kann sich die Erde heben oder senken. Auf Grund dieses unerklärlichen Phänomens betrachteten die Altväter diese Region als eines der Tore der Unterwelt. Die geologischen Erscheinungen waren damit Ursache für ein ganzes mythologisches System (Prophezeiungen der cumäischen Sibylle, Legende der Odyssee, die Homer und später Vergil (Autor der Äneis, der lange in der Bucht lebte) inspirierten. Das griechische Puteolis war eine Hafenstadt, die im Laufe der römischen Geschichte Vorläuferin von **Ostia*** war. Sie hatte eine Handelsfunktion, während Miseno (→ **Baia***) der militärische Hafen der Bucht war. Pozzuoli ist zugleich ein Thermalbad, ein mächtiges Industriezentrum und ein Fischreihafen.

Tempel: Die drei Haupttempel befinden sich im Bereich des Hafens (Arco Felice). Mitten in der frühgeschichtlichen Akropolis auf dem Kap steht der Augustus-Tempel, der im Mittelalter in eine Kirche verwandelt wurde. Nahe am Meeresufer befindet sich der Tempio di Serapide* (oder Serapeum, il Serapeo), der vermutlich als Markthalle (Macellum) diente. Durch die ständigen Bewegungen der Erdkruste wird der Tempel häufig überflutet. Weiter westl. erreicht man den sogenannten Neptun-Tempel. Dieser wurde unter Nero errichtet und diente damals als Therme. Vor dem Arco Felice erstreckt sich ein archäologischer Unterwasserpark, es könnte sich um die Ruinen von Portus Julius handeln.

Napoli/Neapel*: Stadtzentrum, 16 km östlich.

Necropoli (Nekropole, Nordausfahrt): Zu beiden Seiten der früheren Straße von Neapolis nach Capua (zahlreiche Monumente* bis zum Mausoleum, ca. 2 km).

Solfatara* (ca. 2 km östl. des Zentrums, Führungen): Aus der Sohle des noch tätigen Kraters zischen Fumarolen (heiße Dampfsäulen) und Schwefeldämpfe. Man sieht und riecht Schlamminfusionen in kleinen Kratern, kohlendioxydhaltige Ausscheidungen (Mofete) und heiße Wasserquellen (Polle). Die Absperrungen sollten nicht überschritten werden.

Agnano Terme: 6 km westlich, → **Napoli***.

Ischia* (Isola d'): Im Südwesten, ca. 1 Stunde Überfahrt.

Prato 12/C 1
Toscana (Firenze)

Das große Textilzentrum an der Einmündung der historischen Straße von Bologna in das Becken von Florenz verdankt einen nicht geringen Teil seines Wohlstandes dem Gartenbau und der Baumzucht. Die gartenbaulichen Anlagen entstanden auf dem „Prato" (Weide), außerhalb der Mauern der ursprünglichen Stadt, da, wo einer der großen Gemüsemärkte der Toskana stattfand. Prato wurde Mitte des 14. Jh. dem Territorium von Florenz eingegliedert, unterwarf sich der Republik aber erst 200 Jahre später. Es war die Heimat von Filippo Lippi (1406-1469), dem Schöpfer der Fresken in der Kathedrale und seines Sohnes Filippino (1457-1504), des religiösen Malers Fra Bartolomeo (1472-1517) und des großen Schriftstellers und Freundes D' Annunzios, Curzio Malaparte (1898 bis 1957).

Besichtigung: Zu Fuß muß mit einem halben Tag gerechnet werden. Der Wagen kann auf der weiten Piazza Mercatale, dem traditionellen Marktplatz (rechtes Bisenzioufer, nördlich der Altstadt) geparkt werden. Über die Via Garibaldi und die links abzweigende Via Verdi beginnt man die Besichtigung.

Castello dell' Imperatore (gemeint ist Friedrich II. von Hohenstaufen): Das Bauwerk im schwäbischen Stil blieb nach dem Tode des Herrschers (1248) unvollendet. Die Festung sollte zugleich als Wachposten an der Straße zwischen Deutschland und den sizilianischen Königreichen und als Residenz der kaiserlichen Bischöfe dienen. Nach der kürzlich abgeschlossenen Restaurierung wird das Bauwerk als Rahmen für kultu-

Prato: Die „Castello dell'Imperatore" genannte Festung wurde zu Mitte des 13. Jahrhunderts von Friedrich II. errichtet. Zwei schöne Marmortore durchbrechen die Festungsmauern.

relle Veranstaltungen und für Ausstellungen genutzt.
Santa Maria delle Carceri*: Die Kirche auf dem Grundriß eines griechischen Kreuzes (Jesuitenstil) wurde zu Ende des 15. Jh. von Sangallo für Lorenzo il Magnifico errichtet. Im Inneren befindet sich ein Fries von Andrea Della Robbia. Auf der Rückseite liegt das Fremdenverkehrsamt an der Ecke der engen Via Cairoli.
San Francesco: Romano-gotische Kirche (13. Jh.), bewundernswerte Giebelfront an der Fassade, die Sangallo zugeschrieben wird. Kreuzgang des 15. Jahrhunderts.
Palazzo Datini (über die Via Rinaldesca): Residenz (14. Jh.) des Bankiers und Mäzens Marco Datini, dem „Erfinder" des Wechsels. Das interessante Bauwerk bildet heute den Rahmen des Nationalarchivs der Bank (Besichtigung möglich).
Piazza del Comune: Der reizvolle Platz mit dem Bacchino-Brunnen (kleiner Bacchus, 17. Jh.) wird von der Fassade des Municipio (14. Jh.) beherrscht, dessen „Salone" mit Fresken des Quattrocento und Gemälden geschmückt sind. Links steht der Palazzo Pretorio.
Galleria Comunale (im Palazzo Pretorio, nachmittags und Mo. ⊠): Madonna mit Kind von Luca Signorelli, Werke der Lippi, von Fra Bartolomeo, Polyptychon von Lorenzo Monaco und Giovanni da Milano.
Duomo* (Cattedrale Santo Stefano): Romano-gotischer Bau (10.-14. Jh.) mit abwechselnden weißen und grünen Marmorlagen. Die Kirche erlangte wegen ihrer Außenkanzel Berühmtheit (Pergamo del Sacro Cingolo), an der rechten Ecke der Fassade. Es handelt sich leider nur um eine Kopie der ursprünglichen Kanzel von Donatello, die wahrscheinlich ein Werk Michelozzos ist, dessen originelle Flachreliefs (Mitte 15. Jh.) im Museum aufbewahrt werden. Im Inneren befindet sich die sehenswerte, im 14. Jh. errichtete Kapelle, die die Reliquie des „Gürtels Mariä" (Sacro Cingolo) aufnimmt. Sie wurde von Angelo Gaddi mit Fresken geschmückt. Bemerkenswerte Freskenzyklen von P. Ucello und F. Lippi, Kanzel von Mino da Fiesole und Rossellino, Statue der Madonna mit Kind* von G. Pisano. Im einzigen erhaltenen Flügel des Kreuzganges (12. Jh.) befinden sich für die Toskana einmalige Marmorapplikationen.
Museo dell' Opera (am Dom, Di. und Festtag-nachmittag ⊠): Kunstwerke einiger Renaissancemeister (der Schutzengel* von Carlo Dolci, Werke der Lippi, Ghirlandaio, Andrea di Giustro und Ucello).
San Domenico (westl. des Doms, über die Via Guasti): Graziöse, polychrome Baukomposition (Ende 13. Jh.), im 14. Jh. von Giovanni Pisano vollendet. In dem Kloster, in dem Fra Bartolomeo Mönch wurde, hielt sich Savonarola auf (→ **Firenze***). Der Kreuzgang wurde als Museum der Wandmalerei eingerichtet; sehenswerte Fresken (Sonntag-morgen ⊠).
Museum des Stoffes (Viale della Repubblica, nachmittags und an Festtagen ⊠): Sammlungen europäischer Stoffe seit dem 15. Jh.
Palast der Spedalinghi: 15. Jh.
Piazza San Marco (Osteingang der Stadtmauer): Moderne Skulpturen von Henry Moore, die die kulturelle Entwicklung Pratos symbolisieren (1970).
Veranstaltungen: Theatersaison von Okt.-April, Orgelfestival im Juli, Messe-Ausstellung Prato Produce und gastronomische Messe im September. Täglicher Markt auf der Piazza Mercatale. Historischer Umzug am 8. September Vorzeigen des „Heiligen Gürtels" (Sacro Cingolo) an der Außenkanzel des Doms während der großen religiösen Feste.
Spezialität: Carmignano-Weine.
Handwerk: Alte Kupferschmiede, Steingut aus Comeana.
Carmignano (15 km südwestl., über Poggio a Caiano): In der Kirche San Michele, „Heimsuchung Mariä" von Pontormo (16. Jh.), einzigartig wegen der Leuchtkraft der Farbtöne, eines der Meisterwerke des Manierismus. In Artimino, Villa der Medici („La Fernandina"), die ein Museum für etruskische Archäologie beherbergt. Etruskische Gräber in Comeana. Festlichkeiten zu Sankt Michael (29. September).

Predazzo 2/D 3

Trentino-Alto Adige (Trento)
Die kleine Industriestadt (Sägewerke) liegt am Zusammenfluß des Aviso und des Cismon. Es handelt sich um einen Zusammenschluß von 11 Kommunen des Val di Fiemme

(Fleimstal), die eine traditionelle Comunita (Hauptstadt Cavalese) bilden (Sommerfrische und Wintersportort).
Museo Civico (nachmittags und zur Saison □): Regionale Geologie und Ethnologie.
Veranstaltungen: Jährliches Langlaufrennen von Moena nach Cavalese (24 km) am letzten Januarsonntag. Reitturnier im Juli.
Bellamonte (5 km östl., 1.370 m): Bergstation unterhalb des Viezzena (2.490 m).
Cavalese (14 km westl., 1.000 m): Großer Ferienort und Wintersportstation, Seilbahn nach Alpe Cermis (2.230 m). Palast der Magnifica Comunita della Val di Fiemme, bemalte Fassade (16. Jahrhundert).
Moena (10 km nördl., 1.180 m): Am Anfang der Dolomiten treffen sich das Val di Fiemme und das Val di Fassa. Mit Fresken dekorierte mittelalterliche Kirche San Volfango.
San Martino di Castrozza∗: 30 km östl., über den Passo di Rolle (1.970 m Höhe).

Tesero (12 km westl.): Bergdorf (Sommerfrische und Wintersportstation).

Presolana (Passo della)
Lombardia (Bergamo) 5/C-D 1
Das Bergdorf ist ein bedeutender Ausgangspunkt für Wanderungen und Ausflüge nach **Breno**∗ und in das Val Camonica (28 km nordöstlich).
Clusone (12 km südwestl.): Ferienort an der Stelle einer vermuteten römischen Siedlung. Der zentrale Platz wird von gotischen Bauwerken umgeben. An der Fassade des Palazzo Comunale befindet sich eine astronomische Uhr aus dem 16. Jh. Einander gegenüber liegen die Barockkirche und ein Oratorium (15. Jahrhundert) mit einem Fresko („Triumph des Todes").
Rovetta (9 km südwestl.): Schöne Altstadt. Das Museo Fantoniano widmet sich dem Werk der großen Bildhauerfamilie der Fantoni (15.-17. Jh., Juni-Sept, Nachm. □).

Procida (Isola) 20/A 1
Campania (Napoli)

Die Insel vulkanischen Ursprungs liegt 6 km vor dem Kap Miseno (→ Baia) und kann ab **Pozzuoli**∗ (30 Min.), **Neapel**∗ (1 Std.) und **Ischia**∗ (30 Min.) erreicht werden. Das reizende, mit Orangenhainen und Weinreben bepflanzte „Universum" umfaßt fünf ehemalige Krater, auf dem höchsten (90 m) erhebt sich die Renaissancekirche San Michele. Der kleine Hafen von Procida wird von einem Castello geschützt (Strafanstalt, Panorama von der Terrasse); hier begegneten sich Lamartine und Graziella (1811). Der gleichnamige Roman entstand erst 1849. Seebad und Lido erstrecken sich entlang der südlichen Bucht.
Veranstaltungen: Karfreitag, Prozession „der Mysterien" in Trachten. Wahl der Graziella während des Meeresfestes im Juli/August.

Rapallo 9/B 2
Liguria (Genova)
Das Seebad von internationalem Rang, eines der großen Zentren der Riviera di Levante im tiefsten Winkel des Golfo Tigullio, entstand aus einem Hafen römischer Gründung und kam im 19. Jh. in Mode. Der wegen der Blumenpracht seiner Gärten bekannte Ort verfügt über einen Strandboulevard (Lungomare), der im Osten an einem kleinen Renaissanceschloß und im Westen an einer nach „Hannibal" benannten Brücke endet. Das Museo Civico beherbergt steinerne Reste der Antike. Schiffsverbindungen bestehen mit den Hauptortschaften der Umgebung, mit dem Golf von Genua und mit der Region La Spezia.
Veranstaltungen: Musikalische Wintersaison und Konzerte im Auditorium des Klarissenklosters.
Spezialität: Flacher, im Ofen gebackener Kuchen.
Montallegro (Santuario di, 11 km über die Straße oder per Seilbahn): Wallfahrt im Juni; Panorama∗ über das Meer und die Berge des Inlandes.
San Michele di Pagana (2 km südl.): Fischerdorf; Folklorefest im September. In der Kirche hängt ein Gemälde von Van Dyck.
Uscio (26 km nordwestl., über das kleine Seebad Recco, Renaissancekirche): Berühmtes Zentrum der Uhrmacherei. Die Sommerfrische im Apennin bewahrte eine romanische Kirche; Ausblick∗ über das Meer.
Zoagli (5 km östl.): Strand und kleiner Hafen, traditionelles Handwerkerzentrum des Seidensamts.
Chiavari: 12 km östlich, → **Sestri Levante**∗.
Camogli (11 km westlich, → **Portofino**∗: 8 km südlich.
Santa Margherita Ligure: 3 km südlich, → **Portofino**∗.

Ravenna 10/D 2
Emilia Romagna (Provinzhauptstadt)
Im Jahre 402 verlegte Kaiser Honorius (Onorio) aus Sicherheitsgründen den Sitz der Hauptstadt des weströmischen Reiches von Mailand nach Ravenna. Die von Augustus gegründete Hafenanlage war zu dieser Zeit noch eine bedeutende maritime Niederlassung am Adriatischen Meer. Nach dem Untergang des weströmischen Reiches im 5. Jh. ließ Theoderich der

Große, König der Ostgoten, die Monumente errichten, die aus Ravenna eine der Hauptstädte der Weltkunst machten. Im Jahre 540 geriet sie unter byzantinische Herrschaft und wurde kaiserliche Stadt. Es begann die Epoche der großartigen Mosaiken, charakterisiert durch die leuchtenden Farben, den Rhythmus der Zeichnungen und ihrer Symbolik. Nach der Eroberung durch die Franken schenkten diese die Stadt der Kirche. Eine Periode der Zurückgezogenheit begann. Anfang des 14. Jh. fand der aus Florenz verbannte Dante Zuflucht in der Stadt und verstarb hier 1321.

In der Renaissance schlug die Armee des französischen Königs Ludwig XI., geführt von Gaston de Foix, die Kaiserlichen (unterstützt von den päpstlichen Armeen) vor den Toren der Stadt. Am Süd-West-Ausgang Ravennas erinnert die Säule an die erbitterten Kämpfe, bei denen Gaston de Foix 1512 den Tod fand. Erst kürzlich hat Ravenna seine Rolle als Handelshafen wiedererlangt, neben **Trieste*** und **Venezia*** entwickelte sich der drittgrößte Handelshafen am Adriatischen Meer. Das Hafenbecken des Canale Candiano wurde für große Frachtschiffe zugänglich.

Die großen Mosaiken***: Man kann sie in den nachfolgend beschriebenen Bauwerken bewundern: San Vitale (nordwestl.), Sant' Apollinare Nuovo und im Viertel des erzbischöflichen Palastes (Stadtzentrum) und in Sant' Apollinare in Classe (→ Umgebung).

San Vitale** (1): Die auf achteckigem Grundriß errichtete Kirche mit einem bezaubernden Innenraum stammt aus der Mitte des 6. Jh. Chor und Apsiden sind mit Mosaiken verkleidet, die den Kaiser Justinian und seine Gemahlin Theodora mit ihren Gefolge darstellen. Das farbliche Spiel der Gold-, Grün- und Blautöne vermittelt eine einmalige Pracht. Am Chorgestühl befindet sich ein thronender Christus zwischen S. Vitalis und dem Grün-

Ravenna: Das Chorgewölbe von San Vitale ist eine der schönsten Mosaikkompositionen der byzantinischen Kunst. Die Seiten sind mit Szenendarstellungen aus dem alten Testament versehen.

dungsbischof Ecclesius, die Seiten sind mit Szenendarstellungen aus dem alten Testament versehen.

Mausoleo di Galla Placidia* (oder Augusta, Schwester des Honorius): Das kleine Oratorium (Mitte 5. Jh.) auf kreuzförmigem Grundriß birgt im Inneren einen wertvollen Mosaikschmuck (wassertrinkende Tiere am Lebensborn). Unter der Kuppel glänzen tausende von Sternen im leuchtenden Blau des Nachthimmels. In einem Sarkophag befinden sich vermutlich die sterblichen Reste der Königin.

Museo Nazionale (So.-nachmittag, Mo. und an Feiertagen ⊠): Es befindet sich im ehemaligen Kloster San Vitale. Es werden römische, paläochristliche und orientalische Antiquitäten sowie einige Gemälde und Skulpturen der venezianischen Schule (14.-17. Jh.) gezeigt.

Piazza del Popolo (2): Vor den schönen Renaissancearkaden des Palazzo Comunale stehen zwei venezianische Säulen (15. Jh.). Die nahegelegene Piazza Garibaldi wird von der Fassade des Teatro Alighieri beherrscht. Der Via Diaz folgen und nach links abbiegen.

Battistero degli Ariani (3): Die Verzierungen gleichen denen des Baptisteriums der Kathedrale. Gegenüber erhebt sich die Fassade von Santo Spirito (5. Jh., während der Renaissance restauriert).

San Giovanni Evangelista (4): Sehr schönes Portal, Kampanile (10. Jh.), im 15. Jh. gekrönt. Das Innere wurde von Malern der Schule von Rimini mit Fresken verziert (Quattrocento).

Sant' Apollinare Nuovo** (5): Die Basilika (ursprünglich S. Martino in coelo auro genannt) mit einem zylindrischen Kampanile (9. Jh.) stammt aus der Zeit der Herrschaft Theoderichs (6. Jh.). Im Langhaus erwartet den Besucher wahrscheinlich das größte Meisterwerk unter den Mosaiken (drei Reihen übereinander) Ravennas. Von oben nach unten betrachtet bewundert man Szenen aus dem Leben und der Passion Jesu, Szenen der Heiligen und der Propheten und den Zug der Märtyrer und der Jungfrauen***, welche auf blumensäten Auen wandelnd zwei Juwelenkronen tragen. Die erste ist für Christus, die zweite für die thronende Maria bestimmt.

Palast des Theoderichs (6): Schöner Backsteinbau. Es könnte sich um die sehr alte Fassade der Kirche San Salvatore (7. Jh.) handeln.

San Francesco (7) (5. Jh., im 10. Jh. neuerrichtet): Auf dem Kirchplatz befinden sich das Fremdenverkehrsamt und die Casa Oriani, die die Bibliothek für zeitgenössische Geschichte aufnimmt. An der linken Seite der Kirche liegt das

Ravenna, Mausoleum Galla Placidia: Wer würde vermuten, daß die Innenwände des kleinen Oratoriums mit wunderschönen Mosaiken (5. Jh.) bedeckt sind?

Dante-Grabmal (18. Jh.) und daneben das Museo Dantesco.

Erzbischöflicher Palast: Hier wurde das Museo Arcivescovile eingerichtet (So.-nachmittag, im Winter Di. und an manchen Festtagen ⊠). Es beherbergt den Stuhl* des Erzbischofs Maximian aus geschnitztem Elfenbein (6. Jh.).

Duomo: Die paläochristliche Kanzel (6. Jh.) ziert das Innere des Domes (18. Jh.); zylindrischer Kampanile (10. Jh.).

Battistero Neoniano* (oder degli Ortodossi): Achteckiger Bau (Mitte 5. Jh.) unter einer mit farblich leuchtenden Mosaiken ausgekleideten Kuppel (Zug der Apostel* um die Taufzeremonie Christi).

Mausoleum des Theoderich (8) (am Nordausgang der Stadt): Das massive, zweigeschossige, polygonale Bauwerk wurde im Jahre 520 im Auftrag des Ostgotenkönigs erbaut, um sein Grab zu beherbergen. Es wird von einer monolithischen Kuppel von 11 m Durchmesser überdeckt.

Kommunale Pinakothek (erreichbar über die Via Roma, an der der Kirche Santa Maria in Porto): Sie wurde im ehemaligen Kloster del Giardino untergebracht, dessen schöne Renaissanceloggia dem öffentlichen Garten gegenüberliegt. Besonders eindrucksvoll sind die Grabstatue* Guidarello Guidarellis von Tullio Lombardo (16. Jh.), die Gemälde der Schulen der Toskana, der Emilia und Venedigs (Montagna, Guercino usw.) sowie die Abteilung für moderne Kunst.

Kirche Santa Agata Maggiore (9): Steinerne Überreste des 5./6. Jh.

Palazzi Rasponi (10): Zwei sich gegenüberliegende Paläste aus der Klassik an der Piazza Kennedy.

Rocca di Brancaleone (11): Festung im Norden der Stadt.

Veranstaltungen: Musikalischer Sommer mit Orgelkonzerten in San Vitale im Juli-August Vorstellungen in der Rocca di Brancaleone, symphonische Konzerte in Sant' Apollinare Nuovo, Sant' Apollinare in Classe und auf der Piazza San Francesco. Mitte September ein mittelalterlicher Trachtenzug in Gedenken an Dantes Tod. Antiquitätenmarkt an jedem zweiten Wochenende des Monats.

Handwerk: Schmiedeeisen, Küferware, Zinn und Mosaiken.

Alfonsine (17 km nordwestl.): Museum im Geburtshaus des Dichters Vicenzo Monti (1828 gestorben).

Bagnacavallo* (20 km westl.): Von Arkaden gesäumte Straßen der Altstadt, elliptische Piazza Nuova (18. Jh.), Stiftskirche San Michele (Gotik und Renaissance). Am Nordende die Kirche San Pietro in Sylvis mit byzantinischen Architekturmerkmalen. 4 km westl., Archäologisches Museum von Cotignola.

Marina di Ravenna (10/13 km nordöstl.): An der Costa Verde erstrecken sich über eine Distanz von 15 km eine Gruppe von fünf Badeorten. In Punta Marina befindet sich ein Thalassotherapiezentrum.

Pineta di Classe (15 km südl.): Sehr alter Wald, dessen Bäume bereits von Dante gerühmt wurden.

Russi (15 km südwestl.): Kirche des 18. Jh., Ausgrabungsstätte einer römischen Villa in der Nähe.

Reggio die Calabria

Ravenna: Der zur Herrschaftszeit Justinians geschaffene „Märtyrerzug" in der Basilika Sant' Apollinare Nuovo. Darüber befinden sich Heilige und Propheten, dann Szenen der Passion und der Auferstehung Christi.

Sant' Apollinare in Classe** (5 km südöstl., an der Straße nach Rimini): Hier lag der ehemalige Hafen von Ravenna. Der Name erinnert an das Martyrum des ersten Bischofs der Stadt an diesem Ort. Die prächtige Backsteinbasilika wurde in der Mitte des 6. Jh. geweiht. Sie wird von einem zylindrischen romanischen* Kampanile flankiert und beherbergt im Inneren byzantinische Kapitele und Sarkophage. Das Presbyterium ist mit wunderschönen Mosaiken* geschmückt: Transfiguration (Verklärung Christi) am Apsisgewölbe; das würdevolle Gesicht des Bischofs dominiert in einer grünen Landschaft.
Savio (12 km südl.): Museum für Musikinstrumente.

Reggio di Calabria 26/A 2
Calabria (Provinzhauptstadt)
Die Stadt wurde im 8. Jh. entweder von den Phöniziern oder den Griechen gegründet. Sie gilt als ein Muster erdbebensicheren Städtebaus, nach dem schrecklichen Erdbeben von **Messina*** im Jahre 1908 wurde sie neu aufgebaut. An breiten Straßen, die sich rechtwinklig schneiden, stehen flache Gebäude.
Museo Nazionale*: Im Norden des Lungomare* (Aussicht auf die Küste Siziliens, deren Städte sich, von der Morgensonne beleuchtet, auf dem ruhigen Wasser der Meerenge spiegeln) befindet sich das Museum, das als eines der bedeutendsten Archäologiemuseen Süditaliens betrachtet wird. Es zeigt die berühmten Bronzen von Riace**, die 1972 im Meer entdeckt wurden (zwei Statuen griechischer Krieger von 2 m Höhe, die jeweils 1/4 Tonnen wiegen, 5. Jh. v. Chr.) und zahlreiche Marmorgruppen aus der gleichen Epoche. Unter den Gemälden bewundert man zwei schöne Werke von Antonello da Messina (Mitte 15. Jh.) und ein Werk von Mattia Preti (So.-nachmittag und Mo., außerhalb der Saison Mi. und Fr.-nachmittag ⊠).
Schiffsverbindungen mit **Messina*** (Tragflächenboote) und **Catania***, mit der Insel Malta, mit **Neapel*** und (im Sommer) mit den Äolischen Inseln (→ **Eolie***).

Reggio di Calabria: Die angenehme Promenade „Lungomare" entlang der Straße von Messina. Am Horizont, Sizilien.

Veranstaltungen: Internationale Zitrusfrüchtemesse im Feb./März. Primavera Reggina (Frühling in Reggio) und Verleihung von Literaturpreisen im Juni. Fest der kalabrischen Folklore im September.
Spezialitäten: Moscato-Wein, Zitrusfrüchte, Jasmin und Öle zur Herstellung von Parfümen. Die Region ist Hauptlieferant von Bergamottöl, das nach Frankreich exportiert wird (→ **Catanzaro***).
Pentedattilo* (34 km südöstl.): Das malerische Dorf befindet sich unterhalb eines schroffen Felsens (450 m Höhe).
Scilla* (23 km nördl., über eine steile, kurvenreiche Küstenstraße): Die alte Stadt schmiegt sich eng an den von einem Castello gekrönten mythischen Felsen; malerisches Fischerviertel (La Chianalea).
Villa San Giovanni (14 km nördl.): Haupteinschiffungspunkt nach Sizilien, Autofähre nach **Messina***.

Reggio nell' Emilia 10/A 1
Emilia Romagna (Provinzhauptstadt)
Die antike Via Emilia durchquert die Stadt, deren Straßennetz nach einem sechseckigen Plan der Renaissance angelegt wurde. Die Prinzen von Este herrschten hier vom 15.-18. Jh., zu dieser Zeit waren sie auch Herrscher über **Modena***.
Madonna della Ghiara*: Die Kirche (18. Jh.) ist im Inneren mit einem Freskenzyklus der Schule von Bologna und mit Gemälden von Guercino und Carracci geschmückt.
Galleria Parmeggiani* (heute Galleria Civica): Gegenüber dem Tea-

tro Ariosto. Es werden Stoffe und Trachten, Möbel und Goldschmiedearbeiten aus der Zeit der Herrschaft der Este gezeigt. Die Pinakothek umfaßt hauptsächlich Werke flämischer und spanischer Maler und Werke italienischer Meister. Das herausragende Meisterwerk ist ein Christus* von El Greco.
Paläste: Während der Besichtigung der Stadt entdeckt man eine Vielzahl von Palästen (17./18. Jh.) mit schönen Höfen und Treppen.
Teatro Municipale (Piazza Cavour): Das Bauwerk bildet einen der Höhepunkte der dekorativen Kunst und der Architektur des 19. Jh. Hinter ihm erstreckt sich der Parco del Popolo mit dem römischen Monument der Concordi (Grab, 1. Jh.) und einer Gedenktafel, die auf die Stelle des Geburtshauses Ariostos hinweist. An der Ostseite befinden sich die Museen der Stadt.
Musei Civici* (Die Museen liegen alle in einem Gebäude. Nachmittags ⊠): Galleria Spalanzani, Naturkundemuseum, Museum des Risorgimento, Kunstgalerie Fontanesi und Glyptothek. Man bewundert u. a. die Venus von Chiozza*, eine der ältesten und bekanntesten Skulpturen der Welt (12000 Jahre v. Chr. ?), etruskische Funde, römische Mosaiken und Statuen, Münzen und Juwelen sowie lombardische Waffen.
Palazzo Comunale: Früher Palazzo del Capitano del Popolo. Zu besichtigen ist der „Saal der Trikolore" (die erste italienische Fahne wurde von der „Cispadane-Republik" 1796 eingeführt).
Duomo (Dom): In einer Nische des achteckigen Turms befindet sich eine Madonna aus vergoldeter Bronze von B. Spani. Im Inneren bewundert man Grabmäler aus der Renaissance und eine „Himmelfahrt" von Guercino.
San Prospero: Die Kirche aus der Spätrenaissance befindet sich hinter dem Dom. Sie wurde von Clemente, einem Schüler Michelangelos geschaffen. Mit Intarsien verziertes schönes Chorgestühl im Inneren; im 17. Jh. bemalte Apsis.
Veranstaltungen: Lyrische und dramatische Saison im Winter. Messe-Ausstellung im März und April (Rassegne).
Handwerk: Geschnitzte Möbel, Zentrum ist das Dorf Rolo.
Gualtieri (25 km nördl.): Renaissancepalast Bentivoglio.
Luzzara (30 km nördl.): Museum der italienischen Naiven.
Il Mauriziano (Villa, 3 km südöstl., an der Via Emilia): Hier lebte Ariosto, Renaissancefresken.
Novellara (20 km nordöstl.): Stiftskirche und ehem. Schloß der Gonzagen mit einer kleinen Museums-Pinakothek (nachmittags ⊠).
Rubiera (12 km östl.): Stadt des Keramikhandwerks. 3 km nördl. befindet sich die ehemalige Kirche Ss. Faustino e Giovita.

Rieti 15/C 2
Lazio (Provinzhauptstadt)

Die Hauptstadt der Region „La Sabina" (Land der Sabiner) wurde im 4. Jh. v. Chr. von Rom besetzt, die den Ort Reata benannten. Im 13./14. Jh. wählten die Päpste Rieti als Exil. Das geographische Zentrum der Halbinsel bewahrte im Norden Reste der Stadtmauer aus dem 13. Jh.
Das Fremdenverkehrsamt befindet sich an der nahegelegenen Piazza Vittorio Emanuele (ehemaliges römisches Forum).
Duomo: Romanisches Bauwerk mit barockem Innenraum. Im Baptisterium wurde das Schatzmuseum untergebracht (Mo., Mi. und Fr. ⊠).
Bischöfliches Palais: Bemerkenswerte Spitztonnengewölbe*.
Museo Civico (Piazza Vittorio Emanuele): Das im Palazzo Comunale untergebrachte Museum zeigt archäologische Funde, Gemälde, Skulpturen und Goldschmiedekunst (außerhalb der Saison nachmittags und an Festtagen ⊠).
Palazzo Vecchiarelli (Via Roma): Imposanter Palast der Spätrenaissance, von Maderno errichtet.
Antrodoco (24 km nordöstl.): Mit gotischen Fresken verzierte Kirche Santa Maria extra Moenia (5.-12. Jh.).
Cittaducale (10 km östl.): Kleine Stadt mittelalterlicher Prägung innerhalb einer vom Hause Anjou errichteten Umfassungsmauer. Romano-gotische Kirche Santa Maria del Popolo, Sant' Agostino mit einem Portal (15. Jh.) und Torre Civica (Ende 16. Jh.).
Franziskanerkloster Fonte Colombo (5 km südwestl.): Hier verkündete der hl. Franz im Jahre 1223 die Ordensregeln. In La Foresta (5 km nördl.) befinden sich eine zum Barock umgebaute Kirche (13. Jh.) und ein Kreuzgang (15. Jh.).
San Giacomo (20 km nördl.): Bauwerk aus dem 13. Jh.
Greccio* (20 km nordwestl.) Am Weihnachtstag des Jahres 1223 schuf der hl. Franz hier die erste Krippe (Kapellen mit Fresken der Schule von Giotto geschmückt). Die Gründung soll vom hl. Bonaventura besucht worden sein, dessen Oratorium* und Kammer gezeigt werden (Portrait des augenkranken Francesco).
Leonessa (38 km nordöstl., 1000 m): Sommerfrische und Wintersportstation; gotische Kirche San Francesco.
Terminillo (20 km nordöstl.): Unterhalb des gleichnamigen Berges liegt der bedeutende Ferien- und Wintersportort (1600/2000 m).

Rimini 11/A 3
Emilia Romagna (Forli)

Das alte Ariminum der Römer, am Schnittpunkt der Via Flamina und der Via Emilia, ist eine der ältesten Städte Italiens (aus voretruskischer

Vom Stadtgarten vor dem Präfektenpalast (links) blickt man hinab auf die reizvolle Stadt Rieti, die Hauptstadt der Region „La Sabina".

Zeit). Das große Seebad liegt beiderseits der Marecchia-Mündung an einem Hafenkanal. Rimini Marina erstreckt sich über ca. 15 km Küstenstreifen zwischen Viserba und Miramare. Oberhalb des Hafens beherbergt die Altstadt die Hauptdenkmäler, sie stammen entweder aus der Kaiserzeit oder aus der Renaissance. Die Stadt war im 13. Jh. Schauplatz des „Gattenmordes" an Francesca, der Geliebten Paolo Malatestas (von Dante beschrieben). Der ebenfalls sehr grausame Prinz Sigismondo Malatesta (1417-1468) zog in seiner Eigenschaft als Mäzen viele Künstler in die Stadt. Rimini ist ferner die Heimat des Filmregisseurs Federico Fellini (1920 geb.). In Miramare gibt es eine Anstalt für Thalassotherapie (Juni-Sept.) und ein Thermalzentrum (ca. 4 km).

Augustusbogen: Der im Mittelalter mit Zinnen gekrönte Bogen wurde 27. v. Chr. erbaut und bildete das Ende der Via Flaminia.

Tempio Malatestiano*: Nach den Beschädigungen der 2. Weltkrieges restaurierte Kirche (13.-15. Jh.). Das Sanktuarium beherbergt die Grabmäler von Sigismondo Malatesta, von Isota*, seiner dritten Gattin, und die der Familie Duccio (15. Jh.). Schönes Fresko des hl. Sigismondo, ein Werk Piero della Francescas und ein Giotto zugeschriebenes Kruzifix*.

Pinacoteca Comunale und Museo Civico (Mo. und nachmittags ✕): Retablo des hl. Vinzenzo von Ghirlandaio, gekreuzigter Christus von G. Bellini, Archäologie, Keramiken und unbedeutende Kunstwerke der Renaissance.

Amphitheater: Reste des römischen Amphitheaters (2. Jh.), das 12000 Zuschauer aufnehmen konnte.

Piazza Tre Martiri: Ehemaliges römisches Forum, wo Cäsar nach der Überquerung des Rubikon (49 v. Chr.) eine Ansprache an seine Truppen gehalten haben soll.

Sant' Agostino: Kirche (13. Jh.) mit einem schönen Kampanile. Fresken der Schule von Rimini (14. Jh.) in der unterirdischen Kapelle.

Piazza Cavour: Das belebte Zentrum der Stadt wird von Palästen umgeben. Dazu gehören der Palazzo Comunale, der Palazzo dell' Arengo (13. Jh., Freskenschmuck der Schule von Rimini), der Palazzo del Podesta (14. Jh.), der ein Museum für primitive Künste und für überseeische Ethnologie aufnimmt, und das Theater (19. Jh.).

Castel Sigismondo: Das Kastell (15. Jh.) an der Ecke des alten Schlosses wurde nach Plänen des Florentiners Brunelleschi errichtet.

Tiberiusbrücke: Mit 5 Bogen über die Marecchia (1. Jh.).

San Giuliano: Die Kirche (9. Jh.) am linken Flußufer enthält ein Retablo* von Veronese.

Santa Rita: Kirche (12. Jh.) mit einem Kreuzgang (15. Jh.).

Sehenswert sind auch der Kanalhafen und die Aquarien*.

Schiffsverbindungen: Mit **Ravenna*, Venezia*, Trieste*, Ancona*** und mit Jugoslawien.

Veranstaltungen: Sagra Musicale im Tempio Malatestiano im Juli. Theaterfestival auf dem Platz von Santarcangelo und Freilichtkonzerte auf der Piazza Cavour. Filme von Fellini im Grand Hotel.

Cattolica (18 km südöstl.): Großes Seebad mit einem kleinen Fischereihafen.

Gabicce Mare (20 km südöstl.): Weites Panorama vom Castel di Mezzo in Gabicce Monte (2 km, 140 m).

Galvanina (3 km südwestl.): Kirche Madonna delle Grazie (teilweise 13. Jh.) und Museum für Archäologie, Malerei und Ethnographie; kleines Museum im Kurpark.

Montefiore Conca (22km südl.): Ortschaft unterhalb der Festung der Malatesta.

Riccione (10 km südöstl.): „Perle der Adria", elegantes Seebad an einem 6 km langen Strand mit Mineralquellen und einem Segler- und Fischereihafen. Antiquarium (Vorgeschichte und römische Epoche), Delphinarium und internationales Museum della Risata. Zahlreiche Veranstaltungen (Literaturpreisverleihung, Schönheitswettbewerb). Überreste aus römischer Zeit.

Viserba (5 km nordwestl.): „Italia in miniatura".

Riva del Garda 6/A 1

Trentino-Alto Adige (Trento)

Unterhalb der Felswände des Monte Rocchetta, am nördl. Ende des Gardasees, liegt in einer von Tannen bewachsenen Landschaft der hübsche Luftkur- und Badeort (Strand degli Olivi). Das historische Viertel umgibt den kleinen Hafen, im Hafenbecken befindet sich auf einer Insel die Rocca. Das Bauwerk (teilweise aus dem 12. Jh.) beherbergt das Museo Civico (Mo. ✕). Es zeigt archäologische Funde, Handwerk und regionale Folklore. An der Hafenesplanade erheben sich der gotische Palazzo Pretorio (oder der Scaliger), das Rathaus (Renaissance) und der mittelalterliche Torre Apponale. Ein Sessellift führt zu den Ruinen der venezianischen Festung (Il Bastione genannt) in 150 m Höhe über dem See (Panorama*). Die Barockkirche Inviolata am nördlichen Ende der Stadt wurde auf einem sechseckigen Grundriß erbaut.

Schiffsverbindungen mit **Gardone*** und Desenzano (→ **Sirmione***) in ca. 3 Stunden; Ausflugsfahrten von Juni-September

Veranstaltungen: Kultur- und Sportveranstaltungen finden das ganze Jahr über statt.

Spezialitäten: Honig und Obst.

Arco (6 km nördl.): Das schöne Dorf umgibt einen hohen Hügel, der die Ruinen eines Kastells trägt.

Ledro (6 km westl.): See und interessantes Dorf.

Limone sul Garda (10 km südl.): Über eine Panoramastraße durch zahlreiche Tunnel zu erreichen (Zitronenhaine und Fischereihafen).

Am Nordende des Gardasees liegt in einer von Tannen bewachsenen Landschaft Riva. Der hübsche Luftkur- und Badeort verfügt über ein Segelzentrum.

Torbole (5 km östl.): Der kleine Badeort (Mineralquellen) wurde von Goethe besucht; Strand, Segelschule und Retabel in der Kirche Sant' Andrea. 1 km weiter liegt das malerische Dorf Nago.
Varone (Wasserfall, 4 km südl.): Schwindelerregender Wasserfall in einem 87 m tiefen Abgrund.

Roma/Rom   17/A 1
Hauptstadt der Republik Italien
Hauptstadt des Latiums (Lazio) und Provinzhauptstadt

Die „Ewige Stadt" Rom entstand bereits vor dreitausend Jahren auf dem Kapitolshügel („Roma quadrata") und bildet heute das erste „Stadt-Museum" der Welt. Das große Freilichtmuseum der antiken Archäologie und vielfache Museum religiöser Barockkunst hat nichts von seinem Reiz verloren.

Das antike Rom
Triumphbogen des Septimus Severus und Titusbogen, → Forum.
Konstantinsbogen* (1) (am Anfang der Via Sacra zum Forum): Aus dem frühen 4. Jh., verziert mit zahlreichen, aus anderen Monumenten stammenden Elementen.
Area Sacra des Largo Argentina (2): Vier Tempel (4.-3. Jh. v. Chr.).
Ara des Augustus* (3) (Ara Pacis Augustae): Einer der Höhepunkte der dekorativen Bildhauerei der frühen Kaiserzeit.
Kapitol** (4) (Campidoglio oder Monte Capitolino): Auf dem Gipfel des Hügels, der das ursprüngliche Rom beherrschte, erhebt sich die Kirche Santa Maria in Aracoeli (13. Jh.). Sie wurde an der Stelle errichtet, an der Augustus von der Tiburtinischen Sibylle die Weissagungen über Christus vernahm. Der unterhalb liegende Platz wurde zur Zeit der Renaissance von Michelangelo umgestaltet. Am Ende der monumentalen Treppe stehen am Ort aufgefundene römische Statuen der Dioskuren. Das von Michelangelo restaurierte Reiterstandbild des Marc Aurel (2. Jh.) schmückte die Mitte des Platzes (wird z.Zt. restauriert). An der Nordseite des Platzes befindet sich der „Neue Palast" (17. Jh.), in dem das Museo Capitolino (→ Museen) untergebracht ist. An der Südseite liegt der Palazzo dei Conservatori (15./16. Jh.), der ebenfalls Sammlungen antiker Werke und eine Pinakothek (→ Museen) aufnimmt. Im Palazzo Senatori an der Ostseite wurde das Rathaus (Municipio, ⊠) untergebracht. Hinter dem Gebäude hat man eine schöne Aussicht* über das Forum. Die Kapitolsgärten erstrecken sich hinter dem Palast der Konservatoren; Blick über den Palatin.
Katakomben**: → Via Appia.

Die städtebaulichen Anlagen der Antike wurden im Mittelalter geplündert. Vom Trajansforum blieb nur der Halbkreis der Markthalle erhalten.

Engelsburg**: → Vaticano*.
Kolosseum** (5) (Colosseo, auch „Flavisches Amphitheater" genannt): Von Vespasian (Ende 1. Jh.) begonnen und von seinem Nachfolger Titus vollendet. Das Bauwerk verdankt seinen Namen wahrscheinlich der kolossalen Statue Neros, die hier einmal stand. Im Mittelalter wurde das größte Amphitheater der römischen Welt (190x160 m, 50000 Plätze) nach einem Teileinsturz als Steinbruch benutzt, bis die Päpste im 18. Jh. der Plünderung ein Ende setzten. Trotz langjähriger und fortdauernder Restaurierungsarbeiten bleibt das Kolosseum für Besichtigungen zugänglich, beeindruckend sind besonders die unterirdischen Gänge.

Trajanssäule* (6) (Columna Traiani): Die 38 m hohe Säule erhebt sich auf dem Trajansforum (→ Fori Imperiali). Die Darstellung der von Trajan gegen die Daker geführten Kriege (101-102 und 105-106) umziehen als 200 m langes Reliefband die Säule und bilden eines der Hauptwerke der antiken Kunst.
Forum*** (7) (Foro Romano): Es existieren drei Haupteingänge, der östl., nahe dem Konstantinsbogen (1), ermöglicht den interessantesten Eindruck (2 Std. vor Sonnenuntergang, im Winter um 14 Uhr, Di.-nachmittag, So. und an Festtagen ⊠). Ursprünglich war der Markt der Umschlagplatz für Waren der umliegenden Dörfer, bevor er um das 5. Jh. v. Chr. zum Zen-

Die Engelsburg, das Mausoleum Hadrians aus dem 2. Jahrhundert, wurde später Zufluchtsort der Päpste.

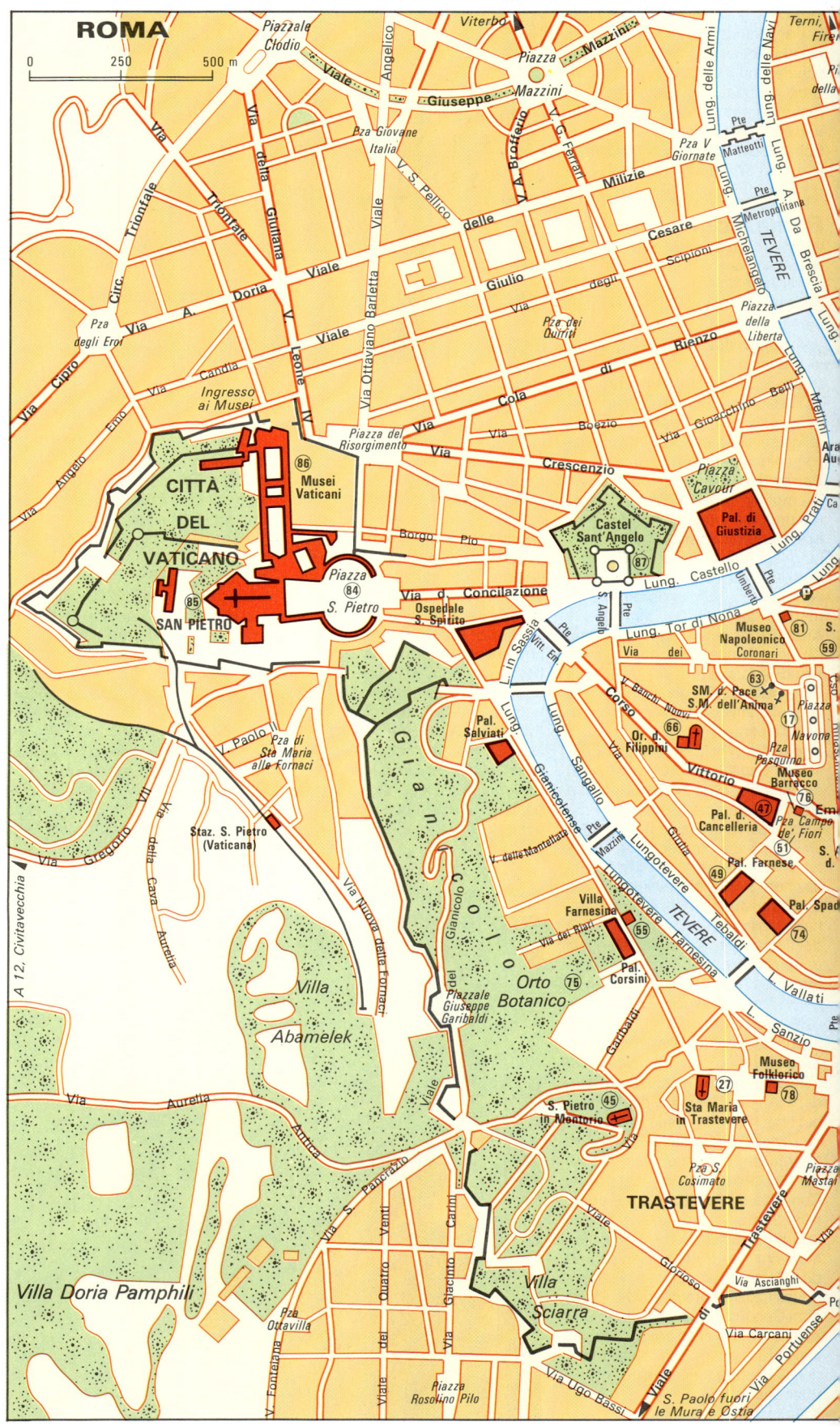

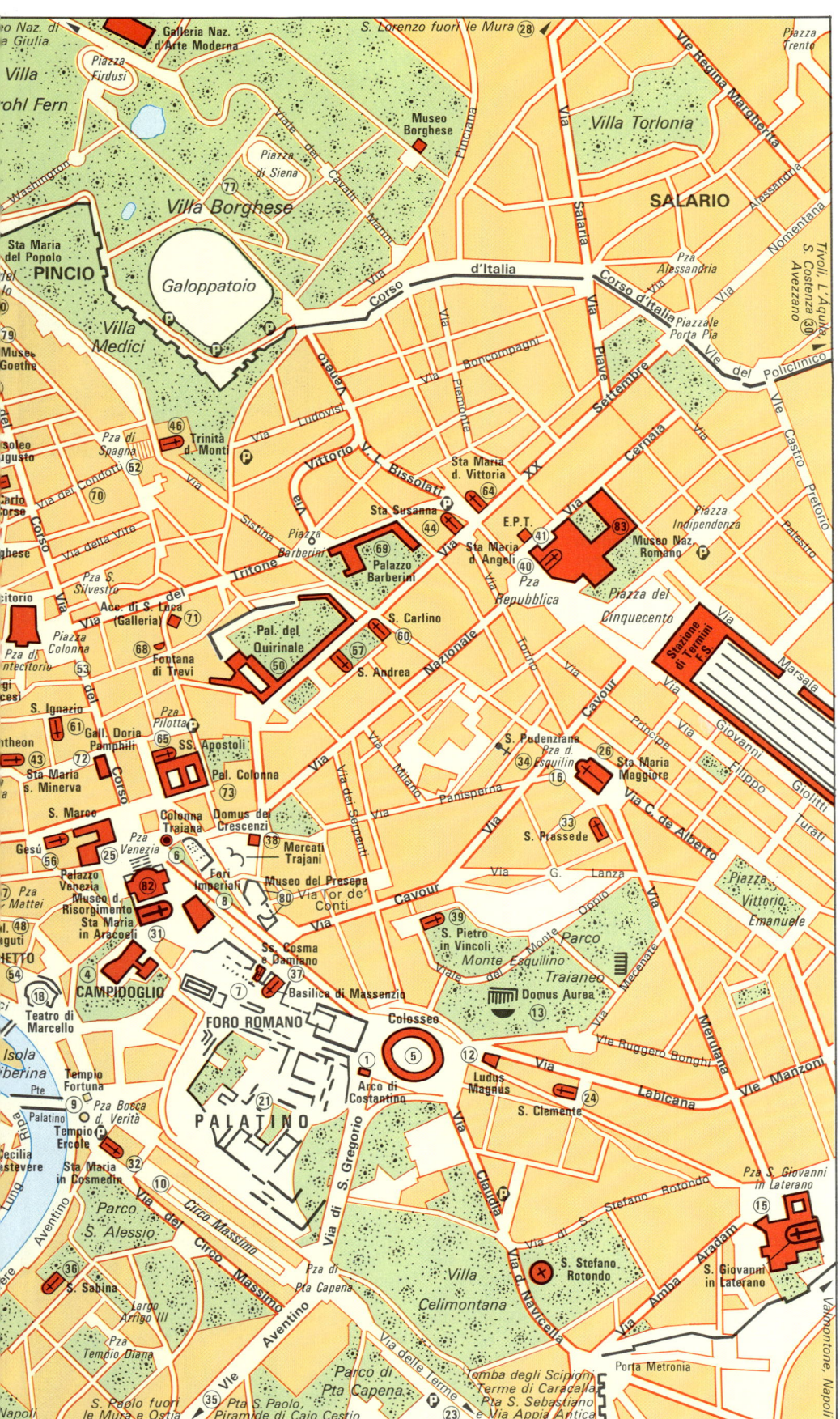

Das Kolosseum von Rom war das größte der antiken Amphitheater, es konnte 50000 Zuschauer aufnehmen. Bei unbarmherzigen Kämpfen fanden jährlich unzählige Gladiatoren den Tod.

trum des politischen und religiösen Lebens der Stadt wurde. Diese Funktion erfüllte er mehr als 1000 Jahre. Die im 19. Jh. begonnenen Ausgrabungen werden fortgeführt, während manche Monumente restauriert werden (nicht alle Monumente können deshalb besichtigt werden). Auf dem Weg hinauf zum Triumphbogen des Titus (Ende 1. Jh.), der in Gedenken an den Einmarsch des Kaisers in Jerusalem errichtet wurde, erkennt man rechts den von Kaiser Hadrian errichteten Tempel der Venus und Roma (Anf. 2. Jh.). Auf der Außenmauer an der Via dei Fori Imperiali verdeutlichen Tafeln das Wachstum des römischen Reiches. Etwas weiter wird das Antiquarium des Forums (Forense) und danach die Kirche Santa Francesca Romana (10. Jh.), mit einem schönen Kampanile (12. Jh.) erreicht (separater Eingang an der Via dei Fori Imperiali). Durch den Titusbogen gelangt man über die Via Sacra (rechts), die Straße der großen Aufmärsche und Paraden, zum eigentlichen Forum. Man passiert die Basilika des Maxentius** und des Konstantin (4. Jh.), den Justizpalast und ein Geschäftszentrum, in dem im Sommer symphonische Konzerte gegeben werden. Der folgende Romulustempel (Sohn des Kaisers Maxentius, 309 gestorben) steht neben der Kirche Santi Cosma e Damiano. Zu Ende des Rundgangs erreicht man den Tempel von Antonius und Faustina*, die Basilika Aemilia (2. Jh. v. Chr.), ein ehemaliges Einkaufszentrum und zuletzt die Curia*, die unter Diokletian neu errichtet wurde. Ihr heutiges Aussehen entspricht einer im Mittelalter erbauten Kirche. Sie beherbergt heute ein Museum für antike Skulpturen (Flachreliefs des Trajan*, 2. Jh.). Gegenüber befindet sich das Grab des Romulus mit der ältesten bekannten lateinischen Inschrift der Welt. Hinter der Curia zeichnen sich die Umrisse der Kirche Ss. Luca e Martina ab, die Pietro da Cortona im 17. Jh. schuf.

Triumphbogen des Septimius Severus** (Arcus Septimii Severi, 3. Jh.): Der vermutlich schönste Triumphbogen Roms erinnert an den Sieg des Kaisers über die Parther. Unterhalb des Kapitols, etwas zurückgesetzt, liegt die Kirche S. Joseph über dem Mamertingefängnis, in dem 52 v. Chr. Vercingetorix starb. Links des Bogens steht die zu Ehren des orientalischen Kaisers Phokos errichtete Säule. Die Rednertribünen (Rosta), auf denen die Tribunen das Wort ergriffen, liegen etwas höher. Der Saturn-Tempel* mit acht Säulen (4. Jh.) befindet sich daneben. Am Fuße des Kapitols erheben sich die drei korinthischen Säulen des Vespasiantempels* (Ende 1. Jahrhundert). Auf dem Rückweg zum Eingang erreicht man zuerst die weitläufige Basilica Julia* (Giulia), eine Handelsbörse (Gericht) aus der frühesten Zeit des römischen Reiches. Vom Tempel des Castor und Pollux** (5. Jh. v. Chr) sind drei wunderschöne Säulen erhalten. Der Vesta-Rundtempel steht vor dem Haus der Vestalinnen (Atrium Vestae), die hier das „Heilige Feuer" behüten sollten. Dahinter, am Fuße des Palatin, steht die Kirche Santa Maria in Antiqua, das älteste und größte christliche Bauwerk des Forums (Fragmente von Wandmalereien auf drei übereinanderliegenden Schichten). Hinter dem Haus der Vestalinnen folgt man der Via Nova (Caligula Palast). Am Ende erreicht man nach rechts über den Clivius Palatinus unterhalb des Barberini-Weinberges den Palatin.

Fori Imperiali* (8): Zur Zeit Vespasians, der sein eigenes Forum errichten ließ, existierten noch fünf „Fori", drei haben die Zeit überdauert. Das kleine Forum Cäsars wird von den Säulen des Tempels der Venus Genitrix geprägt (interessanter Ausblick von einer das Kapitol überragenden Terrasse). Sehenswert sind weiterhin das Forum des Augustus* und das Forum des Trajan**, von dessen

Forum Romanum: Einige Statuen am Haus der Vestalinnen wurden ersetzt. Im Hintergrund der Glockenturm von Santa Francesca Romana.

Überreste aus man einen guten Überblick auf die Via Alessandria gewinnt. Hier befinden sich der sehr schöne Tempel des Mars Ultor* (der rächende Mars), eine Basilika (und Haus der Ritter von Rhodos, 15. Jh.) und das Halbrund* der Fassade der Markthallen. Dahinter beginnt, abgestuft am Quirinalhang angelegt, das Suburre-Viertel, das berühmteste der verrufenen Viertel des antiken Roms.
Forums der Piazza Bocca della Verita (9).
Circus Maximus (10): Der größte Zirkus Roms (1. Jh.) war Schauplatz von Wagenrennen. Beinahe alle heute die Plätze Roms schmückenden Obelisken stammen aus dieser Anlage.
Isola Tiberina (11) (Tiberinsel): Auf der Insel, die die Form eines den Tiber hinunterfahrenden Schiffes hat, stand zur Antike ein Tempel.
Ludus Magnus (12): Östl. des Kolosseum steht unterhalb des Platzes das Gymnasion (Palestra) der Gladiatorenkaserne (Ende 1. Jh.).
Domus Aurea (13): Der Neropalast, von Trajan erweitert, liegt am Fuße des Esquilino.
Augustusmausoleum (14): Von Kaiser Augustus für sich und seine Familie errichtet.
Mura Aureliane: Die Aurelianische Mauer wurde zu Ende des 3. Jahrhunderts errichtet, um die Stadt vor Invasionen zu schützen; → Porta San Sebastiano (23).
Obelisken: Ca. 20 dieser ägyptischen Monumente schmücken die Plätze der Stadt (vom 18. bis 6. Jh. v. Chr.). Zu den berühmtesten gehören der Obelisk der Piazza S. Giovanni in Laterano (15), der höchste Roms (32 m), die des Augustus Mausoleums auf der Piazza d' Esquilino (16), der der Fontana dei Fiumi auf der Piazza Navona (17), der der Piazza Minerva (22), der auf einem Elefanten ruht (von Bernini erdacht), der von Psammetil II. auf der Piazza di Montecitorio (19), der als Sonnenuhr benutzt wird, und der von Papst Sixtus V. an der Piazza del Popolo aufgestellte Flaminier-Obelisk (20; datiert auf 1230 v. Chr.).
Palatin ** (21):** Die Backsteingiganten einer wahren Stadt in der Stadt wurden an der Stelle errichtet, an der der Legende nach Romulus die Stadt Rom gegründet haben soll. Vielleicht hat hier die Wölfin die Zwillinge gesäugt. Zugang entweder über das Forum (gleiche Öffnungszeiten) oder über die Via San Gregorio. Man besteigt den Hügel und überschaut zuerst das große Stadion, hinten links zeichnen sich die Thermen des Septimus Severus ab. Unweit der Reste des immensen Kaiserpalastes des Domitian (1. Jh.) befinden sich die Wohnräume des Domus Augustana*. Die Residenz der Kaiser wurde bis zum 7. Jh. bewohnt. Westl. schließt sich der Flavierpalast (Domus Flavia) an, dessen Thronsaal sich zum Forum öffnet. Zwischen beiden befindet sich das Antiquarium an der Stelle eines früheren Nymphäums. Etwas tiefer erkennt man in einem Wohnbereich der Tempel Apollos das Domus Livia* mit einigen Wandmalereien und den Tempel der Kybele (oder Magna Mater, 204 v. Chr.), von dem das Podium erhalten blieb. Die überragenden Farnesischen Gärten befinden sich seit der Renaissance an der Stelle des Tiboriuspalastes. Aussicht vom kleinen Pavillon aus (18. Jh., früheres Vogelhaus).
Pantheon*(22): Der Blick in die nackte Kuppel des großen, halbdunklen Rundbaus ist beeindruckend, zumal man sich schwer vorstellt, daß man sich nicht in einer Kirche der Renaissance befindet. Der Tempel Agrippas (27 v. Chr.) wurde zu Anfang des 2. Jh. von Hadrian neuerrichtet. Die Türflügel sollen noch aus dieser Zeit stammen. Das zu Ende des 6. Jh. in eine Kirche umgewandelte Bauwerk nimmt die Grabmäler Raffaels und die der Könige Italiens auf (Öffnungszeiten des Forum Romanum: Ostern, am 15. Aug. und Weihnachten ⊠).
Piazza Colonna: → Säulen des Marc Aurel.
Piazza Navona (17): Der Platz befindet sich an der Stelle eines Stadions des 3. Jh., dessen Form beibehalten wurde (→ Das barocke Rom).
Porta San Sebastiano (23): Das bekannteste Tor in der Aurelianischen Mauer, hier beginnt die Via Appia Antica: Zugang zum Mauerrundgang.
Caius-Cestius-Pyramide (35) (neben der Porta San Paolo, Aurelianische Mauer): 37 m hohes, mit Marmor verkleidetes Grabmonument des Volkstribuns, der 12 v. Chr. starb.
Rupe Tarpea (4): Der Tarpeische Fels in den Kapitolgärten. Hier wurden die Vaterlandsverräter in die Tiefe gestürzt.
Tempel der Fortuna Virile und der Vesta (9): Zwei reizende kleine Tempel (um 100 v. Chr.) in den Grünanlagen der Piazza Bocca della Verità.
Marcellustheater* (18): Das im Jahre 13 v. Chr. unter Augustus vollendete Theater konnte 14000 Zuschauer aufnehmen. Es wurde im 19. Jh. von Stendhal „entdeckt" und wahrscheinlich Dank seiner Mithilfe aus der Vergessenheit (und der Zerstörung) gerettet. Auf der Rückseite stehen zwei schöne Säulen des Apollo-Tempels*.

Die Mosaikfußböden der kolossalen Caracalla-Thermen simulierten die kleinen Wellen der Schwimmbecken.

Roma/Rom

Teile des Pflasters der Via Appia Antica von Rom in Richtung Campania und eine Anzahl in ihrem Verlauf errichteter römischer Bauwerke sind erhalten geblieben, darunter Mausoleen, Votivmonumente und Landhäuser.

Terme di Caracalla* (23): Interessanter Blick von der oberen Straße (südl.) über die imponierende bauliche Anlage aus dem 3. Jh., die gleichzeitig 1500 Badenden Platz bot. Im Caldarium finden im Sommer Aufführungen statt. Ständige Ausgrabungen verhindern den Zugang zu allen Sektoren (Öffnungszeiten wie beim Forum Romanum, aber Mo. ⊠).

Thermen des Diokletian : → Römisches Nationalmuseum.

Sepolcro degli Scipioni (23) (Grab der Scipionen an der Via Appia): In der großen Galerieanlage ruhen zehn Sarkophage (der älteste stammt vom Anfang des 3. Jh. v. Chr.).

Via Appia Antica** und Katakomben (23) (südöstl. Ausfahrt): Die im 4. Jh. angelegte, gepflasterte Straße führte zuerst von Rom nach Capua, dann nach **Benevento*** und später über die Lucania nach **Brindisi***. Zwischen der Porta San Sebastiano und (ca. 15 km vom Stadtzentrum entfernt) der Kreuzung von Casal Rotonda (Name eines zylindrischen Bauwerks des 1. Jh. v. Chr.) ist die Straße von hohem archäologischen Interesse. An der Kreuzung, kurz hinter der Quintili-Villa, befindet sich ein landwirtschaftlicher Betrieb. Mehrere Abschnitte sind heute noch mit großen Platten ausgelegt. Die Via Appia führt ebenfalls zu den Katakomben (2.-6. Jh.), die merkwürdigerweise erst während der Renaissance entdeckt wurden. Ihre Verzierungen und einige Fresken gehören zu den ersten bekannten christlichen gegenständlichen Darstellungen. Es können drei Anlagen besichtigt werden, zuerst die an der Via Appia befindlichen Katakomben des Calixtus** (Mi. ⊠), dann die von San Sebastiano** (Do. ⊠) und etwas abseits (nach rechts), über die Via delle Sette Chiese, die Katakomben der Domitilla** (Di. ⊠). Etwas oberhalb der Katakomben des San Sebastian befinden sich links das Grabmal des Romulus (Sohn Maxentius) und der Zirkus des Maxentius. Es folgt das imponierende Grabmal der Cecilia Metella*, ein Rundbau vom Ende des 1. Jh v. Chr.

Das mittelalterliche Rom:
Zu den mittelalterlichen Bauwerken Roms gehören ebenfalls das Pantheon (→ antikes Rom) und das Haus der Crescenzi (38), eine der Festungen, in die sich adlige Familien bei Unruhen zurückzogen.

Die Basiliken:
S. Clemente* (24): Die Anlage stammt aus dem 4. Jh. und besteht aus zwei übereinanderliegenden Kirchen. Sehenswerte Fresken in der Unterkirche und Apsismosaiken* (12. Jh.) in der Oberkirche.

San Marco: An der Südseite des Palazzo Venezia (25), Renaissancefassade.

San Paolo fuori le Mura** (4 km vom Zentrum, Ausfahrt über (35), U-Bahnstation San Paolo aussteigen): Die Gründung (4. Jh.) der Basilika geht auf Konstantin zurück, der über dem Grab des hl. Paulus ein Sanktuarium errichten ließ. Nach einem Brand im 19. Jh. wurde das Bauwerk neuerrichtet. Beachtenswert ist im Inneren der mit einem gotischen Ziborium* geschmückte gotische Hochaltar über dem Grab des Heiligen. Die Kapelle des Allerheiligsten ist reich an mittelalterlichen Kunstwerken.

S. Francesca Romana (Santa Maria Nova, → Forum Romanum).

Santa Maria Maggiore** (26): Fassade und Chorapsis stammen aus dem 18. Jh. (schöne Perspektive auf die Apsis von der Via Cavour). Das imposante Bauwerk des 5. Jh. entstand unter Papst Sixtus III. (gotischer Kampanile). Im Inneren prächtiger Mosaikenzyklus** aus dem 5. Jh., er wird als einer der ältesten Roms betrachtet. Das Kirchenschiff ähnelt dem von Sant' Apollinare Nuovo in Ravenna. Ein riesiger Tragehimmel bricht allerdings die Perspektive der Apsis, deren Gewölbe in einer prachtvollen Komposition auf goldenem Hintergrund erstrahlt. Vergoldete Kassettendecken aus der Renaissance (Besitz des Vatikans).

Santa Maria in Trastevere (27): Die erste dem christlichen Kult geöffnete Kirche Roms (3. Jh.) wurde häufig restauriert. Der Kampanile stammt aus dem 12. Jh., Mosaiken* von Cavallini (13. Jh.).

San Giovanni in Laterano** (15): Die Kathedrale wird als „Mutter und Haupt aller Kirchen Roms und der Erde" bezeichnet, sie ist älter als San Pietro (Petersdom). Sie befindet sich an der Stelle einer konstantinischen Basilika. Im benachbarten Baptisterium sind Mosaiken paläochristlicher Vorgängerbauten (6. Jh.) aufbewahrt. Die Kirche wurde im 17./18. Jh. zu großen Teilen von Borromini neuerrichtet. Man betritt sie durch eine majestätische, mit Fresken bemalte Vorhalle, die auch den Zugang zum rechten Querschiff gewährt (Eingang der

Museen). Decken* aus der Renaissance, Mosaiken im Chor, mit Marmor gepflastertes Langschiff, zwischen zwei Reihen kolossaler Apostelstatuen (Besitz des Vatikans).
San Lorenzo fuori le Mura (Nordausgang, über 28): Das romanische Bauwerk (12. Jh.) besteht aus zwei miteinander verschmolzenen Basiliken, schöne Kanzel, Ambo und Sarkophag der Weinlese.
Santa Agnese fuori le Mura: Kirche aus dem 7. Jh. mit sehr schönen Apsismosaiken.
Santa Cecilia in Trastevere (29): Die Kirche (9. Jh.) wurde zur Renaissance und später zum Barock verändert: „Das jüngste Gericht**" von Pietro Cavallini (beschädigtes Gemälde, 13. Jh.), Mosaik (9. Jh.) und Statue der hl. Cecilia von Maderno (16. Jh.).
Santa Costanza (30): Mosaiken.
Santa Maria in Aracoeli* (31): Die Kirche (13. Jh.) beherrscht die Piazza Campidoglio (→ Das antike Rom). Der Zugang führt über eine steile, 124 stufige Treppe ins Innere. Hier findet man Fresken von Pinturicchio (Ende 15. Jh.) und einen aus Olivenholz geschnitzten Christus von Gethsemane.
Santa Maria in Cosmedin (32): Kirche (11. Jh., Fassade 18. Jh.) mit schönem romanischen Kampanile, der aus einem siebenreihigen Bogenwerk aus Backstein besteht. In der Vorhalle befindet sich die berühmte Bocca della Verità („Mund der Wahrheit", der dem Platz seinen Namen gegeben hat), eine antike Marmorscheibe mit Tritonenmaske. Lügner, die ihr die Hand in den Mund legten, sollen gebissen worden sein.

Bocca della Verità (Mund der Wahrheit) in Santa Maria in Cosmedin: „Diebe, streckt eure Hände aus, und ihr werdet gebissen!"

Santa Prassede (33): Im 9 Jh. gegründet; die Zenokapelle ist das älteste byzantinische Baudenkmal Roms.
Santa Pudenziana (34): Mosaiken des 4. Jh. (im 17. Jh. restauriert), Fresken aus dem 11. Jh.
Santa Saba (35): Kirche (7. Jh.) mit romanischer Fassade (13. Jh.).
Santa Sabina (36): Dreischiffiges basikales* Inneres der Kirche (5. Jh.) mit einer Zypressenholztür aus dem 10. Jh.
Santi Cosma e Damiano (37): Hier wurde die Forma urbis, ein topographischer Plan Roms aus der Zeit Septimus Severus, entdeckt. Beachten sollte man die Kassettendecke (17. Jh.), die Mosaiken (7. Jh.) und eine neapolitanische Krippe aus dem 18. Jh.

Das Rom der Renaissance:
San Pietro in Vincoli (39): Mosesstatue** von Michelangelo.
Santa Maria degli Angeli (40): Die Kirche wurde von Michelangelo über dem Saal des Tepidarium der Diokletian-Thermen (41) errichtet. Die Fassade stammt von Sangallo d. J. Der schönste Glockenturm* Roms wird Bramante zugedacht.
Santa Maria dell'Anima (63): Kirche aus dem 16. Jh.
Santa Maria del Popolo (42): Die interessanteste Kirche auf dem gleichnamigen Platz. Die Fresken stammen von Pinturicchio*, die Gemälde von Caravaggio** (Cerasi-Kapelle, links des Chors); die Grabmäler von Sansovino und die Cappella Chigi* von Raffael. Beachtung finden auch die Madonna in einer Nische des Hauptaltars und ein Kruzifix (16. Jh.) in der Zentralkapelle des linken Seitenganges.
Santa Maria sopra Minerva: Über dem Minervatempel neben dem Pantheon (43) errichtet; Fresken* von Lippi.
Santa Susanna (44).
San Pietro in Montorio (45): Kleiner Tempel (Tempietto*).
Trinità dei Monti* (46): Am höchsten Punkt der barocken „Spanischen Treppe" (Scalinata di piazza di Spagna); man genießt einen schönen Blick auf die Piazza di Spagna.
Palazzo della Cancelleria* (47).
Palazzo Costaguti (48) (Piazza Mattei): Das Innere wurde im 17. Jh. mit Fresken verziert.
Palazzo Farnese* (49): Einer der schönsten Paläste der Stadt, Sitz der französischen Botschaft. Im Auftrag von Alexander Farnese (später Papst Paul III.) zu Anfang des 16. Jh. von Sangallo d. J., Vignola und Michelangelo errichtet.
Palazzo del Laterano (15) (Lateranpalast, rechtwinklig zur Kathedrale S. Giovanni in Laterano): Der ehemalige Palast der Päpste wurde zu Ende des 16. Jh. neuerrichtet. Der Hof wird von vier Galerien mit bemalten Gewölben umgeben. Vom ursprünglichen Bauwerk blieb nur die Scala Santa erhalten. Es soll sich um die Treppe handeln, die Jesus im Palast des Pontius Pilatus in Jerusalem bestieg.
Palazzo del Quirinale* (50): Residenz des Präsidenten der Republik Italien.
Palazzo Venezia (25): Eines der ersten Renaissancebauwerke in Rom (um 1470). Das Gebäude umschließt die Basilica di San Marco und beherbergt ein Museum (→ Museen und Galerien).
Campidoglio (4): Während der Renaissance von Michelangelo angelegt (→ Das antike Rom).

San Giovanni in Laterano: Gotischer Chor und Kassettendecken aus der Renaissance; was blieb von der Basilika der ersten Jahrhunderte?

Piazza Campo dei Fiori (51).
Piazza di Spagna* (52): Der Platz übernahm im 17. Jahrhundet den Namen des Palastes, in dem sich zu jener Zeit der spanische Bischof niederließ. Er ähnelt in seiner Ausstrahlung eher einem Platz aus dem Barock, als einem Platz aus der Renaissance. Die „Spanische Treppe" führt zur Trinità dei Monti; Brunnen von Bernini (Vater). In seiner Achse beginnt die Via dei Condotti (→ Das barocke Rom).
Via del Corso* (53): Auf der geradlinigen Straße organisierten die Päpste Rennen (daher der Name). Sie überquert das frühere Marsfeld zwischen Kapitol und dem Tor in der Aurelianischen Mauer an der Piazza del Popolo (20). Die Hauptstraße des historischen Viertels besitzt zahlreiche Geschäfte.
Ghetto (54): Ab 1556 siedelten sich hier Israeliten an. Die Synagoge am Tiber wurde zu Anfang des 20. Jh. neuerrichtet. Das Viertel wird von der Via Portico d' Ottavia (am Marcellus Theater) durchquert.
Villa Farnesina* (55) (Lungotevere, rechtes Tiberufer): Verziert von Raffael, Giulio Romano und Sodoma. Kupferstichkabinett (Mo. ☒).

Das Rom der Gegenreformation, des Barocks und der Romantik:
Gesù* (56): Die Hauptkirche der römischen Gegenreformation wurde von Vignola (16. Jh.) errichtet. Das weite, im Barockstil geschmückte Innere wird durch ein Fresko* (Ende 17. Jh.) im Langhausgewölbe (Triumph Jesu von Baciccia) ergänzt. Die prächtige Kapelle des hl. Ignatius** wurde 1700 von Andrea Pozzo vollendet.
Sant' Andrea al Quirinale* (57): Ein Werk Berninis; schöner Portikus*; Innengestaltung*.
Sant' Andrea della Valle (58): An dem Bau arbeiteten Maderno und Rainaldi; Fassade* und Kuppel*.
Sant' Agostino (59): Madonna dei Pellegrini** von Caravaggio, „Isaias" von Raffael, Madonna del Parto von Sansovino.
San Carlo alle Quatro Fontane* (60): Prächtiges Bauwerk von Borromini. Bedeutend sind die enge, konkave Fassade, das Innere* und der Kreuzgang.
Sant' Ignazio (61): Die Fassade wurde der Kirche Gesù nachempfunden, Fresko* von Pozzo.
S. Giovanni in Laterno**: → Das christliche Rom.

Fontana di Trevi: Will man nach Rom zurückkehren, so drehe man dem Brunnen den Rücken zu und werfe eine Münze in das Becken.

San Luigi dei Francesi* (62): Das Bauwerk (16. Jh.) wurde von Caterina dei Medici als französische Nationalkirche in Rom geweiht. Zu den Grabmälern im Inneren gehört auch das der Pauline de Beaumont, einer Freundin Chateaubriants, der damals Botschafter in Rom war. Die 5. Kapelle (links) ist mit einem Bilderzyklus der Matthäuspassion von Caravaggio geschmückt (Do. ☒).
S. Maria della Pace (63): Im Zentrum des bürgerlichen Viertels an der Piazza Navona; Fresken der Sybillen von Raffael.
S. Maria del Popolo**: → Das Rom der Renaissance.
S. Maria della Vittoria (64): Ekstase der hl. Theresa** von Bernini.
Ss. Apostoli (65): Kirche (18. Jh.) mit Fassade von Valadier und Skulpturen von Canova im Inneren.
Oratorium der Philipper (66): Von Borromini, konkave Fassade.
Fontana della Barcaccia*: Am Fuße der Treppe der Trinità dei Monti (46), ein Werk von P. Bernini.
Fontana dei Fiumi* (17) (in der Mitte der Piazza Navona): Ein Werk Berninis (Mitte 17. Jh.), im Norden der Neptunbrunnen, im Süden der Mohrenbrunnen.
Fontana delle Tartarughe* (67): Schildkrötenbrunnen.
Fontana di Trevi** (68): Aus der 2. Hälfte des 18. Jh., das Becken stammt aus dem 15. Jh. Will man nach Rom zurückkehren, so wendet man dem Brunnen den Rücken zu und wirft eine Münze in das Wasser.
Tritonenbrunnen* (69): Ein Werk Berninis (1636, Piazza Barberini).
Fontana der Piazza del Popolo (20): Unterhalb des Pincio (15. Jh.).
Via dei Condotti (70): Die Fußgängerzone ist einer der beliebtesten Treffpunkte der Stadt. Das „Caffè

Kuppel der Gesu-Kirche: Die Kunst der Gegenreformation kommt hier besonders zur Geltung. Die Künstler des Barock haben sie später kopiert.

Der Monumento a Vittorio Emanuele II., der "schlechte Geschmack" des ausgehenden 19. Jahrhunderts. Das Bauwerk ist die "Sacré-Coeur" von Rom.

Greco", im 18. Jh. ein berühmter literarischer Salon, wurde von den großen Romantikern besucht: Goethe, Stendhal, Wagner usw.

Monumento a Vittorio (Nationaldenkmal für Emanuele II.): Das Denkmal wurde Ende des 19. Jh. begonnen und 1911 eingeweiht, um den ersten König des vereinten Italiens wie einen Kaiser der Antike zu glorifizieren.

Galerien und Museen:
Die meisten Museen sind Montag, am 1. Januar, Ostersonntag, 1. Mai, 15. Aug., 25. Dez. und täglich am Nachmittag ☒.

E. U. R.* (Esposizione Universale di Roma, 10 km südl., 15 Min. per U-Bahn ab der Station Colosseo): Die Anlage wurde 1938 unter Mussolini begonnen und erst zu den Olympischen Spielen von 1960 vollendet. Die meisten der großen modernen Bauwerke beherbergen Museen. Das Museo Nazionale delle Arti e delle Tradizioni Popolari befindet sich auch im E.U.R.

Antiquarium: → Das antike Rom.
Galleria dell' Accademia Nazionale di San Luca (71): Mit Werken von Raffael, Bassano, Guercino, Rubens usw. (Di. und Do. 10 bis 12 Uhr ☐).
Galleria d' Arte Moderna (77) (Park der Villa Borghese): Die größte Sammlung italienischer Kunst seit dem 19. Jh.
Galleria Nazionale d' Arte Antica* **(69)** (Palazzo Barberini): Mit Malereien von Raffael, Caravaggio, Simone Martini, Fra Angelico, Lippi (auch Mo. ☐).
Galleria Doria Pamphili (72): Mit Malereien von Bellini, Lippi, Caravaggio, Tizian, Andrea del Sarto, Velasquez (Di., Fr., Sa. und So. 10 bis 13 Uhr ☐).
Galleria di Palazzo Colonna (73): Mit Malereien von Veronese, Palma d. Ä., Tintoretto, Guercino, Salvator Rosa (Sa. 9 bis 13 Uhr ☐).
Galleria Spada (74) (Piazza Capodifero): Mit Malereien von Tizian, Andrea del Sarto, Rubens.
Botanischer Garten (75) (Villa Corsini): Ein Besuch empfiehlt sich am Frühlingsende (Museen, So. und nachmittags ☒).
Museo Barracco (76) (Corso Vittorio Emanuele II.): Skulpturen der Hochantike aus dem östl. Mittelmeerraum (auch Di. und Do. von 17 bis 20 Uhr ☐).
Museo Borghese (77) (Villa Borghese): Malerei: Raffael, Caravaggio, Rubens usw. Skulpturen: Galerie der Kaiser; Bernini (David, Apollo und Daphne*); Canova (Paolina Borghese*).
Museo Capitolino **(4)** (im neuen Kapitolspalast, auch Di. und Do. von 17 bis 20 Uhr und Sa. 20.30 Uhr bis 23 Uhr ☐): Salons: Horatier und Kuratier usw. Antike Werke: Galata Morente**; Saal der Kaiser* (Portraits); die Kapitulinische Venus*; Taubenmosaik** (aus der Villa des Hadrian in **Tivoli***). Antiquarium der Musei Capitolini im Palazzo Caparelli (Besichtigung auf Anfrage).
Museo della Civiltà Romana (im E.U.R.): Berühmtes Modell des antiken Rom zur Zeit des Kaisers Konstantin.
Museo del Folklore (78) (Piazza Sant' Egido in Trastevere): Di., Do. und Sa. 17 bis 19.30 Uhr ☐.
Goethe Museum (79) (Via del Corso 18): So.-nachmittag und Mo. ☒.
Museum des Hochmittelalters: Im E.U.R., auch Mo. ☐.
Museo del Presepe (80) (Krippenmuseum): Via Tor de Conti; Okt.-Mai, Sa. von 18-20 Uhr; vom 24. Dez.-15. Jan. tägl. von 18-20 Uhr und an Feiertagen von 10-13 Uhr ☐.
Museo Napoleonico (81) (Via Zanardelli): Auch Di. und Do. von 18 bis 20 Uhr ☐, im August ☒.

Museo di Palazzo dei Conservatori **(4):** Antike Skulpturen, darunter die etruskische Wölfin (Lupa Capitolina, 5. Jh. v. Chr.), die Zwillinge sind ein Werk Pollaiolos. Kopf des Junius Brutus* (3. Jh. v. Chr.), Dornenzieher* (griechische Arbeit, 1. Jh. v. Chr.). In der Pinakothek in der 2. Etage werden hauptsächlich Meister des 17. Jh. ausgestellt.
Museo di Palazzo Venezia (25): In der ersten Etage mit bemerkenswerter Keramiksammlung. Gotische Polychromstatuen aus Holz; Wandteppiche und Waffen seit der Renaissance.
Museo del Risorgimento (82) (Im Nationaldenkmal für Emanuele II.): Mi., Fr. und So. 10 bis 13 Uhr ☐.
Museo Nazionale Romano* (83): Innerhalb der Diokletianthermen* (→ Das antike Rom). In Wirklichkeit in einem Kartäuserkloster von Michelangelo untergebracht. Antike Archäologie aus der Region Rom: Venus von Kyrene, Thron Ludovisi, junges Mädchen aus Anzio, sterbende Niobide.
Museo di Roma (im Palazzo Braschi): Gemälde, Skulpturen, Dokumente, Möbel und regionale Trachten. Di. und Do. von 17 bis 20 Uhr ☐.
Museo di Villa Giulia **(77)** (Park der Villa Borghese): Auch Mi. von 15 bis 19.30 Uhr ☐. Etruskische Zivilisation des Latium, darunter die bemerkenswerten Funde des Zentaur, junger Mann auf dem Seepferd, Wagen-Räuchergefäß, Sarkophag mit liegendem Paar**, Keramik des Olpe Chigi; Apollo aus Scasato* (oder Veji), graviertes Goldblatt (Inschriften).

Veranstaltungen: Die religiösen Zeremonien finden hauptsächlich im Vatikan statt (→ **Vaticano***). Nächtliche Prozession zum Kolosseum am Karfreitag. Römischer Sommer (Estate Romana) im Juli/August. Konzerte in den Ca-

Galleria di Palazzo Colonna, eine der großen Galerien der römischen Malerei (Veronese, Guercino, Salvator Rosa usw.) in prächtigem Rahmen.

Benutzen Sie die öffentlichen Verkehrsmittel

Die Benutzung des Wagens sollte im Stadtgebiet vermieden werden. Neben den alltäglichen Komplikationen im dichten Verkehr geht der fremde Autofahrer das Risiko ein, auch an nicht ausgeschilderten Stellen abgeschleppt zu werden. Empfohlen werden die gebührenfreien Parkmöglichkeiten am Tiberufer (Lungotevere), am Circo-Massimo und vor den Caracalla-Thermen (23), die Vormittagsstunden sind günstig (U-Bahnstation Circo Massimo).
U-Bahn (Metropolitana): Das Netz konnte nur dürftig ausgebaut werden, da die zahlreichen archäologischen Funde die unterirdische Trassenführung behindern. Sie führt zu folgenden Zielpunkten: Kolosseum und Forum Romanum (Station Colosseo), E.U.R. (St. Marconi oder Fermi), Galerie Barberini (St. Barberini), Hauptbahnhof (St. Termini), Ostia*, Piazza di Spagna (St. Spagna), San Giovanni in Laterano (St. San Giovanni), San Paolo fuori le Mura (St. San Paolo), San Pietro in Vincoli (St. Cavour), Caracalla-Thermen (St. Circo Massimo), Vatikan-Museen (St. Ottaviano, Endstation), Villa Borghese (St. Flaminio).
Daneben existiert ein gutes Straßenbahn- und Autobusnetz (24-Std.-Betrieb). Es gibt Wochen- und Tageskarten zu Sondertarifen. Stadtrundfahrten organisiert der A.T.A.C. täglich zwischen 14.30 und 17.00 Uhr. Abfahrt an der Piazza dei Cinquecento, zwischen dem Termini-Bahnhof und den Thermen des Diokletian.
Mietkutschen (ohne Vatikan): Stationen am Kolosseum, an der Piazza Venezia, Piazza di Spagna, Fontana di Trevi, Via Veneto, Villa Borghese und Piazza Navona.

Bummeln in Rom

Zwischen dem Park der Villa Borghese und der großen Tiberschleife sind zahlreiche Straßen für Fußgänger reserviert (Polizeipatrouillen zu Pferd). In diesem Bereich liegen die Piazza di Spagna, Piazza Navona, Via del Babuino, Via dei Coronari, Via del Corso, Via del Tritone, Fontana di Trevi, Via 4. Novembre und die Via Veneto. Für Spaziergänge eignet sich ebenfalls das linke Tiberufer zwischen der Palatinbrücke (unterhalb der Tiberinsel) und der Brücke „Umberto I." (oberhalb der Engelburg).

Die Piazza di Spagna liegt im Zentrum der Fußgängerzone von Rom. Ein barocker Brunnen und die „Spanische Treppe" befinden sich unterhalb der Trinita dei Monti.

racalle-Thermen und in der Basilika des Maxentius (Forum Romanum, → **Ostia***). Votivfest in Santa Maria Maggiore am 5. Aug. Fest der unbefleckten Empfängnis am 8. Dez. auf der Piazza di Spagna. Krippen zu Weihnachten in den Kirchen.
Shopping: Via del Corso und Umgebung, im Quirinal- und Pantheonviertel, Via Nazionale und in der Umgebung des Termini-Bahnhofs. Luxusgeschäfte: Via Veneto.
Märkte und Handwerk: Via Coronari (Antiquitätenmesse im Mai), Via dei Giubbonari, Via dell' Orso (Handwerksmesse im Oktober). Jeden Sonntagmorgen Flohmarkt an der Porta Portese am rechten Tiberufer.
Katakomben: → Das antike Rom, Via Appia.
Fiumicino: Internationaler Flughafen Leonardo da Vinci, 27 km südwestl., → **Ostia***.

Rossano 23/C 1
Calabria (Cosenza)

Die bereits während der byzantinischen Epoche florierende Stadt ist heute ein Markt für Olivenöl und ein Handwerkerzentrum. Hier wurden nicht weniger als sieben Basilianerklöster gegründet, das gab der Stadt den Beinamen „Das kleine Ravenna". Die interessante Kirche San Marco mit fünf Kuppeln* stammt aus dem 11. Jh. Die Apsis der Kathedrale wurde zur gleichen Zeit errichtet, byzantinische Madonna (8. Jh.) im Inneren.
Museo Diocesano (nachmittags und an Festtagen ⊠): Die Hauptsehenswürdigkeit ist eine griechische Bibelhandschrift* (6. Jh.), der sogenannte „Codex Purpureus".
Cariati Marina (34 km südöstl.): Fischereihafen und kleines Seebad.
Corigliano Calabro (12 km westl.): Das Castello Compagna (15. Jh., auch Aragonese genannt) krönt ein in Stufen angelegtes Dorf an der Grenze einer Region, wo albanische Traditionen gepflegt werden.
Lido di Sant' Angelo (10 km nördl.): Strand von Rossano.
S. Maria del Patire (Monasterium, auch Il Patirion genannt, 18 km westl.): Vom mittelalterl. Sanktuarium in 600 m Höhe aus hat man einen schönen Blick* über das Sibari-Tal. Die Kirche (12. Jh.) mit Mosaikpflaster blieb erhalten.
Sibariscopia (Ruinen von): 22 km nordwestl., → **Trebisacce***.

Rovigo 6/C 3
Veneto (Provinzhauptstadt)

Die Stadt Rovigo kontrolliert die Polesine-Tiefebene zwischen den parallelverlaufenden Flüssen Adige und Po.
Piazza Vittorio Emanuele: Der Platz wird vom Palazzo del Municipio (Renaissance), vom Uhrenturm

Einiger Italiens und Befreier Veneziens. Das Denkmal von Viktor Emanuel auf dem Hauptplatz Rovigos.

(18. Jh.), vom Palazzo Roncale (Renaissance) und vom Palazzo dell' Academia dei Concordi gesäumt. Die Pinakothek in der „Academia" zeigt Werke von Meistern der venezianischen Schule: Giovanni Bellini, Bergognone, Tiepolo und Lotto (Sa. und So.-nachmittag ⊠).
Pinacoteca del Seminario Vescovile (Straße nach Adria): Hier bewundert man Werke von Palma d. J. und Strozzi; außerdem eine Abteilung antiker Archäologie.
Duomo S. Stefano: Der Dom (17. Jahrhundert) beherbergt ein Werk von Palma d. J.
La Rotonda: Beiname der Chiesa della Virgine del Socorso (Ende 16. Jahrhundert) mit einer barocken Innendekoration.
San Bartolomeo (südl. der Stadt): In der Abtei befinden sich das Museum für Volkskunde und Traditionen (Museo Civico della Civilta del Polesine) und das Museum für antike Archäologie und das der Keramik (Renaissance und Barock).
Adria (21 km östlich): Sehr alte Seestadt, die dem Adriatischen Meer ihren Namen gegeben hat. Im Archäologischen Museum befinden sich Erinnerungen an Venedig (Canale Bianco).
Badia Polesine (24 km westl.): Ehemalige Abtei der Vangadizza (10. Jh.) mit einem geneigten Kampanile, Museum für Kunst und Volksbräuche und Renaissancepalast der Prinzen von Este.
Fratta Polesine (16 km südwestl.): Villa Badoer im palladischen Stil (16. Jh.).
Lendinara (15 km westl.): Einige Bauwerke aus Renaissance und Barock, Gemälde von Veronese in der Pilastrello Kirche (17. Jh.).

S

Sabaudia 17/C 3
Lazio (Latina)
Der Ort liegt in der 1933 sanierten Zone der Pontinischen Sümpfe an einem Seeufer unweit der Küste im Zentrum des Circeo-Nationalparks*. Der Park wurde zur gleichen Zeit gegründet, um die Flora und Fauna des Gebiets zu schützen. 6 km südlich befinden sich die römischen Ruinen der „Villa Diokletian" am Seeufer. Das südlich gelegene Cabo Circeo (547 m) ist von Grotten durchbohrt und mit üppiger Vegetation bedeckt.
San Felice Circeo (13 km südöstl.): Reste einer Befestigungsmauer (Acropoli genannt, 4. Jh. v. Chr.) und prähistorische Höhlen von Guattari, in denen menschliche Knochen gefunden wurden (50000 Jahre alt).
Latina*: 30 km nordwestlich.
Terracina*: 26 km östlich.

Sabbioneta 10/A 1
Lombardia (Mantova)
Die Stadt wurde zur Zeit der Spätrenaissance (2. Hälfte 16. Jh.) von den Gonzagas gegründet; sie wird auch „Klein Athen" genannt. Ein Befestigungsgürtel aus Bollwerken und der regelmäßige Stadtplan der „Stadt der Kunst" sind erhalten. Das Verkehrsamt (Via Vespasiano Gonzaga) organisiert Stadtführungen (außer Mo.).
Piazza Garibaldi: An dem in der Mitte von einer Säule geschmückten Platz befinden sich die Kirche S. Maria Assunta (16. Jh., Herz-Jesu-Kapelle von Bibbiena, 18. Jh.), das Municipio (Rathaus) und der Palazzo Ducale mit Portikus. In diesem findet man verzierte Decken, Reiterstatuen der Gonzagas und die Galleria degli Antenati (Ahnengalerie). Das Mausoleum des Vespasiano Gonzaga (1591 gestorben), des Gründers der Stadt, befindet sich in der Chiesa della Incoronata (achteckiger Grundriß) hinter dem Palast.
Teatro Olimpico* (Via Vespasiano Gonzaga): Das Theater im palladischen Stil stammt von Scamozzi (Ende 16. Jh.). Im Inneren befinden sich ein eleganter Säulengang und mit Fresken bemalte Wände von Meistern der venezianischen Schule.
Palazzo del Giardino: An der Piazza Castello, dem ehemaligen Paradeplatz, befinden sich die Palastgärten, in denen „ausschweifende" Feste stattfanden. Eine Fußgängerbrücke führt zur Galleria degli Antichi. Hier findet jährlich (Juni-Juli) die Nationalausstellung künstlerischer Antiquitäten statt.
Stadttore: Besonders sehenswert sind die schöne Porta Imperiale, die man aus Richtung Mantua oder Parma unterquert und die elegante Porta Vittoria.

Der Circeo-Nationalpark wurde 1934 zum Schutz der heimischen Fauna und Flora im Bereich der Pontinischen Sümpfe angelegt.

Veranstaltungen: Antiquitätenausstellung (Juni-Juli). Musikalischer September im Teatro Olimpico und Ausstellung zeitgenössischer Kunst. Herbstmesse im Okt.
Casalmaggiore (5 km südwestl.): Ursprünglich römische Gründung, Befestigungsanlagen und Bauwerke aus der Renaissance. Der Maler Parmigianino wurde in der nahen Kirche Beata Vergine della Fontana (15. Jh., Fresken) begraben. Die schöne Kirche S. Maria dell' Argine steht einsam in der Landschaft.
Piadena (23 km nordwestl.): Archäologisches Museum (Funde der Ausgrabungen von Bedriacum).
Viadana (11 km südöstl.): Kirche Santa Maria Assunta (oder del Castello, 16./17. Jh.) mit zahlreichen Kunstwerken (Standarte des San Martino von Bassano). Archäologisches Museum. Fest des hl. Petrus am 28. Juni.
Villa Pasquali (2 km nordöstl.): Große, von Bibbiena erbaute Barockkirche (2. Hälfte des 18. Jh., Innenraum*).
Pescarolo (20 km nordwestl.): Leinenmuseum (Sa. und So. □).

Sagra di San Michele
Piemonte (Torino)   8/B 1
Die mächtige Klosteranlage* befindet sich in einer außergewöhnlich reizenden Lage** westlich von Turin. In 500 m Höhe beherrscht sie eine schroffe Schlucht des Tals der Dora Riparia (Val Susa). Die im Jahre 1000 gegründete Benediktinerabtei hatte im 12. Jahrhundert eine große Bedeutung und wird heute noch bewohnt.
Über die „Treppe der Toten" (Scalone dei Morti, 154 Stufen) steigt man zuerst zum „Zodiakus-Tor". Die Säulen und Kapitelle stammen vom Meister Nicola, der sie im 12. Jh. skulptierte. Anschließend erreicht man die Spitze des Monte Pirchiriano, auf der das Sanktuarium steht (Blick** über das Tal). Es wurde vom 13. bis 15. Jh. errichtet und zur Renaissance mit Fresken verziert. Der Triptychon des Hauptaltars von Ferrari stammt aus der gleichen Zeit. Sarkophage der Prinzen des Hauses Savoyen.

Saint-Vincent
Valle d' Aosta/Aostatal   4/C 2
Der Luftkurort (Thermalbad, Fons Salutis) befindet sich in angenehmer Lage, das Casino de la Valle erlangte Berühmtheit. Die zum Teil vorromanische Kirche wurde an der Stelle einer römischen Villa erbaut (Aussicht* von der Terrasse). Während der Saison finden zahlreiche kulturelle und gesellschaftliche Veranstaltungen statt.

Aosta*: Route des Aostatales.
Chatillon (3 km westl.): Die kleine Stadt im Gebirge liegt dem Schloß von Ussel (14. Jh.) gegenüber. Reste einer römischen Brücke und Schloß von Challant (15. Jh.).
Montjovet (Feste von): 5 km südl.
Breuil-Cervina* und Valtournenche: 31 km nördl.

Sala Consilina
Campania (Salerno)   21/A 2
Am Ausgang der Tanagro-Schluchten unterhalb des Monte della Maddalena (1503 m Höhe an der Serra Longa) entwickelte sich der Ort als bedeutende Etappe an der nach Süden führenden Straße durch das Vallo di Diano.
Atena Lucana (11 km nördl.): Das Dorf befindet sich an der Stelle des frühchristlichen Atina (Zyklopenmauer, Antiquarium).
Grumento Nova (ca. 60 km südöstl.): In unmittelbarer Nähe des künstlichen Sees von Pietra del Pertusilio. Die Stadt war Schauplatz der Konfrontationen zwischen Rom und Karthago und wurde im 10. Jh. durch die Sarazenen zerstört.
Grumento Scavi*: Ruinen der Stadt aus dem 1. Jh. v. Chr. (Mauer im Netzverbund) mit Forum, Amphitheater, Tempel, Mosaiken und mittelalterlichen Kirchen. Hier wurde die berühmte Statue eines Reiters gefunden, die sich im „British-Museum" befindet.
Paluda* (11 km südöstl.): Im Tal befindet sich die ehemalige Kartause von San Lorenzo (14.-18. Jh.). Sie ist so groß, daß sie der „italienische Escorial" genannt wird. Schöne elliptische Treppe, Archäologisches Museum des westlichen Lukaniens. Im Hof finden im Sommer historische Vorstellungen statt.
Pertosa* (Höhlen von, 26 km nordwestl.): Die größten Höhlen Süditaliens (2 km lange Galerien mit schönen Konkretionen); Besichtigung der großen Galerien (35 m Höhe, mit tosendem Wasserfall) ist mit dem Boot möglich.
Polla (20 km nordwestl.): Renaissancekirche.
Teggiano (8 km westl.): Mittelalterliche Ortschaft mit gotischer Kathedrale, Castello der Sanseverino (15. Jahrhundert) und der früheren Kirche San Pietro mit Elementen aus römischer Zeit (Museum). „Kulturelle Begegnungen" im Juli/August.

Der „Heilige Berg" der Piemontesen: Die Sagra di San Michele (10. Jh.) wurde in außergewöhnlicher Lage 500 m über dem Val Susa errichtet.

Salerno 20/C 1
Campania (Provinzhauptstadt)

Am Ende einer Bucht, an der die dem landschaftlichen Zauber erlegenen griechischen Seeleute Posidonia (→ **Paestum***) gründeten, überragt von mehr als 1500 m hohen Gipfeln, an deren Hängen die Küstenstraße entlang der amalfischen Riviera verläuft, liegt Salerno. Die bedeutende Stadt ist heute zugleich ein Industriestandort, ein Handels- und Fischereihafen, ein Luftkurort und ein kulturelles Zentrum. Man unterscheidet drei städtebauliche Einheiten, den Küstensektor mit dem eleganten Lungomare Trieste*, die Stadt des 19. Jh. am Hang, die nach Südosten durch moderne Viertel verlängert wird und den historischen Kern auf dem Hügel. Zu normannischer Zeit war Salerno die blühende Hauptstadt des Herzogtums von Robert Guiscard, der die Kathedrale errichten ließ und die medizinische Hochschule gründete, deren Ruhm bis ins 19. Jh. reichte.

Dom zu Salerno: Ansicht des sehr schönen Hofes mit vierfachem romanischem Portikus (11. Jh.) aus mehrfarbigen Steinlagen aus Kalk und Basalt.

Via dei Mercanti*: Die Verlängerung des Corso Vittorio Emanuele, Haupt- und Geschäftsstraße der modernen Stadt, ist eine enge Fußgängerzone der Händler, die einem orientalischen Bazar gleicht. Sie führt nach links zu einer Kirche aus dem 10. Jh. (Chiesa del Crocifisso) und zu mehreren Palästen aus dem 17./18. Jh. An der 200m entfernt liegenden Kreuzung mit der Via del Duomo sieht man geradeaus den Palast von Arechi II. (Arco genannt, romanische Fresken) und links die Barockkirche San Giorgio (Mosaiken, Fresken, Gemälde). Die Kathedrale befindet sich rechts.

Duomo S. Matteo*: Das Bauwerk (11. Jh.), dessen Krypta die Gebeine des Evangelisten Matthäus birgt, wurde (zum Teil) im 18. Jh. neuerrichtet und kürzlich restauriert. Es wurde vom Erdbeben im Jahre 1980 schwer getroffen. Ein Glockenturm mit einer orientalisch inspirierten Krönung flankiert den Dom. Durch die Löwentür (11. Jh.) betritt man den sehr schönen romanischen Hof* (Atrio), der auf vier Seiten von polychromen Säulengängen, unter denen sich antike Sarkophage befinden, begrenzt wird. Die in Konstantinopel gegossenen Bronzetüren befinden sich an der Fassade. Kanzel und Ambon im Inneren sind mit Mosaiken* verziert.

Dommuseum (nachm. und an Feiertagen, ⊠): Sammlung romanischer Elfenbeinarbeiten, Miniaturen, Gemälde des 13. bis 18. Jh.

Provinzialmuseum (über die enge Via San Benedetto, in der Achse der Domapsis: Archäologie seit der Eisenzeit; besonders sehenswert ist ein Apollokopf aus dem 1. Jh. Gemälde, darunter ein Polytychon von Andrea da Salerno (Anf. 16. Jh.); Majoliken von Vietri und Folklore. (nachmittags u. an Festtagen ⊠).

Madonna delle Grazie (über die Via De Ruggiero): In diesem Viertel befand sich die medizinische Hochschule. In der ehemaligen Sakristei dieser Kirche wurde eine Pinakothek untergebracht (neapolitanische Schule, 17.-19. Jh.). Aussicht über die Stadt von der Terrasse.

Kastell der Arechi: Von der Umgehungsstraße Salernos gelangt man über einen Fußweg zum Normannenkastell (Teile aus dem 8. Jh.) in 260 m Höhe (Panorama*). Sehenswert sind der freskengeschmückte Palast von Avossa, die Festung La Carnale im Park der Villa Comunale (Theater) und eine mittelalterl. Wasserleitung (8. Jh.) unter der die Eisenbahnlinie verläuft.

Schiffsverbindungen nach **Amalfi***, **Positano*** und **Capri*** im Sommer.

Veranstaltungen: Künstlerische Theater- und Ballettsaison im Hof des Doms. Internationale Filmfestspiele im Okt. Musikalische Saison im Teatro Verdi von Okt. bis Mai.

Spezialitäten: Sardellen- und Olivenmarinaden.

Cava dei Tirreni (7 km nordwestl.): Die Autobahn nach Neapel durchquert den modernen Teil der Stadt, in dem alten Viertel mittelalterliche Arkaden erhalten sind. Religiöses Fest von Montecastello in mittelalterlichen Trachten Ende Juni. 4 km westl. des Ortes liegt die Abtei Ss. Trinita* della Cava (nachm., So. und Festtage ⊠). Die Klostergebäude stammen aus dem 18. Jh., die Kanzel in der Kirche aus dem 12. Jh. Der romanische Kreuzgang ist mit Fresken verziert. Die vorromanische Krypta besteht teilweise aus Elementen eines römischen Bauwerks. Archäologisches Museum (Codex Longobardorum) und Pinakothek.

Pontecagnano (13 km östl.): Die Ausgrabungsfunde aus der Nekropole (Eisenzeit, seit dem 10. Jh. v. Chr.) sind im Nationalmuseum des Agro Picentino (Mo. und nachm. ⊠) ausgestellt; Ausstellungen zum Thema „etruskische Zivilisation". An den benachbarten Stränden landeten am 8. Sept. 1943 die ersten Einheiten der 5. amerikanischen Armee.

Vietri sul Mare (4 km westl.): Sehr schöne Lage, Blick* über **Salerno***. Handwerkszentrum für Keramik (Ausstellungen im Sommer). Museen im Raito-Viertel (180 m Höhe). Malerischer kleiner Hafen Costiera in der Nähe.

Amalfi* (25 km westl.): Über die Panoramastraße der Costiera Amalfitana.

Nocera*: 16 km nordwestl.

Salsomaggiore 9/D 1
Emilia Romagna (Parma)

Am Fuße des Apennin bietet eines der größten Thermalbäder Italiens (ganzjährig □) ein interessantes Ensemble von Bauwerken im Libertystil (Berzieri Thermen). Auf dem „Poggio Diana" genannten Hügel befindet sich ein Vergnügungspark.

Bacedasco (10 km westl.) Thermalbad.

Bargone (Castello di, 5 km östl.): Mittelalterliches Bauwerk mit einem Renaissancehof.

Scipione (Castello di, 3 km nordwestl.): Mittelalterl. Burg mit zylin-

drischem Turm (Panorama).
Tabiano Bagni (5 km östl.): Thermalbad, mittelalterliches Schloß.
Varano de Melegari (30 km südl.): Schönes Schloß (13. Jh.) auf der Kuppe eines Sandsteingrates.
Vigoleno (11 km westl.): Mittelalterliches Dorf mit romanischer Kirche und Burg im Weinbaugebiet des Vino Santo.

San Benedetto del Tronto 16/A 1
Marche (Ascoli Piceno)
Der Badeort und der bedeutende Fischerei- und Seglerhafen sind durch eine schattige Meerespromenade* verbunden. Neben dem Museo Ittico befindet sich das Aquarium. Das alte Dorf auf dem Hügel hieß zur Antike Truentum. Ein Teil der mittelalterlichen Wehranlage und ein Uhrturm (14. Jh.) sind erhalten.
Veranstaltungen: Fest der Madonna della Marina am letzten Julisonntag.
Acquaviva Picena (7 km im Hinterland): Von einer Festung beherrschte Ortschaft; Teile einer romanischen Kirche.
Cupra Marittima (oder Cupramarittima, 9 km nördl.): Seebad unterhalb des Ortes Cupra Alta.
Grottammare (5 km nördl.): Das große Seebad war die Heimat des Papstes Sisto V. (Felice Peretti, 1520-1590). Er war Gründer der Vatikandruckerei und Autor der Vulgata (allgemein geltende Bibelübersetzung). Sisto V. exkommunizierte Heinrich von Navarra (1585) und finanzierte die Expedition der „Unschlagbaren Armada" (1588). Die Prozession des „Crist Morto" findet jeden Karfreitag statt.
Offida (20 km westl., → **Ascoli Piceno***): Museo Civico im Palazzo Comunale (prähistorische und römische Archäologie).
Ripatransone* (17 km nordwestl.): Kleine befestigte Stadt mit Bauwerken aus Mittelalter und Renaissance; Archäologisches Museum (im Rathaus) und Pinakothek.

San Clemente a Casauria 16/A 3
Abruzzo (Pescara)
Die Abtei wurde von Kaiser Ludovico II. zu Ende des 9. Jh. auf einer Flußinsel des Pescara an der Stelle eines ehemaligen Herkulestempels gegründet. Bis zum 14. Jh. hatte das Kloster einen beträchtlichen Einfluß. Von der mächtigen Anlage (Mo. ⊠) besteht nur noch die Kirche (im 11. Jh. neuerrichtet) mit einem monumentalen Portikus (Basreliefs). Die Bronzeflügel des Portals stammen aus dem 12. Jh.; schöne Apsis. In der Mitte des im Geist der Zisterzienserregeln er-

San Clemente a Casauria: Unter dem prächtig skulpierten romanischen Ambon nimmt der Hochaltar einen Sarkophag auf.

richteten Schiffes befinden sich ein Ambon und ein Osterkandelaber, die mit Reliefs gestaltet sind (13. Jh.). Über dem Hochaltar erhebt sich ein romanisches Ziborium*.
Die Krypta (9. Jh.) prägen Elemente der romanischen Architektur. Innerhalb der Ruinen des Kreuzganges wurden steinerne Zeugen der früheren Gründung (Museo Casauriense) zusammengetragen.

Caramanico Terme (20 km südöstl.): Thermalbad und mittelalterliche Ortschaft in schöner Lage; Stadtmauer, Castello, gotische Kirche Maria Maggiore.
Popoli (11 km südwestl.): Mittelalterliches Dorf mit einer „Taverna Ducale" (Zehntscheune, 14. Jh.), Kirche San Francesco mit romanischen Bauteilen (Fensterrose aus der Renaissance, hölzernes Kruzifix, 15. Jh.).

San Galgano (Abbadia di) 12/C 3
Toscana (Siena)
Inmitten der grandiosen Ruinen dieses ersten in der Toskana erbauten gotischen Baudenkmals (13. Jh.) heben sich die der Kirche ab, die einhundert Jahre nach ihrer Gründung verlassen wurde. Ihre stilistische Vielfalt inspirierte später die Architekten der Kathedrale von Siena (→ **Siena***). Das Gewölbe stürzte im 18. Jh. ein. Einige Klostergebäude bestehen noch. Die von Montesiefri errichtete romanische Kirche (runder Grundriß) auf einem benachbarten Hügel wurde im 14. Jahrhundert von A. Lorenzetti mit Fresken geschmückt.
Frosini (9 km nördl.): In der ehemaligen Festung der Äbte von San Galgano wird ein vergoldeter Reliquienschrein aus dem 14. Jh. aufbewahrt.

Die grandiose Ruine von San Galgano, des ersten in der Toskana errichteten gotischen Bauwerks (heute unter freiem Himmel).

San Gimignano, die „Stadt mit den schönen Türmen", eine Stadt der mittelalterlichen Toskana. Nur vierzehn der zweiundsiebzig Bauwerke des Quattrocento sind erhalten.

San Gimignano 12/C 2
Toscana (Siena)

Innerhalb der Stadtmauer bietet die großartige mittelalterliche Ortschaft** mit ihren Geschlechtertürmen eines der malerischsten Stadtbilder der Toscana. Von den die Stadt umgebenden Hügeln (Castel San Gimignano, 12 km südl.) und von der Straße nach Pieve di Cellole (→ Umgebung) genießt man eine schöne Aussicht.

Der etruskische Ursprung der Stadt ist wahrscheinlich. Einen historischen Rang erlangte sie erst zwischen dem 12.-14. Jh., als sie sich zur unabhängigen Kommune erhob, bevor sie unter florentinische Herrschaft geriet (1353). Ihr monumentales Erbe zeugt von pisanischen, sienischen und florentinischen Einflüssen. Auch wenn Gimignano das Wesen und den Charakter einer mittelalterlichen Stadt des 15. Jh. bewahrte, läßt sich nicht übersehen, daß die „Citta delle belle Torri" (Stadt mit den schönen Türmen) nur noch eine geringe Zahl alter Bauwerke erhalten hat. Heute sind nur noch fünfzehn von zweiundsiebzig Baudenkmalen, die man zu Anfang des Quattrocento zählte, erhalten. Der höchste der heutigen Türme ist der des Palazzo Comunale (54 m).

Besichtigung: Es ist mit maximal zwei Std. zu rechnen. Autos können auf den Parkplätzen der Peripherie geparkt werden (die Stadt ist für Autos gesperrt). Sie kann durch das Südtor (San Giovanni, Mitte 13. Jahrhundert) betreten werden.

Via San Giovanni: Die mit kleinen Läden und Häusern gesäumte Straße steigt sanft zum Kern der mittelalterlichen Stadt hinan. Rechts liegt die romanische Kirche San Francesco, oben links beherbergt der Palazzo Pratellesi die Kommunalbibliothek (Werke des 17./18. Jh.). Man erreicht den Arco dei Becci auf der Anhöhe.

Piazza della Cisterna*: Der abfallende Platz mit einer Backsteinpflasterung im Fischgrätmuster wird von Bauwerken aus vielen Epochen umgeben. Die neuesten stammen aus dem 16. Jh. Der Platz verdankt seinen Namen dem Brunnen (13. Jahrhundert), der sich im oberen Teil befindet.

Piazza del Duomo*: Die Hälfte der noch stehenden Türme befindet sich an diesem Platz. An der rechten Seite des Platzes erhebt sich der Palazzo del Podesta (13. Jahrhundert), dessen Portalvorbau eine schöne Loggia aufweist. Er wird von einem 51 m hohen Turm überragt. Gegenüber steht der Dom (Collegiata), links schließt sich der Palazzo del Popolo an.

Palazzo Comunale: Der frühere Palazzo del Popolo wird vom Torre Grossa (Panorama) beherrscht. Im imposanten Hof umgeben Portiken und Loggien eine Zisterne. Der berühmte Dante-Saal, in dem der berühmte Dichter am 8. Mai 1300 sprach, wurde Anfang des 14. Jh. von Lippo Memmi mit einer „Maesta" (Fresko, thronende Maria) ausgestattet. In der oberen Etage stellt die Pinacoteca Civica Gemälde vom 13.-16. Jh. aus. Es handelt sich um Bilder religiöser Prägung, darunter eine „Verkündigung" von Filippino Lippi (→ **Prato***) und eine „Madonna" von Pinturicchio.

Collegiata*: Das Innere des Bauwerks (12. Jh.) erinnert wegen seiner Arkaden an die Moschee von Cordoba (→ Reisebuch Spanien/Portugal). An Stelle des Backsteinmauerwerks wurde hier grüner Marmor verwendet. Auf der Rück-

Torre Grossa: Der höchste Turm der Stadt erhebt sich über dem Hof der „Capitani del Popolo".

Der Platz der Zisterne in San Gimignano ist nach dem gotischen Brunnen benannt.

seite der Fassade befinden sich Fresken aus dem 14. Jh. und Statuen von Iacopo della Quercia. Die Kapelle Santa Fina beherbergt Werke aus dem 15. Jh., darunter einen Altar von Benedetto da Maiano und Fresken von Ghirlandaio. Bewundernswert sind die Gemäldezyklen von Barna di Siena und von Bartolo di Fredi (Anf. 15. Jh.). Nebenan befindet sich das Museum für sakrale Kunst, im Obergeschoß das etruskische Museum.
Rocca: Die ehemalige Festung wurde als Stadtgarten angelegt. Vom Nordwall aus genießt man einen schönen Blick* auf die Altstadt und das Tal*.
Von der Piazza del Duomo aus verbindet die mit Palästen und Turmhäusern gesäumte Via San Matteo mit den bedeutendsten Bauwerken des Nordviertels.
Sant' Agostino*: Der Chor der romano-gotischen Kirche (Ende 13. Jahrhundert) ist mit Fresken und Gemälden (auf Holz) geschmückt. Darunter das „Leben des hl. Augustin" (Mitte 15. Jahrhundert) von Benozzo Gozzoli, das „Leben Mariä" von Bartolo di Fredi. Am Hochaltar befindet sich eine „Krönung Mariä*" von Pollaiolo. An der linken Seite des Bauwerks schließt sich ein Renaissancekreuzgang an.
San Iacopo dei Templari: Kirche (12. Jahrh.) im Norden der Stadt.
Veranstaltungen: Karneval im Februar Blumenschmuck an den Türmen der Stadt zur Erinnerung an Santa Fina (1238-1253) im März. Estate Sangimignase: Vorstellungen und Freilichtkonzerte auf der Piazza del Duomo.
Spezialität: Vino Vernaccia aus San Gimignano.
Handwerk: Bemalte und dekorierte Tonwaren (saisonale Ausstellung im Parco della Rocca).
Cellole (Santa Maria di, 4,5 km nordwestl.): Die romanische Kirche (12./13. Jahrhundert) inmitten von Zypressen inspirierte Puccini zu seiner Oper „Suor Angelica". In der Nähe liegt eine etruskische Nekropole. Von der Straße aus, Ausblick* auf San Gimignano.
San Vivaldo (17 km nordwestl.): Franziskanerkloster (14.-16. Jahrhundert), die Kirche birgt interessante Skulpturengruppen.

San Giovanni Valdarno 12/C 2
Toscana (Arezzo)
Im Herzen des Weinbaugebietes von Chianti, dessen Hügel im Herbst besonders reizvoll sind, liegt das Industriezentrum, das, um sich vor **Arezzo*** zu schützen, als erste Stadt im 13. Jh. von den Florentinern befestigt wurde. Die Heimatstadt des großen Renaissancemalers Masaccio besitzt ein architektonisches Meisterwerk. Der Palazzo del Podesta* (13. Jh.) wurde vom Erbauer des Palazzo Vecchio in Florenz, Arnolfo di Cambio, geschaffen. Das Oratorium (14. Jh.) und die Basilika Santa Maria delle Grazie (15.-18. Jh.) beherbergen zahlreiche Gemälde des Quattrocento. Der Palazzo Ricorboli (15. Jahrhundert) liegt ganz in der Nähe.
Castelfranco di Sopra (4 km nördlich): Von Florenz im 13. Jahrhundert befestigtes, altes Dorf (Renaissancehäuser).
Greve (22 km westl.): Die Ortschaft wird von der ovalen mittelalterlichen Burg Montefiorale geprägt. Chianti-Classico-Messe im Sept.
Gropina (16 km östl.) Romanische Kirche San Pietro (11. Jahrhundert).
Montecarlo (Kloster, 3 km südl.): Verkündigung von Fra Angelico, Renaissancekreuzgang.

San Leo 11/A 3
Marche (Pesaro e Urbino)
Die als uneinnehmbar geltende Ortschaft klammert sich an einen Felsgrat, der von einer Festung römischen Ursprungs (3. Jh. v. Chr.) gekrönt wird. Diese wurde im 15. Jh. auf Anordnung von Frederico da Montefeltro (→ **Urbino***) neuerrichtet.
Festung: Die Festung mit zwei runden Türmen sollte als Gefängnis dienen. Cagliostro starb hier im Jahre 1795. Das Bauwerk nimmt heute ein Museum und eine Pinakothek auf (Panorama).
Im Dorf gibt es eine vorromanische Kirche (12. Jh.) und einen romanogotischen Dom mit Kampanile.

Das Eingangstor der mittelalterlichen Stadt San Leo im Hinterland von Rimini.

Die Festung von San Leo in uneinnehmbarer Lage (600 m Höhe) wurde im 15. Jh. von Frederik II. von Montefeltro erweitert.

Sant'Igne (Monasterium von, 2 km): Franziskanergründung (13. Jahrhundert) mit romano-gotischer Kirche und Kreuzgang.
Verruchio (18 km nördl.): Prähistorische Stätte (Panorama*). Die Rocca del Sasso (13. Jh.) war die Hauptburg Sigismondo Malatestas (→ **Rimini***). Sie wird heute als archäologisches Museum genutzt.
San Marino* (23 km nordöstl.): Aussicht* vom Castello.

San Marino   11/A 3
Repubblica di San Marino

Die Hauptstadt der Repubblica di San Marino (61 km², 22000 Einwohner) beherrscht von einem Felsgrat aus die immense Landschaft des Apennin und die adriatische Riviera. Die kleinste und älteste Republik der Welt verdankt ihren Namen einem Steinmetz namens Marino. Der steile Felsen diente ihm im 4. Jh. als Zufluchtsort vor der Polizei Diokletians, der ihn, wie viele andere Christen, verfolgen ließ. Einige Jünger begleiteten den Mann, von dem behauptet wurde, er könne Wunder vollbringen. Der Besitzer der Gegend schenkte ihm als Belohnung für die Genesung seines Sohnes den Berg. Im Mittelalter entstand, wie in vielen italienischen Städten, eine Republik. Der Status der Unabhängigkeit blieb hier jedoch über die Jahrhunderte in Kraft. Im 19. Jahrhundert gewährte San Marino Garibaldi Zuflucht (1849). Das Land konnte den Bombenangriffen des Jahres 1944 nicht entgehen.
Die Republik wird durch das für vier Jahre in allgemeinen Wahlen ernannte „Consiglio Grande" (seit 1906) politisch verwaltet, das alle sechs Monate zwei Capitani Reggenti ernennt. San Marino lebt vom Ertrag der Landwirtschaft (Oliven und Moscato), von einigen Textilfabriken und vom Verkauf der „Spezialitäten" an die Touristen. Seit Anfang des 20. Jh. gilt die Währungseinheit der Lira. Der Staat vertreibt seit mehr als 100 Jahren seine eigenen Briefmarken. Die komplette Sammlung kann im Briefmarkenmuseum von Borgo Maggiore bewundert werden. Die von einer Mauer umgebene Hauptstadt der Republik befindet sich auf einer Felsenkuppe. Die kurvenreiche Straße überwindet den Steilhang, bevor sie von Westen kommend die Porta Francesco (14. Jh.) erreicht, die man mit dem Wagen passieren kann. Von Rimini aus starten im Sommer Hubschrauber, die die Besucher bis zur unteren Station einer Seilschwebebahn bringen, welche sie bis zur Panoramaterrasse der oberen Stadt führt.
Nach Durchquerung des Stadttores, das seinen Namen der benachbarten Franziskanerkirche (14. Jh.) verdankt, erreicht man einen kleinen Platz, an dem sich das Touristenbüro (Ente gobernativo per il turismo) befindet. Das neben der Kirche rechtsliegende Haus beherbergt eine Pinakothek (1. April, 3. Sept. und 1. Okt. ⊠): Tizian zugeschriebene Gemälde und „Der hl. Francesco" von Guercino.
Piazza del Titano: Am Ende der von Ständen der Andenkenverkäufern gesäumten Via Carducci liegt ein kleiner Platz, an dem der Palast Valloni das Museum und die Pinakothek beherbergt: etruskische Antiquitäten, Erinnerungen an den Aufenthalt Garibaldis, Gemälde von Tintoretto, Guercino und Strozzi.
Piazza della Liberta: Hier befindet sich die obere Station der Seilbahn (Panorama*). Unterhalb drängt sich unter vielfarbigen Ziegeldächern das Viertel Borgo Maggiore*, das die Waffen-, Münzen- und Briefmarkenmuseen beherbergt.
Palazzo Pubblico: Der Sitz des „Consiglio Grande" kann besichtigt werden. Interessant sind die Wandfresken und Andenken, die die Geschichte des kleinen Staates belegen. Man kann sogar in einem der hohen Sessel der Capitani-Reggenti (deren Name an die italienischen Capitani del Popoli des Mittelalters erinnert) Platz nehmen.
San Marino: Durch die Sakristei der Basilika gelangt man zu einer Kapelle, in der sich die „Felsenbetten" des San Marinus und des San Leo befinden. Neben der Kirche befindet sich ein Wachsmuseum. Auf dem Weg zum Gipfel befindet sich im Bereich einer Treppe (links) eine öffentliche Aussichtsterrasse eines Restaurants, von der aus man die gesamte Küstenregion überblicken kann. Anschließend erreicht man eine Rampe, die mit drei mächtigen Bauwerken am Abgrund verbindet. Diese durch einen Wehrgang verbundenen Festungen (13. Jahrhundert) bieten interessante Aussichten. Die Cesta-Festung nimmt ein kleines Rüstungsmuseum auf.
Veranstaltungen: Zeremonien und Trachtenumzüge am 1. April und 1. Oktober, die Tage der Investitur der Mitglieder des „Großen Rates". Nationalfeiertag am 3. September Während der drei Tage bleibt alles geschlossen.

Die unabhängige Republik San Marino hütet auf dem Gipfel des Monte Titano (740 m über der Adria) zur Freude der Besucher das Operettendekor seiner mittelalterlichen Festung.

Handwerk: Keramiken.
San Leo* (23 km südwestl.): Die Festung kann man von der Piazza della Liberta perfekt sehen.
Verucchio: 14 km; → **San Leo***.
Rimini*: 30 km nördl.

San Martino di Castrozza 2/D 3
Trentino-Alto Adige (Trento)
Die Bergstation (Sommerfrische, Wintersport, Alpinismus) verdankt ihren internationalen Ruf dem majestätischen Dolomitmassiv*** (Pale di San Martino, 3129 m Höhe), das den Hintergrund des Cismon-Hochtals bildet. Panorama* an der Rosetta in 2743 m Höhe (Schwebebahn, dann Kabinenseilbahn).
Veranstaltungen: Folkloredarbietungen (Trachten).
Seen von Colbricon (In einem Naturpark): Archäologische Ausgrabungen.
Fiera di Primiero (14 km südl.): Große Station, gotische Kirche der Assunta.
Paneveggio* (10 km über den Passo Rolle, 1970 m, Wintersportstation): Staatsforst und Naturpark unterhalb des Cimon della Palla (3186 m, Matterhorn).
Von markierten Fußwegen aus kann man Hirsche, Murmeltiere, Steinadler und Auerhähne beobachten.
Predazzo*: 30 km westl.

San Miniato 12/B 1
Toscana (Pisa)
Über San Miniato Basso im Arnotal erreicht man nach 2 km (Centro) das alte Dorf. Es liegt auf drei Hügeln verteilt und wird von einem einsam stehenden Turm des ehemaligen Castello Friedrich II. (13. Jh.) beherrscht.
San Domenico: Die Kirche (14. Jh.) an der Piazza del Popolo (Tourismusbüro) ist im Inneren mit Gemälden und Fresken verziert.
Piazza della Repubblica: Seminar und Bischofspalast (17. Jh.).
Municipio: Rathaus 14. Jh. mit schönem Ratssaal und interessantem Oratorium „Madonna di Loreto".
Auf einem weitläufigen Platz auf der Anhöhe befindet sich der romanische Dom mit befestigtem Kampanile. Das Diözesanmuseum für sakrale Kunst schließt sich an (Mo. ⊠). Dem Schloß gegenüber steht die gotische Kirche San Francesco (13./14. Jahrhundert).
Veranstaltungen: Freilichtbühne vor der Kathedrale im August Fest des San Rocco am 16. August Fest der Trüffel im Oktober
Montopoli (12 km westl.): Keramikhandwerk.
Pontedera (22 km westl.): Die Heimat Andrea Pisanos wurde zu einem bedeutenden Industriestandort. In der Kirche Ss. Jacopo e Philippo (17. Jh., romanische Bauteile) befinden sich eine „Madonna del Rosario" und eine gotische Holzstatue der hl. Lucia.

San Pellegrino 5/C 1
Lombardia (Bergamo)
Das elegante Mineralbad liegt im Val Brembana (Höhlen mit schönen Konkretionen). Neben den Heilquellen werden auch die während der „Belle Epoque" entstandenen Bauwerke im Liberty-Stil* geschätzt.
Casino: Das renommierte Bauwerk im „Floreal-Stil" (1905) besticht durch sein prächtiges Inneres* (Eingangshalle, Treppe). Eine Seilbahn führt zur alten Ortschaft San Pellegrino Vetta (Panorama*, „Höhlen des Traumes"/del Sogno).
Veranstaltungen: Casinokonzerte während der Saison von Mai-Oktober Kanurennen auf dem Brembo. Kunstausstellungen und Marionettenbühne („Bergamaske").
Cornello dei Tasso (6 km nördl.): Mittelalterliches Dorf, sehr alte Postkutschenstation.
Dossena (8 km nordöstl.): Die Renaissancekirche des Luftkurortes bewahrte neben anderen berühmten Gemälden des 18. Jh. ein Werk von Veronese („Enthauptung Johannes des Täufers").
Foppolo (34 km nördl.): Alpines Zentrum und Wintersportort mit ausgezeichneten sportlichen Einrichtungen unterhalb des Monte Cadelle (2480 m Höhe).
Zogno (6 km südl.): Ethnographisches Museum im Val Brembana; Grotta della Meraviglie.
Bergamo*: 24 km südl.

San Remo 9/A 3
Liguria (Imperia)

Das mondäne Seebad San Remo wurde Mitte des 19. Jh. durch den englischen „Gentlementourismus" in Mode gebracht. Der Luftkurort verfügt über einen vielbesuchten Segelhafen und über mehrere Spielsäle. Der Umschlagplatz für Blumen und tropische Pflanzen liegt an den Ausläufern der Ligurischen Alpen an einer weiten Bucht zwischen Capo Nero und Capo Verde. Die sehr alte Stadt unterhalb des Pigna*-Hügels wird als Hauptstadt der „Riviera dei Flori" betrachtet, da das ca. 600 m hohe Umland von unzähligen Gewächshäusern und Gärten geprägt wird.

La Pigna (Citta Vecchia): Steile Treppengassen führen zwischen gotischen Häusern hindurch zu den Resten eines Castellos und zum Sanktuarium der Madonna della Costa (17. Jh., Panorama). Nahe am Uferstreifen erstrecken sich die Hauptverkehrsadern Corso Imperatore* und Corso Matteotti und verbinden mit dem eigentlichen Seebad. Hier dominieren die Grünflächen und eleganten Gebäude, darunter (von Westen nach Osten) der Marsaglia* Park (Freilichtvorstellungen im Auditorium), der Corso Mombello, der Ormond Park, die Villa Comunale, Bauwerke aus der „Belle Epoque", z. B. die russische Kirche (gegenüber dem Tourismusbüro) und das Casino*.

Duomo: Der romano-gotische Dom befindet sich im alten Viertel der unteren Stadt.

Veranstaltungen: Internationale Musiksaison im Auditorium von Juli-Sept. Hochseeregatten. Folkloredarbietungen in Coldirodi und Buddana. Der Blumenmarkt schließt morgens um 9 Uhr (Okt.-Mai). Liederfestival von Jan.-März.

Spezialität: Dolceaqua (lokal angebauter Wein).

Umgebung: Eine Drahtseilbahn führt zum Monte Bignone (1300 m); Aussicht** („Funivia", Eingang am Corso degli Inglesi, 12 km Straßenstrecke).

Arma di Taggia (8 km östl.): Seebad; Gemälde von Ludovico Brea (Ende 15. Jh.) im Kloster.

Baiardo (24 km im Hinterland): Altes Dorf, Sommerfrische.

Bussana Vecchia (200 m Höhe, 1 1/2 Std. über einen Fußweg): Künstler versuchen, das durch ein Erdbeben im 19. Jh. zerstörte Dorf zu neuem Leben zu erwecken.

Coldirodi (9 km westl.): Bekanntes Zentrum der Blumenzucht.

Ospedaletti (6 km westl.): Luftkurort mit Altstadtviertel (Gotik und Renaissance).

Bordighera*: 12 km südwestl.

Taggia*: 11 km nordöstl.

Sansepolcro 13/A 1
Toscana (Arezzo)

Sansepolcro ist neben **Citta di Castello*** die wichtigste Stadt im oberen Tibertal. Wie die alten Viertel bezeugen, erlebte die Stadt während der Renaissance ihre Glanzzeit. Der Geburtsort von Piero della Francesca (um 1416/1492) wird hauptsächlich wegen dieses unbestrittenen Meisters der religiösen Malerei des Quattrocento besucht.

Museo Civico (nachmittags und an manchen Feiertagen ⊠): Es werden die bedeutendsten Werke Francescas ausgestellt, darunter die Auferstehung*, die Madonna della Misericordia, das Portrait des hl. Julianus und ein Prophetenkopf. Dazu kommen Werke weiterer in Sansepolcro geborener Künstler: Luca Signorelli (Kreuzigung), Pontormo (Der hl. Quintinus), Bassano usw. Besonders malerisch sind die Turmhäuschen im mittelalterlichen Viertel, die Kunstwerke im Dom (11.-14. Jh.) und der Kirchen San Francesco (romano-gotisch) und Santa Maria delle Grazie.

Veranstaltungen: Anfang Sept. findet auf dem Platz „Torre di Berta" der „Palio della Balestra*" (Wettbewerb für Armbrustschützen) in Trachten des 15. Jh. statt. Die Armbrustschützen aus **Gubbio*** nehmen hieran teil.

Handwerk: Spitzen, Goldschmiedearbeiten, Holzschnitzereien.

Anghiari* (8 km südwestl.): Malerisches mittelalterl. Dorf hinter Befestigungsmauern. Die Barockkirche Santa Maria delle Grazie, die romanische Kirche San Bartolomeo (11. Jh.) und der Taglieschi-Palast (Renaissance) sind sehenswert. Museum für Volkskunde im Palast. Messe des Handwerks Anfang Mai.

Monterchi* (17 km südl.): In der Kapelle in Friedhofsnähe hängt die berühmte „Madonna del Parto" (schwangere Madonna) von Piero della Francesca. Folkloristisch-gastronomisches Fest der Polenta Ende September.

Pieve di Sovana (8 km südwestl.): Vorromanische Kirche (10. Jh.).

Caprese: 26 km nordwestl.; → **La Verna*:** 37 km nordwestl.

Citta di Castello*: 16 km südöstl.

San Severo 18/D 2
Puglia (Foggia)

Der große Agrarmarkt der Capitanata (→ **Foggia***) lebt hauptsächlich vom Handel mit Tavoliere-Weißweinen. Archäologische Sammlung in der Via Zannoti; Kirche San Severino mit romanischem Portal aus dem 12. Jahrhundert und einige barocke Bauwerke.

Torremaggiore (8 km westlich): Handwerkszentrum für Kunstkeramik.

Lucera*: 23 km südl.; → **Foggia*:** 36 km südöstlich.

San Giovanni Rotondo: 32 km östl., Gargano-Massiv (→ **Manfredonia***).

Sapri 21/A 3
Campania (Salerno)

Das bekannte Seebad am Golfo di Policastro** entstand aus einem vielbesuchten Fischereihafen am Meeresufer, dessen Lage bereits die Römer der Antike schätzten. Unterhalb der prächtigen Steilküste können Meereshöhlen* besichtigt werden. Wie ein Obelisk zu erkennen gibt, landeten am Strand die Männer der „Expedition der Dreihundert", die von Carlo Pisacane geführt wurden (1857).

Der bereits zur Antike vielbesuchte Hafen Sapri ist heute ein in der Tiefe des Golfs von Policastro gelegenes, friedliches Seebad.

Lagonegro (Basilicata, 22 km nordöstl.): In der Altstadt sind mehrere Kirchen mit Fresken verziert, Barockfassade von Sant' Anna, vorromanische Kirche San Nicola (9. Jh.). 3 km nordwestlich befindet sich der Tierpark von Giada.
Rivello (27 km östl.): Aussicht vom Belvedere über eine herrliche Landschaft (480 m Höhe), Kirchen im byzantinischen Stil.
Maratea*: 18 km südl., über eine kurvenreiche Küstenstraße.

Saronno 5/B 2
Lombardia (Varese)
Die Wallfahrtskirche Madonna dei Miracoli (16. Jh.) von brahmantesker Inspiration im Nordwesten der Industriestadt hat eine prächtige Innenausstattung. Die Fresken unter der Kuppel stammen von Ferrari, die im Chor von Luini (Leben der Jungfrau). Die Fassade wurde 1 Jahrhundert später gebaut.
Spezialitäten: Liköre und Gebäck aus Bittermandeln (amaretti).
Legnano (11 km südwestl.): An die Niederlage, die Friedrich Barbarossa 1176 erlitt, wird alljährlich am 29. Mai mit dem Carroccio-Fest in mittelalterlichen Trachten erinnert. Die Renaissancekirche San Magno beherbergt ein Polyptychon von Luini; archäologische Sammlung im Museo Civico (Mo. ☒). Die Stiftung Pagani in Castellanza zeigt in einem Park moderne Skulpturen.
Rho (10 km südöstl.): Im Innenraum des Sanktuariums der Madonna Addolorata (16.- 18. Jh.) befinden sich Gemälde der lombardischen Schule. Gastronomisches Fest Anfang Juni.
Busto Arsizio: 13 km westl., → **Gallarate*:** 21 km.
Castiglione Olona*: 20 km nordwestlich.
Como*: 26 km nördlich.
Monza*: 22 km östlich.

Sarzana 9/D 3
Liguria (La Spezia)
Ein großer Teil der genuesischen Befestigungsmauern der kleinen Agrarstadt in der Magra-Tiefebene blieb erhalten. Nachdem sich Genua Ende des 15. Jh. der Stadt bemächtigte, bildete Sarzana einen Vorposten gegenüber Lucca und Pisa. Die mächtige Festung von Sarzanello* wurde jedoch zu Ende des 12. Jh. von einem Condottiere aus Lucca errichtet (2 km über eine Panoramastraße).
Kathedrale: Der gotische Bau wurde während der Renaissance neuerrichtet. Der Innenraum wurde barock ausgestattet; bemaltes* romanisches Kruzifix (12. Jh.) und Altaraufsatz aus Marmor (15. Jh.).

Die mächtige Festung Sarzanello oberhalb von Sarzana erinnert an die Streitigkeiten der Republik Lucca mit Genua.

Bocca di Magra (10 km südl.): Mit einem kleinen Strand an der Flußmündung.
Castelnuovo Magra (8 km östl.): Altes Dorf und mittelalterliches Castello inmitten von Weinbergen. In der Renaissancekirche hängen ein „Kalvarienberg" von Breughel d. Ä. und eine „Kreuzigung" aus der Schule Van Dycks.
Fosdinovo (9 km nordöstl.): Von einem Castello gekrönter Aussichtspunkt am Ende des Cuccu-Engpasses (nördl.).
Luni* (7 km südöstl.): Ruinen (Forum und Amphitheater) der römischen Kolonie (2. Jh. v. Chr.). Die Ausgrabungsfunde befinden sich in den Museen von Lunense und **La Spezia*.**
Marinella di Sarzana* (14 km südöstl.): Kleiner Badeort.
Carrara*: 15 km südöstlich.

Sauze d' Oulx 8/A 1
Piemonte (Torino)
Der Wintersportort bietet 100 km lange Pisten und zahlreiche Skilifte. Der „Balkon der Piemont-Alpen", hoch über dem oberen Tal der Dora Riparia, verdankt seinen Ruhm dem Pionier des Abfahrtslaufes Adolf Kind. Unterhalb des Mont Triplex (2507 m) ergänzt die Station Sportinia (2137 m) das Angebot des Hauptortes.
Exilles* (15 km nördl.): Das alte Dorf wird von einem Fort (17. Jh.) beherrscht, das das Tal kontrollierte. In der Nähe liegt das Naturreservat (Hirsche) Gran Bosco de Salbertrand.
Oulx (5 km westl.): Exzellentes Wanderparadies mit mehreren Bauwerken aus dem 15./16. Jh.

Bardonecchia*: 19 km westlich.
Claviere: 22 km südlich, → **Sestriere*.**
Susa*: 29 km nordöstlich.

Savigliano 8/C 2
Piemonte (Cuneo)
Außer den mittelalterlichen Kirchen, die zur Renaissance oder zum Barock dekoriert wurden, bewahrte die Industriestadt am Fuße der Alpen einen Palast aus dem 15. Jahrhundert (Hof) und richtete im ehemaligen Kloster San Francesco eine Museo Civico ein (Sa. und So.-nachmittag ☒).
Augusta Bagiennorum (25 km südöstl.): Ruinen einer sehr alten römischen Stadt.
Carmagnola (23 km nördl.): Heimat der „Carmagnole", ursprünglich ein mittelalterliches Lied der fahrenden Sänger.
Cavallermaggiore (7 km nördl.): Mittelalterliches Viertel.
Manta (4 km südl. von Saluzzo): Mit einem Freskenzyklus* geschmücktes Schloß (14. Jh.).
Racconigi (14 km nördl.): Königliches Schloß des Hauses Savoyen (17.-19. Jh., keine Besichtigung).
Saluzzo* (13 km westl.): In der Altstadt blieben Bauwerke erhalten, die aus der Zeit stammen, als der Ort Hauptstadt einer Markgrafschaft war (14.-16. Jh.). Inmitten des Gewirrs von Treppenstraßen erhebt sich die spätgotische Kathedrale am Hügelhang. Über die malerische Straße „Salita al Castello" erreicht man die Kirche San Giovanni (14. -16. Jh.) mit schöner Apsis und dem Renaissancegrabmal Ludwig II. von Savoyen. Die Säle der nahegelegenen Casa Cavassa, ein herr-

schaftliches Renaissancehaus, sind mit Gemälden* geschmückt.
Staffarda* (23 km nordwestl.): Zisterzienserabtei (12. Jh.).

Savona 8/D 3
Liguria (Provinzhauptstadt)
Der sehr bedeutende Industriehafen Savona (Kohlenwasserstoff, Kohle, Automobile, Wein) wird durch seine Fabriken und Werftanlagen geprägt. Zu Anfang des 16. Jh. wurde die Stadt Eigentum der Republik Genua, deren Rivalin sie lange war. Aus dieser Zeit stammt die wiederaufgebaute Fortezza Priamar, die die südl. Hafengegend beherrscht. Hier wurde Mazzini (→ **Genova***) 1830/31 gefangengehalten. Vom Stadtgarten „Eroe di Due Mondi" unterhalb der Festung genießt man eine schöne Aussicht auf die Küste. Anfang des 16. Jh. unternahm Magellan seine Weltumseglung, einer seiner Offiziere, Leon Pancaldo, stammte aus Savona. Am Anfang des Lungomare (Meerespromenade) erinnert ein nach ihm benannter Turm an den Seefahrer. Von hieraus führt die von Arkaden gesäumte Geschäftsstraße Via Paleocapa (Tourismusbüro am Anfang, links) hinauf zum Stadtzentrum. Über die erste Straße links erreicht man die Altstadt, deren Gäßchen (Carugi) von zahlreichen Palästen gesäumt werden.
Pinacoteca* (Mo. ⊠): Umfangreiche Bildersammlung (L. Brea, Madonna e Santi von Foppa, genuesische Schule des 17. Jahrhundert) und Abteilung örtlicher Keramiken.

Palazzo della Rovere: Dieser Palast wurde von Sangallo le Jeune Ende des 15. Jh. erbaut.
Duomo: Der Dom (große Teile aus der Renaissance) nimmt das Diözesanmuseum auf. Rechts neben dem Dom befindet sich die von Papst Sixtus IV. gestiftete Cappella Sistina (15. Jh.).
Santa Maria del Castello (hinter der Domapsis): Polyptychon von Foppa und Brea (Ende 15. Jh.).
Veranstaltungen: Prozession am Karfreitag (berühmte Holzfigurengruppen).
Albisola Marina (4 km nördl.): Seebad und sehr altes Keramikzentrum. Der Corso Bigliati (Lungomare degli Artisti genannt) wurde mit dieser Keramikware gepflastert. Zwei schöne, von Parkanlagen umgebene Villen (18. Jh., eine befindet sich in Albisola Superiore).
Nostra Signora della Misericordia (Santuario di, 7 km nördl.): Zahlreiche Gemälde aus dem 16./17. Jh.; nebenan befindet sich ein Museum für religiöse Kunst.
Spotorno: 13 km südl.; →**Finale Ligure***, 24 km südl.

Scanno 18/A 1
Abruzzo (L' Aquila)
In einer von D' Annunzio besungenen Schlucht des Tasso-Tales macht sich die kleine Stadt römischen Ursprungs heute einen Namen als Luftkurort und Wintersportstation. Zwischen den Häusern mit schönen Portalen und Dächern mit mittelalterlicher Prägung schlängeln sich enge Gäßchen. Am Ufer des Scanno-Sees befindet sich das Santuario della Madonna del Lago (12. Jh.).
Veranstaltungen: Folklorefest auf den blumenübersäten Straßen im August. Zum „Hochzeitszug" werden Frauentrachten aus den Abruzzen getragen (schwarze Korsage, Mützen mit türkisfarbenem Samthintergrund). Mitte August, nächtliches Fest auf dem See.
Handwerk: Gold- und Silberstickerei, Spitzen, bunte Teppiche.
Colle Rotondo (1/4 Std. mit dem Sessellift, 1640 m): Panorama ** über den Gran Sasso.
Pescasseroli (42 km südwestl.): Nationalpark (→ **Abruzzo***), Zufahrt über Villetta Barrea (27 km südl.).
Sagittario* (Schluchten von, 10/18 km nordwestl.): Über die Straße nach **Sulmona***, 31 km nördl.
Alfedena*: 37 km südlich.

Senigallia 13/C 1
Marche (Ancona)
Das große adriatische Seebad an der Misamündung befindet sich auf dem Gebiet einer der ersten römischen Gründungen dieser Küste. Wirtschaftliche Bedeutung hat der Kanalhafen. In der Rocca (15. Jh.) am rechten Flußufer arbeitet das „Forschungs- und Informationszentrum der Marken". An der nahegelegenen Piazza del Duca beeindruckt der Palazzo Baviera (Innendekoration aus der Renaissance) und näher am Hafen die gelungene neoklassizistische bauliche Komposition an der Piazza del Foro Annonario*.
Palazzo Mastai: Flußaufwärts, hinter dem Rathaus, befinden sich in diesem Palast das päpstliche Museum (Pius IX) und die Pinakothek für sakrale Kunst (Juni-Sept., außer an Feiertagen □).
Veranstaltungen: Traditioneller Markt des Sandgebäcks im Sept.
Santa Maria delle Grazie (3 km südwestl.): Sanktuarium aus der Renaissance. „Madonna" von Perugino (15. Jh.). Im angeschlossenen Kloster befindet sich das Zentrum für Forschung und Studien zur ländlichen Zivilisation der Marken (von Okt.-Juni nachmittags ⊠).
Marotta (9 km nordwestlich): Badeort.
Ostra: 14 km südl., → **Corinaldo***.

Sessa Aurunca 18/A 3
Campania (Caserta)
Das antike Suessa, Hauptstadt der Aurunci (Aurunker), bewahrte zahlreiche Überreste der Romanisierung und des Mittelalters. Die Zeugnisse aus jener Zeit, das Castello und der romanische Dom, sind größtenteils aus Steinen der

Scanno: Steile Gäßchen und enganeinandergereihte, strenge Häuser sind charakteristische Merkmale der Abruzzen.

Bauwerke der vorchristlichen Kultur errichtet worden. Im Westen der Stadt existiert ein römisches Theater mit Kryptoportikus.
Duomo S. Pietro: Im Innenraum befindet sich eine sehr schöne, mit Mosaiken verzierte Kanzel (13. Jh.) und ein Osterleuchter*, dessen Fuß mit Hochreliefs verziert ist.
Veranstaltungen: Freilichtkonzerte und Vorstellungen im Sommer. Fest der Stadtviertel in mittelalterlichen Trachten im September.
Spezialitäten: Mozzarella (Käse in Lake) aus Büffelkuhmilch und der von Horaz verewigte Falernowein.
Handwerk: Keramik.
Carinola* (10 km südöstl.): Im Ort sind mehrere gotische Bauwerke, ein halbverfallenes Castello, die romanische Kathedrale (14. Jh.) und die romanische Kirche der Annunziata (Fresken aus dem Quattrocento) zu sehen.
Mondragone (15 km südl.): See- und Thermalbad. Römische Ruinen des antiken Sinuessa im Falerno-Weinbaugebiet.
Pontedegli Aurunci (3 km südwestl.): 21-bogige, von den Römern im 1. Jh. errichtete Brücke.
Roccamonfina (11 km nördl.): Dorf in etwa 800 m Höhe an den Hängen eines Vulkans (3 km nördl.). Einsam gelegenes Sanktuarium Santa Maria dei Lattani.
Teano (13 km östl.): Schauplatz (4 km nördl., Denkmal) der historischen Begegnung zwischen Vittorio Emanuele II. und Garibaldi (Oktober 1860). Ruinen des römischen Amphitheaters von Teanum.
Ventaroli (4 km von Carinola): Mit Fresken geschmückte romanische Kirche Santa Maria.
Minturno: 21 km westl., → **Gaeta***, 35 km.

Sestriere 8/A 1
Piemonte (Torino)
Der elegante, moderne Wintersport verdankt seinen Ruhm sowohl der Originalität seiner Stadtplanung, als auch der Qualität und Anzahl seiner Einrichtungen. Es stehen 120 km lange Pisten, eine Eisbahn, ein Golfplatz und eine Curlingbahn zur Verfügung. Zum Belvedere*** in 2700 m Höhe führen 3 Schwebebahnen und 25 Sessellifte. Sestriere wird auch als Sommerfrische geschätzt.
Veranstaltungen: Weltcup alpiner Skirennen.
Borgata (3 km nördl.): Ferienort, zahlreiche Skilifte.
Bousson (3 km südöstl. von Cesana): Gotische Kirche.
Cesana (12 km westl., 1358 m): Unterhalb der Monti della Luna (Mont Gimont, 2646 m); teilweise romanische Kirche.

Sestri Levante, Baia delle Favole: Der Seglerhafen liegt neben dem Hauptstrand des großen Seebades an der genuesischen Riviera.

Claviere (18 km westl.): Das Bergdorf an der französischen Grenze am Montgenèvre ist die älteste und modernste Wintersportstation Italiens (Pisten von 1360-2700 m). Fresko am Portal der Renaissance-Kapelle. Nächtliche Skifahrten im Februar.
Fenestrelle (22 km nordöstl.): Das Dorf nimmt eine Wächterposition am Chisonetal ein. Die Befestigungsanlagen aus dem 17. Jh. sind erhalten.
Pragelato (11 km nordöstl.): Das Dorf ist bekannt wegen seines Honigs und der Trachten.
San Sicario (1570 m): Skiort in entgegengesetzter Richtung des Monte Fraiteve (2701 m, nördl. von Sestriere, mit der Schwebebahn zu erreichen).

Sestri Levante 9/B 3
Liguria (Genova)
Luftkurort und Seebad, Fischerei- und Seglerhafen haben sich an der südlichen Spitze des Golfo Tigullio zu beiden Seiten eines Vorgebirges entwickelt. Auf der Höhe erstreckt sich der Park eines Hotels (Aussicht*), an dessen Eingang eine kleine romanische Kirche mit gotischer Fassade steht. Entlang der sich nach Süden öffnenden Baia del Silenzio erstreckt sich das Altstadtviertel. In einem seiner Häuser befindet sich die Galleria Rizzi (So.-morgen □, Keramik und Malerei).
Via XXV Aprile: Zahlreiche Häuser der ehemaligen „Carugio" haben Portale aus Schiefer. Das Material stammt aus den Schieferbrüchen von Cavi und Lavagna. Hafen und Hauptstrand richten sich nach Norden zum Golfo di Ponente (Baia delle Favole genannt). Schiffsverbindungen mit **Rapallo***, den „Cinque Terre" (→ **Vernazza***) und **Portovenere***.
Borzone (23 km, im Inland): Abteikirche aus dem 13. Jh.
Passo del Bracco (Via Aureli, 20 km östl.): Herrliche Aussicht über die Küste.
Chiavari (8 km westl.): Luftkurort und Seebad; Viertel (17. Jh.) mit arkadengesäumten Straßen und schöne Gärten der Villa Rocca. Wettkämpfe im Meer im September, musikalische Saison im Herbst/Winter, Orchideenausstellung (alle 2 Jahre).
Handwerk: Holzstühle (Sedie di Chiavari, Dauerausstellung).
Lavagna (6 km westl.): Das Folklorefest des „Kuchens der Fieschi" findet Mitte August statt. Im Hinterland befindet sich die gotische Basilica di Fieschi (4 km).
Moneglia (13 km südöstl.): Reizende Ortschaft an einer Bucht. Chiesa San Giorgio mit einem Polyptychon aus dem 15. Jahrhundert und einem Kreuzgang.
Varese Ligure (30 km nördl.): Schloß der Fieschi (15. Jh.).
Rapallo*: 20 km nordwestl., Halbinsel von **Portofino***.
Cento Croci*: Paß der einhundert Kreuze, 42 km nordöstl., 1055 m.

Siena 12/C 2
Toscana (Provinzhauptstadt)
Im Zentrum Sienas erhebt sich um den „Meister", den Torre del Mangia (102 m), ein Wald von Glockentürmen und Türmen. Die erdfarbene Stadt der Kunst liegt wie Rom auf sieben Hügeln. Als Gründer wird Senius, einer der Söhne des Re-

mus, genannt. Die Wölfin, das Emblem der Stadt, erinnert daran. Wahrscheinlicher erscheint eine Gründung durch die Senonen (gallischer Stamm). Nach der römischen Kolonisierung wurde die Stadt Sena Julia, später Sena Vetis getauft. Erst im 12. Jh. bekommt Siena historische Bedeutung. Bankiere erregten den Neid der Florentiner. Es werden Paläste und Verteidigungsanlagen gebaut, man lockt Künstler und auch Mystiker an. Der großen Rivalin Florenz gelingt es nur durch Zufall, die Stadt zu beherrschen. Philipp II. von Spanien bemächtigt sich ihrer 1555 und schenkt sie zwei Jahre später den Medici.

Besichtigung:
Sie dauert minimal 4 Stunden. Da die Museen nachmittags geschlossen sind, bietet sich der Vormittag an. Das Stadtzentrum wurde für den Autoverkehr gesperrt. Parkplätze befinden sich im Norden an der Festung. Von Florenz kommend erreicht man hier zuerst die Porta Camollia (im 14. Jahrhundert neuerrichtet). Auf dem Tor befindet sich der Wappenspruch Sienas: "Cor magis tibi Sena pandit" (Siena öffnet dir ganz sein Herz"). Die Besichtigung des historischen Viertels wird durch die angebrachten Pfeilmarkierungen im Fußgängerbereich erleichtert.

Chiesa di San Domenico* (1): Die gotische Kirche mit einem sehr schönen Glockenturm aus dem 14. Jahrhundert wurde von Santa Caterina besucht. Die ihr geweihte Kapelle im Kircheninneren soll ihr Haupt in einem Tabernakel aufbewahren (Mitte der rechten Wand). An den Wänden stellen Fresken (Sodoma) die Episoden ihres Lebens dar. Bewundernswert ist die "Anbetung der Hirten" von Giorgio Martini. Zu beiden Seiten des Hochaltars hängen Gemälde von Matteo di Giovanni. Die Krypta aus dem 16. Jahrhundert enthält ein schönes gotisches Christusgemälde von Sano di Pietro.

Via della Sapienza (2): Die Fußgängerstraße führt zur historischen Stadt. In einer einmündenden Treppengasse (rechts unten) liegt das Geburtshaus der Santa Caterina. Es folgt das interessante Archäologische Museum mit sehenswerten vorgeschichtlichen, etruskischen und römischen Sammlungen (nachmittags, Mi. und an den Hauptfeiertagen ⊠).

Piazza Salimbeni* (3): Schöne bauliche Einheit an einem Brunnen. Gegenüber befindet sich der Palazzo Salimbeni (gotisch), links der Palazzo Tantucci (Barock, Mitte 16. Jh.) und rechts der Palazzo Spannochi aus dem 15. Jahrhundert (Renaissance).

Via Bancha di Sopra: Der Name der Via Banchi di Sopra (rechts) erinnert an die ehemaligen Wechselkontore, die hier bestanden.

Palazzo Tolomei (9): Der sehenswerte Palast am gleichnamigen Platz ist die älteste Privatresidenz der Stadt und stammt aus dem 13. Jahrhundert.

Loggia di Mercanzia (4): Unter dem Portikus des Bauwerks (Gotik/Renaissance) tagte das Handelsgericht. Heute werden hier zeitlich begrenze Ausstellungen abgehalten. Das Fremdenverkehrsamt der Provinz befindet sich in der 1. Etage.

Piazza del Campo*** (5): Hier laufen alle Straßen des mittelalterlichen Viertels zusammen. Der Palazzo Sansedoni stammt aus dem 13. Jahrhundert. Vor der Loggia dei Mercanzia, im oberen Teil des Platzes, steht die Fonte Gaia (Freudenbrunnen) mit Relieffeldern von Iacopo della Quercia; die Originale befinden sich im 2. Stock des Museo Civico.

Palazzo Pubblico* (6): Der Torre del Mangia (102 m) an der Nordecke des sehr eleganten gotischen Bauwerks (13. Jh.) wird von einem Glockenturmaufbau (geplant von Lippo Memmi) aus Stein gekrönt. Zu Füßen des Turms befindet sich die 1352 angebaute Cappella di Piazza. Rechts gewährt das Portal den Zugang zum Hof des Podesta (14. Jh.), von wo aus man zum Theater der Rinnovati (16. Jh., Mitte des 18 .Jh. von Bibbiena neugestaltet) und zu den ehemaligen Gemächern des Geschosses gelangt. Hier befindet

Siena im Abendlicht, die erdfarbene Stadt der Toskana. Über dem Halbrund der Piazza del Campo ragt der Belfried des Palazzo Pubblico „Il Mangia" (102 m) empor.

Siena

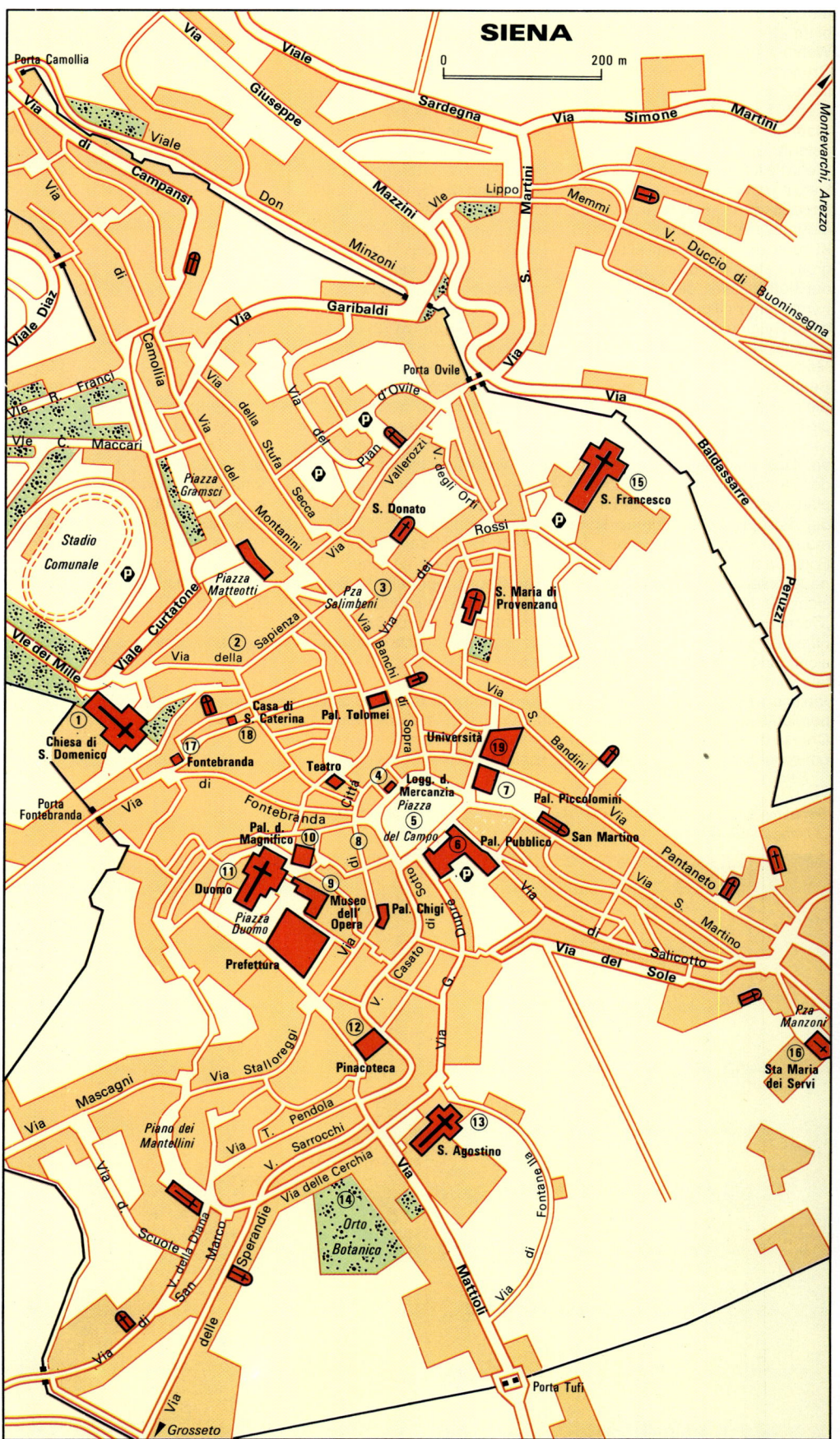

Palazzo Pubblico in Siena: Prächtiges gotisches Backsteingebäude mit dreifach gegliederten Fenstern.

sich das Museo Civico. Das Portal des Konsistoriums ist ein Werk Rossellinos (Mitte 15. Jh.). Simone Martini schuf die Fresken der „Maestà**" (thronende Madonna) und das Portrait des Guidoriccio da Fogliano, die die Sala del Mappamondo* schmücken. Die Sala della Pace enthält einen Freskenzyklus** (Mitte 14. Jh.) von Ambrogio Lorenzetti, Taddeo di Bartolo malte die Fresken der Cappella (Anf. 15. Jh., wunderschönes Chorgestühl und Gemälde von Sodoma). Die berühmte „Madonna mit dem Kind*" ist ein Werk von Guido da Siena. Durch den Saal des Museo del Risorgimento erreicht man den Turmeingang (So.-nachmittag, an manchen Festtagen und von Oktober bis Mai nachmittags ⊠).

Palazzo Piccolomini (7): Der Palast im Stil der florentinischen Renaissance an der Via Banchi di Sotto wurde zu Mitte des 15. Jh. nach Plänen von Rossellino errichtet. Seine Säle enthalten zahlreiche Dokumente, die sich auf das Leben der ehemaligen Republik Siena beziehen (So.-nachmittag und an Festtagen ⊠).

Via di Citta (8): Sie bildet die Verlängerung der Via Banchi di Sopra. Sie umgeht das Domviertel und führt zum Palast der Päpste hinauf. Von den kleinen Gäßchen des Domviertels (links): schöner Blick auf den Torre del Mangia.

Palazzo Chigi-Saracini: Der Palast beherbergt die berühmte Musikakademie (11. Jh., im 18. Jh. neuerrichtet). Die Etage nimmt eine Pinakothek auf.

Palazzo Piccolomini delle Papese: Ein Werk Rossellinos (Ende 15. Jh.). Die Fassade besteht teilweise aus Bossenwerk (im Stil der florentinischen Renaissance).

Dommuseum (9) (Museo dell' Opera del Duomo): Es wurde in einem unvollendeten religiösen Bauwerk untergebracht (neue Kathedrale). Im Erdgeschoß sind eine prächtige Skulpturengruppe (Hochreliefs*) von Iacopo della Quercia und Figuren von Giovanni Pisano untergebracht. Die 1. Etage beherbergt ein Polyptychon der „Madonna mit dem Kind" (Maestà**) von Duccio di Buoninsegna (Anf. 14. Jh.) und „Geburt Mariä*" von Pietro Lorenzetti (Mitte 15. Jh.). Das obere Zwischengeschoß enthält den Domschatz, die letzte Etage primitive Maler und ein Meisterwerk von Simone Martini.

Palazzo del Magnifico (10): Der Palast wurde zu Anfang des 16. Jh. für Pandolfo Petrucci (Il Signore genannt) errichtet, den einzigen Tyrannen, den Siena kannte.

Duomo (11):** Der gesamte untere Teil der romano-gotischen Fassade der grandiosen Kathedrale (12.-14. Jh.) ist das Werk Giovanni Pisanos (Ende 13. Jh.).

Der romanische Kampanile wurde durch abwechselnde Lagen von schwarzem und weißem Marmor gestaltet. Der Boden im Inneren des Domes wurde mit 56 Mosaikkompositionen*** gepflastert (Allegorien, Szenen aus dem Alten und dem Neuen Testament, 15./16. Jh.). Die Libreria Piccolomini (Ende 15. Jh.) enthält einen prächtigen Freskenzyklus** von Pinturicchio und die „Drei Grazien" (Marmorskulpturen, 3. Jh.). Das rechte Querschiff birgt in der Cappella della Madonna del Voto zwei Marmorgruppen* von Bernini (18. Jh.). Sehenswert sind ferner das geschnitzte Chorgestühl* (14. und 17. Jh.), ein Fresko von Beccafumi („Paradies"), das Fenster des Presbyteriums nach Vorlagen von Duccio di Buoninsegna (13. Jh.), die Cappella di S. Ansano (links der Apsis, Grabmal Donatellos) und die Kanzel* am Anfang des Querschiffes (links) von Nicola Pisano. Ferner eine Statue des Künstlers Donatello von S. Giovanni Battista (Mitte 15. Jh.), Fresken in der Renaissancekapelle San Giovanni von Pinturicchio, der Piccolomini-Altar (am Bibliothekseingang) und Statuen von Michelangelo.

Piazza del Duomo: Gegenüber der Kathedrale befindet sich das Hospital Santa Maria della Scala (13.-15. Jh., Mo. ⊠). Es enthält eine schöne Renaissanceorgel und eine Sammlung über die Wohnverhältnisse der etruskischen Antike. Die rechte Platzseite wird vom Erz-

Die beeindruckende Fassade des Doms erhebt sich am höchsten Punkt der Stadt. Besonders eindrucksvoll sind die drei Portale von Giovanni Pisano (Ende 13. Jh.).

Die Fonte Gaia mit großen Reliefkompositionen im oberen Teil der Piazza del Campo wurde einem Vorbild von Jacopo della Quercia nachempfunden.

bischöflichen Palais (18. Jh., „Madonna del Latte" von A. Lorenzetti), die linke vom Palast der Präfektur (16. Jh.) eingenommen.

Battistero di San Giovanni (hinter dem Chor des Doms, 14. Jh.): Das Baptistrium*** ist mit Fresken und mit einem Taufbrunnen geschmückt, dessen Fronten von Ghiberti, Donatello und Iacopo della Quercia verziert wurden. Die Holzstatue Johannes des Täufers und das Marmorziborium stammen ebenfalls von Quercia.

Pinacoteca** (12) (Mo., an manchen Festtagen und von Nov.-März nachm. ⊠): Sie befindet sich im Palazzo Buonsignori (14. Jh.) und enthält bedeutende Sammlungen der Schule von Siena, der Primitiven (Ende 12. Jh.) und der Spätrenaissance. 1. Etage: Sodoma (Christus mit der Säule*), Pinturicchio, Beccafumi. 2. Etage: Duccio (Madonna mit dem Kind*), Lorenzetti (Verkündigung, Madonna der Karmeliterinnen, Stadt am Meer*), Giovanni di Paolo, Matteo di Giovanni, Neroccio (Madonna i Santi). 3. Etage: Sammlung Spannocchi (Dürer, Lotto, flämische Schule).

S. Agostino* (13): Im 18. Jh. von Vanvitelli umgebaute Kirche (13. Jh.). Im Inneren, Fresken von A. Lorenzetti, Sodoma (Anbetung der Heiligen Drei Könige), Matteo di Giovanni (Kindermord zu Bethlehem) und Perugino (Kreuzigung Christi*).

S. Francesco (15): Zum Teil im 19. Jh. neuaufgebaute gotische Basilika mit sehenswerten Fresken von Lorenzetti. Das Oratorium S. Bernardino befindet sich an der rechten Fassadenseite. Hier sind Fresken von Beccafumi und Sodoma (Leben Mariä) zu sehen.

S. Maria dei Servi* (16): Der gotische Bau enthält reiche Kunstwerke, darunter die Madonna del Popolo (Anfang 14. Jh.) von Lippo Memmi und zwei „Kindermorde zu Bethlehem" (Matteo di Giovanni und P. Lorenzetti).

Chiesa Santo Spirito: Ende des 15. Jh., Gemälde von Sodoma.

Botanischer Garten (14): Sa., So. und Feiertage ⊠.

Zivile Bauwerke: Fonte Branda (17), imponierende Brunnenanlage (11.-13. Jh.) am Fuße von San Domenico. Fonte Santa Barbara (Mitte 16. Jh.) mit angeschlossener italienischer Önothek. Loggia del Papa (schönes Renaissancebauwerk, Mitte 15. Jh.). Das Geburtshaus der hl. Katharina (18) wird heute zu Oratorien benutzt. Die Zelle der Heiligen blieb erhalten. Eine Kapelle enthält das berühmte Kruzifix (Objekt ihrer Ekstase) und Gemälde von Sodoma. Stadttore: Romana (Anfang 14. Jh.) und Camollia. Die Universität wurde zu Anfang des 13. Jh. gegründet.

Veranstaltungen: Fest der hl. Katharina am 1. Mai (Schutzpatronin Italiens). San Bernardino am 20. Mai, Palio delle Contrade** am 2. Juli und 16./17. Aug. (historische Umzüge in mittelalterlichen Trachten). Sienische Musikwochen Ende Juli-Anfang September.

Spezialitäten: Capocolli (geräucherter Schweinekamm), Panforte (Gebäck mit kandierten Früchten), Migliaccio (Plätzchen), Ricciarelli (mit Marzipan) und Chianti.

Handwerk: Goldschmiedearbeiten (Silber und Vermeil), Kristall, Glasmalerei und Keramik.

Belcaro (Castello di, 7 km südwestlich): In einem Park, Blick über Siena.

Berühmte Persönlichkeiten Sienas

In Siena geboren: Rolando Bandinelli, später Papst Alexander III. (1159-1181), die hl. Katharina (1347-1380, 1462 heilig gesprochen), sie inspirierte vor allem die religiösen Maler. San Bernardino (1380-1444) wurde in **Massa Marittima*** geboren und wirkte in Siena. Daneben war Siena die Heimat großer Maler: Ducio di Buoninsegna (um 1250/60-1319), er wird als der Vater der Schule von Siena betrachtet. Simone Martini (1282-1344, → **Assisi***), die Brüder Lorenzetti (Pietro ca. 1280, Ambrogio ca. 1290, beide 1348 gestorben). Sodoma verstarb 1249 in Siena. Iacopo della Quercia (1374-1438) arbeitete hier als Bildhauer, Giovanni Pisano als Baumeister (Ende 13. Jh.). Neben den religiösen Malern der Stadt wirkten in Siena Lippo Memmi und Pinturicchio (Anfang 16. Jh.).

Farbenfrohe mittelalterliche Trachtengruppen und Standartenträger aus den Stadtvierteln Sienas feiern den Palio.

Monteriggioni* (15 km nordwestl.): Das auf einem Hügel gelegene Dorf wurde von Dante erwähnt. Die Befestigungsmauern (13. Jh.) sind erhalten. 3 km nördl. befindet sich die Zisterzienserkirche von Abbadia a Isola. Das Presbyterium enthält eine Madonna von Duccio di Buoninsegna.
Osservanza (Kloster, Ende des 15. Jh., 3 km nördl.): Hier predigte der hl. Bernardino. Herrlicher Blick über Siena.
Radda in Chianti (22 km nördl.): Mitten im Weinbaugebiet (Kellereien). Fresken aus dem 15. Jh. im Palazzo Comunale.
Rapolano Terme (27 km östl.): Thermalbad mit riesigen Travertinbrüchen. Im Sommer werden hier internationale Bildhauerkurse durchgeführt.

Sirmione 6/A 2
Lombardia (Brescia)

Der Felsvorsprung, der im Quartär durch einen Gletscher entstand, gleicht im Süden des Gardasees einer Insel, die allerdings durch eine Landzunge mit dem Ufer verbunden ist. Er befindet sich in privilegierter Lage, die schon von den Römern geschätzt wurde. Das alte Dorf entwickelte sich inzwischen zu einem touristischen Luftkurort und beliebten Thermalbad. Besuchenswert sind die Parks* und die Rocca* der Scaliger (Scaligera oder Della Scala, → **Verona***).
Scaligerburg: Zu der auf dem Wasser errichteten Burg gehören ein befestigter Innenhafen und ein Schloß, das Sammlungen römischer Antiquitäten aufnimmt. Panorama vom Burgfried (Mo., an manchen Festtagen und außerhalb der Saison nachmittags ⊠).
Die Dorfkirche (15. Jh.) ist im Inneren mit Fresken geschmückt; romanische Kirche (8. Jh.) auf dem Hügel.
An der Spitze der Halbinsel befinden sich die Ruinen einer römischen Villa mit einem Kryptoportikus, vor dem das als „Grotte di Cattulo" benannte Antiquarium steht. Der in Sirmione lebende Dichter Catull (87-54 v. Chr.) besang die Reize der Lage.
Schiffsverbindungen: → **Gardasee***.
Veranstaltungen: Musikalische Saison im Sommer.
Spezialitäten: Seefische und Weine der Riviera del Garda.
Handwerk: Lombardische und venezianische Handwerkstradition (zahlreiche Läden).

Castiglione delle Stiviere (10 km südl. von Desenzano): Santuario di S. Luigi Gonzaga mit Gemälde von Guercino, Duomo und sehenswertes Rot-Kreuz-Museum (Mo. ⊠). Das historische Museum Aloisiano (von S. Luigi, 1568-1591) zeigt sakrale Kunst.
Desenzano del Garda (10 km südwestl.): Sommerfrische und Hauptpassagierhafen im Süden des Sees (→ **Lago di Garda***). Die Kirche enthält ein Werk von Tiepolo

Sirmione: Die romantische Rocca Scaligera, ein mächtiges Bauwerk des 13. Jh., wurde am Rand einer Insel im Wasser errichtet. Die Gemächer des Gründers, Mastino della Scala, sind als Museum eingerichtet.

Sila (Altopiano della)/Silagebirge 23/C 2-3
Calabria (Cosenza)

Das Bergland wurde teilweise zum Nationalpark (am See von Cecita) erklärt. Es liegt durchschnittlich 1200 m hoch und gipfelt am Botte Donato (1930 m). Die Berghänge sind mit dichten Buchen-, Fichten- und Kastanienwäldern bedeckt. Wanderwege führen zu künstlichen Seen (Cecita, Ampollino, Arvo) und Berghütten. Über die „Straße der Gipfel" sind alle Teile des Silagebirges gut zu erreichen. Man unterscheidet drei Teile: Sila Greca (im Norden), Sila Grande (in der Mitte) und Sila Piccola (im Süden). Hier werden jahrhundertealte Traditionen und Handwerkskünste gepflegt, besonders in San Giovanni in Fiore.
Alle Orte bieten Einrichtungen für Sommerfrischler, Wintersportler (Lifte), Wanderer, Bergsteiger und Kanusportler. **Camigliatello Silano** (34 km östl. von Cosenza, 1275 m): 5 km südl. des Sees bei **Cecita***, Pilzfest im Oktober. — **Lorica** (68 km östl. von Cosenza, 1300 m): Am Arvosee; Ausblick am Paß von Ascione (1390 m). — **San Giovanni in Fiore*** (65 km östl. von Cosenza, 1050 m): Handwerkszentrum für Teppiche in leuchtenden Farben und Goldschmiedekunst. Eins wurden hier bestickte Trachten albanischen Ursprungs getragen. Die Abtei „Badia Florence" wurde im 12. Jh. von Giocchino da Fiore, von Dante erwähnt, gegründet. Kleines Museum der lokalen Fauna. Der Ampollino-See liegt 15 km südlich. — **Silvana Mansio** (15 km südöstl. von Camigliatello). — **Taverna** (26 km nördl. von **Catanzaro***, 520 m): In den Kirchen hängen verschiedene Werke des Malers Mattia Preti (1613-1699). — Umgebung des Gebirges: → **Catanzaro***, **Cosenza*** und **Rossano***.

Solferino (19 km südl.): Am 24. Juni 1859 schlugen hier die Franzosen die Österreicher. Kapelle der Gebeine, historisches Museum und Denkmal des „Roten Kreuzes", das hier 1859 gegründet wurde. Die Rocca des Dorfes stammt aus dem 11. Jh. (Panorama).

Sondrio 5/C 1
Lombardia (Provinzhauptstadt)
Die Hauptstadt der Valtellina (Veltin-Tal) ist wegen ihrer Weinberge berühmt, die sich über 120 km zwischen **Stelvio*** und dem Comer See erstrecken. Die Stadt wird vom Castello dei Capitani (14. Jh., keine Besichtigung) beherrscht.
Collegiata: Das Kolleg wurde im 18. Jh. von P. Ligari, einem örtlichen Künstler, errichtet.
Museo Valtelinese di Storia e Arti: Im Palazzo Quadrio (So., Mo. und Feiertag ⊠). Diözesanmuseum nebenan.
Veranstaltungen: Fest der Trauben im September.
Spezialitäten: Pizzoccheri (Buchweizennudeln), Bresaola (getrocknetes Fleisch), Bitto (Käse), Scialt (Käsekrapfen), Pilze und Weine.
Chiesa in Valmalenco (14 km nördl.): Die größte einer Gruppe von Wintersportstationen.
Ponte in Valtellina (10 km östl.): Renommiertes Zentrum der Honigproduktion. Die Kirche (15. Jh.) schmücken Fresken von Luini.
Sassella (2 km westl.): Mit Fresken (16. Jh.) verziertes Sanktuarium.
Teglio (18 km östl.): Im Palazzo Besta* (Renaissance) wurde ein Antiquarium eingerichtet (prähistorische Grabsteine). Zwei mittelalterliche Kirchen (San Pietro) aus dem 11. Jh.

Sora 17/D 2
Lazio (Frosinone)
Am Fuße der Abruzzen, einige km vom Nationalpark (→ **Abruzzo***) entfernt, liegt die ehemalige römische Kolonie, wo Cicero gelebt haben soll. Der Dom (12. Jh.) überdeckt die Reste eines Tempels aus der Kaiserzeit. Sora wurde häufig von Erdbeben heimgesucht. 2 km nördl., Rocca Sorella.
Campoli Appennino (8 km nordöstl.): Amphitheaterförmiges Dorf hoch über der karstigen Doline „Il Tomolo" (130 m Tiefe).
Isola del Liri (7 km südwestl.): Berühmt wegen seiner zwei Wasserfälle*. Die vorromanische Kirche San Domenico steht über einem antiken römischen Bau (Freskenfragmente). Castello (14. Jh.) in einem Park (18. Jh.).
Casamari (Abbadia di): 16 km südwestl., → **Frosinone***, 31 km.

(Cena). Im Norden der Stadt liegt eine römische Villa mit schönen Mosaiken (4. Jh.). Luglio musicale und Blumenausstellung im Juli. Folkloredarbietungen und Regatten im Sommer.
Lonato (15 km südwestl.): Befestigungsmauern der Viaconti (14. Jh.), kleines Museum in der Casa del Podesta (15. Jh.).
Montichiari (25 km südwestl.): In der Kirche (18. Jh.) hängt eine „Cena" von Romanino.

Peschiera (12 km südöstl.): → **Bardolino***, 27 km nordöstlich.
Pieve Vecchia (24 km nordwestl.): Romanische Kirche.
San Felice del Benaco (28 km nordwestl.): Sehenswertes Retablo von Romanino in der Kirche (→ **Gardone Riviera***).
San Martino della Battaglia (8 km südl.): Stätte des Sieges der Piemontesen über die Österreicher (1859); Beinhaus. Museo della Battaglia und del Risorgimento.

Sorrento: Gärten und Villen gruppieren sich unterhalb der Hügel um einen kleinen Hafen gegenüber der Bucht von Neapel.

Sorrento/Sorrent 20/B 2
Campania (Napoli)

Sorrent, „La Gentile", ist leider nicht mehr das Paradies, das der Name einmal versprach. Sicherlich erinnern das Amphitheater, die Villen und Gärten und die schroff abfallenden Tuffsteinfelsen der Landschaft am Golf an die Legenden des Odysseus, der den betörenden Rufen der Nixen entfliehen konnte. Torquato Tasso, der Autor des Werks „Das befreite Jerusalem", wurde 1544 in Sorrent geboren. Aus den Gärten der Villa Comunale im Zentrum hat man einen schönen Blick auf die Bucht von Neapel.
San Francesco: Barockkirche mit gotischem Kreuzgang.
Gärten von Correale di Terranova: Oberhalb des Hafens, im Schutz der Bucht von Marina Piccola gelegen (im Winter, Di., So.-nachmittag und an Feiertagen ⊠). Das Museum enthält Werke von Tasso, Möbel des 18. Jh., Majoliken, Porzellan aus Capodimonte, Gemälde der neapolitanischen Schule und Krippen.
Punta di Sorrento (2 km südwestl.): Panorama**.
Schiffsverbindungen (in der Saison) mit **Neapel*** (1 Std.) und **Capri*** (30 Minuten).
Veranstaltungen: Karfreitagsprozession, Konzerte in San Francesco im Sommer, Regatten und Folkloredarbietungen.
Handwerk: Einlegearbeiten aus Holz, Stickereien und Seidenstoffe. Eine Rundfahrt auf der Panoramastraße** der Halbinsel dauert mit Aufenthalten ca. 3 Std. (ca. 40 km).

Bagno della Regina (3 km nördl.): Ruinen einer römischen Villa.
Campanella (Punta, über Teromini, 11 km südl.): An der Spitze der Halbinsel befinden sich römische und mittelalterliche Ruinen.
Massa Lubrense (6 km südl.): Luftkurort am Strand von Marina della Lobra. Majolikaboden (8. Jh.) in Santa Maria delle Grazie. Meeresprozession am 15. August.
Meta (4 km östl.): Barockkirche Madonna del Lauro.
Sant' Agata sui Due Golfi (10 km südl.): Sommerfrische, Panoramen über den Golf von Neapel und den Golf von Salerno vom „Convento del Deserto" aus.
Castellammare di Stabia*: 20 km nordöstl.
Positano*: 19 km östl.
Vico Equense: 9 km nordöstl. (→ **Castellammare***).

La Spezia 9/C-D 3
Liguria (Provinzhauptstadt)

Die Provinzhauptstadt, Hafen der atomaren Seestreitmacht Italiens, bietet wenig Reize. Das gewaltige Industriezentrum wurde seit dem 2. Weltkrieg beinahe völlig neu aufgebaut. Die Schönheit des tiefen Golfs kann vom Lungomare (Viale Italia) oder vom Castello San Giorgio (genuesisch, Renaissance) aus bewundert werden. Die interessanten Museen rechtfertigen einen Aufenthalt. Die Besichtigung des Arsenals ist Ausländern nicht gestattet.
Museen: Das Marinemuseum neben den Arsenal widmet sich aus schließlich der Kriegsmarine. Die verschiedenen Sammlungen der Musei Civici zeigen sehenswerte archäologische Funde (So. und Festtag ⊠). Weiterhin enthalten sie frühgeschichtliche Funde des Littorals, Objekte der Ausgrabungen der Lunigiana (→ Luni, bei **Sarzana***), menschenähnliche Menhir-Statuen und ethnologische Abteilungen (Volkstradition der lunesischen Gegend).
Duomo: Retablo (Renaissance) von Andrea Della Robbia.
Schiffsverbindungen nach **Lerici*** und **Portovenere***.
Cinqueterre** (nordwestl., Küstenregion): Es handelt sich um fünf voneinander durch Steilwände getrennte, hoch über dem Meer liegende Dörfer am Fuße einer Gebirgskette. Die Dörfer heißen Riomaggiore, Manarola, Corniglia, Vernazza und Monterosso. Monterosso kann man von Pian di Barca (→ **Vernazza*** und Umgebung) aus erreichen, wenn man von der Nationalstraße La Spezia-Sestri Levante abbiegt.

Spoleto 15/B 1
Umbria (Perugia)

Der ehemalige befestigte Platz der Langobarden an der Via Flamina, am linken Tessino-Ufer, wird von einer päpstlichen Festung gekrönt. Die Stadt bietet zahlreiche römische und mittelalterliche Baudenkmäler und Kunstwerke der Renaissance.
Zur oberen Stadt führen Treppengäßchen, einige enge Passagen sind von Gewölben überspannt.

Das Theater von Spoleto wurde zur Zeit des Römischen Imperiums errichtet. Es dient heute als Veranstaltungsort eines renommierten Festivals.

Spoleto

Spoleto: Die Stufen der Via dell' Arringo enden gegenüber dem mehrmals umgestalteten romanischen Dom. Das „byzantinische" Mosaik (13. Jh.) in der Fassadenmitte stellt Christus zwischen Maria und Johannes dar.

Auf halber Höhe, unterhalb der Burg der Päpste, vor dem Rathaus (Turm aus dem 13. Jh., Pinakothek, Di. ⊠), an der Ecke der romanischen Kirche Santa Eufemia, biegt die malerische Via dell' Arringo in Richtung Piazza del Duomo ab. Das Museo Civico befindet sich links (Einlaß im benachbarten Theater fragen). Es enthält archäologische Funde bis zum Mittelalter.

Duomo*: Das Bauwerk (12. und 17. Jh.) steht über einer Krypta aus dem 9. Jh. Der Kampanile stammt aus dem 11. Jh. Die Fassade ziert ein Renaissanceportikus mit berühmten Mosaiken. Das Innere enthält zahlreiche Kunstwerke, insbesondere Fresken* von Pinturicchio (Apsis) und Filippo Lippi (15. Jh.), Madone von Annibale Caracci am Hochaltar, ein Renaissancegrabmal und eine Büste des Papstes Urban VIII. von Bernini.

Römische und Paläochristliche Monumente:

Anfiteatro romano (Nähe linkes Ufer): Amphitheater (2. Jh.).

Drususbogen (neben Sant' Asano, über die Piazza del Mercato, belebter Marktplatz und ehem. römisches Forum): Aus dem 1. Jh.

Monteronebogen (in der Nähe): Teil der Stadtmauer (3. Jh.).

Römisches Haus (unterhalb des Palazzo Comunale): Eventuell hat hier die Mutter Vespasians gelebt (1. Jahrhundert).

Römerbrücke: Die auch Ponte Sanguinario genannte Brücke befindet sich am linken Tessinoufer, am Ende der Stadt (flußabwärts).

Ponte delle Torri*: Die 80 m hohe, den Tessino überspannende Brücke (14. Jh.) steht auf den Fundamenten eines römischen Aquädukts. Sie dient heute als Fußgängerbrücke und bietet sehr schöne Aussichten.

Theater (Piazza della Liberta): Das Theater stammt aus den Anfängen der Kaiserzeit.

Stadtmauern: Die ältesten Teile stammen aus der umbrischen Zeit (6. Jh. v. Chr.).

S. Salvatore (Basilica del Santo Salvatore): Sie wurde ab dem 9. Jh. auf den Grundmauern eines Bauwerks aus dem 4. Jh. errichtet. Es fanden viele Baumaterialien aus römischer Zeit Verwendung.

Kirche San Pietro (am Südende der Stadt, über die Straße nach Monteluco): Kirche (5. Jh); die Fassade schmücken schöne Hochreliefs aus der Romanik.

Weitere Sehenswürdigkeiten:

Kirchen: San Domenico (13. Jh., gotische Fresken), San Gregorio Maggiore (romanisch), gotisches Baptisterium mit Freskenschmuck (nebenan), San Nicola (14. Jh., im Kreuzgang befindet sich eine Galerie für zeitgenössische Kunst).

Die Rocca der Päpste stammt aus dem 14. Jh. Skulptur von Calder (20 m Höhe) vor dem Bahnhof.

Veranstaltungen: Musikalische Saison von Jan. bis Aug. Karneval im Feb. Orgelkonzerte und „Woche mittelalterlicher Studien" von April bis Juni. Festival dei Due Mondi* im Juni/Juli (Theater, Ballett, Konzerte). Lyrische Saison im September.

Die Ponte delle Torri wurde im 14. Jh. 80 m über dem Flußbett des Tessino erbaut. Sie steht auf den Fundamenten eines römischen Aquädukts.

Handwerk: Bemalte Keramik.
Acquasparta (24 km westl.): Mineralbad. Ehemaliger, von Päpsten befestigter Ort, in dem ein Renaissancepalast erhalten blieb.
Cascia (52 km östl., über Triponzo): Die kleine Stadt wurde häufig von Erdbeben betroffen. In der unteren Stadt liegen die Stiftskirche Santa Maria (9. Jh.), die gotische Kirche San Francesco (Anfang 15. Jh.) und die Kirche Sant' Antonio (Kommunalpinakothek). In der oberen Stadt befinden sich ein mittelalterliches Kloster und die moderne Basilika Santa Rita. Das Geburtshaus der Heiligen (1381-1457) steht im Dorf Roccaporena (5 km). Fest mit Fackelzug am 22. Mai.
Monteluco* (8 km östl.): Schöner Aussichtspunkt; kleines Kloster, das den hl. Franz von Assisi aufgenommen haben soll. Romanische Kirche San Giuliano (12. Jh.).
Norcia* (46 km nordöstl., über Triponzo): Der wegen seiner schwarzen Trüffel bekannte Ort wurde „erdbebensicher" aufgebaut. Die frühere Stadt der Sabiner erlebte zu römischer Zeit eine hohe Blüte. Sie ist Wiege des hl. Benediktus (Benedetto, 480-547) und seiner Zwillingsschwester, der hl. Scolastica, der hier den Benediktinerorden gründete. An der Stelle seines Geburtshauses wurde die Kirche der Benediktiner errichtet (8. Jh., im 14 Jh. neuaufgebaut). Die Festung „La Castellina" wurde Mitte des 16. Jh. für Julius III. von Vignola entworfen. Sie beherbergt das Museo Civico-Diocesano (Mo. ⊠).
Clitunno* (Fonti del, Quellen des): 12 km nördl., → **Trevi***, 21 km.
Carsulae (Scavi): 30 km südwestl. (→ **Terni***).

Stra 6/D 2
Veneto (Venezia)

Stra liegt am Rande des Kanals, der Padua mit Venedig verbindet.
Villa Pisani* (Villa Nazionale di Stra): Der großartigste der Paläste, die der venezianische Adel zwischen Renaissance und 18. Jh. im Hinterland Venedigs errichten ließ. Der ursprünglich ab 1760 für die Familie Pisani (damalige Dogen) gebaute Palast wurde 1807 von Napoleon erworben. Das Schloß liegt in einem Park mit einem berühmten Irrgarten (Mo. ⊠). Die Innenräume wurden von großen venezianischen Künstlern der Aufklärung dekoriert. Als herausragend gilt das berühmte Fresko* der Sala da Ballo von Tiepolo (Mo. und Festtagnachmittag ⊠).
Schiffverbindungen nach Padua (12 km) und Venedig (31 km) an Bord der Burchiello. Die Schiffe fahren zwischen April und Oktober dreimal pro Woche. Sie legen in der Nähe aller berühmter Villen an. Mit dem Vorgängerschiff reisten bereits Goldoni, Goethe, Byron und D' Annunzio.
Bedeutende Villen an der Strecke: In Stra, Villa Foscarini Negrelli, Richtung Padua. In Noventa Padovana, Villa Giovanelli. Richtung Venedig, in Mira, Palazzo Foscarini und Villa Contrarini. In Oriago, Villa Querini und Gradenigo. In Malcontenta (rechtes Ufer), Villa Foscari* von Palladio (2. Hälfte 16. Jh.), im Auftrag des Dogen Foscari errichtet. Die Frau des Dogen mußte hier gegen ihren Willen wohnen („Malcontenta", der Name blieb).

Stelvio (Parco Nazionale dello) 2/B 2-3
Provinzen Sondrio und Brescia (Lombardia), Trento und Bolzano (Trentino-Alto Adige)

Der größte Nationalpark Italiens (141 500 ha) umfaßt hauptsächlich Teile des Hochgebirges (1500/3769 m am Cevedale). Man erreicht den Park über das Val Venosta (→ **Merano***) oder das Veltlin-Tal (→ **Bormio***) und den Passo dello Stelvio (2758 m). Es handelt sich um eine der höchstgelegensten und spektakulärsten Strecken Europas (70 Kehren und Kurven, Wasserfälle; Achtung: Steinschlag!). Besonders beeindruckend sind die wechselnden Landschaftsbilder (mehr als 100 Gletscher), die Gesteinsformationen (Fossilien), die Flora und die Fauna (Hirsche, Murmeltiere, Steinadler, Auerhähne und kleine Nagetiere). Im südlichen Rabbi-Tal wurden Braunbären gesichtet.
Hauptorte (für Wintersport und Bergtouren geeignet): **Trafoi** (1545 m), **Solda** (1906 m) und **Pejo** (1400/1550 m). Während der Saison werden von den Bergführern in Bormio und Pejo Wanderungen organisiert.
Panoramen**: Die Schwebebahn führt zu den Berghütten von Livrio (3174 m), Blick auf das Tal und die Gletscher des Ortlers (3905 m). Vom Paß aus kann über Fußwege (2 km) der Pizzo Garibaldi (Dreisprachenspitze, 2843 m) erreicht werden; Blick auf die Gletscher.

Stresa
5/A 1

Piemonte (Novara)

Der renommierte Luftkurort am Lago Maggiore, unterhalb des Monte Mottarone* (1491 m) und gegenüber den Borromeischen Inseln** gelegen (→ **Isola Bella***), existiert kaum mehr als 100 Jahre. Es waren britische Reisende, die den Ort an der Linie des „Orient-Express" in Mode brachten. Die großen Hotels, die Parkanlagen und Gärten und die im Schatten von Palmen entlang der Uferpromenade (Lungolago) gelegenen Villen stammen aus dem späten 19. Jh. Dennoch erscheint die Villa Ducale an der Piazza Marconi wie ein „historisches Denkmal" (18. Jh.). Sie nimmt heute ein Studienzentrum auf. Der Tierpark der Villa Pallavicino (März-Oktober) befindet sich am Südende der Stadt. Die „ruhmreiche" Konferenz von Stresa (1935) fand in Wirklichkeit auf der **Isola Bella*** statt.

Ständige Schiffsverbindungen zu den Borromeischen Inseln, Seerundfahrten und Verbindung zu den Haupthäfen (→ **Lago Maggiore***; Nachtfahrten von Juni-September).

Veranstaltungen: Internationale Musikwochen von Ende August-Anfang September.

Alpino (11 km westl.): Botanischer Garten auf halbem Hang des Monte Mottarone (März-Oktober, So. und Feiertage ⊠).

Baveno (4 km nordwestl.): Kirche mit Kampanile (12. Jh.) und Renaissancebaptisterium, im 16. Jh. mit Fresken geschmückt.

Gignese (9 km): Museo dell' Ombrello (Sammlung von Sonnen- und Regenschirmen).

Lesa (7 km südl.): Luftkurort; romanische Kapelle (11. Jh.).

Monte Mottarone (21 km über eine gebührenpflichtige Straße, empfohlen wird die Seilbahn oder der Fußweg): Aussichten**.

Isola Bella*: 15 Min. Überfahrt.

Orta* (Lago di): 18 km westl., über Gravellona.

Subiaco
17/C 1

Lazio (Roma)

Das ehemalige antike Sublaqueum ist wegen seiner Klöster* bekannt. Diese wurden im 5. Jh. im engen Tal des Aniene vom hl. Benediktus (→ Norcia bei **Spoleto***) und seiner Schwester, der hl. Scolastica, gegründet. In der Ortschaft selbst entdeckt man zuerst oben das mittelalterliche Viertel mit der Rocca Abbaziale (Schloß der Laienäbte, 11. Jh.). Unterhalb befinden sich die barocke Kathedrale und die gotische Kirche San Francesco (Sedoma zugeschriebene Fresken, 16. Jh.). Ca. 3 und 5 km südöstl. liegen die beiden größten Benediktineranlagen (außerhalb der Saison nachmittags ⊠, klingeln, die Mönche begleiten die Besucher). Zuerst erreicht man das oberhalb der Ruinen einer römischen Villa gelegene Kloster der hl. Scolastica.

Monastero di S. Scolastica: Das einzig erhaltene Kloster von ursprünglich zwölf Gründungen (während der Offizien, So. von 10-12 Uhr ⊠). Das Kloster entwickelte sich während der Romanik und der Renaissance. Die erste Buchdruckerei Italiens wurde hier betrieben. Von der vergangenen Pracht zeugen die Reste dreier Baukörper im Bereich der drei Kreuzgänge (Romanik*, Gotik - schöne Arkaden - und Renaissance). Die Kirche stammt aus dem 10. Jh. der Kampanile aus der Mitte des 11. Jh.

Monastero di S. Benedetto (Sacro Speco): Das Kloster besteht aus einer Anzahl von Bauwerken (12.-15. Jh.), die sich zum Teil übereinander angeordnet an eine Felswand schmiegen. Die Oberkirche (14. Jh.) wurde mit Fresken von Meistern der Schulen von Siena und Umbriens geschmückt. Mehrere, auf zwei Höhen angeordnete Kapellen bilden die untere Kirche* (Freskenschmuck, 13.-15. Jh.). Ein Fresko zeigt Franz von Assisi, es wurde während seines Aufenthaltes zu Anfang des 13. Jh. geschaffen. In der „Sacro Speco" genannten unteren Höhle lebte der hl. Benedikt 3 Jahre lang als Einsiedler.

Feste: Santa Scolastica am 10. Februar, San Benedetto am 21. März.

Altopiano di Arcinazzo (17 km südöstl.): Ferienort in den „Ernicibergen", 6 km nördl., Trevi-Wasserfall.

Livata (14 km östl.): Wintersportstation (nationale Skischule), von der aus man die Panoramalage* des Monte Autore (ca. 8 km) erreicht.

Olevano Romano (20 km südwestl.): Serpentara-Park.

Fiuggi: 25 km südöstl., → **Anagni***.

Simbruini (Monti): → Monte Livata.

Stresa: Die Gärten und Parkanlagen am piemontesischen Ufer des Lago Maggiore. Auf dem See liegen die Borromeischen Inseln mit der Isola Bella.

Das Kloster San Benedetto in Subiaco scheint sich am Felsen festzuklammern. Es umgibt den „Sacro Speco", die Höhle, in der der Einsiedler Zuflucht fand.

Sulmona 18/A 1
Abruzzo (L' Aquila)

Sulmona wird die Stadt der Dichter und Goldschmiede genannt. Sie war Geburtsort Ovids (43 v. bis 17. n. Chr.), des Autors der „Liebeskunst" und der „Metamorphosen" und von Nicola di Tomasso, der von den Päpsten Avignons an ihren Hof gerufen wurde (15. Jh.).
Duomo: Der zum Teil romanische Bau beherbergt unter anderen Kunstwerken eine byzantinische Madonna (Relief, 12. Jh.).
Kirche und Palast der Annunziata*: Die Gebäude befinden sich im Stadtzentrum am Corso Ovidio. Im angrenzenden Palast (Gotik und Renaissance) wurde das Museo Civico (Mo. ⊠) untergebracht: Archäologie, Gemälde von Meistern der Abruzzen (14.-17. Jh.).
Südviertel: Hübsche Fontana del Vecchio (15. Jh.), von einem Aquädukt gespeist. Renaissancekirche Santa Maria della Tomba. Porta Napoli in der Stadtmauer (14. Jh.).
Veranstaltungen: Karfreitagprozessionen; Fest der Auferstehung am Ostertag. Handwerksmesse der Abuzzen und der Molise im Juli/August.
Spezialitäten: Confetti (bunte Dragees), Cerasuoloweine.
Handwerk: Gobelins.

Anversa degli Abruzzi (15 km südwestl.): Schöne Lage.
Campo di Giove (18 km südöstl.): Wintersportzentrum am Fuße der Maiella.
Cocullo (20 km westl.): Eine Processio der Schlangenjäger (Serpiari) am 1. Maidonnerstag.

Blühende Bäume und schneebedeckte Abruzzen bei Sulmona. In dieser Landschaft wurde Ovid geboren.

Corfinio (15 km nordwestl.): Das Corfinium der Antike. Oberhalb liegt die Basilika San Pelino mit romanischer Apsis. Im Inneren befinden sich eine Kanzel aus dem 11. Jh. und Fresken (14. Jh.). Das Bauwerk nimmt ein Museum für antike Archäologie auf.
Ercole Curino (6 km nördl., oberhalb der Abtei): Das Heiligtum aus dem 1. Jh. v. Chr. wurde lange als Villa des Ovid betrachtet. In der Abtei Morronese (13. Jh.) befindet sich eine Strafanstalt.
Pacentro (8 km östl.): Der alte Ort wird von den drei Türmen des Cantelmo-Schlosses (14. Jh.) beherrscht. Das „Zingari-Rennen" (seit dem 16. Jh.) findet Anfang September statt.
Popoli: 21 km nordwestl., → **San Clemente a Casauria***, 32 km.

Susa 8/A 1
Piemonte (Torino)

Der alte Feste Platz, das römische Segusium, wurde im 4. Jh. von Konstantin zerstört. Der Ort „bewacht" drei der wichtigsten Passagen der südlichen Alpen, die Paßstraßen des Montgenevre (1854 m), des Fréjus (→ **Bardonecchia***) und des Mont-Cenis. Das alte Viertel erstreckt sich entlang des rechten Ufers der Dora Riparia im Bereich der Kathedrale aus dem 11. Jh. Zur Kirche gehören ein 60 m hoher romanischer Kampanile im lombardischen Stil und ein sehr schönes geschnitztes Chorgestühl (14. Jh.). Die romano-gotische Kirche San Francesco liegt südlich.
Castello: Museum (Mo., an Wochentagen morgens ⊠, im Winter Do. und So.-nachmittag □): Archäologie, Vorgeschichte, Naturkunde.
Arco di Augusto* (Oberstadt, neben dem Castello): Datiert auf das Jahr 8. v. Chr., Reste der antiken Stadtmauer.
Anfiteatro romano (südl. der Stadt): Kürzlich restauriert (3. Jh.).
Due Porte: Oberhalb des Augustusbogens, vermutlich ein Teil eines Aquädukts.
Porta Savoia (an der Kathedrale): Aus dem 4. Jh.
Chiomonte (7 km südwestl.): Unterhalb des Wintersportortes Pian del Frais (Pinakothek, Renaissancebrunnen).
Frais (13 km südwestl.): Wintersportstation (1490 m).
Mont-Cenis (Paß): 30 km nordwestl., Frankreich (2083 m, von Nov. bis Mitte Mai ⊠).
Novalesa (Abbazia della, 8 km nördl.): Im 8. Jh. gegründet; Kapelle Sant' Eldrado (10. Jh.) mit romanischen Fresken verziert, die im 19. Jh. durch eine Restaurierung stark beschädigt wurden.

T

Taggia
9/A 3
Liguria (Imperia)

Das sehr alte Städchen, ein renommiertes Zentrum für Unterglasanbau und Obstplantagen an der Riviera dei Fiori (→ **San Remo***), ging aus dem antiken Tabia in der Nähe der Via Aurelia hervor. Arkadengesäumte Straßen mit zahlreichen Schieferportalen prägen das Stadtbild. Das Material wird in den benachbarten Schieferbrüchen gewonnen.

San Domenico: In der gotischen Kirche hängen Gemälde von L. Brea (Ende 15. Jh.). Hinter dem Kreuzgang befinden sich mehrere mit Fresken ausgestattete Säle (G. Canavesio).

Veranstaltungen: Antiquitätenmarkt am Ende jeder letzten Monatswoche.

Spezialität: Veilchen.

Triora (27 km nördl.): Das Dorf in einer sehr malerischen Lage*, Luftkurort und Ausgangspunkt für Ausflüge, bewahrte zahlreiche mittelalterliche Bauten und Reste von Befestigungsanlagen.

Arma di Taggia (3 km südl.): Seebad (→ **San Remo***, 11 km südwestl.).

Bussana Vecchia*: 5 km südwestl., → **San Remo***.

Imperia*: 18 km östl.

Taranto/Tarente
21/D 2
Puglia (Provinzhauptstadt)

Tarent hieß zu griechischer Zeit Taras oder Tiras und wurde im 8. Jh. v. Chr. von Spartanern gegründet. Das spätere lateinische Tarentum wurde Mitte des 3. Jh. v. Chr. von Hannibal befreit. Die „Stadt der zwei Meere" bettet sich tief in einen Golf, der heute als Militär- und gigantischer Industriehafen genutzt wird. Die ursprüngliche Stadt lag auf einer winzigen Insel, heute die Citta Vecchia, die die zwei Reeden trennt. Brücken verbinden mit den benachbarten Halbinseln, auf denen im 18./19. Jh. die „moderne" Stadt auf geometrischem Grundriß entstand. In der Nähe des Bahnhofs entwickelte sich im 20. Jh. ein großes Industrie- und Arbeiterviertel. Die Golfseite zum „Mar Grande" wird von zwei felsigen, befestigten Vorsprüngen geschützt. Auf der Landseite liegt das „Mar Piccolo", ein seit kurzem von einer Autobahnbrücke überspanntes Binnenmeer. Dieses bietet der Kriegsmarine seit drei Jahrhunderten Schutz.

Citta Vecchia* (Altstadt auf der Insel): Das malerische Viertel bewahrte Überreste antiker Bauwerke (zwei dorische Säulen des Poseidontempels) und Zeugnisse des Mittelalters und der Renaissance. Dazu gehören der zum Teil aus dem 11. Jh. stammende Dom (Barock) und an der Südspitze das Castello Aragonese (15.-16. Jh.), das heute von der Marine genutzt wird. Nach **La Spezia*** nimmt Tarent das bedeutendste Militärarsenal Italiens auf. In Höhe des Arsenals versperrt eine Drehbrücke die Einfahrt des Mar Piccolo.

Museoo Nazionale** (Mo. und nachmittags ⊠): Prähistorische Sammlungen, antike griechische Keramiken (Vasen und bemalte Krater des 5. Jh. v. Chr. und „Schalen mit Fischen*"). Weiterhin Figuren, darunter eine „geflügelte Siegesgöttin" und ein Artemiskopf. Besonders schön ist der vorchristliche Schmuck (Ketten und Ohrringe aus Gold).

Das Fremdenverkehrsamt befindet sich am Corso Umberto I (300 m links).

Giardini Comunali (oder Villa Peripato, 100 m nördl.): Angenehmer Park am Ufer des Mar Piccolo mit schönen Aussichten. Speläologisches Museum am Osteingang (Mo. und Feiertag-nachmittag ⊠). Das Ozeanographische Museum liegt in entgegengesetzter Richtung an der Via Roma (So. und Festtag ⊠).

Concattedrale*: Die neue Kathedrale am Ostende der Stadt wurde von Gio Ponti (1971) gebaut.

Lungomare Vittorio Emanuele: Die sehr schöne palmenbepflanzte Promenade bietet dem Besucher Balkonterrassen am Mar Grande entlang des Golfs. Besonders schön ist die Terrasse des Palazzo del Governo.

Veranstaltungen: Prozessionen in der Karwoche. San Cataldo am 10. Mai und das Fest der Stella Maris im September.

Spezialitäten: Austern und Miesmuscheln, Hammelbraten.

Castellaneta (37 km nordwestl.): Heimat des Schauspielers Rodolfo Valentino (1895-1926). Spätgotische Kathedrale.

Ginosa (54 km westl.): In den Murgeschluchten gelegen (→ **Matera***). Felsenkirchen und unterirdische byzantinische Grabkammern.

Grottaglie (22 km nordöstl.): Töpferwerkstätten (Malereien nach antiken griechischen Vorbildern), gotisches Castello und Kirche.

Laterza (51 km westl.): Stickerei und Keramik.

Marina di Pulsano (21 km südöstl.): Seebad an der Küstenstrecke* nach **Gallipoli***.

Massafra* (20 km nördl.): Ort mit weißen Häusern über einer Schlucht. Zahlreiche basilische Felsenkirchen; Aussichten von Viadukten und Webereien. 1 km nördl., Sanktuarium della Scala aus dem 18. Jh.

Mottola (30 km nordwestl.): Romanische Kathedrale. In Stadtnähe befinden sich Krypten und unterirdische Grabkammern des Hochmittelalters.

Manduria*: 36 km östl.

Tarquinia
14/D 3
Lazio (Viterbo)

Die alte Stadt am Meer wurde auf Terrassen am Hügelhang angelegt. Nicht weniger als 15 Kirchen und genausoviel Paläste zeugen von einem reichen mittelalterlichen Erbe. Weltruhm erlangte Tarquinia wegen seiner etruskischen Nekropole**. Die Stadt verfügte schon zu vorrömischer Zeit über einen be-

Das Museum etruskischer Altertümer in Tarquinia enthält hunderte von Funden aus der größten italienischen Nekropole.

Wer waren die Etrusker? Ein lebensnahes Portrait ziert diesen Sarkophag. Die Perfektion der Arbeit wurde durch einen Wachsabdruck des Kopfes des Verstorbenen erreicht.

deutenden Hafen. Ihre Existenz läßt sich schon 2000 Jahre v. Chr. nachweisen.
Palazzo Vitelleschi*: Der Palast (Anfang 15. Jh.) liegt unterhalb des mittelalterlichen Viertels an der Ecke der Piazza Cavour und der Via Mazzoni (zentraler Innenhof). Er nimmt das „Museo Nazionale Tarquiniese" (etruskische Antiquitäten**) auf (Mo. und außerhalb der Saison nachmittags ⊠). Zu den herausragenden Kunstwerken gehören die zwei „Flügelrösser*" (Reliefs, 3. Jh. v. Chr.) und die bemalten Vasen und Krater in der 1. Etage. In der 2. Etage werden die aus einigen Gräbern der Nekropole (rekonstruiert) geborgenen Fresken* aufbewahrt, darunter die des Tricliniums (um 480 v. Chr.).
Etwas höher erscheinen der Dom (Fresken, 16. Jh.) und oberhalb die Ringmauern der Festung, die die ehemalige Kirche Santa Maria in Castello* (12. Jh.) umfassen. In der Vertikale der Piazza Cavour gelangt man hinter dem Palazzo Comunale (11. und 17. Jh.) zum mittelalterlichen Viertel (romanische Kirchen).
Nekropole** (Mo., an manchen Festtagen, von Okt. bis März nachmittags ⊠; stündliche Führungen, Auskunft im Museum, Taxidienst): Die Nekropole erstreckt sich über ein Gebiet von 5 km², auf dem mehr als 1000 Gräber entdeckt wurden. Die frühere etruskische Stadt hatte mehr Einwohner als die heutige. Die Gräber aus der Zeit des 7. bis 3. Jh. v. Chr. waren meistens mit Wandgemälden*** verziert. Sie zeigten aufreizende Darstellungen des irdischen Lebens und Vorstellungen der damaligen Bevölkerung über das Jenseits. Die Führer geleiten zu den eindrucksvollsten Grabanlagen, darunter die Gräber der Leoparden, der Löwin, der Stiere, des Jagens, der Fische, der Monster (oder Oger), des Barons und der Auguren (Propheten).
L' Abbadia (30 km nordwestl.): Über die Brücke, deren Pfeiler aus römischer Zeit stammen, gelangt man zum Schloß, das ein Museum der etruskischen Archäologie aufnimmt (Besichtigung auf Anfrage). Es enthält Keramiken und Funde der antiken Nachbarstadt Vulci* und ihrer Nekropole. Das Tombe Etrusche genannte Gräberfeld befindet sich am linken Fioraufer. Es können zwei Grabkammern, darunter das Grab „Francesco*", besichtigt werden (Auskunft im Schloßmuseum).
Barbarano Romano (33 km östl.): Archäologisches Museum. In der Nähe liegen Reste einer Ortschaft, die zum Teil aus dem 9. Jh. v. Chr. stammen.
Blera (30 km östl.): Große Felsennekropole, vermutlich etruskischen Ursprungs.
Cencelle (18 km südöstl.): Ruinen einer vorrömischen Stadt (8. Jh. v. Chr.).
Civitella (35 km östl.): Reste einer etruskischen Stadt (6. Jh. v. Chr.).
Grotta Porcina (34 km östl., „archäologische Zone", Zugang über Blera): Vor der römischen Kolonisierung ein Kultort.
Montaldo di Castro (18 km nordwestl.): Altes Dorf unterhalb einer Burg. Seebad Montaldo Marina am Meer.
Norchia* (29 km nordöstl.): Mittelalterliche Ruinen und große etruskische Nekropole* mit Felsengräbern (skulptierte Fassaden).
San Giovenale (20 km östl.): „Archäologische Zone", vor dem 10. Jh. v. Chr. besiedelt. Die etruskische Stadt wurde im 6. Jh. v. Chr. gegründet.
Tarquinia Lido (6 km südwestl.): Seebad in der Nähe der Ruinen des römischen „Gravisca", heute Porto Clementino. Die Ruinen des etruskischen Hafens von Tarquinia und eines paläochristlichen Sanktuariums (6. Jh.) liegen südl. an der Martamündung.
Civitavecchia*: 19 km südl.
Tuscania*: 26 km nördl.

Tarvisio   3/D 2
Friuli-Venezia Giulia (Udine)
Die alte Stadt liegt am Schnittpunkt der österreichischen und jugoslawischen Grenze, an der historischen Straße von Wien nach Venedig. Sie hat sich heute zur größten Sommerfrische und Wintersportstation des Friaul entwickelt.
Fusine* (Seen von, 10 km östl.): Der schönste der zwei Seen ist der Lago Inferiore zwischen Tannenwäldern unterhalb des Mangart (2678 m). Der leuchtendgrüne See liegt auf ca. 1000 m Höhe.
Monte Lussari (Santuario del, 1790 m, Schwebebahn ab Valbruna, 5 km westl.): Aus dem 14. Jh.; Panorama*.
Predil (Paß, 12 km südl., an der jugoslawischen Grenze, 1156 m Höhe): Panoramastraße* (November bis April ⊠).

Teramo 16/A 2
Abruzzo (Provinzhauptstadt)
Die Kathedrale (12.-14. Jh.) im Zentrum der alten Stadt beherbergt einen silbernen Altarvorsatz* (Paliotto, 15. Jh.) und ein Polyptychon des Malers Jacopo del Fiore (Ende 14. Jh.). Auf dem Nachbarplatz (links) stehen die Reste des römischen Theaters und Amphitheaters (1. Jh.). Museum und Pinakothek befinden sich an der Piazza Garibaldi (am Anfang der Straße nach Ascoli Piceno). Sie enthalten Gemälde (15.-18. Jh.), Archäologie, Majoliken aus Castelli und eine Galerie für moderne Kunst. Auf der Rückseite liegt der Park der Villa Comunale. Romanischer Kreuzgang der Chiesa Madonna delle Grazie am Westende der Stadt.
Veranstaltungen: „Giugno Teramano" (Folklore) von Mai-August.
Spezialitäten: Papicci (Nudeln mit Tomaten), Crispelle (in Fleischbrühe gekochte Pasta), Weißweine.
Handwerk: Gobelins.
Castelli* (36 km südl.): An einen Bergvorsprung geklammertes Dorf mit der Kirche San Salvatore (skulptierte romanische Kanzel). Handwerk: Rahmenspitzen und Majoliken* (Museum seit dem 17. Jh.), Dauerausstellung im Freien im Juli/August.
Civitella del Tronto (18 km nördl.): Das hochgelegene Dorf kann man von der Straße nach Ascoli bewundern. Bauwerke aus dem Mittelalter und der Renaissance. Panorama von der Festung aus.
Fano Adriano (40 km südwestl.): Malerische Lage. Wintersport in Prato Selva (1450 m).
Isola del Gran Sasso (30 km südl.): Station für Bergwanderungen.
Montorio al Vomano (14 km südwestl.): Am Anfang des Vomano-Engpasses, durch den die Straße nach L' **Aquila*** führt. Kirche mit schönen Barockaltären an der Piazza della Vittoria.
Pietracamela (31 km südwestl.): Altes Dorf, Ausflugs- und Wintersportzentrum unterhalb des Gran Sasso.

Termoli 18/C 1
Molise (Campobasso)
Fischereihafen und Seebad entstanden aus einem sehr alten griechischen Kontor. Die Umwallungen (Castello) der Stadt des 13. Jh., zur Zeit Friedrich II. errichtet, umgeben die Citta Vecchia. Inmitten enger Gassen liegt der romanische Dom (12. Jh.) mit einem sehr schönen unvollendeten Portal*; die Mosaiken in der Krypta stammen aus karolingischer Zeit.
Larino (28 km südl.): Die Ruinen des antiken samnitischen Larinum

Terracina: Unterhalb der antiken Stadt entwickelte sich die moderne Stadt im Bereich eines Kanalhafens.

liegen westl. (Stadtmauer, Amphitheater). Romanische Kathedrale (12. Jh.). Bunte Mosaikfußböden aus Larinum im Palazzo Comunale.
Tremiti* (Isole, 40 km auf See): Inselgruppe, die man per Schiff erreichen kann (1 bis 3 Stunden).

Terni 15/B 2
Umbria (Provinzhauptstadt)
Das große Industriezentrum am rechten Neraufer befindet sich auf dem Gebiet des früheren römischen Municipium Interamna. Als Zeugen der Geschichte stehen am Rande der Giardini Pubblici die Ruinen eines großen Amphitheaters und der Stadtmauer. Der Dom (17. Jh.) mit romanischem Portal befindet sich nebenan.
S. Salvatore: Die Kirche im Stadtzentrum steht über einem römischen Tempel, auf dem im 5. Jh. eine paläochristliche Basilika errichtet wurde.
Palazzo Spada: Das letzte Werk Sangallo d. J. (Mitte 16. Jh.).
Palazzo Carrara: Den Palast erreicht man über die Piazza Solferino (Rathaus). Er nimmt das Archäologische Museum und die Pinakothek auf (So.-nachmittag und Mo. ⊠). Gezeigt werden vorgeschichtliche Funde, Archäologie und Maler der umbrischen Schule.
San Francesco: Gotische Kirche im Nordviertel; schöner Kampanile, Fresken (15. Jh.).
San Valentino: In der Basilika befindet sich das Grab des Schutzpatrons der Liebenden.
Veranstaltungen: Chanson-Festival und musikalische Darbietungen von April-Mai. Freilichttheater im Juli/August. Ruderregatten auf dem Piediluco See.
Arrone (14 km nordöstl.): Malerische Lage.
Carsulae (Ruinen, 14 km nordwestl.): Die römische Stadt (1.-3. Jh.) wurde während des Hochmittelalters zerstört (Konsularstraße, Trajanbogen, Theater).
Ferentillo (18 km nordöstl.): 6 km weiter, einsame Abtei San Pietro in Valle (8.-12. Jh.) mit schönem Kampanile. Das Innere wurde mit romanischen Fresken geschmückt.
Marmore** (Cascata delle, 7 km östl.): Der künstliche Wasserfall aus römischer Zeit kann nur an manchen Tagen bewundert werden (Ende der Woche und nicht zu allen Jahreszeiten). Er befindet sich im Verlauf des Velino, der heute zur Stromerzeugung abgeleitet wird. Zu diesem Zweck wurde flußaufwärts der Piediluco See künstlich angelegt.
Piediluco (11 km östl.): Gotische Kirche (13. Jh.) am Seeufer. Ruinen einer Rocca (14. Jh.) auf dem Hügel.
San Gemini (13 km nordwestl.): Seit der Antike besuchtes Mineralbad (→ Carsulae).

Terracina 17/C 3
Lazio (Latina)
Die antike Stadt war während der römischen Kaiserzeit eine beliebte Sommerfrische und der erste Hafen, den die Via Appia von Rom aus

erreichte (100 km). Das elegante Seebad besitzt heute einen Fischereihafen. Es sind drei bauliche Einheiten zu erkennen: Die moderne Stadt oberhalb des Kanalhafens, zwischen der Via Appia und dem Strand, das historische Viertel am Hügelhang im Bereich der Piazza del Municipio und in 227 m Höhe der Jupitertempel, die Krönung des Monte Sant' Angelo.
Piazza del Municipio: Der Bodenbelag des Platzes stammt noch aus der Zeit des römischen Forums. An der Stelle des Doms (11. Jh., Osterkerze und Kanzel aus dem 13. Jh.) stand der Tempel der „Capitolinischen Göttertrias". Das Rathaus beherbergt das Archäologische Museum (Museen und Monumente der Stadt sind außerhalb der Saison nachmittags und am Tag nach den Festtagen ⊠). In der nähren Umgebung befinden sich Reste des Kapitols, eines Tores (Arco) und weitere Bauwerke, die meistens Teile anderer Bauten bilden.
Jupitertempel: Über eine 3 km lange Panoramastraße, die durch die Stadtmauer des Syllas führt, erreicht man die Ruinen des Tempels di Giove Anxur* (1. Jh. v. Chr.). Von der Terrasse hat man eine herrliche Aussicht* über die Stadt, das Meer und den Circeo*. Unterhalb befindet sich der gewaltige, 100 m hohe Felsen „Pisco Montano", den die Römer auf 36 m Höhe einschnitten, um den Verlauf der Via Appia zu ermöglichen.
Schiffsverbindungen mit den Inseln von **Ponza*** (in der Saison).
Fondi (17 km nordöstl.): Unterhalb der Aurunci-Berge an der Via Appia. Reste der im 1. Jh. von Rom wiederaufgebauten Zyklopenmauer, Castello (13. Jh.) und Palazzo del Principe (Renaissance). Der Duomo San Pietro (12.-14. Jh.) wurde über einem römischen Tempel errichtet (schöne Kanzel).
Circeo* (Nationalpark): 16 km südwestl., Sabaudia, 25 km.
Fossanova* (Abtei): 19 km nordwestl.
Sperlonga: 13 km östl., → **Gaeta***, 32 km.

Tignale 6/A 2
Lombardia (Brescia)
Das Dorf (Sommerfrische) beherrscht von einer Terrasse das Westufer des **Gardasees*** gegenüber des Monte Baldo. Sehr schöne, durch zahlreiche Tunnel verlaufende Seeuferstraße*.
Santuario di Monte Castello* (1 km, auf einer Felsenspitze, 690 m): Panorama.
Bogliaco (10 km südl.): Villa Bettoni (Pinakothek) in einem Park (Barock), Statuenschmuck (18. Jh.).

Gargano (8 km südl.): Luftkurort und Segelzentrum am Seeufer. Romanische Kirche (zum Barock erneuert). 1944 residierte Mussolini in der Villa Feltrinelli, heute ein Kulturzentrum.
Idro (48 km westl., über Gargano und Capovalle): Die schöne Strecke verläuft entlang des Valvestinosees. Der kleine Ort liegt im Süden des gleichnamigen Sees (auch Eridio genannt). Es handelt sich um den höchstgelegensten der lombardischen Seen (368 m): Lachsforellen, Segelzentrum, keine Schiffsverbindungen.
Tremosine* (Plateau von): Über Pieve (15 km nördl.) zu erreichen, schönes Panorama.
Gardone Riviera*: 20 km südl.
Limone: 18 km nördl., → **Riva del Garda*,** 28 km.

Tirano 2/A 3
Lombardia (Sondrio)
Die Industriestadt im oberen Veltlin bewahrte ein altes Viertel mit Herrenhäusern, Kirchen und monumentalen Toren aus der Renaissance- und Barockzeit. 2 km nordwestlich befindet sich das Santuario della Madonna di Tirano (15. Jh.). Beachtenswert sind das Portal*, der Kampanile und die prächtige Orgel. Nebenan befindet sich das Museum für lokale Geschichte und Folklore (Mo. ⊠).
Aprica (22 km südl.): Wintersportstation (1740/2450 m). Schöne Aussichten auf dem Weg zum gleichnamigen Paß (1180 m).
Grosio (14 km nordöstl.): Elegante Fassade der Renaissancekirche. Felsengraffiti in der Nähe des Visconti-Schlosses. Unterhalb, in Grosoto, Sanktuarium der Madonna delle Grazie (Barock).
Livigno*: 48 km nordl., über das „Val di Poschiano*" (Schweiz).
Bormio*: 39 km nördlich.

Tivoli 17/B 1
Lazio (Roma)
Die „Bergstadt" vor den Toren Roms (30 km) krönt einen von der Anieneschlucht umgebenen Vor-

Den größten Reiz Tivolis, der Bergstadt vor den Toren Roms, bilden die Wasserfälle. Hier die Wasserorgel des Parks der Villa d' Este.

Der monumentale „archäologische Park" der Villa Hadrians wurde vom Kaiser im 2. Jh. gegründet. Die Kolonnaden des Meerestheaters werden auch „Villa der Insel" genannt.

sprung. Das alte Tibur war Heimat der Sibylle, die Augustus die Ankunft Christi weissagte (→ Das antike Rom, Kapitol). Der Ort war zur Kaiserzeit eine beliebte Sommerfrische der römischen Patrizier, die den Reiz der Wasserfälle suchten. Während der Renaissance wurde Tivoli erneut von den Prälaten entdeckt. Die Baumaterialien, die zur Errichtung der großen Bauwerke Roms benötigt wurden, stammen aus den Steinbrüchen der Region. Zu Ende des 19. Jh. siedelte sich in Tivoli langsam Industrie an. Die Wasserfälle versorgten das erste Wasserkraftwerk Italiens (1892).
Villa d' Este** (Mo. und 1 1/2 Std. vor Sonnenuntergang ⊠, von April bis Sept. von 21 bis 24 Uhr ▢): Der Palast wurde Mitte des 16. Jh. im Auftrag des Kardinals Ippolito d' Este errichtet. Er beherrscht einen aus abfallenden Terrassen bestehenden, mit prächtigen Wasserfällen und Wasserspielen versehenen Park. Dieser wird als perfektes Beispiel des „Italienischen Gartens" betrachtet. Die Allee der „Einhundert Fontänen*" führt vom Proserpina-Brunnen bis zum Ovato*-Brunnen, der einem Nymphäum gleicht. Im unteren Teil spiegeln sich die Fontänen des „Orgelbrunnens" (dell' Organo) auf dem Wasser der drei Fischteiche. Die fallenden Wasserstrahlen betätigen eine Orgel.
Villa Gregoriana* (Am Nordende der Stadt; gleiche Öffnungszeiten, nachts ⊠): Der durch sanfte Hügel geprägte Park verdankt seinen Namen Papst Gregor XVI. Wasserfälle stürzen 120 m in die Tiefe. Der größte (160 m) wurde im 19. Jh. unterir-disch kanalisiert. Am Ausgang des Parks liegen zwei zu Ende der römischen Republik erbaute Tempel der Sibylle. Der eine, ein runder Vestatempel*, wurde im Mittelalter als Kirche benutzt.
Rocca Pia (Pius II., 15. Jh.): In der Nähe der Reste des römischen Amphitheaters.
Santa Maria Maggiore (am Palazzo d' Este): Kirche (13. und 18. Jh.), die über einem Sanktuarium des 5. Jh. errichtet wurde.
San Silvestro (unterhalb der Villa d' Este): Aus dem 12. Jh., romanische Fresken.
Duomo (Nordviertel): Kreuzabnahme* und geschnitzte Skulpturen (13. Jh.) im Inneren.
Villa Adriana** (5 km südl.): Es handelt sich um die größte private Bauanlage der römischen Antike (5 km Umfang). Anfang des 2. Jh. ließ der Kaiser Kopien der Monumente anfertigen, die er während einer Orientreise bewundert hatte. Vom „Athener Portikus" gelangt man zur kreisförmigen „Villa der Insel*" (oder Teatro Marittimo) und zu einem Nymphäum. Es folgen die Anlagen des „Canopo" mit einer Nachbildung eines Nilkanals und der Tempel des „Serapis", dann Monumente aus Tempea in Thessalien, darunter verschiedene Badeanlagen, der Kaiserpalast, die Piazza d' Oro, Terrassen usw. Griechisches Theater am Ausgang, Lapidarium neben dem Canopo.
Arsoli (28 km nordöstl.): Die Stadt wird von der ehemaligen Klosterburg der Benediktiner beherrscht (Castello Massimo, 11. Jh., schöner Park, Fresken von Zuccari).
Bagni di Tivoli (10 km westl., an der Straße nach Rom): Thermalbad (ganzjährig).
Vicovaro (12 km nordöstl.): Megalithische Stadtmauer, achtseitiger Tempietto (15. Jh.). Die Ruinen der „Villa Horaz" befinden sich 10 km nördlich bei Licenza.

Todi   15/B 1
Umbria (Perugia)
Die alte Stadt auf einer Anhöhe über dem Tibertal hat zum großen Teil ihr mittelalterliches Gepräge und die Stadtmauern, von denen manche Elemente aus der etruskischen Epoche stammen, erhalten. Die bedeutenden Baudenkmäler befinden sich an den benachbarten Plätzen Piazza Vittorio Emanuele und Piazza Garibaldi. Der Palazzo dei Priori (14. Jh.) bildet das Bindeglied zwischen den Plätzen.
Duomo: Die gotische Fassade der Kathedrale (12. und 16. Jh.) erhebt sich am Ende einer majestätischen Treppe (romanische Apsis). Im Innenraum beachte man die Kapitelle, die Gemälde, die Statuen von Andrea Pisano und ein Kruzifix aus dem 13. Jahrhundert.
Palazzo del Capitano* (13. Jh.), Pinakothek mit einer archäologischen Abteilung (Mo. ⊠).
Palazzo del Popolo: Gotisches Rathaus (13. Jh.); Talblick* von der Terrasse.
San Fortunato* (Südviertel): Kirche (14./15. Jh., Gotik und Renaissance) mit skulptiertem Portal.
Überreste der Rocca; schöner Blick von der Terrasse der Piazzale IV. Novembre, besonders zur Chiesa della Consolazione*, die im 16. Jh. nach Plänen von Bramante er-

richtet worden sein soll. In Richtung der Straße nach Perugia befinden sich Überreste aus römischer Zeit und des Amphitheaters (südöstl.).
Veranstaltungen: Messe-Ausstellung der Antiquitäten Italiens (April/Mai). Ausstellung des lokalen Handwerks (Schmiedeeisen, Holzschnitzerei) im Juli. Wallfahrt der Colvalenza im September. Handwerksmesse und Konzerte (sakrale Musik).

Todi: Der Kampanile des Doms (Romanik/Renaissance) erhebt sich über den Dächern des mittelalterlichen Dorfes.

Tolentino 13/C 2
Marche (Macerata)

Napoleon Bonaparte und Papst Pius VI. unterzeichneten hier 1797 den Friedensvertrag von Tolentino. Die an mittelalterlichen Kirchen reiche Stadt bietet zahlreiche Sehenswürdigkeiten, darunter die barocke Basilika San Nicola (Fassade und Portal, 15. Jh., Kirchenschatz, hl. Anna von Guercino), einen Barockpalast und die gotische „Teufelsbrücke" (13. Jh.) sowie drei Museen. Dazu gehören das internationale Museum der Karikatur*, ein Keramikmuseum und das Museo Civico, das die Grabungsfunde aus den regionalen Nekropolen aufnimmt. Das Thermalzentrum Santa Lucia liegt 2 km nordwestl.
Veranstaltungen: Prozession der Sacconi (Kapuzen) am Karfreitag. Internationales Festival des „Humors in der Kunst" (September/Oktober an ungeraden Jahreszahlen).
Handwerk: Korbflechterei.
Fiastra (Abtei von, 14 km nordöstl.): Reste des Benediktinerklosters von Ugolin (13. Jh.) oberhalb des Lago delle Grazie. Die Ruinen des römischen Urbs Salvia liegen in der Nähe von Urbisaglia (4 km südl.).
La Rancia (6 km nordöstl.): Mächtige mittelalterliche Burg*.
San Ginesio* (18 km südl.): Mittelalterliche Ortschaft; Stadtmauer, Pilgerhospital, romano-gotische Stiftskirche und Museum-Pinakothek in der ehemaligen Kirche San Sebastiano.
San Severino Marche (11 km westl.): Die Stadt besteht aus zwei Ortsteilen. In der modernen unteren Stadt mit Bauwerken aus der Renaissance befinden sich die romano-ogivale Kathedrale und Paläste des 16. und 17. Jh. im Bereich der Piazza del Popolo. In der Via Salimbeni nimmt ein Palast (15. Jh.) das Archäologische Museum (Vorgeschichte bis zur römischen Epoche) und die Pinakothek (Madonna von Pinturicchio) auf. Einige Kirchen sind mit Werken von Pomarancio geschmückt. In der Castello genannten Oberstadt (Panoramalage*) stehen der Duomo Vecchio mit einem gotischen Kreuzgang und ein Kommunalturm (40 m Höhe, 14. Jh.).
Santa Maria di Rambona (12 km nordöstlich): Abtei des 11./12. Jh., schöne Krypta.
Sarnano (29 km südl.): Bedeutendes Thermal- und Wintersportzentrum unterhalb der Monti Sibillini (Sasso Tetto, 1600/2300 m) mit einem erhaltenen mittelalterlichen Ortskern (Treppengassen). Die gotische Kirche der Assunta ist mit schönen Fresken und Gemälden aus der Renaissance geschmückt. Palio del Serafino (Turnier) findet im August statt.

Tolmezzo 3/C 2
Friuli-Venezia Giulia (Udine)

Der Hauptort der Region Carnia wurde am 6. Mai und 15. September 1976 von Erdbeben heimgesucht. Die im mittleren Tagliamento-Tal gelegene Stadt bewahrt eine Kathedrale aus dem 18. Jahrhundert und verfügt über ein interessantes Museo Carnico (Trachten, Volksbräuche, Kunst, Di. ✕).
Ampezzo (20 km westl.): Die nach Norden in das Val del Lumiel (See) führende Straße verbindet mehrere Sommerfrischen und Wintersportorte (Sauris di Sopra, 1400 m).
Gemona del Friuli (24 km südl., über Carnia): Von den letzten Erdbeben stark beschädigt; gotischer Dom mit der schönen Fassade und Palazzo del Comune (Renaissance).
Venzone (17 km, gegenüber dem Thermalbad Arta, an der Straße zum Monte Croce; in 1360 m Höhe, Paß an der österreichischen Grenze): Befestigter Platz der Römer (archäologische Reste); Kirche San Pietro (karolingisch).

Torcello (Venezia) 6/D 2

Die 10 km nördl. von Venedig gelegene Insel Torcello erreicht man mit dem Motorboot. Die heute unbewohnte Ortschaft hatte zu Anfang der christlichen Zeitrechnung eine gewisse Bedeutung. Einige Zeugnisse aus der Zeit der „Dekadenz", der byzantinischen Herrschaft, blieben erhalten. Perfekt gepflegte Bauten umrahmen die Piazza Grande, darunter die Kirche Santa Fosca (Anfang 11. Jh.) und die

Die guterhaltenen byzantinischen Bauwerke des heute unbewohnten Dorfes sind der Reiz Torcellos.

Kathedrale S. Maria Assunta* mit einem Mosaikfußboden aus dem 7. Jh. und romanischem Reliefschmuck. Besonders sehenswert ist ein Zyklus von Wandmosaiken* aus dem 12./13. Jh. (Baptisterium, 12. Jh.). Das Archäologische Museum „Museo dell' Estuario" (Mo. ⊠) stellt Funde der örtlichen Ausgrabungen aus.

Burano* (1 km südl., auf einer weiteren Insel): Fischerdorf mit bunten Häusern, das von Malern besucht wird. Seit dem 16. Jahrhundert werden hier Spitzen hergestellt (ruhmreiche Schule).

San Francesco del Deserto (eine weitere kleine Insel): Das Franziskanerkloster wurde an der Stelle errichtet, an der der „Poverello" aus **Assisi*** nach einer Orientreise gelandet sein soll.

Murano: → **Venezia*.**

Torino/Turin 8/C 1

Hauptstadt des Piemont und Provinzhauptstadt

Die „Hauptstadt der Alpen" liegt am Zusammenfluß des Po und der Dora Riparia. Die keltisch-ligurische Siedlung Taurasia wurde von Hannibal zerstört. Unter dem Namen Julia Augusta Taurinorum baute Augustus Turin im 1. Jh. zum römischen Legionsstandlager aus. Der im 17./18. Jh. entstandene regelmäßige Stadtgrundriß mit prächtigen Palästen ist noch heute sichtbar. Ab 1720 war Turin die ständige Residenz der Prinzen von Savoyen. Karl Emanuel III. (1732-73), König und Philosoph, machte aus Turin die italienische Hauptstadt der Aufklärung. Einhundert Jahre später wird unter Mithilfe Cavours und Garibaldis durch Viktor Emanuel II. die italienische Einigungsbewegung vorangetrieben. Vor Florenz übernimmt Turin die Rolle der Hauptstadt der „Unita Italiana". Das 19. Jh. bringt nicht nur industriellen Aufschwung, sondern auch reformerische Gedankenbewegungen. Turin wird Mittelpunkt der Gewerkschaftsbewegung (Gründung der Tageszeitung „La Stampa") und des italienischen Sozialismus. Während des 2. Weltkrieges formiert sich hier der besonders von Gramsci vorangetriebene Kampf gegen den Faschismus. Die Hauptstadt des Piemont ist heute nach Rom, Mailand und Neapel die viertgrößte Stadt des Landes, intellektuelles Zentrum (Gründung der Universität, 1404) und Standort zahlreicher Industrien (Fiat, Lancia, Textilindustrie, Cinzano und Martini).

Piazza della Repubblica (1): Alle Straßen aus Norden, Westen und Osten führen zu diesem Platz (günstige Parkmöglichkeiten). An der Porta Palazzo genannten Stelle findet am Samstagmorgen der Flohmarkt statt.

Porta Palatina* (2): Der gewaltige Backsteinbau, ein seltenes Zeugnis aus römischer Zeit, gehörte zur ehemaligen Stadtmauer (1. Jh.). Auf der Rückseite befindet sich die Piazza Cesare Augusto mit einer Bronzestatue des Kaisers. Die Reste des römischen Theaters (1. Jh. v. Chr.) liegen an der Ostseite.

Duomo* (3) (Kathedrale San Giovanni): Die Renaissancekirche wurde auf Anordnung des Kardinals della Rovere (Papst Julius II.) begonnen und im 18. Jh. vom sizilianischen Baumeister Juvarra vollendet. In der weltbekannten Kapelle* Santa Sindone, im 17. Jh. von Guardi aus schwarzem Marmor geschaffen, wird das sog. „Turiner Leichentuch" aufbewahrt (nicht ausgestellt). Das 4 x 1,40 m große Grablinnen soll nach der Kreuzabnahme den Körper Christi umhüllt haben (Abdruck von Gesicht und Körper). Das Tuch wurde im 15. Jahrhundert durch das Haus Savoyen erworben und 1578 von Emanuele Filiberto nach Turin gebracht. Der Öffentlichkeit wird in der Sakristei eine Kopie der kostbaren Reliquie gezeigt.

Palazzo Reale (4): Der Palast wurde bis 1865 von den Königen von Sardinien bewohnt. Er nimmt die gesamte Nordseite des gleichnamigen Platzes ein. Besonders sehenswert sind der Thronsaal* und die Bibliothek, vielleicht das reichste der Museen der Stadt (Frühdrucke, Rötelzeichnungen von Leonardo da Vinci, darunter ein Selbstbildnis*).

Piazza Reale (5): Die Armeria Reale (königliches Zeughaus, nachmittags Mo. und an Hauptfeiertagen ⊠), eine der reichsten Sammlungen alter Waffen und Rüstungen Europas, liegt gegenüber dem Palazzo Chiablese (Kinomuseum, Mo. und an Festtagen ⊠). Neben dem Museum steht die Kirche San Lorenzo, deren Kuppel (18. Jh.) von Guarini geschaffen wurde.

Palazzo Madama (6): Der Palast entstand aus einem römischen Monument, von dem Teile eines Tores erhalten sind. Der Name erinnert an die Mutter Karl Emanuel II., „Madama" Marie Christine von Savoyen, eine französische Prinzessin. Der zum Teil mittelalterliche Bau stammt vorwiegend aus dem 18. Jh. (Juvarra). Er nimmt das Museo d' Arte Antica auf. Dieses enthält mittelalterliche Plastiken und Gemälde, darunter ein Portrait von Antonello da Messina aus dem 15. Jh. (→ **Messina*,** Sizilien), einen Pontormo und ein venezianisches

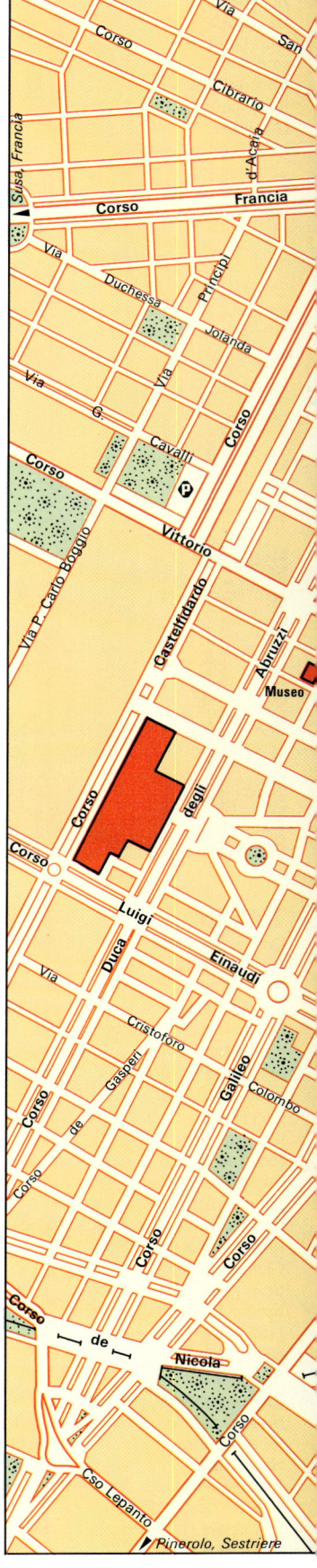

Torino/Turin

Turin: Reiterstandbild Emanuel-Philibert auf der Piazza San Carlo.

Schiff (18. Jh.). Über eine wunderschöne Treppe (Juvarra) erreicht man die prächtig möblierten Gemächer im 1. Stock. Im 2. Stock sind besonders die Majoliken und Glassammlungen zu bewundern (Mo. ⊠).

Via Roma (7): Die schönste Straße der klassizistischen Stadt mit weiten Passagen und herrlichen Arkaden wurde unter Mussolini gebaut (Luxusgeschäfte).

Palazzo Carignano (8): Teile des Barockpalastes stammen von Guarini. Im Geburtshaus Viktor Emanuel II. (1820) wurde am 14. März 1861 das vereinte Königreich Italien ausgerufen. Es nimmt das Museo Nazionale del Risorgimento auf. Die Portraitsammlung zeigt das berühmte Bildnis Garibaldis von Rossetti.

San Filippo Neri (9): Eine bedeutende Kirche (17. Jh.). Gegenüber steht der Palazzo Carpano (10) aus dem 17. Jh.

Palazzo dell' Accademia delle Scienze (11): Er beherbergt das Ägyptische Museum* (Museo Egizio) und eine Gemäldesammlung (Galleria Sabauda). Das 1824 gegründete Ägyptische Museum hat Weltgeltung (nach dem von Kairo). Zu den bemerkenswertesten Stücken zählen eine Rekonstruktion des kleinen Felsentempels von Ellesiya und die Statuen des Amenophis II. und Ramses II. Alle Funde stammen aus der Mitte des 2. Jahrtausends v. Chr. Die Gemäldegalerie im 2. Stock stellt hauptsächlich Werke piemontesischer Meister (mehrere von G. Ferrari und Sodoma) und der italienischen Schulen vom 15. bis 18. Jh. aus. Vertreten sind auch Meister der Toskana (Fra Angelico, Pollaiolo und Lorenzo di Credi), der Lombardei (Garofalo, Guercino und Crespi) und Venezians (Mantegna, Palma d. J., Bassano, Veronese, Tiepolo, Guardi und Tintoretto). Die holländische und flämische Abteilung umfaßt Werke von Rembrandt, Van Dyck, Van der Weyden, Memling und Van Eyck („San Francesco, die Wundmale erhaltend*"). Die Sammlung französischer und spanischer Maler enthält ein Portrait der Marguerite de Valois von F. Clouet. Die Sammlung Gaulino (dekorative Kunst) bietet einen Botticelli und eine Reihe von Portraits der Prinzen von Savoyen. Ein Antiquitätenmuseum vervollständigt die Reichtümer des Palastes: Vorgeschichte, etruskische, griechische und römische Epoche.

Piazza San Carlo* (12): Der Platz bietet ein harmonisches Beispiel der klassizistischen Architektur des Piemont. Auf den beiden langen Seiten erheben sich Paläste aus dem 17. Jh. mit schönen Bogengängen. Im Hintergrund, beiderseits der Achse der Via Roma, säumen die Barockkirchen San Carlo und Santa Cristina (Juvarra) den Platz. Oberhalb, rechts unter den Arkaden, befindet sich das Fremdenverkehrsamt.

Piazza Carlo Felice (13): Gern besuchter Stadtgarten in der Achse des Hauptbahnhofs.

Corso Vittorio Emanuele (14): Die im 20. Jh. entstandene Verkehrsader trennt Turin in zwei Teile und isoliert die Altstadt (im Norden) von den während der Industrialisierung entstandenen Vierteln.

Galleria d' Arte Moderna (15) (Av. Magenta 31): Piemontesische Künstler des 19.-20. Jh., Werke von Modigliano, Utrillo, Chagall usw., orientalische Kunst (Islam, Mesopotamien, Iran und Indien).

Parco del Valentino (16): Der 1,5 km lange Park am Poufer ist 55 ha groß. Zu beachten sind das Castello (Ende 17. Jh.) und das „Borgo Medioevale*" (Mo. und an Festtagen ⊠), ein mittelalterliches Dorf mit Rekonstruktionen historischer Werke des Piemont und des Aostatales. Der Ausstellungspalast „Torino Espositione*", befindet sich im südlichen Teil des Parks (ständige Automobilausstellung, → Veranstaltungen).

Museo dell' Automobile* (17) (südl. der Stadt, Mo. ⊠): Unter zahlreichen historischen Fahrzeugen bewundert man den Sizaire-Naudin (Itala), der 1907 die Langstrecke Paris-Peking gewann.

Palazzo della Zivilisazione Lavoro: Baumeister des Palastes war Nervi. Im Inneren bewundere man die schöne Palmensäule im modernistischen Stil.

Monte dei Cappuccini: Von der Kirche Santa Maria del Monte (18), schöner Blick über die Stadt.
Im Museo Nazionale della Montagna werden Erinnerungen an die „Eroberung" der Alpen ausgestellt. In der Nähe des Flusses steht die Kirche Gran Madre di Dio aus dem 19. Jh. Über die Vittorio-Emanuele-Brücke erreicht man die Piazza Vittorio Veneto und später die Via Po (19).

Mole Antoniellana (20): Das Gebäude wurde in der 2. Hälfte des 19. Jh. an der Stelle einer Synagoge errichtet. Die zur Nacht beleuchtete Spitze erhebt sich 167 m über die

Die Fassaden und Bogengänge entlang der Piazza San Carlo sind ein prächtiges Zeugnis piemontesischer Stadtplanung zur Zeit der Klassik.

Stadt. Die Aussichtsplattform in 84 m Höhe erreicht man mit dem Fahrstuhl.
Weitere Sehenswürdigkeiten:
Kirchen: La Consolata (21) mit romanischem Kampanile, das Hauptwerk stammt von Guarini (Anfang 18. Jahrhundert). Corpus Domini (22), strenge Innengestaltung aus dunklem Marmor (17. Jahrhundert). San Lorenzo (23); die Kuppel im „orientalischen Stil" wurde von Guarini geschaffen. Ss. Martiri (24), Renaissance. Santa Maria Ausiliatrice (25), sie birgt den Reliquienschrein des hl. Don Bosco, dem Gründer des Salesianerordens. Santa Teresa (26), der Innenraum stammt zum Teil von Juvarra (17. Jahrhundert). Santissima Trinita (27), Kuppel und Innendekoration (Marmor) von Juvarra aus dem 17. Jahrhundert.
Zivile Bauten und Museen: Palazzo del' Universita (28), schöner Hof (18. Jh.). Accademia Albertina (29), Werke von Ferrari und Lippi. Museo di Antropologia e di Etnologia (30). Museo Nazionale D' Artiglieria (31), in der Renaissancezitadelle (nur Di., Do., Sa. und So.-morgen ☐). Museo Pietro Micca (32); es trägt den Namen des Helden, der sich während der französischen Belagerung im Jahre 1706 opferte.
Veranstaltungen: Ferien- und Tourismusbörse im Feb./März. Volksfest des S. Johannes am 24. Juli. Choreographisches Festival im Sommer. Musikalischer September (auch in Superga, s. u.). Automobilausstellung* (an geraden Jahreszahlen) im Oktober (ungerade Jahreszahlen, Nutzfahrzeuge). Lyrische Saison und Theatersaison (Auditorium RAI, Theater Regio, Alfieri, Carignano, Colosseo) von Oktober-Mai.
Spezialitäten: Grissini, Gemüseartischokken (Cardi), Trüffel (Tartufi in fonduta), Agnolotti (Ravioli), Brasato (Rinderschmorbraten in Barolowein), Pralinen, Karamellen, kandierte Maronen, Schlagrahm.
Shopping: Modeartikel und Bücher (Geschäfte an der Piazza San Carlo und der Via Po). Flohmarkt, „Balon" genannt.
Chieri (18 km südöstl.): Alte Stadt mit mittelalterlichen Kirchen (Duomo) und einem Triumphbogen aus der Renaissance.
Chivasso (22 km nordöstl.): Brückenstadt am Po, Automobilindustrie und Heimat des Malers D. Ferrari (16. Jh., Kreuzabnahme im Dom).
Cirié (21 km nördl.): Mittelalterliches Viertel.
Maddalena (Colle della, 10 km östlich, 715 m): schönes Panorama über Turin.
Stupinigi* (11 km westl.): Jagdschloß (18. Jh., Juvarra) in einem Park. Die prächtigen, mit Gemälden und Möbeln ausgestatteten Gemächer nehmen das Museo dell' Arredamento auf (Mo., Fr. und an den Hauptfeiertagen ☒).
Superga* (10 km östlich): Die Basilika gehört zu den Hauptwerken Juvarras und wurde Anfang des 18. Jahrhunderts errichtet; prächtige Fassade*, Gruft des Hauses Savoyen. Wallfahrt der Madonna am 8. September. Herrliche Aussicht* über Turin und das Tal.
Rivoli: 16 km westl., → **Avigliana***, 25 km (Autobahn).

Tortona 9/A 1
Piemonte (Alessandria)
Das frühere römische Dertona beherbergt im Museo Civico (Palast, 15. Jh.) eine ansehnliche archäologische Sammlung.
Bosco Marengo (17 km südwestl.): Die Renaissancekirche Santa Croce ist mit Gemälden von Vasari geschmückt.
Caldirola (41 km südöstl.): Ferienort und Wintersportstation am Fuße der Monte Gropa und Giarolo (1473 m, Seilbahn); herrliches Panorama.
Gavi (27 km südwestl.): Romanische Kirche San Giacomo* aus dem 18. Jahrhundert.
Libarna* (23 km südl., über Serravalle Scrivia): Großes Ruinenfeld einer im 2. Jh. v. Chr. gegründeten römischen Stadt.
Rivalta Scrivia (7 km südwestl.): Die zisterziensische Abteikirche Santa Maria stammt aus dem 13. Jahrhundert und ist mit Renaissancefresken geschmückt.

Tovel (Lago) (1178 m) 2/B 3
Trentino-Alto Adige (Trento)

Der 1 km lange, 600 m breite und maximal 40 m tiefe See zählt zu den originellsten und schönsten in Bereich der Brenta*-Gruppe. Im Sommer liefert der See ein auf der Welt einmaliges Schauspiel. Auf Grund der Wucherung von Mikroorganismen schimmert das Wasser rötlich. Durch starke Umweltverschmutzung getroffen, scheint der See nicht mehr die Freistätte der winzigen Algen zu sein. Die Verwaltung des Naturschutzgebietes Adamelo-Brenta trifft Maßnahmen, um die Einzigartigkeit des Sees zu erhalten. Die Gegend wird von Murmeltieren, Auerhähnen und Braunbären aufgesucht.
Umgebung: Cles*, 15 km nördl.

Trasimeno (Lago)/Trasimenischer See (260 m)
Umbria (Perugia)   13/A 2

Der annähernd kreisrunde See (54 km Umfang) ist mit 128 km² Wasserfläche der viertgrößte italienische See (6 m tief, drei Inseln).
Im Jahre 217 v. Chr. fand an seinen Ufern eine der berühmtesten Schlachten der Antike statt. Die durch Hannibal dezimierte Armee des Flaminius hinterließ im Tal von Cortona 15000 Gefallene.
Der heute beinahe ständig von Nebelbänken umgebene See wird von Badefreunden, Seglern und wegen seines Fischreichtums von Anglern aufgesucht. Zwei kleine Orte werden im Sommer durch Motorboote verbunden (Zwischenstop an den Inseln). **Castiglione del Lago**, der größte Ort, wird von den Ruinen eines mittelalterl. Schlosses (Panorama) beherrscht. Interessant sind die Kirche der Maddalena und der gotische Kommunalpalast. **Passignano sul Trasimeno**, „Strand" von Perugia, wird ebenfalls von einem Castello (Ruine) überragt. Auf der Isola Maggiore befinden sich ein Fischerdorf und zwei mittelalterl. Kirchen (Kunstwerke). Auf der Isola Polvese nisten zahlreiche Vogelarten (Rastplatz der Zugvögel).
Umgebung: 13 km südöstl. von Castiglione, mittelalterl. Dorf **Panicale** (430 m, Panorama), Werke von Perugino in der Kirche San Sebastiano. 10 km nordöstl. von Passignano liegt **Castel Rigone** (650 m) mit einem gotischen Kastell und der Renaissancekirche* Madonna dei Miracoli.

Tremiti (Isole) (116 m in San Domino)
Puglia (Foggia)   16/D 3

Gut 20 km vor der Küste des Monte Gargano (→ **Vieste***) bilden die Diomedesinseln (Insulae Diomedeae, Tremiti-Inseln) der Altväter ein Archipel von drei Hauptinseln und zahlreichen leuchtenden Kalksteinklippen, die besonders von Unterwasserjägern aufgesucht werden.
San Nicola: Der keine Hafen verfügt noch über seine Umwallung und eine im 9. Jh. gegründete Abtei (Renaissancefassade, Fragmente der ursprünglichen Mosaiken im Inneren). **San Domino**, die längste Insel (3 km), ist die meistbesuchte und bietet neben schönen Landschaften einige Meeresgrotten, die mit Barken besichtigt werden können. **Capraia**, die entfernteste Insel, ist sozusagen unbewohnt.

Trebisacce   21/C 3
Calabria (Cosenza)

Der nördl. des Sibari-Tales gelegene Fischereihafen entwickelte sich zum bedeutendsten Badezentrum des Küstenstreifens (lange Sandstrände). Das alte Dorf befindet sich zurückgesetzt auf einem Hügel (Barockkirche). An der Küste liegen weitere Badeorte, Amendolara (9 km nördl), Lido Pineta/Villapiana (7 km).
Sibari (14 km südl., Gemeinde Cassano allo Ionio): 3 km südöstl., an der Cratimündung, liegen die Ruinen der antiken Stadt Sybaris*. Die im Jahre 720 v. Chr. von Achäern gegründete Stadt war die größte Kolonie Groß-Griechenlands. Nach der Zerstörung durch **Crotone*** (6. Jh. v. Chr.) wurde sie von den Überlebenden des Massakers etwas weiter südl. unter dem Namen Turii neugegründet. An dieser Stelle wurde später die römische Kolonie Copia errichtet. Das Archäologische Museum der sybaritischen Kultur (neben dem Bahnhof) zeigt Keramiken*, deren Traditionen von den Handwerkern Kalabriens fortgeführt werden (So.- nachmittag und im Winter ⊠). Folkloreveranstaltungen im Sommer.

Trento/Trient   6/B 1
Hauptstadt der autonomen Provinz Trento und der Region Trentino-Alto Adige

Die Stadt an den Ufern der Etsch (Adige) trägt in ihrem strengen Charakter die Spuren der Einflüsse, die Norditalien über Jahrhunderte prägten. Von der karolingischen Zeit bis zur napoleonischen Besatzung wurde die Stadt in der Abhängigkeit des „Heiligen römischen Reiches Deutscher Nationen" von Fürst-Bischöfen verwaltet. Paulus III. berief im 16. Jh. das berühmte Konzil ein, das sich gegen die Reformation wendete. Zwischen 1545 und 1563 wurden drei Sitzungsperioden abgehalten. Obwohl von Kaiser Karl V. einberufen, hatte das Konzil einige Schwierigkeiten, seine Entscheidungen vom Kaiser billigen zu lassen. Dieser wollte auf die Anhänger Luthers Rücksicht nehmen. Es kam dennoch zu einer Festigung der Macht der römischen Kirche, die meisten kirchlichen Institutionen wurden einer Revision unterworfen. Im 19. Jh., erst 1802, dann nach dem Wiener Kongreß, wurde die Stadt an Österreich abgetreten. Nach dem 1. Weltkrieg fiel Trient erneut an Italien. Die heutige Industriestadt gilt als Ausgangspunkt für Ausflüge in die Berge.
Piazza Duomo*: Das belebte Zentrum der Altstadt befindet sich im Bereich des Platzes mit dem barocken Neptunbrunnen* (mittelalterliche Bauwerke, Renaissancegebäude usw.).
Duomo*: Die romanische Kathedrale im lombardischen Stil wird

Trento: Zahlreiche Fassaden edler Häuser wurden während der Renaissance mit allegorischen Themen bemalt.

Die Piazza del Duomo im Stadtzentrum von Trento. Hinter dem barocken Neptunsbrunnen erheben sich die Fassaden der Häuser „Cazuffi" am Anfang der Via Belenzani.

von einem Glockenturm flankiert. Aus Richtung Via Calepina können die Apsidien und der Vierungsturm bewundert werden. Im Innenraum befindet sich an einer Seitentreppe ein Kruzifix, vor dem die Erlasse des Konzils verkündet wurden. Die Krypta bewahrte die Überreste einer Basilika des 6. Jh.
Palazzo Pretorio: Der Palast (13.-16. Jh.) nimmt das Museo Diocesano (Mi. ◨) auf. Es enthält Erinnerungen an das Konzil, den Domschatz und „Brüsseler Wandteppiche*" (Arazzi) aus dem 16. Jh.
Case Cazuffi (an der Ecke der Via Belenzani): Mit Fresken bemalte Fassade (16. Jh.).
Palazzo Sardegna (hinter dem Dom, Via Calepina): Naturkundemuseum des Trento.
Palazzo Tabarelli (nordöstl. Altstadt, über die Via Garibaldi): Venezianische Renaissance.
Via Belenzani (nördl. der Piazza Duomo): Die Hauptstraße Alt-Trients wird von mehreren Renaissancepalästen gesäumt. Einige Fassaden sind mit allegorischen Fresken bedeckt.
Santa Maria Maggiore (erste Querstraße links, an der Via Rodolfo Belenzani): Renaissancekirche mit schönem Portal, in der die meisten Sitzungen des Konzils tagten. Der Retablo von Moroni stammt aus dieser Zeit.
Römische Villa (Via Rossini): Mosaiken (Di., Do. und am 1. Monatssonntag ◨).
Vangaturm (an der Nordwestecke der Altstadt): 13. Jahrhundert.

Piazza Dante: Stadtgarten zwischen Altstadt und Bahnhof. Das Dantedenkmal wurde während der österreichischen Besatzung errichtet (Ende 19. Jh.). Das Tourismusbüro liegt südöstl., neben dem Bahnhof. Romanische Kirche San Lorenzo.
Via Manci (parallel zur Via Belenzani): Die Straße führt vom Stadtzentrum zum Castello und wird von Häusern und Palästen der Renaissance gesäumt (Palazzo Galasso, Anfang 17. Jh.). Sie mündet auf die Piazza del Cantone.
Castello del Buonconsiglio: Kunstmuseum* der Provinz in der früheren fürstbischöflichen Residenz (Mo. und an Hauptfesttagen ◨). Aus der Zeit vor dem 13. Jh. sind nur wenige Elemente erhalten, so das Castelvecchio mit einem sehr schönen Hof und der Torre dell' Aquila, der mit einem aus Monatsbildern bestehenden Freskenzyklus* (15. Jh.) geschmückt ist. Seit der Renaissance bewohnten die Bischöfe den Palazzo Magno (zentraler Flügel), der einen eleganten Hof umgibt, zu dem die als Museum eingerichteten Gemächer weisen. Die Museumssäle sind mit Fresken verziert (Fresken in der Loggia). Sie enthalten Gemälde-, Archäologie-, Münz-, Majoliken- und Bronzesammlungen. Das Schloß nimmt außerdem ein Museum des Risorgimento und des Kampfes für die Freiheit auf.
Palazzo delle Albere (linkes Etschufer): Der südl. der Stadt gelegene Palast (16. Jh., neuerbaut) beherbergt ein Museum für zeitgenössische Kunst (Mo. ◨).
Rechtes Ufer: Sant' Apollinare, kleine romano-gotische Kirche mit geneigtem Dach. Doss Trento (3 km vom Zentrum), auf dem Hügel befinden sich die Reste einer paläochristlichen Basilika (Blick über die Stadt). Mausoleum des von den Österreichern 1916 ermordeten Nationalhelden Cesare Battisti. Am Südhang liegt das Museum der Gebirgsjäger (Mo. ◨). Belvedere di Sardegna (595 m, mit der Schwebebahn vom linken Ufer am Brückenanfang zu erreichen): Panorama* über die Stadt und das Tal vom Monte Bondone.
Veranstaltungen: Internationales Festival des Berg- und Forschungsfilms sowie Messe-Ausstellung der Weine des Trentino im April/Mai. „Trento Estate" im Juli/Aug. (Ballett, Konzerte, Theater). „Autunno Trintino" im Sept./Okt. (künstlerische Veranstaltungen, Konzerte, Folklore auf der Piazza Duomo und gastronomisches Fest).
Handwerk: Geschnitzte Möbel.
Baselga di Pine (18 km nordöstl.): Sommerfrische und Wintersportstation.
Bondone (Monte, 24 km westl., 980/2100 m): Ferienort und Wintersportstation; Aussichten* über das Tal von Trient und das **Brentamassiv***.
Caldonazzo (20 km östl.): See, gute Bade-, Angel- und Segelmöglichkeiten.

Cembra (23 km nordöstl.): Gernbesuchter Ferienort.
Folgaria (28 km südl.): Ferienort und Wintersportstation in 1160 m Höhe; „Wandern der Nationen" im Sommer.
Lavarone (28 km südöstl.): Sommerfrische und Wintersportstation in 1170 m Höhe.
Levico Terme (20 km östl.): Thermalbad an einem See.
Paganella: Auf den 2125 m hohen Berg führt eine Schwebebahn (ab Lavis, 8 km nördl.); Wintersportzentrum, Panorama*.
Roncegno (30 km östl.): Thermalbad und Sommerfrische.
Rovereto (24 km südl.): Historisches Museum (Krieg 1915-18) im Castello*. Museo Civico (Archäologie, Folklore) und Museo Depero (Name des futuristischen Malers).
San Michele all' Adige (16 km nördl.): Museo della Grente Trentina im Schloß (Brauchtum des Trentino, So. und Mo. ⊠).
Segonzano (24 km nördl.): Erdpfeiler* (Omeni di Segonzano).
Toblino (16 km westl.): Der romantische See wird beherrscht vom gleichnamigen Kastell.
Vetriolo Terme (25 km östl.): Thermalbad und Wintersportstation.
Vigolana (Plateau der, 15 km östl.): Ferien- und Wintersportzentrum.

Trevi 15/B 1
Umbria (Perugia)
Das mittelalterliche Dorf erstreckt sich 2 km von der Via Flamina entfernt auf einem ansteigenden Hang eines mit Olivenbäumen und Weinreben bepflanzten Hügels.
Im Ort gibt es drei romanische und gotische Kirchen und eine Pinacoteca Civica im Palazzo Comunale (nachmittags, So. und Feiertag ⊠). Unter den Werken der umbrischen Schule befindet sich eine Madonna von Pinturicchio; archäologische Abteilung.
Von der Viale Ciufelli außerhalb des Ortes (nordöstl.) hat man eine schöne Aussicht* über das Tal.
Madonna delle Lacrime: Sanktuarium (Renaissance) mit Freskenschmuck (Zyklus von Perugino).
Clitunno* (Fonti del, Quellen des Clitumnus, 6 km südl.): Die Straße führt zuerst nach rechts zum Tempio di Clitunno (4. Jh.). An der heiligen Stätte der Antike befindet sich an dem fälschlicherweise „di Diana" benannten Sanktuariums eine paläochristliche Basilika (Freskenfragmente des 7. Jh.). 2 km oberhalb liegt das Wasserschutzgebiet der Quellen (Fonti). Über smaragdfarbenem Grund ergießen sich die Quellen in einen mit kleinen grünen Inseln übersäten See inmitten

Die bukolische Landschaft am Clitunnosee. An der heiligen Stätte der Vorväter tritt der gleichnamige Fluß erneut an die Erdoberfläche.

einer bukolischen (Hirtendichtung) Landschaft von Espen und Pappeln. Diese wurde von Vergil und 2000 Jahre später von Byron und Carducci besungen.
Foligno*: 9 km nördl.

Treviglio 5/C 2
Lombardia (Bergamo)
Agrarmarkt und Industriezentrum. Polyptychon* in der Stiftskirche San Martino.
Spezialität: Gorgonzola.
Antegnate (19 km südöstl.): Zoologischer Park (Di. ⊠).
Caravaggio (6 km südöstl.): Die Kleinstadt ist wegen des Santuario della Madonna (2 km) bekannt (mehr als 100 m langer Innenraum).
Capriate San Gervasio (16 km nordwestl.): Freizeitpark „Minitalia" (1800 ha) mit Miniaturen italienischer Baudenkmäler.
Gorgonzola (16 km westl.): Namensgeber des berühmten Käses.
Rivolta d' Adda (Cremona, 6 km südwestl.): Schöne Apsis* der Basilika mit skulptierten Pfeilern* (11. Jh.). Prähistorischer Park der „Dinosaurier" (März-Oktober ⊠).
Romano di Lombardia (16 km östl.): Festung aus dem 13. Jh. und Barockkirche.
Crema*: 25 km südl.

Treviso 6/D 1
Veneto (Provinzhauptstadt)
Das frühere römische Travisium entwickelte sich zu einem bedeutenden Messezentrum. Die Stadt „der Kanäle und Fresken" bildet ein von einer venezianischen Stadtmauer (15. Jh.) umschlossenes, beinahe perfektes Rechteck. Innerhalb der Stadtmauern existiert ein Labyrinth gewundener Straßen, in dem man sich leicht verirrt. Kleine Plätze werden von bunten Häusern und Wasserläufen umgeben. Die Kanäle werden, den Straßen gleich, von Bogengängen gesäumt. Nach den Bombenangriffen des Jahres 1944 wurden große Teile der Stadt neuerrichtet. Den Wagen parkt man an der südlichen Peripherie und betritt die Stadt über die Via Roma in der Nähe des Bahnhofs.
Corso del Popolo: Die Straße führt zum Kern der historischen Stadt. 300 m weiter rechts, entlang der Piazza Borsa und der kleinen Via Toniolo, erreicht man das Fremdenverkehrsamt. An der 200 m oberhalb gelegenen Kreuzung befindet sich links die Loggia dei Cavalieri, ein zum Teil aus dem 10. Jh. stammendes, romanisches Bauwerk. Die Via Calmaggiore* (genannt Via Indipendenza), die von mittelalterlichen Arkaden gesäumte Hauptstraße der Altstadt, zweigt nach links ab.
Piazza dei Signori: Der Platz wird vom Torre del Comune (im 19. Jh. neuerrichtet) des Palazzo del Podesta beherrscht. Weitere Bauwerke sind der romanische Palazzo dei Trecento* (13. Jh.) und der Palazzo Pretorio. Die Cappella dei Rettori in der nahen Monte di Pieta ist im Inneren mit vergoldetem Leder geschmückt. Etwas weiter erreicht man Santa Lucia (14. Jh.), deren Fresken von Tomaso da Modena stammen.
Duomo: Das Bauwerk römischen Ursprungs wurde im 15./16. Jh. neuerrichtet und mit sieben Kuppeln gekrönt. Im Inneren befinden

Treviso

Das von Kanälen umgebene Treviso bewahrte einen Teil seiner Stadtmauern und einige Renaissancetore, hier die Porta di San Tomaso.

sich eine Anbetung der Hirten* von Paris Bordone und in der Cappella dell' Annunziata eine Verkündigung von Tizian, sowie Fresken von Pordone. Schöne Krypta (11. Jh.) links des Doms, Baptisterium aus dem 11./12. Jh.
Rechts überquert man die beiden Arme des Botteniga (oder Cagnan).
San Francesco: Romano-gotische Kirche (13. Jh.), Fresken von Tomaso da Modena.
Santa Caterina dei Servi: In der ehemaligen Kirche an der Piazza Matteotti werden zeitlich begrenzte Ausstellungen gezeigt.
Über die innere Peripherie (nördl.) kehrt man nach Osten zurück. Von den Gärten entlang der Wallpromenade an der Stadtmauer hat man einen schönen Blick auf die Alpen.
Museo della Casa Trevigiana (Via Canova 38): Kunstgegenstände, alte Möbel und Holzschnitzereien (15.-18. Jh) werden im Haus des Noal (15. Jh.) gezeigt.
Museo Civico Luigi Bailo (Mo. und Festtag-nachmittag ⊠): Archäologie (prähistorisches Schwert) und Gemälde von G. Bellini, Lotto (Portrait des Dominikaners), Tizian, Pordenone, Bassano (Kreuzigung*), Cima da Conegliano (Madonna*), Guardi und örtlichen Malern, darunter die beiden Girolamos aus Treviso. Werke des trevisischen Bildhauers A. Martini und Skulpturen von Canova.

San Niccolo* (500 m südl. des Museums): Im Inneren des romanogotischen Baus (13./14. Jh.) werden Gemälde von Tomaso da Modena (hl. Agnes* und Dominikanerportraits) ausgestellt. Neben den Fresken des vorgenannten Künstlers bewundert man Werke von Lotto und Gemälde von Palma d. J., Bassano, Girolamo von Treviso d. J.
Interessant sind ferner das Museum für Kunst und Volksbräuche (Viale Felissent 2, Besichtigung auf Anfrage) und die gut erhaltenen Renaissancetore, besonders die Porta San Tomaso* (nordöstl.) von G. Bergamasco (Anfang 16. Jh.).
Veranstaltungen: Karnevalszug, Frühlingsfest am letzten Märzsonntag. „Treviso in fiore" (Choreographie, Theater). Ruder- und Kanuregatten. Gastronomischer Wettbewerb im Okt. Musikalischer Herbst, San Luca-Markt Mitte Okt., Musik- und Theatersaison im Winter.
Spezialitäten: Pilze, gekochte rote Endivien, Wurst mit Reis, Aale, Weine und Grappa.
Handwerk: Schmiedeeisen, Keramik und Korbflechterei.
Istrana (18 km westl.): Villa Lattes (18. Jh., Besichtigung auf Anfrage), Sammlungen orientalischer Kunst und Glockenspiele.
Montebelluna (20 km nordwestl.): Herstellung von Bergschuhen in Montello. Schauplatz blutiger Kämpfe im Juni 1918 (→ **Bassano del Grappa***). Archäologisches Museum und Naturkundemuseum in der Villa Biagi. Das Schuhmuseum ist am So.- morgen, Di., Sa. und So.- nachmittag ⊠). Internationales Folklorefestival Mitte September.

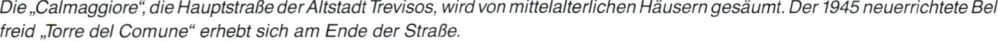

Die „Calmaggiore", die Hauptstraße der Altstadt Trevisos, wird von mittelalterlichen Häusern gesäumt. Der 1945 neuerrichtete Belfried „Torre del Comune" erhebt sich am Ende der Straße.

Zur Zeit des aufgeklärten Despotismus, animiert von österreichischen Prinzen, erhielt das Meeresviertel der Stadt ein neues Gesicht. Hier der gradlinige Canal Grande in der Achse von Sant' Antonio, im Schatten der russischen Kirche.

Trieste/Triest 7/C 1

Hauptstadt des Friuli-Venezia Giulia und Provinzhauptstadt

Unterhalb eines amphitheaterförmigen Runds karstiger Berge, eine reizvolle Riviera beherrschend, wendet Triest an der äußersten Grenze Istriens sozusagen den Ländern den Rücken zu, zu denen es Bindeglied sein soll. Obwohl Triest seine Zugehörigkeit zu Italien beteuert, arbeitet der Hafen hauptsächlich für Wien und Zagreb. Am 3. Nov. 1918 hatte D' Annunzio kaum Mühe, die Stadt militärisch zu besetzen. Es dauerte zwei Jahre, bis die italienische Nation begriff, daß sie nicht mehr zu Österreich-Ungarn gehörte. Nach der Besetzung durch jugoslawische Partisanen im Jahre 1945 geschieht 1947 ein neues Drama, Triest wird als freies Territorium unter die Kontrolle der UNO gestellt. Erst eine Volksabstimmung bringt 1954 den endgültigen Anschluß an die Republik Italien. Mit Ausnahme der oberen Viertel, die zum Teil ihre historische Prägung erhalten haben, erscheint Triest wie eine neuere Stadt mit einem etwas strengen Charakter. Wahrhaftigen Wohlstand erlebte man im 18. Jh., als der Hafen der Österreich-Ungarischen Doppelmonarchie als Tor zur Welt diente. Neoklassizistische Bauwerke und der Geist aufgeklärter Städtebauer sind beherrschend.

Canal Grande: Das kleine Hafenbecken wurde im 18. Jh. in der Mitte des Borgo Teresiano für Segler und Kleinfischer angelegt. Der Name bezieht sich auf die Herrschaft Maria Theresias von Österreich. In der Achse des römisch anmutenden Frontgiebels der Kirche Sant' Antonio eröffnet sich eine schöne Perspektive. An der Südseite der Grünanlage vor der Kirche erhebt sich zwischen Gebäuden die Kuppel der russischen Kirche Santo Spiridone. Entlang der Riva (Uferpromenade) erreicht man die Molo Audace (Fremdenverkehrsamt am Eingang), von wo aus ein schöner Eindruck der Stadt gewonnen wird. Das Teatro Verdi an der Riva beherbergt ein kleines Theatermuseum. Der Hafen selbst wird heute noch von den malerischen Tartanen (Bragozzi) aufgesucht.

Piazza dell' Unita d' Italia*: Städtebauliche Komposition des 19. Jh.

Altstadt: Die am Hügelhang gelegenen Viertel erreicht man hinter

In einer Nische des romanischen Glockenturms von San Giusto ruht eine Statue (14. Jh.) des Schutzpatrons von Triest.

dem Platz über enge Straßen und Treppengassen.
Teatro Romano: Bauwerk aus dem 2./3. Jh., Schauplatz sommerlicher Veranstaltungen.
San Silvestro (Südende der Via Romano): Romanische Kirche aus dem 11. Jh. Neben Santa Maria Maggiore steht das „Arco di Riccardo" genannte Stadttor (33 v. Chr.).
Colle Capitolino* oder San Giusto: Auf dem Hügel befand sich die Akropolis der antiken Stadt; Reste aus römischer Zeit.
Kathedrale San Giusto*: Im 5. Jh. an der Stelle eines antiken Tempels errichtet, von dem zahlreiche Elemente Verwendung fanden. Die Kirche besteht aus drei Baukörpern. Links befindet sich die ursprüngliche Basilika, rechts die romanische Kirche San Giusto (11. Jh.). Mit dem Kirchenschiff in der Mitte wurde im 14. Jh. eine Verbindung hergestellt. Die Apsidien bewahren schöne romanische Mosaiken und die Fresken zum Leben des San Giusto. An der Fassade mit gotischer Fensterrose wird der mit einer Statue des Heiligen geschmückte Glockenturm (13. Jh.). Das Baptisterium (14. Jh.) links von der Kathedrale nimmt eine Brunnenschale aus dem 9. Jh. auf.
Museo Civico di Storia e Arte (Via della Cattedrale): Archäologische Sammlungen von der Vorgeschichte bis zur römischen Zeit.
Römische Basilika (Esplanade unterhalb des Kastells): Hier befinden sich die Reste der „Forense" genannten Basilika (2. Jh.) und eines kapitolinischen Tempels.
Castello: Die Anlage wurde im 15. und 18. Jh. erbaut. Sie wird teilweise als Waffen-, Möbel- und Wandteppichmuseum genutzt. Die Kapelle Sankt Georg enthält einige Kunstwerke. Panorama vom Wehrgang aus.
Museen der unteren Stadt: Alle Mo. und nachmittags ⊠.
Hafenviertel: Südl. der Piazza dell' Unita d' Italia.
Museo Revoltella* (Civico): Skulpturen und Gemälde des 19./20. Jh.
Naturkundemuseum (Piazza Hortis): 200 m nördlich befinden sich die Ruinen einer paläochristlichen Basilika.
Museo Sartorio: Bürgerliches Interieur des 19. Jh. Keramiken und Porzellane seit der Renaissance. Die Gemäldesammlung umfaßt hauptsächlich Werke des 18. Jh.
Meeresmuseum*: Geschichte der Seefahrt seit den Anfängen und der adriatischen Fischerei. Schöne Modelle alter Segelschiffe.
Eisenbahnmuseum: Am Bahnhof des Campo Marzio.
Aquario Marino (an der Riva): Aquarium in der Pescheria (Fischhalle), Libertystil (1918, 45 Becken).
Nordviertel: Ab der alten Börse den Corso Italia, die Hauptstraße der historischen Stadt, hinaufgehen und nach links abbiegen.
Museo Morpurgo: Sammlung zum Thema „Der Alltag der Stadt im 18./19. Jahrhundert".
Die Via Carducci in nördl. Richtung einschlagen. Von der Piazza Oberdan fahren Straßenbahnen nach Villa Opicina (→ Umgebung).
Museo del Risorgimento: Erinnerungen an den Irredentismus (Geisteshaltung der Unabhängigkeitsbewegung) in Triest (seit Ende des 18. Jahrhunderts).
Synagoge: Die Synagoge aus dem 18. Jh. liegt im jüdischen Viertel.
Weitere Sehenswürdigkeiten: Der Siegesleuchtturm am Nordausgang der Stadt (4 km vom Zentrum) erinnert an die im Meer Verschollenen. Panorama über den Golf in 69 m Höhe.
Veranstaltungen: Opern- und Konzertsaison. Internationale Messe im Juni. Regatten im Sommer. In den Bergdörfern pflegen slovenische Folkloregruppen die Traditionen und zeigen die „Karstischen Vermählungen" (→ Miramare und Muggia).
Shopping: Der Freihafen Triest steht in enger Verbindung mit dem Orient; Teppiche sind besonders günstig zu erwerben.
Grotta Gigante* (13 km nördl.): Es handelt sich um einen unterirdischen Raum gigantischen Ausmaßes (100 m Höhe, Führungen, Mo. ⊠); Speläologisches Museum am Eingang.
Miramare (6 km nordwestl., Motorbootverbindung): Auf einem Felsvorsprung steht das für Maximilian von Österreich in einem schönen Garten* errichtete Schloß (19. Jh.) mit Schloßmuseum (nachmittags, Mo. oder Di. und Feiertag ⊠). Ton- und Lichtspiele im Sommer.
Muggia* (12 km südl.): Einige Bauwerke erinnern an die Zeit, als das Dorf ein venezianisches Kontor war. Heute bestehen ein Seebad und Werften. Sehenswert: Ruinen eines Schlosses (14. Jh.) und gotischer Duomo mit reizender Bruchsteinfassade. Karneval im Februar. 2 km nördl., Blick über Triest vom kleinen romanischen Sanktuarium Muggia Vecchia aus (170 m Höhe). Prähistorische Reste und modernes Sanktuarium von Montegrisa in der Nähe.
Villa Opicina (9 km nördl.): Die Benutzung der Zahnradbahn wird empfohlen. An der Piazzale Belvedere nach ca. 20 Min. aussteigen. Panorama* über die Bucht von Triest und die Stadt.
Duino: 20 km nordwestl., → **Monfalcone*.**
Sistiana: 20 km nordwestl.

Tropea
Calabria (Catanzaro)

Die von einer Stadtmauer umgebene alte Stadt erhebt sich oberhalb einer Steilküste. Wahrzeichen ist die nach dem Erdbeben von 1783 neuerrichtete Kathedrale. Paläste und Kirchen stammen aus Mittelalter und Renaissance. Neben dem Segler- und Fischereihafen erstrecken sich strahlende Strände und klare Gewässer (Seebad). Von der Terrasse, an der der Corso Vittorio Emanuele

Der ehemalige kaiserliche Platz wird von edlen Bauwerke umgeben, darunter die Fassade des Regierungspalastes der Habsburger.

endet, hat man einen schönen Blick* auf die Äolischen Inseln (→ **Sizilien***) und die mit dem Strand verbundene Klippe, auf der sich die vorromanische Kapelle Santa Maria dell' Isola (basilischer Ursprung) erhebt.
Capo Vaticano (15 km südwestl.): Großes Seebad; Blick auf den Golfo di Gioia.
Nicotera (29 km südöstl.): Altes Dorf in der Tiefe des Golfo di Gioia. Barocke Kathedrale und Museum für sakrale Kunst. Archäologisches Museum im Schloß.

Tuscania
15/A 2
Lazio (Viterbo)

Das Städtchen auf einem Hügel wurde im Februar 1971 schwer von einem Erdbeben getroffen. Ursprünglich hatten die Etrusker hier ein Dorf errichtet. Dieses wurde während des Mittelalters durch ein Städtchen mit Mauerring verdrängt. Paläste und Kirchen entstanden nach dem Erdbeben neu. Die bedeutenden Bauwerke befinden sich außerhalb der Stadt.
Santa Maria Maggiore* (aus **Viterbo*** kommend, südl.): Kirche (8. Jh.), Ende des 12. Jh. neuerbaut. Einzigartig sind die drei skulptierten romanischen Portale der Fassade, die mit Flachreliefs geschmückte Kanzel und in der Apsis das Fresko „Das jüngste Gericht" an der Triumphbogenwand.
San Pietro*: Die Kirche (11.-13. Jh.) unterhalb zweier dicker Türme steht auf der Terrasse der antiken Akropolis. Die sehr schöne Fassade mit einer Fensterrose nimmt einige etruskische Ornamente auf. Das Innere im romanisch-lombardischen Stil enthält im Kirchenschiff einen bemerkenswerten Bodenbelag, Kapitelle aus dem 11. Jh., Sarkophage (4. Jh. v. Chr.) und Fresken in der Apsis. Das Tragewerk der Krypta* erhebt sich auf neun Reihen ungleicher Säulen.
Neben der Renaissancekirche Santa Maria del Riposo in der Viale Trieste (Nordausgang von San Pietro) befindet sich das Museum in den ehemaligen Klostergebäuden. Die Ausstellungsstücke stammen aus der etruskischen und römischen Epoche und dem Mittelalter.
Umgebung: Mehrere etruskische Nekropolen*, die manchmal „Grotte" genannt werden. „Grotte" der Königin (1 km südl.), ein komplexes Hypogäum (Grabkammer) aus dem 4. Jh. v. Chr.
Capodimonte: 16 km nördl., am **Bolsena***-See.

U V

Udine
3/C 3
Friuli-Venezia Giula (Provinzhauptstadt)

Diese sehr reizvolle Stadt war im Mittelalter zunächst die Residenz der Patriarchen von **Aquileia*** (13.-14. Jh.) und dann, ab 1420, der Prälaten Venedigs. Zu dieser Zeit entstanden prachtvolle Paläste sowie Werke der berühmtesten Maler der Serenissima, darunter Tiepolos, dessen Bilder in fast allen Kirchen zu finden sind. 1797 wurde in der Nähe der sogenannte „Friedensvertrag von Campofiormo" unterzeichnet, wodurch das Direktorium der französischen Revolution Österreich die Provinz Friaul überließ und der seit Jahrhunderten anhaltenden Herrschaft Venedigs ein Ende gesetzt wurde.
Piazza I° Maggio: Dieser Platz im Norden der Stadt und am Fuße des Kastells bietet gute Parkmöglichkeiten. In Richtung Süden geht man über die Hauptstraße zur Piazza Patriarcato.
Erzbischöflicher Palast (Palazzio arcivescovile, Sa. und So. ⊠): Im Inneren prachtvolle Fresken* von Tiepolo. Etwas weiter, auf der linken Seite, liegt das Fremdenverkehrsbüro. Auf demselben Weg zurück kommt man durch das Tor der Via Manin in die Stadt.
Piazza della Liberta**: Die schöne Komposition im Renaissance-Stil mit Brunnen und Statuen, die an Florenz erinnern, wird von venezianischen Bauwerken umgeben.
Palazzo del Comune* (15. Jh.): Auch wegen seiner Säulenhallen „Loggia del Lionello" (nach seinem Erbauer) genannt.
Porticato di San Giovanni (16. Jh.): Die im Mittelteil liegende Kapelle wird vom Uhrenturm* mit einem Stundenschläger überragt.
Kastell: Auf dem Gipfel des Hügels (schöne Aussicht) steht dieser „Palazzo" aus dem 16. Jh., der heute das Museo Civico und die Geschichts- und Kunstgalerien beherbergt (Mo. ⊠): Archäologie, Keramik, Münzensammlung, Malerei (ab 15. Jh.): „Christ" von Carpaccio, „Madonna e Santi" von Bicci di Lorenzo, zahlreiche Werke Tiepolos. Im Gebäude befindet sich auch das Risorgimento-Museum.
Santa Maria di Castello (etwas weiter unten): Auf der Stätte eines frühchristlichen Heiligtums aus dem 6. Jh. steht die Kirche (13. Jh.) mit einer Fassade und einem Kampanile im Renaissance-Stil. Im Inneren sind sehenswerte Fresken (13. Jh.).

Tuscania: Der mächtige befestigte Glockenturm vor der Fassade von Santa Maria Maggiore stammt zum Teil aus dem 8. Jh.

Urbino: Vom Hügel aus überblickt man die kleine Universitätsstadt. In der Mitte der Palazzo Ducale, ein prachtvolles Renaissancebauwerk. Links, die Kuppel und der Kampanile des Duomos.

Duomo* (in der unteren Stadt, 100 m von der Piazza della Liberta entfernt): Die gotische Kirche aus dem 13. und 15. Jh. mit einem freistehenden, unvollendeten Kampanile wurde zum Teil nach dem Erdbeben von 1976 wieder aufgebaut. Der Barockschmuck* des Inneren weist auf die Nachbarschaft der germanischen Welt hin. Unter den unzähligen Seitenkapellen sind die „Sacramento"Kapelle (18. Jh.) wegen der Fresken Tiepolos sowie die Nachbarkapelle wegen anderer Fresken Pordenones besonders sehenswert. Im Museum des Duomos (außen links in der ehemaligen Taufkapelle; Mi., Do. und Sa.-morgens ☐) sind gotische Fresken und der Schatz zu sehen.
Oratorio delle Purita (18. Jh.): An der Decke das Gemälde „Christi Himmelfahrt" von Tiepolo.
Weitere Sehenswürdigkeiten:
San Giacomo: Auf dem Piazza Matteotti, dem Marktplatz, steht diese Kirche mit schöner Fassade; Kapelle Manin (Via dei Torriani) im Barockstil.
Kunst- und Volkstraditionsmuseum: In einem Palazzo aus dem 17. Jh. (Mo. ☒) werden eine umfangreiche Sammlung des regionalen Kunsthandwerks sowie Beispiele von Inneneinrichtungen gezeigt. Galerie moderner Kunst (im Ausstellungspalast, Nordwestausgang). Im südlichen Viertel steht neben der romanischen Kirche San Francesco das Naturkundemuseum (tägl. ☐).
Feste: Im Ausstellungspalast Festival alter Kunst alle zwei Jahre; im September Messe des modernen Hauses.

Spezialität: Schinken.
Campoformido (9 km westl., früher Campoformio): Dort sollte der berühmte Friedensvertrag unterzeichnet werden.
Passariano (26 km südwestl. über Codroipo, ca. 250 Einw.): Die „Villa Manin" (Mo. ☒) ist ein herrliches venezianisches Bauwerk, das in der Mitte des 17. Jh. in einem Park für den letzten Dogen, Lodovico Manin, errichtet wurde. In diesem heutigen Ausstellungszentrum hielt sich 1797 Napoleon auf: in einem der bemalten Salons* unterzeichnete er den „Campoformio-Friedensvertrag".
San Daniele del Friuli (23 km nordwestl.): Ein für seinen Schinken berühmter Ort. Im oberen, vom Kastell (Panorama) überragten Viertel steht der „Duomo" mit großer Barockfassade; Kirche Sant'Antonio mit schönen Fresken (16. Jh.); Regionalmuseum.
Tarcento (19 km nördl.): Schöner Kommunalpalast mit Loggia (18. Jh.).
Tricesimo (12 km nördl.): Barockkirche.

Urbino 13/B 1
Marche (Pesaro e Urbino)

Die wunderschöne kleine Stadt der Künste, deren Gebäude fast ausschließlich aus Ziegelsteinen bestehen, gruppiert sich um den Palazzo Ducale***. Dieser gehörte einem großen Mäzen aus dem 15. Jh., Frederico II. da Montefeltro, auch unter dem Namen Guido bekannt, unsterblich gemacht durch sein Profilbildnis von Piero Della Francesca (Galerie der Uffizien, **Florenz***). Zur Renaissancezeit war Urbino ein Fürstentum und die Apanage der Familie Della Rovere (Julius II.). Es sollte ein Kirchenstaat werden, was seinen Abstieg bedeutet hätte. In dieser für ihre Majolikafliesen berühmten Stadt wurde Raffael geboren, der nach seinen Anfängen als Schüler Peruginos (→ **Perugia***) offizieller Maler Julius II. und Leos X. (1503-1521; → **Vaticano***) wurde. Bedauerlicherweise wurde sein Werk in der ganzen Welt zerstreut. In der Nähe von Urbino, in Monte Asdruvaldo, wurde Bramante (Donati di Angelo, genannt „Il Bramante"; 1444-1514) geboren.

Die Fassade mit den übereinanderstehenden Loggias des Palazzo Ducale. Harmonie zwischen Stein und Ziegelstein.

Urbino

Pallazo Ducale** (Mo. und nachmittags an So. und Feiert. ⊠): Das wuchtige romantische Bauwerk überragt die Stadtlandschaft. Es wurde in der Mitte des 15. Jh. von L. Laurana, der auch den Ehrenhof* gestaltete, wieder errichtet. Er baute auch die monumentale Treppe, die von Barocci dekoriert und von Francesco di Giorgio Martini vollendet wurde; dieser ist wahrscheinlich auch der Architekt der Loggias*, die sich zwischen den beiden Türmen der Hauptfassade zum Tal hin öffnen. Rechts um den ganzen Palast und durch den Garten Pincio (Panorama) gehen. Ganz oben, rechts am Stadteingang, steht die Universität, wo Tasso (1578) gelebt haben soll. Links an der gotischen Kirche San Domenico vorbei zur Piazza Rinascimento* und dann bis zum ägyptischen Obelisken am Eingang der Piazza Duca Frederico weitergehen: rechts befindet sich das Fremdenverkehrsbüro (außer in der Saison nachmittags ⊠), links der Eingang zum Museum.

Der Hof des Palastes wurde im 15. Jh. von Laurana, dem Restaurateur des Schlosses, gestaltet. Im Gebäude befindet sich die Galleria Nazionale delle Marche.

Galleria Nazionale delle Marche**: Die im Palast eröffnete Galerie ist großzügig im Renaissance-Stil dekoriert: im Thronsaal Gobelin-Wandteppiche aus dem 17. Jh. mit einer Darstellung der „Apostelgeschichte" nach Entwürfen Raffaels; im Studiolo* (kleines Arbeitszimmer) des Herzogs Montefeltro schöne Wände mit Intarsien und Decken im maurischen Stil; Appartamento della Jole mit Reliefschmuck auf dem Kamin, wahrscheinlich von Mino da Fiesole. Im Gemach des Herzogs sind einige Gemälde besonders bewundernswert: eine „Geißelung Christi" und „Madonna" von Piero della Francesca*, das Bildnis des Herzogs Frederico und seines Sohnes von Berruguete; eine „Ansicht der idealen Stadt*", die Laurana zugesprochen wurde, jedoch in Wirklichkeit von einem unbekannten Maler stammt; eine Predella der „Hostienschändung*" von Paolo Uccelo. In den Zimmern der Herzogin ein berühmtes Gemälde Raffaels „die Muta*" (die Stumme), Bilder von Künstlern aus Urbino (Anfang 16. Jh.), zwei vom Tizian („Auferstehung") und eins von G. Bellini („Heiliges Gespräch")...

Duomo*: Das schöne, von Statuen umgebene Bauwerk nimmt fast den ganzen Raum der Piazza Ducu Frederico ein. Es wurde am Ende des 18. Jh. von Valladier wieder aufgebaut und ist im Inneren mit zahlreichen Gemälden geschmückt („Abendmahl" von Barocci).

Via Raffaello: An der Ecke des Platzes steht die gotische Kirche San Francesco (im Inneren im Barockstil: Gemälde von Barocci und Renaissance-Kapelle des „Sacramento"). Auf halber Höhe der Steigung steht auf der linken Seite das Geburtshaus Raffaels. Im Zimmer, wo er geboren wurde, ist sein erstes Werk ausgestellt, das er als Vierzehnjähriger malte und dessen Hauptperson, eine Madonna, seine Mutter darstellen soll.

Piazzale Roma: Auf dem Gipfel des Hügels; Ausblick von der Terrasse. Die breite Straße, die um die Festungsmauer aus dem 16. Jh. führt, in Richtung Süden nehmen und um das Bollwerk „Fortezza Albornoz" herum weitergehen; 200 m weiter bietet sich ein herrlicher Blick** auf die Stadt. Zurück zur Piazza Republica, dann rechts die Via Mazzini nehmen.

Oratorio di S. Giovanni Battista: Auf halbem Wege dieser Straße, 100 m rechts: die Kirche ist mit Fresken* von Salimbeni (Renaissance) geschmückt. Am Ende der abschüssigen Straße steht die Porta Valbonna (16. Jh.).

Sehenswürdigkeiten außerhalb der Stadt: Madonna dell'Homo (2 km nordwestl. über den Viale Gramsci): Fresken aus dem 15. Jh.
S. Bernardino degli Zocolanti (2 km östl.): Das Bauwerk könnte, nach den Plänen von Giorgio Martini (Ende 15. Jh.) eins der Werke Bramantes sein. Es beherbergt das Grabmal der Herzöge d'Urbino. Zoologischer Garten (8 km westl.): Aussicht* auf Urbino.
Feste: Kunstausstellungen; Theaterveranstaltungen.
Kunsthandwerk: Keramik, Perlen.
Cagli (27 km südl.): Alte Stätte am Fuße des Petrano-Berges (1.160 m, Panorama), die im 17. Jh. in den Besitz der Kirche überging; Kommunalpalast im Renaissancestil; „Duomo" im Barockstil (gotisches Portal); in der Kirche San Giovanni mit Fresken von Barocci; bemalte Krypta.
Carpegna (45 km nordwestl.): Wintersportort am Hang des gleichnamigen Berges (1.415 m).
Fossombrone (18 km östl.): Auf der Höhe des alten Viertels steht eine Zitadelle aus dem 13. und 15. Jh.; weiter unten enthält das Bauwerk der „Corte Alta" das „Museo Civico". Sehenswert der „Duomo" aus dem 18. Jh. mit vielen Kunstwerken sowie mehrere Renaissance-Paläste, darunter die Pinakothek.
Furlo (19 km südöstl.): Zu diesem Marktflecken gelangt man durch die gleichnamige, vom Fluß Candigliano eingegrabene Schlucht, an der die „Via Flaminia" entlangführt; der Tunnel (200 m), durch den die Straße heute noch führt, wurde von den Römern im 1. Jh. erbaut.
Macerata Feltria (29 km nordwestl.): hat noch ein altes Viertel, das „Castello"; im benachbarten Pitino steht die alte Kirche San Cassiano, die auf der Stätte der römischen „Pitinium Pisaurense" errichtet sein soll.
Sassocorvaro (23 km nordwestl.): Prachtvolle „Rocca" (Burg) aus dem 15. Jh. (Juni-Sept.; Mo. ⊠).
Urbania* (17 km südwestl.): Ein für seine Majolikafliesen berühmtes Städtchen, die ehemalige Heimat Urbans VIII., nach welchem es genannt wurde; „Castel Durante" aus der Renaissancezeit; im mittelalterlichen Viertel ist der „Palazzo Ducale" heute als Museum, Pinakothek und Bücherei eingerichtet (Besichtigung auf Anfrage). In der Kathedrale im Barockstil sehenswertes Kruzifix von Pietro di Rimini (Anf. 14. Jh.). Auf der Straße nach Sant'Angelo liegt der „Parco Ducale", ein früheres Jagdgebiet der Herzöge von Urbino.

Valdagno
6/B 2
Veneto (Vicenza)

In diesem im Agno-Tal gelegenen Zentrum der Wollindustrie blieb ein Viertel aus dem 18. Jh. mit Palästen und Villen erhalten, darunter die bemerkenswerte Villa Marzotto, sowie die Kirche San Clemente mit zahlreichen Kunstwerken.
Recoaro Terme (10 km nordwestl.): Dieser bedeutende Kurort (Mai-Sept.) ist seit dem 17. Jh. bekannt. Berühmt wurde er im 19. Jh. Aus dieser Zeit stammen die großen Anlagen, die originellen Bauten sowie ein Park mit neun Quellen („Fonti Centrali"). Ausflugsmöglichkeiten in die Berge, auch mit der Seilbahn zum Wintersportzentrum von „Recoaro Mille" (Am Fuße des Falcone-Berges, 1700 m).
Schio (10 km nördl.): Seit dem Mittelalter ein Zentrum der Wollweberei. Neoklassizistische Kathedrale (Ausblick von der Treppe) und auf dem Hügel „dei Frati" gotische Kirche San Francesco mit Renaissance-Elementen.

Vallombrosa (Abtei von)
12/D 1
Toscana (Firenze)

Sehr oft vergißt man, daß es in der Toskana sehr hohe Berge gibt. Die Abtei hat eine herrliche Lage mitten in einem Pinienwald. Sie wurde im 11. Jh. in einer Wüste gegründet und bis zur Barockzeit unterhalten (Kampanile aus dem 12. Jh., Turm aus dem 15. Jh., Fassade aus dem 17. Jh.). Heute dient sie als Kulturzentrum, in dem die Bibliothek der ehemaligen Mönche untergebracht ist. In der Nähe entstand der Sommerferienort „Saltino". Er wird ergänzt durch das benachbarte „La Consuma", das 10 km auf der Straße von **Florenz*** nach **Poppi*** liegt. Über Vallombrosa wird der „Monte Secchieta" (1500 m), ein bekanntes Winter-Skigebiet, erreicht.
Feste: August-September: Ausstellung von Bauernmöbeln; Dezember in Regello: Markt des Olivenöls.

Varallo
4/D 2
Piemonte (Vercelli)

Die Stadt gilt als die Hauptstadt der Valsesia, wo die jahrhundertealten Traditionen der Bergbewohner gepflegt werden. Der Ort, der sich um einen von einer Barockkirche überragten Felsen schmiegt, gilt als die Heimat des Malers Gaudenzio Ferrari. In Wirklichkeit wurde Ferrari Anfang des 16. Jh. in Valduggia geboren. Die Kirche San Giorgo ist mit einigen seiner Werke geschmückt; in Vallaro selbst hat er für die Kirche Santa Maria delle Grazie Fresken

Val Gardena/Grödner Tal
2/B 2
Trentino-Alto Adige (Bolzano)

Es ist sicherlich das berühmteste Tal der **Dolomiten***, es erstreckt sich auf der großen Nord-Süd Achse zwischen dem österreichischen Tirol und dem italienischen Trentino. Es bietet zahlreiche Ausflugsorte in einer großartigen Umgebung von Wäldern, Wasserfällen, Felsspitzen, blumengeschmückten Dörfern und Festungen. Das Skigebiet zählt zu den besten der Alpen. Die germanischen Traditionen werden von aktiven Folkloregruppen gepflegt, ebenso wie der örtliche Dialekt, der „Ladino".
Ortisei/St. Ulrich (1230 m): Museum des Val Gardena in der „Cesa di Ladins" („des ladinischen Landes": Vorgeschichte, Naturkunde, Malerei und Skulpturen örtlicher Künstler); Auffahrt mit der Seilbahn zur „Alpe du Siusi" (Seiser Alm; 1800 m) und mit der Kabinenbahn („Cabinovia") nach San Giacomo (1430 m, Panorama*). Höher liegt Santa Cristina (1430 m) und Selva (Wolkenstein in Gröden; 1560/2240 m): zahlreiche Skilifts zu den Gipfeln der Dolomiten.
Feste: Folkloreveranstaltungen im Sommer; im Winter, Abfahrtsski.
Kunsthandwerk: Holzschnitzerei und Spielzeug.

gemalt. Im Museenpalast (Fr. und im Winter jeden Nachm. ⊠) naturkundliche Sammlungen und Pinakothek. Am Nordausgang steht die riesige Kirche des Sacro Monte (15. Jh., 600 m). Auch sie ist zum Teil mit Fresken von Ferrari geschmückt.
Feste: Opernvorstellungen im Sommer.
Kunsthandwerk: Stickereiarbeit (das valesianische „Puncetto") im Dorf Fobello (9 km nördl.).
Alagna Valsesia (36 km westl., 1190 m): Ein Ferien- und Wintersportort. Im Dorf Pedemonte ist das völkerkundliche Walser-Museum in einem schönen Haus aus dem 17. Jh. untergebracht. Die Skilifts führen zu der Punta Indren auf die Gletscher* des Massivs des Monte Rosa. Herrlicher Rundblick; 4 km weiter, Sesia-Wasserfall.
Quarona (6 km südl.): In der Nähe, frühromanische Kirche San Giovanni; in der Pfarrkirche Sant'Antonio „Madonna", die von von Ferrari stammen soll.
Rima San Giuseppe (28 km nordwestl., 1.410 m): Museum Pietro Dellavedora, genannt nach einem Gipser aus dem 19. Jh., der Bildhauer geworden war).
Valdaggia (18 km südöstl.): Geburtsdorf des Malers G. Ferrari (Anfang 16. Jh.); in der Kirche San Giorgo kann man einige Werke bewundern.

Varazze 9/A 3
Ligura (Savona)

In diesem bedeutenden Badeort der Riviera di Ponente in der Nähe von Genua stehen noch Überreste romanischer Mauern. Die Kirche stammt zum Teil aus dem 10. Jh. (Stiftskirche, Barock, 16. Jh.).
Albisola Marina (7 km südwestl.): → **Savona***.
Arenzano (12 km nordöstl.): → **Genua***.
Celle Ligure (4 km südwestl.): Dieser Badeort entstand aus einem alten ligurischen Dorf; die Barockkirche enthält Kunstwerke.

Varenna 5/B 1
Lombardia (Como)

Das Dorf mit malerischen Gassen am Ostufer des Comer Sees, am Fuße des Monte Grigna (2410 m), ist ein angenehmer Ferienort mit schönen Gärten.
Villa Monastero: Park mit Balustern, Pergolas und Treppen direkt am Seeufer. Das ehemalige Kloster wurde im 13. Jh. und im 16. Jh. als Bürgerhaus umgebaut und im 19. Jh. völlig neu gestaltet. Die Villa beherbergt heute ein wissenschaftliches Begegnungszentrum (Besichtigung tägl., Apr.-Okt.). Die Inneneinrichtung ist prachtvoll; im Park sind seltene Pflanzen- und Baumarten zu finden (Kampfer, 300 Jahre alte Magnolie). Durch die Blumenpracht kann man die Landschaft der Berge und die drei „Arme" des „Larios" (Comer See) bewundern.
Villa Cipressi (18. Jh.): Schöner Park (Juni-September ☐). Vogelkundemuseum (Mo. ☒). Romanische Kirche (14. Jh.) mit Fresken und Malerei.

Varenna: Die herrlichen Gärten der Villa Monastero mit vereinzelten Balustern und Pergolas sind wegen ihrer Blütenpracht berühmt.

Seeüberfahrten: Es bestehen Fährverbindungen mit den Orten **Bellagio***, **Cadenabbia***, Menaggio. Im Sommer, Seerundfahrten mit dem Boot ab **Como*** zum Piona-Kloster mit Zwischenlandung in Bellagio und Varenna (ca. 7-8 Stunden).
Bellano (5 km nördl.): Gotische Kirche San Nazario; Schlucht Orrido di Bellano (Wasserfall der Pioverna: März-Oktober; Mi. ☒).
Esino Lario (13 km östl.): Museum der Grigna (Sommer).
Piona (16 km nördl.): In der herrlichen Lage* eines ehemaligen, von Mönchen aus Cluny auf einem Kap gebauten Klosters. Kirche (11. Jh.) und Kreuzgang (13. Jh.)
Vezio (3 km oberhalb des Dorfes): Dort stehen Reste eines auf einer prähistorischen Stätte errichteten „Castellos". Panoramablick.

Varese 5/A 2
Lombardia (Provinzhauptstadt)

Ein angenehmer Aufenthaltsort ist diese Industriestadt aufgrund ihrer kulissenartigen Hügel mit terrassenförmigen Gärten.
Palazzo Estense (18. Jh.): Das Bauwerk, dem heutigen Rathaus, enthält mit sehenswerten Fresken bemalte Säle. Die innere Fassade öffnet sich auf einen schönen Park im italienischen Stil. Die Giardini Pubblici*; an deren höchster Stelle steht die Villa Mirabello (18. Jh.) mit den städtischen Museen (So.-morgen und Mo. ☒): Archäologie, Naturkunde, Pinakothek (lombardische Schule 17./18. Jh.).
Veranstaltungen: Okt.-Nov., „Symphonischer Herbst".
Bisuschio (8 km nordöstlich): Villa Cicogna Mazzoni (16. Jh., April-Oktober ☐).
Bizzozero (3 km südöstl.): Präromanische Kirche Santo Stefano.
Campo dei Fiori (13 km nördl., 1.260 m): Ferienort; Panorama.
Gavirate (10 km nordwestl.): Hauptort am See von Varese*.
Sacro Monte (8 km nördl., 880 m): Wallfahrtsort; im Dorf Santa Maria del Monte, Sanktuarium aus der Renaissance.
Schiranna (5 km westl., am Nordufer des Sees): „Lido" von Varese.
Voltorre (8 km nordöstl.): Romanischer Kreuzgang*.

Varzi 9/B 1
Lombardia (Pavia)

Die kleine Stadt am Fuße des Apennin, ist wegen ihrer Wurstwaren berühmt. Sie bewahrte ihr mittelalterliches Viertel* (gotische Kirche).
Feste: Anfang Juni: Salami- und Mandelkuchenfest.
Brallo di Pregola (17 km südöstl., 1540 m): Ferienort; Wintersport auf dem „Pian del Arma" (10 km süd-

Die Villa Cipressi, auch in Varenna, ist nicht so stark besucht. Sie steht in einem sehr schönen, terrassenförmig angelegten Park direkt am See.

westl., 1480 m); im Juni, Fest der „Gnocchi".
Pietragavina (6 km nordöstl., 820 m): Ferienort in einer waldreichen Gegend.
Sant'Alberto di Butrio (17 km nordwestl.): Überreste einer Abtei aus dem 11. und 14.-15. Jh.
Zavatarello (14 km nordöstl.): Der Ferienort wird von einem mittelalterlichen „Castello" überragt; am 29. Juni: Fest der weißen Trüffel.

Vasto 16/C 3
Abruzzo (Chieti)

Das „Histonium" der Antike, das vom legendären Diomedes gegründet sein soll, überragt die Adria-Küste. Nördlich des Kaps stehen Ruinen der von Sylla zerstörten römischen Stätte. Auf dem Gipfel steht ein „Castello" (13. Jh.). Im mittelalterlichen Viertel weist der „Duomo" San Pietro mit einem schönen spitzbogigen Portal romanische Elemente auf; sehenswerte Kirche Santa Maria Maggiore aus dem 11. und 13. Jh.
Palazzo Avalos: Einer der Paläste Vastos; er beherbergt das „Museo Civico" (Di. ⊠): Archäologie, Malerei (Abruzzen); Münzen.
Schiffsverbindung mit den **Tremiti*** Inseln (im Sommer).
Feste: Prozession am Karfreitag; Juli-August: Orgelkonzerte; August: Preis der darstellenden Malerei.
Spezialität: Langusten.
Marina di Vasto (3 km): Badeort am Fuße der Weinberge.
Santa Maria di Canneto (43 km südl.): Romanisches Kloster*, zum Teil aus dem 7. Jh.

Vaticano/Vatikan 17/A 1
Pontifikalstaat

Der offiziell laut der Lateranverträge (11. Februar 1929) anerkannte Staat, einer der kleinsten der Welt (44 ha), ist ein Überbleibsel der ehemaligen Kirchenstaaten. Die Etrusker hatten auf dem rechten Ufer des Tibers den „Vaticum" Hügel besiedelt. Unter dem römischen Kaiserreich ließ Caligula einen Zirkus bauen (später „Nero" Zirkus genannt), den Schauplatz des Martyriums der ersten Christen, darunter des Apostels Petrus (im Jahre 64). Unter Konstantin (Anf. 4. Jh.) wurde auf der vermeintlichen Stätte seines Grabes eine Basilika errichtet. Um diese heilige Stätte zu schützen, ließ Leo X. (Mitte 9. Jh.) um den „Monte Vaticano" eine Festungsmauer bauen. Aus der „Citta Leonine" wurde der Ort, an dem sich die Päpste später ihre Paläste bauen ließen.
Als das vereinigte Italien 1870 beschloß, Rom zu seiner Hauptstadt

Am Eingang der Vatikanstadt liegt der ovale Petersplatz mit seinen Brunnen, seinem Obelisken und seinen halbkreisförmigen Kolonnaden.

zu wählen, wehrte sich der damalige Papst (Pius IX.) trotz des Garantiegesetzes vom 2. Mai 1871 dagegen. Er schloß sich in die „Citta" ein und erklärte sich als Gefangenen, wobei er die Verfasser des Gesetzes vorher exkommunizierte. Seine Nachfolger folgten dieser Linie und es dauerte bis zur Regierung Mussolinis, bis die „Römische Frage" gelöst wurde.
Staatschef ist der Papst, der einen Gouverneur ernennt. Der Vatikan hat seine eigene Fahne, eine eigene Nationalhymne und Währung, seine eigene Post und Briefmarken, seine eigene Rundfunkanstalt, seine Zeitungen (darunter die Tageszeitung „L'Osservatore Romano"), seine Druckerei, seinen mit dem italienischen Eisenbahnnetz verbundenen Bahnhof. Im Jahre 1970 wurde die Armee aufgelöst; bestehen blieb lediglich eine Abteilung der Schweizer Garde (in Uniformen aus dem 16. Jh.) und eine Gendarmerie-Brigade.
Im Vatikan befinden sich nicht nur die „Citta" und die bedeutendste Basilika der Welt, sondern auch drei weitere römische Hauptbasiliken (S. Giovanni in Laterano, S. Maria Maggiore und S. Paolo fuori le Mura) sowie, außerhalb Roms, die Villa Castel Gandolfo.
Besichtigung: → Stadtplan Rom.
Engelsburg („Castel Sant'Angelo"; (87). Zum größten Teil wurde sie im 2. Jh. errichtet, ein großartiges Mausoleum, das der Kaiser Hadrian für sich und seine Familie bauen ließ. Die Brücke, die den Zugang zur Burg ermöglicht, ist ein Werk Antonins. Sie hat alle Tücken des Flusses überstanden.

Vatikanische Museen: die Treppe mit gewundenen Rampen — eine zum Auf- und eine zum Abgehen ist mit einer Bronzebrüstung verziert.

Im 6. Jh. ließ Papst Gregor der Große auf dem Mausoleum eine Kapelle „des Engels" errichten. Das Bauwerk, das unter dem Gotenkönig Theoderich Gefängnis wurde, sollte später Zufluchtsort der Päpste werden. In der Renaissance nahmen sie es ein, ließen sich dort nieder, erweiterten es, bauten es um und befestigten es. Um die Burg zu erreichen wurde sie mit der Citta durch einen auf einer langen Mauer verlaufenden Gang (den „Passetto di Borgo") verbunden. Das 1870 an den italienischen Staat rückgegebene Schloß ist heute Sitz des römischen Militärmuseums. Mo. und nachmittags ⊠).

Petersplatz** (84), Gemeinde Rom): Der ovale Platz wird an der Nord- und Südseite von einer halbkreisförmigen Kolonnade*** geschlossen, die die Grenze des päpstlichen Territoriums bildet. Das großartige Barockbauwerk aus dem 17. Jh., eines der Meisterwerke Berninis, zählt 284 dorische Säulen und 140 Statuen. In der Mitte des Platzes trägt der Obelisk an seiner Spitze eine Reliquie des echten Kreuzes.

Peterskirche („Basilica San Pietro in Vaticano"; (85). Keine Besichtigung während der Gottesdienste und während der Papstaudienzen: normalerweise hält der Papst mittwochs um 11 Uhr eine öffentliche Audienz): Die von Konstantin errichtete und zur gotischen Zeit wieder aufgebaute Kirche blieb ab dem 15. Jh. und vor allem ab 1506 praktisch über zwei Jahrhunderte lang ununterbrochen eine Baustelle. Nacheinander arbeiteten dort Bramante, Raffael, Sangallo d.J., Michelangelo, Vognola, Maderno und schließlich Bernini. In der Mitte der 46 m hohen und 115 m breiten Fassade aus dem 17. Jh. liegt die Loggia, von der der Papst den Segen „Urbi et orbi" erteilt. Das dreischiffige, von Bernini prachtvoll im Barockstil ausgestattete Innere hat riesige Ausmaße (über 15.000 m²). Die zum größten Teil von Michelangelo erbaute Kuppel*** erhebt sich 132 m über den Boden (43 m Durchmesser); von der Loggia aus bieten sich sehr schöne Ausblicke**, einerseits auf das Innere, andererseits auf Rom. Unter den Hauptkunstwerken*** sollten besonders hervorgehoben werden: „Pieta" von Michelangelo (1499, Erste Kapelle rechts hinter dem Eingang); Grabmal Clemens XIII. von Vanova (1792); sog. Thron des Papstes („Cattedra di San Pietro") aus Bronze von Bernini (1661, Apsis). Dieser schuf ebenfalls das Grabmal Urbans VIII. (im Chor) und vor allem den 29 m hohen Baldachin aus Bronze; Grabmal für Innozenz VIII. von Pollaiolo (1498, linkes Seitenschiff); die Bronzestatue des hl. Petrus im Mittelschiff wird besonders verehrt.

Kunstmuseum: Es enthält den Schatz (Kreuz des Kaisers des Orients, Justinians II., 4. Jh.). Der Audienzsaal liegt links von der Kirche in einem alleinstehenden Gebäude.

Vatikanische Museen*** (86): So. und an kirchlichen und staatlichen Feiertagen und jeden Nachm. von Okt.-Juni, außer in der Karwoche; kein Einlaß nach 13 Uhr bzw. nach

Vatikan: Runder Saal des Museums Pio Clementino. Das Porphyrbecken in der Mitte soll aus dem Goldenen Haus Neros stammen.

15 Uhr im Sommer (Pendelverkehr mit dem Bus vom Petersplatz aus). Seit der Renaissance sind die Museen in den Palästen der Päpste untergebracht.

Museo Pio-Clementino: Man kommt zunächst bis zum Garten („Cortile") der Pigna durch das Museo Gregoriano-Egizio mit den wunderschönen Stelen und Statuen aus Bronze** aus den Tempeln des Niltals.

Galerie der griechischen und römischen Statuen (jenseits des Belvedere-Hotels): „Torso di Belvedere" und „Appolo di Belvedere**", „Laokoongruppe"**, „Venus von Cnide"*, auch „Venus des Vatikans"

Decken des Heliodora-Saals, eine des „Stanzen" Raffaels. Der Künstler, den Julius II. mit der Ausstattung der Gemächer beauftragt hatte, trug nur wenig zum Werk seiner Schüler bei.

Venezia/Venedig 6/D 2

Hauptstadt Venetiens und der Provinz
Die „Stadt auf dem Wasser" wurde 4 km vom Festland („Terra Ferma") und 2 km von der Adria auf eine Gruppe von Landzungen gebaut, die aus dem Wasser hervortreten. Die Lagune, eine Art See, 50 km lang, ungefähr 10 km breit und knapp 1 m tief, in den die Flüsse aus den Alpen münden, wird vom Meer durch sandige Streifen getrennt, in denen nur gerade soviele Öffnungen das Eindringen der Flut ermöglichen, daß die Lagune gereinigt wird. Die Gezeiten sind zwar schwach (60 cm Höhenunterschied), jedoch kann dieser Unterschied bis 1,50 m betragen, wodurch die unerläßliche „Säuberung" gewährleistet wird, wobei diese Wasserbewegungen natürlich auch eine Gefahr für die Bauten bedeuten. Die Lagune erzeugt Nebel, der die engen Gassen in eine Art Watte einhüllt und den Blick auf die Stadt oft versperrt. Die historische Stadt wird aus 118 kleinen Inseln gebildet, zwischen denen 177 Kanäle fließen, über die ca. 400 Ziegelsteinbrücken führen. Auf den Kanälen fahren heute 500 Gondeln (zur Renaissancezeit waren es 10.000) sowie etwa hundert Motorboote. Die örtlichen Bezeichnungen verraten den Einfluß der im 16. Jh. aus Spanien vertriebenen jüdischen Einwanderer: ein Nebenkanal ist ein „Rio", eine Straße ist eine „Calle", ein Platz ein „Campo", ein Hof ein „Corte", ein Kai eine „Riva"... Die Bedeutung der Kais sollte hervorgehoben werden: Venedig ist durch die Jahrhunderte hindurch eine Art Schiff geblieben, dessen Bevölkerung die berühmten Seefahrer waren, die das Morgenland eroberten, das Venedigs Künstler sehr oft inspirierte.

In dieser Welt herrscht eine einzigartige „Atmosphäre". Die Essenz ihrer Feminität, die so zauberhaft ist, daß viele Venedig mit einer Kurtisane verglichen haben, rührt mehr von ihrem Licht als von ihrer sinnlichen Architektur her. In dieser schillernden und zitternden fremden Welt verwischen sich überall die Grenzen zwischen Traum und Wirklichkeit. Diese ruhelose Gegend gehört nicht, wie oft behauptet wird, einer vergangenen Welt an. Von einer grundsätzlichen Originalität geprägt, erfindet sie sich selbst immer wieder neu; sie ist von poetischer Substanz — so sah sie bereits Dante — eine Mischung aus Eindrücken und abgestuften Tönen: gleichzeitig herrschten blasses Gold und Violett, Rot und Grün vor, wie Guardi es so vollkommen in seinen Miniaturen zum Ausdruck gebracht hat.

Die Galerie der Landkarten ist in einer der wenigen Gänge in den Vatikanischen Museen untergebracht, die Tageslicht haben. Blick auf die prächtigen Gärten...

genannt, oder „Aphrodite", „Hermes**", „Athlet**" nach Lysippe.

Museum Chiaramonti: Es wurde Ende des 18. Jh. von Canova gegründet.

Etruskisches Museum: Es ist in 18 Sälen im zweiten Stockwerk untergebracht. Besonders sehenswert: eine Gewandnadel („Fibel") aus Gold aus dem 7. Jh., die in einem Grab in **Cerveteri*** gefunden wurde; der „Mars von Todi"*, eine Statue aus Bronze aus dem 5. Jh. v.Chr. Es folgen: der Runde Saal der Biga, die Galerie der Kandelaber (2. Jh.), die Galerie der Wandteppiche (Renaissance und 17. Jh.), die Galerie der Landkarten (16. Jh.).

Stanzen und Raffaels**: Die Gemächer Julius II. wurden vom Meister und seinen Schülern zwischen 1508 und 1517 ausgemalt; nach dem Tod Raffaels wurde das Werk von Giulio Romano fortgeführt.

Loggia Raffaels: (Zugang evtl. verboten) Der Korridor in der Verlängerung der Stanzen wurde von Raffaels mit biblischen Szenen bemalt.

Kapelle Nikolaus V.: Fresken* von Fra Angelico (Mitte 15. Jh.);

Gemächer Alexanders VI. (oder Borgia): Von Pinturicchio dekoriert (Ende 15. Jh.). Museum für moderne religiöse Kunst.

Sixtinische Kapelle***: Sie ist nach Sixtus VI. benannt, der sie in der 2. Hälfte des 15. Jh. erbauen ließ; sie ist immer noch die offizielle Kapelle, in der nach dem Tod eines Papstes die Konklave stattfindet. Von 1508 bis 1512 malte Michelangelo, beauftragt durch Julius II., auf dem Gewölbe die Geschichte der Bibel**, von der Schöpfung bis zur Sintflut. Viel später (1534) malte derselbe Künstler im Auftrage Pauls III. über dem Hauptaltar die Freske des „Jüngsten Gerichts"**. Andere Künstler haben in der Sixtinischen Kapelle gewirkt: Perigino, Pinturicchio, Boticelli („Moses"), Luca Signorelli, Ghirlandaio, um nur die berühmtesten zu nennen.

Vatikanische Bibliothek* („Biblioteca Apostolica"): Sie wurde in der Mitte des 15. Jh. von Nikolaus V. gegründet und ist heute in einem im 19. Jh. von Leo XIII. eröffneten Saal eingerichtet. Sie enthält über 500.000 Bände und ca. 60.000 Manuskripte (darunter den „Codex Vaticanus", eine griechische Bibel aus dem 4. Jh.).

Pinakothek: Neben zahlreichen frühgotischen Künstlern (Giotto, Lorenzetti, Simone Martini, Fra Angelico, Lippi) sind auch Werke Raffaels**, ein „Heiliger Hieronymus" von Leonardo da Vinci, eine „Kreuzabnahme"* von Caravaggio sowie Werke Peruginos, Tizians, Bellinis, Veroneses zu sehen.

Museen: Vier weitere Museen zeigen Sammlungen, die früher auf mehrere Orte verteilt waren: das Profane Museum (griechische und römische Werke); das Museum für profane und christliche Kunst (Sarkophage); das Missionar-Museum (Völkerkunde aus dem Übersee); das Geschichtsmuseum (päpstliche Fahrzeuge).

Vor dem Verlassen der Museen sollte sich der Besucher auf der Terrasse vor dem Park* aufhalten (Besichtigung der Gärten tägl. von März-Okt.). Dort befinden sich die berühmten Grotten, die als Grabstätten dienen (Zugang über die Basilika).

Venezia/Venedig

Der Canal Grande ist der meist befahrene Wasserweg. Die von den Motorbooten verursachten Turbulenzen sind eine der Ursachen für den Verfall Venedigs.

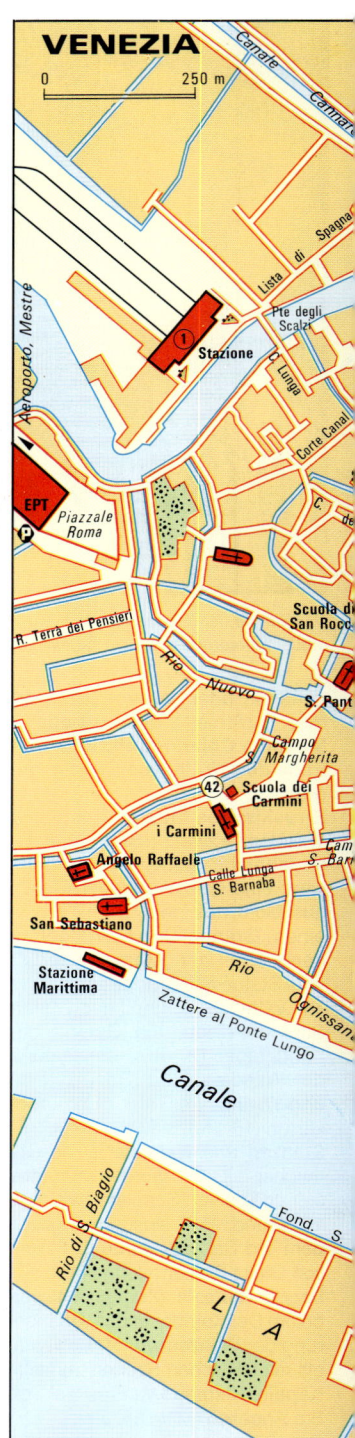

Die Stadt bietet heute eine Anhäufung von Häusern, die vom Verfall bedroht sind und deren blumengeschmückte gotische Fenster mit viel Aufwand restauriert werden. Sie ist auch zu einer Art freiwilligem Ghetto geworden: die wirtschaftlich verwüstete Inselstadt hat sich auf ihre touristischen und kulturellen Aktivitäten zurückgezogen.
Venedig retten! Die Parole wird seit fast zwanzig Jahren durch Kampagnen von der UNESCO propagiert. Die Verfallserscheinungen haben vielfältige Ursachen: Die erste ist das Absinken der kleinen Inseln um 80 cm (seit dem 14. Jh.), heute durchschnittlich 0,5 cm im Jahr. Diese Beschleunigung ist zum größten Teil darauf zurückzuführen, daß durch die an der Peripherie der Lagune befindliche Industrie das Grundwasser allmählich absinkt, so daß die historische Stadt immer mehr auf einem „Schweizer Käse" ruht, der wegen des Austrocknens immer mürber wird. Zweitens wird seit Anfang des Jahrhunderts ein allgemeines Steigen des Wassers beobachtet (fast 30 cm seit 100 Jahren).
Geschichte: Auf dem Rio Alto (damals „Rivo Alto", später „Rialto") suchten im Jahre 810 die Anwohner der Lagunenufer vor dem Einmarsch der Franken Zuflucht. Sie organisierten sich als Republik, gaben sich einen Chef („Il Duce"), den späteren „Dogen" und verboten jedem Fremden den Zugang. Zu dieser Zeit stand die Gegend noch unter der Herrschaft **Ravennas*** und war deshalb sehr eng mit dem byzantinischen Orient verbunden. Venedig bezog seinen Reichtum aus den Verbindungen, die von den Seefahrern mit den Mächten des Mittelmeerraumes unterhalten wurden. 828 wurden die Gebeine des hl. Markus aus Alexandria überführt.
Im Jahre 1117 wurde die Republik als „Serenissima" bezeichnet. 1172 schloß sie sich gegen den Kaiser der lombardischen Liga an. Als Dank schenkte der Papst ihrem Dogen den symbolischen Ring der Vermählung mit dem Meer. Gründung des aus hervorragenden Persönlichkeiten (fast 2000 während der Renaissance) gebildeten „Consilio Maggiore": seine Mitglieder kümmern sich um Verwaltungsfragen und ernennen den Dogen.
Nach der Eroberung Konstantinopels (1204) und der Plünderung der Stadt durch die Kreuzritter des Dogen Dandolo riß Venedig den Reichtum der Hauptstadt des Orients an sich. Gegen 1270 reiste Marco Polo (1254-1324) nach Asien.
Es folgten Konflikte mit **Genua***, das Stellung in **Chioggia*** bezog. 1381 besiegelte der Friedensvertrag von Turin die Vormachtstellung Venedigs.
1416 wurden die besiegten Türken in **Gallipoli*** gestoppt. Sie nahmen aber im Jahre 1453 Konstantinopel ein. Die Republik wurde erschüttert und unter litt zahlreichen internen Konflikten. Nichtdestoweniger erlebte man zu dieser Zeit eine außergewöhnliche Blüte der Künste.
Durch die Schlacht in Lepante (1571), an der Venedig aktiv beteiligt war, konnte die Republik ihr Prestige wieder erlangen. Die Dekadenz trat im 17.-18. Jh. nicht offen zu Tage: Prunk und Feste hielten die Illusion der Macht aufrecht. 1797 drangen die französischen Truppen ein, der letzte Doge, Ludovico Manin, kapitulierte (→ **Udine***). Durch den Friedensvertrag von Campoformio wurde Venedig eine österreichische Stadt.
Durch die 1866 von Napoleon III. angebotene Volksabstimmung wird die Stadt wieder italienisch und schließt sich dem vereinigten Königreich an.
Die venezianische Kunst: Ihre erste Form drückte sich in den Mosaiken aus. Die Basilika San Marco orientierte sich stark an den Tem-

peln von Konstantinopel. Die Schule der Malerei beherrschte die Kultur der Stadt vom 4.-18. Jh. Als bedeutendste Meister traten nacheinander in Erscheinung: Veneziano, Carpaccio, die Bellini (vor allem der Jüngere, Giovanni, der große Vorläufer der Schule), Giorgione, Lotto, Tizian, Bassano, Tintoretto, El Greco, Veronese sowie die Meister des 18. Jh.: Tiepolo, Guardi, Canaletto, Longhi. Im Bereich der Architektur sind Lombardi, de Rizzo, Sansovino, Sanmicheli, Palladio, Scamozzi (16. Jh.) und Longhena (18. Jh) zu erwähnen. Auf dem Gebiet der Musik dominierte der große Name Vivaldis (1678-1743).

Literarisch und musikalisch gerühmt haben: Dante, Commynes, Shakespeare, Goethe, Byron, Madame de Stael, Chateaubriand, Musset, Ruskin, Goldoni, Proust, Giono, Jules Romains, D'Annunzio, Thomas Mann. Im Jahre 1883 starb Wagner in Venedig.

Besichtigung: Eine wichtige und unerläßliche Vorsichtsmaßnahme: Versuchen Sie nicht, mit dem Auto nach Venedig hineinzufahren, vor allem nicht in der Saison, da die Pflichtparkplätze am Stadteingang alle übersetzt sind. Die einzigen Fahrzeuge, die in der Stadt fahren können, verkehren auf dem Wasser. Außerhalb der Saison oder spät am Abend kann man auf der Piazzale Roma oder, noch besser, auf der davorliegenden Insel Tronchetto sein Glück versuchen. Man sollte jedoch besser von Mestre oder von **Padua*** oder **Trevise*** aus mit dem Zug fahren. Das Auto kann auch am Flugplatz, in San Giugliano (Strand von Mestre) oder in Fusina, von wo aus eine Bootsverbindung mit dem Markusplatz besteht, abstellen. Vom Stadtbahnhof oder von der Piazzale Roma aus benutzt man den sog. „Accelerato", einen „Vaporetto", der in ca. 30 Minuten über den Canal Grande zum historischen Zentrum verkehrt. Selbstverständlich ist es am reizvollsten, die Strecke mit einer Gondel zu fahren (ca. 1 Std.), wobei vorher über den Preis verhandelt werden muß. (ca. 40.000 Lire bis 5 Personen).

Piazetta*: Der „kleine Platz" wird rechts vom Dogenpalast und links von der Alten Bibliothek (Libreria Vecchia) eingerahmt. Die zwei Säulen, die sich am Eingang des Platzes erheben — eine davon trägt den Markuslöwen —, wurden bei der Plünderung Konstantinopels im Jahre 1204 erbeutet. Die Piazetta geht an der Ecke der Basilika und (links) des Kampanile in den eigentlichen Markusplatz über.

Piazza San Marco** (Markusplatz; (3): Die Esplanade riesigen Ausmaßes (175 x 80 m) wird von Kolonnaden umgeben. Unter den Arkaden befinden sich nebeneinander Boutiquen und Cafés, Nachfolger der berühmten, zur Romantik von den Schriftstellern besuchten Lokale. Der Platz wird bei Hochwasser in regelmäßigen Abständen überflutet: man überquert ihn dann auf Bretterstegen oder mit der Gondel.

Basilika: Ihre Fassade beherrscht die Ostseite des Platzes. Sie war die eigentliche Kathedrale der Serenissima. Hier wurden die Dogen in ihr Amt eingeführt. Sie wurde in der zweiten Hälfte des 11. Jh. innerhalb von zehn Jahren auf der Grabstätte des Evangelisten Markus errichtet. Ihre Architektur ist stark an die byzantinische Kunst angelehnt. Die Kirche wurde jedoch in der Renaissance- und Barockzeit erheblich verändert. Das komplexe Bauwerk enthält vereinzelte romanische oder gotische Elemente. Außerdem weist die Ausstattung starke Bezüge zur Antike auf, zum Beispiel auf der Fassade die Gruppe der „Tetrachi*" (4. Jh.) aus rotem Porphyr oder auch über dem mittleren Portal die vier Pferde* aus dem 4. Jh., die 1204 von Kreuzrittern aus Konstantinopel mitgebracht wurden. Zur orientalischen vormittelalterlichen Kunst gehören prachtvolle Mosaiken** auf Goldgrund, die Kuppeln, die Bronzeflügel des mittleren Portals sowie alle damals von den Reisenden mitgebrachten Reichtümer, die der Kirche ihre Bezeichnung der „Chiesa d'Oro" (goldene Kirche) einbrachten. Die italienische romanische Kunst ist durch die polychromen Marmorverzierungen und die Architektur des Portalvorbaus („Atrio") vertreten; die gotische Kunst drückt sich in den Skulpturen der Portale der Fassade aus. Diese fünf Portale öffnen sich auf die mit Mosaiken aus dem 13. Jh. („Paradies*") und Marmor ausgekleidete Vorhalle. Eine Steinplatte zeigt die Stelle, an der sich Friedrich Barbarossa vor Alexander III. neigte (1177). Herrliche Mosaiken** aus dem Mittelalter und der Renaissancezeit, von Byzanz inspiriert, finden sich auch im Inneren der Kirche, in der Taufkapelle (im rechten Seitenschiff) und in der Zen-Kapelle (rechte Seite der Vorhalle). Später wurden ebenfalls Mosaiken nach Entwürfen Tintorettos und Veroneses fertiggestellt. Im Chor (Grab des hl. Markus) befindet sich der berühmte Altaraufsatz der Pala d'Oro** aus Konstantinopel (9. Jh.); im Kirchenschatz (So. und an Feiert. morgens ⊠) werden ebenfalls zahlreiche Gegenstände der Plünderung von 1204 aufbewahrt. Über die Tribünen gelangt man zum Museum Marciano und zur Außengalerie der Fassade: schöner Blick auf den Platz.

Dogenpalast** („Palazzo Ducale"; (5): Der ehemalige Regierungspalast, die Residenz des Dogen, ist ein Bauwerk aus dem 12. Jh., das zur gotischen Zeit und während der Renaissance völlig umgebaut wurde. Bewundernswert sind die großartigen Fassaden* auf einer Bogenhalle, mit einer Reihe eleganter Loggias* und Balkonen in der Mitte. An den Ecken stehen Figurengruppen. Eingang durch das Tor der „Carta" (des Papiers: dort wurden die offiziellen Bekanntgaben ausgehängt) in spätgotischem Stil (an der Ecke der Basilika). Großartige Hauptfassade im Renaissance-Stil auf dem Hof. Die „Scala dei Giganti" (Treppe der Giganten) wurde nach den großen Skulpturen (16. Jh.) von Sansovino genannt. Im Inneren (an best. Feiert. und So. und an Feiert. nachm. ⊠) findet man prächtige bemalte und goldene Decken sowie große Wandbilder der Meister der venezianischen Kunst seit der Renaissance. Sehenswert sind die Gemächer der Dogen im 2. Stock. In der darüberliegenden Etage kann man viele Gemälde Tintorettos** bewundern: Decken der „Salla delle Quattro Porte", Wände der „Sala del Collegio" und „Sala del Anticollegio", wo die Botschafter empfangen wurden; Decke in der „Sala del Senato" mit einer Darstellung des „Triumphs Venedigs"; Bilder Veroneses* findet man in der „Sala del Anticollegio": Decke und „Entführung der Europa", in der „Sala del Collegio" und in der „Sala del Consiglio dei Dieci".

Im 2. Stockwerk entdeckt man die „Sala del Maggior Consiglio***" (52 x 23 m), wo Tintoretto („Das Paradies": 22 x 7 m) und Veronese („Apotheose Venedigs*") die Geschichte ihrer Stadt und, in der großen „Sala dello Scrutinio**" die ihrer großen Seesiege erzählen. Im

Bogen des Portals von San Marco läßt schon die von Byzanz inspirierte, in der Renaissance ergänzte „goldene Kirche", erkennen.

Venezia/Venedig

Vom San Marco-Becken aus kann man am besten die Architektur des Dogenpalastes und die Majestät ihrer Fassade bewundern: die drei linienförmigen Kompositionen ordnen sich um den Balkon, ein wahres Schmuckstück.

Fries sieht man die Bildnisse aller Dogen (vom 9. Jh. bis 1797).

Kampanile (6): Der fast 100 m hohe Turm wurde nach seinem Zusammensturz am Anfang des 20. Jh. wieder aufgebaut. Vom Gipfel aus bietet sich ein herrlicher Rundblick** auf Venedig. Erneuert wurde ebenfalls die beschädigte Logetta von Sansovino am Fuße des Kampanile.

Libreria Vecchia (7): Das ebenfalls von Sansovino errichtete Bauwerk beherbergt zum einen das Archäologische Museum (Mo. und an So.- und Feiert. nachm. ⊠) und zum anderen die Biliothek Marciana (im August, in der Karwoche, So. und an Feiert. sowie nachm. ⊠). Auf dem Markusplatz stehen sich die langen Fassaden der Procuratie Vecchie aus der Renaissancezeit gegenüber. In diesen Bauten befanden sich die Gemächer der Prokuratoren der Basilika.

Museum Correr* (8): Es befindet sich in der Mitte des Napoleon-Flügels (Anfang 19. Jahrhundert) auf der hinteren Seite des Platzes (Di. und an So.- und Feiertagen nachmittags ⊠): Geschichte der Stadt und Pinakothek (Carpaccio, mehrere Werke Giovanni Bellinis, Bildnis des Dogen Mocenigo von Gentile Bellini; „Pieta" von Antonello da Messina).

Kirche S. Moise (außerhalb des Platzes; 9): Ihre üppige Barockfassade wird von einer Statue Moses überragt. Unter dem Gang, der zur Kirche führt, befindet sich das Fremdenverkehrsamt.

Uhrturm* (10): An der Spitze des Turmes (15. Jh.) schlagen die zwei „Mori" seit fünf Jahrhunderten unermüdlich die Stunden. Aufstieg (Mo., an bestimmten Feiertagen und an So.- und Feiertagen nachmittags ⊠). Zwischen dem Turm und der Fassade der Markuskirche liegt der hübsche Platz der „Leoncini" (Löwenkinder).

Mercerie („Marzaria"; 11): Unter dem Uhrturm beginnt eine Reihe von Gassen mit Geschäften, die zur Rialto-Brücke (s.u., Canal Grande) und zum Viertel von Santa Maria Formosa führen.

Seufzerbrücke („Ponte dei Sospiri"; 12): Die berühmte Brücke auf

Auf dem Markusplatz ist der Löwe überall gegenwärtig, sogar auf der oberen Stufe des gotischen Uhrturms.

dem Rio di Palazzo zwischen dem Dogenpalast und dem ehemaligen Gefängnis wurde nach den „Klagen" der Verurteilten, die durch diesen Gang gehen mußten, benannt.

Canal Grande** (13): Der fast 4 km lange Kanal ist von unzähligen Palästen gesäumt, wobei die jüngsten aus dem 18. Jh. stammen. Es empfiehlt sich, die Strecke zweimal per Gondel zu besichtigen.

Rialto-Brücke* (14): Obwohl sie am Ende des 16. Jh. gebaut wurde, war sie bis vor fünfzig Jahren die einzige Brücke, die den Kanal in der Mitte überquerte. Ihr hoher, auf Pfeilern gebaute Bogen ermöglichte die Durchfahrt von großen Schiffen, zum Beispiel der in den örtlichen Werften gebauten Galeeren. Die Ladenreihen befinden sich in der Mitte und nicht an den Seiten der Brücke, so daß man von den Schiffen aus das bunte Treiben auf der Straße beobachten kann. Am Fuße der Brücke auf der Westseite steht der „Fondaco dei Tedeschi" (Kaufhaus der Deutschen), heute Postgebäude, eines der ältesten Bauwerke Venedigs, es stammt aus dem 12. Jahrhundert.

Die Paläste am Ostufer liegen rechts in Richtung Bahnhof.

Corner della Ca' Grande* (16): Erbaut in der ersten Hälfte des 16. Jh. — **Grassi** (17): Ein Werk Giorgo Massaris (18. Jh.); seit kurzem befinden sich hier das „Zentrum der Künste und des Kostüms" sowie Galerien für internationale Ausstellungen. — **Corner Spinelli** (18): Ende des 15. Jh. — **Grimani*** (19): es gilt als das Meisterwerk Sanmichelis (2. Hälfte d. 16. Jh.). — **Ca'd'Oro**** (20): Das „Goldene

Venezia/Venedig

Ein großer Teil der Bauwerke Venedigs stammt aus der Barockzeit, wie hier zum Beispiel die Seufzerbrücke.

Haus" in spätgotischem Stil (Mitte 15. Jh.) hatte früher eine mit Gold bemalte Fassade. Es enthält heute die Galerie Giorgio Franchetti (Mo. und nachm. ⊠) für Raumkunst und Malerei (Tizian, Van Dyck, Mantegna, Carpaccio, Lippi, Guardi).
Vendramin-Calergi (21): der schönste Palast der Stadt in lombardischem Stil (Renaissance). Hier starb Richard Wagner 1883. Er wird im Winter als städtische Spielbank benutzt.
Labia (22): Ein Bauwerk aus dem 18. Jh., heutiger Sitz der Fernsehanstalten (Besicht. nur mit Genehmigung): von Tiepolo bemalte Decken und Fresken. Der an dieser Stelle abzweigende Kanal fließt durch das jüdische Viertel ("Ghetto Nuovo").
Sehenswürdigkeiten am Westufer des Canal Grande (flußabwärts):
Pesaro (23): Im Barockbauwerk (Anf. 18. Jh.) befinden sich eine Galerie moderner Kunst, sowie das Orientalische Museum (Mo. und So. nachm. ⊠).
Pisani (24): gotisch (15. Jh.).
Foscari (25): der gleichnamige Doge starb in diesem Haus einen Tag nach seiner Verurteilung durch den Consiglio Maggiore (1547).
Rezzonico (Ende 17. Jh.; 26): er beherbergt das Museum des 18. Jh. (Fr. und an So.- und Feiert. nachm. ⊠): Raumkunst, Möbel, Kostüme und Majolikafliesen.
Gallerie dell'Accademia (27); Mo. und nachm. ⊠): Das in der ehemaligen gotischen Kirche "della Carita" und in einem benachbarten Kloster eingerichtete Museum zeigt eine Retrospektive der venezianischen Malerei, von den Anfängen bis zum 18. Jh.; besonders bewundernswert sind die Werke der beiden Brüder Veneziano, den "frühgotischen" venezianischen Künstlern, sowie von Giovanni Bellini: "Heiliges Gespräch" "Madonna", "Madonna mit Bäumchen", "Prozession mit den Reliquien*"; von Cima da Conegliano: "Madonna mit dem Orangenbaum"; von Carpaccio: "Wunder des hl. Kreuzes", "Heilung eines Besessenen", "Legende der hl. Ursula*"; von Mantegna: "hl. Georg"; von Giorgone: "Der Sturm**"; von Tintoretto: "Madonna der Schatzmeister", "Wunder des hl. Markus"; von Lotto: "Bildnis eines vornehmen jungen Mannes*"; von Tizian: "Pieta*", "Tempelgang Mariä*"; von Veronese: "Das Gastmahl im Hause Levi*", welches der Grund für einen vom Papst angestrengten, aufsehenerregenden Prozeß gegen seinen Schöpfer wurde; Bilder von Tiepolo, Canaletto, Guardi.
Palazzo Venier dei Leoni (28): Der Palast aus dem 18. Jh. beherbergt die Stiftung Peggy Guggenheim, eine Galerie moderner Kunst* (Apr.-Okt., Di. und morgens ⊠).
Daneben: Palazzo Dario (gotisch, Mitte 15. Jh.).
Santa Maria della Salute (29): Die große Barockkirche aus dem 17. Jh. in großartiger Lage im Zusammenfluß* der drei Hauptkanäle Venedigs. Sie gilt als das Hauptwerk Longhenas. Im Inneren: "Hochzeit zu Kanaan**" von Tintoretto. — Daneben, gotische Kirche San Gregorio (15. Jh.).
San Giorgio Maggiore (30) und **La Giudecca** (31): Die Insel San Giorgio liegt in der Mitte des San Marco-Beckens, dem Dogenpalast gegenüber. Die Kirche** mit der berühmten Silhouette (16. Jh.), wurde, ebenso wie der benachbarte Kreuzgang*, von Palladio erbaut. Seine Fassade wurde jedoch erst Anfang des 17. Jh. von Scamozzi fertiggestellt. Das imposante Innere enthält zwei Gemälde Tintorettis. Aufstieg auf den Kampanile möglich (Fahrstuhl).

Canal Grande: Das „Rückgrat" der Stadt, war die Grenze zwischen den beiden Teilen Venedigs: in dem Gebiet um San Marco wohnten die Patrizier; das Viertel San Rocco war der Kirche und dem Volke vorbehalten.

Venezia/Venedig

Der Kampanile, Gegenstück zu dem San Marcos, steht auf der Lagune auf halbem Wege zwischen Strand und Stadt. Die Fassade der Kirche San Giorgio Maggiore, des ehemaligen Benediktinerklosters, wurde von Scamozzi errichtet.

La Giudecca: Die kleine Insel ist ruhig und angenehm. Sie hat große Grünflächen, nur wenige Paläste und einige Kirchen, darunter, in der Mitte, die Kirche des Erlösers („Redentore") aus dem 16. Jh. mit einem schönen Altaraufsatz.
Riva degli Schiavoni (32): Ausgehend vom Dogenpalast und nach dem zweiten Rio („del Vin") trifft man auf einem malerischen „Campo" auf die Renaissancekirche **San Zaccaria** (33). Im Inneren kann man berühmte Altaraufsätze* von Vivarini und von Giovanni Bellini sowie in einer Kapelle ein Gemälde von Tintoretti („Der Täufer") bewundern.
Oratorium (Mo. und nachmittags an Sonn- und Feiertagen ⊠): Gemälde* Carpaccios.
Seemuseum (Riva di San Biaggio; So., an Feiertagen und nachmittags ⊠). Viele Schiffsmodelle aus Venedigs Seefahrtgeschichte (darunter das des berühmten „Bucentaure" der Dogen). Es ist in einem der Gebäude eingerichtet, die zum Arsenal (200 m nördl.; 34) gehörten. Dieses entstand im 12. Jahrhundert, wurde jedoch erst ab 15. Jahrhundert aktiv (ca. 100 Schiffe wurden jährlich auf seinen Werften gebaut). Die Festungsmauern stammen zum größten Teil aus dem 16. Jahrhundert. Am Ende der Uferstraßen („Rive") liegen die Gebäude der internationalen Ausstellung moderner Kunst.
Viertel Santa Maria Formosa* (östl. des Canal Grande; 35).
Palazzo Querini-Stampalia (36): Er ist als Pinakothek (Mo., an bestimmten Feiertagen und nachmittags ⊠) eingerichtet (Veneziano, Giovanni Bellini, Longhi).

Santa Maria Formosa: Die Kirche wurde Ende des 15. Jh. errichtet. Zu sehen sind Werke von Vivarini, Palma d. Ä. und Bassano.
Giovanni e Paolo/Zanipolo (37): Die gotische Kirche aus dem 13.-14. Jh. enthält die Grabmäler vieler Dogen. Gemälde von Veronese und ein Retabel von Giovanni Bellini; Reiterdenkmal des Condottiere Colleoni* von Verrocchio (Ende 15. Jh.). Auf der anderen Seite des berühmten **Rio dei Mendicanti** („der Bettler") liegt **Scuola di San Marco** (38) mit einer Renaissancefassade*. Die **Scuole** (Schulen) waren eine Art Bruderschaften, gleichzeitig karitative, religiöse und geheime Gemeinschaften. Die berühmteste dieser typisch venezianischen Einrichtungen war die „Scuola di S. Rocco" (s. u.).
Kirche S. Maria der Wunder: Das Renaissancebauwerk (Ende 15. Jahrhundert) ist ein Werk der Lombardi.
Viertel der Frari (westl. des Canal Grande; 39).
Santa Maria Gloriosa (So. und an Feiertagen ⊠): Diese gotische Kirche, die größte der Stadt, enthält die Grabmäler berühmter Männer (u. a. Tizian und Canova). Sehenswertes Retabel von Giovanni Bellinis und Gemälde von Tizians, darunter die „Christi Himmelfahrt".

Die Scuola di San Rocco besitzt eine sehr schöne Renaissancefassade. An den zwei durch die Kolonnaden verbundenen Ebenen erkennt man, daß sie in zwei Phasen ausgeführt wurde.

Scuola di San Rocco (von Nov. bis März: Mo., an Feiert. und Nachmittag ⊠): Sehr schöne Renaissancefassade; über fünfzig Gemälde** von Tintoretti, Werke von Tiepolo und von Tizian. — **San Pantaleone (41):** Sehr schöne bemalte Decke (18. Jh.). — **Scuola dei Carmini (42)** (An Sonn- und Feiert. ⊠): Werke* von Tiepolo (darunter eine „Madonna in Trono". — **Santa Maria del Carmine** (daneben): Renaissance; im Inneren Gemälde von Lotto und Cima da Conegliano.
Ghetto (49): Im Norden der Stadt hat das Neue Lager („Ghetto Nuovo") dem ersten „jüdischen Viertel" der Geschichte seinen Namen gegeben. Dorthin wurden alle von den katholischen Königen aus Spanien vertriebenen Neuankömmlinge verwiesen. Das Viertel gruppierte sich um einen sehr ehrwürdig gebliebenen „Campo". Die Synagoge blieb erhalten.
Museo della Communita (Sa., an jüdischen Feiertagen und an Nachmittagen der Sonn- und Feiertage ⊠).
Weitere sehenswerte Kirchen:
Angelo Raffaele: Enthält einige schöne Gemälde Guardis*. — **Gesuiti:** Die Barockkirche (18. Jh.) enthält ein Gemälde von Tizian. — **San Francesco della Vigna:** Wurde unter Mitwirkung von Palladio und Sansovino erbaut. Sie enthält eine „Madonna" von Giovanni Bellini. — **San Sebastiano:** Kirche aus dem 16. Jh.; wurde von Veronese ausgemalt*.
Feste: Karneval von Juni-Oktober (in Jahren mit gerader Zahl); alle zwei Jahre internationales Festival zeitgenössischer Kunst; Christi Himmelfahrt: Hochzeit Venedigs mit dem Meer (am Lido, s. u.); 3. Sa. und So. im Juli: Fest des Erlösers („del Redentore"); August: „Vogalonga" (Regatta auf dem San Marco-Becken); Ende August/Anfang Sept.: Filmfestival und internationale Ausstellung der Filmkunst am Lido; 1. So. im Sept.: historische Regatta auf dem Canal Grande*; ab Sept. Musik- und Theaterfestival; Opernsaison und Konzerte im Theater „La Fenice"*; Antiquitätenmarkt am „Campo San Maurizio" im März, Mai, Juli, Sept. und Dez.
Spezialitäten: „Scampi", „Cicale", „Calamari" und „Baccala" (Stockfisch); dazu trinkt man einen „Valpolicella" oder einen „Soave".
Kunsthandwerk: Kunstvolle Glasbläserarbeiten (Murano), Mosaik und Keramik, Kunstmöbel, Goldschmiedearbeiten, Spitzenklöppelei in Burano **(Torcello*).**
Die Lagune: Zahlreiche Bootsanlegestellen: Piazzale Roma, Bahnhof (1), Riva degli Schiavoni (32) und Fondamenta Nuove (49).

Murano: Die Insel der Glasbläser, mit dem Vaporetto nur einige Minuten von der Stadt entfernt, ist ein Miniatur-Venedig.

Alberoni (9 km, an der Südspitze der Lido-Insel): Golfplatz.
Lido di Venezia (20000 Einw., auf einer 12 km langen, 2 km weit im Meer gelegenen Insel): Der Ort hat sich inzwischen zu einem der größten Badeorte Norditaliens entwickelt. Berühmt sind die Spielbank (in der Hauptsaison) und das berühmte internationale Filmfestival, das im Filmpalast stattfindet. An der Nordspitze liegt die Kirche San Nicolo (Kampanile aus dem 17. Jh.), wo der Doge an Christi Himmelfahrt das traditionelle Fest der „Hochzeit mit dem Meer" zelebrierte.
Malamocco: In der Nähe der Stätte von „Metamauco" (in der Mitte der Lido-Insel) befand sich Anfang des 9. Jh. die Wiege des insularen Venedigs, das im 12. Jh. in den Fluten versank.
Marghera (5 km nördl.): Industriestadt, seit 1970 Ölhafen; gehört zur angrenzenden Stadt Mestre.
Murano* (1 km nordöstl.): Das „Kleinvenedig" besteht aus fünf, vom Canal Grande und seinen Abzweigungen durchquerten Inseln. Seit dem Mittelalter ist der Ort für das Glasbläser-Handwerk bekannt (Besichtigung von Werkstätten). In einem der Renaissance-Paläste zeigt das „Museo Vetrario*" (Glasmuseum) eine Retrospektive der Glasbläserkunst (Mi., an Feiertagen und So.-nachmittag ⊠). Dahinter steht auf dem Campo die romanische Kirche Ss. Maria e Donato aus dem 11. Jh. in rein byzantinischem Stil. In der Kirche San Pietro martire sind Werke von Tintoretti, Veronese und eine „Madonna" von Bellini zu sehen. Romanisch-gotischer Palast Da Mula.
San Lazaro degli Armeni (der Armenier): Die Insel zwischen Venedig und Alberoni ist seit dem 18. Jh. von einer armenischen Gemeinschaft bewohnt; Kulturzentrum, Museum und Bibliothek.
San Michele (5 km): Friedhof der Stadt.
Altino (15 km nordöstl.): Die Stadt existiert seit römischer Zeit. Archäologisches Museum (Mo., außerhalb der Saison, nachmittags ⊠).
Mestre (9 km nordwestl., 150.000 Einw.): Die Industriestadt (Sitz der „Montedison") ist zahlenmäßig und wirtschaftlich viel bedeutender als Venedig. Von der alten Burg aus dem Mittelalter blieb nur der Uhrturm übrig (Anfang 12. Jh.).
Villen Foscari („La Malcontenta") und **Pisani** („Nazionale di Stra") auf dem Brenta-Kanal (**Brenta***).

Ventimiglia 9/A 3
Liguria (Imperia)

Auf halber Strecke zwischen **San Remo*** und der ehemaligen Grafschaft Nizza, 10 km von der heutigen französischen Grenze entfernt, liegt Ventimiglia. Das bedeutende Handelszentrum für Blumen und bekannter Badeort, an der Stelle der römischen Siedlung „Albintimilium", von der die Ruinen des Theaters aus dem 2. Jh. inmitten einer weitläufigen archäologischen Zone übriggeblieben sind (Ostausgang des Ortes, morgens und So. ⊠). In der Stadt befindet sich im „Palazzo del Comune" das bedeutendste archäologische Museum Liguriens. Jeden Morgen wird der berühmte Blumenmarkt* abgehalten. Auf dem Hügel steht das von Festungsmauern aus genuesischer Zeit umgebene alte Dorf, dessen enge Gassen zu den romanischen Kirchen und zur Kathedrale (13. Jh.) führen.

Balzi Rossi (8 km westl.): Die in den roten Felsen von „Grimaldi" gehauenen Grotten waren in der Vorgeschichte bewohnt; kleines Museum mit Skeletteilen vom „Grimaldimenschen", einem Vetter des sog. „Cro-Magnon-Menschen" und Fossilien von Tieren.
Bordighera (6 km östl.): Im malerischen Vallecrosia*.
Dolceacqua (7 km nördl.): Berühmte Weingegend; romanische Brücke und Ruinen eines genuesischen Schlosses.
La Mortola (6 km westl.): An der Felsenküste liegt der berühmte **Hanbury*-Garten** mit exotischen Baum- und Pflanzenarten.

Vercelli 4/D 3
Piemonte (Provinzhauptstadt)
Das bedeutende Landwirtschaftszentrum (Reisanbau) ist auch eine kleine Stadt der Künste.
Abteikirche Sant'Andrea*: Ein imposantes gotisches Bauwerk aus dem 13. Jh. mit einem Renaissancekreuzgang. In der Nähe steht die Kathedrale im Renaissance- und Barockstil. Hof des Palazzos Centori (Ende 15. Jh.).
Kirche San Cristoforo (Südviertel): „Madonna mit Orangenbaum*" von Gaudenzio Ferrari (16. Jh.) im Inneren.
Museum Borgogna* (So. morgens, Di. und Do. nachmittags): Gemälde aus der Renaissance (Ferrari, Sodoma, Bergognone, Tizian, Palma d. Ä., Perugino).
Museum Leone: In einem Palast aus der Renaissance (18. Jh.) werden regionale Funde gezeigt.
Feste: September, Reisefest; Oktober, Musiksaison.
Umgebung: In den Reisfeldern* halten sich viele Vogelarten auf (Flußpark des Sesia, am Nordwestausgang).
San Nazarro Sesia (14 km nördl.): Eine Abteianlage mit gotischer Kirche, romanischem Glockenturm und Kreuzgang.

La Verna 12/D 1
Toscana (Arezzo)
Zu dieser Hochburg des Franziskanertums gelangt man über den Wintersportort **Chiusi de la Verna** (990 m), 5 km vom Sanktuarium entfernt. In einem phantastischen Chaos, inmitten des Casentino-Waldes wurde das Kloster von Franz von Assisi gegründet. Im Jahre 1224 erhielt er dort seine Wundmale. Es zählt fünf Kreuzgänge. Außer der Grotte, in der sich der „Poverissimo" zurückgezogen hatte, kann man drei Kirchen besichtigen: die der Stigmatisation, (2. Hälfte 13. Jh.), S.Maria degli Angeli

Mitten in einem Wald auf dem Gipfel eines Berges steht das Kloster La Verna mit drei Kirchen und fünf Kreuzgängen.

(ursprüngliche Kirche) und die „Chiesa Maggiore" oder „Basilica" im gotischen Stil mit berühmten Terrakotten* von Della Robbia und einer eindrucksvollen Orgel.
Sasso Spicco: Imposanter Monolith in de Nähe.
Panorama auf die Apenninen vom Monte Penna (1.283 m) aus.
Caprese Michelangelo (13 km südöstl.): Dort erblickte 1475 der junge Buonarotti, der künftige Michelangelo, das Licht der Welt; im Schloß (14. Jh.) sind einige seiner Werke ausgestellt; Museum in der „Casa del Podesta" (14. Jh.), die als sein Geburtshaus gilt.

Vernazza 9/C 3
Liguria (La Spezia)
Es ist ohne Zweifel der malerischste der kleinen Häfen von **Cinque Terre***. Der 18 km lange Küstenstreifen wird von keiner Straße erreicht. Man erreicht ihn über Fußpfade von der See aus oder mit dem Zug bis zum Bahnhof von Levanto* oder Riomaggiore. Die Buchten und Felsenküsten sind für ihre lichtüberfluteten Landschaften, ihren Weißwein („Sciaccheta"), ihre im Unterholz versteckten Sanktuarien und ihre kleinen romanischen Dorfkirchen bekannt. Sehenswert in Vernazza* selbst: eine Kirche aus dem 14. Jh. mit großem achteckigen Turm und die „Grotta del Diavolo" (Teufelsgrotte).
Schiffsverbindung zwischen Chiavari (**Sestri Levante***) und Monterosso: ca. 1 Std. Überfahrt.
Corniglia (3 Stunden Fußweg, südöstl., im Herzen des Weinberges): Schöne gotische Rosette auf der Fassade der Kirche.
Manarola* (4 Std. Fußweg südöstl.): Hier beginnt der Panorama-Wanderweg, genannt „Via dell' Amore*".
Monterosso al Mare (3 Std. Fußweg nordwestl., → **Levanto***).
Riomaggiore* (20 km südöstl.): Erst über Pisten und dann über eine Straße zu erreichen.

In einer der Buchten der Cinque Terre liegt der malerische Hafen von Vernazza, der nur über das Meer oder zu Fuß über einen Uferweg zugänglich ist.

Verona
Veneto (Provinzhauptstadt) 6/B 2

Die an einer Doppelschleife der Etsch erbaute rosafarbene Stadt ist ein bedeutender Markt des Obsthandels. Die große Kunststadt**, seit dem Mittelalter befestigte Stadt, hat einen Teil ihrer Festungsmauer erhalten. Sie war Schauplatz der von Shakespeare besungenen, tragischen Liebe zwischen Romeo und Julia (Anfang 14. Jh.). Die vorgeschichtliche Siedlung, die erst zur gallischen Metropole und dann zur römischen Stadt wurde, war unter der Herrschaft der Ghibellinen und der Skaliger (13./14. Jh.) unabhängig (zu dieser Zeit entstanden die meisten Baudenkmäler). Später wurde die Stadt lombardisch und venezianisch (vom 15. Jh. bis Napoleon). Die Maler Pisanello (15. Jh.) und Paolo Veronese (16. Jh.) wurden in Verona geboren. Unter der österreichischen Herrschaft, die im Jahre 1866 durch das Volksbegehren von Venedig (**Venezia***) endete, war Verona einer der wichtigsten Militärstützpunkte des österreichisch-ungarischen Reiches in Norditalien.

Piazza Bra (1): Der mit Zedern bepflanzte und von Straßencafés gesäumte Platz im Herzen der Stadt wird an seiner Südseite von der imposanten 30 m hohen „Arena" überragt. Auf der gegenüberliegenden Seite steht die **Loggia della Gran Guardia** (17. Jh.).

Arena** (Mo., an bestimmten Feiertagen und jeden Nachmittag während der Vorstellungssaison): Das ovale, 150 x 130 m große Amphitheater, obwohl nur halb so groß wie das zur gleichen Zeit gebaute Kolosseum **Roms***, war zur römischen Zeit das zweitgrößte. Heute noch finden 22.000 Personen darin Platz. Bewundernswert ist die elegante Architektur des Bauwerks, in der sich der helle Marmor der Arkaden gut in das weinrote Mauerwerk aus Ziegelsteinen einfügt.

Hinter den Resten der Außen-

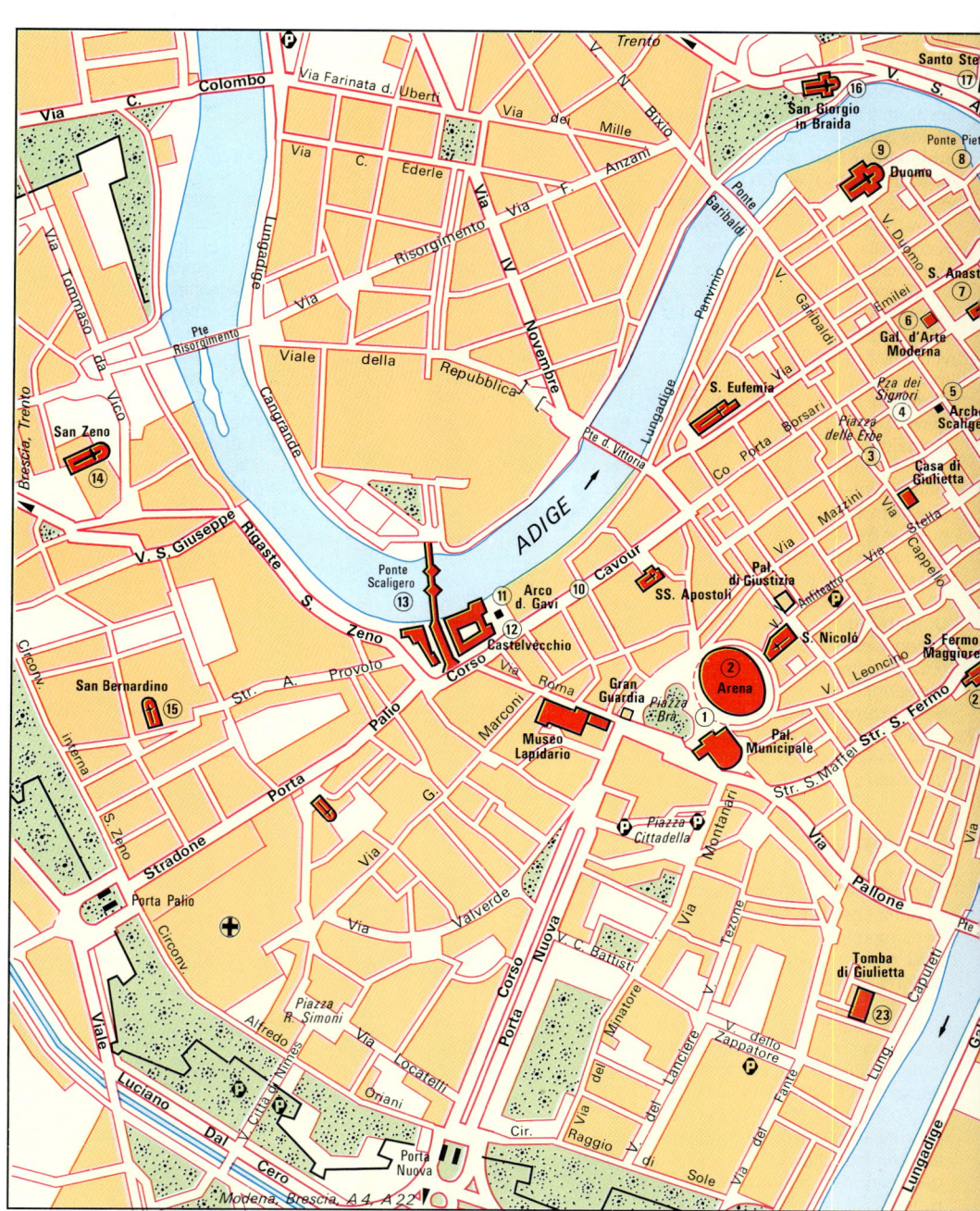

mauer liegt die Via Mazzini, die den Fußgängern vorbehaltene Geschäftsstraße der alten Stadt.
Casa di Giulietta (2) (Haus der Julia; Mo. und an Feiertagen ⊠): Via Cappello.
Piazza delle Erbe* (3) (der Kräuter): Auf der Stelle des römischen Forums wird der belebte Markt* abgehalten. Hinter den Planen der Stände verbergen sich in der Mitte des Platzes der Marmorbrunnen der „Madonna", die gotische Säule „del Mercato" und die vom symbolischen Markuslöwen gekrönte Säule von Venedig (16. Jh.) sowie das „Capitello" (oder „Berlina"), eine überdachte Tribüne. Der Platz wird von den mit Fresken bemalten Mazzanti-Häusern (16. Jh.) sowie von majestätischen Bauten eingerahmt. Auf der Nordseite vom Palazzo Maffei (17. Jh.) und vom gotischen „Torre del Gardello", von der „Casa dei Mercanti" (Anf. 14. Jh.) und auf der Südseite vom Lamberti-Turm.
Piazza dei Signori** (4): Durch eine gotische Arkade gelangt man von der nahegelegenen Piazza delle Erbe auf einen der eindrucksvollsten mittelalterlichen Plätze Italiens. An den meisten Baudenkmälern aus der Renaissance erkennt man das Talent Sanmichelis. Die Statue Dantes in der Mitte des Platzes erinnert daran, daß der Meister der italienischen Literatur von Cangrande Scaligero im **Palazzo del Governo** (13. Jh., auf der Ostseite) empfangen wurde. Die Renaissance-Loggia **del Consiglio** an der Nordseite ist ein Werk Fra Giocondos. Auf der Westseite liegt die **Piazza Mazzanti*** mit schönen Häuserfassaden, mit Balkonen und einem Brunnen. **Palazzo del Comune**: Das Bauwerk aus Ziegelsteinen stammt aus dem 12. Jh. Es wird vom Lamberti-Turm überragt. Vom schönen Innenhof („Corte del Mercato Vecchio"), mit einer wunderschönen Außentreppe* (15. Jh.), kann man mit dem Fahrstuhl auf den Turm gelangen.
Friedhof der Skaliger* (5) („Arche Scaligere"; Mo. ⊠): Auf einem von schmiedeeisernen Gittern eingeschlossenen Hof erheben sich zwei Mausoleen in spätgotischem Stil (15.-16. Jh.). Auf einer Seite wird der Hof von der romanischen Kirche Santa Maria Antica begrenzt.
Galerie der modernen Kunst (6): Sie ist, ebenso wie das Risorgimento-Museum, im Palazzo Forti, das aus der Renaissance stammt, untergebracht.
Kirche S. Anastasia* (7): Schönes Bauwerk aus dem 13. und 15. Jh. mit einem geschmückten Mittelportal und einem bewundernswerten Kampanile*. Sehenswert im Inneren: Fregoso-Altar von Sanmicheli, Fresken (u. a. von Pisanello*) sowie Terrakottareliefs aus dem 14.-15. Jh. Hinter der Kirche hat man von der „Lungadige" aus, die an der Etsch entlangführt, einen schönen Blick auf den Fluß, die Hügel des linken Ufers und die **Steinbrücke (8)** („Ponte Pietra") römischer Herkunft, die wieder aufgebaut wurde.
Duomo (9): Er wurde an der Stelle einer frühchristlichen Basilika errichtet, von der im benachbarten Kreuzgang noch Überreste zu sehen sind. Der Duomo ist gleichzeitig romanisch (Portal* in lombardischem Stil, Chor und Apsis) und gotisch (Mittelteil des Bauwerks). Im Inneren sind das Gitter des Chors von Sanmichelli und ein Gemälde Tizians („Assunta") besonders sehenswert. Neben der Kirche: Portal und Hof des Bischofspalastes (Renaissance). Durch einen benachbarten Hof gelangt man in die Taufkapelle (San Giovanni in Fonte), die im 13. Jh. wieder aufgebaut wurde.
Corso Cavour (10): Die Hauptstraße des aus der Renaissance stammenden Stadtteils. Sie erstreckt sich vom romanischen Tor der **Borsari*** (1. Jh.) und dem Castelvecchio (s. u.). Auf dem Weg kann man einige schöne Bürgerhäuser bewundern, darunter den von Sanmicheli erbauten **Palast Bevilacqua*** (Hausnummer 19) und den Palast Canossa (Nr. 44).
Arco dei Gavi* (11): Das römische Tor aus dem 1. Jh. ist in Wirklichkeit ein Triumphbogen, der von der Armee Napoleons beschädigt und später restauriert wurde.

Auf der Piazza delle Erbe bilden die während der Renaissance bemalten Fassaden der Mazzanti-Häuser eine Traumkulisse für den Vogelmarkt.

Castelvecchio (12): Die im 14. Jh. von Cangrande II. Skaliger erbaute Burg wurde mehrmals restauriert. Sie besteht aus drei Anlagen. In der Mitte der Wehrturm, der Exerzierplatz und der auf die Brücke hinführende Durchgang; auf der Westseite die eigentliche Festung; auf der Ostseite der um einen Hof gebaute Wohnpalast.

Museo Civico d'Arte** (Mo. und an den Hauptfeiert. ⊠): Im Wohnpalast untergebracht und nach modernen Prinzipien der Museumsorganisation eingerichtet. Mittelalterl. Skulpturen (bis zur Spätgotik); Fresken im romanischen und Renaissance-Stil. Die Pinakothek enthält drei Abteilungen: die veronesische Schule („Galleria") mit Werken von Veronese, Stefano di Verona („Madonna del Roseto"), Caroto („Bildnis eines jungen Benediktiners*"); die venezianische Schule (16.-18. Jh.) vertreten u. a. durch Tintoretto, Bassano, Lotto, Longhi; Säle mit den großen Klassikern (Bellini, Carpaccio, Mantegna) und der Künstler aus Verona (Pisanello: „Madonna mit der Wachtel*").

Skaliger-Brücke* (13) („Ponte Scaligero"): Das befestigte Bauwerk entstand zur gleichen Zeit wie die Burg.

San Zeno** (14): Die Anfang des 13. Jh. wieder aufgebaute alte Abteikirche ist ein großartiges Bauwerk im lombardischen Stil mit einem schönen alleinstehenden Kampanile* (11. Jh.). In der Mitte der Fassade schützt die Portalnische, die sich auf den Löwen stützt, das Portal mit den Bronzetüren (geschnitzte Flügel aus dem 11.-12. Jh.). Im Inneren, über dem Hauptaltar, Triptychon* von Mantegna (Mitte 15. Jh.), das leider beschädigt wurde, als sich Napoleon einige Elemente „auslieh". Links der Kirche steht ein gotischer Turm aus der alten Abtei und, etwas zurück, ein **romanischer Kreuzgang***; obwohl während der Renaissance verändert, bleibt er eines der schönsten Beispiele mittelalterlicher Baukunst in Italien.

San Bernardino (15): Die Fassade der Renaissance-Kirche mit lombardischen Portal weist auf einen weiten Kreuzgang. Im Inneren Kapelle Sanmichelis und Gemälde der veronesischen Schule. Das südl. in der venezianischen Festungsmauer gelegene Palio-Tor stammt ebenfalls von Sanmichelis.

Linkes Etsch-Ufer — San Giorgio in Braida (16): Ein großer Teil dieser Renaissance-Kirche (u.a. die Kuppel) wurde von Sanmicheli gebaut. Im Inneren kann man ein Gemälde von Veronese („Martyrium des hl. Georgs") und von Tintoretto („Taufe Jesu") bewundern.

Santo Stefano (17): Kirche aus dem 5.-14. Jh. (Chorumgang und Krypta aus dem 10. Jh.).

Römisches Theater (18) (gleiche Öffnungszeit wie die Arena): Es stammt aus dem frühen 1. Jh.; das Gesamtbild wurde jedoch im Mittelalter durch den Bau einer Kirche auf der Tribüne zerstört.

Archäologisches Museum: Es ist im ehemaligen Kloster San Girolamo untergebracht (Zugang mit dem Fahrstuhl). Das noch höher gelegene **Schloß Sankt Peter** steht auf der Stätte der Akropolis.

Auf den Hof des Palastes der Capuleti weist der legendäre Balkon, auf dem Julia sich Romeo zeigte...

Santa Maria in Organo (19): Kirche mit schönen Chorgestühl und Fresken. Die weiter nördl. gelegene romanische Kirche **San Giovanni** enthält christliche Sarkophage (4. Jh.).

Palast und Garten Giusti (20) (Besichtigung auf Anfrage): Ein Bauwerk aus der Renaissance (Ende 16. Jh.). Park im italienischen Stil (18. Jh.), Blick* auf Verona.

Palazzo Pompei (21): Ein Werk Sanmichelis (Anfang 16. Jh.). Im Palast ist das Museum für Naturkunde und regionale vorgeschichtliche Archäologie untergebracht (Juni-September: Fr. ⊠).

Von Norden gelangte man früher über die Skaliger-Brücke in die Stadt, mitten in die zur gleichen Zeit gebaute Festung, mit deren ausgewogener Komposition aus Steinen und Ziegeln die Brücke gut harmoniert.

Durch ihre Ausmaße war die Arena di Verona das zweitgrößte Amphitheater des römischen Reiches.

San Fermo Maggiore (22): Die Kirche in romanischem und gotischem Stil wurde über einem Bauwerk aus dem 8. Jh errichtet. Zu den Kunstwerken im Inneren zählen die Fresken Pisanellos, darunter „Die Verkündigung und die Erzengel*" sowie ein Altaraufsatz* aus dem frühen 16. Jh.
Tomba di Giulietta (23) (Grab der Julia): Es liegt in der Krypta der Kapuziner (Mo. und an bestimmten Feiertagen ⊠), die zur Kirche San Francesco al Corso gehört, wo das legendäre Paar sich vermählt haben soll (1301).
Feste: Am Karfreitag, Bacchanale des „Gnocco"; im März internationale Landwirtschaftsmesse; Juli-August, Opernfestival in der Arena und Theatervorführung (Shakespeare) im antiken Theater (linkes Etsch-Ufer).
Spezialitäten: Pfeffersaucen mit Käse, Wurstwaren mit Knoblauch; Kirschen und Erdbeeren; Valpolicella, Soave und Bardolino.
Kunsthandwerk: Wandteppiche, Porzellan, Silberbestecke.
Bosco Chiesanuova (30 km nördl., 1.100 m): Wintersportort.
Giazza (43 km östl.): Völkerkundemuseum.
Illasi (20 km östl.): Zwei schöne Villen aus dem 18. Jh.
Gardasee: 24 km westl., → **Bardolino***.
Pedemonte (11 km nordwestl.): Villa Bocolli*, zum Teil nach Entwürfen Palladios gebaut.
Ponte di Veia: Ein riesiges, natürliches Brückenjoch.
San Floriano (13 km nordwestl.): „Villa della Torre" von Sanmicheli.
San Giogio (21 km nordwestl.): Romanische „Pieve".

Soave (20 km östl.): Liegt in einem berühmten Weingebiet. Das alte Viertel innerhalb der Festungsmauern aus dem 14. Jh. wird vom „Castello" überragt. In der Mitte stehen zwei gotische Paläste. 2 km südl. befindet sich die Abtei St. Peter („Abbazia di San Pietro Apostolo"), zum Teil aus dem 12. Jh.
Villafranca di Verona (16 km südwestl.): Hier unterzeichneten Kaiser Franz-Josef und Napoleon III. am 10. November 1859 den Waffenstillstand, der den Italien-Feldzug beendete.

Vezzolano 8/C 1
Piemonte (Asti)

Die Abtei ist zweifellos das berühmteste Bauwerk des Montferrato (**Casale Montferatto***). Sie soll zur romanischen Zeit von Architekten aus Burgund gegründet worden sein. Sehr schöne Fassade* der Kirche. Im Inneren (Mo. und Fr.-nachmittag ⊠) ist die mit geschnitzten Bildern verzierte Trennwand zwischen Chor und Mittelschiff besonders sehenswert. Berühmte Freske der „Drei Toten und der drei Lebenden" im alten Kreuzgang*.
Castelnuevo Don Bosco (6 km südl.): Geburtsort Giovanni Boscos. Der von ihm gegründete Salesianerorden befaßt sich vorwiegend mit Jugendseelsorge.

Viareggio 12/A 1
Toscana (Lucca)

Der Hauptort der toskanischen Versilia, ein bedeutender Fischerhafen, wird durch einen malerischen Kanal mit dem Meer und dem nahegelegenen Massaciuccoli-See (6 km) verbunden. Im 19. Jh. entwickelte er sich zu einem Bade- und Ferienort. Aus dieser Zeit stammen zahlreiche Bauten im Liberty-Stil. Im alten Viertel (die Stadt ist wahrscheinlich griechischen Ursprungs) steht der Matilda-Turm aus der Renaissance.
Feste: Der Karnevalsumzug* ist für seine übergroßen Pappmachéfiguren, die bekannte Persönlichkeiten darstellen, berühmt.
Umgebung: Am Westufer (6 km südl.) des romantischen Massaciuccoli-Sees (Fischerei), steht die Villa Giacomo Puccinis (**Lucca***), wo er insbesondere die „Tosca" komponiert haben soll. Sie ist als Museum eingerichtet (außerhalb der Saison morgens ⊠). Im August Opernvorführungen unter freiem Himmel am See („Festival Pucciniano").
Pietrasanta (13 km nördl.): Romanischer „Duomo" und gotische Kirche Sant'Agostino. Im Juli-August Konzerte.

Vibo Valentia 26/B 1
Calabria (Catanzaro)

Die hochgelegene Stadt wurde auf der Stätte des „Hipponions" der Griechen, das später die römische Siedlung „Valentia" wurde, erbaut. Von ihrer antiken und mittelalterlichen Vergangenheit blieben zahlreiche Zeugnisse erhalten, darunter das auf der Stätte der griechischen Akropolis errichtete „Castello" aus dem 12. Jh., die restaurierten römischen Thermen in der Stadtmitte, im Norden des Ortes, die „Mura Grecche", eine griechische Festungsmauer aus dem 6. Jh. v. Chr., von wo aus sich ein schöner Ausblick* bietet, sowie der dorische Proserpina-Tempel.
Palazzo Gagliardi (auf der Piazza Garibaldi): Der Palast nimmt das archäologische Museum auf (Mo. und - außerhalb der Saison - So.-nachmittag ⊠). Sehenswert sind die romanische Kirche „Del Rosario", die Renaissancekirche „San Michele" und der Dom.
Feste: Während der Karwoche, „Affuntata"; im Juni Musikwoche; August, Filmfestival von Vibo („Vibonese"), Folkloreveranstaltungen, Ausstellungen von Kunsthandwerk und religiöser Kunst.
Vibo Marina (10 km nördlich): Badeort.
Mileto (12 km südl.): Kathedrale in normannischer Architektur; Museum für sakrale Kunst im Bischofspalast; Schatz im Priesterseminar. Webereihandwerk.
Pizzo (10 km nördl.): Im „Castello" wurde am 13.10.1815 Joachim Murat, König von Neapel (von Napoleons Gnaden), nach seinem verfehlten Landungsversuch verhaftet und erschossen.

Vicenza 6/C 2
Veneto (Provinzhauptstadt)

Das ehemalige römische „Vicetia", das am Anfang des 15. Jh. in den Besitz Venedigs überging, ist wegen seiner zahlreichen Paläste berühmt. Der geniale Palladio war hier bis zu seinem Tod (1580) tätig.
Teatro Olimpico (am nordöstl. Ausgang des historischen Viertels, im Sept. und an Sonn- und Feiertagen nachmittags ⊠): Beim Bau des Theaters ließ sich Palladio von der griechischen Architektur inspirieren. Das Baudenkmal ist jedoch ein Meisterwerk Scamozzis, der mit seinem unvergleichbaren Talent die perspektivische Raumbühne schuf.
Palazzo Chiericati* (Piazza Matteotti, dem Fremdenverkehrsamt gegenüber): Die prächtige Fassade des Palastes ist ein Werk Palladios. Im Bauwerk befindet sich das **Museo Civico*** (Mo., sowie an Sonn- und

Feiertagen nachmittags ✕): Es ist gleichzeitig ein Archäologie-, Skulpturen- („Madonna" von Sansovino) und vor allem ein Malereimuseum: Künstler der venezianischen Schule (Lotto, Veronese, Bassano, Tintoretto und Carpaccio), der paduanischen (Mantegna), vizentinischen (B. Montagna), flämischen und deutschen (Van Dyck, Brueghel und Memling) Schulen.

Santa Corona: In der gotischen Kirche* (13. Jh.) befinden sich zwei großartige Werke: ein Veronese und ein Giovanni Bellin („Taufe*").

Corso Palladio*: Die Fußgängerzone führt geradlinig durch die Mitte der historischen Stadt bis zur Piazzale Roma. Ebenso wie die danebenliegenden Straßen ist sie von zahlreichen Renaissancebauten gesäumt, darunter einige von Palladio, dessen Haus am Eingang der Straße steht. Rechts: **Palazzo da Schio** (Nr. 145) in venezianischem und gotischem Stil, der — ebenso wie die „Casa d'Oro" in Venedig — früher mit Goldornamenten verziert war. Weiter links, **Palazzo del Comune** (Ende 16. Jh.) von Scamozzi. Der **Palazzo Thiene Bonin** (Nr. 13) soll ebenfalls von Palladio stammen.

Piazza dei Signori*: Das ehemalige Forum der römischen Stadt, heute von den Terrassen der Restaurants gesäumt, sollte man bei Mondlicht bewundern.

Basilika**: Dieses Meisterwerk Palladios (2. Hälfte 16. Jh.), das eine ganze Seite der Piazza dei Signori einnimmt, besitzt einen schönen Uhrturm („Torre di Piazza" oder „Bassara"). Nach dem Vorbild der römischen Basiliken ist das Bauwerk kein religiöser Ort, sondern eine Geschäftshalle, in der sich im

Vicenza, Piazza dei Signori: Eine Ecke der Loggia del Capitaniato, ein unvollendetes Werk Palladios, der Basilika gegenüber.

oberen Stockwerk der Justizpalast und das Palladio-Museum befinden. Der berühmte Architekt schuf ebenfalls die unvollendet gebliebene **Loggia del Capitaniato**. Daneben stehen die Barockkirche San Vincenzo und der Renaissancepalast „del Monte di Pieta".

Duomo: Ein gotisches und Renaissance-Bauwerk unter einer Barockkuppel (16. Jh.), wahrscheinlich von Palladio. Im Inneren schönes Polyptychon von einem der Brüder Veneziano („frühgotische" Künstler der venezianischen Schule) und Altaraufsatz von Montagna. Daneben liegt der Bischofspalast mit einer Renaissance-Loggia, die auf den Hof weist.

Salvi-Gärten: Der angenehme Park wird auf zwei Seiten von Kanälen eingerahmt; an der Nordostecke steht die Loggia Valmarana (16. Jh.) im Stil Palladios.

Ss. Felice e Fortunato*: Die ehemalige Basilika (4. Jh.) wurde im 10. und 12. Jh. wieder aufgebaut.

Kirche di Monte Berico (2 km südl.): Das Barockbauwerk ist eine Wallfahrtsstätte. Im Refektorium kann man die „Cena*" von Veronese und eine „Pieta" von Montagna bewundern. Etwas weiter liegt das Risorgimento-Museum.

Villa La Rotonda** (2 km): Nur der Park kann von April-Oktober besichtigt werden (Palladio).

Villa Valmarana (17. Jh.): Fresken* von Tiepolo und seinem Sohn (18. Jh.).

Feste: Im Frühjahr klassische Aufführungen im Teatro Olimpico; Sept.: Messe und Theaterfestival („Settembre Vinventino"); internationale Goldschmiedeausstellung und internationale Keramik-Messe.

Spezialität: Weine der „Monti Berici".

Kunsthandwerk: Goldschmiedearbeiten, Keramik, Schuhe.

Barbarano Vincentino (22 km südl.): Altes Dorf mit einer gotischen und barocken Kirche.

Lonigo (24 km südwestl.): Das Rathaus wurde wahrscheinlich von Sanmicheli (→ **Venedig***) erbaut. Villa Pisani von Scamozzi, ebenfalls aus dem 16. Jh.

Lugo di Vicenza (28 km nordöstl.): In einem schönen Park Villa Godi-Malinverni, wahrscheinlich das erste Werk Palladios.

Montecchio Maggiore (12 km westl.): Ruinen der Festungen der Skaliger (→ **Verona***); Panorama*. Kirche S. Pietro mit Kunstwerken aus der Renaissance. Am Nordwestausgang, inmitten eines schönen Parks mit Statuen, liegt die Villa „Cordellina Lombardi" von Massari (18. Jh.), mit Fresken Tiepolos verziert.

Sant'Agostino (4 km südwestl.): Romano-gotische Kirche.

Schio (23 km nordwestl.): → **Valdagno***.

Thiene (20 km nördl.): Das Castello Thiene* und die kleine Kirche stammen beide aus dem 15. Jh. Kunsthandwerk: Weberei und Schmiedeeisen.

Villaverla (14 km nördl.): Palazzo Verlato von Scamozzi.

Vicenza: Auf der Bühnenwand des Teatro Olimpico hat Scamozzi meisterhaft mit den Perspektiven gespielt; Türen öffnen sich auf Attrappenstraßen.

Vieste
19/B 1
Puglia (Foggia)

Das Fischerdorf an der Spitze des Monte Gargano, des „Sporns Italiens" (→ **Manfredonia***), hat ein mittelalterliches Viertel in orientalischem Stil mit steil ansteigenden, engen Gassen. Das **Castello** wurde unter Friedrichs II. (Anf. 13. Jh.) erbaut. Panoramablick. Die danebenstehende romanische Kathedrale wurde zur Barockzeit wieder aufgebaut. Im Rathaus sind archäologische Funde, vorwiegend aus der Ausgrabungsstätte „Merinum" (s. u.), ausgestellt.
Spezialitäten: Krustentiere.
Kunsthandwerk: Spitzen.
Grotten Campana (1 Std. mit dem Boot) und **Smeralda**: An einem zerklüfteten, felsigen Ufer mit zahlreichen Riffen, der Legende nach Schauplatz einiger Heldentaten des Odysseus.
Peschici* (25 km nordwestl., am westl. Ende der Manacore-Küste): Dorf im orientalischen Stil in großartiger Lage über dem Meer.
Pugnochiuso (22 km südl.): Der Ferienort in einer herrlichen Lage ist mit allen modernen touristischen Einrichtungen ausgestattet.
Rodi Garganico (47 km westl.): Ein altes Dorf in einer Gegend mit wunderschönen Stränden.
San Menaio (32 km westl.): Badeort und Ausgangspunkt für Ausflüge ins Gargano-Gebirge.
Santa Maria di Merino (7 km nordwestl.): In der Nähe der römischen Stätte „Merinum" (Grabstätte); Seegrotte.
Varano (55 km westl.): Eine riesige Lagune, wo sich die Zugvögel aufhalten.
Zagare (25 km südl.): Badeort in der Nähe der Grotta Smeralda.

Vigevano
5/A 3
Lombardia (Pavia)

Die **Piazza Ducale****, einer der elegantesten Plätze der Renaissance in Italien, wurde im Auftrage Ludovico il Moros (Ende 15. Jh., → **Milano***) von Bramante entworfen, angeblich nach Vorschlägen Leonardo da Vincis. Sie liegt am Fuße des „Castellos Sforzesco". Sie wird auf drei Seiten von einstöckigen Häuserreihen mit bemalten Fassaden und runden gotischen Fenstern unter Konsolen eingerahmt. Das Erdgeschoß wird von einer prächtigen Arkadengalerie gebildet. An der hinteren Seite des Platzes steht die im 17. Jh. wieder aufgebaute Kathedrale mit abgerundeter Fassade. Ebenfalls sehenswert: „Zum hl. Märtyrer Peter" (hinter dem „Castello"), eine gotische Kirche (14. Jh.) mit zwei Kreuzgängen aus der Renaissance.

Die Stadt hat drei sehenswerte Museen: **Museo Civico**, ein Archäologiemuseum auf dem Corso Cavour (nur So.-morgen ☐); **Domschatz**; **Schuhmuseum** (die Stadt ist ein bedeutendes Zentrum für die Schuhherstellung).
Abbiategrasso* (13 km nordöstl.).
Lomello (26 km südwestl.): Diese Stadt gab dem Reisanbaugebiet „Lomellina", in dem sich Reiher aufhalten, seinen Namen. In der Stadt bilden die romanische Kirche Santa Maria Maggiore aus dem 11. Jahrhundert und die Taufkapelle San Giovanni a Fontes eine eindrucksvolle Anlage.
Morimondo (8 km nordöstl.): Zisterzienserabtei.
Mortara (13 km südwestl.): Der gotische „Duomo" wurde zur Barockzeit von lombardischen Meistern ausgeschmückt.
La Sforzesca (4 km südöstl.): Jagdpavillon des Frederico il Moros.

Vinadio
8/B 3
Piemonte (Cuneo)

Viandio ist der Hauptferienort der Stura di Demonte. Das Tal am Fuße des Argentera-Gebirges wurde Nationalpark.
Argentera (25 km nordwestl.): Ferien- und Wintersportort.
Bagni di Vinadio (10 km westl., 1.300 m): Thermalbad (Juni-Sept.) und Wintersportort.
Paß der Lombarda (23 km südl.): 2.350 m, gesperrt von Nov.-Juni; Station Isola-2000; Larche-Paß (30 km nordwestl., 1.991 m).

Vinci
12/B 1
Toscana (Firenze)

Am dem Südhang des von Wäldern bedeckten Albano-Gebirges, 3 km von dem Dorf entfernt, dessen Namen er annahm, wurde 1452 im kleinen Ort „Anchiano" der künftige große Leonardo geboren. In seinem bescheidenen Geburtshaus befindet sich ein kleines Museum (Mi. ✉). Das hübsch gelegene Dorf inmitten von Olivenhainen beherbergt das **Museum Vinciano** (oder „Museo di Leonardo"), das im restaurierten Schloß der Guildi aus dem 13. Jh. untergebracht ist (an bestimmten Feiertagen ✉). Dort werden fast einhundert Modelle ausgestellt.
Feste: Mitte April, Leonardo-Fest.

Vipiteno/Sterzing
2/C 1
Trentino-Alto Adige (Bolzano)

Die kleine, ehemals römische Stadt liegt am Fuße des Brenner-Passes (15 km nördlich) im grünen Eisacktal. Sie war während der Renaissance Sitz der Bankiersfamilie Fugger. Inzwischen entstand ein bekannter Ferienort, der sich sowohl im Sommer als auch im Winter großer Beliebtheit erfreut (zahlreiche Skilifts). Die Hauptstraße, die auf der Nordseite auf den Stadtturm aus dem 15. Jahrhundert mündet, ist von Renaissancebauten, von denen die meisten bemalt sind, gesäumt. Der Stadtpalast stammt zwar aus derselben Zeit, ist aber in gotischem Stil gebaut. Die örtliche Kunst ist stark von Tiroler Einflüssen geprägt, wie im Multscher-Museum (genannt nach einem Maler aus dem 15. Jahrhundert) sichtbar ist.
Feste: Im Juli-August Folkloreveranstaltungen.
Kunsthandwerk: Schöne Holzschnitzereien.
Monte Cavallo (2.176 m): Mit der Seilbahn zu erreichen.

In diesem Haus in der Nähe des Dorfes Vinci erblickte Leonardo das Licht der Welt. Heute ist in seinem Geburtshaus ein kleines Museum eingerichtet.

Viterbo — die Stadt aus Granit: Etruskische Mauer, blumengeschmückte Plätze, Treppengänge, gotische Häuser, in denen die Zeit stehengeblieben zu sein scheint.

Viterbo 15/A 1
Lazio (Provinzhauptstadt)

Die von einer strengen gotischen Granitfestungsmauer eingeschlossene mittelalterliche Stadt, im 12.-13. Jh. Papstresidenz, ist architektonisch von großem Interesse. Sie liegt am Fuße des vulkanischen Cimini-Gebirges (Thermalbad 3 km von der Stadt entfernt).

Piazza della Rocca: Auf dem schönen Platz hinter dem Renaissancetor Fiorentina findet man eine Reihe von meisterlichen Bauwerken aus dem 16.-18. Jh. Auf der linken Seite steht die gotische Kirche **San Francesco** (13.-14. Jh.), die nach dem zweiten Weltkrieg wieder aufgebaut wurde. Im Inneren befindet sich das Grab Hadrians V von Arnolfo di Cambio (Ende 13. Jh.). Über die Via Matteotti gelangt man auf die Piazza Verdi* (links das Teatro del Unione). Das Fremdenverkehrsamt befindet sich am Ende der Via Marconi, an der Piazza dei Caduti. Die Straße links auf der gegenüberliegenden Seite führt zu den alten Stadtteilen** mit gotischen Brunnen, Arkaden und Kreuzgängen.

Piazza Plesbicito*: Sie wird von den Palästen del Comune (15.-16. Jh.) und del Podesta (13. Jh.) sowie vom gotischen Stadtturm eingerahmt. Über die gewundene **Via San Lorenzo** gelangt man zur gleichnamigen Piazza*, die auf der Stätte der antiken Akropolis — vermutlich etruskischer Herkunft — liegt. Hier stehen, im Herzen der mittelalterlichen Stadt, die romanische **Kathedrale** (Ende 13. Jh.) mit einem gotischen Kampanile sowie der **Palazzo Papale**** aus dem 13. Jh. mit einer sehr schönen Loggia*, in dem sich das Diözesanmuseum befindet.

Via San Pelegrino*: Diese Straße führt durch ein Stadtviertel, das seinen mittelalterlichen Charakter erhalten hat. Hier sieht man Handwerkerlädchen, Brunnen, Türmchen mit Wendeltreppen und romanisch-gotische Paläste. In die „Fontana Grande" mündet der Aquädukt aus römischer Zeit.

Außerhalb der Festungsmauer, östl. der Stadt, steht die Kirche **Santa Maria della Verita**: Im ehemaligen Kloster mit gotischem Kreuzgang befindet sich das **Museo Civico** (Mo., nachmittags und an Feiertagen ⊠): etruskische und römische Archäologie, zum Teil aus örtlichen Grabstätten; Pinakothek und polychrome Terrakotten.

Feste: Juni-Juli, „Barockfestspiele"; am 3. Sept., Prozession der S. Rosa, bei der die gleichnamige „Macchina" (30 m hoch, 4 t) getragen wird; Sept., Malerei- und Kunsthandwerksausstellungen.

Kunsthandwerk: Schmiedeeisen, Tischlerarbeiten, Bildhauerei („Peperino").

Bagnaia (5 km östl.): Die Stadt wird von der **Villa Lante**** gekrönt, einem Werk aus der Renaissance (16. Jh.), gebaut nach Entwürfen Vignolias, in der mehrere Päpste lebten (Mo., nachmittags und an Feiertagen ⊠); freier Eintritt in die herrlichen Gärten „all'italiana"*. Prozession am Karfreitag.

Bullicame (5 km westl.): Mineralquelle in einem Krater.

Castel d'Asso (9 km südwestl.): An der alten etruskischen Stätte „Axia": archäologische Funde und Grabstätte.

Cimino (Berg, 14 km östl., 1050 m).

Ferento: Ruinen einer im Mittelalter zerstörten etruskischen Siedlung mit den Überresten eines römischen Theaters.

San Martino al Cimino (6 km südl.): Inmitten von Kastanienwäldern liegt diese befestigte mittelalterliche Stadt; Panorama.

Santa Maria della Quercia (3 km östl.): Renaissancekirche, deren Decken von Sangallo d. J. entworfen wurden; Museum.

Vetralla (13 km südl.): Mittelalterliche Stadt etruskischer Herkunft; „Duomo" im Barockstil; romanische Kirche San Francesco.

Vico (See, 18 km südöstlich): → **Caprarola***.

Vitorchiano (9 km nordöstl.): Ein mittelalterlicher Ort mit Festungsmauer aus dem 14. Jh.

Vittorio Veneto 6/D 1
Venito (Treviso)

Die kleine Industriestadt, die dem Sieg der Italiener über die Österreicher am 3. November 1918 ihren Namen gab, besteht aus zwei Teilen. Im südlichen Viertel der Ceneda befindet sich das „Museum der Schlacht" (Mo. ⊠) in der Loggia Cenedese, einem Werk Sansovinos aus dem 16. Jh., unweit der Barockkathedrale, mit einem Glockenturm aus dem 13. Jh. Fast 2 km davon entfernt liegt im Norden das Viertel **Serravalle**, das dem Dorf aus dem Mittelalter und der Renaissance entspricht. Hier entdeckt man zunächst das „Ospedale" (Hospiz) und die gotische Kirche San Lorenzo (morgens und Di. ⊠). Auf der Via Martiri della Liberta, wo schöne bemalte Häuser* mit Säulengängen stehen, befinden sich die Paläste Troyer (14. Jh.) und Municci (So. ☐). Am Ende der Straße steht auf einem hübschen Platz die **Loggia Serravallese*** (Mitte 15. Jh.), in der das Museum („Museo del Territorio Cenedese") der Ceneda-Gegend (Di, im Winter nachmittags und im Sommer morgens ⊠) untergebracht ist. Auf der anderen Seite dieser

Piazza Flaminio steht der Dom (18. Jh.), in dem sich eine „Madonna" von Tizian befindet.
Feste: Verbrauchermessen im August; Sept.-Okt., Festspiele für Violin- und Violoncellomusik.
Fregona (8 km nordöstl.): In der Nähe sind die Grotten des Calierons.
Folina (20 km westl.): Zisterzienserabtei (12. Jh.) mit einem schönen restaurierten Kreuzgang*.
San Boldo (Paß von, 19 km nordwestl., 700 m).
San Marco (22 km nordöstl.): Ausgangspunkt zu der weiten Hochebene von Cansiglio*.
Visentin (Paß, 21 km nordwestl., 1.760 m): Panorama.

Voghera 9/B 1
Lombardia (Pavia)

Als Hauptstadt des Oltrepo-Gebietes erlebte die Stadt im 18. Jh. unter dem Einfluß des Haus Savoyens (→ **Torino***) ihre Blütezeit. Davon zeugen viele Bauten aus dieser Zeit, darunter die imposante Abteikirche. Im danebengelegenen gotischen Schloß befindet sich ein Museum. Sehenswert ist auch die romanische „rote Kirche" („Chiesa Rossa") der „Santi Flavio e Giorgio" (12. Jh.).
Casteggio (10 km nordöstl.): Im Palast der Kartause (17. Jh.) befindet sich das Museum des Oltrepo (So. ☒): Archäologie und Geschichte.
Montalto Pavese (20 km östl.): Renaissanceschloß (Park).
Rivanazzano (9 km südl.) und **Salice Terme**: Thermalbäder.

Volterra 12/B 2
Toscana (Pisa)

Auf einem Kalkhügel erstreckt sich stufenförmig die von einer mittelalterlichen Festungsmauer völlig eingeschlossene Stadt, in der kein Auto fahren darf. Sie steht auf einer sehr alten etruskischen Stätte, die von Sylla zerstört wurde.
Museo Etrusco Guarnacci (Mo., an Sonn- u. Feiertagen nachmittags ☒): Das im 18. Jh. gegründete Museum besteht aus 26 Sälen. Es enthält Aschenurnen aus Alabaster*, Terrakotta oder Bronze mit Reliefs (darunter die berühmte Szene „Abendschatten"*) sowie Skulpturen (Kopf Lorenzinis); Ausstellung über antike Handwerkskunst.
Piazza San Michele (400 m weiter, im Herzen des gotischen Viertels): Sie wird von der Fassade einer romanischen Kirche in pisanischem Stil und vom Toscano-Turmhaus aus dem 14. Jh. beherrscht.
Römisches Theater (Ende 1. Jh.): Es wurde vor kurzem restauriert.
Via Sarti*: Diese von Palästen gesäumte Straße verbindet den Platz mit dem historischen Viertel.
Quadrivio dei Buomparenti: Eine von dem gleichnamigen Turmhaus (13. Jh.) überragte Kreuzung.
Piazza dei Priori**: Schauplatz des Marktes (morgens) und der Festspiele (im Sept.). Der Platz wird auf seinen beiden Hauptseiten von den hohen und majestätischen Fassaden* der Paläste eingerahmt: auf der Westseite steht der **Palazzo Pretorio** mit den schmalen gotischen Öffnungen; er lehnt sich an den Turm „del Porcellino" (des Schweinchens) an, auf dessen Spitze das Reliefbild eines Frischlings zu erkennen ist. Auf der anderen Seite des Platzes steht der **Palazzo dei Priori** (Gotik), Sitz des heutigen Rathauses. Der Ratssaal und die Gemäldesammlung können besichtigt werden.
Duomo: Das romanische Bauwerk wurde während der Renaissance und im 17. Jh. verändert. Im Inneren kann man eine schöne geschnitzte Kanzel aus dem 13. Jh., Fresken* von Benozzo Gozzoli sowie mehrere Gemälde von „frühgotischen" Künstlern (darunter eine „Kreuzabnahme" aus dem 13. Jh.) bewundern. Auf dem Platz vor der Fassade, befindet sich eine Taufkapelle (Ende 13. Jh.). Das Taufbecken stammt von Sansovino. An der Ecke der Via Roma ist ein Museum für sakrale Kunst.
Arco Etrusco*: Das aus grobem Mauerwerk gebaute Tor befand sich in der Festungsmauer aus dem 4.-3. Jh. v. Chr.
Über die Piazza Martiri della Liberta und durch die engen, ansteigenden Gassen kommt man zum „archäologischen Park", einem weitläufigen öffentlichen Park, am Fuße der „Fortezza".

Volterra: Überreste der Festungsmauer aus dem 4.-3. Jh. v. Chr., dem Arco Etrusco aus grobem Mauerwerk mit seinen drei etruskischen Köpfen.

Fortezza: Die Festung ist eine eindruckvolle Anlage mit militärischen Gebäuden (14. und 15. Jh.).
Von der Piazza Martiri della Liberta aus kann man der **Viale dei Ponti***, einer Panoramastraße, die an der Außenseite der Festungsmauer entlangführt, folgen.
Balze* (Nordausgang der Stadt, ca. 2 km über die Straße nach Pisa): Eindrucksvolle, durch Erosion entstandene Schlucht, die etruskische Nekropolen und mehrere Bauten aus dem Mittelalter zerstörte und sich heute noch ständig erweitert. Ausblick*.
Feste: Mai, Blumenschau; Juni, Veranstaltungen und Folklore im Rahmen des „Giugno Volterrano".
Kunsthandwerk: Gegenstände aus Alabaster* (seit dem 8. Jh. v. Chr.: sog. Villanovia-Zivilisation).

Erst vor kurzem wurden die Cavea, die Vorbühne und der Säulengang des römischen Theaters Volterras, das unter Cäsar an Rom angegliedert war, ausgegraben.

Sardinien

Die Insel der Sarden ist, mit einer Oberfläche von 24.084 m², nach Sizilien die zweitgrößte Insel im Mittelmeer und beinahe ein echter Kontinent. Die Bevölkerungsdichte ist eine der niedrigsten aller Mittelmeerinseln (1.670.000 Einw., weniger als 65 Einw./km²). Dadurch ist Sardinien sehr unberührt geblieben. Dichtes Unterholz und große, immergrüne Eichenwälder bedecken ein herzynisches Gebirge, in dem sich durch Erosion tiefe Spalten gebildet haben, in einer Höhe von ca. 1.000 m, jedoch selten oberhalb 1.500 m (1.834 m in der Marmora, in den Gennargentu-Bergen). Das klare und fischreiche Meer liegt vor einem im Osten geradlinigen und im Norden und Westen sehr zerklüfteten Ufer mit vorgelagerten Inseln, das von Robben und von Flamingos besucht wird. Auf den Hochebenen des Landesinneren, wo die Mandelbäume schon im Januar blühen, sieht man dagegen große Ziegenherden und wilde Zwergpferde. Durch die relative Isolierung ihrer Insel haben sich bei den Sarden eine alte traditionelle Gastfreundschaft und ein starkes Gemeinschaftsgefühl entwickelt. Auf diesem Minikontinent, dem „Sarad" der Phönizier und „Sandaliota" der Griechen, finden sich Spuren menschlicher Ansiedlungen, die älter als 10.000 Jahre sind. Die ältesten der 7.000 erhaltenen „Nuraghen", der turmartigen, kegelförmigen, befestigten Häuser aus grobem Mauerwerk, sind jedoch jüngeren Datums und entstanden erst gegen Ende des 3. Jahrtausends. Auf der Insel, die sehr früh unter römische Herrschaft kam, sind nur wenige Spuren aus vormittelalterlicher Zeit erhalten geblieben (mit Ausnahme der „Nugharen"). Von der pisanischen Herrschaft zeugen einige Kirchen; nur wenige Festungen stammen aus der Zeit der Genueser, die bis 1746 auf der Insel herrschten. Diese wurde dann dem Königreich von Piemont angegliedert, dessen Könige sich fortan „Könige Sardiniens" nannten. Garibaldi, der „Befreier" des vereinigten Italiens (1860), starb dort im Jahre 1882.

Das Land mit alter Hirtentradition hatte die erste Schafsherde in Italien, mit der Wanderschäferei betrieben wurde. Sardinien lebt auch vom Krustentierfang und von der Landwirtschaft: Oliven, Weinberge, Korkeichen und Gemüse (dicke Bohnen). Durch die Gewinnung von Salz und die Förderung von Bodenschätzen (Stein- und Braunkohle, Blei, Zink, Aluminium, Kohlenwasserstoffe) entstanden erst vor kurzer Zeit Industrien (Petrochemie, Fertigprodukte, Stoffe aus Kunstfasern).

Die altüberlieferten Traditionen wurden jedoch weiter gepflegt, ganz gleich ob es sich dabei um Küche, Handwerke, Trachten oder Feste handelt. Auf den großen Festen geben die langen schwarzen Röcke und Stolas, bunte Bänder und Spitzentücher, Männermasken und prachtvolle Pferdegeschirre ein herrliches Bild, während die geschmückten Pferdewagen („Traccas") vorbeiziehen und die näselnden „Launeddas" (Windinstrumente) spielen.

In den Dörfern flechten die Handwerker wie früher Affodillfasern und Stiele der Zwergpalme, stellen aus Meeresprodukten prächtige scharlachrote Farben her, die von den Woll- und Teppichwebern benutzt werden, üben ihr Kunsthandwerk mit Majolikafliesen, Korallen, Kork und Schmiedeeisen aus. Seit Anfang der 60er Jahre wurden die Küstengebiete, insbesondere im Norden (Costa Smeralda, Insel Maddalena, Gebiet um Alghero) mit umfangreichen, manchmal äußerst modernen Ferienanlagen ausgestattet. Segeln, Tiefseetauchen sowie Reiten und Golf gehören zu den Freizeitangeboten.

Seit 1948 ist Sardinien laut Verfassung eine autonome, in vier Provinzen unterteilte Region, deren Hauptstadt Cagliari ist.

Obwohl vor kurzem eine umfangreiche touristische Erschließung erfolgte, bewahrte die Riviera del Corallo (Alghero-Bucht) ihren unberührten Charakter: Schafe und Ziegen weiden immer noch bis zu den weit ins Meer vorgeschobenen, leeren Stränden.

Alghero 29/A 3
(Sassari)

Das „kleine sardische Barcelona", ein reizvoller Hafen und hübscher Badeort, könnte eine mittelalterliche Schöpfung der Herren von Aragon sein. In Wirklichkeit ist er höchstwahrscheinlich phönizischer Herkunft. Auf einer Seite erstreckt sich der 6 km lange Strand bis Fertilia, einem alten, von Ruinen aus römischer Zeit umgebenen Fischerstädtchen. Auf der anderen Seite liegt auf einem Kap die „Citta Vecchia" (Altstadt), die zum Teil noch von einer mittalterlichen Festungsmauer mit Türmen umgeben ist. Enge Gassen drängen sich um den Dom im gotisch-aragonischen Stil mit vielen Renaissance-Elementen und um einige Bauwerke im Renaissancestil (Kreuzgang von San Francesco).

Feste: Prozessionen in der Karwoche und Passionsdarstellung in katalanischer Sprache an den Ostertagen.

Spezialitäten: Langusten, Weißweine („Vermentino").

Kunsthandwerk: Korallenarbeiten; Goldschmiedearbeiten.

Anghelu Ruiu (14 km nördl.): Die Nekropole besteht aus einer Gruppe unterirdischer Gräber aus dem Neolithikum.

Fertilia (6 km nordwestl.): Überreste einer römischen Brücke.

Nettuno** (Grotta di, 24 km westl. oder 1 Std. Bootsfahrt April-Okt.): Die eindrucksvollste der vom Meer in die Kalkfelsenküste des „Capo Caccia" ausgehöhlten Grotten. Sie wird von „gelochten Felsen" und von vereinzelten römischen Ruinen eingerahmt.

Man gelangt in die Grotte entweder vom Meer aus oder über die „Scala del Cabirol", eine Treppe mit 680 Stufen.

Palmavera (9 km westl.): Nuraghe.

Portoconte (11 km westl.): Phönizische Ansiedlung am Rande des Golfs, die von den Römern den Namen „Portus Nympharum" erhielt.

Scala Picada (8 km südöstl., 355 m): Schöne Aussicht auf Alghero und den Golf.

Die Gassen Algheros wirken eher andalusisch (Arkaden) oder neapolitanisch (Wäsche) als katalanisch.

Arbatax 30/D 2
(Nuoro)

Von diesem Hafen aus — einem der wenigen an der Ostküste — wird Kork verschifft. Hier hat sich auch ein kleiner Badeort entwickelt. Wie der Name schon vermuten läßt, war der Ort wahrscheinlich eine sarazinische Ansiedlung.

Um Arbatax herum tauchen hohe Hügel aus rotem Porphyr direkt aus dem tiefblauen Meer auf. Im Landesinneren schlängeln sich spektakuläre Straßen durch die Schluchten*.

Schiffsverbindung mit Golfo Aranci **(Olbia*)** und mit **Civitavecchia***.

Feste: 1. Sonntag in Juli das Fest der „Stella Maria".

Genna Arramene (19 km nördl., 590 m): Panorama.

Lanusei (24 km südwestl.): Aufenthaltsort am Fuße der Ogliastra-Berge (Monte Idolo, 1.240 m); prähistorische Gräber „der Giganten". Zahlreiche Feste von Juli bis Sept.

Barumini 30/C 3
(Cagliari)

Eine kleine Stadt im Landesinneren mit zahlreichen Zeugnissen aus der sardischen Vorgeschichte. Ganz in der Nähe der Stadt steht der berühmte Nurahge **Su Nuraxi**** (15.-9. Jh. v. Chr.), einer der bedeutendsten befestigten Zufluchtsorte der Steinzeitzivilisation der Insel. Ebenso wie das benachbarte Dorf (ca. 50 Rundbehausungen) scheint er bis zur karthagischen Eroberung (6. Jh. v. Chr.) besiedelt gewesen zu sein.

Sardinien

Glara di Gesturi (10 km nordwestl.): In dieser Basalthochebene (500/600 m) leben die berühmten wilden Zwergpferde (Besichtigung mit Führer empfohlen).
Isili (23 km nordöstl.): Zentrum des Teppichweberhandwerks.
Mandas (22 km südöstl.): Eine Basalthochebene in der Nähe der „Giara di Serri" mit zahlreichen ursardischen Zeugnissen der Zivilisation. Panorama.
Sanluri (19 km südwestl.): Das „Castello" aus dem 14. Jh. beherbergt Privatsammlungen und ein kleines Museum des Grafen d'Aoste (Besichtigung auf Anfrage).
Sardara (27 km südwestl.): Im Norden der Ortschaft steht eine fünftürmige Nuraghe, ein Tempel aus dem 10 Jh. v. Chr. mit einem heiligen Brunnen. 3 km östl. liegt das Thermalbad „Terme di Sardara". Kunsthandwerk: Weberei.
Villamar (9 km südl.): Dorf mit bemalten Häusern („Murales").
Villanovaforru (15 km südwestl.): Archäologisches Museum (Mo. ⊠) und Nuraghen-Gruppe.

Cagliari 31/C 2

Haupstadt Sardiniens und der Provinz Am Rande des „Golfo degli Angeli" (Engelsbucht) hat sich die moderne Stadt um den Hügel entwickelt, auf dem die Altstadt („Citta Vecchia") auf der Stätte des antiken „Karalis", einer phönizischen Festung, den größten Teil ihrer pisanischen Festungsmauern aus dem 13. Jh. erhalten hat.

Citta Vecchia (Altstadt):

Im oberen Teil des Viertels mit den engen und manchmal treppenförmigen Gassen stehen die meisten Sehenswürdigkeiten.
Kathedrale: Das Bauwerk in romanisch-gotischem Stil stammt vorwiegend aus der Zeit der pisanischen Herrschaft (romanische Teile aus dem 13. Jh.), auf welche die der Genueser folgte (gotische Teile). Aus der Barockzeit, die mit der spanischen Herrschaft zusammenfällt, stammt die Verzierung der Krypta („Santuario"). Bewundernswert im Inneren sind das Chorgestühl* von Pisano aus dem 12. Jh., der Domschatz, und vor allem die von Löwen getragene Marmorkanzel. Das Van der Weyden zugeschriebene Triptychon soll aus dem päpstlichen Rom stammen.
Archäologisches Nationalmuseum* (im Norden der Altstadt, nachmittags, Mo. und an den Hauptfeiertagen ⊠): Es enthält vor allem zahlreiche Funde aus der sardischen Frühgeschichte. Die bei Ausgrabungen gefundene Stücke (vor allem Kleinbronzen) werden hier aufbewahrt.; Sammlung von phönizischen Masken und Tongegenständen; griechische und romanische Kunstgegenstände. Das Museum wird durch eine Pinakothek (hauptsächlich sardischer Maler) ergänzt.
Torre di San Pancrazo (ganz in der Nähe): Das Tor aus dem 14. Jh. kontrollierte im Mittelalter den Nordeingang der befestigten Stadt. Fast in entgegengesetzter Richtung (in der Nähe der Universität) steht der Elefantenturm aus derselben Zeit.
Römisches Amphitheater: Eines der wenigen Überreste in Sardinien aus den Anfängen des christlichen Zeitalters (2. Jh.). Leider hat nur ein kleiner Teil des Bauwerks die Verwüstungen überstanden. In der Nähe stehen einige antike Überreste, darunter eine Villa aus dem 2. Jh., die „Casa di Tigellio".
Botanischer Garten („Orto Botanico", nachmittags, an Sonn- und Feiertagen ⊠): Tropische Pflanzen- und Baumarten.
Galleria Comunale d'Arte (Mo. ⊠): Maler der sardischen Schule, Volkskunst, Teppiche und Spitze.

Die Stadt aus dem 19. Jh.:

Am Eingang des „Lungomare" (Via Roma) steht das Verkehrsbüro, direkt am großen öffentlichen Garten der Piazza Matteotti, die von der Fassade des Rathauses überragt wird.
Panoramaterrasse* („Bastione di San Remy", an der Südspitze der Altstadt): Prächtige Aussichten.
San Saturnino* (Ost-Viertel): Die frühchristliche Basilika stammt zum größten Teil aus dem 5. Jh. Die Kuppel paßt sich harmonisch der orientalischen Umgebung an.
Bomaria (über den südöstl. Ausgang zu erreichen): Das gleichnamige Heiligtum beherbergt das Marinemuseum (Besichtigung auf Anfrage). Etwas höher, Aussicht vom Monte Urpino aus (80 m).

Schiffs- und Flugverbindungen: Mit Genua, Neapel, Palermo, Civitavecchia, Livorno und Sizilien (Palermo, Trapani); innerhalb Sardiniens mit **Arbatax***; in Nordafrika mit Tunis (via Trapani).
Feste: Prozession in der Karwoche; Ende April/Anfang Mai, internationale Messe Sardiniens; 1. Mai, historisches und folkloristisches Fest von Sant'Efisio; Anfang Juli das Fest der Madonna de Bonaria; im August lyrische Saison im römischen Amphitheater; 30. Oktober das Fest des hl. Saturnino.
Kunsthandwerk: Alle typischen Erzeugnisse Sardiniens: Weberei, Teppiche, Spitze, Goldschmiedearbeiten, Keramik und Holzschnitzereien.
Assemini (14 km nordwestlich): Frühchristliches Oratorium und gotische Kirche im aragonischen Stil. Anfang Juli: internationale Folklore-Festspiele, Kunsthandwerkausstellung und „traditionelle Hochzeit". Herstellung von Kunstkeramik.
Dolianova (20 km nördl.): Romanische Kirche San Pantaleo an der Stelle einer frühchristlichen Basilika (Taufbecken aus dem 5. Jh.).
Maddalena Spiaggia (12 km südwestl.): Badeort.
Quartu Sant Elena (4 km östl.): Museum für Kunst und Volkstraditionen („Sa Domu de farra", Besichtigung auf Anfrage). Spezialität: Mandelkuchen.
San Sperate (20 km nordwestl.): „Bemalte Häuser" vom zeitgenössichen Bildhauer Sciola. Im Juli Fest der Pfirsiche.
Sinnai (13 km nordöstl.): Kunsthandwerk des Korbflechtens.
Uta (23 km nordwestl.): Romanische Kirche Santa Maria* (12. Jh.).
Villaspeciosa (bei San Sperate): Mosaiken einer vor kurzem entdeckten römischen Villa.

Um Arbatax erheben sich überall aus dem tiefblauen Meer die von den Badegästen geschätzten Felsüberhänge aus rotem Porphyr.

Der „Costa Smeralda"-Stil

Er wurde eigentlich von Karim Aga Khan geschaffen. Anfang der 60er Jahre beschloß er, mit Unterstützung der Finanzwelt und der Zustimmung der Italiener und der Sarden, das 50 km lange Ufer zwischen **Maddalena*** und **Olbia*** in ein Immobilienparadies für Wohlhabende zu verwandeln. Auf der bei dieser Gelegenheit „Smeralda" (Smaragd) getauften Küste entstanden bald luxuriöse Anlagen und Paläste, manchmal futuristischer Architektur, die jedoch meistens mit der Kulisse der leuchtenden Granitküste harmonisieren. Die stark zerklüftete Küste ermöglichte die Besiedlung im Stil der „kleinen Pinselstriche". Nach und nach entstanden Nobeldörfer, Luxushotels, ganze Badeorte und Yachthäfen (Porto Cervo* bei Arzachena) sowie Campinganlagen. Alle geben ein anderes Bild: mal erinnern sie an den Kubismus der weißen Dörfer des Orients, mal an die Arkaden der italienischen Straßen, mal an die gewundenen, geblümten Gassen Andalusiens. Sogar der Nuraghe dient der Inspiration der größten Städtebauer aus der ganzen Welt. Dieser Stil machte Schule: hübsche Siedlungen entstanden bald an der Costa Paradiso (→ **Sassari***), an der Riviera del Corallo (Bucht von **Alghero***), an der Cala Gonone de Dorgali (→ **Nuoro***), um **Arbatax*** und an der Costa Rei (→ **Muravera*** und **Villasimius***) sowie auf der Costa del Sud (Santa Margherita und Feriendorf von Porto Pino, → **Cagliari***).

Ein typisches Beispiel des Stils „Costa Smeralda": der Ferienort Porto Cervo umschließt einen hübschen Yachthafen.

Gennargentu (Monte di) 30/C 2

Ein imposantes Bergmassiv, das praktisch unbewohnt, aber von herrlichen Kastanienwäldern bedeckt ist. Seine höchste Stelle und gleichzeitig der höchste Punkt der Insel ist die Marmora (1.834 m). Über eine Ringstraße kann man in einem Tag den Berg umfahren (300 km); Wanderwege führen zum Gipfel mit einem herrlichen Panorama*. Die Gegend ist reich an frühhistorischen Zeugnissen, besonders in der Gegend von Fonni.
Wichtigste Aufenthalts- und Ausflugsorte:
Aritzo (nordwestlicher Hang, 800 m): Ende Oktober findet das Folklore- und Kunsthandwerkfestival statt (Körbe aus Kastanienholz). **Desulo** (fast im Herzen des Massivs, 890 m): Hübsche Trachten, Holzschnitzerei, Zeremonien der Karwoche. **Fonni** (Nordhang, das höchstgelegene Dorf der Insel, 1.000 m): Im Herzen des Hirtengebietes der „Barbagia" liegt das einzige Wintersportzentrum Sardiniens (auf dem Monte Spada, 1.600 m). Anfang Juni das Fest der Märtyrer mit Prozession in Trachten und Reiteraufzug. **Sorgono** (Westhang, 700 m): Korkhandwerk.

Sardinien

Iglesias 31/B 1
Cagliari

In der hübsch gelegenen Stadt, Hauptstadt des Bergbaugebietes der „Iglesiente" (Kohle, Blei, Zink, Silber) blieben mehrere Bauwerke aus dem Mittelalter erhalten, unter anderen der **Dom** aus dem 13.-16. Jahrhundert, einige Teile des Salvaterra-Schlosses aus dem 14. Jahrhunder sowie, südlich des alten Viertels, die Kirche San Francesco (14. Jahrhundert). Auf der Via Roma steht das mineralogische Museum („Minerario", Besichtigung auf Anfrage).
Spezialität: „Suspiru" (Gebäck).
Kunsthandwerk: Holz- und Korkschnitzereien, Metall-Skulpturen.
Acquafredda (28 km östl.): Schloß aus dem 13. Jahrhundert.
Calasetta: Kleiner Hafen an der Nordspitze der Insel Antioco.
Carbonia (24 km südl.): Eine erst vor kurzem gegründete Stadt im Zentrum eines Braunkohlengebietes. Am Nordausgang liegt der archäologische Park des **Monte Sinai** (punisch-phönizische Zeit, 6. Jh. v. Chr.).
Portoscuso (22 km südwestl.): Schiffsverbindung mit den Inseln in „Portovesme" (1 km). Anfang Juni: Fest der Santa Maria d'Istria; Mitte August: Meeresfest.
Sant'Antioco (eine mit dem Festland durch eine Straße verbundene Insel; 39 km südl.; gleichnamiger Hafen): Das ehemalige „Sulcis" der Punier besitzt eine byzantinische Kirche aus dem 12. Jh. Von der antiken Stätte blieben einige Reste erhalten, darunter ein „Tophet" (Grabstätte) sowie die Akropolis, deren Funde im Antiquarium ausgestellt sind.
San Giovanni (12 km östl. über „Domusnovas"): Durch die Grotte, die man auch zu Fuß besichtigen kann, führt eine Straße.
San Pietro (Insel vor Portovesme, 51 km²; Schiffsverbindung mit Carloforte): Tiefseetauchen, Seegrotten. Ende Juni findet das Fest des hl. Peter statt.
Seruci (30 km südwestl.): Nuraghe.
Tempio di Antas*: Ein römisches Bauwerk aus dem 3. Jh., auch „del Sardus Pater" (nach dem Gott „Sid" der Karthager) genannt.
Villamassargia (10 km südöstl.): Herstellung von Teppichen.

Macomer 30/B 2
(Nuoro)

Die Handelsstadt ist auf Grund ihrer zahlreichen Zeugnisse der nuragischen Zivilisation zweifellos sehenswert: in ca. 7 km Entfernung ist Santa Barbara die interessanteste Anlage.

Sardinien

Bosa (26 km westl., 2 km vom Badeort Bosa Marina entfernt): Eine kleine Stadt, vom Schloß **Serravalle** (12. Jh.) überragt, mit einer sehenswerten gotischen Kirche (Sant'Antonio). In 2 km Entfernung, in Richtung Macomer, präromanische Kirche **San Pietro** aus dem 11. Jh. Im Februar findet hier einer der berühmtesten Karnevale auf der Insel statt; im August Festival der hl. Jungfrau des Meeres. Handwerk: kunstvolle Spitzen (auch „Netz" genannt).
Nuradeo (25 km westl.): Nuraghe.
Santa Maria di Corte (7 km westl.): Eine in der Mitte des 12. Jh. gegründete Zisterzienserabtei.
Silanus (10 km östl.): Nuraghe und romanische Kirche Santa Sabina (11. Jh.) in der Umgebung.

Muravera 31/D 1
(Cagliari)

In einer menschenleeren Welt liegt dieses große Dorf, das für die Produktion von Zitrusfrüchten, Wein und bitterem Honig bekannt ist.
Feste: Am Frühlingsanfang das Folklorefest „degli Agrumi".
Kunsthandwerk: „Launeddas" (antike Blasinstrumente), Holzschnitzereien und Korbarbeiten.
Cuili Piras (18 km südl.): Archäologische Ausgrabungen neueren Datums (Grabstätte aus der Steinzeit) in der Nähe der wegen ihrer schönen Strände berühmten „Costa Rei".
Goni (57 km nordwestl., über „Silius"): Nuraghe in der Nähe des Dorfeingangs.
Porto Collaro (9 km östl.): Badeort an der Mündung des Flusses Flumendosa.
San Priamo (10 km südl.): 2 km westl. Nuraghe S'Oro; dahinter herrliche Strecke** nach Cagliari durch die **Schluchten des Canas** und am Fuße der Sette Fratelli-Berge, wo wilde Hirsche und Rehe in freier Natur leben.
Torre Salina (10 km südl.): Schönes Panorama.

Nora 31/C 2
(Cagliari)

Was von dieser im 8. Jh. v. Chr. von den Phöniziern (oder, wie die Tradition es überliefert hat, vielleicht von den Iberern) gegründeten Stadt erhalten blieb, liegt in einer sehr reizvollen Landschaft* auf einem Kap. Man kann dort Überreste aus karthagischer (z. B. einen der Göttin Tanit geweihten Tempel), aus punisch-römischer (Heiligtum, Grabstätte) sowie aus den Anfängen der römischen Zeit (Thermen, Theater) entdecken. Die Stadt wurde im 7. Jh. n. Chr. verlassen. Die berühmte Prozession von Sant'Efisio, die am 1. Mai von **Cagliari*** aus geht, führt zur Kapelle (frühchristlicher Herkunft), die errichtet wurde, wo der gleichnamige Heilige den Märtyrertod starb.
Bithia* (20 km südwestl.): Ruinen einer Stadt, die von der nuragischen Zeit bis zur Epoche der punischen Herrschaft besetzt war (prähistorisches Dorf, frei liegendes phönizisches Heiligtum, punische Akropolis und Grabstätte). Jenseits durchquert die Küstenstraße der „Costa del Sud*" das fast menschenleere Gebiet des Filau-Berges und führt zum kleinen Hafen **Teulada** (43 km von Nora entfernt).
Pula (3 km nördl.); **Villa d'Ori** (14 km nördl.): Ehemalige Residenz der Prinzen von Savoyen (Besichtigung auf Anfrage).
Villa San Pietro (6 km nördl.): Zwei „Gräber für Riesen" und eine romanische Kirche aus dem 13. Jahrhundert.

Nuoro 30/C 1
Provinzhauptstadt

Obwohl man Nuoro eigentlich nicht als Bergstadt bezeichnen kann, erklärt sich seine relative Isolierung aus der Tatsache, daß seine Traditionen noch sehr gepflegt werden. Schon die Römer, die die Stadt unterwerfen wollten, hatten sie als „barbarisch" bezeichnet: der Name des benachbarten Gebietes „Barbagia" erinnert daran. Dieser berühmte Ferien- und Ausflugsort besitzt einen eigenartigen Platz, die „Piazza Satta", die mit nuragischen figurativen Bronzefiguren geschmückt ist.
Museen: Museum der sardischen Trachten und der volkstümlichen Traditionen (Mo. und Do.-nachmittag ⊠) mit einer Abteilung für ländliche Architektur; Speleologisches und archäologisches Museum (nachmittags und Mo. ⊠), wo die einzigen in Sardinien bekannten Menhir-Statuen ausgestellt wer-

Maddalena (archipelago della) 29/C 1
(Sassari)

Diese vor der Nordküste Sardiniens liegende Inselgruppe zählt 14 kleine Inseln (insgesamt 49 km²), darunter: Maddalena, Caprera, Santo Stefano, Spargi, Budelli, Razzoli...
Man erreicht die Insel, die der Inselgruppe ihren Namen gegeben hat, in einer Viertelstunde mit dem Boot vom kleinen Hafen Palau (**Olbia***) aus. Diese Granitinseln bieten eine Reihe von zerklüfteten Felsen und Stränden, die eine reizvolle Kombination bilden. Das klare Wasser macht aus den Inseln ein Paradies für Unterseetaucher.
La Maddalena: Einzige Ortschaft auf der gleichnamigen Insel. Hier wurde vor kurzem ein **archäologisches Seemuseum** (Wracks römischer Schiffe, Bordinstrumente, Amphoren) eröffnet. Panorama-Rundstrecke von ca. 20 km zur eindrucksvollen **Punta Cannone**.
Die Insel **Caprera** ist mit Maddalena durch einen Deich verbunden. Im Osten erhebt sich ein felsiger Kamm, dessen höchste Stelle bei 212 m liegt. Auf Grund der Einzigartigkeit der Pflanzen- und Tierarten wurde die Insel zum Naturschutzgebiet erklärt. In der Mitte steht **Garibaldis Grab**. Das Haus, wo er die letzten 26 Jahre seines Lebens verbrachte, ist als Museum eingerichtet.
Mit dem Schiff sind **Santo Stefano** (auf halbem Wege zwischen Palau und Maddalena, wo Überreste aus der Steinzeit gefunden werden) sowie die übrigen Inseln zu erreichen, die zwar unbewohnt, aber von Urlaubern und Sportlern gleichermaßen geschätzt werden.

den, und das Geburtshaus des Schriftstellers Grazia Deledda (1873-1936), der 1926 den Nobel-Preis für Literatur erhielt.
Feste: In der ganzen Gegend folgen maskierte Männer und Frauen mit prächtigen Trachten den Prozessionen bei wichtigen christlichen Feiern; in Nuoro selbst findet in der zweiten Augusthälfte das Fest „del Redentore" statt.
Kunsthandwerk: Goldschmiede, Spitzen und Stickerei, bunte Webearbeiten, Korbflechten, Truhen aus Nußbaum oder Kastanienholz.
Dorgali (33 km östl.): Fest des Fisches (mit Kunsthandwerksausstellung und Folklore); Mitte August: Fest des hl. Josefs; Kunsthandwerk: Kunsttöpfern, Filigran- und Kupferarbeiten. Auf dem Küstenstreifen (Hafen von „Cala Gonone", 9 km östl.) finden die Robben eine Unterkunft in den zahlreichen Seegrotten, darunter der des Bue Marino* („Seeochsen", im Süden, Bootsfahrten), wo man durch 5 km unterirdische Gänge laufen kann. In der Nähe von Cala Gonone, Nuraghe Arvu.
Ispinigoti (Grotta di, 8 km nördl. von Dorgali): Die Grotte enthält einen 38 m hohen Stalagmiten.
Maimoiada (18 km südl.): Am 17. Januar findet zum Fest des hl. Abtes Antonius die eindrucksvolle, lautlose Prozession der „Mamutones" (Maskierten) statt.
N.S. della Solitudine (8 km östl.): Fast an der Spitze des Monte Ortobene (950 m); Panoramablick.
Oliena (12 km südöstl.): Prozession in der Karwoche; 21. August: Prozession in Kostümen von San Lussorio; Kunsthandwerk.
Orgosolo (20 km südl.): Ein Dorf mit bemalten Häusern. Die von den Bewohnern in den letzten Jahren angebrachten Wandbilder stellen ihre sozialen Sorgen dar. Am 15. August, Fest der „Assunta" (Mariä Himmelfahrt) mit Trachten.
Orotelli (20 km westl.): Liegt im Herzen einer Gegend mit zahlreichen Nuraghen.
Ottana (31 km südwestl.): Romanische Kirche im pisanischen Stil.
Sierra Orios (20 km östl.): Ruinen einer Gruppe nuragischer Bauwerke (3. Jahrtausend v. Chr.).

Nuraghi/Die Nuraghen

Auf der Insel sind 7.000 dieser einzigartigen Bauwerke erhalten geblieben. Sie sind scheinbar mit den „Tayalot" der Balearen verwandt, haben jedoch die Form von Kegeln mit abgeschnittener Spitze, die bis zu drei Stockwerken hoch sein können. Sie wiesen in den meisten Fällen nur eine Öffnung auf, abgesehen vom am First angebrachten Kamin. Die nuragische Zivilisation tauchte zur Bronzezeit auf (Ende des 3. Jahrtausends) und scheint zur Zeit der punischen Herrschaft (ca. 6. Jh. v. Chr.) erloschen zu sein. Die Menschen aus dieser Zeit bauten auch die mit den „Navestas" von Minorqua verwandten „Riesengräber". Dieses sind Gräber von der Form eines umgekehrten Schiffes, die wahrscheinlich von den Hünengräbern abgeleitet waren.

Olbia 29/D 2
(Sassari)
Neben seiner Funktion als erster und aktivster Hafen der Insel für Personenverkehr (er liegt dem italienischen Kontinent - über **Civitavecchia*** - am nächsten) ist Olbia der bedeutendste Ausfuhrhafen Sardiniens für Kork, Wein, Korallen und Holz. Die am Rande eines Golfes liegende, ehemalige griechische Ansiedlung wird, wie von zwei Krebszangen, von zwei von der Erosion zerklüfteten Kaps aus Kalkstein eingeschlossen, die in der mehr als 500 m weit im Meer liegenden Insel Tavolara ihre höchste Stelle haben. Aus dem 11. Jh. ist eine romanische Kirche erhalten geblieben.
Schiffsverbindungen: Mit **Arbatax***, **Civitavecchia*** (über Golfo Aranci, 18 km nordöstl.), **Genua*** und **Livorno***.
Feste: Karneval im Mai und September.
Spezialitäten: Fisch, Meeresfrüchte, gegrilltes Lamm, frischer Schafskäse, Honigkuchen.
Kunsthandwerk: Gegenstände aus Kork und Korallen sowie „Cera-Sarda" - Keramiken.
Arzachena (26 km nordwestl.): In einer an prähistorischen Überresten reichen Gegend gelegen: 3 km südöstl. Nuraghe Malchittu (10. Jh. v. Chr.) und in 9 km Entfernung Grabstätte „Li Muri" aus der Steinzeit (3. Jahrtausend). In der Hauptsaison, Folkloreveranstaltungen und Segelregatta.
Budduso (65 km südwestl.): Nuraghe Ruiu.
Cabbu Abbas (5 km nordöstl.): Nuragisches Heiligtum, auch „Riu Mulioru" genannt.
Costa Dorata (18 km nordöstl.): Badeort.
Golfo Aranci (30 km nördl.): Autofähre nach **Civitavecchia***.
Palau (40 km nördl.): Touristenzentrum und Abfahrtshafen nach Maddalena.
Porto Cervo (30 km nördl.): Hauptzentrum der Costa Smeralda, ein seit ca. 30 Jahren sehr modern ausgestattes Feriengebiet; alle Wassersportarten; Yachthafen.
Sa Testa (4 km nordöstl.): Heiliger Brunnen.

Oristano 30/B 2
(Provinzhauptstadt)
Die kleine Stadt, die am Ende des 11. Jh. in einem für seine Flamingos berühmten Lagunen-Gebiet von den Einwohnern der verlassenen Stadt „Tharros" gegründet wurde, ist die Heimat der Eleonora Arborea, der „sardischen Jeanne d'Arc", deren juristisches Werk noch heute in Ehren gehalten wird.

Duomo: Das zur Barockzeit neu errichtete Bauwerk enthält u. a. eine „Annunziata", eine Holzstatue von Nino Pisano (14. Jh.).
Antiquarium Arborense (an Feiertagen, So. und Sa.-nachmittag ⊠): Das Museum zeigt Gegenstände aus der Jungsteinzeit, aus der nuragischen Zivilisation sowie Funde der punischen und römischen Zeit aus den Ausgrabungen („Scavi") in Tharros und Sinis de Calvas.
Porta Manna: Rest der alten Festungsmauer (Ende 13. Jh.) am Nordausgang des alten Viertels.
Feste: Anfang März, Karneval; „Sartiglia" (Lanzenstechen in Kostümen aus dem 14. Jh.); Prozession in der Karwoche; im September „Oristanense" (vielfältige Veranstaltungen).
Spezialitäten: Meeresfrüchte.
Kunsthandwerk: Keramik, Gegenstände aus Horn.
Abbasanta (35 km nordöstl.): Hier steht die Nuraghe Losa*, eine der besterhaltenen Sardiniens, ein dreistöckiges Wehrhaus, dessen Räume durch gewundene Gänge verbunden sind.
Ales (43 km südöstl.): Heimat des Politikers Antonio Gramsci (1891-1937); in seinem Geburtshaus wurde ein kleines Museum eingerichtet.
Cabras (8 km nordwestl.): Anfang September historisches Fest von San Salvatore mit Wettrennen der „Scalzi".
Filighe (45 km nordöstl., über Busachi): Nuraghe.
Fordongianus (26 km nordöstl.): Romanische Kirche Santu Lussurgiu aus dem 13. Jh.
Paulilatino (23 km nordöstl.): Nuraghengruppe Santa Cristina.

Santa Caterina di Pittinuri (25 km nordwestl.): Badeort; 2 km entfernt, Ruinen von „Cornus", einer punisch-römischen Stadt.
Santa Giusta (3 km südl.): Berühmte Ferienanlage am Rande der Lagune; im Dorf sehenswerte romanische Basilika (12. Jh.).
San Vero Milis (19 km nördl.): Nuraghe „S'Urachi".
Sedilo (47 km nordöstl.): Kleine Menhire („Betili"); Anfang Juli: Reiteraufzug „di S'Ardia".
Tharros* (21 km westl., über „San Giovanni di Sinis"): Auf einem Kap steht die im 11. Jh. erweiterte Kirche aus dem 5. Jh. auf der Stätte einer nuragischen, von den Phöniziern wieder aufgebauten Siedlung.

Sassari 29/B 2
(Provinzhauptstadt)
Die zweitgrößte Stadt der Insel, ein Handelszentrum für die Weine aus dem Gebiet von **Alghero***, entwickelte sich um die aragonische Stätte (16. Jh.), von der viele Zeugnisse erhalten geblieben sind, und um die mittelalterliche Stadt.
Duomo: Er steht im Mittelpunkt des mittelalterlichen Viertels; zum Teil aus dem 13. Jh., aber vor allem im Barockstil; Malereien aus katalanischer Zeit und kleines Museum.
S. Maria di Betlem: Kirche mit romanischer Fassade und schönem Inneren am Rande des alten Stadtkerns (Brigliadoro-Brunnen).
Im „Giardino Publico" (öffentlicher Park), Ausstellungszentrum für das sardinische Kunsthandwerk.
Museum Sanna* (Mo.-nachmittag und an Feiertagen ⊠): Archäologie, Völkerkunde, Pinakothek.

„Sagra" in Sassari. Die Votivkerzenständer aus geschnitzem Holz werden in einer Prozession bis zur Betlem-Kirche getragen.

Fonte Rosello: Sehenswerter Barockbrunnen am Nordausgang.
Feste: Prozession am Karmittwoch; Christi Himmelfahrt: großer Reiterzug mit Kostümen; am 14. August: Fest der „Candelieri" (Kerzenständer), riesigen Kerzen aus Holz. Besonderheit: der „Ballo Tondo", ein Reigentanz, der viel Ähnlichkeit mit der katalanischen „Sardana" hat; alle zwei Jahre im Juni-August das Kunsthandwerk-Festival (Vorführung von Trachtenpuppen und Webarbeiten).
Ardara (30 km südöstl.): Romanische Kirche Santa Maria del Regno aus dem 12. Jh.

Sardinien besitzt nicht viele archäologische Überreste aus der römischen Besatzungszeit. Hier die Ruinen von Tharros, in der Nähe von Oristano. Es handelt sich um eine auf einer phönizischen Stätte entstandene, ehemals nuragische, frühchristliche Siedlung.

Castelsardo: Das vom Castello überragte Fischerdorf umgibt den Hügel. Die „Neuentdeckung" der Costa Paradisio durch den Tourismus war in Bezug auf die bauliche Entwicklung der alten Städtchen nicht immer vorteilhaft.

Asinara (Isola): Die bergige Insel (höchste Stelle 408 m), die den gleichnamigen Golf umschließt, erstreckt sich auf über 20 km in der Verlängerung der Crocetta-Halbinsel. Diese wird von drei kleinen Fischerhäfen eingerahmt. Ohne Genehmigung kann sie nicht besichtigt werden.
Bornova (48 km südöstl.): Kleiner archäologischer Park; 9 km östl.: unterirdische Grabstätte aus dem 3. Jahrtausend, Grotte von Sant' Andrea Priu genannt.
Castelsardo (32 km nordöstl.): Der auf einem Kap hübsch gelegene Fischerhafen überragt das Meer; Rundblick vom Castello aus. Am Anfang der Karwoche Prozession des „Luni Santu". Korbflechterei. 4 km südöstlich steht der **„Elefante de Multeddu"**, eine von der Erosion zerklüftete Felsengruppe.
Laerru (52 km nordöstlich): In der Nähe Grotte „Su Coloru" und romanische Kirche „San Pietro in Simbranos*" aus dem 12. Jahrhundert.
Monte d'Accodi (11 km nordwestlich): Ein megalithischer Tempel aus der Zeit vor der nuragischen Zivilisation, der einzige bekannte Tempel dieser Art im östlichen Mittelmeerraum.
Porto Torres (19 km nordwestlich): Der Hafen Sassaris; Autofähren nach Toulon (Frankreich), **Genua*** und **Civitavecchia***. Zahlreiche Reste aus römischer Zeit. Im „Duomo", einem schönen Bauwerk aus pisanischer Zeit mit antiken Elementen, stehen in der Krypta römische Sarkophage; Herstellung geflochtener Gegenstände mit roten und schwarzen Mustern.
Saccargia* (13 km südöstl.): Freistehende Kirche Santa Trinita, ein pisanisches Bauwerk (12. Jh.) aus abwechselnd geschichteten schwarzen und weißen Steinen. Sehr schöner Kampanile*.
Sant'Antine (37 km südöstl.): Das Tor zum „Tal der Nuraghen" mit einem Bauwerk aus dem 9. Jahrhundert v. Chr. in der Nähe der romanischen Kirchen von Cabu Abbas und von San Pietro di Sorres.
Sant'Antioco di Bisarcio* (36 km südöstl.): Eine der schönsten romanischen Kirchen der Insel.

Siniscola 29/D 3
(Nuoro)
Die Stadt liegt in der Nähe der Ostküste (Strände von Caletta und Posada, Tiefseetauchen in Santa Lucia) und am Fuße des dolomitischen Massivs des Monte Albo (1.100 m), in dem sich zahlreiche Grotten befinden. Das Zentrum des Keramikkunsthandwerks ist auch wegen seiner schönen Frauentrachten berühmt.
Budoni (20 km nördl.): Badeort.
Lulla (35 km südwestl.): Anfang Mai, „Sagra" (Fest) von San Francesco (prächtige Trachten).
Orosei (37 km südl.): In der Nähe befinden sich neu gegründete Badeorte, die sich schnell entwickeln (Cala Libertotto, usw.); Ende Mai: Prozession per Boot zur Kapelle „Signora del Mare"; 2. Woche im September: großes Fest der Madonna del Rimedio; Kunsthandwerk: Holzschnitzereien.

Tempio Pausania 29/C 2
(Sassari)
Mitten im „Macchia"-Gebiet (immergrünes Gebüsch) der Gallura und am Eingang des „Tals des Mondes", einer Wüste, liegt diese Stadt aus klassizistischer Zeit (mit einem zum Teil romanischen Duomo). Sie ist eines der großen sardinischen Zentren der Korkindustrie. Der Ort verfügt über bekannte Mineralquellen. 2 km nördlich steht die Nuraghe Maiori.
Feste: Karneval.
Kunsthandwerk: Gegenstände aus Kork.
Aggius (6 km nordwestlich): Kunsthandwerkszentrum.
Bono (38 km südlich von Ozieri): Sehr schöne, waldreiche Gegend. Ende August: historische und folkloristische Feste mit prachtvollen Frauentrachten.
Calangianus (10 km östl.): Korkverarbeitung.
Monte Limbara (17 km südöstlich, 1.360 m): Ausblick auf einen großen Teil Nordsardiniens.
Oschiri (26 km südl.): Der Ort überragt den großen Coginhas-Stausee; Kapelle der „Signora di Castro"; 3 km südlich Nuraghe S'Abba Salida.
Ozieri (47 km südwestl.): Hauptort des landwirtschaftlichen Gebietes des „Lugodoro"; in den Kirchen findet man einige Kunstwerke; in der Kirche San Francesco wurde ein archäologisches Museum eingerichtet. Die am Südausgang befindliche Grotte di San Michele war in der Jungsteinzeit bewohnt.

Villasimius 31/D 2
(Cagliari)
Ein Bade- und Ausflugsort in einer herrlichen, unberührten Umgebung mit bewaldeten Hügeln und von weißen Stränden gesäumten Kaps. Eine sehr schöne Panoramastraße* führt nach **Cagliari***.
Feste: Folklore-, Kunst- und Sportveranstaltungen Anfang Juli und Anfang September.
Capo Carbonara (6 km südl.): Sehr schöner Ausblick von der Spitze des Turms Santa Caterina (115 m).

Sicilia/Sizilien

Die grüne Insel Sizilien, die „Trinacria" (drei Spitzen) der alten Griechen, ist laut Verfassung von 1948 selbständig: Sitz der autonomen Verwaltung ist die Hauptstadt Palermo (690 000 Einwohner). Die flächengrößte der Mittelmeer-Inseln (25 709 km²) hat auch die meisten Einwohner (5 050 00; Bevölkerungsdichte: 190/km²). Sie bildet eine der Regionen der italienischen Republik und besteht aus neun Provinzen: Agrigento, Caltanisetta, Catania, Enna, Messina, Palermo, Ragusa, Siracusa, Trapani. Die höchste der ostwestlich verlaufenden Erhebungen dieses gebirgigen Landes ist der Ätna (ca. 3300 m), einer der größten und gefährlichsten noch tätigen Vulkane der Welt: er hat sich seit der Eruption von 1970 praktisch nicht wieder beruhigt, und an seiner Spitze können innerhalb weniger Wochen Höhenunterschiede von meherern Metern gemessen werden. Darüber hinaus wird die Insel von Erdbeben erschüttert: diese forderten in Catania (1669) und Messina (1908) zahlreiche Todesopfer; 1968 wurde vorwiegend der westliche Teil des Landes davon betroffen.

Der von Inselketten vulkanischen Ursprungs umsäumte kleine Kontinent ist reich an Tier- und Pflanzenarten, die zum Teil nur dort zu finden sind: Karettschildkröten (Insel Lampedusa) sowie Mönchsrobben (Messina-Küste und Liparische Inseln), graue Bartavella-Rebhühner, Aasgeier, Zwerg-Pferde (Sanfratellani), Schmetterlinge des Madonie-Gebirges. Dort haben auch 21 Tannen die Eiszeit überlebt. Erwähnenswert sind auch der Papyrus bei Syrakus und am Fluß Ciane, Zwergpalmen in Scopello, Kapernsträucher in Pantelleria sowie vulkanische Felsen, darunter die berühmte Basaltspitze auf Lipari.

Von Natur aus gastfreundlich und sehr gesprächig, können die Sizilianer aber auch äußerst diskret sein. Neben dem arabischen Typus (besonders bei den Frauen) ist auch der nordische Typus mit blonden Haaren und fröhlichen blauen Augen vertreten.

Wirtschaft

Die Hälfte der aktiven Bevölkerung lebt von der Landwirtschaft: Getreide (Gebiete im Inland); Weinbau (Marsala, Etna, Syrakus, Äolische Inseln: Malvasier; Menfi: weißer Settesoli; Baumkulturen (Oliven, Mandeln, Zitrusfrüchte). Somit ist Sizilien erster italienischer Erzeuger von Orangen und Zitronen. Ferner Tomaten (pomodoro) und auch Baumwolle (Gebiet um Agrigent). Fischerei wird vor allem im Westen und auf den Inseln betrieben, ebenso wie das Sammeln von Korallen und Naturschwämmen. Die industriellen Aktivitäten umfassen Schwefelabbau in den Mittelgebieten (bei Enna und Canicatti), Erdölförderung um Ragusa und Gela, Methangewinnung in Castelvetrano, große petrochemische Anlagen in Milazzo und vor allem in **Augusta***.

Folklore

Die berühmten buntbemalten Karren sieht man immer seltener, doch kann man sie noch vereinzelt auf den Märkten antreffen. In der Karwoche finden eindrucksvolle Prozessionen statt. Bei Hochzeiten werden traditionelle oft prachtvolle Trachten getragen. Im Verhältnis zu Süditalien ist die Gastronomie nicht sehr originell; die Weine übertreffen jedoch qualitativ alle Weine des Kontinents.

Wenn Ihr Weg Sie nach Palermo, Cefalu oder Acircale führt, sollten Sie das Marionetten-Theater besuchen (opera dei puppi).

Im Westen Siziliens, vor der Kulisse des Meeres, ziehen sich auf grünen Hängen die Weiden hinunter bis zur Küste, mit ihren prachtvollen Bauwerken aus Kalkstein.

Geschichtlicher Überblick

Die ersten bekannten Siedler (ab Mitte des 3. Jahrtausends), ebenso wie in der sogenannten **Nuragen**-Zivilisation in **Sardinien***, waren die Sikuler asiatischer Herkunft und die Sikaner iberischer Herkunft. Vom 9. Jh. an siedelten sich die Phönizier im Westen an (Panormos: Palermo; Eryx: Erice).

Zeitrechnung v. Chr.
Gegen 734: Gründung von Naxos (östl. Seite, am Fuße von **Taormina***) durch die ionischen Griechen, die sich auch in Catania und Messina (gegen 729) ansiedelten.
Zwischen 733 und 720: Dorische Kolonisation im Süden der Insel (Syrakus — die die Rivalin Athens wird —, Selinonte, Agrigente...). In diesen Städten wurden die schönsten Münzen des antiken Griechenlands geprägt. Dort hielten sich Pindar, Sappho, Platon, Archimedes und Äschylos auf, (ebenso die legendären Odysseus und Minos).
6.-5. Jh: Konflikte zwischen den ionischen und den dorischen Städten, von denen mehrere zerstört werden.
5.-4. Jh: Herrschaft von Syrakus. Kämpfe mit den Karthagern.
Anfang des 33. Jh.: Pyrrhus II. nimmt den Karthagern Sizilien ab.
241: Die Insel wird römische Provinz. — **212:** Marcellus erobert Syrakus. — **73-71:** Sizilien leidet unter den Steuerlasten des Prokonsuls Verres.

Zeitrechnung n. Chr.
535: Nachdem Belisar die Wandalen vertrieben hat, wird Sizilien byzantinischer Besitz.
831: Die Araber (oder Sarazenen) erobern die Städte Palermo und Syrakus, letztere im Jahre 878.
1061-1091: Vertreibung durch die Normannen.
1194: Nachdem das deutsche Provinz geworden ist, wird die Insel zum bevorzugten Aufenthalt von Friedrich II. (gest. 1250).
1265: Päpste schenken Karl I. von Anjou Sizilien.
1282: Sizilianische Vesper (→ **Palermo***). Die Franzosen werden verjagt, und das Land geht in den Besitz des Hauses von Aragon über.
1442: Angliederung an das Königreich Neapel.
1669: Ausbruch des Ätna (20.000 Tote in **Catania***)
1693: Schweren Erdbeben zerstören Catania, Noto, Ragusa und Modica.
1718: Die Insel kommt an Österreich, geht dann **1735** in den Besitz der Bourbonen über und wird zu deren Zufluchtsort während der napoleonischen Besetzung des Kontinents (1809-1814).
1860: Garibaldi landet in **Marsala***.
1908: Erdbeben in Messina (60.000 Tote).
1943: Sizilien wird von den Engländern und Amerikanern befreit.
1948: Sizilien erhält den Status einer unhabhängigen Region.
1984: Die Lavaflüsse des Ätna werden „unter Kontrolle gebracht".

Acireale 28/D 2
(Catania)

Am Fuße des Ätna, auf einer vulkanischen Terrasse, wo die Zitronenbäume gedeihen, liegt das Thermalbad, das bereits im Altertum berühmt war (Xiphonia der Griechen, Akis der Römer) und zur Zeit der Bourbonen Spaniens wieder in Mode kam. Zahlreiche barocke Bauten zeugen von dieser Zeit. Besonders sehenswert sind der **Duomo** (Innendekoration), die nahe gelegene **Kirche San Pietro e Paolo**, der **Palazzo Comunale** und die Kirche San Sebastiano. In der Pinakothek **Zelantea** (Sa nachmittags und Feiertage ⊠) Archäologiefunde (Büste von Julius Caesar) und Gemälde der klassischen Zeit. Im Norden, vom öffentlichen Park aus (Villa Belvedere), Blick auf den Ätna und das Meer.
Feste: Umzug mit blumengeschmückten Wagen auf dem größten Karneval Siziliens; Marionettentheater im Folkloretheater. Zur Weihnachtszeit wird eine Krippe aus dem 17. Jh. aufgestellt.
Handwerk: Trachtenpuppen und Marionetten mit berühmten Rüstungen.
Aci Castello (8 km südl.): Das Städtchen (13.000 Einw.) wird von der aus Lava gebauten romanischen Normannen-Burg **Normanno** (11. Jh.) überragt.

Aci Trezza (6 km südl.): Ein Fischerdorf gegenüber den Riffen (**Faraglioni***) der Zyklopen aus der Odysseus-Sage, die dem ganzen Küstengebiet ihren Namen gegeben haben: **Riviera dei Ciclopi**. Visconti drehte hier 1947 den Film „Die Erde bebt" nach Vergas „Les Malavoglia".
Giarre (14 km nördl.): Charakteristisch sind dort die groben Lava-Pflastersteine und die barocken Kirchen. Ein Teil der Giebelseite eines griechischen Tempels krönt das Totendenkmal. Vom Bahnhof aus startet die Eisenbahn für die Rundfahrt um den **Ätna***.
Santa Maria della Scala (Nord-Ausgang): Ein Fischerdorf mit Panoramastraßen. Bootsausflüge.

Agrigento/Agrigent
(Provinzhauptstadt) 27/D 2
Als Akragas war sie eine der letzten Kolonien der Griechen auf Sizilien. Von den Rhodiern aus **Gela*** 581 v.Chr. gegründet, begann ihre Blütezeit unter dem Tyrannen Theron (Anfang des 5. Jh.) und erreichte bald ihren Höhepunkt. Prachtvolle Tempel wurden in der Stadt errichtet, und man nimmt an, daß sie bis zu 100.000 Einwohnern zählte. Erst tausend Jahre später, unter byzantinischer Herrschaft, ging die Stadt unter. Während der arabischen Zeit (9. Jh.) wurde das Zentrum auf den Hügel verlegt, wo sich inzwischen die heutige Stadt entwickelt hat.
Man kann drei Bezirke unterscheiden: Agrigento Bassa im Norden, ein Neubau- und Gewerbegebiet; die eigentliche Stadt, die sich auf dem Hügel in einer großartigen Lage** ausbreitet (Ausblick von der Straße nach Palermo und vom Tal der Tempel aus); und der noch weiter ausgedehnte archäologische Bezirk, der zwischen Stadt und Meer inmitten von Oliven- und Mandelhainen auf mehreren Ebenen liegt.
Die Obere Stadt: Sie umfaßt zwei Stadtteile, die sich um das belebte Zentrum gliedern (Piazza Vittorio Emanuele und Aldo Moro, in deren Verlängerung sich das Verkehrsamt befindet): Im Osten die Stadt aus dem 19. Jh. und im Westen die mittelalterliche Stadt, deren Kern aus engen, steilen, treppenförmigen Gassen besteht, die aber leider von modernen Bauten etwas „erdrückt" wird. Sehenswert sind dort die gotische Abteikirche **Santo Spirito** (13. Jh.) und der **Dom** (Duomo) aus dem 11.-14. Jh., der in der Barockzeit erneuert wurde (interessant im Presbyterium der Echo-Effekt: portavoce). Im benachbarten **Museo Diocesano** bemerkenswerte byzantinische Schreine.

Sizilien

An der Südseite, neben dem Rathaus, steht das städtische Museum (nachmittags, So und Feiertage ⊠).
San Biago (19. Jh., am östlichen Ende de Stadt): Man gelangt über die Panoramastraße **Via della Vittoria** zu diesem romanischen Kirchlein, einem umgebauten griechischen Tempel. Von dieser Stelle aus bietet sich ein herrlicher Ausblick* auf das Tal der Tempel und das Meer. Etwas unterhalb stehen das Grottenheiligtum der Demeter und Peserphone (6. Jh. v. Chr.?) sowie Überreste griechischer Festungen. Etwas weiter, in Richtung auf den Tempel der Juno, ein antikes Tor, die „Porta de Gela".
Der Archäologische Bezirk: Auf der Hauptstraße zum Tal der Tempel befinden sich links, in Höhe der 4. Kreuzung, Funde aus einer griechisch-römischen Stadt, die bis zum 5. Jh. n.Chr. noch bewohnt war (So, an bestimmten Feiertagen und nachmittags im Winter ⊠).
S. Nicola (nachmittags ⊠): Diese Kirche aus dem 14. Jh. beherbergt den berühmten, von Goethe besungenen Sarkophag mit einer Darstellung aus der Sage um Phädra und Hyppolytus. Etwas weiter findet man das griechische Amphitheater, die Kapelle des Phalaris („Oratorio di Falaride") aus dem 1. Jh. n. Chr., genannt nach dem ersten Tyrannen von Agrigent und schließlich das Museum.
Museo Archeologico* (Mo. nachmittags und an bestimmten Feiertagen ⊠): Ausgestellt werden dort Ausgrabungsfunde aus Agrigent und den Provinzen Agrigent und **Caltanissetta***. Besonders sehenswert: die Vorgeschichts- und Mosaikabteilung, die Münzensammlungen, besonders schöne griechische und italische Vasen. Unter den berühmten Exponaten findet man die Statue des Epheben von Agrigent (470 v.Chr.), den sog. „Gigante" aus dem Jupitertempel, sowie drei weitere Köpfe von „Telamonen", ebenfalls aus diesem Tempel.
Tal der Tempel* (12 km Umfang): In diesem Bezirk, der ausschließlich zu Fuß über einen 3 km langen Rundweg besichtigt werden kann, befinden sich mehrere hellgelbe Bauten, alle aus dem 6.-5. Jh. v. Chr. Alle, außer dem Tempel der Concordia, sind in Ruinen verfallen. Man vermutet, daß sie — wie die Tempel in **Selimonte*** — Opfer eines Erdbebens wurden (kostenloser und ständiger Einlaß; in der Hauptsaison Nachtbeleuchtung).
Tempel des olympischen Jupiters (Tempio di Giove Olimpico): Er wurde wahrscheinlich als letzter gebaut, jedoch nie vollendet. Er war der größte dorische Tempel der Antike (54x112 m). Der auf dem Boden liegende „Gigant" ist eine Kopie (das Original befindet sich im archäologischen Museum). Es handelt sich um einen der 7,50 m hohen kolossalen „Telamonen" (Gebälkträger), die das Gesims des Tempels stützten.
Dioskurentempel* (Tempio dei Dioscuri, oder Demeter- und Persephonetempel, auch Tempel des Castor und Pollux genannt): Hier sind nur vier Ecksäulen als Stütze des Gebälks übriggeblieben (im 19. Jh. wieder aufgestellt).
Hinter der Schlucht erblickt man die zwei übriggebliebenen Säulen des **Vulkantempels**.
Grab des Theron: Das turmartige, 9 m hohe könnte ein römisches Denkmal sein.
Talbezirk: Hier stehen die Baudenkmäler stufenweise auf dem Grat eines Bergrückens bis zum Tempel der „Juno Lacinia", der 2 km vom Fuß des Berges entfernt an der Spitze des Hügels steht. Man sollte vom Restaurant aus der Panoramastraße, der Strada panoramica oder Via Sacra folgen (Blick auf den Concordia-Tempel).
Herkulestempel. Versteckt zwischen Olivenbäumen, scheint er der älteste Tempel im Tal zu sein. Acht Säulen davon wurden wieder aufgerichtet.
Villa Aurea: Im Garten kann man Katakomben und Grabstätten aus frühchristlicher Zeit besichtigen.
Tempel der Concordia** (Erbaut 440 v.Chr.): Dieses majestätische Baudenkmal ist der besterhaltene dorische Tempel Siziliens. Ebenso kann er als ein Meisterwerk griechischer Baukunst in Süditalien angesehen werden. Das 20 m lange und 42 m breite Bauwerk mit 42 — noch intakten — Säulen war wahrscheinlich den Dioskuren gewidmet. Im 6. Jh. n.Chr. wurde der Tempel teilweise als Basilika umgebaut: die Kirche San Gregorio wurde dort bis 1748 benutzt. Der Zutritt ins Innere ist verboten. Die Strada Panorami-

Agrigent: Die Stadt hat als Symbol die vier Säulen gewählt, die im letzten Jahrhundert unter dem Gesims des Tempels des Castor und Pollux wieder errichtet wurden. Daneben: das Heiligtum der chthonischen Götter, der Dioskurentempel.

ca nähert sich dann den griechischen Mauern und gelangt (1 km weiter) zum höchstgelegenen Heiligtum, dem **Tempel der Juno*** (griech. Tempel der Hera): In diesem völlig isoliert liegenden Gebäude aus dem 5. Jh. v.Chr. steht neben der westlichen Hauptfassade noch der Opferaltar. Die Mauern der „Cella" tragen noch Spuren des Feuers, das das Gebäude im Jahre 406 v.Chr. zum Teil zerstörte. Nur 20 seiner 34 Säulen stehen noch. Auch hier ist der Eintritt verboten.
Südbezirk: Im Tal, am Rande der neuen Umgehungsstraße steht der Äskulaptempel, auch L-Tempel genannt.
Feste: 1. Hälfte Febr. Fest des blühenden Mandelbaumes um den Tempel der Concordia (internationale Folklorebegegnungen); im Juli Pirandello-Woche im Geburtshaus des berühmten Autors.
Licata (44 km südöstl.): Industriehafen und Badeort. Im archäologischen Museum (Mo ⊠) werden Funde aus vorgeschichtlichen und hellenistischen Stätten der Umgebung gezeigt. Renaissance- und Barockkirchen. Blick auf die Stadt vom Castel Sant Angelo aus, das auf der Stätte der alten Akropolis gebaut wurde (130 m).
Naro (35 km östl.): Schön gelegener Ort mit einer Burg aus dem 13.-14. Jh. und einigen sehenswerten Kirchen.
Palma di Montechiaro (25 km südöstl.): Kloster und Barockkirchen.
Racalmuto (21 km nordöstl.): Mittelalterliches Castello.
Ravanusa (53 km östl.): Zur Zeit Ausgrabungen auf der Stätte der griechischen Stadt Kakyron (7. Jh. v.Chr.); einige km weiter südöstl. prähellenische Stätte von Monte Saraceno.
Sant'Angelo Muxaro (33 km nordwestl.): Überreste einer prähellenischen Siedlung. Etwas höher, in Monte Adranone, im mittleren Tal des Platini-Flußes, Ausgrabungen einer Stadt aus dem 6. Jh. v.Chr.

Augusta* 28/D 2
(Siracusa)
In einer gigantischen petrochemischen Welt, jedoch am Eingang von lichtüberfluteten Salinen, erstreckt sich der Hafen auf einer durch zwei Brücken mit dem Festland verbundenen Insel. Von der Gründung der Stadt durch Friedrich II. (1232) zeugt noch das Kastell, das in der Renaissance-Zeit umgebaut wurde (heute Strafanstalt: keine Besichtigung).
Brucoli (8 km nördl.): Fischereihafen und Badeort.
Lentini (29 km westl.): Das Leontinoi der Antike wurde 729 v.Chr. ge-

Im Zentrum des „Tals der Tempel" von Agrigent ist die Fassade des Tempels der Concordia ein Meisterwerk dorischer Kunst in Groß-Griechenland.

gründet und ist heute ein bedeutender Markt für Zitrusfrüchte. Unter der Hauptkirche befindet sich eine Krypta aus dem 3. Jh. Im archäologischen Museum werden Gegenstände gezeigt, die aus der „Stadt der Griechen" stammen (20 min. Fußweg). Dort kann man Überreste von Festungsmauern, Grabstätten und auf dem Hügel Ruinen eines Tempels aus dem 6. Jh. v.Chr. und eines vorgeschichtlichen Dorfes aus dem 11. Jh. sehen.
Megara Hyblaia* (10 km südwestl.): Ruinen einer Siedlung von Griechen aus Megara, wahrscheinlich die älteste Siziliens und zur Zeit Naxos entstanden (→ **Taormina***). Sie erlebte eine gewisse Blütezeit im 6. Jh. v.Chr. Zwei Stätten wurden dort ausgegraben: eine von einer Schutzmauer umgebene archaische Siedlung und eine hellenistische Stadt mit einer Festung. Museum.
Thapsos (23 km südl.): Auf der Halbinsel Magnisi Ausgrabungen in einem Dorf, wahrscheinlich aus dem 2. Jahrtausend v.Chr.

Caltagirone 28/B-C 2
(Catania)
Über drei Hügel erstreckt sich diese Stadt, die für ihre zahlreichen prähistorischen Lagerstätten und für die traditionsreiche Herstellung von Majolika (seit dem 17. Jh.) bekannt ist. Diese Fayencenart findet sich oft in der Verzierung der Häuser wieder.
San Giorgo: In dieser 1030 gegründeten und Ende des 17. Jh. erneuerten Kirche befindet sich ein Tafelbild, das dem Flamen Rogier van der Weyden (15. Jh.) zugeschrieben wird.
Piazza Umberto I: Um den Platz Umberto I., in der Stadtmitte, stehen die meisten sehenswerten Bauwerke, darunter der **Duomo** (wieder aufgebaut im 19. Jh.) und der **Palazzo Corte Capitaniale** (15. Jh.), der eine ständige Ausstellung des örtlichen Keramikkunsthandwerks beherbergt. Daneben eine Monumentaltreppe* (142 Stufen) aus mehrfarbiger Majolika (1954). In der Nähe steht auch die prunkvoll ausgestattete **Kirche del Gesu**. Auf der Via Roma, in Richtung Villa Comunale (Stadtpark), kommt man am **Museo Civico** vorbei (Archäologie und Malerei; nachmittags und Mo ⊠).
Museo della Ceramica* (gleiche Öffnungszeiten): Das am Eingang des Stadtparks gelegene Museum zeigt die Entwicklung der sizilianischen Keramik seit vorgeschichtlicher Zeit.
Kirche San Giacomo: Im nordwestlichen Viertel die sehenswerte mittelalterliche Kirche, die nach dem Erdbeben von 1693 wieder aufgebaut wurde.
Feste: Um den 25. Juli folkloristisch-historische Feste von San Giacomo; alle zwei Jahre von Dez.-Jan.: Festival der sizilianischen Keramik.
Kunsthandwerk: Bemalte Tongegenstände.
Grammichele (15 km östl.): Eine Stadt aus dem 18. Jh. mit regelmäßigem Grundriß, angelegt um einen riesigen sechseckigen Platz.

Caltanisetta 28/A 1
(Provinzhauptstadt)
Im Herzen der im Inneren Siziliens liegenden Hauptzentren des Bergbaus wurde diese moderne Stadt vermutlich auf der Stätte des römischen Nissa errichtet.
Duomo (16.-17. Jh.) In der mit Kunstwerken reich ausgestatteten Kirche ist das Gewölbe mit Fresken von Borremans (18.Jh.) ausgemalt.

Sizilien

Sant'Agata: Im Inneren reich verzierte Kirche im Jesuitenstil.
Museo Civico (nachmittags, So und Feiertage ✖): Dort befinden sich archäologische Sammlungen aus vorchristlicher Zeit.
Feste: Prozession in der Karwoche*; Sept.: Nationale Folklorefestspiele; Weihnachten: Krippenspiel.
Monte Salbucina (8 km nordöstl.) und **Gibil Gabel** (5 km südl.): zwei bedeutende archäologische Heiligtümer.
Mussomeli (48 km nordwestl.): 2 km östl. des Ortes steht in fast 800 m Höhe das als Adlernest errichtete Castello Manfredonico (oder Chiaramontano) auf einem riesigen alleinstehenden Felsen.
San Cataldo (7 km westl.): berühmt für seine Gründonnerstagsprozession; Kunsthandwerk: Stickereiarbeiten und Spitzenklöppelei. 3 km weiter: griechische Grabstätte, wahrscheinlich auf der Stätte der antiken Motya. Auch in der Umgebung von San Cataldo Überreste der griechisch-sikulischen Stadt Vassallaggi.
Santo Spirito (3 km auf der Straße nach Enna): Kirche aus der Mitte des 12. Jh. Im Inneren romanisches Taufbecken.

Catania   28/D 1
(Provinzhauptstadt)

In Catania verbirgt sich das Wort Etna. Diesen Namen (Aitna) trug die Stadt tatsächlich in der Antike. Davor stand an dieser Stelle die Catane der Sikuler, die 121 v.Chr. durch einen Ausbruch des Vulkans zerstört wurde, danach wurde sie die „Balad al Fil" (Stadt des Elefanten) der Araber. Ihre Geschichte ist von Katastrophen, Erdbeben und Lavaströmen gekennzeichnet: 1169 (15.000 Tote); 1669 (Ausbruch des Ätna zwei Monate lang: 20.000 Tote); 1693 (18.000 Tote); 1818, 1908... Hinzuzufügen wäre noch der Luftangriff von 1943. Im 18. Jh. baute Vaccarini, der von den Barockbauwerken Roms beeindruckt war, die Stadt wieder auf. Catania ist aus dunkler Lava gebaut und zeichnet sich durch ihren funktionellen Aspekt aus: breite, gerade Straßen, niedrige Gebäude.
Stadtbesichtigung: Es empfiehlt sich, das Auto sehr früh am Morgen in der Nähe des Porto Vecchio abzustellen (der Stadtverkehr ist äußerst schwierig) und die Sehenswürdigkeiten zu Fuß zu entdecken.
Piazza del Duomo (5 Min. zu Fuß vom Porto Vecchio). In der Mitte steht der berühmte **Elefantenbrunnen**, ein Werk von Vaccarini (1736). Das antike schwarze Tier aus Lava, das auf seinem Rücken einen ägyptischen — allerdings restaurierten und mit christlichen Attributen versehenen — Obelisken trägt, soll aus einem Tempel der römischen Stadt stammen.
Duomo: Der in romanischem Stil von den Normannen gebaute Dom wurde von Vaccarini nach dem Erdbeben von 1693 im Barockstil wieder aufgebaut. Im prunkvollen Inneren befinden sich zahlreiche Kunstwerke, ein geschnitztes Renaissance-Chorgestühl, die Gräber des Komponisten Bellini sowie mehrerer aragonischer Prinzen.
Sant'Agata (nördl. des Doms): Kirche im Barockstil.
Via Etnea: Die auf 3 km geradlinig verlaufende Straße ist sehr belebt: sie ist von den bedeutendsten Geschäften und von öffentlichen Gebäuden umsäumt, darunter viele aus dem 18. Jh. Auf der linken Seite befinden sich Überreste eines römischen Theaters (2. Jh.), das fast das Ausmaß (125x105 m) des Coliseums in Rom hatte.
Villa Bellini (500 m weiter, links): Schöner, öffentlicher, auf mehreren Ebenen angelegter Park mit bemerkenswertem Baumbestand (u.a. Araukarien), Musikpavillons (Konzerte während der Saison) und einem herrlichen Blick auf den Ätna. In der Verlängerung des Parks (nördl.) liegt der Botanische Garten. Zunächst in Richtung Dom zurückgehen und nach ca. 1 km rechts in die Via Antonino di Sangiuliano einbiegen.
San Niccolo: Die Renaissance-Kirche sollte die größte in Sizilien werden. Tatsächlich wurde das 1669 zerstörte und 1693 wieder aufgebaute Gebäude nie fertiggestellt. Das Kloster, das zweitgrößte Europas (nach Mafra, Portugal), dient heute als Kaserne und Schule. Etwas weiter südlich gelangt man auf die Via Teatro Greco. Dort links einbiegen.
Teatro Romano und Odeon (Mo und Feiertage ✖): In diesem griechischen, durch die Römer aus Lava wieder aufgebauten Theater konnten bis zu 7.000 Zuschauer Platz finden. Das Odeon, ein Musiktheater, (1.300 Plätze) liegt abseits.
Museo Belliniano (Via Vittorio Emanuele, nachmittags ✖): Eingerichtet im Geburtshaus des Komponisten Bellini.
Via Crociferi (an der nächsten Straßenecke): Diese von Barockbauwerken umsäumte Straße zeugt noch vom alten Catania und gilt als eines der „anrüchigen Viertel" der Stadt.
Castello Ursino (im Herzen des südl. Viertels): Die imposante militärische Festung wurde ab 1239 auf Befehl von Friedrich II. am Meer gebaut und später durch die spanischen Herrscher zum Palast umgebaut (Catania war unter aragonischer Herrschaft die Hauptstadt Siziliens). 1969 wurde das Schloß durch einen Lavastrom auf mehrere hundert Meter vom Ufer abgeschnitten. Es beherbergt das Museo Civico (Mo und nachmittags ✖): bewunderswert sind dort unter anderem ein Van Dyck, griechische Keramik und Plastiken, Vasensammlungen, Kleidung, Spitzen und Krippen aus dem 18. Jh.
Schiffsverbindungen: Mit Messina, Syrakus, Malta; Autofähre nach Reggio di Calabria und Neapel (wöchentlich; Dauer der Überfahrt: 15 St.). Ausflüge auf den Ätna.
Feste: Anfang Febr., Fest der hl. Agatha: bei Umzügen werden Candelore (riesige Kerzen mit Barockmotiven) getragen. Jan.-Mai: Lyrik-Spielzeit im Teatro Bellini.

Sehr reizvoll sind die Märkte auf den Plätzen und in den Gassen der einfachen Viertel, wie hier in Catania.

Sizilien

Cefalu hat sich zum großen Badeort entwickelt. Von der Uferpromenade aus entdeckt man das alte Viertel am Fuße eines riesigen Felsens. Die Dächer werden von den beiden Türmen des romanischen Duomo überragt.

Adrano (33 km nordwestl.): Inmitten von Weinbergen und Orangenhainen steht die Stadt auf der Stätte von „Adranon" (Heiligtum des Gottes Adranos).

Kirche Santa Lucia: Zum Teil in romanischem Stil. Das ellipsenförmige Innere stammt aus dem 17. Jh. Das normannische Kastell ist gleichzeitig das archäologische Museum „Etneo" (Mo ⊠).

Feste: Passionsspiel am Ostersonntag („Diavolata"); 3. August: Fest des Engels, oder „Volata dell'Angelo" (man läßt ein Kind fliegen).

Centuripe (47 km westl.): Blick auf den Ätna. Das archäologische Museum des Rathauses (morgens ⊠) ist der alten griechisch-römischen Stadt gewidmet. Der „Castello Corradino" ist eigentlich ein römisches Mausoleum. Die Stadt war früher für ihre mehrfarbigen Keramiken berühmt (→ Museum in **Syrakus***).

Paterno (19 km nordwestl.): Die Stadt wird von einem Felsen überragt, auf dem ein normannisches Kastell errichtet wurde. Am Fuße des Felsens steht die für ihr schönes gotisches Portal berühmte Kirche Giosafat.

Cefalu 25/A 3
(Palermo)

Die alten Griechen sahen im dolomitischen Felsen (270 m) die Form eines Kopfes (griech. „Kephaloedion") und gaben dem kleinen Hafen diesen Namen. Cefalu ist heute einer der bedeutendsten Badeorte. Herrliche Küstenstraße* nach Messina.

Duomo (13. Jh.). Vom alten Fischerviertel aus ansteigende enge Gassen zum romanischen Dom, erbaut in normannischem Stil mit orientalischen Elementen. Die hohe, goldgelbe Fassade steht am Fuße des Felsens. Sehenswert im Inneren sind schöne Kapitelle und Taufbecken aus dem 12. Jh.; vor allem kann man am Gewölbe der Chorapsis, oberhalb des Kruzifix aus bemaltem Holz, byzantinische Mosaiken** auf goldfarbenem Grund (12. Jh.) bewundern, die kreisförmig um ein Mosaik, das Christus als Pantokrator zeigt, angeordnet sind.

Museo Mandralisca (an Feiertagen nachm. ⊠): Das Hauptwerk ist das „Bildnis eines Mannes" von Antonello da Messina (1470). Außerdem sehenswert: antike Münzen, griechische Vasen (darunter die sog. „Vase des Thunfischhändlers") sowie das Gemälde „Ansicht von Venedig" von Guardi.

Rocca: Die Besteigung des Felsens ist lohnenswert: von dort hat man einen herrlichen Blick auf die Stadt und die Fassade des Doms. Außerdem sind dort Überreste eines Tempels aus dem 9. Jh. v.Chr. (später „Dianatempel" genannt).

Auf der gegenüberliegenden Seite wird der Strand „Presidiana" von den Ruinen einer Festungsanlage überragt.

Feste: Im Sommer Konzerte auf dem Domvorplatz. Anfang August: Folklorefest von San Salvatore. Marionettentheater.

Castelbuono (31 km südöstl.): Der Hauptort des Madonien-Berggebietes wird vom Berg „Pizzo della Carbonara" (1977 m) überragt. Kunsthandwerkliches Zentrum; Möglichkeit zu Waldwanderungen; Sehenswürdigkeiten: Die Assunta-Kirche (14. Jh.) mit vielen Kunstwerken; zwei Renaissance-Kirchen; „Castello" mit schöner Kapelle (Sant'Anna); „Museo Civico" (Archäologie, Naturkunde).

Collesano (34 km südwestl.): Sehenswerte Renaissance-Kirche; Keramik-Kunsthandwerk.

Gibilmanna (15 km südl.): Eine Panoramastraße* führt zu diesem Heiligtum, dem Ziel einer berühmten Wallfahrt am 8. September. Die Straße führt weiter bis zum Observatorium für Geophysik (1015 m). Reitausflüge.

Halasea* (28 km östl.) 4 km vom Badeort Castel di Tusa entfernt stehen die Ruinen (Tempel und Stadt-

In der Gegend Cefalus befinden sich viele Meister, die die Kunst der handbemalten Keramik ausüben. Ausstellungszentrum in Santo Stefano.

mauer) einer 403 v.Chr. gegründeten Stadt, die ihre Blütezeit unter den Römern hatte.

Imera/Himera* (24 km südwestl.): Überreste einer mächtigen, im 8. Jh. v.Chr. gegründeten Stadt. Dort unterlagen die Karthager den Tyrannen aus Syrakus und Agrigent (480 v.Chr.); sie wurde um 409 v.Chr. von Hannibal zerstört. Überreste von zwei Stadtvierteln und drei Tempeln, darunter dem dorischen Tempel der Victoria*.

Petralia Sottana (66 km südöstl., 1000 m): Urlaubsort und Ausgangspunkt von Ausflügen in die Madonie. Im September Folklorefeste: ein Hochzeitszug wird vom „Tanz der Bänder" begleitet. Ca. 3 km entfernt, hochgelegener Ort „Petralia Soprana" (1150 m).

Sant'Agata di Militello (67 km östl.): Bedeutender Badeort.

Santo Stefano di Camastra (38 km östl.): Ständige Keramikausstellung.

Enna 28/B 2
(Provinzhauptstadt)

Die Stadt soll von Cicero den Namen „Aussichtsturm Siziliens" erhalten haben. Im Herzen einer grünen Landschaft beherrschte das Henna der alten Sikuler von einem Felsplateau aus einen großen Teil des Inselinneren. Bei klarem Wetter kann man ebenso die schneebedeckten Spitzen des Ätna wie auch das Ufer Agrigents sehen.

Nach Verlassen der Autobahn sollte man in Richtung Enna Monte fahren, um den herrlichen Ausblick, insbesondere auf das hochgelegene Dorf Calascibetta zu genießen. In der Verlängerung der Straße ist der „Corso Sicilia" teilweise als Aussichtsstraße ausgebaut. Die Via Sant'Agata führt in die Stadtmitte zur Piazza Crispi (Aussichtsterrasse*, verlängert durch eine Panorama-Promenade).

Duomo: Das gotische Bauwerk wurde in der Barockzeit wieder aufgebaut. Prachtvolle Kunstwerke im Inneren.

Museo Alesi* (☐ Di, Do und Sa morgen): griechische Vasen, antike Münzensammlung, Ikonen, Pinakothek und Domschatz.

Castello di Lombardia* Am östlichen Ende der Stadt, eine der mittelalterlichen Burgen Siziliens (260 ha); vierzehn ihrer zwanzig Türme wurden allerdings zerstört. Von dem übriggebliebenen Hauptturm (Torre Pisana) bietet sich ein herrlicher Rundblick**.

Via Roma: Die Hauptstraße der Stadt (2 km) durchquert das Nord- und Südviertel und führt in die Nähe des „Torre di Frederico", eines achteckigen Turms (13. Jh.), von dem sich ein weiterer Ausblick bietet.

Feste: Prozessionen in der Karwoche*: nacheinander ziehen die fünfzehn Bruderschaften in Bugewändern durch die Stadt. Mai: Folkloreveranstaltungen am Pergusasee; im Sommer Theateraufführungen im *Castello*.

Calascibetta (7 km nördl.): Dieses wahrscheinlich von den Arabern gegründete Dorf (9. Jh.) hat seinen mittelalterlichen Charakter bewahrt. Ganz oben steht die Kirche San Pietro (14. Jh.). Vom Dorfplatz bietet sich ein herrlicher Ausblick.

Leonforte (22 km nordöstl.): Brunnen aus dem 18. Jh. mit vierundzwanzig Öffnungen.

Nicosia (48 km nordöstl.): Diese alte Stadt ist auf vier steilen Felsen gebaut, von denen einer von den Ruinen eines Castello überragt wird. Gotischer Dom mit einem schönen Portal und einem reichverzierten, barocken Inneren (Gemälde von Velasquez).

Pergusa* (10 km südöstl.): Von den Ufern des ovalen Sees wurde nach Überlieferung der Sage Proserpine von Pluton entführt (sie wurde Königin der Unterwelt). Die Ringstraße dient heute als Rennstrecke.

Egadi (isole)/Ägadische Inseln 24/A 3
Trapani

Eine Gruppe von drei Inseln, die im Altertum auf Grund des glasklaren Wassers Aegates (Achat) genannt wurde und daher von Tiefseetauchern sehr beliebt ist. Die Bevölkerung (5.500 Einw.) lebt fast ausschließlich vom Thunfischfang, der hier im Mai-Juni betrieben wird. Der grausamen Schau der Matanzza (Erlegen mit der Harpune) können die Touristen beiwohnen. Überfahrt und Ausflüge ab Trapani. **Favignana** (4.000 Einw.) ist der Hafen der gleichnamigen Hauptinsel (19 km², 17 km von Trapani) und der aktive Mittelpunkt der Inselgruppe. — In 4 km Entfernung liegt die Insel **Levanzo** (10 km², 300 Einw.) mit zahlreichen Seegrotten, darunter **del Genovese**, die in der Vorgeschichte bewohnt war (ca. 10.000 Jahre alte Wandmalereien und -inschriften). Sie kann mit dem Boot besichtigt werden. —
Marettimo (12 km², 1.000 Einw.) liegt viel weiter (37 km von Trapani entfernt); dort wird ebenfalls Thunfischfang betrieben und man kann Grotten besichtigen.

Feste: Ende Mai, Ägadis-Woche (folkloristische Veranstaltungen).

Eolie/Liparische oder Äolische Inseln 25/C 1/2
(Messina)

Die Inselgruppe wurde nach Äolus, dem Gott der Winde benannt. Sie ist in der Tat für die starken Westwinde und -stürme bekannt, die jede Schiffahrt verbieten. Außer sieben unbewohnten Inseln erkennt man sieben Hauptinseln, die in drei Gruppen unterteilt sind. Vulcano, Lipari und Salina, die drei bedeutendsten und der Küste am näch-

Der Marktflecken Calascibetta, wahrscheinlich sarazenischer Herkunft, liegt auf einem Felsvorsprung, ebenso wie alle Festungsorte des Inneren Siziliens

ten gelegenen Inseln (30 km), bilden die sogenannte zentrale Gruppe; nordöstlich liegen dann Panarea und die berühmte Insel Stromboli (80 km vom **Kap Milazzo*** entfernt); die nordwestlich liegenden Inseln Filcudi und Alcudi werden seltener besucht.

Sie sind mindestens seit dem Neolithikum besiedelt, wovon viele Funde zeugen. Anfang des 6. Jh. v.Chr. wurden sie von den dorischen Griechen kolonisiert und gingen dann 252 in die Herrschaft Roms über. Die Inseln, die als Piratenstützpunkte dienten und nacheinander in sarazenischem, normannischem und napolitanischem Besitz waren, wurden 1610 dem sizilianischen Königreich zugesprochen. Sie sind nicht nur wegen der Originalität und Vielfältigkeit ihrer vulkanischen Landschaft von besonderem Interesse, sondern auch wegen der dort vorkommenden Naturschauspiele, der Klarheit des Wassers, der Schönheit der Küste und der Wassersportmöglichkeiten.

Ausflug: Überfahrt von **Milazzo*** (ganzjährig), **Messina*** (nur in der Saison), **Cefalu***, **Palermo***, **Reggio di Calabria***. Falls nur ein Tag zur Verfügung steht, sollte man sich auf die Besichtigung von Lipari beschränken. Wer fünf Inseln entdecken möchte, sollte sich knapp eine Woche Zeit nehmen, wobei vorsichtshalber ein Tag mehr eingeplant werden sollte, falls die Wetterbedingungen — auch im Sommer! — die Rückfahrt am vorgesehenen Tag nicht erlauben sollten.

Lipari Die größte (38 km²) und auch meistbevölkerte Insel ist auch wegen der Vielfältigkeit ihrer Landschaft mit Höhen bis zu 602 m (Monte Chirica) und 594 m (Monte Sant'Angelo) eine der schönsten. Die vulkanische Tätigkeit macht sich nur durch Thermen und Fumarolen bemerkbar. Die Insel bietet die meisten Baudenkmäler und archäologischen Besonderheiten.

Hafen von Lipari: (ca. 4.500 Einwohner) Befindet sich an der Ostküste, der aufgehenden Sonne zugewandt und geschützt vor der häufigsten Winden. Tatsächlich handelt es sich um zwei Hafenanlagen, die durch einen riesigen Lavafelsen (64 m), dem sog. Castello getrennt sind. Der in vorgeschichtlicher Zeit schon besiedelte Felsen wurde im 4. Jh. v.Chr. durch die Griechen von einer Festungsmauer umgeben, von der noch einige Überreste stehen.

Duomo: Das romanisch-gotische Bauwerk wurde innen im 17. Jh. völlig neu im Barockstil gestaltet.

Museo Eoliano (Mo und nachmittags ⊠): Es ist in vier benachbarten Gebäuden untergebracht und enthält vor allem archäologische Funde (auch vom Meeresgrund) und örtliche Keramik aus vorchristlicher Zeit. Sehenswert ist die Abteilung für Vulkankunde.

Canneto (4 km nördl.): In diesem Dorf werden Bimsstein sowie die Obsidianströme (das einzige in Europa bekannte Vorkommen) des Monte Pelato verarbeitet (30 Min. Fußweg). In **Acquacalda** die gleichen Aktivitäten (die Bimssteinhügel bedecken fast ein Fünftel der Insel). **Quatroppani** (15 km) lebt vom Weinbau. **Pianoconte** (20 km): Dieser Ort in der Nähe der Thermen von San Calogero, deren Wasser mit 60° entspringt, dient als Ausgangspunkt für die Besteigung des Monte Sant'Angelo (1 Stunde Fußweg, Ausblick auf den größten Teil der Insel und auf die benachbarte Insel Vulcano).

Alicudi (47 km von Lipari entfernt, 3 Stunden Bootsfahrt) liegt am weitesten westlich. Sie ist eine der kleinsten (5 km²) und am wenigsten bevölkerten Inseln: ca. 100 Einw., die vom Schalentierfang leben. Ihr höchster Gipfel ist 675 m hoch.

Filiculdi liegt näher an Salina (18 km). Die Insel gleicht einem auf das Meer gesetzten Kegel, der aus drei erloschten, höchstens 773 m hohen Vulkanen besteht. Nicht einmal 200 Personen leben im Ort. Ganz in der Nähe liegt **Capo Graziano**, ein prähistorisches Dorf. Bei einer Bootsfahrt um die Insel** entdeckt man die steilen Felsen, die Grotten (Seehunde sollen in der Bue Marino-Grotte leben) sowie seltsam geformte Riffe, darunter den berühmten Obelisken von **La Canna*** (85 m hoch).

Panarea: Auf halbem Wege zwischen Salina und Stromboli liegt die kleinste bewohnte Insel (3 km², 300 Einwohn.). Die alten Griechen nannten sie Enonymos. Südlich des Hafens San Pietro liegt das prähistorische Dorf Milazzese (14. Jh. v.Chr.) auf einem Felsvorsprung in sehr schöner Kulisse. Gegenüber liegt die kleine vulkanische Felsinsel **Baziluzzo** (165 m).

Salina (27 km², 2.000 Einw.) ist die Insel mit den höchsten Erhebungen: 962 m an der Fossa delle Felci (Krater der Zwillinge). Ihren jetzigen Namen verdankt sie einer ehemaligen Saline. Die Griechen nannten sie Didyme (Zwilling) wegen ihres doppelten Vulkankegels, im übrigen bereits erloschen ist. Auf der sehr fruchtbaren Insel werden ausgezeichnete Rot- und Weißweine produziert und intensiv Obstbau betrieben.

Die Vulkane im Meer bieten herrliche, jedoch schwer zugängliche Ufer. Im Hintergrund die Krater der Insel Volcano.

Besteigung des Vulkans (lohnendswerter Ausblick) von Santa Marina aus. Die Ringstraße, die jedoch nicht um die ganze Insel herum ausgebaut ist, führt unter anderem zu einem Dorf aus der Bronzezeit.

Stromboli* (12 km², 400 Einwohn.): Der Name stammt aus dem griechischen „Strombos" (der Ring). Aus dem Gipfel Serra Vancura steigt ständig eine Rauchfahne. Offiziell liegt der Vulkan 926 m über dem Meeresspiegel. Da er aber in bis zu 1.520 m Meerestiefe liegt, ist er tatsächlich fast zweimal so hoch wie der Vesuv. Ständig in Tätigkeit, bricht er oft aus und die hochgeschleuderten Schlacken fallen meistens in die Sciara del Fuoco (Feuerpfad), einem nördlich gelegenen, ein Kilometer breiten Korridor. Den Vulkan sollte man am besten mit einem Führer nachts besteigen, um das Schauspiel der roten Lava besser sehen und den Sonnenaufgang über den Bergen Calabriens bewundern zu können. Lohnend ist ein Bootsausflug zum Basaltfelsen **Strombolicchio** (20 Min., nordöstl.). Über eine steile Treppe (200 Stufen) erreicht man den Gipfel in 65 m Höhe.

Vulcano (21 km², 400 Einw.): Sie liegt am nächsten zum Kontinent und hieß Hiera (geweihte), als der legendäre Äolus sich dort aufhielt.

Stromboli: Die aus dem Gipfel des makellos geformten Kegels aufsteigende Rauchfahne erinnert die Bewohner daran, da das Ungeheuer jederzeit erwachen kann.

Sie besteht aus zwei zusammengefügten Vulkanhügeln, deren höchster, der Monte Aria (500 m), seit vorgeschichtlicher Zeit erloschen ist, während der **Gran Cratere** (oder Fossa di Vulcano, 390 m), obwohl seit 1890 nicht ausgebrochen, immer noch tätig ist. Vom Gipfel aus herrlicher Ausblick**. Ein Abstieg in den Krater ist normalerweise ungefährlich. Einfacher ist die Besteigung des Vulcanello (123 m, 183 v.Chr. gebildet) an der Nordspitze der Insel. Man kann auch in der Therme ein Schlammbad nehmen (Vorsicht, hohe Temperaturen in einigen Bereichen!) und sich dann im Meer waschen. Gut zu erreichen als Ausflug von Lipari aus (10 Min. Bootsfahrt).

Feste: Äolischer Sommer in Lipari (Folklore, klassisches Theater).

Spezialitäten: Molvasia-Wein, Kapern, Oliven.

Monte Ätna (oder Mongibello) 28/C-D 1

Es ist nicht möglich, genaue Angaben über die Höhe des Vulkangipfels zu machen; innerhalb von wenigen Jahren schwankte sie zwischen ca. 3.250 und 3.380 m (3.263 m im Jahre 1986, also nach der Eruption von 1971). Er ist ständig in Tätigkeit — er hat sich seit 1983 nicht wieder beruhigt — und kann mehrmals in einem Jahr explodieren, beben, speien, oder „zerspringen". Innerhalb von einigen Monaten können sich zwei, drei, vier neue Krater auf seinen Flanken bilden, wobei einige der neuen manchmal die alten „schlucken". Zur Zeit bestehen etwa 400 Krater. Die großen Lavaströme, die selten länger als 10 km sind, fließen allerdings in den meisten Fällen in nordöstliche Richtung, in eine Halbwüste. Außerdem ermöglicht eine technische Meisterleistung erst seit kurzem, die Lava abseits der bewohnten Gebiete zu „kanalisieren".

Die Eruptionen: Seit dem Jahr 476 v.Chr. von Pindar beschriebenen Ausbruch wurden 132 größere Eruptionen gezählt, die letzte davon 1983-84. Sie forderte nur wenige Opfer, während das vorangegangene Erdbeben den oberen Teil der Seilbahn zerstörte; das Hotel in La Sapienza stürzte zusammen. Durch die Eruption von 1971 wurde das Observatorium in der Nähe des Gipfels zerstört.

Aufstieg: Es ist möglich, auf den Ätna zu fahren, und zwar mit Fahrzeugen mit Allradantrieb von Linguaglossa (Nord-Ost-Flanke) oder von der Station Cantoniera d'Etna aus (Süd-Flanke, 1.880 m; 36 km von Catania entfernt). Es werden ebenfalls Nachtbesteigungen organisiert, das erste Stück mit der Seilbahn und dann zu Fuß. Es wird dringend davor gewarnt, Wanderungen ohne Führer zu unternehmen. Man sollte darüber hinaus nie vergessen, daß der Ätna ein hoher Berg ist und es — sogar im Hochsommer — oberhalb von 2.500 m nachts frieren kann.

Rundfahrt um den Ätna: Auf einer Ringstraße von 140 km Länge oder mit der Eisenbahn, der Ferrovia Circumetnea: Abfahrtsbahnhof in Giarre (direkter Anschluß ab Catania und Taormina; → Umgebung von **Acireale***).

Gela
28/B 2
(Caltanissetta)

Die Stadt, die auf einem Hügel das Meer überragt, war eine der ersten von den Rhodiern gegründeten Siedlungen im Süden Siziliens. Einer alten Sage nach fand Äschylos bei einem Besuch in der Stadt den Tod, als ihm eine Schildkröte, die ein Adler losgelassen hatte, auf den Kopf fiel. Nach unzähligen Plünderungen und Zerstörungen wurde Gela am Anfang des 13. Jh. unter der Herrschaft Friedrichs II. wieder aufgebaut und erhielt den Namen Terranova, den sie bis 1928 behielt. Am 10 Juli 1943 landeten die Amerikaner ganz in der Nähe. Gela hat heute Bedeutung als Badeort, Handelshafen und Industriezentrum.

Archäologische Bezirke: Zwei sind erkennbar, jeweils östlich und westlich der Stadt. An der südöstl. Stadtausfahrt liegt der **Park der Rimembranza** auf der Stätte einer archaischen Stadt (das vom Geschichtsschreiber Thukydes erwähnte Lindii). Auf der nahegelegenen Akropolis (sog. Stätte des Molino a Vento) stehen Überreste von Wohnungen und Tempeln, darunter der der Athaena.

Archäologisches Regionalmuseum* (nachmittags, Di. und an bestimmten Feiertagen ⊠): Es enthält wahre Kunstschätze, darunter Skulpturen und Tongegenstände aus dem 7.-3. Jh. v.Chr.

Stadtbefestigungen Capo Soprano* (ab 4. Jh. v.Chr.): Daß sie so gut erhalten blieben, verdanken sie der Tatsache, daß sie bis 1948 in Dünen eingegraben waren. Ebenfalls sehenswert: die griechischen Bäder (am Westausgang der Stadt neben dem Krankenhaus).

Feste: Estate Gelese (Juli-Sept.): Folklore, Theater und Konzerte.

Butera (21 km nordwestl.): Die Stadt überragt mit ihrer Akropolis die Gela-Ebene und das Meer. Castello aus dem 11. Jh. In der Nähe Grabstätte aus dem 4. Jh. v.Chr.

Disueri (14 km nördl.): Am Ufer eines großen künstlichen Sees stehen Überreste einer bedeutenden prähellenischen Grabstätte.

Falconara (21 km westl.): Auf einem Kap schön gelegenes Castello aus dem 14. Jh.

Marsala
24/A 3
(Trapani)

Ein aus zwei Gründen berühmter Name: erstens wegen des gleichnamigen Weins (die Engländer verkauften ihn im 18. Jh. auf Grund seiner dunklen Farbe und seines Zuckergehalts unter der Bezeichnung „Madeira") und zweitens wegen der Landung der „Mille" (oder rote Hemden) Garibaldis am 11. Mai 1860. Der jetzt auch als Badeort berühmte Hafen (Weinhandel, Industrie und nebenbei Fischerei) nannte sich in der Antike Lilibeo und erhielt dann im Mittelalter seinen jetzigen Namen Marsa'Allah (Allahs Hafen).

In der viereckigen Altstadt aus dem 16. Jh. blieben zwei der vier großen Tore erhalten. Die nach der Bombardierung von 1943 wieder aufgebaute Chiesa Madre enthält u.a. acht flämische Gobelins aus der Renaissance-Zeit (Besicht. auf Anfrage). Auf der Via XI. Maggio, in Richtung Porta Nova stehen die Pinakothek und das kleine Garibaldiano-Museum. Rechts vom Tor der Stadtmauer liegt der öffentliche Park Villa Cavallotti mit schönem Ausblick. Auf dem Kap Lilibeo werden Ausgrabungen durchgeführt. Man erkennt dort die Überreste einer römischen Villa (Insula Romana) aus dem 3. Jh. mit Mosaikfußboden. Dort befindet sich auch das **Museo di Capo** (Mo. ⊠), wo ein punisches Schiff* (Liburna) ausgestellt ist. Das 35 m lange und 5 m breite Schiff aus dem 3. Jh. v.Chr. wurde in **Motya*** gefunden.

Weinmuseum (an Feiertagen nachm. ⊠): Gelegenheit eines Besuches bei den Weinhändlern (Bagli), von denen sich die meisten an den Uferstraßen niedergelassen haben. In der Saison Verbindung mit dem Tragflächenboot nach **Trapani***, den **Ägadischen Inseln*** und **Pantelleria***.

Feste: Am Gründonnerstag Prozession, der die Veronikas mit prachtvollen Kostümen folgen. Einen schönen Blick auf die Stadt hat man auf der Straße von Salemi.

Mazara del Vallo* (22 km südöstl.): Bedeutender Fischereihafen mit Fährverbindungen zu den Inseln. Auf dem linken Ufer der Mazarro-Mündung (und des Hafens) liegen die auf das Meer hinausgehenden Gärten Garibaldi und Iolanda. Dom im Barockstil und auf dem nahegelegenen Platz der Republik der Bischofspalast und der Seminarpalast (16.-18. Jh.). Am Hafeneingang liegt das Museo Civico (nachmitt. und an Feiertagen ⊠) mit römischer Archäologie, teilweise Funde aus dem Meeresboden. Etwas weiter flußaufwärts steht die kleine romanische Kirche San Nicolo Regale (12. Jh.). Davor schöner Mosaikfußboden aus dem 4. Jh.; Schiffsverbindung mit Pantelleria*. Am letzten Sonntag im August historischer Umzug mit San Vito.

Mozia* (10 km nordöstl.): Auf einer runden, mit Wein bepflanzten Insel inmitten einer von Salinen umgebenen Lagune (*Stagnone*) stehen die Ruinen der antiken Motya (10 Minuten Überfahrt mit dem Boot, nur vorm. außer Mo.). Sie wurde im 8. Jh. v.Chr. von den Phöniziern gegründet und 397 v.Chr. durch Dionysios, dem Tyrannen von Syrakus, zerstört. Die Überlebenden gründeten dann Lilibeo. Im regionalen Archäologiemuseum befindet sich u.a. die berühmte Tonfigur, das „Mahl der Eheleute"*.

Messina
26/A 2
(Provinzhauptstadt)

Am Fuße der Monti Peloritani (1.100 m) liegt das „Tor Siziliens" dem Spiegel der Meerenge gegenüber, den man in der Abenddämmerung

Messina: Beim Erdbeben von 1908 wurde nur weniges nicht zerstört. Vom Dom sind nur die Portale stehengeblieben, der hübsche Orion-Brunnen restauriert.

Ursprung des am Fuße eines Kaps liegenden Industriehafens Milazzo ist eine sehr alte Festung, die die Halbinsel teilte. In der Renaissance wurde das Verteidigungssystem der strategischen Stätte von den spanischen Herrschern verstärkt.

von den Bergen aus bewundern sollte. Die im 8. Jh. v.Chr. gegründete Zancle (Sichel) der Ionier wurde Opfer mehrerer Katastrophen: Erdbeben 1783 und am 28. Dezember 1908 (60.000 Tote innerhalb von 30 Sekunden), Luftangriffe im Jahre 1943. Messina wurde ab 1910 nach einem gleichmäßigem Grundriß, mit breiten Straßen und höchstens dreistöckigen Häusern im „Jugendstil" wieder errichtet. Sie war die Heimat des Malers Antonello da Messina (1430-1479).

Domviertel: Der nach dem Erdbeben von 1908 fast völlig neu wieder aufgebaute Duomo hat jedoch die gotischen Portale der Fassade beibehalten. Die zahlreichen goldenen Figuren der im Jahre 1933 von einer Werkstatt in Straßburg gebauten astronomischen Uhr (setzt sich jeden Tag um 12 Uhr in Bewegung) verzieren den modernen, 60 m hohen Glockenturm. Im Domschatz werden Kunstgegenstände aus dem 17.-18. Jh aufbewahrt. Auf dem Platz vor dem Turm steht der schöne Orion-Brunnen aus der Renaissancezeit. Die nahegelegene romanische Kirche **Annunziata dei Catalani** besitzt an der Frontseite einen bemerkenswerten hohen Säulengang.

Acquario (500 m nördl., in der Nähe des Hafens, nachmittags, Mo. und Fr. ⊠): Gegenüber dem Neptun-Brunnen aus dem 16. Jh. mit Exponaten der Seefauna aus der Meerenge.

Museo Regionale* (Nordausgang der Stadt, Mo und nachm. ⊠): enthält mehrere Bilder von Antonello da Massina, darunter die berühmte Heilige Jungfrau mit dem Kind (Polyptychon des hl. Gregors, 1473) und von Gagini (Hl. Katharina, Hl. Antonius von Padua), zwei Gemälde von Caravaggio (Auferstehung des Lazarus), flämische Werke der napolitanischen Schule, Skulpturen sizilianischer Meister, eine Abteilung für Archäologie.

Circonvallazione a Monte*: Von der Panoramastraße, 60 m Durchschnittshöhe, die die Stadt auf der Bergseite abgrenzt, bieten sich herrliche Ausblicke.

Schiffsverbindung: Mit Villa San Giovanni (ständiger Fährverkehr), **Reggio di Calabria***, **Milazzo***, den **Liparischen Inseln*** Catania-Syrakus-Malta sowie **Neapel***.

Feste: Prozessionen in der Karwoche, Fronleichnam, Christi Himmelfahrt (Vara, die dem Zug der Giganten am 13. und 14. August folgt); im Winter-Frühjahr Musik- und Theatersaison; Juli: Filmfestival.

Spezialitäten: Gebäck aus Marzipan (Martorana).

In der Umgebung: Rundstrecke der Monti Peloritani (ca. 50 km) mit herrlichen Ausblicken*.

Ali Terme (24 km südwestl.) Kurort (Mai-Sept.) inmitten von Weinbergen und Zitronenplantagen.

Dinamare (20 km südwestl.): Heiligtum auf der Spitze der Monti Peloritani. Herrlicher weitläufiger Rundblick auf die Stadt und die Meerenge. Halbinsel-Rundstrecke*, besonders schön im Frühjahr, zur Blütezeit der Bäume.

Milazzo 25/D 2
(Messina)

Die Mylae der Antike, heute Badeort und Idustriezentrum (Ölraffinerie), liegt inmitten eines Kaps. Vom Hafen aus, ganz im Süden, die meisten Seeverbindungen mit den **Liparischen Inseln***. Eine angenehme (Strandpromenade) Lungomare verbindet ihn mit der Altstadt, deren Häuser sich, umgeben von spanischen Festungsmauern, am Hang eines Hügels drängen und von einem mittelalterlichen Castello in 100 m Höhe überragt werden. Unter den Renaissance-Kirchen ist der Duomo Vecchio (ehemaliger Dom) besonders erwähnenswert. In 6 km Entfernung herrliche Aussicht* vom Leuchtturm aus auf die Liparischen Inseln.

Feste: Seeprozession zum Fest des Heiligen Franziskus (2. Sonntag nach Ostern). Mitte Juni Wallfahrt zu Ehren des Hl. Antonius von Padua.

Castroreale Terme (16 km südwestl.) Überreste einer römischen Villa aus dem 1. Jh. (2 km westl.).

Castroreale (21 km südl.): Das Dorf mit reichverzierten Kirchen liegt sehr hoch in den Bergen.

Monreale 24/C 3
(Palermo)

Der ehemalige Montroyal der Normannen liegt 8 km von Palermo entfernt auf einer Panorama-Stätte*, von wo aus man den größten Teil der Conca d'Oro, die man als Garten der Hauptstadt bezeichnet, bewundern kann. Die Gründung der berühmten Abtei an dieser Stelle (1174) ist Wilhelm II. zu verdanken.

Dom S. Maria la Nuova: Architektonisch gesehen stellt diese Kirche zweifelsohne das beste Beispiel der Symbiose zwischen den Künsten unterschiedlicher Herkunft (byzantinisch, muselmanisch, normannisch, toskanisch...) dar, die sich zu dieser Zeit in Sizilien vollzog. Obwohl er zum größten Teil nach dem Brand von 1811 wieder aufgebaut wurde, zeugt der Duomo von diesen vielfältigen Einflüssen: römisch-sikularisch-normannisch beim Gebäude; pisanisch bei den von einem der Brüder Pisano geschaffenen Bronzetoren des Portals, arabisch bei der dekorativen Komposition der Apsiden** (verschlungene Bögen, Wechsel von Lava- und Kalkstein) sowie beim vielfarbigen Marmorboden, der Decke des Sanktuariums, den reich verzierten Balken an der Decke des Schiffes; und auch byzantinisch in den prachtvollen Mosaiken**, den größten Siziliens (über 6.300 m²), die wahrscheinlich von orientalischen Künstlern im 12. und 13. Jh. geschaffen wurden. In der Mittelapsis, rechts und links des Mosaiks „Christus als Pantokrator" sind Szenen aus dem Alten und Neuen Testament dargestellt.

Kreuzgang (Chiostro, Mo. und nachmittags ⊠): Gehörte nicht zum Dom (getrennter Eingang), sondern zu einem Benediktinerkloster, von dem nur er übriggeblieben ist. Von außergewöhnlichem Grundriß (Viereck mit 47 m Seitenlänge) wirkt der Kreuzgang durch die reizvollen Spiele des Lichtes auf den 228 Zwillingssäulen mit den im Marmor eingefaßten Mosaiken. Auf einigen Säulen sind in muselmanischem Stil Inkrustationen aus Lava in geometrischen Formen zu sehen. Allegorische Figuren in genießerischer Pose schmücken die Ecksäulen sowie die meisten Kapitelle. In der südwestl. Ecke erinnert

Kreuzgang von Monreale: 228 Zwillingssäulen mit Mosaikkompositonen auf goldenem Hintergrund.

der Brunnen sowohl an den der Alhambra in Granada, der offensichtlich als Vorbild diente, als auch an die der Kreuzgänge in Batalha und Alcobaca in Portugal, deren Vorbild er wiederum wurde. Blick auf die Abteikirche von den Wandelgängen aus. Etwas abseits herrlicher Rundblick auf die Conca d'Oro.

Busambra (Rocca, 43 km südöstl., 1.613 m): Diese ehemalige Jagd (mit Pavillon) Ferdinands I. von Aragon überragt den Wald von la Ficuzza.

Ietum (Monte Jato, 23 km südöstl.): Ruinen einer Stätte aus dem 4. Jh. v.Chr., die im Mittelalter zerstört und erst vor kurzem entdeckt wurde (Agora, Tempel, Theater). Im Museum San Cipirello sind die Funde zu sehen, darunter mehrere kolossale Statuen.

Piana degli Albanesi (20 km südl.): Das Dorf wurde am Ende des 15. Jh. von Albanern besiedelt. Die Bevölkerung pflegt heute noch deren Sitten, Sprache, prachtvolle Festtrachten und große religiöse Feste (Fest der Heiligen drei Könige, Ostern, Hl. Georg, Pfingsten, 2. Sept.), die nach griechisch-orthodoxem Ritus zelebriert werden.

San Martino delle Scale (9 km nordwestl.): Luftkurort. Sehenswerte Malereien in der Abteikirche aus dem 6., 14. und 18. Jh.

Noto 28/D 3
(Siracusa)

7 km vom Meer entfernt, am Fuße der vulkanischen Iblei-Berge terrassenförmig angelegt. Die nach dem Erdbeben von 1693 (→ **Catania***) erbaute Stadt aus dem 18. Jh. bietet ein gutes Beispiel der sizialianischen Städtebaukunst jener Zeit. Hauptstraße ist ein von breiten Plätzen unterbrochener Corso mit großen goldfarbenen Bauwerken: Kirchen und Paläste im Barock-Stil. Der riesige Hauptplatz wird durch die Fassade des Domes* beherrscht, zu der eine breite Treppe führt. Die Crocefisso-Kirche enthält eine sehenswerte Heilige Jungfrau mit dem Kind aus dem 15. Jh.; das Museo Civico (nachmittags ⊠) hat Abteilungen für die Archäologie der Antike und des Mittelalters, sowie eine Abteilung für zeitgenössische Kunst.

Avola (6 km nordöstl.): Stadt der Mandeln und Zitrusfrüchte. Archäologiemuseum. In 2 km Entfernung, nah am Meer, steht ein Dolmen.

Castellucio (22 km nordöstl.): Grabstätte eines Dorfes aus der Bronzezeit (18. Jh. v.Chr.).

Insbesondere wegen ihres dekorativen Charakters stellen die Apsiden des „Duomo" von Monreale einen Höhepunkt der sikularisch-arabisch-normannischen Kunst dar: Rosen und Flechtwerk sowie die Farbspiele der Steine sind überaus reizvoll.

Sizilien

Eloro*/Heloros (7 km südöstl.): unweit des Badeortes Noto Marina: Ruinen einer griechischen Siedlung aus dem 4.-5. Jh. v.Chr.. 3 km westl. wurde die römische Villa del Tellaro aus dem 4. Jh. mit sehenswertem Mosaikfußboden* ausgegraben.
Marzamemi (22 km südöstl.): Kleiner Hafen und Badeort; 2 km südl. Seegrotten, die während der Vorgeschichte bewohnt waren.
Noto Antica (13 km nordwestl.): Eindrucksvolle Ruinen der durch das Erdbeben zerstörten Stadt.
Pachino (21 km südl.): Bedeutendes Weinbauzentrum.

Palazzo Acreide 28/C 2
(Siracusa)

Die Stadt aus dem 18. Jh. wurde in den Iblei-Bergen nordöstl. der antiken Akrai errichtet, welche 664 v.Chr. von Griechen aus Syrakus gegründet und unter muselmanischer Besatzung zerstört wurde. Am Berührungspunkt beider Stätten steht die Kirche dell'Immacolata mit einer schönen Madonna aus dem 15. Jh. Schöne Fassade an der Kirche San Paolo aus dem 18. Jh.
Archäologische Zone von Akrai* (Mo, an Feiertagen und ab 15 Uhr im Winter ⊠) auf dem Agremonte: Griechisches Theater*, Agora, „Latomien" (Steinbrüche **Syrakus***) an der Südgrenze der „Latomia l'Intagliata" Tempel der Aphroditen (770 m). Etwas tiefer liegen Gräber, Katakomben, Grotten, Tempel, hellenistische Grabstätten und eine römische Straße. Noch tiefer liegt die Stätte der **Santoni** mit ihren in Fels gemeißelten Figuren (3. Jh. v.Chr.)
Bibbinello (8 km östl.): Grabstätte.
Buccheri (14 km nordwestl.): Barockkirche.
Pantalica* (32 km nordöstl.): Wurde als das antike Hybla identifiziert und ist die größte Grabstätte der Sikuler auf der Insel (5.000 Gräber aus dem 13.-8. Jh. v.Chr.); Reste des Anaktoron-Palastes (12. Jh. v.Chr.).

Palermo 24/C 3
Hauptstadt Siziliens und der Provinz Palermo

Die an einer weiten, von Bergen umgebenen Bucht gelegene Stadt hieß nach ihrer Gründung durch die ersten Phönizier (9. Jh. v.Chr.) Panormos. Ihr Ruf als „reizvolle" Stadt ist mitunter etwas übertrieben; die Luftangriffe des zweiten Weltkrieges haben sie stark in Mitleidenschaft gezogen und die rasche bauliche Stadtentwicklung seit den 50er Jahren hat sich viel zu chaotisch vollzogen. Nichtsdestoweniger wird man bei ihrer Entdeckung gefesselt, insbesondere wenn man durch die volkstümlichen Viertel schlendert und dort die Straßenmärkte entdeckt. Was die Bauwerke und die Künste anbetrifft, so sollte man sich vergegenwärtigen, daß nach dreihundert Jahren byzantinischer Herrschaft Palermo zweieinhalb Jahrhunderte lang (831-1072) eine reiche muselmanische Hauptstadt war. Die Normannen, die dann 120 Jahre lang (bis 1194) herrschten, entwickelten eine rege Bauaktivität, wobei sie viele Kunstformen ihrer Vorgänger übernahmen. So kann Palermo (wie das nahegelegene Stadt **Monreale***) als die europäische Stadt betrachtet werden, in der sich die scheinbar so widersprüchliche orientalische und nordische Sensibilität der Architekten des Mittelalters am vollkommensten vereint haben. Unter Friedrich II. und Karl I. von Anjou blühte dann der gotische Stil. Karl mußte nach 15-jähriger Herrschaft abdanken. Die Franzosen hatten sich verhaßt gemacht, und das berühmte Massaker der „Sizilianischen Vesper" (Ostern 1282) setzte ihrer Herrschaft ein jähes Ende. Die Fürsten von Aragon und von Kastilien ließen vom 16. Jh. an viele Barockkirchen bauen.
Stadtbesichtigung: Die Hauptsehenswürdigkeiten befinden sich im südlichen Viertel der Altstadt, zwischen dem Palazzo dei Normanni und dem Meer. Es wird darauf hingewiesen, daß die Museen nachmittags und die Kirchen zwischen 12 und 15 (oder 16) Uhr geschlossen sind. Man sollte gut zwei halbe Tage ansetzen, um möglichst zu Fuß (durch die Einbahnstraßen wird die Fahrt mit dem Auto sehr mühsam) die wichtigsten Sehenswürdigkeiten zu entdecken.
Puorta Nuova (1): Das im Renaissance- und Barockstil mit mauresken Atlanten gebaute Tor aus dem 16. Jh. markierte den Stadteingang.
Palazzo dei Normanni (2): Vom kolossalen Bauwerk aus dem 12. Jh. stehen nur noch der Mittelteil und ein Turm; es ist heute Sitz des Regionalparlaments (□ freitags, Sa. und Mo. morgens, außer an Feiertagen); königliche Gemächer (schöne Fresken im Herkules-Saal; sehenswerte Mosaiken aus dem 12. Jh. im Saal des Königs Roger).
Capella Palatina** (an bestimmten Feiert., Mi. nachmittag und So. ab 13 Uhr ⊠): Im ersten Stock des Kreuzgangs* des Palastes. Die in der ersten Hälfte des 12. Jh. durch die Normannen errichtete Kapelle besticht durch ihre prächtige Innendekoration: an den Wänden Mosaiken* auf Goldgrund in byzantinischer Tradition; Marmorfußboden; Decke* mit Alveolen in muselmanischem Stil; romanische Kanzel, Kerzenständer und Thron in lombardisch-toskanischem Stil. Im oberen Stockwerk sehenswerter, ebenfalls mit Mosaiken verzierter Saal Rogers II.
S. Giovanni degli Eremiti (3) (Mo und von 12.30-16 Uhr, So. und an Feiertagen nachmittags, außerhalb der Saison jeden Tag; Eingang durch den Garten): Diese Anfang des 12. Jh. von den Normannen gebaute kleine Kirche auf der Stätte einer ehemaligen Moschee wird von fünf rot bemalten Kuppeln gekrönt. Sehr schöner romanisch-gotischer, mit Aronstäben bepflanzter offener Kreuzgang*. Von dort, Blick auf den Palazzo degli Normanni.
Villa Bonano (4): In diesem mit Palmen bepflanzten öffentlichen Garten ist noch der Grundriß römischer Häuser zu sehen.

S. Giovanni degli Eremiti mit fünf schönen roten Kuppeln. Den Normannen gelang es, den Reiz der Moschee zu erhalten, als sie daraus eine Kapelle entstehen ließen.

Palazzo Sciafani (an der südöstl. Ecke — keine Besichtigung): Sehenswertes Portal. Von dort sollte man durch die engen Gassen des volkstümlichen Viertels in Richtung Hauptbahnhof (5) gehen.

Chiesa del Gesu (6): Die Kirche aus dem 16.-17. Jh. ist im typischen sizilianischen Barockstil mit Marmorskulpturen verziert.

Orto Botanico (7) (zwischen Bahnhof und Meer; an Sonn- und Feiertagen sowie ab 10 Uhr Sa. und ab 11 Uhr wochentags ⊠): Zahlreiche tropische Pflanzen- und Baumarten; Gewächshaus und schöner Teich; riesige Bäume mit Lianen. In der Verlängerung, schöner Park der **Villa Giulia** (ab 15 Uhr ⊠). Aus dem 18. Jh. mit seltenen Baumarten. Über die Via Cervello und an der Chiesa della Pieta (sehenswerte barocke Fassade) vorbei.

Palazzo Abatellis* (8): Dieser im gotisch-katalinischen Stil am Ende des 15. Jahrhunderts gebaute Palast beherbergt die Regionalgalerie Siziliens** (nachmittags, Mo. und an bestimmten Feiertagen ⊠): Die Besichtigung beginnt im oberen Stockwerk mit der Pinakothek. Dort werden Werke der Primitiven gezeigt: Fresken aus der Kirche Santo Spiroto (14. Jh.), bemalte Kruzifixe* (13. Jh.), flämische Triptychen, Gemälde von Palma dem Jüngeren, Mattia Preti, Titian (Verkündigung), eine Annunziata** von Antonello da Messina (15. Jh.). Im Erdgeschoß ist unter den Skulpturen* die „Büste der Eleonora von Aragon" von Laurana aus dem 15. Jahrhundert besonders sehenswert. Ein besonderer Höhepunkt am Ende des Rundganges ist das Fresko Triumph des Todes*. Im Inneren der nahegelegenen Kirche Santa Maria degli Angeli (La Gancia; 15. Jh.) sind bemerkenswerte Renaissance-Skulpturen und Stuckarbeiten zu sehen.

Palazzo Chiaramonte (9): Ein gotisches Bauwerk von strengem Äußeren, jedoch mit einem prächtigen Innenhof.

Giardino Garibaldi (10): Ein sehenswerter Garten in dem zwei prächtige Sommermagnolienbäume* stehen. Auf der anderen Seite des Gartens steht das Marionetten-Museum.

Santa Maria della Catena: Diese Kirche, genannt nach der Kette, mit der der Hafen früher gesperrt wurde, überragt den Fischerhafen (Cala). Das schöne Innere ist leider meistens geschlossen.

Via Cassari (11): Die gewundene Straße in der Achse der Cala führt zur Altstadt. Mit ihrem Straßenmarkt ist sie eine der malerischsten im alten Palermo.

Oratorio di S. Lorenzo (12): Die Kapelle wurde zur Barockzeit ausgestattet. Bewundernswert sind, neben dem Gemälde Christi Geburt von Caravaggio, Stuckarbeiten*, die als das Meisterwerk Serpottas (Anf. 18. Jh.) gelten.

S. Francesco d'Assisi: Diese Kirche aus dem 13. Jh. mit einem prachtvollen Inneren ist eine der bedeutendsten der Stadt.

Quatro Canti (13) (die vier Ecken): Die an der Kreuzung der zwei Hauptstraßen der Stadt aus dem 17. Jh. gelegene Piazza Vigliena wird von vier Barockfassaden mit Brunnen in den Nischen umrahmt. An einer der Ecken steht die ebenfalls im Barockstil gebaute Kirche San Guiseppe dei Teatini.

Piazza Pretoria*: Der Platz wird von einem sehr schönen Renaissancebrunnen fast ganz eingenommen. Im Hintergrund steht die Barockkirche Santa Catarina (17. Jh.); daneben das Rathaus.

La Martorana und San Cataldo* (14)** beherrschen die Piazza Bellini, die durch eine enge Gasse mit der Piazza Pretoria verbunden ist. La Martorana (oder Santa Maria dell'Ammiraglio nach dem Admiral d'Antioche, dem Stifter) aus dem 12. Jh. besitzt einen schönen romanischen Kirchturm ohne Krone. Im Inneren (von 13-15.30 Uhr, So.- und Feiertagen nachmittags ⊠) gelangt man durch einen Gewölbegang im Barockstil in die eigentliche Kirche mit bewundernswerten byzantinischen Mosaiken*. Ebenfalls aus dem 12. Jh. stammt die Kirche San Cataldo mit ihren rot gestrichenen Kuppeln und einem schönen Mosaikfußboden.

Dom (15): Das auf einen Garten hinausgehende Bauwerk aus dem 12. Jh. (frei stehender Kampanile, Apsis mit muselmanischen Ornamenten, Krypta) hat manche Umbauten erlebt: aus dem 14. Jh. stammen die Bögen, die Fassade und Kampanile verbinden; aus dem 15. Jh. das spätgotische Südportal*; aus dem 16.-18. Jh. der größte Teil der Innenausstattung sowie die im 18. Jh. errichtete Kuppel. Im Inneren bewundernswerte Statuen und Sarkophage (darunter der Friedrichs II., gest. 1250), Bischofsthron und Osterleuchter, alle in romanischem Stil, sowie Skulpturen des großen Künstlers aus Pa-

Vom 17.Jh. an verbreitet sich in Palermo die Barockkunst, nicht nur bei Kirchen sondern auch bei städtebaulichen Anlagen, wie z.B. der Piazza Pretoria; dort erinnern die Figuren des monumentalen Brunnens an das Rom der Päpste.

Sizilien

Es gibt in der Hauptstadt Siziliens sicherlich kein zweites Bauwerk wie den Dom, in dem sich alle Stilrichtungen so überlappen und vermischen, angefangen von der lombardischen Kunst bis zur Spätgotik und zum prunkvollen Barock.

lermo, Antonello Gagini (18.Jh). Der Bischofspalast (Arcivescovile), dem Dom gegenüber, enthält das Diözesanmuseum.

Via Judica (etwas unterhalb, nördl.): Eine Straße im ehemaligen Judenviertel. Entlang der ganzen Straße stehen die Auslagen der Händler, die Möbel aus Eukalyptusholz verkaufen.

Piazza Castelnuovo (16): Palmenbepflanzter Platz im Herzen der modernen Stadt. Auf der West-Seite Fremdenverkehrsbüro. Beginn der nach Norden verlaufenden **Viale della Liberta**, die als schönste Straße Palermos gilt.

Archäologisches Museum (17) (nachmittags, Mo und an Feiertagen ⊠): Eines der bedeutendsten Italiens: Ausgrabungsfunde vom 6. Jh. v. Chr. an. Bemerkenswertes Exponat ist der „Stein aus Palermo" mit semitischer Inschrift; Sammlung ertruskischer Kunst (toskanisch); Abschlußleisten aus einem Tempel aus Himera (→ **Cefalu***), Ephebe (5. Jh. v. Chr.), Herkules (aus Pompeji); Steinbock „aus Syrakus"; siziliotische Skulpturen; Metopen* aus **Selinunt***.

Piazza Verdi (18): Der Platz wird fast ausschließlich vom Teatro Massimo (19. Jh.) beherrscht, eine der bedeutendsten Opern Italiens.

Kapuzinergruft* (an So.- und Feiertagen nachmittags ⊠): Im gleichnamigen Kloster. Dort sind eindrucksvoll tausende von mumifizierten Leichen (seit dem 4. Jh.) aufgereiht.

Palazzo della Zisa*: Das erst kürzlich restaurierte normannische Bauwerk aus dem 12. Jahrhundert ist ein Meisterwerk sizilianisch-romanischer Kunst.

La Favorita (Nordausf., 3 km vom Zentrum): Von den Bourbonen zu napoleonischer Zeit am Fuße des Monte Pelegrino eingerichteter Landschaftspark mit Palmen und exotischen Baumarten; am Nordausgang, kleiner chinesischer Pavillon, gebaut am Anfang des 19. Jahrhunderts und völkerkundliches Museum Pitre.

Kirchen:

La Magione (19): Zisterzienserkirche aus dem 12. Jahrhundert und Überreste eines Kreuzganges. Dahinter, der Palazzo Aiutamiscrito (Ende 15. Jh.).

Oratorio del Rosario (20): Allegorische Statuen* von Serpotta; Altaraufsatz von Van Dyck. **San Domenico** (18. Jh.) mit Innendekoration von Gagini. Daneben, Museum des Risorgimento.

Santa Maria di Gesu (am Fuße des Monte Grifone, südl. der Stadt, 3 km vom Zentrum): Kirche aus dem 15. Jh. mit einer Kapelle in katalinisch-gotischem Stil und einem Kreuzgang aus derselben Zeit im benachbarten Kloster.

Santa Zita (21): Sie enthält Skulpturen von Gagini; schöne Werke von Serpotta in der anschließenden gleichnamigen Kapelle.

Santo Spirito (oder del Vespro auf dem Süd-Friedhof): In dieser Kirche aus dem 12. Jh. begann das Massaker der „Sizilianischen Vesper" (s. oben); bemaltes Kruzifix aus dem 15. Jh. Kunstwerke aus dieser Kirche werden in der Galerie des Palazzo Abbatellis* aufbewahrt.

Schiffsverbindung: Mit **Cagliari*** (Sardinien, 12 Std.), **Neapel*** (10 Std. oder 5 Std. mit dem Aliscafo von Juli bis Sept.), **Livorno*** (18 Std.), den **Liparischen Inseln***, **Ustica***.

Feste: Ende Mai - 1. Hälfte Juni: Verbraucher- und Touristikmesse; Mitte Juli: Fest der hl. Rosalia; im Sommer Lyrik- und Theatersaison unter freiem Himmel auf der Piazza Castelnuovo. Marionettentheater.

Spezialitäten: Spaghetti mit Sardinen und Calamaris; alle Fischsorten (besonders Thunfisch) gegrillt; Süßigkeiten aus Marzipan (*Pasta di Mandorle*); Eis (*Cassate*); Weine aus dem Palermitano, meist Likörweine.

Kunsthandwerk: Kunstkeramik, Lederartikel, Wollteppiche, Marionetten (*Pupi*), bunte *Drageeblumen* (*Confetti*).

Carini (27 km westl.): Die kleine alte Stadt wird vom Schloß aus dem 12.-15. Jh. überragt.

Isola delle Femmine (15 km westl.): Badeort.

Mondello (11 km nördl.): Der „Strand" Palermos. Auf dem Kap blieb das alte Dorf des Fischerhafens erhalten.

Monte Pelegrino* (13 km nördl., 600 m): Der riesige Felsen überragt die ganze Stadt; unterhalb seiner Spitze das Heiligtum der Santa Rosalia (17. Jh.); höher auf dem Felsen eine Panoramaterrasse*.

Terrasini (38 km westl.): Badeort. In der Villa d'Aumale ein Museum mit einer Sammlung sizilianischer Karren. Im Antiquarium sind Amphoren zu sehen.

Pantelleria (Isola di) 27/A 3

Die Possyra des Altertums, die größte Insel vor Sizilien (nach Malta), 110 km von der Küste entfernt, ist vulkanischer Herkunft. Ihre 25 kegelförmigen Erhebungen — die höchste davon ist die Montagna Granda — sind dicht bewaldet. Die unterirdische Aktivität des Vulkans macht sich durch den Austritt von Dampf und Gas sowie das Heraussprudeln von Thermen bemerkbar. Auch der schöne See, der „Venusspiegel", hat sich bei einem Vulkanausbruch gebildet. Der gleichnamige Hafen (4.500 Einwohner) wird von einem mächtigen Castello überragt. Unweit befinden sich Überreste des neolithischen Dorfes **Mursia** und megalithische Bauten (Sesi), wahrscheinlich Grabstätten (archäologischer Park).
Die Insel lebt vom Fischfang und Weinbau sowie vom Tourismus, wobei das Tiefseetauchen eine besondere Attraktion ist. Empfohlene Rundfahrt über die Ringstraße (34 km) oder mit dem Boot (Besichtigung der Seegrotten).
Schiffsverbindung mit **Trapani*** und Mazara del Vallo; tägliche Flugverbindung mit **Trapani*, Parlermo*** und **Rom***.
Spezialitäten: Kapern, Muskatwein (Moscato), Fischgerichte.

Pelagie (Isole)/Pelagische Inseln
(Agrigento)

Diese Gruppe von drei Inseln, darunter eine unbewohnte (**Lampione**), ist für die Klarheit ihres Wassers berühmt.
Lampedusa (20 km², 133 m, 4.400 Einw.) liegt 205 km von der Küste Siziliens entfernt. Es wurde in römischer Zeit verlassen und ist erst seit 1843 wieder bewohnt. Von der einzigen Ortschaft, dem Hafen, aus wird Fischfang betrieben (unter anderem Schwämme). Die sehr steile Felsenküste eignet sich hervorragend zum Tiefseetauchen. Einige Überreste aus der Megalithkultur sind auf der Insel zu finden. Man sollte sich in den Monaten April-Mai und September-Oktober vor der Marrobio-Flut in acht nehmen, die sehr plötzlich kommt und bis zu 3 m Höhe erreichen kann.
Linosa (5 km², 400 Einw., 57 km nordöstl.) liegt viel näher an Sizilien (161 km). Die drei Vulkankegel der Insel ragen nur ca. 100 m heraus (die Seetiefe dagegen erreicht 1.600 m), sie sind jedoch seit mehr als 200 Jahren nicht mehr ausgebrochen.
Schiffsverbindung: Ab Porto Empedocle (→ **Agrigente***); ca. 10 Std. Überfahrt bis Lampedusa.

Piazza Armerina 28/B 2
(Enna)

Die auf drei Hügeln gebaute Plutia der Antike erlebte eine gewisse Glanzzeit im Mittelalter, als sich der Normanne Roger I. und später Friedrich III. von Aragon hier niederließen. Auf dem Gipfel steht der barocke Duomo mit einem Kampanile in gotisch-katalanischem Stil. Etwas weiter unten befindet sich die Kirche San Pietro, ebenfalls barock; die Priorei Sant'Andrea (Ende 11. Jh.) und ein aragonisches Castello. Schöner Blick auf die Stadt vom Garten der Vialla Garibaldi.
Feste: Mitte August Palio (Turnier) der Normannen in mittelalterlichen Kostümen.
Villa Romana del Casale** (6 km südwestl; im Winter ab 14.30 Uhr, im Herbst und Frühjahr ab 16 Uhr ⊠): Der Landsitz aus dem 3.-4. Jh., der nicht weniger als 50 Räume und Säle aller Größen und Funktionen zählt, kam Anfang der 50er Jahre zu Ehren, als dort sehr schöne polychrome Bodenmosaiken entdeckt wurden: insgesamt etwa vierzig, mit einer Fläche von ca. 4000 m². Von den bemerkenswerten Szenen sollte der Besucher sich die sporttreibenden „Bikini-Mädchen", die Kinder bei der Weinlese, die Jagdpartien, die „erotischen" Fischer, den Kampf des Herkules gegen die Giganten, den Fang und Transport der wilden Tiere für die Zirkusspiele (bei diesem Handel war Sizilien damals Zwischenstation) genauer ansehen.
Aldone (10 km nordöstl., 800 m): Romanische Kirchen; im Museum Ausgrabungsfunde aus Morgantina. Prozessionen in der Karwoche.
Morgantina (15 km nordöstl.): Ausgrabungen einer bedeutenden hellenischen, bis zur römischen Zeit aktiven Stätte: von einer Mauer umgebene „Festung", Theater, Sportstätte, Silos, Agora usw. Antiquarium.
Sophiana (11 km südl.): Ausgrabene römische Thermen und eine kleine Basilika.
Enna*: (40 km nordöstl.)

Auf einem über 4000 m² großen Mosaik wird in der Villa Romana del Casale das tägliche Leben Siziliens im 4. Jh. lebendig gehalten.

Ragusa 28/C 3
(Provinzhauptstad)t

Die Stadt, die aus zwei verschiedenartigen Stadtteilen besteht, wurde 1693 von einem Erdbeben stark zerstört. Es ist daher nicht verwunderlich, wenn die Barock-Bauwerke in der Überzahl sind. Im Osten liegt das Viertel Ibla, das trotz allem seinen mittelalterlichen Charakter bewahrt hat. Im Westen, fast 100 m höher, erstreckt sich das eigentliche Ragusa, eine moderne Stadt, deren Entwicklung in den letzten Jahren auf die Gewinnung von Erdöl- und Teervorkommen zurückzuführen ist.
Archäologisches Museum (Mo. und nachmittags ⊠): Es liegt an der Grenze der Schlucht Santa Domenica und zeigt Sammlungen aus der Vorgeschichte (darunter Funde aus der griechischen Grabstätte von Hibla Heraea, der Vorgängerin der Stadt Ragusa) bis zum großen römischen Reich (Mosaiken).
Schöner Ausblick von der Kapuzinerbrücke (Anfang 19. Jh., 40 m hoch), einer der drei Brücken, die die Schlucht überqueren. Talaufwärts stufenförmig angelegte Gärten der Villa Margherita; talabwärts Kirche Santa Maria alle Scale (15.-17. Jahrhundert). Von dort schöne Aussicht.

Ragusa Ibla (zu erreichen über eine Treppe mit 240 Stufen): Dort sind vor allem zwei Barockkirchen zu bewundern: San Giorgo* mit einer sehr schönen Fassade und San Giuseppe. Am Ende der Stadt liegt der Giardino Ibleo mit drei kleinen Kirchen. Panoramablick.
Camarina (34 km südwestl.): Von der Ende des 6. Jh. v.Chr. gegründeten Siedlung ist die griechische Grabstätte übriggeblieben (Ausgrabungen).
Castiglione (9 km südwestl.): Ruinen einer prähellenistischen Stätte.
Cava d'Ispica (21 km südöstl.): Ein 13 km langer Engpaß mit vielen Katakomben, Grabstätten und Höhlenwohnungen.
Comiso (18 km westl.): Barockkirchen, römische Mosaiken im Rathaus.
Ispica (33 km südöstl.): Am Ausgang der Cava (s. oben): In der Nähe archäologischer Park La Forza (unterirdische Gräber mit byzantinischer Malerei).
Marina di Ragusa (24 km südwestl.): Hafen und Badeort.

Modica* (11 km südöstl.): Diese Stadt wurde zum größten Teil nach dem Erdbeben von 1693 wieder aufgebaut (→ **Catania***). In Modica Bassa stehen zwei Kirchen im gotischen Renaissancestil und eine Barockkirche (San Pietro); Museo Civico (Archäologie) und Museo Ibleo (Volkskunst und Volkstradition). Über eine Treppe mit 250 Stufen gelangt man nach Modica Alta mit der Barockkirche San Giorgo*.
Vittoria (26 km westl.): Eine Stadt aus dem 18. Jahrhundert mit sehenswerten Barockkirchen.

Randazzo
(Catania)

Die Stadt mit mittelalterlichem Charakter auf der Nordflanke des **Ätna*** hat trotz Zerstörung durch die Bombardierung von 1943 drei schöne gotische Kirchen aus Lavagestein behalten: Santa Maria* mit einem im 18. Jh. neu gestalteten Inneren, San Nicolo und San Martino, letztere zum größten Teil im 17. Jh. wieder aufgebaut. Eine Besonderheit: diese Kirchen gehörten bis Ende der Renaissance zu jeweils drei verschiedenen Vierteln mit unterschiedlicher Bevölkerung und Sprache.
Fest: Ferragosto (Mitte August) mit dem Zug des Wagens Christi Himmelfahrt, der Vara.

Sciacca 25/C 3
(Agrigento)

Der Bade- und Kurort (Terme Selinuntine, Saison von April-Nov.) überragt von einem von einer Festungsmauer aus dem 16. Jh. fast ganz umgebenen Hügel den alten Hafen und die Steinküste: Schöner Blick auf das Meer vom Giardino Comunale. Etwas höher, Ruinen des Castello Luna (14. Jh.). Abseits der Stadt, Kirche Santa Margherita im gotischen Renaissancestil.
Streripinto (westl. der Stadt): Ein in spanisch-napolitanischem Stil gebauter Palast aus dem 15. Jh. mit „Diamantenquadern".
Duomo: Im Barockstil, obwohl zum Teil aus dem 12. Jh. Daneben, Casa Scaglione (Pinakothek, Münzsammlung).
Feste: Karnevalsumzug; Ende Juni Fest des Meeres.
Kunsthandwerk: Kunsttöpferei.
Caltabellotta (20 km nordöstl.): Die von den Ruinen einer Burg (Panorama*) überragte ehemalige sikulische Stätte war bis zur römischen Zeit besiedelt. Prähistorische Gräber. In der Stadt, Renaissance-Kirche Sant' Agostino und, weiter oben, die romanisch-normannische Kirche Matrice (11. Jh.).
Eraclea Minoa* (31 km südöstl.): Das von den Siedlern aus **Selinunt*** gegründete Halytos der Antike war Schauplatz der Heldentaten von Minos und Dädalus: Stadtmauer, Theater aus dem 3. Jh. v. Chr., Antiquarium. Herrlicher Strand. Im Sommer, Darbietungen im griechischen Theater.
Menfi (20 km nordwestl.): Stadt aus dem 18. Jh. in einem berühmten Weinanbaugebiet auf der Strecke nach **Selinunt***.
San Calogero (7 km östl., 390 m): Vom Gipfel des Hügels Blick auf den Küstenstreifen.

Segesta 24/B 3
(Trapani)

Von der alten und mächtigen Rivalin **Selinunts***, die scheinbar am Ende byzantinischer Zeit (8. Jh.?) vernichtet wurde, sind zwar nur zwei einzeln stehende Bauwerke übriggeblieben, aber von welchem Interesse und in welcher Kulisse! Auf der Terrasse einer Akropolis steht zwischen Affodillen der einsame dorische Tempel.

Man weiß nicht, was man am Tempel von Segeste, einem Meisterwerk der antiken Kunst, mehr bewundern soll: seine Architektur oder die ihn umgebende Landschaft.

Sizilien

Tempel***: Er gilt als das schönste dorische Heiligtum Siziliens. Obwohl er aus dem 5. Jh. v. Chr. stammt, sind seine sechsunddreißig Säulen, sein Giebeldreieck und sein Kranzgesims vollständig erhalten geblieben. Das Innere ist jedoch leer. Möglicherweise wies er keine Cella auf. Im Osten steht, ebenfalls einsam auf dem Gipfel des Monte Barbaro (430 m Höhe, 1,5 km über die Straße), das Griechische Theater (3. Jh. v. Chr.), wegen seiner Restaurierung durch die Römer auch „Anfiteatro" genannt. Es ist das besterhaltene Theater der Antike. Panoramablick* auf die Bucht von **Trapani*** und den Golf von Castelammare. Im Juli-August, klassische Theateraufführungen.

Alcamo (13 km nordöstl.): Mindestens sechs Barockkirchen und eine gotische Kirche: die Assunta, die zum Teil im 18. Jh. wieder aufgebaut wurde. (im Inneren Skulpturen von Gagini).

Calatafimi (8 km südöstl.): Anfang Mai, Fest des Kruzifixes. 5 km südwestl. Denkmal des Ossario (Massengrab) zur Erinnerung an die erste Schlacht, die Garibaldi am 15. Mai 1860 zur Eroberung Siziliens schlug.

Castellammare del Golfo (14 km nördl.): Angenehmer Badeort und schöner Hafen, der vom Schloß „der Aragoner" überragt wird. Im August findet das Festival des sizilianischen Liedes statt.

Scopello (8 km nordwestl.): Fischerhafen und botanische Reserve von Zwergpalmen. Am Fuß der Steinküste, kleine Inseln aus Dolomit: die Faraglioni.

Salemi (19 km südl., 440/550 m): In malerischer Lage am steilen Abhang liegt das Schloß Friedrichs II. (13. Jh.) mit dem Risorgimento-Museum (nachmittags ⊠).

Selinunte/Selinunt
(Trapani) 27/C 1

Von der Stadt, die im Jahre 628 v. Chr. vom griech. Megara Hyblea aus (→ **Sciacca***) am Meer durch die Griechen gegründet und von den Carthagern zweimal zerstört wurde, ist eine zweifache archäologische Stätte** erhalten geblieben. Zwei Anlagen, durch die 1 km lange Straße verbunden, sind diesseits und jenseits des „Gorgo di Cottore", einer ehemaligen Flußmündung, erkennbar. Im Osten steht eine Gruppe von drei Tempeln, von denen zwei (die Tempel F und G) nur noch Anhäufungen riesiger Bruchstücke sind: wahrscheinlich sind sie bei einem Erdbeben zur byzantinischen Zeit zusammengestürzt.

Tempel E**: Dieser Tempel, der

Die Insel Ortygia, der Ursprung von Syrakus, war im Mittelalter eine schöne Stadt am Meer, die das Erdbeben von 1693 ganz vernichtete. Das geistige Alt-Syrakus stammt aus dem 18. Jahrhundert.

weniger beschädigt war, wurde wieder aufgebaut (28 x 78 m, 36 Säulen). Wahrscheinlich war er der Göttin Hera gewidmet. Einige Meter vor der Hauptfassade ist ein Antiquarium zu besichtigen. Am Parkeingang, Fremdenverkehrsbüro von **Trapani***. Von der West-Fassade aus, Blick auf die Akropolis, wo sich die Silhouette der Säulen des Tempels C abzeichnet.

Akropolis (an best. Feiertagen und ab 15 Uhr im Winter und 18 Uhr im Sommer ⊠): Sie beherrschte das Plateau; nach innen hat sie ihre mächtige, aus groben Steinen gebaute Festungsmauer erhalten. Diese umschloß früher eine richtige Stadt, deren beide sich im rechten Winkel kreuzende Hauptstraßen noch begehbar sind. Alle vier Tempel dieser Zone sind zerstört. Von den ursprünglichen 42 Säulen wurde nur beim **Tempel C** eine Reihe von 12 Säulen mit Kranzgesims wieder aufgerichtet. Der Rundgang führt durch ein Chaos. Nach Westen führt ein Weg zum rechten Ufer des Modione (oder Selinon), zu dem Heiligtum der Malophoros, einer Höllengöttin. Im Norden, auf einem weiteren Plateau wird zur Zeit die von den Carthagern zerstörte Stätte ausgegraben. Die Metopen* der Tempel werden im archäologischen Museum in **Palermo*** aufbewahrt. Am Ufer ist an einem zwar kleinen, aber herrlichen Strand der Badeort Marinella entstanden.

Castelvetrano (11 km nordwestl.): Ein bedeutendes Landwirtschaftszentrum mit mehreren Barockkirchen. Im Rathaus ist das Museo Civico: Archäologie (berühmter Ephebe* von Selinunt), Barockskulpturen, Pinakothek. 5 km westl., Heiligtum der SS Trinita di Delia (12. Jh.), Kuppeln in arabischem Stil.

Cusa (19 km nordwestl.): Die Rocche sind die Latomien (Steinbrüche), aus denen die Steine für die verschiedenen Bauwerke von Selinunt stammen.

Siracusa/Syrakus 28/D 2
(Provinzhauptstadt)

Der Geschichtsschreiber Thukydides berichtet, daß 734 v.Chr. korinthische Griechen sich auf der Insel Ortygia ansiedelten. Bald rivalisiert die reiche Stadt mit Athen, das sie bekämpft, lehnt sich gegen Karthago auf und gibt sich eine tyrannische Herrschaft: Gelon (485) verbündet sich mit Theron aus **Agrigente***, um die Afrikaner zu vertreiben und besiegt sie in Himera (→ Umgebung von **Cefalu***). Hieron herrscht von 478 bis 466; Dionysos der Ältere (430-368) läßt nach einem aus seiner teuflischen Fantasie entstandenen Plan ein Schwert über den Kopf seines Rivalen Damokles hängen; Hieron II., der sich 269 als König ausrufen läßt, bedient sich der Fähigkeiten seines Verwandten, Archimedes (287-212, ermordet von einem römischen Soldaten), um die Flotte des Marcellus in die Flucht zu schlagen. Zu dieser Zeit war die Stadt doppelt so groß wie heute.

La Neapoli (Die neue Stadt) (1): Aussichtsterrasse Viale Rizzo (2): Sie überragt die Felsenküste mit einem Gesamtblick auf die zum Teil von der Vegetation überdeckten Steinbrüche und das griechische Theater.

Zona archeologica (Mo., an Feiertagen u. tägl. ab 15 Uhr im Winter, 16.30 Uhr im Frühjahr und Herbst ⊠):

Griechisches Theater*: Das im

5. Jh. v.Chr. gebaute Theater war eines der größten (138 m Durchmesser, 15.000 Plätze) und schönsten der Antike. Es war auch eines der bekanntesten: dort wurden die Dramen des Äschylos berühmt. Leider wird es mehrere Monate im Jahr durch die Bretter und die Planen entstellt, die für die Aufführungen der Sommersaison aufgestellt werden. Am oberen Ende der stufenförmigen Reihen, entlang des Felsens, liegt die „Gräberstraße".

Latomia del Paradisio (3): mit Orangenbäumen reich bewachsener Park am Fuße der Felswand mit riesigen künstlichen Höhlen; eine davon wurde von Caravaggio wegen der Form ihrer Öffnung „Ohr des Dionysos" genannt: Die 23 m hohe, gewundene, 65 m tiefe und zum größten Teil dunkle Höhle ist für ihre Akustik bekannt. Die Tatsache, daß die Tyrannen ihre Gefangenen dort einsperrten, um deren Gespräche zu belauschen, ist wohl eine Legende. Der Zugang zu den anderen Wölbungen, auch zu der Seilergrotte, dei Cordari, wo bis vor kurzem der Hanf noch zu Seilen erarbeitet wurde, ist wegen der Unfallgefahr verboten.

Altar Hierons II. (4): Diese eindrucksvolle, 198 Meter lange Steintafel wurde auf Befehl des Tyrannen für das Opfern von Stieren errichtet.

Römisches Amphitheater: Dieses sehr große Bauwerk (20.000 Plätze) ist, ebenso wie das griechische Theater, in den Felsen gehauen.

Grabstätte Grotticelli und **Grab des Archimedes (5):** Die von den Griechen im 5. Jh. v.Chr. eingerichtete Grabstätte wurde bis zur byzantinischen Zeit benutzt. Das sogenannte „Grab des Archimedes" ist in Wirklichkeit ein Taubenschlag aus dem 1. Jh. (der berühmte Physiker und Mathematiker wurde wahrscheinlich in der benachbarten Grabstätte beerdigt).

La Tiche (6); Die moderne Stadt: **Catacombe di San Giovanni (7)** (Führung durch einen Mönch): Sie wurde im 4. Jh. geöffnet. In einigen der Kapellen, zu denen Galerien führen, sind noch Spuren von Fresken aus der paleochristlichen Zeit zu sehen. Daneben ist die mit mittelalterlichen Fresken geschmückte Krypta San Marciano, die der ersten sizilianischen Christengemeinde (4. Jh.) als Zufluchtsort diente.

Piazza della Vittoria (8): Ein erst kürzlich freigelegtes Heiligtum aus hellinistischer Zeit.

Villa Landolina (9): Der Zentralpavillon soll in Kürze das Regionalmuseum aufnehmen.

Latomia dei Cappuccini* (10): Hier starben 7.000 Athener, die die Schlacht von Assinaros (413 v. Chr.) überlebt hatten.

Santa Lucia al Sepolcro (11): Auf einer Katakombe (keine Besichtigung) gebaute Kirche mit einer Apsis aus dem 12. Jh.

Arsenale Antico (12) (zwischen Eisenbahnlinie und Landungsbrücke): Wenige Überreste der vorchristlichen Hafenanlage.

Ginnasio Romano (13) (zwischen Bahnhof und Industriehafen): Die Sportanlage (1. Jh.) ist wegen einer Erdsenkung zum Teil überflutet.

Insel Ortygia (14): Da sie nach dem Erdbeben „von **Catania*"** im 18. Jh. zum Teil wieder aufgebaut wurde, sind von der ursprünglichen Ansiedlung nur noch wenige Spuren zu sehen. In dem alten Viertel mit mittelalterlichem Charakter sind jedoch zahlreiche Brunnen (Paizza Archimede; 15), Kirchen im Stil der Renaissance und der klassischen Epoche (Collegio; 16) sowie Paläste aus dem 16. Jh. zu bewundern.

Apollo-Tempel (17): Eindrucksvolle Ruine eines Gebäudes (Apollonion) aus dem 7. Jh. v. Chr. Auf dem nahegelegenen Corso XX. Settembre (18) stehen in einer Vertiefung Überreste der Festungsmauer des Dionysos des Älteren (Mura greche, Urbica-Tor neben dem Apollo-Tempel). Am Ende des Porto Grande (19) steht die Porta Marina aus dem 16. Jh. Am Fuße der Festungsmauer liegt das Foro Italico, eine sehr schöne Uferpromenade.

Piazza del Duomo* (29): Ein gutes Beispiel der sizilianischen Architektur des 18. Jh. Die Ostseite wird von der großartigen Barockfassade* des Doms überragt; mehrere Paläste aus dem 17. und 18. Jh. stehen um den Platz.

Duomo*: Er wurde an der Stelle eines griechischen, der Göttin Athene gewidmeten Tempels (Athenon) gebaut, der später von den Römern der Minerva geweiht wurde und von dem dreißig Säulen in das mittelalterliche Bauwerk miteinbezogen wurden. Die Holzdecke stammt aus der Renaissance.

Museo Regionale* (nachmittags, Mo. und an Feiertagen ⊠; soll in die Villa Landolina verlegt werden): Exponate aus der Vor- und Frühgeschichte und vor allem aus der archaischen Periode sowie aus der griechischen und römischen Antike. Herrliche Sammlung syrakusischer Münzen.

Fontana Aretusa** (21): Die Frischwasserquelle, die in dem Brunnen hervorsprudelt und sich in einem Becken ausbreitet, ist ein Wunder der Natur: seit Tausenden von Jahren sammelt sich hier, nur einige Meter vom Meer entfernt, das klare Wasser eines unterirdischen Flusses. Aus der romantischen Lage entstand hier die Legende der Nymphe Arethusa, die in eine Quelle umgewandelt wurde, um dem Flußgott Alpheios, der sie schon vom Olymp ab verfolgte, zu entkommen. Heute, unter den Papyrusstauden, hat sie nichts von ihrem Zauber eingebüßt.

Palazzo Bellomo (22): Das Gebäude aus dem 13.-15. Jh. beherbergt heute das **Museo Nazionale** (nachmittags, Mo. und an Feiertagen ⊠) mit sehenswerten Keramikgegenständen, Skulpturen (Gagini) und vor allem einer Pinakothek (Verkündigung von Antonello da Massina, Ende 15. Jh.).

Castello Maniace (23) (auf dem Kap): Die Festung aus dem 11. Jh. wurde unter Friedrich II. am Anfang des 13. Jh. wieder aufgebaut.

Schiffsverbindungen: Mit **Catania***, **Reggio di Calabria*** und einmal wöchentlich mit **Neapel** (18 Stunden).

Feste: 20. Januar, Fest des hl. Sebastian; im Sommer (in den Jahren mit gerader Jahreszahl): Darstellung von Werken des klassischen Theaters im griechischen Theater; jedes Jahr Opernsaison, Konzerte, internationale Musikfestspiele; 13. Dezember: Fest der hl. Lucia.

Castello Eurialo* (Euryelosbefestigung, 8 km nordwestl.): Auf der Spitze des Epipoli-Berges errichtete Dionysos der Ältere im 5. Jh. v. Chr. die umfangreichste Festung der Antike, um sich vor den Karthagern zu schützen. Panorama.

Fonte Ciane (9 km südwestl., auch mit dem Boot vom Hafen Porta Marina aus in 20 Min. zu erreichen): Diese Quelle, die inmitten einer herrlichen Papyruspflanzung liegt, ist — ebenso wie die Fontana Aretusa — von einer Legende umwoben: Die Nymphe Kyane verwandelte sich dort in eine Quelle, um Pluto zu entkommen.

Solunto 24/D 3
(Palermo)

Einige Kilometer von der gleichnamigen archäologischen Stätte entfernt siedelten sich die Phönizier an der Küste im 9. Jh. v. Chr. an. Die genaue Stelle ihrer Siedlung ist nicht bekannt; man weiß lediglich, daß sie von den Römern im Jahre 245 v. Chr. zerstört wurde.

Die Ruinen (Mo. und an bestimmten Feiertagen sowie tägl. ab 15 Uhr im Winter und 18 Uhr im Sommer ⊠) zeichnen sich vor dem Himmel auf der Erhebung Catalfano oberhalb des Kaps Zaferrano* ab. Bei den Ausgrabungen wurden griechisch-römische Bauwerke aus dem 4.-2. Jh. v. Chr. freigelegt, unter anderem mehrere teilweise mit Fresken geschmückte Wohnhäuser. Antiquarium.

Bagheria (4 km südl.): Badeort mit schönen Villen aus dem 18. Jh.: La La Palagonia, geschmückt mit Figuren von Ungeheuern, La Vulguarnera, La Trabia.

Caccamo (12 km südl. von Termini): Wird von einem imposanten Castello aus dem 12.-18. Jh. überragt.

Termini Imrese (28 km südöstl.): Auf einem Fels, der das Meer überragt, steht dieser Badeort wahrscheinlich auf der ursprünglichen Stätte von Himera/Imera. Im Garten der Villa Palmieri stehen Über-

Die schon in der Antike zu Steinbrüchen (Latominen) gewordenen Klippen des alten Ufers Syrakus waren Grabstätten. Ein Beispiel dafür sind die St. Johannes-Katakomben.

reste eines römischen Amphitheaters; Museo Civico (Ausgrabungsfunde aus Imera). Belvedere.
Trabia (24 km südöstl.): Badeort. Das Schloß stammt noch aus der Zeit vor der arabischen Besatzung.

Taormina 25/D 3
(Messina)

Die Lage** des weltberühmten Luftkur- und Badeortes ist atemberaubend schön. Seine Gärten und blumenbewachsenen Terrassen, von denen sich ein herrlicher Blick auf die Silhouette des **Ätnas*** bietet, liegen hoch über der Bucht von Naxos. Durch die kühlen Winde, die aus dem schneebedeckten Gipfel des Vulkans auf seinen Hügel strömen, können hier Pflanzen- und Baumarten aus den gemäßigten Zonen Europas wachsen. Die Stadt, die zur hellenistischen Zeit besiedelt und unter römischer Herrschaft Militärstützpunkt wurde, erlebte im Mittelalter eine gewisse Blütezeit. Die von dem „Castello" überragte Festung hat noch ihre Stadttore erhalten. Bekannt wurde Taormina im 19. Jh. durch Künstler und Dichter.

Taormina: 200 m über dem Meer, vor der herrlichen Kulisse der Kalkhügel, ist aus der Akropolis ein Garten geworden. Im Hintergrund raucht stets der Ätna.

Stadtbesichtigung:
Diese Art Akropolis kann nur über kurvenreiche Straßen erreicht werden. Das Auto am besten am Stadtrand parken. Taormina ist eine Stadt, die man zu Fuß und ohne Hast entdecken sollte.
Piazza Vittorio Emanuele: In der Nähe des Nordeingangs der Stadt liegt dieser Platz auf der Stätte der antiken Agora. Hauptbauwerk ist hier das Palazzo Corvaia im gotischen Stil (Ende 14. Jh.), in dem 1410 die Unterwerfung der Insel unter die spanischen Vize-Könige beschlossen wurde. Dahinter befindet sich das Fremdenverkehrsamt, auf der anderen Straßenseite stehen die Reste des Odeons (aus der Zeit des röm. Kaiserreichs). Etwas weiter stehen Thermen aus derselben Zeit (die sog. Zecca).
Griechisches Theater** (Mo., an Feiertagen und jeden Tag 2 Std. vor Sonnenuntergang, um 14 Uhr im Winter ⊠; wird z.Z. restauriert): Auf der höchsten Stelle des Hügels waren ursprünglich die stufenförmig angelegten Sitzreihen (3. Jh. v.Chr.) auf eine Bühne ausgerichtet, deren natürliche „Kulisse" die Landschaft* mit ihren Blumengärten, der Bucht und dem Ätna bildete. Erst fünfhundert Jahre später errichteten die Römer die Säulen und die große Mauer aus Ziegelsteinen. Zum Glück — für den Besucher — stürzte deren Mittelteil bei einem Erdbeben zusammen und gab somit den Blick auf eines der berühmtesten Panoramen der Welt wieder frei. Die Römer richteten diese Stätte ein, um dort auch Zirkusspiele zu veranstalten. Das große Theater (109 m Durchmesser) bot Platz für 12.000 Zuschauer, die aus dem ganzen Osten Siziliens hierher kamen.
Corso Umberto: An dieser Fußgängerstraße stehen nicht nur Andenkenläden. Unweit davon, etwas unterhalb auf der rechten Seite, steht die Naumachia, die lange Mauer eines Gymnasiums aus der römischen Zeit. Es lohnt immer, in die engen Gäßchen (vicoli) abseits der Straße einzubiegen.
Piazza 9 Aprile: Der Platz wird von zwei schönen Kirchen und von dem Uhrenturm (mit einem schönen Mosaik im Inneren) eingerahmt, der den Durchgang zum mittelalterlichen Viertel bildet. Von der Terrasse bietet sich ein herrlicher Blick auf das Meer.
Piazza del Duomo: Schöner Brunnen „mit Pferden" (17. Jh.); der romanische Dom mit seiner schmucklosen Fassade erinnert — unter anderem durch die Zinnen am oberen Teil der Fassade — an die englischen Kirchen. Das spitzbogige Innere ist mit Werken von örtlichen Künstlern aus der Renaissance geschmückt.
Palazzo S. Stefano (am Ausgang der Altstadt durch das Catania-Tor; Ende 13. Jh.): ein sehenswertes gotisches Bauwerk aus dem 15. Jh.
Via Roma: Diese Straße führt etwas unterhalb der Stadt zum Eingang des öffentlichen Parks der Villa Comunale. Dieser stufenförmig angelegte Garten besitzt eine Fülle von Blumen und exotischen Pflanzen- und Baumarten. Vereinzelt stehen dort Pavillons im Barockstil. Eine offene Terrasse führt um den Park und bietet einen herrlichen Blick auf das Meer und den Ätna.
Belvedere (Stadtausgang, ca. 1 km von der Porta Messina entfernt): Großartiger Blick* auf die Küste.
Castello (200 m oberhalb der Stadt, 30 Min. Fußweg): Der Sitz der antiken Akropolis auf dem Gipfel des Tauro-Berges. Panorama* auf die Stadt.
Feste: Ende Mai: Fest der sizialinischen Karren und Trachten; Juli: internationale Filmfestspiele; im Sommer Darstellung des griechischen Theaters und „Musikalischer Sommer".
Kunsthandwerk: Alle Erzeugnisse Siziliens: (Krippenfiguren, Marzipanfrüchte, Webarbeiten...)
Umgebung: Man sollte sich nicht scheuen, die nahegelegenen Sehenswürdigkeiten über die hübsch gelegenen Fußwege zu erreichen, die die Strecke abkürzen.
Castelmola* (5 km nordwestl.): Von diesem Dorf aus bietet sich ein weiter Ausblick.
Forza d'Agro* (16 km nördl.): Eine kleine Stadt mit mittelalterlichem Charakter.
Gola d'Alcantara (16 km nordwestl.): Wasserfälle in einer Kluft aus Basaltgestein (Lift, Verleih von Gummistiefeln am Ort).
Mazzaro (4 km nordöstl.): Der Lido (Strand) von Taormina. Zu erreichen über Fußwege (15 Min.) oder mit der Seilbahn (Station 200 m unterhalb der Porta Messina).
Naxos (6 km südl. über den Badeort Giardini zu erreichen): Auf einem Kap vulkanischen Ursprungs stehen die Ruinen der ersten griechischen Siedlung, die 735 v.Chr. in Sizilien gegründet und im Jahre 403 von Dyonisos aus **Syrakus*** zerstört wurde. Die Einwohner suchten in Tauromenion (heute Taormina) Zuflucht, einer 200 m höher gelegenen sikulischen Siedlung. Prähistorische Überreste, Ruinen der Festungsmauer, der

Öfen und des Heiligtums der Aphrodite. An der Spitze des Kaps befindet sich das archäologische Museum.

Tindari 25/C 2
(Messina)

Man gelangt dorthin über das Städtchen Oliveri. Die 396 von Dyonisos dem Älteren aus **Syrakus*** gegründet und zur Zeit der muselmanischen Invasion zerstörte Siedlung war zunächst ein heiliger Ort: Heute steht auf der Akropolis ein modernes, aus 20 km Entfernung sichtbares Heiligtum. Allein wegen des Ausblicks** auf die Lagune, der sich hinter der Apsis bietet, lohnt sich eine Fahrt nach Tindari.

Archäologische Zone (in entgegengesetzter Richtung zur Häusergruppe, Mo ⌧): Der Weg führt zuerst am Museum vorbei (riesiger Kopf des Augustus) und mündet auf den „Decumanus" (die Hauptstraße der antiken Stadt). Die auf der rechten Seite liegende Basilika* (1. Jh.) aus grobem Mauerwerk wurde zum Teil restauriert; früher befand sich dahinter die „Agora". Etwas unterhalb wurde bei Ausgrabungen in einem terrassenförmig angelegten Viertel unter anderem ein römisches Haus neben einem Markt entdeckt. Auf der linken Seite gelangt man zum griechischen Theater* aus dem 3. Jh. v. Chr. Es wurde später von den Römern für die Zirkusspiele wieder aufgebaut und ausgestattet und wird deshalb auch Anfiteatro genannt. Außerdem sind auf dem Hügel umfangreiche Überreste der Festungsmauer (Mura Greche) aus dem 3. Jh. v. Chr. zu finden.

Castreoreale Terme (24 km östl.): → Umgebung von **Milazzo***.

Gioiosa Marea (27 km westl.) und **Capo d'Orlando** (42 km): Badeorte in herrlicher Landschaft*. Auf dem Küstenstreifen stehen zahlreiche Wehrtürme.

Patti (14 km westl.): Der Dom wurde 1978 von einem Erdbeben beschädigt. 2 km nördl., in der Nähe des Strandes von Marina di Patti, steht eine riesige römische Villa (20.000 m²) aus dem 4. Jh. (nur Samstag morgens ▢).

Trapani 24/B 3
(Provinzhauptstadt)

Die Stadt wurde unter dem Namen Drepanon von den Karthagern auf einer Halbinsel an den Toren des phönizischen Eryx (Erice, s. unten) gegründet. Die heute für Wein- und Salzausfuhr bekannte Stadt gliedert sich in zwei Siedlungen diesseits und jenseits des schönen öffentlichen Parks der Villa Margherita. Auf dem Kap selbst liegt die historische Stadt mit dem ehemaligen Ghetto, dem Palazzo della Guidecca (spanische Renaissance) und der Kirche del Gesu, ebenfalls aus dem 16. Jh.

Heiligtum dell'Annunziata (14.-16. Jh.): Kapelle der Madonna im Renaissance-Stil mit einer dem Künstler Nino Pisano zugeschriebenen Madonnenstatue.

Regionalmuseum Pepoli (Mo. und nachmittags ⌧): Zum größten Teil als Pinakothek eingerichtet: Werke aus den napolitanischen und toskanischen Schulen des Quattrocento; ein Titianer; Bronze-Figuren von Serpotta, Miniaturen- und Kunstgegenstände aus Korallen*.

Schiffsverbindungen: mit den **Ägadischen Inseln***, **Pantelleria***, **Cagliari*** (Sardinien).

Feste: Nachtprozession *der Mysterien* am Karfreitag; „musikalischer Sommer" im Juli (lyrische Veranstaltungen unter freiem Himmel im Park der Villa Margherita).

Kunsthandwerk: Korallen, Keramik.

Egadi* (Isole): Favignana 15 Min. mit dem Luftkissenboot (mehrmals täglich im Sommer).

Erice* (750 m hoch, 14 km über die Straße oder 15 Min. mit der Seilbahn): Auf dem Gipfel eines Felsens, ist dieser Luftkurort der Nachfolger des antiken Eryx, der am Fuße des Berges lag, wo sich heute der Ort San Giuliano befindet, Schauplatz der legendären Landung des Odysseus. Oben auf dem Berg ist die bedeutende mittelalterliche Siedlung von einer Festungsmauer eingeschlossen. Zahlreiche Spazierwege mit herrlichem Ausblick** insbesondere auf die Ägadischen Inseln. Mehrere Kastelle stehen in Egadi, davon eines auf der Stätte eines griechischen Tempels, wie auch der Duomo aus dem 14.-15. Jh. Im Museo Comunale werden archäologische Sammlungen gezeigt. Sehenswert auch eine Verkündigung aus Marmor von Gagini.

Kunsthandwerk: Keramik und Teppiche.

Marsala* (31 km südl.): Über die Straße der Salinen, über der sich die Silhouetten der Windmühlen und -räder erheben.

Santo Vito lo Capo (39 km nordöstl.): Hafen und Badeort vor der wunderschönen Landschaft des Capo-Berges. Im August gastronomische Woche des Couscous.

Ustica (isola di) 24/C 1
(Palermo)

Eine runde Insel aus vulkanischem Tuffstein, deren Ufer zahlreiche kleine Buchten und Grotten aufweist. Auf dieser grünen Insel gedeihen Wein und Obstbäume. Die Häuser sind bunt, einige sind mit traditionsreichen Motiven geschmückt (die Murales). Die Falconiera, die die einzige Ortschaft der Insel überragt, besteht zum Teil aus einer Grabstätte aus römischer Zeit. In der Stadt kann man ein Museum für Unterwasser-Archäologie besichtigen. Eine archäologische Zone liegt in Faraglioni um ein prähistorisches Dorf (14. Jh. v. Chr.). Ausflüge zu Fuß oder per Esel zu schönen Belvederen.

Bootsrundfahrt um die Insel (ab Cala Marina), bei der man die Klarheit und den Reichtum des Meeresbodens und die prächtigen Ufergrotten bewundern kann. In der Nähe die Grotta Azzura*.

Schiffsverbindung: Ab **Palermo***, Autofähre in 2 1/2 Stunden und (täglich im Sommer) mit dem Luftkissenboot in 1 1/4 Std.

Feste: Juni-Juli: Internationale Begegnungen für Unterwasseraktivitäten.

Öfen und des Heiligtums der Aphrodite. An der Spitze des Kaps befindet sich das archäologische Museum.

Reisen und Verkehr in Italien
Geschichtlicher Überblick mit Hinweisen auf Kunst, Literatur und Musik

Italien vor Rom

Vor dem 5. Jahrtausend	Nachweisbare menschliche Ansiedlungen im gesamten Norden der Halbinsel („Grimaldimensch").	Statuettenfunde in den Grotten der Region von Ventimiglia.
5.-4. Jahrtausend	Entstehung bäuerlicher Ansiedlungen in der Po-Ebene, Trient, Venetien und in der Toskana	Felsmalereien in den lombardischen Tälern. (Val Camonica)
2. Jahrtausend	Erste italienische Kontakte zum mediterranen Orient.	
2. Jahrtausend	Megalithkulturen in Sardinien und Apulien. Pfahlbausiedlungen im Norden. Beginn der Eisenzeit.	In Sardinien nuragische Kulturen, zyklopische Bauten. Bronze-Kleinkunstwerke. Dolmen in Apulien.
Beginn des 1. Jahrtausends	Zuwanderungen aus Zentraleuropa. Entwicklung Etruriens von der Po-Ebene bis zur Campagna. Ende des 1. Jahrtausends: Die Phönizier errichten Handelsniederlassungen in Sizilien.	

Das Romanische Italien (von den Ursprüngen bis zum Ende der Republik 27 vor Chr.).

Mitte des 8. Jh. v. Chr.	Die legendäre Gründung Roms (753) stimmt zeitlich mit den ersten griechischen Ansiedlungen in Sizilien überein (Naxos 757). — Die Kelten besetzen den Norden der Halbinsel; Völkerschaften balkanischer Herkunft die an die Adria grenzenden Landstriche.	Kroton wird von den Pythagorern regiert. Entstehung des Fortuna-Tempels in Palestrina. Etruskische Gräber in Umbrien.
7. Jh. v. Chr.	Rom untersteht den sabinischen Königen. Etrurien bildet einen Zwölfstädtebund (Lukumonien), deren wichtigste die heutigen Städte Tarquinia, Volterra, Arezzo, Perugia und Bologna sind.	Das erste Forum Romanum wird um den Marktplatz herum errichtet.
616-509 v. Chr.	In Rom herrscht eine Dynastie etruskischer Könige, die Tarquinier.	Höhepunkt der etruskischen Kultur, stark beeinflußt durch die griechische Kunst (Skulptur, Malerei, Töpferkunst, Urnen), deren Erbe von Rom angetreten wird.
509 v. Chr.	Gründung der römischen Republik.	
509 v. Chr.	Die Eroberung der Halbinsel durch Rom beginnt in Etrurien. Im Süden vergrößern und vermehren sich die Kolonien der Magna Graecia und geraten untereinander in Konflikt.	
5. Jh. v. Chr.	Festigung der griechischen Macht im Süden. (474: Cumae siegt über die Etrusker). Gelon, Tyrann von Gela, wird Herrscher über Sizilien. Konflikte mit den Samaritern und den Lukaniern im peninsularen Italien. 430-368: Dionysius der Ältere, Tyrann von Syrakus.	Höhepunkt der griechischen Kunst in Kampanien, Kalabrien und Sizilien: Tempel von Paestum, Agrigent. Segesta **(430)**. Selinunt, Theater von Syrakrus. Bronzen von Riace (Reggio di Calabria). Etruskische Kunst: Nekropolis von Cerveteri (Reliefgrab) und Tarquinia (geflügelte Pferde).
4. Jh. v. Chr.	Eroberung durch die Gallier (390). Rom unterwirft die Magna Graecia (334: Einnahme von Cumae). Gründung Anconas durch Syrakus. Rom legt den Ostia Kriegshafen an.	Zyklopische Wälle von Alatri. Beginn der sogenannten „hellenistischen Periode": die Skulptur überflügelt die Architektur. **312:** Baubeginn der Via Appia.
3. Jh. v. Chr.	Feldzüge des Pyrrhus im Süden (280: Heracleia). 265: die Herrschaft Roms erstreckt sich vom Arno bis nach Sizilien. Aber die Karthager verbleiben auf allen Inseln des Tyrrhenischen Meeres.	
264-201 v. Chr.	Die beiden Punischen Kriege. 241: Die Karthager verzichten auf Sizilien. 235-183: Scipio Africanus erobert Spanien. 217: Hannibal schlägt die Römer in der Schlacht am Trasimenischen See, später in Cannae (in Apulien 216). 212: Die Römer erobern Syrarus. 201: Entscheidender römischer Sieg bei Zama (im jetzigen Tunesien).	Theaterstücke des Plautus, von den Griechen inspiriert.
149-146 v. Chr.	Der dritte Punische Krieg endet mit der Eroberung Karthagos.	

Mitte des 2. Jh. v. Chr.	Vermutliche Gründung Pompeis. Besetzung Griechenlands, das römische Provinz wird; danach der Iberischen Halbinsel (133), des meridionalen Gallien (118), Numidiens (101) des heutigen Maghreb.	
135-82 v. Chr.	„Servile", „soziale" und „zivile" Kriege im gesamten romanischen Italien. 88-79: Diktatur des Sulla. 86: Tod des Marius.	Amphitheater von Capua.
60 v. Chr.	Erstes Triumvirat (Pompejus, Crassus, Cäsar). 58-51: Gallischer Krieg. 52: Vercingétorix stirbt unter der Folter in Rom.	Cicero Tribun (gestorben **43**). Im Forum zu Rom: Cäsar läßt die Basilica Julia erbauen.
49-45 v. Chr.	Bürgerkrieg. 44: Ermordung des Cäsar nach dessen Ernennung zum Diktator auf Lebenszeit.	
43 v. Chr.	Zweites Triumvirat (Antonius, Octavian und Lepidus) 31: Schlacht bei Actium (Antonius wird durch Octavian besiegt).	Werke des Vergil **(70-19)** Titus Livius (**59** vor bis 1 nach Chr.). Ovid.

Das Kaiserreich

27 v. Chr.	Octavius, genannt Augustus, wird Imperator. Eroberung Germaniens.	Augustusbogen in Rimini. — **29:** Gründung von Aosta, das mit großartigen Bauwerken geschmückt wird.
4 v. Chr.	Vermutlicher Zeitpunkt der Geburt Jesu. Das römische Kaiserreich erstreckt sich von der Provinz Baetica (Andalusien) und der Bretagne (England) bis zum Süden Numidiens (Tunesien) und nach Judäa (Palästina).	

Das Kaiserreich (Christliches Zeitalter)

14	Tod des Augustus. Herrschaft des Tiberius.	Villa Jovis auf Capri. Werke des Seneca (4 vor bis 15 nach Chr.)
29	Verurteilung Jesu. 37: Tod des Tiberius.	
41-54	Herrschaft des Claudius, des „Lyoner" Kaisers.	
54-68	Kaiser Nero. Christenverfolgungen; 64: Martyrium des Peter und Paul.	
69-79	Herrschaft des Vespasian. Ausbruch des Vesuv: Zerstörung von Pompei, Herculanum, Stabiae. 81-96: Herrschaft des Domitian. 88-97: Pontifikat Clemens des I. (95: Christenverfolgungen).	Plinius der Ältere **(23-79).** 2. Hälfte des I. Jh.: Amphitheater von Pozzuoli. 80 in Rom: Einweihung des Kolosseums. **81:** Triumphbogen des Titus. Wiederaufbau der niedergebrannten Stadt und Neugestaltung des Palatins durch Domitian. Bau der Arena von Verona. Werke des Tacitus, Plinius' des Jüngeren, Juvenals. Rom: Trajanssäule. Die Engelsburg (Grabmahl des Kaisers Hadrian); Wiederaufbau des Pantheon durch Hadrian. In Benevent: Trajanssäule **(114)** und das Theater. Die Villa des Hadrian in Tivoli. Eröffnung der ersten Katakomben (Rom, Syrakus). **203:** Im Forum Romanum Errichtung des Triumphbogens des Septimus Severus. **212:** Eröffnung der Thermen des Caracalla.
2. Jh.	Die Antoninen (96-192); Herrschaft des Trajan, des Hadrian, Marc Aurels. Zeitalter einer großen Blüte.	
193-217	Herrschaft des Septimus Severus und des Caracalla. Ende des II. Jh.: Der Erzbischof von Rom wird als „Vater der Kirche" betrachtet und legt sich den Titel Papst zu.	
Mitte des 3. Jh.	Periode der Anarchie, die durch die Herrschaft des Aurelian (270-275) beendet wird.	Gegen **300:** Wiederherrichtung der Kurie im Forum Romanum durch Aurelian.
284-305	Diokletian regiert im Orient (Byzanz); Maximilan im Okzident (Mailand). Martyrium der Christen.	

306	Regierungsantritt des Konstantin, Kaisers des Okzident (bis 327). Er proklamiert die Religionsfreiheit und macht das Christentum zur offiziellen Religion (Edikt von Mailand, 313), wiedervereinigt das Kaiserreich (324), beruft das Konzil von Nicäa ein (325) und verlegt seine Hauptstadt nach Byzanz (330), die ein Jahrtausend lang seinen Namen tragen wird: Konstantinopel.	**315:** Der Konstantinsbogen in Rom. **324:** Bau der ersten Sankt-Peters-Basilika. **IV. Jh.:** Bodenmosaiken von Aquileja in der Villa del Casale (Piazza Armerina, Sizilien); in Rom Bau der ersten Sankt-Pauls-Basilika.
379-395	Theodosius, christlicher Kaiser. 395: Teilung des Kaiserreichs. Honorius regiert im Okzident (Ravenna) und Arcadius im Orient (Konstantinopel).	
5. Jh.	Einfall der Barbaren. 455: Plünderung Roms durch die Vandalen.	**Mitte des 5. Jh.:** Erste Zeugnisse der byzantinischen Kunst, entstanden aus der Kunst der Katakomben und der ursprünglichen italienischen Basiliken. In Ravenna: Das Grabmahl des Galla Placidia. In Rom: Die Mosaiken von Santa Maria Maggiore.
476	Tod des Romulus Augustulus, des letzten römischen Kaisers. Ende des weströmischen Reiches. Byzanz richtet sich in den orientalischen Regionen ein: Herrschaft des Theoderich (489), der davon träumt, ein Gotenkaiserreich zu errichten. Der gesamte Norden der Halbinsel ist in der Hand der „Barbaren":	

Das Frühmittelalter

535-553	Justinian, Kaiser des Orients, erobert die Halbinsel. 554: Proklamation der Wiedervereinigung des Kaiserreichs.	**Mitte des 6. Jh.:** Aufgabe des Hafens und der Stadt Ostia. In Ravenna: Mosaiken von San Vitale; Einweihung von Sant'Appollinare in Classe **(549).**
568	Eindringen der Langobarden, zuerst im Norden (bis nach Ravenna), danach bis vor die Tore Kalabriens.	
Ende des 6. Jh.	Gründung des Königreichs der Langobarden.	
Mitte des 8. Jh.	Angesichts des Vordringens der Langobarden bittet der Papst um das Eingreifen des Franken Pippins des Kurzen, der ihm insbesondere Ravenna, Bologna und Ancona zurückerobert. Beginn des Kirchenstaates (756). Besetzung des Südens durch die Musulmanen (Sizilien).	
774	Karl der Große, Sohn des Pippin, König der Langobarden.	Karolingische Krypta von Aquileia, mit Fresken geschmückt.
800	Karl der Große wird vom Papst zum Kaiser gekrönt: Rom ist die Hauptstadt der Christenheit.	
810	Offizielle Gründung Venedigs. 831: Die Sarazenen besetzen Salerno.	
Mitte des 9. Jh.	Auseinanderfallen des Kaiserreichs Karls des Großen und Italiens.	**871:** Gründung der Abtei von San Clemente in Casauria.
Beginn des 10. Jh.	Byzanz und die Langobarden vertreiben vereint die Sarazenen aus dem Süden (915).	
962	Otto I., König von Sachsen, wird König der Langobarden. Zum Kaiser gekrönt gründet er das Heilige Römische Reich deutscher Nation. Nachdem sich die Nachfolger Ottos nicht durchsetzen können, zerfällt das Land in eine Vielzahl kleiner unabhängiger Staaten.	
Mitte des 11. Jh.	Besetzung Siziliens und der südlichen Regionen durch die Normannen. Blütezeit der Seerepublik Amalfi.	**Beginn des 11. Jh.:** Gründung der Sacra di San Michele. **Gegen 1050:** Vorromanische Abtei von Pomposa; Basilika von Aquileia.
1073-1085	Gregor VII., der große Papst des Mittelalters.	**1073:** In Venedig: Einweihung der Basilika von San Marco; Versuch, mit der Hagia Sophia in Konstantinopel zu rivalisieren. **1085:** Einweihung des Doms von Salerno.
1075	Erste Meinungsverschiedenheiten zwischen Papst und Kaiser; Einsetzungsstreitigkeiten.	
1077	Die Lombardei fällt an die germanischen Kaiser. Jedoch nach der Belagerung Roms (1048) muß Heinrich IV. Gregor VII. um Vergebung bitten.	

Vom Romanischen Zeitalter bis zur Renaissance

Ende des 11. Jh.	Entstehung freier Gemeinden unter Führung des Bürgertums und des Adels; Entwicklung von Konflikten zwischen beiden; sowie der Streitigkeiten zwischen den Kaisertreuen (Ghibellinen) und den Papsttreuen (Welfen).	Hervorragende Meisterwerke der romanischen Architektur in der Lombardei (Como, Pavia); in der Toskana: Auftreten des pisanischen Stils.
1103	Roger II., normannischer Prinz, wird König von Sizilien (sein Königreich wird sich 1140 bis nach Neapel erstrecken).	**1103:** Kloster des Paradieses in Amalfi. **1109:** Schiefe Türme von Bologna.
1115	Die Markgräfin Mathilde vermacht dem Papst die Toskana.	**1133:** Die Zisterzienser lassen sich in Fossanova nieder. **1140:** Einweihung der Capella palatina in Palermo; ebenfalls in Sizilien: die Mosaiken von Cefalù und Monreale.
1155	Friedrich Barbarossa (Friedrich I. von Hohenstaufen) zum Kaiser gekrönt (jedoch 1160 exkommuniziert).	
1177	Heirat der normannischen Prinzessin Constance mit Heinrich, dem Sohn des Barbarossa; das normannische Erbe geht in die Hände der Hohenstaufen über (1189). Vom Ende des 12. Jahrhunderts an bemächtigen sich einflußreiche Familien der bedeutenden Villen der Visconti in Mailand, die Medici in Florenz, die Conzaga in Mantua, die Malatesta in Rimini, die Scaliger in Verona. Einige Städte wandeln sich in Republiken um: Venedig, Lucca, Pisa, Genua.	Venedig: Mosaiken der Basilika San Marco. Baptisterium von Parma: Taufkapelle und schiefer Turm von Pisa; Kathedrale von Amalfi: Dom und Kloster von Monreale; Dom von Siena. In der Malerei: Auftreten der „Primitiven", allgemein Darsteller gemalter Kruzifixe.
1214	Plünderung Konstantinopels durch venezianische Kreuzfahrer.	
1212-1250	Friedrich II. von Hohenstaufen wird Kaiser. Universitätsgründungen (Padua 1222, Neapel 1245). 1230: Belagerung von Siena durch die Florentiner.	Florenz: Mosaiken der Taufkapelle. **1240:** Schloß Castel del Monte. **1253:** Einweihung der Basilika San Francesco in Assisi. **2. Hälfte des 12. Jh.:** Cimabue, Freskenmaler von Assisi (Oberkirche); Duccio di Buoninsegna, führender Kopf der Malerschule von Siena und dessen Schüler, Simone Martini.
1262	Florentinische Bankiers stellen die ersten Wechsel aus.	
1265	Charles von Anjou, Bruder Ludwigs des Heiligen, wird auf Ansinnen des Papstes König von Sizilien. Beginn der Streitigkeiten mit Aragon.	
1282	Die Sizilianische Vesper: die Franzosen verlassen die Insel, behalten jedoch die Territorien auf dem neapolitanischen Festland.	**1282:** Beendigung der Arbeiten am Castel Nuovo von Neapel.
1295	Rückkehr Marco Polos nach Venedig. 1300: Dante Alighieri ist Prior in Florenz.	**1292:** Beginn des Dombaus zu Orvieto. **Ende des 13. — Anfang des 14. Jh.:** Große Fontäne von Perugia. Giotto in San Francesco von Assisi, in Padua, in Florenz.
1303	Das Haus Anjou regiert in Neapel. Erste deutsche Interventionen in Italien.	**Beginn des 14. Jh.:** Die italienische gotische Kunst erreicht gerade ihre Reife. Dynastie des Pisano (Pisa, Florenz).
1309-1377	Die Päpste in Avignon.	**1310-1340:** Giotto, Simone Martini, Boccaccio und Petrarca am Hof von Neapel. **1314:** in Florenz: Palazzo Vecchio. **1321:** Dante stirbt in Ravenna. **1334:** Giotto beginnt den Bau des Campanile in Florenz.
1309-1343	In Neapel regiert Robert von Anjou, genannt der Weise.	
1348	Die schwarze Pest rafft mehr als die Hälfte der Einwohner von Florenz dahin.	**1348:** Tod des Andrea Pisano. **1353:** Das Decameron von Boccaccio. **1354:** In Verona: Castelvecchio und die Brücke der Scaliger.
1378-1417	Abendländisches Schisma. Es regieren zwei Päpste, der eine in Rom, der andere in Avignon.	**1374:** Tod des Petrarca bei Padua. **1380:** Tod des Heiligen Katharina von Siena.
1402	Der deutsche Kaiser wird vom lombardischen Heer besiegt.	**1400:** Vollendung des Baptisteriums von Pisa.

Das Quattrocento

		1434: Kuppel des Doms von Florenz von Brunelleschi. — **1440:** in Venedig: die Ca' d' Oro; in Florenz: die Türen der Taufkapelle von Ghiberti.
1442	Alfonso von Aragonien wird König „beider Sizilien".	
1449-1492	In Florenz regiert Lorenzo de Medici.	**1447:** in Padua: Gattamelata von Donatello. Mitte des 15. Jh. in Assisi: Kloster der Toten. Luca della Robbia und Donatello in Florenz und der Toskana.
1453	Die Türken erobern Konstantinopel. Ende des oströmischen Reiches.	
2. Hälfte des 15. Jh.	Macht der Republiken, der Königreiche, der unabhängigen und geteilten Staaten (Mailand, Ferrara, Genua, Venedig, Florenz, die Kirche, Neapel u. a.).	**1455:** Tod des Fra Angelico. **1459:** in Verona: das Tryptichon des Heiligen Zenon von Mantegna. **2. Hälfte des 15. Jh.:** in der Malerei: Piero della Francesca in Arezzi und in Urbono; Botticceli, der letzte große Meister der toskanischen Schule: Mantegna, dominante Figur in Padua und in Mantua; in Venedig: die Malerfamilie Bellini. **1472:** Fertigstellung des Herzogspalasts von Urbino. **1476:** die Cappella Colleoni in Bergamo. **1485:** die Villa de Poggio in Caiano.
1492-1503	Pontifikat Alexanders VI. Borgia.	**1494:** in Florenz: Tod des Pico von Mirandola. **Ende des 15. Jh.:** in der Toskana, Ferrara und Neapel: Paläste mit Bossenwerk und überstehendem Kreuzgesims. In der Malerei: Luca Signorelli in Cortona; Leonardo da Vinci in Mailand (das Abendmahl 1497) und in Florenz: Giorgione, Schüler des Giovanni Bellini in Venedig. In Faenza, Höhepunkt der Töpferkunst. In der Architektur: Bramante, Erfinder des „Rhythmischen Gewölbefelds".
1494-1495	Eingreifen Karls VII. von Frankreich in seiner Eigenschaft als „Erbe" von Neapel. Er hält Mailand und Rom besetzt.	
1498	In Florenz: öffentliche Verbrennung des Savonarola.	

15. Jahrhundert

1501-1503	Feldzüge Ludwigs XII., insbesondere in der Gegend von Mailand; Ludwig der Maure wird gefangengenommen und stirbt in Loches (1508). Der König von Frankreich unterstützt Cesare Borgia bei dessen Eroberung der Romagna.	**1500:** im Petersdom zu Rom: die Pietà und die Kuppel von Michelangelo.
1503-1513	Pontifikat Julius' II. Gründung der Heiligen Liga gegen die Franzosen (Venedig, Spanien, der Papst, England). 1505: Spanien regiert Neapel, Palermo und Cagliari, wo die Vizekönige residieren.	**1505-1508:** Fresken von Monte Oliveto Maggiore von Sodoma. **1508:** Michelangelo in der Sixtinischen Kapelle. **1510:** Michelangelo schafft die Grabmähler Julius' II. (in Rom) und der Medici (in Florenz).
1512	Belagerung und Plünderung von Brescia durch die Franzosen.	
1513-1521	Pontifikat Leos X. 1515: Beginn der Rückeroberung Italiens durch Franz I. (Sieg bei Marignan)	**1513:** „Der Fürst" von Macchiavelli.

1520	Luther veröffentlicht seine großen Reformationsschriften. Die jüdische Gemeinde von Venedig wird ins Ghetto verwiesen.	**1514:** Fries im Hospital von Pistola von G. Della Robbia. **1516:** Veröffentlichung des ersten Bandes des „Rasenden Roland" von Ariosto. **1517:** Rafael beendet die Arbeiten in den Räumen Julius' II. im Vatikan. **1. Hälfte des 16. Jh.:** Bodenmosaiken des Doms zu Siena; in Rom: Palazzo Farnese. — In Venetien: Werke des Giovanni Bellini.
1523-1534	Pontifikat Clemens VII. 1515: Franz I. wird bei Pavia geschlagen. 1527: Plünderung Roms durch die kaiserlichen Truppen (Karl V.). 1530: Kaiserkrönung Karls V. durch den Papst in Bologna.	**1528:** Madonna des Heiligen Hieronymus, Meisterwerk des Correggio (Parma).
1534-1558	Hercules II., Prinz von Ferrara	
1540	Gründung des Jesuitenordens.	**1540:** Vasari in Arezzo. **1545:** Gründung des Botanischen Gartens von Padua. **1545-1553:** in Florenz: die Perseusstatue von Benvenuto Cellini.
1545-1563	Konzil von Trient.	
Mitte des 16. Jh.	Sieg der Gegenreform (vom Pontifikat Pauls II., gestorben 1549, bis zum Pontifikat Urbans VIII., hundert Jahre später). Einrichtung von albanischen Kolonien in Kalabrien.	**Mitte des 16. Jh.:** Tizian in Venedig. In Florenz: die Gärten des Boboli; in Bologna: die Neptunfontäne von Giambologna. Die Villa Farnese in Caprarola von Vignola.
1559	Abkommen von Cateau-Cambrésis: Spanien regiert über die Gebiete um Neapel und Mailand.	
1560	Tod des Andrea Doria, Condottiere und genuesischer Regent.	**1560:** Lombardo vollendet die Fassade der Kartause von Pavia. **1568:** in Rom: die Jesuskirche von Vignola.
1571	Sieg über die Türken bei Lepanto durch die Spanier mit Unterstützung der Venezianer.	**2. Hälfte des 16. Jh.:** in Tivoli: Ville d'Este; Herzoglicher Garten von Parma; Palladio, Architekt des Palais von Vicenza und der „ville" von Venetien. In der Malerei: Tintoretto und Veronese in Venedig, Giambologna in Bologna und in Florenz; Caravaggio in Rom, Neapel und Sizilien. **1580-1581:** Reise Montaignes nach Italien. 1595: Tod des Tasso, Verfasser des „Befreiten Jerusalem".
1582	Einsetzung des gregorianischen Kalenders nach dem Namen Gregors des VIII.	
Ende des 16. Jh.	Die sich steigernde Macht des Königsreichs Savoyen erfolgt parallel zu dem sich bereits anzeigenden Niedergang von Venedig.	

17. und 18. Jahrhundert

Anfang des 17. Jh.	Erhebungen und Aufstände gegen die Spanier im Raum von Neapel.	Entwicklung des barocken Stils. **1607:** Orfeo, von Monteverdi, dem Begründer der Opernkunst. **1614:** Fassade des Petersdoms in Rom von Maderno. **1619:** in Parma: das Theater Farnese.
1631	Ausbruch des Vesuv.	**1642:** Tod des Galilei. **1651:** in Rom: Brunnen der vier Flüsse von Bernini; Kolonnade des Vatikan. **1666:** Stuhl des Heiligen Petrus.
1684	Beschießung von Genua durch Duquesne.	**Ende des 17. Jh.:** Gärten der Isola Bella im Lago Maggiore. **Beginn des 17. Jh.:** Monumentaler Bereich der „trulli" von Alberobello.
1693	Erdbeben in Catania.	
1706	Turin widersteht der Belagerung durch die Franzosen.	
1713	Utrechter Friede; Mailand und Florenz werden von den Spaniern an die Österreicher übergeben. Steigender Einfluß des Königshauses Savoyen (Victor-Amadeus II., der 1720 den Titel eines Königs von Sardinien annimmt).	

1732-1773	In Turin regiert Charles-Emmanuel III., der „philosophische" König.	**1737:** Tod Stradivaris, des Meistergeigenbauers von Cremona. In Neapel Bau des Teatro San Carlo.
1791	Avignon und die Grafschaft Venaissin werden Frankreich angeschlossen.	**Mitte des 18. Jh.:** Gärten und Parkanlagen der lombardischen Seen von La Reggia de Caserta in Parma.
		1762: in Rom: die Fontana die Trevi und die Spanische Treppe.
		2. Hälfte des 18. Jh.: Canaletto, Guardi, Tiepolo, Maler in Venedig. Porzellanmanufaktur von Neapel (Capodimonte).

Von Napoleon bis zur Einigung des Königsreiches (1796-1870)

1796-1814	Militärische und politische Eingriffe der Franzosen von den Alpen bis zum Königreich Neapel. Gründung von „Republiken", einem Königreich Italien, von „Departements", die dem französischen Kaiserreich angeschlossen werden. 1797: Friedensschluß von Campoformio (Venedig und Friaul werden an Österreich abgetreten) und von Tolentino (zwischen Napoleon und Pius VI.). — 1798: Die Franzosen marschieren in Rom ein.	Hauptwerke des Bildhauers Canova. **1802:** Ville Melzi in Bellagio (Comer See).
1805	In Mailand wird die (nördliche) Republik Italien zum Königreich Italien: Eugène de Beauharnais wird zum Vizekönig ernannt. 1807 Joseph Bonaparte wird Vizekönig von Neapel. 1808 die Franzosen halten Rom besetzt; in Neapel: Murat tritt die Nachfolge Josephs an.	**1806:** in Monza: Eugène de Beauharnais läßt den Park im englischen Stil anlegen.
1809	Pius VII. ist Gefangener Napoleons; die Pontifikalstaaten sind dem französischen Kaiserreich angeschlossen.	**1809:** Vollendung der Fassade des Doms zu Mailand.
1814	Zusammenbruch des Kaiserreichs; der Papst kehrt nach Rom zurück. Pariser Frieden: Rückkehr der Österreicher nach Italien. Napoleon wird nach Elba verbannt.	
1815	Wiener Kongreß. Italien wird in die vorherige Situation zurückversetzt. Erschießung Murats.	
1. Hälfte des 19. Jh.	Österreich beherrscht den Norden, die spanischen Bourbonen den Süden. Anfänge des Widerstands gegen die Besatzung: die Bewegung der Carbonari wird gewaltsam niedergeworfen (Turin 1821).	
1831	in Genua gründet Mazzini die Bewegung Junges Italien. Aufstände bilden den Beginn des Risorgimento.	**1842:** Die Verlobten (I promessi sposi) von Manzoni.
1847	Der Papst (Pius IX.) versucht einen Zusammenschluß der italienischen Staaten unter seiner Herrschaft. — 1845: im Norden; Aufstände gegen Österreich (Mailand, Venedig), unterstützt durch den König von Sardinien: Ralliement in Piemont. Im Süden Aufstände gegen Ferdinand II.	
1849	Einsetzung Victor-Emmanuels II. 1850: Cavour reorganisiert das Piemont.	**Mitte des 19. Jh.:** Eröffnung des Seebades San Remo.
1856	Auf dem Pariser Kongreß vertritt Cavour die Sache der italienischen Einheit.	**1853:** La Traviata von Verdi
1859	Frankreich greift an der Seite der Piemonteser in den Kampf gegen die Österreicher ein; Siege bei Magenta und Solferino.	
1860	Savoyen und die Grafschaft Nizza werden Frankreich angegliedert. Der Norden verbindet sich mit dem Piemont, das die Emilia und die Toskana annexiert. Im Süden die „Expedition" der Tausend (Rothemden) geführt von Garibaldi.	
1861	Napoleon III. und Victor-Emmanuel II. marschieren Seite an Seite in Mailand ein. Proklamation des vereinigten Königreichs (unter der Krone Victor-Emmanuels) mit der Hauptstadt Turin.	

1865	Die Hauptstadt wird nach Florenz verlegt. — 1866: Venedig wird wieder italienisch.
1870	Die Piemonteser marschieren in Rom ein, das nunmehr Hauptstadt wird. Verweigerung des Papstes (Pius IX.), der sich in den Vatikan zurückzieht (1871). Die Linke gerät an die Macht, während sich eine wirtschaftliche Unausgeglichenheit zwischen dem Norden und dem Süden erweist.

Nach der Einigung Italiens

1878	Tod Victor-Emmanuels II., dem Umberto I. nachfolgt.
1885	Die Italiener kolonisieren Ostafrika.
1900	Einsetzung Victor-Emmanuels III.
1908	Das sogenannte „Erdbeben von Messina": 100 000 Tote.
1915	Italien tritt an die Seite der Aliierten in den Krieg ein.
1919	D'Annuncio nimmt die militärische Besetzung Triests vor (Sept.). Frieden von Saint-Germain: Trient und Istrien werden Italien zugesprochen.
1921	Auftreten des Faschismus. Mussolini ist Führer der Faschistischen Partei. 1922: Die Faschisten „marschieren" in Rom ein. 1926: Mussolini wird „Duce" („Führer"); Verhaftungen von Intellektuellen (Gramsci).
1929	Lateranverträge zwischen Italien und dem Vatikan.
1935	Konferenz von Stresa (Isola Bella). 1936: Annäherung an das „Dritte Reich"
Juni 1940	Italien tritt an der Seite Deutschlands in den Krieg ein.
1943	Befreiung Siziliens durch die Anglo-Amerikaner (Juli-August); Absetzung Mussolinis (25. Juli); Landung der Alliierten vor den Toren Salernos (Sept.). zur gleichen Zeit beschließt Italien, an deren Seite Krieg zu führen. 1944: Die Amerikaner befreien Rom (4. Juni). Ausbruch des Vesuvs (März).
1946	Umberto II. folgt auf Victor-Emmanuel III. nach dessen Abdankung (Mai). Proklamation der Republik (Juni); Italien ist in zwei Regionen geteilt.
1947	Pariser Verträge. Neufestlegung der Grenzen. Italien verliert seine Kolonien.
1954	Triest wird Italien angeschlossen.
1957	Römische Verträge (Gemeinsamer Markt).
1962-1965	Vatikanisches Konzil (Vatikan II).
1963-1978	Pontifikat Pauls VI.
1975	„Historischer" Kompromiß mit der Kommunistischen Partei. 1976: Erdbeben in Friaul.
1977	Entführung und Ermordung Aldo Moros, des christdemokratischen Parteivorsitzenden, durch die Roten Brigaden.
1978	Gesetze über Scheidung und Abtreibung. Beginn des Pontifikats des Kardinals Wojtyla, der den Namen Johannes Paul II. annimmt (Dez.). 1980: Attentat im Bahnhof von Bologna; Erdbeben in Campanien und Basilicata (November).
1981	Attentat auf den Papst auf dem Petersplatz (13. Mai).
1983-1984	Ausbruch des Ätna. In Sizilien: zahlreiche Attentate durch die Mafia.
1985	Der Katholizismus ist nicht mehr Staatsreligion und der kath. Religionsunterricht nicht mehr Pflichtfach (Juni); in den Dolomiten, Bruch der Talsperre von Tesero (Juli)

1885: in Rom: Beginn der Arbeiten am „Vittoriano", (Denkmal Victor-Emmanuels II.), dem Symbol des Geeinten Italien (vollendet 1911).
1900: Tosca von Puccini.
1909: Der Bologneser Marconi erhält den Nobelpreis für Physik.

30er Jahre: Aufbau von EUR vor den Toren Roms.
1934: Pirandello erhält den Nobelpreis.
1938: Tod des Gabriele D'Annunzio.

1947: Maria Callas an der Mailänder Scala. Carlo Levi: Christus kam nur bis Eboli.
1954: Der Pirelliturm in Mailand von Pier Luigi Nervi.
1959: „La dolce Vita" von Fellini.
1960: in Rom: Einweihung der neuen Gebäude von EUR anläßlich der Olympischen Spiele.
1971: „Tod in Venedig" von Visconti.

Reisen und Verkehr in Italien
Land und Leute

Einige Zahlen
Italien erstreckt sich von Norden (Breitengrad von Graz, Österreich) nach Süden (Breitengrad von Tunis) über 1.200 km.
Gesamtfläche: 301.260 qkm (davon 24.000 qkm Sardinien und 27.500 qkm Sizilien).
Länge der Küste: 7.420 km
Bevölkerung: 56.950.000 Einwohner (193 Einwohner/qkm). Davon 520.000 Friauler (einschl. 30.000 Ladiner), 260.000 deutschsprachige Südtiroler, 53.000 Slowenen sowie kleine französische und albanische Minderheiten. Die italienische Bevölkerung bekennt sich nahezu vollständig zum katholischen Glauben. Seit 1970 ist die Ehescheidung gesetzlich erlaubt. Wichtigste Städte: Rom (ca. 3 Mill. Einwohner), Mailand (ca. 3,5 Mill. Einwohner), Neapel (ca. 1,2 Mill. Einwohner). Turin, Genua und Palermo gehen auf die Millionengrenze zu.

Der italienische Staat
Die Republik Italien ist eine parlamentarische Demokratie mit zwei gesetzgebenden Körperschaften, der Abgeordnetenkammer und dem Senat. Die Abgeordnetenkammer umfaßt 630 Mitglieder (deputati), die für fünf Jahre bei den Parlamentswahlen landesweit gewählt werden. Der Senat besteht aus 320 Mitgliedern (senatori), die regional ebenfalls für fünf Jahre gewählt werden. Die Verfassung vom 1. 1. 1948 verleiht dem aus diesen beiden Kammern bestehenden italienischen Parlament die legislative Gewalt; es hat auch die Aufgabe, die Exekutive zu kontrollieren. Der Staatspräsident, der für eine Amtszeit von sieben Jahren von beiden Kammern des Parlaments und zusätzlich von Delegierten jeder Region (jeweils drei Personen) gewählt wird, besitzt rein repräsentative Aufgaben. Er ernennt den Ministerpräsidenten, der die faktische Regierungsmacht ausübt. Ministerpräsident und Minister bilden das jeweilige Regierungskabinett. Das Oberste Gericht wacht über die Einhaltung der Verfassung. Seit 1958 („Römische Verträge") ist Italien Mitglied der EWG und der Europäischen Gemeinschaft.

Sprache
Die italienische Sprache ist die direkte Fortsetzung der lateinischen Sprache, der sie von allen romanischen Sprachen am nächsten steht. Die italienische Schriftsprache in ihrer heutigen Form besteht schon seit ca. 300 Jahren und ist für alle Italiener die verbindliche Verkehrssprache, denn regionale und lokale Unterschiede, besonders zwischen Nord und Süd sind nicht unerheblich und könnten die interne Verständigung erschweren. Das Italienische ist eine Sprache, die reich an Dialekten und mundsprachlichen Varianten ist, dies nicht zuletzt auch wegen der territorialen Zersplitterung Italiens im Mittelalter und in der Neuzeit. Der große Italienische Dichter Dante hob im XIII. und XIV. Jahrhundert das Toskanische als zentralen Dialekt des Italienischen hervor, sodaß sich heute noch in der Toskana das eigentliche Herz der italienischen Sprache befindet.
In den Großstädten und bekannten Urlaubsorten gibt es eine genügende Anzahl von Hotels, in denen man mit Deutsch einigermaßen auskommt; ansonsten ist man auf englisch, französisch und natürlich italienisch angewiesen. In der Schule lernen Italiener entweder Englisch oder Französisch. In Norditalien, besonders in Südtirol wird auch viel Deutsch verstanden oder gesprochen.

Geographie
Italien verdankt einen großen Teil seiner Originalität der isolierten Lage innerhalb Europas. Der durch die Alpenkette gebildete Bogen (Monte Rosa: 4600 m, Viso: 3800 m, Adamello-Brenta und das Dolomiten-Massiv: 3400 m) wird nur von wenigen hochgelegenen Pässen unterbrochen, die in vergangenen Jahrhunderten auch noch für einen Teil des Jahres unpassierbar waren. Nur der Brenner ist lediglich 1.374 m hoch gelegen (vgl. Mont-Blanc-Tunnel: 1.380 m), die anderen Pässe liegen zwischen 2.000 m und 2.500 m hoch. Die Anlegung von Straßentunneln hat den Verkehr sehr erleichtert, und zwar bei Tende, Frejus, am großen St. Bernhard, am kleinen St. Bernhard und am St. Gotthard; eine Eisenbahnstrecke führt durch den Simplontunnel. Die gesamte Halbinsel gruppiert sich entlang der Kette des Appenins, der mit dem Gran Sasso (fast 3.000 m) in den Abruzzen seine größte Höhe erreicht und die ganze Halbinsel von Nord nach Süd durchzieht. Dieses „Land der Berge und Hügel", die 35% bzw. 42% des gesamten Territoriums bedecken und zumeist aus Kalkstein bestehen, ist tektonisch großen Erdbewegungen ausgesetzt; als Folge davon sind in Italien in Abständen immer wieder Erdbeben zu beobachten. Hinzu kommen noch 20 Vulkane, von denen sechs nach wie vor tätig sind, und zwar der Ätna (3.300 m), der Vesuv, das Gebiet von Pozzuoli („Phlegräische Felder"), in der Bucht von Neapel sowie die Vulkane auf den Inseln und der Umgebung von Sizilien Stromboli, Vulcano und Pantelleria. Als große Ebenen sind zu erwähnen: die Po-Ebene, die Kornkammer des Landes, die Ebenen in Venetien, Latium und Apulien.

Administrative Gliederung
Italien ist in 20 Regionen unterteilt, von denen fünf Regionen einen Autonomiestatus besitzen (Aosta-Tal, Trient-Südtirol, Friaul-Julisches Venetien, Sardinien und Sizilien). Die kommunale Verwaltung untersteht den 8.086 Gemeinden. Ferner existieren zwei Enklaven mit eigenen, unabhängigen Staatsführungen, der Vatikan-Staat und die Republik San Marino (R. S. M.).

Wirtschaft
Gemessen an der Industrieproduktion nimmt Italien den siebten Platz in der Welt ein und ist ein Land mit vorwiegend urbaner Prägung. Die Landwirtschaft trägt nur 6% zum italienischen Bruttosozialprodukt bei; 12% der arbeitenden Bevölkerung sind in der Landwirtschaft tätig. Die Industrie dagegen stellt 38,5% des Bruttosozialproduktes bei einem Beschäftigungsanteil von 36%. Das Land gliedert sich in zwei sehr unterschiedlich strukturierte Wirtschaftsräume; Norditalien ist ein industriell und verkehrstechnisch hochentwickeltes Gebiet mit einer umsatzstarken Wirtschaft (Automobilindustrie, Anlagenbau, Elektronik, Maschinenbau und Schwerindustrie), Süditalien ist dagegen ein wirtschaftlich und infrastrukturell eher zurückgebliebenes, vorwiegend agrarisch geprägtes Gebiet. Zu den ärmsten Gegenden Europas zählt die Insel Sardinien, die fast ausschließlich von Weidewirtschaft, Fischfang und vom Tourismus lebt. Italien ist sehr arm an Bodenschätzen. Außer geringen Vorkommen an Erdgas und erst vor kurzer Zeit entdecktem Erdöl (Po-Ebene), finden sich bescheidene Eisenerz- und Quecksilbervorkommen in der Toskana, der berühmte Marmor in der Gegend um Carrara sowie die Schwefelvorkommen auf Sizilien, in der Emilia und in den Mar-

ken. Die Förderung von Kohle auf Sardinien lohnt kaum noch und wird industriell nicht mehr betrieben. Die Schwer- und metallverarbeitende Industrie (Automobile, Maschinen- und Apparatebau) in der nordwestlichen Po-Ebene ist international bekannt. Berühmt sind italienische Textilerzeugnisse (Seidenraupenzucht in Venetien), Mailand als Modezentrum mit internationalem Ruf, die italienische Schuh- und Lederwarenindustrie, die weltweit eine der führenden Stellungen einnimmt sowie Produkte der chemischen Industrie. Einen besonderen Platz nehmen das graphische Gewerbe, Design und Styling ein, die sich nicht nur in der Mode, sondern auch in vielen anderen Bereichen künstlerischer Formgebung auf der ganzen Welt einen Namen gemacht haben. Zu den wichtigsten Wirtschaftsbereichen gehört auch der Tourismus mit seinen Zentren im Norden (Adriaküste, Riviera, Alpen und norditalienische Seen), aber auch den südlichen Erholungsgebieten (Kalabrien, Sizilien etc.).

Die Po-Ebene zählt auch zu einem der bedeutendsten landwirtschaftlichen Anbaugebiete Italiens. Hier wird Weizen, Reis und Mais produziert. Mit 65% der gesamten Rindviehhaltung liefert die Po-Ebene auch die überwiegende Mehrzahl aller Fleisch- und Milchprodukte. An den Südhängen der Alpen dominieren Obstanbau, Weinbau und Weidewirtschaft.

Der Apennin ist wirtschaftlich weniger entwickelt. Die Weidewirtschaft der Bergregionen wird in den tiefer gelegenen Landschaften der Toskana, Umbriens und der Abruzzen durch mediterrane Mischkulturen unterbrochen. Aus der Toskana stammt der berühmte Chianti-Wein.

Die Landwirtschaft im Süden Italiens ist, bedingt durch unrentable und nicht mehr zweckmäßige Bodenbewirtschaftung in kleinen Familienbetrieben, weit hinter ihren Möglichkeiten zurückgeblieben. Von großer Bedeutung ist der Agrumenanbau auf den vulkanischen Böden um Vesuv und Ätna. Das Fischereiwesen ist nur von regionaler Bedeutung, die Fischfangflotte weitgehend veraltet und auf Fischfang in Küstennähe eingestellt. Im Bereich der Landwirtschaft nimmt der Weizen die zentrale Stellung ein (27% der Anbaufläche), der Weinanbau dagegen nur 11%, obwohl Weine und Weinprodukte insgesamt 1/5 aller landwirtschaftlichen Erzeugnisse ausmachen. Besonders hervorzuheben ist auch der Anbau von Orangen, wo Italien bereits einen führenden Platz in der Welt einnimmt.

Badestrände

Von den über 7.000 Kilometern Küste, mit denen Italien sich als klassisches Wassersportland ausweist, sind viele Abschnitte feine Sandstrände (Adria und Ionisches Meer): für Kinder besonders zu empfehlen ist der Strand von Rimini, Porto Garibaldi, Lido di Jesolo, Alba Adriatica, Soverato, Castiglione della Pescaia, La Caletta und die Strände an der ligurischen Küste. Felsküste dominiert in Kalabrien und Sizilien. In Gebieten mit entwickeltem Tourismus sind die Strände meist gepflegt, vielfach gibt es sogenannte „stabilimenti", Badeanstalten am Meer, in denen eine Umkleidekabine, Liegen und Sonnenschirme gemietet werden können und in denen auch ein Restaurantbetrieb oder Self-Service angeboten wird.

Wintersport

Die Wintersportgebiete des italienischen Alpenraums stehen schon seit langer Zeit in auch international sehr gutem Ruf. Für die Westalpen ist insbesondere das Aosta-Tal zu nennen, das an der Grenze von Frankreich und der Schweiz von Turin aus gut zu erreichen ist und im Südosten des Montblanc-Massivs verläuft. Besonders bekannt sind Courmayeur und Breuil-Cervinia. Livigno am Westfuß der Ortler-Gruppe ist als besonders schneesicher bekannt und von Bergamo aus gut zu erreichen. Als Zollausschlußgebiet zieht es besonders viele Fremde an. Besonders vielseitig und großzügig ausgebaut ist das Skigebiet der Dolomiten, zu dem so bekannte Wintersportorte wie Cortina d'Ampezzo, San Martino di Castrozza, die Seiser Alm, ferner das Grödner-Tal, das Fassa-Tal und das Eggen-Tal gehören. Der markanteste Berg ist der 3342 m hohe Marmolata, an dem auch Sommerskilauf betrieben werden kann. Dank gut abgestimmter Aufstiegshilfen sind alpine Pisten mit einer Gesamtlänge von mehr als 600 km leicht zu erreichen. Weniger bekannte und kleinere Skiorte befinden sich auch südlich des Reschen-Paß und des Brenners. Der Apennin wird im Bereich westlich von Bologna, bei Ancona und nördlich, bzw. südlich von Pescara zum Wintersport aufgesucht. Besondere Attraktion ist der nur 1 1/2 Fahrstunden von Rom entfernte, in der Provinz Rieti gelegene Monte Terminillo (über 2000 m), der insbesondere den Römern als nahegelegener Wintersportort dient. In Kalabrien und auf Sizilien bleiben die Italiener beim Wintersport weitgehend unter sich.

Thermalbäder (termalismo)

Italien verfügt über 200 Thermalbäder, die alle mit Sport-, Erholungs- und Kultureinrichtungen versehen sind. Das Kuren ist in Italien eine sehr alte Tradition, die noch aus der Zeit der altrömischen Vorfahren stammt. Der Italienische Automobilclub ACI gibt eine Karte und ein Verzeichnis der Thermalbäder heraus, das auf Wunsch zugesandt wird.

Folkloristisches

Obwohl auch in Italien die Angleichung an den amerikanischen und nordeuropäischen Lebensstil weit fortgeschritten und die Uniformierung des Geschmacks auch hier zu spüren ist, haben sich dennoch in manchen Teilen des Landes alte Überlieferungen, Trachten und Volksmusik erhalten. Die örtlichen und regionalen Feste haben trotz aller Einflüsse der heutigen Zeit oft ihre Ursprünglichkeit bewahren können, wobei Italiener zwischen weltlichen und religiösen Festen unterscheiden. Einige städtische Feste mit historischem Hintergrund waren lange Jahre in Vergessenheit geraten, bis sie erst unter dem Einfluß des sich schnell entwickelnden Fremdenverkehrs und eines auch in Italien neu entstehenden Heimatbewußtseins wieder zum Leben erweckt wurden. Diese Feste trafen auf eine Bevölkerung, die sofort bereit war, an die alten Traditionen anzuknüpfen und sich mit großem Engagement beteiligte. Neben den vielen großen weltlichen Festen wie dem „palio" von Siena oder den Fahnenspielen in Arezzo finden im ganzen Land aus unterschiedlichen Anlässen eine Unzahl kleinerer, örtlich begrenzter Veranstaltungen statt, bei denen Bräuche und Lebensgewohnheiten der Bevölkerung gut beobachtet werden können. Eine besondere Rolle spielen in Italien die kirchlichen Feste, die meist sehr viel spontaner und fröhlicher als in Nordeuropa gefeiert werden und nicht selten Volksfestcharakter annehmen. Berühmt sind zahlreiche Prozessionen zu Maria Himmelfahrt und in der Karwoche. Der Weihnachtsbaum hat sich auch in Italien weitgehend durchgesetzt, obwohl in Mittel- und Süditalien die Krippe immer noch das eigentliche (religiöse) Festtagssymbol ist. Die mit Weihnachten verbundene Bescherung findet in Italien traditionsgemäß am 6. Januar (Hl. Drei Könige) statt. Der Karneval wird nur an wenigen Orten festlich begangen (Viareggio, San Remo, Venedig), stützt sich hier aber auf alte historische Traditionen und Vorbilder.

Reisen und Verkehr in Italien
Kunst und Kultur, Essen und Trinken in Italiens Regionen

Die Lombardei (Lombardia)

23.800 qkm, 9 Mill. Einwohner, Verwaltungszentrum: Mailand (Milano, MI), andere Städte: Mantua (Mantova, MN), Pavia (PV), Sondrio (SO), Varese (VA), Bergamo (BG), Brescia (BS), Como (CO), Cremona (CR).
Am Fuße der Alpen gelegen und von deren ganzjährig schneebedeckten Gipfeln überragt, ist die Region der schönen Seen zum größten Teil eine Ebene im abfallenden Becken der Po-Niederung. Als Landstrich mit einer hervorragenden städtebaulichen Kultur und Tradition haben sich in der Lombardei schwerpunktmäßig neben der von alters her vorhandenen Landwirtschaft (Viehwirtschaft, Weizen, Reis, Mais, Milchprodukte) die folgenden Industrien angesiedelt: die Textilindustrie (Seidenproduktion), die metallverarbeitende Industrie mit ihren Zentren in Mailand und Brescia, die elektronische und elektrotechnische Industrie.
Kunsthandwerk: Musikinstrumente, Töpferwaren.
Spezialitäten: Osso buco (Beinscheibe), Schnitzel paniert auf Mailänder Art (Cotoletta alla milanese), Risotto auf Mailändische Art (Reis mit Safran), Gemüsesuppen (Minestrone), Käsespezialitäten (z. B. Gorgonzola).
Weine: Moscato dell'Oltrepò Pavese (hell, kräftig), Barbera dell'Olrepò Pavese (rot, trocken), Pinot dell' Oltrepò Pavese (gelblich, trocken, aromatisch), Riesling (hellgelb, trocken), Valtellina (rot, trocken bis herb).
Kunst: Die Lombardei tritt insbesondere im Mittelalter hervor, und zwar durch die sogenannte Entwicklung der langobardischen Kunstformen, auch durch den romanischen Kirchenbau (VIII. bis XII. Jahrhundert). Als weltweit hervorragendes Beispiel für die Gotik ist der Mailänder Dom anzusehen; die Renaissance verdankt den adeligen Geschlechtern der Sforza und Visconti den Bau vieler Burgen und Paläste in ganz Norditalien (Kartause von Parma); Bramante und Leonardo da Vinci werden jeweils in ihren Bereichen als Meister der Mailänder Kunst betrachtet. Die Venezianer haben ihre Spuren besonders in Bergamo und in Mantua (Gonzaga) hinterlassen. Im XVIII. und XIX. Jahrhundert entstanden Villen und Gärten an den Ufern der lombardischen Seen sowie der Park von Monza.

Trient-Südtirol (Trentino-Alto Adige)

13.600 qkm, 874.000 Einwohner, Verwaltungszentren: Trient (Trento, TN) und Bozen (Bolzano, BZ).
Diese um das Südtiroler Becken gelegene Bergregion genießt nach der Verfassung von 1948 ein Sonderstatut; sie besteht aus zwei autonomen Provinzen, die jeweils ein eigenes Verwaltungszentrum besitzen. Im Norden, in Südtirol, ist die Zweisprachigkeit offiziell anerkannt, da der überwiegende Teil der Bevölkerung in Sprache und Kultur die deutsch-österreichische Tradition bewahrt hat. Es ist das Nachbargebiet zu Österreich, durch das der geschichtliche Weg über den Brenner (1.374 m) von Deutschland bis nach Venedig führt. Die gleichnamige Autobahn war zum Zeitpunkt ihres Entstehens ein Wunderwerk der Technik, besonders durch die Vielzahl an Tunnelns und Brücken, die hierfür gebaut werden mußten. Die historische Rolle, die das Tal spielte, erklärt die Bedeutung der Stadt Trient, die die wahre Hauptstadt der italienischen Alpen ist, und findet ihren Nachweis in dem enormen Reichtum an Schlössern und Burgen von prächtiger Architektur. Grüner Täler, in denen der Wein- und Obstanbau gedeiht, sind von den märchenhaften Silhouetten der Dolomiten umrahmt und im Westen durch das große Kalksteinmassiv von Brenta begrenzt; hier findet man Fichtenwäler und klar spiegelnde Seen, die unlängst unter Naturschutz gestellt wurden. So hat man die Anzahl der National- und Naturparks vergrößert: Stelvio, Adamello-Brenta, Paneveggio, Tessa, Sciliar, Puez-Geisler und Braies. Als ausgesprochene Landschaft zum Wandern, Klettern, für den Wintersport, reich an Möglichkeiten für passionierte Angler bietet die Region Trient-Südtirol auch Gelegenheiten für einen Urlaub auf dem Bauernhof an (Agroturismo) und ist auch für den Campingurlauber gut ausgestattet.
Feste: Zahlreiche folkloristische Veranstaltungen im Sommer, Ski-Wettkämpfe und -Wettbewerbe im Winter. Im März und Juli werden Segelwettkämpfe auf dem Gardasee ausgetragen. Im Frühling findet die Weinmesse von Bozen statt, im März der Ski-Wettkampf und im April das Bergfilmfestival in Trient sowie der „Trienter Herbst" (Autunno trentino), eine Reihe von Aufführungen und Konzertveranstaltungen im Herbst.
Spezialitäten: Fischgerichte (Hecht, Karpfen), Wild- und Bratenspezialitäten, Käse, Honig- und Schokoladengebäck.
Weine: Lagrein dunkel (tiefrot, voll, samtig), Terlaner (grünlich- bis goldgelb, trocken, fruchtig), St. Magdalener (rubin- und granatrot, voll und samtig), Teroldego (hellrot, trocken).

Venetien (Veneto)

18.400 qkm. 4.300.000 Einwohner, Verwaltungszentrum: Venedig (Venezia, VE), andere Städte: Belluno (BL), Padua (Padova, PD), Rovigo (RO), Treviso (TV), Verona (VR), Vicenza (VI).
Vom Fuße der Dolomiten erstreckt sich Venetien über die gesamte Adria-Tiefebene, die von den flachen Tälern der Piave, Brenta, Etsch und des Po gebildet wird, von Flüssen, die in eine Lagunenküste münden, die zeitweilig von ausgedehnten Überschwemmungen heimgesucht wird. Venetien reicht ebenfalls bis zur österreichischen Grenze und umfaßt somit auch einen Gebirgsabschnitt. Im Westen grenzt diese Region an die lombardischen Seen (Ostufer des Garda-Sees). Außer Venedig, dessen Umgebung auf der „terra ferma" (Festland) stark industrialisiert ist, sind auch die Städte Padua, Vicenza, Verona und Treviso gleichzeitig landwirtschaftliche Märkte und industrielle Zentren. Das gesamte Küstengebiet ist stark touristisch geprägt und dies nicht nur wegen der Anziehungskraft Venedigs, sondern auch wegen anderer bekannter Seebäder, zu denen die berühmtesten Norditaliens gehören (Lido di Jesolo).
Feste: Im Februar Karneval (historische Gondelfahrten), im Sommer Festival von Venedig, alle zwei Jahre von Juni bis September die Kunst-Biennale, am dritten Samstag im Juli Fest des Erlösers auf dem Canale Grande, im August Nachtfest auf dem Canale Grande, August und September Filmfestival, am ersten Sonntag im September historische Regatta auf dem Canale Grande, Juli und August Opernfestspiele in der römischen Arena von Verona.
Kunsthandwerk: Kupfer- und Töpferwaren, Spitzen- und Glasbläserprodukte aus Murano, Reis- und Maisgerichte (Polenta), Fischspeisen, Zwiebelgerichte.
Weine: Valpolicella (rubin- bis granatrot, trocken bis lieblich, körperreich), Bardolino (hellrot, trocken, harmonisch), Soave (hell bis grünlichgelb, trocken, fruchtig).

Kunst: Während des gesamten Hochmittelalters unterlagen die verschiedenen Künste dem starken Einfluß byzantinischer Vorbilder, danach wird besonders in Treviso und in Verona die prägende Wirkung romanischer Meister deutlich. In Venetien beginnt die Renaissance, vor allem in Venedig und Padua, wo noch zur Zeit der Gotik die Cà d'Oro und der Dogenpalast im Stile der Renaissance entstanden. Gotischen Stils sind das Schloß und die Brücke der Scaliger in Verona. Die Baukunst erlebte ihre Blütezeit im XVI. Jahrhundert mit Sansovino und Palladio. Venetien glänzt jedoch vor allem auf dem Gebiete der Malerei: Giotto und Mantega in Padua; Tizian, Veronese, Tintoretto und Bellini in Venedig, wo sich um die Meister Guardi, Canaletto und Tiepolo eine Malerschule bis ins XVIII. Jahrhundert gehalten hat.

Friaul-Julisches Venetien (Friuli-Venezia Guilia)

7.850 qkm, 1.230.000 Einwohner, Verwaltungszentrum: Triest (TS), andere Städte: Görz (Gorizia, GO), Pordenone (PN), Udine (UD).
In unmittelbarer Nachbarschaft zu Jugoslawien und Österreich gelegen, genießt diese Region einen besonderen Autonomiestatus. Wie ein großes Amphitheater breitet sich die Landschaft um das Tagliamento-Tal am Fuß der Karnischen Alpen aus und grenzt schließlich an die adriatische Lagunenküste. Hier herrscht Landwirtschaft vor, Weinbau, Obst- und Gemüseanbau und Seidenraupenzucht. Friaul-Julisches Venetien ist relativ häufig von Erdbeben betroffen, die allerdings nur selten große Ausmaße annehmen.
Feste: Theater- und Konzertsaison in Triest, im Sommer Audiovisions-Veranstaltungen auf dem Landgut Miramare, von Mai/Juni bis September große Ausstellungen im Palazzo delle Mostre in Udine, am ersten Julisonntag Prozession auf der Lagune von Grado.
Kunsthandwerk: Holzschnitzereien.
Spezialitäten: Schinken, Wurstwaren, Fischgerichte, aber auch zentraleuropäische Gerichte wie Ungarisches Goulasch u. a.
Weine: Grave del Friuli (rot und weiß, aus verschiedenen Rebsorten, fruchtig bis lieblich), Isonzo (weiß, aus verschiedenen Rebsorten: Tokajer, Riesling und Weißburgunder).
Kunst: Die Region verfügt über reiche Kunstschätze; Spuren der Antike (Aquileja), des Mittelalters (Grado), der Langobarden (Cividale) sowie der Romanik, der Gotik und der Renaissance (Udine, Gemona, Venzona). Im XV. Jahrhundert ging Friaul in venezianischen Besitz über, während Gorizia dem österreichischen Kaiserreich unterstand; die klassizistische Epoche wird in der städtebaulichen Gestaltung von Palmanova deutlich.

Piemont (Piemonte)

25.000 qkm, 4,5 Mill. Einwohner, Verwaltungszentrum: Turin (Torino, TO), andere Städte: Alessandria (AL), Asti (AT), Cuneo (CU), Novara (NO), Vercelli (VC).
Ehemals Besitz der Fürsten von Savoyen bedeckt Piemont die gesamte Region zwischen den Alpen, angefangen vom Lago Maggiore bis an das ehemalige Herzogtum Nizza, grenzt aber nicht an das Ligurische Meer. Früher gehörte auch das heute autonome Aosta-Tal zu Piemont. Diese Landschaft, die an das benachbarte französische Savoyen anschließt, grenzt im Süden an die Po-Ebene. Als Landwirtschaftsgebiet, in dem der Weinbau vorherrscht (Asti), liefert Piemont mehr als die Hälfte der italienischen Reisproduktion. Die in den Alpen genutzte Wasserkraft und der damit verbundene Energiereichtum hat die Ansiedlung verschiedener Industriezweige, z. B. der Textilindustrie, der chemischen, metallverarbeitenden und der Automobilindustrie (Turin) besonders begünstigt.
Feste: Im August/September Musikfestspiele in Stresa/Lago Maggiore, Mitte September Palio in Asti, dort ebenfalls im September Winzerfeste.
Spezialitäten: Grissini (Brotstangen), Trüffel, Turiner Cardi (Gemüseart), verschiedene Reisgerichte, Käse, Aperitifs.
Weine: Verschiedene Barbera-Weine, Barbera d'Asti (rubinrot, trocken, schwer), Barbera d'Alta (rubinrot, trocken), Barbera del Monferrato (kräftig rot, trocken bis leicht süß, spritzig), Nebbiolo d'Alba (rubinrot, trocken bis lieblich, Schaumwein), Moscato d'Asti (verschiedene Rebsorten, stroh- bis goldgelb, süß).
Kunst: Romanische Periode (Suze und Turin), romanische und gotische Abteien, Barockbaudenkmäler aus der Regierungszeit des Hauses Savoyen; die Malerei weist eine große Ähnlichkeit mit der benachbarten lombardischen Schule des Klassizismus auf.

Aosta-Tal (Valle d'Aosta)

siehe Aosta, Seite 80

Ligurien (Liguria)

5.400 qkm, 1,8 Mill. Einwohner, Verwaltungszentrum: Genua (Genova, GE), andere Städte: Imperia (IM), La Spezia (SP), Savona (SV).
Die Region Ligurien stellt geographisch einen langen Streifen zwischen den Alpen bei Nizza und der Toskana dar und ist somit Küsten- und Berglandschaft in einem. Dieser von alten Kulturen geprägte Landstrich verdankt seinen Namen den Liguriern, die Seefahrer und Kaufleute waren und deren Erbe sich bis heute in florierenden Häfen und Küstenstädten erhalten hat. Die ligurische Landwirtschaft, einschließlich der Blumenzucht, hat ihren Ursprung schon im Zeitalter des römischen Imperiums. Die besondere Schönheit der Natur dieses Gebietes hat eine Vielzahl von touristischen Zentren entstehen lassen, die besonders viele Wassersportliebhaber anziehen. Außer Genua, einem bedeutenden italienischen Industriezentrum und wichtigen Mittelmeerhafen sind die Hafenstädte La Spezia (Militärhafen), Savona, San Remo und Imperia besonders hervorzuheben. Nach einer langen Zeit als beherrschende Seemacht des Mittelmeeres war die Stadtrepublik Genua auch Wiege der italienischen nationalen Einigungsbewegung.
Kunsthandwerk: Töpfer- und Blumenkunst.
Spezialitäten: Lasagne (besonders in Genua), „pesto alla genovese" (kräftig gewürzte grüne Sauce zu Fleischgerichten), „buridda" (Fischsuppe), Genueser Gebäck.
Weine: siehe auch Piemont
Kunst: Ligurien ist durch die enge Nachbarschaft Mailands und Pisas geprägt; von der Renaissance an entwickelten sich aber auch eigene Schulen in Malerei und Architektur (Genua).

Emilia-Romagna

22.000 qkm, 4 Mill. Einwohner, Verwaltungszentrum: Bologna (BO), ehemaliges Zentrum der Romagna war Ravenna, andere Städte: Ferrara (FE), Forli (FO), Modena (MO), Parma (PR), Ravenna (RA), Reggio Emilia (RE). Die Region verdankt ihren Namen der antiken Via Emilia, die in gerader Linie entlang der Ebene zwischen dem liguro-toskanischen Apennin und dem Po verläuft und Rimini mit Piacenza verbindet. Die Emilia-Romagna gehört zu den „reichsten" Regionen Italiens, in wirtschaftlicher Hinsicht, aber auch in

Bezug auf den Lebensstandart. Hier ist die Kornkammer Italiens, aber auch der Wein- und Reisanbau in dieser Region ist von großer Bedeutung. Neben Bologna, Ferrara und Ravenna liegen die wirtschaftlich und kulturell wichtigen Städte Modena, Parma und Piacenza ebenfalls an der römischen Via Emilia.
Kunsthandwerk: Kupferschmiedekunst (Bologna).
Spezialitäten: Teigwarengerichte „alla bolognese" (mit Fleischsauce), „Ragout alla bolognese", Wurst- und Schinkenspezialitäten (Parma, Bologna, Modena), Käse aus Parma, „Parmigiano" (Parmesan).
Weine: Lambrusco (rubinrot, moussierend, mehrere trockene bis liebliche Sorten), Albano di Romagna (hell bis goldgelb, trockene bis lieblich), Sangiovese di Romagna (rubinrot, trocken, harmonisch).
Feste: Opernvorstellungen in Parma und Modena sind von besonderem Reiz. Mitte September finden die Dante-Feiern in Ravenna statt.
Kunst: Spuren der Antike sind in Rimini zu finden, byzantinische Kirchen in Ravenna, romanische Kathedralen in der Ebene, die Renaissance ist insbesondere in Ferrara und im Stadtzentrum von Bologna anzutreffen. Die Malerei ist mit Meisterwerken von Carracci, Correggio und Guercino in Parma vertreten.

Die Toskana (Toscana)

23.000 qkm, 3,5 Mill. Einwohner, Verwaltungszentrum: Florenz (Firenze, FI), andere Städte: Arezzo (AR), Grosseto (GR), Livorno (LI), Lucca (LU), Massa-Carrara (MS), Pisa (PI), Pistoia (PT), Siena (SI).
Berühmt durch ihr außerordentliches Licht und den ausgeprägten Kunstsinn seiner Einwohner ist die Toskana zu einem der alternativen Reise- und Ferienziele für viele europäische Touristen geworden. Diese mittelitalienische Landschaft der Bäume und Weinberge wird von den Hügeln und dem Mittelgebirge des Appenin dominiert. Im Westen breitet sich die niedrige Ebene des Arno zur Küstenregion von Pisa und Livorno hin aus. Bedeutende Zentren von Kunst und Kultur sind auch Prato und Siena („Schiefer Turm") sowie Volterra und Cortona.
Feste: Im Februar Karneval in Viareggio, in Florenz am Gründonnerstag Fußwaschung und Grablegung des Allerheiligsten, am Karfreitag die Kreuzesverehrung, am Karsamstag großes Osterfeuer und Ostersonntag der „Scoppio del carro", am Palmsonntag die Palmweihe mit großer Prozession, am 1. Mai in Florenz historisches Ballspiel und im Mai findet der florentinische „maggio musicale" (Musikfestival) statt, am 7. September das „rificolone" (nächtliches Laternenfest), das Blumenfest Ende Juni; berühmt ist auch der „palio" in Siena am 2. Juli und 16. August (Wettreiten im historischen Stadtkern), am zweiten Sonntag im September Lanzenspiele in Arezzo, in Lucca Festveranstaltungen „luminara di Santa Croce" (13. September), am 2. September in Sansepolcro Armbrustschießen.
Kunsthandwerk: Töpfer- und Maiolikawaren, Alabasterarbeiten, „Hartsteine" aus Florenz, Pisa und Carrara.
Spezialitäten: Knoblauch- und pfeffergewürzte Gerichte, Mandel- und Honigkuchen.
Weine: Chianti (rubin- bis granatrot, trocken, harmonisch), Vernaccia di San Gimignano (hellgelb, trocken).
Kunst: Die Toskana ist das Siedlungsgebiet der vorrömischen Etrusker, deren Kunst- und Baudenkmäler zu einer besonderen Sehenswürdigkeit geworden sind. Von Weltruf und außerordentlicher Vielfalt sind auch die Renaissancebauten der drei Schulen von Florenz, Pisa und Siena. Von großem Interesse auch die primitive Malerei, Piero della Francesca und Luca Signorelli.

Die Marken (Marche)

9.700 qkm, 1,4 Mill. Einwohner, Verwaltungszentrum: Ancona (AN), andere Städte: Ascoli Piceno (AP), Macerata (MC), Pesaro (PS).
Diese ausgesprochene Bergregion wird durch Täler, die sich zur Adria hin öffnen, bestimmt; an der Küste liegen zahlreiche Häfen und Seebäder. Außer den Küsten- und Badeorten befinden sich auch im Landesinneren größere Städte (Urbino, Ascoli Piceno) und dichter besiedelte Gebiete.
Feste: Im Februar der Karneval in Ascoli Piceno, Anfang August „La Quintana", in Loreto am 8. September und 10. Dezember Prozessionen.
Spezialitäten: „Brodetto" (Fischsuppe), Spanferkel am Spieß, gefüllte Oliven.
Weine: Verdicchio dei Castelli di Jesi (hell, trocken, harmonisch), Montepulciano d'Abruzzo (kräftig, rubinrot, trocken, weich), Bianchello del Metauro (hellgelb, trocken, fruchtig).
Kunsthandwerk: Maiolika und Stickereien.
Kunst: Zahlreiche Spuren der romanischen Epoche. Urbino ist die Geburtsstadt der großen Künstler Bramante und Raffael.

Umbrien (Umbria)

8.500 qkm, 800.000 Einwohner, Verwaltungszentrum: Perugia (PU), andere Städte: Terni (TR). „Italien hat ein grünes Herz" heißt es in der Werbung und im Zentrum Mittelitaliens gelegen bietet Umbrien in der Tat eine grüne und zugleich sehr sanfte Hügellandschaft, in deren Wäldern Quellen und Wasserfälle sprudeln. Hier lebte und wirkte der Heilige Franz von Assisi.
Feste: Im Mai große Festlichkeiten in der mittelalterlichen Stadt Gubbio, am 15. Mai das Kerzenlaufen und am letzten Maisonntag der „palio" (Armbrustschießen). Im Juni/Juli findet in Spoleto ein großes Festival statt; am 2. September in Foligno die „Quintana" (Turnier mit Ringstechen und Armbrustschießen).
Kunsthandwerk: Assisi-Stickereien, Spitzen, Töpferwaren und Schmiedeeisenarbeiten.
Spezialitäten: Fisch aus dem Trasimenischen See, Trüffel, Wurstwaren.
Weine: Colli Albani (hellgelb, trocken bis leicht süßlich), Orvieto (hellgelb, trocken), Frascati (hellgelb, weich, samtig, lieblich bis süß), Est Est Est (aus Montefiascone, strohgelb, vollmundig, lieblich).
Kunst: Die in dieser Region verhandenen Kunstschätze sind beträchtlich: nach der frühen Zeit der Etrusker (Perugia, Orvieto, Todi) wurde Umbrien romanisiert, nimmt an Bedeutung im XII. Jahrhundert immer mehr zu (Spoleto, Assisi) und erlebt seine Blütezeit im gotischen Zeitalter (Assisi, Orvieto, Gubbio, Perugia), und zwar durch die großen Maler Cimabue und Giotto. Später verdankt die Malerei Umbriens ihr hohes Ansehen Pinturicchio und Raffael.

Latium (Lazio)

17.200 qkm, 5 Mill. Einwohner, Verwaltungszentrum und Hauptstadt Italiens: Rom (Roma), andere Städte: Frosinone (FR), Latina (LT), Rieti (RI), Viterbo (VT).
Zwischen der Toskana und Kampanien befindet sich die Wiege der römischen Kultur; der Norden und das Landesinnere sind hügelig und mit Seen vulkanischer Herkunft durchsetzt. Von besonderer Anziehungskraft sind auch die Wasserfälle (Tivoli). Im Süden und in den Küstenbereichen hat angeschwemmtes Land die Uferzonen vergrößert und so sind ehemals unbewohnte und neue Landstriche landwirtschaftlich nutzbar gemacht worden.

Feste: Siehe gesonderten Text über Rom.
Spezialitäten: Ofengegarte Fleischgerichte, Gnocchi (Bällchen aus gekochten Kartoffeln), Spaghetti alle vongole (mit kleinen Muscheln), Sardellen, Schafskäse, Eis.
Weine: Siehe Umbrien.
Kunst: Die Region trägt reiche Spuren der Antike, angefangen mit der etruskischen Kultur (Tarquinia, Cerveteri), des präromanischen Zeitalters (südlich von Rom: Alatri und Ferentino). Vom III. Jahrhundert vor bis zum V. Jahrhundert nach Chr. finden sich Zeugen der Architektur hauptsächlich in Rom und dessen nächster Umgebung (Ostia, Tivoli). Zu Beginn des Mittelalters wurden unter dem Einfluß der Burgunder zahlreiche Abteien gebaut. Die Renaissance fand ihren Niederschlag neben den großen päpstlichen Festungsanlagen der Region besonders in Rom, wo die Päpste die besten Künstler der Halbinsel mit den größten Aufgaben betraut hatten. Im ländlichen Bereich wurden gleichzeitig Parks und Paläste erbaut (Tivoli, Caprarola, Castelli romani). Nachdem Rom zur Hauptstadt der Gegenreform geworden war, setzte sich in seinen Kirchen der jesuitische Stil durch. Während der Klassizistik erhält die Stadt zahlreiche bedeutende Bauwerke durch Bernini.

Die Abruzzen (Abruzzo)

10.800 qkm, 1.200.000 Einwohner, Verwaltungszentrum: L'Aquila (AQ), andere Städte: Chieti (CH), Pescara (PE), Teramo (TE).
Bergregion im Zentrum der Halbinsel, in der sich die höchsten Gipfel des Appenin („Gran Sasso" ca. 3.000 m) erheben, die reich an Karsterscheinungen ist und immer wieder durch Erdbewegungen betroffen wird. Das Klima ist rauh, auch im Hochsommer sind die Temperaturen angenehm, das Landschaftsbild ist durch wilde, einsame Täler und Hochebenen, eine Vielzahl von Quellen und kleinen Gebirgsflüssen sowie Wälder geprägt. Ein großer Teil dieses Landes für Freunde und Liebhaber der Natur wurde zum Nationapark erklärt, in dem der Besucher in freier Wildbahn lebende Tiere, die es sonst nicht mehr oder nur noch sehr selten gibt, beobachten kann. Einen besonderen Reiz bieten ausgesuchte Wanderungen und Bergpartien. Darüberhinaus verfügt diese Region über eine, an die Adria angrenzende Küstengegend. Die Wirtschaft beruht hauptsächlich auf Forst-, Weidewirtschaft und Weinbau, obwohl sich in dem Küstenbereich auch andere Industriezweige angesiedelt haben (Pescara).
Feste: Hauptsächlich in der Zeit um Ostern.
Kunsthandwerk: Keramik, Stickerei, Wandteppiche, Goldschmiedekunst.
Spezialitäten: Bergkäse, Wurstwaren, Teigwaren „alla chitarra" (Bandnudeln in Form von Gitarrensaiten).
Weine: Siehe auch Marken.
Kunst: Vielfache Spuren des romanischen Zeitalters; die meisten Baudenkmäler stammen jedoch aus der Zeit zwischen dem XI. und XIV. Jahrhundert und aus der Blütezeit des romanischen Kirchenbaus (große viereckige Fassaden); Abteien: San Clemente und Casauria.

Die Molise

4.400 qkm, 350.000 Einwohner, Verwaltungszentrum: Campobasso (CB). Diese mittelgebirgsähnliche Landschaft liegt zwischen den Abruzzen, deren natürliche südliche Verlängerung sie bildet, und Apulien. In der Molise herrscht Landwirtschaft vor. Das Gebiet öffnet sich zur Adria.
Kunst: bedeutende Spuren antiker Kulturen.

Kampanien (Campania)

13.600 qkm, 5,4 Mill. Einwohner, von denen nahezu die Hälfte in der Umgebung des Verwaltungszentrums Neapel (Napoli, NA) lebt, andere Städte: Avellino (AV), Benevent (Benevento, BN), Caserta (CE) und Salerno (SA).
Um die majestätische Bucht von Neapel, deren ehemaliger Vulkan Vesuv alles überragt, liegt die Region Kampanien, die ihren Namen von „campagna" („flaches Land") ableitet. Seit dem frühesten Altertum ein Wein- und Olivenanbaugebiet, umgibt sie heute die stark urbanisierte Küstenregion von Neapel mit seinen großen Hafenanlagen. Südlich von Neapel ragt die Halbinsel von Sorrent mit der amalfitanischen Küste ins Meer, die nicht nur dank der ihr vorgelagerten Insel Capri von touristischem Reiz ist. So gehört dieser Küstenstrich mit seinen steil ins Meer abfallenden Felsen zu den malerischsten Gegenden Italiens. Besonders berühmt für seine heißen Bäder ist die Insel Ischia, auf die seit altersher Reisende zur Erholung kamen. Außer der Großstadt Neapel sind im Landesinneren Benevent und Caserta von wirtschaftlicher Bedeutung.
Feste: In Neapel am 19. September St. Januarius („Blutwunder"), Santa Maria del Carmine Mitte Juli und vom 5. bis 7. September das Fest der „Madonna di Piedigrotta".
Kunsthandwerk: Neapolitanisches Porzellan aus Capodimonte, Intarsienarbeiten, Korallen, Keramikarbeiten aus Vietri.
Spezialitäten: Alle Zubereitungen von Teigwaren, Fischsuppen, Pizza.
Weine: Ischia (rot und weiß, mehrere Sorten), San Severo (strohgelb, frisch, harmonisch, bzw. rubinrot, trocken, vollmundig), Locorotondo (grünlich- bis strohgelb, trocken, angenehm), Rossa Barletta (rubinrot, trocken, harmonisch).
Kunst: Kampanien gehört zweifellos zu den an antiken Baudenkmälern und künstlerischen Zeugnissen reichsten Regionen Italiens; so finden sich griechische Denkmäler in Paestum, römische in Herkulaneum und in Pompei, sowie in der Bucht von Neapel und in Benevent. Die Reichtümer dieser Epochen sind auf vorbildliche Weise im Museum von Neapel ausgestellt, das zu den anspruchvollsten auf diesem Gebiet gehört. In der romanischen und gotischen Epoche liegt die Blütezeit für den Bau großer Kathedralen. Salerno, Amalfi, Caserta Vecchia tragen Kennzeichen der sizilianisch-normannischen Kunst. In der Renaissance entsteht in der Nähe von Neapel eine Malerschule, die durch das Talent des spanischen Meisters Ribeira geprägt ist.

Apulien (Puglia)

19.000 qkm, 4 Mill. Einwohner, Verwaltungszentrum: Bari (BA), andere Städte: Brindisi (BR), Foggia (FG), Lecce (LE), Tarent (Taranto, TA). Als langgezogener, zumeist sehr flacher Küstenstreifen zieht sich Apulien von dem im Norden Apuliens liegenden „Stiefelsporen" Gargano über den gesamten „Absatz" des italienischen Stiefels. Weinberge und Olivenhaine kennzeichnen die ländlichen Gegenden, der wirtschaftliche Reichtum dieses Gebietes stammt jedoch auch vom Fischfang, dank einer Küste, die sich über eine Länge von mehr als 600 km erstreckt. Die großen Häfen, gleichzeitig Stützpunkte von Fischerei und Industrie, stehen seit dem Altertum in Verbindung mit dem östlichen Mittelmeer. Zu diesen Zentren gehören Brindisi, Bari und Tarent. Das Landesinnere zeichnet sich durch ethnische Besonderheiten aus, nämlich die „Höhlendörfer" und die „trulli" (aus Schieferplatten geformter Rundkuppelbau) von Alberobello.

Feste: Weit verbreitete folkloristische Feiern, in Tarent Prozessionen in der Karwoche, Feiern zum Heiligen Nikolaus, am 8. Mai (Fischerbootsprozession) in Bari.
Kunsthandwerk: Schmiedeeisen- und Kupferarbeiten aus Lecce.
Spezialitäten: Speisen mit kräftig gewürzten Füllungen, Wurst- und Fleischwaren, Fische und Schalentiere.
Weine: Siehe Kampanien.
Kunst: Umfassende prähistorische Funde, besonders viele Zeugnisse aus frührömischer Zeit (Römer, Griechen, Numidiern). Vom Hochmittelalter an zeigt sich byzantinischer Einfluß in der geistlichen und profanen Baukunst. Später Einfluß vom Balkan. Im XVII. Jahrhundert ist die Blütezeit des spanischen Barocks in Neapel, wird Lecce zur „Hauptstadt des Barocks" in Süditalien.

Die Basilikata (Basilicata)

10.000 qkm, 600.000 Einwohner, Verwaltungszentrum: Potenza (PZ), andere Städte: Matera (MT). Das frühere Lukanien ist eine gebirgige Region, die im Süden der Halbinsel zwischen Apulien, der Campania und Kalabrien liegt, jedoch an zwei Stellen für wenige Kilometer an das Ionische und Tyrrhenische Meer grenzt. Bei einer geringen Einwohnerzahl, die Bevölkerungsdichte ist mit 60 Einwohnern/qkm die bei weitem niedrigste, gibt es in der Basilikata außer Potenza nur eine größere Stadt, Matera, die von wirtschaftlicher Bedeutung ist. Hauptwirtschaftszweig ist die Landwirtschaft, die allerdings unter einer relativ niedrigen Ertragsquote leidet.
Weine: Siehe Kampanien.
Kunst: Ur- und Frühgeschichte sowie Antike sind ausschließlich in Museen vertreten. Für die griechische Periode ist Metaponte zu besichtigen. Die mittelalterliche Kunst ist wesentlich von ausländischen Einflüssen geprägt (vgl. auch Apulien), in Bezug auf die Renaissance gibt es eine außergewöhnliche Höhlensiedlung in Matera zu besichtigen.

Kalabrien (Calabria)

15.000 qkm, 2 Mill. Einwohner, Verwaltungszentrum: Catanzaro (CZ), andere Städte: Cosenza (CS), Reggio Calabria (RC).
Kalabrien stellt ein eindrucksvolles Bergmassiv dar, das insbesondere in der Sila bewaldet ist. Am Fuße des italienischen Stiefels gelegen, bietet es am Tyrrhenischen Meer ein wild zerklüftetes Felsufer, und an der gegenüberliegenden Seite, am Ionischen Meer, einen langen, forstwirtschaftlich genutzten Küstenstreifen.
Feste: In vielen kleinen Gemeinden mit stark folkloristischer Prägung (Trachten), besonders in den Albaner Gemeinden.
Spezialitäten: Fischgerichte vom Grill, Wild.
Weine: siehe Kampanien.
Kunst: Die Bronzestatuen von Riace aus dem V. Jahrhundert v. Chr. (Museum von Reggio Calabria), zahlreiche Spuren aus der Zeit der griechischen Kolonisation an den Ufern beider Meere, besonders am Ionischen Meer. Aus dem Mittelalter stammt der byzantinische Einfluß und die Siedlungen von Volksgruppen des Balkans, die bereits lange vor der Herrschaft des Hauses Aragon (XV. bis XVIII. Jahrhundert) in Kalabrien ansässig waren.

Sardinien (Sardegna)
siehe gleichlautendes Kapitel, S. 310

Sizilien (Sicilia)
siehe gleichlautendes Kapitel, S. 306

Kraftfahrzeug-Kennzeichen in Italien

92100	Agrigento	AG	03100	Frosinone	FR	51100	Pistoia	PT
15100	Alessandria	AL	16100	Genova	GE	33170	Pordenone	PN
60100	Ancona	AN	34170	Gorizia	GO	85100	Potenza	PZ
11100	Aosta	AO	58100	Grosseto	GR	97100	Ragusa	RG
52100	Arezzo	AR	18100	Imperia	IM	48100	Ravenna	RA
63100	Ascoli Piceno	AP	86170	Isernia	IS	89100	Reggio Calabria	RC
14100	Asti	AT	67100	L'Aquila	AQ	42100	Reggio Emilia	RE
83100	Avellino	AV	19100	La Spezia	SP	02100	Rieti	RI
70100	Bari	BA	04100	Latina	LT	00100	Roma	Roma
32100	Belluno	BL	73100	Lecce	LE	45100	Rovigo	RO
82100	Benevento	BN	57100	Livorno	LI	84100	Salerno	SA
24100	Bergamo	BG	55100	Lucca	LU	07100	Sassari	SS
40100	Bologna	BO	62100	Macerata	MC	17100	Savona	SV
39100	Bolzano	BZ	46100	Mantova	MN	53100	Siena	SI
25100	Brescia	BS	54100	Massa Carrara	MS	96100	Siracusa	SR
72100	Brindisi	BR	75100	Matera	MT	23100	Sondrio	SO
09100	Cagliari	CA	98100	Messina	ME	74100	Taranto	TA
93100	Caltanissetta	CL	20100	Milano	MI	64100	Teramo	TE
86100	Campobasso	CB	41100	Modena	MO	05100	Terni	TR
81100	Caserta	CE	80100	Napoli	NA	10100	Torino	TO
95100	Catania	CT	28100	Novara	NO	91100	Trapani	TP
88100	Catanzaro	CZ	08100	Nuoro	NU	38100	Trento	TN
66100	Chieti	CH	09170	Oristano	OR	31100	Treviso	TV
22100	Como	CO	35100	Padova	PD	34100	Trieste	TS
87100	Cosenza	CS	90100	Palermo	PA	33100	Udine	UD
26100	Cremona	CR	43100	Parma	PR	21100	Varese	VA
12100	Cuneo	CN	27100	Pavia	PV	30100	Venezia	VE
94100	Enna	EN	06100	Perugia	PG	13100	Vercelli	VC
44100	Ferrara	FE	61100	Pesaro	PS	37100	Verona	VR
50100	Firenze	FI	65100	Pescara	PE	36100	Vicenza	VI
71100	Foggia	FG	29100	Piacenza	PC	01100	Viterbo	VT
47100	Forli	FO	56100	Pisa	PI			

Touristisches Mini-Lexikon

accanto: neben
acqua: Wasser
* **semplice:** normales*
* **minerale:** Mineral-*
adulto: Erwachsener
aeroporto: Flughafen
affresco: Freske(nmalerei)
agenzia di viaggi: Reisebüro
albergo: Hotel, Herberge
albero: Baum
alloggio: Unterkunft
alto: hoch
alta stagione: Hochsaison
anche: auch
andata e ritorno: Hin- und Rückfahrt (-flug)
angolo: Ecke
antipasto: Vorspeise
aperto: offen, geöffnet
appartamento: Wohnung
aranciata: Orangenlimonade
arrosto: Braten
arte: Kunst
attenzione: Achtung
autostrada: Autobahn
bagaglio: Gepäck
bagno: Bad(ezimmer)
balcone: Balkon
bambina: Kind (Mädchen)
bambino: Kind (Junge)
banca: Bank
bar: Bar, Cafe, Stehimbiß
barca: Boot
basso: niedrig
bello: schön
bene: gut
benzina: Benzin
bicchiere: Glas
bicicletta: Fahrrad
biglietto: Fahrschein, Eintrittskarte
binario: Gleis
birra: Bier
bistecca: Kottlett
borsa: (Hand)tasche
bosco: Wald
bottiglia: Flasche
breve: kurz
brutto: häßlich
buon appetito: Guten Appetit
buonanotte: Gute Nacht
buonasera: Guten Abend
buongiorno: Guten Tag, Guten Morgen
cabina: Kabine
* **telefonica:** Telefonzelle
caffè: Kaffee
caldo: warm
cambio: Wechsel, Wechselkurs
camera: Zimmer
cameriere: Ober, Bedienung
campagna: Land (im Gegensatz zu „Stadt")
cappella: Kapelle
cappuccino: Milchkaffee
carne: Fleisch
caro: teuer, lieb
cartolina: (Ansichts)karte
casa: Haus
cassa: Kasse
castello: Burg, Kastell
cattedrale: Kathedrale
cena: Abendessen
centro: Zentrum
che, che cosa: was
chi: wer
chiave: Schlüssel
chiesa: Kirche
cinema: Kino
città: Stadt
cliente: Kunde, Käufer
clima: Klima
cognome: Familienname, Zuname
coincidenza: (Zug)verbindung
colazione: Frühstück
collina: Hügel
coltello: Messer
come: wie
commesso (commessa): Verkäufer(rin)
comune: Stadt, Gemeinde

concerto: Konzert
conto: Rechnung
contorno: Beilage
coperto: Gedeck
corso: Kurs, Korso
cotto: gekocht, gebraten, gar
crudo: roh
cucchiaino: Teelöffel
cucchiaio: Eßlöffel
destra (a destra): rechts (nach rechts)
dietro: hinten, nach hinten
dintorni: Umgebung
diretto: D-Zug
diritto (dritto): geradeaus
distributore: Tankstelle
(di benzina)
doccia: Dusche
dogana: Zoll
dolce: Kuchen, Süßspeisen
doppio: doppelt
camera doppia: Doppelzimmer
dove: wo
duomo: Dom
edicola: Zeitschriftenkiosk
entrata: Eingang, Einfahrt, Einreise
escursione: Exkursion, Besichtigung
facciata: Fassade
farmacia: Apotheke
fermata: Haltestelle
finestra: Fenster
fiore: Blume
fiume: Fluß
forchetta: Gabel
formaggio: Käse
francobollo: Briefmarke
freddo: kalt
fresco: frisch
frontiera: Grenze
frutta: Frucht, Obst
funivia: Seilbahn
fuori: draußen, nach draußen
gabinetto: Toilette
gelato: Eis(crem), Speiseeis
generi alimentari: Lebensmittel
gettone: Telefonmünze, Jeton
ghiaccio: Eis(würfel)
giardino: Gaten
giornale: Zeitung, Zeitschrift
gita: FAhrt, Tour
gomma: Autoreifen
grazie: danke
guasto: Schaden, Defekt
ieri: gestern
impiegato: Angestellte
incidente: Unfall
incrocio: Kreuzung
indicazione: Wegweiser
insalata: Salat
isola: Insel
lago: (der) See
latte: Milch
letto: Bett
libero: frei
lingua: Sprache, Zunge
listino prezzi: Speisekarte/Preisliste
locale: Lokal, Gastwirtschaft
lontano: weit
lungo: lang, weit
lungomare: Strandpromenade
lungolago: Uferpromenade (See)
macchina: Auto
marco: (DM-)Mark
mare: Meer
mattina: Morgen
mercato: Markt
metropolitana: U-Bahn
montagna: Gebirge
monte: Berg
mostra: Ausstellung
museo: Museum

nave: Schiff
negozio: Geschäft
neve: Schnee
nome: Name
nuvoloso: bewölkt

occupato: besetzt, belegt
oggi: heute
ora: Stunde

paese: Dorf, Land
palazzo: Palast
pane: Brot
panino: Brötchen
parcheggio: Parkplatz
partenza: Abfahrt, Abflug
passaporto: Reisepaß
passeggiata: Spaziergang
passo: Schritt
patente: Führerschein
perché: warum, weil
per favore: bitte (nach einer Bitte)
pesce: Fisch
piatto: Teller
piazza: Platz
pioggia: Regen
piscina: Schwimmbad
pomeriggio: Nachmittag
porta: Tür
porto: Hafen
posta: Post
pranzo: Mittgessen
prefisso: Vorwahlnummer
prego: bitte
prezzo: Preis
prossimo: nächste
pubblico: öffentlich

quando: wann
quartiere: Stadtteil, -viertel

rapido: D-Zug
regione: Region, Gegend
ricevuta: Rechnung
* **fiscale:** (offizielle Rechnung)
riscaldamento: Heizung
ritardo: Verspätung

saldi: Verkauf zu reduziertem Preis
salita: Aufstieg, Steigung
sci: Ski
sconto: Rabatt, Ermäßigung
seggiovia: Sessellift
semaforo: Ampel
sera: Abend
singolo: einzel
camera singola: Einzelzimmer
soggiorno: Aufenthalt
soldi: Geld
spiaggia: Strand
spiccioli: Kleingeld
spremuta: Getränk aus ausgepreßten Früchten
stamattina: heute morgen
stanza: Zimmer
stasera: heute abend
stazione: Bahnhof
strada: Straße
* **privata:** Privatstraße
straniero: Fremde, Ausländer

tavola: Tisch
* **calda:** Restaurantbetrieb
tempo: Zeit, Wetter
terrazza: Terrasse
torre: Turm
traffico: Verkehr
tram: Straßenbahn
trattoria: Restaurant, Gaststätte
treno: Zug

ufficio: Büro
* **infomazioni:** Auskunftsbüro
uscita: Ausgang, Ausfahrt

vacanza: Ferien(tag)
valigia: Koffer
verdura: Gemüse
via: Straße, Weg
viaggio: Reise, Fahrt
vista: Blick

**INDICE DELLE LOCALITÀ E DEI LUOGHI
DESCRITTI NELLA RUBRICA « I DINTORNI »**

**VERZEICHNIS DER ORTE UND SEHENSWÜRDIGKEITEN,
DIE UNTER EINEM ANDEREN ZIELPUNKT
BESCHRIEBEN SIND**

**INDEX VAN DE PLAATSNAMEN BESCHREVEN
IN DE RUBRICK « OMGEVING »**

**INDEX DES LOCALITÉS ET SITES DÉCRITS
DANS LA RUBRIQUE « ENVIRONS »**

**INDEX OF SITES AND TOWNS
DESCRIBED IN THE PART « VICINITY »**

DINTORNI / UMGEBUNG / OMGEVING / ENVIRONS / VICINITY

ITALIA CONTINENTALE

A

Acciaroli → Paestum
Acerenza → Potenza
Acquafredda → Maratea
Acquapendente → Bolsena
Acquasanta Terme →
    Ascoli Piceno
Acquasparta → Spoleto
Acquaviva degli Fonti → Bari
Acquaviva Picena →
    S. Benedetto del Tronto
Adria → Rovigo
Agerola → Castellammare di St.
Aglie → Ivrea
Agnano Terme → Napoli
Agordo → Belluno
Agropoli → Paestum
Alagna Valsesia → Varallo
Alassio → Albenga
Alatri → Frosinone
Albano (lago) → Castel Gandolfo
Albano Laziale → Castel Gandolfo
Albe → Avezzano
Albenga → Garessio
Albisola Marina → Savona
Albugnano → Vezzolano
Alfonsine → Ravenna
Allumiere → Civitavecchia
Almenno S. Salvatore → Bergamo
Alpe Devero → Formazza
Alpino → Stresa
Altino → Venezia
Altomonte → Castrovillari
Altopiani di Arcinazzo → Subiaco
Amandola → Fermo
Amantea → Paola
Amelia → Narni
Amiata (monte) →
    Abbadia S. Salvatore
Marina di Andora → Albenga
Andria → Barletta
Angera → Arona
Anghiari → Sansepolcro
Anguillara Sabazia → Bracciano
Annone (lago) → Lecco
Annunziata (convento) → Breno
Ansedonia → Orbetello
Antagnod → Champoluc
Antegnate → Treviglio
Antignano → Livorno
Antrodoco → Amatrice
Anversa degli Abruzzi → Sulmona
Aprica → Tirano
Aquino → Montecassino
Arcevia → Corinaldo
Arcidosso → Abbadia S. Salvatore
Arco → Riva del Garda
Arcumeggia → Laveno Mombello
Ardea → Anzio
Arenzano → Genova
Aregno → Cadenabbia
Argenta → Ferrara
Argentera → Vinadio
Ariccia → Castel Gandolfo
Arma di Taggia → S. Remo
Armeno → Orta S. Giulio
Arpi → Foggia
Arquata del Tronto → Ascoli Piceno
Arrone → Terni
Arsoli → Tivoli
Artimino → Empoli
Arvier → Aosta (valle)
Asciano →
    Monte Oliveto Maggiore
Asola → Mantova
Assergi → Campo Imperatore
Atena Lucana → Sala Consilina
Atina → Montecassino
Auronzo di Cadore →
    Pieve di Cadore
Avelengo → Merano
Avella → Avellino

Averno (lago) → Cuma
Aversa → Caserta
Aviano → Pordenone
Avigliano → Potenza
Avise → Aosta (valle)

B

Baceno → Domodossola
Bacoli → Baia
Badia a Settimo → Firenze
Badia Polesine → Rovigo
Badia Prataglia → Poppi
Bagnacavallo → Ravenna
Bagnaia → Viterbo
Bagnara Calabra → Palmi
Bagni di Lucca →
    Castelnuovo di Garfagnana
Bagno della Regina → Sorrento
Bagno di Romagna → Camaldoli
Bagnoli del Trigno → Agnone
Bagolino → Brescia
Baiardo → San Remo
Balzi Rossi → Ventimiglia
Bannio Anzino → Macugnaga
Baradello (castello) → Como
Baranello → Campobasso
Barbarano Romano → Tarquinia
Barbarano Vicentino → Vicenza
Barberino di Val d'Elsa →
    Colle di Val d'Elsa
Bardi → Bedonia
Barga → Castelnuovo di Garf.
Bargone (castello) →
    Salsomaggiore Terme
Barile → Melfi
Barrea → Alfedena
Barzio → Lecco
Baselga di Piné → Trento
Bastia Umbra → Assisi
Bastiglia → Modena
Battaglia Terme → Arquà Petrarca
Baveno → Stresa
Bazzano → Aquila (L')
Belcaro (castello) → Siena
Belgioioso → Pavia
Bellamonte → Predazzo
Bellano → Varenna
Bellaria → Cesenatico
Belvedere Ostrense → Jesi
Berceto → Pontremoli
Bernalda → Metaponto
Bertinoro → Cesena
Bettona → Assisi
Bevagna → Foligno
Bibbiena → Poppi
Bibbona (forte) → Cecina
Bisceglie → Molfetta
Bisuschio → Varese
Bitetto → Bari
Bitonto → Bari
Bivigliano → Fiesole
Bizzozero → Varese
Blera → Tarquinia
Boario Terme → Breno
Bogliaco → Tignale
Boiano → Campobasso
Bolvedro → Cadenabbia
Bomarzo → Orte
Bominaco → Aquila (L')
Bonassola → Levanto
Bondone (monte) → Trento
Borgata → Sestriere
Borgonovo Val Tidone → Piacenza
Borgo Val di Taro → Bedonia
Borzone → Sestri Levante
Bosco Chiesanuova → Verona
Bosco Marengo → Tortona
Bossea (grotta) → Mondovì
Bossolasco → Alba
Bousson → Sestriere
Bovino → Foggia
Bra → Alba
Bracco (colle) → Sestri Levante
Braies (lago) → Brunico
Brallo di Pregola → Varzi
Brenzone → Malcesine
Brisighella → Faenza
Brunate → Como

Brusson → Champoluc
Budrio → Bologna
Buggiano → Montecatini
Bullicame → Viterbo
Burano → Torcello
Bussana Vecchia → S. Remo
Busseto → Fidenza
Bussolengo → Bardolino
Busto Arsizio → Gallarate

C

Cagli → Urbino
Calci → Pisa
Caldaro → Appiano
Caldirola → Tortona
Camaldoni → Napoli
Camerano → Ancona
Camogli → Portofino
Campanella (punta) → Sorrento
Campiglia Marittima → Piombino
Campioli Appennino → Sora
Campo → Cadenabbia
Campocecina → Carrara
Campo dei Fiori → Varese
Campo Felice → Aquila (L')
Campoformido → Udine
Campotosto (lago) →
    Campo Imperatore
Campo Tures → Brunico
Candelo → Biella
Canelli → Acqui Terme
Caneva → Bardolino
Cannara → Assisi
Canne della Battaglia → Barletta
Cannobio → Cannero Riviera
Canosa di Puglia → Cerignola
Cantù → Inverigo
Caorle → Bibione
Capalbio → Orbetello
Capo Colonna → Crotone
Capodimonte → Bolsena
Capodimonte → Napoli
Capo di Ponte → Breno
Capo Vaticano → Tropea
Capracotta → Agnone
Capraia → Tremiti (isole)
Capranica Prenestina → Palestrina
Caprese Michelangelo → La Verna
Capriate S. Gervasio → Bergamo
Capua → Caserta
Caramanico Terme →
    S. Clemente a C.
Carate Brianza → Inverigo
Caravaggio → Treviglio
Caraveno → Cles
Carezza (lago) → Canazei
Cariati Marina → Rossano
Carinola → Sessa Aurunca
Carmagnola → Savigliano
Carmignano → Prato
Carmine Superiore →
    Cannero Riviera
Carovigno → Ostuni
Carpignano Salentino → Otranto
Carsulae (scavi) → Terni
Casalmaggiore → Sabbioneta
Casamari (abbazia) → Frosinone
Casarano → Gallipoli
Cascia → Spoleto
Cascina → Pisa
Caserta Vecchia → Caserta
Casole d'Elsa → Colle di Val d'Elsa
Cassano allo Ionio → Castrovillari
Cassine → Acqui Terme
Casteggio → Voghera
Castelcivita (grotte) → Paestum
Castel d'Asso → Viterbo
Castel del Monte →
    Campo Imperatore
Castel di Sangro → Alfedena
Castelfidardo → Loreto
Castelfiorentino → Certaldo
Castelfranco di Sopra →
    S. Giovanni Valdarno
Castelfusano → Ostia
Castellamonte → Ivrea
Castellana Grotte → Monopoli

Castellaneta → Taranto
Castellazzo Bormida → Alessandria
Castelleone → Crema
Castelli → Teramo
Castelnovo ne'Monti → Canossa
Castelnuovo Don Bosco → Vezzolano
Castelnuovo Magra → Sarzana
Castel Porziano → Ostia
Castel Rigone → Trasimeno (lago)
Castel Rodengo → Bressanone
Castel S. Giovanni → Piacenza
Castel S. Pietro → Palestrina
Castel S. Pietro Terme → Imola
Castel St' Elia → Civita Castellana
Castelseprio → Castiglione Olona
Castelvecchio → Pescia
Castelvecchio di Rocca Barbena → Albenga
Castelvecchio Pascoli → Castelnuovo di G.
Castel Volturno → Caserta
Castiglioncello → Livorno
Castiglione della Pescaia → Grosseto
Castiglione del Lago → Trasimeno
Castiglione delle Stiviere → Sirmione
Castiglione di Garfagnana → Castelnuovo di G.
Castiglion' Fiorentino → Cortona
Castione Marchesi → Fidenza
Castro → Otranto
Cattolica → Rimini
Cava de Tirreni → Salerno
Cavalese → Predazzo
Cavallermaggiore → Savigliano
Cavallino → Lecce
Cavargna → Porlezza
Cavernago → Bergamo
Ceglie Messapico → Ostuni
Celano → Avezzano
Celle Ligure → Varraze
Cembra → Trento
Cencelle → Tarquinia
Cento → Ferrara
Cento Croci (colle) → Sestri Levante
Cepina → Bormio
Cernobbio → Como
Cerrano → Atri
Cerreto (abbazia) → Lodi
Cerreto Sannita → Benevento
Cerro → Laveno Mombello
Cervia → Cesenatico
Cervo → Imperia
Cesana → Sestriere
Cetona (monte) → Chianciano Terme
Cetraro Marina → Paola
Châtillon → Saint-Vincent
Cherasco → Alba
Chiavari → Sestri Levante
Chieri → Torino
Chiesa in Valmalenco → Sondrio
Chiomonte → Susa
Chiusa → Bressanone
Chivasso → Torino
Cinquale → Massa
Cinqueterre → La Spezia
Cirella (isola) → Paola
Cirié → Torino
Cirò Marina → Crotone
Città della Domenica Spagnola → Perugia
Cittadella → Castelfranco Veneto
Città della Pieve → Chiusi
Cittaducale → Rieti
Cittareale → Amatrice
Città Sant' Angelo → Pescara
Cividate Camuno → Breno
Città di Bagnoregio → Bolsena
Civitella → Abruzzo
Civitella Casanova → Penne
Civitella Cesi → Tarquinia
Civitella del Tronto → Teramo
Civitella in Val di Chiana → Arezzo

Claviere → Sestriere
Clitunno (fonti) → Trevi
Codogno → Cremona
Cogoletto → Genova
Collodi → Pescia
Colorno → Parma
Comacina (isola) → Cadenabbia
Comeana → Empoli
Compiano → Bedonia
Conca dei Marini → Amalfi
Concordia Sagittaria → Portogruaro
Conversano → Monopoli
Copanello → Catanzaro
Copertino → Lecce
Corato → Molfetta
Coreglia → Castelnuovo di G.
Corfinio → Sulmona
Corigliano Calabro → Rossano
Cornello del Tasso → S. Pellegrino Terme
Corniglia → Vernazza
Cornigliano → Genova
Corniglio → Parma
Corollo → Sulmona
Correggio → Carpi
Corridonia → Macerata
Corsignano (pieve) → Pienza
Cortazzone → Asti
Cortemaggiore → Piacenza
Corteraso → Merano
Craveggia → Domodossola
Crea (santuario) → Casale Monferrato
Crevoladossola → Domodossola
Cristallo → Cortina d'Ampezzo
Cropina → S. Giovanni Vald.
Cupra Marittima → S. Benedetto del T.
Cupramontana → Jesi
Cutigliano → Abetone

D-E

Deruta → Perugia
Desenzano del Garda → Sirmione
Diamante → Paola
Diano Marina → Imperia
Dicomano → Borgo S. Lorenzo
Dobbiaco → Brunico
Dogliani → Alba
Dolceacqua → Ventimiglia
Dongo → Cadenabbia
Dossena → S. Pellegrino Terme
Dozza → Imola
Dronero → Cuneo
Eboli → Paestum
Egnazia → Monopoli
Entrèves → Courmayeur
Erba → Inverigo
Eraclea → Metaponto
Eraclea Mare → Lido di Jesolo
Ercole Curino → Sulmona
Esino Lario → Varenna
Exilles → Sauze d'Oulx

F

Falconara Marittima → Ancona
Falerii → Civita Castellana
Falerone → Ascoli Piceno
Fanano → Abetone
Fano Adriano → Teramo
Farneta (abbazia) → Cortona
Faverghera (monte) → Belluno
Felino → Parma
Fenestrelle → Sestriere
Fenis → Aosta
Ferrandina → Matera
Ferrazzano → Campobasso
Ferentillo → Terni
Ferentino → Frosinone
Ferento → Viterbo
Fiastra (abbazia) → Tolentino
Fiera di Primiero → S. Martino di C.
Filiano → Potenza
Fiorenzuola d'Arda → Castell'Arquato
Fiorenzuola di Focara → Pesaro

Fiuggi → Anagni
Fiumicello → Maratea
Fiumicino → Ostia
Foiano → Cortona
Folgaria → Trento
Follina → Vittorio Veneto
Follonica → Piombino
Folzano → Brescia
Fondi → Terracina
Fosdinovo → Carrara
Fons Salera → Casale Monferrato
Fontanellato → Fidenza
Fontanigorda → Bobbio
Fonte Colombo (convento) → Rieti
Force → Ascoli Piceno
Forlimpopoli → Forlì
Formia → Gaeta
Forte dei Marmi → Massa
Foppolo → S. Pellegrino Terme
Fosdinovo → Sarzana
Fossa → Áquila (L')
Fossombrone → Urbino
Frabosa Soprana → Mondovì
Fraies → Susa
Francavilla al Mare → Pescara
Francavilla Fontana → Manduria
Franciacorta → Brescia
Frasassi (grotte) → Fabriano
Frassenelle → Abano Terme
Fratta Polesine → Rovigo
Fratta Terme → Cesena
Fregene → Ostia
Fregona → Vittorio Veneto
Frosini → S. Galgano
Fuorigrotta → Napoli
Furlo → Urbino
Fusine (lagi) → Tarvisio

G

Gabicce Mare → Rimini
Gaggio → Castelfranco Emilia
Galatina → Lecce
Galliate → Novara
Gallinara (isola) → Albenga
Galvanina → Rimini
Galzignano → Arquà Petrarca
Garda → Bardolino
Garegnano (certosa) → Milano
Gargano → Tignale
Gargonza → Arezzo
Garlate → Lecco
Gavarelli → Città di Castello
Gavi → Tortona
Gavirate → Varese
Gerace → Locri
Ghiffa → Cannero Riviera
Giannutri (isola) → Giglio (isola)
Giazza → Verona
Gignese → Stresa
Ginosa → Taranto
Gioia del Colle → Bari
Gioia Tauro → Palmi
Giovinazzo → Molfetta
Giurdignano → Otranto
Glorenza → Malles Venosta
Goito → Mantova
Gonzaga → Mantova
Gorgona (isola) → Livorno
Gorgonzola → Treviglio
Gradisca d'Isonzo → Gorizia
Gradoli → Bolsena
Grappa (monte) → Bassano del Grappa
Grassano → Matera
Grava di Campolato → Manfredonia
Gravedona → Cadenabbia
Grazzano Visconti → Piacenza
Greccio (convento) → Rieti
Greve → S. Giovanni Vald.
Grottaferrata → Frascati
Grotta Gigante → Trieste
Grottaglie → Taranto
Grottammare → S. Benedetto del T.
Grotta Porcina → Tarquinia
Grumento Nova → Sala Consilina

DINTORNI / UMGEBUNG / OMGEVING / ENVIRONS / VICINITY — 349

Guadagnolo → Palestrina
Gualdo Tadino → Assisi
Gualtieri → Reggio nell'Emilia
Guarcino → Anagni
Guardiagrele → Lanciano
Guardia Piemontese → Paola

H-I

Helvia Ricina → Macerata
Idro → Tignale
Idro (lago) → Brescia
Illasi → Verona
Impruneta → Firenze
Irsina → Matera
Ischia di Castro → Bolsena
Iselle → Domodossola
Isola del Gran Sasso → Teramo
Issogne → Aosta (valle)
Istrana → Treviso
Itri → Gaeta

L

Ladispoli → Cerveteri
Lagonegro → Sapri
Laiguelia → Albenga
Lana → Merano
Larino → Termoli
Laterza → Taranto
Latiano → Manduria
Latisana → Bibione
Lauro → Avellino
Lavagna → Sestri Levante
Lavarone → Trento
Lazise → Bardolino
Le Castella → Crotone
Ledro → Riva del Garda
Leggugio → Laveno Mombello
Legnago → Montagnana
Legnano → Saronno
Lendinara → Rovigo
Lenno → Cadenabbia
Leonessa → Rieti
Lesa → Stresa
Levico Terme → Trento
Lezzeno → Bellagio
Libarna → Tortona
Lido di Classe → Ravenna
Lido di Fermo → Fermo
Lido di Latina → Latina
Lido di St'Angelo → Rossano
Lido di Siponto → Manfredonia
Lido di Venezia → Venezia
Lignano → Bibione
Limone Piemonte → Cuneo
Limone sul Garda → Riva del G.
Liternum → Cuma
Livata → Subiaco
Lizzano in Belvedere → Porreta T.
Loano → Albenga
Locorotondo → Alberobello
Lomello → Vigevano
Lonato → Sirmione
Londa → Borgo S. Lorenzo
Longarone → Belluno
Lonigo → Vicenza
Loreto Aprutino → Penne
Lovere → Breno
Lucera → Foggia
Lucignano → Cortona
Lucus Feroniae → Fara in Sabina
Lugnano → Narni
Lugo → Faenza
Lugo di Vicenza → Vicenza
Luino → Laveno Mombello
Lungro → Castrovillari
Luni → Carrara
Luvigliano → Abano Terme
Luzzara → Reggio nell' Emilia

M

Macerata Feltria → Urbino
Maddalena (colle) → Torino
Maderno → Gardone Riviera
Madonna della Corona → Bardolino
Madonna del Monte → Cesena

Madonna del Pino → Cesenatico
Madonna del Piratello → Imola
Magenta → Abbiategrasso
Magione → Perugia
Magliano → Avezzano
Magliano in Toscana → Grosseto
Maglie → Otranto
Maiolati → Cingoli
Maiori → Amalfi
Malamocco → Venezia
Male → Cles
Malpaga → Bergamo
Manarola → Vernazza
Manciano → Pitigliano
Manta → Savigliano
Marechiaro → Napoli
Marengo → Alessandria
Marghera → Venezia
Margherita di Savoia → Barletta
Margellina → Napoli
Marina di Camerota → Palinuro
Marina di Gioiosa Jonica → Locri
Marina di Pulsano → Taranto
Marina S. Giovanni → Gallipoli
Marinella di Sarzana → Sarzana
Marino → Frascati
Marmirolo → Mantova
Marmolada (monte) → Canazei
Marmore (cascata delle) → Terni
Marola → Canossa
Marostica → Bassano del Grappa
Marotta → Senigallia
Marradi → Borgo S. Lorenzo
Martina Franca → Alberobello
Marzabotto → Bologna
Maser → Asolo
Massafra → Taranto
Massaini (palazzo) → Pienza
Massa Lubrense → Sorrento
Matelica → Camerino
Mattinata → Manfredonia
Mel → Feltre
Melegnano → Lodi
Menaggio → Cadenabbia
Mendola (passo) → Appiano
Meo-Evoli → Monopoli
Merate → Monza
Mercogliano → Avellino
Mergozzo (lago) → Pallanza-Verbania
Mesagne → Brindisi
Mesola (boscone della) → Pomposa
Mestre → Venezia
Meta → Sorrento
Miasino → Orta S. Giulio
Miglionico → Matera
Milano Marittima → Cesenatico
Mileto → Vibo Valentia
Miletto (monte) → Isernia
Minturno → Gaeta
Mirabella Eclano → Ariano Irpino
Mirasole (abbazia) → Milano
Miramare → Trieste
Miseno → Baia
Misurina → Cortina d'Ampezzo
Moena → Predazzo
Moie → Jesi
Mola di Bari → Bari
Moltedo → Imperia
Moncalieri → Torino
Moncalvo → Asti
Mondragone → Sessa Aurunca
Moneglia → Sestri Levante
Monsummano Terme → Montecatini
Montaione → Certaldo
Montallegro (santuario) → Rapallo
Montalto di Castro → Tarquinia
Montalto Dora (castello) → Ivrea
Montalto Pavese → Voghera
Montebelluna → Treviso
Montecarlo (convento) → S. Giovanni Valdarno
Montecassiano → Macerata
Monte Cavallo → Vipiteno
Montechiarugolo → Parma
Montecchio Maggiore → Vicenza

Monte di Procida → Baia
Montefiascone → Bolsena
Montefiore Conca → Rimini
Montefiore dell'Aso → Fermo
Montefiorino → Modena
Montefortino → Fermo
Montegrazie → Imperia
Monte Isola → Iseo
Monteleone Sabino → Fara in Sabina
Monteluco → Spoleto
Monte Lussari (santuario) → Tarvisio
Montemarcello → Lerici
Montemonaco → Fermo
Montenero → Livorno
Monteortone → Abano Terme
Monte Porzio Catone → Frascati
Monterchi → Sansepolcro
Monteriggioni → Siena
Monterosso → Levanto
Monterubbiano → Fermo
Monte S. Savino → Arezzo
Monte St'Angelo → Manfredonia
Monte Maria (abbazia) → Malles Venosta
Montesarchio → Benevento
Montescaglioso → Matera
Montesilvano Marina → Pescara
Montespertoli → Certaldo
Montevergine (santuario) → Avellino
Monticelli Terme → Parma
Monticchielo → Montepulciano
Monticchio (laghi) → Melfi
Montichiari → Sirmione
Montiglio → Casale Monferrato
Montjovet (castello) → Saint-Vincent
Montone → Città di Castello
Montopoli → S. Miniato
Montorio al Vomano → Teramo
Moresco → Fermo
Morano Calabro → Castrovillari
Morgex → Courmayeur
Morimondo (abbazia) → Abbiategrasso
Morro d'Alba → Jesi
Moscufo → Penne
Mortara → Vigevano
Motta di Livenza → Pordenone
Mottarone (monte) → Stresa
Mottola → Taranto
Murano → Venezia
Mugello → Borgo S. Lorenzo
Muggia → Trieste

N

Nago → Riva del Garda
Nardò → Gallipoli
Naturno → Merano
Nemi → Castel Gandolfo
Nepi → Civita Castellana
Nervi → Genova
Nesso → Como
Nettuno → Anzio
Nicastro → Catanzaro
Nicotera → Tropea
Nisida (isola) → Napoli
Nizza Monferrato → Acqui Terme
Nocera Umbra → Assisi
Nola → Avellino
Noli → Finale Ligure
Nonantola → Modena
Norchia → Tarquinia
Norcia → Spoleto
N. S. della Misericordia (santuario) → Savona
Novalesa (abbazia) → Susa
Nova Levante → Bolzano
Nove → Bassano del Grappa
Novellara → Reggio Nell' Emilia
Numana → Portonovo

O

Occhito (lago) → Campobasso

DINTORNI / UMGEBUNG / OMGEVING / ENVIRONS / VICINITY

Oderzo → Pordenone
Offida → Ascoli Piceno
Oggiogno → Cannero Riviera
Ognissanti → Bari
Oleggio → Novara
Olevano Romano → Subiaco
Olmo (villa dell') → Como
Ordona → Cerignola
Oria → Manduria
Oriolo Romano → Bracciano
Ormea → Garessio
Oropa (santuario) → Biella
Ortisei → Val Gardena
Ospedaletti → Bordighera
Ospedaletto → Cadenabbia
Osservanza (convento) → Siena
Ostra → Corinaldo
Otricoli → Narni
Oulx → Sauze d'Oulx
Ovecchiella (parco) → Castelnuovo di G.
Oviglio → Alessandria
Ovindoli → Avezzano

P-Q

Pacentro → Sulmona
Padula → Sala Consilina
Pandino → Crema
Paneveggio → S. Martino di Castrozza
Panicale → Trasimeno (lago)
Pastena (grotta) → Frosinone
Parspado → Breno
Pasquilio → Massa
Passariano → Udine
Passignano sul Trasimeno → Trasimeno (lago)
Paruzzaro → Arona
Patù → Otranto
Pecetto → Macugnaga
Pedavena → Feltre
Pedemonte → Verona
Pegli → Genova
Pegognana → Mantova
Pellestrina → Chioggia
Penice (monte) → Bobbio
Pentedatilo → Reggio di Calabria
Pergola → Corinaldo
Perti → Finale Ligure
Pertosa (grotta) → Sala Consilina
Pescarolo → Sabbioneta
Peschici → Vieste
Peschiera → Bardolino
Pescina → Avezzano
Pesio (certosa) → Mondovì
Pescocostanzo → Alfedena
Pescolanciano → Agnone
Piadena → Sabbioneta
Piancastagnaio → Abbadia S. Salvatore
Pian della Fioba → Massa
Pianella → Penne
Pianello del Lario → Cadenabbia
Piazzola sul Brenta → Padova
Piediluco → Terni
Pietrabbondante → Agnone
Pietracamela → Teramo
Pietragravina → Varzi
Pietra Ligure → Finale Ligure
Pieve di Sovana → Sansepolcro
Pieve Vecchia → Sirmione
Pigna → Ventimiglia
Pila → Aosta
Pineta di Classe → Ravenna
Pineto → Atri
Pinzolo → Madonna di Campiglio
Piona → Varenna
Piove di Sacco → Padova
Pisiniano → Cesenatico
Pisogne → Iseo
Pisticci → Metaponto
Pizzo → Vibo Valentia
Pizzighettone → Cremona
Pocol → Cortina d'Ampezzo
Poggibonsi → Colle di Val d'Elsa
Poggio a Caiano (villa) → Firenze
Poggio Sant'Elsa →

Laveno Mombello
Polenta → Cesena
Policoro → Metaponto
Polignano → Monopoli
Polla → Sala Consilina
Pollino (monte) → Castrovillari
Pomarance → Larderello
Popoli → S. Clemente a C.
Pondel → Cogne
Pontecagnano → Salerno
Pontedera → S. Miniato
Ponte di Veia → Verona
Ponte in Valtellina → Sondrio
Ponte nelle Alpi → Belluno
Pontida → Bergamo
Pont-Saint-Martin → Aosta (valle)
Poggio Buco → Pitigliano
Populonia → Piombino
Pordoi (passo) → Canazei
Port' Ercole → Orbetello
Portici → Ercolano
Porto Recanati → Loreto
Porto S. Giorgio → Fermo
Porto S. Stefano → Orbetello
Porto Tolle → Pomposa
Posillipo (penisola) → Napoli
Possagno → Asolo
Pragelato → Sestriere
Praglia (abbazia) → Abano Terme
Praiano → Positano
Praia a Mare → Maratea
Prata d'Ansidonia → Aquila (L')
Predil (passo) → Tarvisio
Premeno → Pallanza-Verbania
Pré-Saint-Didier → Courmayeur
Priverno → Fossanova
Procida (isola) → Pozzuoli
Pugnochiuso → Vieste
Punta Ala → Piombino
Putignano → Alberobello

Quarona → Varallo
Quarantoli → Mirandola
Quercianella Sonnino → Livorno

R

Radda in Chianti → Siena
Racconigi → Savigliano
Rapolano Terme → Siena
Rapolla → Melfi
Ravello → Amalfi
Recanati → Loreto
Recoaro Terme → Valdagno
Reno → Laveno Mombello
Rescia (grotta) → Porlezza
Resia → Malles Venosta
Rezzonico → Cadenabbia
Rho → Saronno
Riccione → Rimini
Rima San Giuseppe → Varallo
Riola di Vergato → Porretta Terme
Riolo Terme → Faenza
Ripatransone → Ascoli Piceno
Rivalta Scrivia → Tortona
Rivanazzano → Voghera
Rivella → Monselice
Rivello → Sapri
Rivisondoli → Alfedena
Rivolta d'Adda → Treviglio
Roccamonfina → Sessa Aurunca
Rocca Priora → Frascati
Roccaverano → Acqui Terme
Roccaraso → Alfedena
Rodengo (abbazia) → Brescia
Rodi Garganico → Vieste
Romano di Lombardia → Treviglio
Ronciglione → Caprarola
Roncegno → Trento
Rosciolo → Avezzano
Roselle → Grosseto
Rosolina Mare → Chioggia
Rovereto → Trento
Rovetta → Presolana
Rubiera → Reggio nell' Emilia
Rudiae → Lecce
Ruoti → Potenza
Russi → Ravenna
Rutigliano → Bari

Ruvo di Puglia → Molfetta

S

Sacile → Pordenone
Sacro Monte → Varese
Sacro Speco (convento) → Narni
Sala Comacina → Cadenabbia
Sale Marasino → Iseo
Salò → Gardone Riviera
Saluzzo → Savigliano
Sammichele di Bari → Bari
Sannace (monte) → Alberobello
San Baronto → Pistoia
San Benedetto Po → Mantova
San Biagio (grotta) → Brindisi
San Candido → Brunico
San Carlo Terme → Massa
San Cataldo → Lecce
San Cesario → Castelfranco Emilia
San Claudio al Chienti → Macerata
San Clemente al Vomano → Atri
San Daniele del Friuli → Udine
San Domino → Tremiti (isole)
San Felice Circeo → Sabaudia
San Felice del Benaco → Gardone Riviera
San Felice sul Panaro → Mirandola
San Floriano → Verona
San Francesco del Deserto → Torcello
San Fortunato → Montefalco
San Fruttuoso → Portofino
San Gemini → Terni
San Giacomo (convento) → Rieti
San Giacomo → Bormio
San Ginesio → Tolentino
San Giorgio → Verona
San Giorgio di Brancoli → Lucca
San Giovanni → Monfalcone
San Giovanni d'Asso → Monte Oliveto M.
San Giovanni in Venere → Lanciano
San Giovanni Rotondo → Manfredonia
San Giovenale → Tarquinia
San Giuliano Terme → Lucca
San Giuliano Milanese → Milano
San Godenzo → Borgo S. Lorenzo
San Lazzaro degli Armeni → Venezia
San Léucio → Caserta
San Lorenzo della Costa → Portofino
San Mamete → Porlezza
San Marino di Bentivoglio → Bologna
San Maroto → Camerino
San Martino al Cimino → Viterbo
San Martino della Battaglia → Sirmione
San Martino in Rio → Carpi
San Michele → Venezia
San Michele all'Adige → Trento
San Michele di Pagana → Rapallo
San Nazzaro Sesia → Vercelli
San Nicolà → Tremiti (isole)
San Pellegrino in Alpe → Castelnuovo di G.
San Piero a Grado → Pisa
San Piero a Sieve → Borgo S. Lorenzo
San Pietro (badia di) → Portonovo
San Pietro al Monte → Lecco
San Prisco → Caserta
San Quirico d'Orcia → Pienza
San Rossore (parco) → Pisa
San Secondo → Fidenza
San Severino Marche → Tolentino
San Sicario → Sestriere
San Sigismondo (chiesa) → Cremona
San Siro di Struppa → Genova
Sant' Agata de' Goti → Caserta
Santa Cesarea → Otranto
Sant' Agata sui Due Golfi → Sorrento

Sant' Agostino → Vicenza
Sant' Alberto di Butrio → Varzi
Sant' Angelo dei Lombardi → Ariano Irpino
Sant' Angelo in Formis → Caserta
Sant'Angelo Lodigiano → Lodi
Santa Cristina → Val Gardena
Santa Dona di Piave → Lido di Jesolo
Santa Fiora → Abbadia S. Salvatore
Santa Margherita → Porlezza
Santa Margherita Ligure → Portofino
Santa Maria a Piè di Chienti → Civitanova Marche
Santa Maria Capua Vetere → Caserta
Santa Maria d'Anglona (chiesa) → Metaponto
Santa Maria del Casale (chiesa) → Brindisi
Santa Maria del Giudice → Lucca
Santa Maria della Quercia (santuario) → Viterbo
Santa Maria della Strada → Campobasso
Santa Maria delle Grazie → Senigallia
Santa Maria del Patire → Rossano
Santa Maria di Canneto → Vasto
Santa Maria di Castellabate → Paestum
Santa Maria di Cerrate → Lecce
Santa Maria di Forno → Forlì
Santa Maria di Leuca → Otranto
Santa Maria di Merino → Vieste
Santa Maria di Propezzano → Giuliavona
Santa Maria di Rambona → Tolentino
Santa Maria Maggiore → Domodossola
Sant'Anna in Camprena → Pienza
Santa Vittoria d'Alba → Alba
Sant'Antimo → Montalcino
Sant'Apollinare in Classe → Ravenna
Santa Severa → Civitavecchia
Santa Severina → Crotone
Sant'Elpidio a Mare → Civitanova Marche
San Terenzo → Lerici
Sant'Ubaldo (chiesa) → Gubbio
San Vicenzo al Volturno (abbazia) → Alfedena
San Virgilio di Manebbe → Brunico
San Vito al Tagliamento → Pordenone
San Vittore delle Chiuse → Este
San Vittorino → Aquila (L')
Sarnano → Tolentino
Sarno → Nocera Inferiore
Sarre → Aosta (valle)
Sarteano → Chianciano Terme
Sassella → Sondrio
Sassocorvaro → Urbino
Sassoferrato → Este
Sassovivo (abbazia) → Foligno
Sassuolo → Modena
Saturnia → Pitigliano
Savio → Ravenna
Scala → Amalfi
Scalea → Maratea
Scena → Merano
Schiavi d'Abruzzo → Agnone
Schio → Valdagno
Schiranna → Varese
Scipione (castello) → Salsomaggiore Terme
Scilla → Reggio di Calabria
Seggiano → Abbadia S. Salvatore
Segni → Anagni
Segonzano → Trento
Sella (passo) → Canazei
Selva → Val Gardena
Selva di Fasano → Alberobello
Seminara → Palmi

Seravezza → Massa
Sermoneta → Latina
Serrale → Merano
Serra Pistoiese → Montecatini Terme
Sesto al Reghena → Pordenone
Sesto Calende → Gallarate
Sesto Fiorentino → Fiesole
Sestola → Abetone
Settignano → Firenze
Sezzadio → Acqui Terme
Sezze → Latina
Sibari → Trebisacce
Siderno → Locri
Silandro → Malles Venosta
Sibillini (monti) → Fermo
Sinalunga → Montepulciano
Sirolo → Portonovo
Soave → Verona
Solferino → Sirmione
Soleto → Lecce
Soncino → Crema
Soragna → Fidenza
Sorano → Pitigliano
Sordovello → Biella
Soresina → Crema
Sovana → Pitigliano
Soverato → Catanzaro
Spello → Foligno
Sperlonga → Gaeta
Spezzano Albanese → Castrovillari
Spilamberto → Castelfranco Emilia
Spilimbergo → Pordenone
Spluga (passo) → Chiavenna
Spoltore → Pescara
Spotorno → Finale Ligure
Staffarda → Savigliano
Staffolo → Cingoli
Stia → Poppi
Stradella → Pavia
Strongoli → Crotone
Stupinigi → Torino
Summaga → Portogruaro
Superga → Torino
Sutri → Caprarola
Suvereto → Piombino
Suzzara → Mantova

T

Tabiano Bagni → Salsomaggiore
Tagliacozzo → Avezzano
Talamone → Orbetello
Tarcento → Udine
Tavarnelle → Colle di Val d'Elsa
Taverna → Catanzaro
Teano → Sessa Aurunca
Teggiano → Sala Consilina
Teglio → Sondrio
Telese → Benevento
Terlano → Appiano
Terminillo → Rieti
Tesero → Predazzo
Thiene → Vicenza
Tiriolo → Catanzaro
Tirolo → Merano
Tirrenia → Pisa
Toblino → Trento
Tofana di Mezzo → Cortina d'Ampezzo
Toirano → Albenga
Tolfa → Civitavecchia
Tondi di Faloria → Cortina d'Ampezzo
Torbole → Riva del Garda
Torgiano → Perugia
Torno → Como
Torre Annunziata → Pompei
Torrechiara → Parma
Torre del Greco → Ercolano
Torre di Palme → Fermo
Torreglia → Abano Terme
Torremaggiore → San Severo
Torre Pellice → Pinerolo
Torri del Benaco → Bardolino
Torriglia → Genova
Tor Vaianica → Ostia
Toscolano-Maderno → Gardone Riviera

Trani → Barletta
Trasacco → Avezzano
Treia → Macerata
Tremezzo → Cadenabbia
Tremosine → Tignale
Trevignano Romano → Bracciano
Tricarico → Matera
Tricesimo → Udine
Trinità (abbazia) → Salerno
Triora → Taggia
Trisulti (certosa) → Frosinone
Troia → Foggia
Tubre → Malles Venosta
Tusculum → Frascati

U - V

Uccellina (parco nat.) → Grosseto
Umbertide → Città di Castello
Urbania → Urbino
Urbisaglia → Macerata
Uscio → Rapallo
Uzzano → Pescia
Vaglia → Borgo S. Lorenzo
Vaglio Basilicata → Potenza
Valbrembo → Bergamo
Valdobbiadene → Feltre
Valeggio → Verona
Valenza → Alessandria
Vallo della Lucania → Palinuro
Valsanzibio → Arquà Petrarca
Valtournenche → Breuil
Varese Ligure → Sestri Levante
Varonne → Riva del Garda
Varzo → Domodossola
Vasanello → Orte
Veio → Bracciano
Velia → Palinuro
Velleia → Castell'Arquato
Velletri → Castel Gandolfo
Venosa → Melfi
Ventaroli → Sessa Aurunca
Verginia → Pistoia
Veroli → Frosinone
Verrès → Aosta (valle)
Vetralla → Viterbo
Vetriolo Terme → Trento
Vetulonia → Grosseto
Verucchio → San Leo
Vezio → Varenna
Viadana → Sabbioneta
Vico (lago) → Caprarola
Vicchio → Borgo S. Lorenzo
Vico Equense → Castellammare di Stabia
Vicoforte (santuario) → Mondovì
Vicovaro → Tivoli
Vietri sul Mare → Salerno
Vigna di Valle → Bracciano
Vignale → Casale Monferrato
Vignola → Castelfranco Emilia
Vigolana (altipiano) → Trento
Vigoleno → Salsomaggiore Terme
Vigolo Marchese → Castell' Arquato
Villadossola → Domodossola
Villafranca di Verona → Verona
Villanova d'Albenga → Albenga
Villa Opicina → Trieste
Villar Perosa → Pinerolo
Villaverla → Vicenza
Villetta Barrea → Alfedena
Visso → Camerino
Vitorchiano → Viterbo
Viverone → Ivrea
Vogogna → Domodossola
Volargne → Verona
Voltorre → Varese
Voltri → Genova
Volturino (monte) → Potenza

Z

Zogno → Bergamo
Zagare → Vieste
Zagarolo → Palestrina
Zavattarello → Varzi
Zoagli → Rapallo
Zuccarello → Albenga

SARDEGNA

- **Abbasanta** → Oristano
- **Acquafredda** → Iglesias
- **Aggius** → Tempio Pausania
- **Ales** → Oristano
- **Anghelu Ruiu** → Alghero
- **Arborea** → Oristano
- **Ardara** → Sassari
- **Aritzo** → Gennargentu (monti)
- **Arzachena** → Olbia
- **Asinara (isola)** → Sassari
- **Assemini** → Cagliari
- **Bithia** → Nora
- **Bonorva** → Sassari
- **Bosa** → Macomer
- **Buddusò** → Olbia
- **Budoni** → Siniscola
- **Bono** → Tempio Pausania
- **Cabras** → Oristano
- **Cabbù Abbas** → Olbia
- **Calangianus** → Tempio Pausania
- **Calasetta** → Iglesias
- **Caprera (isola)** → Maddalena (isola)
- **Carbonara (capo)** → Villasimius
- **Carbonia** → Iglesias
- **Castelsardo** → Sassari
- **Cuili Piras** → Muravera
- **Desulo** → Gennargentu (monti)
- **Dolianova** → Cagliari
- **Dorgali** → Nuoro
- **Fertilia** → Alghero
- **Filighe** → Oristano
- **Fonni** → Gennargentu (monti)
- **Fordongianus** → Oristano
- **Genna Arramene** → Arbatax
- **Giara di Gesturi** → Barumini
- **Goni** → Muravera
- **Isili** → Barumini
- **Ispinigoli (grotta)** → Nuoro
- **Laerru** → Sassari
- **Lula** → Siniscola
- **Lanusei** → Arbatax
- **Maddalena Spiaggia** → Cagliari
- **Maimoiada** → Nuoro
- **Mandas** → Barumini
- **Mogoro** → Oristano
- **Nettuno (grotta di)** → Alghero
- **Nuradeo** → Macomer
- **Oliena** → Nuoro
- **Orgosolo** → Nuoro
- **Orosei** → Siniscola
- **Orotelli** → Nuoro
- **Oschiri** → Tempio Pausania
- **Ottana** → Nuoro
- **Ozieri** → Tempio Pausania
- **Palau** → Maddalena (isola)
- **Palmavera** → Alghero
- **Paulilatino** → Oristano
- **Porto Cervo** → Olbia
- **Portoconte** → Alghero
- **Porto Corallo** → Muravera
- **Portoscuso** → Iglesias
- **Porto Torres** → Sassari
- **Punta Cannone** → Maddalena (isola)
- **Quartu Sant' Elena** → Cagliari
- **Saccargia** → Sassari
- **San Giovanni (grotta)** → Iglesias
- **Sanluri** → Barumini
- **San Pietro (isola)** → Iglesias
- **San Priano** → Muravera
- **Santa Catarina di Pittinuri** → Oristano
- **Santa Giusta** → Oristano
- **Santa Margherita** → Nora
- **Santa Maria di Corte** → Macomer
- **Sant' Antine** → Sassari
- **Sant' Antioco** → Iglesias
- **Sant' Antioco di Bisarcio** → Sassari
- **Santo Sperate** → Cagliari
- **Sardara** → Barumini
- **Sarroch** → Nora
- **Sa Testa** → Olbia
- **Sedilo** → Oristano
- **Scala Picada** → Alghero
- **Seruci** → Iglesias
- **Serra Orios** → Nuoro
- **Silànus** → Macomer
- **Sinnai** → Cagliari
- **Sorgono** → Gennargentu (monti)
- **San Vero Milis** → Oristano
- **Tempio di Antas** → Iglesias
- **Tharros** → Oristano
- **Torre Salinas** → Muravera
- **Tradori** → Oristano
- **Tuttusoni** → Maddalena (isola)
- **Uta** → Cagliari
- **Villa d'Orri** → Nora
- **Villamar** → Barumini
- **Villamassargia** → Iglesias
- **Villanovaforru** → Barumini
- **Villa San Pietro** → Nora
- **Villaspeciosa** → Cagliari

SICILIA

- **Aci Castello** → Acireale
- **Aci Trezza** → Acireale
- **Acquacalda** → Eolie (isole)
- **Adrano** → Catania
- **Aidone** → Piazza Armerina
- **Alcamo** → Segesta
- **Alicudi (isola)** → Eolie (isole)
- **Alì Terme** → Messina
- **Avola** → Noto
- **Bagheria** → Solunto
- **Bibbinello** → Palazzolo Acreide
- **Brucoli** → Augusta
- **Buccheri** → Palazzolo Acreide
- **Busambra (rocca)** → Monreale
- **Butera** → Gela
- **Caccamo** → Solunto
- **Calascibetta** → Enna
- **Cala Marina** → Ustica (isola)
- **Calatafimi** → Segesta
- **Caltabellotta** → Sciacca
- **Camarina (necropoli)** → Ragusa
- **Canicattì** → Agrigento
- **Canneto** → Eolie (isole)
- **Capo d'Orlando** → Tindari
- **Capo Graziano** → Eolie (isole)
- **Carini** → Palermo
- **Castelbuono** → Cefalù
- **Castellammare del Golfo** → Segesta
- **Castelluccio** → Noto
- **Castelvetrano** → Selinunte
- **Castelmola** → Taormina
- **Castiglione** → Ragusa
- **Castroreale** → Milazzo
- **Centuripe** → Catania
- **Collesano** → Cefalù
- **Comiso** → Ragusa
- **Cusa (rocche di)** → Selinunte
- **Dinamare** → Messina
- **Disueri** → Gela
- **Eloro** → Noto
- **Eraclea Minoa** → Sciacca
- **Erice** → Trapani
- **Euriolo (castello)** → Siracusa
- **Falconara** → Gela
- **Faraglioni** → Ustica (isola)
- **Favagnana** → Egadi (isole)
- **Femmine (isola delle)** → Palermo
- **Filicudi (isola)** → Eolie (isole)
- **Fonte Ciane** → Siracusa
- **Forza d'Agrò** → Taormina
- **Gibil Gabel** → Caltanissetta
- **Gibilmanna (santuario di)** → Cefalù
- **Gioiosa Marea** → Tindari
- **Grammichele** → Caltagirone
- **Grotta Azzurra** → Ustica (isola)
- **Halaesa** → Cefalù
- **Iato (monte)** → Monreale
- **Imera** → Cefalù
- **Ispica** → Ragusa
- **Lampedusa (isola)** → Pelagie (isole)
- **Lentini** → Augusta
- **Leonforte** → Enna
- **Levanzo (isola)** → Egadi (isole)
- **Licata** → Agrigento
- **Linosa (isola)** → Pelagie (isole)
- **Marettimo (isola)** → Egadi (isole)
- **Marina di Ragusa** → Ragusa
- **Marzamemi** → Noto
- **Mazara del Vallo** → Marsala
- **Mazzarò** → Taormina
- **Megara Hyblaea** → Augusta
- **Menfi** → Sciacca
- **Mondello** → Palermo
- **Monte Subacina** → Caltanissetta
- **Morgantina (scavi)** → Piazza Armerina
- **Mozia** → Marsala
- **Mussomeli** → Caltanissetta
- **Mursia** → Pantelleria (isola)
- **Modica Bassa** → Ragusa
- **Naro** → Agrigento
- **Naxos** → Taormina
- **Nicosia** → Enna
- **Pachino** → Noto
- **Palma di Montechiaro** → Agrigento
- **Panarea (isola)** → Eolie (isole)
- **Pantalica** → Palazzolo Acreide
- **Paterno** → Catania
- **Piana degli Albanesi** → Monreale
- **Pianoconte** → Eolie (isole)
- **Patti** → Tindari
- **Pergusa** → Enna
- **Pellegrino (monte)** → Palermo
- **Petralia Sottana** → Cefalù
- **Porto Empedocle** → Agrigento
- **Quattropani** → Eolie (isole)
- **San Calogero** → Sciacca
- **San Cataldo** → Caltanissetta
- **San Martino delle Scale** → Monreale
- **Sant' Agata di Militello** → Cefalù
- **Santa Maria della Scala** → Acireale
- **Sant' Angelo Muxaro** → Agrigento
- **Santo Spirito** → Caltanissetta
- **Santo Stefano di Camastra** → Cefalù
- **San Vito lo Capo** → Trapani
- **Termini Imerese** → Solunto
- **Terrasini** → Palermo
- **Thapsos** → Augusta
- **Torre Faro** → Messina
- **Trabia** → Solunto
- **Racalmuto** → Agrigento
- **Ravanusa** → Agrigento
- **Salemi** → Segesta
- **Salina (isola)** → Eolie (isole)
- **Scopello** → Segesta
- **Sophiana** → Piazza Armerina
- **Stromboli (isola)** → Eolie (isole)
- **Vittoria** → Ragusa
- **Vulcano (isola)** → Eolie (isole)

INDICE GENERALE DELLE CARTE
KARTENREGISTER
ALGEMEEN REGISTER VAN DE KAARTEN
INDEX GÉNÉRAL DES CARTES
GENERAL MAP INDEX

Città, località, luoghi geografici, curiosità turistiche e naturali
Städte, Orte, geographische Namen, touristische und Natursehenswürdigkeiten
Steden, dorpen, geografische plaatsen, toeristische bezienswaardigheden
Villes, localités, lieux géographiques, curiosités touristiques et naturelles
Cities, towns, geographic areas, tourist attractions (natural and cultural)

I nomi in **grassetto** indicano le voci corrispondenti nella parte alfabetica. Sulle carte tali voci appaiono in un rettangolo giallo.
Die **halbfett gedruckten** Namen weisen auf ausführliche Beschreibungen im alphabetischen Textteil hin und sind im Kartenteil gelb unterlegt.
Vetgedrukte namen worden besproken in het alfabetisch tekstgedeelte. Zij zijn op de kaarten aangeduid met een geel rechthoekje.
Les noms en **gras** correspondent aux entrées de la partie alphabétique. Ils sont signalés dans les cartes par un cartouche jaune.
The names in **bold type** correspond to the entries in the alphabetical part. On the maps they are in a yellow rectangle.

1.—ITALIA

A

Abano Terme	6	C2
Abate Alonia (Lago di)	19	A3
Abatemarco	20	D3
Abbadia Lariana	5	B1
Abbadia San Salvatore	12	D3
Abba di Praglia	6	C2-C3
Abbandonato (l')	12	C3
Abbateggio	16	A3
Abbazia di Fiastra	13	D2
Abbiategrasso	5	A3
Abetone	10	A3
Abriola	21	A2
Abruzzo (Parco Nazionale)	16	A3-B3
Acaia	22	C2
Accadia	18	D3
Accaria Rosario	23	B3
Acceglio	8	A2
Accettura	21	B2
Acciano	16	A3
Acciarella	17	B2
Acciaroli	20	C3
Accumoli	13	C3
Acerenza	21	A1
Acerno	20	C1
Acerra	20	B1
Acero (Forca d')	17	D2
Acilia	17	A2
Acquacanina	13	C3
Acquafondata	18	A2
Acquaformosa	23	A1-B1
Acquafredda	5	D3
Acquafredda	21	A3
Acqualagna	13	B1
Acquanegra Cremonese	5	C3
Acquanegra sul Chiese	5	D3
Acquapendente	14	D1
Acquarica del Capo	22	C3
Acquarica di Lecce	22	C2
Acquaro	26	B1
Acquaro (Monte)	16	A3
Acquarone	26	A2
Acquasanta Terme	13	D3
Acquaseria	5	B1
Acquasparta	15	B2
Acquavella	20	C3
Acquavena	20	D3
Acquaviva	12	D3
Acquaviva (Monte)	18	A1
Acquaviva Collecroce	18	B1
Acquaviva delle Fonti	21	C1
Acquaviva d'Isernia	18	A2
Acquaviva Picena	16	A1
Acquevive	18	B2
Acqui Terme	8	D2
Acri	23	B2
Acuto	17	C1-C2
Acuto (Monte)	13	C2-C3
Adamello	2	B3
Adelfia	19	C3
Adrara San Martino	5	C2
Adrara San Rocco	5	C2
Adria	6	D3
Adro	5	C2
Affentalspitze	3	A1
Affi	6	A2
Affile	17	C1
Afragola	20	B1
Africo Nuovo	26	B2
Agazzano	9	C1
Agerola	20	B2
Agliana	10	B3
Agliè	4	C3
Agna	6	D3
Agnadello	5	C3
Agnana Calabra	26	B2
Agnone	20	C3
Agnone	18	B1
Agnosine	5	D2
Agordo	3	A3
Agropoli	20	C2
Agro Pontino	17	B2-C2

Agugliano	13	C1
Agugliaro	6	C3
Aielli	15	D3
Aiello Calabro	23	B3
Aiello del Sabato	20	C1
Aieta	21	A3
Aiguillette (Monte)	8	A2
Ailano	18	A2
Aiona (Monte)	9	C2
Airasca	8	B1
Airola	18	B3
Aisone	8	B3
Ala	6	B2
Ala (Punta)	14	B1
Ala (Val di)	4	B3
Ala di Stura	4	B3
Alagna	5	A3
Alagna	4	C2
Alanno	16	A3
Alano di Piave	6	C1
Alassio	9	B3
Alatri	17	C2
Alba	8	C2
Alba Adriatica	16	A2
Albacina	13	C2
Albairate	5	A3-B3
Albanella	20	C2
Albaneto	15	C2
Albani (Colli)	17	B2
Albano (Lago)	17	B2
Albano (Monte)	10	A3
Albano di Lucania	21	B2
Albano Laziale	17	B2
Albano Vercellese	4	D3
Albaredo	6	D2
Albaredo Arnaboldi	5	B3
Albaredo d'Adige	6	B3
Albareto	9	C2
Albenga	8	D3
Alberese	14	C2
Albergian (Monte)	8	A1
Alberobello	21	D1
Alberona	18	C2
Alberone	6	C3-D3
Alberoni	6	D2
Albese con Cassano	5	B2
Albettone	6	C3
Albiano	2	C3
Albiate	5	B2
Albidona	21	C3
Albignasego	6	C2
Albinea	10	A2
Albinia	14	C2
Albino	5	C2
Albiona (Pizzo d')	4	D1
Albisola Marina	9	A3
Albizzate	5	A2
Albo	4	D1
Albonese	5	A3
Albosaggia	1	D3
Albugnano	8	C1
Alburni (Monti)	20	D2
Alburno (Monte)	20	D2
Aldeno	6	B1
Alessandria	9	A1
Alessandria del Carretto	21	B3
Alessano	22	C3
Alesso	3	C3
Alezio	22	B3
Alfano	20	D3
Alfedena	18	A2
Alfeo (Monte)	9	B2
Alfero	10	D3
Alfiano Natta	8	D1
Alfonsine	10	D2
Algua	5	C2
Alianello	21	B2
Aliano	21	B2
Alice (Punta)	23	D2
Alice Bel Colle	8	D2
Alice Castello	4	C3-D3
Alice Superiore	4	C3
Alife	18	A3-B3
Alimini Grande	22	C2

Alimini Piccolo	22	C2
Alleghe	3	A3
Alleghe (Lago d')	2	D3
Allerona	13	A3
Alliste	22	B3
Allumiere	15	A3
Alma (Monte di)	12	B3
Almenno San Bartolomeo	5	C2
Almese	8	B1
Alpe Devero	1	A3
Alpesigola	10	A3
Alpi (Monte)	21	A3
Alpicella (Monte)	9	C3-D3
Alpignano	8	B1
Altamura	21	C1
Altare	8	D3
Altavilla	20	C1
Altavilla Irpina	18	C3
Altavilla Silentina	20	C2-D2
Altedo	10	C1
Altilia	18	B2
Altino	16	B3
Altissima (L') (Hochwilde)	2	B2
Altivole	6	C1-D1
Alto	8	C3
Alto (Monte)	6	C3
Alto (Monte)	17	D1
Alto (Monte)	17	C2
Alto (Monte)	9	A3
Alto (Monte)	8	D3
Altolia	26	A3
Altomonte	23	B1
Altopascio	12	B1
Altopiani di Arcinazzo	17	C1
Alvano (Pizzo del)	20	B1
Alviano	15	A2
Alvignano	18	A3-B3
Alvito	17	D2
Alzano Lombardo	5	C2
Alzo	4	D2
Amalfi	20	B2
Amandola	13	D3
Amantea	23	A3-B3
Amaro	3	C2
Amaro (Monte)	18	A1
Amaroni	23	B3
Amaseno	17	C2
Amato	23	C3
Amato	26	B2
Amatrice	15	D2
Ambin (Rocca d')	4	A3
Ambra	12	D2
Ambrogio	10	D1
Ameglia	9	D3
Amelia	15	B2
Amendola	19	A2
Amendolara	21	C3
Amiterno	15	D2
Amorosi	18	B3
Ampezzo	3	B2
Ampollino (Lago)	23	C2
Anacapri	20	A2
Anagni	17	C2
Ancarano (Forca d')	13	C3
Ancona	13	D1
Andali	23	C3
Andalo	2	B3
Andezeno	8	C1
Andonno	8	B3
Andorno Micca	4	C2
Andrano	22	C3
Andrate	4	C2
Andrea (Monte)	18	B1
Andreis	3	B3
Andretta	20	D1
Andria	19	B3
Andriace	21	C2
Anfo	5	D2
Angeli	13	C1
Angellara	20	D3
Angera	5	A2
Anghiari	13	A1
Angiari	6	B3
Angolo Terme	5	D1

Angri	20	B1
Angrogna	8	B1
Anguillara Sabazia	15	A3-B3
Anguillara Veneta	6	C3
Anitrella	17	D2
Annicco	5	C3
Annone (Lago di)	5	B2
Annone Veneto	7	A1
Anoia	26	B2
Ansedonia	14	C2
Antagnod	4	C2
Antegnate	5	C2
Antelao (Monte)	3	A2
Anterselva (Val di)	3	A1
Anterselva	3	A1
Antey-Saint-André	4	C2
Anticoli Corrado	15	C3
Antigano	8	D1
Antignano	12	A2
Antona (Monte)	9	B2
Antonimina	26	B2
Antoroto (Monte)	8	C3
Antrodoco	15	C2
Antronapiana	4	C1-D1
Antrosano	15	D3
Anversa degli Abruzzi	17	D1
Anzano del Parco	5	B2
Anzano di Puglia	18	D3
Anzasco	4	C3-D3
Anzi	21	A2
Anzio	17	B2
Anzo	9	C3
Anzola	10	B2
Anzola	9	C2
Anzola d'Ossola	4	D1
Aosta	4	B2
Aosta (Valle d')	4	B2-C2
Apecchio	13	A1
Apice	18	C3
Appignano del Tronto	15	D1
Apiro	13	C2
Apollosa	18	B3
Appenna (Monte)	8	A1
Appennino	13	C3
Appiano	2	C3
Appiano Gentile	5	A2
Appignano	13	C2
Appignano del Tronto	13	D3
Apricena	18	D1
Aprigliano	23	B2
Aprilia	17	B2
Aquara	20	D2
Aquila (L')	15	D2
Aquileia	7	B1
Aquilonia	18	B3
Arabba	2	D2
Aradeo	22	B2
Aragno	15	D2
Aramengo	8	C1
Arba	3	B3
Arborio	4	D2-D3
Arcade	6	D1
Arcangelo (Monte)	18	D3
Arcavacata	23	B2
Arce	17	D2
Arcene	5	C2
Arceto	10	A2
Arcevia	13	C1
Archeboc (Punta d')	4	A2
Archi	26	A2
Archi	18	B1
Arcidosso	12	D3
Arcille	14	C1
Arcinazzo (Altopiani di)	17	C1
Arco	6	A1
Arcola	3	B3
Arcole	6	B3
Arcore	5	B2
Arcugnano	6	C2
Ardea	17	B2
Ardenno	1	D3
Ardenza	12	A2
Ardesio	5	C1
Ardore	26	B2

356 — ITALIA

Name	Col1	Col2	Name	Col3	Col4	Name	Col5	Col6	Name	Col7	Col8
Arè	4	C3	Ausoni (Monti)	17	C2-C3	Baldissero Torinese	8	C1	Baveno	4	D1
Arena	26	B1	Ausonia	17	D3	Ballabio	5	B1	Bazzano	10	B2
Arenabianca	21	A2	Aussa Corno	7	B1	Ballino	6	A1	Beata Vergine della Croce	21	B3
Arena Po	5	B3	Außersulden (Solda di			Ballone (Poggio)	14	B1	Bebbio	10	A2
Arenzano	9	A2	Fuori)	2	B2	Balme	4	B3	Becca de Luseney	4	B2
Arera (Pizzo)	5	C1	Autore (Monte)	15	C3	Balmuccia	4	D2	Becco (Croda del)	3	A2
Arezzo	12	D2	Aveggio	9	B2	Balocco	4	D3	Becco (Monte)	9	B2
Argegno	5	B1	Avegno	9	B2	Balsorano Nuovo	17	D1	Bedale	8	B2
Argenta	10	D1	Avella	20	B1	Balvano	20	D1	Bedizzole	5	D2
Argentario (Monte)	14	C2	Avella (Monte)	18	B3	Balze	13	A1	Bedollo	2	C3
Argentera	8	A3	Avellino	20	C1	Balzola	4	D3	Bedonia	9	C2
Argentera (Cima dell')	8	B3	Avena	12	D1	Banditelle	12	B3	Beduzzo	9	D2
Argiano	12	C3	Avena	21	A3	Bando	10	D1	Beffi	15	D3
Argusto	26	C1	Averara	5	C1	Banzi	21	A1	Beinette	8	C3
Ari	16	B3	Averno (Lago d')	20	A1	Baone	6	C3	Belagaio	12	C3
Ariano Ferrarese	6	D3	Aversa	20	A1	Baracchella	23	B2	Belcaro (Castello)	12	C2
Ariano Irpino	18	C3	Avetrana	22	A2	Baraccola (La)	13	D1	Belcastro	23	C3
Ariano nel Polesine	6	D3	Avezzano	17	C1	Baraccone	18	A2	Belforte all'Isauro	13	A1
Ariccia	17	B2	Aviano	3	B3	Baragiano	20	D1	Belforte di Chienti	13	C2
Arienzo	18	B3	Aviatico	5	C2	Baralla (Poggio)	12	D1	Belgioioso	5	B3
Arietta	23	C3	Avic (Monte)	4	B2	Baranello	18	B2	Belgirate	5	A2
Aringo	15	C2	Avigliana	8	B1	Barano d'Ischia	20	A1	Bella	20	D1
Arioso (Monte)	21	A2	Avigliano	21	A1	Barbalaconi	26	A1	Bellagarda (Cime di)	4	B3
Arischia	15	D2	Avigliano Umbro	15	B2	Barbania	4	C3	Bellagio	5	B1
Arlena di Castro	14	D2	Avio	6	A2	Barbara	13	C1	Bellano	5	B1
Arluno	5	A2	Aviolo (Lago d')	2	A3	Barbarano	6	C2	Bellante	16	A2
Arma (Punta d')	9	A3	Aymavilles	4	B2	Barbarano Romano	15	A3	Bellaria	11	A3
Arma di Taggia	9	A3	Azeglio	4	C3	Barbato (Monte)	18	C2	Bellegra	17	C1
Armaiolo	12	D3	Azienda Beccarini	19	A2	Barberino di Mugello	10	B3	Bellino (Monte)	14	D2
Armeno	4	D2	Azzanello	5	C3	Barberino Val d'Elsa	12	C2	Bellinzago Novarese	5	A2
Armento	21	B2	Azzano Decimo	7	A1	Barbi (Capo)	26	A2	Bellisio-Solfare	13	B1
Armi (Capo dell')	26	A3	Azzano Mella	5	D2	Barbianello	9	B1	Bellizzi	20	C2
Armo	26	A3	Azzate	5	A2	Barbiano	10	D2	Bellona	18	A3
Arnaccio	12	A1	Azzone	5	D1	Barbona	6	C3	Bellosguardo	20	D2
Arnara	17	C2				Barbona (Monte)	10	A3	Belluno	3	A3
Arnesano	22	B2				Barca del Grazi (la)	14	C2	Bellusco	5	B2
Arni	9	D3	**B**			Barchi	5	D3	Belmonte Calabro	23	B2
Arno (Lago d')	5	D1				Barchi	13	B1	Belmonte Castello	17	D2
Arolo	5	A2	Baceno	1	A3	Barcis	3	B3	Belmonte del Sannio	18	B1
Arona	4	D2	Bacoli	20	A1	Barco	5	B2	Belmonte in Sabino	15	C3
Arpaise	18	B3	Badalucco	9	A3	Barco (Cima del)	13	B2	Belvedere	7	B1
Arpino	17	D2	Badia	13	A2	Barcola	7	C1	Belvedere	13	A2
Arpinova	18	D2	Badia	26	A1-B1	Bard	4	C2	Belvedere	14	D1
Arquà Petrarca	6	C3	Badia (Val) (Gadertal)	2	D2	Bardi	9	C2	Belvedere (Monte)	10	B3
Arquà Polesine	6	C3	Badia Calavena	6	B2	Bardolino	6	A2	Belvedere (Monte)	21	C1
Arquata del Tronto	13	C3	Badia di Dulzago	5	A2	Bardonecchia	8	A1	Belvedere di Spinello	23	C2
Arquata Scrivia	9	A2	Badia Morronese	18	A1	Bareggio	5	A3-B3	Belvedere Langhe	8	C2
Arre	6	D3	Badia Polesine	6	C3	Baresi	5	C1	Belvedere Marittimo	23	A1
Arro	4	B2	Badia Pratalia	12	D1	Barete	15	D2	Belvedere Ostrense	13	C1
Arrone	15	C2	Badia Tedalda	13	A1	Barga	10	A3	Benestare	26	B2
Arsiè	6	C1	Badoere	6	D2	Barge	8	B2	Bene Vagienna	8	C2
Arsiero	6	B1	Badolato	26	C1	Barghe	5	D2	Benevento	18	B3
Arsoli	17	C1	Bagaladi	26	A3	Bargi	10	B3	Benna	4	D2
Arta Terme	3	C2	Baggio	10	B3	Bari	19	C3	Bentivoglio	10	C2
Arten	6	C1	Bagnacavallo	10	D2	Baricella	10	C1	Berba (Bric)	8	B3
Artena	17	B2	Bagnaia	12	C2	Barigazzo	10	A3	Berbenno di Valtellina	1	D3
Arvenis (Monte)	3	B2	Bagnara	13	B2	Barigazzo (Monte)	9	C2	Berceto	9	D2
Arvo (Lago)	23	C2	Bagnara Calabra	26	A2	Barile	19	A3	Bereguardo	5	A3-B3
Arzano	20	A1-B1	Bagnara di			Barisciano	15	D2	Bergamasco	8	D1
Arzelato	9	C2	Romagna	10	C2-D2	Barizzo	20	C2	Bergamo	5	C2
Arzeno	9	C2	Bagnaria	7	B1	Barlassina	5	B2	Bergantino	6	B3
Arzignano	6	B2	Bagnarola	10	C2	Barletta	19	B2	Berici (Monti)	6	C2
Ascea	20	D3	Bagnasco	8	C3-D3	Barme	4	C2	Bernalda	21	C2
Asciano	12	D2	Bagnaturo	17	D1	Barni	5	B1	Bernareggio	5	B2
Asciano	12	A1	Bagni	8	D2	Barone (Monte)	19	B1	Bernezzo	8	B3
Ascione (Colle d')	23	B2	Bagni Contursi	20	D1	Barone (Monte)	4	D2	Bernina (Piz)	1	D3
Ascoli Piceno	13	D3	Bagni di Lucca	10	A3	Baronissi	20	C1	Berra	6	D3
Ascoli Satriano	18	D3	Bagni di Lusnizza	3	C2	Barrea	18	A1-B1	Bertinoro	10	D3
Ascrea	15	C3	Bagni di Masino	1	C3-D3	Barrea (Lago di)	18	A2	Bertiolo	7	B1
Aserei (Monte)	9	C2	Bagni di Mezzo	2	C2	Baruchella	6	C3	Bertonico	5	C3
Asiago	6	C1	Bagni di Nocera	13	B3	Baruffini	2	A3	Bertonio	1	A3
Asigliano Vercelli	4	D3	Bagni di Salto	2	B2	Barzago	5	B2	Berzano San Pietro	8	C1
Aso	16	A1	Bagni di Tivoli	17	B1	Barzana	5	C2	Berzigala (le)	10	A2
Asola	5	D3	Bagni di Vicarello	15	A3	Barzio	5	B1	Besana in Brianza	5	B2
Asolo	6	C1	Bagni San Cataldo	21	A1	Basagliapenta	3	C3	Besate	5	A3
Aspra (Monte)	15	C2	Bagno a Ripoli	12	C1	Basaluzzo	9	A1-A2	Besnate	5	A2
Aspromonte	26	A2-B2	Bagno di Gavorrano	12	B3	Basciano	16	A2	Besozzo	5	A2
Aspromonte (Piani d')	26	A2	Bagno di Romagna	12	D1	Baselga di Pinè	2	C3	Bettola	9	C1
Assisi	13	B3	Bagno Grande	15	D3	Baselice	18	C2	Bettolelle	13	C1
Asso	5	B1	Bagnoli della Rosandra	7	C1	Basiliano	3	C3	Bettole	12	D2
Asta	10	A2	Bagnoli del Trigno	18	B2	Basilicò (Monte)	23	C2	Bettona	13	B3
Astfeld (Campolasta)	2	C2	Bagnoli di Sopra	6	C3-D3	Basovizza	7	C1	Beura	4	D1
Asti	8	D1	Bagnoli Irpino	20	C1	Bassano Bresciano	5	D3	Bevagna	15	B1
Ateleta	18	A1	Bagnolo	6	A3-B3	Bassano del Grappa	6	C1	Bevia	2	B3
Atella	21	A1	Bagnolo	6	B3	Bassano in Teverina	15	A2-B2	Bevilacqua	6	B3
Atena Lucana	20	D2	Bagnolo Crema	5	C3	Bassano Romano	15	A3	Bezzecca	6	A1
Atessa	18	B1	Bagnolo del Salento	22	C2	Bassiano	17	C2	Biacesa di Ledro	6	A1
Atina	17	D2	Bagnolo in Piano	10	A1	Bassignana	9	A1	Biadene	6	D1
Atrani	20	B2	Bagnolo Mella	5	D2-D3	Bastarda (Cima)	23	C2	Bianca	13	B3
Atri	16	A2	Bagnolo Piemonte	8	B2	Bastardo	13	B3	Bianca (Punta)	9	D3
Atripalda	20	C1	Bagnolo San Vito	6	A3-B3	Bastia	6	C2	Bianchi	23	B3
Attigliano	15	A2-B2	Bagnone	9	D2-D3	Bastia (la)	10	A3	Bianco	26	B2
Attimis	3	C3	Bagnore	12	D3	Bastia (Monte)	9	B2	Bianco (Corno)	4	C2
Auer (Ora)	2	C3	Bagnoregio	15	A2	Bastia Umbra	13	B3	Bianco (Capo)	22	B1
Auletta	20	D2	Bagolino	5	D1	Bastida Pancarana	9	B1	Bianco (Monte)	4	A2
Aulla	9	D3	Baia	20	A1	Bastiglia	10	B1	Biandrate	4	D3
Aune	2	D3	Baiano	20	B1	Batignano	12	C3	Bianzé	4	D3
Aurano	5	A1	Baiardo	9	A3	Battaglia	21	A3	Bianzone	2	A3
Aurelia	14	D3	Bairo	4	C3	Battaglia Terme	6	C2	Biassono	5	B2
Aurina (Valle)	2	D1	Baiso	10	A2	Battifolle (Monte)	10	A3	Bibbiano	10	A2
Aurisina	7	C1	Baitone (Monte)	2	A3	Battipaglia	20	C2	Bibbiano	12	C3
Auronzo di Cadore	3	A2	Balangero	4	B3	Battuda	5	B3	Bibbiena	12	D1
Aurunci (Monti)	17	D3	Baldassari	22	B2	Baura	10	C1	Bibbona	12	B2
Ausone	1	A3	Baldichieri d'Asti	8	C1-D1	Bavari	9	B2	Bibiana	8	B2

ITALIA — 357

Name	Page	Grid
Bibione	7	B1-B2
Bibione Pineta	7	B2
Biccari	18	C2
Bicinicco	7	B1
Biegno	5	A1
Biella	4	C2-D2
Bienno	5	D1
Bientina	12	B1
Bignone (Monte)	9	A3
Bigolino	6	D1
Binasco	5	B3
Binetto	19	C3
Biodola	14	A1
Bioglio	4	C2-D2
Bionaz	4	B2
Bione	5	D2
Bionnassay (Aiguilles de)	4	A2
Bisaccia	18	D3
Bisceglie	19	B3
Biscina	13	B2
Bisegna	17	D1
Bisenti	16	A2
Bisentina (Isola)	14	D2
Bisignano	23	B1
Bistagno	8	D2
Bisuschio	5	A1
Bitetto	19	C3
Bitonto	19	C3
Bitritto	19	C3
Bivigliano	10	C3
Bivio la Cavola	19	A1
Bivio Palomonte	20	D1
Bivongi	26	C1
Bizzozero	5	A2
Blegier (Col)	8	A1
Blello	5	C1
Blera	15	A3
Blessano	3	C3
Blevio	5	B2
Blindenhorn	1	A3
Bo (Cima di)	4	C2
Boara Pisani	6	C3
Boara Polesine	6	C3
Boario Terme	5	D1
Bobbiano	9	C1
Bobbio	9	B1
Bobbio Pellice	8	B1-B2
Boca	4	D2
Bocale	26	A3
Bocca di Fiume	17	C2
Bocca di Magra	9	D3
Bocca di Piazza	23	B2
Boccaleone	10	C1
Bocca Nuova	18	C1-D1
Bocca Piccola	20	B2
Bocca Serriola	13	A1-B1
Bocca Trabaria	13	A1
Boccea	17	A1
Boccheggiano	12	C3
Bocchiglero	23	C2
Boccioleto	4	C2
Bocco (Passo del)	9	C2
Bocconi	10	C3-D3
Boccorio	4	C2
Boffalora d'Adda	5	B3
Boffetto	1	D3
Bogliasco	9	B2
Bognanco	4	D1
Bogogno	5	A2
Bojano	18	B2
Bolgheri	12	B3
Bolladore	2	B3
Bologna	10	C2
Bolognano	16	A3
Bolognola	13	C3
Bolsena	15	A2
Bolsena (Lago di)	15	A2
Bolza (Monte)	16	A3
Bolzaneto	9	A2
Bolzano (Bozen)	2	C2
Bomarzo	15	A2
Bomba	18	A1-B1
Bominaco	15	D3
Bomporto	10	B1
Bonagello (Serra)	23	A1
Bonassola	9	C3
Bonate Sotto	5	C2
Bonavigo	6	B3
Bondeno	10	C1
Bonea	18	B3
Bonefro	18	C2
Bonferraro	6	B3
Bonifati	23	A1
Bonifati (Capo)	23	A1
Bonito	18	C3
Boragine (Monte)	15	C2
Bordighera	9	A3
Bordolano	5	D3
Bordonaro	26	A2
Bore	9	C1
Borello	10	D3
Borello	18	A1-B1
Boretto	10	A1
Borgagne	22	D2
Borgaro Torinese	4	C3
Borghetti	10	B2
Borghetto	13	A2
Borghetto	14	D1-D2
Borghetto	15	B3
Borghetto d'Arroscia	9	A3
Borghetto di Borbera	9	A1-B1
Borghetto di Vara	9	C3
Borghetto Lodigiano	5	C3
Borghetto Santo Spirito	8	D3
Borghi	11	A3
Borgia	23	C3
Borgo	13	D2
Borgo a Giovi	12	D1-D2
Borgo alla Collina	12	D1
Borgo Bainsizza	17	B2
Borgo Carso	17	B2
Borgo Cerreto	13	C3
Borgo Cervaro	18	D2
Borgo d'Ale	4	C3
Borgo di Ronda	11	A3
Borgo di Terzo	5	C2
Borgo Duanera la Rocca	18	D2
Borgo Ermada	17	C3
Borgo Fonterosa	19	A2
Borgo Fornari	9	A2
Borgoforte	6	A3
Borgoforte	6	D3
Borgofranco	6	B3
Borgofranco d'Ivrea	4	C2-C3
Borgo Grappa	17	C3
Borgo Incoronata	18	D2
Borgo Isonzo	17	B2
Borgolavezzaro	5	A3
Borgo Libertà (Torre Alemanna)	19	A3
Borgo Loconia	19	A3
Borgomaro	9	A3
Borgomasino	4	C3
Borgo Montello	17	B2
Borgo Montenero	17	C3
Borgo Mozzano	10	A3
Borgone Susa	8	B1
Borgonovo Ligure	9	B2
Borgonovo Val Tidone	9	B1
Borgo Pace	13	A1
Borgo Piave	22	B2
Borgo Piave	17	B2
Borgo Podgora	17	B2
Borgo Priolo	9	B1
Borgo Quinzio	15	B3
Borgo Quinzio	17	B1
Borgoratto Alessandrino	9	A1
Borgoratto Mormorolo	9	B1
Borgoricco	6	C2-D2
Borgorose	15	C3-D3
Borgo Sabotino	17	B2
Borgo San Dalmazzo	8	B3
Borgo San Giacomo	5	C3-D3
Borgo San Giusto	18	D2
Borgo San Lorenzo	10	C3
Borgo San Martino	8	D1
Borgo San Pietro	15	C3
Borgo San Siro	5	A3
Borgo Santa Maria	11	B3
Borgo Santa Rita	17	A2
Borgosatollo	5	D2
Borgo Segezia	18	D2
Borgosesia	4	D2
Borgo Stecchi	10	D3
Borgo Tavernola	18	D2
Borgo Ticino	5	A2
Borgo Tossignano	10	C2
Borgo Val di Taro	9	C2
Borgo Valsugana	6	B1
Borgo Velino	15	C2
Borgo Vercelli	4	D3
Borgo Vodice	17	C3
Bormida	8	D3
Bormio	2	A3
Bornago	5	A2
Bornato	5	D2
Borno	5	D1
Borriana	4	C3
Borromee (Isole)	4	D1
Borso del Grappa	6	C1
Borzonasca	9	B2
Bosaro	6	C3
Boschetiello	20	C1-D1
Boschetto	5	B3
Bosco	9	D2
Bosco Chiaro	6	D3
Bosco Chiesanuova	6	B2
Bosco Marengo	9	A1
Bosconero	4	C3
Boscoreale	20	B1
Boscotrecase	20	B1
Bosio	9	A2
Bossea	8	C3
Bossola (Monte)	9	B2
Bossolasco	8	C2
Botricello	23	C3
Botrugno	22	C3
Bottarone	9	B1
Botte	15	A3
Bottrighe	6	D3
Bova	26	B3
Bovalino Marina	26	B3
Bovalino Superiore	26	B2
Bova Marina	26	B3
Bove (Monte)	13	C3
Boveglio	10	A3
Bovegno	5	D2
Boves	8	B3
Bovezzo	5	D2
Boville Ernica	17	C2-D2
Bovina	6	D3
Bovino	18	D3
Bovisio Masciago	5	B2
Bovolenta	6	C3-D3
Bovolone	6	B3
Bozen (Bolzano)	2	C2
Bozza	16	A2
Bozzana	2	B3
Bozzole	9	A1
Bozzolo	6	A3
Bra	8	C2
Braccagni	12	C3
Bracciano	15	A3
Bracciano (Lago di)	14	D2
Bracco (Passo del)	9	C3
Bracigliano	20	B1
Braies	3	A2
Braies (Lago di)	3	A2
Brallo di Pregola	9	B1
Bram (Monte)	8	B3
Branca	13	B2
Brancaleone Marina	26	B3
Brandizzo	4	C3
Branzi	5	C1
Brattiro	26	A1
Bratto-Dorga	5	C1
Breda di Piave	6	D1
Brefaro	21	A3
Bregagno (Monte)	5	B1
Breganze	6	C2
Breguzzo	6	A1
Breithorn	4	C1
Brembilla	5	C2
Breme	5	A3
Brenna	12	C2
Brennero	2	C1
Brenner Paß	2	C1
Breno	5	D1
Brenta (Gruppo di)	2	B3
Brenta (Cima)	2	B3
Brentoni (Monte)	3	B2
Brentonico	6	A1
Breonio	6	A2
Brescello	10	A1
Brescia	5	D2
Bressana	9	B1
Bressanone (Brixen)	2	D2
Bresses (Tête des)	8	B3
Bresso	5	B2
Breuil-Cervinia	4	C1
Brezza	18	A3
Brezzo di Bedero	5	A1
Briatico	26	B1
Bribano	3	A3
Bricherasio	8	B1
Bric Puschera	8	D2
Brienno	5	B1
Brienza	21	A2
Brignano Frascata	9	B1
Brignano Gera d'Adda	5	C2
Brindisi	22	B1
Brindisi di Montagna	21	A1
Brinzio	5	A1
Brisighella	10	C2-C3
Brivio	5	B2
Brixen (Bressanone)	2	D2
Brocon (Passo del)	2	D3
Brogliano	6	B2
Brognaturo	26	B1-C1
Brondello	8	B2
Broni	9	B1
Bronzolo	2	C3
Brossasco	8	B2
Brosso	4	C3
Brugine	6	D3
Bruino	8	B1
Brulé (Mont)	4	B1
Brumano	5	B1
Bruna (La)	13	B3
Brunate	5	B2
Bruneck (Brunico)	2	D1
Brunette (Monte)	15	B1-C1
Brunico (Bruneck)	2	D1
Bruno	8	D2
Brusago	2	C3
Brusasco	4	D3
Brusciano	20	B1
Bruscoli	10	B3
Brusnengo	4	D2
Brusson	4	C2
Bruzzano (Capo)	26	B3
Bruzzano Zeffirio	26	B3
Bubbio	8	D2
Bucciano	18	B3
Buccino	20	D2
Bucine	12	D2
Bucita	23	B2
Budoia	3	B3
Budrie	10	B2
Budrio	10	C2
Buggiana	10	D3
Bugnara	17	D1
Buia	3	C3
Buisson	4	C2
Bulgheria (Monte)	20	D3
Buonabitacolo	21	A2
Buonalbergo	18	B2
Buonconvento	12	C3-D3
Buonvicino	23	A1
Burago di Molgora	5	B2
Burana	10	B1
Burano	6	D2
Buriano	12	C3
Buriasco	8	B1
Buronzo	4	D3
Busalla	9	A2-B2
Busana	9	D2
Busca	8	B2
Buscate	5	A2
Busche	3	A3
Buscheto	6	C1
Buscoldo	6	A3
Busnago	5	B2
Busseto	9	D1
Bussi sul Tirino	16	A3
Busso	18	B2
Bussoleno	8	B1
Busto Arsizio	5	A2
Busto Garolfo	5	A2
Buti	12	B1
Buttapietra	6	B3
Buttigliera Alta	8	B1
Buttigliera d'Asti	8	C1
Buttogno	4	D1
Buttrio	3	C3
Buturo	23	C3

C

Name	Page	Grid
Cabella Ligure	9	B2
Cabelli	10	D3
Ca' Bianca	6	D3
Caccia (Monte)	19	B3
Cacuri	23	C2
Cadelbosco	10	A1
Cadenabbia	5	B1
Cadeo	9	C1
Ca di David	6	B3
Cadipietra	2	D1
Cadrezzate	5	A2
Caerano di San Marco	6	C1-D1
Cafasse	4	B3
Caggiano	20	D2
Cagli	13	B1
Cagnano	6	C3
Cagnano Varano	19	A1
Cagno	23	C2
Caiazzo	18	B3
Caino	5	D2
Caio (Monte)	9	D2
Caiolo	5	C1
Cairano	20	D1
Cairate	5	A2
Cairo (Monte)	17	D2
Cairo Montenotte	8	D3
Caivano	20	B1
Calabria	23	B2-D2
Calabricata	23	C3
Calabrina	11	A3
Calaggio (Monte)	20	C1-D1
Calamacca (Cocuzzo di)	23	C2
Calambrone	12	A2
Calanna	26	A2
Calascio	16	A3
Calavino	6	A1-B1
Calceranica	6	B1
Calci	12	A1
Calciano	21	B2
Calcinaia	12	B1
Calcinate di Pesce	5	A2
Calcinato	5	D2
Calcinelli	13	B1
Calcinere	8	B2
Calcio	5	C2
Calco	5	B2
Caldana	12	B3
Caldaro (Kaltern)	2	C3
Caldaro (Lago di)	2	C3
Caldarola	13	C2
Caldarosa (Monte)	21	A2
Calderara di Reno	10	B2
Calderino	10	B2
Caldes	2	B3

Caldirola	9 B1-B2	Campodolcino	1 C3	Cantarana	6 D3	Carcoforo	4 C1
Caldonazzo	6 B1	Campodonico	13 B2	Cantello	5 A2	Cardè	8 B2
Calendasco	5 C3	Campoformido	3 C3	Canterano (Lago di)	17 C2	Cardeto	26 A2
Calenzano	12 C1	Campoforogna	15 C2	Cantiere (Monte)	10 A3	Cardile	20 D2
Calestano	9 D2	Campogalliano	10 A1-B1	Cantiano	13 B2	Cardinale	26 B1-C1
Calice al Cornoviglio	9 C3-D3	Campogialli	12 D1-D2	Cantoira	4 B3	Carditello	18 A3
Calice Ligure	8 D3	**Campo Imperatore**	16 A3	Cantone	10 B1	Cardito	18 A2
California (la)	12 A2-B2	Campolaro	5 D1	Cantone	10 A2	Cardito	20 B1
Caligi (Monte)	10 A3	Campolasta (Astfeld)	2 C2	Cantone	13 A3	Caré Alto (Monte)	6 A1
Calimera	22 C2	Campolattaro	18 B3	Cantù	5 B2	Carega (Cima)	6 B2
Calimera	26 B1	Campoleone	17 B2	Canza	1 A3	Careggine	9 D3
Calitri	20 D1	Campoleone Scalo	17 B2	Canzo	5 B1-B2	Carelli	21 D2
Calizzano	8 C3-D3	Campoli Appennino	17 D2	Caomaggiore	7 A1	Carena Conca (Punta)	20 A2
Calla (Passo la)	10 D3-C3	Campoli del Monte		Caoria	2 D3	Careri	26 B2
Calliano	6 B1	Taburno	18 B3	Caorle	7 B2	Caresana	5 A3
Calmazzo	13 B1	Campolieto	18 B2	Caorso	9 C1	Carezzano Maggiore	9 A1
Calopezzati	23 C1	Campo Ligure	9 A2	Capaccio	20 C2	Carfizzi	23 C2-D2
Calore	18 C3	Campolungo	23 D3	Capalbio	14 C2-D2	Cariati	23 C1
Calolziocorte	5 B2	Campomaggiore	21 B3	Capanne	13 A3	Cariati Marina	23 C1-D1
Caltignaga	5 A2	Campomarino	18 C1	Capanne (Monte)	14 A1	Carife	18 C3
Calto	10 B1	Campomarino	22 A2	Capanne di Sillano	9 D3	Carigliano	23 A2-B2
Caltrano	6 B1	Campo Molino	8 B3	Capannedi Marcarolo	9 A2	Carignano	8 C1
Calusco d'Adda	5 B2	Campomorone	9 A2	Capannole	12 D2	Carinola	18 A3
Caluso	4 C3	Camponogara	6 D2	Capannoli	12 B2	Carisio	4 D3
Calvanico	20 C1	Campora	20 D2	Capannori	12 A1-B1	Carisolo	2 B3
Calvatone	5 D3	Campora San Giovanni	23 B3	Capena	15 B3	Cariusi (Monte)	20 D2
Calvello	21 A2	Campore	13 B2	Capestrano	16 A3	Carlantino	18 C2
Calvello (Monte)	18 B3	Camporeggiano	13 B2	Capistrano	26 B1	Carlino	7 B1
Calvene	6 C1	Camporgiano	9 D3	Capistrello	15 D3	Carlopoli	23 B3
Calvenzano	5 C2	Camporosso	8 D3	Capitello	6 B3	Carmagnola	8 C1
Calvenzano	10 B2	Camporosso in		Capitello	20 D3	Carmiano	22 B2
Calvera	21 B3	Valcanale	3 C2-D2	Capitignano	15 D2	Carmignano	12 B1
Calvi (Monte)	10 B3	Camporovere Vescovi	6 B1	Capizzo	20 D2	Carmine	8 C2
Calvi (Monte)	12 B3	Camposampiero	6 C2	Capo (il)	20 B2	Carmine (il)	23 D3
Calvi dell'Umbria	15 B2	Camposanto	10 B1	Capo Colonna	19 B3	Carmo (Monte)	8 D3
Calvilli (Monte)	17 C2-D2	Campo Tenese	21 B3	Capodacqua	13 C3	Carnaio (Colle di)	10 D3
Calvi Risorta	18 A3	Campotosto	15 D2	Capo di Monte	12 B3	Carnello	17 D2
Calvisano	5 D3	Campotto	10 C2-D2	Capodimonte	14 D2	Carnia	3 C2
Calvizzano	20 A1	Campo Tures (Sand)	2 D1	Capo di Ponte	5 D1	Carolei	23 B2
Calvo (Monte)	15 C3	Campovalano	13 D3	Capo la Serra (Monte)	20 D2	Carona	5 C1
Calvo (Monte)	17 C3	Campoverde	17 B2	Capoliveri	14 A1	Caroniti	26 A1-B1
Calvo (Monte)	19 A1	Camucia	13 A2	Capolona	12 D1	Caronno Pertusella	5 B2
Camaldoli	12 D1	Camugnano	10 B3	Caporciano	15 D3	Carosino	22 A2
Camaldoli degli Astroni	20 A1	Cana	14 C1	Capo Rizzuto	23 D3	Carovigno	22 A1
Camarda	15 D2	Canale	8 C2	Capo San Vigilio	6 A2	Carovilli	18 A2
Camaro	26 A2	Canale (Val)	3 C2-D2	Caposele	20 C1-D1	Carpacco	3 C3
Camatta	6 B3	Canale d'Agordo	2 D3	Caposile	7 A2	Carpaneto Piacentino	9 C1
Cambiano	8 C1	Canale Monterano	15 A3	Capostrada	10 B3	Carpegna	13 A1
Camerano	13 D1	Canale sul Bovo	2 D3	Cappadocia	15 C3-D3	Carpenedolo	5 D3
Camerata Nuova	15 C3	Canapine (Forca)	13 C3	Cappella	23 D2	Carpeneto	4 D3
Cameri	5 A2	Canaro	10 C1	Cappelle	15 D3	Carpeneto	9 A2
Cameriano	5 A3	Canate (Monte)	9 C1	Cappelle	17 C1	**Carpi**	6 B3
Camerino	13 C2	**Canazei**	2 D2	Cappelle sul Tavo	16 A2	Carpiano	5 B3
Camerota	20 D3	Cancano (Lago di)	2 A2	Cappuccini	4 D3	Carpignano	18 C3
Camigliano	18 A3	Cancellara	21 A1	Capracotta	18 A1	Carpignano Salentino	22 C2
Camigliatello	23 B2	Cancello	18 A3	Capraia	12 A3	Carpignano Sesia	4 D2
Caminata	2 C1	Cancelo (Passo di)	26 B2	**Capraia (Isola di)**	12 A3	Carpinello	10 D2
Camini	26 C1	Canda	6 C3	Capralba	5 C3	Carpineti	10 A2
Camino	4 D3	Candela	18 D3	Capranica	15 A3	Carpineto della Nora	16 A3
Camino (Monte)	18 A3	Candelara	11 B3	Capranica Prenestina	17 B1	Carpineto Romano	17 C2
Camino (Pizzo)	5 D1	Candelaro	18 D2	Caprara d'Abruzzo	16 A3	Carpineto Sinello	18 B1
Camisano	5 C2-C3	Candelo	4 D2	Caprarica di Lecce	22 C2	Carpino	19 A1
Camisano Vicentino	6 C2	Candelozzo (Monte)	9 B2	Capraro (Monte)	18 A1	Carpinone	18 A2-B2
Camogli	9 B2-B3	Candia Canavese	4 C3	**Caprarola**	15 A3	Carraia	12 A1-B1
Camonica (Val)	5 D1	Candia Lomellina	5 A3	Caprauna	8 C3	**Carrara**	9 D3
Ca' Mora	10 D1	Candiana	6 D3	Caprese Michelangelo	13 D1	Carrara San Giorgio	6 C3
Campagna	20 C1	Candide	3 B2	Caprezzo	5 A1	Carrè	6 C1
Campagna Lupia	6 D2	Candidoni	26 B1	Capri	20 B2	Carrega	9 B2
Campagnano di Roma	15 B3	Cané	2 A3	**Capri (Isola di)**	20 A2-B2	Carretto	8 D2
Campagnatico	12 C3	Canelli	8 D2	Capriana	2 C3	Carriero (Serra)	21 A1
Campagnola	18 A3	Canepina	15 A2	Capriata d'Orba	9 A2	Carrosio	9 A2
Campagnola Emilia	10 A1	Caneva	6 D1	Capriati a Volfurno	18 A2	Carrù	8 C2
Campana	23 C2	Cani (Monte dei)	13 B2	Capriglia	13 C3	Carruozzo (Monte)	20 D1
Campana (Colle)	13 A2	Canin (Monte)	3 C2	Caprile	2 D2	Carsoli	15 C3
Campanella (Punta)	20 B2	Canino	14 D2	Caprino Veronese	6 A2	Cartigliano	6 C2
Campegine	10 A1	Canistro	17 C1	Caprona	12 A1	Cartoceto	13 B1
Campese	14 B2	Canna	21 C3	Capua	18 A3	Cartura	6 C3
Campi Bisenzio	12 C1	Cannalonga	20 D3	Capurso	19 C3	Carugate	5 B2
Campiglia Cervo	4 C2	Cannara	13 B3	Caraffa di Catanzaro	23 C3	Carunchio	18 B1
Campiglia d'Orcia	12 D3	Cannavà	26 A2-B2	Ca' Raffaello	13 A1	Caruso (Monte)	21 A1
Campiglia Marittima	12 B3	Canne	19 B3	Caraglio	8 B3	Carvarino (Monte)	21 A2
Campiglia Soana	4 B2	**Cannero Riviera**	5 A1	Caragnetta	8 D3	Carzeto	9 D1
Campiglio (la)	14 C2-D2	Canneto	12 B3	Caramagna Piemonte	8 C2	Casabona	23 C2-D2
Campione	6 A2	Canneto (Monte di)	12 B3	Caramanico Terme	16 A3	Casacalenda	18 C1-C2
Campione d'Italia	5 A1-B1	Canneto sull' Oglio	5 D3	Caramola (Monte)	21 B3	Casacanditella	16 B3
Campi Salentina	22 B2	Canneto sul Oglio	6 A3	Caramolo (Monte)	23 A1-B1	Casa Castalda	13 B2
Campitello	2 D2	Cannitello	26 A2	Carano	17 B2	Casacce	13 B2
Campitello	6 A3	Cannobio	5 A1	Carano	18 A3	Casaglia	10 C1
Campitello	15 B2	Cannole	22 C2	Carapelle	15 D3	Casaglia	10 C3
Campitello Matese	18 B2	Canolo	10 A1	Carapelle	18 D2	Casa l'Abate	22 B1
Campli	13 D3	Canolo	26 B1	Carapelle Calvisio	16 A3	Casalanguida	18 B1
Campo	1 C3	Canonica	13 A3-B3	Carasco	9 B2	Casalappi Ruschi	12 B3
Campo	5 C1	Canosa di Puglia	19 A3	Carate Brianza	5 B2	Casalattico	17 D2
Campo	6 A1	Canosa Sannita	16 B3	Carate-Urate	5 B1	Casalbellotto	10 A1
Campo (Monte il)	18 A1-B1	**Canossa**	10 A2	Caravaggio	5 C2	Casalbeltrame	4 D3
Campobasso	18 B2	Canova	6 B2	Carbognano	15 A3	Casalbordino	16 B3
Campo Calabro	26 A2	Canove	6 B1	Carbonara al Ticino	5 B3	Casalbore	18 C3
Campo Catino	17 C1	Canove	8 D2	Carbonara di Bari	19 C3	Casalborgone	4 C3
Campochiaro	18 B2	Cansano	18 A1	Carbonare	6 B1	Casal Borsetti	10 D2
Campo dei Fiori	5 A1	Cantagalla	10 B3	Carbonarola	15 D3	Casalbuono	21 A3
Campo di Giove	18 A1	Cantalice	15 C2	Carbone	21 B3	Casalbuttano	5 C3
Campodimele	17 D3	Cantalupa	8 B1	Carboné (Monte)	8 B3	Casalcassinese	18 A2
Campodipietra	18 B2	Cantalupo in Sabina	15 B3	Carbonin	3 A2	Casal Cermelli	9 A1
Campo di Trens	2 C1	Cantalupo nel Sannio	18 B2	Carcare	8 D3	Casal di Principe	18 A3

Name	Page	Grid
Casalduni	18	B3
Casale	6	B3
Casale	9	C2
Casale	18	A3
Casale	18	A3
Casalecchio di Reno	10	B2
Casale delle Palme	17	B2
Casale di Pari	12	C3
Casale Marittimo	12	B2
Casale Monferrato	4	D3
Casaleone	6	B3
Casale sul Sile	6	D2
Casaletto	15	A3
Casaletto Ceredano	5	C3
Casaletto Spartano	21	A3
Casalfiumanese	10	C2
Casalgrande	10	A2
Casalgrasso	8	C1
Casalguidi	12	B1
Casali d'Aschi	17	D1
Casalina	13	B3
Casalincontrada	16	A3
Casalino	5	A3
Casalmaggiore	9	D1
Casalmorano	5	C3
Casalmoro	5	D3
Casalnoceto	9	B1
Casalnuovo	26	B2
Casalnuovo di Napoli	20	B1
Casalnuovo Monterotaro	18	C2
Casaloldo	6	A3
Casalone (il)	15	A2
Casa Lovino	19	B3
Casalpusterlengo	5	C3
Casalromano	5	D3
Casalserugo	6	C3-D3
Casaluce	20	A1
Casalvecchio di Puglia	18	C2
Casal Velino	20	C3
Casalvieri	17	C2
Casalvolone	4	D3
Casamaina	15	D3
Casamari (Abbazia di)	17	D2
Casa Mariannaccia	14	C2
Casamassima	19	C3
Casamicciola Terme	20	A1
Casa Monica	9	D1
Casanova Carani	18	A3
Casanova Elvo	4	D3
Casanova Lerrone	9	A3-B3
Casaprota	15	C3
Casarano	22	B3
Casarsa della Delizia	7	A1
Casarza Ligure	9	C3
Casasco	5	B1
Casaselvatica	9	D2
Casa Trappola	14	B1-C1
Casazza	5	C2
Cascia	13	C3
Casciana Alta	12	B2
Casciana Terme	12	B2
Casciano	12	C3
Cascina	12	A1
Casei Gerola	9	A1
Caselette	8	B1
Casella	9	B2
Caselle in Pittari	20	D3
Caselle Landi	5	C3
Caselle Torinese	4	C3
Casemurate	10	D2
Casenda	1	C3
Casenove	23	B3
Casentino	12	D1
Casentino	15	D3
Case Perrone	21	C2
Casere	6	C1
Caserta	18	B3
Caserta Vecchia	18	B3
Casignana	26	B2
Casina	10	A2
Casinalbo	10	A2-B2
Casine	13	C1
Casine (Le)	13	C1
Casinina	11	A3
Casirate d'Adda	5	C2
Casnigo	5	C1-C2
Casola in Lunigiana	9	D3
Casola Valsenio	10	C3
Casole d'Elsa	12	C2
Casoli	10	A3
Casoli	16	B3
Casoli	16	A2
Casorate Sempione	5	A2
Casoria	20	B1
Casorzo	8	D1
Casotto	6	D1
Casotto (Colle di)	8	C3
Caspano	1	C3-D3
Casperia	15	B2
Cassa (La)	4	B3
Cassano allo Jonio	23	B1
Cassano d'Adda	5	B2
Cassano delle Murge	21	C1
Cassano Irpino	20	C1
Cassano Magnago	5	A2
Cassano Spinola	9	A1
Cassiglio	5	C1
Cassinasco	8	D2
Cassine	9	A2
Cassinelle	9	A2
Cassino	17	D2
Cassio	9	D2
Cassolnovo	5	A3
Castagna	23	B3
Castagna (Serra)	23	C2
Castagnaro	6	C3
Castagneto Carducci	12	B3
Castagno	12	B2
Castagno d'Andrea (Il)	10	C3
Castagnola	9	B2
Castagnole	8	D1
Castagnole delle Lanze	8	D2
Castagnole Piemonte	8	C1
Castana	6	B1
Castanea delle Furie	26	A2
Castano Primo	5	A2
Casteggio	9	B1
Castela Tresino	6	C1
Castelbaldo	6	C3
Castel Baronia	18	C3
Castelbelforte	6	A3-B3
Castelbellino	13	C1
Castel Bolognese	10	C2-D2
Castelbottaccio	18	B1
Castel Campagnano	18	B3
Castelchiodato	15	B3
Castelcivita	20	D2
Castel Coira (Churburg)	2	B2
Castelcovati	5	C2-D2
Castel Dante	6	B1
Castel d'Azzano	6	A3
Casteldelci	13	A1
Casteldelfino	8	A2
Castel del Giudice	18	A1
Castel dell' Alpi	10	B3
Castel del Monte	16	A3
Castel del Piano	12	B3
Castel del Piano	13	A3
Castel del Rio	10	C3
Castel di Decima	17	A2
Castel di Lama	13	D3
Castel di Leri	17	D1
Castel di Sangro	18	A1
Castel di Sasso	18	A3-B3
Castel di Serranova	22	A1
Castel di Tora	15	C3
Castelfalfi	12	B2
Castelferretti	13	C1
Castelferro	9	A2
Castelfidardo	13	D1
Castelfiorentino	12	B1
Castelforte	17	D3
Castelfranco di Sopra	12	D1
Castelfranco di Sotto	12	B1
Castelfranco Emilia	10	B2
Castelfranco in Miscano	18	C3
Castelfranco Veneto	6	C2
Castel Frentano	16	B3
Castel Gandolfo	17	B2
Castel Georgio	15	A2
Castel Ginnetti	17	B2
Castel Giuliano	15	A3
Castel Goffredo	6	A3
Castelgomberto	6	B2
Castelgrande (Toppo)	20	D1
Castel Guelfo di Bologna	10	C2
Castelguglielmo	6	C3
Castelguidone	18	B1
Castella (Le)	23	D3
Castella (Le)	17	B2
Castellabate	20	C2
Castellace	26	A2-B2
Castellafiume	15	D3
Castell'Alfero	8	D1
Castellammare di Stabia	20	B1
Castellamonte	4	C3
Castellana Grotte	19	D3
Castellaneta	21	C1
Castellanza	5	A2
Castell'Apertole	4	D3
Castellar	8	C3
Castellarano	10	A2
Castellaro	9	A3
Castellaro	10	A3-B3
Castell'Arquato	9	C1
Castell'Azzara	14	D1
Castellazzo Bormida	9	A1
Castelleone	5	C3
Castelleone di Suasa	13	C1
Castelletto Cervo	4	D3
Castelletto di Brenzone	6	A2
Castelletto d'Orba	9	A2
Castelletto Monferrato	9	A1
Castelletto sopra Ticino	5	A2
Castelletto Stura	8	C2
Castelli	16	A2
Castelli Calepio	5	C2
Castellina in Chianti	12	C2
Castellinaldo	8	C2
Castellina Marittima	12	B2
Castellino del Biferno	18	B2
Castellino Nuovo	18	B2
Castelliri	17	D2
Castello	8	A2-B2
Castello (il)	19	A2
Castello (Monte il)	12	D1
Castello d'Agogna	5	A3
Castello d'Argile	10	B1
Castello dell'Acqua	1	D3
Castello di Annone	8	D1
Castello di Brianza	5	B2
Castello di Gavala	4	D2
Castello di Godego	6	C2
Castello Lavazzo	3	A3
Castello Matese	18	B2-B3
Castellone	18	B2
Castellonorato	17	D3
Castello Tesino	2	D3
Castelluccio	6	A3
Castelluccio	13	C3
Castelluccio de'Sauri	18	D3
Castelluccio	21	A3-B3
Castelluccio Valmaggiore	18	C2-D2
Castel Madama	15	C3
Castel Maggiore	10	B2-C2
Castel Malnome	17	A1
Castelmassa	6	B3
Castelmauro	18	B1
Castel Mella	5	D2
Castelmezzano	21	A2-B2
Castel Morrone	18	B3
Castelnovetto	5	A3
Castelnovo di Sotto	10	A1
Castelnovo ne'Monti	10	A2
Castelnuovo	13	A1
Castelnuovo	15	D3
Castelnuovo a Volturno	18	A2
Castelnuovo Berardenga	12	C2-D2
Castelnuovo Bocca d'Adda	5	C3
Castelnuovo Bormida	9	A2
Castelnuovo Cilento	20	D3
Castelnuovo dell'Abate	12	D3
Castelnuovo della Daunia	18	C2
Castelnuovo della Misericordia	12	A3
Castelnuovo d'Elsa	12	B1
Castelnuovo di Conza	20	D1
Castelnuovo di Farfa	15	B3
Castelnuovo di Friuli	3	B3
Castelnuovo di Garda	6	A2
Castelnuovo di Garfagnana	10	A3
Castelnuovo di Porto	15	B3
Castelnuovo di Val di Cecina	12	B3
Castelnuovo Don Bosco	8	C1
Castelnuovo Nigra	4	C3
Castelnuovo Rangone	10	B2
Castelnuovo Scrivia	9	A1
Castelpagano	18	C2
Castelpetroso	18	B2
Castelpizzuto	18	A2-B2
Castelpoggio	9	D3
Castelporziano (Tenuta di)	17	A2
Castelraimondo	13	C2
Castel Rigone	13	A2
Castel Rocchero	8	D2
Castelromano	18	A2
Castelrotto	2	D2
Castel Ruggero	20	D3
Castel San Gimignano	12	B2
Castel San Giorgio	20	B1
Castel San Giovanni	15	C2
Castel San Giovanni	9	B1
Castel San Lorenzo	20	D2
Castel San Pietro	17	B1
Castel San Pietro Terme	10	C2
Castel Sant'Angelo	13	C3
Castel Sant'Ella	15	B3
Castel San Vincenzo	18	A2
Castelsaraceno	21	A3-B3
Castelsilano	23	C2
Castel Todino	15	B2
Castelvecchio	16	A3
Castelvecchio Calvisio	15	D2-D3
Castelvecchio Sebequo	17	D1
Castelvecchio Subequo	16	A3
Castelvenere	18	B3
Castelverde	5	D3
Castelverrino	18	B2
Castelvetere in Val Fortore	18	C2
Castelvetere sul Calore	20	C1
Castelvetro di Modena	10	B2
Castelvetro Piacentino	5	C3-D3
Castel Viscardo	15	A1
Castelvisconti	5	C3
Castel Volturno	18	A3
Castenaso	10	C2
Castenedolo	5	D2
Castiglioncello	12	A2
Castiglione	13	B2
Castiglione	16	A2
Castiglione	22	C3
Castiglione a Casauria	16	A3
Castiglione Chiavarese	9	C3
Castiglione Cosentino	23	B2
Castiglione d'Adda	5	C3
Castiglione dei Pepoli	10	B3
Castiglione del Bosco	12	C3
Castiglione dei Genovesi	20	C1
Castiglione del Lago	13	A3
Castiglione della Valle	13	A3
Castiglione della Pescaia	14	B1
Castiglione delle Stiviere	6	A3
Castiglione di Cervia	11	A2
Castiglione di Garfagnana	10	A3
Castiglione d'Intelvi	5	B1
Castiglione di Ravenna	10	D2
Castiglione d'Orcia	12	D3
Castiglione d'Ossola	4	D1
Castiglione Falletto	8	C2
Castiglione in Teverina	15	A2
Castiglione Messer Marino	18	B1
Castiglione Messer Raimondo	16	A2
Castiglione Olona	5	A2
Castiglione Scalo	23	B2
Castiglione Tinella	8	D2
Castiglion Fibocchi	12	D1-D2
Castiglion Fiorentino	12	D2
Castiglioni	13	C1
Castignano	13	D3
Castino	8	D2
Castione Andevenno	1	D3
Castione della Presolana	5	C1-D1
Castions	3	B3
Castions di Strada	7	B1
Casto	5	D2
Castrese	18	A3
Castrezzato	5	C2-D2
Castri di Lecce	22	C2
Castrignano dei Greci	22	C2
Castrignano del Capo	22	C3
Castro	22	C3
Castrocaro Terme	10	D3
Castrocielo	17	D2
Castro dei Volsci	17	C2-D2
Castro libero	23	B2
Castronno	5	A2
Castronovo	17	C1-D1
Castronuovo di Sant'Andrea	21	B3
Castropignano	18	B2
Castroregio	21	C3
Castrovillari	23	B1
Casumaro	10	B1
Cataeggio	1	D3
Cataforio	26	A2
Catanzaro	23	C3
Catarozzo (Monte)	21	B3
Catena	23	A1-A2
Catignano	16	A3
Catinaccio (Rosengarten)	2	D2-D3
Catona	20	D3
Catona	26	A2
Catria (Monte)	13	B2
Cattolica	11	B3
Caucaso (Monte)	9	B2
Caudina Valle	18	B3
Caulonia	26	C2
Cautano	18	B3
Cavacurta	5	C3
Cavadenti (Poggio)	12	D2
Cava de'Tirreni	20	B1
Cavaglia	4	D3
Cavaglio d'Agogna	4	D2
Cavaion Veronese	6	A2
Cavalese	2	C3
Cavallara	6	A3
Cavallerizzo	23	A2-B2
Cavalleleone	8	C2
Cavallermaggiore	8	C2
Cavallina	10	B3
Cavallino	7	A2
Cavallino	22	B2
Cavallirio	4	D2
Cavallo (Monte)	3	B3
Cavallo (Monte)	13	C3
Cavallo (Monte)	14	C2
Cavallo (Monte)	15	C1

Cavallo (Monte)	18 A2	**Cerignola**	19 A3	Chiaravalle Milanese	5 B3	Cirigliano	21 B2
Cavallotta	8 C2	Cerisano	23 B2	Chiari	5 C2	Cirò	23 D2
Cava Manara	5 B3	Cerlongo	6 A3	Chiaromonte	21 B3	Cisa (Passo della)	9 C2-D2
Cavanella	7 A1	Cermenate	5 B2	Chiassa (La)	12 D2	Cisano sul Neva	8 D3
Cavareno	2 C3	Cermignano	16 A2	Chiauci	18 B2	Cislago	5 A2
Cavaria	5 A2	Cernadoi	2 D2	Chiavano	15 C2	Cisliano	5 A3-B3
Cavarzere	6 D3	Cernobbio	5 B2	Chiavari	9 B3	Cismon di Grappa	6 C1
Cavaso del Tomba	6 C1	Cernusco sul Naviglio	5 B2	**Chiavenna**	1 C3	Cison di Valmarino	6 D1
Cavasso Nuovo	3 B3	Cerqueto	13 A3-B3	Chiavenna Landi	9 D1	Cisterna d'Asti	8 C1
Cava Tigozzi	5 C3	Cerratina	16 A3	Chiaverano	4 C3	Cisterna di Latina	17 B2
Cavazzo (Lago di)	3 C2	Cerredolo	10 A2	Chienes (Kiens)	2 D1	Cisternino	22 A1
Cave	17 B1	Cerreta (Monte della)	15 D3	Chieri	8 C1	Citerna	13 A2
Cave del Predil	3 C2-D2	Cerreto	18 C3	Chiesa in Valmalenco	1 D3	Cittadella	6 C2
Cavedine	6 A1-B1	Cerreto	18 A2	Chiesanuova	22 B3	Cittadella del Capo	23 A1
Ca' Vendramin	6 D3	Cerreto (Monte)	20 B1	Chiesanuova di San Vito	15 D3	Città della Pieve	13 A3
Cavernago	5 C2	Cerreto (Passo del)	9 D2	Chiesina Uzzanese	12 B1	**Città di Castello**	13 A2
Cavezzo	10 B1	Cerreto d'Esi	13 C2	Chiessi	14 A1-A2	**Città del Vaticano**	17 A1
Cavi	9 B3	Cerreto Guidi	12 B1	**Chieti**	16 B3	Cittaducale	15 C2
Cavo	14 A1	Cerreto Laziale	17 B1	Chieuti	18 C1	Cittanova	26 B2
Cavo (Monte)	17 B2	Cerreto Sannita	18 B3	Chignolo d'Isola	5 B2	Cittareale	15 C2
Cavogna (Monte)	13 C3	Cerrina	4 D3	Chignolo Po	5 C3	Città Sant'Angelo	16 A2
Cavoleto	23 C1	Cerrione	4 C3-D3	**Chioggia**	6 D3	Cittiglio	5 A1
Cavour	8 B2	Cerrisi	23 B3	Chiomonte	8 A1	Civè	6 D3
Cavriago	10 A1	Cerro al Volturno	18 A2	Chions	7 A1	Civetta (Monte)	3 A3
Cavriglia	12 C2	Cerrone (Monte)	13 B2	Chirignano	6 D2	Civezzano	2 C3
Ca'Zuliani	7 A3	Cerrosa (Sella)	21 B3	Chisone (Valle del)	8 A1-B1	Civiasco	4 D2
Cazzano	10 C2	Cerro Veronese	6 B2	Chitignano	12 D1	**Cividale del Friuli**	3 C3-D3
Cazzano di Tramigna	6 B2	Cersosimo	21 B3	Chiuduno	5 C2	Cividale di Rivarolo	5 D3
Ceccano	17 C2	Cersuta	21 A3	Chiuppano	6 B1	Cividate al Piano	5 C2
Cecchina	17 B2	**Certaldo**	12 C2	Chiuro	1 D3	Cividate Camuno	5 D1
Cecina	12 A2-B2	Certosa	2 B2	Chiusa (Klausen)	2 C2	Civita	21 B3
Cecita (Lago di)	23 B2-C2	Certosa (La)	26 B1	Chiusa	26 B2	Civitacampomarano	18 B1
Cedegolo	5 D1	Certosa di Pavia	5 B3	Chiusa di Pesio	8 C3	**Civita Castellana**	15 B3
Cedrasco	1 D3	Certosa di Pesio	8 C3	Chiusa di San Michele	8 B1	Civita d'Antino	17 D1
Cefalo (Monte)	17 D3	Certosa di Pisa	12 A1-B1	Chiusaforte	3 C2	Civitaluparella	18 A1
Ceggia	7 A1	Cerva	23 C3	Chiusano di San Domenico	20 C1	Civitanova Alta	13 D2
Ceglie del Campo	19 C3	Cervara di Roma	15 C3	Chiusavecchia	9 A3-B3	Civitanova del Sannio	18 B2
Ceglie Messapico	22 A1	Cerverese Santa Croce	6 C2	Chiusdino	12 C3	**Civitanova Marche**	13 D2
Celano	15 D3	Cervarezza	9 D2	**Chiusi**	13 A3	Civitaquana	16 A3
Celenza sul Trigno	18 B1	Cervaro	18 A2	Chiusi (Lago di)	13 A3	Civitaretenga	16 A3
Celenza Valfortore	4 C2	Cervati (Monte)	20 D2	Chiusi della Verna	12 D1	Civita Superiore	18 B2
Celico	23 B2	Cervellino (Monte)	9 D2	Chiusure	12 D2	**Civitavecchia**	14 D3
Cella	10 A1	Cervere	8 C2	Chivasso	4 C3	Civitella Alfedena	18 A2
Cellamare	19 C3	Cervesina	9 B1	Chorio di San Lorenzo	26 B2	Civitella Casanova	16 A3
Cellara	23 B2	**Cerveteri**	15 A3	Churburg (Castel Coira)	2 B2	Civitella Cesi	15 A3
Cellarengo	8 C1	Cervia	11 A2	Ciago	3 B2	Civitella d'Agliano	15 A2
Celle	8 D1	Cervialto (Monte)	20 C1	Ciagola (Monte)	21 A3	Civitella di Romagna	10 D3
Celle di Bulgheria	20 D3	Cervicati	23 B1	Ciampino	17 B2	Civitella in Val di Chiana	12 D2
Celle di San Vito	18 C3	Cervignano del Friuli	7 B1	Ciano	6 D1	Civitella Marittima	12 C3
Celle Ligure	9 A3	Cervina (Pizzo)	2 C2	Ciano	26 B1	Civitella Messer Raimondo	18 A1
Celleno	15 A2	Cervinara	18 B3	Ciano d'Enza	10 A2	Civitella Paganico	14 C1
Cellere	14 D2	Cervinia	4 C1	Ciardes	2 B2	Civitella Paolo	15 B3
Celle sul Rigo	12 D3	Cervino	18 B3	Cibiana	3 A3	Civitella Roveto	17 C1-D1
Cellino Attanasio	16 A2	Cervino (Monte) (Matterhorn)	4 C1	Cibiana (Forcella)	3 A3	Civitelle (Poggio delle)	15 B1
Cellino San Marco	22 B2	Cervo	9 B3	Cicagna	9 B2	Civitelle (Poggio di)	13 B3
Cellole	18 A3	Cervo (Capo)	9 B3	Cicala	23 C3	Civrari (Monte)	4 B3
Celso	20 C3	Cerzeto	23 B2	Cicciano	20 B1	Cizzago	5 C2
Cembra	2 C3	Cesa	20 A1	Cicerale	20 C2-D2	Clapier (Monte)	8 B3
Cenaia	12 A1-B1	Cesana Torinese	8 A1	Cicerone (Tomba di)	17 D3	Claut	3 B3
Cencenighe Agordino	2 D3	Cesano	13 C1	Cicese	6 D3	Clauzetto	3 B3
Cenerente	13 A2	Cesano	13 D3	Ciciano	12 C3	**Cles**	2 C3
Ceneselli	10 B1	Cesano	17 A1	Ciciliano	15 C3	Cleto	23 B3
Cengello (Monte)	2 B2	Cesano Boscone	5 B2	Cicogna	4 D1	Cliternia Nuova	18 C1
Cengio	8 D3	Cesara	4 D2	Cicognolo	5 D3	Clitunno (Fonti del)	13 B3
Centallo	8 C2	Cesarolo	7 B1	Cigliano	4 C3	Cloz	2 C3
Centaurino (Monte)	20 D3	Cese (Le)	17 C1	Cignone	5 C3	Clusone	5 C1
Centeno	12 D3	Cesen (Monte)	6 C1-D1	Cigole	5 D3	Coazzolo	8 D2
Cento	10 B1	**Cesena**	10 D3	Cilavegna	5 A3	Coca (Pizzo di)	5 C1
Cento Croci (Passo delle)	9 C2	**Cesenatico**	11 A3	Cima	5 B1	Coccaglio	5 C2
Centola	20 D3	Cesi	15 B2	Cimadolmo	6 D1	Coccanile	10 C1
Centrache	23 B3-C3	Cesiomaggiore	3 A3	Cimafava	9 C1	Cocciglia	10 A3
Cepagatti	16 A3	Cesole	6 A3	Cimaferle	8 D2	Coccolia	10 D2
Ceppaloni	18 B3	Cesolo	13 C2	Cimaganda	1 C3	Cocconato	8 C1-D1
Ceppo (Monte)	9 A3	Cessalto	7 A1	Ciminà	26 B2	Coccorino	26 A1
Ceppo Morelli	4 C1-D1	Cessaniti	26 B1	Cimini (Monti)	15 A2	Coccovello (Monte)	21 A3
Ceprano	17 D2	Cetona	12 D3	Cimino (Monte)	15 A2	Cocullo	17 D1
Ceramida	26 A2	Cetona (Monte)	12 D3	Cimiti (Capo)	23 D3	Cocumola	22 C3
Cerano	5 A3	Cetraro	23 A1-A2	Cimitile	20 B1	Cocuzzo (Monte)	20 D2
Cerasa	13 C1	Ceva	8 C3	Cimolais	3 A3-B3	Codevigo	6 D3
Cerasi	26 A2	Cevedale (Monte)	2 B3	Cimon (Monte)	6 B1	Codevilla	8 C3
Cerasia (Monte)	26 B3	Chambave	4 B2	Cimon (Monte)	3 B2	Codigoro	10 D1
Ceraso	20 D3	**Champoluc**	4 C2	Cimone (Monte)	10 A3	Codognè	6 D1
Cerasuolo	18 A2	Champorcher	4 C2	Cimon Rava	2 D3	Codogno	5 C3
Cerbaia	12 C1	Chanavey	4 A2-B2	Cingia de' Botti	5 D3	Codroipo	3 C3
Cercemaggiore	18 B2	Châtillon	4 C2	**Cingoli**	13 C2	Coggiola	4 D2
Cercenasco	8 B1	Cheradi (Isole)	21 D2	Cinigiano	12 C3	Coglians (Monte) (Hohe Warte)	3 B2
Cerchiaia	12 C2	Cherasco	8 C2	Cinisello	5 B2	**Cogne**	4 B2
Cerchiara	23 B1	Chero	9 C1	Cinquale (Marina di Montignoso)	9 D3	Cogno	5 D1
Cerchiara (La)	21 A2	Cherubine	6 B3	Cinquefrondi	26 B2	Cogoleto	9 A3
Cerchiara di Calabria	21 B3	Chialamberto	4 B3	Cinqueterre	9 C3	Cogollo	6 B2
Cercola	20 B1	Chiampo	6 B2	Cinto Euganeo	6 C3	Cogolo	2 B3
Cerea	6 B3	Chiana (Val di)	12 D2-D3	Cinzano	8 C1	Cogorno	9 B3
Ceregnano	6 C3-D3	Chianale	8 A2	Ciorlano	18 A2	Colfiorito	13 C3
Cerella (Monte)	17 B1	Chianche	18 C3	Ciorneva (Monte)	4 B3	Colfosco	6 D1
Cerenzia	23 C2	Chianciano	12 D3	Cipressi	16 A2	Colico	5 B1
Ceres	4 B3	**Chianciano Terme**	12 D3	Circello	18 C3	Collagna	9 D2
Ceresara	6 A3	Chianello (Monte)	20 C2	Circeo (Monte)	17 C3	Collalbo	2 C2
Ceresole Alba	8 C2	Chianni	12 B2	Cireglio	10 B3	Collalto (Hochgall)	3 A1
Ceresole Reale	4 B3	Chianti	12 C2	Cirella	23 A1	Collalto Sabino	15 C3
Cerete Alto	5 C1	Chiaravalle	13 C1	Cirella	26 B2	Collalunga (Cima di)	8 A3-B3
Cerete Basso	5 C1	Chiaravalle Centrale	26 B1	Cirella (Isola di)	23 A1	Collamato	13 C2
Cerfignano	22 C3	Chiaravalle della Colomba	9 C1-D1	Ciriè	4 C3	Collaponi	13 C2
Cergnago	5 A3						

Collarmele	15	D3	Contigliano	15	B2	Corvaro	15	C3-D3
Collazzone	13	B3	Contile	9	C2	Corviale	17	A1
Colle	2	C1	Contrada	20	C1	Corvo (Monte)	15	D2
Colle	3	B3	Controguerra	16	A1-A2	Corzano	5	D2
Colle	13	A3	Controne	20	D2	Cosa	14	C2
Colle	15	D1	Contursi Terme	20	D1-D2	Coseano	3	C3
Colle	15	D2	Conversano	19	D3	**Cosenza**	23	B2
Collebeato	5	D2	Conza della Campania	20	D1	Cosio	5	B1
Colleberardi	17	C2	Conzano	8	D1	Cosoleto	26	B2
Collecchio	9	D1	Copertino	22	B2	Cossano Belbo	8	D2
Collecorvino	16	A3	Copiano	5	B3	Cossato	4	D2
Colledimacine	18	A1	Coppa (Monte)	21	B2	Cossignano	13	D3
Colledimezzo	18	B1	Coppa del Fornaro	19	A1	Costa (Monte de la)	18	A3
Colle di Val d'Elsa	12	C2	Coppa Ferrata (Monte)	18	D1	Costabissara	6	C2
Colleferro	17	C2	Coppari (Monte)	26	B1	Costabona	10	A2
Colle Isarco	2	C1	Coppari	10	C1-D1	Costa Calda	20	C1
Collelongo	17	D1	Coppito	15	D2	Costacciaro	13	B2
Collelungo	15	B2	Coraci	23	B3	Costa di Rovigo	6	C3
Collemeto	22	B2	Corana	9	A1-B1	Costalpino	12	C2
Collepardo	17	C2	Corbara	20	B1	Costalunga	6	B2
Collepasso	22	B3	Corbara (Lago di)	15	A1	Costalunga (Passo di)		
Collepepe	13	B3	Corbetta	5	A3	(Karerpaß)	2	C3-D3
Collepietro	16	A3	Corbola	6	D3	Costano	13	B3
Colleri	9	B1	Corbolone	7	A1	Costanzana	4	D3
Collesalvetti	12	A2	Corcagnano	9	D1	Costa Squadro (Monte)	20	D1
Colle San Magno	17	D2	Corchiano	15	B2	Costa Vescovato	9	A1-B1
Colle Sannio	18	C2	Corciano	13	A2	Costa Viola	26	A2
Colletorto	18	C2	Corcolle	17	B1	Costermano	6	A2
Collevecchio	15	B2-B3	Corcrevà	6	D3	Costigliole d'Asti	8	D2
Colliano	20	D1	Corcumello	15	D3	Costigliole Saluzzo	8	B2
Colli a Volturno	18	A2	Cordenons	3	B3	Cotignola	10	D2
Collicelle	15	C2	Cordovado	7	A1	Cotronei	23	C2
Colli di Fontanelle	20	B2	Coreggia	21	D1	Cottanello	15	B2
Colli di Monte Bove	17	C1	Coreglia Antelminelli	10	A3	Courmayeur	4	A2
Colli Euganei	6	C3	Corelto Particara	21	B2	Covigliaio	10	C3
Collimento	15	D3	Corenliano d'Alba	8	C2	Cozza (Serra)	18	C3
Collina (Passo della)	10	B3	Coreno Ausonio	17	D3	Cozzo	5	A3
Collinello	10	D3	Corfinio	16	A3	Craco	21	B2
Collio	5	D1	**Cori**	17	B2	Cravagliana	4	D2
Colli sul Velino	15	B2	Coriano	11	A3	Cravanzana	8	D2
Collobiano	4	D3	Corigliano	18	A3	Cravegna	1	A3
Colloredo di Monte			Corigliano Calabro	23	C1-B1	Credera-Rubbiano	5	C3
Albano	3	C3	Corigliano d'Otrante	22	C2	**Crema**	5	C3
Colmata (Vasche di)	19	A2	Corigliano Stazione	23	B1	Cremolino	9	A2
Colme (la)	6	A1-A2	Corignola	19	A3	**Cremona**	5	D3
Colobraro	21	B3	**Corinaldo**	13	C1	Cremosano	5	C3
Cologna	6	D3	Corio	4	B3	Crep Nudo	3	A3-B3
Cologna Paese	16	A2	Corleto	18	D3	Crescentino	4	D3
Cologna Veneta	6	B3	Corleto Monforte	20	D2	Crespadoro	6	B2
Cologne	5	C2	Corleto Particara	21	A2	Crespano del Grappa	6	C1
Cologno al Serio	5	C2	Cormons	3	D3	Crespiatica	5	C3
Cologno Monzese	5	B2	Corna	5	D1	Crespina	12	A2-B2
Colognora	10	A3	Cornacchia (Monte)	17	D1	Crespino	6	D3
Colonna (Capo)	23	D3	Cornacchia (Monte)	18	C2	Creti	12	D2
Colonnata	9	D3	Cornacchia (Punta)	20	A1	Crevacuore	4	D2
Colonnetta	15	A1	Cornacchiaia	10	C3	Crevalcore	10	B1
Colorina	5	C1	Cornaiano	2	C2	Crichi	23	C3
Colorno	9	D1	Cornale	9	A1	Cridola (Monte)	3	B2
Colosimi	23	B2	Cornaredo	5	B2	Crispiano	21	D1
Col San Giovanni	4	B3	Cornate (Le)	12	B3	Crispo (Serra di)	21	B3
Colturano	5	B3	Cornate d'Adda	5	B2	Crissolo	8	B2
Comabbio	5	A2	Cornedo Vicentino	6	B2	Crista d'Acri (Serra)	23	B1
Comacchio	10	D1	Cornetto	6	B1	Cristallo (Monte)	3	A2
Comazzo	5	B3	Corniglia	9	C3	Croca (Serra)	21	B2
Comeana	12	B1	Corniglio	9	D2	Croccia (Monte la)	21	B2
Comeglians	3	B2	Corniolo	10	D3	Crocco (Monte)	26	B1
Comerconi	26	A1-B1	Corno alle Scale	10	B3	Croce (Picco della)	2	C1-D1
Comerio	5	A2	Corno (Sella di)	15	C2	Croce dei Segni	9	C1
Comero (Monte)	12	D1	Corno (Monte)	15	D2	Croce del Bosco (Monte)	6	B2
Comina (La)	3	B3	Corno (Monte)	15	C2	Croce dello Scrivano	21	A2
Comino	16	B3	Corno Giovine	5	C3	Croce d'Intror (Colle)	4	B3
Commessaggio	10	A1	Cornour (Punta)	8	A1-B1	Croce Domini (Passo di)	5	D1
Como	5	B2	Cornuda	6	C1-D1	Croce Ferrata (Passo)	26	B1
Como (Lago di)	5	B1	Corpolò	11	A3	Crocefieschi	9	B2
Comunanza	13	D3	Corpo Reno	10	B1	Crocemaroggia	15	B1-B2
Comunelli (Monte)	23	B3	Correggio	10	A1	Croce Moschitto	17	C2
Comunitore (Monte)	13	D3	Correzzola	6	D3	Crocetta	6	C3
Cona	6	D3	Corridonia	13	D2	Crocetta	8	C1
Conca	6	B1	Corsano	22	C3	Crocetta	10	C2
Conca Casale	18	A2	Corsico	5	B3	Croce Valanidi	26	A3
Concerviano	15	C3	Cortale	23	C3	Croci (Le)	12	C3
Conco	6	C1	Cortanze	8	C1	Croci di Acerno (Le)	20	C1
Concordia Sagittaria	7	A1	Cortazzone	8	C1-D1	Croci di Calenzano	10	B3
Concordia sul'Secchia	10	B1	Corte	4	D2	Croda Alda (Hohe		
Concorezzo	5	B2	Corte (Monte della)	17	D1	Wandspitze)	2	C1-D1
Condino	6	A1	Corte Centrale	10	D1	Crode di Longerin		
Condofuri	26	A3-B3	Corte de'Cortesi	5	D3	(Monte)	3	B2
Condoianni	26	B2	Corte de'Frati	5	D3	Crodo	4	D1
Condove	8	B1	Cortellazzo	7	A2	Cropalati	23	C1
Conegliano	6	D1	Cortemaggiore	9	C1-D1	Cropani	21	B3
Confienza	5	A3	Cortemilia	8	D2	Cropani	23	C3
Configni	15	B2	Cortenedolo	2	A3	Crosetta (La)	3	A3
Conflenti Inferiore	23	B3	Corteno Golgi	2	A3	Crosia	23	C1
Conflenti Superiore	23	B3	Cortenova	5	B1	Crostis (Monte)	3	B2
Coniolo	5	C3-D3	Corteolona	5	B3	**Crotone**	23	D3
Consandolo	10	C1	Cortile	10	B1	Crova	4	D3
Conselice	10	C2	**Cortina d'Ampezzo**	3	A2	Crozzon di Lares	2	B3
Conselve	6	C3-D3	Cortine	12	C2	Crucoli	23	D2
Consuma	12	C1-D1	Cortino	15	D3	Cuccaro Vetere	20	D3
Consuma (Passo della)	12	D1	**Cortona**	13	A2	Cucco (Monte)	12	D3
Contane (Le)	10	D1	Corvara	16	A3	Cucco (Monte)	13	B2
Contarina	6	D3	Corvara in Badia	2	D2	Cucco (Monte)	21	C1
Contento (Monte)	17	C1	Corvara in Passiria			Cuggiono	5	A2
Contessa (Monte)	23	B2-B3	(Rabenstein)	2	C1	Cugnoli	16	A3

ITALIA — 361

Cuma	20	A1	Dandini	17	C2
Cumia	26	A2	Daone	6	A1
Cumiana	8	B1	Darfo	5	D1
Cuneo	8	B3	Darola	4	D3
Cuorgné	4	C3	Darzo	6	A1
Cupa	18	A3	Dasá	26	B2
Cupello	18	B1	Davoli	26	C1
Cupra Marittima	16	A1	Decima	10	B1
Cupramontana	13	C2	Decollatura	23	B3
Cura	15	A3	Decorata	18	C2
Curiglia	5	A1	Dego	8	D2
Curinga	23	B3	Deiva Marina	9	C3
Curino	4	D2	Delebio	5	B1
Curón Venosta (Graun)	2	B2	Delianuova	26	B2
Cursi	22	C2	Deliceto	18	D3
Curtarolo	6	C2	Dello	5	D3
Curtatone	6	A3	Demonte	8	B3
Curticelle	20	C1	Denice	8	D2
Cusago	5	B3	Denno	2	C3
Cusano Mutri	18	B3	Dent d'Hérens	4	B1
Cusciano	15	D2	Dentrovalle (Cima)	2	B2
Cusercoli	10	D3	Depressa	22	C3
Cusinati	6	C2	Dernice	9	B1
Cusio	5	C1	Deruta	13	B3
Cusna (Monte)	10	A3	Dervio	5	B1
Cutigliano	10	A3-B3	Desana	4	D3
Cutro	23	D3	Dese	6	D2
Cutrofiano	22	B2	Desenzano del Garda	6	A2
Cuzzago	4	D1	Desio	5	B2
			Destra	23	C1
D			Deta (Pizzo)	17	C1
			Dezzo	5	D1
			Diaccetto	12	C1
			Diamante	23	A1
			Diano (Vallo di)	21	A2-A3
			Diano Castello	9	B3
			Diano d'Alba	8	C2
			Diano Marina	9	B3
			Diavolo (Passo del)	17	D1
			Diavolo (Pizzo del)	5	C1
			Dicomano	10	C3
			Dieci (Cima)	2	D2
			Diecimo	10	A3
			Diei (Pizzo)	1	A3
			Difesa (La)	20	D1
			Dignano	3	C3
			Dimaro	2	B3
			Dinami	26	B1
			Dino	21	A3
			Dino (Isola di)	23	A1
			Dipignano	23	B2
			Disgrazia (Monte)	1	D3
			Diso	22	C3
			Dobbiaco (Toblach)	3	A2
			Dobbiaco (Lago di)	3	A2
			Doganella	17	B2
			Dogliani	8	C2
			Doglio	13	A3-B3
			Dogliola	18	B1
			Dogna	3	D2
			Dolce	6	A2
			Dolceacqua	9	A3
			Dolcedo	9	A3
			Dolcedorme (Serra)	21	B3
			Dolegna del Collio	3	C3-D3
			Dolent (Mont)	4	A1-B1
			Dolo	6	D2
			Dolomiti	2	D2-D3
			Dolzago	5	B2
			Domanico	23	B2
			Domaso	5	B1

Name	Page	Grid
Domicella	20	B1
Domodossola	4	D1
Donato	4	C2
Dongo	5	B1
Donoratico	12	A3-B3
Donzella	6	D3
Donzella (Isola della)	11	A1
Doria	23	B1
Dorio	5	B1
Dorno	5	A3
Dorzano	4	D3
Dosolo	10	A1
Dosso	5	D1
Dossobuono	6	A3-B3
Doues	4	B2
Dovadola	10	A3
Dovera	5	C3
Dozza	10	C2
Dragone (Colle del)	21	B3
Dragoni	18	B3
Drapia	26	A1
Dreiherrnspitze (Pizzo dei Tre Signori)	3	A1
Drei Zinnen (Tre Cime di Lavaredo)	3	A2
Drena	6	A1
Drenchia	3	D3
Dro	6	A1
Dronero	8	B2
Drosi	26	B2
Druento	8	C1
Druogno	4	D1
Dubino	5	B1
Dudda	12	C1
Dueville	6	C2
Dufour (Punta)	4	C1
Dugenta	18	B3
Duino	7	C1
Dumenza	5	A1
Duran (Passo)	3	A3
Durazzano	18	B3
Duronia	18	B2

E

Name	Page	Grid
Eau Rousse	4	B2
Eboli	20	C2
Ebro (Monte)	9	B2
Echar (Cima)	6	C1
Edolo	2	A3
Ega (Val d') (Eggental)	2	C2-C3
Eggental (Ega) (Val d')	2	C2-C3
Egna	2	C3
Egnazia	19	D3
Eianina	21	B3
Elba (Isola d')	14	A2
Elice	16	A2
Elio (Monte d')	18	D1
Elmo	14	D1
Elmo (Monte) (Helm)	3	A2
Elmo (Monte)	14	D1
Emilius (Monte)	4	B2
Empoli	12	B1
Endine	5	C2
Endine (Lago di)	5	C2
Enego	6	C1
Enfola (Capo d')	14	A1
Entracque	8	B3
Entrèves	4	A2
Envie	8	B2
Eores	2	D2
Epinel	4	B2
Episcopia	21	B3
Episcopio	20	B1
Epomeo (Monte)	20	A1
Equi Terme	9	D3
Era	1	C3
Eraclea	7	A2
Eranova	26	A1
Erba	5	B2
Erbano (Monte)	18	B3
Erbè	6	B3
Erbezzo	6	B2
Erbusco	5	C2
Erchie	20	B2
Ercolano	20	B1
Eredito	20	C2
Eremo Sant'Antonio	18	A1
Erli	8	D3
Ernici (Monte)	17	C1-C2
Erto	3	A3
Ervé	5	B2
Esanatoglia	13	C2
Esine	5	D1
Esino	5	B1
Este	6	C3
Étroubles	4	B2
Euganei (Colli)	6	C3
Exilles	8	A1
Extrepieraz	4	C2

F

Name	Page	Grid
Fabbrica Curone	9	B1
Fabbriche di Vallico	10	A3
Fabbrico	10	A1
Fabriano	13	B2
Fabrizia	26	B1
Fabro	13	A3
Fadalto	3	A3
Fadalto (Sella di)	3	A3
Faè	3	A3
Faedis	3	C3
Faedo (Monte)	6	B2
Faenza	10	D2
Faete (Monte)	14	C1
Faeto	18	C3
Fagagna	3	C3
Faggiano	18	B3
Faggiano	22	A2
Faggiola (Monte)	10	C3
Fagnano Alto	15	D3
Fagnano Castello	23	A1
Fagnano Olona	5	A2
Fagosa (La)	21	B3
Faiano	20	C1-C2
Faicchio	18	B3
Faito (Monte)	20	B1
Falasca (Punta)	18	A2
Falcade	2	D3
Falciano Selice	18	A3
Falcioni	13	C2
Falconara (la)	21	B3
Falconara (la)	18	A2
Falconara Albanese	23	B2
Falconara Marittima	13	C1-D1
Faleria	15	B3
Falerii Novi	15	B3
Falerna	23	B3
Fallascoso	18	A1
Falmenta	5	A1
Falterona (Monte)	10	C3
Falvaterra	17	D2
Falzarego (Passo di)	2	D2
Fana (Bocchetta di)	3	A1
Fanano	10	B3
Fano	11	B3
Fantino	23	C2
Fanzolo	6	C1-D1
Fara Filiorum Petri	16	B3
Fara Gera d'Adda	5	C2
Faraglioni (Isola)	20	B2
Fara in Sabina	15	B3
Fara Novarese	4	D2
Fara San Martino	18	A1
Fara Vicentino	6	C1
Fardella	21	B3
Farfa	15	B3
Farigliano	8	C2
Farindola	16	A3
Farini d'Olmo	9	C1
Farnese	14	D2
Farnesiana (la)	14	D3
Farneta	12	D2
Farneto	10	C2
Faro Superiore	26	A2
Farra d'Alpago	3	A3
Farr di Soligo	6	D1
Fasana	23	D2
Fasana Polesine	6	D3
Fasani	18	A3
Fasano	21	D1
Fassa (Val di)	2	D2-D3
Fassinoro	15	C2
Fate (Monte delle)	17	C3
Fauglia	12	A2
Faule	8	B2
Favale di Malvaro	9	B2
Favalto (Monte)	13	A2
Favaro Veneto	6	D2
Favria	4	C3
Fedaia (Lago di)	2	D2
Feglino	8	D3
Feisoglio	8	D2
Feletto	3	C3
Feletto	4	C3
Feligno	13	B3
Felina	10	A2
Felino	9	D1
Felisio	10	D2
Felitto	20	D2
Felizzano	8	D1
Felline	22	B3
Fellino (Monte)	20	B1
Felonica	10	B1
Feltre	6	C1
Fema (Monte)	13	C2
Femminamorta (Monte)	23	C2
Fener	6	C1
Fenestrelle	8	A1-B1
Fenis	4	B3
Ferdinandea	26	B1-C1
Ferentillo	15	C2
Ferentino	17	C2
Ferentium	15	A2
Fermignano	13	B1
Fermo	13	D2
Ferno	5	A2
Feroleto Antico	23	B3
Feroleto della Chiesa	26	B1
Ferrandina	21	B2
Ferrania	8	D3
Ferrara	10	C1
Ferrara di Monte Baldo	6	A2
Ferrazzano	18	B2
Ferrera	4	D1-D2
Ferrera Erbognone	5	A3
Ferret (Val)	4	A2-B1
Ferretto	13	A2
Ferriere	9	C2
Ferruzzano	26	B3
Fetovaia (Punta di)	14	A2
Fiamenga	13	B3
Fiamignano	15	C3
Fiano	4	B3
Fiano	12	A1
Fiano	12	C1
Fiano Romano	15	B3
Fiastra	13	C3
Fiastra	15	C1
Fiavè	6	A1
Ficarolo	10	C1
Ficulle	13	A3
Fidenza	9	D1
Fiè alle Sciliar	2	C2
Fiegni (Monte)	13	C2
Fiemme (Val di)	2	C3-D3
Fiera di Primiero	2	D3
Fiesco	5	C3
Fiesole	12	C1
Fiesso Umbertiano	10	C1
Figline	10	B3
Figline Valdarno	12	C1
Filacciano	15	B3
Filadelfia	23	B3
Filandari	26	B1
Filettino	17	C1
Filetto	13	C1
Filetto	16	B3
Filiano	21	A1
Filignano	18	A2
Filippa	23	C3
Filo	10	D2
Filogaso	26	B1
Filottrano	13	C1-C2
Finale di Rero	10	D1
Finale Emilia	10	B1
Finale Ligure	8	D3
Fine (Monte la)	10	C3
Finero	5	A1
Finese (Monte)	21	C2
Finestra di Champorcher	4	B2
Finestre (Colle di)	8	A1
Finocchito	20	C2
Fino Mornasco	5	B2
Fionchi (Monte)	15	B2
Fior (Monte)	6	B1
Fiorano Modenese	10	A2-B2
Fiore	13	B3
Fiorenzuola d'Arda	9	C1
Fiorenzuola di Focara	11	B3
Fiori (Montagna dei)	13	D3
Fiorino	9	A2
Fiorito (Monte)	9	C3
Firenze	12	C1
Firenzuola	10	C3
Firmo	23	B1
Fisciano	20	C1
Fitili	26	A1-B1
Fiuggi	17	C1
Fiugni	15	C2
Fiumalbo	10	A3
Fiumana	10	D3
Fiumane	10	C3
Fiumarella	21	A1
Fiumata	15	C3
Fiume	15	C1
Fiumefreddo Bruzio	23	A2-B2
Fiumenero	5	C1
Fiume Nicà (Punta)	23	D1
Fiumetto	9	D3
Fiume Veneto	7	A1
Fiumicino	17	A2
Fiuminata	13	C2
Fivizzano	9	D3
Flaminia (Via)	13	C1
Flumeri	18	C3
Fluno	10	C2
Fobello	4	D1
Focà	26	C2
Foce	15	B2
Foce (La)	9	C3
Foce di Radici	10	A3
Foce il Cuccu	9	D3
Focette (le)	9	D3
Foggia	18	D2
Foglianise	18	B3
Fogliano	10	A2
Fogliano (Lago di)	17	B3
Fogliano Redipuglia	7	C1
Fognano	10	B3
Fognano	10	C3-D3
Foiano della Chiana	12	D2
Foiano di Val Fortore	18	C2-C3
Foi di Picerno (Monte li)	21	A1
Folgaria	6	B1
Foligno	15	B1
Folimpopoli	10	D3
Follo	9	C3
Follonica	12	B3
Fombio	5	C3
Fondi	17	D3
Fondi (Lago di)	17	C3
Fondo	2	C3
Fondola	18	A3
Fondo Toce	4	D1
Fontainemore	4	C2
Fontana	20	A1
Fontana di Papa	17	B2
Fontanafratta	17	D2
Fontanafredda	7	A1
Fontana Liri	17	D2
Fontanarosa	18	C3
Fontanefredde (Kaltenbrunn)	2	C3
Fontanelice	10	C2
Fontanella	5	C2
Fontanella	12	B1
Fontanellato	9	D1
Fontanelle	6	D1
Fontanelle	16	A2
Fontanellette	7	A1
Fontaneto Po	4	D3
Fontaniva	6	C2
Fontarello	15	C3
Fonte	6	C1
Fonte Blanda	14	C2
Fontecchio	15	D3
Fontechiari	17	D2
Fonte Colombo (Convento)	15	D3
Fontegreca	18	A2
Fonterutoli	12	C2
Fontespina	13	D2
Fontevivo	9	D1
Fonti (Cima)	6	C1
Fonti del Clitunno	13	B3
Fonzaso	6	C1
Foppolo	5	C1
Forani	8	B3
Forano	15	B3
Forca Canapine	15	C1
Forca d'Ancarano	15	C1
Forcella	17	D2
Forcella (La)	9	B2
Forcella (Monte)	21	A3
Forenza	21	A1
Foresta	23	C2-C3
Foresto Sparso	5	C2
Forgaria	3	C3
Foria	20	D3
Forino	20	C1
Forio	20	A1
Forlì	10	D3
Forlì del Sannio	18	A2
Formazza	1	A3
Forme	15	D3
Formello	15	B3
Formia	17	D3
Formicola	18	A3
Formigara	5	C3
Formigine	10	A2-B2
Formigliana	4	D3
Formignana	10	C1-D1
Formole	13	A1
Forna (Le)	17	A3
Fornace	12	D3
Fornacette	12	A1-B1
Fornaci di Barga	10	A3
Forni Avoltri	3	B2
Forni di Sopra	3	B2
Forni di Sotto	3	B2
Forno	2	D3
Forno	8	B1
Forno	9	D3
Forno Alpi Graie	4	B3
Forno Canavese	4	C3
Forno (Pizzo del)	1	A3
Fornoli	10	A3
Fornovo di Taro	9	D1
Forte Buso (Lago di)	2	D3
Forte dei Marmi	9	D3
Forzo	4	B3
Fosdinovo	9	D3
Fossa	10	B1
Fossa	15	D3
Fossa (La)	17	B2
Fossacesia	16	B3
Fossa dell'Abate	12	A1
Fossalta di Piave	7	A2
Fossalta di Portogruaro	7	A1-B1

Fossalta Maggiore	7	A1
Fossalto	18	B2
Fossano	8	C2
Fossanova (Abbazia di)	17	C2
Fossanova San Marco	10	C1
Fossatillo	15	C2-D2
Fossato di Vico	13	B2
Fossato Jonico	26	A3
Fossato Serralta	23	C3
Fosse	6	A2-B2
Fossò	6	D2
Fosso del Lupo (Passo)	23	B3
Fossoli	10	B1
Fossombrone	13	B1
Foza	6	C1
Frabosa Soprana	8	C3
Fragagnano	22	A2
Fragneto Monforte	18	C3
Fraine	18	B1
Francavilla al Mare	16	B3
Francavilla Angitola	23	B3
Francavilla Fontana	22	A1
Francavilla in Sinni	21	B3
Francavilla Marittima	23	B1
Francenigo	7	A1
Francica	26	B1
Francolise	18	A3
Frascarolo	9	A1
Frascati	17	B1
Frascineto	21	B3
Frassinara	9	D1
Frassine	12	B3
Frassinelle Polesine	6	C3
Frassinello Monferrato	8	D1
Frassineta	10	C3
Frassineto Po	5	A3
Frassino	8	B2
Frassinoro	10	A3
Frasso Sabino	15	C3
Frasso Telesino	18	B3
Frate della Meia	4	C2
Frati (Monte dei)	13	A1
Fratta	10	D3
Frattamaggiore	20	B1
Fratta Polesine	6	C3
Fratta Todina	13	A3-B3
Fratte (le)	20	D2
Fratte Rosa	13	B1
Freddo (Monte)	18	C2
Fregene	17	A1
Fregona	6	D1
Fresagrandinaria	18	B2
Fresciano	13	A1
Frigento	18	C3
Frignano	18	A3
Frigole	22	B2
Frisa	16	B3
Front	4	C3
Frontale	2	A3
Frontale	13	C2
Fronti	23	B3
Frontino	13	A1
Frontone	13	B1
Frosinone	17	C2
Frosolone	18	B2
Frossasco	8	B1
Frua (La)	1	A3
Frugarolo	9	A1
Fuine	8	D1
Fucine	2	B3
Fucino (Piana del)	17	D1
Fuga (Monte)	17	D2
Fugazze (Piano delle)	6	B2
Fuipiano Imagna	5	C1
Fumaiolo (Monte)	13	A1
Fumo (Rauchkofl)	2	D1
Fundres	2	D1
Funes (Val di)	2	D2
Furci	18	B1
Furlo (Gola del)	13	B1
Fuscaldo	23	A2-B2
Fuscaldo (Monte)	23	C2
Fusignano	10	D2
Fusina	6	D2
Fusine in Valromana	3	D2
Fusino	2	A3
Futa (Passo della)	10	B3
Futani	20	D2

G

Gabbioneta Binanuova	5	D3
Gabbra (Poggio a)	12	B2
Gabbro	12	A2
Gabella Grande	23	D2
Gabetti	8	C2
Gabiano	4	D3
Gabicce Mare	11	B3
Gaby	4	C2
Gada (Monte)	21	A3
Gadertal (Badia Val)	2	D2
Gaeta	17	D3

Gaeta (Golfo di)	17	D3
Gaggiano	5	B3
Gaggio	10	B2
Gaggio Montano	10	B3
Gagliano	23	C3
Gagliano Aterno	16	A3
Gagliano del Capo	22	C3
Gagliole	13	C2
Gaiano	20	C1
Gaiarine	7	A1
Gaiba	10	C1
Gaibana	10	C1
Gaifana	13	B2
Gaiola	8	B3
Gaiole in Chianti	12	C2
Gais	2	D1
Galaino	21	A2
Galati	26	B3
Galatina	22	B2
Galatone	22	B2
Galatro	26	B1
Galciana	12	B1
Galdo	20	D2
Galeata	10	D3
Galeazza	10	B1
Galera Puntone	26	B2
Galeria	15	A3-B3
Gallarate	5	A2
Galleggione (Pizzo)	1	C3
Galleno	12	B1
Gallese	15	B2
Galliate	5	A3
Gallicano	10	A3
Gallicano nel Lazio	17	B1
Gallicchio	21	B2
Gallico	26	A2
Galliera	10	C1
Galliera Veneta	6	C2
Gallignano	5	C3
Gallina	26	A2
Gallina (Punta della)	2	B1
Gallinaro	17	D2
Gallio	6	C1
Gallipoli	22	B3
Gallo	10	C1
Gallo	13	B1
Gallo	18	A2
Galluccio	18	A3
Galluzzo	12	C1
Galugnano	22	B2
Galzignano Terme	6	C3
Gamalero	9	A1
Gambara	5	D3
Gambarana	9	A1
Gambarie	26	A2
Gambaro	9	C2
Gambassi Terme	12	B2
Gambatesa	18	C2
Gambellara	6	B2
Gamberale	18	A1
Gambolò	5	A3
Gambulaga	10	C1
Ganda di Martello	2	B2
Gandino	5	C2
Ganna	5	A1
Gannano (Lago di)	21	B2
Ganzirri	26	A2
Garadassi	9	B1
Garagusa	21	B2
Garbagna	9	A1-B1
Garbagna Novara	5	A3
Garbagnate	5	B2
Garbana	5	A3
Garda	2	A3
Garda	6	A2
Garda (Lago di)	6	A2
Gardena (Val) (Grödner Tal)	2	D2
Gardena (Passo di)	2	D2
Gardolo	2	C3
Gardone Riviera	6	A2
Gardone Val Trompia	5	D2
Gares	2	D3
Garessio	8	C3-D3
Gargano (Promontorio del)	19	A1
Gargazzone	2	C2
Gargnano	6	A2
Gariglione (Monte)	23	C2
Garlasco	5	A3
Garolda	6	B3
Garzeno	5	B1
Garzirola (Monte)	5	B1
Gasperina	23	C3
Gassino Torinese	4	C3
Gattaia	10	C3
Gatteo	11	A3
Gatteo a Mare	11	A3
Gattico	5	A2
Gattinara	4	D2
Gattorna	9	B2
Gavardo	5	D2
Gavello	6	D3
Gavi	9	A2

Gavi (Isola di)	17	A3
Gavia (Passo di)	2	A3-B3
Gavignano	17	C2
Gavinana	10	B3
Gavirate	5	A2
Gavorrano	12	B3
Gazoldo degli Ippoliti	6	A3
Gazza (Monte)	2	C3
Gazzaniga	5	C2
Gazzano	10	A3
Gazzaro (Monte)	10	C3
Gazzo	6	C2
Gazzuolo	6	A3
Gemelli (Monte)	10	C3
Gemini	22	B3
Gemona di Friuli	3	C3
Genazzano	17	C1
Generoso (Monte)	5	B1
Genivolta	5	C3
Genna Bassa	3	A3
Genola	8	C2
Genova	9	A2-B2
Gentile (Col)	3	B2
Genzana (Monte)	17	D1
Genzano di Lucania	21	B1
Genzano di Roma	17	B2
Gerace	26	B1
Gerano	17	C1
Gerenzano	5	A2
Germagnano	4	B3
Germano	23	C2
Gerocarne	26	B1
Gerola Alta	5	C1
Gerosa	5	C1
Gessate	5	B2
Gessopalena	18	A1
Gesualdo	18	C3
Gesuiti	23	B2
Ghedi	5	D3
Ghemme	4	D2
Ghibullo	10	D2
Ghiffa	5	A1
Ghigo	8	A1-B1
Ghinivert (Bric)	8	A1
Ghisalba	5	C2
Ghislarengo	4	D2
Giampilieri Marina	26	A3
Giannutri (Isola di)	14	C3
Giano (Monte)	15	C2
Giardinetto	18	D3
Giarole	9	A1
Giaveno	8	B1
Giavino (Monte)	4	C3
Giazza	6	B2
Giffone	26	B1
Giffoni Valle Piana	20	C1
Giglio (Isola del)	14	B2-B3
Giglio Porto	14	B2
Gignese	4	D1
Gignod	4	B2
Gildone	18	B2
Gimigliano	23	C3
Ginestra	19	A3
Ginestra degli Schiavoni	18	C3
Ginestra Fiorentina	12	C1
Ginezzo (Monte)	13	A2
Ginosa	21	C1
Giogo di Toirano	8	D3
Gioi	20	D2
Gioia (Golfo di)	26	A1
Gioia del Colle	21	C1-D1
Gioia dei Marsi	17	D1
Gioia Sannitica	18	B3
Gioia Tauro	26	A2
Gioiella	13	A2
Gioiosa Jonica	26	B2
Giove	15	B2
Giove (Monte)	1	A3
Giovetti (Colle dei)	8	D3
Giovi (Monte)	12	C1
Giovinazzo	19	C3
Giovo (Monte)	10	A3
Girardi Bellavista	15	B3
Girifalco	23	A3
Gissi	18	B1
Gisuole	8	D2
Giuggianello	22	C2
Giugliano in Campania	20	A1
Giulano di Lecce	22	C3
Giulianello	17	C2
Giuliano	21	A1
Giuliano di Roma	17	C2
Giulianova	16	A2
Giumenta (Serra la)	21	A2
Giuncarico	12	C3
Giuncugnano	9	D3
Giungano	20	C2
Giurdignano	22	C2
Giussago	5	B3
Giussano	5	B2
Giustiniana (la)	15	B3
Gizzeria	23	B3
Glacier (Monte)	4	B2

Gleris	7	A1
Glorenza (Glurns)	2	B2
Glorie	10	D2
Glurns (Glorenza)	2	B2
Glüschaint (Piz)	1	D3
Gnocca	10	D1
Gnocchetta	11	A1
Godega di Urbano	6	D1
Godi (Monte)	17	D1
Godo	10	D2
Goito	6	A3
Golasecca	5	A2
Golfo di Genova	9	A3-B3
Gomago	2	A2
Gombito	5	C3
Gombo	12	A1
Gonars	7	B1
Gonzaga	10	A1
Gordona	1	C3
Gorfigliano	9	D3
Gorga	17	C2
Gorga	20	D2
Gorgiti	12	D1
Gorgoglione	21	B2
Gorgona (Isola di)	12	A2-A3
Gorgonzola	5	B2
Goriano	16	A3
Goriano Sicoli	17	D1
Goriano Valli	15	D3
Gorino Ferrara	10	D1
Gorizia	3	D3
Gorla Maggiore	5	A2
Goro	10	D1
Gorreto	9	B2
Gorzano (Monte)	15	D2
Gosaldo	2	D3
Gossolengo	9	C1
Gottero (Monte)	9	C2
Gottolengo	5	D3
Governolo	6	B3
Govone	8	C2-D2
Gozzano	4	D2
Gracciano	12	D3
Gradara	11	B3
Gradisca d'Isonzo	7	C1
Grado	7	B1
Gradoli	14	D2
Graffignana	5	B3
Graffignano	15	A2
Graglia	4	C2
Gragnano	20	B1
Gragnano Trebbiense	9	C1
Grammatica	9	D2
Granaglione	10	B3
Granarolo dell'Emilia	10	C2
Grand Assaly	4	A2
Grande (Val)	4	B3
Grande (Isola)	22	B2
Grande (Monte)	17	D3
Grand Saint Bernard (Col du)	4	B2
Granero (Monte)	8	A2-B2
Granozzo con Monticello	5	A3
Gran Paradiso	4	B2
Gran Pilastro (Hochfeller)	2	D1
Gran Sasso d'Italia	15	D2
Grantola	5	A1
Grantorto	6	C2
Granze	6	C3
Grappa (Monte)	6	C1
Grassano	21	B1
Grassina	12	C1
Gratacasolo	5	D1
Graun (Curon Venosta)	2	B2
Gravedona	1	C3
Graveglia	9	B2
Gravellona Lomellina	5	A3
Gravellona Toce	4	D1
Gravina in Puglia	21	B1
Grazie (Monte le)	15	A3
Grazzanise	18	A3
Grazzano Visconti	9	C1
Greccio	15	B2
Greci	18	C3
Greco (Monte)	18	A1
Greggio	4	D3
Grello	13	B2
Gremiasco	9	B1
Gressoney (Val di)	4	C2
Gressoney-la-Trinité	4	C2
Gressoney-Saint-Jean	4	C2
Greve in Chianti	12	C1
Grezzana	6	B2
Grezzana	10	C3
Griespaß	1	A3
Grignano	7	C1
Grignano	18	C1
Grignasco	4	D2
Grigno	2	C3
Grilli	12	C3
Grimacco	3	D3
Grimaldi	23	B2
Grisignano di Zocco	6	C2

ITALIA — 363

Name	Col1	Col2
Grisolia	23	A1
Grizzana	10	B3
Grödner Tal (Val Gardena)	2	D2
Grognardo	8	D2
Gromo	5	C1
Gromola	20	C2
Gromo San Marino	5	C1
Gronda	9	D3
Grondola	9	C2
Grondona	9	B2
Gronlait (Monte)	2	C3
Grontardo	5	D3
Gropello Cairoli	5	A3-B3
Groppa d'Anzi (Monte)	21	A2
Gropparello	9	C1
Groppizioso	9	D2
Groppo San Giovanni	9	C2
Groscavallo	4	B3
Grosio	2	A3
Grosotto	2	A3
Grosseto	14	C1
Grosso (Monte)	21	A1
Grotta Azzurra	20	A2
Grotta d'Adda	5	C3
Grotta del Cavallone	18	A1
Grottaferrata	17	B2
Grotta Gigante	7	C1
Grottaglie	22	A1
Grottaminarda	18	C3
Grottammare	16	A1
Grotta Zinzuluza	22	C3
Grottazzolina	13	D2
Grotte di Castro	14	D1
Grotteria	26	B2
Grotte Santo Stefano	15	A2
Grotti	12	C2
Grotti	15	C2
Grotti	15	C3
Grottola	18	A3
Grottole	21	B1
Grottolella	18	C3
Gruf (Monte)	1	C3
Grugliasco	8	C1
Grumello Cremonese	5	C3
Grumello del Monte	5	C2
Grumento Nova	21	A2
Grumes	2	C3
Grumo Nevano	20	A1-B1
Grumo Appula	19	C3
Gruppo (Monte)	2	D1
Guadagnolo	17	B1
Guado San Leonardo	18	A1
Guagnano	22	B2
Guaitarola (Monte)	9	C3
Gualdo	10	D3
Gualdo Cattaneo	13	B3
Gualdo Tadino	13	B2
Gualtieri	10	A1
Guantai	20	A1
Guarda Veneta	6	C3
Guardamiglio	5	C3
Guardavalle	26	C1
Guardea	15	B2
Guardia (Punta della)	17	A3
Guardia (Serra la)	23	B1
Guardiabruna	18	B1
Guardiagrele	16	B3
Guardialfiera	18	B1
Guardia Lombardi	20	D1
Guardialta (Monte)	2	C2
Guardia Perticara	21	B2
Guardia Piemontese	23	A2-B2
Guardiaregia	18	B2
Guardia Sanframondi	18	B3
Guardia Vomano	16	A2
Guardistallo	12	B2
Guarene	8	C2
Guarnico	17	C1
Guastalla	10	A1
Guastameroli	16	B3
Guasticce	12	A2
Guazzora	9	A1
Gubbio	13	B2
Guello	5	B1
Guglionesi	18	C1
Guidizzolo	6	A3
Guidonia	15	B3
Guiglia	10	B3
Guilmi	18	B1
Gussago	5	D2
Gussola	9	D1

H

Name	Col1	Col2
Helm (Monte Elmo)	3	A2
Helvia Recina	13	C2-D2
Hera Argiva	20	C3
Herbetet (Punta)	4	B2
Hera Lacinia	23	D3
Hipponion	26	B1
Hochfeller (Gran Pilastro)	2	D1
Hochgall (Collalto)	3	A1
Hochwilde (L'Altissima)	2	B2
Hohe Wand (Croda Alda)	2	C1-D1
Hohe Warte (Monte Coglians)	3	B2
Höhlensteintal	3	A2

I

Name	Col1	Col2
Iacurso	23	B3
Iazzo Canonico	20	D3
Idice	10	C2
Idro	5	D2
Idro (Lago d')	6	A2
Ielsi	18	C2
Iesce	21	C1
Igea Marina	11	A3
Igno (Monte)	13	C2
Illasi	6	B2
Imola	10	C2
Imperia	9	B3
Impruneta	12	C1
Incisa in Val d'Arno	12	C1
Incisa Scapaccino	8	D1
Incudine al Vago	2	A3
Indiprete	18	B2
Induno Olona	5	A2
Infreschi (Punta degli)	20	D3
Ingarano (Passo di)	18	D1
Ingria	4	B3
Intavolata	23	A2
Intra	5	A1
Intragna	5	A1
Introbio	5	B1
Introdacqua	17	D1
Inverigo	5	B2
Inverno Monte Leone	5	B3
Inveruno	5	A2
Invorio	4	D2
Inzago	5	B2
Iöf di Montasio	3	C2
Ioggi	23	B1
Iolo San Pietro	12	B1
Irsi	21	B1
Irsina	21	B1
Isca sullo Jonio	26	C1
Ischia	20	A1
Ischia (Isola d')	20	A2
Ischia di Castro	14	D2
Ischitella	19	A1
Iselle	4	D1
Iseo (Lago d')	5	C2-D2
Isera	6	A1-B1
Isernia	18	A2
Isola (L')	19	A1
Isola (Monte)	5	D2
Isola Bella	17	B2
Isolabella	8	C1
Isola del Cantone	9	A2
Isola del Gran Sasso	16	A2
Isola della Scala	6	B3
Isola del Liri	17	D2
Isola del Piano	13	B1
Isola di Capo Rizzuto	23	D3
Isola Dovarese	5	D3
Isola Farnese	15	B3
Isola Fossara	13	B2
Isola Maggiore	13	A2
Isolasanta	9	D3
Isola Sant'Antonio	9	A1
Isola Vicentina	6	B2
Isoletta	17	D2
Isorella	5	D3
Ispani	20	D3
Ispra	5	A2
Issime	4	C2
Issogne	4	C2
Istia d'Ombrone	14	C1
Istrana	6	D2
Itri	17	D3
Ivrea	4	C3
Izano	5	C3
Izzalini	15	B1

J/K

Name	Col1	Col2
Jamiano	7	C1
Jaufenpaß (Monte Giovo) (Passo di)	2	C1-C2
Jesi	13	C1
Jesolo	7	A2
Jolanda di Savoia	10	D1
Joppolo	26	A1
Julijske Alpe	3	C2-D2
Kaltenbrunn (Fontanefredde)	2	C3
Kaltern (Caldaro)	2	C3
Karerpaß (Costalunga) (Passo di)	2	C3
Karnische Alpen	3	A2-C2
Kiens (Chienes)	2	D1
Klausen (Chiusa)	2	C2

L

Name	Col1	Col2
Laas (Lasa)	2	B2
Laatsch (Laudes)	2	A2
Labbro (Monte)	12	D3
Labico	17	B2
Labro	15	C2
Lacchiarella	5	B3
Laccio	9	B2
Lacco Ameno	20	A1
Lacedonia	18	D3
Laces	2	B2
Lachelle	4	D3
Ladispoli	17	A1
Laga (Monti della)	15	D2-D1
Laganadi	26	A2
Lagarina (Val)	6	A2-B1
Lagaro	10	B3
Lagastrello (Passo di)	9	D2
Laghi	6	B1
Laglio	5	B1
Lagnasco	8	B2
Lago	6	C2
Lago	23	B2
Lago Bianco (Punta) (Weiß See Spitzeu)	2	B2
Lagonegro	21	A3
Lagosanto	10	D1
Lagrimone	9	D2
Laigueglia	9	B3
Lainate	5	B2
Laino Borgo	21	A3
Laino Castello	21	A3-B3
Laise	23	A1
Laives	2	C3
Lajatico	12	B2
Lama (la)	12	D1
Lama dei Peligni	18	A1
Lamalesa	12	C3
Lama Mocogno	10	A2
Lamoli	13	A1
Lamporecchio	12	B1
Lamporo	4	C3-D3
Lana	2	C2
Lana (Col di)	2	D2
Lanciano	16	B3
Landriano	5	B3
Landro (Val di) (Höhlensteintal)	3	A2
Langan (Colle di)	9	A3
Langhirano	9	D2
Langosco	5	A3
Lanuvio	17	B2
Lanzada	1	D3
Lanzo d'Intelvi	5	A1
Lanzo Torinese	4	B3
Laorca	5	B1
Lapedona	13	D2
Lapio	18	C3
Lappach (Lappago)	2	D1
Lappago (Lappach)	2	D1
Lappano	23	B2
L'Aquila	15	D2
Larche (Col de)	8	A3
Lardaro	6	A1
Larderello	12	B2
Larderia	26	A2
Lardirago	5	B3
Lares (Crozzon di)	6	A1
Lari	12	B2
Lariano	17	B2
Larino	18	C1
Larinum	18	C1
Lario	5	B1
Lasa (Laas)	2	B2
Lases	2	C3
Lasino	6	A1-B1
Lastebasse	6	B1
Laste delle Sute	2	C3-D3
Lastra a Signa	12	C1
Latemar	2	C3-D3
Latera	14	D2
Laterina	12	D2
Laterza	21	C1
Latiano	22	A1
Latina	17	B2
Latina	18	A3-B3
Latina Scalo	17	B2
Latisana	7	B1
Latronico	21	B3
Lattarico	23	B2
Laudes (Laatsch)	2	A2
Laura	20	C2
Laurasca (Cima della)	4	D1
Laureana Cilento	20	C2
Laureana di Borrello	26	B1
Lauregno	2	C2
Laurenzana	21	A2-B2
Laureto	21	A3
Lauria	21	A3
Lauriano	4	C3
Laurino	20	D2
Laurito	20	D2
Lauritto	20	D3
Lauro	18	A3
Lauropoli	23	B1
Lauzo (Monte)	17	D3
Lavagna	9	B3
Lavane (Monte)	10	C3
Lavardêt (Forcella)	3	B2
Lavariano	3	C3
Lavarone	6	B1
Lavazze (Passo di)	2	C3
Lavello	19	A3
Laveno-Mombello	5	A1
Laverino	13	C2
La Verna	12	D1
Lavezzola	10	D2
Laviano	13	A3
Laviano	20	D1
Lavinio	17	B2
Lavino di Mezzo	10	B2
Lavis	2	C3
Lavone	5	D2
Lazise	6	A2
Lazzaro	26	A3
Leca	8	D3
Lecce	22	B2
Lecce nei Marsi	17	D1
Lecco	5	B1
Lecinone (Monte)	15	C3
Ledro (Lago di)	6	A1
Leffe	5	C2
Legino	8	D3
Legnago	6	B3
Legnano	5	A2
Legnaro	6	C2-D3
Legnone (Monte)	5	B1
Legoli	12	B2
Lei (Val di)	1	C3
Leini	8	C1
Leivi	9	B2
Lemie	4	B3
Lemna	5	B1
Lendinara	6	C3
Lenna	5	C1
Lenno	5	B1
Leno	5	D3
Lenola	17	C2-D2
Lenta	4	D2
Lentella	18	B1
Lentiai	3	A3
Lentiscosa	20	D3
Leofara	13	D3
Leofreni	15	C3
Leone (Monte)	1	A3
Leonessa	15	C2
Leoni (Monte)	12	C3
Lepini (Monti)	17	C2
Leporano	21	D2
Lepri (Cima)	15	D2
Lequile	22	B2
Leri (Castel di)	17	D1
Lerici	9	C3-D3
Lerma	9	A2
Lesa	5	A2
Lesce	21	C1
Lesegno	8	C3
Lesina	19	A1
Lesina (Lago di)	18	D1
Lesmo	5	B2
Lessini (Monti)	6	B2
Lessolo	4	C3
Lessona	4	D2
Lestizza	3	C3
Letegge (Monte)	13	C2
Letino	18	A2
Lettomanoppello	16	A3-B3
Lettopalena	18	A1
Leuca	22	C3
Levaldigi	8	C2
Levane	12	D2
Levanna	4	B3
Levanto	9	C3
Levego	3	A3
Leverano	22	B2
Leverogne	4	B2
Levico Terme	6	B1
Levigliani	9	D3
Lezzeno	5	B1
Libarna	9	A2
Libbiano	12	B2
Liberi	18	A3
Librari	22	A2
Licciana Nardi	9	D3
Licenza	15	C3
Licinici (Monte)	20	C1
Licosa (Monte)	20	C3
Licusati	20	D3
Lido	6	D2
Lido (Porto di)	7	A2
Lido Bruno	21	D2
Lido degli Estensi	10	D1
Lido dei Pini	17	B2
Lido delle Nazioni	10	D1
Lido di Camaiore	12	A1
Lido di Castel Fusano	17	A2
Lido di Gandoli	21	D2

ITALIA — 365

Name	Page	Grid
Lido di Jesolo	7	A2
Lido di Latina	17	B3
Lido di Marechiaro	17	B2
Lido di Metaponto	21	C2
Lido di Napoli	20	A1
Lido di Ostia	17	A2
Lido di Policoro	21	C2
Lido di Pomposa	10	D1
Lido di Sabaudia	17	C3
Lido di Savio	11	A2
Lido di Scanzano	21	C2
Lido di Siponto	19	A2
Lido di Spina	10	D1
Lido di Tarquinia	14	D3
Lido di Volano	10	D1
Lido Licola	20	A1
Lido Marini	22	B3
Lido Mortelle	26	A2
Lido Silvana	21	D2
Lido Specchiolla	22	A1-B1
Lierna	5	B1
Lignana	4	D3
Lignano Pineta	7	B1
Lignano Sabbiadoro	7	B1
Lignod	4	C2
Ligoncio (Pizzo)	1	C3-D3
Ligonchio	9	D2
Lilla	4	B3
Lillaz	4	B2
Lillianes	4	C2
Lilliano	12	C2
Lima (La)	10	A3
Limatola	18	B3
Limbadi	26	B1
Limena	6	C2
Limes	6	A1
Limite sull'Arno	12	B1
Limone Piemonte	8	C3
Limone sul Garda	6	A1
Limosano	18	B2
Limpidi	26	B1
Linaro	10	D3
Linarolo	5	B3
Lioni	20	C1-D1
Lirio	9	B1
Lis (Col de)	4	B3
Liscate	5	B2
Liscia	18	B1
Lisciano	15	C2
Lisciano Niccone	13	A2
Lisio	8	C3
Lissone	5	B2
Liternum	20	A1
Livata (Monte)	17	C1
Livergnano	10	C2
Livigno	2	A2
Livigno (Val di)	2	A2-A3
Livolo (Monte)	2	C2
Livorno	12	A2
Livorno Ferraris	4	C3-D3
Livraga	5	C3
Lizzanello	22	B2
Lizzano	22	A2
Lizzano in Belvedere	10	B3
Loano	8	D3
Lobbi	9	A1
Lobbie (Cima delle)	8	B2
Locana	4	B3
Locana (Valle di)	4	B3
Locate di Triulzi	5	B3
Loco	9	B2
Locorotondo	21	D1
Locri	26	B2
Locri Epizefiri	26	B2
Lodi	5	C3
Lodi Vecchio	5	B3
Lodrino	5	D2
Lodrone	6	A1
Lograto	5	D2
Loiano	10	C2
L'Olmo	13	A3
Lomazzo	5	B2
Lombarda (Colle della)	8	B3
Lombardore	4	C3
Lomello	5	A3
Lonate Ceppino	5	A2
Lonate Pozzolo	5	A2
Lonato	6	A2
Londa	12	C1-D1
Longa	6	C2
Longa (Serra)	21	A2
Longano	18	A2
Longare	6	C2
Longarone	3	A3
Longobardi	23	B2
Longobucco	23	C2
Lonigo	6	B2
Loreggia	6	C2-D2
Lorenzago di Cadore	3	A2
Lorenzana	12	A2
Lorenzo	5	D1
Loreo	6	D3
Loreto	13	D1
Loreto Aprutino	16	A3
Loria	6	C1
Lorica	23	C2
Loro Ciuffenna	12	D1
Loro Piceno	13	C2-D2
Lorsica	9	B2
Loseto	19	C3
Lova	6	D2-D3
Lovadina	6	D1
Lovello (Monte) (Großer Löffler)	2	D1
Loveno	5	D1
Lovere	5	D1
Lovero	2	A3
Lovoleto	10	C2
Lovolo	6	C2
Lozzo Atestino	6	C3
Lozzo di Cadore	3	A2
Lu	8	D1
Lubriano	15	A2
Lubrichi	26	B2
Lucca	12	A1
Lucera	18	D2
Lucignano	12	D2
Lucignano d'Arbia	12	C2-D2
Lucino	5	A2-B2
Lucito	18	B2
Luco dei Marsi	15	D3
Lucolena	12	C1
Lucoli	15	D3
Lucrezia	13	B1
Lucugnano	22	C3
Lugagnano Val d'Arda	9	C1
Lugano (Lago di)	5	A1-B1
Lugnano in Teverina	15	A2-B2
Lugnola	15	B2
Lugo	6	B2
Lugo	6	D2
Lugo	10	D2
Lugo	10	A2
Lugugnana	7	A1-B1
Luicciana	10	B3
Luino	5	A1
Lumellogno	5	A3
Lumezzane	5	D2
Luna (Alpe della)	13	A1
Lunano	13	A1-B1
Lungavilla	9	B1
Lungo (Monte)	18	B1
Lungro	23	B1
Luogomano	10	B3
Luogosano	18	C3
Lupara	18	B1
Lupone (Monte)	17	C2
Lurate-Caccivio	5	A2
Lusciano	20	A1
Luserna San Giovanni	8	B1-B2
Lusia	6	C3
Lusiana	6	C1
Lusigliè	4	C3
Lusón	2	C3
Lustra	20	C2
Lutrano	7	A1
Luzzara	10	A1
Luzzi	23	B2
Lyskamm	4	C1

M

Name	Page	Grid
Maccacari	6	B3
Maccagno	5	A1
Maccarese	17	A1
Macchia (Monte)	23	B1
Macchia di Monte	21	A1
Macchia d'Isernia	19	D3
Macchiagodena	18	A2
Macchia Rotonda	18	B2
Macchia Valfortore	19	A2
Macchie	18	C2
Macerata	13	A3
Macerata Feltria	13	C2-D2
Macerone	13	A1-B1
Maciano	11	A3
Macina	11	A3
Macinare (Monte)	13	D2
Macine	13	B2
Macugnaga	13	C1
Maddalena	4	C1
Maddaloni	8	C2
Maderno	18	B3
Madesimo	6	A2
Madonna	1	C3
Madonna dei Miracoli	2	B2
Madonna del Bosco	16	C3
Madonna dell'Acero	10	D2
Madonna della Quercia	10	A3-B3
Madonna delle Grazie	15	A2
Madonna del Monte	12	D3
Madonna di Campiglio	14	A1
Madonna di Ferrate	2	B3
Madonna di Monserrato	4	C1-D1
	14	A1
Madonna di Tirano	2	A3
Maenza	17	C2
Maerne	6	D2
Mafalda	18	B1
Magasa	6	A1-B1
Magenta	5	A3
Maggio	10	C2
Maggiora	4	D2
Maggiorasca (Monte)	9	C2
Maggiore (Lago)	5	A1-A2
Maggiore (Monte)	10	B3
Maggiore (Monte)	13	C3
Maggiore (Monte)	14	D2
Maggiore (Monte)	15	C1
Maggiore (Monte)	18	D3
Maggiore (Monte)	18	A3
Maggiore (Serra)	21	C3
Magione	13	A2
Magliano de'Marsi	15	D3
Magliano in Toscana	14	C2
Magliano Nuovo	20	D2
Magliano Romano	15	B3
Magliano Sabina	15	B2
Magliano Vetere	20	D2
Maglie	22	C2
Maglio	6	B2
Magnacavallo	6	B3
Magnano	21	B3
Magnola (Monte della)	15	D3
Magrè	6	B2
Magreta	10	A2-B2
Mai (Monte)	20	C1
Maiano	13	B3
Maiano Monti	10	D2
Maiella (Montagna della)	18	A1
Maierà	23	A1
Maierato	26	B1
Maiero	10	C1-D1
Maio (Monte)	17	D3
Maiolati Spontini	13	C1
Maiori	20	B2
Maira (Valle)	8	B2
Maissana	9	C2-C3
Majano	3	C3
Maladecia (Punta)	8	B3
Malagnino	5	D3
Malagrotta	17	A1
Malaina (Monte)	17	C2
Malalbergo	10	C1
Malamocco	6	D2
Malamocco (Porto di)	6	D2
Malborghetto	3	C2
Malcesine	6	A2
Malchina	7	C1
Malcontenta	6	D2
Malè	2	B3
Malegno	5	D1
Malenco (Val)	1	D3
Maleo	5	C3
Malesco	4	D1
Malga Bissina (Lago di)	6	A1
Malga Boazzo (Lago di)	5	D1
Malignano	12	C2
Malinvern (Tête)	8	B3
Malito	23	B2
Mallare	8	D3
Malles Venosta	2	B2
Malnate	5	A2
Malo	6	B2
Malonno	5	D1
Malpertuso (Monte)	9	C3
Maltignano	13	D3
Malva (Isola della)	22	B2
Mammola	26	B2
Manacore	19	A1
Manara (Punta)	9	C3
Manciano	14	D2
Mancuso (Monte)	23	B3
Mandatoriccio	23	C2
Mandello del Lario	5	B1
Mandriole	4	D2
Mandrioli (Passo dei)	12	D1
Mandrogne	9	A1
Mandrone (Monte)	2	B3
Manduria	22	A2
Manerba del Garda	6	A2
Manerbio	5	D3
Manfredonia	19	A2
Manghen Pizzo	2	C3
Mango	8	D2
Mango	20	C2
Mangone	23	B2
Maniago	3	B3
Manopello	16	A3
Mansue	7	A1
Manta	8	B2
Mantello	5	B1
Mantova	6	A3
Manzano	3	C3
Manzi	13	A1
Manziana	15	A3
Marana	15	C2-D2

Name	Page	Grid
Marane	18	A1
Maranello	10	A2-B2
Marano	10	B2
Marano (Laguna di)	7	B1
Marano di Napoli	20	A1
Marano Equo	15	C3
Marano Lagunare	7	B1
Marano Marchesato	23	B2
Marano Principato	23	B2
Marano Ticino	5	A2
Marano Vicentino	6	B2
Maratea	21	A3
Marcallo	5	A2-A3
Marcaria	6	A3
Marcarolo	9	A2
Marcedusa	23	C3
Marcellina	15	C3
Marcellina	23	A1
Marcellinara	23	C3
Marcetelli	15	C3
Marcheno	5	D2
Marchesa (La)	18	D2
Marchesato	23	C2-D3
Marcialla	12	C2
Marciana	14	A1
Marciana Marina	14	A1
Marcianise	18	A3
Marciano della Chiana	12	D2
Marcignago	5	B3
Marco	6	B1
Marcolano (Monte)	17	D1
Marconia (Stazione di)	21	C2
Marebello	11	A3
Marega	6	B3
Mare Grande	21	D2
Mare Ionio	26	C1-D2
Maremma	14	C2-D2
Marene	8	C2
Marengo	9	A1
Mare Piccolo	21	D2
Maresca	10	B3
Mareson	3	A3
Mareta	2	C1
Mareto	9	C2
Margarita	8	C3
Margherita di Savoia	19	B2
Margno	5	B1
Margone	4	B3
Marguareis (Punta)	8	C3
Mariana Mantovana	6	A3
Mariano Comense	5	B2
Mariano del Friuli	7	C1
Maria Vergine (Santuario di)	20	B1
Marigliano	20	B1
Marina	26	A2
Marina dei Ronchi	9	D3
Marina di Amendolara	21	D3
Marina di Andora	9	B3
Marina di Ascea	20	C3-D3
Marina di Badolato	26	C1
Marina di Belvedere	23	A1
Marina di Camerota	20	D3
Marina di Campo	14	A1-A2
Marina di Caorle	7	A2-B2
Marina di Carrara	9	D3
Marina di Casal Velino	20	C3
Marina di Castagneto-Carducci	12	A3-B3
Marina di Castellaneta	21	D2
Marina di Caulonia	26	C2
Marina di Cecina	12	A2
Marina di Davoli	26	C1
Marina di Fuscaldo	23	A2
Marina di Ginosa	21	C2-D2
Marina di Gioiosa Ionica	26	B2-C2
Marina di Grosseto	14	B1
Marina di Lago di Patria	20	A1
Marina di Maratea	21	A3
Marina di Massa	9	D3
Marina di Minturno	17	D3
Marina di Montemarciano	13	C1
Marina di Montignoso (Cinquale)	9	D3
Marina di Novaglie	22	C3
Marina di Ostuni	22	A1
Marina di Paola	23	A2
Marina di Pisa	12	A1
Marina di Pisciotta	20	C3-D3
Marina di Pulsano	21	D2
Marina di Ravenna	10	D2
Marina di Sant'Antonio	26	C1
Marina di Sotto	16	A1
Marina d'Italia	26	A3
Marina di Vasto	18	B1
Marina Faleriense	16	A1
Marina Faleriense	13	D2
Marina Grande	20	A2
Marina Palmense	16	A1
Marina Piccola	22	A2
Marina Porto	22	C3
Marina Romea	10	D2

Marina San Giovanni	22	B3	Massicelle	20	D3	Mercogliano	20	C1	Missaglia	5	B2
Marina Schiavonea	23	C1	Massino Visconti	5	A2	Mereto di Tomba	3	C3	Missanello	21	B2
Marina Serra	22	C3	Massiola	4	D1	Mergo	13	C1	Missano	10	B2
Marinella	7	B1	Mastrati	18	A2	Mergozzo	4	D1	Misurina (Lago di)	3	A2
Marinella di Sarzana	9	D3	Matanna (Monte)	10	A3	Merine	22	B2	Mita	13	A3
Marinetta	12	A2-A3	Matelica	13	C2	Merlara	6	C3	Mizzole	6	B2
Marino	17	B2	**Matera**	21	C1	Merone	5	B2	Modanella	12	D2
Mariotto	19	C3	Matese (Monti del)	18	A2-B2	Mesa	17	C3	**Modena**		
Marittima	22	C3	Mathi	4	B3	Mesagne	22	A1-B1	Modigliana	10	C3-D3
Marlengo	2	C2	Matinella	20	C2	Mesco (Punta del)	9	C3	Modugno	19	C3
Marlia	12	A1-B1	Matino	22	B3	Mese	1	C3	Moena	2	D3
Marliana	10	B3	Matonti	20	C2	Mesola	10	D1	Moggio	3	C2
Marmarole (Gruppo delle)	3	A2	Matrice	18	B2	Mesoraca	23	C3	Moggio	5	B1
Marmirolo	6	A3	Matsch (Mazia)	2	B2	Messereola	18	B3	Moggiona	12	D1
Marmolada	2	D2-D3	Mattarana	9	C3	Messignadi	26	B2	Moglia	10	A1-B1
Marmore (Cascata delle)	15	B2	Mattarello	6	B1	Messina (Stretto di)	26	A2	Mogliano	13	D2
Marniga	6	A2	Matterhorn (Monte Cervino)	4	C1	Mestre	6	D2	Mogliano Veneta	6	D2
Marocco	6	D2	Mattina (Monte)	18	D3	Mestrino	6	C2	Moiano	18	B3
Marone	5	D2	Mattinata	19	A1	Mesule (Monte) (Möseler)	2	D1	Moie	13	C1
Maropati	26	B1	Mattinella	20	D1	Meta	17	C1	Moimacco	3	C3
Marostica	6	C1	Matto (Monte)	8	B3	Meta	20	B2	Moio (Monte)	20	D1
Marotta	13	C1	Mauria (Passo di)	3	B2	Meta (La)	18	A2	Moio del Civitella	20	D3
Marradi	10	C3	Mauro (Monte)	18	B1	Meta (Pizzo di)	13	C3	Moiola	8	B3
Marsaglia	8	C2	Mavigna	2	A3	Metallifere (Colline)	12	B2-C2	Mola di Bari	19	D3
Marsciano	13	A3	Mazia (Matsch)	2	B2	**Metaponto**	21	C2	Molara (Monte)	18	D3
Marsicano (Monte)	17	D1	Mazzano Romano	15	B3	Metaurilia	11	B3	Molaretto	4	A3-B3
Marsico Nuovo	21	A2	Mazzè	4	C3	Mezzana (Cima)	2	B3	Molassana	9	B2
Marsico Vetere	21	A2	Mazzolada	7	A1	Mezzana Bigli	9	A1	Molella	17	C3
Marta	14	D2	Mazzolla	12	B2	Mezzana-Frido	21	B3	**Molfetta**	19	C3
Martano	22	C2	Meda	5	B2	Mezzana Rabattone	5	B3	Molina	2	C3
Martano (Monte)	13	B3	Mede	9	A1	Mezzana-Salice	21	B3	Molina Aterno	16	A3
Martellago	6	D2	Medelana	10	D1	Mezzane di Sotto	6	B2	Molina di Ledro	6	A1
Martello (Val di)	2	B2	Medesano	9	D1	Mezzano	2	D3	Molina di Quosa	12	A1
Marti	12	B1	Medicina	10	C2	Mezzano	10	D2	Molinara	18	C3
Martignacco	3	C3	Medole	6	A3	Mezzano Inferiore	10	A1	Molinatico (Monte)	9	C2
Martignano	22	C2	Medolla	10	B1	Mezzano Siccomaria	5	B3	Moline (Le)	9	C2
Martignano di Po	9	D1	Meduna di Livenza	7	A1	Mezzaselva	2	C1-D1	Molinella	10	C2
Martignano (Lago di)	15	B3	Megliadino San Vitale	6	C3	Mezzocampo	23	C2	Molinetto	5	D2
Martina Franca	21	D1	Megolo	4	D1	Mezzogoro	10	D1	Molini	2	B3
Martina Olba	9	A2	Meina	5	A2	Mezzola (Lago di)	1	C3	Molini	9	A2
Martinengo	5	C2	Mel	3	A3	Mezzolara	10	C2	Molino di Piano	12	C1
Martiniana Po	8	B2	Mela (Poggio di)	12	B2	Mezzoldo	5	C1	Molise	18	B2
Martinsicuro	16	A1	Melago	2	B2	Mezzolombardo	2	C3	Moliterno	21	A2
Martirano	23	B3	Melara	6	B3	Mezzomerico	5	A2	Mollia	4	C2
Martirano Lombardo	23	B3	Melazzo	8	D2	Miazzina	4	D1	Molochio	26	B2
Martone	26	B2	Meldola	10	D3	Midia (Monte)	15	C3	Moltone (Monte)	21	A1
Marudo	5	B3	Mele	9	A2	Miggiano	22	C3	Moltrasio	5	B1
Maruggio	22	A2	Mele (Capo)	9	B3	Migiondo	2	A3	**Molveno**	2	B3
Marzabotto	10	B2	Mele (Serra di)	21	B1	Migliana	10	B3	Mombaroccio	11	B3
Marzano	5	B3	Melegnano	5	B3	Miglianico	16	B3	Mombaruzzo	8	D2
Marzano (Monte)	20	D1	Melendugno	22	C2	Migliarina	9	A2	Mombasiglio	8	C3
Marzano di Nola	20	B1	Meleti	5	C3	Migliarino	10	D1	Mombello Monferrato	4	D3
Marzocca	13	C1	Meleto	12	C2	Migliaro	10	D1	Mombercelli	8	D1
Marzolara	9	D2	Melezet	8	A1	Miglierina	23	C3	Momo	5	A2
Masanti di Sopra	9	C2	Melezzole	15	B2	Miglionico	21	C1-C2	Mompellero	4	B3
Masarolis	3	C3	Melfa	17	D2	Migliuso	23	B3	Monaci (Serra dei)	23	A1
Masate	5	B2	**Melfi**	18	D3	Mignano Monte Lungo	18	A2	Monacilioni	18	C2
Maschito	21	A1	Melia	26	A2	**Milano**	5	B2	Monacizzo	22	A2
Maser	6	C1	Melicuccà	26	A1	Milano Marittima	11	A2	Monaco (Monte)	18	A3
Masera	4	D1	Melicucco	26	B1-B2	Mileo	21	B3	Monasterace	26	C1
Maserada sul Piave	6	D1	Melissa	23	D2	Mileto	26	B1	Monastero	12	C2
Masera di Padova	6	C3	Melissano	22	B3	Miletto (Monte)	18	B2	Monastero Bormida	8	D2
Masi	21	A1	Melito	20	A1	Mili Marina	26	A2	Monastero di Lanzo	4	B3
Masino	4	C3	Melito di Porto Salvo	26	A3	Mili San Pietro	26	A2	Monasterolo di Savigliano	8	C2
Masio	8	D1	Melito Irpino	18	C3	Millesimo	8	D3	Monate (Lago di)	5	A2
Masi Torello	10	C1	Melizzano	18	B3	Milzano	5	D3	Moncalieri	8	C1
Masone	9	A2	Mella (Monte di)	21	B2	Minerbe	6	B3	Moncalvo	8	D1
Massa	9	D3	Melle	8	B2	Minerbio	10	C1-C2	Monchio delle Corti	9	D2
Massa	10	D2	Mello	5	B1	Minervino di Lecce	22	C2	Moncrivello	4	C3-D3
Massaciuccoli (Lago di)	12	A1	Melogno (Colle di)	8	D3	Minervino Murge	19	A3	Moncucco Torinese	8	C1
Massa d'Albe	15	D3	Melpignano	22	C2	Minori	20	B2	Mondadizza	2	A3
Massa Fermana	13	D2	Melzo	5	B2	Minozzo	10	A2	Mondaino	11	A3-B3
Massa Finalese	10	B1	Mena	6	C3	Minturnae	17	D3	Mondavio	13	C1
Massa Fiscaglia	10	D1	Menaggio	5	B1	Minturno	17	D3	Mondolfo	13	C1
Massafra	21	D1	Menate	10	D1	Minucciano	9	D3	**Mondovì**	8	C3
Massa Lombarda	10	C2-D2	Mendel Paß	2	C3	Mioglia	8	D2	Mondragone	18	A3
Massa Lubrense	20	B2	Mendicino	23	B2	Miogliola	8	D2	Mondrone	4	B3
Massa Marittima	12	B3	Mendola (Passo della) (Mendel Pass)	2	C3	Mione	2	B3	Monega (Monte)	9	A3
Massa Martana	13	B3	Menegosa (Monte)	9	C2	Mira	6	D2	Moneglia	9	C3
Massanzago	6	D2	Menestrello	13	A2	Mirabella Eclano	18	C3	Monesi	9	A3
Massarella	12	B1	Mengara	13	B2	Mirabello	10	C1	Monesiglio	8	D2
Massarosa	12	A1	Menniti	23	B3	Mirabello Monferrato	8	D1	Monestirolo	10	C1
Massazza	4	D3	Mensa	10	D1	Mirabello Sannitico	18	B2	**Monfalcone**	7	C1
Massello	8	B1	Mensano	12	C2	Miradolo Terme	5	B3	Monforte d'Alba	8	C2
Massenzatica	10	D1	Mentana	15	B3	Miralago (Passo di)	18	B2	Monghidoro	10	C3
Masserano	4	D2	Menzano	15	C3	Miramare	11	A3-B3	Mongiana	26	B1
Masserecci (Poggio)	12	D1	Meolo	7	A2	Miramare (Castello di)	7	C1	Mongiardino Ligure	9	B2
Masseria	2	C1	**Merano (Meran)**	2	C2	**Mirandola**	10	B1	Mongioie (Monte)	8	C3
Masseria Capo d'Acqua	18	D3	Merate	5	B2	Mirano	6	D2	Mongrando	4	C2
Masseria d'Azzara	18	D2-D3	Mercallo	5	A2	Mirasole	6	B3	Mongrassano	23	B1
Masseria del Sole	19	B2	Mercante (Passo del)	26	B1	Mirto-Crosia	23	C1	Monguelfo (Welsberg)	3	A2
Masseria di Pasquarello	19	B3	Mercantour (Monte)	8	B3	Mirto di Siderno	26	B2	Moniga del Garda	6	A2
Masseria Giuncata	19	B3	Mercatale	10	C2-C3	Mis	3	B2	Monna (Monte)	20	C1
Masseria Inacquata	19	A2	Mercatale	13	A2	Mis (Lago del)	3	A3	Monna Rapanella	17	D1
Masseria Lagnano	19	A3	Mercatale Valdarno	12	C2-D2	Misa	10	B2	Monno	2	A3
Masseria Monte di Latta	19	B3	Mercatino Conca	11	A3	Misano Adriatico	11	B3	Monopello	16	A3
Masseria Monte Carafa	19	B3	Mercatello	13	A3-B3	Misano di Gera d'Adda	5	C2	**Monopoli**	19	D3
Masseria Pietrafitta	18	D2	Mercatello sul Metauro	13	A1	Misano Monte	11	A3-B3	Monrupino	7	C1
Masseria Polluce	18	D2	Mercatello	5	A2	Miseno	20	A1	**Monselice**	6	C3
Masseria Russo	19	A2	Mercato San Severino	20	C1	Miseno (Capo)	20	A1	Monsoreto	26	B1
Masseria Sant'Andrea	19	A3	Mercato Saraceno	10	D3	Misinto	5	B2	Monsummano Terme	12	B1
Masseria Tabanaro	18	C2	Mercenasco	4	C3	Misma (Monte)	5	C2	Monta	8	C1
									Montacuto	9	B1

ITALIA — 367

Name	Col1	Col2	Name	Col1	Col2	Name	Col1	Col2	Name	Col1	Col2
Montafia	8	C1	Montefano	13	D2	Monte Rosa			Morigerati	20	D3
Montagano	18	B2	Monteferrante	18	B1	(Mont-Rose)	4	C1	Morimondo	5	A3
Montagna	21	A3	Montefiascone	15	A2	Monterosi	15	A3-B3	Morino	17	C1
Montagna (La)	18	C3	Montefiore dell'Aso	16	A1	Monterosso al Mare	9	C3	Morion (Monte)	4	B2
Montagnana	6	C3	Montefiore dell'Aso	13	D2	Monterosso Calabro	26	B1	Morleschio	13	B2
Montagnana	10	A2	Montefiorino	10	A2	Monterotondo	15	B3	Morlupo	15	B3
Montagnano	12	D2	Monte Flavio	15	C3	Monterotondo Marittimo	12	B3	Mormanno	21	A3
Montagnola	12	C2	Montefollonico	12	D3	Monterubbiano	16	A1	Mornago	5	A2
Montagnola (La)	18	B2	Monteforte Cilento	20	C2-D2	Monte Rubiaglio	13	A3	Mornese	9	A2
Montaguto	18	C3	Monteforte d'Alpone	6	B2	Monte San Biagio	17	C3	Morolo	17	C2
Montaione	12	B2	Monteforte Irpino	20	C1	Monte San Giacomo	20	D2	Morozzo	8	C3
Montalbano	22	A1	Montefortino	13	C3-D3	Monte San Giovanni	10	B2	Morra	13	A2
Montalbano Jonico	21	C2	Montefranco	15	B2	Monte S. Giovanni			Morra (La)	8	C2
Montalcinello	12	C3	Monte Fredane	20	C1	Campano	17	D2	Morra De Sanctis	20	D1
Montalcino	12	C3-D3	Montefusco	18	C3	Monte S. Giovanni in			Morrano Nuovo	13	A3
Montaldeo	9	A2	Montegabbione	13	A3	Sabina	15	C3	Morrea	17	D1
Montaldo di Cosola	9	B2	Montegalda	6	C2	Monte San Giusto	13	D2	Morro	13	C2
Montale	10	B3	Montegaldella	6	C2	Montesano Salentino	22	C3	Morro d'Alba	13	C1
Montale	13	C1	Montegallo	13	D3	Montesano Scalo	21	A2	Morro d'Oro	16	A2
Montalenghe	4	C3	Montegelli	11	A3	Montesano sulla			Morrone (Monte)	15	D3
Montallegro (N. S. di)	9	B2	Montegiordano	21	C3	Marcellana	21	A2	Morrone (Monte)	16	A3
Montaltino	19	A2	Montegiordano Marina	21	C3	Monte San Pietrangeli	13	D2	Morrone del Sannio	18	B2
Montalto	26	B2	Montegiorgio	13	D2	Monte San Pietro	10	B2	Morro Reatino	15	C2
Montalto delle Marche	13	D3	Montegiove	13	A3	Monte San Savino	12	D2	Morrovalle	13	D2
Montalto di Castro	14	D2	Monte Giovo (Passo			Monte Santa Maria	13	A2	Morsano al		
Montalto Dora	4	C3	di) (Jaufenpaß)	2	C1-C2	Monte Sant'Angelo	19	A1-A2	Tagliamento	7	A1-B1
Montalto Marina	14	D2	Montegrosso	19	B3	Monte San Vito	13	C1	Morsasco	9	A2
Montalto Pavese	9	B1	Montegrosso d'Asti	8	D1	Montesarchio	18	B3	Mortara	5	A3
Montalto Uffugo	23	B2	Montegrotto	6	C2-C3	Montesardo	22	C3	Mortegliano	7	B1
Montanara	6	A3	Monteiasi	21	D2	Montescaglioso	21	C2	Morter	2	B2
Montanaro	4	C3	Montelabbate	11	B3	Montescudaio	12	B2	Mortizza	5	C3
Montanaro	18	A3	Montelanico	17	C2	Montescudo Gesso	11	A3	Morto (Lago)	3	A3
Montanera	8	C2	Montelapiano	18	A1	Montese	10	B3	Mortola (Capo)	9	A3
Montano Antilia	20	D3	Monteleone di			Montesilvano	16	A2	Moruzzo	3	C3
Montaquila	18	A2	Puglia	18	C3-D3	Monte Soffio	13	B1	Moschiano	20	B1
Montarale	13	A3	Monteleone di Spoleto	15	C2	Montespaccato	17	A1	Mosciano Sant'Angelo	16	A2
Montasola	15	B2	Monteleone d'Orvieto	13	A3	Monte Sperello	13	A3	Moscufo	16	A3
Montauro	23	C3	Monteleone Sabino	15	C3	Montespertoli	12	C1	Möseler (Monte Mesule)	2	D1
Montavuto (Serra)	21	B1	Monteleto	13	B2	Montespluga	1	C3	Moso in Passiria	2	C2
Montazzoli	18	B1	Montelibretti	15	B3	Monteu Roero	8	C2	Mosorrofa	26	A2
Mont Blanc (Massif			Montella	20	C1	Montevarchi	12	D2	Mosse	15	A2
du)	4	A2-A1	Montelongo	18	C1	Monteverde	18	D3	Mosson	6	B1
Monte	6	A2	Monteluco	13	B3	Monteverde	18	B2	Mosso Santa Maria	4	D2
Monte (Cima del)	14	A1	Montelungo	9	C2	Monteverdi Marittima	12	B3	Motta	6	C2
Montea	23	A1	Montelupo Albese	8	C2-D2	Montevirginio	15	A3	Motta	23	B3
Monteacuto	10	B3	Montelupo Fiorentino	12	B1	Montezemolo	8	D3	Motta de'Conti	5	A3
Monteacuto Vallese	10	B3	Monte Lupone	13	D2	Montgenèvre (Col de)	8	A1	Motta di Livenza	7	A1
Montebamboli	12	B3	Montemaggiore al			Montiano	11	A3	Mottafollone	23	B1
Montebello della			Metauro	13	C1	Montiano	14	C2	Mottalciata	4	D2
Battaglia	9	B1	Montemagno	8	D1	Monticchiello	13	A1	Motta Montecorvino	18	C2
Montebello di Bertona	16	A3	Montemale di Cuneo	8	B2-B3	Monticchio	15	D2-D3	Mottarone	4	D1
Montebello Jonico	26	A3	Montemarano	20	C1	Monticchio (Laghi di)	20	D1	Motta San Giovanni	26	A3
Montebello sul Sangro	18	A1	Montemarcello	9	C3-D3	Monticelli	17	D2-D3	Motta Visconti	5	A3-B3
Montebello Vicentino	6	B2	Montemarciano	13	C1	Monticelli d'Ongina	5	C3	Mottaziana	9	C1
Montebelluna	6	D1	Montematrano	13	B3	Monticelli Pavese	5	C3	Motteggiana	6	A3
Monte Bianco	4	A2	Montemassi	12	C3	Monticelli Terme	9	D1	Motticella	26	B3
Montebruno	9	B2	Monte Melino	13	A3	Montichiari	5	D3	Mottola	21	D1
Montebuoni	12	C1	Montememeno	14	C2-D2	Monticiano	12	C3	Moyse (Tête de)	8	A2
Montecalvello	15	A2	Montemesola	21	D1	Montieri	12	C3	Mozzacatena	13	C2
Montecalvo in Foglia	13	B1	Montemignaio	12	D1	Montieri (Poggio di)	12	C3	Mozzagrogna	16	B3
Montecalvo Irpino	18	C3	Montemiletto	18	C3	Monti Ernici	17	C1-D2	Mozzanica	5	C2
Montecarlo	12	B1	Montemilone	19	A3	Montiglio	8	C1-D1	Mozzano	13	D3
Montecarotto	13	C1	Montemonaco	13	D3	Montignoso	9	D3	Mozzecane	6	A3
Montecassiano	13	D2	Montemurlo	10	B3	Montingegnoli	12	C2	Muccia	13	C2
Montecassino			Montemurro	21	A2	Montioni	12	B3	Muceno	5	A1
(Abbazia di)	17	D2	Montemurro (Serra			Montirone	5	D2-D3	Mucrone (Lago di)	4	C2
Montecastelli	12	B2	di)	21	A2-B2	Montodine	5	C3	Muda	3	A3
Monte Castello			Montenero	20	C1-D1	Montoggio	9	B2	Muffetto (Monte)	5	D1
di Vibio	13	A3-B3	Montenero	12	A2	Montone	13	A2	Muggia	7	C1
Montecastrilli	15	D2	Montenero	12	C3-D3	Montopoli di Sabina	15	B3	Mugnano	13	A3
Montecatini Terme	12	B1	Montenero	23	C2	Montopoli in Val			Mugnano del Cardinale	20	B1
Montecatini Val di			Montenero di Bisaccia	18	B1	d'Arno	12	B1	Mugnano di Napoli	20	A1
Cecina	12	B2	Montenerodomo	18	A1	Montorgiali	14	C1	Mühlbach (Rio di		
Montecchia di Crosara	6	B2	Montenero Sabino	15	C3	Montorio al Vomano	15	D2	Pusteria)	2	D2
Montecchio	11	B3	Montenero Val			Montorio nei Frentani	18	C1	Mula (la)	23	A1
Montecchio	12	B2	Cocchiara	18	A2	Montorio Romano	15	C3	Mulazzano	5	B3
Montecchio	15	A2-B2	Monteodorisio	16	C3	Montorio Veronese	6	B2	Mulazzo	9	C3
Montecchio Emilia	10	A2	**Monte Oliveto Maggiore**			Montoro	13	D1	Mules	2	C1
Montecchio Maggiore	6	B2	**(Abbazia di)**	12	D3	Montoro	20	C1	Murano	6	D2
Montecelio	15	B3	Monte Ombraro	10	B2	Montoro	13	D2	Murazzano	8	C2
Monte Cerignone	11	A3	Montepagano	16	A2	Montottone	13	D2	Murci	14	C1
Montechiaro d'Asti	8	D1	Montepaone	26	C1	Montramito	12	A1	Murello	8	C2
Montechino	9	C1	Monteparano	22	A2	Montù Beccaria	9	B1	Murge Tarantine	22	A1
Monte Cicerale	20	C2-D2	Montepastore	10	B2	Montursi	21	C1	Murgia di Ceraso	19	B3-C3
Montecilfone	18	C1	Montepescali	12	C3	Monvisio	8	B2	Murgia Lampazzo	19	B3
Monte Compatri	17	B2	Montepescini	12	C3	**Monza**	5	B2	Murgia Sgolgore	21	C1
Monte Copiolo	11	A3	Montepiano	10	B3	Monzambano	6	A3	Murgie (le)	23	D2
Montecorice	20	C3	Monte Porzio	13	C1	Monzuno	10	B2	Murialdo	8	D3
Montecorvino Pugliano	20	C1	Monte Pozzillo	18	A3	Moraduccio	10	C3	Murlo	12	C3
Montecorvino Rovella	20	C1	**Montepulciano**	12	D3	Morano Calabro	21	B3	Muro Leccese	22	C2
Montecrestese	4	D1	Montepulciano			Morano Po	4	D3	Muro Lucano	20	D1
Montecreto	10	A3	(Lago di)	13	A3	Morbegno	5	C1	Musano	6	D1
Montecristo (Isola di)	14	A3	Monterado	13	C1	Morbello	8	D2	Musellaro	16	A3
Monte Croce di			Monterappoli	12	B1	Morciano di Leuca	22	C3	Musi	3	C2
Comelico (Passo)	3	A2-B2	Monterchi	13	A2	Morciano di Romagna	11	B3	Musignano	5	A1
Montecuccoli	10	B3	Montereale	15	C2	Morcone	18	B3	Musignano	14	D2
Monte del Lago	13	A2	Montereale Valcellina	3	B3	Mordano	10	C2	Musile di Piave	7	A2
Monte di Procida	20	A1	Monterenzio	10	C2	Morello	13	B1	Mussolente	6	C1
Montefalcione	20	C1	Monte Rest (Forcella di)	3	B3	Moretta	8	B2	Muta (Lago di)	2	A2
Montefalco	13	B3	Monteriggioni	12	C2	Morfasso	9	C1	Mutignano	16	A2
Montefalcone di			Monteroduni	18	A2	Morgex	4	A2	Mutola (Montagna		
Valfortore	18	C3	Monte Romano	15	A3	Mori	6	A1-B1	della)	20	D2
Montefalcone nel			Monteroni d'Arbia	12	C2	Moriago della Battaglia	6	D1	Mutria (Monte)	18	B2
Sannio	18	B1	Monteroni di Lecce	22	B2	Moricone	15	C3	Muzzana del Turgnano	7	B1

N

Nalles	2	C2
Napoli	20	B1
Nardò	22	B2
Nardodipace Vecchio	26	B1
Narni	15	B2
Narzole	8	C2
Naßfeld	3	C2
Natile	26	B2
Naturno	2	B2
Nava (Colle di)	8	C3
Navacchio	12	A1
Nave	5	D2
Nave	12	A1
Navelli	16	A3
Nebin (Monte)	8	B2
Nebius (Monte)	8	B3
Neirone	9	B2
Nembro	5	C2
Nemi	17	B2
Nemoli	21	A3
Nepi	15	B3
Nerano	20	B2
Nereto	16	A2
Nerito	15	D2
Nero (Capo)	9	A3
Nerone (Monte)	13	B1
Nerone (Pallazzo di)	17	C1
Nerone (Tomba di)	15	B3
Nervesa della Battaglia	6	D1
Nervi	9	B2
Nerviano	5	A2-B2
Nespoli	10	D3
Nesso	5	B1
Netro	4	C2
Nettuno	17	B2
Neustift (Novacella)	2	D2
Nevea (Sella)	3	C2-D2
Neviano	22	B2
Neviera (Serra di)	21	A2
Nibbiano	9	B1
Nibbiola	5	A3
Nicastro	23	B3
Niccone	13	A2
Nicola (Serra)	20	D2
Nicorvo	5	A3
Nicotera	26	A1
Nimis	3	C3
Nisida (Isola di)	20	A1
Niviano	9	C1
Nivolet (Colle del)	4	B3
Nizza Monferrato	8	D2
Noale	6	D2
Noasca	4	B3
Nocara	21	C3
Nocciano	16	A3
Nocelleto	18	A3
Nocera	20	B1
Nocera Terinese	23	B3
Nocera Umbra	13	B3
Noceto	9	D1
Noci	21	D1
Nociglia	22	C3
Noepoli	21	B3
Nogara	6	B3
Noghera	6	D2
Noha	22	B2
Noicattaro	19	C3-D3
Nola	20	B1
Nole	4	C3
Noli	8	D3
Nomi	6	B1
Nonantola	10	B1
None	8	B1
Norchia	15	A3
Norcia	13	C3
Norma	17	C2
Noroni (Monte)	6	A2
Notaresco	16	A2
Novacella (Neustift)	2	D2
Novafeltria	11	A3
Novale	2	C3
Novale di fuori (Monte)	3	A1
Novalesa	4	A3-B3
Nova Levante	2	C3-D3
Nova Milanese	5	B2
Nova Ponente	2	C3
Novara	5	A3
Nova Siri	21	C3
Novate Mezzola	1	C3
Nove	6	C2
Noveglia	9	C2
Novellara	10	A1
Noventa di Piave	7	A1-A2
Noventa Padovana	6	D2
Noventa Vicentina	6	C3
Novi di Modena	10	B1
Noviglio	5	B3
Novilara	11	B3
Novi Ligure	9	A1-A2
Novi Velia	20	D3
Novoli	22	B2
Nozza	5	D2
Nucetto	8	C3
Nuda (Monte della)	20	D2
Nuda (Monte la)	9	D3
Numana	13	D1
Nuova Bisaccia	18	D3
Nuria (Monte)	15	C2
Nurietta (Monte)	15	C2-C3
Nus	4	B3
Nusco	20	C1
Nusenna	12	C2-D2
Nuvolau	3	A2
Nuvolento	5	D2
Nuvolera	5	D2

O

Oca	10	D1
Occhieppo	4	C2-D2
Occhiobello	10	C1
Occimiano	8	D1
Ocre (Monte)	15	D3
Odalengo Grande	8	D1
Oderzo	7	A1
Odle (Le)	2	D2
Odolo	5	D2
Ofena	16	A3
Offanengo	5	C3
Offida	13	D3
Offlaga	5	D3
Oga	2	A3
Oggebbio	5	A1
Oggia (Colle d')	9	A3
Oggiono	5	B2
Ogliastro Cilento	20	C2
Ogliastro Marina	20	C3
Olcenengo	4	D3
Olcio	5	B1
Oleggio	5	A2
Olevano Romano	17	C1
Olevano sul Tusciano	20	C1-C2
Olgiate Comasco	5	A2
Olgiate Olona	5	A2
Olginate	5	B2
Olivadi	26	C1
Oliveto	10	B2
Oliveto	26	A3
Oliveto Citra	20	D1
Oliveto Lario	5	B1
Oliveto Lucano	21	B2
Ollomont	4	B2
Olmeneta	5	C3-D3
Olmi	12	B1
Olmo (L')	13	A3
Olmo al Brembo	5	C1
Oltre il Colle	5	C1
Ome	5	D2
Omegna	4	D1
Omignano	20	C2-D2
Onano	14	D1
Onara	6	C2
Oneglia	9	B3
Oneta	5	C1
Onno	5	B1
Opi	15	D3
Oppeano	6	B3
Oppido Lucano	21	A1
Oppido Mamertina	26	B2
Ora (Auer)	2	C3
Oratino	18	B2
Orbassano	8	B1
Orbetello	14	C2
Orciano di Pesaro	13	B1-C1
Orciatico	12	B2
Ordona	18	D2-D3
Orecchia (l')	2	B2
Orello (Monte)	14	A1
Orgiano	6	C3
Oria	4	D1
Oria	22	A1-A2
Orino	5	A1
Oriolo	21	B3
Oriolo Romano	15	A3
Ormea	8	C3
Ormelle	6	D1
Ornaro	15	C3
Oropa (Santuario d')	4	C2
Ornavasso	4	D1
Orria	20	D2
Orsago	6	D1
Orsara di Puglia	18	D3
Orsello (Monte)	15	D3
Orsetti (Monte)	21	D1
Orsiera (Monte)	8	B1
Orso (Col dell')	15	C1
Orso (Monte)	17	D2
Orsogna	16	B3
Orsomarso	23	A1
Orta (Lago d')	4	D2
Orta Nova	19	A2
Orta San Giulio	4	D2
Ortelle	22	C3
Orte	15	B2
Ortezzano	13	D2-D3
Ortì	26	A2
Ortimino	12	B1
Ortisei (Sankt Ulrich)	2	D2
Ortler (Ortles)	2	B2-B3
Ortona	16	B3
Ortona dei Marsi	17	D1
Ortovero	9	B3
Ortucchio	15	D3
Orvieto	15	A2
Orvinio	15	C3
Orzinuovi	5	C3
Orzivecchi	5	C3-D3
Oscata	18	D3
Osiglia	8	D3
Osimo	13	D1
Osio sotto	5	C2
Osoppo	3	C3
Ospedaletti	9	A3
Ospedaletto	6	C1
Ospedaletto	6	D2
Ospedaletto	11	A3
Ospedaletto	12	A1
Ospedaletto	13	A3
Ospedaletto	20	C1
Ospedaletto Lodigiano	5	B3
Ospiate	3	A3
Ospitale di Cadore	3	A3
Ospitaletto	6	C2
Ospitaletto	5	D2
Ospitaletto	10	B2
Ossago Lodigiano	5	C3
Ossenigo	6	A2
Ossimo	5	D1
Ostellato	10	D1
Osteno	5	B1
Osteria del Gatto	13	B2
Osteria Nuova	15	B3
Ostia	17	A2
Ostiano	5	D3
Ostiglia	6	B3
Ostigliano	20	C2
Ostra	13	C1
Ostra Vetere	13	C1
Ostuni	22	A1
Otranto	22	C2
Otricoli	15	B2
Ottati	20	D2
Ottavia	17	A1
Ottaviano	20	B1
Ottiglio	8	D1
Ottobiano	5	A3
Ottone	9	B2
Ötztaler Alpen	2	B1-C1
Ovada	9	A2
Ovanengo	5	C3
Oviglio	8	D1
Ovindoli	15	D3
Oyace	4	B2
Ozzano dell'Emilia	10	C2
Ozzano Monferrato	8	D1

P

Pace	26	A2
Pacengo	6	A2
Pacentro	18	A1
Paderno	10	B2
Paderno Ponchielli	5	C3
Padivarma	9	C3
Padola	3	A2
Padova	6	C2
Padriciano	7	C1
Padula	15	D2
Padula	21	A2
Padule	13	B2
Paduli	18	C3
Padulle	10	B2
Paesana	8	B2
Paese	6	D2
Paestum	20	C2
Paganella	6	B1
Paganella (Monte)	23	B2
Paganella (La)	2	C3
Pagani	20	B1
Pagania	23	B1
Paganica	15	D2
Paganico	12	C3
Pagliarelle	23	C2
Pagliarelle (Monte)	18	B3
Pagliaroli	15	D2
Paglieta	16	B3
Pagno	8	B2
Pago del Vallo	20	B1
Pago Veiano	18	C3
Paia (Monte)	20	C1
Paisco	5	D1
Pala (Monte)	3	A3
Palagano	10	A2
Palagianello	21	D1
Palagiano	21	D1
Palaia	12	B1
Palanfre	8	B3
Palanuda (Monte)	23	A1
Palanzano	9	D2
Palata	18	B1
Palazzago	5	B2
Palazzello	23	B2
Palazzetto	12	C3
Palazzi	12	A1
Palazzo	13	B1
Palazzo	13	C2
Palazzo d'Ascoli	18	D3
Palazzo del Pero	13	A2
Palazzolo sull'Oglio	5	C2
Palazzolo Vercellese	4	D3
Palazzo San Gervasio	19	A3
Palazzuolo	12	D2
Palazzuolo sul Senio	10	C3
Palena	18	A1
Paleparto (Monte)	23	C2
Palermiti	23	C3
Palese	19	C3
Palese (Serra)	21	B1
Palestrina	17	B1
Palestro	5	A3
Paliano	17	C2
Palidoro	17	A1
Palinuro	20	D3
Palizzi Marina	26	B3
Palla Bianca (Weißkugel)	2	B2
Pallagorio	23	C2
Pallanza Verbiana	5	A1
Pallare	8	D3
Palma Campania	20	B1
Palmanova	7	B1
Palmaria (Isola)	9	C3
Palmariggi	22	C2
Palmarola (Isola)	17	A3
Palmi	26	A2
Palmori	18	D2
Palo	9	A2
Palo	17	A1
Palo del Colle	19	C3
Palombara Sabina	15	B3
Palombaro	18	A1
Palomonte	20	D1
Palon (Monte)	4	B3
Palù (Piz)	1	D3
Palù	6	B3
Palù del Fersina	2	C3
Paludi	23	C1
Palumbo	21	D2
Paluzza	3	C2
Pamparato	8	C3
Panaia	26	A1
Pancalieri	8	C1
Pancole	14	C1
Pandino	5	C3
Panettieri	23	B3
Paneveggio	2	D3
Pania di Croce	10	A3
Panicale	15	A1
Panicarola	13	A3
Pannaconi	26	B1
Pannarano	18	B2
Panni	18	D3
Pannone	6	A1
Pano (Monte)	21	A2
Panocchia	9	D1
Pantalla	13	B3
Pantaniello	18	A2
Pantano	13	A2
Pantanolata (Serra)	23	A2
Panza	20	A1
Panzano (Golfo di)	7	C1
Paola	23	B2
Papa (Monte del)	21	A3
Papanice	23	D3
Papasidero	21	A3
Papozze	6	D3
Para	10	D3
Parabiago	5	A2
Parabita	22	B3
Paradisino (Pizzo)	2	A3
Parantoro	23	B2
Paratico	5	C2
Paratiello (Monte)	20	D1
Parava	26	B1
Parcines	2	C2
Parella	4	C3
Parenti	23	B2
Parete	20	A1
Pareto	8	D2
Parghelia	26	A1
Parma	9	D1
Parolise	20	C1
Parona	5	A3
Parona di Valpolicella	6	B2
Parrano	13	A3
Parrina (la)	14	C2
Parzanica	5	C2
Pasian di Prato	3	C3
Pasiano di Pordenone	7	A1
Passaggio d'Assisi	13	B3
Passarella	7	A2

ITALIA — 369

Name	Page	Grid
Passariano	7	B1
Passeggio (Monte del)	17	D1
Passetto	6	D3
Passi (Ponte dei)	9	A3
Passiria (Val)	2	C2
Passo	13	D3
Passo Corese	15	B3
Passo di Mirabella	18	C3
Passo di Treia	13	C2
Passo Sant'Angelo	13	C2-D2
Pastena	17	D2
Pastena	18	B2
Pastinelle (le)	18	A2
Pastorano	18	A3
Pastorello	9	D2
Pastrengo	6	A2
Pasturo	5	B1
Pasubio (Monte)	6	B1
Paterno	15	D3
Paterno	21	A2
Paternopoli	18	C3
Patigno	9	C2
Patrica	17	C2
Pattano	20	D3
Patù	22	C3
Paularo	3	C2
Paullo	5	B3
Paupisi	18	B3
Pavia	5	B3
Pavia di Udine	3	C3
Pavione (Monte)	2	D3
Pavona	17	B2
Pavone del Mella	5	D3
Pavullo nel Frignano	10	A2-B2
Pazzano	26	C1
Peccioli	12	B2
Pecetto di Valenza	9	A1
Pecetto Torinese	8	C1
Pecorara	9	B1
Pedace	23	B3
Pedaso	16	A1
Pedavena	6	C1
Pedemonte	1	D3
Pedemonte	9	B2
Pederobba	6	C1
Pedescala	6	B1
Pedivigliano	23	B3
Pedraces	2	D2
Pedros	2	A2-B2
Peghera	5	C1
Pegherolo (Monte)	5	C1
Pegli	9	A2
Peglia (Monte)	13	A3
Pegognaga	10	A1-B1
Pegolotte	6	D3
Pejò	2	B3
Pelagatta (Passo)	6	B2
Pelf (Monte)	3	A3
Pelizzone (Passo di)	9	C2
Pellaro	26	A3
Pellaro (Punta di)	26	A3
Pellegrina	6	B3
Pellegrino (Cocuzzo)	23	A1
Pellegrino Parmense	9	C1
Peller (Monte)	2	B3
Pellestrina	6	D3
Pellezzano	20	C1
Pellio Intelvi	5	B1
Pelmo (Monte)	3	A2
Peloro (Capo)	26	A2
Peludnig	3	C2
Pelvas (Tête du)	8	A2
Pêne Blanche (Monte)	4	B2
Penice (Monte)	9	B1
Penice (Passo del)	9	B1
Penna (Monte)	9	C2
Penna (Monte)	12	D1
Penna (Monte)	13	B2
Penna (Punta della)	16	C3
Pennabilli	13	A1
Pennadomo	18	A1
Penna in Teverina	15	B2
Pennapiedimonte	16	B3
Penna San Giovanni	13	D2-D3
Penne	16	A3
Penne (Punta)	22	B1
Pennes	2	C2
Pennes (Passo di)	2	C1-C2
Pennes (Val di)	2	C2
Pennino (Monte)	13	C2
Penta	20	C1
Pentidattilo	26	A3
Pera	2	B3
Peralba (Monte)	3	B2
Perano	16	B3
Perarolo di Cadore	3	A2-A3
Percile	15	C3
Percoto	3	C3
Perdifumo	20	C3
Pereta	14	C2
Pereto	15	C3
Pergine Valdarno	12	D2
Pergine Valsugana	6	B1
Pergoia (Cala del)	19	B1
Pergola	13	B1
Peri	6	A2
Perinaldo	9	A3
Perino	9	C1
Perito	20	C2-D2
Pernate	5	A3
Pernocari	26	B1
Pernumia	6	C3
Pero	6	D1
Perolla	12	B1
Perosa Argentina	8	B1
Peroulaz	4	B2
Perrero	8	B1
Perrotta (Monte)	23	D3
Persano	20	C2
Persi	9	B2
Pertegada	7	B1
Pertengo	4	D3
Perticara	11	A3
Pertosa	20	D2
Pertusillo (Lago del)	21	A2
Perugia	13	A2-B2
Pesaro	11	B3
Pescaglia	10	A3
Pescantina	6	A2
Pescara	16	B3
Pescarolo ed Uniti	5	D3
Pescasseroli	17	D1
Peschici	19	A1
Peschiena (Monte)	10	C3
Peschiera Borromeo	5	B3
Peschiera del Garda	6	A2
Peschio (Monte)	17	B2
Peschiola	15	D3
Pescia	12	B1
Pescia (La)	19	A3
Pescia Fiorentina	14	C2-D2
Pescia Romana	14	D2
Pescina	15	D3
Pesco (Cocuzzo del)	23	A2
Pesco (Cocuzzo del)	23	C1
Pescocostanzo	18	A1
Pesco la Messa (Monte)	18	B2
Pescolanciano	18	A2-B2
Pescopagano	20	D1
Pescopennataro	18	A1-B1
Pescorocchiano	15	C3
Pesco Sannita	18	C3
Pescosansonesco	16	A3
Pescosolido	17	D2
Pescul	3	A2
Peseggia	6	D2
Pessinetto	4	B3
Pestarena	4	C1
Petacciato	18	C1
Petilia Policastro	23	C2
Petina	20	D2
Petit Saint Bernard (Col du) (Colle del Piccolo San Bernardo)	4	A2
Petrano (Monte)	13	B1
Petrella (Monte)	17	D3
Petrella Liri	15	D3
Petrella Salto	15	C3
Petrella Tifernina	18	B2
Petriano	13	B1
Petrignano	13	B2-B3
Petrignano del Lago	12	D3
Petrizzi	26	C1
Petronà	23	C3
Petrosa	20	D3
Petroso (Monte)	18	A2
Pettenasco	4	D2
Pettinascura (Monte)	23	C2
Pettinengo	4	C2-D2
Pettoranello del Molise	18	A2
Pettorano sul Gizio	18	A1
Pettorazza Papafava	6	D3
Peveragno	8	C3
Pezzana	5	A3
Pezze di Greco	22	A1
Pezze di Speziale	22	A1
Pezzo	2	B3
Pezzo la Corte	21	B3
Pezzolo	26	A2
Pezzuolo Valle Uzzone	8	D2
Pfitscher Joch (Passo di Vizze)	2	D1
Piacenza	9	C1
Piacenza d'Adige	6	C3
Piadena	5	D3
Piagge	13	C1
Piaggine	20	D2
Piaggione	10	A3
Piana	18	B2
Piana Crixia	8	D2
Piana di Caiazzo	18	B3
Pianazzo	1	C3
Piancaldoli	10	C3
Pian Castagna	9	A2
Piancastagnaio	12	D3
Piancogno	5	D1
Pian d'Alma	12	B3
Pian degli Ontani	10	A3
Piandelagotti	10	A3
Pian di Macina	10	C2
Piandimeleto	13	A1
Pian di Scó	12	C1-D1
Piane Crati	23	B2
Pianella	12	C2
Pianella	16	A3
Pianello	13	B1-B2
Pianello Val Tidone	9	B1
Pianengo	5	C3
Pianezza	8	B1
Pianfei	8	C3
Piangipane	10	D2
Piani	9	A3
Pianico	5	C1-C2
Piano	6	D3
Piano della Pieve	13	B2-B3
Piano del Voglio	10	B3
Piano del Resinelli	5	B1
Piano di Salerno	20	C2
Piano di Sorrento	20	B2
Pianopoli	23	B3
Pianoro	10	C2
Pianosa (Isola)	14	A2
Pianosinatico	10	A3-B3
Piansano	14	D2
Pianteedo	5	B1
Pianura	20	A1
Piasco	8	B2
Piastre (Le)	10	B3
Piatto	4	D2
Piazza	9	C3
Piazza al Serchio	10	A3
Piazzano	16	B3
Piazzatorre	5	C1
Piazze	15	A1
Piazzi (Cima de)	2	A3
Piazzola sul Brenta	6	C2
Picciano	16	A3
Piccione	13	B2
Piccolo San Bernardo (Colle del) (Col du Petit Saint Bernard)	4	A2
Picentini (Monti)	20	C2
Picerno	21	A1
Picinisco	18	A2
Pico	17	D2
Piea	8	C1-D1
Piè del Colle	13	C3
Piedelpoggio	15	C2
Piè del Sasso	13	C3
Piedicavallo	4	C2
Piediluco	15	B2
Piedimonte	18	A3
Piedimonte Alto	17	D2
Piedimonte Matese	18	B3
Piedimonte San Germano	17	D2
Piedimulera	4	D1
Pie di Ripa	13	D2
Piedivalle	13	C3
Piedivia	9	C1-D1
Piegaro	15	A1
Pielungo	3	B3
Pienza	12	D3
Pietrabbondante	18	B2
Pietrabruna	9	A3
Pietracamela	15	D2
Pietracatella	18	C2
Pietracolora	10	B3
Pietracuta	11	A3
Pietradefusi	18	C3
Pietraferrazzana	18	B1
Pietrafitta	23	B2
Pietrafitta	17	D2
Pietragalla	21	A1
Pietraia	13	A2
Pietra Ligure	8	D3
Pietralunga	13	B2
Pietramala	10	C3
Pietra Marazzi	9	A1
Pietramelara	18	A3
Pietra Montecorvino	18	C2
Pietranico	16	A3
Pietransieri	18	A1
Pietra Palomba (Monte)	18	D3
Pietrapaola	23	C1
Pietrapennata	26	B3
Pietrapertosa	21	B2
Pietraroja	18	B3
Pietra Rossa (Punta di)	2	A3
Pietrasanta	9	D3
Pietrasecca	17	C1
Pietrastornina	18	B3
Pietravairano	18	A3
Pietrelcina	18	C3
Pietre Nere (Punta)	18	D1
Pieve	9	A2
Pieve	12	D2
Pieve Albignola	5	A3
Pieve a Maiano	12	D2
Pieve a Nievole	12	B1
Pieve d'Alpago	3	A3
Pieve degli Cairo	9	A1
Pieve di Bono	6	A1
Pieve di Cadore	3	A2
Pieve di Cadore (Lago di)	3	A2-B2
Pieve di Cento	10	B1
Pieve di Ledro	6	A1
Pieve di Livinallongo	2	D2
Pieve di Sant'Andrea	10	C2
Pieve di Soligo	6	D1
Pieve di Teco	9	A3
Pievedizio	5	D2
Pieve d'Olmi	5	D3
Pieve Emanuele	5	B3
Pieve Fosciana	10	A3
Pievepelago	10	A3
Pieve Porto Morone	5	B3
Pieve San Giacomo	5	D3
Pieve San Nicolò	13	B2
Pieve San Stefano	13	A1
Pieve Tesine	6	C1
Pieve Tesino	2	D3
Pieve Torina	13	C3
Pievetta	8	C3
Pieve Vergonte	4	D1
Pievina	12	C2-D2
Piglio	17	C1
Pigna	9	A3
Pignataro	18	A3
Pignataro Interamna	17	D2
Pignola	21	A2
Pignone	9	C3
Pigra	5	B1
Pila	13	A3
Pila	14	A1
Pila (La)	7	A3
Pilastrello	10	B1
Pilastri	10	B1
Pilati	26	A3
Pilcante	6	A1-B1
Pincara	6	C3
Pinerolo	8	B1
Pineto	16	A2
Pino	5	A1
Pinocchio	13	D1
Pino Torinese	8	C1
Pinzano al Tagliamento	3	B3
Pinzolo	2	B3
Piobbico	13	B1
Piobbico	13	C3
Piobesi Torinese	8	C1
Pioda di Crana	4	D1
Piode	4	C2
Pioltello	5	B2
Piomba	16	A2
Piombino	12	B3
Piombino Dese	6	C2-D2
Pioppi	20	C3
Pioraco	13	C2
Piossasco	8	B1
Piove di Sacco	6	D3
Piovene Rocchette	6	B1
Piovera	9	A1
Piozzano	9	C1
Piretto	23	B2
Pisa	12	A1
Pisana (La)	17	A1
Pisano	5	A2
Pisciotta	20	D3
Piscopio	26	B1
Pisignano	22	C2
Pisogne	5	D2
Pissignano	13	B3
Pisterzo	17	C2
Pisticci	21	C2
Pistoia	10	B3
Pistrino	13	A1-A2
Pistunina	26	A2
Piteglio	10	A3
Pitigliano	14	D2
Piubega	6	A3
Piverone	4	C3
Pizi (Monti)	18	A1
Pizzighettone	5	C3
Pizzino	5	C1
Pizzo	23	B3
Pizzocco (Monte)	3	A3
Pizzoferrato	18	A1
Pizzoli	15	D2
Pizzon (Monte)	3	A3
Pizzone	18	A2
Pizzoni	26	B1
Pizzuto (Monte)	15	B2
Placanica	26	C1
Plan	2	C2
Plan de Corones	2	D2
Plataci	21	B3
Platania	23	B3
Platí	26	B2
Plauris (Monte)	3	C2
Plaus	2	C2

370 — ITALIA

Name	Col1	Col2
Plöckenpaß	3	B2
Plose (Cima della)	2	D2
Pocapaglia	8	C2
Podargoni	26	A2
Podenzanò	9	C1
Poderia	20	D3
Pofi	17	C2-D2
Poggeto	13	C2
Poggiardo	22	C3
Poggibonsi	12	C2
Poggio a Caiano	12	B1
Poggio Berni	11	A3
Poggio Bretta	15	D1
Poggio Bustone	15	C2
Poggio Cancelli	15	D2
Poggio Catino	15	B3
Poggio d'Acona	12	D1
Poggio di Bretta	13	D3
Poggio di Loro	12	D1
Poggiodomo	13	C3
Poggioferro	14	C1
Poggio Filippo	15	D3
Poggiofiorito	16	B3
Poggio Imperiale	18	D1
Poggiomarino	20	B1
Poggio Mirteto	15	B3
Poggio Moiano	15	C3
Poggio Murella	14	D1-D2
Poggio Renatico	10	C1
Poggiorsini	19	B3
Poggio Rusco	10	B1
Poggio Sannita	18	B1
Poggio San Romualdo	13	C2
Poggio Sorifa	13	B2
Pognana-Lario	5	B1
Poiana Maggiore	6	C3
Poiano	6	B2
Poirino	8	C1
Polaveno	5	D2
Polesella	6	C3
Poli	17	B1
Polia	23	B3
Policastrello	23	A1
Policastro (Golfo di)	21	A3
Policastro Busentino	20	D3
Policiano	12	D2
Policoro	21	C2
Polignano a Mare	19	D3
Polinago	10	A2
Polino	15	C2
Polistena	26	B2
Polla	20	D2
Pollaro (Monte)	20	C1-D1
Pollella	23	A2
Pollena	20	B1
Pollenza	13	C2
Pollenzo	8	C2
Pollica	20	C3
Pollone	4	C2
Pollutri	16	B3
Polonghera	8	C2
Polpenazze	6	A2
Polvano	13	A2
Polveracchio (Monte)	20	C1
Polveraia	14	C1
Polverara	6	D3
Polverigi	13	C1
Polverina	13	C2
Polvese (Isola)	13	A3
Polvica	20	B1
Pomarance	12	C2
Pomaretto	8	B1
Pomarico	21	C2
Pometo	9	B1
Pomezia	17	A2
Pomigliano d'Arco	20	B1
Pomino	12	C1-D1
Pompagnano	15	B2
Pompei	20	B1
Pompiano	5	C3-D3
Pomponesco	10	A1
Pomposa	10	D1
Poncarale	5	D2
Pongelli	13	C1
Ponina	12	D1
Ponsacco	12	B1
Ponso	6	C3
Pont	4	B3
Pontassieve	12	C1
Pontboset	4	C2
Pont Canavese	4	C3
Ponte	1	A3
Ponte	18	A3
Ponte (il)	10	C3
Ponte a Buriano	12	D1
Ponte a Cappiano	12	B1
Ponte a Egola	12	B1
Ponte a Elsa	12	B1
Ponte a Moriano	12	A1-B1
Ponte Angitola	23	B3
Pontebba	3	C2
Ponte Buggianese	12	B1
Ponte Caffaro	6	A1
Pontecagnano	20	C2
Ponteceno di Sopra	9	C2
Pontecorvo	17	D2
Ponte Crepaldo	7	A2
Pontecurone	9	A1-B1
Pontedassio	9	A3-B3
Pontedazzo	13	B1
Pontedecimo	9	A2
Ponte dell'Olio	9	C1
Pontedera	12	B1
Ponte di Barbarano	6	C2
Ponte di Ferro	13	B3
Ponte di Legno	2	B3
Ponte di Masino	12	B1
Ponte di Nava	8	C3
Ponte di Piave	7	A1
Ponte di Rio	13	C1
Ponte Felcino	13	A2-B2
Ponte Galeria	17	A1
Ponte Gardena	2	C2
Ponteginori	12	C2
Pontegrande	4	C1-D1
Pontegrande	23	C3
Ponte in Valtellina	1	D3
Pontelagoscuro	10	C1
Pontelandolfo	18	B3
Ponte Latone	18	A3
Ponte la Trave	13	C2-C3
Pontelongo	6	D3
Ponte nelle Alpi	3	A3
Ponte Nizza	9	B1
Ponte Nossa	5	C1
Pontenure	9	C1
Ponte Pattoli	13	A2-B2
Ponteranica (Monte)	5	C1
Pontericcioli	13	B2
Ponte San Giovanni	13	B3
Ponte San Marco	5	D2
Ponte San Nicolò	6	C2
Ponte San Pellegrino	10	B1
Ponte San Pietro	5	C2
Pontesei (Lago di)	3	A3
Pontestura	4	D3
Pontetto	4	D1
Pontevico	5	D3
Ponti	8	D2
Pontida	5	B2
Pontinia	17	C3
Pontinvrea	8	D2
Ponti sul Mincio	6	A2
Pontoglio	5	C2
Pontremoli	9	C2-D2
Pont-Saint-Martin	4	C2
Ponza (Isola di)	17	A3
Ponzano	10	B2
Ponzano Monferrato	8	D1
Ponzano Veneto	6	D1
Ponziane (Isole)	17	A3
Ponzone	8	D2
Popelli	26	B2
Popiglio	10	A3
Popoli	16	A3
Poppi	12	D1
Populonia	12	A3
Porano	15	A2
Porcari	12	B1
Porcellengo	6	D1
Porche (Monte)	13	C3
Porcia	7	A1
Porcigatone	9	C2
Pordenone	7	A1
Pordoi (Passo di)	2	D2
Porlezza	5	B1
Pornassio	9	A3
Pornassio	8	C3
Pornello	13	A3
Poro (Capo)	14	A2
Poro (Monte)	26	A1-B1
Porretta (Passo della)	10	B3
Porretta Terme	10	B3
Portacomaro	8	D1
Portalbera	5	B3
Portella (Monte)	23	B3
Portici	20	B1
Portico di Romagna	10	D3
Portigliola	26	B2
Portiolo	6	A3-B3
Porto Azzurro	14	A1
Porto Badisco	22	C3
Portobuffole	7	A1
Portocannone	18	C1
Porto Ceresio	5	A1
Porto Cesareo	22	B2
Porto Corsini	10	D2
Porto Craulo	22	C2
Porto d'Ascoli	16	A1
Porto di Brenzone	6	A2
Porto di Levante	7	A3
Porto Ercole	14	C2
Portoferraio	14	A1
Portofino	9	B3
Porto Garibaldi	10	D1
Portogruaro	7	A1-B1
Portomaggiore	10	C1-D1
Porto Maurizio	9	B3
Portonovo	10	A2
Portonovo	13	D1
Porto Recanati	13	D1
Porto Salvo	17	D3
Porto San Giorgio	13	D2
Porto Sant'Elpidio	13	D2
Porto Santo Stefano	14	C2
Porto Tolle	6	D3
Portovenere	9	C3
Posillipo	20	A1
Posina	6	B1
Positano	20	B2
Possagno	6	C1
Posta	15	C2
Posta Demani	18	D2
Posta Fibreno	17	D2
Postal	2	C2
Posta Nova	18	D1
Posta Piana	19	A3
Postiglione	20	D2
Postioma	6	D1
Postua	4	D2
Potenza	21	A1
Potenza Picena	13	D2
Pove del Grappa	6	C1
Povegliano	6	D1
Povegliano Veronese	6	A3
Poverella	23	B3
Poviglio	10	A1
Povolaro	6	C2
Povoletto	3	C3
Poza	18	A3
Pozzaglio	5	C3-D3
Pozzelle (Serra delle)	19	B3
Pozzilli	18	A2
Pozzo del Bagno (Monte)	10	B3
Pozzolengo	6	A3
Pozzolo Formigaro	9	A1
Pozzonovo	6	C3
Pozzuoli	20	A1
Pozzuolo	13	A3
Pozzuolo del Friuli	3	C3
Pracchia	10	B3
Pradalunga	5	C2
Pradielis	3	C3
Pradipozzo	7	A1
Pradleves	8	B3
Prafovecchio	12	D1
Pragelato	8	A1
Praia a Mare	21	A3
Praiano	20	B2
Pralboino	5	D3
Pralormo	8	C1
Pramaggiore	7	A1
Pramaggiore (Monte)	3	B2-B3
Pramollo (Passo di)	3	C2
Prano (Monte)	12	A1
Pranzaturo (Monte)	18	B2
Prascorsano	4	C3
Prata	4	D1
Prata	12	C3
Prata d'Ansidonia	15	D3
Prata di Principato Ultra	18	C3
Prata di Sotto	7	A1
Prata Sannita	18	A2
Pratella	18	A2
Pratello (Monte)	18	A1
Prati del Tivo	15	D2
Prato	9	C2
Prato	12	C1
Prato (Monte)	10	A3
Prato (Monte)	17	C1
Prato all'Isarco	2	C2
Prato allo Stelvio	2	B2
Prato Carnico	3	B2
Pratola Peligna	17	D1
Pratola Serra	20	C1
Pratolino	12	C1
Pratolungo	8	B3
Pratomagno	12	D1
Pratomagno (Croce di)	12	D1
Prato Perillo	20	D2
Prato Sesia	4	D2
Pratovecchio	12	D1
Praturlone	7	A1
Pravisdomini	7	A1
Prazzo	8	A2-B2
Precenico	7	B1
Predazzo	2	D3
Predil (Lago del)	3	C2
Predil (Passo del)	3	C2
Predoi	2	D1
Predore	5	C2
Predosa	9	A2
Preganziol	6	D1
Preggio	13	A3
Preglia	4	D1
Premana	5	B1
Premariacco	3	C3
Premeno	5	A1
Premia	1	A3
Premilcuore	10	D3

Name	Col1	Col2
Premosello-Chiovenda	4	D1
Prena (Monte)	15	D2
Prepotto	3	C3-D3
Pré-Saint-Didier	4	A2
Presanella (La)	2	B3
Prese (Le)	2	A3
Presenzano	18	A2
Presicce	22	C3
Presolana (Passo della)	5	C1-D1
Pressana	6	B3
Pretare	13	C3-D3
Preti (Cima dei)	3	A3-B3
Preturo	15	C2-D2
Prezza	17	D1
Prignano Cilento	20	C2
Prignano sul Secchia	10	A2
Primaluna	5	B1
Prima Porta-Labaro	15	B3
Primavalle	17	A1
Primolano	6	C1
Principina a Mare	14	B2
Priverno	17	C2
Privernum	17	C2
Procchio	14	A1
Proceno	14	D1
Procida (Isola di)	20	A1
Prodo	13	A3
Promano	13	A2
Promontorio del Gargano	19	A1
Propata	9	B2
Prosecco	7	C1
Prossedi	17	C2
Provaglio d'Iseo	5	C2-D2
Provazzano	9	D2
Provès	2	B2-B3
Provvidenti	18	C2
Prun	6	B2
Prunella	26	A3
Prunetta	10	A3-B3
Puegnago	6	A2
Puez	2	D2
Puglianello	18	B3
Puglietta	20	C1
Pulcherini	17	D3
Pulci (le)	13	B2
Pulfero	3	D3
Pulsano	21	D2
Punta del Lago	15	A3
Punta Marina	10	D2
Punta Palazzi	12	A1
Puos d'Alpago	3	A3
Pusiano (Lago di)	5	B2
Pustertal	3	A1-B1
Putignano	21	D1
Pyrgi	15	A3

Q

Name	Col1	Col2
Quadri	18	A1
Quadrivio Ischiatella	20	A1
Quadro (Pizzo)	1	C3
Quaglietta	20	D1
Qualiano	20	A1
Quarata	12	D2
Quargnento	9	A1
Quargneto	8	D1
Quarna	4	D1
Quarona	4	D2
Quartaia	12	C2
Quartesana	10	C1
Quarticciolo	15	A2
Quartino	8	D2
Quarto (Lago di)	10	D3
Quarto	20	A1
Quarto d'Altino	6	D2
Quartora (le)	15	D3
Quasini	19	C3
Quattordio	8	D1
Quattro Castella	10	A2
Quercegrossa	12	C2
Querceto	12	B2
Quercianella	12	A2
Quero	6	C1
Quezzi	9	B2
Quiesa	12	A1
Quincinetto	4	C2
Quindici	20	B1
Quingentole	6	B3
Quinto di Treviso	6	D2
Quinto Vercellese	4	D3
Quinzano	10	C3
Quinzano d'Oglio	5	C3-D3
Quistello	10	B1

R

Name	Col1	Col2
Rabenstein	2	C1
Racale	22	B3
Racconigi	8	C2

ITALIA — 371

Name	Col1	Col2	Name	Col1	Col2	Name	Col1	Col2	Name	Col1	Col2
Racines (Valle di)	2	C1	Rezzato	5	D2	Rizzuto (Capo)	23	D3	Romans d'Isonzo	7	B1
Radda in Chianti	12	C2	Rezzo	9	A3	Ro	10	C1	Rombiolo	26	B1
Radi	12	C2	Rezzoaglio	9	B2	Roana	6	B1	Romeno	2	C3
Radici (Foce delle)	10	A3	Rezzonico	5	B1	Roaschia	8	B3	Romentino	5	A3
Radicofani	12	D3	Rhêmes (Val di)	4	B3	Robbio	5	A3	Rometta	9	D3
Radicondoli	12	C2	Rhêmes Notre-Dame	4	A2-B2	Robecco d'Oglio	5	D3	Romita	12	C1
Radogna	18	D3	Rhêmes Saint Georges	4	B2	Robecco sul Naviglio	5	A3	Roncade	6	D2
Raggiolo	12	D1	Rho	5	B2	Rocca	6	C1	Roncadelle	6	D1
Ragogna	3	C3	Riace	26	C1	Rocca	12	D3	Roncadello	5	D2
Raialunga (Monte)	20	D2	Riace Marina	26	C2	Rocca (Monte la)	17	D2-D1	Roncaglia	9	C1
Raiano	16	A3	Riale	1	A3	Roccabascerana	20	B1	Roncanova	6	B3
Rain (Riva di Tures)	2	D1	Riano	15	B3	Roccabernarda	23	C2	Roncegno	6	B1
Raito	20	B1	Riardo	18	A3	Roccabianca	9	D1	Ronchi	6	B2
Raldon	6	B3	Ribolla	12	C3	Rocca Canavese	4	C3	Ronchi dei Legionari	7	C1
Ramaceto (Monte)	9	B2	Ribordone	4	B3	Roccacasale	16	A3	Ronchis	3	C3
Ramatico (Monte)	20	C1	Ricadi	26	A1	Rocca Cinquemiglia	18	A3	Ronciglione	15	A3
Ramiere (Punta)	8	A1	Ricchiardo	8	B2	Rocca d'Arazzo	8	D1	Ronco	10	D3
Ramiseto	9	D2	Riccia	18	C2	Roccadaspide	20	C2	Ronco all'Adige	6	B3
Ramundo	23	C2	Riccio	13	A2	Rocca d'Evandro	18	A2	Roncobello	5	C1
Ranchio	10	D3	Riccione	11	B3	Rocca di Botte	15	C3	Roncobilacchio	10	B3
Rancia (Castello di)	13	C2	Ricco del Golfo di			Rocca di Cambio	15	D3	Ronco Canavese	4	B3
Rancio Valcuvia	5	A1	Spezia	9	C3	Rocca di Corno	15	C2	Roncoferraro	6	B3
Ranzano	9	D2	Ricigliano	20	D1	Rocca di Mezzo	15	D3	Roncofreddo	11	A3
Raossi	6	B1	Ridanna	2	C1	Rocca di Neto	23	D2	Roncole Verdi	9	D1
Rapallo	9	B2-B3	Ries (Vedrette di)	3	A1	Rocca di Papa	17	B2	Roncone	5	D1
Raparo (Monte)	21	A3	Riese Pio X	6	C1	Roccafluvione	13	D3	Ronco Scrivia	9	A2-B2
Rapegna	13	C3	Rieti	15	C2	Roccaforte			Rondelli	12	B3
Rapino	16	B3	Rifiano	2	C2	del Greco	26	A3-B3	Rondinella (Punta)	21	D2
Rapolano Terme	12	D2	Rifreddo	21	A2	Roccaforte Mondovì	8	C3	Rondissone	4	C3
Rapolla	19	A3	Rifredo	10	C3	Roccaforzata	21	D2	Rongolise	18	A3
Rapone	20	D1	Rignano Garganico	18	D2	Roccafranca	5	C2	Ronsecco	4	D3
Rasa di Varese	5	A1	Rignano sull'Arno	12	C1	Roccagiovine	15	C3	Ronta	10	C3-D3
Rasega (La)	5	D1	Rigolato	3	B2	Roccagloriosa	20	D3	Rorà	8	B2
Rasiglia	13	C3	Rigomagno	12	D2	Roccagorga	17	C2	Roreto	8	C2
Rasocolmo (Capo)	26	A2	Rima	4	C1	Roccagrimalda	9	A2	Roreto Chisone	8	B1
Rassina	12	D1	Rimasco	4	C2-D2	Roccaguglielma	17	D3	Rosa (Monte)	4	C1
Rastello	8	C3	Rimella	4	D1	Rocca Imperiale	21	D3	Rosà	6	C1
Rasura	5	B1	Rimini	11	A3	Roccalbegna	14	C1-D1	Rosa dei Banchi (Monte)	4	B2
Rateis (Rattisio)	2	B2	Riobianco	2	C2	Roccamandolfi	18	A2-B2	Rosali	26	A2
Raticosa (Passo di)	10	C3	Rio di Pusteria			Rocca Massima	17	B2	Rosarno	26	A1-B1
Rattisio (Rateis)	2	B2	(Mühlbach)	2	D2	Roccamonfina	18	A3	Rosasco	5	A3
Rauchkofl (Fumo)	2	D1	Riola di Vergato	10	B3	Roccamontepiano	16	B3	Rosate	5	A3-B3
Rauscedo	3	B3	Riolo	10	B2	Roccamorice	16	A3	Rosazza	4	C2
Ravagnese	26	A3	Riolo Terme	10	C2	Roccanova	21	B2	Rosciano	11	B3
Ravalle	10	C1	Riolunato	10	A3	Roccantica	15	B3	Rosciano	16	A3
Ravarano	9	D2	Riomaggiore	9	C3	Rocca Pia	18	A1	Roscigno	20	D2
Ravarino	10	B1	Rio Marina	14	A1	Roccapiemonte	20	B1	Rosciolo dei Marsi	15	D3
Ravascletto	3	B2	Rio nell'Elba	14	A1	Rocca Pietra	4	D2	Rose	23	B2
Ravello	20	B1	Rionero in Vulture	21	A1	Roccapipirozzi	18	A2	Rose (Tpa delle)	21	A2
Ravenna	10	D2	Rionero Sannitico	18	A2	Roccaporena	13	C3	Roselle	14	C1
Ravi	14	B1	Rio Saliceto	10	A1	Rocca Priora	17	B2	Roselli	17	D2
Raviscanina	18	A2	Riotorto	12	B3	Roccarainola	20	B1	Rosello	18	B1
Razzà	26	B3	Rioveggio	10	B2	Roccaromana	18	A1	Rosengarten		
Razzuolo	10	C3	Ripabottoni	18	C2	Rocca Rossa	21	A3	(Catinaccio)	2	D3-D2
Rea	5	B3	Ripacandida	21	A1	Rocca San Casciano	10	D3	Roseto Capo Spulico	21	C3
Reano	8	B1	Ripalimosani	18	B2	Rocca San Giovanni	16	B3	Roseto degli Abruzzi	16	A2
Recale	18	A3-B3	Ripalta (Monte)	18	C1	Rocca Santa Maria	13	D3	Roseto Valfortore	18	C2
Recanati	13	D1-D2	Ripalta Cremasca	20	C1	Roccascalegna	18	A1-B1	Rosia	12	C2
Recastello (Pizzo)	5	C1-D1	Ripalti (Punta dei)	5	C3	Roccasecca	17	D2	Rosignano Marittimo	12	A2
Recco	9	B2	Riparbella	14	A2	Roccasecca del Volsci	17	C2	Rosignano Solvay	12	A2
Recoaro Terme	6	B2	Ripa Teatina	12	A2-B2	Roccasicura	18	A2	Rosito	23	D3
Recoleta	21	C2	Ripatransone	16	B3	Rocca Sinibalda	15	C3	Rosolina	6	D3
Recovato	10	B2	Ripe	13	C1	Roccaspinalveti	18	B1	Rosolina Mare	6	D3
Redavalle	9	B1	Ripi	17	C2-D2	Roccastrada	12	C3	Rosone	4	B3
Redona	3	B3	Riscone	2	D1	Rocca San Felice	20	C1	Rossa (Croda)	3	A2
Redondesco	6	A3	Rispescia	14	C1	Rocca Susella	9	B1	Rossana	8	B2
Refrancore	8	D1	Ristola (Punta)	22	C3	Rocca Vecchia	22	C2	Rossano	9	C2-C3
Refrontolo	6	D1	Ritiro	26	A2	Roccaverano	8	D2	Rossano	23	C1
Reggente	18	D2	Ritten (Renon)	2	C2	Roccavione	8	B3	Rossano Veneto	6	C2
Reggio di Calabria	26	A2	Riva	4	C2	Roccavivara	18	B1	Rossi	9	B3
Reggiolo	10	A1	Riva	9	B3	Roccella Jonica	26	C2	Rossiglione	9	A2
Reggio nell'Emilia	10	A1	Riva del Garda	6	A1	Roccellatta	23	C2	Rosta	6	B3
Regi Lagni	18	A3	Riva di Solto	5	C2	Rocchetta	9	A3	Rota	15	A3
Regina (Reineck)	2	C2	Riva di Tures (Rain)	2	D1	Rocchetta	18	A3	Rota Greca	23	B2
Regnano	10	A2	Rivalba	8	C1	Rocchetta (Monte)	18	C3	Rotella	13	D3
Regona	5	C3	Rivalta Bormida	9	A2	Rocchetta a Volturno	18	A2	Rotella (Monte)	18	A1
Reineck (Regina)	2	C2	Rivalta di Torino	8	B1	Rocchetta Belbo	8	D2	Rotello	18	C1
Reino	18	C3	Rivalta sul Mincio	6	A3	Rocchetta Cairo	8	D2-D3	Rotonda	21	B3
Remanzacco	3	C3	Rivanazzano	9	B1	Rocchetta di Vara	9	C3	Rotondella	21	C3
Remedello	5	D3	Riva presso Chieri	8	C1	Rocchetta Ligure	9	B2	Rotondella (Monte)	21	C3
Rende	23	B2	Rivara	4	C3	Rocchetta Nuova	18	A2	Rotondi	18	B3
Rendinara	17	C1	Rivarolo Canavese	4	C3	Rocchetta Sant'Antonio	18	D3	Rotondo (Monte)	13	C3
Rendole	6	C1	Rivarolo del Re	10	A1	Rocciavrè (Monte)	8	B1	Rotondo (Monte)	16	A3
Reno	5	A1	Rivarolo Ligure	9	A2	Rocco	8	B3	Rötspitze	3	A1
Renon (Ritten)	2	C2	Rivarolo Mantovano	5	D3	Rochetta Tanaro	8	D1	Rotta (la)	12	B1
Renon (Corno di)	2	C2	Rivarone	9	A1	Rodi Garganico	19	A1	Rottofreno	9	C1
Resana	6	C2-D2	Rivarossa	4	C3	Roen (Monte)	2	C3	Rotzo	6	B1
Reschen (Resia)	2	A2-B2	Rive	4	D3	Rofrano	20	D3	Rovasenda	4	D2
Reschenpass (Passo di Resia)			Rivello	21	A3	Roggiano Gravina	23	B1	Rovato	5	C2
	2	A2	Rivergaro	9	C1	Roghudi	26	B3	Rovegno	9	B2
Reschensee (Lago di Resia)			Riviera di Levante	9	A2-C3	Rogliano	23	B2	Rovellasca	5	B2
	2	A2	Rivignano	7	B1	Rogno	5	D1	Roverbella	6	A3
Resia (Reschen)	2	A2-B2	Rivis	3	C3	Rolle (Passo di)	2	D3	Roverchiara la Pesa	6	B3
Resia (Lago di) (Reschensee)			Rivisondoli	18	A1	Rolo	10	A1-B1	Rovere	15	D3
	2	A2	Rivodutri	15	C2	Roma	17	A1-B1	Rovere della Luna	2	C3
Resia (Passo di) (Reschenpass)			Rivola	10	C2	Romagnano al			Roveredo in Piano	3	C3
	2	A2	Rivoli	8	B1	Monte	20	D1-D2	Rovereto	10	C1-D1
Resiutta	3	C2	Rivolta d'Adda	5	C2-C3	Romagnano Sesia	4	D2	Rovereto sulla Secchia	10	B1
Retorbido	9	B1	Rivoltella	6	A2	Romagnese	9	B1	Roverè Veronese	6	B2
Revello	8	B2	Rivolto	3	C3	Romanengo	5	C2	Rovescala	9	B1
Reventino (Monte)	23	B3	Rizzacorno	16	B3	Romano	5	C2	Rovetta	5	C1
Revine (Lago)	6	D1	Rizziconi	26	B2	Romano Alto	6	C1	Roviano	15	C3
Revò	2	C3	Rizzuto	23	B2	Romanore	6	A3	Rovieto	8	D3
Revole (Monte)	17	D3							Rovigo	6	C3

Name	Page	Grid
Rovito	23	B2
Rozzano	5	B3
Rua (Eremo di)	6	C3
Rubano	6	C2
Rubiana	8	B1
Rubiera	10	A2
Ruda	7	B1
Rudiano	5	C2
Rueglio	4	C3
Rufeno (Monte)	12	D3
Ruffano	22	C3
Ruffia	8	C2
Rufina	12	C1
Ruggiano	22	C3
Ruina	10	C1
Runzi	6	C3
Ruoti	21	A1
Russi	10	D2
Rutigliano	19	C3-D3
Rutino	20	C2
Ruviano	18	B3
Ruvo del Monte	20	D1
Ruvo di Puglia	19	B3
Ruzza (Monte)	15	D2

S

Name	Page	Grid
Sabaudia	17	C3
Sabbio Chiese	5	D2
Sabbioneta	10	A1
Sabbione (Punta del)	7	A2
Sabetta (Lago)	20	D3
Sacca	6	A3
Saccarello (Monte)	9	A3
Sacco	20	D2
Saccolongo	6	C2
Sacile	7	A1
Sacra di San Michele	8	B1
Sacro (Monte)	19	A1
Sacro (Monte)	20	D3
Sacrofano	15	B3
Sacro Monte	4	D2
Saepinum	18	B2
Sagrado	7	C1
Sagro (Monte)	9	D3
Sailetto	10	A1
Saint-Barthélemy	4	B2
Saint-Jacques	4	C2
Saint-Rhémy	4	B2
Saint-Vincent	4	C2
Sala	11	A3
Sala	13	A3
Sala	18	B3
Sala Baganza	9	D1
Sala Consilina	20	D2
Salandra	21	B2
Salara	6	C3
Salasco	4	D3
Salassa	4	C3
Salbertrand	8	A1
Salcedo	6	C1
Saldura (Punta)	2	B2
Sale	9	A1
Sale Marasino	5	D2
Salentina (Murge)	22	B2-C3
Salento	20	D3
Salerno	20	C1
Saletto	3	C2
Saletto	6	C3
Salica	23	B3
Salice	26	A2
Salice Salentino	22	B2
Salice Terme	9	B1
Saliceto	8	D3
Saline	14	D3
Saline	26	A3
Saline di Volterra	12	B2
Salitto	20	C1
Sali Vercellese	4	D3
Salivoli	12	A3-B3
Salizzole	6	B3
Salle (La)	4	B2-A2
Salmour	8	C2
Salò	6	A2
Salorno (Salurn)	2	C3
Salsasio	8	C1
Salsomaggiore	9	C1-D1
Saltara	13	B1
Saltino	12	C1
Salto	4	C3
Salto (Lago del)	15	C3
Saltusio	2	C2
Saludecio	11	A3-B3
Saluggia	4	C3-D3
Salurn (Salorno)	2	C3
Salussola	4	C3-D3
Salute di Livenza (La)	7	A1-A2
Saluzzo	8	B2
Salvaterra	10	A2
Salve	22	C3
Salvitelle	20	D2
Salza Irpina	20	C1

Name	Page	Grid
Samarate	5	A2
Sambatello	26	A2
Sambiase	23	B3
Sambuca	12	C1-C2
Sambuca Pistoiese	10	B3
Sambucetole	15	B2
Sambucheto	13	D2
Sambuci	15	C3
Sambuco	8	A3-B3
Sammichele di Bari	19	C3-D3
Sammomme	10	B3
Samo	26	B2
Samone	4	C3
Sampeyre	8	B2
Samprugnano	14	D1
Sanarica	22	C2-D2
San Bartolomeo	5	C1
San Bartolomeo	7	C1
San Bartolomeo in Bosco	10	C1
San Bartolomeo in Galdo	18	C2
San Basile	23	B1
San Basilio	17	B1
San Bassano	5	C3
San Benedetto (Alpe di)	10	C3
San Benedetto dei Marsi	17	D1
San Benedetto del Tronto	16	A1
San Benedetto in Alpe	10	C3
San Benedetto in Perillis	16	A3
San Benedetto Po	6	B3
San Benedetto Ullano	23	B2
San Benedetto Val di Sambro	10	B2-B3
San Benigno Canavese	4	C3
San Bernardo	2	B3
San Bernardo (Colle)	8	C3
San Bernolfo	8	A3-B3
San Biagio	6	C2
San Biagio	10	D2
San Biagio	20	C1
San Biagio di Callalta	6	D2
San Biagio Saracinisco	18	A2
San Biase	18	B2
San Biase	23	B2
San Bonifacio	6	B2
San Buono	18	B1
San Calogero	26	B1
San Candido	3	A2
San Carlo	2	A3
San Carlo	9	A2
San Carlo	10	D3
San Carlo	18	A3
San Carlo	26	A3
San Casciano dei Bagni	15	A1
San Casciano in Val di Pesa	12	C1
San Cassiano	1	C3
San Cassiano	2	D2
San Cassiano	10	C3
San Castrese	17	D3
San Cataldo	22	C2
San Cesario di Lecce	22	B2
San Cesario sul Panaro	10	B2
San Chirico Nuovo	21	B1
San Chirico Raparo	21	B3
San Cipriano	9	C3
San Cipriano Picentino	20	C1
San Clemente	10	C2
San Clemente	11	A3
San Clemente a Casauria	16	A3
San Colombano	5	D1
San Colombano al Lambro	5	C3
San Costantino	26	B1
San Costantino Calabro	26	B1
San Costantino Albanese	21	B3
San Costanzo	13	C1
San Crispieri	22	A2
San Cristoforo	9	A2
Sand (Campo Tures)	2	D1
San Dalmazio	10	B2
San Dalmazio	12	B2
San Dalmazio	12	C2
San Damiano	11	A3
San Damiano d'Asti	8	C1
San Damiano Macra	8	B2
San Daniele del Friuli	3	C3
San Daniele Po	5	D3
San Demetrio (Monte)	26	A2
San Demetrio Corone	23	B1
San Demetrio ne' Vestini	15	D3
Sandigliano	4	D2

Name	Page	Grid
San Domenico	17	D2
San Donaci	22	B2
San Donà di Piave	7	A2
San Donato	12	C2
San Donato	14	C2
San Donato	21	D2
San Donato di Lecce	22	B2
San Donato Milanese	5	B3
San Donato Val di Comino	17	D2
San Donnino	10	B2
San Donnino	12	B2
San Dorligo della Valle	7	C1
Sandrigo	6	C2
San Fele	20	D1
San Felice a Cancello	18	B3
San Felice Circeo	17	C3
San Felice del Benaco	6	A2
San Felice del Molise	18	B1
San Felice d'Ocre	15	D3
San Felice sul Panaro	10	B1
San Feliciano	13	A3
San Ferdinando	26	A1
San Fernando di Puglia	19	A3
San Filippo	8	D3
San Filippo	26	A3
San Fior	6	D1
San Floro	23	C3
San Foca	3	B3
San Fortunato della Collina	13	B3
San Francesco	3	B3
San Francesco	23	B2
Sanfré	8	C2
Sanfront	8	B2
San Fruttuoso	9	B3
San Gabriele	10	C1
San Galgano	12	C3
Sangemini	15	B2
San Genesio Atesino	2	C2
San Genesio ed Uniti	5	B3
San Gennaro Vesuviano	20	B1
San Germano Chisone	8	B1
San Germano Vercelli	4	D3
San Gervasio Bresciano	5	D3
San Giacome	23	B2
San Giacomo	15	C2
San Giacomo	2	A2
San Giacomo	2	C1
San Giacomo	4	B3
San Giacomo	6	D1
San Giacomo	13	B3
San Giacomo	16	B3
San Giacomo	23	C1
San Giacomo (Lago di)	2	A2
San Giacomo (Passo di)	1	A3
San Giacomo d'Acri	23	B1
San Giacomo delle Segnate	10	B1
San Giacomo del Martignone	10	B2
San Giacomo degli Schiavoni	18	C1
San Giacomo Fillipo	1	C3
San Giacomo Vercellese	4	D2-D3
San Gillio	8	B1
San Gimignano	12	C2
San Ginesio	13	C2
Sangineto	23	A1
San Giorgio	26	A2
San Giorgio (Monte)	8	D3
San Giorgio (Montagna di)	18	C3
San Giorgio Albanese	23	B1
San Giorgio a Liri	17	D3
San Giorgio Canavese	4	C3
San Giorgio delle Pertiche	6	C2
San Giorgio del Sannio	18	C3
San Giorgio di Lomellina	5	A3
San Giorgio di Nogaro	7	B1
San Giorgio di Pesaro	13	C1
San Giorgio di Piano	10	C1
San Giorgio di Richinvelda	3	B3
San Giorgio in Bosco	6	C2
San Giorgio Jonico	21	D2
San Giorgio la Molara	18	C3
San Giorgio Lucano	21	B3
San Giorgio Piacentino	9	C1
San Giovanni	2	D1
San Giovanni	10	D1
San Giovanni	18	A2
San Giovanni	18	B3
San Giovanni	26	B1
San Giovanni al Natisone	3	C3-D3
San Giovanni a Piro	20	D3
San Giovanni Bianco	5	C1
San Giovanni d'Asso	12	D3
San Giovanni di Baiano	13	B3

Name	Page	Grid
San Giovanni di Gerace	26	B2
San Giovanni Ilarione	6	B2
San Giovanni Incarico	17	D2
San Giovanni in Croce	5	D3
San Giovanni in Fiore	23	C2
San Giovanni in Fonte	19	A3
San Giovanni in Galdo	18	B2
San Giovanni in Marignano	11	B3
San Giovanni in Persiceto	10	B2
San Giovanni in Venere	16	B3
San Giovanni Lipioni	18	B1
San Giovanni Lupatoto	6	B2-B3
San Giovanni Reatino	15	C2
San Giovanni Rotondo	18	D1-D2
San Giovanni Valdarno	12	C1-C2
San Giovenale	15	C2
San Giuliano	5	D3
San Giuliano	14	D2
San Giuliano (Lago di)	21	B2
San Giuliano del Sannio	18	B2
San Giuliano di Puglia	18	C2
San Giuliano Milanese	5	B3
San Giuliano Nuovo	9	A1
San Giuliano Terme	12	A1
San Giuliano Vecchio	9	A1
San Giuseppe	10	D1
San Giuseppe Vesuviano	20	B1
San Giustino	13	A1
San Giustino Valdarno	12	D1
San Giusto Canavese	4	C3
San Godenzo	10	C3
San Grato	5	B3
San Gregorio	15	D2
San Gregorio	26	A3
San Gregorio da Sassola	17	B1
San Gregorio Magno	20	D1
San Gregorio nell'Alpi	3	A3
Sanguinetto	6	B3
Sankt Ulrich (Ortisei)	2	D2
Sankt Valentin auf der Haide (San Valentino alla Muta)	2	B2
San Lauro	23	B1
San Lazzaro	20	B2
San Lazzaro di Sàvena	10	C2
San Leo	11	A3
San Leo	12	D2
San Leo	13	A1
San Leo Bastia	13	A2
San Leonardo	2	D2
San Leonardo	3	D3
San Leonardo	19	A2
San Leonardo di Cutro	23	D3
San Leonardo in Passiria	2	C2
San Leucio del Sannio	18	C3
San Ligorio	22	B2
San Lorenzello	18	B3
San Lorenzo	10	C2
San Lorenzo	10	C2-D2
San Lorenzo	26	A3
San Lorenzo al Mare	9	A3-B3
San Lorenzo a Merse	12	C3
San Lorenzo Bellizi	21	B3
San Lorenzo del Vallo	23	B1
San Lorenzo di Sebato	2	D2
San Lorenzo in Banale	6	A1
San Lorenzo in Campo	13	C1
San Lorenzo Maggiore	18	B3
San Lorenzo Nuovo	14	D1
San Luca	26	B2
San Lucido	23	A2
San Lupo	18	B3
San Magnó	19	B3
San Mango d'Aquino	23	B3
San Mango Piemonte	20	C1
San Mango sul Calore	18	C3
San Marcello	13	C1
San Marcello Pistoiese	10	A3-B3
San Marco	20	C3
San Marco Argentano	23	B1
San Marco dei Cavoti	18	C3
San Marco in Lamis	18	D1
San Marco la Catola	18	C2
San Marino (R.S.M.)	11	A3
San Marino	6	C1
San Marino del Piano	13	A1-B1
San Martino	1	D3
San Martino	7	B1
San Martino	8	B1
San Martino	12	B2
San Martino	14	A1

ITALIA — 373

San Martino	15	D2
San Martino	26	B2
San Martino al Cimino	15	A2
San Martino Buon Albergo	6	B2
San Martino Canavese	4	C3
San Martino d'Agri	21	B2
San Martino dall'Argine	6	A3
San Martino della Battaglia	6	A2-A3
San Martino di Campagna	3	B3
San Martino di Castrozza	2	D3
San Martino di Finita	23	B2
San Martino di Lupari	6	C2
San Martino in Argine	10	C2
San Martino in Badia	2	D2
San Martino in Passiria	2	C2
San Martino in Pensilis	18	C1
San Martino in Rio	10	A1
San Martino in Strada	5	C3
San Martino in Strada	10	D3
San Martino Siccomario	5	B3
San Martino Spino	10	B1
San Martino sul Fiora	14	D1
San Martino Valle Caudina	18	B3
San Marzano di San Giuseppe	22	A2
San Marzano sul Sarno	20	B1
San Massimo	18	B2
San Matteo (Chiesa)	18	D1
San Matteo	18	D2
San Maurizio	8	B3
San Maurizio Canavese	4	C3
San Mauro	23	D2
San Mauro (Monte)	18	D3
San Mauro Cilento	20	C3
San Mauro Forte	21	B2
San Mauro la Bruca	20	D3
San Mauro Pascoli	11	A3
San Mauro Torinese	8	C1
San Menaio	19	A1
San Michele	6	B2
San Michele	8	C3
San Michele	9	A3
San Michele	17	C2
San Michele	20	C1
San Michele (Sacra di)	8	B1
San Michele (Monte)	12	C2
San Michele (Monte)	19	D3
San Michele (Pizzo)	20	C1
San Michele all'Adige	2	C3
San Michele al Tagliamento	7	B1
San Michele delle Vigne	19	A2
San Michele dei Mucchietti	10	A2
San Michele di Piave	6	D1
San Michele in Bosco	6	A3
San Michele in Teverina	15	A2
San Michele Mondovì	8	C3
San Michele Salentino	22	A1
San Miniato	12	B1
San Miniato Basso	12	B1
San Nazario	6	C1
San Nazario	20	D3
San Nazzaro	5	C3
Sannazzaro de' Borgondi	5	A2
Sannicandro di Bari	19	C3
Sannicandro Garganico	18	D1
San Niccolò di Celle	15	B1
Sannicola	22	B3
San Nicola	15	C3-D3
San Nicola	21	A1
San Nicola	23	B2
San Nicola	26	B2
San Nicola (Monte)	15	D3
San Nicola (Monte)	26	C1
San Nicola (Masseria)	21	B1
San Nicola (Toppa)	21	B2
San Nicola Arcella	23	A2
San Nicola Baronia	21	B1
San Nicola da Crissa	26	B1
San Nicola dell'Alto	23	C2-D2
San Nicola Varano	18	D1
San Nicolò	2	B2
San Nicolò	9	C1
San Nicolò	26	A1
San Nicolò Ferrarese	10	C2
San Nicolò Po	6	A3
San Pancrazio	2	C2
San Pancrazio	9	D1
San Pancrazio	10	D2
San Pancrazio	12	C1
San Pancrazio	12	D2
San Paolo	2	C2
San Paolo	5	C3-D3
San Paolo Albanese	21	B3
San Paolo Bel Sito	20	B1
San Paolo Cervo	4	C2
San Paolo di Civitate	18	C1
San Paolo di Jesi	13	C1
San Paolo-Solbrito	8	C1
San Pelino	15	D2
San Pelino	15	D3
San Pellegrino	10	C3
San Pellegrino (Passo di)	2	D3
San Pellegrino in Alpe	10	A3
San Pellegrino Terme	5	C1
San Piero a Grado	12	A1
San Piero a Sieve	10	C3
San Piero in Bagno	10	D3
San Pietro	1	C3
San Pietro	2	D1
San Pietro	2	D2
San Pietro	4	D1
San Pietro	6	B3
San Pietro	9	B3
San Pietro	13	C1
San Pietro	17	D3
San Pietro	22	A2
San Pietro al Natisone	3	D3
San Pietro al Tanagro	20	D2
San Pietro a Magisano	23	C3
San Pietro a Maida	23	B3
San Pietro a Maida Scalo	23	B3
San Pietro Apostolo	23	B3
San Pietro Avellana	18	A1
San Pietro Belvedere	12	B2
San Pietro di Cadore	3	B2
San Pietro di Caridà	26	B1
San Pietro di Morubio	6	B3
San Pietro in Amantea	23	B3
San Pietro in Campiano	10	D2
San Pietro in Cariano	6	A2
San Pietro in Casale	10	C1
San Pietro in Cerro	9	D1
San Pietro Infine	18	A2
San Pietro in Gu	6	C2
San Pietro in Guarano	23	B2
San Pietro in Lama	22	B2
San Pietro in Valle	15	C2
San Pietro in Valle	18	B2
San Pietro in Vincoli	10	D2
San Pietro in Volta	6	D2
San Pietro Mosezzo	5	A3
San Pietro Polesine	6	B3
San Pietro Val Lemina	8	B1
San Pietro Vara	9	C2-C3
San Pietro Vecchio	6	B2
San Pietro Vernotico	22	B1
San Pio delle Camere	15	D3
San Polo dei Cavalieri	15	C3
San Polo d'Enza	10	A2
San Polo di Piave	6	D1
San Polo in Chianti	12	C1
San Polomatese	18	B2
San Possidonio	10	B1
San Potito Sannitico	18	B3
San Primo (Monte)	5	B1
San Prisco	18	A3
San Procopio	26	A2
San Quirico	14	D1
San Quirico d'Orcia	12	D3
Sanremo	9	A3
San Roberto	26	A2
San Rocco	1	A3
San Rocco al Porto	5	C3
San Rocco a Pilli	12	C2
San Rocco Castagnaretta	8	B3-C3
San Rocco Cherasca	8	C2-D2
San Romano	10	A3
San Rufo	20	D2
San Salvatore	19	A1-B1
San Salvatore	9	B3-C3
San Salvatore Monferrato	9	A1
San Salvatore Telesino	18	B3
San Salvo	18	B1
San Savino	13	A3
San Savino	13	B1
San Sebastiano	17	D1
San Sebastiano al Vesuvio	20	B1
San Sebastiano Curone	9	B1
San Secondo	13	A2
San Secondo di Pinerolo	8	B1
San Secondo Parmense	9	D1
Sansepolcro	13	A1
San Severino Lucano	21	B3
San Severino Marche	13	C2
San Severo	12	D2
San Severo	18	D2
San Sigismondo	5	D3
San Silvestro	16	B3
San Simone	22	B3
San Sisto dei Valdesi	23	B2
San Sossio Bar	18	C3
San Sostene	26	C1
San Sosti	23	A1
Santa (Serra)	13	B2
Sant' Agata Bologna	10	B1-B2
Sant' Agata de'Goti	18	B3
Sant' Agata Feltria	11	A3
Sant' Agata sul Santerno	10	D2
Sant' Anatolia	17	C1
Sant' Anatolia di Narco	13	C3
Sant' Anna	6	D3
Sant' Anna d'Alfaedo	6	A2-B2
Sant' Anna di Valdieri	8	B3
Santa Barbara	22	B2
Santa Bianca	10	C1
Santa Caterina	15	A2
Santa Caterina	22	B2
Santa Caterina (Lago di)	3	A2
Santa Caterina Albanese	23	A1-B1
Santa Caterina dello Jonio	26	C1
Santa Caterina del Sasso	5	A1-A2
Santa Caterina Valfurva	2	A3-B3
Santa Cesarea Terme	22	C3
Santa Cristina d'Aspromonte	26	B2
Santa Cristina Valgardena	2	D2
Santa Croce	17	D3
Santa Croce (Monte)	20	D1
Santa Croce	3	A3
Santa Croce	7	C1
Santa Croce (Lago di)	3	A3
Santa Croce del Sannio	18	B2
Santa Croce di Magliano	18	C2
Santa Crocella (Passo)	18	B2
Santa Domenica	26	B1
Santa Domenica Talao	23	A1
Sant'Adriano	10	C3
Santa Elena	6	C3
Santa Elena Sannita	18	B2
Santa Eufemia a Maiella	16	A3
Santa Fiora	14	D1
Santa Fosca	6	D2
Santa Francesca	17	C2
Sant'Agapito	18	A2
Sant'Agata	26	A2
Sant'Agata del Bianco	26	B2
Sant'Agata di Esaro	23	A1
Sant'Agata di Puglia	18	D3
Sant'Agata sui Due Golfi	20	B2
Santa Gertrude	2	B3
Santa Giulietta	9	B1
Santa Giustina	3	A3
Santa Giustina (Lago di)	2	C3
Sant'Agnello	20	B2
Sant'Agostino	10	C1
Sant'Albano Stura	8	C2
Sant'Alberto	10	D2
Santa Lona	15	D3
Santa Luce	12	A2-B2
Santa Lucia	20	B1
Santa Lucia	20	B1-C1
Santa Lucia	21	D1
Santa Lucia	23	B3
Santa Lucia	26	A2
Santa Lucia	2	A3
Santa Lucia	10	C3
Santa Lucia	13	A2
Santa Lucia	15	C3
Santa Lucia delle Spianate	10	D2
Santa Lucia di Piave	6	D1
Santa Lucia di Serino	20	C1
Santa Maddalena	3	A1
Santa Margherita	9	B3
Santa Margherita (Santuario)	13	A2
Santa Maria	21	B2
Santa Maria	23	C3
Santa Maria al Bagno	22	B2
Santa Maria a Vico	18	B3
Santa Maria Capua Vetere	18	A3
Santa Maria Codifiume	10	C1
Santa Maria degli Angeli	13	B3
Santa Maria del Cedro	23	A1
Santa Maria della Fossa	10	A1
Santa Maria della Grotta	21	A3
Santa Maria della Versa	9	B1
Santa Maria del Manzi	19	A2
Santa Maria del Monte	5	A2
Santa Maria del Patire	23	C1
Santa Maria di Castellabate	20	C2
Santa Maria di Galeria	15	A3-B3
Santa Maria di Leuca	22	C3
Santa Maria di Lugana	6	A2
Santa Maria di Mortola	18	A3
Santa Maria di Pierno	20	D1
Santa Maria di Sala	6	D2
Santa Maria di Siponto	19	A2
Santa Maria Fabbrecce	11	B3
Santa Maria Infante	17	D3
Santa Maria la Castagna	23	B2
Santa Maria la Fossa	18	A3
Santa Maria la Longa	7	B1
Santa Maria le Grotte	23	B2
Santa Maria Maggiore	4	D1
Santa Maria Nuova	13	C1
Santa Maria Oliveto	18	A2
Santa Marina	20	D3
Santa Marina in Particeto	10	D3
Santa Marinella	15	A3
Sant'Ambrogio di Valpolicella	6	A2
Sant'Ambrogio sul Garigliano	17	D3
San Tammaro	18	A3
Sant'Anastasia	20	B1
Sant'Anatolia	15	D3
Sant'Anatolia di Narco	15	C1
Sant'Andrea	18	A3
Sant'Andrea	20	D1
Sant'Andrea (Isola di)	7	B1
Sant'Andrea (Isola)	22	B3
Sant'Andrea Apostolo dello Jonio	26	C1
Sant'Andrea Bagni	9	D1
Sant'Andrea del Garigliano	18	A3
Sant'Andrea di Conza	20	D1
Sant'Andrea di Foggia	9	B2
Sant'Andrea di Sorbello	13	A2
Sant'Andrea in Monte	2	D2
Sant'Angelo	23	C1
Sant'Angelo	26	B1
Sant'Angelo	20	A1
Sant'Angelo (Lago di)	18	A1
Sant'Angelo (Monte)	21	B1
Sant'Angelo (Punta)	20	A1
Sant'Angelo a Cupolo	18	C3
Sant'Angelo a Fasanella	20	D2
Sant'Angelo all'Esca	20	C1
Sant'Angelo d'Alife	18	A3-B3
Sant'Angelo dei Lombardi	20	C1-D1
Sant'Angelo del Pesco	13	A1-B1
Sant'Angelo di Lomellina	5	A3
Sant'Angelo di Piove	6	D2
Sant'Angelo in Colle	12	C3-D3
Sant'Angelo in Formis	18	A3
Sant'Angelo in Lizzola	11	B3
Sant'Angelo in Pontano	13	D2
Sant'Angelo in Theodice	17	D2
Sant'Angelo in Vado	13	A1-B1
Sant'Angelo Limosano	18	B2
Sant'Angelo Lodigiano	5	B3
Sant'Angelo Romano	15	B3
Sant'Anna	23	D3
Sant'Anna	26	A2
Sant'Anna di Boccafossa	7	A1
Sant'Anna di Valdieri	8	B3
Sant'Antimo	12	D3
Sant'Antimo	20	A1
Sant'Antonino di Susa	8	B1
Sant'Antonio	16	C3
Sant'Antonio	22	B3
Sant'Antonio	2	A3
Sant'Antonio	21	B2
Sant'Antonio	3	A3
Sant'Antonio	6	A3
Sant'Antonio	6	B1
Sant'Antonio	6	D3
Sant'Antonio	8	D2
Sant'Antonio	12	C3
Sant'Antonio	17	C2
Sant'Antonio	18	B1
Sant'Antonio Abate	20	B1
Sant'Antonio della Quaderna	10	C2
Sant'Antonio di Ranverso	8	B1
Santa Palomba	17	B2
Santa Paolina	18	C3
Sant'Apollinare in Classe	10	D2
Sant'Arcangelo	21	B2
Sant'Arcangelo Trimonte	18	C3
Santa Restituta	15	B2
Santa Rita	15	C2
Sant'Arsenio	20	D2
Santa Serra di Croce	21	B2
Santa Severa	15	A3
Santa Severina	23	C2-D2

Name			Name			Name			Name		
Santa Sofia	10	D3	San Vito	15	C2	Scalea	23	A1	Sellano	13	C3
Santa Sofia d'Epiro	23	B1	San Vito	18	C3	Scalea (Capo)	21	A3	Sellecchia	15	B2
Santa Valburga	2	B2	San Vito	26	B1	Scalenghe	8	B1	Sellero (Monte)	5	D1
Santa Vittoria	10	A1	San Vito (Monte)	18	C3	Scalera	21	A1	Sellia	23	C3
Santa Vittoria d'Alba	8	C2	San Vito al Tagliamento	7	A1	Scaletta Zanclea	26	A3	Selva	12	D3
Santa Vittoria in Matenano	13	D3	San Vito dei Normanni	22	A1	Scali (Poggio)	12	D1	Selva della Rocca	18	D1
Sant'Egidio alla Vibrata	13	D3	San Vito di Cadore	3	A2	Scalino (Pizzo)	1	D3	Selva di Cadore	3	A2
Sant'Elia	26	A3	San Vito in Monte	13	A3	Scalo	20	C3-D3	Selva di Fasano	21	D1
Sant'Elia a Pianisi	18	C2	San Vito Romano	17	C1	Scalone (Passo del)	23	A1	Selva di Progno	6	B2
Sant'Elia Fiumerapido	18	A2	San Vito sullo Ionio	26	B1	Scaltenigo	6	D2	Selva di Val Gardena	2	D2
Sant'Elpidio	15	C3	San Vittore	10	D3	Scalvaia	12	C3	Selvazzano Dentro	6	C2
Sant'Elpidio a Mare	13	D2	San Vittore del Lazio	18	A2	Scampitella	18	D3	Selvino	5	C2
Sante Marie	15	C3	San Vittore Olona	5	A2	Scandale	23	D2	Semiana	5	A3
Santena	8	C1	San Vittorino	15	C2-D2	Scandiano	10	A2	Seminara	26	A2-B2
Sant'Eraclio	13	B3	San Vivaldo	12	B2	Scandicci	12	C1	Semonte	13	B2
Santeramo	21	C1	Sanza	21	A2	Scandolara Ravara	5	D2	Sempione (Galleria del)	1	A3
Sant'Elia	13	C2	Sanzeno	2	C3	Scandriglia	15	C3	Semprevisa (Monte)	17	C2
San Terenziano	13	B3	San Zeno di Montagna	6	A2	**Scanno**	17	D1	Senago	5	B2
Sant'Eufemia (Golfo di)	23	A3-B3	San Zeno Naviglio	5	D2	Scansano	14	C1	Senale San Felice	2	C2
Sant'Eufemia (Piana di)	23	B3	Saonara	6	D2	Scanzano	15	C3-D3	Senerchia	20	C1-D1
Sant'Eufemia d'Aspromonte	26	A2	Saone	6	A1	Scapezzano	13	C1	Sengle (Colle di)	4	B2-B3
Sant'Eufemia della Fonte	5	D2	Saoseo	2	A3	Scapoli	18	A2	Sengrate	5	B2
Sant'Eufemia Lamezia	23	B3	Sapè (Monte)	8	B3	Scarborato (Monte)	23	C1	Seniga	5	D3
Sant'Eusanio	16	B3	Sappada	3	B2	Scardovari	11	A1	**Senigallia**	13	C1
Santhià	4	D3	**Sapri**	21	A3	Scario	20	D3	Senise	21	B3
Sant'Ilario	21	A1	Saprotace (Lago di)	17	C3	Scarlino	12	B3	Sepino	18	B2
Sant'Ilario dello Jonio	26	B2	Saracena	23	B1	Scarnafigi	8	B2	Sequals	3	B3
Sant'Ilario d'Enza	10	A1	Saraceno (Monte)	18	B2	Scarperia	10	C3	Serapo	17	D3
Sant'Ilario in Campo	14	A1	Saragiolo	12	D3	Scarzana	10	C3	Seravezza	9	D3
Sant'Imento	5	C3	Sarche	6	A1	Scauri	17	D3	Serchio (Foce del)	12	A1
Sant'Ippolito	13	B1	Sardigliano	9	A1-B1	Scavignano	10	D3	Seregno	5	B2
Sant'Irene	23	C1	Sarego	6	B2	Scena	2	C2	Sergnano	5	C3
Sant'Isidoro	22	B2	Sarentina (Val)	2	C2	Scerena	18	B3	Seriate	5	C2
Santissima Annunziata	26	A2	Sarentini (Monti)	2	C2	Scerne	16	A2	Serico (Monte)	21	B1
Santo	12	C3	Sarentino (Sarnthein)	2	C2	Scerni	16	B3	Serina	5	C1
Santo	26	A2	Sarezzo	5	D2	Schabs (Sciaves)	2	D2	Serio (Monte)	21	D1
Santo (Col)	6	B1	Sariano	6	C3	Scheggia	13	B2	Serle	5	D2
Sant'Odorico	3	C3	Sarmato	9	C1	Scheggino	15	C2	Sermide	6	B3
Sant'Olcese	9	B2	Sarmede	6	D1	Schiavi di Abruzzo	18	B1	Sermoneta	17	C2
Sant'Oliva	17	D2	Sarnano	13	C3-D3	Schiavon	6	C2	Sernaglia della Battaglia	6	D1
Santomenna	20	D1	Sarnico	5	C2	Schieti	13	B1	Sernio	2	A3
San Tommaso	16	B3	Sarno	20	B1	Schievenin	6	C1	Serra (la)	12	B1
San Tommaso	16	A3	Sarnthein (Sarentino)	2	C2	Schifanoia	13	B2	Serra (Monte la)	18	D1
San Tommaso	23	B3	**Saronno**	5	B2	Schilpario	5	D1	Serra (Monte)	12	A1-B1
Sant'Omobono Imagna	5	C2	Sarre	4	B2	Schio	6	B2	Serracapriola	18	C1
Sant'Onofrio	26	B1	Sarsina	10	D3	Schivenoglia	10	B1	Serrada	6	B1
Sant'Onofrio	17	A1	Sartano	23	B1-B2	Schlanders (Silandro)	2	B2	Serra d'Aiello	23	B3
Santopadre	17	D2	Sarteano	12	D3	Schluderns (Sluderno)	2	B2	Serra de'Conti	13	C1
Sant'Oreste	15	B3	Sartirana Lomellina	5	A3	Schwarzenstein (Sasso Nero)	2	D1	Serradica	13	B2
Sant'Oronzo (Monte)	21	B3	**Sarzana**	9	D3	Sciaves (Schabs)	2	D2	Serra di Corvo (Lago di)	21	B1
Sant'Orsola	2	C3	Sassa	15	D2	Scido	26	B2	Serra di Piro	23	B3
Santo Spirito	19	C3	Sassano	20	D2	Scifo	23	D3	Serraficaia (Murgia di)	19	B3
Santo Stefano	10	D2	Sassello	8	D2	Scigliano	23	B3	Serraia (Lago di)	2	C3
Santo Stefano	18	B2	Sasseta	10	B3	Sciliar (Monte)	2	D2	Serramale (Monte)	21	A3
Santo Stefano	6	B3	Sassetta	12	B3	Scilla	26	A2	Serramazzoni	10	A2
Santo Stefano	6	C1-D1	Sassinoro	18	B2	Scoffera (Passo della)	9	B2	Serramezzana	20	C3
Santo Stefano	12	B1	Sasso	15	A3	Scoglio dello Sparviero	14	B1	Serranetta	21	A2
Santo Stefano	15	C3-D3	Sasso	18	B3	Scoglio di Portonuovo	19	B2	Serrano	22	C2
Santo Stefano	20	C1	Sassocorvaro	13	B1	Scolette (Aiguille de)	4	A3	Serramonacesca	16	A3-B3
Santo Stefano (Isola)	17	B3	Sasso di Castalda	21	A2	Scontrone	18	A2	Serranova (Castello di)	22	A1
Santo Stefano (Monte)	17	C3	Sasso di Paglia	1	C3	Scopa	4	C2-D2	Serrapetrona	13	C2
Santo Stefano (Rocca)	17	C1	Sasso d'Ombrone	12	C3	Scopello	4	D2	Serra San Bruno	26	B1
Santo Stefano Belbo	8	D2	Sassoferrato	13	B2	Scopoli	13	B3	Serra San Quirico	13	C2
Santo Stefano d'Aveto	9	C2	Sassofortino	12	C3	Scoppieto	15	A2-B2	Serra Santa	13	B2
Santo Stefano di Briga	26	A2	Sassoleone	10	C2	Scoppito	15	C2	Serra Sant'Abbondio	13	B1
Santo Stefano di Cadore	3	B2	Sasso Lungo	2	D2	Scorda (Monte)	26	B2	Serrastretta	23	B3
Santo Stefano di Magra	9	D3	Sasso Marconi	10	B2	Scorgiano	12	C2	Serrata	26	B1
Santo Stefano di Sessanio	15	D2	Sasso Morelli	10	C2	Scorrano	22	C2	Serravalle	6	D3
Santo Stefano in Aspromonte	26	A2	Sasso Nero (Schwarzenstein)	2	D1	Scorzè	6	D2	Serravalle	13	C3
Santo Stefano Lodigiano	5	C3	Sassovivo (Abbazia di)	13	B3	Scorzone (Monte)	19	B3	Serravalle all'Adige	6	B1
Santo Stefano Marina	26	A2	Sassuolo Ponte Nuovo	10	A2	Scrisà	26	B3	Serravalle d'Asti	8	D1
Santo Stefano Udinese	3	C3-C1	Satriano	26	C1	Scritto	13	B2	Serravalle di Carda	13	B1
Santo Stino di Livenza	7	A1	Satriano di Lucania	21	A2	Scurcola Marsicana	15	D3	Serravalle di Chienti	13	C3
Santuario	8	D3	Saturnia	14	C2-D2	Scurtabò	9	C2	Serravalle Langhe	8	C2
Sant'Urbano	15	B2	Sauris	3	B2	Seborga	9	A3	Serravalle Pistoiese	12	B1
San Valentino alla Muta (Sankt Valentin auf der Haide)	2	B2	**Sauze d'Oulx**	8	A1	Secchiano	13	B1	Serravalle Scrivia	9	A2
			Sava	22	A2	Secinaro	15	D3	Serre	20	C2-D2
San Valentino in Abruzzo Citeriore	16	A3	Savarenche (Val)	4	B2	Secine (Monte)	18	A1	Serre (le)	21	B2
San Valentino Torio	20	B1	Savarna	10	D2	Secugnago	5	C3	Serro	26	A2
San Venanzo	13	A3	Savelletri	21	D1	Sedegliano	3	C3	Serrone	17	C2
San Vigilio	2	D2	Savelli	13	C3	Sedico	3	A3	Sersale	23	C3
San Vigilio	5	D2	Savelli	23	C2	Sedriano	5	A2-B2	Servigliano	13	D2
San Vincenzo	10	C1	Saviano	20	B1	Sedrina	5	C2	Servo	2	D3
San Vincenzo	10	C1	**Savigliano**	8	C2	Seduto (Monte)	26	B1-B2	Sesia (Val)	4	C2
San Vincenzo	12	A3-B3	Savignano Irpino	18	C3	Sefro	13	C2	**Sessa Aurunca**	18	A3
San Vincenzo	17	D2	Savignano sul Panaro	10	B2	Sega	6	A2	Sessa Cilento	20	C3
San Vincenzo a Torri	12	C1	Savignano sul Rubicone	11	A3	Seggiano	12	D3	Sessano del Molise	18	B2
San Vincenzo la Costa	23	B2	Savigno	10	B2	Segheria il Mandrione	19	A1	Sesso	10	A1
San Vincenzo Valle Roveto	17	D1	Savignone	9	B2	Segni	17	C2	Sesta Godano	9	C3
San Vitale di Baganza	9	D2	Savio	11	A2	Segno	2	C3	Sestino	13	A1
San Vitaliano	20	B1	Saviore dell'Adamello	5	D1	Segusino	6	C1-D1	Sesto	3	A2
San Vito (Capo)	21	D2	Savoia di Lucania	20	D2	Seiser Alm (Siusi Alpe di)	2	D2	Sesto al Reghena	7	A1
San Vito	6	C1	**Savona**	8	D3	Selci	13	A1	Sesto Calende	5	A2
			Savoulx	8	A1	Sele (Piana del)	20	C2	Sesto Campano	18	A2
			Savuto	23	B3	Sella (Gruppo di)	2	D2	Sesto Cremonese	5	C3
			Savuto (Lago del)	23	C2	Sella (Monte)	10	A2	Sesto Fiorentino	12	C1
			Scafati	20	B1	Sella (Passo di)	2	D2	Sesto Imolese	10	C2
			Scala	20	B1	Sella Canala	18	C2	Sestola	10	A3
			Scala Coeli	23	C2	Sella Cessuta	21	A2	**Sestriere**	8	A1
			Scaldasole	5	A3	Sella del Perrone	18	B2	**Sestri Levante**	9	B3
						Sella Entrata	26	A2	Sestri Ponente	9	A2
									Sesvenna (Piz)	2	A2
									Setaggio (Pizzo di)	1	C3

ITALIA — 375

Name	Page	Grid
Setta	9	C3
Settecamini	15	B3
Settefrati	17	D2
Settepani (Monte)	8	D3
Sette Vene	15	B3
Settima	9	C1
Settimana (Val)	3	B3
Settimo Torinese	4	C3
Settimo Vittone	4	C2
Seveso	5	B2
Sevo (Pizzo di)	13	D3
Sezzadio	9	A1
Sezze	17	C2
Sforzacosta	13	C2-D2
Sfruz	2	C3
Sgolgore (Murgia)	21	C1
Sgonico	7	C1
Sgrilla	14	C2
Sgurgola	17	C2
Siano	20	B1
Sibari	23	B1
Sibillini (Monti)	13	C3
Sicignano degli Alburni	20	D2
Sicilì	20	D3
Siderno	26	B2
Sieci	12	C1
Siena	12	C2
Sieti	20	C1
Sigillo	13	B2
Signa	12	C1
Signora Pulita (Monte)	21	D1
Signoressa	6	D1
Signorino (il)	10	B3
Silandro (Schlanders)	2	B2
Sila	23	A2-B3
Silea	6	D2
Siligata (La)	11	B3
Silla	10	B3
Sillano	9	D3
Sillara (Monte)	9	D2
Silvana Mansio	23	C2
Silvano d'Orba	9	A2
Silvano Pietra	9	A1-B1
Silvi Marina	16	A2
Simbario	26	B1
Similaun	2	B2
Sinalunga	12	D2
Sindaro Marina	26	A2
Singla (La) (Monte)	4	B1
Sinopoli	26	A2-B2
Sirente (Monte)	15	D3
Sirmione	6	A2
Sissa	9	D1
Sistiana	7	C1
Siusi	2	C2
Siusi (Alpe di) (Seiser Alm)	2	D2
Siviano	5	D2
Siziano	5	B3
Sluderno (Schluderns)	2	B2
Smirra	13	B1
Soave	6	B2
Socchieve	3	B2
Soci	12	D1
Socraggio	5	A1
Sogliano al Rubicone	11	A3
Sogliano Cavour	22	B2
Soglio	8	D1
Solagna	6	C1
Solano Superiore	26	A2
Solara	10	B1
Solaro	5	B2
Solaro (Monte)	20	A2-B2
Solarolo	10	D2
Solbiate	5	A2
Solbiate Arno	5	A2
Solbiate Olona	5	A2
Solbrito (San Paolo-)	8	C1
Solda (Innersulden)	2	B2
Solda di Fuori (Außersulden)	2	B2
Solero	8	D1
Solesino	6	C3
Soleto	22	B2
Solferino	6	A3
Soliera	10	B1
Solignano	9	C2-D2
Solofra	20	C1
Solopaca	18	B3
Somaggia	1	C3
Somma (Monte)	20	B1
Sommacampagna	6	A3
Somma Lombardo	5	A2
Sommaprada	5	D1
Sommariva del Bosco	8	C2
Sommariva Perno	8	C2
Somma Vesuviana	20	B1
Sommo (Monte)	2	D1
Sompiano	13	A1
Soncino	5	C3
Sondrio	1	D3
Sonico	2	A3
Sonnino	17	C2
Soprabolzano	2	C2
Sora	17	D2
Soragna	9	D1
Sorano	14	D1
Sorapis	3	A2
Sorbo	13	C3
Sorbolo	10	A1
Sordevolo	4	C2
Soresina	5	C3
Sori	9	B2
Sorianello	26	B1
Soriano Calabro	26	B1
Soriano nel Cimino	15	A2
Sorico	1	C3
Sorisole	5	C2
Sormano	5	B1
Sorrento	20	B2
Sorrivoli	11	A3
Sorti	13	C2
Sospiro	5	D3
Sossano	6	C2-C3
Sostegno	4	D2
Sottile (Capo)	20	B2
Sottomarina	6	D3
Sovana	14	D1
Sover	2	C3
Soverato	26	C1
Sovere	5	C1
Sovereto	19	C3
Soveria Mannelli	23	B3
Soveria Simeri	23	C3
Sovicille	12	C2
Sovizzo	6	B2
Sozzago	5	A3
Spaccarelli	16	B3
Spadola	26	B1
Spalavera (Monte)	5	A1
Sparanise	18	A3
Sparone	4	B3
Spartivento (Capo)	26	B3
Sparvera (Serra)	18	A1
Sparviere (Monte)	21	B3
Specchia	22	C3
Spello	13	B3
Spelonga	13	D3
Spergolaia	14	C2
Sperlonga	17	C3
Spessa	5	B3
Spezia (La)	9	C3-D3
Spezzano Albanese	23	B1
Spezzano della Sila	23	B2
Spezzano Piccolo	23	B1
Spiazzo	6	A1
Spico (Monte)	2	D1
Spigno (Monte)	19	A1
Spigno Monferrato	8	D2
Spigno Saturnia	17	D3
Spilamberto	10	B2
Spilimbergo	3	B3
Spilinga	26	A1-B1
Spina	10	D1
Spina (Monte la)	21	A3
Spinaceto	15	B2
Spinazzola	19	B3
Spindoli	13	C2
Spinello	23	C2
Spineta Nuova	20	C2
Spinete	18	B2
Spinetta	9	A1
Spinimbecco	6	B3
Spino (Monte)	6	A2
Spino d'Adda	5	B3
Spinoso	21	A2
Splügenpaß	1	C3
Spoleto	13	B3
Spoltore	16	A3-B3
Spondigna (Spondinig)	2	B2
Spondinig (Spondigna)	2	B2
Spongano	22	C3
Spormaggiore	2	C3
Sporno (Monte)	9	D2
Spotorno	8	D3
Spresiano	6	D1
Spropolo	26	B3
Spugna (Passo della)	13	A1
Spulico (Capo)	21	C3
Squarci	9	C2
Squarzanella	10	A1
Squillace	26	C1
Squille	18	B3
Stabia	20	B1
Stabile	21	D1
Staccata (Cocuzzo)	21	A1
Stadolina	2	A3
Staffarda	8	B2
Staffoli	12	B1
Staffolo	13	C2
Staggia	12	C2
Staiti	26	B3
Staletti	23	C3
Stanghella	6	B2
Staro	6	B2
Statigliano	18	A3
Statte	21	D1
Stazione di Manoppello	16	B3
Stazione di Marconia	21	C2
Stazione di Sant'Andrea	26	C1
Stazione di Tollo-Canosa Sannita	16	B3
Stazione Marie	15	C3
Stazzano	9	A2
Stazzema	9	D3
Stazzona	2	A3
Steccato	23	C3-D3
Stefanaconi	26	B1
Stella	20	C3
Stella (la)	10	A2
Stella (Monte della)	20	C3
Stella (Monte di)	14	B1
Stellata	10	C1
Stelvio (Parco Nazionale dello)	2	B2-B3
Stelvio (Stilfs)	2	A2-B2
Stelvio (Passo dello) (Stilfser Joch)	2	A2
Stenico	6	A1
Sternai (Cime)	2	B2
Sternatia	22	B2
Sterpeto	15	B2
Sterpeto	21	A1
Sterzing (Vipiteno)	2	C1
Stezzano	5	C2
Stia	12	D1
Stienta	10	C1
Stigliano	21	B2
Stigliano (Terme di)	15	A3
Stignano	26	B1
Stilfs (Stelvio)	2	A2-B2
Stilfser Joch (Stelvio) (Passo dello)	2	A2
Stilo	26	C1
Stimigliano	15	B3
Stio	20	D2
Stolvizza	3	C2
Stornara	19	A3
Stornarella	19	A3
Storo	6	A1
Storta (la)	15	B3
Stra	6	D2
Strada	8	D3
Strada	12	C1
Strada	12	D1
Strada	13	C2
Stradella	9	B1
Stradola	18	C3
Strambino	4	C3
Strangolagalli	17	D2
Straorino	26	A2
Stregna	3	D3
Strembo	2	B3
Stresa	4	D1
Strettura	15	B2
Strevi	9	A2
Striano	20	B1
Strigno	6	C1
Stroncone	15	B2
Strongoli	23	D2
Stroppiana	4	D3
Struda	22	C2
Stubaier Alpen	2	B1-C1
Stuetta	1	C3
Stupinigi	8	C1
Sturno	18	C3
Subasio (Monte)	13	B3
Subbiano	12	D1
Subiaco	17	C1
Subit	3	C3
Succiano	15	D3
Succiso (Alpe di)	9	D2
Sucinva	5	D1
Sugana (Val)	6	B1-C1
Suio	18	A3
Sulden (Solda)	2	B2
Sulmona	18	A1
Sulzano	5	D2
Sumbra (Monte)	9	D3
Summonte	20	C1
Suno	5	A2
Superga	8	C1
Supersano	22	C3
Supino	17	C2
Surano	22	C3
Surbo	22	B2
Surettahorn	1	C3
Susa	8	A1-B1
Susano	6	A3-B3
Susegana	6	D1
Sustinente	6	B3
Sutri	15	A3
Sutrio	3	B2
Suvaro (Monte)	23	C2
Suvereto	12	B3
Suvero	9	C3
Suvero (Capo)	23	B3
Suviana	10	B3
Suzzara	10	A1

T

Name	Page	Grid
Tabiano Terme	9	D1
Taburne (Monte)	18	B3
Taccone Stazione	21	B1
Taceno	5	B1
Taggia	9	A3
Tagliacozzo	15	C3-D3
Taglianaso (Monte)	18	C2
Tagliata	10	A1
Tagliata Etrusca	14	C2
Taglio della Falce	10	D1
Taglio di Po	6	D3
Taio	2	C3
Taipana	3	C3
Talamone	14	C2
Talla	12	D1
Talmassons	7	B1
Talosio	4	B3
Talsano	21	D2
Talucco	8	B1
Tamara	10	C1
Tambruz	3	B3
Tambura (Monte)	9	D3
Tamer (Monte)	3	A3
Tanamea (Passo di)	3	C3
Taranta Peligna	18	A1
Tarantasca	8	B2
Taranto	21	D2
Tarcento	3	C3
Tarquinia	14	C3-D3
Tartano	5	C1
Tartiglia	12	D1
Tarvisio	3	D2
Tarzo	6	D1
Tatti	12	C3
Taufers im Münstertal (Tubre)	2	A2
Taurasi	18	C3
Taureana	26	A2
Taurianova	26	B2
Taurisano	22	B3
Tavagnacco	3	C3
Tavarnelle Val di Pesa	12	C2
Tavazzano	5	B3
Taverna	18	A2
Taverna	23	C3
Tavernazza	18	D2
Taverne	15	C1
Tavernelle	9	D2-D3
Tavernelle	12	C3
Tavernelle	13	A3
Tavernola Bergamasca	5	C2-D2
Tavernole sul Mella	5	D2
Taviano	22	B3
Tavola Rotonda	18	A1
Tavoleto	11	A3
Tavullia	11	B3
Teana	21	B3
Teano	18	A3
Teggiano	20	D2
Teglio	2	A3
Teglio Veneto	7	A1-B1
Teia (Punta della)	12	A3
Telegrafo (il)	14	C2
Telesa	18	B3
Telese	18	B3
Telve	2	C3
Temù	2	A3
Tenaglie	15	A2-B2
Tenda (Colle di)	8	C3
Tenibres (Monte)	8	A3
Tenna	6	B1
Tenna	16	A1
Tenno	6	A1
Teodorano	10	D3
Teolo	6	C2
Teor	7	B1
Teora	20	D1
Teramo	13	D3
Terdobbiate	5	A3
Tereglio	10	A3
Terelle	17	D2
Terenzo	9	D2
Terlano	2	C2
Terlizzi	19	B3
Terme di Stigliano	15	A3
Terme di Valdieri	8	B3
Terme di Vinadio	8	A3-B3
Terme Luigiane	23	A2
Termeno sulla strada del vino	2	C3
Terme Taurine	14	D3
Termine	15	C2
Termini	20	B2
Terminillo	15	C2
Terminillo (Monte)	15	C2
Termoli	18	C1
Ternavasso	8	C1
Terni	15	B2
Terracina	17	C3
Terranera	15	D3
Terranova	5	A3

376 — ITALIA

Name	Page	Grid
Terranova da Sibari	23	B1
Terranova di Pollino	21	B3
Terranova Sappo Minulio	26	B2
Terranova Scalo	23	D2
Terranuova Bracciolini	12	D1
Terrassa Padovana	6	C3-D3
Terrati	23	B3
Terravecchia	23	C2-D2
Terrazzo	6	B3
Terreti	26	A2
Terria	15	C2
Terricciola	12	B2
Tertiveri	18	C2
Terzigno	20	B1
Terzo	6	D2
Terzo d'Aquileia	7	B1
Terzone San Pietro	15	C2
Tesa (Monte)	10	A2
Tesero	2	C3
Tessennano	14	D2
Testaccio	20	A1
Testa del Gargano	19	B2
Testa Grigia	4	C2
Testico	9	A3-B3
Tête des Bresses	8	B3
Tête Malinvern	8	B3
Tête du Pelvas	8	A2
Teverola	20	A1-B1
Tezio (Monte)	13	A2
Tezze	6	C1-D1
Tezze sul Brenta	6	C2
Thiene	6	C2
Thuile (La)	4	A2
Thurio	23	B1
Tiarno di Sotto	6	A1
Tibert (Monte)	8	B3
Ticineto	9	A1
Tierno	6	A1-B1
Tiezzo	7	A1
Tiggiano	22	C3
Tiglieto	9	A2
Tignale	6	A2
Tignolino (Pizzo)	4	D1
Timau	3	B2
Timmari	21	B1
Timmelsjoch	2	C1
Tino (Isola del)	9	C3
Tione degli Abruzzi	15	D3
Tione di Trento	6	A1
Tirano	2	A3
Tires	2	C2
Tiriolo	23	C3
Tirli	12	B3
Tirrenia	12	A1
Tito	21	A2
Tivoli	17	B1
Tizzano Val Parma	9	D2
Toano	10	A2
Tobbiana	10	B3
Tobia	15	A2
Toblach (Dobbiaco)	3	A2
Tocco Claudo	18	B3
Tocco da Casauria	16	A3
Todi	13	B3
Tofane (Le)	3	A2
Toffia	15	B3
Togano (Monte)	4	D1
Togliano	3	C3-D3
Toirano	8	D3
Tola	2	C3
Tolé	10	B2
Tolentino	13	C2
Tolfa	15	A3
Tolle	7	A3
Tollo	16	B3
Tolmezzo	3	C2
Tolve	21	A1-B1
Tomaiolo	19	A2
Tonadico	2	D3
Tonale (Passo del)	2	B3
Tonco	8	D1
Tonengo	4	C3
Toppa Romito	21	A1
Toppo Castel Grande	20	D3
Toppo Pescione	20	D1
Torano	15	C3-D3
Torano	23	B2
Torapicrilli	18	A3
Torbole	6	A1
Torbole-Casaglia	5	D2
Torcegno	2	C3
Torcello	6	D2
Torchiara	20	C2
Torchiarolo	22	B1
Tor d'Andrea	13	B3
Torella del Sannio	18	B2
Torella dei Lombardi	20	C1
Torgiano	13	B3
Torgnon	4	B2
Torino	8	C1
Torino di Sangro	16	B3
Toritto	19	C3
Tornaco	5	A3
Tornareccio	18	B1
Tornata	5	D3
Tornello	5	B3
Torniella	12	C3
Torno	5	B1-B2
Torno	21	B3
Tornolo	9	C2
Tornova	6	D3
Toro	18	B2
Torraca	21	A3
Torrazza Coste	9	B1
Torrazza Piemonte	4	C3
Torre a Cona	12	C1
Torre Alemanna	19	A3
Torre a Mare	19	C3-D3
Torre Annunziata	20	B1
Torreano	3	C3
Torrebelvicino	6	B2
Torre Beretti	9	A1
Torrebruno	18	B1
Torre Cajetani	17	C1-C2
Torre Canne	22	A1
Torre Cervara	17	B1
Torre Ciana (Punta di)	14	C2
Torre Colimena	22	A2
Torrecuso	18	B3
Torre de'Busi	5	B2
Torre dei Nolfi	17	D1
Torre del Greco	20	B1
Torre del Mare	8	D3
Torre de' Passeri	16	A3
Torre de Picenardi	5	D3
Torre di Bellocchio	10	D1
Torre di Faro	26	A2
Torre di Fine	7	A2
Torre di Lago	12	A1
Torre di Mosto	7	A1
Torre di Paestum	20	C2
Torre di Ruggiero	26	B1
Torre Gaia	17	B1
Torre Gaveta	20	A1
Torreglia	6	C3
Torre Lapillo	22	B2
Torrele	18	C3
Torre le Nocelle	20	C1
Torremaggiore	18	C2
Torre Maggiore (Monte)	15	B2
Torre Melissa	23	D2
Torrenieri	12	D3
Torre Orsaia	20	D3
Torrepaduli	22	C3
Torre Pedrera	11	A3
Torre Pellice	8	B1
Torre Santa Maria	1	D3
Torre Santa Susanna	22	A2
Torretta	12	A2
Torreta	23	D2
Torretta (Monte)	21	A1
Torrette di Fano (Le)	11	C3
Torre Vado	22	C3
Torrevecchia Pia	5	B3
Torri	12	C2
Torri	13	B3
Torri	9	A3
Torri (le)	19	A3
Torri (le)	10	D2
Torriana	11	A3
Torrice	17	C2
Torricella	22	A2
Torricella del Pizzo	5	D1
Torricella in Sabina	15	C3
Torricella Peligna	18	A1
Torricella Sicura	15	D2
Torri del Benaco	6	A2
Torri di Quartesolo	6	C2
Torriglia	9	B2
Torrile	9	D1
Torrita	15	C2
Torrita di Siena	12	D2-D3
Torrita Tiberina	15	B3
Tor Sapienza	17	B1
Tortona	9	A1
Tortora	21	A3
Tortorella	21	A3
Tor Vaianica	17	A2
Torviscosa	7	B1
Torza	9	C3
Tosa (Cima)	2	B3
Tosca (la)	10	D2
Toscanella	10	C2
Toscolano	6	A2
Tossicia	15	D2
Tovel (Lago di)	2	B3
Tovo di Sant'Agata	2	A3
Trabuchello	5	C1
Tradate	5	A2
Trafoi	2	A2
Tragliatella	15	A3
Tramonti (Lago di)	3	B3
Tramutola	21	A2
Trana	8	B1
Trani	19	B3
Trappola	12	D1
Trarego	5	A1
Trasacco	15	D3
Trasimeno (Lago)	13	A2-A3
Travagliato	5	D2
Travedona	5	A2
Traversella	4	C2
Traversetolo	9	D2
Travesio	3	B3
Travo	9	C1
Trebaseleghe	6	D2
Trebbio	11	B3
Trebisacce	21	C3
Trecasali	9	D1
Trecate	5	A3
Trecchina	21	A3
Trecenta	6	C3
Tre Cime di Lavaredo (Drei Zinnen)	3	A2
Tre Croci	15	A3
Tre Croci (Passo)	3	A2
Tredozio	10	C3-D3
Tregnago	6	B2
Treia	13	C2
Trematerra (Monte)	26	C1
Tremenico	5	B1
Tremensuoli	17	D3
Tremestieri	26	A2
Tremezzo	5	B1
Tremiti (Isole)	16	D3
Tremoli	23	A1
Trenta	23	B3
Trentinara	20	C2
Trento	6	B1
Trentola	20	A1
Trenzano	5	C2-D2
Tre Ponti	17	B2
Tre Porti	7	A2
Tre Potenze (Alpe)	10	A3
Treppio	10	B3
Treppo	3	C2
Trepuzzi	22	B2
Trequanda	12	D2
Tres	2	C3
Tresca (Monte)	10	B3
Tre Scarperi (Cima)	3	A2
Treschietto	9	D2
Trescore Balneario	5	C2
Trescore Cremasco	5	C3
Tresenda	2	A3
Tresigallo	10	D1
Tre Signori (Pizzo dei) (Dreiherrnspitze)	3	A1
Tresino (Monte)	20	C2
Tressanti	19	A2
Trestina	13	A2
Trevenzuolo	6	A3-B3
Trevi	13	B3
Trevi	15	B2
Trevico	18	D3
Treviglio	5	C2
Trevignano	6	D1
Trevignano Romano	15	A3-B3
Trevinano	12	D3
Trevinario	13	A3
Trevi nel Lazio	17	C1
Trevisago	21	A1
Treviso	6	D1
Trezzano sul Naviglio	5	B3
Trezzo sull'Adda	5	C2
Triana	14	D1
Tribano	6	C3
Tribulaun	2	C1
Tricarico	21	B1
Tricase	22	C3
Tricerro	4	C3
Tricesimo	3	C3
Trichiana	3	A3
Trieste	7	C1
Triggianello	19	D3
Triggiano	19	C3
Trigolo	5	C3
Trimezzo	15	C2
Trinità	8	C2
Trinità	21	A2
Trinità (Abbazia della)	20	B1
Trinitapoli	19	A2
Trino	4	D3
Trionto (Capo)	23	C1
Triora	9	A3
Triponzo	13	C3
Trisobbio	9	A2
Trisungo	13	D3
Trivento	18	B1
Trivero	4	D2
Trivigliano	17	C2
Trivignano Udinese	3	C3
Trivigno	21	A2
Trivio	17	D3
Trobaso	5	A1
Trofarello	8	C1
Troia	18	D2
Tromello	5	A3
Tronzano Vercellese	4	D3
Tropea	26	A1
Troviggiano	13	C2
Trovo	5	B3
Trucchi	8	C3
Trulli (Zona dei)	21	D1
Trullo di mezzo	19	B3
Tubre (Taufers)	2	A2
Tuenno	2	C3
Tufara	18	C2
Tufello	17	B1
Tufillo	18	B1
Tufo	17	D3
Tuglie	22	B3
Tuninetti	8	C1
Tuoro sul Trasimeno	13	A2
Turano (Lago del)	15	C3
Turano Lodigiano	5	C3
Turate	5	A2
Turbigo	5	A2
Turchino (Passo del)	9	A2
Turi	19	D3
Turriaco	7	C1
Turripiano	2	A3
Turro	9	C1
Tursi	21	B2
Tuscania	14	D2
Tussillo	15	D3
Tussio	15	D3
Tuturano	22	B1

U

Name	Page	Grid
Uccea	3	C2
Uccellina (Monti dell')	14	C2
Udine	3	C3
Ugento	22	B3
Uggiano la Chiesa	22	C2
Uggiano Montefusco	22	A2
Uggiate	5	A2
Ugliano	13	C2
Ultimo (Val d')	2	B3-C2
Umbriatico	23	C2
Uomo (Capo d')	14	C2
Uomo di Sasso (Poggio)	12	D1
Upega	8	C3
Urago d'Oglio	5	C2
Urbana	6	C3
Urbania	13	B1
Urbino	13	B1
Urbino (Monte)	13	B2
Urbisaglia	13	C2-D2
Urbs Salvia	13	D2
Urgnano	5	C2
Ururi	18	C1
Uscio	9	B2
Usmate	5	B2
Usseglio	4	B3
Ussita	13	C3
Utero (Monte)	13	C3

V/W

Name	Page	Grid
Vaccarizzo	23	B2
Vaccarizzo Albanese	23	B1
Vaccolino	10	D1
Vada	12	A2
Vado	10	B2
Vado di Sole	16	A3
Vado (Capo di)	8	D3
Vado Ligure	8	D3
Vagli (Lago di)	10	A3
Vaglia	10	C3
Vaglio Basilicata	21	A2
Vagli Sopra	9	D3
Vagli Sotto	9	D3
Vaiano	10	B3
Vailate	5	C2
Vajont (Lago di)	3	A3
Vairano Patenora	18	A3
Vairano Scalo	18	A3
Val Antigorio	1	A3
Valazzo	19	A1
Valbione	2	B3
Valbondione	5	C1-D1
Valcalda (Monte)	3	B3
Val Camonica	5	D1
Valcasotto	8	C3
Valcava	5	B2
Valdagno	6	B2
Val della Torre	4	B3
Valdieri	8	B3
Val di Nizza	9	B1
Val di Viu	4	B3
Valdobbia	4	C2
Valdobbiadene	6	C1-D1
Val Dorizzo	5	D1
Valduga	6	B1
Valduggia	4	D2
Valeggio	5	A3
Valeggio sul Mincio	6	A3
Valentano	14	D2
Valenza	9	A1
Valenzano	19	C3

ITALIA — 377

Name	Page	Grid
Valera Fratta	5	B2
Valestra	10	A2
Valfabbrica	13	B2
Valfenera	8	C1
Val Gardena	2	D2
Valgi (Lago di)	9	D3
Valgrana	8	B3
Valgrisenche	4	A2-B2
Valiano	12	D2
Valico del Somma	15	B2
Vallà	6	C2
Vallalta	10	B1
Vallata	18	D3
Valle	8	D2
Valle Agordina (La)	3	A3
Valle agricola	18	A2
Valle Canzano	16	A2
Valle Castellana	13	D3
Vallecetta (Monte)	2	A3
Valle Cornuta di Mezzo	19	A3
Vallecorsa	17	C2-D2
Valle Dame	13	A2
Valle dell'Angelo	20	D2
Valle del Mezzano	10	D1
Valle di Maddaloni	18	B3
Vallefiorita	23	B3
Vallegrande	18	A2
Valle Lomellina	5	A3
Vallelonga	26	B1
Vallelunga	18	A2
Vallemaio	17	D3
Vallemare	16	A3
Vallemare	16	A3
Valle Mosso	4	D2
Vallepietra	15	C3-D3
Vallerano	15	A2
Valleremita	13	B2
Vallerona	14	C1
Vallerotonda	18	A2
Valles	2	D1
Valles (Passo di)	2	D3
Vallesaccarda	18	C3-D3
Vallese	6	B3
Vallestretta	13	C3
Valleve	5	C1
Valli del Pasubio	6	B2
Valli di Comacchio	10	D1
Valli Mocenighe	6	C3
Vallinfreda	15	C3
Vallocci (Cima)	5	C1
Vallo della Lucania	20	D3
Vallo di Nera	13	C3
Vallombrosa	12	D1
Vallurbana	13	A1
Valmadrera	5	B1
Valmeronte (Monte)	13	A1
Valmontone	17	B2
Valmozzola	9	C2
Valnegra	5	C1
Valogno	18	A3
Valpelline	4	B2
Valpelline	4	B2
Valperga	4	C3
Valpiana	12	B3
Valprato Soana	4	B2
Valpromaro	12	A1
Val Roveto	17	C1
Valsavarenche	4	B2
Valsecca	5	B2
Valsesia	4	C2
Valsinni	21	B3
Valstagna	6	C1
Valtellina	1	C3-D3
Valtina	2	C1-C2
Valtopina	13	B3
Valtorta	5	B1
Valtournenche	4	C2
Valtreara	13	C2
Valva	20	D1
Valvasone	3	B3
Valvori	18	A2
Vancimuglio	6	C2
Vandoies	2	D1
Vanze	22	C2
Vanzone con San Carlo	4	C1
Vaprio d'Adda	5	C2
Vaprio d'Agogna	5	A2
Varaita (Valle)	8	A2-B2
Varallo	4	D2
Varallo Pombia	5	A2
Varano (Lago di)	19	A1
Varano de'Melegari	9	D2
Varapodio	26	B2
Varazze	9	A3
Varco Sabino	15	C3
Varco San Mauro	23	B2
Vardella (Punta)	17	A3
Varedo	5	B2
Varenna	5	B1
Varese	5	A2
Varese Ligure	9	C2
Varignana	10	C2
Varigotti	8	D3
Varmo	7	B1
Varone	6	A1
Varsi	9	C2
Varzi	9	B1
Varzo	1	A3
Vasanello	15	B2
Vasco	8	C3
Vasia	9	A3
Vaste	22	C3
Vasto	16	C3
Vastogirardi	18	A1
Vaticano (Capo)	26	A1
Vaticano (Città del)	17	A1
Vatolla	20	C2
Vattaro (Vigolo-)	6	B1
Vaud	4	B2
Vazia	15	C2
Vazzano	26	B1
Vazzola	6	D1
Vecchia (Colle della)	4	C2
Vecchiano	12	A1
Vecite	20	B1
Vedelago	6	C2-D2
Vedeseta	5	B1
Vedrana	10	C2
Vedriano	10	A2
Veglie	22	B2
Veio	15	B3
Vejano	15	A3
Vélan (Monte)	4	B2
Velezzo Lomellina	5	A3
Velino (Monte)	15	D3
Vellano	10	A3
Velleia	9	C1
Velletri	17	B2
Velo Veronese	6	B2
Velva	9	C3
Vena di Maida	23	B3-C3
Venafro	18	A2
Vena Grande	15	D1
Vena Media	26	B1
Venaria	4	C3
Venasca	8	B2
Venaùs	4	A3-B3
Vencò	3	D3
Venda (Monte)	6	C3
Vendicio	17	D3
Venere	15	D3
Venere (Monte)	15	A2-A3
Venezia	6	D2
Venezia (Cima)	2	B3
Venosa	19	A3
Venosta (Val) (Vinschgau)	2	B2-C2
Ventasso (Monte)	9	D2
Venticano	18	C3
Ventimiglia	9	A3
Ventotene	17	B3
Ventotene (Isola)	17	B3
Venturina	12	B3
Venzone	3	C2
Verbania	5	A1
Verbicaro	23	A1
Verceia	1	C3
Vercelli	4	D3
Verchiano	13	C3
Verde (Capo)	9	A3
Verdello	5	C2
Verdins	2	C2
Verduno	8	C2
Vergato	10	B2-B3
Verghereto	13	A1
Vergiate	5	A2
Verica	10	B2
Vermezzo	5	A3-B3
Vermiglio	2	B3
Verna (La)	12	D1
Vernante	8	B3
Vernasca	9	C1
Vernazza	9	C3
Vernio	10	B3
Vernole	22	C2
Verola (Monte)	9	D2
Verolanuova	5	D3
Verolavecchia	5	D3
Verolengo	4	C3
Veroli	17	C2-D2
Verona	6	A2-B2
Verrès	4	C2
Verrutoli (Monte)	21	B1
Versano	18	A3
Vertana (Cima)	2	B2
Vertova	5	C2
Verzale (Monte)	18	C3
Verzegnis (Monte)	3	B2
Verzino	23	C2
Verzuolo	8	B2
Vescia	8	B3
Vescia	15	B1
Vescovana	6	C3
Vescovato	5	D3
Vesime	8	C2
Vesio	6	A1
Vesole (Monte)	20	C2-D2
Vespolate	5	A3
Vestenanova	6	B2
Vestignè	4	C3
Vestone	5	D2
Vesuvio	20	B1
Vetralla	15	A3
Vette (Le)	2	D3
Vettica Maggiore	20	B2
Vettigne	4	D3
Vetto	9	D2
Vettore (Monte)	13	C3
Vetulonia	12	B3
Veveri	5	A3
Vezza d'Alba	8	C2
Vezza d'Oglio	2	A3
Vezzano	6	A1-B1
Vezzano Ligure	9	C3
Vezzano sul Crostolo	10	A2
Vezze (Passo di)	2	D1
Vezzena	6	B1
Vezzo	5	A2
Vezzolano	8	C1
Viadana	10	A1
Viamaggio	13	A1
Vianino	9	C1-D2
Viareggio	12	A1
Viarigi	8	D1
Viarolo	9	D1
Viazzano	9	D1
Vibo Marina	26	B1
Vibonati	21	A3
Vibo Valentia	26	B1
Vicalvi	17	D2
Vicchio	10	C3
Vicenza	6	C2
Vico (Lago di)	15	A3
Vicobarone	9	B1
Vico del Gargano	19	A1
Vico d'Elsa	12	C2
Vico Equense	20	B2
Vicofertile	9	D1
Vicoforte	8	C3
Vicoli	16	A3
Vicolungo	4	D3
Vico nel Lazio	17	C2
Vicopisano	12	A1
Vicovaro	15	C3
Vidalenzo	9	D1
Vidigulfo	5	B3
Vidor	6	D1
Vieste	19	B2
Vietri di Potenza	20	D2
Vietri Sul Mare	20	C1-C2
Vieyes	4	B2
Viganella	4	D1
Vigarano Mainarda	10	C1
Vigarano Pieve	10	C1
Vigasio	6	A3-B3
Vigevano	5	A3
Viggianello	21	B3
Viggiano	21	A2
Viggiù	5	A1
Vigliano Biellese	4	D2
Viglio (Monte)	17	C1
Vigna	8	C3
Vigna di Valle	15	A3-B3
Vignale	12	B3
Vignale Monferrato	8	D1
Vignanello	15	A2-B2
Vignatico	13	D3
Vigne (Le)	18	A2
Vignola	10	B2
Vignole Borbera	9	A2
Vignolo	8	B3
Vigo	2	C3
Vigo	6	B2-B3
Vigo di Cadore	3	A2-B2
Vigo di Fassa	2	D3
Vigolo	5	C2
Vigolo Vattaro	6	B1
Vigolzone	9	C1
Vigone	8	B2
Vigonovo	6	D2
Vigonza	6	D2
Vigo Rendena	6	A1
Viguzzolo	9	A1
Villa	5	D1
Villa (La)	2	D2
Villa Adriana	17	B1
Villa Antonelli	19	D3
Villa Badessa	16	A3
Villa Bartolomea	6	B3
Villabassa	3	A2
Villabella	9	A1
Villabruna	2	D3
Villa Caldari	16	B3
Villa Canale	18	B1
Villa Carcina	5	D2
Villa Castelli	22	A1
Villa Convento	22	B2
Villa d'Agri	21	A2
Villa d'Almè	5	C2
Villadeati	8	D1
Villa del Bosco	6	D3
Villa del Conte	6	C2
Villa di Chiavenna	1	C3
Villadose	6	C3-D3
Villadossola	4	D1
Villa Estense	6	C3
Villafalletto	8	B2
Villa Fastiggi	11	B3
Villafontana	6	B3
Villafranca di Forlì	10	D2
Villafranca di Verona	6	A3
Villafranca in Lunigiana	9	D3
Villafranca Padovana	6	C2
Villafranca Piemonte	8	B2
Villaggio Amendola	18	D2
Villaggio Mancuso	23	C3
Villaggio Marconia	21	C2
Villaggio Moschella	19	A3
Villaggio Racise	23	C3
Villaggio Resta	22	B2
Villagrappa	10	D2-D3
Villagrossa	6	B3
Villa Lagarina	6	A1-B1
Villalago	17	D1
Villa Latina	17	D2
Villalfonsina	16	B3
Villa Literno	20	A1
Villa Littorio	20	D2
Villalta di Sotto	11	A3
Villamagna	16	B3
Villamaina	18	C3
Villammare	21	A3
Villa Meliscio	21	B3
Villa Minozzo	10	A2
Villamiroglio	4	D3
Villa Napoleone	14	A1
Villanova	8	A2-B2
Villanova	9	D1
Villanova	10	D2
Villanova	10	D2
Villanova	12	B1
Villanova d'Albenga	9	B3
Villanova d'Asti	8	C1
Villanova del Battista	18	C3
Villanova del Ghebbo	6	C3
Villanova Mondovì	8	C3
Villanova Monferrato	4	D3
Villanova Solaro	8	B2
Villanova Spiaggia	22	A1
Villanova sull'Arda	9	D1
Villanterio	5	B3
Villa Opicina	7	C1
Villa Ostuni	19	D3
Villa Petto	16	A2
Villapiana	23	B1
Villapiana Lido	23	B1
Villapianascalo	23	B1-C1
Villapiano	21	C3
Villapiano Lido	21	C3
Villa Poma	10	B1
Villa Potenza	13	D2
Villarbasse	8	B1
Villarboit	4	D3
Villa Redena	6	A1
Villaromagnano	9	A1-B1
Villarotta	10	A1
Villar Perosa	8	B1
Villa San Giovanni	26	A2
Villa San Giovanni in Tuscia	15	A3
Villa San Giuseppe	26	A2
Villa San Leonardo	16	B3
Villa San Sebastiano	15	D3
Villasanta	5	B2
Villa Santa Croce	18	B3
Villa Santa Lucia	17	D2
Villa Santa Maria	18	A1
Villa Santina	3	B2
Villa Santo Stefano	17	C2
Villastellone	8	C1
Villastrada	13	A3
Villata	4	D3
Villa Vallelonga	17	D1
Villaverla	6	C2
Villa Vomano	16	A2
Ville	4	C2
Ville (le)	13	A2
Villefranche	4	B2
Villeneuve	4	B2
Villetta Barrea	18	A1
Villimpenta	6	B3
Villo Grande	16	B3
Villore	10	C3
Villotta	7	A1
Vilminore di Scalve	5	C1-D1
Vilpiano	2	C2
Vimercate	5	B2
Vimodrome	5	B2
Vinadio	8	B3
Vinchiaturo	18	B2
Vinci	12	B1
Vinciarello	26	C1
Vinco	26	A2
Vinovo	8	C1
Vinschgau (Val Venesta)	2	B2-C2

Viola	8	C3	Viù (Val di)	4	B3	Volturino	18	C2	
Viola (Cima)	2	A3	Vivara (Isola)	20	A1	Volturino (Monte)	21	A2	
Vione	2	A3	Vivaro	3	B3	Volturno (Foce del)	18	A3	
Vioz (Monte)	2	B3	Vivaro Romano	15	C3	Volvera	8	B1	
Vipiteno (Stezing)	2	C1	Viverone	4	C3	Vulture (Monte)	18	D3	
Virgilio	6	A3	Vivione (Passo del)	5	D1	Weißkugel (Palla Bianca)	2	B2	
Virle Piemonte	8	B1	Vizzaneta	10	B3				
Visano	5	D3	Vo	6	C3	Weiß See Spitze (Punta Lago Bianco)	2	B2	
Vische	4	C3	Vobarno	6	A2				
Visciano	18	A3	Vocca	4	D2	Welsberg (Monguelfo)	3	A2	
Visco	7	B1	Vodo Cadore	3	A2				
Viserba	11	A3	**Voghera**	9	B1				
Visnadello	6	D1	Voghiera	10	C1				
Viso (Monte) (Monviso)	8	B2	Vogogna	4	D1				
Visone	8	D2	Volano	10	D1	**Z**			
Visso	13	C3	Volongo	5	D3				
Vistrorio	4	C3	Volpago di Montello	6	D1	Zaccanopoli	26	A1-B1	
Vita (Capo della)	12	A3	Volpedo	9	B1	Zagarise	23	C3	
Viterbo	15	A2	Volpiano	4	C3	Zagarolo	17	B1	
Vitiano	12	D2	Volsini (Monti)	15	A2	Zambana	2	C3	
Viticuso	18	A2	Volta Barozzo	6	C2	Zambla	5	C1	
Vitigliano	22	C3	Voltaggio	9	A2	Zambrone	26	A1-B1	
Vitigliano (Alpe di)	10	C3	Volta Mantova	6	A3	Zangarona	23	B3	
Vitinia	17	A2	**Volterra**	12	B2	Zanica	5	C2	
Vitorchiano	15	A2	Volterraio	14	A1	Zannone	17	A3	
Vitriola	10	A2	Volterrano	13	A2	Zappi (Monte)	15	C3	
Vittorio Veneto	6	D1	Voltre	10	D3	Zapponeta	19	A2	
Vittorito	16	A3	Voltri	9	A2	Zavattarello	9	B1	
Vitulano	18	B3	Volturara Appula	18	C2	Zelbio	5	B1	
Vitulazio	18	A3	Volturara Irpina	20	C1	Zelo	6	C3	

Zelo Buon Persico	5	B3
Zeme	5	A3
Zenobito (Punta dello)	12	A3
Zepponami	15	A2
Zero Branco	6	D2
Zevio	6	B3
Ziano di Fiemme	2	D3
Zibello	9	D1
Zibido San Giacomo	5	B3
Zillertaler Alpen	2	D1
Zinasco Vecchio	5	B3
Zinga	23	C2
Zinola	8	D3
Zoanno	2	A3-B3
Zocca	10	B2
Zoccalia	23	B1
Zogno	5	C2
Zola Predosa	10	B2
Zoldo (Valle di)	3	A3
Zollino	22	C2
Zoppè di Cadore	3	A3
Zoreri	6	B1
Zubiena	4	C3
Zuccone (Monte)	9	C2
Zuc dal Bôr	3	C2
Zugliano	6	C2
Zumpano	23	B2
Zungoli	18	C3-D3
Zungri	26	B1
Zuppino	20	D2

2. — SARDEGNA

A

Abbasanta	30	B2
Accettori (Punta s')	30	D3
Acquacadda	31	B2
Acquafredda	31	B2
Acquaresi	31	A1
Acuto (Monte)	29	C3
Adde (Punta e')	29	B2
Aggius	29	C2
Agrustos	29	D2
Aidomaggiore	30	B2
Aios (is)	31	B2
Alá (Monti d')	29	C2-C3
Alà dei Sardi	29	C3
Albagiara	30	B3
Albo (Monte)	29	D3
Albucciu (Nuraghe)	29	C1-D1
Ales	30	B3
Alghero	29	A3
Alghero (Rada d')	29	A3
Aliga (Punta s')	31	A2
Alla	30	B2
Altano (Capo) (Capo Giordano)	31	A2
Anela	29	C3
Annunziata	31	D1
Antigori	31	C2
Aranci (Golfo degli)	29	D2
Arbatax	30	D2
Arborea	30	B3
Arbu (Monte)	30	C2
Arbu (Monte)	30	B2
Arbus	31	B1
Arci (Monte)	30	B3
Arcosu (Monte)	31	B2
Arcu Correboi	30	C2
Arcu de Genneruxi (s')	31	B2
Arcuentu (Monte)	30	B3
Arcu Genna Bogai	31	A1
Ardali	30	D2
Ardara	29	B3
Ardauli	30	B2
Arenas	31	B1
Argentiera	29	A2
Argentiera (Capo dell')	29	A2
Aritzo	30	C2
Arixi	30	C3
Armungia	31	C1
Arrubiu (Monte)	31	C2
Arzachena	29	C1
Arzana	30	D2
Asinara (Golfo dell')	29	A2-B2
Asinara (Isola)	29	A1
Assemini	31	C1
Assolo	30	B3

Asuai	30	C2
Asuni	30	B3
Atzara	30	C2
Austis	30	C2

B

Baccu Arrodas	31	D1
Bacu Abis	31	A2
Badesi	29	B2
Bagni di San Martino	29	B2
Bagnu (lu)	29	B2
Baia Sardinia	29	D1
Baligioni (Monte)	29	C2
Balistreri (Punta)	29	C2
Ballao	30	C3
Banari	29	B3
Bancali	29	A2
Bantine	29	C3
Baradili	30	B3
Baratili San Pietro	30	B2
Barbagia Belvi	30	C2
Barbagia Ollolai	30	C2
Barbagia Seulo	30	C3
Barbarossa (Punta)	29	A2
Barbusi	31	B2
Baressa	30	B3
Bari Sardo	30	D3
Baronie	29	D3
Barrali	31	C1
Barrua	31	B2
Barumini	30	C3
Bassacutena	29	C1
Bau	31	A1
Bauladu	30	B2
Baunei	30	D2
Bellavista (Capo)	30	D2
Benetutti	29	C3
Benzone (Lago di)	30	C2
Berchidda	29	C2
Berchiddeddu	29	C2
Bessude	29	B3
Biancareddu	29	A2
Bidighinzu (Lago)	29	B3
Bidoni	30	B2
Birori	30	B2
Bithia	31	B2-B3
Bitti	29	C3
Boi (Capo)	31	D2
Bolotana	29	B3
Bonarcado	30	B2
Bonifacio (Bocche di)	29	C1
Bonnanaro	29	B3
Bono	29	C3
Bonorva	29	B3

Boroneddu	30	B2
Borore	30	B2
Bortigali	29	B3
Bortigiadas	29	C2
Borutta	29	B3
Bosa	30	A1
Bosa Marina	30	A1
Bottidda	29	C3
Brunella	29	D2
Buddusò	29	C3
Budelli (Isola)	29	C1
Budoni	29	D2
Buggerru	31	A1
Bultei	29	C3
Bulzi	29	B2
Burcei	31	C1
Burgos	29	C3
Busachi	30	B2

C

Cabras	30	A2-B2
Cabras (Stagno di)	30	A2
Cabu Abbas (Nostra Signora)	29	B3
Caccia (Capo)	29	A3
Cagliari	31	C2
Cala di Volpe	29	D1
Cala d'Oliva	29	A1
Cala Gonone	29	D3
Cala Liberotto	29	D3
Calangianus	29	C2
Cala Piombo (Capo di)	31	B3
Calasetta	31	A2
Caletta (la)	29	D3
Calvia (Monte)	29	B3
Camisa	31	D1
Campanedda	29	A2
Campidani	31	B3
Campo Pisano	31	A1-B1
Camporotondo	29	C1
Campovaglio	29	C1
Campudulimo	29	B2
Campu Omu	31	C1
Canaglia	29	A2
Canai	31	A2
Canneddi (Punta li)	29	B1-B2
Cannigione	29	C1
Cannoneris (is)	31	B2
Cantoniera del Tirso	30	C1
Cantoniera Sant'Anna	30	B3
Capaccio (Capo)	29	D1
Caparoni (Punta lu)	29	A2
Capoterra	31	C2

Caprara (Punta) (Punta dello Scorno)	29	A1
Caprera (Isola)	29	F1
Capriccioli	29	D1
Caravai (Passo di)	30	C2
Caravius (Monte is)	31	B2
Carbonara (Capo)	31	D2
Carbonara (Golfo di)	31	D2
Carbonia	31	B2
Cardiga (Monte)	30	D3
Cargeghe	29	B2
Carillus (is)	31	B2
Carloforte	31	A2
Casa della Marina	31	D2
Case Basile	29	B3
Case Mariani	29	B3
Caserma Vecchia	31	C1
Castelsardo	29	B2
Castiadas	31	D2
Catirina (Punta)	29	D3
Cavoli (Isola dei)	31	D2
Ceraso (Capo)	29	D2
Cheremule	29	B3
Chiaramonti	29	B2
Chilivani	29	B3
Cirifoddi	31	B2
Ciuchesu	29	C1
Coda Cavallo (Capo)	29	D2
Codaruina	29	B2
Codrongianos	29	B2-B3
Coghinas	29	C2
Coghinas (Lago del)	29	C2
Cogoli	29	C3-D3
Collinas	30	B3
Colonia	31	A2
Colonne (Punta delle)	31	A2
Colostrai (Stagno di)	31	D1
Colti	29	C1
Comino (Capo)	29	D3
Comoretta (Punta)	29	C3
Concas	29	D2
Corallo (Riviera del)	29	A3
Cornus	30	A2
Corongiu (Punta)	30	D3
Corongiu de'Mari	31	B2
Corrasi (Punta)	30	C2-D2
Corrugunele	29	C2
Corte (la)	29	A2
Corte Cerbos (Monte)	30	C2-C3
Corti Rosas	30	C3
Cortoghiana	31	A2
Cossoine	29	B3
Costa Rei	31	D1-D2
Costa Smeralda	29	D1-D2
Costa Verde	31	A1

SARDEGNA — 379

Cresia (Punta sa)	31	B2
Crucca (la)	29	A2
Cuglieri	30	B2
Cugnana (Golfo di)	29	D1
Curi (Monte sa)	29	D2
Cuzzola	29	D2

D/E

Decimomannu	31	C1
Decimoputzu	31	B1
Desulo	30	C2
Doglia (Monte)	29	A3
Dolianova	31	C1
Domus de Maria	31	B2
Domusnovas	30	B2
Donigala	30	C3
Donigala	30	D2
Donigala Fenughedu	30	B2
Donna (Punta sa)	29	D2
Donori	31	C1
Dorgali	29	D3
Dualchi	30	B2
Duchessa (sa)	31	B1
Ederas (Piana)	29	B2
Elini	30	D2
Elmas	31	C1
Erula	29	B2
Escalaplano	30	C3
Escolca	30	C3
Escovedu	30	B3
Esporlatu	29	B3-C3
Esterzili	30	C3

F

Falcone (Capo del)	29	A2
Faro (el)	29	A3
Fennau (Monte)	30	D2
Ferrato (Capo)	31	D1
Ferro (Capo)	29	D1
Ferru (Monte)	30	D3
Fertilia	29	A3
Figari (Capo)	29	D2
Filau (Monte)	31	B2
Florinas	29	B2-B3
Flumendosa (Lago alto del)	30	C3
Flumini	31	C2
Fluminimaggiore	31	A1
Flussio	30	B2
Foghe (Punta di)	30	B2
Fonni	30	C2
Fontanamare	31	A1
Fordongianus	30	B2
Foresta di Burgos	29	B3
Fornelli	29	A2
Fraidorzu (Monte)	30	C1
Fraigarda (sa)	29	B3
Francesi (Punta di li)	29	C1
Frasca (Capo della)	30	A3
Fruncu Padulas	30	C2
Frida	29	B3
Frusciu (Monte)	29	B3
Furonis (Perda is)	30	D2
Furtei	30	B3

G/I

Gadoni	30	C2
Gairo	30	D3
Gairo Taquisara	30	C3
Gallura	29	C1-C2
Galtelli	29	D3
Gavoi	30	C2
Gazzurra	30	D1
Genis (Monte)	31	C1
Genna Coggina	30	D2
Genna Cruxi	30	D2
Genna 'e Medau	30	C3
Gennargentu (Monti del)	29	C2
Genn'Argiolas (Monte)	31	D1
Genna Silana	30	D2
Genniomus	31	B2
Genoni	30	C3
Genuri	30	B3
Genziana (Monte)	30	C2
Geremeas	31	C2
Gergei	30	C3
Gerrei (Monti)	31	C1
Gesico	30	C2
Gesturi	30	C3
Ghilarza	30	B2
Giardone	31	D2
Giave	29	B3
Giba	31	B2
Giglio (Punta del)	29	A3
Giordano (Capo) (C. Altano)	31	A2
Girasole	30	D2

Goceano (Catena di)	29	C3
Golfo Aranci	29	D2
Gonari (Nostra Signora di)	30	C2
Goni	30	C3
Gonnesa	31	A1
Gonnosfanadiga	31	B1
Gonnosno	30	B3
Gonnostramatza	30	B3
Govossai (Lago)	30	C2
Grighini (Monte)	30	B2
Grotta	30	D1
Grotta di Nettuno	30	A1
Guamaggiore	30	C3
Guardia de is Morus	31	B2
Guardia dei Mori	31	A2
Guasila	30	C3
Gurturgius (Punta)	29	D3
Gusana (Lago di)	30	C2
Guspini	30	B3
Guzzurra	29	D3
Iglesias	31	B1
Ilbono	30	D3
Illorai	29	C3
Ingurtasu	31	A1
Irgoli	29	D3
Isili	30	C3
Isola Rossa	29	B2
Istiddi (Bruncu)	30	C2
Ittia (Punta)	29	C2-D2
Ittireddu	29	B3
Ittiri	29	B3
Ixi (Monte)	31	C1
Jerzu	30	D

L

L'Abbiadori	29	C1-D1
Laconi	30	C3
Laconia	29	C1
Laerru	29	B2
Lanna Caguseli	30	C2
Lanna Portellitos	29	D3
Lanusei	30	D3
Lapanu (Monte)	31	B2
Lasina (Piano)	30	C3
Las Plassas	30	C3
Lei	29	B3
Lerno (Monte)	29	C3
Lernu	30	D3
Licciola (La)	29	C1
Lido del Sole	29	D2
Lido di Pittulongu	29	D2
Limbara (Monte)	29	C2
Limpiddu	29	D2
Linas (Monte)	31	B1
Lioni (lu)	29	D2
Liscia (Lago di)	29	C2
Liscia di Vacca	29	D1
Littigheddu (Monte)	29	B2
Liuru (Monte)	31	D1
Loceri	30	D3
Loculi	29	D3
Lodè	29	D3
Lodine	30	C2
Logudoro	29	B3
Loiri	29	D2
Losa (Nuraghe)	30	B2
Lotzorai	30	D2
Ludu (Genna su)	30	D3
Luggerras (Cuccuru)	30	D3
Lula	29	D3
Lumbaldu	29	B2
Lunamatrona	30	B3
Luogosanto	29	C1
Luras	29	C2
Luri	30	B3

M

Macchiareddu	31	C2
Macomer	30	B2
Maddalena (La)	29	C1
Maddalena (Isola)	29	C1-D1
Maddalena Spiaggia	31	C2
Maggiore (Punta)	31	A2
Maggiore (Punta)	29	D2
Magomadas	30	A2
Magusu (Punta)	31	B1
Malacalzetta	31	B2
Mal di Ventre (Isola di)	30	A2
Mamoiada	30	C2
Mamone	29	C3
Mamusi	29	C2
Mandas	30	C3
Mandrolisai	30	C2
Mannu (Capo)	30	A2
Mannu (Capo)	29	A2
Mannu della Reale (Porto)	29	A1
Mara	29	B3
Maracalagonis	31	C1

Marargiu (Capo)	29	A3
Marazzino	29	C1
Marceddi	30	A3-B3
Maria (Monte)	31	D2
Marina di lu Impostu	29	D2
Marina di Orosei	30	D1
Marina di Sorso	29	A2-B2
Marina di Torre Grande	30	A3-B3
Marinella (Golfo di)	29	D1
Marmora (Punta la)	30	C2
Marrubiu	30	B3
Martino (Punta)	29	C1
Martis	29	B2
Masainas	31	B2
Massama	30	B2
Masua	31	A1
Masullas	30	B3
Matzaccara	31	A2
Maxia (Punta)	31	B2
Mazonzo (Monte)	29	C3
Meana Sardo	30	C2
Mela (sa)	29	B2
Melisenda	30	D3
Menga (Punta)	31	B2
Mesa (Monte sa)	29	C2-C3
Mesu'e Roccas (Monte)	30	B2
Milis	30	B2
Minerva (Palazzo)	29	B3
Modditonalza	29	B2
Modolo	30	B1
Mogorella	30	B3
Mogoro	30	B3
Molara (Isola)	29	D2
Molentis (Punta)	31	D2
Monastir	31	C1
Moneta (Passo della)	29	C1
Monreale	30	B3
Monserrato	31	C1
Monte (Nostra Signora de su)	29	C3
Montecani	31	A1
Monteleone Rocca Doria	29	A3-B3
Monte Petrosu	29	D2
Monteponi	31	A1
Monte Pranu (Lago di)	31	B2
Monte Santu (Capo di)	30	D2
Monte Scorra	31	A1
Montevecchio	30	B3
Monti	29	C2
Montresta	29	A3
Mores	29	B3
Morgongiori	30	B3
Moro (Monte)	29	D1
Muddi (la)	29	B2
Mulargia	29	B3
Mulargia (Lago)	30	C3
Mumullonis (Punta)	31	A1
Muntigggioni	29	B2
Muravera	31	D1
Muros	29	B2
Musei	31	B1

N

Narbolia	30	B2
Narcao	31	B2
Nebida	31	A1
Negra (Punta)	29	A2
Neoneli	30	B2
Nieddu (Monte)	29	D2
Nora	31	C2
Noragugume	30	B2
Norbello	30	B2
Nortiddi	29	C3
Nuchis	29	C2
Nughedu	29	C3
Nughedu Santa Vittoria	30	B2
Nule	29	C3
Nulvi	29	B2
Nuoro	29	C3
Nurachi	30	A2-B2
Nuragus	30	C3
Nurallao	30	C3
Nuraminis	31	C1
Nureci	30	C3
Nurra (La)	29	A2
Nurri	30	C3
Nuxis	31	B2

O

Ogliastra	30	D2-D3
Oladri (Monte)	31	C1
Olbia	29	D2
Olbia (Golfo di)	29	D2
Olia Speciosa	31	D1
Oliena	30	C1-C2
Ollastra	30	B2
Ollolai	30	C2
Olmedo	29	A2

Olzai	30	C2
Omodeo (Lago)	30	B2-B3
Onanì	29	C3-D3
Onifai	30	D3
Oniferi	30	C2
Orani	30	C2
Orgosolo	30	C2
Oristano	30	B3
Oristano (Golfo di)	30	A3-B3
Orosei	29	D3
Orotelli (Serra d')	29	C3
Orri (Monte)	31	B2
Orroli	30	C3
Ortacesus	30	C3
Ortobene (Monte)	29	C3
Ortueri	30	C2
Orune	29	C3
Oschiri	29	C2
Osidda	29	C3
Osilo	29	B2
Osini	30	D3
Ossi	29	B2
Ottana	30	C2
Ottiolu (Punta d')	29	D2
Ovodda	30	C2
Ozieri	29	C3

P

Pabillonis	30	B3
Padria	29	B3
Padru	29	D2
Padru Mannu	29	B3
Paidorzu (Monte)	29	C3
Palai (Punta)	29	B3
Palau	29	C1
Palmadula	29	A2
Palmas	31	B2
Palmas (Golfo di)	31	A2-B2
Palmas Arborea	30	B3
Palmavera	29	A3
Paradiso (Costa)	29	B1
Pardu Atzei	30	A3-B3
Paringianu	31	A2
Pattada	29	C3
Pau	30	B3
Pauceris Mannu (Monte is)	31	B2
Pauli Arbarei	30	B3
Paulilatino	30	B2
Pecora (Punta)	31	A1
Pedrabianca (sa)	29	C2
Pedralunga (Monte)	29	C3
Pedrosu (Monte)	29	B2
Perdasdefogu	30	D3
Perdas de Fogu (Monte)	31	A2
Perdaxius	31	B2
Perdedu (Monte)	30	C3
Perdu Carta	31	B1
Perfugas	29	B2
Pesus	31	B2
Piana (Isola)	31	A2
Piana (Isola)	29	A2
Piana (Isola)	29	A2
Piani (i)	29	A3
Pillonis (is)	31	C1
Pilo (Stagno di)	29	A2
Pilosu (Monte)	29	B2
Pimentel	31	C1
Pinu (Monte)	29	C2
Piombo (Cala)	31	B3
Piras	29	D2
Pirri	31	C2
Piscinas	31	B2
Pittu (Monte)	29	B2
Planu sa Giara	30	B3-C3
Platamona Lido	29	A2-B2
Ploaghe	29	B2
Poetto	31	C2
Poglina Torre	30	A1
Pomponigas	30	A3-B3
Pompu	30	B3
Porcos (Nuraghe)	30	A2
Portixeddu	31	A1
Porto Botte	31	B2
Porto Cervo	29	D1
Porto Conte	29	A3
Porto Corallo	31	D1
Porto Palma	30	A3
Porto Pino	31	B2
Porto Pozzo	29	C1
Porto Rotondo	29	D1-D2
Portoscuso	31	A2
Porto Torres	29	A2
Portovesme	31	A2
Posada	29	D3
Posada (Lago di)	29	D3
Pozzomaggiore	29	B3
Pozzo San Nicola	29	A2
Pratobello	30	C2
Pruna (Punta sa)	30	C2-D2
Pula	31	C2

380 — SARDEGNA

Name	Page	Coord
Pula (Capo di)	31	C2
Punta (la)	31	A2
Puntaccia (Monte)	29	C1
Punta Gennarta (Lago)	31	B1
Punti (li)	29	A2
Putifigari	29	A3
Putzu Idu	30	A2

Q

Name	Page	Coord
Quadda	29	A2-B2
Quartu (Golfo di)	31	C2
Quartucciu	31	C2
Quartu Sant'Elena	31	C2
Quirra	31	D1
Quirra (Salto di)	30	C3-D3

R

Name	Page	Coord
Razzoli (Isola)	29	C1
Reale (la)	29	A1
Reale (Rada della)	29	A1
Rebeccu	29	B3
Riola Sardo	30	A2-B2
Roccia dell'Elefante	29	B2
Romana	29	B3
Rossa (Isola)	29	A3
Rossa (Isola)	31	B2
Ruinas	30	B2-B3
Ruiu (Monte)	29	D2
Ruiu (Monte)	29	A3

S

Name	Page	Coord
Sabina (Punta)	29	A1
Sadali	30	C3
Sagama	30	B2
Sale Porcus (Stagno)	30	A2
Salici (Punta)	29	B2
Saline (Cala)	30	A2
Salto di Quirra	31	D1
Samassi	31	B1
Samatzai	31	C1
Samugheo	30	B2
San Basilio	30	C3
San Benedetto	31	B1
Sandalo (Capo)	31	A2
San Francesco d'Aglientu	29	C1
San Gavino	29	A2
San Gavino Monreale	30	B3
San Giacomo	29	B2
San Giorgio	31	C2
San Giovanni (Grotta)	31	B1
San Giovanni (Monte Novo)	30	C2
San Giovanni (Stagno di)	30	B3
San Giovanni Suergiu	31	A2
San Gregorio	31	C1
San Leonardo de Siete Fuentes	30	B2
San Lorenzo	29	D2
San Lorenzo	29	B2
San Lorenzo (Capo)	31	D1
Sanluri	30	B3
San Marco (Capo)	30	A3
San Mauro	30	C2
San Miai (Monte)	31	B2
San Michele di Plaianu	29	A2-B2
San Nicolo d'Arcidano	30	B3
San Nicoló Gerrei	31	C1
San Pantaleo	29	C1-D1
San Pantaleo	31	C1
San Paolo	29	C2
San Pasquale	29	C1
San Pietro	29	B2
San Pietro	29	C2
San Pietro (Isola di)	31	A2
San Pietro (Monte)	31	A1
San Priamo	31	D1
San Salvatore	30	A2
San Sperate	31	C1
Santa Caterina (Stagno di)	31	A2-B2
Santa Caterina di Pittinuri	30	A2
Santa Chiara	30	B2
Santadi	31	B2
Santadi Basso	31	B2
Santa Giusta	30	B3
Santa Giusta (Stagno di)	30	B3
Santa Lucia	29	D3
Santa Lucia (Cantoniera di)	30	C3
Santa Margherita	31	C2
Santa Maria (Isola)	29	C1
Santa Maria Coghinas	29	B2
Santa Maria deis Acquas	30	B3
Santa Maria del Regno	29	B3
Santa Maria la Palma	29	A2
Santa Maria Navarrese	30	D2
Sant'Andrea	31	C2
Sant'Andrea Frius	31	C1
Sant'Anna	30	B3
Sant'Anna Arresi	31	B2
Sant'Antine (Nuraghe)	29	B3
Sant'Antioco (Isola di)	31	A2
Sant'Antioco di Bisarcio	29	B2-B3
Sant'Antonio di Gallura	29	C2
Sant'Antonio di Santadi	30	A3
Sant'Antonio Ruinas	30	B3
Santa Teresa Gallura	29	C1
Santa Vittoria	29	B2
Santa Vittoria (Monte)	30	C3
Sant'Efisio	31	C2
Sant'Elia	31	C2
San Teodoro	29	D2
Sant'Ignazio	30	B2
Sant'Isidoro	31	C2
Sant'Isodoro	31	B2
Santissima Trinità di Saccargia	29	B2
Santo Stefano (Isola)	29	C1
Santu Lussurgiu	30	B2
San Vero Milis	30	B2
San Vito	31	D1
Saraloi (Monte)	29	C3
Sarcidano	30	C3
Sardara	30	B3
Sarrabus	31	C1-D1
Sarroch	31	C2
Sarule	30	C2
Sassari	29	B2
Sassu	30	B3
Sassu (Monte)	29	A3
Scala Piccada	29	A3
Scano di Montiferro	30	B2
Scorno (Punta dello) (Punta Caprara)	29	A1
Sedilo	30	B2
Sedini	29	B2
Segariu	30	C3
Selargius	31	C1-C2
Selegas	30	C3
Semestene	29	B3
Senalonga (Punta di)	29	C2
Seneghe	30	B2
Senes (Monte)	29	D3
Senis	30	B3
Sennariolo	30	B2
Sennori	29	B2
Senorbì	30	C3
Serbariu	31	A2-B2
Serdiana	31	C1
Serpentara (Isola)	31	D2
Serramanna	31	B1
Serra Orrios	29	D3
Serrenti	31	C1
Serri	30	C3
Sestu	31	C1
Sette Fratelli (Monte dei)	31	D1
Settimo	31	C1
Setzu	30	B2
Seui	30	C3
Seulo	30	C3
Seuni	30	C3
Sferracavallo (Capo)	30	D3
Siamaggiore	30	B2
Siamanna	30	B2
Siapiccia	30	B2
Siddi	30	B3
Silanus	30	B2
Sili	30	B2
Siligo	29	B3
Siliqua	31	B1
Silius	31	C1
Simala	30	B3
Simaxis	30	B2
Sinai	31	A2
Sindia	29	B3
Sini	30	B3
Sinis	30	A2
Siniscola	29	D3
Sinnai	31	C1
Sinzias (Cala di)	31	D2
Siris	30	B3
Sisini	30	C3
Siurgus	30	C3
Soddì	30	B2
Soffi (Isola)	29	D1
Solanas	30	A2-B2
Solarussa	30	B2
Soleminis	31	C1
Solinas	31	B2
Sopramonte (Monti)	30	C2
Sorgono	30	C2
Sorradile	30	B2
Sorso	29	B2
Sozza	29	D2
Spargi (Isola)	29	C1
Spartivento (Capo)	31	B2
Sperone (Capo)	31	A2
Spinosa (Punta)	31	B2
Stintino	29	A2
Straulas	29	D2
Strovina	30	B3
Suelli	30	C3
Suni	30	B1
Surigheddu	29	A3

T

Name	Page	Coord
Tadasuni	30	B2
Talana	30	D2
Tanaunella	29	D2
Tanca Regia	30	B2
Tavolara (Isola)	29	D2
Telti	29	C2
Tempio Pausania	29	C2
Tenuta Madau	29	B2
Tergu	29	B2
Terme di (Castel Doria)	29	B2
Terme San Saturnino	29	C3
Terralba	30	B3
Terralba (Monte)	30	C2
Terra Mala	31	C2
Terraseo	31	B2
Terrubia	31	B2
Tertenia	30	D3
Testa (Capo)	29	C1
Teti	30	C2
Teulada	31	B2
Teulada (Capo)	31	B3
Tharros	30	A3
Thiesi	29	B3
Tiana	30	C2
Timidone (Monte)	29	A3
Tinnura	30	B2
Tiria (Monte)	29	C3
Tirso (Cantoniera del)	29	C3
Tissi	29	B2
Tonara	30	C2
Tonnare	31	A2
Tonneri (Monte)	30	C3
Torpè	29	D3
Torralba	29	B3
Torre Cala Regina	31	C2
Torre di Bari	30	D3
Torre Mortorio	31	C2
Tortoli	30	D2
Tortoli (Stagno di)	30	D2
Trabuccato	29	A1
Tramariglio	29	A3
Tratalias	31	B2
Tre Poglina	29	A3
Tresnuraghes	30	A2
Triei	30	D2
Trinità d'Agultu	29	B2
Tuili	30	B3
Tula	29	B2
Tumbarino (Punta)	29	A1
Turri	30	B3
Turusele	30	D2

U

Name	Page	Coord
Uccaidu (s')	29	C3
Ula Tirso	30	B2
Ulassai	30	D3
Unne (Monte)	29	C3
Unturzu (Monte)	29	A3-B3
Uras	30	B3
Uri	29	A3
Urigus (is)	31	A2
Urtigu (Monte)	30	B2
Urzulei	30	C3
Usellus	30	B3
Usini	29	B2
Ussana	31	C1
Ussaramanna	30	B3
Ussassai	30	D3
Uta	31	B1

V

Name	Page	Coord
Vallermosa	31	B1
Valverde (Santuario di)	29	A3
Viddalba	29	B2
Vignola (Porto di)	29	C1
Villacidro	31	B1
Villa d'Orri	31	C2
Villagrande Strisaili	30	D2
Villamar	30	B3
Villamassargia	31	B1-B2
Villanovaforru	30	B3
Villanova Monteleone	29	A3
Villanova Strisaili	30	D2
Villanova Truschedu	30	B2
Villanova Tulo	30	C3
Villaperuccio	31	B2
Villaputzu	31	D1
Villasalto	31	C1
Villasanta	30	B3
Villasimius	31	D2
Villasor	31	B1
Villaspeciosa	31	B1
Villaurbana	30	B3
Villaverde	30	B3

Z

Name	Page	Coord
Zafferano (Porto)	31	B2-B3
Zeddiani	30	B2
Zeparedda (Monte)	30	B3
Zeppara	30	B3
Zerfaliu	30	B2
Zinnigas	31	B2

3. — SICILIA

A

Acate	28	C3
Aci Bonaccorsi	28	D1
Aci Castello	28	D1
Aci Catena	28	D1
Acireale	28	D1
Aci Sant'Antonio	28	D1
Aci Trezza	28	D1
Acquaviva Platani	28	A1
Acquedolci	25	B1
Addolorata	25	D2
Adrano	28	C1
Agira	28	B1
Agnone Bagni	28	D2
Agrigento	27	D2
Aidone	28	B1-B2
Albano (Monte)	28	D1
Albero Sole	27	C3
Alcamo	24	C3
Alcamo Marina	24	C3
Alcara li Fusi	25	C3
Alga (Punta)	24	A3
Alì	25	D3
Alì (Passo di)	28	A2
Alia	24	D3
Alicudi (Isola)	25	B1
Alimena	28	B1
Aliminusa	24	D3
Alì Terme	25	D3
Altavilla Milicia	24	D3
Altofonte	24	C3
Altolia	25	D3
Altore (Monte)	28	C2
Ancipa (Lago dell')	25	B3
Annunziata (l')	28	C3
Antillo	25	D3
Aragona	27	D2
Arancio (Lago)	27	C1
Archi	25	D2
Arena Bianca (Punta)	27	D2-D3
Arenella	24	D3
Aria (Monte)	25	C2
Aspra	24	D3
Assieni	24	B3
Assoro	28	B1
Augusta	28	D2
Avola	28	D3

B

Badia	24	B3
Bafia	25	D3
Bagheria	24	D3
Baglionovo	24	B3
Balata di Baida	24	B3
Balata di Modica	28	C3
Balestrate	24	C3
Ballata	24	B3
Barcellona Pozzo di Gotto	25	D2
Barrafranca	28	B2
Basicò	25	C3
Basiluzzo (Isola)	25	C1-D1
Bassano (Punta)	24	A3
Bastione	25	D2
Baucina	24	D3
Belmonte Mezzagno	24	C3-D3
Belpasso	28	C1
Belvedere	28	D2
Bianca (Punta)	28	A2
Biancavilla	28	C1
Bianco (Capo)	27	C2-D2
Biondo (Serra di)	27	D1
Birgi Vecchi	24	B3
Bisacquino	27	D1
Biviere (il)	28	B3
Bivona	27	D1
Blufi	25	A3
Boccadifalco	24	C3
Boeo (Capo)	24	A3
Bolognetta	24	D3
Bompensiere	28	A1
Bompietro	28	B1
Bonagia	24	B3
Bonifato (Monte)	24	C3
Bordonaro	25	C3
Bordonaro (Portella)	24	D3
Borello	28	C1-D1
Borgata Costiera	27	B1
Borgo Chitarra	27	B1
Borgo Chitarra	24	B3
Borgo Fazio	24	B3
Borgo Messina	24	B3
Borgo Monsignore	27	D2
Borrello	25	A3-B3
Botteghelle	25	D3
Botteghelle	28	C2
Bracetto (Punta)	28	B3
Braidi	25	C3
Bresciana	27	B1
Brolo	25	C2
Bronte	25	C3
Bruca	24	B3
Buccheri	28	C2
Buonfornello	25	A3
Buon Signore	25	D2
Burgio	27	D1
Burgio	28	D3
Busambra (Rocca)	24	D3
Buscemi	28	C2
Buseto	24	B3
Butera	28	B2

C

Caccamo	24	D3
Caginia (Serra di)	25	C3
Calabernardo	28	D3
Cala Cinque Denti	27	A3
Calamita Vecchia	27	B1
Calamonaci	27	D1
Calascibetta	28	B1
Calatabiano	25	D3
Calatafimi	24	B3
Calavà (Capo)	25	C2
Calcarelli	25	A3
Calderà	25	D2
Calderari	28	B1
Caltabellota	27	C1
Caltagirone	28	B2-C2
Caltanissetta	28	A1
Caltavuturo	25	A3
Calvino (Monte)	28	C1
Camarina	28	B3
Camaro	25	D2
Camastra	28	A2
Cammarata	27	D1
Cammarata (Monte)	27	D1
Campanaro (Portella)	28	A1
Campobello di Licata	28	A2
Campobello di Mazara	27	B1
Campofelice di Fitalia	24	D3
Campofelice di Rocella	25	A3
Campofiorito	27	D1
Campofranco	28	A1
Campolato (Capo)	28	D2
Camporeale	24	C3
Camporotondo Etneo	28	C1-D1
Canalicchio	28	D1
Cane (Punta del)	28	D3
Canicattì	28	A2
Canicattini Bagni	28	D3
Canneto	25	C1-C2
Capaci	24	C2
Capizzi	25	B3
Capo d'Orlando	25	C2
Capri Leone	25	C3
Carbonara (Pizzo)	25	A3
Cardilla	27	B1
Carini	24	C3
Carini (Golfo di)	24	C2
Carlentini	28	D2
Caronia	25	B1
Casa Aguglie	28	C3
Casalvecchio Siculo	25	D3
Casasia (Monte)	28	C2
Case San Marco	27	C1
Casino di Falcone	25	C3
Cassaro	28	D2
Castanea delle Furie	25	D2
Castelbuono	25	A3
Casteldaccia	24	D3
Castel di Judica	28	C1
Castel di Lucio	25	B3
Castel di Tusa	25	B3
Castel Euriale	28	D2
Castellaccio (Monte)	28	C3
Castellamare	24	B3-C3
Castellamare del Golfo	24	B3
Castellana	28	C2
Castellana Sicula	25	A3
Castelli (Monte)	25	B3
Castelluccio	28	D3
Castelluccio (Monte)	28	A2
Castelluzzo	24	B3
Castelmola	25	D3
Casteltermini	27	D1
Castelvetrano	27	B1
Castiglione di Sicilia	25	D3
Castro (Portella)	28	B1
Castrofilippo	28	A2
Castronuovo di Sicilia	27	D1
Castroreale	25	D3
Castroreale Terme	25	D2
Catania	28	D1
Catania (Golfo di)	28	D1-D2
Catania (Piana di)	28	C1-D2
Catenanuova	28	C1
Cattolica Eraclea	27	D2
Catuso (Monte)	28	A1
Cava d'Aliga	28	C3
Cava d'Ispica	28	C3
Cefalà Diana	24	D3
Cefalú	25	A3
Centuripe	28	C1
Cerami	25	B3
Cerda	25	A3
Cervi (Monte dei)	25	A3
Cervo (Pizzo)	24	D3
Cesarò	25	C3
Chiavelli	24	C3-D3
Chiesa Nuova	24	B3
Chirchia (Pizzo)	27	D1
Chirica (Monte)	25	C1
Chiusa Sclafani	27	D1
Ciaculli	24	D3
Cianciana	27	D1
Ciavolo	27	B1
Ciclopi (Isola)	28	D1
Ciminna	24	D3
Cinisi	24	C2-C3
Cinquegrana	28	C1
Climiti (Monti)	28	D2
Cofano (Golfo di)	24	B3
Colla (la)	25	C3
Collesano	25	A3
Colombaia (Isola)	24	A3-B3
Comitini	27	D2
Condrò	25	D2
Contessa (Monte)	28	C2
Contessa Entellina	27	C1
Contrasto (Portella del)	25	B3
Corleone	24	C3
Correnti (Isola delle)	28	D3
Corridore del Pero	28	D2
Corso (Portella)	28	A2
Corvo (Punta del)	28	C3
Cosentini	28	D1
Cratere	25	D1
Crocci	24	B3
Croce al Promontorio	25	D2
Croce Mancina (Monte)	25	C3
Crocevie	24	B3
Cuba (Pantano)	28	D3
Cumia	25	D2
Cunazzo	28	B1
Custonaci	24	B3
Cute (Pizzo)	25	D3

D/E/F

Dattilo	24	B3
Delia	28	A2
Diligenza	28	B3
Dirillo (Lago)	28	C2
Disueri (Lago del)	28	B2
Donnafugata	28	C3
Donnalucata	28	C3
Egadi (Isole)	24	A3
Enna	28	B1
Eolie (Isole)	25	B1-C1
Eraclea Minoa	27	D2
Erei (Monti)	28	B1-B2
Erice	24	B3
Etna (Monte) (Mongibello)	25	C3
Falconara Sicula	28	B2
Falcone	25	C2
Falcone (Monte)	24	A3
Faleco (Pizzo)	25	B3
Fanaco (Lago)	27	D1
Fanzarotta	28	A1
Faraglione (Punta)	24	A3
Fattoria San Lorenzo	28	D3
Favara	27	D2
Favignana (Isola)	24	A3
Femmina Morta (Portella)	25	C3
Ferla	28	C2
Ficarazzi	24	D3
Ficarra	25	C2
Ficuzza	24	C3-D3
Filaga	27	D1
Filicudi (Isola)	25	B1
Filio (Pizzo)	25	B1
Fiumedinisi	25	D3
Fiumefreddo di Sicilia	25	D3
Fleri	28	D1
Floresta	25	C3
Floridia	28	D2
Fondachelli	25	D3
Fondachello	25	D3
Formica (Isola)	24	A3
Forza d'Agrò	25	D3
Fossa Felci	25	B1
Francavilla di Sicilia	25	D3
Francofonte	28	C2
Frasca (Monte)	28	C2
Frazzano	25	C3
Fulgatore	24	B3
Furci (Monte)	25	C3
Furci Siculo	25	D3
Furnari	25	D3

G

Gaggi	25	D3
Gagliano Castelferrato	28	C1
Gala (La)	25	D2
Galati	25	D3
Galati Mamertino	25	C3
Gallo (Capo)	24	C2
Gallodoro	25	D3
Gangi	25	B3
Gariffi (Pantano)	28	D3
Gavazzi (Punta)	24	B2
Gazzena	28	D1
Gela	28	B2
Gela (Golfo di)	28	B3
Genovese (Grotta del)	24	A3
Genuardo (Monte)	27	C1
Geraci Siculo	25	A3
Gerbini	28	C1
Giafaglione (Monte)	27	D1
Giampilieri Marina	25	D3
Gianforma	28	C3
Giardinello	24	B3
Giardini-Naxos	25	D3
Giarratana	28	C2
Giarre	25	D3
Gibellina	24	C3
Gibellina (Monti di)	24	B3
Gibilmana (Santuario di)	25	A3
Gioiosa Marea	25	C2
Giovanni	28	D1
Giuliana	27	C1
Giumarra	28	C1
Gliaca	25	C2
Grammichele	28	C2
Granatello	24	B3
Grande (Punta)	27	D2
Granieri	28	C2
Graniti	25	D3
Granitola	27	B1
Granitola (Punta)	27	B1
Granitola Torretta	27	B1
Gratteri	25	A3
Gravina di Catania	28	D1
Grecale (Capo)	27	C3
Grignani	24	B3
Grisi	24	C3
Grosso (Capo)	24	A3
Grottacalda	28	B1
Grotte	28	A2
Guardia (Monte la)	28	B1
Guardia dei Turchi	24	B2
Guarrato	24	B3

H/I/J/K

Halaesa	25	B3
Imbriaca (Portella)	27	D1
Imbriacole (Monte di)	27	C3
Imera	25	A3
Inici (Monte)	24	B3
Iria	25	B3
Isnello	25	A3
Isola delle Femmine	24	C2
Ispica	28	C3
Itala	25	D3
Itala Marina	25	D3
Joppolo Giancaxio	27	D2
Khamma	27	A3
Kumeta	24	C3

L

Laderia Inferiore	25	D2
Laderia Superiore	25	D2
Lampedusa	27	C3
Lampedusa (Isola di)	27	C3

Name	Page	Ref
Lampione (Isola di)	27	C3
Lanzarite (Serro)	25	C3
Lascari	25	A3
Lauro (Monte)	28	C2
Leni Rinella	25	C1
Lentini	28	D2
Leonforte	28	B1
Lercara Friddi	27	D1
Letojanni	25	D3
Levante (Punta)	27	D3-D2
Levanzo	24	A3
Levanzo (Isola di)	24	A3
Librizzi	25	C3
Licata	28	A2
Licodia Eubea	28	C2
Lido di Plaia	28	D1
Lido Fontane Bianche	28	D3
Lilibeo (Capo)	24	A3
Limina	25	D3
Lingua	25	C1
Linguaglossa	25	D3
Linosa (Isola di)	27	D2
Lipari	25	C2
Lipari (Isole)	25	B1-C1
Locogrande	24	A3
Longarini (Pantano)	28	D3
Longi	25	C3
Lucca Sicula	27	D1

M

Name	Page	Ref
Mácari	24	B3
Macchia	28	D1
Macconi (i)	28	B3
Madonie	25	A3
Madonna del Buonconsiglio	28	B2
Madonna delle Grazie	27	A3
Maletto	25	C3
Malfa	25	C1
Malò	25	C3
Malvagna	25	C3
Mandanici	25	D3
Mandrazzi (Portella)	25	C3
Mappa	28	A1
Marausa	24	B3
Marcatobianco	28	A1
Marettimo	24	A3
Marettimo (Isola)	24	A3
Margione	28	C3
Marianopoli	28	A1
Marina di Avola	28	D3
Marina di Modica	28	C3
Marina di Palma	28	A2
Marina di Patti	25	C2
Marina di Ragusa	28	C3
Marina d'Itala	25	D3
Marinella	27	C1
Marineo	24	D3
Marsala	24	A3
Marsala (Punta)	24	A3
Martinez	28	A2
Martini	25	C3
Marzamemi	28	D3
Mascali	25	D3
Mascalucia	28	D1
Matarocco	24	B3
Maucini	28	D3
Mazara (Valle di)	24	B3-D3
Mazara del Vallo	27	B1
Mazzarino	28	B2
Mazzarò	25	D3
Mazzarra Sant'Andrea	25	C3-D3
Mazzarrone	28	C2
Megara Hyblaea	28	D2
Melilli	28	D2
Mendola	24	B3
Menfi	27	C1
Meri	25	D2
Messina	26	A2
Mezzojuso	24	A3
Mialiardo	25	D2
Milazzo	25	D2
Milazzo (Golfo di)	25	D2
Milazzo (Capo di)	25	D2
Milena	28	A1
Milici	25	D3
Mili San Pietro	25	D2
Militello	25	C3
Militello in Val di Catania	28	C2
Milo	25	D3
Mimiani (Monte)	28	A1
Mineo	28	C2
Mirabella Imbaccari	28	B2
Mirto	25	C3
Misilmeri	24	D3
Misserio	25	D3
Mistretta	25	B3
Modica	28	C3
Mojo Alcantara	25	C3
Monaco (Monte)	24	B3
Monaco (Portella del)	25	B3
Mondello	24	C2
Monforte San Giorgio	25	D2
Mongerbino (Capo)	24	D3
Mongibello (Etna) (Monte)	25	C3
Mongiove	25	C2
Mongiuffi	25	D3
Monreale	24	C3
Montagnareale	25	C2
Montagnola (la)	28	C1-D1
Montalbano Elicona	25	C3
Montallegro	27	D2
Montanello (Pizzo)	24	C3
Montaperto	27	D2
Monte (Serra del)	27	D1
Montedoro	28	A1-A2
Montelaguardia	25	C3
Montelepre	24	C3
Montemaggiore Belsito	24	D3
Monterosso Almo	28	C2
Montevago	27	C1
Mortillaro	24	C3
Morto (Portella del)	28	A1
Motta	28	C1
Motta Camastra	25	D3
Motta d'Affermo	25	B3
Motta Sant'Anastasia	28	C1
Mozia	24	A3-B3
Muglia	28	C1
Mugnone (Punta)	24	A3
Murro di Porco (Capo)	28	D3
Mussomeli	28	A1

N/O

Name	Page	Ref
Napola	24	B3
Naro	28	A2
Naso	25	C3
Navone (Monte)	28	B2
Naxos	25	D3
Nebrodi (Monti)	25	B3-C3
Nesima Inferiore	28	D1
Nesima Superiore	28	D1
Nicetta	25	B3
Nicolosi	28	D1
Nicosia	25	B3
Niscemi	28	B2
Nissoria	28	B1
Nizza di Sicilia	25	D3
Noto	28	D3
Novara di Sicilia	25	D3
Nubia	24	B3
Nuccio	24	B3
Nunziata	28	C2
Ogliastro (Lago di)	28	C2
Ognina	28	D1
Ognina (Capo)	28	D3
Olippo (Pizzo)	25	C3
Olivarella	25	D2
Orlando (Capo d')	25	C2
Oro (Monte del)	28	D3

P/Q

Name	Page	Ref
Pace	25	D2
Paceco	24	B3
Pachino	28	D3
Pagliara	25	D3
Palagonia	28	C2
Palazzo Adriano	27	D1
Palazzolo Acreide	28	C2
Palermo	24	D3
Palermo (Golfo di)	24	D3
Palma	24	B3
Palma di Montechiaro	28	A2
Panarea (Isola)	25	C1
Pantalica	28	D2
Pantanelle (Passo delle)	28	B2-B3
Pantelleria (Isola di)	27	A3
Partanna	24	C2
Partanna	25	C1
Partinico	24	C3
Passarello	28	A2
Passero (Capo)	28	D3
Passo di Rigano	24	C3
Passopisciaro	25	C3
Passo Zingaro	28	C1
Paternò	28	C1
Patti	25	C2
Patti (Golfo di)	25	C2-D2
Pavone (Cocuzzo il)	27	C1
Pedagaggi	28	C2-D2
Pedara	28	D1
Pedalino	28	C3
Pelagie (Isole)	27	C3
Pellegrino (Monte)	24	C2-D2
Peloritani (Monti)	25	D3-D2
Penisola Magnisi	28	D2
Pergusa	28	B1
Pergusa (Lago di)	28	B1
Petralia Soprana	25	A3
Petrosino	27	B1
Pettineo	25	B3
Pezzolo	25	D2
Piana degli Albanesi	24	C3
Pianello	25	A3
Piano Mezzapelle	27	B1
Piazza Armerina	28	B2
Piedimonte Etneo	25	D3
Pietralunga	28	C1
Pietraperzia	28	B2
Pioppo	24	C3
Piraino	25	C2
Pirtusiddu (Cocuzzo)	28	A1
Pizzillo (Monte)	25	C3
Pizzolato	27	B1
Plaia (Capo)	25	A3
Platani (Lago dei) (L. Fanaco)	27	D1
Poggioreale	24	C3
Polino (Monte)	28	B2
Polizzi Generosa	25	A3
Pollara	25	C1
Pollina	25	A3
Poma (Lago)	24	C3
Ponente (Capo)	27	D2
Ponente (Capo)	27	C3
Ponte Capodarso	28	B1
Portella di Mare	24	C3
Porticello	24	D3
Porto	25	B1
Porto Empedocle	27	D2
Porto Grande	28	D2
Porto Levante	25	C2
Porto Palo	27	C1
Portopalo (Rada di)	28	D3
Portopalo di Capo Passero	28	D3
Posillesi	24	B3
Poverello (Monte)	25	D3
Pozzallo	28	C3
Pozzillo	28	D1
Pozzillo (Monte)	28	A2
Pozzilo (Lago di)	28	C1
Presa	28	D3
Priola (Punta di)	24	C2-D2
Priolo Gargallo	28	D2
Prizzi	27	D1
Prizzi (Lago di)	27	D1
Puccia (Serra di)	28	A1
Pumeri (Monte)	25	B3
Puntalazzo	25	D3
Punta Secca	28	C3
Puntazza (Capo)	24	B3
Purgatorio	24	B3
Quaglio	28	C2
Quattropani	25	C1

R

Name	Page	Ref
Racalmuto	28	A2
Raccuja	25	C3
Raddusa	28	C1
Raffadali	27	D2
Ragalna	28	C1
Ragusa	28	C3
Raisi (Punta)	24	C2
Raisigerbi (Capo)	25	A3
Rama (Capo)	24	C3
Ramacca	28	C2
Randazzo	25	C3
Rasocolmo (Capo)	25	D2
Ravanusa	28	A2
Re (Serra del)	25	C3
Realmonte	27	D2
Recattive (Portella di)	28	A1
Regalbuto	28	C1
Regalgioffoli	24	D3
Reitano	25	B3
Religione (Punta)	28	C3
Resuttano	28	A1
Ribera	27	D1
Riesi	28	B2
Rilievo	24	B3
Riposto	25	D3
Riviera dei Ciclopi	28	D1
Rocca	28	C1
Rocca (La)	25	C3
Rocca Corvo (Portella)	28	A2
Roccafiorita	25	D3
Roccalumera	25	D3
Roccamena	24	C3
Roccapalumba	24	D3
Roccelito (Monte)	25	A3
Roccella Valdemone	25	C3
Rocche di Cusa	27	B1
Rodi	25	D3
Rometta	25	D2
Rometta Marea	25	D2
Rose (Monte)	27	D1
Rosolini	28	D3
Rosso (Monte)	28	C1
Roveto (Pantano)	28	D3
Russa (Pizzo)	25	D3
Salaparuta	24	C3
Saldano (Monte)	28	B2
Salemi	24	B3
Salice	25	D2
Salici (Monte)	28	C1
Salina (Isola)	25	C1
Sambuca di Sicilia	27	C1
Sampieri	28	C3
Sampieri (Pizzo)	28	A1
San Basilio	25	C3-D3
San Biagio Platani	27	D1
San Calogero	25	C1
San Carlo	27	C1
San Cataldo	28	A1
San Cipirello	24	C3
San Cono	28	B2
San Corrado di Fuori	28	D3
San Filippo del Mela	25	D2
San Fratello	25	B3
San Giorgio	25	C2
San Giovannello	28	B1
San Giovanni	25	D2
San Giovanni di Galermo	28	C1-D1
San Giovanni Gemini	27	D1
San Giovanni Montebello	25	D3
San Giuseppe Jato	24	C3
San Gregorio di Catania	28	D1
San Leonardello	28	D1
San Leonardo	24	A3-B3
San Leone	27	D2
San Marco	24	B3
San Marco	25	D3
San Marco	25	D3
San Marco (Capo)	27	C1
San Marco d'Alunzio	25	C3
San Martino	25	D2
San Martino (Portella)	25	B3
San Mauro Castelverde	25	A3-B3
San Michele di Ganzaria	28	B2
San Nicola l'Arena	24	D3
San Paolo	28	D1
San Pier Niceto	25	D2
San Piero Patti	25	C3
San Pietro	28	B2
San Pietro	25	D2
San Pietro	28	D1
San Salvatore (Monte)	25	A3
Santa Caterina Villarmosa	28	A1
Santa Chiara	27	A3
Santa Cristina Gela	24	C3
Santa Croce	24	D3
Santa Croce (Capo)	28	D2
Santa Croce Camerina	28	C3
Santa Domenica Vittoria	25	C3
Santa Flavia	24	D3
Sant'Agata di Militello	25	B3
Sant'Alessio (Capo)	25	D3
Sant'Alessio Siculo	25	D3
Sant'Alfio	25	D3
Santa Lucia	25	D2
Santa Lucia del Mela	25	D2
Santa Margherita di Belice	27	C1
Santa Maria Ammalati	28	D1
Santa Maria di Licodia	28	C1
Santa Marina Salina	25	C1
Sant'Ambrogio	25	A3
Sant'Andrea	24	B3
Sant'Andrea	25	D2
Sant'Angelo Muxaró	27	D1
Sant'Angelo di Brolo	25	C2-C3
Santa Ninfa	27	C1
Sant'Anna	27	C1
Santa Panagia (Capo)	28	D2
Santa Rita	28	A2
Santa Tecla	28	D1
Santa Teresa di Riva	25	D3
Santa Venera	24	A3-B3
Santa Venera	25	D3
Sant'Elia	24	D3
Sant'Elisabetta	27	D1
San Teodoro	25	C3
Santo Stefano di Briga	25	D2
Santo Stefano di Camastra	25	B1
Santo Stefano Marina	26	A2
Santo Stefano Quisquina	27	D1
San Vicenzo	25	D1
San Vito	27	A3
San Vito	25	C3
San Vito (Capo)	24	B3
San Vito lo Capo	24	B2-B3
Saponara	25	D2
Saraceno (Punta del)	24	B3
Sarro	28	C1

Savoca	25	D3	Sortino	28	D2	Torre Biggini (Monte)	27	C1
Scala	25	D2	Sottana	25	A3	Torregrotta	25	D2
Scala Greca	28	D2	Sottile (Punta)	27	C3	Torremuzza	25	B3
Scaletta Zanclea	25	C3	Sottile (Punta)	24	A3	Torrenova	25	C3
Scauri	27	A3	Spadafora	25	D2	Torretta	24	C3
Sciacca	27	C1	Sparagio (Monte)	24	B3	Tortorelle	27	B1
Sciara	24	D3	Spartà	26	A2	Tortorici	25	C3
Scicli	28	C3	Sperlinga	25	B3	Trabia	24	D3
Scillato	25	A3	Sperone	24	B3	Trabia Miniere	28	A2-B2
Sclafani Bagni	25	A3	Speziale (Monte)	24	B3	Tracino	27	A3
Scoglitti	28	B3	Stagnone (Isole dello)	24	A3	Tracino (Punta)	27	A3
Scopello	24	B3	Stazzo	28	D1	**Trapani**	24	B3
Scordia	28	C2	Strasatti	27	B1	Trappeto	24	C3
Segesta	24	B3	Stromboli (Isola)	25	C1-D1	Trecastagni	28	D1
Selinunte	27	C1	Sutera	28	A1	Tre Fontane	27	B1
Serradifalco	28	A1				Tremestieri	28	D1
Serra Vancura	25	D1				Trigna (Pizzo della)	24	D3
Serro	25	D2	**T**			Trinità (Lago)	27	B1
Sferracavallo	24	C2				Tripi	25	C3-D3
Sferro	28	C1	Tabaccaro	24	A3-B3	Troia (Punta)	24	A3
Sicaminò	25	D2	Tannure (Punta)	24	B3	Troina	25	B3
Siculiana	27	D2	**Taormina**	25	D3	Tusa	25	B3
Siculiana Marina	27	D2	Taormina (Capo)	25	D3			
Signora (Monte)	24	C3	Tarderia	28	D1			
Sinagra	25	C3	Telegrafo (Pizzo)	27	C1	**U/V/Z**		
Sindaro Marina	25	D2	Terme di San Calogero	25	C2			
Siracusa	28	D2	Termini Imerese	24	D3	Ucria	25	C3
Sòlanto (Punta di)	24	B2	Terrasini	24	C3	Uditore	24	C3
Solarino	28	D2	Terrenove	27	B1	Ulisse (Porto d')	28	D1
Solicchiata	25	C3-D3	Testa dell'Acqua	28	D3	Ulmi	27	B1
Solunto	24	D3	Tignino (Serra)	28	A1	Ummari	24	B3
Sommatino	28	A2	**Tindari**	25	C2	**Ustica (Isola di)**	24	B2
Sorda (la)	28	C3	Tindari (Capo)	25	C2	Valderice	24	B3
Soro (Monte)	25	C3	Tommaso Natale	24	C2	Val di Noto	28	B2-D3
Sorrentini	25	C2	Tonnara di Bonagia	24	B3			

Valguarnera	24	C3
Valguarnera Caropepe	28	B1
Valledolmo	28	A1
Vallelunga Prateameno	28	A1
Valverde	28	D1
Vancori (isola)	25	D1
Vancura (Serra)	25	D1
Varco Ramata	28	B1
Ventimiglia di Sicilia	24	D3
Vergine Maria	24	C2-D2
Vernà (Pizzo di)	25	D3
Vetrana (Serra)	28	C2-C3
Vicari	24	D3
Vigliatore	25	C2-D2
Villabate	24	D3
Villa Cancellieri	28	C2-C3
Villa del Casale	28	B2
Villadoro	28	B1
Villafranca Sicula	27	D1
Villafranca Tirrena	25	D2
Villafrati	24	D3
Villaggio Mosè	28	A2
Villa Grazia di Carini	24	C3
Villagrazia	24	C3
Villalba	28	A1
Villa Modica	28	D3
Villapriolo	28	B1
Villarosa	28	B1
Villaseta	27	D2
Villasmundo	28	D2
Villaurea	25	A3
Virgonello	28	C2
Visicari	24	B3
Vito	24	B3
Zio Lisa	28	D1

Printed in Germany
by Fritz Busche Druckereiges.mbH., Dortmund
in March 1987

Distanze chilometriche / Entfernungstabelle in km / Afstand

	Zürich	Wien	Verona	Venezia	Trieste	Torino	Toulouse	Taranto	Stuttgart	Strasbourg	La Spezia	Siena	San Remo	Rotterdam	Rome	Reggio di Calabria	Ravenna	Pisa	Perugia	Paris	Palermo	Padova	Orvieto	Napoli	München	Milano	Marseille
Amsterdam	948	1163	1317	1298	1411	1268	1169	2204	643	674	1381	1521	1455	74	1742	2517	1412	1439	1617	488	2770	1400	1624	2068	857	1160	124
Ancona	713	1020	331	335	486	560	1356	566	941	934	408	272	656	1588	296	960	155	361	156	1487	1203	293	224	410	721	422	89
Antwerpen	701	1113	1159	1261	1376	1146	1027	1983	564	479	1223	1363	1297	92	1662	2359	1254	1281	1459	346	2682	1242	1466	1858	787	1005	113
Aosta	311	997	327	448	592	111	933	1179	533	427	889	622	321	998	752	1482	455	971	626	891	1765	429	639	988	696	180	56
L'Aquila	999	1239	563	550	705	793	1427	502	1158	1162	736	386	776	1816	146	760	374	449	144	1609	1056	541	166	263	938	650	101
Bari	1186	1550	810	856	942	1004	1796	88	1441	1420	880	720	1133	2074	480	486	633	826	620	1731	838	772	582	270	1221	881	138
Berlin	891	660	958	1046	1162	1280	1748	1874	615	780	1191	1280	1537	1555	2237	1187	1284	1372	1067	2618	996	1379	1718	569	1088	153
Bern	124	871	514	635	762	298	829	1366	340	240	536	809	508	811	940	1669	642	618	813	559	2008	616	826	1175	431	367	57
Bologna	502	807	151	159	311	351	1093	775	763	723	206	176	442	1377	410	1156	74	181	274	1152	1443	121	278	645	543	211	68
Bolzano	354	584	147	226	338	406	1201	1063	436	576	380	469	550	1071	698	1426	376	473	561	1061	1732	185	568	932	241	275	79
Bordeaux	998	1781	1331	1327	1448	891	250	2127	1124	967	1163	1361	901	1000	1603	2289	1433	1248	1490	562	2627	1403	1459	1823	1284	1021	66
Brescia	382	725	71	172	311	220	1036	986	662	604	181	358	385	1258	590	1291	285	263	451	1031	1628	153	464	762	442	92	62
Brest	1177	1874	1707	1746	1885	1406	884	2664	1201	1044	1700	1888	1642	1010	2136	2910	1831	1785	2027	605	3166	1789	1996	2326	1487	1484	119
Brindisi	1298	1662	930	920	1071	1140	1908	69	1553	1532	992	832	1245	2186	590	441	745	938	732	1843	690	884	694	380	1333	1008	149
Brüssel	640	1136	1105	1240	1420	1068	979	1945	562	431	1169	1309	1243	145	1538	2305	1200	1227	1405	298	2567	1188	412	1820	794	955	108
Crotone	1504	1817	1110	1100	1240	1320	2004	239	1701	1692	1078	915	1353	2346	670	220	920	1008	854	2186	475	1091	793	438	1481	1180	159
Den Haag	815	1193	1354	1326	1448	1341	1191	2178	670	593	1418	1558	1492	22	1778	2554	1449	1476	1654	460	2906	1437	1657	2053	867	1200	124
Firenze	643	890	246	271	430	460	1072	860	900	851	153	70	421	1505	296	1089	131	93	163	1240	1340	229	176	516	680	320	66
Frankfurt	419	718	868	860	953	795	1182	1721	213	225	932	1072	1006	463	1303	2068	963	990	1168	581	2331	951	1175	1643	392	731	96
Geneve	280	1040	587	675	762	305	672	1433	489	374	628	816	535	800	932	1702	711	710	944	516	1957	690	943	1380	594	387	41
Genova	483	983	284	363	540	165	802	1075	888	690	111	299	151	1285	521	1321	382	196	438	993	1570	351	407	740	680	158	39
Hamburg	942	1119	1384	1284	1370	1300	1577	2219	685	728	1430	1570	1504	518	1779	2556	1461	1488	1666	896	2731	1449	1643	2020	770	1216	145
Hannover	728	974	1229	1182	1210	1140	1422	2064	542	573	1275	1415	1349	419	1650	2411	1306	1333	1511	741	2670	1294	1518	1834	627	1043	129
Innsbruck	284	469	262	380	520	560	1229	1178	321	462	495	584	665	956	820	1541	491	588	676	860	1600	300	683	1020	126	402	90
Köln	592	893	1058	1030	1152	1045	1155	1882	362	367	1122	1262	1196	274	1482	2258	1153	1180	1358	474	2610	1141	1365	1757	576	904	108
Liège	585	1022	1041	1143	1258	1028	1040	1865	472	363	1105	1245	1179	173	1544	2241	1136	1163	1341	359	2564	1124	1348	1740	696	887	97
Lille	773	1231	1189	1291	1406	1176	944	2013	688	551	1253	1393	1327	213	1692	2389	1284	1311	1489	228	2712	1272	1496	1888	859	1035	99
Luxembourg	443	973	889	1046	1075	876	1026	1713	329	211	953	1093	1027	324	1321	2089	984	1011	1189	335	2352	972	1196	1588	576	740	93
Lyon	432	1208	631	670	833	330	513	1588	591	434	624	812	566	804	1060	1834	755	709	951	471	2090	713	920	1250	751	468	32
Marseille	692	1358	670	807	940	450	411	1466	917	760	502	700	240	1222	942	1628	772	587	829	797	1913	742	798	1162	998	516	
Milano	291	817	166	280	365	143	784	990	730	524	230	370	304	1178	599	1366	261	288	466	852	1611	249	473	865	510		51
München	318	442	388	470	529	680	1272	1304	220	366	621	710	791	855	944	1667	617	714	802	882	2006	426	809	1180		510	99
Napoli	1152	1387	794	810	963	980	1573	346	1390	1377	640	477	922	2031	240	538	577	578	416	1721	793	768	330		1180	865	116
Orvieto	819	1066	381	430	566	580	1209	696	1029	985	299	127	558	1639	123	833	284	228	74	1391	1136	426		330	809	473	79
Padova	540	686	82	38	187	380	1153	896	646	761	315	299	502	1415	533	1244	119	302	392	1184	1569		426	768	426	249	74
Palermo	1920	2197	1586	1538	1760	1740	2324	621	2331	2201	1443	1253	1721	2884	1013	255	1393	1351	1186	2456		1569	1136	793	2006	1611	191
Paris	572	1269	1102	1130	1280	810	681	2059	613	456	1095	1283	1037	438	1435	2305	1226	1180	1422		2456	1184	1391	1721	882	852	79
Perugia	820	1053	374	421	575	600	1240	708	1022	978	316	107	589	1632	173	895	210	208		1422	1186	392	74	416	802	466	82
Pisa	676	983	266	341	480	353	998	953	934	800	82	101	347	1454	338	1092	224		208	1180	1351	302	228	578	714	288	58
Ravenna	576	795	178	147	292	406	1183	721	837	773	408	228	532	1427	380	1079		224	210	1226	1393	119	284	577	617	261	77
Reggio di Calabria	1670	1905	1221	1296	1426	1481	2039	366	1887	1878	1141	941	1388	2532	758		1079	1092	895	2305	255	1244	833	538	1667	1366	162
Rome	912	1147	540	535	720	698	1353	573	1150	1181	430	240	678	1756		758	380	338	173	1435	1013	533	123	240	944	599	94
Rotterdam	793	1181	1332	1304	1426	1319	1119	2156	635	571	1396	1536	1470		1756	2532	1427	1454	1632	438	2884	1415	1639	2031	855	1178	122
San Remo	634	1034	430	542	688	210	651	1226	1101	816	262	460		1470	678	1388	532	347	589	1037	1721	502	558	922	791	304	24
Siena	713	960	284	330	471	511	1111	838	930	882	223		460	1536	240	941	228	101	107	1283	1253	299	127	477	710	370	70
La Spezia	594	989	233	341	480	280	913	1013	841	742		223	262	1396	430	1141	280	82	316	1095	1443	315	299	640	621	230	50
Strasbourg	222	808	678	780	895	665	974	1502	157		742	882	812	571	1181	1878	773	800	978	456	2201	761	985	1377	366	524	76
Stuttgart	222	659	608	690	768	900	1131	1524		157	841	930	1101	635	1150	1887	837	934	1022	613	2331	646	1029	1390	220	730	91
Taranto	1274	1638	899	906	1047	1128	1877		1524	1502	1013	838	1226	2156	573	366	721	953	708	2059	621	896	696	346	1304	990	146
Toulouse	945	1769	1281	1218	1351	641		1877	1131	974	913	1111	651	1119	1353	2039	1183	998	1240	681	2324	1153	1209	1573	1272	784	41
Torino	453	960	304	346	545		641	1128	900	665	280	511	210	1319	698	1481	406	353	600	810	1740	380	580	980	680	143	59
Trieste	720	508	260	170		545	1351	1047	768	895	480	471	688	1426	720	1426	292	480	575	1280	1760	187	566	963	529	365	94
Venezia	572	648	122		170	346	1218	906	690	780	341	330	542	1304	535	1296	147	341	421	1130	1538	38	430	810	470	280	80
Verona	456	770		122	260	304	1281	899	608	678	233	284	430	1332	540	1221	178	266	374	1102	1586	82	381	794	388	166	67
Wien	745		770	648	508	960	1769	1638	659	808	989	960	1034	1181	1147	1905	795	983	1053	1269	2157	686	1066	1387	442	817	135
Zürich		745	456	572	720	453	945	1274	222	222	594	713	634	793	912	1670	576	676	820	572	1920	540	819	1152	318	291	69

Le distanze indicate corrispondono agli itinerari più brevi fra due città via autostrada / Die angegebenen Entfernungen sind die geringsten Verbindungen bei vorwieg
Les distances indiquées sur le tableau correspondent aux trajets les plus courts entre deux villes en utilisant l'autoroute / The kilometre indications in the chart are